Milenio

Mil años de literatura española

Bárbara Mujica

Georgetown University

John Wiley & Sons, Inc.

New York / Chichester / Weinheim / Brisbane / Singapore / Toronto

Acquisitions Editor	Bob Hemmer
Assistant Editor	Samantha Alducin
Marketing Manager	Jessica Garcia
Senior Production Editor	Christine Cervoni
Design Director	Maddy Lesure
Cover Art	*Flores de mi Patio Andaluz* by Ruby Aránguiz, oil, 30"x34"
	rubyaranguiz@home.com

This book was set by the Author and printed and bound by Hamilton Printing. The cover was printed by Lehigh Press.

This book is printed on acid-free paper. ∞

To order books or for customer service please call 1(800)-CALL-WILEY 225-5945.

ISBN 0-471-24112-1

Printed in the United States of America

10 9 8 7 6 5 4 3 2

Preface

The year 2001 launches a new millennium, and so this is an appropriate time to celebrate the first thousand years of Spanish literature. Although the latest scholarship places the composition of the *Cantar de Mio Cid* around 1207, some scholars believe the work originated much earlier. At any rate, the character about whom the *cantar* was created was probably born around 1043, and the Arabic and Jewish roots of Spanish literature go back much further. *Milenio* is a tribute to a millennium of Spanish literary creativity, as well as a tool to make the great literary works of Spain accessible to students.

Milenio provides a survey of Spanish literature from its origins to the present appropriate for students in their fifth semester of Spanish or beyond. Selections were chosen on their literary merits, their importance to the development of Spanish letters, and their appeal to students. Because of the need to keep the book to a manageable length, most selections are excerpts from longer works, although all function as independent units. *Milenio* does include some complete stories, essays, poems, and one-act plays, however. Selections are ample enough to give students an idea of the author's writing, yet short enough to be handled in one or two class periods. Difficult selections, especially those from the Medieval and Early Modern periods, were modified to make them more comprehensible. Archaic spellings and grammatical constructions were modernized whenever it was possible to do so without altering the meaning or character of the text.

Milenio contains enough selections to allow instructors to pick and chose according to their own preferences. The book is appropriate for either a one-semester or a two-semester survey course and can also be adapted to the trimester format. Unlike earlier one-volume anthologies, *Milenio* includes the works of several women authors, among them women *Cancionero* poets; the Early Modern mystic Teresa de Ávila, the dramatist Ana Caro and the fiction writer María de Zayas; the *románticas* of the nineteenth century; and twentieth-century novelists and short story writers such as Carmen Laforet, Ana María Matute, Soledad Puértolas and Rosa Montero. In addition, *Milenio* contains works in Spanish by three regional poets: the Galician Rosalía de Castro, the Catalonian Pere Gimferrer, and the Basque Jon Juaristi.

The book originally included a selection from the play *Bajarse al moro,* by José Luis Alonso de Santos. Unfortunately, I had to eliminate this material because I was unable to reach the author in order to obtain permission to use it.

Milenio includes a number of tools to enable students to read the selections with minimal difficulty. The introductory essay that opens each chapter includes relevant information about the historical moment and literary movements to be covered. These essays reflect some of the latest trends in literary criticism without overwhelming students with complex theories or unnecessary jargon. For example, the current preference for the term "Early Modern" (instead of Golden Age) is explained, the myth that the eighteenth-century produced no novels is put to rest, and some contributions of feminism are explored. The introductions to individual selections include pertinent information about the author and the piece included. The opinions expressed in this material are based on my own readings of the texts, as well as on the analyses of specialists. In some cases, space restraints made it impossible for me to elaborate as much as I would have liked. Of course, all great works of art are subject to diverse interpretations. Instructors are invited to expand on the introductions as they see fit.

Some instructors may want to use the introductions as pre-reading exercises. (Additional pre-reading exercises will be available online on the John Wiley & Sons website.) Others may prefer to assign at least some of the introductory material after students have read the corresponding selection, in order to allow them to form their own opinions unobstructed by those of specialists.

In order allow students to read without interrupting their train of thought to consult reference books, footnotes clarify difficult words, constructions, and geographical and historical terms. Explanations and translations are provided in simple Spanish whenever possible; otherwise, English is used. Because instructors may not assign every selection, difficult items are glossed whenever they appear, not just the first time. In addition, *Milenio* includes a glossary of literary terms—names of movements, theories, rhetorical devices, poetic meters, locutions—that are used in the introductions and exercises. Terms that appear in the glossary are marked with an asterisk.

Each selection in *Milenio* is followed by a list of *Temas,* or questions for conversation and composition. The *Temas* are usually divided into two parts. The first, labeled «Comprensión del texto», contains questions on content. The second, labeled «Análisis literario», invites interpretation or personal reaction. For some of the shorter selections, especially poetry, content questions are ineffectual, and so all the questions appear together. The *Sumario* at the end of each chapter provides themes for conversation, oral reports, and composition. The *Sumario* encourages students to draw comparisons between authors and to trace themes and trends. The purpose of the *Temas* and *Sumario* sections is to activate the material and to help students' develop skills in both language and critical thinking. These exercises are by no means exhaustive. Instructors may want to complement them with additional activities of their own.

Lecturas suplementarias, a selected bibliography appropriate for students embarking on their own research, will be available on the John Wiley & Sons website.

Several readers and editors made significant contributions to this book. I would like to thank Íñigo García

Ureta and Luis García Torvisco for their suggestions; Stephen Hugh and Irina Feldman for their help in obtaining permissions; Samantha Alducin, Guadalupe Parras-Serradilla, and Christine Cervoni for their editorial input, and my husband, Mauro E. Mujica, for his encouragement and support.

In addition, I am indebted to the following colleagues who evaluated and commented on the manuscript: Frederick A. de Armas, Pennsylvania State University; Joan F. Cammarata, Manhattan College; Kathleen Doyle, Rhodes College; David Gómez Torres, University of Wisconsin, Oshkosh; Margaret Hicks, Duquesne University; Robert Johnston, Northern Arizona University; Catherine Larson, Indiana University; Susan Paun de Garcia, Denison University; Antonia Petro, Loyola Marymount University; Ángel Sanchez, Arizona State University; Anita Stoll, Cleveland State University; Sharon D. Voros, United States Naval Academy.

Bárbara Mujica
Georgetown University
Washington, D.C.
2001

Índice

Edad Media y Época de los Reyes Católicos

¿Qué es la Edad Media? Los historiadores no parecen ponerse de acuerdo, pero, por lo general, establecen como los límites de este largo período la derrota del imperio romano a fines del siglo V y la unificación de España bajo los Reyes Católicos a fines del siglo XV.

La civilización empieza a desarrollarse en la Península Ibérica por lo menos 1500 años antes del principio de la Edad Media. Los primeros habitantes de la región fueron los iberos, pueblo agrícola de origen mediterráneo. Unos 1000 años antes de Cristo los pueblos celtas comenzaron a establecerse en la Meseta Central y en el Norte. La fusión de los celtas y los iberos, junto con otros pueblos de la región, produjo los celtíberos.

Durante la primera mitad del primer milenio antes de Cristo, aumentó la influencia mediterránea con la colonización griega y fenicia. En el siglo VI de la época precristiana, los cartagineses, de gran poder marítimo, comenzaron a establecer su hegemonía en la región meridional. En Andalucía floreció el reino de Tartessos, considerada la primera cultura urbana occidental, el cual llegó a su mayor esplendor en los siglos VII y VI antes de Cristo.

Roma inició su conquista de la Península en el tercer siglo a.C. Los romanos se enfrentaron a una dura resistencia por parte de los cartagineses y, cuando por fin triunfaron, impusieron una organización que cambiaría para siempre el destino de los habitantes de la Península. La romanización trajo consigo el crecimiento demográfico, la urbanización y la expansión agrícola. El pueblo conquistador estableció la lengua latina y el sistema legislativo romanos en las tierras dominadas. La eficacia de la romanización se ve aún hoy día: el 90 por ciento de las palabras del español actual son de origen romano, y el sistema jurídico está basado en gran parte en el derecho romano. Otro resultado importante del dominio romano fue la difusión del cristianismo en la Península. La nueva religión —que según la tradición había sido introducida originalmente por los apóstoles Santiago y san Pablo— fue cobrando importancia rápidamente en el Imperio, sobre todo después de que el emperador Constantino (muerto en 337) proclamara la tolerancia religiosa.

En el siglo V la Hispania romana sufrió una crisis debida a la invasión de pueblos alemanes y francos. Durante los siguientes dos siglos una serie de ataques de vándalos y otros pueblos debilitó el Imperio. A su caída, varios ejércitos ocuparon y saquearon la Península. La entrada en 414 de los visigodos inició una fusión entre éstos y los hispanorromanos. La conversión en 589 del rey visigodo Recaredo, estableció el cristianismo como religión oficial y consolidó el reino. Otra contribución importante de los visigodos fue la publicación del Fuero Juzgo, código jurídico que efectuó una fusión de las legislaciones visigodas e hispanorromanas.

En 711 se inició la invasión árabe de la Península. Las fuerzas musulmanas derrotaron a Rodrigo, último rey visigodo, y los partidarios de éste se refugiaron en el norte de España, desde donde organizaron la resistencia. En 755, la España árabe se independizó de Damasco, sede de la dinastía Omeya. Con la creación del Califato[+] de Córdoba en 929, se inició el florecimiento cultural de la España musulmana. El Califato se convirtió en un centro artístico y científico de fama internacional. Sin embargo, con el tiempo, la España musulmana se fraccionó en pequeños estados llamados *taifas*, lo cual precipitó su decadencia.

También existió en la España medieval una población judía notable. Los orígenes de la presencia hebrea en España están ocultos en el mito, pero según una leyenda medieval, los judíos llegaron a la Península Ibérica en tiempos bíblicos. Aunque algunos estudiosos han descartado esta teoría, el hecho es que los sefarditas, o judíos españoles, se encontraban en la Península ya en tiempo de los romanos. La conversión del Imperio al cristianismo causó un deterioro en las comunidades judías, las cuales sufrieron bajas demográficas y económicas. Varios concilios eclesiásticos adoptaron medidas políticas perjudiciales para los judíos, abriendo paso a terribles discriminaciones. La persecución de judíos continuó durante el reino visigodo, pero tras la invasión musulmana la suerte de los sefarditas mejoró. Se formaron así nuevas comunidades en Andalucía, donde la población respetaba a los comerciantes y artesanos judíos. Cuando el Califato de Córdoba se convirtió en un centro intelectual en el siglo X, la España musulmana atrajo a sabios y artistas judíos de todas partes. Sin embargo, la posición de los judíos en los territorios dominados por árabes nunca fue estable. Siempre existía la posibilidad de que la discriminación volviera a comenzar.

Los siglos X y XI viven en la memoria colectiva sefardita como los «Siglos de Oro» de su cultura. Florecieron la poesía, el arte y las ciencias. Además,

---

[+] Territorio gobernado por un califa o príncipe.

los judíos gozaron de gran prosperidad económica, estableciendo vínculos financieros con los países del Mediterráneo. Los musulmanes eran excluidos de mercados europeos y los cristianos de mercados árabes, pero los comerciantes judíos podían circular libremente entre los dos, lo cual les daba una ventaja significativa. A fines del siglo XV, cuando los Reyes Católicos expulsaron a los judíos a fin de unir el país bajo una sola fe, éstos contaban entre los suyos con un gran número de consejeros reales, abogados, médicos, comerciantes, artistas, artesanos y traductores.

Mientras la cultura árabe florecía en Andalucía, en el norte, los cristianos, refugiados en las montañas de Asturias, emprendieron la recuperación del territorio que habían perdido. En 718, las tropas de Pelayo vencieron a los árabes en Covadonga, iniciando la larga lucha contra el dominio musulmán conocida como la Reconquista. No sería hasta que los Reyes Católicos expulsaran a los árabes de Granada en 1492 que se completaría el proceso.

La situación política de la España de la Reconquista era muy complicada. En el norte estaban los estados cristianos—León, Castilla, Aragón, Navarra y Barcelona—y en el sur los territorios musulmanes—Sevilla, Granada, Córdoba y Valencia. Sin embargo, las alianzas no se formaban exclusivamente según líneas étnicas. Era común que un rey cristiano se uniera a un soberano musulmán para proteger sus intereses. Los judíos vivían en todo el territorio peninsular y a veces servían de intermediarios. Enmarañaba la situación aún más el hecho de que en los territorios árabes hubiera muchos cristianos, o mozárabes,[++] y que varios territorios musulmanes fueran dependientes de reinos cristianos y pagaran tributos (impuestos) a cambio de la protección de otros monarcas moros o cristianos. Estos tributos causaban muchos conflictos y rivalidades entre los estados cristianos. La costumbre de los reyes cristianos de dividir su reino entre sus hijos agravaba aún más la situación, ya que esto fomentaba envidias y antagonismos entre monarcas ávidos de acumular tributos. Esta situación se refleja en la primera gran obra literaria de la Edad Media de que tenemos noticia, el *Cantar de Mio Cid*. Es de notar que aunque el protagonista, Rodrigo Díaz de Vivar, lucha contra los musulmanes, también tiene amigos moros que le prestan servicios.

Durante los siglos de la Reconquista aumentó el poder político, militar y comercial de las cortes cristianas. Los estados cristianos fueron uniéndose mediante invasiones y alianzas matrimoniales hasta que en 1479, con el casamiento de Fernando V de Aragón e Isabel de Castilla, conocidos como los Reyes Católicos, se logró la unificación de los reinos cristianos, iniciándose así la formación de la nación española. Para reforzar la causa de la unidad nacional, se creó la Inquisición en 1478. En 1492, las fuerzas de Fernando e Isabel derrotaron a los moros en Granada y pusieron fin al dominio musulmán. El mismo año expulsaron a los judíos, y en 1502 sometieron a la misma suerte a los moros, otro de los elementos más productivos de la sociedad.

Las repercusiones de estas medidas no se sintieron inmediatamente. Durante la segunda mitad del siglo XV, España afirmó su identidad política y cultural. De una frágil conglomeración de estados se transformó en uno de los países más fuertes e influyentes de Europa. Se afirmó la autoridad de la corona ante la nobleza y se logró la expansión del reino con la toma de Granada, la conquista de Canarias (1484-96), la conquista de Nápoles (1504) y la anexión de Navarra (1512). La proyección imperial de los Reyes Católicos culminó con el descubrimiento de América en 1492 y la subsiguiente colonización.

La transformación de España no fue puramente militar y política sino también cultural. En la época de los Reyes Católicos florecieron las artes. Durante la segunda mitad del siglo XV triunfó el estilo plateresco, el cual combinaba motivos medievales—por ejemplo, el gótico florido—con estructuras nuevas. La llegada a la corte española de maestros flamencos, alemanes e italianos contribuyó al desarrollo de la pintura, la escultura, la arquitectura y la orfebrería.

Uno de los desarrollos más importantes de la época fue el establecimiento del castellano como la lengua nacional. El idioma de Castilla llegó a ser un instrumento del Imperio y un cimiento de la unidad patria. En 1492, Antonio de Nebrija publicó su *Arte de la lengua castellana*, la primera gramática de una lengua vernácula.[+++] Poco a poco, el castellano se trasformó en la lengua de la creación artística, reemplazando el latín.

Durante la época de Juan II de Castilla (1405-1454), ya se producía en España poesía culta de influencia italiana. Durante el siglo XV, el *romance*,[++++] un tipo de poema narrativo de origen popular, también creció en importancia. También se observan en el siglo XV los comienzos de la novela. Uno de los primeros ejemplos fue *Siervo libre de amor* (1440), de Juan de la Cámara (o del Padrón). Le siguieron *Grisel y Mirabella* y *Grimalte y Gradissa*, de Juan de

---

[++] Nombre que se le daba al cristiano que vivía entre moros.

[+++] Es decir, propia del país. Anteriormente sólo existían gramáticas del latín.

[++++] balada

Flores y *Cárcel de Amor*, de Diego de San Pedro, todos publicados entre 1490 y 1500. *La Celestina*, que aparece al final del siglo, es considerada el prototipo tanto de la narración novelesca como del drama del siguiente siglo.

Hoy en día, muchos estudiosos han adoptado una actitud nueva hacia la cultura del Medioevo. De hecho, algunos han alegado que la noción de «Edad Media» es más bien una invención de ciertos intelectuales del siglo XIX, aunque debilita esta tesis el hecho de que ya a fines del siglo XVII, el alemán Christoph Keller, desarrollando una idea que se gestaba desde el siglo XIV, usó el término *medium acvum* para referirse al período entre la Antigüedad y la Modernidad (O'Malley 19). En vez de considerar el primer milenio de la historia europea un tiempo primitivo, un primer paso en un largo camino que conduciría finalmente a la Modernidad, hoy día muchos investigadores lo ven como una realidad compleja e independiente, con sus propios conceptos y valores. Es decir, rechazan la noción del progreso del siglo XIX que conceptúa cada época de la historia humana como un peldaño en una escala.

Aunque hay los que ven el «nuevo medievalismo»* como una extensión del «nuevo historicismo»,* hay diferencias fundamentales entre estos dos movimientos críticos. El nuevo historicismo se ocupa principalmente de las maneras en que se afirman el poder y la autoridad a través de la representación. Para muchos proponentes del nuevo medievalismo, el hombre de la Edad Media tenía menos interés en cuestiones relacionadas con la potestad que en afirmar y describir un mundo material cuyas fronteras le parecerán al lector de hoy extremadamente fluidas. Esta fluidez puede ser geográfica o cultural, social, moral o filosófica. Se nota, por ejemplo, en la relación—a veces amistosa, a veces hostil—entre cristianos y moros en *El Cid,* en la intervención en el mundo material de seres sobrenaturales en las obras de Berceo o en la ambigüedad del *Libro de buen amor.*

Stephen Nichols ha señalado que la fascinación con el astrolabio—instrumento que se utilizaba para observar la posición de los astros y determinar su altura sobre el horizonte—refleja el afán del hombre medieval por precisar las fronteras de la tierra y los planetas. Pero esta obsesión por definir los límites de las cosas no es sólo científica, sino que se extiende a cada aspecto de la vida. Es decir, se trata de un concepto alternativo de la realidad muy ajeno al nuestro. No revela, como han dicho algunos pensadores, un deseo de confirmar lo ya sabido, sino un deseo de enfrentarse a la inestabilidad de las cosas.

Para el hombre y la mujer del Medioevo, la mudanza es una constante; las cosas cambian conti-

nuamente. Es a causa de esta volubilidad que el individuo necesita concretar los límites y fijar las cosas. Es por esto que el Cid, enfrentado con un cambio inesperado de situación cuando sus enemigos lo desprestigian ante el Rey, observa con tanta atención las «puertas abiertas e uços sin cañados» y «las alcandaras vazias sin pielles e sin mantos». Al verlas y enumerarlas, las fija y crea una realidad tangible y estable. Es por esto también que en la literatura medieval las emociones se concretan a través de la imagen. El autor de *El Cid* no nos dice que el héroe está triste, sino que nos lo muestra llorando. Este concepto explica la importancia del narrador como testigo en la poesía épica medieval. A través de la observación las cosas se hacen verídicas y genuinas. La realidad alternativa del hombre de la Edad Media es fluctuante, insegura y peligrosa.

Una característica fundamental de la mentalidad medieval es la preocupación por el más allá, es decir, por la vida después de la muerte, la cual se consideraba más real que la terrestre. Esta actitud conducía a un desdén por el cuerpo y por todo lo material. La naturaleza didáctica de mucha de la literatura de esta época resulta de la noción de que el arte debía preparar a la gente para la vida eterna.

Las jarchas*

Hoy día las jarchas son uno de los temas más controvertidos del hispanismo medieval. En el siglo XIX, el investigador Marcelino Menéndez y Pelayo sugirió la posibilidad de que existiera una antigua tradición lírica española con raíces en las oscuras épocas de la primera dominación árabe de la Península. En 1948 el arabista Samuel Stern creyó descubrir unos poemas en hispano-romance, el idioma de la población de la España musulmana. Conocidos como *kharjas* o, en su forma españolizada, jarchas, estas breves estrofas aparecían al final de una composición más larga, llamada *muwashaha,* escrita en árabe o hebreo. El hebraísta Francisco Cantera convirtió la lectura bastante rudimentaria de Stern en un texto más coherente y, más tarde, Emilio García Gómez retocó estas versiones primitivas e interpretó nuevas jarchas que aún no habían sido estudiadas.

Sin embargo, algunos investigadores modernos han puesto en duda la validez de aquella labor, alegando que estos poemas presentan problemas culturales y lingüísticos que no se han resuelto de una manera satisfactoria. Señalan que en la escritura árabe no se emplea la vocal, por lo cual muchas palabras se prestan a más de una traducción. Dicen que las transcripciones de los primeros eruditos son más bien creaciones propias en vez de ejemplos auténticos de una antigua lírica española.

A pesar de estas incertidumbres, la mayoría de los expertos creen que, si bien no todas las interpretaciones de pioneros como Stern son exactas, hay amplia evidencia de la legitimidad de sus conclusiones. Por ejemplo, se han encontrado poemas medievales en casi todos los países de Europa que comparten la temática y la estructura de las jarchas. Es decir, este tipo de estrofa no es particular de España, sino que existe en muchos otros países. Las «canciones de mujer», que comprenden el *Frauenlied* alemán, la *cantiga de amigo* gallego-portuguesa y la *chanson de femme* francesa, tienen semejanzas con las jarchas. También se han descubierto canciones populares en Italia, Grecia y los países bálticos que parecen ser parte de la misma tradición. Además, perduran en España y en Latinoamérica unas pocas canciones folclóricas que conservan, con modificaciones, elementos de la jarcha.

Se trata de una estrofilla al final de la *muwashaha* que, según San ' al-Mulk, poeta y tratadista árabe del siglo XIII, debía estar en árabe coloquial o en algún otro idioma vernáculo como, por ejemplo, el mozárabe (nombre dado al conjunto de dialectos románicos hablados por la población de la Península Ibérica bajo el dominio de los musulmanes). Parece que la costumbre de cerrar la *muwashaha* con una jarcha se originó con los poetas árabes y después pasó a los hebreos. Según el mismo tratadista musulmán, el tema de la jarcha debía ser el amor y el contenido podía ser no sólo erótico sino escabroso. Con respecto a la sensualidad, las jarchas de procedencia árabe tienden a ser más explícitas que las hebreas, que suelen ser más bien idílicas y tiernas.

Aunque estos poemas fueron escritos seguramente por hombres, están casi siempre en voz de mujer y en primera persona. A menudo, la cantante se dirige a su madre o a una amiga, a quien llama «hermana». En algunas jarchas su interlocutor es su amado, un pariente o un grupo de amigas.

Algunos expertos han encontrado una relación entre la jarcha y el villancico,* un tipo de canción popular con estribillo. Aunque el villancico abarca toda la realidad del pueblo—el trabajo, el juego, las fiestas, la religión—algunos de los que tratan asunto amoroso son parecidos temática y estructuralmente a las jarchas.

El descubrimiento de las jarchas es considerado importante porque cambia nuestro concepto de los orígenes de la literatura española. Hasta mediados del siglo XX se creyó que ésta comenzaba con la épica, o poema narrativo. Se creyó que la poesía lírica—es decir, la que expresa sentimientos personales en vez de relatar una historia—era provenzal (de Provenza, en el sur de Francia) y gallego-portuguesa, pero no castellana. Ahora sabemos que Castilla también produjo una lírica primitiva.

En los ejemplos que ofrecemos aquí, la versión en español moderno sigue a la versión original.

Jarchas

Garid vos, ay yermanillas,
¿cóm' contener a meu male?
Sin el *habíb* non vivreyu:
¿ad ob l'irey demandare?

Decidme, ay hermanitas,
¿cómo contener mi mal?
Sin el amado no viviré:
¿adónde iré a buscarlo?

Tant' amare, tant' amare,
habíb, tant amare!
¡Enfermaron welyos, guay Deus!
e duelen tan male.

¡Tanto amar, tanto amar,
amado, tanto amar!
¡Enfermaron (mis) ojos, ay Dios!
y duelen tanto.

Vaise mío corachón de mib.
¡Ya Rab! ¿sí se me tornarad?
Tan mal miio doler *li-l-habíb*:
enfermo yed, cuánd sanarad?

Se va mi corazón de mí
¡Ay Dios! ¿acaso tornará?
Tan grande es mi dolor por el amado:
enfermo está, ¿cuándo sanará?

Meu sidi Ibrahim, ya nuemne dolche,
vent' a mib de nohte.
In non, sí non queris, yireim' a tib:
garme d'on venis.

Señor mío Ibrahim, ¡oh dulce nombre!
vente a mí de noche.
Si no, si no quieres, me iré a ti:
dime dónde encontrarte.

Gar, ¿qué fareyu?
¿cómo vivrayu?
Est' *al-habíb* espero,

por él murrayu.

Dime, ¿qué haré?
¿cómo viviré?
A este amado espero,
Por él moriré.

¿Qué faréi, mamma?
Meu al-habíb est ad yana.

¿Qué haré, madre?
Mi amado está a la puerta.

Temas

1. ¿Qué emociones se expresan en esta poesía?
2. ¿Quién se supone que canta? ¿A quién se dirige a menudo?
3. ¿Cómo crean los poetas un «ambiente femenino»?
4. ¿Por qué es tan difícil interpretar las jarchas?
5. ¿Qué controversia existe con respecto a esta poesía?

La epopeya*

La *epopeya*, o poesía épica,* es la que narra las proezas de algún héroe histórico o legendario. El *Cantar de Mio Cid* es el ejemplo más antiguo de la poesía épica castellana.

Hoy en día existe una controversia sobre *El Cid*. Tradicionalmente se ha visto como un *cantar de gesta*, nombre que se le da en las literaturas románticas medievales a los poemas épicos de métrica irregular y autoría colectiva. Es decir, aunque estas obras fueron compuestas por algún individuo, fueron pasadas de una generación a otra, transformándose en el proceso. Según esta teoría, *El Cid* forma parte del mester de juglaría,* la poesía popular y anónima cantada por los juglares,* personas que por una recompensa recitaban obras en público y que a menudo agregaban elementos al original. Los partidarios de esta hipótesis, propuesta por Ramón Menéndez Pidal (1869-1968), fechan la composición de *El Cid* alrededor de 1140, pero creen que puede ser una refundición* de una obra más antigua.

Otra teoría—ésta propuesta por Colin Smith en 1983—es que *El Cid* no forma parte del mester de juglaría sino del mester de clerecía,* la poesía que se cultivaba en los monasterios y otros centros de erudición. Según Smith, no se trata de un *cantar* anónimo sino un *poema* escrito en 1207 por Per Abbat, clérigo cuyo nombre aparece al final del manuscrito,

y de que se creía que era sólo el copista. Smith no ha logrado convencer a todos los expertos sin embargo, y muchos siguen manteniendo que *El Cid* es representativo de un extenso cuerpo de cantares de gesta muy antiguo que se ha perdido.

El *Cantar de Mio Cid* cuenta la historia de Rodrigo Díaz de Vivar, personaje probablemente histórico, que nació en Vivar, al norte de Burgos, alrededor de 1043. De una familia noble, fue un militar brillante y llegó a ser conocido como El Campeador («gran guerrero»). Los moros, que lo respetaban tanto como los cristianos, lo llamaban *Sidi*, título de respeto que significa «señor»; de ahí proviene la palabra «Cid».

El cantar comienza con el destierro del Cid, a quien sus enemigos han acusado injustamente de robar dinero al rey, Alfonso VI de Castilla y León. Al pasar el héroe por Burgos, acompañado por sus parientes y vasallos, todos lamentan la injusticia de su situación, pero nadie se atreve a ofrecerle ayuda por miedo al soberano. Una característica del arte medieval es que se representan los sentimientos e ideas abstractas por medio de imágenes concretas. El Cid, al entrar en Burgos, llora a lágrima viva y mira las puertas abiertas y las perchas vacías, indicios de su abandono de la ciudad. Antes de lanzarse a una vida de aventuras que le permitirá recobrar su honor, va al monasterio donde su mujer, doña Ximena, y sus dos hijas, Elvira y Sol, lo esperarán durante su ausencia. Esta despedida conmovedora demuestra que el Cid no es sólo un hombre de guerra sino también un esposo y padre amantísimo.

Caracterizan las escenas de batalla el tono vivo y animado creado por el uso del tiempo presente y de un narrador-testigo que parece estar presenciando la acción. La exageración—por ejemplo, el número increíble de muertos y la acumulación de partes del cuerpo en el campo de batalla—sirve no para horrorizar al oyente, sino para intensificar el sentido de lo heroico. A pesar de esta hipérbole, llama la atención la verosimilitud de las descripciones de la vida militar y de lugares geográficos.

Un episodio importante es el ultraje de las hijas del Cid por los infantes de Carrión. Los yernos del Campeador demuestran su cobardía cuando un león se escapa de su jaula. Temblando de miedo, uno huye y el otro se esconde, lo cual provoca risas en la Corte. Finalmente el Cid, que había estado dormido, se despierta y doma al animal. Mostrando mesura y compasión, prohíbe que nadie se burle de los Infantes, pero ellos, furiosos, deciden vengarse del Cid abusando de doña Elvira y de doña Sol.

Al final Rodrigo de Vivar salva a sus hijas, pero en vez de tomar venganza él mismo, acude a las Cortes para pedir una reparación. Los Infantes son desacre-

ditados en unos duelos judiciales y las hijas del Cid
se casan con dos nobles dignos de su afecto. El Cid
muere mucho tiempo después rodeado de familiares
y amigos.

En los fragmentos incluidos aquí, la versión medieval aparece primero, seguida por una traducción al
español moderno realizada por el poeta Pedro Salinas.

Cantar de Mio Cid

*El Cid entra en Burgos, donde el Rey ha prohibido que
le den posada y le vendan provisiones.*

I

De los sos ojos   tan fuerte mientre lorando
tornava la cabeça   y estava los catando.
Vio puertas abiertas   e uços sin cañados,
alcandaras vazias   sin pielles e sin mantos
e sin falcones   e sin adtores mudados.
Sospiro mio Çid   ca mucho avie grandes cuidados.
Ffablo mio Çid   bien e tan mesurado:
«¡Grado a ti, señor,   padre que estas en alto!
¡Esto me an buelto   mios enemigos malos!»

II

Alli pienssan de aguijar,   alli sueltan las riendas.
A la exida de Bivar   ovieron la corneja diestra
y entrando a Burgos   ovie ron la siniestra.
Meçio mio Çid los ombros   y engrameo la tiesta:
«¡Albriçia, Albar Ffañez,   ca echados somos de tie-
    rra!»

III

Mio Cid Ruy Diaz   por Burgos entrava,
en su compaña   pendones levava.
Exien lo ver   mugieres e varones,
burgeses e burgesas   por las finiestras son,
plorando de los ojos   tanto avien el dolor.
De las sus bocas   todos dizian una razon:
«¡Dios, que buen vassalo!   ¡Si oviesse buen señor!»

*Batalla del Cid contra el rey Búcar. Victoria de las
fuerzas del Cid y muerte del rey moro.*

CXVII

El obispo don Jheronimo   priso a espolonada
e iva los ferir   a cabo del albergada:
por la su ventura   e Dios quel amava
a los primeros colpes   dos moros matava de la lanza;
el astil a quebrado   e metio mano al espada,
ensayavas el obispo,   ¡Dios, que bien lidiava!

Dos mato con lança   e.v. con el espada;
los moros son muchos,   derredor le çercavan,
davan le grandes colpes   mas nol falssan las armas.
El que en buen ora nasco   los ojos le fincava,
enbraco el escudo   e abaxo el asta,
aguijo a Bavieca   el cavallo que bien anda,
hiva los ferir   de coraçon e de alma;
en las azes primeras   el Campeador entrava,
abatio a .vii.   e a .iiii. matava.
Plogo a Dios   aquesta fue el arrancada.
Mio Çid con los suyos   cae en alcança:
veriedes quebrar tantas cuerdas   e arrancar se
    las estacas
e acostar se los tendales,   con huebras eran tantas.
Los de mio Çid a los de Bucar   de las tiendas los sa-
    can.

CXVIII

Sacan los de las tiendas,   caen los en alcaz;
tanto braço con loriga   veriedes caer apart,
tantas cabeças con yelmos   que por el campo caen,
cavallos sin dueños   salir a todas partes;
vii. migeros conplidos   duro el segudar.
Mio Çid al rey Bucar   cayol en alcaz:
«¡Aca torna, Bucar!   Venist d'alent mar,
verte as con el Çid   el de la barba grant,
¡saludar nos hemos amos   e tajaremos amistad!»
Respuso Bucar al Çid: «¡Cofonda Dios tal amistad!
El espada tienes desnuda en la mano   veot aguijar,
asi commo semeja   en mi la quieres ensayar;
mas si el cavallo non estropieça   o comigo non caye
non te juntaras comigo   fata dentro en la mar!»
Aqui repuso mio Çid: «¡Esto non sera verdad!»
Buen cavallo tiene Bucar   e grandes saltos faz
mas Bavieca el de mio Çid   alcançando lo va.
Alcançolo el Çid a Bucar   a tres braças del mar,
arriba alço Colada,   un grant golpe dadol ha,
las carbonclas del yelmo   tollidas gela[s] ha,
cortol el yelmo   e—librado todo lo hal—
fata la çintura   el espada legado ha.
Mato a Bucar   al rey de alen mar
e gano a Tizon   que mill marcos d'oro val.
Vençio la batalla   maravillosa e grant.

Aquis ondro mio   e quantos con el son.

*Los infantes de Carrión, objetos de burlas en la corte
por haberse comportado como cobardes cuando un
león se escapó de su jaula, deciden volver a Carrión y
afrentar al Cid, abusando de sus hijas.*

CXXIV

«Pidamos nuestras mugieres   al Çid Campeador;
digamos que las levaremos   a tierras de Carrion,
enseñar las hemos   do las heredades son;
sacar las hemos de Valençia   de poder del Campeador,
despues en la carrera   feremos nuestro sabor
ante que nos retrayan   lo que cuntio del leon.
¡Nos de natura somos   de condes de Carrion!
Averes levaremos grandes   que valen grant valor;
¡escarniremos   las fijas del Campeador!»
«D'aquestos averes   siempre seremos ricos omnes,
podremos casar con fijas   de reyes o de enperadores
¡ca de natura somos   de condes de Carrion!
Assi las escarniremos   a las fijas del Campeador
antes que nos retrayan   lo que fue del leon».
Con aqueste consejo   amos tornados son.
Fablo Feran Gonçalez   e fizo callar la cort:
«¡Si vos vala el Criador,   Çid Campeador!
Que plega a doña Ximena   e primero a vos
e a Minaya Albar Fañez   a quantos aqui son:
dad nos nuestras mugieres   que avemos a bendiçiones,
levar las hemos   a nuestras tierras de Carrion,
meter las hemos   en las villas
que les diemos   por arras e por onores;
veran vuestras fijas   lo que avemos nos,
los fijos que ovieremos   en que avran partiçion».
Dixo el Campeador: «Darvos he mis fijas e algo de lo mio».
El Çid que nos curiava   de assi ser afontado:
«Vos les diestes villas por arras   en tierras de Carrion;
hyo quiero les dar axuvar   .iii. mill marcos de valor,
darvos e mulas e palafres   muy gruessos de sazon,
cavallos pora en diestro   fuertes e corredores
e muchas vestiduras   de paños e de çiclatones;
dar vos he dos espadas,   a Colada e a Tizon,
bien lo sabedes vos   que las gane a guisa de varon.
Mios fijos sodes amos   quando mis fijas vos do;
alla me levades   las telas del coraçon.
¡Que lo sepan en Gallizia   y en Castiella y en Leon
con que riqueza enbio   mios yernos amos a dos!
A mis fijas sirvades,   que vuestras mugieres son;
si bien las servides   yo vos rendre buen galardon».
Atorgado lo han esto   los iffantes de Carrion.
Aqui reçiben   las fijas del Campeador,
conpieçan a reçebir   lo que el Çid mando.
Quando son pagados   a todo so sabor
Hya mandavan cargar   iffantes de Carrion

Grandes son las nuevas   por Valencia la mayor,
todos prenden armas   e cavalgan a vigor
por que escurren sus fijas del Campeador   a tierras de Carrion.
Hya quieren cavalgar,   en espidimiento son.
Amas hermanas   don Elvira e doña Sol
fincaron los inojos   ant'el Çid Campeador:
«¡Merced vos pedimos, padre!   ¡Si vos vala el Criador!
Vos nos engendrastes,   nuestra madre nos pario;
delant sodes amos,   señora e señor.
Agora nos enviades   a tierras de Carrion,
debdo nos es a cunplir   lo que mandaredes vos.
Assi vos pedimos merçed   nos amas a dos
que ayades vuestros menssajes   en tierras de Carrion».
Abraçolas mio Çid   e saludolas amas a dos.

El Cid envía a sus hijas, doña Elvira y doña Sol, con los infantes de Carrión. En Molina los recibe el buen moro Abengalbón, que les da regalos. Los Infantes deciden matar al moro para quedarse con sus riquezas, pero éste descubre la traición. Siguen los Infantes el viaje hasta el robledal de Corpes, donde abusan de sus mujeres y las abandonan.

CXXVIII

(…) Entrados son los ifantes   al robredo de Corpes,
los montes son altos,   las ramas pujan con las nues,
e las bestias fieras   que andan aderredor.
Falaron un vergel   con una linpia fuent,
mandan fincar la tienda   ifantes de Carrion;
con quantos que ellos traen   i yazen essa noch.
Con sus mugieres en braços   demuestran les amor:
¡mal gelo cunplieron   quando salie el sol!
Mandaron cargar las azemilas   con grandes averes;
cogida han la tienda   do albergaron de noch,
adelant eran idos   los de criazon.
Assi lo mandaron   los ifantes de Carrion
que non i fincas ninguno,   mugier nin varon,
si non amas sus mugieres   doña Elvira e doña Sol;
deportar se quieren con ellas   a todo su sabor.
Todos eran idos,   ellos .iiii. solos son.
Tanto mal comidieron   los ifantes de Carrion:
«Bien lo creades   don Elvira e doña Sol:
aqui seredes escarnidas   en estos fieros montes;
oy nos partiremos   e dexadas seredes de nos,
non abredes part   en tierras de Carrion.
Hiran aquestos mandados   al Çid Campeador;
¡nos vengaremos aquesta   por la del leon!»

Alli les tuellen   los mantos e los pelliçones,
paran las en cuerpos   y en camisas y en ciclatones.
Espuelas tienen calçadas   los malos traidores,
en mano prenden las cinchas   fuertes e duradores.
Quando esto vieron las dueñas   fablava doña Sol:
«¡Por Dios vos rogamos   don Diego e don Ferando!
Dos espadas tenedes   fuertes e tajadores
—al una dizen Colada   e al otra Tizon—
¡cortandos las cabeças,   martires seremos nos!
Moros e christianos   departiran desta razon,
que por lo que nos mereçemos   no lo prendemos nos;
¡atan malos enssienplos   non fagades sobre nos!
Si nos fueremos majadas   abiltaredes a vos,
retraer vos lo an   en vistas o en cortes».
Lo que ruegan las dueñas   non les ha ningun pro.
Essora les conpiecan a dar   los ifantes de Carrion,
con las çinchas corredizas   majan las tan sin sabor.
con las espuelas agudas   don ellas an mal sabor
ronpien las camisas e las carnes   a ellas amas a dos;
Impia salie la sangre   sobre los çiclatones.
Ya lo sienten ellas   en los sos coraçones.
¡Qual ventura serie esta   si ploguiesse al Criador
que assomasse essora   el Çid Campeador!
Tanto las majaron   que sin cósimente son,
sangrientas en las camisas   e todos los çiclatones.
Canssados son de ferir   ellos amos a dos
ensayandos amos   qual dara mejores colpes.
Hya non pueden fablar   don Elvira e doña Sol,
por muertas las dexaron   en el robredo de Corpes.

Cantar de Mio Cid (versión moderna)

El Cid entra en Burgos, donde el Rey ha prohibido que le den posada y le vendan provisiones.

I

Los ojos de Mío Cid mucho llanto van llorando
hacia atrás vuelve la vista y se quedaba mirándolos.
Vio cómo estaban las puertas abiertas y sin candados,[1]
vacías quedan las perchas[2] ni con pieles ni con mantos,
sin halcones de cazar y sin azores mudados.[3]
Suspira el Cid porque va de pesadumbre cargado.
Y habló, como siempre habla, tan justo y tan mesurado:
«¡Bendito seas Dios mío, Padre que estás en lo alto!
Contra mí tramaron esto mis enemigos malvados».

II

Ya aguijan[4] a los caballos, ya les soltaron las riendas.
Cuando salen de Vivar ven la corneja a la diestra,[5]
pero al ir a entrar en Burgos la llevaban a su izquierda.
Movió Mío Cid los hombros y sacudió la cabeza
«¡Ánimo, Alvar Fáñez,[6] ánimo, de nuestra tierra nos
    echan,
pero cargados de honra hemos de volver a ella!»

III

Ya por la ciudad de Burgos el Cid Ruy Díaz entró.
Sesenta pendones[7] lleva detrás el Campeador.
Todos salían a verle, niño, mujer y varón,
a las ventanas de Burgos mucha gente se asomó.
¡Cuántos ojos que lloraban de grande que era el dolor!
Y de los labios de todos sale la misma razón:
«¡Qué buen vasallo sería si tuviese buen señor!»

Batalla del Cid contra el rey Búcar. Victoria de las fuerzas del Cid y muerte del rey moro.

CXVII

El obispo don Jerónimo hizo una buena arrancada,
y fue a atacar a los moros allí donde ellos acampan.
Por la suerte que tenía y por lo que Dios le amaba
de sus dos golpes primeros dos enemigos mataba.
Ya tiene rota la lanza y metió mano a la espada.
¡Cómo se esfuerza el obispo, Dios mío qué bien luchaba!
A dos mató con la lanza y ahora a cinco con la espada.
Pero son muchos los moros y en derredor le cercaban,
muy grandes golpes le dieron, pero la armadura aguanta.
Mio Cid el bienhadado[8] los ojos en él clavaba,
por fin embraza[9] el escudo, baja el astil[10] de la lanza
y espolea[11] a su Babieca, el caballo que bien anda:
ya va a atacar a los moros con el corazón y el alma.
Entre las filas primeras el Campeador se entraba,
a siete tira por tierra, y a otros cuatro los mataba.
Así empieza la victoria que aquel día fue lograda.
Mío Cid con sus vasallos detrás de los moros anda.
Vierais romper tantas cuerdas[12] y quebrar tantas estacas[13]
y con sus labrados postes tiendas que se desplomaban.
Los del Cid a los de Búcar fuera de sus tiendas lanzan.

---

[1] *Locks.*
[2] *Cupboards, racks.*
[3] *Molted hawks. (Hawks were used for hunting.)*
[4] *Spur on.*
[5] *The crow on the right (a sign of good luck).*
[6] En el *Cantar,* amigo y sobrino del Cid.
[7] *Banners.*
[8] *Afortunado.*
[9] *Meter el brazo por el asa (handle) del escudo (shield).*
[10] *Shaft.*
[11] *Spurs on.*
[12] *Tent cords.*
[13] *Poles.*

CXVIII

De sus tiendas les arrojan y persiguiéndoles van.
Vierais allí tantos brazos con sus lorigas[14] cortar,
tantas cabezas con yelmo[15] por aquel campo rodar
y los caballos sin amo correr de aquí para allá.
Aquella persecución siete millas fue a durar.
Mío Cid a aquel rey Búcar a los alcances le va:
«Vuélvete, Búcar, decía, viniste de allende[16] el mar
y al Cid de la barba grande cara a cara has de mirar,
los dos hemos de besarnos, pactaremos amistad».
Repuso Búcar: «¡Que Dios confunda a un amigo tal!»
«Espada tienes en mano y te veo espolear,
se me figura que quieres en mí tu espada ensayar.[17]
Mas si no cae mi caballo y ningún tropiezo da,
no te juntarás conmigo como no sea en el mar.»
Responde entonces el Cid: «Eso no será verdad.»
Buen caballo tiene Búcar, grandes saltos le hace dar,
pero Babieca el del Cid, a los alcances le va.
Mío Cid alcanza a Búcar a tres brazas[18] de la mar,
alza su espada Colada, un fuerte golpe le da,
los carbunclos[19] de su yelmo todos se los fue a arrancar,
luego el yelmo y la cabeza le parte por la mitad,
hasta la misma cintura la espada fue a penetrar.
El Cid ha matado a Búcar aquel rey de allende el mar,
ganó la espada Tizona, mil marcos de oro valdrá.
Batalla maravillosa y grande supo ganar.
Aquí se honró Mío Cid y cuantos con él están.

*Los infantes de Carrión, objetos de burlas en la corte
por haberse comportado como cobardes cuando un
león se escapó de su jaula, deciden volver a Carrión y
afrentar al Cid, abusando de sus hijas.*

CXXIV

«Pidamos nuestras mujeres a este Cid Campeador.
Diremos que las llevamos a heredades[20] de Carrión
para que vean allí las tierras que nuestras son.
Saquémoslas del amparo de Mío Cid Campeador,
y por el camino haremos lo que nos plazca a los dos,
antes de que nos pidan cuentas por lo del león.
De gran linaje venimos, somos condes de Carrión.
Muchos bienes nos llevamos que valen mucho valor,
escarnio[21] haremos a las hijas del Campeador.

Con estos bienes seremos ya ricos hombres los dos,
podremos casar con hija de rey o de emperador.
De gran linaje venimos somos condes de Carrión,
escarnio haremos a las hijas del Campeador
antes de que nos pidan cuentas por aquello del león».
Después de puestos de acuerdo a la corte van los dos,
hicieron callar a todos, Fernán González habló:
«Nuestro Señor os bendiga, Mío Cid Campeador,
pedimos a vuestra esposa, pedimos primero a vos
y a Minaya[22] y a los otros que están aquí alrededor
que nos den nuestras mujeres, esposas por bendición[23]
para llevarlas a aquellas tierras nuestras de Carrión:
de lo que en arras las dimos tomarán ya posesión
y así verán vuestras hijas las tierras que nuestras son,
y que han de ser de los hijos que nos nazcan a los dos».
No receló ningún mal Mío Cid Campeador:
«Llevadlas y de algo mío yo las haré donación,
vosotros disteis por arras unas villas de Carrión,
yo quiero darlas ahora tres mil marcos de valor,
y mulas y palafrenes[24] que de buena talla son
y unos veloces caballos de montar para los dos
y trajes y vestiduras de oro y seda en profusión.
Os daré mis dos espadas, Colada y Tizona; no
olvidéis que las gané en el campo, a lo varón,[25]
si os entrego a mis hijas por hijos os tengo yo.
Para allá os me lleváis las telas del corazón.[26]
Que sepan allí en Castilla y en Galicia y en León
con qué riqueza tan grande hoy os despido a los dos.
Servid bien a mis dos hijas, que vuestras mujeres son,
que si las sirvierais bien os daré buen galardón[27]».
A todo dicen que sí los infantes de Carrión.
Sus hijas los ha entregado Mío Cid Campeador,
y empiezan a recibir lo que el Cid les regaló.
Cuando ya estuvieron hartos de recibir tanto don
mandan cargar las acémilas[28] los infantes de Carrión.
Mucho rebullicio[29] había por Valencia la mayor,
cada cual sus armas coge, en su caballo montó
por despedir a las hijas del Cid, que van a Carrión.

---

[14] Armadura.
[15] *Helmet.*
[16] *Across.*
[17] **Quieres…** *you want to try your sword out on me.*
[18] *Fathoms.*
[19] Joyas.
[20] Tierras.

[21] Insultos, burlas.
[22] Apodo que el Cid le da a Alvar Fáñez. Quiere decir «mi hermano», del vasco *anai*, «hermano».
[23] Es decir, por la Iglesia.
[24] Tipo de caballo.
[25] **Las…** *I won them on the battle field, like a man. (El Cid won the swords Colada and Tizona from the Moorish king.)*
[26] **Las…** *my heartstrings.*
[27] Regalo.
[28] Animales.
[29] Movimiento.

Iba a comenzar la marcha, la despedida llegó.
Entonces las dos hermanas, Doña Elvira y Doña Sol
van a hincarse de rodillas[30] ante el Cid Campeador:
«Merced os pedimos, padre, válgaos el Creador,
vos nos habéis engendrado, nuestra madre nos parió,
señor y señora nuestros, estáis delante los dos.
Ahora, padre, nos mandáis a las tierras de Carrión
y fuerza nos es cumplir aquello que mandáis vos.
Así merced os pedimos, nuestro buen padre y señor,
que mandéis noticias vuestras a las tierras de Carrión».
Las abraza y en la boca las besa el Cid a las dos.

*El Cid envía a sus hijas, doña Elvira y doña Sol, con
los infantes de Carrión. En Molina los recibe el buen
moro Abengalbón, que les da regalos. Los infantes
deciden matar al moro para quedarse con sus riquezas,
pero éste descubre la traición. Siguen los infantes el
viaje hasta el robledal de Corpes, donde abusan de sus
mujeres y las abandonan.*

CXXVIII

(…) En el robledal de Corpes entraron los de Carrión;
las ramas tocan las nubes, muy altos los montes son
y muchas bestias feroces rondaban alrededor.
Con una fuente se encuentran y un pradillo de verdor.
Mandaron plantar las tiendas los infantes de Carrión
y esa noche en aquel sitio todo el mundo descansó.
Con sus mujeres en brazos señal las dieron de amor.
¡Pero qué mal se lo cumplen en cuanto que sale el sol!
Mandan cargar las acémilas con su rica cargazón,
mandan plegar esa tienda que anoche los albergó.
Sigan todos adelante, que luego irán ellos dos:
esto es lo que mandaron los infantes de Carrión.
No se quede nadie atrás, sea mujer o varón
menos las esposas de ellos doña Elvira y doña Sol,
porque quieren solazarse[31] con ellas a su sabor.[32]
Quédanse solos los cuatro, todo el mundo se marchó.
Tanta maldad meditaron los infantes de Carrión.
«Escuchadnos bien, esposas, Doña Elvira y Doña Sol:
vais a ser escarnecidas en estos montes las dos,
nos marcharemos dejándoos aquí a vosotras, y no
tendréis parte en nuestras tierras del condado de Carrión.
Luego con estas noticias irán al Campeador
y quedaremos vengados por aquello del león».
Allí los mantos y pieles les quitaron a las dos,

solo camisa y brial[33] sobre el cuerpo les quedó.
Espuelas llevan calzadas los traidores de Carrión,
cogen en las manos cinchas que fuertes y duras son.
Cuando esto vieron las damas así hablaba Doña Sol:
«Vos, Don Diego y Don Fernando, os lo rogamos por
    Dios,
sendas espadas tenéis de buen filo tajador,[34]
de nombre las dos espadas, Colada y Tizona, son.
Cortadnos ya las cabezas, seamos mártires las dos,
así moros y cristianos siempre hablarán de esta acción,
que esto hacéis con nosotras no lo merecemos, no.
No hagáis esta mala hazaña, por Cristo nuestro Señor,
si nos ultrajáis[35] caerá la vergüenza sobre vos,
y en juicio o en corte han de pediros la razón».
Las damas mucho rogaron, mas de nada les sirvió;
empezaron a azotarlas los infantes de Carrión,
con las cinchas corredizas les pegan sin compasión,
hiérenlas con las espuelas donde sientan más dolor,
y les rasgan las camisas y las carnes a las dos,
sobre las telas de seda limpia la sangre asomó.
Las hijas del Cid lo sienten en lo hondo del corazón.
¡Oh qué ventura tan grande si quisiera el Creador
que asomase por allí Mío Cid Campeador!
Desfallecidas se quedan, tan fuertes los golpes son,
los briales y camisas mucha sangre los cubrió.
Bien se hartaron de pegar los infantes de Carrión,
esforzándose por ver quién les pegaba mejor.
Ya no podían hablar Doña Elvira y Doña Sol.
En el robledal de Corpes por muertas quedan las dos.

Versión moderna de Pedro Salinas

𝒯emas

Comprensión del texto

1. ¿Por qué llora el Cid? ¿Por qué tiene que partir?
2. ¿Cómo expresa el pueblo su amor al Cid?
3. ¿Quién es Búcar? ¿Quiénes ganan la batalla entre los moros y los españoles?
4. ¿Qué le ofrece el Cid a Búcar? ¿Cómo reacciona el rey moro?
5. ¿Qué ganó el Cid en la batalla?
6. ¿Quiénes son los infantes de Carrión?
7. ¿Cómo los trata el Cid?
8. ¿Qué les hacen los infantes a las hijas del Cid?

El Cid muere en el dia de Pasquas

---

[30] **Hincarse…** *kneel.*
[31] *Divertirse.*
[32] *Gusto.*

[33] *Undergarment.*
[34] **Sendas…** *Each of you has a sharp sword.*
[35] *Harm.*

Análisis literario

1. ¿Qué cualidades morales caracterizan al Cid? ¿En qué episodio vemos su valentía y su mesura?
2. ¿Cómo crea el autor un sentido de vivacidad y de dinamismo en la escena de batalla? ¿Cómo usa los tiempos verbales?
3. ¿Cómo se convierte en un testigo de la escena? ¿Por qué lo hace?
4. ¿Qué efecto habría producido en el oyente la mención de cuantiosos brazos y cabezas en el campo de batalla?
5. ¿Por qué personifica el autor el caballo y las espadas del Cid?
6. ¿Cómo se caracteriza al moro?
7. ¿Cómo son los infantes de Carrión?
8. ¿Cómo crea tensión el autor en el episodio del ultraje de las hijas del Cid? ¿Qué importancia tiene el hecho de que el acto sea premeditado?
9. ¿Cómo demuestran doña Sol y doña Elvira su valentía y su sentido del honor?

Mester de clerecía*

GONZALO DE BERCEO (¿1196-1260?)

Tradicionalmente se ha dividido la poesía medieval en *mester de clerecía* y *mester de juglaría*. El primero abarca la obra de clérigos y otros letrados; el segundo consta de los poemas narrativos de juglares que, durante los siglos XI y XII, viajaban de un pueblo a otro recitando poesías épicas y trovadorescas por un estipendio o dádiva. El mester de clerecía empleaba la *cuaderna vía,* * estrofa* compuesta de cuatro alejandrinos* (versos de catorce sílabas) monorrimos* (aaaa bbbb etc.), divididos por una cesura,* o pausa. El mester de juglaría empleaba un verso* menos regular, normalmente de dieciséis sílabas, aunque podía variar entre diez y veinte sílabas, también dividido por una cesura. Estudios recientes demuestran que la línea entre los mesteres es algo borrosa. Gonzalo de Berceo, que es considerado el gran maestro de la cuaderna vía, se refiere a sí mismo como un «juglar». Además, se ha descubierto que esta forma métrica es menos rígida de lo que se creía.

Berceo, el primer poeta español de nombre conocido, nació en Berceo, La Rioja, y pasó la mayor parte de su vida en el monasterio de San Millán de la Cogolla, donde ocupó un puesto administrativo. Hacia 1230 empezó a escribir composiciones poéticas. Sus temas reflejan la cultura piadosa de su época: las vidas de santos, los milagros de la Virgen, asuntos bíblicos y litúrgicos. Su primer libro fue probablemente *Vida de san Millán*, sobre el clérigo visigodo del siglo VI que, según la tradición, fundó su monasterio.

El objetivo de Berceo es claramente la edificación y regocijo de su público. Las obras en cuaderna vía—estrofa que Berceo empleó casi exclusivamente—a menudo se recitaban en público, y se ha sugerido que la regularidad del ritmo probablemente ayudaba a mantener la atención del auditorio. Los versos de Berceo, llenos de humor y chispa, contienen abundantes alusiones a la vida campestre y retratos de personajes familiares que despertarían la simpatía del interlocutor. Su lenguaje es sencillo y directo; emplea expresiones coloquiales y dialectales, proverbios y refranes. Crea un ambiente de familiaridad que le permite manipular las emociones de sus oyentes y contrastar la bajeza de la vida humana con la perfección de Dios.

A pesar de emplear la cuaderna vía, que se asocia con los elementos más cultos de la sociedad, Berceo recurre a muchas fuentes populares. Se evidencia en su obra la técnica sermonística medieval, que combina el mensaje didáctico con la diversión. Emplea a menudo el *exemplum,* * un ejemplo o cuento que enseña una lección moral o doctrinal. De la tradición juglaresca tomó la técnica de adaptar su historia a los intereses y gustos de la concurrencia. Así que representa a san Millán como un héroe militar y a la Virgen como una madre amorosa, pero fuerte, que se enfrenta al diablo e impone su voluntad. A diferencia del concepto moderno de María, el cual hace hincapié en su capacidad ilimitada de amar y de perdonar, la María de Berceo sólo protege a los que le son devotos y castiga a los malos.

Berceo emplea también las convenciones cultas de su época. Las reglas de la retórica* formal que habían sido elaboradas por los escritores clásicos de la Antigüedad tuvieron una gran influencia en la Edad Media. Berceo incorpora las técnicas de persuasión recomendadas por los manuales, en particular el uso de vocablos sonoros y de temas que tuvieran por objetivo el agradar al público.

Los *Milagros de Nuestra Señora* es la obra más conocida de Berceo y refleja el culto a la Virgen, tan difundido en la Edad Media. Berceo humaniza a María representándola como una amiga benévola que extiende su mano a los pecadores y defiende a los vulnerables. Escrita en la madurez del poeta, se compone de 25 episodios en que se manifiesta el amor y el apoyo de la Virgen a sus devotos, especialmente a los más humildes. En su mayor parte estos ejemplos se derivaban de fuentes latinos medievales.

Otros ejemplos del mester de clerecía son *El libro de Apolonio*, *El libro de Alexandre* y *El poema de Fernán González*.

Milagros de Nuestra Señora

Milagro XX
El clérigo embriagado

Ahora otro milagro os querría contar
que le aconteció a un monje de hábito reglar[1];
el demonio lo quiso duramente espantar
mas la madre gloriosa súposelo vedar.[2]

De que fue[3] en la orden, desde que fue novicio,
a la Gloriosa amó hacer siempre servicio;
guardóse de folia,[4] no hablaba de fornicio,[5]
pero hubo con el tiempo de caer en un vicio.

En la bodega entró un día por ventura,
bebió mucho del vino, esto fue sin mesura,
embebióse[6] este loco, isió[7] de su cordura,
yogóse[8] hasta las vísperas[9] sobre la tierra dura.

Bien a la hora de vísperas, el sol ya enflaquecido,[10]
recordó[11] malamente, caminaba aturdido;
se salió hacia la claustra, mas casi sin sentido,
entendíanle todos que había bien bebido.

Pero que[12] no se podía sobre sus pies tener,
iba a la iglesia como solía facer;
quísole el demonio zancajada[13] poner
que bien se lo cuidaba fácilmente vencer.

En figura de toro que es escalentado,[14]
cavando con los pies, el cejo demudado,[15]

---

[1] Regular. Los clérigos regulares eran los que pertenecían a una orden monástica. Los otros eran clérigos «seculares».
[2] Impedir.
[3] **De...** Desde que entró.
[4] Locura.
[5] Fornicar.
[6] Se emborrachó.
[7] Salió.
[8] Se quedó.
[9] Es decir, hasta la noche. Tradicionalmente se divide el día en «horas» en que se recitan diversas partes del breviario (libro que contiene las oraciones eclesiásticas). Las «vísperas» corresponden a la séptima hora canónica, entre las seis y nueve de la noche.
[10] Bajo, débil.
[11] Se despertó.
[12] Aunque.
[13] Zancadilla, engaño.
[14] **Es...** Está furioso.
[15] **El...** Con mirada de enojo.

con fiera cornamenta, sañoso y muy airado,
parósele delante este traidor probado.

Le hacía gestos malos esta cosa endiablada
que por medio del cuerpo le daría cornada;
recibió el hombre bueno malísima espantada,
le amparó la Gloriosa, la reina coronada.

Vino Santa María con un hábito honrado
tal que por hombre vivo no sería apreciado,
metióseles en medio, entre monje y Pecado,
el toro tan soberbio quedó luego amansado.

Le amenazó la dueña con la falda del manto,
esto fue para él malísimo quebranto;
huyó y se desterró haciendo muy gran llanto,
quedó este monje en paz, ¡gracias al Padre Santo!

Después de poco rato, a las pocas pasadas,
antes de que empezase a subir por las gradas,
acometiólo al cabo con figuras pesadas,
a manera de can hiriendo a colmilladas.[16]

Venía en mala guisa,[17] los dientes regañados
y el ceño muy turbio, los ojos remellados,[18]
por hacerle pedazos espaldas y costados,
«Mezquino[19]—él decía— graves son mis pecados».

Bien se cuidó el monje ser despedazado,
estaba en fiera cuita,[20] era muy desarrado,[21]
valiólo la Gloriosa, la de cuerpo adonado[22];
como antes fizo el toro fue el can segudado.[23]

Entrando ya en la iglesia, en la última grada,
lo acometió de nuevo por tercera vegada[24]
en forma de león, una bestia dudada,
su fiereza podía apenas ser pensada.

El monje allí cuidó que era devorado
quedó con este encuentro realmente aterrado
pues era peor esto que todo lo pasado,
dentro en su voluntad maldecía al Pecado.

Dijo: «Valme,[25] gloriosa madre Santa María,
válgame la tu gracia en este grave día
que estoy en gran afrenta, en mayor no podría;

---

[16] Le atacó el diablo en forma de perro furioso mostrando los dientes.
[17] **En...** de mala manera (es decir, parecía que tenía ganas de morderlo).
[18] **El...** *with an angry face and squinty eyes.*
[19] Miserable.
[20] **En...** en una mala situación.
[21] **Era...** estaba muy consternado.
[22] Colmado de gracias.
[23] **Como...** *She dispatched the dog the same way she'd gotten rid of the bull.*
[24] Vez.
[25] Váleme, ayúdame.

Madre, no pares mientes[26] en toda mi folía».

Apenas pudo el monje la palabra cumplir
vino Santa María como suele venir,
con un palo en la mano para el león herir;
metióseles en medio, empezóle a decir:

«Don falso alevoso,[27] pues no os escarmentades,[28]
mas yo os daré hoy lo que vos demandades[29];
antes lo comprarais que vos de aquí os vayades,
con quién volviste guerra quiero que lo sepades».[30]

Allí empezó a dar muy grandes palancadas,[31]
no podían las menudas escuchar las granadas,[32]
lazraba el león a buenas dinaradas,[33]
en sus días no tuvo las cuestas tan sobadas.[34]

Dijo la buena dueña: «Don falso traidor
que siempre en el mal andas, eres de mal señor,
sí más aquí te encuentro en este derredor,
de lo que tienes hoy, tendrás aún peor».

Desfizo la figura, empezó a fuir,
nunca más fue osado al monje escarnir,[35]
antes pasó gran tiempo que pudiese guarir,[36]
plugóle al diablo cuando le mandó ir.[37]

El monje que por todo esto había pasado
de la carga del vino no estaba bien folgado,
que tanto vino y miedo lo tenían sobado
y tornar no podía al lecho acostumbrado.

La reina preciosa y de precioso fecho
prísolo[38] por la mano, llevólo para el lecho,
cubriólo con la manta y con el cubrelecho,
puso so su cabeza el cabezal[39] derecho.

Demás,[40] cuando lo tuvo sobre su lecho echado,
santiguóle con su diestra[41] y quedó bien santiguado;

«Amigo –dijo– fuelga,[42] que eres muy lacerado,
con un poco que duermas luego serás folgado.

Pero esto yo te mando, afirmes[43] lo digo,
cras mañana[44] demanda a fulano mi amigo;
confiésate con él y serás bien conmigo
pues es mucho buen hombre, te dará buen castigo.

Ir quiero yo mi vía, salvar algún cuitado,[45]
es esa mi delicia, oficio de mí usado,
tú queda bendecido, a Dios encomendado,
pero no se te olvide lo que yo te he mandado».

Díjole el hombre bueno: «Dueña, a fe que debedes,
vos que ficisteis por mí tan granadas mercedes,
quiero saber quién sois o qué nombre tenedes
que yo gano con ello, vos en nada perdedes».

Dijo la buena dueña: «Seas bien sabedor,
yo soy la que parí al vero[46] Salvador,
que por salvar el mundo sufrió muerte y dolor,
al que facen los ángeles su servicio y honor».

Díjole el hombre bueno: «Esto es de creer,
de ti puede, señora, esta cosa nacer;
déjateme, señora, ante tus pies poner,
en este siglo nunca veré tan gran placer».

Contendía el buen hombre, queríase levantar
por fincar los hinojos, por ambos pies besar;
mas la Virgo[47] gloriosa no lo quiso esperar,
tollóse de ojos,[48] él tuvo gran pesar.

No la podía a ella por dónde iba ver,
veía grandes luces alrededor arder;
por nada la podía de sus ojos toller,
hacía gran derecho, que le hizo gran placer.

Otro día mañana, venida la luz clara,
fue a por el hombre bueno como ella le mandara;
fizo su confesión con humildosa cara,
no le celó ni un punto de cuanto que pasara.[49]

Este maestro al monje, hecha la confesión,
diole consejo bueno, diole la absolución;
puso Santa María en él tal bendición
que valió más por él esa congregación.

Si antes era bueno entonces fue mejor:
a nuestra santa reina, madre del Creador,

---

[26] **No...** No mires, no te fijes.

[27] Infame, traidor.

[28] **Pues...** *Since you won't behave yourself.*

[29] **Mas...** *I'm going you give you what you deserve.*

[30] **Antes...** *Before I boot you out of here, I want you to know who you're dealing with.*

[31] Golpes con un palo.

[32] Grandes.

[33] **Lazraba...** *The lion really paid the price* (buenas dinaradas).

[34] **En...** *Its sides had never hurt so much.*

[35] **Desfizo...** *He gave up his disguise and fled, and he never again dared to bother the monk.*

[36] **Antes...** Pasó mucho tiempo antes de que se sanara.

[37] **Plugóle...** *The Devil was pleased to leave when she told him to.*

[38] Lo tomó.

[39] **Puso...** Puso bajo su cabeza la almohada.

[40] Después.

[41] Mano derecha.

[42] Descansa. (En el próximo verso, *folgado*= «descansado»).

[43] Firmemente, muy en serio.

[44] **Cras...** Mañana por la mañana.

[45] Pobrecito.

[46] Verdadero.

[47] Virgen.

[48] **Tollóse...** Se quitó de su vista.

[49] **No...** *He didn't hold anything at all back from his confessor.*

amóla siempre mucho, fízole siempre honor,
feliz fue siempre el que ella acogió con su amor.

El otro hombre bueno que yo no sé nombrar,
al que Santa María lo mandó confesar,
cogió tan firme amor de a ella tanto amar
que por ella daría la cabeza a cortar.

Todas las otras gentes, legos y coronados,
clérigos y canónigos y los escapulados,[50]
fueron de la Gloriosa todos enamorados,
que sabe socorrer tan bien a los cuitados.

Todos la bendecían y todos la loaban,
las manos y los ojos hacia ella los alzaban,
referían sus hechos, las sus laudes contaban,
los días y las noches en eso los pasaban.

Señores y amigos, muévanos esta cosa,
amemos y loemos todos a la Gloriosa
y no echaremos mano en cosa tan preciosa
que tan bien nos socorra en hora peligrosa.

Si la servimos bien, lo que a ella pidamos
todo lo ganaremos, bien seguros seamos;
aquí lo entenderemos, bien antes que muramos,
que lo que allí metiéremos allí bien lo empleamos.

Ella nos dé su gracia y la su bendición,
guárdenos de pecado y de tribulación,
de nuestras liviandades gánenos remisión,
que no vayan las almas nuestras a perdición.

𝒯emas

Comprensión del texto

1. ¿Cómo se describe al monje? ¿Qué vicio tenía?
2. ¿Qué hizo en la bodega?
3. ¿En qué sentido es un tipo familiar? ¿Qué sentimos por él?
4. ¿Qué hizo el demonio? ¿Quién lo salvó? ¿Cómo?
5. ¿Qué forma tomó el demonio la segunda vez? ¿Volvió a ampararlo la Virgen?
6. ¿Qué forma tomó el demonio la tercera vez? ¿Qué hizo la Virgen?
7. ¿Sabe el monje quién ha estado protegiéndolo? ¿Cómo se identifica la Virgen?
8. ¿Cómo termina la narración?

---

[50] Clérigos que pertenecen a ciertas órdenes monásticas y llevan un escapulario como parte de su traje.

Análisis literario

1. ¿Cómo humaniza Berceo a la Virgen? Comente sobre la personalidad de la Gloriosa.
2. ¿En qué consiste el humor del relato?
3. ¿Cómo trata la Virgen al monje? ¿Cómo se comporta con el diablo? Compare esta imagen de la Virgen con la que predomina en el arte y la literatura hoy en día. (Piense, por ejemplo, en las tarjetas de Navidad.)
4. ¿Cómo contrasta Berceo la perfección de la Virgen con la bajeza del ser humano?
5. ¿Cómo manipula Berceo las emociones de su público? ¿Logra «enseñar deleitando»? Explique.

ALFONSO X EL SABIO (1221-1284)

La Corte de Alfonso X el Sabio fue uno de los grandes centros de erudición de la Edad Media. El rey dispuso que se recogiera y tradujera al romance* una gran variedad de obras extranjeras, creando así un ambiente intelectual que atrajo a sabios judíos, italianos y españoles. Bajo la dirección del monarca, éstos compilaron datos sobre la historia, las leyes, las ciencias naturales, la astronomía y la magia. No se sabe hasta qué punto el rey participó en la preparación de los textos. Parece que su papel fue más bien el de mecenas, aunque posiblemente ofreciera sugerencias y correcciones.

Poeta él mismo, Alfonso X también convirtió su Corte en un núcleo de actividad literaria al cual acudieron los mejores trovadores* provenzales. Alfonso X escribió o encargó cantigas* (poesías destinadas al canto) profanas y religiosas. Entre las profanas se encuentran composiciones sobre el amor, algunas de las cuales son muy ligeras e incluso escabrosas. En las *Cantigas de Santa María* el poeta canta su devoción a la Virgen, relata algunos de sus milagros, elogia su virtud y le pide amparo. Parte de la tradición cortesana, declarándose trovador de María, a quien sirve en vez de a una dama mortal. Como Berceo, humaniza a la Virgen, creando una imagen muy concreta de ella y mostrándola compasiva, misericordiosa y dulce.

En la cantiga que se incluye aquí, por ejemplo, la tesorera de un convento se escapa con un hombre y vive con él largo tiempo. Antes de partir deja las llaves del tesoro en el altar y se encomienda a la Virgen. Cuando por fin se arrepiente y vuelve al convento muerta de vergüenza, se asombra al darse cuenta de que nadie se ha fijado en su ausencia. Santa María, en su infinita compasión, la había reemplazado, cumpliendo sus deberes para que las otras monjas no se dieran cuenta de que se había marchado.

Todas las cantigas están escritas en gallego-portugués, la lengua de la literatura en aquella época. Se ha sugerido que el hecho de que Alfonso X se criara en Orense, pueblo de Galicia, puede haber influido en la creación de las cantigas.

A fines del siglo XI se había establecido la escuela de traductores de Toledo, vehículo importante para la transmisión de la cultura oriental a Occidente. No se trataba de una escuela formal en la cual se enseñaba el arte de traducir, sino de un grupo de eruditos de diversas procedencias étnicas que se dedicaban a la traducción de textos árabes al mozárabe* (lengua románica hablada por la población ibérica bajo el dominio musulmán) y después al latín.

Alfonso el Sabio, movido por el orgullo nacional y el deseo de establecer el castellano como el idioma común de su reino, continuó el trabajo de la escuela de Toledo. Con juristas y eruditos, emprendió la redacción de las *Siete Partidas*, un complejo código legal dividido en siete secciones: la vida religiosa y los deberes de los clérigos; el papel de los gobernantes; la administración de la justicia; el matrimonio; los contratos; los testamentos; los delitos y sus penas. Entre los hombres cultos de la Edad Media, la escritura legal era considerada una forma literaria; por lo tanto, las *Siete Partidas* sirven de ejemplo de la prosa medieval. También son una riquísima fuente de información sobre los usos y la mentalidad de la época. Incluyen datos sobre las obligaciones y costumbres de cada clase social, sobre actitudes hacia el no cristiano, sobre el matrimonio y sobre las diversiones, el teatro y la ropa.

El Rey también mandó redactar dos obras históricas —la *Estoria de España* y la *General estoria*— que nos ayudan a entender el concepto que tenía del hombre medieval del pasado. Se incluye en estas colecciones información tomada de la Biblia, de los escritos de historiadores clásicos y árabes y de fuentes folclóricas. La *Estoria de España* se diferencia de otras crónicas medievales en que no examina un solo reino o acontecimiento, sino que pretende resumir la historia española en su totalidad. La *General estoria* fue concebida como una historia del mundo desde la Creación hasta el reino de Alfonso X, aunque, en realidad, sólo llega hasta el Nuevo Testamento. Aunque predominan los temas bíblicos, también incluye relatos mitológicos y profanos.*

Cantiga XCIV

Esta é como Santa María serviú en logar de la monia que se foi do moesterio

De vergonna nos guardar
punna todavía,
et de falir et d'errar
a Virgen María.

E guárda-nos de falir
et ar quer-nos encobrir
quando en erro caemos;
des i faz-nos repentir
et a emenda vîjr
dos pecados que fazemos.
D'est un miragre mostrar
en un abadía
quis a Rëynna sen par
santa que nos guía.
De vergonna nos guardar
punna todavía...

Hûa dona ovu' alí
que, per quant' eu aprendí
era menynna fremosa;
demais sabia así
têer sa orden, que ni-
hûa atan aguçosa
era d' i aproveytar
quanto máis podía;
et porén lle foran dar
a tesourería.
De vergonna nos guardar
punna todavía.

Mail-o demo, que prazer
non ouv' én, fez-lle querer
tal ben a un cavaleiro
que lle non dava lezer,
tra en que a foi fazer
que sayú' do mõesteiro;
mais ant' ela foi leixar
chaves que tragía
na cinta, ant' o altar
da en que criía.
De vergonna nos guardar
punna todavía...

—¡Ay Madre de Deus! (enton
dis'ela en sa razón)

Esto es cómo Santa María sirvió en lugar de la monja que se fue del monasterio.

De vergüenza procura
guardarnos siempre,
y de faltar y de errar
la Virgen María.

Y nos guarda de faltar
y también nos quiere encubrir
cuando en yerro caemos;
de allí nos hace arrepentir
y a enmendar venir
de los pecados que hacemos.
De esto un milagro mostrar
en una abadía
quiso la Reina sin par
santa que nos guía.
De vergüenza procura
guardarnos siempre...

Una mujer había allí
que, según yo me enteré
era una muchacha hermosa;
además, sabía así
mantener las reglas, que nin-
guna tan diligente
había allí de hacer bien
cuanto más podía;
y por lo tanto le habían dado
la tesorería.
De vergüenza procura
guardarnos siempre...

Mas el demonio, que placer
no tenía en esto, le hizo querer
tan bien a un caballero
que no la dejaba en paz,
hasta que fue a hacer
que saliera del monasterio;
mas antes ella fue a dejar
llaves que traía
en la cintura, ante el altar
de ella en quien creía.
De vergüenza procura
guardarnos siempre...

—¡Ay Madre de Dios! (entonces
dice ella en su razonamiento)

leixo-vos est' en comenda,
et a vos de coraçon
m'acomend'-. E foi-s' e non
por ben fazer sa fazenda,
con aquel que muit' amar
mais ca si sabía,
et foi gran tenpo durar
con él en folía.
De vergonna nos guardar
punna todavía...

E o cavaleyro fez,
poil-a levou d' esa vez,
en ela fillos et fillas;
mais a Virgen de bon prez
que nunca amou sandez,
emostrou y maravillas;
que a vida estrannar
lle fez que fazía,
por en sa claustra tornar
u ante vivía.
De vergonna nos guardar
punna todavía...

Mais enquant' ela andou
con mal sen, quanto leixou
aa virgen comendado
ela mui ben o guardou;
ca en seu logar entrou
et deu a todo recado
de quant' ouv' a recadar,
que ren non falía
segundo no semellar
de quen a viía.
De vergonna nos guardar
punna todavía...

Mais pois que s'arrepentiú
a monia et se partiú
do cavaleiro mui cedo,
nunca comeu nen dormyú
tro o mõesteyro uiú.
Et entrou en él a medo,
et fillou-s' a preguntar
os que connocía
do estado do logar
que saber quería.
De vergonna nos guardar
punna todavía...

os dejo esto (las llaves) en encomienda,
y a vos de corazón
me encomiendo- Y se fue y no
por bien hacer su hacienda
con aquél que mucho había amado
más porque así sabía,
y fue mucho tiempo el que estuvo
con él en locuras.
De vergüenza procura
guardarnos siempre...

Y el caballero hizo,
después de llevársela esa vez,
en ella hijos e hijas:
mas la Virgen de gran valor
que nunca amó sandez,
mostró allí maravillas:
que le hizo extrañar
la vida que hacía,
por eso a su claustro tornar
donde antes vivía.
De vergüenza procura
guardarnos siempre...

Mas durante el tiempo en que ella anduvo
con mal juicio, todo lo que dejó
a la Virgen encomendado
ella muy bien lo guardó;
porque en su lugar entró
y se ocupó de todo
de lo cual había de ocuparse
que nada faltaba
según la impresión
de quien la veía.
De vergüenza procura
guardarnos siempre...

Mas después de que se arrepintió
la monja y dejó
al caballero muy pronto,
nunca comió ni durmió
hasta que el monasterio vio
Y entró en él con miedo
y comenzó a preguntar
a los que conocía
del estado del lugar
que saber quería.
De vergüenza procura
guardarnos siempre...

Diseron-ll' enton sen ál:
Abades' aevmos tal
et priol' e tesoureira
cada hûa d' elas val
muito, et de ben sen mal
nos fazen de gran maneira–.
Quand' est' oyú, a sinar
logo se prendía
porque s' así nomear
con elas oía.
De vergonna nos guardar
punna todavía...

E ela con gran pavor
tremendo et sen coor,
foi-se pera a egreia;
mais a Madre do Sennor
lle mostrou tan grand'amor
(et porén bêeita seia),
que as chaves foi achar
u postas avía,
et seus panos foi fillar
que ante vestía.
De vergonna nos guardar
punna todavía...

E tan toste, sen desdén
et sen vergonna de ren
aver, iuntou o convento,
et contou-lles o gran ben
que lle fezo a que ten
o mund'en seu mandamento;
et por lles todo probar
quanto lles dizía,
fez seu amigo chamar
que ll'-o contar ía.
De vergonna nos guardar
punna todavía...

O convento por mui gran
maravilla ten' a pran,
pois que a cousa provada
viron, dizendo que tan
fremosa, par San Johan,
nunca lles fora contada.
Et flllaron-s' a cantar
con grand' alegría:
«Salve-te, strela do mar.
Deus, lume do día».
De vergonna nos guardar

Le dijeron entonces sin más:
Tenemos tal abadesa
y priora y tesorera
cada una de ellas vale
mucho, y con gran provecho y sin ningún
daño hacen todo–.
Cuando esto oyó, comenzó
luego a persignarse
porque oía que ellas
la nombraban.
De vergüenza procura
guardarnos siempre...

Y ella con gran pavor
temblando y sin color,
se fue para la iglesia;
mas la Madre del Señor
le mostró tan gran amor
(y por eso bendita sea)
que las llaves fue a encontrar
donde las había puesto,
y su hábito fue a tomar
que antes vestía.
De vergüenza procura
guardarnos siempre...

Y tan pronto, sin desdén
y sin tener nada de vergüenza,
juntó al convento,
y les contó el gran bien
que le hizo la que tiene
el mundo en su mando;
y para probarles todo
cuanto les decía,
hizo llamar a su amigo
que se lo contaría.
De vergüenza procura
guardarnos siempre...

El convento por muy gran
maravilla lo tiene seguramente,
pues que la cosa probada
vieron, diciendo que tan
hermosa, por San Juan,
nunca les había sido contada.
Y se pusieron a cantar
con gran alegría:
«Salve, estrella del mar.
Dios, luz del día.»
De vergüenza procura

punna todavía
et de falir et d' errar
a Virgen María.

guardarnos siempre,
y de faltar y de errar
la Virgen María.

Las siete partidas

Cuál debe ser el facedor[1] de las leyes

El facedor de las leyes debe a Dios amar, et[2] temer et tenerle ante sus ojos cuando las ficiere porque las leyes sean cumplidas et derechas[3]; et debe amar justicia et verdad e ser sin codicia para querer que haya[4] cada uno lo suyo; et debe ser entendido para saber departir el derecho del tuerto[5] et apercibido[6] de razón para responder ciertamente a los que le demandaren[7]; et debe ser fuerte a los crueles et a los soberbios, et piadoso para hacer merced a los culpados y a los mezquinos[8] ol conviniere[9]; et debe ser humildoso por non ser soberbio nin crudo[10] a sus pueblos por su poder nin por su riqueza; et bien razonado porque sepa mostrar cómo se deben entender et guardar las leyes; et debe ser sufrido en oír bien lo que le dijeren, et mesurado en non se rebatar[11] en dicho nin en fecho.

PRIMERA PARTIDA, TÍTULO I, LEY 11.

Qué quiere decir tirano et cómo usa de su poder en el reino después que es apoderado de él

Tirano tanto quiere decir como señor cruel, que es apoderado en algún reino o tierra por fuerza o por engaño o por traición: et estos tales son de tal natura,[12] que después que son bien apoderados en la tierra aman más de facer su pro maguer sea a daño de la tierra,[13] que la pro comunal de todos,[14] porque siempre viven a mala sospecha de la perder.[15]

Et porque ellos pudiesen cumplir su entendimiento más desembargadamente[16] dijeron los sabios antiguos que usaron ellos de su poder siempre contra los del pueblo en tres maneras de artería[17]: la primera es que pugnan que los de su señorío sean siempre necios et medrosos,[18] porque cuando tales fuesen non osarían levantarse contra ellos, nin contrastar sus voluntades; la segunda que hayan desamor entre sí, de guisa[19] que non se fíen unos de otros; ca[20] mientras en tal desacuerdo vivieren non osarían facer ninguna falta contra él, por miedo que non guardarían entre sí fe nin poridad[21]; la tercera razón es que pugnan de los facer pobres, et de meterlos en tan grandes fechos que los nunca puedan acabar... Et sobre todo esto siempre pugnaron los tiranos de astragar[22] a los poderosos, et de matar a los sabidores, et vedaron siempre en sus tierras cofradías et ayuntamientos de los hombres[23]; et pugnaron todavía de saber lo que se decía o se facía en la tierra; et fían más su consejo y la guarda de su cuerpo en los extraños porque le sirven a su voluntad, que en los de la tierra que le han de facer servicio por premia.[24]

---

[1] **Cuál...** Cómo debe ser el que hace. (Facedor = hacedor. Muchas palabras que comienzan con *h* en el español moderno comenzaban antiguamente con *f*.)

[2] Y.

[3] **Cumplidas...** buenas y justas.

[4] Tenga.

[5] **Para....** para saber distinguir lo justo de lo injusto.

[6] Dotado. (Es decir, debe usar su razón.)

[7] **Para...** para responder correctamente a los que le pregunten.

[8] Gente humilde.

[9] Como le convenga.

[10] **Debe...** debe ser humilde y no ser soberbio ni cruel.

[11] Descomponer.

[12] Naturaleza.

---

[13] **Aman...** Prefieren hacer lo que les conviene a ellos personalmente, aunque sufra el país.

[14] **Que...** Que el bien de todos.

[15] **Siempre...** siempre viven con el miedo de perder su poder.

[16] **Et...** Y para que puedan lograr sus objetivos con más seguridad.

[17] Engaño.

[18] **Pugnan...** Hacen un esfuerzo para mantener a sus súbditos ignorantes y con miedo.

[19] Manera.

[20] Porque.

[21] Secreto. *(For as long as there is disagreement among them, they won't rise up against him, since they neither trust one another nor can they keep a secret among themselves.)*

[22] Corromper.

[23] **Et...** *And they prohibit in their lands guilds and town councils (where men could gather and plot his overthrow).*

[24] Obligación.

Otrosí[25] decimos que maguer[26] alguno hubiese ganado señorío de reino por alguna de las derechas razones que dijimos en las leyes antes de ésta, que si él usase mal de su poderío en las maneras que dijimos en esta ley, que le puedan decir las gentes «tirano», ca tórnase el señorío que era derecho en torticero,[27] así como dijo Aristóteles en el libro que fabla del regimiento de las ciudades et de los reinos.

PARTIDA II, TÍTULO I, LEY 10.

Qué pensa merece aquél que face adulterio, si le fuere probado

Acusado siendo algún hombre que había fecho adulterio, si le fuere probado que lo fizo, debe morir por ende[28]; mas la mujer que ficiese el adulterio, maguer le fuese probado en juicio, debe ser castigada et ferida públicamente con azotes, et puesta et encerrada después en algún monasterio de dueñas[29]; et demás de esto debe perder la dote e las arras[30] que le fueron dadas por razón del casamiento, et deben ser del marido. Pero si el marido la quisiese perdonar después de esto, puédelo facer fasta dos años; et si la perdonare el yerro, puédela sacar del monasterio et tornarla a su casa; et si la recibiere después así, decimos que la dote et las arras et las otras cosas que habían de consuno[31] deben ser tornadas en aquel estado en que eran antes de que el adulterio fuese fecho. Et sí por aventura non la quisiese perdonar, o se muriese él antes de los dos años, entonces debe ella recibir el hábito del monasterio, et servir en él a Dios para siempre como las otras monjas. Pero si fuese probado que la mujer casada ficiera adulterio con su siervo, non debe haber la pena sobredicha, mas deben ser quemados ambos por ende. Otrosí decimos que si la mujer casada saliera de casa de su marido, et fuere a casa de algún hombre sospechoso contra voluntad et defendimiento[32] de su marido, si esto le pudiera ser probado por testigos que sean de creer, que debe perder por ende la dote et las arras et los otros bienes que ganaron de so uno et ser del marido. (…)

PARTIDA VII, TÍTULO XVII, LEY 15.

---

[25] Además.

[26] A pesar de que.

[27] **Ca…** *Because the authority that was legitimately his and was therefore just (because he came by it in a legitimate manner) is no longer legitimately his (because he has abused it).*

[28] Eso.

[29] Mujeres.

[30] Dinero que le da un hombre a su mujer al casarse.

[31] Que poseían en común.

[32] Prohibición.

Cómo pueden haber los judíos sinagoga entre los cristianos

Sinagoga es lugar do los judíos facen oración; et tal casa como ésta non pueden facer nuevamente en ningún lugar de nuestro señorío a menos de nuestro mandado.[33] Pero las que había antiguamente si acaeciese que se derribasen, puédenlas reparar et facer en aquel mismo suelo, así como enante[34] estaban. (…) Et porque la sinagoga es casa do se loa[35] el nombre de Dios, defendemos[36] que ningún cristiano non sea osado de la quebrantar, nin de sacar nin de tomar ende[37] ninguna cosa por fuerza, fueras ende[38] si algún malfechor se acogiese a ella; ca a este tal bien le pueden í[39] prender por fuerza para llevarle ante la justicia. Otrosí defendemos que los cristianos non metan í bestias, nin posen[40] en ellas, nin fagan embargo[41] a los judíos mientras que í estuvieren faciendo oración según su ley.[42]

Cómo non deben apremiar[43] a los judíos en día de sábado et cuáles jueces los pueden apremiar

Sábado es día en que los judíos facen sus oraciones et están quedados en sus posadas, et non se trabajan de facer merca nin pleito alguno.[44] Et porque tal día como éste son ellos tenudos[45] de guardar, según su ley, non les debe ningún hombre emplazar nin traer a juicio en él. Et por ende mandamos que ningún juzgador non apremie nin constringa a los judíos en el día del sábado para traerlos a juicio por razón de debdo, ni los prendan nin les fagan otro agravamiento ninguno en tal día; ca asaz[46] abundan los otros días de la semana para constriñirlos et demandarles las cosas que según derecho les deben demandar; et al aplazamiento que les ficieren

---

[33] **Et…** *And no more synagogues may be built in our lands without our approval.*

[34] Antes.

[35] *Praise.*

[36] Prohibimos.

[37] De allí.

[38] **Fueras…** excepto.

[39] Allí.

[40] Se metan.

[41] **Fagan…** molesten.

[42] Costumbre.

[43] Imponer obligaciones.

[44] **Et…** *And they stay at home and do no business and engage in no lawsuits.*

[45] Están obligados.

[46] Bastante. (Es decir, hay bastantes otros días.)

para tal día non son tenudos los judíos de responder; otrosí sentencia que diesen contra ellos en tal día, mandamos que non valga. Pero si algún judío firiese, o matase, o furtase o robase en tal día, o si ficiese algún otro yerro semejante de éstos por que mereciese recibir pena en el cuerpo o en el haber,[47] entonces los juzgadores bien lo pueden recabdar[48] en el día del sábado.

PARTIDA VII, TÍTULO XXIV, LEYES 4 *y* 5.

Temas

Comprensión del texto

1. ¿Qué trabajo tenía la muchacha en el monasterio?
2. ¿Qué hizo el demonio? ¿Dónde dejó ella las llaves antes de irse?
3. ¿Qué hizo después de dejar el monasterio? ¿Se olvidó de la Virgen?
4. ¿Qué hizo la Virgen en su ausencia?
5. ¿Qué concepto del legislador se revela en *Las siete partidas*? ¿Y del tirano?
6. ¿Qué dice este documento sobre el adulterio?
7. Según este documento, ¿los judíos deben poder rezar en sus sinagogas o no? Explique.

Análisis literario

1. ¿Qué concepto del ser humano expone el autor en la cantiga que se incluye aquí?
2. ¿Cómo describe a la Virgen? ¿Cómo comunica la idea de que es una madre misericordiosa que nos ama a pesar de nuestras imperfecciones?
3. ¿Diría usted que las ideas que se expresan aquí sobre el gobierno son justas o injustas? ¿Por qué?
4. ¿Son las ideas que se expresan sobre el adulterio anticuadas o no? Explique su respuesta.
5. Con respecto a los judíos, ¿muestra el rey tolerancia o intolerancia? Explique.

JUAN RUIZ, ARCIPRESTE DE HITA (¿1283-1351?)

Una de las obras más apreciadas y problemáticas de la Edad Media, *El libro de buen amor* tiene la forma de un cancionero* personal cuyo hilo unificador es el amor. A pesar de que el Arcipreste comienza por decir que su objetivo es contrastar el «buen

amor» (el amor a Dios), con el «loco amor» (el amor entre hombre y mujer), el asunto es algo más complicado. Ruiz dice en su introducción que da ejemplos de los dos tipos de amor para que el lector pueda escoger entre ellos. Su propósito no es incitar al lector a pecar o a descuidar su alma y así perder la Salvación, sino ofrecerle ejemplos de mala conducta para que los pueda rechazar.

Sin embargo, el Arcipreste dedica muchos más versos al amor mundano que al divino y se muestra muy tolerante ante las flaquezas humanas, incluso las de los clérigos. Además, insiste repetidamente en el valor del amor sexual, presentando su libro como una especie de manual del loco amor.

Se ha sugerido que los elementos religiosos y moralizadores de la obra—en particular, la Invocación y los Gozos de Santa María—son una concesión a las autoridades eclesiásticas. Según esta teoría, Juan Ruiz habría agregado estas secciones después de completar el resto del libro para justificar su contenido escandaloso. Sin embargo, la postura sermoneadora del Arcipreste no es necesariamente hipócrita. El hombre de la Edad Media aceptaba como naturales los extremos en la conducta humana, considerando el vicio al igual que la virtud, elementos ineludibles de la vida.

Es obvio que Juan Ruiz era consciente de la ambigüedad de su libro, ya que hace hincapié en la naturaleza engañadora de las apariencias en varios episodios. Muestra en «La disputación entre los griegos y los romanos» (que no se incluye aquí) que los signos se prestan a múltiples interpretaciones. Por lo tanto, aunque sus versos escandalosos pueden ser considerados lecciones de lujuria, el lector prudente podrá sacar algún provecho moral de ellos. Los juegos de apariencias son la base de gran parte de la ironía de la obra. Así, en «De las propiedades que las dueñas chicas han», el Arcipreste pretende alabar a las mujeres pequeñas, pero en los últimos versos destruye su argumento, razonando que las mujeres son como el veneno, y por eso «la menor es la mejor».

A diferencia de don Juan Manuel, Ruiz no adopta la perspectiva señorial, sino la del vulgo. Alegre, picante y satírico,* *El libro* reboza de sabor popular. El Arcipreste relata sus propias aventuras amorosas—siempre fallidas—con candor y espontaneidad, incorporando muchos giros populares, refranes y proverbios. Sin embargo, es obvio que Juan Ruiz fue un hombre culto, no sólo por la gran variedad de fuentes bíblicas, eclesiásticas, clásicas y árabes que emplea, sino también por sus conocimientos de la retórica.

El libro de buen amor es un verdadero compendio de formas métricas. En su mayor parte está escrito en cuaderna vía*—cuartetas* monorrimas* cuyos

---

[47] En sus bienes. *(That is, if he deserves a fine).*
[48] *Carry (it) out.*

versos oscilan entre 14 y 16 sílabas —pero también hay poemas de 8, 7, 6, 5 o 3 sílabas. Hay composiciones narrativas, elementos juglarescos* y canciones populares.

En cuanto a la estructura, abundan elementos burlescos, alegóricos,* satíricos* y religiosos. Hay parodias,* fábulas* y *exempla.* Uno de los segmentos más largos, que cuenta los amores de don Melón y doña Endrina, fue inspirado por *Pamphilus,* una comedia latina del siglo XII.

Como don Juan Manuel, el Arcipreste era consciente de su papel de artista. Señala que uno de sus propósitos es «dar lección y muestra de versificar y rimar y trovar*». A través de su obra insiste en el poder del arte y en su preocupación por el estilo.

La primera edición del *Libro de buen amor* apareció en 1330 e incluía la mayoría de los versos que se encuentran en la versión final. A una segunda versión, que salió en 1343, le agregó algunas composiciones más. Se ha conjeturado, por algunas alusiones en el texto, que el Arcipreste escribió por lo menos una parte del *Libro* mientras estaba en la cárcel.

Libro de buen amor

Invocación

Dios Padre, Dios Hijo, Dios Espíritu Santo
El que nació de Virgen esfuerzo nos dé, tanto
que siempre le loemos,[1] en prosa como en canto;
sea de nuestras almas la cobertura y manto.

El Creador del cielo, de la tierra y del mar,
El me dé la su gracia y me quiera alumbrar;
y pueda de cantares un librete[2] rimar
que aquéllos que lo oyeren[3] puedan solaz[4] tomar.

Tú que al hombre formaste, ¡oh mi Dios y Señor!
Ayuda al Arcipreste, infúndele valor;
que pueda hacer aqueste *Libro de Buen Amor*
que a los cuerpos dé risa y a las almas vigor.

Si quisiereis, señores, oír un buen solaz,
escuchad el romance; sosegaos[5] en paz,
no diré una mentira en cuanto dentro yaz,[6]
todo es como en el mundo se acostumbra y se haz.[7]

Y porque mejor sea de todos escuchado,
os hablaré por trovas[8] por cuento rimado;
es un decir hermoso y es arte sin pecado,
razón más placentera, hablar más delicado.

No penséis que es un libro necio, de devaneo[9]
ni por burla toméis algo de lo que os leo,
pues como buen dinero custodia un vil correo[10]
así, en feo libro está saber no feo.

El ajenuz,[11] por fuera, negro es más que caldera
y por dentro muy blanco, más que la primavera;
blanca, la harina yace[12] so negra tapadera,
lo dulce y blanco esconde la caña azucarera.

Bajo la espina crece la noble rosa flor,
so fea letra yace saber de gran doctor;
como so mala capa yace buen bebedor,
así, so mal tabardo,[13] está el Buen Amor.

Y pues de todo bien es comienzo y raíz
María, Virgen santa, por ello yo, Juan Ruiz,
Arcipreste de Hita, aquí primero hiz[14]
un cantar de sus gozos siete, que así diz.[15]

Gozos de Santa María

¡Oh María!,
luz del día
sé mi guía
toda vía.[16]

Dame gracia y bendición,
de Jesús consolación,
que ofrezca con devoción
cantares a tu alegría.

El primer gozo se lea:
en ciudad de Galilea,
Nazaret creo que sea,
tuviste mensajería
del ángel, que hasta ti vino,
Gabriel, santo peregrino,
Trajo mensaje divino
y te dijo: ¡Ave María!

---

[1] *We praise.*
[2] Librito.
[3] Futuro del subjuntivo de **oír.** Hoy día diríamos «oyeran».
[4] Consuelo.
[5] Calmaos.
[6] **En...** *about what's inside (this book).*
[7] Hace.
[8] Versos.
[9] Tonterías.
[10] **Como...** *just as an ugly purse can carry good money.*
[11] *Love-in-a-mist (type of plant).*
[12] *Lies.*
[13] Tipo de manto.
[14] Hice.
[15] Dice.
[16] En todo camino.

Desde que el mensaje oíste,
humilde lo recibiste
luego, Virgen concebiste
al Hijo que Dios envía.

En Belén acaeció
el segundo; allí nació,
sin dolor apareció
de ti, Virgen, el Mesía.

El tercero es, según leyes,
cuando adoraron los Reyes
a tu hijo y tú lo ves
en tu brazo, do yacía.

Le ofreció mirra Gaspar,
Melchor fue el incienso a dar,
oro ofreció Baltasar
al que Dios y hombre sería.

Alegría cuarta y buena
fue cuando la Magdalena
te dijo gozo sin pena
que el hijo, Jesús, vivía.

El quinto placer tuviste
cuando de tu hijo viste
la ascensión y gracias diste
a Dios, hacia el que subía.

Señora, es tu gozo sexto
el Santo Espíritu impuesto
a los discípulos, presto,
en tu santa compañía.

El séptimo, Madre santa,
la Iglesia toda lo canta:
subiste con gloria tanta
al Cielo y a su alegría.

Reinas con tu hijo amado,
Nuestro Señor venerado;
que por nos sea gozado
por tu intercesión un día.

De cómo, por naturaleza, humanos y animales desean la compañía del sexo contrario y de cómo se enamoró el Arcipreste

Aristóteles dijo, y es cosa verdadera,
que el hombre por dos cosas traba: la primera,
por el sustentamiento, y la segunda era
por conseguir unión con hembra placentera.

Si lo dijera yo, se podría tachar,

mas lo dice un filósofo, no se me ha de culpar.
De lo que dice el sabio no debemos dudar,
pues con hechos se prueba su sabio razonar.

Que dice verdad el sabio claramente se prueba;
hombres, aves y bestias, todo animal de cueva
desea, por natura,[17] siempre compañía nueva
y mucho más el hombre que todo ser que se mueva.

Digo que más el hombre, pues otras criaturas
tan sólo en una época se juntan,[18]
el hombre, en todo tiempo, sin seso y sin mesura,[19]
siempre que quiere y puede hacer esa locura.

Prefiere el fuego estar guardado entre ceniza,
pues antes se consume cuanto más se le atiza[20]
el hombre, cuando peca, bien ve que se desliza,[21]
mas por naturaleza, en el mal profundiza.

Yo, como soy humano y, por tal, pecador,
sentí por las mujeres, a veces, gran amor.
Que probemos las cosas no siempre es lo peor;
el bien y el mal sabed y escoged lo mejor.[22]

Elogio de la mujer chiquita

Quiero abreviar,[23] señores, esta predicación
porque siempre gusté de pequeño sermón
y de mujer pequeña y de breve razón,[24]
pues lo poco y bien dicho queda en el corazón.

De quien mucho habla, ríen; quien mucho ríe es loco
hay en la mujer chica amor grande y no poco.
Cambié grandes por chicas, mas las chicas no troco.[25]
Quien da chica por grande se arrepiente del troco.

De que alabe a las chicas el Amor me hizo ruego[26];
que cante sus noblezas, voy a decirlas luego.
Loaré a las chiquitas, y lo tendréis por juego.
¡Son frías como nieve y arden más que el fuego!
Son heladas por fuera pero, en amor, ardientes;
en la cama solaz, placenteras, rientes,

---

[17] Naturaleza.

[18] *Many animals have a season in which they are sexually active (but human beings are active all year long).*

[19] **Sin seso…** *Without thought or moderation.*

[20] *Poke, rouse.*

[21] *He's slipping.*

[22] La idea es que hay que probar el bien y el mal para escoger el bien. (Así el autor justifica su libro escandaloso.)

[23] *Keep it short.*

[24] **Breve…** *pocas palabras.*

[25] *Exchange.*

[26] **De…** El Amor me pidió que celebrara a las mujeres pequeñas. (Don Amor es un personaje en *El libro de buen amor.*)

en la casa, hacendosas, cuerdas y complacientes;
veréis más cualidades tan pronto paréis mientes.[27]

En pequeño jacinto[28] yace gran resplandor,
en azúcar muy poco yace mucho dulzor,
en la mujer pequeña yace muy gran amor,
pocas palabras bastan al buen entendedor.

Es muy pequeño el grano de la buena pimienta,
pero más que la nuez reconforta y calienta:
así, en mujer pequeña, cuando en amor consienta,
no hay placer en el mundo que en ella no se sienta.

Como en la chica rosa está mucho color,
como en oro muy poco, gran precio y gran valor,
como en poco perfume yace muy buen olor,
así, mujer pequeña guarda muy gran amor.

Como rubí pequeño tiene mucha bondad,
color virtud y precio, nobleza y claridad,
así, la mujer chica tiene mucha beldad,
hermosura y donaire, amor y lealtad.

Chica es la calandria[29] y chico el ruiseñor,
pero más dulce canto que otra ave mayor;
la mujer, cuando es chica, por eso es aún mejor,
en amor es más dulce que azúcar y que flor.

Son aves pequeñuelas papagayo y orior,[30]
pero cualquiera de ellas es dulce cantador;
gracioso pajarillo, preciado trinador,[31]
como ellos es la dama pequeña con amor.

Para mujer pequeña no hay comparación;
terrenal paraíso y gran consolación,
recreo y alegría, placer y bendición,
mejor es en la prueba que en la salutación.[32]

Siempre quise a la chica más que a grande o mayor;
¡escapar de un mal grande nunca ha sido un error!
Del mal tomar lo menos, dícelo el sabidor,[33]
por ello, entre mujeres, ¡la menor es mejor![34]

Temas

Comprensión del texto

1.   ¿Qué es el buen amor? ¿Qué es el loco amor?

---

[27] **Paréis...** os fijéis, prestéis atención.

[28] *Hyacinth.*

[29] Tipo de pájaro.

[30] *Oriole.*

[31] *Warbler.*

[32] Trato social. *(She's better in the bedroom than in the drawing room.)*

[33] El que sabe, el experto, el filósofo.

[34] *That is, since women are poison, better a small dose than a large one.*

2.   Según Ruiz, ¿por qué escribe el libro? ¿cuál es su objetivo?

3.   ¿Qué describe en los «Gozos de Santa María»?

4.   ¿Por qué trabaja el hombre, según Aristóteles? ¿Por qué cree usted que el Arcipreste cita al filósofo griego?

5.   ¿En qué sentido es el hombre menos mesurado que los animales?

6.   ¿Qué siente el Arcipreste por las mujeres?

7.   ¿Qué dice de la brevedad en la primera estrofa de «Elogio de la mujer chiquita»?

8.   ¿Cuáles son los atributos de la mujer pequeña?

Análisis literario

1.   ¿Por qué es ambiguo el título del libro?

2.   ¿Cómo desarrolla Ruiz el tema de las apariencias en la Invocación?

3.   ¿Por qué dice que «el bien y el mal sabed y escoged lo mejor»? ¿Cree usted que las intenciones del Arcipreste son didácticas o no? Explique.

4.   ¿En qué consiste la ironía del Arcipreste?

5.   Comente sobre el humor del Arcipreste.

DON JUAN MANUEL (1282-¿1348?)

El prosista más destacado del siglo XIV fue don Juan Manuel, sobrino de Alfonso X. El Infante se distingue de sus antecesores por su orgullo de escritor, el cual se manifiesta en su preocupación por el estilo. Durante la Edad Media el arte era considerado el resultado de una colaboración, y el artista era casi siempre anónimo. No sabemos, por lo general, los nombres de los arquitectos de las grandes catedrales medievales ni los de los autores de los cantares. Pero al acercarnos al Renacimiento empezamos a ver una nueva conciencia por parte del artista de su papel de creador. El autor, tanto como el pintor y el escultor, anhela lograr la fama a través del arte.

Don Juan Manuel encarna esta nueva mentalidad. Empeñado en defender su integridad artística, en su «Primer prólogo general», el Infante, consciente del descuido de muchos copistas, pide a sus lectores que no juzguen su obra hasta examinar los textos hechos por él personalmente. Menciona dos características del literato: el deseo de preservar sus obras para la posteridad y el de cultivar el estilo, expresándose con «palabras falagueras y apuestas».

Don Juan Manuel encarna esta nueva mentalidad. Empeñado en defender su integridad artística, en su

«Primer prólogo general», el Infante, consciente del descuido de muchos copistas, pide a sus lectores que no juzguen su obra hasta examinar los textos hechos por él personalmente. Menciona dos características del literato: el deseo de preservar sus obras para la posteridad y el de cultivar el estilo, expresándose con «palabras falagueras y apuestas».

Durante la Edad Media, la prosa tenía una doble función: agradar e instruir al lector. De acuerdo con esta tradición, todas las obras de don Juan Manuel son didácticas. La crítica ha señalado que seguramente influyó en la creación artística del Infante su estrecha relación con los dominicos, orden cuyos predicadores sobresalían en el uso del *exemplum.* * Su obra maestra, *El conde Lucanor* o *Libro de Patronio* (1335), consta de cincuenta *exempla* que ilustran soluciones prácticas a problemas reales. La estructura del libro es sencilla. El conde Lucanor le pide consejos a su servidor, Patronio, quien, por ocupar un rango más bajo en la escala social, no puede aleccionar a su señor directamente y, por lo tanto, recurre a un cuento aclaratorio. Los relatos tratan de una gran variedad de situaciones—relaciones entre marido y mujer o entre personas de diferentes clases, incertidumbres políticas o éticas, problemas que resultan de las imperfecciones humanas.

Don Juan Manuel recoge material de diversas fuentes orientales, árabes y cristianas. Algunas narraciones proceden de las fábulas de Esopo o de tradiciones eclesiásticas. Sus personajes son de todos los estados sociales. A veces, como los grandes fabulistas de la Antigüedad, emplea animales para ilustrar características humanas. *El conde Lucanor* provee al lector de una visión panorámica de la sociedad medieval española, además de un resumen de la filosofía moral de la época. El autor explora una variedad de características sicológicas—la testarudez, la vanidad, la generosidad, la hipocresía. Cada relato termina con la aparición del autor, «Don Juan», quien resume el contenido en una moraleja.

Don Juan Manuel escribió unos veinte libros. Aunque describe a personas de diversos ambientes, todas sus obras van dirigidas a la nobleza y tratan de temas relacionados con la caballería. En *El conde Lucanor* el problema central es la conducta del aristócrata, aunque los cuentos ilustrativos pueden situarse en cualquier ámbito. *El libro de la caza* es sobre el pasatiempo favorito de los nobles, y *Las reglas de cómo se debe trovar*—libro que se ha perdido—trata del arte de escribir poesía, actividad considerada propia de los caballeros. El *Libro del caballero y el escudero* es una especie de enciclopedia de conocimientos medievales cuyo propósito es enseñar «qué cosa es la caballería».

El conde Lucanor

Ejemplo V

De lo que aconteció a un raposo[1] con un cuervo que tenía un pedazo de queso en el pico

Otra vez fablaba[2] el conde Lucanor con Patronio, su consejero, et díjole[3] así:

—Patronio, un hombre, que da a entender que es mi amigo, me comenzó a loar[4] mucho, dándome a entender que había en mí muchos complimientos[5] de honra et de poder e de muchas bondades. Et de que con estas razones me falagó[6] cuanto pudo, movióme un pleito,[7] que en la primera vista, según lo que yo puedo entender, que parece que es mi pro.[8]

Et contó el conde a Patronio cuál era el pleito; et como quier que[9] parecía el pleito provechoso, Patronio entendió el engaño que yacía escondido so[10] las palabras fermosas. Et por ende[11] dijo al conde:

—Señor conde Lucanor, sabed que este hombre vos[12] quiere engañar, dándovos a entender que el vuestro poder y el vuestro estado es mayor de cuanto es la verdad. Et para que vos podáis guardar de este engaño que vos quiere facer, me placería que supieseis lo que aconteció a un cuervo con un raposo.[13]

Et el conde le preguntó cómo fuera[13] aquello.

—Señor conde Lucanor —dijo Patronio—, el cuervo falló una vegada[14] un gran pedazo de queso et subió en un árbol porque pudiese comer el queso más a su guisa et sin embargo de ninguno.[15] Et en cuanto el cuervo así estaba, pasó un raposo por el pie del árbol, et desde que vio el queso que el cuervo tenía, comenzó a

---

[1] Zorro.

[2] Hablaba. Muchas palabras que hoy en día comienzan con «h» se escribían antiguamente con *f.*

[3] **Et...** Y le dijo.

[4] *Praise.*

[5] Perfecciones.

[6] Halagó. *Praised, complimented.*

[7] **Movióme...** Me propuso un negocio.

[8] **Es...** me puede ser favorable.

[9] **Como...** aunque.

[10] Bajo.

[11] Eso.

[12] Os. *«Vos» is a subject or object pronoun used in Medieval Spanish to show respect.*

[13] Había sido.

[14] **Falló...** Halló una vez.

[15] **Más...** Más tranquilamente, sin que nadie lo molestara.

cuidar[16] en cuál manera lo podría llevar de él. Et por ende comenzó a fablar con él en esta guisa[17]:

—Don Cuervo, muy gran tiempo ha que oí fablar de vos et de la vuestra nobleza, et de la vuestra apostura[18]; et como quier que vos mucho busqué, non fue la voluntad de Dios nin la mi ventura, que vos pudiese fallar fasta ahora; et ahora que vos veo, entiendo que ha mucho más bien en vos de cuanto me decían. Et porque veáis que vos non lo digo por lisonja, tan bien[19] como vos diré las aposturas que en vos entiendo, tan bien vos diré las cosas en que las gentes tienen que non sois tan apuesto. Todas las gentes tienen que la color de las vuestras péñolas[20] et de los ojos, et del pico, et de los pies, et de las uñas, que todo es prieto[21]; et porque la cosa prieta non es tan apuesta[22] como la de otro color, et vos sois todo prieto, tienen las gentes que es mengua de vuestra apostura,[23] et non entienden cómo yerran[24] en ello mucho; ca[25] como quier que las vuestras péñolas son prietas, tan prieta et tan lucia[26] es aquella pretura, que torna en india, como péñolas de pavón,[27] que es la más fermosa ave del mundo. (…) Otrosí,[28] el vuestro pico et las vuestras manos et uñas son fuertes más que de ninguna ave tamaña[29] como vos. Otrosí, en el vuestro vuelo habéis tan gran ligereza, que vos non embarga[30] el viento de ir contra él por recio que sea, lo que otra ave non puede facer tan ligeramente como vos. Et bien tengo que, pues Dios todas las cosas face con razón, non consentiría, que, pues en todo sois tan cumplido, que hubiese en vos mengua de non cantar mejor que ninguna otra ave.[31] Et pues Dios fizo tanta merced que vos veo…, si yo pudiese oír de vos el vuestro canto para siempre me tendría por de buena ventura.

Et, señor conde Lucanor, parad mientes,[32] que maguer que[33] la intención del raposo era para engañar al cuervo, que siempre las sus razones fueron con verdad. Et sed cierto que los engaños et daños mortales siempre son los que se dicen con verdad engañosa.

Et desque[34] el cuervo vio en cuántas maneras el raposo le alababa, et cómo le decía la verdad en todas, creyó que así decía verdad en todo lo al,[35] et tuvo que era su amigo, et non sospechó que lo facía por llevar de él el queso que tenía en el pico. Et por las muchas buenas razones que le había oído, et por los falagos et ruegos que le ficiera porque cantase, abrió el pico para cantar; et desque el pico fue abierto para cantar cayó el queso en tierra, et tomólo el raposo et fuese con él. Et así fincó engañado el cuervo del raposo, creyendo que había en sí más apostura et más complimiento de cuanta era la verdad.

Et vos, señor conde Lucanor, como quier que Dios vos fizo asaz[36] merced en todo, pues veis que aquel hombre vos quiere facer entender que habéis mayor poder et mayor honra et más bondades de cuanto vos sabéis que es la verdad, entended que lo face por vos engañar, et guardad vos de él et faréis como hombre de buen recabdo.[37]

Al conde plugo[38] mucho de lo que Patronio le dijo, et fízolo así, et con su consejo fue él guardado de yerro.[39]

Et porque entendió don Juan que este ejemplo era muy bueno, fízolo escribir en este libro, et fizo estos versos, en que se entiende abreviadamente la intención de todo este ejemplo. Et los versos dicen así:

> *Quien te alaba con lo que non es en ti*
> *Sabe que quiere llevar lo que has de ti.*

Ejemplo XXXV

De lo que aconteció a un mancebo que casó con una mujer brava[40]

Otra vez fablaba el conde Lucanor con Patronio, et díjole:

---

[16] Pensar.
[17] **En…** de esta manera.
[18] Gentileza.
[19] Así como, también.
[20] Plumas.
[21] Negro.
[22] Atractiva.
[23] **Es…** *This diminishes your beauty.*
[24] Se equivocan.
[25] Porque.
[26] Brillante.
[27] **Torna…** *It looks dark blue, like the feathers of a peacock.*
[28] También.
[29] Del mismo tamaño.
[30] Impide.
[31] **Pues…** *Since you're so perfect in everything, [God wouldn't consent to] your singing less well than other birds.*

---

[32] **Parad…** *Pay attention.*
[33] **Maguer…** aunque.
[34] Cuando.
[35] Demás, otro.
[36] Bastante.
[37] **De…** prudente.
[38] Le gustó.
[39] **Guardado…** protegido.
[40] Malhumorada, antipática. (Este relato inspiró *The Taming of the Shrew*, de Shakespeare.)

—Patronio, un mío criado me dijo que le traían[41] casamiento con una mujer muy rica et aun que es más honrada[42] que él, et que es el casamiento muy bueno para él sino por un embargo[43] que ahí hay, et el embargo es éste: díjome que le dijeran que aquella mujer que era la más fuerte et más brava cosa del mundo. Et ahora ruégovos que me aconsejéis si le mandaré que case con aquella mujer, pues sabe de cuál manera es, o si le mandaré que lo non faga.

—Señor conde Lucanor —dijo Patronio—, si él fuere[44] tal como fue un fijo de un hombre bueno que era moro, aconsejadle que case con ella; mas si non fuere tal, non se lo aconsejéis.

Et el conde le rogó que le dijese cómo fuera aquello.

Patronio le dijo que en una villa[45] había un hombre bueno que había un fijo el mejor mancebo que podía ser; mas non era tan rico que pudiese cumplir tantos fechos et tan grandes como el su corazón le daba a entender que debía cumplir. Et por esto era él en gran cuidado, ca había la buena voluntad et non había el poder.

Et en aquella villa misma había otro hombre muy más honrado et más rico que su padre, et había una fija et non más,[46] et era muy contraria de aquel mancebo, ca cuanto aquel mancebo había de buenas maneras, tanto las había aquella fija del hombre bueno de malas et revesadas[47]; et por ende hombre del mundo[48] non quería casar con aquel diablo.

Et aquel tan buen mancebo vino un día a su padre y díjole que bien sabía que él non era tan rico que pudiese darle con que él pudiese vivir a su honra, et que pues le convenía a facer vida menguada et lazrada[49] o irse de aquella tierra, que si él por bien tuviese, que le parecía mejor seso de catar algún casamiento con que pudiese haber alguna pasada. Et el padre le dijo que le placía ende mucho si pudiese fallar para él casamiento que le cumpliese.[50]

E entonces le dijo el fijo que, sí él quisiese, que podría guisar[51] que aquel hombre bueno que había aquella fija que se la diese para él. Et cuando el padre esto oyó,

fue muy maravillado et díjole que cómo cuidaba en tal cosa, que non había hombre que la conociese que, por pobre que fuese, quisiese casar con ella. Et el fijo le dijo que le pedía por merced que le guisase aquel casamiento. Et tanto lo afincó[52] (...) que se lo otorgó.

Et fuese luego para aquel hombre bueno, et ambos eran mucho amigos, et díjole todo lo que pasara con su fijo, et rogóle que pues su fijo se atrevía a casar con su fija, que le pluguiese et se la diese para él. Cuando el hombre bueno esto oyó a aquel su amigo, díjole:

—Por Dios, amigo, si yo tal cosa ficiese vos sería muy falso amigo, ca vos habéis muy buen fijo, et tendría que facía muy gran maldad si yo consintiese su mal nin su muerte; et soy cierto que si con mi fija casase, que sería muerto o le valdría más la muerte que la vida. Et non entendáis que vos digo esto por non cumplir vuestro talante,[53] ca si la quisiereis, a mí mucho me place de la dar a vuestro fijo o a quienquiera que me la saque de casa.

Et aquel su amigo le dijo que le agradecía mucho cuanto le decía, et que pues su fijo quería aquel casamiento que le rogaba que le pluguiese.

Et el casamiento se fizo, et llevaron la novia a casa de su marido. Et los moros han[54] por costumbre que adoban[55] de cenar a los novios et pónenles la mesa et déjanlos en su casa fasta otro día. Et ficieron aquéllos así; pero estaban los padres et las madres et parientes del novio et de la novia con gran recelo, cuidando que otro día fallarían el novio muerto o muy maltrecho.[56]

Luego que ellos fincaron solos en casa, asentáronse a la mesa, et ante que ella hubiese a decir cosa, cató el novio en derredor[57] de la mesa, et vio un perro et díjole ya cuanto[58] bravamente:

—¡Perro, danos agua a las manos![59]

Et el perro non lo fizo. Et comenzóse a ensañar,[60] et díjole más bravamente que les diese agua a las manos. Et el perro non lo fizo. Et desde que vio que lo non facía, levantóse muy sañudo[61] de la mesa et metió mano a la espada et enderezó[62] al perro. Et cuando el perro lo

[41] Proponían.
[42] **Más...** de alta posición social.
[43] Problema, obstáculo.
[44] Futuro del subjuntivo de *ser*. Hoy día diríamos *fuera*.
[45] Pueblo.
[46] **Una...** sólo una hija.
[47] Feroces.
[48] **Por...** por eso ningún hombre.
[49] **Menguada...** Pobre y miserable.
[50] Conviniese.
[51] Disponer, arreglar.
[52] **Lo...** insistió en ello.
[53] La voluntad.
[54] Tienen.
[55] Preparan.
[56] Maltratado.
[57] **Cató...** Miró el novio alrededor.
[58] **Ya...** *somewhat.*
[59] **A...** para lavarnos las manos.
[60] Enojar.
[61] Enojado, furioso.
[62] Se dirigió.

vio venir contra sí, comenzó a huir, et él en pos de él (...) fasta que lo alcanzó, et cortóle la cabeza (...) et ensangrentó toda la casa.

Et así muy sañudo et todo ensangrentado, tornóse a sentar a la mesa et cató en derredor, et vio un gato, et díjole que le diese agua a manos; et porque non lo fizo, díjole:

—¿Cómo, don falso traidor, non viste lo que fiz al perro porque non quiso facer lo que le mandé? Yo prometo a Dios que si poco nin más porfías, que eso mismo faré a ti que al perro.

Et el gato non lo fizo, ca tampoco es su costumbre de dar agua a manos como el perro. Et porque non lo fizo, levantóse et tomólo por las piernas, et dio con él a la pared, et fizo de él más de cien pedazos, et mostrando muy mayor saña que contra el perro.

Et así bravo et sañudo et faciendo muy malos contenentes[63] tornóse a la mesa et cató a todas partes; et la mujer que le vio esto facer, tuvo que estaba loco o fuera de seso,[64] et non decía nada. Et desde que hubo catado a cada parte vio un su caballo que estaba en casa, et él non había más de aquél, et díjole muy bravamente que les diese agua a las manos; et el caballo non lo fizo. Desque vio que lo non fizo, díjole:

—¿Cómo, don caballo, cuidáis que porque non he otro caballo, que por eso vos dejaré si non ficieres lo que yo mandare? De eso vos guardar, que si por vuestra mala ventura non ficiereis lo que yo vos mandare, yo juro a Dios que tan mala muerte vos dé como a los otros: et non ha cosa viva en el mundo que non faga lo que yo mandare, que eso mismo non le faga.

Et el caballo estuvo quedo. Et desque vio que non facía su mandado, fue a él et cortóle la cabeza et con la mayor saña que podía mostrar, despedazólo todo.

Et cuando la mujer vio que mataba el caballo non habiendo otro, et que decía que esto faría a quienquiera que su mandado non cumpliese, tuvo que esto non se facía ya por juego, et hubo tan gran miedo que non sabía si era muerta o viva.

Et él así bravo et sañudo et ensangrentado tornóse a la mesa, jurando que si mil caballos et hombres et mujeres hubiese en casa que le saliesen de mandado, que todos serían muertos. Et asentóse et cató a cada parte teniendo la espada ensangrentada en el regazo[65]; et desque cató a una parte et a otra et non vio cosa viva, volvió los ojos contra su mujer muy bravamente et díjole

con gran saña, teniendo la espada en la mano:

—Levantadvos et dadme agua a las manos.

Et la mujer que non esperaba otra cosa sino que la despedazaría toda, levantóse muy apriesa et dióle agua a las mano

Et díjole él:

—¡Cómo agradezco a Dios, porque ficisteis lo que vos mandé, ca de otra guisa, por el pesar que estos locos me ficieron eso hubiera fecho a vos que a ellos!

Et después mandóle que le diese de comer; et ella fízolo. Et cada[66] que él decía alguna cosa, tan bravamente se lo decía et en tal son, que ella ya cuidaba que la cabeza era ida del polvo.[67]

Et así pasó el fecho entre ellos aquella noche, que nunca ella fabló, mas facía lo que él mandaba.

Et desque hubieron dormido una pieza[68] dijo él:

—Con esta saña que hube esta noche non pude bien dormir. Catad que non me despierte cras[69] ninguno et tenedme bien adobado de comer.

Et cuanto fue gran mañana[70] los padres et las madres et los parientes llegáronse a la puerta, et porque non fablaba ninguno, cuidaron que el novio estaba muerto o ferido. Et desque vieron por entre las puertas a la novia et non al novio cuidáronlo más. Et cuando ella los vio a la puerta llegó muy paso[71] et con gran miedo et comenzóles a decir:

—¡Locos traidores! ¿qué facéis? ¿Cómo osáis llegar a la puerta nin fablar? ¡Callad! Si no todos, tan bien vosotros como yo, todos somos muertos.

Et cuando todos esto oyeron, fueron muy maravillados et desque supieron cómo pasaron en uno,[72] apreciaron mucho el mancebo que así supiera facer lo que le cumplía et castigar[73] tan bien su casa.

Et de aquel día adelante, fue aquella su mujer muy bien mandada et hubieron muy buena vida.

Et dende a pocos días su suegro quiso facer así como ficiera su yerno, et por aquella manera mató un gallo, et díjole su mujer:

—A la fe, don fulano, tarde vos acordasteis, ca ya non vos valdría nada si mataseis cien caballos, que ante lo hubierais a comenzar, ca ya bien nos conocemos.

Et vos, señor conde, sí aquel vuestro criado quiere

[63] Gestos.
[64] **Fuera...** *out of his mind.*
[65] *Lap.*
[66] Cada vez.
[67] **Cuidaba...** *She thought her head was going to roll.*
[68] Un rato.
[69] Mañana.
[70] Muy de mañana.
[71] *Quietly.*
[72] **Como...** lo que había pasado entre ellos.
[73] Gobernar, manejar.

casar con tal mujer, si fuere el tal como aquel mancebo, aconsejadle que case seguramente, ca él sabrá cómo pase en su casa; mas si non fuere tal que entienda lo que debe facer et lo que le cumple, dejadle que pase su ventura. Et aun aconséjovos, que con todos los hombres que hubiereis a facer, que siempre les deis a entender en cuál manera han de pasar convusco.[74]

Et el conde tuvo éste por buen consejo, et fízolo así et fallóse de ello bien.

Et porque don Juan lo tuvo por buen ejemplo, fízolo escribir en este libro, et fizo estos versos que dicen así:

Si al comienzo non muestras quién eres,
Nunca podrás después cuando quisieres.

Temas

Comprensión del texto

1. En la historia del «raposo» y el cuervo, ¿qué problema tiene el conde Lucanor?
2. ¿Cómo le responde su consejero? ¿Qué historia le cuenta?
3. ¿Cuál es la moraleja de la historia del «raposo» y el cuervo? ¿Qué actitud hacia el prójimo se expresa en este *exemplum*?
4. ¿Cómo retrata don Juan Manuel a la mujer en la historia del mancebo que se casó con una mujer brava?
5. ¿Cómo domina el joven a su mujer?
6. ¿Qué pasa cuando el suegro del mancebo trata de emplear la misma estrategia con su mujer?

Análisis literario

1. ¿Cómo reflejan estos dos *exempla* la sociedad medieval española?
2. ¿Qué concepto de las relaciones matrimoniales expresa?
3. Cuente esta historia desde el punto de vista de la mujer.
4. ¿Cómo emplea don Juan Manuel el humor?
5. ¿Cuáles de sus conclusiones son válidas para el lector moderno y cuáles no lo son? Explique.
6. Analice la estructura del *exemplum*. ¿Va de lo específico a lo general o al revés?
7. ¿Qué aspectos de la sicología humana se revelan en estos relatos?

[74] Con vos.

8. ¿Por qué es la fábula un género tan eficaz para la edificación del lector?

Poesía culta

A fines del siglo XIV se van extinguiendo las escuelas de clerecía* y de juglaría* y florece la poesía trovadoresca* castellana. Como las canciones amorosas de los trovadores provenzales de los siglos XII y XIII, ésta se centra en el amor cortés.* La poesía culta encuentra expresión en los cancioneros*—colecciones de canciones o poemas líricos que podían incluir obras de un solo autor o estilo, o una variedad de composiciones. La antología poética castellana más antigua es el *Cancionero de Baena*, compilada probablemente entre 1425 y 1445. Le siguen el *Cancionero de Palacio*, el *Cancionero de Stúñiga* (1460-53), el *Cancionero general* (1511) de Hernando del Castillo, y el cancionero portugués bilingüe de *Resende* (1516).

Se destacan tres influencias en la poesía culta de los siglos XIV y XV: la provenzal, la peninsular y la italiana. La primera comprende la poesía trovadoresca, basada en el amor cortés, el cual exalta a la dama inalcanzable y concibe el amor como servicio y sufrimiento. La peninsular abarca la gallego-portuguesa, que incluye las cantigas, la castellana y aragonesa, y la catalana, cuyos representantes más célebres son Jordi y San Jordi y Ausias March. La italiana aporta una nueva sensibilidad erótica que se desarrollará en España con el auge del petrarquismo en los siglos XVI y XVII.

Preparado por Juan Alfonso de Baena (1445-¿?) poeta converso que era historiador de la Corte bajo el rey Juan II, el *Cancionero de Baena* consta de 576 composiciones de 54 poetas conocidos y 35 obras anónimas. Es un verdadero tesoro histórico que documenta el paso de la lírica de lengua gallega, dominante en la poesía de la Edad Media, a la castellana.

La corriente más notable es la cortés, aunque también hay poemas de tipo alegórico y doctrinal. Así, se nota la nueva mentalidad renacentista en un poema de Ferrant Manuel en el cual el poeta pregunta cómo se mueven los astros, o en ciertas composiciones que abarcan temas teológicos.

Hacia fines del siglo XV el castellano se establece como lengua de la aristocracia. Los poetas cultos lo emplean, usando formas y temas heredados para crear un nuevo tipo de poesía sensible a las corrientes humanísticas que llegan de Francia e Italia. Aparecen varios nuevos cancioneros, entre ellos el de

Stúñiga, posiblemente compilado por el soldado y poeta Lope de Stúñiga (1434-¿?). Esta colección, que quedó sin publicar hasta 1872, contiene obras de unos cuarenta poetas, la mayoría de ellos de la corte de Alfonso V (1396-1458), rey de Aragón, Cerdeña, Sicilia y Nápoles.

El *Cancionero general* se considera la antología castellana más importante, ya que contiene 1033 poemas de todo tipo —romances, composiciones amorosas, versos burlescos, satíricos y religiosos— compuestos por autores conocidos y anónimos.

Durante mucho tiempo, la crítica tuvo una actitud bastante negativa con respecto a la poesía cancioneril, tachándola de repetitiva y formulista. Sin embargo, hoy día se reconoce que esta poesía fue la base de la revolución poética del siglo XVI, la cual resultaría en una nueva lírica intensamente sicológica e imaginativa.

Aunque la gran mayoría de los poetas cancioneriles fueron hombres, en 1989 Miguel Ángel Pérez Priego publicó un estudio documentando la existencia de varias mujeres poetas. Pérez demuestra que ciertas damas de Isabel la Católica eran autoras, aunque su participación en la vida literaria de la Corte era más bien esporádica y sólo Florencia Pinar logró destacarse.

Entre los poetas de la época de Juan II, habrá que mencionar a dos que sobresalen por la calidad de sus composiciones: Íñigo López de Mendoza, marqués de Santillana (1398-1458), y Juan de Mena (1411-1456). Político, humanista, poeta y prosista, Santillana participó plenamente en la vida intelectual de su época. Sabía varios idiomas —el francés, el italiano, el gallego y el catalán— y apoyó el desarrollo del humanismo* en España. Escribió el primer tratado sobre la literatura en lengua castellana, *Prohemio é carta*, prefacio a una colección poética que contiene una definición de la poesía. Más que por su prosa, Santillana es conocido por sus versos, que incluyen canciones gallego-portuguesas más ligeras, además de poesía seria de influencia italiana. Muchas de sus composiciones son didácticas y tratan de temas como el destino y la fortuna. Otras tratan del amor. Abierto a nuevas formas métricas, Santillana fue el primer poeta español que escribió sonetos.

Se ha llamado a Juan de Mena el primer hombre de letras de España, ya que, a diferencia de hombres como Santillana, que fueron políticos o soldados, dedicó su vida entera al cultivo de la literatura. Su libro más conocido es el *Laberinto de Fortuna*, el cual consta de 297 coplas* de arte mayor* —versos de más de ocho sílabas divididos rítmicamente en dos mitades o partes. Por su estructura y temática, se ha comparado el *Laberinto* a la *Divina comedia* de Dante.

En su largo poema, el autor describe las ruedas o círculos del Palacio de la Providencia. Visita diversos compartimientos del palacio, conociendo a grandes personajes históricos y contemporáneos. Sus comentarios sobre lo que observa constituyen una fuerte crítica de la sociedad de su tiempo.

Cancionero de Baena

Esta cantiga fizo[1]... Alfonso Álvarez por ruego del adelantado[2] Pero[3] Manrique, cuando andaba enamorado de esta su mujer, fija que es del señor duque de Benavente.

Señora, flor de azucena,
claro viso[4] angelical,
vuestro amor me da gran pena.
Muchas en Extremadura
vos han gran envidia pura,
por cuantas han fermosura;
dudo mucho si fue tal
en su tiempo Policena.
Fízovos Dios delicada,
honesta,[5] bien enseñada;
vuestra color[6] matizada
más que rosa del rosal,
me atormenta e desordena.
Donaire, gracioso brío,
es todo vuestro atavío;
linda flor, deleite mío,
yo vos fui siempre leal,
más que fue París a Elena.[7]
Vuestra vista deleitosa
más que lirio nin[8] que rosa,
me conquista, pues non osa
mi corazón decir cuál
es quien así lo enajena.
Cumplida de noble aseo,
cuando vuestra imagen veo,

---

[1] *Hizo.* Véase la página 19, nota 1.
[2] Funcionario que ejercía máxima autoridad en un distrito en la Edad Media.
[3] Pedro.
[4] Rostro, cara.
[5] Casta.
[6] *Color* era un substantivo femenino.
[7] En la mitología, París, enamorado de Elena, la rapta, provocando así la guerra de Troya.
[8] Ni; en el próximo verso, *non* significa «no».

otro placer non deseo
sinon sufrir bien o mal,
andando en vuestra cadena.

Non me basta más mi seso,
pláceme ser vuestro preso,
señora: por ende[9] beso
vuestras manos de cristal,[10]
clara luna en mayo llena.

Cancionero de Stúñiga

¡Oh qué poca cortesía
para ser tan linda dama,
desamar a quien vos ama!

Doledvos de mí, que peno,
la vida triste que vivo,
non fagáis de mí ajeno
que nací vuestro cautivo;
renegad mala porfía,
¿no sentís que vos disfama
desamar a quien vos ama?

Carvajal

Contra un su amigo italiano

Mal haya[11] quien su secreto
dice a persona nacida[12]
para siempre ser sujeto,
cautivo toda su vida.

Yo erré en confesar
lo que vos fui a decir,
fuistesme a disfamar[13]
e del todo a discobrir[14];
todo hombre mire el efecto,
su lengua tenga escondida,
non descobra su secreto
a persona de esta vida.

Oír et[15] ver et callar
yo siempre lo loaré,
hame pesado fablar,
de esto me arrepentiré;

pues que yo non fui discreto
en patria desconocida,
non descubras tu secreto
a persona de esta vida.

Juan de Tapia

Cancionero general

Villancico

Lo que queda es lo seguro,
que lo que conmigo va
deseándoos morirá.

Mi ánima queda aquí,
señora, en vuestra prisión,
partida del corazón
del dolor con que partí;
mas los ojos con que os vi
y el cuerpo que no os verá
deseándoos morirá.

Garci Sánchez de Badajoz

Canción

¡Ay!, que hay[16] quien más no vive
porque no hay quien de ¡ay! se duele,
y si hay, hay que recele[17]:
hay un ¡ay! con que se esquive[18]
quien sin ¡ay! vivir no suele.
Hay placeres, hay pesares,
hay glorias, hay mil dolores,
hay, donde hay penas de amores,
muy gran bien si de él gozares.[19]
Aunque vida se cautive,
si hay quien tal ¡ay! consuele,
no hay razón porque se cele,
aunque hay con que se esquive
quien sin ¡ay! vivir no suele.

Florencia Pinar

---

[9] Tanto.
[10] Se refiere a la pureza de las manos blancas de la dama.
[11] **Mal...** Maldito sea.
[12] **A...** a cualquier persona.
[13] Difamar.
[14] Descubrir.
[15] Y.

[16] Nótese el juego entre *ay* y *hay*. La idea general es: No hay nadie que viva sin dolor (sin tener que gritar *ay*), y si hay tal persona, no hay que confiar en ella. Si se escapa del dolor, lo hace gritando *ay*, porque no se puede vivir sin un *ay*.
[17] **Hay...** hay que desconfiar.
[18] Escape.
[19] Gozaras. *Gozares* es el futuro del subjuntivo; hoy desaparecido del uso.

Mote[20]

Esfuerce Dios el sofrir.[21]

Glosa de Cartagena

Para yo poder vivir,
cinco cosas ha de haber:
la primera es menester[22]
que esfuerce Dios el sofrir.

La segunda es alegría
y paciencia la tercera,
y con esto bien pudiera
quizá vivir algún día.
La cuarta es no sentir,
la quinta no conocer,
mas ya que no puede ser,
esfuerce Dios el sofrir.

El marqués de Santillana: Sonetos fechos al itálico modo

Cuando yo soy delante aquella dona[23]
a cuyo mando me sojuzgó Amor,
cuido[24] ser uno de los que en Tabor[25]
vieron el gran claror[26] que se razona,[27]
o que ella sea hija de Latona[28]
según su aspecto y grande resplandor:
así que punto[29] yo no he vigor
de mirar fijo su deal[30] persona.
El su grato hablar dulce, amoroso,
es una maravilla ciertamente

---

[20] Refrán.

[21] Sufrir. La idea es: Dios nos dé la fuerza para sufrir (aguantar) los dolores.

[22] Necesario.

[23] **Soy...** estoy delante de aquella dama.

[24] Creo.

[25] Montaña de Israel donde, según la tradición, ocurrió la Transfiguración de Jesús.

[26] Luz, claridad.

[27] Dice. El sentido es: ...la gran luz de la cual todos hablan.

[28] Diana, diosa que se asocia con la luna.

[29] Nada. El sentido es: Yo no tengo vigor en absoluto para mirar...

[30] Divina.

y modo nuevo en la humanidad:
el andar suyo es con tel reposo,[31]
honesto y manso, y su continente,[32]
que, libre, vivo en cautividad.

Juan de Mena: El laberinto de fortuna (fragmento)

Contra la Fortuna

¿Pues cómo Fortuna, regir todas cosas
con ley absoluta, sin orden, te place?
¿Tú non farías lo que el cielo face,
e hacen los tiempos, las plantas e rosas?
O muestra tus obras ser siempre dañosas,
o prósperas, buenas, durables, eternas;
non nos fatigues con veces alternas,
alegres agora, agora[33] enojosas.

Propiedades de la Fortuna

Mas bien acatando[34] tu varia mudanza,
por ley te gobiernas, maguer[35] discrepante,
ca[36] tu firmeza es non ser constante,
tu temperamento es distemperanza,[37]
tu más cierta orden es desordenanza,
es la tu regla ser muy enorme,[38]
tu conformidad es non ser conforme,
tú desesperas a toda esperanza.

Temas

1. ¿Qué temas dominan la poesía culta del siglo XV?
2. ¿Es esta poesía artificiosa y formulista o espontánea y sincera? Explique y dé ejemplos.

---

[31] Tranquilidad, sin afectación.

[32] **Y...** y su porte es también con tal reposo.

[33] Ahora. Aquí significa «a veces».

[34] Mirando.

[35] Aunque. La idea es: tú sigues ciertas leyes, aunque cambias constantemente, ya que la mudanza (el cambio) es la ley de la Fortuna.

[36] Porque.

[37] Tu consistencia está en la falta de consistencia y moderación.

[38] Extremo, exagerado.

3. ¿Difiere la poesía escrita por mujeres de la que fue escrita por hombres? Explique.
4. ¿Cómo combina el marqués de Santillana lo erótico, lo religioso y lo mitológico en su poema?
5. ¿Qué concepto de la Fortuna expresa Juan de Mena? ¿En qué otros poemas se expresa la idea de que el hombre no puede nada contra las fuerzas de la fortuna y las circunstancias?

JORGE MANRIQUE (¿1440?-1479)

Las *Coplas por la muerte de su padre*, de Jorge Manrique, son la obra maestra poética de la segunda mitad del siglo XV. Soldado y poeta, Manrique escribió composiciones devotas, satíricas y amorosas, aunque estas coplas son su creación más lograda.

En ellas recoge lugares comunes de la elegía (lamentación poética, generalmente por la muerte de alguien): los tiempos perdidos; lo efímero de la vida y de las cosas; la muerte como fuerza igualadora; la vida temporal como preparación para la eterna. Comienza exhortando al lector a recordar que la vida pasa tan rápido que antes de que nos demos cuenta de ello ya llega la muerte. Nuestra vida terrestre es sólo una ilusión; pronto todos los bienes tras los cuales «andamos y corremos» —la riqueza, los títulos, los honores— desaparecen. La vida humana fluye inexorablemente hacia la muerte —como un río que corre hacia el mar. El mismo fin espera a cada uno de nosotros —al poderoso tanto como al humilde.

Manrique emplea una convención muy común en la poesía elegíaca medieval: el *ubi sunt* («¿dónde están?»). Consiste en preguntas sobre el paradero de los grandes hombres e instituciones del pasado. Al inquirir «¿Qué se hizo el rey don Juan? / Los Infantes de Aragón / ¿qué se ficieron?» Manrique recuerda al lector que aun la corte de Juan II —una de las más lujosas e ilustres hasta aquel momento— ha desvanecido, subrayando así la fuerza destructora del tiempo.

Sin embargo, la actitud de Manrique hacia la muerte no es pesimista. Termina su poema con un *exemplum*: la historia del maestre don Rodrigo Manrique, su padre, que llevó una vida admirable y por lo tanto pudo enfrentarse a la muerte con sobriedad y resignación. Es decir, la vida de don Rodrigo es un ejemplo de cómo se debe vivir y morir. En una enumeración panegírica típica de la elegía medieval, Manrique nombra las virtudes del fallecido —«¡Qué amigo fue para amigos! / Qué señor para criados / y parientes!»— y lo compara con grandes héroes del pasado. Sin embargo, no se trata de un catálogo formulista de cualidades, sino de una expresión sincera de la admiración de un hijo a su padre. Para Jorge Manrique, don Rodrigo es un modelo del *ars vivendi* y del *ars morendi* —el arte de vivir bien y de morir bien.

El hombre de la Edad Media veía la vida terrenal como una preparación para la eterna y el medio por el cual se ganaba la salvación. Creía que el que llevara una vida virtuosa, con dignidad y con fe, no tendría remordimientos al ver acercarse su fin. Por eso, la Muerte, representada alegóricamente al final del poema, no es una figura terrorífica, sino una amable y acogedora presencia.

El poema está escrito en coplas de pie quebrado, una de las formas métricas más utilizadas del siglo XV. Consiste en dos versos de ocho sílabas seguidos de un verso de cuatro, con rima *abc abc*.

Coplas por la muerte de su padre

Recuerde[1] el alma dormida,
avive el seso y despierte
contemplando
cómo se pasa la vida,
cómo se viene la muerte
tan callando;
cuán presto se va el placer,
cómo, después de acordado[2]
da dolor,
cómo a nuestro parecer
cualquiera tiempo pasado
fue mejor.

Pues si vemos lo presente
cómo en un punto[3] se es ido
y acabado,
si juzgamos sabiamente,
daremos lo non venido[4]
por pasado.
Non se engañe nadie, no,
pensando que ha de durar
lo que espera
más que duró lo que vio,
pues que todo ha de pasar
por tal manera.

---

[1] Despierte.
[2] Recordado.
[3] Momento, instante.
[4] Lo no venido, es decir, el futuro. *(Time passes so quickly that before we know it, the future is past.)*

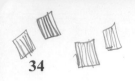

Nuestras vidas son los ríos
que van a dar en la mar,
   que es el morir;
allí van los señoríos
derechos a se acabar[5]
   y consumir;
allí los ríos caudales,[6]
allí los otros, medianos
   y más chicos;
allegados,[7] son iguales
los que viven por sus manos[8]
   y los ricos.

[margen: La gran niveladora / La muerte viene a todos]

INVOCACIÓN

Dejo las invocaciones
de los famosos poetas
   y oradores[9];
non curo de[10] sus ficciones,
que traen yerbas secretas
   sus sabores.[11]
A aquél[12] sólo me encomiendo,
aquél sólo invoco yo
   de verdad,
que en este mundo viviendo,
el mundo non conoció
   su deidad.

[margen: no voy invocar los dios griegos sino Dos quien bajo a la tierra]

Este mundo es el camino
para el otro, que es morada
   sin pesar;
mas cumple tener buen tino[13]
para andar esta jornada
   sin errar.
Partimos cuando nacemos,
andamos mientras vivimos,
   y llegamos
al tiempo que fenecemos;
así que cuando morimos
   descansamos.

[margen: = living place]

---

[5] **Allí…** *There go the great estates, straight into oblivion.*
[6] Grandes.
[7] Llegados (a la muerte).
[8] **Por…** *By manual labor.*
[9] Es decir, los famosos poetas y oradores de la Antigüedad.
[10] **Non…** No les presto atención a.
[11] Era común la idea de que los grandes pensadores de la Antigüedad podían contaminar las creencias del cristiano. Los pensamientos de aquellos escritores paganos eran «hierbas secretas» o venenosas.
[12] Dios.
[13] **Mas…** Pero hay que tener buen juicio.

Este mundo bueno fue
si bien usásemos dél
   como debemos,
porque, según nuestra fe,
es para ganar aquél
   que atendemos.
Y aun aquel fijo de Dios,
para subirnos al cielo,
   descendió
a nacer acá entre nos,[14]
y a vivir en este suelo
   do murió.

Ved de cuán poco valor
son las cosas tras que andamos
   y corremos;
que, en este mundo traidor,
aun primero que muramos
   las perdemos:
de ellas[15] deshace la edad,[16]
de ellas casos desastrados
   que acaecen,
de ellas, por su calidad,
en los más altos estados
   desfallecen.

Decidme: la fermosura,
la gentil frescura y tez
   de la cara,
la color e la blancura,
cuando viene la vejez
   ¿cuál se para[17]?
Las mañas y ligereza
y la fuerza corporal
   de juventud.
todo se torna graveza[18]
cuando llega al arrabal
   de senectud.[19]

Pues la sangre de los godos,[20]
y el linaje, y la nobleza
   tan crecida.
¡por cuántas vías y modos

---

[14] Nosotros. Se refiere a Jesús, que descendió a vivir entre los hombres.
[15] **De…** algunas de ellas.
[16] El tiempo.
[17] Queda.
[18] Pesadez.
[19] Vejez.
[20] Es decir, el linaje ilustre. Las familias españolas más nobles presumían de descender de los visigodos.

se pierde su gran alteza
    en esta vida!
Unos, por poco valer,
¡por cuán bajos y abatidos
    que los tienen[21]!
Otros que, por no tener,[22]
con oficios non debidos[23]
    se mantienen.

    Los estados y riqueza
que nos dejan a deshora.[24]
    ¿quién lo duda?
Non les pidamos firmeza,
pues que son de una señora[25]
    que se muda.
Que bienes son de Fortuna
que revuelve con su rueda[26]
    presurosa,
la cual non puede ser una,
ni ser estable ni queda[27]
    en una cosa.

    Pero digo[28] que acompañen
y lleguen hasta la huesa[29]
    con su dueño;
por eso non nos engañen,
pues se va la vida apriesa[30]
    como sueño;
y los deleites de acá
son, en que nos deleitamos,
    temporales,
y los tormentos de allá
que por ellos esperamos,
    eternales.

    Los placeres y dulzores
de esta vida trabajada
    que tenemos,
¿qué son sino corredores,[31]

y la muerte la celada[32]
    en que caemos?
Non mirando a nuestro daño,
corremos a rienda suelta
    sin parar;
desque[33] vemos el engaño
y queremos dar la vuelta.
    no hay lugar.[34]

    Si fuese en nuestro poder
tornar la cara fermosa[35]
    corporal,
como podemos fazer
el ánima tan gloriosa
    angelical,
¡qué diligencia tan viva
tuviéramos toda hora,
    y tan presta,
en componer la cativa,[36]
dejándonos la señora[37]
    descompuesta!

    Esos reyes poderosos
que vemos por escrituras
    ya pasadas,
con casos tristes, llorosos,
fueron sus buenas venturas
    trastornadas,
así que no hay cosa fuerte;
que a papas y emperadores
    y prelados
así los trata la Muerte
como a los pobres pastores
    de ganados.

    Dejemos a los troyanos,[38]
que sus males non los vimos,
    ni sus glorias;
dejemos a los romanos,
aunque oímos o leímos
    sus historias;
non curemos[39] de saber
lo de aquel siglo pasado
    qué fue de ello;

---

[21] Consideran.

[22] Es decir, por no tener riqueza.

[23] Respetables.

[24] Inesperadamente.

[25] La «señora» es la Fortuna, que cambia constantemente.

[26] En la mitología, la Fortuna es una diosa montada en una rueda, que gira constantemente, bajando a algunos y subiendo a otros.

[27] **Non...** No puede estar quieta ni estable ni constante.

[28] Aun suponiendo.

[29] Tumba.

[30] Aprisa.

[31] Perros de caza.

---

[32] Trampa.

[33] Cuando.

[34] **No...** es imposible.

[35] **Tornar...** Devolverle la hermosura a la cara.

[36] Es decir, la cara, lo corporal.

[37] El alma.

[38] *Trojans (one of the great peoples of Antiquity).*

[39] Tratemos.

vengamos a lo de ayer,
que también es olvidado
   como aquello.

   ¿Qué se fizo el Rey don Juan[40]?
Los Infantes de Aragón
   ¿qué se ficieron?
¿Qué fue de tanto galán,
qué fue de tanta invención[41]
   como trujeron[42]?
Las justas e los torneos,
paramentos, bordaduras
   y cimeras
¿fueron sino[43] devaneos?
¿Qué fueron sino verduras
   de las eras[44]?

   ¿Qué se ficieron las damas,
sus tocados,[45] sus vestidos,
   sus olores?
   ¿Qué se ficieron las llamas
de los fuegos encendidos
   de amadores?
¿Qué se fizo aquel trovar,[46]
las músicas acordadas[47]
   que tañían?
¿Qué se fizo aquel danzar,
aquellas ropas chapadas[48]
   que traían?

   Pues el otro su heredero,
don Enrique[49] ¡qué poderes
   alcanzaba!
¡Cuán blando, cuán falaguero[50]
el mundo con sus placeres
   le daba!

   Mas verás cuán enemigo,
cuán contrario, cuán cruel
   se le mostró;
habiéndole sido amigo,
¡cuán poco duró con él
   lo que le dio!

   Las dádivas desmedidas,[51]
los edificios reales
   llenos de oro,
las vajillas tan férvidas,[52]
los enriques e reales[53]
   del tesoro;
los jaeces,[54] los caballos
de su gente e atavíos
   tan sobrados,
¿dónde iremos a buscallos[55]?
¿Qué fueron sino rocíos
   de los prados?

   Pues su hermano el inocente[56]
que en su vida sucesor
   se llamó,
¡qué corte tan excelente
tuvo y cuánto gran señor
   le siguió!
Mas como fuese mortal,
metióle la Muerte luego
   en su fragua.
¡Oh juicio divinal!
Cuando más ardía el fuego
   echaste agua.

   Pues aquel gran Condestable[57]
maestre[58] que conocimos
   tan privado,
non cumple que de él se hable,
   se sino sólo que lo vimos
   degollado.
Sus infinitos tesoros,
sus villas y sus lugares,

---

[40] Juan II (1398-1479), rey de Aragón y de Navarra, cuya Corte era conocida por su elegancia y cultura. En la época de Manrique, mucha gente se acordaba de Juan II. Los infantes de Aragón, primos del rey, se rebelaron contra él.

[41] Creación, invento.

[42] Trajeron.

[43] Otra cosa que.

[44] Es decir, plantas que florecen y se marchitan.

[45] Peinados o adornos para la cabeza.

[46] Componer canciones o poesías.

[47] Armoniosas.

[48] Bordadas con láminas de oro o plata.

[49] Enrique IV (1425-1474), rey de Castilla, hijo de Juan II y de María de Aragón, cuyo reinado estuvo marcado por constantes intrigas.

[50] Halagüeño, agradable.

---

[51] **Las...** Los enormes regalos.

[52] Labradas.

[53] Los «enriques» y «reales» son monedas.

[54] Adornos que se les pone a los caballos.

[55] Buscarlos.

[56] Alfonso, que murió a los catorce años.

[57] Alvaro de Luna, favorito de Juan II, que le nombró condestable de sus reinos. Derrotó a los infantes de Aragón en la Batalla de Olmedo en 1445. Luego perdió su influencia y fue condenado a muerte y degollado.

[58] Oficial militar.

su mandar,
¿qué le fueron sino lloros?
¿Qué fueron sino pesares
    al dejar?

Y los otros dos hermanos,[59]
maestres tan prosperados
    como reyes,
que a los grandes e medianos
trajeron tan sojuzgados[60]
    a sus leyes;
aquella prosperidad
que tan alta fue subida
    y ensalzada,
¿qué fue sino claridad
que cuando más encendida
    fue amatada[61]?

Tantos duques excelentes,
tantos marqueses e condes
    y varones
como vimos tan potentes,
di, Muerte, ¿dó[62] los escondes
    y traspones?
Y las sus claras[63] hazañas
que hicieron en las guerras
    y en las paces,
cuando tú, cruda, te ensañas,
con tu fuerza las atierras
    y desfaces.

Las huestes[64] innumerables,
los pendones, estandartes
    y banderas,
los castillos impugnables,
los muros y baluartes
    y barreras,
la cava honda, chapada,[65]
o cualquier otro reparo
    ¿qué aprovecha?
Cuando tú vienes airada,
todo lo pasas de claro[66]
    con tu flecha.

Aquél de buenos abrigo.
amado por virtuoso
    de la gente,
el Maestre Don Rodrigo
Manrique, tanto famoso
    y tan valiente;
sus grandes hechos y claros
non cumple que los alabe,
    pues los vieron.
ni los quiero hacer caros[67]
pues que el mundo todo sabe
    cuáles fueron.

¡Qué amigo de sus amigos!
¡Qué señor para criados
    y parientes!
¡Qué enemigo de enemigos!
¡Qué maestro de esforzados
    y valientes!
¡Qué seso para discretos!
¡Qué gracia para donosos!
    ¡Qué razón!
¡Qué benigno a los sujetos!
¡A los bravos y dañosos
    qué león!

En ventura Octaviano[68];
Julio César en vencer
    y batallar;
en la virtud, Africano;
Aníbal en el saber
    y trabajar:
En la bondad un Trajano;
Tito en liberalidad
    con alegría;
en su brazo, un Aureliano;
Marco Tulio en la verdad
    que prometía.

Antonio Pío en clemencia;
Marco Aurelio en igualdad
    del semblante:
Adriano en la elocuencia;
Teodosio en humildad
    y buen talante.
Aurelio Alexandre fue
en disciplina y rigor
    de la guerra:

---

[59] Don Juan Pacheco y don Beltrán de la Cueva, favoritos del rey Enrique IV.
[60] Sujetos.
[61] Apagada.
[62] Dónde.
[63] Grandes.
[64] Tropas.
[65] **Cava...** prisión subterránea fortificada.
[66] Un lado al otro.

---

[67] **Hacer...** alabar.
[68] Sigue una larga lista de grandes hombres de la Antigüedad con los cuales Manrique compara a su padre.

un Constantino en la fe;
Camilo en el gran amor
   de su tierra.

   Non dejó grandes tesoros,
ni alcanzó muchas riquezas
   ni vajillas,
mas fizo guerra a los moros,
ganando sus fortalezas
   y sus villas;
y en las lides que venció
cuántos moros y caballos
   se perdieron,
y en este oficio ganó
las rentas y los vasallos
   que le dieron.

   Pues por su honra y estado
en otros tiempos pasados
   ¿cómo se hubo[69]?
Quedando desamparado,
con hermanos y criados
   se sostuvo.
Después de fechos famosos
fizo en esta dicha guerra
   que facía,
fizo tratos tan honrosos,
que le dieron aun más tierra
   que tenía.

   Estas sus viejas historias
que con su brazo pintó
   en juventud,
con otras nuevas victorias
agora[70] las renovó
   en senectud.
Por su gran habilidad,
por méritos y ancianía
   bien gastada,
alcanzó la dignidad
de la gran caballería
   de Espada.[71]

   Y sus villas y sus tierras
ocupadas de tiranos
   las falló,[72]

mas por cercos[73] y por guerras
y por fuerza de sus manos
   las cobró.
Pues nuestro Rey natural,
si de las obras que obró
   fue servido,
dígalo de Portugal,[74]
y en Castilla quien siguió
   su partido.

   Después de puesta la vida
tantas veces por su ley
   al tablero[75];
después de tan bien servida
la corona de su Rey
   verdadero;
después de tanta hazaña
a que non puede bastar
   cuenta[76] cierta,
en la su villa de Ocaña[77]
vino la Muerte a llamar
   a su puerta.

(Fabla la Muerte)
   diciendo: «Buen caballero,
dejad el mundo engañoso
   y su halago;
vuestro corazón de acero
muestre su esfuerzo famoso
   en este trago[78];
y pues de vida y salud
fecistes tan poca cuenta[79]
   por la fama,
esfuércese la virtud[80]
para sufrir esta afrenta
   que vos llama.

   «Non se os haga tan amarga
la batalla temerosa
   que esperáis,
pues otra vida más larga

---

[69] **Cómo**... ¿Cómo se comportó?
[70] Ahora.
[71] Rodrigo Manrique fue maestre de la Orden de caballería de Santiago de la Espada.
[72] Halló. Es decir, perdió sus tierras injustamente pero volvió a recobrarlas. (Véase la Nota 75.)

[73] Ataques militares.
[74] Alfonso V, rey de Portugal, ocupó las tierras de don Rodrigo, pero éste defendió sus intereses y los del rey de Castilla al obligar a las tropas portuguesas a retroceder.
[75] **Después**... *After risking his life so many times for his religion.*
[76] **Bastar**... mantener la cuenta.
[77] Pueblo que se encuentra al sudeste de Madrid.
[78] Trance (de la muerte).
[79] **Fecistes**... arriesgaste vida y salud por la fama.
[80] **Esfuércese**... *Have courage.*

de fama tan gloriosa
    acá dejáis:
aunque esta vida de honor
tampoco no es eternal
    ni verdadera,
mas con todo es muy mejor
que la otra temporal
    perecedera.

«El vivir que es perdurable
non se gana con estados
    mundanales,
ni con vida deleitable
en que moran los pecados
    infernales;
mas los buenos religiosos
gánanlo con oraciones
    y con lloros;
los caballeros famosos
con trabajos y aflicciones
    contra moros.

«Y pues vos, claro varón,
tanta sangre derramastes
    de paganos,
esperad el galardón
que en este mundo ganastes
    por las manos;
y con esta confianza
y con la fe tan entera
    que tenéis,
partid con buena esperanza,
que esta otra vida tercera[81]
    ganaréis».

(Responde el Maestre)

«Non gastemos tiempo ya
en esta vida mezquina
    por tal modo,
que mi voluntad está
conforme con la divina
    para todo;
y consiento en mi morir
con voluntad placentera,
    clara y pura,
que querer hombre vivir
cuando Dios quiere que muera
    es locura».

---

[81] La que sigue a la muerte. (La primera es la que precede
al nacimiento y la segunda es la terrestre.)

ORACIÓN

«Tú[82] que por nuestra maldad
tomaste forma servil[83]
    y bajo nombre;
Tú que a tu divinidad
juntaste cosa tan vil
    como el hombre;
Tú que tan grandes tormentos
sufriste sin resistencia
    en tu persona,
non por mis merecimientos,
mas por tu sola clemencia
    me perdona».

FIN

Así con tal entender,
todos sentidos humanos
    conservados,
cercado de su mujer,
y de sus fijos e hermanos
    y criados,
dio el alma a quien se la dio,
(el cual la ponga en el cielo
    en su gloria).
Que aunque la vida perdió,
nos dejó harto consuelo
    su memoria.

Temas

1. Describa la estructura del poema y la función de cada segmento.
2. ¿Cómo es la actitud de Manrique hacia la vida terrestre? ¿Es optimista o pesimista? Explique.
3. ¿Cómo es su actitud hacia el tiempo? ¿Qué metáforas e imágenes usa para hacernos sentir lo rápido que pasa la vida?
4. ¿Cuáles son las cosas tras las cuales «andamos / y corremos» en nuestra sociedad? ¿Son válidas las observaciones de Manrique para la gente moderna?
5. ¿Cómo usa Manrique el *ubi sunt*? Si usted escribiera una elegía, ¿qué incluiría en el *ubi sunt*?
6. ¿Cómo expresa el poeta el amor a su padre?
7. ¿Cómo representa a la Muerte alegóricamente?
8. Describa la imagen de la «buena muerte» que Manrique pinta en la última estrofa de su poema.

---

[82] Cristo.
[83] De hombre.

El Romancero

El romance es un poema épico-lírico breve que deriva del cantar de gesta,* es decir, de la epopeya* tradicional. Ciertos fragmentos de estas obras de asunto heroico—casi siempre los de mayor intensidad dramática—empezaron a ser cantados como poemas independientes del conjunto, hasta alcanzar vida propia. Este fenómeno se produjo no sólo en España sino también en otros países. De hecho, hay romances franceses muy semejantes a los españoles. También influyó la tradición lírica en el desarrollo del romance, particularmente en su tono emotivo.

Según Ramón Menéndez Pidal (1869-1968), el gran filólogo e historiador cuyos estudios sobre los orígenes de la literatura española todavía nos sirven de guía, los romances más viejos datan del siglo XV, aunque puede haber algunos que se remonten al siglo XIV. Los investigadores modernos han encontrado evidencia de romances que datan de 1421, pero, como Menéndez Pidal, sospechan la existencia de baladas mucho más antiguas.

Algunos de los romances más viejos son sencillamente fragmentos de poemas épicos que el pueblo conservó en su memoria y cantó aisladamente. Pero en la mayoría de los casos, el fragmento no quedó intacto, sino que se independizó y, al separarse de la narración original, comenzó a incorporar elementos líricos y a transformarse en un poema nuevo.

Es decir, se parte de una escena que tiene una función específica en una epopeya y que, por lo tanto, contiene datos y detalles relacionados con la narración. Éstos pierden importancia al desgajarse el fragmento del conjunto. Entonces, la escena aislada se reconstruye, incorporando elementos subjetivos y sentimentales. El poema pierde su esencia épica, caracterizada por la imagen concreta y la narración, y va convirtiéndose en una composición épico-lírica.

Estas composiciones nuevas aún guardan alguna relación con el cantar de gesta primitivo. Pero a partir del siglo XV también se componen romances basados en asuntos contemporáneos. A veces los reyes se servían de cantores populares para propagar noticias; a veces los poetas inventaban romances acerca de asuntos de interés general. También se desarrolló en España, como en otros países europeos, el romance de contenido novelesco.

Con el tiempo el romance llegó a abarcar una gran variedad de temas, entre ellos las vidas de figuras históricas o legendarias, relatos inventados o asuntos religiosos. A principios del siglo XVI los romances alcanzaron una enorme popularidad. Se publicaban en pliegos sueltos o en *romanceros*—colecciones de romances sobre un mismo tema. Las leyendas del Cid llegaron a la gente del siglo XVI no por medio del *Cantar del Mio Cid*, que estuvo perdido hasta el siglo XIX, sino a través de los romanceros del Cid.

Entre 1510 y 1550 los romances se publicaron principalmente en pliegos sueltos, aunque algunos fueron impresos en libros. El *Cancionero general* de Hernando del Castillo, publicado en 1522, contiene algunos romances; en 1525 se publicó en Barcelona *Libro en el cual se contienen cincuenta romances*. En 1548, Martín Nuncio publicó un *Cancionero de romances* en Amberes, después de lo cual los cancioneros, o antologías de romances, se pusieron muy de moda. A pesar de que el romance había formado parte del caudal poético popular, también había sido cultivado por poetas cultos. Después de la publicación de *Flores de romances* alrededor de 1580, hubo una explosión de interés en la composición épico-lírica por parte de poetas cultos. Durante las dos últimas décadas del siglo XVI floreció el «romancero nuevo», baladas escritas por poetas cultos, y se publicaron numerosas «silvas» o colecciones de romances. El movimiento culminó con la publicación en 1600 del *Romancero general*. Aunque el romance disminuyó en importancia durante el siglo XVII, muchas comedias del Siglo de Oro incorporan romances. En su forma popular el romance sigue existiendo en todas partes del mundo hispánico.

Aunque existen variantes, caracteriza el romance la octosílaba y la repetición de una misma asonancia al final de todos los versos pares.

El romance que se incluye aquí se basa en los legendarios amores de Eginardo, secretario y camarero de Carlomagno (747-814), rey de los francos y emperador de Occidente, con Emma, la hija de éste.

Romance de Gerineldo y la Infanta[1]

—Gerineldo, Gerineldo,
paje del rey más querido,
quién te tuviera esta noche
en mi jardín florecido.[2]
Válgame Dios, Gerineldo,
cuerpo que tienen tan lindo.
—Como soy vuestro criado,
señora, burláis conmigo.

Válgame Dios, Gerineldo,

---

[1] Hija del rey, no heredera al trono.
[2] *The flowering garden is a traditional «locus amoenus»—a place associated with love.*

cuerpo que tienen tan lindo.
—Como soy vuestro criado,
señora, burláis conmigo.
—No me burlo, Gerineldo,
que de veras te lo digo.
—¿Y cuándo, señora mía,
cumpliréis lo prometido?
—Entre las doce y la una,
que el rey estará dormido.

Media noche ya es pasada,
Gerineldo no ha venido.
«¡Oh, malhaya,[3] Gerineldo,
quien amor puso contigo!»
—Abráisme, la mi señora,
abráisme, cuerpo garrido[4]
—¿Quién a mi estancia se atreve
quién llama así a mi postigo?
—No os turbéis, señora mía,
que soy vuestro dulce amigo.
Tomáralo por la mano
y en el lecho lo ha metido;
entre juegos y deleites
la noche se les ha ido,
y allá hacia el amanecer
los dos se duermen vencidos.

Despertado había el rey
de un sueño despavorido.
«O me roban a la Infanta
o traicionan el castillo».
Aprisa llama a su paje
pidiéndole los vestidos:
«Gerineldo, Gerineldo,
el mi paje más querido!»
Tres veces le había llamado,
ninguna le ha respondido.
Puso la espada en la cinta,
adonde la Infanta ha ido;
vio a su hija, vio a su paje
como mujer y marido.
«¿Mataré yo a Gerineldo,
a quien crié desde niño?
Pues si matare[5] a la Infanta
mi reino queda perdido.
Pondré mi espada por medio
que me sirva de testigo».
Y salióse hacia el jardín

sin ser de nadie sentido.
Rebullíase la Infanta
tres horas ya el sol salido;
con el frior[6] de la espada
la dama se ha estremecido.
—Levántate, Gerineldo,
levántate, dueño mío,
la espada del rey mi padre
entre los dos ha dormido.
—¿Y adónde iré, mi señora,
que del rey no sea visto?
—Vete por ese jardín
cogiendo rosas y lirios[7]
pesares que te vinieren
yo los partiré contigo.
—¿Dónde[8] vienes, Gerineldo,
tan mustio y descolorido?
—Vengo del jardín, buen rey,
por ver cómo ha florecido;
la fragancia de una rosa
la color me ha desvaído.[9]
—De esa rosa que has cortado
mi espada será testigo.
—Matadme, señor, matadme,
bien lo tengo merecido.

Ellos en estas razones
la Infanta a su padre vino;
—Rey y señor, no le mates,
mas dámelo por marido.
O si lo quieres matar
la muerte será conmigo.

Temas

1. ¿Quién inicia los amores entre Gerineldo y la Infanta? ¿Por qué es importante este detalle? ¿Qué revela acerca de la actitud hacia la mujer? ¿Por qué se asocia a la mujer tradicionalmente con la tentación y la culpa?
2. ¿Qué actitudes hacia el amor y el sexo se reflejan en este romance?
3. ¿Qué simboliza la espada del Rey? ¿Cómo crea tensión la presencia de la espada?

---

[3] *Damn!*
[4] Hermoso.
[5] Futuro del subjuntivo. Hoy día diríamos «matara».

[6] Frío (vocablo antiguo).
[7] La rosa y el lirio son símbolos tradicionales de los sexos femenino y masculino respectivamente.
[8] De dónde. (Habla el Rey.)
[9] Dejado pálido.

4. ¿Qué siente el Rey por su paje y por su hija? ¿Cómo muestra su generosidad al final del romance?

Época de los Reyes Católicos: La Celestina

Obra dialogada conocida por el nombre de uno de sus personajes principales, *La Celestina* es considerada precursora tanto del drama como de la novela del Siglo de Oro. Circuló originalmente en una versión sin título de dieciséis actos, pero ediciones posteriores llevan el nombre *Comedia* de Calisto y Melibea* (Burgos, 1499). También existe una versión de veintiún actos que lleva por título *Tragicomedia* de Calisto y Melibea* y que data de 1502, aunque se ha debatido la autenticidad de esta fecha. *La Celestina* fue un *best seller* durante el siglo XVI, cuando aparecieron más de sesenta ediciones.

La Celestina se le ha atribuido a Fernando de Rojas, si bien hay indicios de que el primer acto y parte del segundo fueron escritos por otro autor. No lleva el nombre del autor la edición original, pero en la de 1501 se menciona, en algunos versos acrósticos que aparecen al principio de la obra, que Fernando de Rojas la completó. Unos documentos legales de la época se refieren a Rojas como «converso», lo cual ha conducido a varios críticos a conjeturar que la ausencia en la obra de referencias al consuelo y a la Salvación se debe al origen judío del autor.

El argumento de *La Celestina* gira alrededor de los amores de Melibea y Calisto. Éste, un joven caballero, entra en el huerto de Pleberio, padre de Melibea, persiguiendo un halcón. Allí ve a Melibea y se prenda de ella. La muchacha, celosa de su honra (que en aquella época equivale a reputación), lo rechaza. Entonces Calisto, animado por su criado Sempronio, acude a Celestina, famosa en la ciudad como prostituta vieja, hechicera, curandera y alcahueta. Ella acepta ayudarlo—por un precio.

Celestina logra entrar en las casas «decentes» haciéndose pasar por vendedora de hilos y afeites. Una vez que se encuentra a solas con Melibea, usa la sicología para despertar su curiosidad y después su compasión, describiendo a Calisto como un «enfermo» que sólo ella puede curar. Al principio, Melibea se muestra esquiva, actuando de acuerdo con las exigencias de su clase, pero una vez sembrada la semilla de la pasión, se olvida de su educación moral y de su recto juicio. Suplica a Celestina que concierte un encuentro entre ella y el joven, y la vieja promete hacerlo. Mientras tanto, Sempronio y Pármeno, sir-

vientes de Calisto, riñen con Celestina por el pago y terminan matándola. Poco después, ellos también mueren. Calisto, en brazos de Melibea, oye ruidos en la calle y al precipitarse a la escala por la cual piensa bajar, pisa mal y se despeña. Entonces Melibea, desesperada, sube a la torre y se tira, dejando a su viejo padre Pleberio para llorar su muerte.

La Celestina recoge muchas tradiciones de la Antigüedad y del Medioevo. Por ejemplo, el monólogo de Celestina sobre la vejez proviene de Séneca y el personaje de la alcahueta fue inspirado por Trotaconventos, de *El libro de buen amor*. Sin embargo, la obra apunta claramente hacia el Renacimiento por su enfoque sicológico, por la importancia que se le da al comercio y, sobre todo, por el concepto humanístico del individuo, según el cual cada uno es capaz de influir en su propio destino.

Los personajes de *La Celestina* funcionan dentro de un ambiente urbano y contemporáneo caracterizado por la corrupción y el materialismo. Se trata de un período de transición en el cual los valores medievales ceden a una nueva conciencia de la autonomía del individuo. Crece la burguesía, y el mercantilismo reemplaza el feudalismo. Las numerosas referencias a la vida como una feria subrayan la acrecentada importancia del dinero.

Estos personajes son sicológicamente complejos. Por una parte, cada uno de ellos está dominado por una obsesión—el deseo sexual en el caso de Calisto o la avaricia en el de Celestina. Por otra, ellos mismos son instrumentos de su propia destrucción. Estos personajes se dejan cegar por el interés o el apetito; toman decisiones desastrosas porque no emplean el sentido común y desatienden la razón. Manipulan la verdad de acuerdo a su objetivo. Por ejemplo, la Celestina es una persona conocida en la ciudad; todos saben que es una vieja alcahueta cuya presencia en una casa representa un peligro. Sin embargo, Alisa, la madre de Melibea, deja a su hija sola con ella, y Melibea, a pesar de saber qué riesgos corre al relacionarse con ella, se pone en sus manos. Aunque al principio la joven amenaza a Celestina con echarla, termina buscando pretextos para hacer que siga hablándole de Calisto. Al llamarla «vieja honrada», «amiga Celestina», «maestra grande», demuestra hasta qué punto se encubre la verdad a sí misma. Melibea no es la víctima ni de Celestina ni de la Providencia; crea su propio destino al cerrar los ojos a realidades que todos conocen. Es voluntariosa, obstinada y hasta cruel, ya que se suicida delante de los ojos de su padre sabiendo qué efecto su muerte producirá en éste. En la literatura anterior, la figura femenina aparecía poco desarrollada. Melibea representa, por lo tanto, un nuevo tipo de personaje en la literatura española.

Los críticos no se ponen de acuerdo acerca del significado de *La Celestina*. Algunos la creen una censura del amor cortés, el cual deifica a la mujer y enaltece las pasiones. Otros opinan que es una invectiva contra la sociedad contemporánea. Y otros creen que el objetivo de *La Celestina* es sencillamente entretener al lector.

La Celestina

[Persiguiendo un halcón, Calisto entra en una huerta donde encuentra a Melibea y se prenda de ella. Cuando le habla de su amor a su criado Sempronio, éste se burla de él. A Sempronio le parece absurdo idealizar a una mujer, pero cuando Calisto le ofrece una rica recompensa si le ayuda, promete traerle «una vieja barbuda que se dice Celestina» que es alcahueta.[1] Ésta podrá llevar un mensaje suyo a la joven. Mientras llega la enredadora, Pármeno, otro criado, le explica a Calisto quién es Celestina: una vieja de mala fama que consigue a muchachas para hombres de todas clases y edades. Sin embargo, Calisto, totalmente trastornado por el deseo, no considera los riesgos. Por fin aparece Celestina, y Calisto le ofrece una cadena de oro si logra hacer que Melibea lo ame. En la siguiente escena, Celestina entra en casa de Melibea y despierta la curiosidad de la joven.[2]]

ACTO CUARTO

LUCRECIA.[3] ¿Quién es esta vieja, que viene haldeando[4]?

CELESTINA. Paz sea en esta casa.

LUCRECIA. Celestina, madre, seas bienvenida...

ALISA. ¿Con quién hablas, Lucrecia?

LUCRECIA. Señora, con aquella vieja de la cuchillada,[5] que solía vivir en las tenerías,[6] a la cuesta del río...

ALISA. ¿Qué oficio tiene?

LUCRECIA. Señora, perfuma tocas,[7] hace solimán[8] y

otros treinta oficios. Conoce mucho en hierbas, cura niños y aun algunos la llaman la vieja lapidaria.[9]

ALISA. Todo eso dicho no me la da a conocer; dime su nombre, si le sabes.

LUCRECIA. ¿Si le sé, señora? No hay niño ni viejo en toda la ciudad que no lo sepa. ¿Le había de ignorar yo?

ALISA. ¿Pues por qué no le dices?

LUCRECIA. ¡Tengo vergüenza!

ALISA. Anda, boba, dile. No me indignes con tu tardanza.

LUCRECIA. Celestina, hablando con reverencia, es su nombre.

ALISA. ¡Hi! ¡Hi! ¡Hi! ¡Mala landre te mate,[10] si de risa puedo estar, viendo el desamor que debes de tener a esa vieja, que su nombre tienes vergüenza de nombrar! Ya me voy recordando de ella. ¡Una buena pieza[11]! No me digas más. Di que suba.

LUCRECIA. Sube, tía.[12]

CELESTINA. Señora buena, la gracia de Dios sea contigo y con la noble hija. Mis pasiones[13] y enfermedades han impedido mi visitar tu casa, como era razón[14]; mas Dios conoce mis limpias entrañas, mi verdadero amor, que la distancia de las moradas no despega[15] el querer de los corazones...

ALISA. Hija Melibea, quédese esta mujer honrada contigo, que ya me parece que es tarde para ir a visitar a mi hermana, que desde ayer no la he visto, y también que viene su paje a llamarme, que se le arreció desde un rato acá el mal.[16]

CELESTINA. —*[aparte]* Por aquí anda el diablo aparejando oportunidad.

ALISA. ¿Qué dices, amiga?

CELESTINA. Señora, que maldito sea el diablo y mi pecado, porque en tal tiempo hubo de crecer el mal de tu hermana, que habrá para nuestro negocio oportunidad...

---

[1] *Go-between.*

[2] *Texts in italics are summaries prepared for* Milenio.

[3] *Lucrecia es la criada. Alisa es la madre de Melibea.*

[4] *Tan deprisa.*

[5] **De...** *who has a knife scar.*

[6] *Tanneries (where animal skins are cured).*

[7] *Headdresses.*

[8] *Kind of cosmetic used to remove skin blemishes.*

[9] *Persona que conoce las propiedades de las piedras preciosas. Se creía que cada piedra podía curar algún mal.*

[10] **Mala...** *Damn!*

[11] **Una...** *Quite a character!*

[12] **Tía** *and* **madre** *are respectful but familiar forms of address used with an older person.*

[13] *Sufrimientos.*

[14] **Como...** *as I should have.*

[15] *Undo.*

[16] **Se...** *her illness has grown worse lately.*

ALISA. Ruega[17] tú, vecina, por amor mío, en tus devociones por su salud a Dios.

CELESTINA. Yo te prometo, señora, en yendo de aquí me vaya por esos monasterios, donde tengo frailes devotos míos y les dé el mismo cargo que tú me das...[18]

ALISA. Pues, Melibea, contenta a la vecina en todo lo que razón fuere darle por el hilado.[19] Y tú, madre, perdóname, que otro día vendrá en que más nos veamos.

CELESTINA. Señora, el perdón sobraría donde el yerro falta. De Dios sea perdonada, que buena compañía me queda. Dios la deje gozar su noble juventud y florida mocedad, que es el tiempo en que más placeres y mayores deleites se alcanzarán. Que, a mi fe, la vejez no es sino mesón[20] de enfermedades, posada de pensamientos, amiga de rencillas,[21] congoja[22] continua, llaga incurable, mancilla[23] de lo pasado, pena de lo presente, cuidado triste de lo porvenir, vecina de la muerte, choza sin rama, que llueve por cada parte, cayado de mimbre, que con poca carga se doblega.[24]

MELIBEA. ¿Por qué dices, madre, tanto mal de lo que todo el mundo con tanta eficacia gozar y ver desea?

CELESTINA. Desea harto mal para sí, desea harto trabajo...

MELIBEA. Bien conozco que dice cada uno de la feria según le va en ella[25]: así, que otra canción cantarán los ricos.

CELESTINA. Señora, hija, a cada cabo hay tres leguas de mal quebranto.[26] Cada rico tiene una docena de hijos y nietos, que no rezan otra oración, no otra petición, sino rogar a Dios que le saque de en medio; no ven la hora que tener a él bajo la tierra y lo suyo entre sus manos y darle a poca costa su morada para siempre.[27]

MELIBEA. Madre, pues que así es, gran pena tendrás por la edad que perdiste. ¿Querrías volver a la primera?

CELESTINA. Loco es, señora, el caminante que, enojado del trabajo del día, quisiese volver de comienzo la jornada para tornar otra vez a aquel lugar... No hay cosa más dulce ni graciosa al muy cansado que el mesón. Así que, aunque la mocedad sea alegre, el verdadero viejo no la desea...

MELIBEA. Siquiera por vivir más es bueno desear lo que digo.

CELESTINA. Tan presto, señora, se van el cordero como el carnero.[28] Ninguno es tan viejo que no pueda vivir un año, ni tan mozo que hoy no pudiese morir. Así, que en esto poca ventaja nos lleváis...

MELIBEA. Celestina amiga, yo he holgado[29] mucho en verte y conocerte. También me has dado placer con tus razones. Toma tu dinero y vete con Dios, que me parece que no debes haber comido.

CELESTINA. ¡Oh, angélica imagen! ¡Oh perla preciosa, y cómo te lo dices! Gozo me toma[30] en verte hablar. Si tú me das licencia, te diré la necesitada causa de mi venida, que es otra que la que hasta ahora has oído y tal, que todos perderíamos en tomarme en balde sin que la sepas.[31]

MELIBEA. Di, madre, todas tus necesidades, que si yo las pudiere remediar, de muy buen grado lo haré, por el pasado conocimiento y vecindad, que pone obligación a los buenos.

CELESTINA. ¿Mías, señora? Antes ajenas, que las mías de mi puerta adentro me las paso sin que las sienta la tierra,[32] comiendo cuando puedo, bebiendo cuando lo tengo. Que con mi pobreza jamás me falta, a Dios gracias, una blanca para pan y un cuarto[33] para vino, después que enviudé...

MELIBEA. Pide lo que querrás, sea para quien fuere.

CELESTINA. ¡Doncella graciosa y de alto linaje! Tu suave habla y alegre gesto, junto con el aparejo de liberalidad[34] que muestras con esta pobre vieja, me

---

[17] Reza.

[18] Nótese que Celestina frecuenta los monasterios. La implicación es que algunos de sus mejores clientes son frailes.

[19] *Thread.* Celestina ha entrado en la casa haciéndose pasar por vendedora de hilos.

[20] *Inn.*

[21] Malos humores.

[22] Aflicción.

[23] Agravio.

[24] **Cayado...** *A staff of willow that, even when you put just a little weight on it, easily bends.*

[25] *Each one judges the fair (that is life) according to whether things went well or badly for him.*

[26] *Life is rough at both ends (for both the rich and poor).*

[27] Es decir, su tumba.

---

[28] **Tan...** *Milady, the lamb goes to the slaughterhouse just like the ram. (That is, the young die as well as the old. Celestina's words foreshadow the end of the work.)*

[29] **Yo...** Me ha gustado.

[30] **Gozo...** Me da placer.

[31] **Todos...** *We'd all be the losers if I were to leave without accomplishing my purpose.*

[32] *Rather, other people's problems, for my own I keep under wraps.*

[33] La «blanca» y el «cuarto» son monedas de poco valor.

[34] Generosidad.

dan osadía a decírtelo. Yo dejo un enfermo a la muerte, que con sola una palabra de tu noble boca salida, que le lleve metida en mi seno,[35] tiene por fe que sanará, según la mucha devoción tiene en tu gentileza.

MELIBEA. Vieja honrada, no te entiendo si más no declaras tu demanda. Que yo soy dichosa si de mi palabra hay necesidad para salud de algún cristiano. Porque hacer beneficio es semejar a Dios y el que le da le recibe, cuando a persona digna de él le hace. Y además de esto, dicen que el que puede sanar al que padece, no lo haciendo, le mata. Así, no ceses tu petición por empacho[36] ni temor.

CELESTINA. El temor perdí mirando, señora, tu beldad. Que no puedo creer que en balde[37] pintase Dios unos gestos más perfectos que otros, más dotados de gracias, más hermosas facciones, sino para hacerlos almacén de virtudes, de misericordia, de compasión, ministros de sus mercedes y dádivas, como a ti...

MELIBEA. Por Dios, sin más dilatar[38] me digas quién es ese doliente.

CELESTINA. Bien tendrás, señora, noticia en esta ciudad de un caballero mancebo,[39] gentilhombre de clara[40] sangre, que llaman Calisto.

MELIBEA. ¡Ya, ya, ya! Buena vieja, no me digas más, no pases adelante. ¿Ese es el doliente por quien has hecho tantas premisas en tu demanda?... De locura será su mal. No se dice en vano que el más empecible[41] miembro del mal hombre o mujer es la lengua. ¡Quemada seas, alcahueta falsa, hechicera,[42] enemiga de honestidad, causadora de secretos yerros! ¡Jesú, Jesú! ¡Quítamela, Lucrecia, de delante, que me muero, que no me ha dejado gota de sangre en el cuerpo! Bien se lo merece esto y más quien a estas tales da oídos.[43] Por cierto, si no mirase a mi honestidad y por no publicar su osadía de ese atrevido, yo te hiciera, malvada, que tu razón y vida acabaran en un tiempo.[44]

CELESTINA. — *[aparte]* ¡En hora mala[45] acá vine, si me falta mi conjuro[46]! ¡Ea, pues! Bien sé a quien digo.[47] ¡Ce,[48] hermano, que se va todo a perder!

MELIBEA. ¿Aun hablas entre dientes[49] delante mi para acrecentar mi enojo y doblar tu pena? ¿Querrías condenar mi honestidad por dar vida a un loco? ¿Dejar a mí triste por alegrar a él y llevar tú el provecho de mi perdición, el galardón[50] de mi yerro? ¿Perder y destruir la casa y la honra de mi padre por ganar la de una vieja maldita como tú? ¿Piensas que no tengo sentidas tus pisadas y entendido tu dañado mensaje? Pues yo te certifico que las albricias[51] que de aquí saques no sean sino estorbarte de más ofender a Dios, dando fin a tus días. Respóndeme, traidor: ¿cómo osaste tanto hacer?

CELESTINA. Tu temor, señora, tiene ocupada[52] mi disculpa. Mi inocencia me da osadía, tu presencia me turba en verla airada,[53] y lo que más siento y me pena es recibir enojo sin razón ninguna. Por Dios, señora, que me dejes concluir mi dicho, que ni él quedará culpado ni yo condenada. Y verás cómo es todo más servicio de Dios que pasos deshonestos; más para dar salud al enfermo que para dañar la fama al médico.[54] Si pensara, señora, que tan de ligero habías de conjeturar de lo pasado nocibles[55] sospechas, no bastara tu licencia para darme osadía a hablar en cosa que a Calisto ni a otro hombre tocase.

MELIBEA. ¡Jesú! No oiga yo mentar[56] más ese loco. Avísale que se aparte de este propósito y se sanará. Y tú tórnate con su misma razón, que respuesta de mi otra no tendrás ni la esperes. Y da gracias a Dios, pues tan libre vas de esta feria. Bien me habían dicho quién tú eras, y avisado de tus propiedades, aunque ahora no te conocía.

CELESTINA. —*[aparte]* ¡Más fuerte estaba Troya, y

---

[35] *Breast. (Celestina carries a note from Calisto in her bodice.)*
[36] Vergüenza, molestia.
[37] Vano.
[38] Tardar.
[39] Joven, soltero.
[40] Pura, distinguida.
[41] Dañino, peligroso.
[42] Bruja.
[43] **Da...** escucha, presta atención.
[44] **Que...** *That your speech and life would end at once.*

[45] **En...** *Damn.*
[46] *Summons (to the Devil. Celestina is a witch who has contrived Melibea's seduction with the Devil.)*
[47] **A...** a quien le hablo (al Diablo).
[48] *Hey!*
[49] **Hablas...** *You're mumbling.*
[50] Premio.
[51] Contento, alegría.
[52] Interrumpida.
[53] Enojada.
[54] Celestina insinúa que Melibea es la doctora que puede «curar» a Calisto su mal.
[55] Nocivas, dañosas.
[56] Mencionar.

aun otras más bravas he yo amansado[57]! Ninguna tempestad mucho dura.

MELIBEA. ¿Qué dices, enemiga? Habla que te pueda oír. ¿Tienes disculpa alguna para satisfacer mi enojo y excusar tu yerro y osadía?

CELESTINA. Mientras viviere tu ira más dañará mi descargo. Que estás muy rigurosa, y no me maravillo: que la sangre nueva[58] poca calor ha menester para hervir.

MELIBEA. ¿Poca calor? ¿Poco lo puedes llamar, pues quedaste tú viva y yo quejosa sobre tan gran atrevimiento? ¿Qué palabra podías tú querer para ese tal hombre que a mí bien me estuviese? Responde, pues dices que no has concluido: ¡quizás pagarás lo pasado[59]!

CELESTINA. Una oración, señora, que le dijeron que sabías de Santa Polonia para el dolor de las muelas.[60] Asimismo tu cordón,[61] que es fama que ha tocado todas las reliquias que hay en Roma y Jerusalén. Esta fue mi venida.[62] Pero pues en mi dicha tu airada respuesta, padézcase él su dolor, en pago de buscar tan desdichada mensajera. Que pues en tu mucha virtud me faltó piedad, también me faltará agua si a la mar me enviara.[63]

MELIBEA. Si eso querías, ¿por qué luego no me lo expresaste? ¿Por qué no me lo dijiste en tan pocas palabras?

CELESTINA. Señora, porque mi limpio motivo me hizo creer que, aunque en menos lo propusiera, no se había de sospechar mal. Que si faltó el debido preámbulo fue porque la verdad no es necesario abundar de muchos colores.[64] Compasión de su dolor, confianza de tu magnificencia, ahogaron en mi boca la expresión de la causa...

MELIBEA. Por cierto, tantos y tales loores[65] me han dicho de sus mañas, que no sé si crea que pedías oración.

CELESTINA. Nunca yo la rece y si la rezare no sea oída, si otra cosa de mí se saque, aunque mil tormentos me diesen...

MELIBEA. Tanto afirmas tu ignorancia que me haces creer lo que puede ser. Quiero, pues, en tu dudosa disculpa, tener la sentencia en peso y no disponer de tu demanda al sabor de ligera interpretación.[66] No tengas en mucho ni te maravilles de mi pasado sentimiento, porque concurrieron dos cosas en tu habla que cualquiera de ellas era bastante para sacarme de seso: nombrarme ese tu caballero, que conmigo se atrevió a hablar, y también pedirme palabra sin más causa que no se podía sospechar sino daño para mi honra. Pero pues todo viene de buena parte, de lo pasado haya perdón. Que en alguna manera es aliviado mi corazón viendo que es obra pía y santa sanar los pasionados[67] y enfermos.

CELESTINA. ¡Y tal enfermo, señora! Por Dios, si bien le conocieses, no le juzgases por el que has dicho y mostrado con tu ira. En Dios y en mi alma, no tiene hiel[68]; gracias, dos mil[69] en franqueza, Alejandro; en esfuerzo, Héctor; gesto, de un rey, gracioso, alegre; jamás reina en él tristeza. De noble sangre, como sabes. Gran justador, pues verlo armado, un San Jorge. Fuerza y esfuerzo, no tuvo Hércules tanta. La presencia y facciones, disposición, desenvoltura, otra lengua había menester para contarlas. Todo junto semeja ángel del cielo. Por fe, tengo que no era tan hermoso aquel gentil Narciso que se enamoró de su propia figura cuando se vio en las aguas de la fuente. Ahora señora, le tiene derribado una sola muela, que jamás cesa de quejar.

MELIBEA. ¿Y qué tanto tiempo ha[70]?

CELSTINA. Podrá ser, señora, de veintitrés años; que aquí está Celestina que le vio nacer y le tomó a los pies de su madre.

MELIBEA. Ni te pregunto eso ni tengo necesidad de

---

[57] **Más...** *Troy was stronger, and other cities have been even better guarded than that, and yet, I've brought them down. (In Greek mythology, Troy was the invincible city that was finally conquered by means of a trick.)*

[58] Joven. (La idea es que los jóvenes se enojan por cualquier cosita. Nótese que en la Edad Media «calor» es un sustantivo femenino.)

[59] Nótese que en vez de echar a Celestina, Melibea la anima para que siga hablando.

[60] En la Edad Media, el dolor de muelas era un eufemismo por el deseo sexual.

[61] *Sash.*

[62] Es decir, la razón de mi venida.

[63] *If I was unable to find pity in your great virtue, then I wouldn't even be able to find water in the sea. (Note that Celestina manipulates Melibea through flattery.)*

[64] **No...** *Truth doesn't need to be adorned.*

[65] *Praises (sarcastic).*

[66] **Al...** *on the basis of a quick interpretation.*

[67] Apasionados (los que sufren).

[68] Malos humores, enojos.

[69] **Gracias...** *He has two thousand virtues. (In the lines that follow, Celestina compares Calisto with exemplary mythological and religious figures.)*

[70] Melibea pregunta cuánto tiempo hace que tiene mal de muelas, pero Celestina finge entender que pregunta sobre su edad.

saber su edad, sino qué tanto que tiene el mal.

CELESTINA. Señora, ocho días. Que parece que ha un año en su flaqueza.[71] Y el mayor remedio que tiene es tomar una vihuela[72] y tañe tantas canciones y tan lastimeras, que no creo que fueron otras las que compuso aquel emperador y gran músico Adriano[73] de la partida del ánima, por sufrir sin desmayo la ya vecina muerte[74]... Mirad, señora, si una pobre vieja como yo si se hallará dichosa en dar la vida a quien tales gracias tiene.[75] Ninguna mujer le ve que no alabe Dios, que así le pintó. Pues si le habla, acaso no es más señora de sí de lo que él ordena. Y pues tanta razón tengo, juzga, señora, por bueno mi propósito, mis pasos saludables y vacíos de sospecha.

MELIBEA. ¡Oh, cuánto me pesa con la falta de mi paciencia![76] Porque siendo él ignorante y tú inocente, habéis padecido las alteraciones de mi airada lengua. Pero la mucha razón me releva de culpa, la cual tu habla sospechosa causó. En pago de tu buen sufrimiento, quiero cumplir tu demanda y darte luego mi cordón. Y porque para escribir la oración no habrá tiempo sin que venga mi madre, si esto no bastare, ven mañana por ella muy secretamente.

LUCRECIA. —*[aparte]* ¡Ya, ya perdida es mi ama! ¿Secretamente quiere que venga Celestina? ¡Fraude hay! ¡Más le querrá dar que lo dicho!

MELIBEA. ¿Qué dices, Lucrecia?

LUCRECIA. Señora, que baste lo dicho, que es tarde.[77]

MELIBEA. Pues, madre, no le des parte de lo que pasó a ese caballero, porque no me tenga por cruel o arrebatada o deshonesta.[78]

LUCRECIA. *(aparte)* ¡No miento yo, que mal va este hecho!

---

[71] **Que...** está tan débil que parece que hace un año que está enfermo.

[72] Instrumento musical parecido a la guitarra.

[73] El emperador de Roma que compuso un poema a su alma justo antes de morir.

[74] *In order to face without swooning his impending death.*

[75] **Si...** *Even a poor old woman such as I would consider herself fortunate to give life to a man of so many excellent qualities. (Celestina was the midwife who attended Calisto's mother when she gave birth to him.)*

[76] **Cuánto...** *I'm so angry with myself for my impatience with you!*

[77] *Foreshadowing. It is already "too late" to save Melibea.*

[78] **No...** *Don't tell that gentleman what happened so he won't think me cruel, ill-humored, or immoral.*

ACTO DÉCIMO

Argumento del décimo acto

Mientras andan Celestina y Lucrecia por el camino, está hablando Melibea consigo misma. Llegan a la puerta. Entra Lucrecia primero. Hace entrar a Celestina. Melibea, después de muchas razones, descubre a Celestina arder en amor de Calisto. Ven venir a Alisa, madre de Melibea. Se despiden en seguida. Pregunta Alisa a Melibea de los negocios de Celestina, defendiéndole[79] su mucha conversación.

MELIBEA. ¡Oh lastimada de mí! ¡Oh malproveída[80] doncella[81]! ¿Y no me fuera mejor conceder su petición y demanda ayer a Celestina, cuando de parte de aquel señor, cuya vista me cautivó, me fue rogando, y contentarle a él y sanar a mí, que no venir por fuerza a descubrir mi llaga, cuando ya, desconfiando de mi buena respuesta, haya puesto sus ojos en amor de otra? ¡Cuánto más ventaja tuviera mi prometimiento rogado, que mi ofrecimiento forzoso! ¡Oh mi fiel criada Lucrecia! ¿Qué dirás de mí? ¿Qué pensarás de mi seso cuando me veas publicar lo que a ti jamás he querido descubrir? ¡Cómo te espantarás del rompimiento de mi honestidad[82] y vergüenza, que siempre como encerrada doncella acostumbré tener! No sé si habrás barruntado[83] de dónde proceda el dolor. ¡Oh, si ya vinieses con aquella medianera de mi salud! ¡Oh soberano Dios! A ti que todos los atribulados llaman, los apasionados piden remedios, los llagados medicina; a ti, que los cielos, mar y tierra con los infernales centros obedecen; a ti, el cual todas las cosas a los hombres sojuzgaste,[84] humildemente suplico des a mi herido corazón sufrimiento y paciencia, conque mi terrible pasión pueda disimular. No se desdore aquella hoja de castidad[85] que tengo asentada sobre este amoroso deseo, publicando ser otro mi dolor, que no el que me atormenta.[86] Pero, ¿cómo lo podré hacer, lasti-

---

[79] *Forbidding her.*

[80] Desafortunada.

[81] *Maiden.*

[82] Castidad, virtud sexual.

[83] *Guessed.*

[84] *Subjugated.*

[85] *Do not allow the shield of my chastity to be tarnished.*

[86] **Publicando...** *Proclaiming another source for my suffering.*

mándome tan cruelmente el ponzoñoso bocado,[87] que la vista de su presencia de aquel caballero me dio? ¡Oh género femíneo encogido y frágil! ¿Por qué no fue también a las hembras concedido poder descubrir su congojoso y ardiente amor, como a los varones? Que ni Calisto viviera quejoso ni yo penada.

LUCRECIA. Tía, detente un poquito cabo[88] esta puerta. Entraré a ver con quién está hablando mi señora. Entra, entra, que consigo lo ha.[89]

MELIBEA. Lucrecia, echa esa antepuerta.[90] ¡Oh, vieja sabia y honrada,[91] tú seas bienvenida! ¿Qué te parece, cómo ha querido mi dicha y la fortuna ha rodeado[92] que yo tuviese de tu saber necesidad, para que tan presto me hubieses de pagar en la misma moneda el beneficio que por ti me fue demandado para ese gentilhombre que curabas con la virtud de mi cordón?

CELESTINA. ¿Qué es, señora, tu mal, que así muestra las señas de tu tormento en las coloradas colores de tu gesto?[93]

MELIBEA. Madre mía, que comen este corazón serpientes dentro de mi cuerpo.

CELESTINA. —[aparte] Bien está. Así lo quería yo. Tú me pagarás, doña loca, la sobra[94] de tu ira.

MELIBEA. ¿Qué dices? ¿Has sentido en verme alguna causa, donde mi mal proceda?

CELESTINA. No me has, señora, declarado la calidad del mal. ¿Quieres que adivine la causa? Lo que yo digo es que recibo mucha pena de ver triste tu graciosa presencia.

MELIBEA. Vieja honrada, alégramela tú, que grandes nuevas me han dado de tu saber.

CELESTINA. Señora, el sabedor solo es Dios; pero, como para salud y remedio de las enfermedades fueron repartidas las gracias en las gentes de hallar las medicinas, de ellas por experiencia, de ellas por arte, de ellas por natural instinto,[95] alguna partecica alcanzó a esta pobre vieja, de la cual al presente podrás ser servida.

MELIBEA. ¡Oh qué gracioso y agradable me es oírte! Saludable es al enfermo la alegre cara del que le visita. Me parece que veo mi corazón entre tus manos hecho pedazos. El cual, si tu quisieses, con muy poco trabajo juntarías con la virtud de tu lengua... Pues, por amor de Dios, te despojes para muy diligente entender en mi mal y me des algún remedio.

CELESTINA. Gran parte de la salud es desearla, por lo cual creo menos peligroso ser tu dolor. Pero para darte saludable medicina, es necesario saber de ti tres cosas. La primera, en qué parte de tu cuerpo te duele. Otra: si es nuevamente por ti sentido, porque más presto se curan las tiernas[96] enfermedades en sus principios, que cuando han hecho curso en la perseverancia de su oficio.[97] La tercera, si procede de algún cruel[98] pensamiento, que asentó en aquel lugar.[99] Y esto sabido, verás obrar mi cura. Por ende,[100] cumple[101] que al médico como al confesor se hable toda verdad abiertamente.

MELIBEA. Amiga Celestina, mujer bien sabia y maestra grande, mucho has abierto el camino por donde mi mal te pueda especificar. Por cierto, tú lo pides como mujer bien experta en curar tales enfermedades. Mi mal es de corazón, la izquierda teta[102] es su aposentamiento, tiende sus rayos[103] a todas partes. Lo segundo, es nuevamente nacido en mi cuerpo. Que no pensé jamás que podía doler privar del seso,[104] como éste hace. Me turba la cara, me quita el comer, no puedo dormir, ningún género de risa querría ver. La causa o pensamiento, que es la final cosa por ti preguntada de mi mal, ésta no sabré decir. Porque ni muerte de deudo[105] ni pérdida de temporales bienes ni sobresalto[106] de visión ni sueño desvariado[107] ni otra cosa puedo sentir, que fuese,

---

[87] **Ponzoñoso...** *poisonous morsel.*
[88] Al lado de. (Nótese que Lucrecia se dirige a Celestina, que acaba de llegar a la casa.)
[89] **Consigo...** Está hablando sola. (Nótese que aunque no se indican las pausas y los cambios de escena en el texto, éstos se sobreentienden.)
[90] **Echa...** *Close the screen.*
[91] Nótese que Melibea sabe que Celestina no es una mujer honrada. Sus palabras revelan hasta qué punto la ha cegado la pasión.
[92] *Caught me, caught up with me.*
[93] **Coloradas...** *flushed color of your face.*
[94] El exceso.
[95] **Fueron...** *People were given talents to find remedies through experience, art, or natural instinct.*
[96] Nuevas.
[97] **Que...** *than when the infection has spread.*
[98] Doloroso.
[99] **Que...** *That lodged in that place.*
[100] Por lo tanto.
[101] Es necesario.
[102] **La...** *The left breast (that is, the heart).*
[103] **Tiende...** *It radiates (pain).*
[104] **Privar...** Volverlo a uno loco.
[105] Pariente.
[106] Susto, ansiedad.
[107] *Delirious.*

salvo la alteración,[108] que tú me causaste con la demanda, que sospeché de parte de aquel caballero Calisto, cuando me pediste la oración.

CELESTINA. ¿Cómo, señora, tan mal hombre es aquél? ¿Tan mal nombre es el suyo, que en sólo ser nombrado trae consigo ponzoña su sonido? No creas que sea ésa la causa de tu sentimiento, antes otra que yo barrunto. Y pues, que así es, si tu licencia me das, yo, señora, te la diré.

MELIBEA. ¿Cómo, Celestina? ¿De licencia tienes tú necesidad para darme la salud? Di, di, que siempre la tienes de mí, tal que mi honra no dañes con tus palabras.

CELESTINA. Te veo, señora, por una parte quejar el dolor, por otra temer la medicina. Tu temor me pone miedo, el miedo silencio, el silencio tregua[109] entre tu llaga y mi medicina. Así que será causa que ni tu dolor cese ni mi venida aproveche.

MELIBEA. Cuanto más dilatas la cura, tanto más me acrecientas y multiplicas la pena y pasión... Oh, ¡cómo me muero con tu dilatar! Di, por Dios, lo que quisieres,[110] haz lo que supieres, que no podrá ser tu remedio tan áspero que iguale con mi pena y tormento. Ahora toque en mi honra,[111] ahora dañe mi fama, ahora lastime mi cuerpo, aunque sea romper mis carnes para sacar mi dolorido corazón, te doy mi fe[112] ser segura y si siento alivio, bien galardonada.[113]

LUCRECIA. —*[aparte]* El seso tiene perdido mi señora. Gran mal es éste. Esta hechicera la ha cautivado.

CELESTINA. —*[aparte]* Nunca me ha de faltar un diablo acá y acullá.[114]

MELIBEA. ¿Qué dices, amada maestra? ¿Qué te hablaba esa moza?

CELESTINA. No le oí nada. Que es muy necesario para tu salud que no esté persona delante y así que la debes mandar salir. Y tú, hija Lucrecia, perdona.

MELIBEA. Sal fuera presto.

LUCRECIA. ¡Ya! ¡Ya! *[aparte]* ¡Todo es

perdido! *[en voz alta]* Ya me salgo, señora.

CELESTINA. También me da osadía tu gran pena, como ver que con tu sospecha has ya tragado alguna parte de mi cura; pero todavía es necesario traer más clara medicina y más saludable descanso de casa de aquel caballero Calisto.

MELIBEA. Calla, por Dios, madre. No traigas de su casa cosa para mi provecho ni le nombres aquí.

CELESTINA. Sufre, señora con paciencia, que es el primer punto y principal...Tu llaga es grande, tiene necesidad de áspera cura...Ten paciencia, que pocas veces lo molesto sin molestia se cura. Y un clavo con otro se expele y un dolor con otro. No concibas odio ni desamor ni consientas a tu lengua decir mal de persona tan virtuosa como Calisto, que si conocido fuese...

MELIBEA. ¡Oh por Dios, que me matas! ¿Y no te tengo dicho que no me alabes ese hombre ni me le nombres en bueno ni en malo?

CELESTINA. Señora, éste es otro y segundo punto, el cual si tú con tu mal sufrimiento no consientes, poco aprovechará mi venida, y si, como prometiste, lo sufres, tú quedarás sana y sin deuda y Calisto sin queja y pagado. Primero te avisé de mi cura y de esta invisible aguja y sin llegar a ti, sientes en sólo mentarla en mi boca.

MELIBEA. Tantas veces me nombrarás ese tu caballero, que ni mi promesa baste ni la fe, que te di, a sufrir tus dichos. Más agradable me sería que rasgases mis carnes y sacases mi corazón, que no traer esas palabras aquí.

CELESTINA. Sin romperte las vestiduras se lanzó en tu pecho el amor: no rasgaré yo tus carnes para curarle.

MELIBEA. ¿Cómo dices que llaman a este mi dolor que así se ha enseñoreado en lo mejor[115] de mi cuerpo?

CELESTINA. Amor dulce.

MELIBEA. Eso me declara qué es, que en sólo oírlo me alegro.

CELESTINA. Es un fuego escondido, una agradable llaga, un sabroso veneno, una dulce amargura, una delectable dolencia, un alegre tormento, una dulce y fiera[116] herida, una blanda muerte.

MELIBEA. ¡Ay mezquina[117] de mí! Que si verdad es tu relación, dudosa será mi salud. Porque, según la

---

[108] **Salvo...** Excepto la inquietud.

[109] Pausa, intervalo.

[110] **Quisieres, supieres.** Futuro del subjuntivo de **querer, saber.** Hoy día diríamos **quieras, sepas.**

[111] **Toque...** *even if it blemishes my honor. (Notice how Melibea has let down her guard. At first, she was concerned about her honor; now, she no longer cares.)*

[112] Palabra.

[113] *Rewarded.*

[114] *There.*

[115] **Se...** *has taken over the better part.*

[116] Feroz.

[117] Pobre.

contrariedad que esos nombres entre sí muestran, lo que al uno fuere provechoso acarreará al otro más pasión.[118]

CELESTINA. No desconfíe, señora, tu noble juventud de salud, que, cuando el alto Dios da la llaga, tras ella envía el remedio. Mayormente que sé yo al mundo nacida una flor de todo esto te dé libre.[119]

MELIBEA. ¿Cómo se llama?

CELESTINA. No te lo oso decir.

MELIBEA. Di, no temas.

CELESTINA. ¡Calisto! ¡Oh por Dios, señora Melibea! ¿Qué poco esfuerzo es éste? ¿Qué descaecimiento[120]? Abre tus claros ojos. ¡Lucrecia! ¡Lucrecia! ¡Entra presto acá! Baja presto por un jarro de agua.

MELIBEA. Paso,[121] paso, que yo me esforzaré. No escandalices la casa.

CELESTINA. ¡Oh cuitada[122] de mí! No te descaezcas, señora, háblame como sueles.

MELIBEA. Y muy mejor. Calla, no me fatigues.

CELESTINA. ¿Pues qué me mandas que haga, perla graciosa? ¿Qué ha sido éste tu sentimiento? Creo que se van quebrando mis puntos.[123]

MELIBEA. Se quebró mi honestidad, se quebró mi empacho,[124] aflojó[125] mi mucha vergüenza y como muy naturales, como muy domésticos,[126] no pudieron tan livianamente despedirse de mi cara, que no llevasen consigo su color por algún poco de espacio, mi fuerza, mi lengua y gran parte de mi sentido. ¡Oh! pues ya, mi buena maestra, mi fiel secretaria, lo que tú tan abiertamente conoces, en vano trabajo por encubrírtelo. Muchos y muchos días son pasados que ese noble caballero me habló de amor. Tanto me fue entonces su habla enojosa, cuanto, después que tú me le tornaste a nombrar, alegre. Han cerrado tus puntos mi llaga, venida soy en tu querer... Pospuesto[127] todo temor, has sacado de mi pecho lo que jamás a ti ni a otro pensé descubrir...

CELESTINA. Pues así, señora, has querido descubrir la gran merced, que nos has hecho, declara tu voluntad, echa tus secretos en mi regazo,[128] pon en mis manos el concierto de este concierto.[129] Yo daré forma cómo tu deseo y el de Calisto sean en breve cumplidos.

MELIBEA. ¡Oh mi Calisto y mi señor! ¡Mi dulce y suave alegría! Si tu corazón siente lo que ahora el mío, maravillada estoy cómo la ausencia te consiente vivir. ¡Oh mi madre, y mi señora!, haz de manera como luego le pueda ver, si mi vida quieres.

CELESTINA. Ver y hablar.

MELIBEA. ¿Hablar? Es imposible.

CELESTINA. Ninguna cosa a los hombres, que quieren hacerla, es imposible.

MELIBEA. Dime cómo.

CELESTINA. Yo lo tengo pensado, yo te lo diré: por entre las puertas de tu casa.

MELIBEA. ¿Cuándo?

CELESTINA. Esta noche.

MELIBEA. Gloriosa me serás, si lo ordenas. Di a qué hora.

CELESTINA. A las doce.

MELIBEA. Pues ve, mi señora, mi leal amiga, y habla con aquel señor y que venga muy paso y se dará concierto, según su voluntad, a la hora que has ordenado.

CELESTINA. Adiós, que viene hacia acá tu madre...

[Con la ayuda de Celestina, el encuentro entre Melibea y Calisto se realiza. Sempronio y Pármeno matan a Celestina en una disputa y luego mueren ellos también. Estando en brazos de Melibea, Calisto oye ruido en la calle y quiere salir, pero pisa mal la escala y cae, muriendo. Concluye el autor que éste es el premio que los locos amantes «reciben por galardón y por esto han de saber desamar los amadores».]

ACTO VEINTENO

Argumento del veinteno acto

Lucrecia llama a la puerta de la cámara de Pleberio. Le pregunta Pleberio qué quiere. Lucrecia le incita a ir rápidamente a ver a su hija Melibea. Levantado Pleberio, va a la cámara de Melibea. La consuela, preguntando qué mal tiene. Finge Melibea dolor de corazón. Envía Melibea a su padre por algunos instrumentos

---

[118] **Lo...** lo que puede ser beneficioso para una persona puede causarle sufrimiento a otra.

[119] **Mayormente...** *Especially when I know a flower that will relieve your suffering. (Many remedies were made of flowers and medicinal herbs.)*

[120] *Melibea has fainted.*

[121] Silencio.

[122] Pobre.

[123] *Stitches.* (Celestina está disfrazada de costurera.)

[124] Timidez, vergüenza.

[125] *Relaxed.*

[126] **Muy...** eran una parte tan íntima de mí.

[127] *I set aside.*

[128] *Lap.*

[129] **El...** *The harmonious outcome of this accord.*

musicales. Suben ella y Lucrecia a una torre. Manda entonces fuera a Lucrecia. Cierra tras ella la puerta. Llega su padre al pie de la torre. Le descubre Melibea todo lo que había ocurrido. Finalmente se deja caer al vacío.

PLEBERIO. ¿Qué quieres, Lucrecia? ¿Qué quiere tan presurosa? ¿Qué pides con tanta importunidad[130] y poco sosiego[131]? ¿Qué es lo que mi hija ha sentido? ¿Qué mal tan arrebatado puede ser, que no haya yo tiempo de vestirme ni me des aún espacio a levantarme?

LUCRECIA. Señor, apresúrate mucho si la quieres ver viva, que ni su mal conozco de fuerte ni a ella ya de desfigurada.[132]

PLEBERIO. ¿Qué es eso, hija mía? ¿Qué dolor y sentimiento es el tuyo? ¿Qué novedad es ésta? ¿Qué quieres? Háblame, mírame, dime la razón de tu dolor, por que presto sea remediado. No quieras enviarme con triste postrimería al sepulcro. Ya sabes que no tengo otro bien sino a ti. Abre esos alegres ojos y mírame.

MELIBEA. ¡Ay dolor!

PLEBERIO. ¿Qué dolor puede ser que iguales con ver el tuyo? Tu madre está sin seso[133] en oír tu mal. No pudo venir a verte de turbada.[134] Dime, ánima mía, la causa de tu sentimiento.

MELIBEA. ¡Pereció mi remedio!

PLEBERIO. Hija, mi bienamada y querida del viejo padre, por Dios, no te ponga desesperación el cruel tormento de esta tu enfermedad y pasión, que a los flacos corazones el dolor los arguye.[135] Si tú me cuentas tu mal, luego será remediado. Pues no me fatigues más, no me atormentes, no me hagas salir de mi seso y dime: ¿Qué sientes?

MELIBEA. Una mortal llaga en medio del corazón, que no me consiente hablar. No es igual a los otros males, menester es sacarle para ser curada, que está en lo más secreto de él.

PLEBERIO. Temprano cobraste los sentimientos de la vejez. La mocedad toda suele ser placer y alegría, enemiga de enojo. Levántate de ahí. Vamos a ver los frescos aires de la ribera; te alegrarás con tu madre, descansará tu pena. Cata,[136] si huyes de placer, no hay cosa más contraria a tu mal.

MELIBEA. Vamos donde mandares. Subamos, señor, a la azotea alta, porque desde allí goce de la deleitosa vista de los navíos; por ventura aflojará algo mi congoja.

PLEBERIO. Subamos, y Lucrecia con nosotros.

MELIBEA. Mas, si a ti placerá, padre mío, mandar traer algún instrumento de cuerdas con que se sufra mi dolor o tañendo[137] o cantando, de manera que, aunque aqueje[138] por una parte la fuerza de su accidente, lo mitigarán por otra los dulces sones y alegre armonía.

PLEBERIO. Eso, hija mía, luego es hecho.

MELIBEA. Lucrecia, amiga mía, muy alto es esto.[139] Ya me pesa por dejar la compañía de mi padre. Baja a él y dile que se pare al pie de esta torre, que le quiero decir una palabra que se me olvidó que hablase a mi madre.

LUCRECIA. Ya voy, señora.

MELIBEA. De todas soy dejada. Bien se ha aderezado[140] la manera de mi morir. Algún alivio siento en ver que tan presto estaremos juntos yo y aquel mi querido amado Calisto. Quiero cerrar la puerta, porque ninguno suba a estorbarme mi muerte. No me impidan la partida, no me atajen el camino por el cual en breve tiempo podré visitar en este día al que me visitó la pasada noche. Todo se ha hecho a mi voluntad. Buen tiempo tendré para contar a Pleberio mi señor la causa de mi ya acordado[141] fin. Gran sinrazón[142] hago a sus canas, gran ofensa a su vejez. Gran fatiga le acarreo con mi falta. En gran soledad le dejo; pero no es más en mi mano. Tú, Señor,[143] que de mi habla eres testigo, ves mi poco poder; ves cuán cautiva tengo mi libertad, cuán presos mis sentidos de tan poderoso amor del muerto caballero, que priva al que tengo con los vivos padres.

PLEBERIO. Hija mía, Melibea, ¿qué haces sola? ¿Qué es tu voluntad decirme? ¿Quieres que suba allá?

MELIBEA. Padre mío, no pugnes[144] ni trabajes por venir adonde yo estoy, que estorbarás la presente

[130] **Con...** *so insistently.*
[131] Calma.
[132] Cambiada.
[133] **Sin...** loca.
[134] **De...** *because she was so upset.*
[135] **A...** *weak hearts are worn down by pain.*

[136] Mira, fíjate.
[137] *Strumming.*
[138] *Grieve.*
[139] Melibea y Lucrecia han subido a la torre.
[140] Preparado.
[141] *Decided upon.*
[142] *Wrong.*
[143] Se dirige a Dios.
[144] Luches.

habla que te quiero hacer. Lastimado serás brevemente con la muerte de tu única hija. Mi fin es llegado, llegado es mi descanso y tu pasión, llegado es
mi alivio y tu pena, llegada es mi acompañada
hora[145] y tu tiempo de soledad. No habrás, honrado
padre, menester instrumentos para aplacar[146] mi dolor, sino campanas para sepultar mi cuerpo. Si me
escuchas sin lágrimas, oirás la causa desesperada de
mi forzada y alegre partida. No la interrumpas con
lloro ni palabras; si no, quedarás más quejoso en no
saber por qué me mato, que doloroso por verme
muerta. Oye, padre mío, mis últimas palabras y, si
como yo espero las recibes, no culparás mi yerro.
Bien ves y oyes este triste y doloroso sentimiento
que toda la ciudad hace. Bien ves este clamor de
campanas, este alarido de gentes, este aullido[147] de
canes,[148] este gran estrépito[149] de armas. De todo esto fui yo la causa. Yo cubrí de luto y jergas[150] en este día casi la mayor parte de la ciudadana caballería,[151] yo dejé hoy muchos sirvientes descubiertos[152]
de señor, yo quité muchas raciones y limosnas a
pobres y envergonzantes,[153] yo fui ocasión que los
muertos tuviesen compañía del más acabado hombre que en gracia nació, yo quité a los vivos el dechado[154] de gentileza, de invenciones galanas, de
atavíos y bordaduras de habla,[155] de andar, de cortesía, de virtud; yo fui causa que la tierra goce sin
tiempo[156] el más noble cuerpo y más fresca juventud
que al mundo era en nuestra edad criada. Muchos
días son pasados, padre mío, que penaba por amor
un caballero que se llamaba Calisto, el cual tú bien
conociste. Conociste asimismo sus padres y claro
linaje. Era tanta su pena de amor y tan poco el lugar para hablarme, que descubrió su pasión a una
astuta y sagaz mujer que llamaban Celestina. La
cual, de su parte venida a mí, sacó mi secreto amor
de mi pecho. Descubría[157] a ella lo que a mi querida

madre encubría. Tuvo manera cómo ganó mi querer, ordenó cómo su deseo y el mío hubiesen efecto.[158] Si él mucho me amaba, no vivía engañado.[159]
Concertó el triste concierto de la dulce y desdichada ejecución de su voluntad.[160] Vencida de su amor,
le di entrada a la casa. Quebrantó con escalas las
paredes de tu huerto, quebrantó mi propósito. Perdí
mi virginidad. A la vuelta de su venida, no vio bien
los pasos, puso el pie en el vacío y cayó. Su muerte
convida a la mía, me convida y fuerza que sea presto, sin dilación; me muestra que ha de ser despe-
ñada,[161] por seguirle en todo. ¡O padre mío muy
amado! Te ruego, si amor en esta pasada y penosa
vida me has tenido, que estén juntas nuestras sepulturas; juntas nos hagan nuestras obsequias.[162] Algunas consolatorias palabras te diría antes de mi agradable fin, colegidas[163] y sacadas de aquellos antiguos libros que tú, por más aclarar mi ingenio, me
mandabas leer; sino que la ya dañada memoria, con
la gran turbación, me las ha perdido, y aun porque
veo tus lágrimas mal sufridas decir por tu arrugada
faz. Salúdame a mi cara[164] y amada madre, sepa de
ti largamente la triste razón por qué muero. ¡Gran
placer llevo de no verla presente! Toma, padre viejo, los dones de tu vejez. Que en largos días largas
se sufren tristezas.[165] Recibe las arras de tu senectud[166] antigua, recibe allá tu amada hija. Gran dolor
llevo de mí, mayor de ti, muy mayor de mi vieja madre.
Dios quede contigo y con ella. A Él ofrezco mi ánima.
Pon tú encobro[167] este cuerpo que allá baja.

𝒯emas

Comprensión del texto

1.　¿Saben Lucrecia y Alisa quién es Celestina? ¿Qué
　　fama tiene?
2.　¿Por qué se enoja Melibea con Celestina al princi-

---

[145] Melibea estará en compañía de Calisto.
[146] Suavizar, calmar.
[147] *Howl.*
[148] Perros.
[149] Ruido fuerte.
[150] **Luto...** *Mourning and mourning garb.*
[151] **La...** La nobleza de la ciudad.
[152] Sin la protección.
[153] Gente pobre pero digna.
[154] Modelo.
[155] **De...** *Of finery and adornment.*
[156] Para siempre, eternamente.
[157] *I uncovered, exposed.*

---

[158] Resultado (es decir, cómo se realizase su amor).
[159] *Unrequited.*
[160] **Concertó...** *He carried out the sweet and unfortunate
execution of his project.*
[161] Arrojada (de la torre).
[162] Honras fúnebres.
[163] Seleccionadas.
[164] Querida.
[165] Si uno vive muchos años, sufre grandes tristezas.
[166] **Las...** el regalo de tu vejez.
[167] Un lugar seguro.

pio del Acto Cuatro? ¿Cómo mantiene la apariencia de la honradez al mismo tiempo que hace que Celestina hable de Calisto?

3. ¿Cómo logra Celestina despertarle la curiosidad a Melibea? ¿Cómo la manipula? ¿En qué vemos su astucia?
4. ¿Qué comentarios hace Lucrecia acerca de la situación de Melibea? ¿Cuál es la importancia de estos comentarios desde un punto de vista dramático? ¿Y desde un punto de vista moral?
5. ¿Por qué quiere Melibea que Celestina se vaya antes de que llegue su madre? ¿Sabe Melibea que está haciendo mal?
6. ¿Cómo cambia la actitud de Melibea hacia Celestina? ¿Cómo logra encontrarse con Calisto?
7. ¿Cómo muere Calisto?
8. ¿Cómo muere Melibea? ¿Quién presencia el acto?

Análisis literario

1. ¿Es *La Celestina* un ejemplo moral o sencillamente un relato divertido?
2. En su opinión, ¿es una novela o una obra de teatro? Explique.
3. ¿Hace Alisa bien o mal en dejar a Celestina sola con su hija? ¿En qué sentido es Alisa responsable de lo que le pasa a Melibea?
4. ¿En qué apreciamos la penetración psicológica del autor? ¿Cómo va cambiando Melibea a través de la obra?
5. ¿Es una víctima de la Celestina? Es una víctima de sus emociones? ¿O es una joven egocéntrica y cruel?
6. ¿Cómo crea tensión el autor en el Acto Veinteno?

Sumario

1. ¿Qué temas predominan en la literatura española de la Edad Media? ¿En qué obras los vemos?
2. ¿Qué concepto del amor predomina en la Edad Media?
3. ¿Qué papel desempeña la religión? ¿Qué obras ofrecen ejemplos de la influencia de la religión?
4. ¿Qué obras ilustran la fluidez y ambigüedad del mundo medieval? Explique su respuesta.
5. ¿En qué obras se siente la tensión entre el orden y el desorden? Explique. El Cid
6. ¿Qué arquetipos femeninos predominan en este período? Dé ejemplos tomados de por lo menos tres de los siguientes géneros u obras: jarchas, cantigas, poesía culta, romance; *El cantar de mio Cid, Milagros de Nuestra Señora, El libro de buen amor, Ejemplo XXX* del *Libro de Petronio.*
7. ¿En qué sentido es el concepto de la mujer en *La Celestina* distintamente medieval? ¿En qué sentido no lo es?
8. ¿En qué consiste el héroe medieval? ¿En qué obra se retrata al héroe? ¿Cuáles son las características del amante? ¿En qué obras se retrata al amante?
9. Basándose en sus lecturas, describa la actitud medieval hacia la fortuna.
10. ¿Qué actitud hacia la muerte expresa Jorge Manrique en sus coplas? Compare esta imagen con la que pinta Rojas en *La Celestina.*
11. ¿Cree usted que el concepto del mundo de la gente de la Edad Media es muy diferente del nuestro? ¿Por qué? Explique.
12. ¿Qué elementos de *La Celestina* no son típicamente medievales?

Principios de la Modernidad o Siglo de Oro

La nueva terminología

Tradicionalmente llamamos Siglo de Oro al período de intensiva actividad artística y literaria que comienza a fines del siglo XV, con la publicación de *La Celestina*, y termina en 1681, con la muerte de Calderón. Sin embargo, el término es algo problemático. Hoy en día muchos hispanistas prefieren hablar de «principios de la Modernidad», la «temprana Modernidad» o la «temprana Edad Moderna», traducción directa de *early modern age*. La innovación terminológica es importante porque refleja nuevos conceptos históricos y literarios. Es decir, no se trata sencillamente de un cambio gratuito, sino de una nueva configuración conceptual.

El término *early modern studies* abarca varios campos, entre ellos antropología cultural, política, ciencias económicas y ciencias físicas. Mientras que los estudiosos del «Siglo de Oro» enfocaban lo que tradicionalmente llamamos *high culture*, es decir, tesoros literarios y artísticos, los nuevos investigadores toman en cuenta también factores como actitudes hacia la sexualidad, la mujer, el dinero, la clase social y la casa, además de conceptos de la ciudad, del espacio y del tiempo. Esta nueva metodología interdisciplinaria va destruyendo poco a poco las categorías de actividad intelectual tradicionales.

Esto no quiere decir que ya no se consideren relevantes los grandes logros de los genios del período, sino que hoy en día tratamos de ver las obras maestras en un contexto más amplio que antes. Por ejemplo, al estudiar el teatro de la época, no nos limitamos al texto escrito, sino que también investigamos los espacios teatrales, la escenografía, el vestuario, el precio de los boletos y el tipo de persona que veía los espectáculos. Y no estudiamos sólo las piezas del canon tradicional, sino también los géneros populares—la mojiganga, el paso, el entremés.

El término *early modern* es significativo también por su orientación hacia la Modernidad. Al concebir este período como el principio de la Edad Moderna, señalamos los vínculos que existen entre el pasado y el presente. Numerosos investigadores han señalado que la inestabilidad, el escepticismo y el subjetivismo que caracterizan nuestra época tienen sus raíces en el período que, no sólo en España sino en toda Europa, solíamos ver como una edad «de oro».

Los estudios literarios tradicionales enaltecen al autor, a veces concibiéndolo como un ser independiente de los factores culturales que influyen en su obra. Según este concepto, ciertos autores alcanzan la inmortalidad porque su obra comunica verdades universales pertinentes a todo ser humano. Sin embargo, hoy en día muchos críticos rechazan la noción de la universalidad. En su ensayo «¿Qué es un autor?» (1969), el cual ha tenido una influencia enorme en el mundo académico norteamericano y europeo, el filósofo francés Michel Foucault propone que el autor no es un ente transhistórico, sino el producto de la mentalidad colectiva. Según esta teoría, el texto es independiente del autor en el sentido de que refleja los valores de los que lo han elevado a la estatura de canónico—usualmente las personas más poderosas de la sociedad. En otras palabras, el texto es una creación del lector tanto como del autor.

El lector de los siglos XVI y XVII exaltaba ciertos valores (por ejemplo, el orden social y la primacía de la fe católica), los cuales ve respaldados por sus obras literarias y artísticas predilectas. Sin embargo, éstas no son necesariamente las únicas obras de valor que se produjeron durante la época. La nueva metodología ha llevado a ciertos críticos a ampliar o a rechazar la noción de canon, y a estudiar textos antes ignorados—los de mujeres, por ejemplo—además de escritos no propiamente literarios, tales como diarios y cartas. Aun cuando los investigadores estudian textos tradicionalmente considerados canónicos, se acercan a ellos desde nuevas perspectivas—la homoerótica, por ejemplo, o la feminista. Algunos críticos han censurado estos procedimientos, alegando que distorsionan el significado de los textos. No se puede negar, sin embargo, que las nuevas teorías han abierto horizontes para el estudio de un período extraordinariamente fecundo.

España a principios del siglo XVI

El período al cual nos referimos abarca casi doscientos años durante los cuales España pasa de ser una de las naciones más poderosas del mundo a un estado de decadencia. Después de la muerte de Isabel la Católica en 1504, Fernando II continuó su política de expansión en el Mediterráneo. Suizos, franceses y españoles lucharon por el dominio de partes de Italia. En 1516 Carlos I de España y V de Alemania (1500-1558) subió al trono, ya que la hija de los Reyes Católicos, conocida como Juana la Loca, quedó incapacitada después de la muerte de su marido, Felipe el Hermoso, archiduque de Austria. El nuevo rey nació en Flandes Oriental (Bélgica) y reunió bajo su dominio a Castilla, Aragón, los inmensos territorios del Sacro Imperio Romano Germánico de la Casa de Austria y las posesiones españolas en las Américas y Filipinas. Con razón se decía que el sol no se ponía nunca en el imperio de Carlos V.

El nuevo rey hablaba español con acento y llegó a la corte con un séquito de consejeros extranjeros, factores que contribuyeron a la hostilidad de muchos de sus súbditos. Encolerizados por un ataque contra las Cortes locales de parte de la Corona, un grupo de rebeldes se alzó en 1520, iniciando así la Guerra de las Comunidades. Más que la cuestión de las Cortes, influyó el furor contra el emperador que, según los rebeldes, empobrecía España al mantener palacios y combatir en el extranjero. Las fuerzas realistas aplastaron a los comuneros, poniendo fin a la rebelión a principios de 1522. La dura represión reforzó el poder del rey y de sus aliados, los nobles, frente a la insurrecta burguesía castellana.

Carlos V compartió los sueños expansionistas de su abuelo, Fernando el Católico, y el dominio de Italia fue uno de sus objetivos principales. Nápoles ya estaba bajo el poderío de Aragón y, en sus enfrentamientos con los franceses en el norte de Italia, Carlos V tomó Pavía en 1526, Génova en 1528 y Milán en 1535. También luchó contra los musulmanes, conquistando Túnez en 1535, aunque los turcos derrotaron a las fuerzas imperiales varias veces durante las siguientes décadas.

Tal vez el desafío más importante para la hegemonía del Imperio fue la difusión del protestantismo. La Iglesia católica se había convertido en una institución corrupta, una tremenda burocracia en la cual imperaban la avaricia y el materialismo. El espíritu reformador emergió dentro del catolicismo en el siglo XI como resultado de la querella de las investiduras, conflicto entre el Papado y el Sacro Imperio sobre la asignación de cargos eclesiásticos. Continuó durante los siglos XII y XIII, cuando algunas órdenes monásticas optaron por simplificar sus ritos y su estilo de vida. A fines del siglo XIV, la *devotio moderna*, movimiento ascético y místico nacido en los Países Bajos, promovió una espiritualidad accesible a todos, basada en la meditación de la pasión de Cristo. Durante la segunda mitad del siglo XV reformadores como Erasmo de Rótterdam, reaccionando contra el vacío ritualismo de las prácticas religiosas, defendieron la necesidad de volver a un cristianismo más primitivo y auténtico. En vez de romper con la Iglesia, intentaron reformarla desde adentro. Pero a principios del siglo XVI Martín Lutero inició la Reforma protestante, destruyendo así la unidad religiosa del continente.

Lutero, monje agustino y doctor en teología, comenzó su reforma dentro del seno de la Iglesia. En 1520 fue excomulgado por avanzar ciertas ideas doctrinales no ortodoxas. Los preceptos de Lutero terminaron por amenazar la autoridad de Roma, y pronto se vio obligado a separarse de la Iglesia. Los nobles alemanes apoyaron a Lutero y aceptaron la nueva religión, logrando así la secularización de los bienes eclesiásticos, los cuales ellos pudieron entonces adquirir. Pronto el luteranismo se extendió a los países escandinavos. En Suiza fue propagado por Zwingli y en Francia por Calvino. Carlos V intentó contener el protestantismo. Involucró a España en continuas guerras a fin de aumentar su propio poder y de crear una Europa unida y católica.

La creciente resonancia del protestantismo hizo a los eclesiásticos católicos conscientes de la necesidad de eliminar los excesos que empañaban la imagen de la Iglesia. El propósito del movimiento conocido como la Contrarreforma fue el de combatir la expansión del protestantismo por medio de la eliminación de abusos e inconsistencias existentes en el catolicismo. A este fin el Papa Paulo III convocó el Concilio de Trento (1545-63), una serie de asambleas ecuménicas en las que se definió el dogma, se descifraron problemas relacionados con el texto y la interpretación de las Escrituras, se precisaron las obligaciones de los sacerdotes y se aclararon ambigüedades doctrinales. Los convocados tomaron posiciones progresistas en varias cuestiones relacionadas con la naturaleza del individuo, apoyando la noción del libre albedrío y la responsabilidad personal. Sin embargo, la Contrarreforma tuvo el efecto de impedir el desarrollo de nuevas ideas filosóficas, políticas y científicas en los países católicos al prohibir la difusión de obras que no se conformaran con la ortodoxia.

Al mismo tiempo que combatió contra el protestantismo, Carlos V subvencionó la exploración y colonización de América. Para el soldado del siglo XVI, acostumbrado a luchar contra musulmanes y luteranos, la propagación de la fe era un objetivo legítimo de la guerra. A partir de los primeros viajes de Colón, soldados y sacerdotes españoles recorrieron el Nuevo Mundo, convirtiendo a los indios al catolicismo. Establecieron misiones y escuelas donde jóvenes indígenas podían aprender doctrina, castellano, matemáticas y oficios tales como la carpintería. Cuarenta años después del descubrimiento, exploradores españoles ya habían pisado tierras americanas desde Terranova hasta el estrecho de Magallanes.

Enfermo y cansado de reinar, Carlos V abdicó en 1555-1556 y se retiró al monasterio de Yuste. Su hijo Felipe heredó sus dominios en España, los Países Bajos, Italia y América, mientras su hermano Fernando recibió el título de emperador del Sacro Imperio Romano Germánico.

El florecimiento cultural

Muchos críticos rechazan el término «Renacimiento», el cual se emplea tradicionalmente para referirse al gran florecimiento literario, artístico y científico que tuvo lugar entre los siglos XIV y XVI, por las mismas razones que desestiman el término «Siglo de Oro». Alegan que el Renacimiento implica un «renacer» de las civilizaciones antiguas después de un largo período de esterilidad, cuando en realidad se trata de la elaboración de un nuevo sistema de pensar que formará la base de la Modernidad.

Distingue este período la difusión del *humanismo,* * movimiento intelectual que tiene por objeto el estudio de las cualidades esenciales del ser humano. El movimiento se inició en Italia, donde el retorno de las fuentes grecolatinas inspiró innovaciones en el arte, la arquitectura, la literatura y la filosofía. El desarrollo de un repertorio de temas mitológicos y alegóricos condujo a un nuevo estilo decorativo en el cual el desnudo ocupaba un lugar principal. La primera fase del movimiento tuvo lugar a partir de la primera mitad del siglo XV, y estuvo representado por artistas como Brunelleschi y Donatello. A fines del siglo, Roma se transformó en el centro de las actividades artísticas. Los Papas reunieron a pintores y escultores de diversos países, entre ellos a Rafael, Miguel Ángel y Leonardo da Vinci. Allí se desarrolló el *manierismo,* estilo asociado principalmente con Miguel Ángel y caracterizado por el refinamiento, los contrastes marcados y la tendencia hacia lo fantástico. Pronto el nuevo arte comenzó a difundirse en Europa. En los Países Bajos se desarrolló la pintura flamenca, de la cual Rembrandt llegaría a ser uno de los más grandes maestros.

En España los nuevos conceptos se manifestaron primero en la arquitectura que se denominaría *plateresca,* la cual está caracterizada por formas decorativas de inspiración italiana. La primera mitad del siglo XVI produjo a destacados pintores y escultores como, por ejemplo, Luis de Vargas, Bartolomé Ordóñez y Juan de Juni. El Greco (¿1541?-1614), quien conoció el manierismo de Miguel Ángel en Roma, fue el representante más importante de este movimiento en España. En la arquitectura, el monumento más importante de la época es El Escorial, monasterio, palacio y panteón real diseñado por Juan Bautista de Toledo y Juan de Herrera para Felipe II.

El *humanismo* fomentó el examen de todo aspecto de la vida humana (política, lenguaje, sicología, costumbres, medioambiente, etc.). Emerge un nuevo concepto del hombre como un ser complejo y contradictorio. También florece la noción de la individualidad. En la Edad Media las obras de arte eran casi siempre anónimas; ahora los artistas comienzan a firmar sus obras.

El italiano Francesco Petrarca (1304-1374), primer gran humanista de la temprana Modernidad, se dedicó al examen minucioso de documentos griegos y latinos, y despertó entre sus contemporáneos un profundo interés en el mundo clásico. Después de la caída del Imperio Bizantino en 1453, muchas obras maestras de la Antigüedad llegaron al Occidente. El interés en la cultura grecorromana se extendió a través de Europa gracias en gran parte a la invención en 1440 de la imprenta de caracteres móviles por el alemán Johannes Gutenberg, la cual hizo posible la reproducción y divulgación de las obras maestras del mundo clásico.

Los contactos con los Países Bajos contribuyeron al influjo de nuevas ideas en España. El cardenal Francisco Jiménez de Cisneros (1436-1517), confesor de Isabel la Católica, se interesó por las corrientes ascéticas y humanísticas que llegaban del norte. Durante la época de Carlos V el arte flamenco y las ideas de pensadores como Erasmo enriquecieron la cultura española.

Sin embargo, las innovaciones literarias más importantes se originaron en Italia. Petrarca, además de historiador e investigador de textos antiguos, fue también un gran poeta cuya influencia se sintió en toda Europa. Compuso sonetos* y canciones* en lengua vernácula. El soneto se había originado una generación antes en la escuela del *dolce stil nuovo* * (dulce estilo nuevo) que culminó con Dante (1265-1321), pero Petrarca lo perfeccionó y lo imbuyó de una nueva musicalidad. Al escribir en italiano en vez de en latín (idioma en el que solían expresarse las personas cultas), Petrarca confirió dignidad a las lenguas modernas, aunque, como otros intelectuales de su época, consideraba el latín una lengua superior y compuso en ese idioma su poema épico *África.*

Para el poeta de principios de la Modernidad la originalidad consistía, no en crear fórmulas y estructuras nuevas, sino en imitar y pulir modelos existentes. El interés de estos poetas en la Antigüedad se ve en sus numerosas referencias mitológicas y en su bucolismo o idealización de la naturaleza, la cual veían como una manifestación de la armonía perfecta.

Petrarca heredó de los trovadores provenzales el concepto del amor como un vasallaje espiritual. El poeta italiano transformó y personalizó esta tradición, convirtiendo la devoción a la dama en una lucha por la salvación religiosa. Canta su amor a su dama, identificada sólo como «Laura», antes y después de la muerte de ella. La describe como un ser superior, angelical, aun divina, que le sirve de ejemplo. Ella es la encarnación de todo lo bueno y bello, mientras él es sólo un hombre de carne y hueso que a menudo cae víctima de sus pasiones.

Petrarca se centra en el amante que lucha y sufre, ofreciendo un retrato del estado emocional y sicológico de éste. El enfoque es siempre el amante que siente y sufre. La dama es pasiva y muda. Si ella existe en una esfera celestial, él permanece en la tierra, vacilando entre la esperanza y la desesperación. La poesía de Petrarca es personal e íntima; por medio de sus composiciones el poeta emprendió una exploración de las contradicciones del alma humana.

Como otros pensadores de su época, Petrarca fue profundamente influido por la filosofía de Platón, según la cual la Belleza, la Justicia y la Armonía son verdades de las que el hombre percibe sólo las apariencias. Al aspirar a la dama, quien incorpora todas las virtudes, el poeta se purifica y se acerca a estos ideales de la existencia humana. El *neoplatonismo* * articulado por Petrarca y otros revela la preocupación del hombre de la temprana Modernidad por conciliar el mundo clásico con el cristianismo. La dimensión sicológica de la poesía de Petrarca la aparta de la de los trovadores medievales y apunta hacia la Modernidad.

Para expresar estos sentimientos complejos, Petrarca se valió de una retórica poética basada en la metáfora, la cual sus seguidores españoles imitaron. Durante la temprana Modernidad se empleó un corpus de metáforas—muchas de ellas invenciones de Petrarca—para referirse a la amada; su cabello era como el oro; sus dientes como perlas; sus labios como rubíes. No se trata de una descripción individualizada y realista de la amada, sino de una proyección de lo Bello.

La influencia italiana se hizo sentir no sólo en la poesía, sino también en el teatro y en la prosa. El teatro profano dedicado al público general tiene sus orígenes de la *commedia dell'arte,* * un tipo de teatro popular que se inició en el siglo XVI. Desde el segundo cuarto del siglo, compañías italianas recorrían España y éstas probablemente inspiraron la creación de los primeros grupos teatrales españoles. Más tarde, la poesía teatral fue incorporando mucha de la retórica erótica petrarquista.

En cuanto a la prosa imaginativa, las mismas corrientes humanísticas y neoplatónicas que condujeron a la renovación poética se hicieron sentir en la narrativa. La novela pastoril, por ejemplo, es una importación italiana, aunque en manos de escritores españoles adquiere un sabor autóctono. De hecho, el petrarquismo* y el neoplatonismo influyen en todos los géneros novelísticos de tipo idealista. Asimismo, la *novella* italiana—un tipo de relato largo—da origen a la nueva cuentística española.

El ocaso del Imperio

La lenta degeneración del poder español comenzó durante el reinado de Felipe II. El nuevo rey creyó imprescindibles la preservación del dominio español dentro del Imperio y la aniquilación del protestantismo. Estas posiciones políticas fomentaron grandes resentimientos en los Países Bajos, uno de los núcleos de la actividad reformadora. En 1567 se rebelaron Holanda y Bélgica, cuyos ciudadanos estaban cansados de pagar impuestos a la Corona y de ver pisoteados sus tradicionales derechos de autonomía. Al mismo tiempo Felipe combatía contra los franceses, que amenazaban su poder en Italia, y aun contra el Papa, que se había aliado con los franceses.

En 1570 se creó la Santa Liga, formada por los Estados Pontificios, Venecia y España, para la defensa de la fe católica. Su flota, bajo el mando de Juan de Austria, hermanastro del rey e hijo natural de Carlos V, obtuvo la victoria de Lepanto sobre los turcos en 1571. Este acontecimiento hizo mucho para levantar la moral del pueblo español. Nueve años más tarde, tras la muerte del rey Sebastián de Portugal, Felipe II heredó el trono portugués.

A pesar del triunfo de las fuerzas españolas en Lepanto, el país se hundía en problemas. Las guerras constantes consumían su energía y sus recursos. La Corona imponía impuestos descomunales, pero aun así crecía el déficit nacional. Además, Inglaterra, bajo Isabel I, había llegado a ser un poderoso país protestante que amenazaba la hegemonía española en los mares. Inglaterra había apoyado extraoficialmente la rebelión de los Países Bajos contra España, y piratas ingleses atacaban barcos españoles con el consentimiento de la Corona inglesa.

Para demostrar la superioridad de las fuerzas navales españolas, Felipe II mandó una flota contra Inglaterra en 1588. Conocida como la Armada Invencible, estaba compuesta de 130 naves y más de 20.000 hombres. Cuando fue diezmada, la derrota tuvo un efecto sicológico desastroso en el pueblo español. (Estudios realizados por investigadores modernos han demostrado que el mal tiempo fue responsable por la catástrofe y no las fuerzas isabelinas.) La pérdida de la Armada fue la primera de una serie de calamidades que marcaron el fin de la supremacía política y militar de España.

El fervor religioso caracterizó el reinado de Felipe II. El celo del rey por la fe involucró a España en numerosas guerras y creó un ambiente de aislamiento intelectual y de represión dentro de sus fronteras. No hay que olvidar, sin embargo, que en una época en la cual la identidad religiosa a menudo se confundía con la nacional, el extremismo era la norma. El fanatismo y la intolerancia crecían en todas partes de Europa, no sólo en España.

El vehículo del cual se valió para asegurar la conformidad doctrinal fue la Inquisición, institución que se había establecido en Italia y extendido a través de la cristiandad en la Edad Media. Se impuso una estricta censura, limitando la importación de libros extranjeros. En 1547 la Inquisición prohibió varios textos de Erasmo y Biblias en lenguas modernas. En 1559 se prohibió que los españoles estudiaran en el extranjero, aunque la interdicción no paró por completo el intercambio intelectual. En una edad de grandes descubrimientos científicos en los campos de la astronomía, la física y la medicina, la exclusión de nuevas ideas tuvo consecuencias serias y duraderas.

Al morir Felipe II, España se encontraba en un estado de crisis económica y política. Su sucesor, Felipe III (1578-1621), fue un monarca débil. Dejó el gobierno en manos del duque de Lerma, quien, con el apoyo de la Inquisición, expulsó a los moriscos (moros que habían adoptado la fe católica) en 1609-10. Éstos habían constituido un elemento importante de la clase artesana y comercial. Al eliminar este grupo especialmente productivo, Lerma creó un vacío que fueron llenando franceses y otros extranjeros. Pero pronto las autoridades comenzaron a temer que estos inmigrantes pudieran traer ideas heterodoxas a España y a tomar medidas contra ellos. Mientras que en otros países se empezaban a desarrollar pequeñas industrias, en España la desaparición de moriscos y extranjeros afectó negativamente la productividad y contribuyó a la creciente decadencia del país.

Aunque no se apartó del todo de la política, Felipe IV (1621-65) se dejó influir por sus consejeros, los cuales solían ser motivados por la ambición más que por el sentido común. Concedió un poder enorme al conde-duque de Olivares, quien propuso restaurar el prestigio de la monarquía por razón de una política unificadora del Imperio. Hizo que España entrara en la Guerra de los Treinta Años (1618-48), conflicto causado principalmente por el antagonismo entre protestantes y católicos, y las ambiciones de la Casa de Austria. En 1640 Portugal se rebeló y se independizó. Con el tratado de paz de Westfalia España perdió Holanda, y en 1653 los regimientos españoles fueron derrotados en Rocroi (Francia). Las campañas terminaron por desangrar a España y provocar el descontento general. A pesar de su política desastrosa, Felipe IV, como el conde-duque de Olivares, fue un gran amante de las artes y las letras. Durante su reinado la pintura y la literatura españolas llegaron a un apogeo.

Felipe IV fue sucedido por su hijo, Carlos II (1661-1700), que resultó ser un monarca incompe-

tente. Hombre débil y enfermizo, Carlos II entregó las riendas del gobierno a sus favoritos, entre ellos el ambicioso Juan de Austria. Carlos II perdió el Franco Condado en 1678 y Luxemburgo en 1684. Murió sin heredero, dejando la corona a su resobrino Felipe de Anjou, nieto de Luis IV de Francia. Varias naciones europeas se opusieron, hundiendo a España en la Guerra de la Sucesión (1701-1715). La monarquía finalmente pasó a Felipe de Anjou, poniendo fin a la dinastía de los Habsburgos en España y comenzando el reino de los Borbones.

El barroco* español

Inseparable del humanismo, con su preocupación por la armonía, el orden y la moderación, la Reforma protestante buscó la simplificación de las prácticas religiosas. Los reformadores eliminaron la ornamentación excesiva y limitaron el culto a los santos, reduciendo así el número de íconos en las iglesias. La austeridad reemplazó la pompa en los ritos y en el decorado de los templos. La lectura de la Sagrada Escritura y no las ceremonias aparatosas se convirtió en el vehículo de la espiritualidad individual.

Expresión artística de la Contrarreforma, el barroco constituyó una reacción contra la sobriedad fomentada por el protestantismo. Originándose en Roma, se impuso principalmente (aunque no exclusivamente) en los países católicos, donde revitalizó el arte sacro. Frente a lo sencillo, lo sobrio y lo inconcreto del protestantismo, el barroco propuso devolver a la religión su riqueza iconográfica. También significó una rebelión contra el ideal de serenidad y equilibrio del clasicismo de los siglos anteriores. Representa un mundo caótico y confuso mediante un estilo recargado que contribuye a una sensación de exceso o desorden. Su objetivo fue deslumbrar al espectador, estimulando sus sentidos y despertando así una reacción emotiva. En este sentido correspondía al concepto católico de la espiritualidad, que apela a las emociones tanto como al intelecto.

En cuanto a sus métodos, el arte barroco utiliza efectos de luz, la línea curva y juegos de perspectiva. El propósito del artista es producir una imagen fuerte, cuyo dinamismo, profusión de colores y resplandor comunican un sentido de exaltación. En la arquitectura, caracteriza el barroco la ornamentación copiosa. Se trata de un estilo complejo y cerebral, y al mismo tiempo sensual. Gian Lorenzo Bernini, escultor, pintor y arquitecto italiano, conocido por su esplendorosa estatua de santa Teresa de Ávila, es uno de los representantes máximos de este movimiento. Otro es el pintor flamenco Petrus Paulus Rubens, cuyos cuadros expresan la plenitud sensual tanto como la violencia y la intensa devoción.

En la literatura, caracterizan el barroco el juego lingüístico, la alusión oscura, la exageración y el afán de encontrar lo bello en lo grotesco o feo. Los escritores barrocos no se apartan del todo de las corrientes humanísticas que caracterizan el período anterior; la sicología humana, el amor y las culturas antiguas siguen siendo temas importantes. Sin embargo, en vez de en la moderación y en la perfectibilidad del ser humano, el barroco hace hincapié en el desconcierto del individuo que se encuentra en un laberinto de signos ambiguos.

El barroco tomó una forma muy particular en España, donde el creciente aislamiento intelectual y la decadencia política y militar dejaron huellas profundas. En el resto de Europa, científicos como Copérnico, Kepler, Tycho Brahe y Galileo luchaban con nuevos conceptos del universo, pero en España, la energía creadora no se dirigió a la investigación científica, sino hacia la elaboración artística. No se trata sólo de un estilo decorativo, sino de un concepto de la vida. En España el barroco refleja un profundo pesimismo que se traduce en la noción de que en esta vida todo es engaño, representación, sombra. Caracterizan el barroco español la tensión, la amargura, la desesperación. El cinismo y la ironía permiten que el autor se aparte de su mundo y lo mire con ojos fríos; la caricatura satírica se convierte en uno de los vehículos por el cual el autor expresa su profunda insatisfacción. Con esta imagen de la naturaleza inestable e insegura de la vida terrenal, contrasta la verdad absoluta e incambiable de Dios, concepto subyacente en la literatura religiosa de la época.

Paradójicamente, es en su período de declive que España alcanza su apogeo de creatividad artística, produciendo a escritores sumamente originales como Cervantes, Góngora, Quevedo y Calderón, y a pintores como Zurbarán, Velázquez y Murillo. Después del Concilio de Trento, la Corona española adopta una posición que concibe las artes como un vehículo para el apoyo y la propagación de la fe. Sin embargo, el hecho de que no se permita la desviación del dogma ortodoxo no significa que la literatura barroca esté desprovista de ideas. Al contrario, la crítica social del barroco es a menudo mordaz, penetrante y cruel. Sin embargo, la frustración del artista no se expresa por lo general de una manera directa, sino por medio de alusiones, sutilezas, imágenes o juegos lingüísticos que representan un desafío para el entendimiento del lector.

Durante mucho tiempo se creyó que los escritores de este período fueron meramente portavoces de la política reaccionaria de la Corona. Sin embargo, estudios recientes que emplean los nuevos métodos críticos demuestran que la obra barroca lleva en sí las semillas de la subversión. Varias obras de Quevedo censuran directa o indirectamente a la monarquía, y las comedias de Tirso y Calderón cuestionan las convenciones sexuales sociales. Escritoras como María de Zayas y Ana Caro revuelcan los antiguos arquetipos, creando protagonistas femeninas enérgicas, rebeldes y capaces de tomar su destino en sus manos. Para místicos como san Juan de la Cruz, tradicionalmente considerado un escritor «prebarroco» pero claramente un producto de las nuevas corrientes artísticas de la Contrarreforma, el enfoque es el otro mundo, que el poeta considera más real y atrayente que el terrenal. Para escritores como el jesuita Baltasar Gracián, que se conciernen con el manejo del poder, la ilusión se convierte en el arma del hombre astuto, ya que puede manipular las apariencias para sacarles ventaja.

Los poetas barrocos utilizan las mismas formas, imágenes y temas que sus predecesores, transformándolas en una expresión de su desosiego. Mientras el soneto se emplea a principios del siglo XVI principalmente para la poesía erótica, con el tiempo se adapta a la metafísica, la religiosa, la política y la burlesca. La mujer bella se convierte en un cliché que sirve al poeta para demostrar su destreza lírica o para expresar su frustración. El tema de muchos poemas «amorosos» del barroco no es realmente el amor, sino la enajenación del individuo. Poetas como Quevedo transforman la retórica erótica de Petrarca en un vehículo para burlarse de la mujer idealizada. Estos poetas, como sus antepasados, cultivan lo clásico, pero en sus manos deja de ser un modelo de armonía y se convierte en fuente de oscuridad.

Aunque el apogeo del barroco termina con la muerte de Calderón en 1681, el gusto por el lenguaje recargado y la imagen fuerte sigue hasta el siguiente siglo. En el teatro, lo espectacular y lo deslumbrante atrae al público a pesar de los esfuerzos de los reformadores por eliminar prácticas escénicas que consideraban de mal gusto. La popularidad de las comedias de magia, las cuales se valían de efectos visuales diseñados para asombrar al espectador, es una prueba de la persistencia de lo barroco en una época en la cual la *élite* intelectual lo rechazaba.

El Renacimiento poético

GARCILASO DE LA VEGA (1501-1536)

En 1526 el poeta y diplomático catalán Juan Boscán (1490-1542) conoció en Granada a Andrea Navagero, embajador de la República Veneciana, el cual lo iniciaría en el arte del soneto. El marqués de Santillana (1398-1458), quien había escrito sonetos un siglo antes, no inspiró a imitadores, pero animado por Navagero, Boscán experimentó con la nueva forma y convenció a su amigo Garcilaso de que hiciera lo mismo. A partir de entonces, el soneto ganó aceptación en España.

Desde el punto de vista métrico, los sonetos de Garcilaso constituyen perfectas imitaciones de los modelos italianos; sin embargo, por su contenido manifiestan una fuerte conexión con la tradición cancioneril. En el Soneto I, por ejemplo, el intenso sufrimiento y la muerte voluntaria son temas heredados de la poesía castellana del siglo anterior. Varios críticos han comentado también sobre la influencia del poeta valenciano Ausias March, muy cerca del espíritu cancioneril, en ciertos sonetos y canciones de Garcilaso.

Tradicionalmente se ha visto a Isabel Freire, dama portuguesa de la corte de la infanta Isabel de Portugal, como la inspiración de la mejor poesía erótica de Garcilaso, y en particular de la Égloga I. Sin embargo, los críticos no se ponen de acuerdo acerca de hasta qué punto su poesía refleja una verdadera relación amorosa.

El tema predominante en los sonetos de Garcilaso es la lucha sicológica del individuo ante una meta inalcanzable encarnada en la dama inabordable y lejana. La amada está presente siempre en la evocación del poeta, pero al mismo tiempo es un misterio. Para referirse a ella el poeta a veces emplea un pronombre indefinido como «quien» (Soneto I) o metáforas convencionales—cabello como oro, mejillas como rosas (Soneto XXIII). No se trata de una persona concreta e individualizada sino de una Verdad absoluta a la cual el amante aspira.

El amor está concebido como un destino contra el cual el amante no puede luchar. Por lo tanto, se ve obligado a conformarse. Sin embargo, no es una víctima de su hado porque no acepta su suerte pasivamente. Al contrario, convierte su devoción en un acto de voluntad. O se entrega al amor intencionadamente (Soneto I) o se lanza hacia él de una manera violenta (Soneto IV), sabiendo que su pasión puede destruirlo. La actitud de Garcilaso refleja el humanismo renacentista que hace hincapié en el albedrío del individuo. De la contienda interna emerge una nueva conciencia del «yo»; el sujeto se mira, se analiza y acepta responsabilidad por sí mismo.

La pasión del poeta conduce a un intenso nerviosismo que a veces se expresa en el ritmo del poema. En el Soneto XII, por ejemplo, la cadencia es rápida, enérgica. No hay pausa hasta llegar a la palabra «lo-co»; entonces sigue una serie de adjetivos cuyo sentido refleja el estado de ánimo del «yo» poético.

Garcilaso emplea los mitos clásicos, tan apreciados por los humanistas, para expresar el deseo frustrado. En el Soneto XII, Ícaro y Faetón representan a la persona que aspira a metas demasiado altas. En el Soneto XIII el amante se identifica con Apolo, aborrecido por Dafne, quien le pide a su padre que la convierta en árbol para poder evitar las atenciones del dios. El poeta intensifica el horror de la metamorfosis al transformarse en testigo que presencia el proceso: «en verdes hojas *vi* que se tornaban».

Otro tema renacentista que desarrolla Garcilaso es el del *carpe diem*, filosofía que exhorta al individuo a gozar del momento, dada la fugacidad de éste. Un ejemplo es el soneto XXIII, donde el poeta anima a la dama a disfrutar de su belleza antes de que desaparezca.

El soneto consta de catorce versos endecasílabos: dos cuartetos y dos tercetos. El orden de las rimas de los cuartetos es usualmente ABBA ABBA, pero el de los tercetos varía. El verso endecasílabo (es decir, de once sílabas) caracteriza no sólo el soneto sino también otras formas métricas importadas de Italia. El endecasílabo era considerado más elegante, fluido y melodioso que el romance, verso tradicional de ocho sílabas.

Al analizar la forma métrica de un poema, el estudiante debe tener en mente la *sinalefa*, enlace de sílabas por el cual se forma una sola. Usualmente se fusiona la última sílaba de una palabra que termina con vocal con la primera de la siguiente palabra, que también comienza con vocal:

Un	ra-	to	se	le-	van-	ta	mi es-	pe-	ran-	za
1	2	3	4	5	6	7	8	9	10	11

Además de sonetos, Garcilaso también compuso églogas, canciones y otros tipos de poemas.

Soneto I

Cuando me paro a contemplar mi estado
y a ver los pasos por dó[1] me han traído,
hallo, según por do anduve perdido,
que a mayor mal pudiera haber llegado;
mas cuando del camino 'stó[2] olvidado,
a tanto mal no sé por dó he venido;
sé que me acabo,[3] y más he yo sentido

---

[1] Dónde.
[2] Estoy.
[3] Muero.

ver acabar conmigo mi cuidado.[4]

Yo acabaré, que me entregué sin arte[5]
a quien sabrá perderme y acabarme
si quisiere,[6] y aun sabrá querello[7];

que pues mi voluntad puede matarme,
la suya, que no es tanto de mi parte,[8]
pudiendo,[9] ¿qué hará sino hacello[10]?

Soneto IV

Un rato se levanta mi esperanza,
mas cansada de haberse levantado,
torna a caer, que dexa, [11]a mal mi grado,
libre el lugar a la desconfianza.[12]

¿Quién sufrirá tan áspera mudanza[13]
del bien al mal? ¡O corazón cansado,
esfuerza en la miseria de tu 'stado,
que tras fortuna suele haber bonanza![14]

Yo mesmo[15] emprenderé a fuerza de brazos
romper un monte que otro no rompiera,
de mil inconvenientes muy espeso[16];

muerte, prisión no pueden, ni embarazos,
quitarme de ir a veros como quiera,
desnudo 'spirtu'[17] o hombre en carne y hueso.

Soneto XII

Su favorite ⟶

Si para refrenar este deseo
loco, imposible, vano, temeroso,

---

[4] **Más...** *I'm sorrier to see my pain die with me. (Since suffering is what gives his existence meaning, he is sorry that his suffering will end when he dies.)*

[5] Engaño, decepción.

[6] Quisiera. (Futuro del subjuntivo, forma que no se usa en el español moderno.)

[7] Quererlo.

[8] **La suya...** *Her will, which doesn't love me as well as my own does.*

[9] Ya que puede (matarme).

[10] Hacerlo. *(The idea is, since my own will—which is on my side—won't save me, certainly her will—which loves me less than my own—will do me in.)*

[11] Deja

[12] **Que...** *Which, against my will, leaves the way open to distrust (insecurity).*

[13] **Quién...** *Who can stand such an abrupt change.*

[14] **Tras...** *After a storm, the sun comes out. (Every cloud has a silver lining.)*

[15] Mismo.

[16] *Thick. (The adjective refers to* **monte,** *wooded mount.)*

[17] Espíritu.

y guarecer[18] de un mal tan peligroso,
que es darme a entender yo lo que no creo,[19]

no me aprovecha verme cual[20] me veo,
o muy aventurado[21] o muy medroso,
en tanta confusión que nunca oso
fiar el mal de mí que lo poseo,

¿qué me ha de aprovechar ver la pintura
d'aquél que con las alas derretidas,
cayendo, fama y nombre al mar ha dado,[22]

y la del que su fuego y su locura
llora entre aquellas plantas conocidas,
apenas en el agua resfrïado[23]?

Soneto XIII

A Dafne[24] ya los brazos le crecían
y en luengos[25] ramos vueltos se mostraban;
en verdes hojas vi que se tornaban
los cabellos que el oro escurecían[26]

de áspera corteza[27] se cubrían
los tiernos miembros que aun bullendo[28] estaban;
los blancos pies en tierra se hincaban
y en torcidas raíces se volvían.

Aquel[29] que fue la causa de tal daño,
a fuerza de llorar, crecer hacía
este árbol, que con lágrimas regaba.[30]

---

[18] Guardarme.

[19] **Es...** me convence de lo que no creo.

[20] Como.

[21] *Daring.*

[22] *Icarus, who, according to the myth, constructed wings glued together with wax. In spite of his father's warnings, he flew too close to the sun, which melted the wax, causing him to plunge into the sea. The lover is like Icarus; he aspires to too much, and is cast down by his loved one.*

[23] *Here the poet refers to Phaeton, son of Apollo, the sun. He stole his father's chariot and drove it so fast he fell into the sea.*

[24] En la mitología, la casta Dafne, amada de Apolo, le pide a su padre que la transforme en laurel para protegerla de los requerimientos del dios. En los versos que siguen se describe la metamorfosis de Dafne.

[25] Largos.

[26] *That is, her hair is so bright that in comparison, gold looks dark.*

[27] *Bark.*

[28] Temblando.

[29] Apolo.

[30] *Apollo cried so much that his tears watered the tree and made it grow. Apollo is an example of the lover who feeds his own misery by wallowing in it.*

¡Oh miserable estado, oh mal tamaño,[31]
que con llorarla crezca cada día
la causa y la razón por que lloraba!

Soneto XXIII

En tanto que de rosa y de azucena[32]
se muestra la[33] color en vuestro gesto,[34]
y que vuestro mirar ardiente, honesto,[35]
con clara luz la tempestad serena;
    y en tanto que el cabello, que en la vena
del oro se escogió,[36] con vuelo presto
por el hermoso cuello blanco, enhiesto,[37]
el viento mueve, esparce y desordena:
    coged de vuestra alegre primavera[38]
el dulce fruto antes que el tiempo airado[39]
cubra de nieve[40] la hermosa cumbre.[41]
    Marchitará la rosa el viento helado,
todo lo mudará la edad ligera[42]
por no hacer mudanza en su costumbre.[43]

Temas

1. ¿Por qué no nombra el poeta a su amada ni la describe físicamente? ¿Cuál es el foco de su poesía?
2. ¿Cómo desarrolla el aspecto sicológico del «yo poético»?
3. En el soneto XII, ¿por qué cree usted que se refiere a Ícaro y a Faetón como «aquél» y «el que» en vez de nombrarlos?
4. ¿Cuál es el papel del destino y de la voluntad en esta poesía?
5. ¿Qué representan Dafne y Apolo?
6. ¿Cómo intensifica el poeta el horror de la metamorfosis de Dafne? ¿Qué formas verbales usa?

---

[31] Tan grande.
[32] *Lily. (Rose and lily refer to the lady's coloring—pink and white.)*
[33] Antiguamente **color** era un substantivo femenino.
[34] Cara.
[35] *Chaste.*
[36] **Que...** *that came from a vein of gold.*
[37] *Erect.*
[38] Juventud.
[39] Furibundo, cruel.
[40] Blanco.
[41] *Top (head).*
[42] **Edad...** tiempo fugaz (que corre rápido).
[43] **Por...** Por no cambiar su costumbre de cambiarlo todo.

¿Qué efecto producen?
7. ¿Cómo se convierte en testigo? ¿Por qué lo hace?
8. ¿Qué ilustra la imagen de Apolo que llora encima del laurel? ¿Cómo usa Garcilaso la mitología?
9. ¿Qué metáforas usa para describir a la amada en el Soneto XXIII? ¿Cómo desarrolla el tema del *carpe diem* en este poema?
10. ¿Qué imagen del individuo pinta Gracilaso en su poesía? ¿En qué sentido representa Garcilaso un paso hacia la Modernidad? Que human no es victimo de su destino. El tiene papel activo.

Historiografía*: Las crónicas*

BERNAL DÍAZ DE CASTILLO (¿1492?-1584)

La historiografía se cultiva en España desde la Edad Media. Durante el período de dominio musulmán, los historiadores cristianos fueron poco innovadores. Mientras éstos repitieron sus fuentes sin elaborarlas, los historiadores árabes produjeron narraciones de gran variedad, enriqueciéndolas con detalles y anécdotas. Durante el siglo XIII se escribieron dos crónicas importantes en latín. El *Chronicon Mundi* de Lucas de Túy narra la historia del mundo desde la Creación hasta la conquista de Córdoba. *De rebus Hispaniae* del arzobispo Rodrigo Jiménez de Rada, conocido como El Toledano, trata de los visigodos, de la conquista islámica y de la Reconquista. Por el gran número de fuentes en latín y en árabe que usa y por la gran cantidad de información que incluye en su crónica, el Toledano es reconocido como el mejor historiador antes de Alfonso X el Sabio.

Al establecer la lengua vernácula como vehículo para la historiografía, Alfonso X el Sabio hace que la historia sea asequible a un público mayor y que vaya formando parte de la conciencia de una identidad nacional. Contribuye a este fenómeno el cultivo de la poesía de tema histórico. El sentimiento nacionalista, fomentado por la unificación de España bajo los Reyes Católicos, estimula varias historias, entre ellas la crónica de los *Reyes Católicos* de Hernando del Pulgar (¿1436?-¿1493?) y la *Historia de los Reyes Católicos, don Fernando y doña Isabel* de Andrés Bernáldez (¿1450?-después de 1513). Esta última es de particular interés por la información que contiene sobre los viajes de Colón. El interés por la historia seguirá durante todo el siglo XVI. Pero Mexía (1497-1551), uno de los eruditos más importantes de la primera mitad del siglo, escribe *Historia del Empera-*

dor *Carlos V,* y el padre jesuita Juan de Mariana (1536-1624) escribe *Historia general de España,* Esta última nos provee de muchos datos sobre las costumbres y actitudes de los españoles de la época.

Con el advenimiento del humanismo crece el interés por el retrato, no sólo en la pintura sino también en la literatura. Hernando del Pulgar es autor de *Claros varones de Castilla,* compendio de descripciones de personajes influyentes de la época. Éstas reflejan la importancia que el humanismo da a la sicología, puesto que Pulgar busca crear una imagen realista del sujeto sin ocultar sus defectos físicos y morales. También se cultiva la biografía. Uno de los ejemplos más importantes de este género es la *Vida de san Ignacio* de Pedro de Ribadeneyra (1526-1611).

La exploración de las Américas despierta interés en las tierras conquistadas. El europeo siente fascinación por los nuevos descubrimientos, en particular por el indio, cuya condición y naturaleza provocan grandes debates. Algunos moralistas sostienen que el indio no tiene alma y, por lo tanto, es permisible esclavizarlo. Sin embargo, prevalece la opinión contraria, la cual compromete al colonizador a civilizarlo y a convertirlo a la fe católica. Estudios recientes demuestran que, a pesar de este anhelo inicial de enterarse de las cosas ocurridas en las Américas, bien pronto la gran mayoría de los europeos tienen más interés en las guerras que desgarran su continente que en el Nuevo Mundo.

Los primeros documentos de las Américas son documentos producidos por conquistadores que describen sus propias experiencias. La *Carta del descubrimiento* de Cristóbal Colón (1451-1506) y las *Cartas de relación* de Hernán Cortés (1485-1547) son epístolas dirigidas a los Reyes Católicos y a Carlos V respectivamente para informarles acerca del éxito de las empresas de sus autores. En los años que siguen, soldados y misioneros escriben sus impresiones de la conquista y la colonización para satisfacer la curiosidad del lector europeo o, en el caso de Bartolomé de las Casas (1474-1566), por razones propagandísticas. En su *Brevísima relación de la destruición de las Indias* el misionero dominico expone la devastación de la Conquista y en particular los abusos sufridos por los indios. La crítica moderna ha señalado errores y exageraciones en las obras de Las Casas, pero su *Brevísima relación* demuestra que existían diversas perspectivas sobre la colonización aun en el siglo XVI.

La *Historia verdadera de la conquista de la Nueva España,* de Bernal Díaz de Castillo (¿1492?-1584), es considerada la relación más significativa y verídica de la conquista de México. Díaz narra los sucesos de Nueva España desde el descubrimiento de la Provin-cia del Yucatán hasta el Virreinato y los primeros esfuerzos por cristianizar a los indios. Termina con una enumeración de los gobernadores de México desde Cortés hasta 1568.

Díaz acompañó a Cortés en sus empresas y describe solamente acontecimientos de los cuales él mismo fue testigo. Observador perspicaz, presenta un retrato sicológico interesante de Cortés, mencionando su afición a las mujeres, su seriedad, su moderación en la vestimenta y su afabilidad para con sus compañeros. Describe las grandezas de la civilización azteca—por ejemplo, el magnífico mercado—además de las expediciones y batallas en las cuales participaron los españoles. Le dedica muchas páginas a la Malinche, amante india de Cortés que le sirvió de intérprete, representándola como una mujer astuta y diplomática capaz de mediar entre el emperador azteca y el conquistador español.

A diferencia de Francisco López de Gómara (¿1511?-1566), capellán y secretario de Cortés, cuya *Historia de la conquista de México* es un largo elogio de aquél, Díaz no se olvida de describir los talentos y valentía de los soldados. Su estilo es directo y llano, pero incorpora muchos elementos novelísticos como el diálogo, la relación dramática y el suspenso. Al señalar repetidamente que describe asuntos que ha visto con sus propios ojos, intensifica el sentido de inmediatez y de autenticidad de su relación. Muchos críticos han visto la obra de Díaz como precursora del realismo mágico,* corriente asociada con ciertos escritores contemporáneos que representan la realidad americana como un espacio maravilloso y asombroso.

Díaz cuenta cómo Cortés, que había llegado al Caribe en 1504, parte para México en 1518 contra las órdenes de Diego Velázquez, gobernador de Cuba. Llega a la península de Yucatán y vence a los indios de Tabasco, quienes le regalan a la hermosa Malinche. Luego funda Villa Rica de la Vera Cruz. Es nombrado capitán general por el Cabildo, lo cual le permite independizarse de Velázquez. El primer capítulo reproducido aquí cuenta cómo Cortés, antes de apresar a Moctezuma (o Montezuma), emperador de los aztecas, manda destruir sus naves para que ninguno de sus hombres pueda volver a Cuba. En la próxima selección, los españoles apresan a Moctezuma. El emperador azteca se dirige a sus hombres desde el tejado de un edificio para exhortarles a dejar sus armas en vez de seguir peleando. Mientras habla, unos indios comienzan a tirarle piedras y lo matan, haciendo que Cortés y sus hombres lloren.

Historia verdadera de la conquista de la Nueva España

Cómo acordamos de ir a México, y antes que partiésemos dar con todos los navíos al través,[1] y eso de dar con los navíos al través fue por consejo y acuerdo de todos nosotros los que éramos amigos de Cortés

Estando en Cempoal, como dicho tengo, platicando con Cortés en las cosas de la guerra y camino que teníamos por delante, de plática en plática le aconsejamos los que éramos sus amigos, y otros hubo contrarios, que no dejase navío ninguno en el puerto, sino que luego diese al través con todos y no quedasen embarazos, porque entretanto que estábamos en la tierra adentro no se alzasen otras personas, como los pasados;[2] y demás de esto, que tendríamos mucha ayuda de los maestres y pilotos y marineros, que serían cien personas, y que mejor nos ayudarían a velar y a guerrear que estar en el puerto. Y según entendí, esta plática de dar con los navíos al través, que allí le propusimos, el mismo Cortés lo tenía ya concertado, pero quiso que saliese de nosotros, porque si algo le demandasen que pagase los navíos, que era por nuestro consejo y todos fuésemos en los pagar. Y luego mandó a un Juan de Escalante que era alguacil[3] mayor y persona de mucho valor y gran amigo de Cortés y enemigo de Diego Velázquez,[4] porque en la isla de Cuba no le dio buenos indios, que luego fuese a la villa y que de todos los navíos se sacasen todas las anclas y cables y velas y lo que dentro tenían de que se pudiesen aprovechar, y que diese con todos ellos al través, que no quedasen más de los bateles,[5] y que los pilotos y maestres viejos y marineros que no eran para ir a la guerra, que se quedasen en la villa, y con dos chinchorros[6] que tuviesen cargo de pescar, que en aquel puerto siempre había pescado, aunque no mucho. Y Juan de Escalante lo hizo según y de la manera que le fue mandado, y luego se vino a Cempoal con una capitanía de hombres de la mar, que fueron los que sacó de los navíos, y salieron algunos de ellos muy buenos soldados.

Pues hecho esto, mandó Cortés llamar a todos los caciques de la serranía, de los pueblos nuestros confederados y rebelados al gran Montezuma,[7] y les dijo cómo habían de servir a los que quedaban en la Villa Rica, y acabar de hacer la iglesia y fortaleza y casas, y allí delante de ellos tomó Cortés por la mano a Juan de Escalante, y les dijo: «Éste es mi hermano»; y que lo que les mandase que lo hiciesen, y que si hubiesen menester favor y ayuda contra algunos indios mexicanos, que a él ocurriesen,[8] que él iría en persona a ayudarles. Y todos los caciques se ofrecieron de buena voluntad de hacer lo que les mandase. Acuérdome que luego le sahumaron[9] a Juan de Escalante con sus inciensos, y aunque no quiso. Ya he dicho era persona muy bastante para cualquier cargo, y amigo de Cortés, y con aquella confianza le puso en aquella villa y puerto por capitán para si algo enviase Diego Velázquez que hubiese resistencia.

Aquí es donde dice el cronista Gómara que cuando Cortés mandó barrenar[10] los navíos, que no lo osaba publicar a los soldados que quería ir a México en busca del gran Montezuma. No pasó como dice, ¿pues de qué condición somos los españoles para no ir adelante y estarnos en partes que no tengamos provecho y guerras? También dice el mismo Gómara que Pedro de Ircio quedó por capitán en la Vera Cruz; no le informaron bien; Juan de Escalante fue el que quedó por capitán y alguacil mayor de la Nueva España, que aún a Pedro de Ircio no le habían dado cargo ninguno, ni aun de cuadrillero.[11]

Después de haber dado con los navíos al través, una mañana, después de haber oído misa, estando todos los capitanes y soldados juntos hablando con Cortés en cosas de lo militar, dijo que nos pedía por merced que le oyésemos; y propuso un razonamiento de esta manera: Que ya habíamos entendido la jornada que íbamos y que, mediante Nuestro Señor Jesucristo, habíamos de vencer todas las batallas y encuentros; y que habíamos de estar tan prestos para ello como convenía, porque en

---

[1] **Dar...** destruir todos las naves.
[2] Hombres que en otra ocasión habían tratado de volver a Cuba.
[3] Funcionario del gobierno.
[4] Velázquez era gobernador de Cuba.
[5] Lanchas.
[6] Botes, lanchas con remos.

[7] *The Aztecs were warriors who expanded their empire by conquering other tribes, which they forced to pay taxes. These tribes resented their rulers and joined forces with Cortés against Montezuma (or Moctezuma), the Aztec emperor. Cortés put them under the authority of Escalante, governor of Villa Rica, now Veracruz, a city on the coast of Mexico.*
[8] **Si...** *If they should need help [to fight] against any other Indian tribes, they should go to him.*
[9] *Scented.*
[10] Destruir.
[11] El que manda a un grupo de gente armada.

cualquier parte donde fuésemos desbaratados,[12] lo cual Dios no permitiese, no podríamos alzar cabeza, por ser muy pocos, y que no teníamos otro socorro ni ayuda sino el de Dios, porque ya no teníamos navíos para ir a Cuba, salvo nuestro buen pelear y corazones fuertes; y sobre ello dijo otras muchas comparaciones y hechos heroicos de los romanos. Y todos a una le respondimos que haríamos lo que ordenase, que echada estaba la suerte de la buena ventura, como dijo Julio César sobre el Rubicón,[13] pues eran todos nuestros servicios para servir a Dios y a Su Majestad. Y después de este razonamiento,[14] que fue muy bueno (cierto con otras palabras más melosas[15] y elocuencia que yo aquí no las digo), y luego mandó llamar al cacique gordo[16] y él tornó a traer a la memoria[17] que tuviesen muy reverenciada y limpia la iglesia y cruz, y demás de esto le dijo que se quería partir luego para México a mandar a Montezuma que no robe ni sacrifique; y que ha menester doscientos indios *tamemes*[18] para llevar la artillería, que ya he dicho otra vez que llevan dos arrobas[19] a cuestas y andan con ellas cinco leguas; y también le demandó cincuenta principales, hombres de guerra, que fuesen con nosotros.

Cómo nos dieron guerra en México y los combates que nos daban, y otras cosas que pasamos

(…) Fue acordado[20] de demandarles paces para salir de México. Y desde que amaneció vienen muchos más escuadrones de guerreros y nos cercan por todas partes los aposentos, y si mucha piedra y flechas tiraban antes, muchas más espesas y con mayores alaridos y silbos vinieron este día; y otros escuadrones por otras partes procuraban de entrarnos,[21] que no aprovechaban tiros ni escopetas, aunque les hacían harto mal. Y vien-

do todo esto acordó[22] Cortés que el gran Montezuma les hablase desde una azotea, y les dijese que cesasen las guerras, y que nos queríamos ir de su ciudad. Y cuando al gran Montezuma se lo fueron a decir de parte de Cortés, dicen que dijo con gran dolor: «¿Qué quiere ya de mí Malinche,[23] que yo no deseo vivir ni oírle, pues en tal estado por su causa mi ventura me ha traído?» Y no quiso venir, y aún dicen que dijo que ya no le quería ver ni oír a él ni a sus falsas palabras ni promesas y mentiras. Y fue el padre de la Merced y Cristóbal de Olid, y le hablaron con mucho acato y palabras muy amorosas. Y dijo Montezuma: «Yo tengo creído que no aprovecharé cosa ninguna para que cese la guerra, porque ya tienen otro señor y han propuesto de no dejaros salir de aquí con la vida; y así creo que todos vosotros habéis de morir.»

Y volvamos a los grandes combates que nos daban. Que Montezuma se puso a un pretil[24] de una azotea con muchos de nuestros soldados que le guardaban, y les comenzó a hablar con palabras muy amorosas que dejasen la guerra y que nos iríamos de México, y muchos principales y capitanes mexicanos bien lo conocieron, y luego mandaron que callasen sus gentes y no tirasen varas ni piedras ni flechas; y cuatro de ellos se llegaron en parte que Montezuma les podía hablar, y ellos a él, y llorando le dijeron: «¡oh, señor y nuestro gran señor, y cómo nos pesa de todo vuestro mal y daño y de vuestros hijos y parientes! Hacémoos saber que ya hemos levantado a un vuestro pariente por señor.» Y allí le nombró cómo se llamaba, que se decía Coadlavaca,[25] señor de Iztapalapa, que no fue Guatemuz el que luego fue señor. Y más dijeron que la guerra la habían de acabar, y que tenían prometido a sus ídolos de no dejarla hasta que todos nosotros muriésemos, y que rogaban cada día a su Uichilobos y a Tezcatepuca[26] que le guardasen libre y sano de nuestro poder; y como saliese como deseaban, que no le dejarían tener muy mejor que de antes por señor, y que les perdonase. Y no hubieron bien acabado el razonamiento, cuando en aquella sazón tiran tanta piedra y vara, que los nuestros

---

[12] Vencidos, debilitados.

[13] César atravesó el río Rubicón con su ejército en la noche del 11 o 12 de enero de 49 a. C. sin la autorización del senado romano, lo cual provocó una guerra civil. La expresión «pasar el Rubicón» quiere decir tomar una decisión grave y aceptar las consecuencias.

[14] Discurso.

[15] Dulces.

[16] El jefe más importante de Cempoal.

[17] **Tornó…** volvió a recordarles.

[18] Porters *(Indians that carry equipment for the Spaniards)*.

[19] Unidad de peso que varía de un país a otro; cargas.

[20] *Agreed.*

[21] Atacarnos.

[22] *Agreed, reached the agreement.*

[23] *«Malinche» is title of respect that may be used for a man or woman. Here, it refers to Cortés.*

[24] Balaustrada.

[25] *Cortés had taken Moctezuma prisoner and was holding him hostage to protect his men from Aztec attacks. However, many Aztec warriors were not willing to accept Spanish domination and wanted to attack anyway. Coadlavaca, the new Aztec monarch, leads the charge against Cortés.*

[26] Deidades aztecas.

que le arrodelaban,[27] desde que vieron que entre tanto que hablaba con ellos no daban guerra, se descuidaron un momento, y le dieron tres pedradas, una en la cabeza, otra en un brazo y otra en una pierna; y puesto que[28] le rogaban se curase y comiese y le decían sobre ello buenas palabras, no quiso, antes cuando no nos catamos[29] vinieron a decir que era muerto. Y Cortés lloró por él, y todos nuestros capitanes y soldados, y hombres hubo entre nosotros, de los que le conocíamos y tratábamos, de que fue tan llorado como si fuera nuestro padre, y no nos hemos de maravillar de ello viendo que tan bueno era. Y decían que había diez y siete años que reinaba, y que fue el mejor rey que en México había habido, y que por su persona había vencido tres desafíos que tuvo sobre las tierras que sojuzgó. Y pasemos adelante.

Pues como vimos a Montezuma que se había muerto, ya he dicho la tristeza que en todos nosotros hubo por ello, y aun al fraile de la Merced, que siempre estaba con él, se lo tuvimos a mal no atraerle a que se volviese cristiano, y él dio por descargo[30] que no creyó que de aquellas heridas muriese. En fin mandó Cortés a un *papa*[31] y a un principal de los que estaban presos, que soltamos para que fuesen a decir al cacique que alzaron por señor, que se decía Coadlavaca, y a sus capitanes cómo el gran Montezuma era muerto, y que ellos le vieron morir, y de la manera que murió y heridas que le dieron los suyos, que dijesen cómo a todos nos pesaba de ello, y que lo enterrasen como a gran rey que era, y que alzasen a su primo de Montezuma, que con nosotros estaba, por rey, pues le pertenecía de heredar, o a otros sus hijos, y que al que habían alzado por señor no le venía por derecho,[32] y que tratasen paces para salirnos de México, que si no lo hacían, que ahora que era muerto Montezuma, a quien teníamos respeto, y que por su causa no les destruimos su ciudad, que saldríamos a darles guerra y a quemarles todas las casas, y les haríamos mucho mal. Y porque lo viesen como era muerto Montezuma, mandó a seis mexicanos muy principales y los demás *papas* que teníamos presos que lo sacasen a cuestas y lo entregasen a los capitanes mexicanos y les dijesen lo que Montezuma mandó al

tiempo que se quería morir, que[33] aquéllos que le llevaron a cuestas se hallaron presentes a su muerte. Y dijeron a Coadlavaca toda la verdad, cómo ellos propios lo mataron de tres pedradas. Y después que así lo vieron muerto, vimos que hicieron muy gran llanto, que bien oímos las gritas y aullidos que por él daban; y aun con todo esto no cesó la gran batería[34] que siempre nos daban y era sobre nosotros de vara y piedra y flecha, y luego la comenzaron muy mayor y con gran braveza, y nos decían: «Ahora pagaréis muy de verdad la muerte de nuestro rey y señor y el deshonor de nuestros ídolos; y las paces que nos enviáis a pedir, salid acá y concertaremos cómo y de qué manera han de ser».

Temas

Comprensión del texto

1. ¿Qué relación tiene Cortés con sus hombres?
2. ¿Cómo y por qué ataca Díaz al cronista Gómara?
3. ¿Cómo utiliza Cortés el concepto del honor español para convencer a sus hombres de que tienen que triunfar sobre los indios?
4. ¿Por qué arresta Cortés a Moctezuma? ¿Por qué lo guarda de rehén?
5. ¿Qué le pide que le diga a su gente? ¿Cómo reacciona el emperador azteca? ¿Qué revela esto acerca de su estado de ánimo? ¿Qué les dice al padre de la Merced y a Cristóbal de Olid?
6. ¿Con quién reemplazan a Moctezuma? ¿Cuál es la actitud de esta persona para con los españoles?
7. ¿Cómo muere Moctezuma? ¿Cómo reaccionan Cortés y sus hombres? ¿Qué revela este incidente acerca del carácter de Cortés y de la relación entre los dos hombres?
8. ¿Por qué critican los españoles al fraile de la Merced? ¿Qué nos dice esto acerca de sus sentimientos por Moctezuma?
9. ¿Cómo reacciona Coadlavaca a la muerte de Moctezuma?

Análisis literario

1. ¿Cómo manifiesta Cortés su talento político y militar en el episodio en que manda destruir sus naves? ¿Qué piensa usted de esta estrategia?

---

[27] Le protegían con rodelas o escudos.
[28] **Puesto...** aunque.
[29] **Antes...** *Instead, when we least expected it.*
[30] **Se...** *We held it against him that he hadn't converted Moctezuma, and he gave as an excuse.*
[31] Sacerdote indio.
[32] **No...** *had no right to it.*

---

[33] Porque.
[34] Combate.

2. ¿Qué pasajes de estas selecciones reflejan el interés de Díaz en la sicología de los personajes?

3. ¿Cómo humaniza a sus personajes?

4. ¿Qué elementos novelísticos encuentra usted en estas selecciones?

5. ¿Cómo crea el autor la impresión de que él ha sido testigo de lo que relata?

[handwritten: nos, se P]

[handwritten: no está de aquerdo con otro, primer persona, suyectivo]

El teatro prelopista *[handwritten: antes de Lope de Vega]*

LOPE DE RUEDA (¿1510?-1565)

Al abarcar el estudio del teatro de cualquier época es esencial tomar en cuenta que el texto escrito es siempre incompleto. Las obras del siglo XVI, como las de cualquier época, fueron creadas para ser representadas, no para ser leídas. Es decir, se trata de una forma artística de la cual el elemento lingüístico representa sólo una parte. Hoy día, gracias a nuevas investigaciones en el campo de la semiótica teatral* (el estudio de signos escénicos tales como la música, la escenografía, los trajes, la iluminación, la apariencia de los actores y sus movimientos, etc.) y en el de la recepción (*spectator response theory*), leemos estas obras con plena conciencia de que tenemos que tratar de reconstruir el texto paralingüístico. Esto es especialmente difícil en el caso de Lope de Rueda porque faltan por completo las acotaciones para el director y los actores.

Considerado el primer hombre de teatro español, Lope de Rueda fue dramaturgo, actor y director y, como sus contemporáneos, les dio escasa importancia a los guiones que él mismo preparaba. Seguramente iba cambiando y corrigiendo sus obras mientras ensayaba, lo cual quiere decir que ni siquiera tenemos textos definitivos. Ni siquiera sabemos las fechas de composición de sus breves obras humorísticas, llamadas *pasos,** porque el autor no se molestó en editarlas; fueron publicadas póstumamente en 1567 por Juan de Timoneda.

A principios del siglo XVI, dramaturgos como Juan del Encina (1468-1530), Lucas Fernández (1474-1542) y Gil Vicente (¿1465-1537?) componían obras que se representaban en los palacios y que más tarde se llevaban a las plazas públicas. Durante el mismo período viajaban por España compañías italianas que representaban obras en pueblos y aldeas. Se ha conjeturado que, durante su niñez, Lope de Rueda vio obras de estas compañías ambulantes y se unió a una de ellas. Luego formó su propio grupo para el cual empezó a escribir piezas. En vez de crear obras litúrgicas como las que comúnmente se representaban en los pueblos, o coloquios pastoriles* como las que se componían para los nobles, Lope de Rueda creó breves piezas cómicas en las que los personajes hablaban el lenguaje de la calle. Dirigidos a un público inculto, estos *pasos* representaban a tipos tomados de la vida real: el pícaro, el rufián, el estudiante, el gitano, es decir, personajes marginados que perciben la condición humana no desde la perspectiva del poder sino desde la del vulgo. Lope de Rueda también se inspira en el folclore; algunos *pasos* están basados en proverbios o en historias populares.

Los *pasos* de Lope de Rueda fueron publicados en *La deleitosa* y *Registro de representantes.* Lope también fue autor de comedias,*+ algunas de las cuales contienen *pasos* intercalados. Es posible que el dramaturgo supiera italiano, ya que varias de sus comedias son adaptaciones de obras italianas. Entre 1542 y 1543 Lope de Rueda, entonces director de su propia compañía, representó obras en Sevilla. Más tarde sus actores también representaron obras en Valladolid, Segovia, Valencia y Toledo. En 1552 el consejo municipal de Valladolid puso a Lope de Rueda a cargo de producciones teatrales y empezó a pagarle un sueldo fijo. En 1558, pidió fondos para la construcción de varios *corrales** —teatros permanentes construidos en el patio de una casa— lo cual refleja la creciente importancia del teatro en aquella época.

Durante su vida Lope de Rueda fue conocido como actor, no como dramaturgo. A menudo representaba el papel de «simple»* o tonto. Tanto el público culto como el plebeyo apreciaba su dominio del mimo y del gesto, y también su capacidad de imitar diferentes voces. Los *pasos* requerían gran plasticidad por parte de los actores y, como en el *slapstick* norteamericano, los movimientos eran rápidos y exagerados. Cervantes menciona en el Prólogo de sus *Entremeses*++ que había visto actuar a Lope de Rueda cuando joven y éste seguramente le sirvió de inspiración para sus propias obras jocosas.

El objetivo del *paso* es entretener al público. Aunque el *paso* representa el mundo de los pobres, parece que Lope de Rueda no tuvo fines moralizadores o reformadores. Sin embargo, los *pasos* pintan un retrato revelador de las capas sociales más bajas de España. La supervivencia es el tema principal. El hambre es una preocupación constante de casi todos los personajes, y la necesidad hace que sean astutos

---

+ *During this period* comedia *simply means full-length* «play», *not* «comedy».

++ Obras cortas y cómicas que se representaban entre los actos de una comedia.

y manipuladores. El «pillo» —el que sabe engañar y salirse con la suya— es objeto de admiración.

En *Cornudo y contento,* el *paso* que incluimos aquí, el estudiante Gerónimo desempeña este papel. El estudiante, como el lacayo en otros *pasos,* es listo y socarrón. Gerónimo logra seducir a Bárbara con la cooperación inconsciente de su marido Martín. Ella convence a Martín de que está enferma para poder quedarse en casa con Gerónimo. Cuando Martín va al doctor a buscar una medicina, Bárbara y su amante salen. Al encontrarse Martín con ellos en la calle, Bárbara convence a su marido de que el estudiante la está llevando a la iglesia, donde permanecerá por nueve días. Martín, notando que Bárbara parece sentirse mejor, los deja partir contento.

Gran parte del humor de los *pasos* se deriva del candor del simple, quien es siempre tema de mofa y no de compasión. A veces entiende mal lo que se le dice y a veces es tan crédulo que otros se aprovechan de él. En *Cornudo y contento* el marido burlado es un personaje ridículo del cual todos se ríen. El mundo que describe Lope de Rueda es uno de engañadores y engañados. El que no sea calculador y avisado tendrá que pagar las consecuencias.

El lenguaje de Lope de Rueda es coloquial y chispeante, lleno de agudezas y jerigonza. Con los *pasos,* la corriente popular se establece en el teatro español. Otros, como Lope de Vega, la seguirán desarrollando.

Cornudo[1] y contento

Paso tercero, muy gracioso, en el cual se introducen las personas siguientes, compuesto por Lope de Rueda

>LUCIO, *doctor médico*
>GERÓNIMO, *estudiante*
>MARTIN DE VILLALBA, *simple*
>BÁRBARA, *su mujer*

LUCIO. (…) ¿Qué fortuna es ésta, que no haya receptado[2] en todo el día de hoy recepta ninguna?. . . Pues, ¡mirad quién asoma para mitigar[3] mi pena! Éste es un animal que le ha hecho encreyente[4] su

mujer que está enferma, y ella hácelo por darse el buen tiempo[5] con un estudiante. Y él es tan importuno que no lo hace con dos ni tres vesitas[6] al día. Pero venga, que en tanto que los pollos en el corral le turaren,[7] nunca su mujer estará sin fiebre.

Sea bien allegado el bueno de Alonso de...

MARTÍN. No, no, señor Licenciado: Martín de Villalba me llamo para toda su honra.

LUCIO. (…) ¿Para qué era nada de esto, hermano Martín de Villalba?

MARTÍN. Señor, perdone vuesa merced,[8] que aún están todavía pequeñuelos. Pero sane mi mujer, que yo le prometo un ganso que tengo a engordar.

LUCIO. Déos Dios salud.

MARTÍN. No, no, primero a mi mujer, plegue a Dios,[9] señor.

LUCIO. Mochacho,[10] toma esos pollos, ciérrame esa gelosía.[11]

MARTÍN. No, no, señor, que no son pollos de gelosía. Vuesa merced puede estar descuidado. ¿Sabe cómo los ha de comer?

LUCIO. No, por cierto.

MARTÍN. Mire: primeramente les ha de quitar la vida, y plumallos,[12] y echar la pluma y los hígados, si los tuviere dañados.

LUCIO. ¿Y después?

MARTÍN. Después, ponellos a cocer y comer si tuviere gana.[13]

LUCIO. Bien me parece todo eso. Pues, ¿cómo se ha sentido esta noche vuestra mujer?

MARTÍN. Señor, algún tanto ha reposado, que, como ha dormido en casa aquel su primo el estudiante, que tiene la mejor mano de ensalmador[14] la del mundo todo, no ha dicho en toda esta noche «aquí me duele».

LUCIO. Yo lo creo.

---

[1] Hombre cuya esposa tiene relaciones con otro hombre.
[2] Recibido. El doctor lamenta no haber ganado un centavo en todo el día.
[3] *Ease.*
[4] **Le…** le han hecho creer.

[5] **Por…** *in order to have a good time.*
[6] Visitas.
[7] Duraren. *The doctor says that as long as Martín's hens produce eggs, he'll keep on treating his wife. That is, although the doctor knows that Bárbara isn't ill, he sees nothing wrong with taking advantage of Martín's gullibility.*
[8] *Your lordship.*
[9] **Plegue…** *Pleased be God.*
[10] Muchacho. Lucio se dirige a algún sirviente.
[11] *Shutter. (Martín misunderstands, mistaking the word for* celos.)
[12] Desplumarlos, quitarles las plumas.
[13] **Ponellos…** Ponerlos a cocer y comerlos si tuviera ganas. (Las indicaciones de Martín son completamente necias.)
[14] Brujo, curandero.

MARTÍN. ¡Guárdenos Dios del diablo!

LUCIO. ¿Y queda en casa?

MARTÍN. Pues si aqueso no huese,[15] ya sería muerta.

LUCIO. ¿Tomó bien la purga[16]?

MARTÍN. ¡Ah, mi madre! Ni aun la quiso oler. Pero buen remedio nos dimos porque le hiciese impresión la melecina.[17]

LUCIO. ¿Cómo así?

MARTÍN. Señor, aquel su primo suyo, como es muy letrudo,[18] sabe lo que el diablo deja de saber.

LUCIO. ¿De qué manera?

MARTÍN. Díjome: «Mirad, Martín de Villalba: vuestra mujer está de mala gana, y es imposible que ella beba nada de esto. Vos decís que queréis bien a vuestra mujer». Dije yo: «¡Ah, mi madre! No estéis en eso, que juro a mí que la quiero como las coles al tocino»[19] Dijo él entuences[20]: «Pues tanto monta. Bien os acordáis que, cuando os casaron con ella, dijo el crego[21] ser unidos en una misma carne». Dije yo: «Así es verdad». Dijo él: «Pues siendo verdad lo que el crego dijo, y siendo todo una misma carne, tomando vos esa purga, tanto provecho le hará a vuestra mujer como si ella la tomase».

LUCIO. ¿Qué hezistes[22]?

MARTÍN. ¡Pardiez![23] Apenas hubo acabado la zaguera[24] palabra, cuando ya estaba la escudilla[25] más limpia y enjuta[26] que la podía dejar el gato de Mari Jiménez,[27] que creo que no hay cosa más desbocada[28] en toda esta tierra.

LUCIO. ¡Bien le aprovecharía!

MARTÍN. ¡Guárdenos Dios! Yo fui el que no pude más pegar los ojos, que ella a las once del día se despertó. Y como a mí me había quedado aquella madrugada tan enjuto el estrómago[29] con aquello de la escudilla, hízole tanto provecho a ella que se le-

vantó con una hambre que se comiera un novillo,[30] si se lo pusieran delante.

LUCIO. ¿En fin...?

MARTÍN. En fin, señor, que como no me podía menear del dolor que en estos ijares[31] sentía, díjome su primo: «Andad mal punto,[32] que sois hombre sin corazón; de una negra[33] purguilla estáis que no parecéis sino buho serenado».[34] Entonces el señor, diciendo y haciendo, apañó una gallina por aquel pescuezo que parece que agora[35] lo veo, y en un santiamén[36] fue asada y cocida y traspillada[37] cntrc los dos.

LUCIO. Hiciérame yo al tercio,[38] como quien juega a la primera[39] de Alemania.

MARTÍN. ¡Ah, mi madre! Bien lo quisiera yo, sino que me hicieron encreyente que le haría daño a mi mujer lo que yo comiere.

LUCIO. Hecístes muy bien. ¡Mirad quién ha de vivir seguro de aquí adelante! Según me parece, a vos basta que curemos.

MARTÍN. Sí, señor, pero no me mande más de aquello de la escudilla. Si no, no será mucho, a muchas escudilladas, ahorrar de tripas y quedarse el cuerpo como cangilón agujereado.[40]

LUCIO. Agora, pues yo tengo ciertas vesitas, id en buen hora, y acudíos por acá mañana,[41] que con un buen regimiento[42] que yo os ordenare, basta para que se acabe de curar.

MARTÍN. Dios lo haga, señor. (*Éntrase[43] el DOCTOR y queda MARTÍN DE VILLALBA. Y salen BÁRBARA su mujer y el ESTUDIANTE.*)

---

[15] **Si...** Si no fuese así.

[16] Laxante.

[17] Medicina.

[18] Letrado, instruido.

[19] **Como...** *As cabbages love ham. (I love her more than anything.)*

[20] Entonces.

[21] Clérigo, cura.

[22] Hiciste.

[23] *Heavens!*

[24] Última.

[25] Platillo.

[26] Seca.

[27] Es decir, la dejó completamente limpia y seca.

[28] Desagradable.

[29] Estómago.

[30] Becerro, vaquilla.

[31] *Loins.*

[32] En mal momento.

[33] Terrible.

[34] Enfriado por haber estado afuera en el aire frío. (*Because of that terrible laxative, you look like death warmed over.*)

[35] Ahora.

[36] **En...** en un segundo.

[37] Comida rápidamente.

[38] **Hiciérame...** *I'd have eaten some, too.*

[39] *The name of a card game. The idea is, I'd have gone ahead and taken part, just as if they were playing cards.*

[40] **A...** *If you give me any more of that laxative, you'll cure my stomachache, but you'll leave my body a wreck.*

[41] **Pues...** *Since I have visitors coming, you run along now and come back tomorrow.*

[42] Dieta.

[43] *In the theater,* éntrase *means «exit» and* sale *means «enter».*

ESTUDIANTE. ¡Por el cuerpo de todo el mundo,[44] señora Bárbara! Veis aquí a vuestro marido que viene de hacia casa el doctor Lucio, y creo que nos ha visto. ¿Qué remedio...?

BÁRBARA. No tengáis pena, señor Gerónimo, que yo le enalbardaré[45] como suelo. Hacerle he[46] encreyente que vamos a cumplir ciertos votos[47] que convienen para mi salud.

ESTUDIANTE. Y...creerlo ha[48]?

BÁRBARA. ¿Cómo si lo creerá? Mal lo conocéis. Si yo le digo que en lo más fuerte del invierno se vaya a bañar en la más helada acequia,[49] diciendo que es cosa que importa mucho a mi salud, aunque sepa ahogarse, se arrojará con vestidos y todo. Háblele.

ESTUDIANTE. Bien venga el señor Martín de Villalba, marido de la señora mi prima y el mayor amigo que tengo.

MARTÍN. ¡Oh señor primo de mi mujer! Norabuena vea yo aquesa cara de Pascua de hornazos.[50] ¿Dónde bueno? ¡Oh! ¡Quién es la revestida como la borrica de llevar novias?[51]

ESTUDIANTE. Déjala. No la toques. Una moza es que nos lava la ropa allá en el pupilaje.[52]

MARTÍN. Mas, ¿a fe?[53]

ESTUDIANTE. Sí, en mi ánima. ¿Habíate de decir yo a ti uno por otro?

MARTÍN. Bien lo creo, no te enojes. ¿Y adónde la llevas?

ESTUDIANTE. A casa de unas beatas que le han de dar una oración para el mal de la jaqueca.[54]

MARTÍN. ¿Burlasme, di?

ESTUDIANTE. No, por vida tuya y de cuanto luce delante mis ojos.

MARTÍN. Ve en buena ora. ¿Has menester algo?

ESTUDIANTE. Dios te dé salud, no agora.

MARTÍN. Como tú deseas.

BÁRBARA. ¡Oh, grande alimaña,[55] que aun no me conoció![56] Aguija, traspongamos.[57]

MARTÍN. ¡Hola, hola,[58] primo de mi mujer!

ESTUDIANTE. ¿Qué quieres?

MARTÍN. ¡Aguarda, cuerpo del diabro![59] Que... o yo me engaño... o es aquella saya[60] la de mi mujer. Si ella es, ¿dónde me la llevas?

BÁRBARA. ¡Ah, don traidor![61] ¡Mirad qué memoria tiene de mí, que topa su mujer en la calle y no la conoce![62]

MARTÍN. Calla, no llores, que me quiebras el corazón; que yo te conoceré, mujer, aunque no quieras, de aquí adelante. Pero dime: ¿dónde vas?, ¿volverás tan presto[63]?

BÁRBARA. Sí, volveré, que no voy sino a tener unas novenas[64] a una santa con quien yo tengo grandísima devoción.

MARTÍN. ¿Novenas? ¿Y qué son *novenas,* mujer?

BÁRBARA. ¿No lo entendéis? Novenas se entiende que tengo de estar yo allá encerrada nueve días.

MARTÍN. ¿Sin venir a casa, álima[65] mía?

BÁRBARA. Pues..., sin venir a casa.

MARTÍN. Sobresaltado me habías, primo de mi mujer. ¡Burlonazo, maldita la sangre que me habías dejado engotada![66]

BÁRBARA. Pues conviene una cosa.

MARTÍN. ¿Y qué, mujer de mi corazón?

BÁRBARA. Que ayunéis[67] vos, todos estos días que yo allá estuviere, a pan y agua , porque más aproveche la devoción.

MARTÍN. Si no es más que aqueso, soy muy contento. Ve en buen ora.

BÁRBARA. A Dios, mirad por esa casa.

MARTÍN. Señora mujer, no te cumple hablar más como enferma, que el doctor me ha dicho que a mí me

---

[44] **Por...** *Damn!*

[45] *I'll send him packing.*

[46] *Le haré.*

[47] *Votive rites.*

[48] ¿Lo creerá?

[49] *Irrigation ditch.*

[50] *I'm delighted to see your lovely face. (The expression is «cara de hornazos de Pascua—a face like Easter buns—but Martín, being dumb, inverts the words.)*

[51] **Revestida...** *All dressed up like the donkey that carries the bride to her wedding. (Bárbara has thrown a bunch of rags over her head.)*

[52] *Pensión donde viven los estudiantes.*

[53] *Really?*

[54] *Headache.*

[55] Animal.

[56] Reconoció. *(Bárbara says this under her breath.)*

[57] *Hurry up, let's get out of here!*

[58] *Hey! Hey!*

[59] *Diablo.*

[60] Falda. *(Bárbara's face is covered, but Martín recognizes her skirt.)*

[61] *(Bárbara suddenly throws off the rags.)*

[62] *(She starts to cry hysterically.) Don't forget that in Lope's time plays didn't include stage directions.*

[63] Pronto.

[64] *Nine days of prayer.*

[65] *Ánima.*

[66] *You scared me so badly, you made my blood curdle.*

[67] *That you should fast.*

ha de curar; que tú, ¡bendito Dios!, ya vas mejorando.

ESTUDIANTE. Quedad en buena hora, hermano Martín de Villalba.

MARTÍN. Ve con Dios. Mira, primo de mi mujer, no dejes de aconsejarle que, si se halla bien con las novenas, que las haga decenas, aunque yo sepa ayunar un día más por su salud.

ESTUDIANTE. Yo lo trabajaré. Queda con Dios.

MARTÍN. Y vaya con Él.

Temas

1. ¿Qué arquetipos aparecen en esta obra?
2. ¿Despierta Martín compasión o no? ¿Cómo se aprovechan de él todos (el doctor, su esposa, el estudiante)?
3. ¿Por qué confía en su esposa y en el estudiante?
4. ¿Qué revela esta obra acerca de la sociedad española del siglo XVI?
5. ¿Cómo es la imagen de la mujer? ¿Y la del estudiante?
6. ¿Cómo afecta nuestra lectura de la obra la falta de acotaciones para el director y los actores?
7. ¿Cómo termina la obra? ¿Cómo habrá reaccionado el público?
8. ¿Cómo es el tono? ¿El lenguaje?

La novela del siglo dieciséis

Durante la segunda mitad del siglo XV empieza a florecer en España la prosa imaginativa. En la época de Juan II, alrededor de 1440, aparecieron *Siervo libre de amor*, novela de índole sentimental, y *Estoria de los amadores Ardanlier y Liesa*, de tema caballeresco, dos precursores importantes de la narrativa del siglo XVI. La *novela sentimental** refleja los valores del amor cortés*: exalta la pasión amorosa y el servicio a la dama, pintando al amante como un vasallo cuya devoción es testimonio de su mérito. El ejemplo más renombrado de este género es *Cárcel de Amor*, de Diego de San Pedro, escrita entre 1483 y 1485 y publicada en 1492. *Cárcel de Amor* representa un adelanto significativo en la ficción española ya que refleja el interés en la sicología característico de la incipiente Edad Moderna.

La veneración a la dama también es un elemento integral de la *novela de caballerías*, pero este género incorpora además otro aspecto del espíritu medieval: la exaltación del caballero, cuyas aventuras fantásticas y triunfos sobre seres sobrehumanos —dragones, monstruos, magos— demuestran su superioridad. Tal vez la más conocida de las novelas de caballerías, *Amadís de Gaula* de Garci Rodríguez de Montalvo, marca un paso significativo en el desarrollo de la novela porque es la primera obra de ficción que gira alrededor de un héroe y de un tema central.

Aunque escrita en forma dialogada, *La Celestina*, como ya se ha visto, es considerada precursora de la novela del siglo XVI. No sólo gira alrededor de personajes sicológicamente complejos, sino que también retrata una gama de tipos sociales. Como Cervantes lo hará más tarde, el autor emplea el perspectivismo* para exponer la capacidad del individuo de moldear la realidad según sus propias nociones preconcebidas, y para ilustrar los excesos del autoengaño. Además, usa la prosa de una manera muy innovadora, incorporando giros populares, juegos de palabras y refranes.

La *novela bizantina*, tipo de libro de aventuras que se desarrolla durante la primera mitad del siglo XVI, usualmente gira alrededor de dos amantes que son separados por el azar y que, después de numerosos lances —naufragios, robos, secuestros, cautiverios— son por fin reunidos. Entre las novelas bizantinas más importantes se cuentan *Los amores de Clareo y Florisea* (1562) de Alonso Núñez de Reinoso, y *Selva de aventuras* (antes de 1565) de Jerónimo de Contreras. El género llega a su apogeo con la publicación de *Los trabajos de Persiles y Sigismunda* (1617), novela póstuma de Miguel de Cervantes.

Durante el siglo XV emerge una imagen idealizada del árabe en los romances moriscos,* crónicas poéticas de aventuras de cristianos y musulmanes en la zona fronteriza. En estas composiciones se hace hincapié en las cualidades positivas del moro: su valentía, su honradez, su magnanimidad y su cortesía. En la *novela morisca** se une este ensalzamiento del árabe con las tendencias sentimentales de la poesía erótica. La más estudiada de las novelas de este tipo es *El Abencerraje*, obra anónima que apareció en varias versiones a mediados del siglo XVI.

LAZARILLO DE TORMES

La *novela picaresca*, género más típico del siglo XVII que del anterior, gira alrededor de las aventuras de un «pícaro»* que sale de su hogar para buscar su camino en el mundo. Motivado por el hambre, una realidad constante en su vida, viaja de un lugar a otro, sirve a muchos amos y conoce a personas de diferentes rangos y ambientes sociales. Aunque no nace delincuente, pronto adopta una actitud de cinismo y desconfianza. Poco a poco pierde la inocencia y aprende que para sobrevivir hay que aprovecharse de los demás a fin de evitar que ellos se aprovechen de uno. La experiencia le enseña a ser astuto y descarado. Personaje marginado y antiheróico, el pícaro se convierte en un observador perspicaz de la sociedad, quien hace comentarios mordaces sobre la corrupción, el materialismo y la hipocresía. La necesidad lo despoja de todo idealismo, haciendo que el honor se convierta en tema de burla y que el amor se reduzca casi siempre a una transacción mercantil.

El *Lazarillo* no contiene la palabra «pícaro» y apareció en 1554, cuarenta y cinco años antes de la publicación de la primera verdadera novela picaresca. Fue un éxito inmediato. A causa de su vehemente anticlericalismo apareció en el *Índice* de los libros prohibidos por la Inquisición en 1559, aunque tenemos noticias de que se produjeron ediciones fuera de España durante la época de su prohibición. No se sabe con certidumbre quién lo escribió, aunque la crítica ha sugerido a varios posibles autores. Entre ellos figura Juan Maldonado (1534-1583), teólogo jesuita involucrado en los enredos políticos del Colegio de Clermont en Francia. Quién quiera que sea, sabemos que tiene que haber sido una persona culta, puesto que, si bien el lenguaje es vivo y coloquial, el estilo está cuidadosamente trabajado. El uso de la ironía, los juegos de palabras, el doble sentido, las sutilezas lingüísticas y las alusiones eruditas indican que el autor era un hombre de muchos conocimientos y que sabía manejar muy bien las diversas técnicas literarias.

El protagonista de la novela es hijo natural de un molinero que había estado preso por la justicia. El hecho de que tome su apellido del río Tormes puede ser una burla de la importancia del linaje en la literatura y en la sociedad, o tal vez una referencia irónica a las novelas caballerescas como el *Amadís de Gaula*, en la que el protagonista recién nacido es descubierto en un río y después resulta ser hijo de un gran señor. Al encontrarse sola con su hijito, la madre de Lazarillo «determinó arrimarse a los buenos por ser uno de ellos», palabras cuyo doble sentido encierra mucha de la ironía del libro. El proverbio, «Allégate a los buenos y serás uno de ellos» tiene un sentido moral: si uno se asocia con personas virtuosas, disfrutará de su beneficiosa influencia. Pero en la sociedad corrupta y utilitarista en la que vive Lazarillo, «bueno» tiene un significado puramente materialista. Los «buenos» son los «adinerados», y el avisado se acerca a ellos para usar su riqueza y poder para su propio beneficio.

La madre de Lazarillo entra en relaciones con un hombre negro, Zaide, quien hace lo posible por cuidarla. Después de un tiempo ella da a luz a un niño negro que, al ver a su madre y a su hermano blancos, huye con miedo de su padre, provocando la siguiente observación de Lazarillo: «¡Cuántos deben de haber en el mundo que huyen de otros porque no se ven a sí mismos!» Para mantener a su pequeña familia, Zaide se ve obligado a robar. El comentario de Lazarillo al respecto introduce otro tema primordial: los abusos de los curas. Se pregunta por qué nos sorprende que un clérigo robe a sus feligreses para mantener a su amante cuando el amor mueve hasta a un pobre negro a cometer crímenes. Además de recalcar la pureza de los sentimientos de Zaide, la observación hace hincapié en el libertinaje y la hipocresía de los eclesiásticos —ambos importantes temas erasmistas. La devoción de Zaide a su familia es uno de los pocos ejemplos de verdadero afecto en la novela.

Abandonada por segunda vez e incapaz de cuidar a su hijo, la madre de Lazarillo lo entrega a un ciego a quien le podrá servir de guía. El nuevo amo promete tratar al muchacho con afecto, pero apenas se alejan de la casa de la madre, empiezan los abusos. El viejo le pega a Lazarillo constantemente y casi no le da de comer. Sin embargo, resulta ser un verdadero maestro para el muchacho ya que le enseña a vivir receloso y atento, lección que le durará para toda la vida. Después de huir del ciego cruel, Lazarillo sirve sucesivamente a un clérigo, a un escudero, a un fraile de la Merced, a un buldero, a un capellán, a un maestro de pintar panderos y a un alguacil. Finalmente consigue un oficio real —equivalente a lo que sería hoy día un trabajo de funcionario del gobierno— con la seguridad que ese tipo de empleo implica. El nuevo puesto de pregonero en la ciudad de Toledo le permite vivir cómodamente. Su protector es el arcipreste de San Salvador, quien lo casa con su criada para poder gozar de los favores de ella después del matrimonio. Lazarillo acepta el arreglo sin reparos, pero la conclusión de la novela es ambigua. Aunque Lazarillo termina el Séptimo Tratado con las palabras, «Pues en este tiempo estaba en mi prosperidad y en la cumbre de toda buena fortuna», también habla de las «malas lenguas», indicio de que se ha llegado a saber de los amoríos del arcipreste y su criada. El prólogo de la novela la define como la explicación de un «caso» —probablemente el de estas relaciones ilícitas— ofrecida a cierto señor que sólo se identifica como «Vuestra Merced». La descripción de la vida de Lazarillo es entonces un elemento de la investigación de este caso. El narrador no es el niño inocente del primer tratado, sino un hombre maduro que reflexiona sobre sus experiencias pasadas desde su perspectiva actual y que posiblemente distorsiona la verdad para hacerse parecer víctima de las circunstancias. ¿Es Lazarillo un narrador fidedigno o no? ¿Comparte el autor la perspectiva de su personaje o tiene fines reformadores? Los críticos no están de acuerdo en cuanto al verdadero significado de la novela.

Lazarillo de Tormes es una obra sumamente innovadora. Aunque existen algunos antecedentes, Lazarillo es el primer pícaro realmente desarrollado de la ficción europea. Además, ésta es la primera novela española relativamente larga en forma de autobiografía. Lazarillo es un personaje que cuenta sus propias experiencias y comenta sobre lo que ha observado. Aunque se ha debatido si el retrato de la sociedad del siglo XVI que pinta es realista o no, la técnica autobiográfica crea por lo menos una *impresión* de autenticidad, la cual es reforzada por las referencias a lugares específicos, las descripciones detalladas de calles, puentes y plazas y los pormenores de la apariencia de la gente tales como su ropa y sus gestos.

Lazarillo de Tormes ha sido una obra extraordinariamente influyente. Las novelas picarescas de los seiscientos son más extensas y complejas, pero mantienen al protagonista errante y la estructura de su modelo. Las más importantes son *La vida de Guzmán de Alfarache* (1599) de Mateo Alemán, *Marcos de Obregón* (1618) de Vicente Espinel, *La vida del Buscón* (1626) de Francisco de Quevedo, *El diablo cojuelo* (1641) de Luis Vélez de Guevara y *Estebanillo González* (1646). El autor de este último se identifica como Estebanillo González al principio de la novela, pero varios críticos han cuestionado la veracidad de esta aserción. Anthony Zahareas y Nicholas Spadaccini señalan que la forma autobiográfica es característica de la novela picaresca y, por lo tanto, el hecho de que el narrador se identifique como el autor no significa necesariamente que lo sea. Hay influencia de la picaresca en la estructura y temática de *Don Quijote*, y también en varias novelas europeas y norteamericanas más recientes. *On the Road* de Jack Kerouac es considerado una novela picaresca contemporánea y se han señalado los aspectos picarescos de la película *Easy Rider*, uno de los logros cinematográficos más importantes de los años setenta.

La vida de Lazarillo de Tormes y de sus fortunas y adversidades

Tratado primero
Cuenta Lázaro su vida y cuyo hijo fue

Pues sepa Vuestra Merced[1] ante todas cosas que a mí llaman Lázaro de Tormes, hijo de Tomé González y

de Antona Pérez, naturales de Tejares, aldea de Salamanca. Mi nacimiento fue dentro del río Tormes, por la cual causa tomé el sobrenombre,[2] y fue de esta manera: mi padre, que Dios perdone, tenía cargo de proveer una molienda de una aceña[3] que esta ribera de aquel río, en la cual fue molinero más de quince años; y estando mi madre una noche en la aceña, preñada de mí, le tomó el parto[4] y me parió allí; de manera que con verdad me puedo decir nacido en el río.

Pues siendo yo niño de ocho años, achacaron a mi padre ciertas sangrías[5] mal hechas en los costales[6] de los que allí a moler venían, por lo cual fue preso, y confesó, y no negó, y padeció persecución por justicia. Espero en Dios que está en la Gloria, pues el Evangelio los llama bienaventurados. En este tiempo se hizo cierta armada contra moros, entre los cuales fue mi padre, que a la sazón[7] estaba desterrado por el desastre[8] ya dicho, con cargo de acemilero[9] de un caballero que allá fue; y con su señor, como leal criado, feneció su vida.[10]

Mi viuda madre, como sin marido y sin abrigo[11] se viese, determinó arrimarse a los buenos por ser uno de ellos,[12] y se vino a vivir a la ciudad, y alquiló una casilla, y se metió a guisar[13] de comer a ciertos estudiantes, y lavaba la ropa a ciertos mozos de caballos del Comendador de la Magdalena;[14] de manera que fue frecuentando las caballerizas. Ella y un hombre moreno,[15] de aquéllos que las bestias curaban,[16] vinieron en cono-

---

who, *in the final chapter of the book, asks for an accounting of his behavior.)*

[2] Apellido.

[3] *Flour mill. (Such mills were water-powered.).*

[4] **Le...** *She went into labor.*

[5] **Achacaron...** *They accused my father of stabbing (bleeding).*

[6] *Sides. (Here, the "victims" are the bags of flour.)*

[7] **En...** en esa época.

[8] *Misfortune.*

[9] *Mulateer.*

[10] **Feneció...** Murió.

[11] Protección.

[12] **Arrimarse...** Juntarse a la gente buena para ser como ellos. *(This proverb has a moral sense akin to "you'll be known by the company you keep." However, here it is used in a material sense. Lazarillo's mother decides that rich people can afford to be more generous than poor people, and decides to move to a richer community.)*

[13] Cocinar.

[14] *That is, the parish of La Magdalena was part of the Comendador's property.*

[15] Negro.

[16] Cuidaban.

---

[1] *Your grace. (Lazarillo is addressing an unknown person*

cimiento.[17] Éste algunas veces se venía a nuestra casa, y se iba a la mañana; otras veces de día llegaba a la puerta, en achaque de[18] comprar huevos, y entraba en casa. Yo, al principio de su entrada, pesábame[19] con él y le había miedo viendo el color y mal gesto[20] que tenía; mas de que vi que con su venida mejoraba el comer, le fui queriendo bien, porque siempre traía pan, pedazos de carne, y en el invierno leños, a que nos calentábamos.

De manera que, continuando la posada[21] y conversación, mi madre vino a darme un negrito muy bonito, el cual yo brincaba y ayudaba a calentar. Y me acuerdo que estando el negro de mi padrastro trebejando[22] con el mozuelo, como el niño veía a mi madre y a mí blancos, y a él no, huía de él con miedo para mi madre, y señalando con el dedo decía: «Madre, coco[23]!» Respondió él riendo: «¡Hideputa[24]!»

Yo, aunque bien muchacho, noté aquella palabra de mi hermanico, y dije entre mí: «Cuántos debe de haber en el mundo que huyen de otros porque no se ven a sí mismos!

Quiso nuestra fortuna que la conversación[25] del Zaide, que así se llamaba, llegó a oídos del mayordomo,[26] y hecha pesquisa,[27] se halló que la mitad por medio de la cebada que para las bestias le daban hurtaba;[28] y salvados,[29] leña, almohazas,[30] mandiles[31] y las mantas y sábanas de los caballos hacía perdidas; y cuando otra cosa no tenía, las bestias desherraba, y con todo esto acudía a mi madre para criar a mi hermanico. No nos maravillemos de un clérigo ni fraile porque el uno hurta de los pobres, y el otro de casa para sus devotas y para ayuda de otro tanto, cuando a un pobre esclavo el amor le animaba a esto.[32]

Y se le probó cuanto digo y aun más, porque a mí, con amenazas, me preguntaban, y como niño respondía y descubría cuanto sabía con miedo, hasta ciertas herraduras que por mandado de mi madre a un herrero vendí.

Al triste de mi padrastro azotaron y pringaron,[33] a mi madre pusieron pena por justicia;[34] sobre el acostumbrado centenario,[35] que en casa del sobredicho Comendador no entrase ni al lastimado Zaide en la suya acogiese.

Por no echar la soga tras el caldero,[36] la triste se esforzó y cumplió la sentencia; y por evitar peligro y quitarse de malas lenguas, se fue a servir a los que al presente vivían en el mesón de la Solana;[37] y allí, padeciendo mil importunidades, se acabó de criar mi hermanico hasta que supo andar, y a mí hasta ser buen mozuelo, que iba a los huéspedes por vino y candelas y por lo demás que me mandaban.

En este tiempo vino a posar al mesón un ciego, el cual, pareciéndole que yo sería para adestrarle,[38] me pidió a mi madre, y ella me encomendó a él diciéndole cómo era hijo de un buen hombre, el cual, por ensalzar la fe, había muerto en la de los Gelves[39] y que ella confiaba en Dios no saldría peor hombre que mi padre, y que le rogaba me tratase bien y mirase por mí, pues era huérfano. Él respondió que así lo haría y que me recibía no por mozo,[40] sino por hijo. Y así le comencé a servir y adestrar a mi nuevo y viejo amo.[41]

Como estuvimos en Salamanca algunos días, pareciéndole a mi amo que no era la ganancia a su contento, determinó irse de allí, y cuando nos hubimos de partir yo fui a ver a mi madre, y ambos llorando, me dio su bendición y dijo:

---

[17] **Vinieron…** Empezaron a tener relaciones sexuales.

[18] **En…** bajo pretexto de.

[19] No me gustaba y le tenía miedo.

[20] **Mal…** cara fea.

[21] Hospitalidad.

[22] Jugando.

[23] *Boogey man.*

[24] *Son of a bitch! (This expression was often used to convey affection or surprise.)*

[25] Relaciones sexuales.

[26] Administrador.

[27] Investigación.

[28] **Le…** *He stole about a half of the grain for the animals.*

[29] Paja.

[30] Un instrumento que se usa para limpiar el establo.

[31] Paños para limpiar.

[32] **No…** *We shouldn't be surprised at a priest or a friar—*

one robs the poor and the other, the monastery, to take care of their devotas *(that is, sweethearts [note the wordplay]) or to get other "help" of this type—when we see that a poor slave steals to take care of the woman he loves.*

[33] *Burned with hot grease.*

[34] **Pusieron…** *they punished her.*

[35] *Hundred lashes.*

[36] **Por…** *In order not to make things worse.*

[37] *Now the Salamanca City Hall.*

[38] Servirle de guía.

[39] Batalla contra los moros que tuvo lugar en 1510.

[40] Criado.

[41] *Note the wordplay:* nuevo y viejo amo. *He's a new master, but an old man.*

—Hijo, ya sé que no te veré más; procura de ser bueno, y Dios te guíe; te he criado y con buen amo te he puesto, válete por ti.[42]

Y así, me fui para mi amo, que esperándome estaba. Salimos de Salamanca, y llegando a la puente, está a la entrada de ella un animal de piedra, que casi tiene forma de toro,[43] y el ciego mandó que llegase cerca del animal, y allí puesto, me dijo:

—Lázaro, llega el oído a este toro y oirás gran ruido dentro de él.

Yo simplemente llegué, creyendo ser así; y como sintió que tenía la cabeza par[44] de la piedra, afirmó recio la mano y me dio una gran calabazada en el diablo del toro,[45] que más de tres días me duró el dolor de la cornada y me dijo:

—Necio, aprende, que el mozo del ciego un punto[46] ha de saber más que el diablo.

Y rió mucho la burla.

Me pareció que en aquel instante desperté de la simpleza en que, como niño, dormido estaba. Dije entre mí: «Verdad dice éste, que me cumple avivar el ojo y avisar, pues solo soy y pensar cómo me sepa valer».

Comenzamos nuestro camino, y en muy pocos días me mostró jerigonza;[47] y como me viese de buen ingenio, si holgaba mucho y decía:«Yo oro ni plata no te lo puedo dar; mas avisos para vivir muchos te mostraré». Y fue así que, después de Dios, éste me dio la vida, y siendo ciego me alumbró y adestró en la carrera de vivir.

Huelgo de contar a Vuestra Merced estas niñerías para mostrar cuánta virtud sea saber los hombres subir siendo bajos, y dejarse bajar siendo altos cuánto vicio.[48]

Pues tornando al bueno de mi ciego y contando sus cosas, Vuestra Merced sepa que desde que Dios creó el mundo, ninguno formó más astuto ni sagaz. En su oficio era un águila[49]: ciento y tantas oraciones sabía de coro; un tono bajo, reposado y muy sonable, que hacía resonar la iglesia donde rezaba; un rostro humilde y devoto, que con muy buen continente ponía cuando rezaba, sin hacer gestos ni visajes con boca ni ojos como otros suelen hacer. Allende[50] de esto, tenía otras mil formas y maneras para sacar el dinero. Decía saber oraciones para muchos y diversos efectos: para mujeres que no parían, para las que estaban de parto, para las que eran malcasadas, que sus maridos las quisiesen bien. Echaba pronósticos a las preñadas, si traían hijo o hija. Pues en caso de medicina, decía que Galeno[51] lo supo la mitad que él para muela, desmayos, males de madre.[52] Finalmente, nadie le decía padecer alguna pasión[53] que luego no le decía:«Haced esto, haréis esto otro, cosed tal hierba, tomad tal raíz». Con esto se andaba todo el mundo tras él, especialmente mujeres, que cuanto les decía, creían. De éstas sacaba él grandes provechos con las artes que digo, y ganaba más en un mes que cien ciegos en un año.

Mas también quiero que sepa Vuestra Merced que con todo lo que adquiría y tenía, jamás tan avariento ni mezquino[54] hombre no vi, tanto que me mataba a mí de hambre, y así no me demediaba[55] de lo necesario. Digo verdad; si con mi sutileza y buenas mañas[56] no me supiera remediar, muchas veces me finara[57] de hambre; mas con todo su saber y aviso le contaminaba[58] de tal suerte,[59] que siempre, o las más veces, me cabía lo más y mejor. Para esto le hacía burlas endiabladas, de las cuales contaré algunas, aunque no todas a mi salvo.[60]

El traía el pan y todas las otras cosas en un fardel[61] de lienzo que por la boca se cerraba con una argolla[62] de hierro y su candado y su llave, y al meter de todas las cosas y sacarlas, era con tan gran vigilancia y tanto por contadero,[63] que no bastara hombre en todo el mundo hacerle menos una migaja.[64] Mas yo tomaba aquella laceria[65] que él me daba, la cual en menos de dos bocados era despachada. Después que cerraba el candado y

---

[42] **Válete…** *look out for yourself.*

[43] **Casi…** *Shaped like a bull, but very worn down.*

[44] Al lado de, cerca de.

[45] **Me…** *He smashed my head against that damned bull.*

[46] Poco.

[47] **Me…** *He taught me street slang.*

[48] **Cuánta…** *What a virtue it is for low-born men to know how to rise up, and what a vice it is for those who are born well to allow themselves to fall.*

[49] *Sharp as an eagle.*

[50] Además.

[51] Famoso médico griego (¿131?-¿201?).

[52] Útero.

[53] Pena, dolor.

[54] *Petty.*

[55] Daba la mitad.

[56] **Si…** *If with my cleverness and tricks.*

[57] Muriera.

[58] Atacaba con engaños.

[59] Manera.

[60] **Aunque…** *Although I didn't always get away with it.*

[61] Bolsa.

[62] *Ring.*

[63] **Y…** y les contaba tan cuidadosamente.

[64] **Hacerle…** *Who could steal a crumb from him.*

[65] *Tiny morsel.*

se descuidaba, pensando que yo estaba entendiendo[66] en otras cosas, por un poco de costura, que muchas veces del un lado del fardel descosía y tornaba a coser sangraba el avariento fardel, sacando no por tasa pan, mas buenos pedazos,[67] torreznos y longaniza.[68] Y así, buscaba conveniente tiempo para rehacer, no la chaza, sino la endiablada falta que el mal ciego me faltaba.[69]

Todo lo que podía sisar y hurtar[70] traía en medias blancas;[71] y cuando le mandaban rezar y le daban blancas, como él carecía de vista, no había que se la daba amagado con ella, cuando yo la tenía lanzada en la boca y la media aparejada, que por presto que él echaba la mano, ya iba de mi cambio aniquilada en la mitad del justo precio.[72]

Quejábase el mal ciego, porque al tiento luego conocía y sentía que no era blanca entera, y decía:

—¿Qué diablo es esto, que después que conmigo estás no me dan sino medias blancas, y de antes una blanca y un maravedí[73] hartas veces me pagaban? ¡En ti debe estar esta desdicha!

También él abreviaba el rezar y la mitad de la oración no acababa, porque me tenía mandado que, en yéndose el que la mandaba rezar, le tirase por cabo del capuz.[74] Yo así lo hacía. Luego él tornaba a dar voces, diciendo: ¿Mandan rezar tal y tal oración?, como suelen decir.

Usaba poner cabe sí[75] un jarrillo de vino cuando comíamos, y yo, muy de presto, le asía y daba un par de besos[76] callados y tornábale a su lugar. Mas turóme[77] poco, que en los tragos conocía la falta, y por reservar su vino a salvo, nunca después desamparaba el jarro, antes lo tenía por el asa asido. Mas no había piedra

imán que así trajese a sí como yo con una paja larga de centeno, que para aquel menester tenía hecha, la cual metiéndola en la boca del jarro, chupando el vino lo dejaba a buenas noches.[78] Mas como fuese el traidor tan astuto, pienso que me sintió, dende[79] en adelante mudó propósito, y asentaba su jarro entre las piernas, y atapábale con la mano, y así bebía seguro.

Yo, como estaba hecho[80] al vino, moría por él; y viendo que aquel remedio de la paja no me aprovechaba ni valía, acordé[81] en el suelo del jarro hacerle una fuentecilla y agujero sotil,[82] y delicadamente con una muy delgada tortilla de cera[83] taparlo, y al tiempo de comer, fingiendo haber[84] frío, entrábame entre las piernas del triste ciego a calentarme en la pobrecilla lumbre que teníamos, y al calor de ella luego derretida la cera (por ser muy poca), comenzaba la fuentecilla destilarme en la boca, la cual yo de tal manera ponía, que maldita la gota se perdía.[85] Cuando el pobrete iba a beber, no hallaba nada. Espantábase, maldecíase, daba al diablo el jarro y el vino, no sabiendo qué podía ser.

—No diréis, tío,[86] que os lo bebo yo—decía—, pues no le quitáis de la mano.

Tantas vueltas y tientos dio al jarro, que halló la fuente, y cayó en la burla; mas así lo disimuló como si no lo hubiera sentido. Y luego otro día,[87] teniendo yo rezumando mi jarro como solía, no pensando el daño que me estaba aparaejando ni que el mal ciego me sentía, sentéme como solía. Estando recibiendo aquellos dulces tragos, mi cara puesto hacia el cielo, un poco cerrados los ojos por mejor gustar el sabroso licor, sintió el desesperado ciego que ahora tenía tiempo de tomar de mí venganza, y con toda su fuerza, alzando con dos manos aquel dulce y amargo jarro, le dejó caer sobre mi boca, ayudándose, como digo, con todo su poder, de manera que el pobre Lázaro, que de nada de esto se guardaba antes,[88] como otras veces, estaba descuidado y gozoso, verdaderamente me pareció que el cielo, con todo lo que en él hay, me había caído encima.

---

[66] Pensando.

[67] **Sacando...** sacando no pedacitos sino pedazos grandes de pan.

[68] **Torreznos...** *bacon and sausage.*

[69] **Y...** *And so, but repeating this trick, I was able to undo the damage (that is, the lack of food) that the blind man had done to me.*

[70] **Sisar...** *Rob and snitch.*

[71] *Half-pennies. A* blanca *is a coin of little worth.*

[72] **No...** *As soon as he (the person who had requested the prayer) took out the coin* (blanca), *when I stuck it in my mouth and popped out the* media blanca *I had waiting, and no matter how fast the old man tried to get his hands on it, I had already made the switch.*

[73] Moneda que valía dos blancas.

[74] **Le...** *I should tug on his cape.*

[75] **Usaba...** Solía poner a su lado.

[76] **Daba...** *I'd take a few sips.*

[77] Me duró.

[78] **A...** vacío.

[79] De allí.

[80] Acostumbrado.

[81] Decidí.

[82] Pequeño.

[83] **Tortilla...** *Thin layer of wax.*

[84] Tener.

[85] **Maldita...** No se perdía una gota.

[86] Manera informal de dirigirse a un hombre de edad.

[87] Al día siguiente.

[88] **De...** *who didn't suspect a thing.*

nació en el río

Fue tal el golpecillo, que me desatinó[89] y sacó de sentido, y el jarrazo tan grande, que los pedazos de él se me metieron por la cara, rompiéndomela por muchas partes, y me quebró los dientes, sin los cuales hasta hoy día me quedé. Desde aquella hora quise mal al mal ciego; y aunque me quería y regalaba y me curaba, bien vi que se había holgado del cruel castigo. Me lavó con vino las roturas que con los pedazos del jarro me había hecho, y sonriéndose decía:

—¿Qué te parece, Lázaro? Lo que te enfermó te sana y da salud.

Y otros donaires que a mi gusto no lo eran.

Ya que estuve medio bueno de mi negra trepa[90] y cardenales, considerando que a pocos golpes tales el cruel ciego ahorraría de mí,[91] quise yo ahorrar de él; mas no lo hice tan presto por hacerlo más a mi salvo y provecho. Y aunque yo quisiera asentar mi corazón y perdonarle el jarrazo, no daba lugar el maltratamiento que el mal ciego dende allí adelante me hacía, que sin causa ni razón me hería, dándome coxcorrones y repelándome.[92] Y si alguno le decía por qué me trataba tan mal, luego contaba el cuento del jarro, diciendo;

—¿Pensaréis que este mi mozo es algún inocente? Pues oíd si el demonio ensayara otra tal hazaña. Santiguándose los que lo oían, decían:

—¡Mirad quién pensara de un muchacho tan pequeño tal ruindad!

Y reían mucho el artificio, y decían:

—Castigadlo, castigadlo, que de Dios lo habréis. Y él, con aquello, nunca otra cosa hacía.

Y en esto, yo siempre le llevaba por los peores caminos, y adrede,[93] por hacerle mal y daño; si había piedras, por ellas; si lodo, por lo más alto, que aunque yo no iba por lo más enjuto, me holgaba a mí de quebrar un ojo por quebrar dos al que ninguno tenía. Con esto siempre con el cabo alto del tiento me atentaba el colodrillo,[94] el cual siempre traía lleno de tolondrones[95] y pelado de sus manos; y aunque yo juraba no hacerlo con malicia, sino por no hallar mejor camino, no me

aprovechaba ni me creía, mas tal era el sentido y el grandísimo entendimiento del traidor.

Y porque vea Vuestra Merced a cuánto se extendía el ingenio de este astuto ciego, contaré un caso de muchos que con él me acaecieron, en el cual me parece dio bien a entender su gran astucia. Cuando salimos de Salamanca, su motivo fue venir a tierra de Toledo, porque decía ser la gente más rica, aunque no muy limosnera; se arrimaba a este refrán: «Más da el duro que el desnudo.»[96] Y venimos a este camino por los mejores lugares. Donde hallaba buena acogida y ganancia, nos deteníamos; donde no, a tercer día hacíamos San Juan.[97]

Acaeció que, llegando a un lugar que llaman Almorox[98] al tiempo que cogían las uvas, un vendimiador[99] le dio un racimo de ellas en limosna. Y como suelen ir los cestos maltratados, y también porque la uva en aquel tiempo está muy madura, se le desgranaba el racimo en la mano; para echarlo en el fardel, se tornaba mosto y lo que a él se llegaba.[100] Acordó de hacer un banquete, así por no lo poder llevar como por contentarme que aquel día me había dado muchos rodillazos y golpes. Nos sentamos en un valladar,[101] y dijo:

—Ahora quiero yo usar contigo de una liberalidad, y es que ambos comamos este racimo de uvas, y que hayas de él tanta parte como yo. Partirlo hemos[102] de esta manera: tú picarás una vez, y yo otra; con tal que me prometas no tomar cada vez más de una uva. Yo haré lo mismo hasta que lo acabemos, y de esta suerte no habrá engaño.

Hecho así el concierto, comenzamos; mas luego al segundo lance, el traidor mudó propósito, y comenzó a tomar de dos en dos, considerando que yo debería hacer lo mismo. Como vi que él quebraba la postura,[103] no me contenté ir a la par con él, mas aún pasaba adelante: dos a dos, y tres a tres, y como podía, las comía. Acabado el racimo, estuvo un poco con el escobajo en la mano, y meneando la cabeza dijo:

—Lázaro, me has engañado; juraré yo a Dios que has comido las uvas tres a tres.

---

[89] Desorientó.

[90] Horrible golpeo. *(Note the wordplay.* Trepa *also means trimming of a garment. Lazarillo is "trimmed" in black and blue marks.)*

[91] **Ahorraría...** me pondría en libertad (me mataría).

[92] **Dándome...** Pegándome en la cabeza y tirándome del pelo.

[93] A propósito.

[94] **Con...** me pegaba en la cabeza (colodrillo) con el punto del bastón (el tiento).

[95] *Bumps.*

[96] Es decir, más da el rico, aunque avaro, que el pobre, aunque liberal.

[97] **Hacíamos...** Cambiábamos de lugar.

[98] Se encuentra a unas treinta y ocho millas de Toledo.

[99] *Vintner.*

[100] **Para...** *if he had thrown it in the sack, it would have turned to grape juice and soiled everything it touched.*

[101] *Fence.*

[102] Hemos de partirlo.

[103] Las reglas del juego.

—No comí — dije yo —, mas ¿por qué sospecháis eso? Respondió el sagacísimo ciego:

— ¿Sabes en qué veo que las comiste tres a tres? En que comía yo dos a dos y callabas.

Me reí entre mí, y aunque muchacho, noté mucho la discreta consideración del ciego.

[El ciego sigue tratando mal a Lázaro, quien finalmente decide tomar su venganza. Un día de mucha lluvia, el ciego tiene apuro en llegar a una posada antes de que anochezca. Para alcanzar el albergue, tienen que atravesar un arroyo que ha crecido mucho a causa de la tempestad. El viejo le pide a Lázaro que lo lleve a la parte más estrecha para que puedan cruzar al otro lado sin peligro, pero éste coloca al viejo detrás de un pilar o poste y le dice que salte. El ciego se lanza contra el poste y se parte la cabeza, y Lázaro huye antes de enterarse si está vivo o muerto.]

Tratado segundo
Cómo Lázaro se asentó[104] con un clérigo, y de las cosas que con él pasó

Otro día no pareciéndome estar allí seguro, fuime a un lugar que llaman Maqueda, adonde me toparon mis pecados con un clérigo, que llegando a pedir limosna, me preguntó si sabía ayudar a misa; yo dije que sí, como era verdad; que aunque maltratado, mil cosas buenas me mostró el pecador del ciego, y una de ellas fue ésta. Finalmente, el clérigo me recibió por suyo.

Escapé del trueno y di en el relámpago,[105] porque era el ciego para con éste un Alejandro Magno,[106] con ser la misma avaricia, como he contado. No digo más, sino que toda la lacería[107] del mundo estaba encerrada en éste. No sé si de su cosecha era, o lo había anejado con el hábito de clerecía.[108] Él tenía un arcaz[109] viejo y cerrado con su llave, la cual traía atada con un agujeta[110] del paletoque[111]: y en viendo el bodigo[112] de la igle-

sia, por su mano era luego allí lanzado, y tornaba a cerrar el arca. Y en toda la casa no había ninguna cosa de comer, como suele estar en otras: algún tocino colgado al humero,[113] algún queso puesto en alguna tabla, o en el armario algún canastillo con algunos pedazos de pan que de la mesa sobran, que me parece a mí, que aunque de ello no me aprovechara, con la vista de ello me consolara: solamente había una horca[114] de cebollas y tras la llave de una cámara en lo alto de la casa; de éstas[115] tenía yo de ración una para cada cuatro días; y cuando le pedía la llave para ir por ella, si alguno estaba presente echaba mano al falsopeto,[116] y con gran continencia la desataba y me la daba, diciendo: «Toma, y vuélvela luego, y no hagáis sino golosinar»; como si debajo de ella estuvieran todas las conservas de Valencia,[117] con no haber en la dicha cámara, como dije, maldita la otra cosa que las cebollas colgadas de un clavo, las cuales él tenía tan bien por cuenta, que si por mal de mis pecados me desmandara a más de mí tasa[118] me costara caro.

Finalmente yo me finaba[119] de hambre, pues ya que conmigo tenía poca caridad, consigo usaba más: cinco blancas de carne era su ordinario para comer y cenar: verdad es que partía conmigo del caldo... Los sábados cómense en esta tierra cabezas de carnero, y enviábame por una que costaba tres maravedís. Aquélla le cocía, y comía los ojos y la lengua, y el cogote y sesos, y la carne que en las quijadas tenía, y dábame todos los huesos roídos, y dábamelos en el plato, diciendo: «Toma, come, triunfa, que para ti es el mundo: mejor vida tienes que el papa». «—¡Tal te la dé Dios!», decía yo paso entre mí. [120]

A cabo de tres semanas que estuve con él, vine a tanta flaqueza que no me podía tener en las piernas de pura hambre. (...) No era yo señor de asirle una blanca[121] todo el tiempo que con él viví, o por mejor decir, morí. De la taberna nunca le traje una blanca de vino: mas aquel poco que de la ofrenda había metido en su

---

[104] Se estableció.

[105] *This expression is the equivalent of "I jumped from the frying pan into the fire."*

[106] Es decir, en comparación con el clérigo, el ciego era un Alejandro Magno. *(Alexander the Great was known for his generosity.)*

[107] Miseria, enfermedad.

[108] **No...** *I don't know whether he was naturally stingy, or just got that way by being a priest.*

[109] Caja grande con cerradura.

[110] Cinta.

[111] Capotillo o prenda de abrigo.

[112] Pan que se ofrece a la Iglesia para el cura.

[113] Chimenea.

[114] Trenza que se hace atando las cebollas por sus tallos.

[115] Las cebollas.

[116] Bolsa grande que se llevaba junto al pecho.

[117] Durante la Edad Media la ciudad de Valencia era famosa por los dulces árabes.

[118] **Me...** hubiera tomado más de mi ración.

[119] Moría.

[120] En voz baja para mí mismo.

[121] **No...** *It wasn't in my power to grab a single* blanca *from him.*

arcaz, compasaba[122] de tal forma que le duraba toda la semana. Y por ocultar su gran mezquindad, decíame: «Mira, mozo, los sacerdotes han de ser muy templados en su comer y beber, y por esto yo no me desmando como otros».

Mas el lacerado[123] mentía falsamente, porque en cofradías y mortuorios, que rezamos, a costa ajena comía como lobo y bebía más que un saludador.[124] Y porque dije de mortuorios, Dios me perdone, que jamás fui enemigo de la naturaleza humana sino entonces: y esto era porque comíamos bien y me hartaban. Deseaba y aun rogaba a Dios que cada día matase el suyo. Cuando dábamos sacramento a los enfermos, especialmente la extrema unción,[125] como manda el clérigo rezar a los que están allí, yo cierto no era el postrero de la oración;[126] y con todo mi corazón y buena voluntad rogaba al Señor, no que le echase a la parte que más servido fuese, como se suele decir,[127] mas que le llevase de este mundo: y cuando alguno de éstos escapaba (Dios me lo perdone), que mil veces le daba al diablo, y el que se moría otras tantas bendiciones llevaba de mi dichas: porque en todo el tiempo que allí estuve, que sería casi seis meses, solas veinte personas fallecieron; y éstas bien creo que las maté yo, o por mejor decir, murieron a mí recuesta[128]: porque viendo el Señor mi rabiosa y continua muerte, pienso que holgaba de matarlos por darme a mí vida...

Pensé muchas veces irme de aquel mezquino amo; mas por dos cosas lo dejaba. La primera, por no me atrever a mis piernas, por temer de la flaqueza que de pura hambre me venía; y la otra, consideraba y decía: «Yo he tenido dos amos; el primero traíame muerto de hambre, y dejándole topé con este otro, que me tiene ya con ella en la sepultura; pues si de éste desisto y doy con otro más bajo, ¿qué será sino fenecer?». (...)

𝒯emas

Comprensión del texto

1.   ¿Por qué es irónico el apellido de Lazarillo?

---

[122] *Meted out.*
[123] Desgraciado, hombre miserable.
[124] *Toastmaster. (This word also means "healer," but here refers to the one who gives the toast, "salud," at a gathering.)*
[125] **Extrema...** *Last rites.*
[126] **No...** *I didn't lag behind in the prayer.*
[127] **No...** *Not that His will be done, as is usual.*
[128] Petición, ruego.

2.   ¿Cómo censura el autor de Lazarillo el sistema de justicia de su época?

3.   ¿Qué implica esta frase: «Mi viuda madre... determinó arrimarse a los buenos por ser uno de ellos»?

4.   ¿Quién es Zaide? ¿Por qué le tiene miedo su hijo? ¿Cuál es el significado del comentario que hace Lazarillo al respecto?

5.   ¿Cómo introduce el autor el tema de los curas?

6.   ¿Qué le enseña el ciego a Lazarillo en el episodio del toro? ¿Por qué dice Lazarillo, «Después de Dios, éste me dio vida»?

7.   ¿Cómo engaña el ciego a la gente que le pide oraciones? ¿De qué otros trucos se vale?

8.   ¿Cómo empieza a engañar Lazarillo al ciego? ¿Cómo se las arregla para quitarle dinero cuando la gente le da blancas?

9.   ¿Cómo le roba el pan?

10.   ¿Cómo le roba el vino? ¿Qué hace el viejo al darse cuenta del engaño?

11.   ¿Qué ilustra el episodio de las uvas?

12.   ¿Para quién trabaja después de dejar al ciego? ¿Cómo lo trata el clérigo?

13.   ¿A quién le dirige Lazarillo este documento? ¿Cuál es la importancia de «Vuestra Merced»?

Análisis literario

1.   ¿En qué sentido es el hambre la fuerza motora de la historia? ¿Qué efecto tiene en los personajes?

2.   ¿En qué consiste el anticlericalismo de esta obra?

3.   Describa el sistema de valores que rige el mundo de Lazarillo.

4.   ¿En qué consiste el realismo de la obra? Dé ejemplos específicos.

5.   ¿Qué edad aproximadamente tiene Lazarillo al momento de contar su historia? ¿Cómo contribuye la forma autobiográfica al sentido de realismo?

6.   ¿Qué recursos literarios usa el autor? ¿Cómo usa la ironía y los juegos de palabras? Dé ejemplos específicos.

JORGE DE MONTEMAYOR (¿1520?-1561)

Cinco años después de que apareciera *Lazarillo de Tormes*, el escritor portugués Jorge de Montemayor publicó *Los siete libros de la Diana*, la primera novela pastoril en español (aunque la última parte contiene fragmentos en la lengua materna del autor). Si la novela picaresca es esencialmente antiutópica, haciendo hincapié en la amoralidad, el materialismo y la corrupción de la sociedad, la *novela pastoril* proyecta una imagen idealizada del potencial humano.

Mientras que la acción de la novela picaresca se desenvuelve principalmente en un ambiente urbano, la de la novela pastoril tiene lugar en un ambiente bucólico heredado de modelos clásicos—Virgilio, Horacio—en el cual la única preocupación es el amor. Pastores y pastoras—o caballeros y damas que se han retirado al campo y disfrazado de rústicos—cantan las penas de una pasión no realizada. Estos personajes rara vez piensan en los aspectos banales de la vida como el trabajo o la comida. Una naturaleza generosa les provee de todo. De vez en cuando sacan de sus canastas un queso de cabra o panes y frutos frescos, o participan en un juego o competencia. Sin embargo, estas actividades no interfieren con sus conversaciones sobre el amor. Habitan un ambiente paradisíaco, reminiscencia del Edén bíblico antes de la Caída, donde reina una eterna primavera y no existen los cambios climatológicos. Llevan una vida sencilla en armonía con la naturaleza. No se trata de un paisaje real, sino de una proyección sicológica; el bucolismo refleja un deseo de paz interna.

Los autores griegos y latinos le dieron el nombre de Arcadia al paraíso terrenal de sus composiciones. La Arcadia literaria que inventaron era muy diferente de la zona áspera del Peloponeso que se llamaba así. La Arcadia de los poetas era un *locus amoenus**— un lugar ameno—donde se podía realizar el amor, y en el siglo XV los imitadores de la poesía antigua reinventaron Arcadia de acuerdo con los ideales neoplatónicos que estaban de moda.

El Neoplatonismo* es una adaptación cristiana del platonismo antiguo. Éste concibe la Creación como una serie de emanaciones de un Absoluto (Dios, en el contexto cristiano). Según esta teoría, cada cosa que existe en el mundo tangible y sensorial es un reflejo de la Idea pura, la cual existe en la mente de Dios. El hombre se acerca a Dios al contemplar a la mujer amada, cuya belleza es un reflejo de la Belleza divina. El Neoplatonismo permite una conciliación entre el amor cortés—a menudo censurado por los moralistas de la Iglesia—y la ortodoxia, ya que convierte la adoración de la dama en una lucha espiritual. Asimismo, el anhelo de la Pureza, de la Armonía o de la Verdad—todas manifestaciones de Dios—encuentran su expresión en la búsqueda de representaciones de estos absolutos en la tierra.

Al intentar integrarse en la armonía de la naturaleza, el pastor-poeta de la novela pastoral expresa su ansia de Armonía divina. Mientras el amor cortés prohíbe el contacto sexual de los amantes, el objetivo de los pastores literarios siempre es el matrimonio, ya que la armonía natural requiere la unión de cada ser con su pareja. Sin embargo, antes de poder realizar su meta, el pastor tiene que purificarse adorando y sirviendo a la dama y sublimando su pasión.

La primera novela pastoril moderna, la *Arcadia,* de Jacopo Sannazaro, apareció en Italia en 1504. Fue traducida al español y salieron varias ediciones en la Península Ibérica, donde tuvo una tremenda influencia. En 1554 se publicó otra novela con elementos pastoriles, *Menina e moça*, del escritor portugués Bernardim Ribeiro. *La Diana* sigue el modelo italiano, combinando prosa y poesía. Sin embargo, los personajes de Montemayor son más desarrollados que los de la *Arcadia* y, a diferencia del prototipo, incluyen a mujeres.

La Diana consiste en una serie de historias de amor que los personajes relatan durante su peregrinaje al palacio de Felicia, la sabia que premiará a los amantes fieles. Diana, el personaje cuyo nombre lleva la novela, no aparece hasta el Libro V, aunque su presencia en el valle llena el ambiente. Curiosamente, de todos los personajes, Diana es el que menos cumple con los ideales neoplatónicos.

En la *Diana* el amor se concibe como un cautiverio; la estructura misma de la novela comunica la noción de que los personajes están «encadenados». El argumento central gira alrededor de los amores de Sireno y de la infiel Diana que, durante la ausencia de su amante, accede a las demandas de su padre y se casa con Delio, hombre violento y grosero, traicionando así al Amor. Silvano, que también ama a Diana, se junta con Sireno, y los dos lamentan su situación. Uno tras uno, diferentes personajes se van uniendo al grupo. Cada uno de ellos es un eslabón en la cadena que sujeta al individuo: Selvagia ama a Alanio, quien ama a Ismenia, quien ama a Montano, quien ama a Selvagia. Juntos forman un círculo del cual no hay fuga posible sin la intervención de lo sobrenatural.

La obra de Montemayor es perfectamente simétrica. Durante los tres primeros libros los personajes emprenden un peregrinaje al palacio de la maga Felicia, al cual llegan al final del Libro III. En el Libro IV, que es el eje de la obra, se despiertan de los efectos de un elixir que la maga les ha dado. En los tres últimos libros, cada pastor se reúne con su pastora o queda en un estado de desamor. Sólo Diana, que ha faltado al Amor, no queda satisfecha.

A pesar de su marco utópico, la *Diana* está llena de tensiones. Los pastores cultivan el sufrimiento, el cual ven como esencial al proceso de purificación, pero terminan entregándose a la desesperación y a la melancolía. Están obsesionados con la muerte; a veces les tienta el suicidio. El cultivo del sufrimiento conduce también a una profunda preocupación por el tiempo. La felicidad se sitúa siempre en el pasado, en la forma de un recuerdo, o en el futuro, como una proyección de la esperanza. Pero nunca se sitúa en el momento presente, que está lleno de pesadumbre

La armonía pastoral es muy frágil. Por ejemplo, en el caso de Sylvano y Sireno, la amistad se respeta mientras los dos ven a Diana como una meta inalcanzable, pero cuando este equilibro se altera, se destruye la armonía y los personajes se entregan a los celos. Asimismo, en la historia de Selvagia, se forma una rivalidad feroz entre ella e Ismenia.

Si la pasión puede elevar y purificar, también puede rebajar y destruir. La pasión incontrolada de Delio lo convierte en un hombre posesivo y celoso. Por debajo de la superficie de la Arcadia apacible siempre existe la amenaza de la violencia. Un aspecto integrante del ardor amatorio es la atracción sexual, y el impulso sexual pide la gratificación inmediata. El Neoplatonismo requiere precisamente la sublimación del deseo, es decir, la dilación del placer, pero la amenaza de la libido no desaparece por completo. Montemayor representa este aspecto destructivo de la pasión humana en el episodio en que tres salvajes atacan a unas ninfas, siendo la ninfa un símbolo de la pureza y el hombre salvaje, alegoría de la impetuosidad y la crudeza.

A través de la *Diana*, el mal se asoma constantemente en el valle edénico. Aunque las catástrofes siempre se evitan, los medios que se emplean para solucionar los problemas son tan artificiales que sólo sirven para subrayar lo inevitable del conflicto en la vida humana. Felicia misma, con su poción mágica y su palacio lleno de objetos de arte, es la encarnación del artificio.

En las novelas pastoriles que siguen a la *Diana*, estas tensiones—tan controladas en la novela de Montemayor—a veces explotan. De hecho, en su *Galatea* (1585), Miguel de Cervantes elimina la figura de la encantadora, dejando a los personajes sin la protección de la magia y libres para entregarse a sus impulsos más violentos.

La Diana

Libro segundo

Ya los pastores, que por los campos del caudaloso Ezla[1] apacentaban sus ganados, se comenzaban a mostrar cada uno con su rebaño por la orilla de sus cristalinas aguas tomando el pasto antes que el sol saliese y advirtiendo el mejor lugar para después pasar la calurosa siesta, cuando la hermosa pastora Selvagia por la cuesta que de la aldea bajaba el espeso bosque, venía trayendo delante de sí sus mansas ovejuelas; y después de haberlas metido entre los árboles bajos y espesos, de que allí había mucha abundancia, y verlas ocupadas en alcanzar las más bajuelas ramas, satisfaciendo la hambre que traían, la pastora se fue derecha a la fuente de los alisos,[2] donde el día antes, con los pastores, había pasado la siesta. Y como vio lugar tan aparejado[3] para tristes imaginaciones,[4] se quiso aprovechar del tiempo, sentándose cabe la fuente, cuya agua con la de sus ojos acrecentaba.[5] Y después de haber gran rato imaginado,[6] comenzó a decir:

—¿Por ventura, Alanio, eres tú aquél cuyos ojos nunca ante los míos vi enjutos[7] de lágrimas? ¿Eres tú el que tantas veces a mis pies vi rendido, pidiéndome con razones[8] amorosas la clemencia de que yo por mi mal usé contigo? Dime, pastor, y el más falso que se puede imaginar en la vida, ¿es verdad que me querías para cansarte tan presto de quererme? Debías imaginar que no estaba en más olvidarte yo que en saber que era de ti olvidada; que oficio es de hombres que no tratan los amores cómo deben tratarse, pensar que lo mismo podrán acabar sus damas consigo que ellos han acabado. Aunque otros vienen a tomarlo por remedio para que en ellas se acreciente el amor. Y otros porque los celos que las más veces fingen, vengan a sujetar a sus damas, de manera que no sepan ni puedan poner los ojos en otra parte y los más vienen poco a poco a manifestar lo que de antes fingían, por donde más claramente descubren su deslealtad. Y vienen todos estos extremos a resultar en daño de las tristes que, sin mirar los fines de las cosas, nos venimos a aficionar para jamás dejar de quereros ni vosotros de pagárnoslo tan mal, como tú me pagas lo que te quise y quiero. Así que cuál de éstos hayas sido, no puedo entenderlo. Y no te espantes que en los casos de desamor entienda poco, quien en los de

---

[1] Esla, río de León.
[2] *Alder trees.*
[3] Apropiado.
[4] Pensamientos.
[5] **Cuya...** *Whose water she increased with her eyes. (That is, her tears increased the amount of water in the fountain.)*
[6] Pensado.
[7] Secos.
[8] Palabras.

amor está tan ejercitada.[9] Siempre me mostraste gran honestidad en tus palabras, por donde nunca menos esperé de tus obras. Pensé que en un amor en el cual me dabas a entender que tu deseo no se extendía a querer de mí más que quererme, jamás tuviera fin porque si a otra parte encaminaras tus deseos, no sospechara firmeza en tus amores. ¡Ay, triste de mí, que por temprano que vine a entenderte, ha sido para mí tarde! Venid vos acá, zampoña,[10] y pasaré con vos el tiempo que si yo con sola vos lo hubiera pasado, fuera de mayor contento para mí; y tomando su zampoña, comenzó a cantar la siguiente canción:

> Aguas que de lo alto de esta sierra
> bajáis con tal ruido al hondo valle,
> ¿por qué no imagináis las que del alma
> destilan siempre mis cansados ojos
> y que es la causa, el infelice tiempo
> en que fortuna me robó mi gloria?
> Amor me dio esperanza de tal gloria
> que no hay pastora alguna en esta sierra
> que así pensase de alabar el tiempo
> en que fortuna me robó mi gloria?
> pero después me puso en este valle
> de lágrimas, a do lloran mis ojos
> no ver lo que están viendo los del alma.
> En tanta soledad, ¿qué hace un alma
> que en fin llegó a saber qué cosa es gloria?
> ¿A dó[11] volveré mis tristes ojos
> si el prado, el bosque, el monte, el soto y sierra
> el arboleda y fuentes de este valle
> no hacen olvidar tan dulce tiempo? (…)
> ¡Oh, alta sierra, ameno y fresco valle
> do descansó mi alma y estos ojos!
> Decid: ¿verme he algún tiempo en tanta gloria?

A este tiempo Sylvano estaba con su ganado entre unos mirtos que cerca de la fuente había, metido en sus tristes imaginaciones, y cuando la voz de Selvagia oyó, despierta como de un sueño y muy atento estuvo a los versos que cantaba. Pues como este pastor fuese tan mal tratado de amor y tan desfavorecido de Diana, mil veces la pasión le hacía salir de seso,[12] de manera que hoy daba en decir mal de amor, mañana en alabarle, un día en estar ledo,[13] y otro en estar más triste que todos los tristes; hoy en decir mal de mujeres, mañana en encarecerlas sobre todas las cosas. Y así vivía el triste una vida que sería gran trabajo darla a entender; y más a personas libres.[14] Pues habiendo oído el dulce canto de Selvagia y salido de sus tristes imaginaciones, tomó su rabel[15] y comenzó a cantar lo siguiente:

> Cansado está de oírme el claro río,
> el valle y soto tengo importunados;
> y están de oír mis quejas ¡oh amor mío!
> alisos, hayas, olmos ya cansados;
> invierno, primavera, otoño, estío
> con lágrimas regando estos collados
> estoy a causa tuya, ¡oh, cruda fiera!,
> ¿no había en esa boca un « no » siquiera? (…)
> ¿Qué es esto, corazón, no estáis, cansado?
> ¿aún hay más que llorar, decí, ojos míos?
> mi alma ¿no bastaba el mal pasado?
> lágrimas, ¿aún hacéis crecer los ríos?
> Entendimiento, vos ¿no estáis turbado?;
> sentido, ¿no os turbaron sus desvíos?;
> pues, ¿cómo entiendo, lloro, veo y siento,
> si todo lo ha gastado ya el tormento?
> ¿Quién hizo a mi pastora ¡ay, perdido!
> aquel cabello de oro y no dorado,
> el rostro de cristal tan escogido,
> la boca de un rubí muy extremado?
> ¿El cuello de alabastro, y el sentido
> muy más que otra ninguna levantado?
> ¿por qué su corazón no hizo ante
> de cera, que de mármol y diamante?[16]
> Un día estoy conforme a mi fortuna
> y al mal que me ha causado mi Diana,
> el otro, el mal me aflige y importuna,
> cruel la llamo, fiera y inhumana.
> Y así no hay en mi mal orden alguna,
> lo que hoy afirmo, niégolo mañana;
> todo es así y paso así una vida
> que presto vean mis ojos consumida.

Cuando la hermosa Selvagia en la voz conoció al pastor Sylvano, se fue luego a él, y recibiéndose los dos con palabras de grande amistad, se asentaron a la sombra de un espeso mirto, que en medio dejaba un pequeño pradecillo más agradable por las doradas flores de que estaba matizado, de lo que sus tristes pen-

---

[9] *Experienced.*
[10] Instrumento musical rústico a modo de flauta.
[11] Dónde.
[12] **Le…** Lo volvía loco.
[13] Alegre.

[14] Es decir, libre de amor.
[15] Instrumento musical medioeval de cuerdas.
[16] **¿Por qué…?** *Why didn't he make her heart out of wax (soft) instead of out of marble and diamond (hard)?*

samientos pudieran desear. Y Sylvano comenzó a hablar de esta manera:

—No sin grandísima compasión se debe considerar, hermosa Selvagia, la diversidad de tantos y tan desusados infortunios como suceden a los tristes que queremos bien. Mas entre todos ellos ninguno me parece que tanto se debe temer como aquél que sucede después de haberse visto la persona en un buen estado. Y esto, como tú ayer me decías, nunca llegué a saberlo por experiencia. Mas como la vida que paso es tan ajena de descanso y tan entregada a tristezas, infinitas veces estoy buscando invenciones para engañar el gusto. Para lo cual me vengo a imaginar muy querido de mi señora y sin abrir mano de esta imaginación,[17] me estoy todo lo que puedo, pero después que llego a la verdad de mi estado, quedo tan confuso que no sé decirlo, porque sin yo quererlo, me viene a faltar la paciencia. Y pues la imaginación no es cosa que se pueda sufrir,[18] ved qué haría la verdad.

Selvagia le respondió:

—Quisiera yo, Sylvano, estar libre de esta pasión, para saber hablar en ella como en tal manera sería menester. Que no quieras mayor señal de ser el amor mucho o poco, la pasión pequeña o grande, que oírla decir al que la siente. Porque nunca pasión bien sentida pudo ser bien manifestada con la lengua del que la padece.[19] Así que estando yo tan sujeta a mi desventura y tan quejosa de la sinrazón[20] que Alanio me hace, no podré decir lo mucho que, de esto siento. A tu discreción lo dejo como a cosa de que me puedo muy bien fiar.

Sylvano dijo suspirando:

—Ahora yo, Selvagia, no sé qué diga ni qué remedio podría haber en nuestro mal. Tú, ¿por dicha sabes alguno?

Selvagia respondió:

—Y como ahora lo sé. ¿Sabes qué remedio, pastor? Dejar de querer.

—¿Y eso podrías tú acabarlo contigo[21]? dijo Sylvano.

—Como la fortuna o el tiempo lo ordenase— respondió Selvagia.

—Ahora te digo—dijo Sylvano, muy admirado[22]—

que no te haría agravio en no haber mancilla[23] de tu mal porque amor que está sujeto al tiempo y a la fortuna, no puede ser tanto que dé trabajo a quien lo padece. Selvagia le respondió:

—¿Y podrías tú, pastor, negarme que sería posible haber fin en tus amores o por muerte o por ausencia o por ser su favorecido en otra parte y tenidos en más tus servicios?

—No me quiero —dijo Sylvano—hacer tan hipócrita en amor que no entienda lo que me dices ser posible, mas no en mí. Y mal haya el amador que aunque a otros vea sucederles de la manera que me dices, tuviere[24] tan poca constancia en los amores que piense poderle a él suceder cosa tan contraria a su fe...

A este tiempo oyeron un pastor que por el prado adelante venía cantando y luego fue conocido de ellos ser el olvidado Sireno, el cual venía al son de su rabel cantando estos versos:

Andad, mis pensamientos, do algún día
os íbades de vos muy confiados,
veréis horas y tiempos ya mudados,
veréis que vuestro bien pasó: solía.
    Veréis que en el espejo a do me vía[25]
y en el lugar do fuistes estimados,
se mira por mi suerte y tristes hados
aquél que ni aún pensarlo merecía.
    Veréis también cómo entregué la vida
a quien sin causa alguna la desecha
y aunque es ya sin remedio el grave daño,
    decidle, si podéis, a la partida
que allá profetizaba mi sospecha,
lo que ha cumplido acá su desengaño.

Después que Sireno puso fin a su canto, vio cómo hacia él venía la hermosa Selvagia, y el pastor Sylvano, de que no recibió pequeño contentamiento, y después de haberse recibido, determinaron irse a la fuente de los alisos donde el día antes habían estado. Y primero que allá llegasen, dijo Sylvano:

—Escucha, Selvagia, ¿no oyes cantar?

—Sí oigo —dijo Selvagia— y aún parece más de una voz.

—¿Adónde será? —dijo Sireno.

—Paréceme —respondió Selvagia— que es en el prado de los laureles por donde pasa el arroyo que corre de esta clara fuente.

---

[17] **Sin...** *Without being able to let go of this idea.*

[18] Aguantar, tolerar.

[19] Es decir, las palabras no son capaces de expresar el sufrimiento del que padece de amor.

[20] Injusticia.

[21] Es decir, ¿está en tu poder dejar de querer?

[22] Sorprendido.

[23] Desprestigio.

[24] Tuviera.

[25] **A...** En el que me veía.

—Bien será que nos lleguemos allá y de manera que no nos sientan los que cantan porque no interrumpamos la música.

—Vamos —dijo Selvagia.

Y así su paso a paso se fueron hacia aquella parte donde las voces se oían y escondiéndose entre unos árboles que estaban junto al arroyo, vieron sobre las doradas flores asentadas tres ninfas tan hermosas que parecía haber en ellas dado la naturaleza muy clara muestra lo que puede. Venían vestidas de unas ropas blancas, labradas por encima de follajes[26] de oro; sus cabellos, que los rayos del sol oscurecían,[27] revueltos a la cabeza y tomados con sendos hilos de orientales perlas con que encima de la cristalina frente se hacía una lazada y en medio de ella estaba una águila de oro que entre las uñas tenía un muy hermoso diamante. Todas tres de concierto tañían sus instrumentos tan suavemente que junto con las divinas voces no parecieron sino música celestial (…)

Después que hubieron cantado, dijo la una que Dórida se llamaba:

—Hermana Cintia, ¿es ésta la ribera a donde un pastor llamado Sireno anduvo perdido por la hermosa pastora Diana?

La otra respondió:

—Ésta, sin duda, debe ser porque junto a una fuente que está cerca de este prado me dicen que fue la despedida de los dos digna de ser para siempre celebrada, según las amorosas razones que entre ellos pasaron.

Cuando Sireno esto oyó, quedó fuera de sí en ver que las tres Ninfas tuviesen noticia de sus desventuras.[28] Y, prosiguiendo, Cintia dijo:

—En esta misma ribera hay otras muy hermosas pastoras y otros pastores enamorados, adonde el amor ha mostrado grandísimos efectos y algunos, muy al contrario de lo que se esperaba.

La tercera, que Polydora se llamaba, le respondió:

—Cosa es ésa de que yo no me espantaría porque no hay suceso en amor, por avieso[29] que sea, que ponga espanto a los que por estas cosas han pasado. Mas, dime, Dórida, ¿cómo sabes tú de esa despedida?

—Sélo —dijo Dórida— porque al tiempo que se despidieron junto a la fuente que digo, lo oyó Celio, que desde encima de un roble los estaba acechando y la puso toda al pie de la letra en verso, de la misma manera que ella pasó; por eso, si me escucháis, al son de mi instrumento pienso cantarla.

Cintia le respondió:

—Hermosa Dórida, los hados te sean tan favorables como nos es alegre tu gracia y hermosura y no menos será oírte cantar cosa, tanto para saber.

Y tomando Dórida su arpa, comienza a cantar de esta manera:

CANTO DE LA NINFA

Junto a una verde ribera
de arboleda singular
donde para se alegrar
otro que más libre fuera,
hallara tiempo y lugar,
    Sireno, un triste pastor,
recogía su ganado
tan de veras lastimado
cuanto burlando el amor
descansa el enamorado.
    Este pastor se moría
por amores de Diana,
una pastora lozana,
cuya hermosura excedía
la naturaleza humana. (…)
    Cabe un río caudaloso,
Ezla por nombre llamado,
andaba el pastor cuitado,[30]
de ausencia muy temeroso,
repastando su ganado.
    Y a su pastora aguardando
está con grave pasión,
que estaba aquella razón
su ganado apacentando
en los montes de León.
    Estaba el triste pastor
en cuanto no parecía
imaginando aquel día
en que el falso dios de Amor
dio principio a su alegría.
    Y dice viéndose tal:
—El bien que el amor me ha dado
imagino yo cuitado
porque este cercano mal
lo sienta después doblado.
    El sol, por ser sobretarde,[31]
con su fuego no le ofende,

---

[26] Frondas.
[27] *That is, in comparison with the brightness of their hair, the sun's rays appeared dark.*
[28] *Misfortunes.*
[29] Malo, perverso.

---

[30] Lastimado.
[31] Antes de anochecer.

mas el que de amor depende
y en él su corazón arde
mayores llamas enciende.

La pasión lo convidaba,
la arboleda le movía,
el río parar hacía,
el ruiseñor ayudaba
a estos versos que decía.

CANCIÓN DE SIRENO

—Al partir llama partida
el que no sabe de amor,
mas yo le llamo un dolor
que se acaba con la vida.

Y quiera Dios que yo pueda
esta vida sustentar
hasta que llegue al lugar
donde el corazón me queda.

Porque el pensar en partida
me pone tan gran pavor
que a la fuerza del dolor
no podrá esperar la vida.

Temas

Comprensión del texto

1. Describe el ambiente en el cual se desarrolla la acción de esta novela. ¿Cómo se describe a Selvagia y a Alanio?
2. ¿Por qué llama Selvagia «falso» a Alanio? ¿Por qué se queja de él?
3. ¿Qué sentimientos expresa en su canción? ¿Qué dice del tiempo y del olvido?
4. ¿Por qué está triste Silvano? ¿Qué opiniones expresan Sylvano y Selvagia sobre el amor?
5. ¿A quiénes oyen cantar? ¿De qué hablan las ninfas?

Análisis literario

1. ¿Cuál es la función de la poesía?
2. Compare los temas y el lenguaje poético de las canciones con los sonetos de Garcilaso.
3. ¿Cómo introduce Montemayor nuevos personajes en su narración?
4. ¿En qué sentido es la novela pastoril literatura utópica? ¿Son felices los personajes? ¿Representa el ambiente pastoral una verdadera utopía? Explique.

5. ¿Qué tensiones existen en la novela?
6. ¿En qué sentido es el amor un catalizador para la exploración de la sicología humana?
7. ¿Qué efecto produce la aparición de las ninfas? ¿Qué efecto produce la mezcla de seres humanos y sobrenaturales?

El misticismo

El misticismo, en su sentido más puro, es el conocimiento de la presencia divina por medio del contacto directo del alma con Dios. El místico, tras apagar los sentidos y entrar en un estado de recogimiento o interioridad, logra una unión con Dios que transciende la comprensión humana. El punto culminante es el éxtasis, condición en la que, estando adormecidos los sentidos e interrumpida toda comunicación con el mundo exterior, el alma se funde con Dios.

Aunque los grandes místicos españoles del siglo XVI han sido reconocidos como santos de la Iglesia, mientras vivieron, las autoridades eclesiásticas los consideraron sospechosos y subversivos. La noción del conocimiento directo de la presencia divina se asemejaba demasiado al luteranismo, que afirmaba que el individuo, a través de la lectura del Evangelio y sin la necesidad de intermediarios eclesiásticos, podía conocer la palabra del Señor. Además, algunas sectas nuevas enseñaban que la *gnosis,* o conocimiento absoluto de Dios, era asequible por métodos no ortodoxos. El término *alumbrados* se refiere a miembros de ciertas corrientes de espiritualidad, consideradas heréticas, que mantenían que el «alumbramiento» divino era asequible mediante la oración, la cual permitía al individuo llegar a un estado de alta perfección. En esta época de fanatismo religioso, los conventos estaban llenos de mujeres que afirmaban tener visiones y arrebatos místicos, por lo cual los oficiales de la Iglesia veían con desconfianza aserciones de experiencias sobrenaturales.

SANTA TERESA DE ÁVILA (1515-1582)

Aunque el furor reaccionario es un elemento de la Contrarreforma, también lo es la renovación espiritual. Pensadores como el místico español Francisco de Osuna (1497-¿1540?), intentan apartarse del ritualismo mecánico y vacío de la práctica religiosa para buscar una espiritualidad más profunda e íntima. San Ignacio de Loyola (1491-1556), fundador de la Compañía de Jesús, promueve un activismo en pro de la fe basado no en ritos carentes de significado para el individuo, sino en la conversión sincera. A través de sus *Ejercicios espirituales,* obra cuya difusión e influencia son enormes, fomenta una espiritualidad cimentada en la disciplina, la meditación y el examen de conciencia.

De origen conversa,* santa Teresa de Ávila fue una de las figuras más importantes de la Contrarreforma y del misticismo español. Dice al principio de su *Vida* que era una niña traviesa y vana, muy dada a la lectura de libros de caballerías. Su padre la mandó al convento «aunque no acababa mi voluntad de inclinarse a ser monja» por razones relacionadas con el honor. Durante tres meses sufrió grandes disgustos, ya que «los trabajos y pena de ser monja no podría (sic) ser mayor que la del purgatorio». Sin embargo, terminó declarando su vocación religiosa. Después de una enfermedad seria, experimentó un período de esterilidad espiritual seguido de una serie de visiones místicas y de una «segunda conversión».

Durante la primera mitad del siglo XVI muchas mujeres de familias adineradas ingresaban en conventos por razones sociales. Había una libertad a veces escandalosa en estas casas religiosas, ya que las monjas podían llevar consigo a sus sirvientas, recibir invitados y salir a visitar a parientes y amigos. Muchas se dedicaban más a los chismes e intrigas que a la vida religiosa. En el convento de la Encarnación, donde santa Teresa estaba interna, el exceso de habitantes en un espacio limitado era poco conducente a la oración. Inspirada por las ideas de la reforma católica, santa Teresa fundó la orden de las Carmelitas Descalzas con la idea de volver a la «regla primitiva», es decir, a las antiguas costumbres ascéticas practicadas por los primeros Carmelitas en el siglo XIII. Con este fin creó quince conventos en los cuales las hermanas vivían enclaustradas y guardaban una disciplina estricta. La idea de santa Teresa era darles a estas mujeres un refugio donde pudieran rezar y llevar una intensa vida espiritual retiradas de los conflictos y vanidades del mundo. También fundó dos conventos para frailes.

Astuta, inteligente y a veces peligrosamente franca, santa Teresa fue perseguida durante años por las autoridades eclesiásticas que se oponían a sus reformas. Por ser conversa, mujer, reformadora y dada a accesos de éxtasis, era particularmente vulnerable a acusaciones de herejía. Se queja de que sus primeros confesores no tomaran en serio sus experiencias místicas, atribuyéndolas a veces a la intervención demoniaca. Según dice en el Capítulo 23 de su *Vida,* su situación empezó a cambiar después de que la Compañía de Jesús fundara un colegio en Ávila en 1554, y de que ciertos jesuitas le ofrecieran su dirección y apoyo. Mujer sumamente práctica, dotada de encanto personal, astucia política y un magnífico sentido del humor, santa Teresa de Ávila tuvo, a pesar de sus detractores, muchos discípulos y admiradores durante su vida. Fue canonizada en 1622, sólo cuarenta años después de su muerte.

Santa Teresa escribe casi siempre a petición de otros. En el caso del *Libro de su vida,* el destinatario es el padre García de Toledo. Los objetivos de la santa son a veces rendir cuenta de sus avatares espirituales, probando así su ortodoxia ante sus acusadores, o aconsejar a sus monjas en el arte de la oración. El obstáculo para quien trata de describir experiencias místicas, como explica santa Teresa en la selección que se incluye aquí, es que las palabras no son adecuadas para expresar la unión entre el alma y Dios. Puesto que se trata de una experiencia que se realiza sin el auxilio del intelecto, su descripción supera las posibilidades humanas. Por eso, dice la santa, se ve obligada a valerse de comparaciones.

Además, afirma Teresa, ella es sólo una mujer ignorante que carece de conocimientos de la retórica, lo cual dificulta aún más su escritura. Aunque es cierto que santa Teresa, como otras mujeres de su ambiente cultural, no hizo estudios sistemáticos y no sabía latín, es evidente que tuvo una educación más completa de lo que refiere. De importancia para su desarrollo religioso serían las obras de San Jerónimo, las *Confesiones* de san Agustín y la *Vita Christi* del cartujano Ludulfo de Sajonia. A estas lecturas habría que añadir las de escritores españoles contemporáneos tales como el ya mencionado Francisco de Osuna, el padre Juan de Ávila, fray Luis de Granada y Pedro de Alcántara, de quienes adoptó materia doctrinal y de metodología. También se debe señalar la influencia de la oratoria eclesiástica en su prosa.

Varios críticos modernos han alegado que al insistir en su ignorancia, la santa logra disminuir la censura de las autoridades eclesiásticas, las cuales veían cualquier pretensión de sabiduría por parte de la mujer como un indicio de soberbia. El describirse como una mujer torpe e indocta sería entonces una estrategia retórica que le permite expresar sus ideas sin confrontar directamente a los oficiales de la Iglesia. Al recalcar su ineptitud y la de todo su sexo, y al subrayar que sus opiniones están basadas en su propia experiencia y no reflejan ninguna pretensión intelectual, prueba que no es realmente una amenaza al orden establecido. Asimismo, expresiones como «paréceme» y «a mi parecer» sirven para recalcar la cau-

---

* Término que se emplea para referirse a los judíos que se convirtieron al catolicismo durante la época de los Reyes Católicos.

tela y supuesta inseguridad de la santa en cuestiones de erudición. Sin embargo, conviene recordar que la reiteración de las flaquezas del autor no es particular de Teresa, sino que era un recurso retórico muy común en aquella época.

Aunque santa Teresa solía escribir rápidamente, a menudo sin repasar lo escrito, manejaba el lenguaje con destreza. Basta examinar esta selección del *Libro de su vida* para apreciar la abundancia de metáforas que emplea. El alma es como un jardín que el individuo (el hortelano) tiene que vigilar y cuidar. Para preparar la tierra necesita «regarla» con oraciones y lecturas; éste es un trabajo difícil que requiere un gran esfuerzo—como subir agua de un pozo. Sin embargo, si el hortelano labora bien, el Señor del vergel, Dios, que aprecia su labor, puede él mismo regar el jardín haciendo que llueva, y en este caso las plantas reciben una abundancia de agua sin que el hortelano tenga que trabajar tanto. Mediante esta metáfora santa Teresa describe las diferentes etapas de la purificación espiritual, la cual culmina en la unión mística. Esta última etapa no depende de los esfuerzos del individuo—aunque éste puede preparar su alma por medio de la oración, las buenas lecturas y la meditación—sino de la voluntad de Dios.

Santa Teresa demuestra sus impresionantes conocimientos de la sicología cuando describe la frustración del individuo que pasa por períodos de sequía o las pretensiones de los letrados que creen que la espiritualidad depende del intelecto. Además, habiendo estado ella misma muy enferma cuando joven, entiende los efectos de la debilidad corporal en el espíritu. En éste y en otros libros les advierte a sus monjas contra la tentación de inducir visiones al ayunar o privarse de sueño.

La santa emplea una variedad de estilos. A veces se dirige a sus hermanas, a veces a sus directores espirituales, a veces al lector general. Intercala oraciones, exhortaciones, admoniciones (como, por ejemplo, en el pasaje que comienza «¡gente espiritual!»), anécdotas, apartes, comentarios personales, observaciones sobre el éxtasis u otros acontecimientos sobrenaturales, exposiciones sobre temas tan diversos como la melancolía o las finanzas de un convento, narraciones, aforismos, citas bíblicas y relatos cómicos. A menudo vivifica sus conceptos con casos concretos. Por ejemplo, al describir el proceso de sacar agua de la tierra usando una noria, comenta «yo la he sacado algunas veces». No hay duda de que santa Teresa, con otros grandes escritores de su generación, ayuda a renovar y enriquecer la prosa de mediados del siglo XVI.

Santa Teresa empezó a escribir su autobiografía en 1562 pero no terminó la versión final hasta 1567.

El libro pasó por complicadas peripecias y estuvo por un tiempo en manos de los inquisidores. Entre sus otras obras importantes se cuentan *Camino de perfección* (1573), *El libro de las fundaciones* (empezado en 1573 y terminado en 1576) y *Las moradas* (1577). También escribió poesía.

El libro de su vida

Capítulo 11

(...) Habré de aprovecharme de alguna comparación que yo las quisiera excusar por ser mujer, y escribir simplemente lo que me mandan; mas este lenguaje de espíritu es tan malo de declarar a los que no saben letras como yo,[1] que habré de buscar algún modo, y podrá ser las menos veces acierte a que venga bien la comparación: servirá de dar recreación a vuesa merced[2] de ver tanta torpeza.

Paréceme ahora a mí que he leído u oído esta comparación, que como tengo mala memoria, ni sé adónde, ni a qué propósito; mas para el mío ahora conténtame. Ha de hacer cuenta el que comienza que comienza a hacer un huerto[3] en tierra muy infructuosa[4] que lleva muy malas hierbas, para que se deleite el Señor. Su Majestad arranca las malas hierbas y ha de plantar las buenas. Pues hagamos cuenta que está ya hecho esto cuando se determina a tener oración una alma y lo ha comenzado a usar. Y con ayuda de Dios hemos de procurar, como buenos hortelanos, que crezcan estas plantas y tener cuidado de regarlas para que no se pierdan, sino que vengan a echar flores que den de sí gran olor, para dar recreación[5] a este Señor nuestro, y así se venga a deleitar muchas veces a esta huerta y a holgarse entre estas virtudes.

Pues veamos ahora de la manera que se puede regar para que entendamos lo que hemos de hacer, y el trabajo que nos ha de costar, si es mayor la ganancia, u hasta qué tanto tiempo se ha de tener.[6] Paréceme a mí que se

---

[1] **Mas...** *this language of the spirit is so hard to explain for people like me with no education.*

[2] Vuestra Merced. *Your Grace (a form of address used for people of authority). Saint Teresa perhaps directs this statement to Father García de Toledo, one of the ecclesiastics who ordered her to write her autobiography.*

[3] **Ha...** *The beginner should look on himself as someone who sets out to plant a garden.*

[4] *Unfruitful.*

[5] *Placer.*

[6] **Si...** *if the rewards will outweight the effort, and how*

puede regar de cuatro maneras; u con sacar el agua de un pozo, que es a nuestro gran trabajo; u con noria y arcaduces[7] que se saca con un torno (yo la he sacado algunas veces) es a menos trabajo que estotro y sácase más agua; u de un río u arroyo; esto se riega muy mejor, que queda más harta la tierra de agua y no se ha menester regar tan a menudo, y es a menos trabajo mucho del hortelano; u con llover mucho, que lo riega el Señor sin trabajo ninguno nuestro, y es muy sin comparación mejor que todo lo que queda dicho.

Ahora pues, aplicadas estas cuatro maneras de agua de que se ha de sustentar este huerto, porque sin ella perderse ha,[8] es lo que a mí me hace al caso, y ha parecido que se podrá declarar algo de cuatro grados de oración, en que el Señor, por su bondad, ha puesto algunas veces mi alma. Plega a su bondad atine a decirlo de manera que aproveche a una de las personas que esto me mandaron escribir, que la ha traído el Señor en cuatro meses harto más adelante que yo estaba en diecisiete años.[9] Hase dispuesto mejor, y así sin trabajo suyo riega este vergel[10] con todas estas cuatro aguas; aunque la postrera aún no se le da sino a gotas, mas va de suerte que presto se engolfará en ella con ayuda del Señor; y gustaré se ría, si le pareciere desatino la manera de el declarar.[11]

De los que comienzan a tener oración, podemos decir son los que sacan el agua del pozo, que es muy a su trabajo,[12] como tengo dicho; que han de cansarse en recoger[13] los sentidos que, como están acostumbrados a andar derramados,[14] es harto trabajo. Han menester irse

acostumbrando a no se les dar nada de ver ni oír, y aun ponerlo por obra las horas de la oración, sino estar en soledad y, apartados, pensar su vida pasada. Aunque esto, primeros y postreros todos lo han de hacer muchas veces, hay más y menos de pensar en esto, como después diré. Al principio aún da pena, que no acaban de entender que se arrepienten de los pecados; y sí hacen,[15] pues se determinan a servir a Dios tan de veras. Han de procurar tratar de la vida de Cristo, y cánsase el entendimiento en esto.

Hasta aquí podemos adquirir nosotros, entiéndese con el favor de Dios; que sin éste ya se sabe no podemos tener un buen pensamiento. Esto es comenzar a sacar agua del pozo; y aun plega a Dios lo[16] quiera tener, mas al menos no queda por nosotros, que ya vamos a sacarla y hacemos lo que podemos para regar estas flores. Y es Dios tan bueno que, cuando por lo que Su Majestad sabe—por ventura para gran provecho nuestro—quiere que esté seco el pozo, haciendo lo que es en nosotros como buenos hortelanos, sin agua sustenta las flores y hace crecer las virtudes: llamo agua aquí las lágrimas y, aunque no las haya, la ternura y sentimiento interior de devoción.

Pues ¿qué hará aquí el que ve que en muchos días no hay sino sequedad y disgusto y desabor[17] y tan mala gana para venir a sacar el agua que, si no se le acordase que hace placer y servicio al Señor de la huerta y mirase a no perder todo lo servido y aun lo que espera ganar del gran trabajo que es echar muchas veces el caldero[18] en el pozo y sacarle sin agua, lo dejaría todo? Y muchas veces le acaecerá aun para esto no se le alzar los brazos, ni podrá tener un buen pensamiento: que este obrar con el entendimiento entendido va que es el sacar agua del pozo.

Pues, como digo, ¿qué hará aquí el hortelano? Alegrarse y consolarse, y tener por grandísima merced de trabajar en huerto de tan gran Emperador. Y, pues sabe le contenta en aquello y su intento no ha de ser contentarse a sí sino a Él, alábele mucho, que hace de él confianza, pues ve que sin pagarle nada tiene tan gran cuidado de lo que le encomendó, y ayúdele a llevar la cruz, y piense que toda la vida vivió en ella, y no quiera acá su reino, ni deje jamás la oración y así se determine, aunque por toda la vida le dure esta sequedad, no

---

long it will take.

[7] A noria *is a kind of waterwheel with which water is drawn from a well. An* arcaduz *is a bucket required by a* noria. *The idea is that, although less difficult than drawing water from a plain well, the* noria *still requires quite a bit of work.*

[8] Se ha de perder.

[9] **Plega…** *May the Lord grant that I may express myself in such a way as to be of use to one of the persons who commanded me to write this, whom He has advanced more in four months than I have advanced in seventeen years. (Although Father Gracián notes that Saint Teresa is speaking of Father Pedro Ibáñez here, modern critics have suggested that she is actually referring to Father García de Toledo.)*

[10] Jardín.

[11] **Y…** *And I'd like him to go ahead and laugh if this way of explaining it seems crazy to him.*

[12] **A…** difícil.

[13] *Recollect (quiet, turn inward).*

[14] Distraídos. *(That is, the senses are usually given to wordly matters, so it is difficult for them to turn inward.)*

[15] **Que…** *since they're not sure they regret their sins, but they do.*

[16] El agua. *(That is, God grant that there be water in the well.)*

[17] Inquietud, molestia, disgusto.

[18] *Bucket.*

dejar a Cristo caer con la cruz. Tiempo vendrá que se lo pague por junto[19]; no haya miedo que se pierda el trabajo: a buen amo sirve; mirándolo está; no haga caso de malos pensamientos; mire que también los representaba el demonio a San Jerónimo en el desierto.[20]

Su precio[21] se tienen estos trabajos, que, como quien los pasó muchos años (que cuando una gota de agua sacaba de este bendito pozo pensaba me hacía Dios merced), sé que son grandísimos, y me parece es menester más ánimo que para otros muchos trabajos del mundo. Mas he visto claro que no deja Dios sin gran premio, aun en esta vida; porque es así cierto que una hora de las que el Señor me ha dado de gusto de sí después acá, me parece quedan pagadas todas las congojas[22] que en sustentarme en la oración mucho tiempo pasé.

Tengo para mí[23] que quiere el Señor dar muchas veces a el principio, y otras a la postre, estos tormentos y otras muchas tentaciones que se ofrecen para probar a sus amadores, y saber si podrán beber el cáliz y ayudarle a llevar la cruz, antes que ponga en ellos grandes tesoros. Y para bien nuestro creo nos quiere Su Majestad llevar por aquí, para que entendamos bien lo poco que somos, porque son de tan gran dignidad las mercedes de después, que quiere por experiencia veamos antes nuestra miseria primero que nos las dé, porque[24] no nos acaezca lo que a Lucifer.

¿Qué hacéis Vos, Señor mío, que no sea para mayor bien del alma que entendéis que es ya vuestra, y que se pone en vuestro poder para seguiros por donde fuéredes[25] hasta muerte de cruz, y que está determinada ayudársela a llevar y a no dejaros solo con ella?

Quien viere en sí esta determinación... no, no hay que temer.[26] ¡Gente espiritual! ¡No hay por qué se afligir! Puesto ya en tan alto grado como es querer tratar a solas con Dios y dejarlos pasados tiempos del mundo, lo más está hecho. Alabad por ello a Su Majestad y fiad

de su bondad, que nunca faltó a sus amigos. Atapaos[27] los ojos de pensar por qué da aquél de tan pocos días devoción y a mí no de tantos años. Creamos es todo para más bien nuestro. Guíe Su Majestad por dónde quisiere; ya no somos nuestros, sino suyos; harta merced nos hace en querer que queramos cavar en su huerto y estarnos cabe el Señor de él,[28] que cierto está con nosotros.[29] Si Él quiere que crezcan estas plantas y flores a unos con dar agua que saquen de este pozo a otros sin ellas, ¿qué se me da a mí? Haced Vos, Señor, lo que quisiéredes.[30] No os ofenda yo; no se pierdan las virtudes, si alguna me habéis ya dado por sola vuestra bondad. Padecer quiero, Señor, pues Vos padecistes. Cúmplase en mí de todas manera vuestra voluntad; y no plega a Vuestra Majestad que cosa de tanto precio como vuestro amor se dé a gente que os sirve sólo por gustos.

Hase de notar mucho—y dígolo porque lo sé por experiencia— que el alma que en este camino de oración mental comienza a caminar con determinación y puede acabar consigo de no hacer mucho caso ni consolarse ni desconsolarse mucho porque falten estos gustos y ternuras que la dé el Señor,[31] que tiene andado gran parte del camino; y no haya miedo de tornar atrás, aunque más tropiece, porque va comenzando el edificio en firme fundamento. Sí, que no está el amor de Dios en tener lágrimas ni estos gustos y ternura, que por la mayor parte los deseamos y consolámonos[32] con ellos, sino en servir con justicia y fortaleza de ánima y humildad. Recibir más me parece a mí eso que no dar nosotros nada.[33]

Para mujercitas como yo, flacas[34] y con poca fortaleza, me parece a mí conviene (como ahora lo hace Dios) llevarme con regalos,[35] porque pueda sufrir algunos trabajos que ha querido Su Majestad tenga. Mas para siervos de Dios, hombres de tomo,[36] de letras y

---

[27] Tapaos.

[28] **Harta...** *He does us a great mercy in making us want to dig in the garden, and to be near its lord.*

[29] Es decir, es seguro que Él está con nosotros.

[30] Quisierais.

[31] **Y...** *And can manage not to care too much about consolations or to get too upsel when the pleasures and tendernesses that the Lord gives are lacking.*

[32] Nos consolamos.

[33] **Recibir...** *It seems to me that this is more a question of receiving than of giving on our part.*

[34] Débiles.

[35] **Llevarme...** *should lead me on with favors.*

[36] Libros.

---

[19] *All at once. (That is, he will be repaid for all his labors all at once.)*

[20] *In the twenty-second epistle, Saint Jerome describes his sufferings when visions of pleasure and luxury come to him in the desert.*

[21] *Reward.*

[22] Penas.

[23] **Tengo...** En mi opinión.

[24] Para que.

[25] Fuerais.

[26] **Quien...** *Anyone who see this willingness to follow God in himself has nothing to fear.*

entendimiento, que veo hacer tanto caso de que Dios no los[37] da devoción, que me hace disgusto oírlo, no digo yo que no la tomen, si Dios se la da, y la tengan en mucho, porque entonces verá Su Majestad que conviene; mas que cuando no la tuvieren, que no se fatiguen; y que entiendan que no es menester, pues Su Majestad no la da, y anden señores de sí mismos.[38] Crean que es falta. Yo lo he probado y visto. Crean que es imperfección y no andar con libertad de espíritu, sino flacos para acometer.[39]

Esto no lo digo tanto por los que comienzan (aunque pongo tanto en ello porque les importa mucho comenzar con esta libertad y determinación) sino por otros; que habrá muchos que lo ha que comenzaron, y nunca acaban de acabar[40]; y creo es gran parte este no abrazar la cruz desde el principio, que andarán afligidos pareciéndoles no hacen nada. En dejando de obrar el entendimiento, no lo pueden sufrir; y por ventura entonces engorda[41] la voluntad y toma fuerzas, y no lo entienden ellos.

Hemos de pensar que no mira el Señor en estas cosas, que, aunque a nosotros nos parecen faltas, no lo son: ya sabe Su Majestad nuestra miseria y bajo natural mejor que nosotros mismos, y sabe que ya estas almas desean siempre pensar en Él y amarle. Esta determinación es la que quiere; estotro afligimiento que nos damos no sirve de más de inquietar el alma, y si había de estar inhábil para aprovechar una hora, que lo esté cuatro. Porque muy muchas veces (yo tengo grandísima experiencia de ello y sé que es verdad, porque lo he ¡mirado con cuidado y tratado después a personas espirituales) que viene de indisposición corporal,[42] que somos tan miserables que participa esta encarceladita de esta pobre alma de las miserias del cuerpo; y las mudanzas de los tiempos y las vueltas de los humores mu-

chas veces hacen que sin culpa suya no pueda hacer lo que quiere, sino que padezca de todas maneras; y mientras más la quieren forzar en estos tiempos, es peor y dura más el mal; sino que haya discreción para ver cuando es de esto, y no la ahoguen a la pobre. Entiendan son enfermos; múdese la hora de la oración y hartas veces será algunos días.[43] Pasen como pudieren este destierro, que harta mala ventura es de un alma que ama a Dios ver que vive en esta miseria y que no puede lo que quiere, por tener tan mal huésped como este cuerpo.

Dije «con discreción», porque alguna vez el demonio lo hará; y así es bien ni siempre dejar la oración cuando hay gran distraimiento y turbación en el entendimiento, ni siempre atormentar el alma a lo que no puede.[44]

Otras cosas hay exteriores de[45] obras de caridad y de lección, aunque a veces aun no estará para esto. Sirva entonces al cuerpo[46] por amor de Dios; porque otras veces muchas sirva él al alma, y tome algunos pasatiempos santos antes de conversaciones que lo sean, u irse al campo, como aconsejare[47] el confesor; y en todo es gran cosa la experiencia. que da a entender lo que nos conviene, y en todo se sirve a Dios. Suave es su yugo,[48] y es gran negocio no traer el alma arrastrada, como dicen, sino llevarla con su suavidad, para su mayor aprovechamiento.

Así que torno a avisar, y aunque lo diga muchas veces no va nada, que importa mucho que de sequedades ni de inquietud y distraimiento en los pensamientos nadie se apriete ni aflija: si quiere ganar libertad de espíritu y no andar siempre atribulado, comience a no se espantar de la cruz, y verá cómo se la ayuda también a llevar el Señor, y con el contento que anda, y el provecho que saca de todo; porque ya se ve que si el pozo no mana[49] que nosotros no podemos poner el agua. Verdad es que no hemos de estar descuidados para

---

[37] Les.

[38] **Y...** *they should just get themselves together and keep on going.*

[39] **Crean...** *Let them think it indicates an imperfection in themselves as well as a lack of freedom of spirit and the courage to accomplish something. (Saint Teresa is poking fun at priests who are so pretentious they think God will shower favors on them, then whine when He doesn't.)*

[40] **Que...** *There are many who begin but who never succeed in reaching the end.*

[41] Se fortalece.

[42] **Indisposición...** *bodily disorder. (Saint Teresa was very aware of the negative effects that illness could have on one's spiritual life and encouraged her nuns to take care of themselves and not indulge in excessive fasting or deprive themselves of sleep.)*

[43] Es decir, este cambio en la hora de la oración tendrá que ser durante varios días.

[44] *The idea is, we have to use discretion because sometimes these spiritual disturbances can be the work of the Devil, and in that case it's not a good idea to abandon prayer, just as it's not a good idea to torture the soul into doing what it cannot.*

[45] *Such as.*

[46] *That is, let the soul serve the body.*

[47] Pudiera aconsejar.

[48] *His yoke is easy. (That is, God doesn't mean to make us suffer.)*

[49] Da agua.

cuando la haya sacarla[50]; porque entonces ya quiere Dios por este medio multiplicar las virtudes.

Temas

Comprensión del texto

1. ¿Por qué dice santa Teresa que necesita recurrir a la comparación?
2. ¿Cuáles son las «cuatro maneras de regar» con las cuales compara las cuatro etapas del desarrollo espiritual? ¿Qué significa cada una?
3. ¿Cómo se burla de los sacerdotes letrados?
4. ¿Qué dice de las enfermedades físicas? ¿Por qué es importante que la gente no descuide su salud?

Análisis literario

1. ¿Qué metáforas emplea para expresar sus ideas acerca de la oración?
2. ¿Cómo se rebaja santa Teresa ante las autoridades que le mandaron escribir su autobiografía? ¿Por qué cree usted que lo hace?
3. ¿Por qué cree usted que usa constantemente expresiones como «paréceme»?
4. ¿Cómo usa santa Teresa la experiencia personal para hacer más convincentes sus argumentos?
5. ¿En qué pasajes revela sus conocimientos de la sicología?
6. ¿Cómo y por qué usa a veces la comunicación directa?
7. ¿Qué tipo de espiritualidad enseña santa Teresa? ¿Por qué cree usted que algunos eclesiásticos la consideraban subversiva y peligrosa?

SAN JUAN DE LA CRUZ (1542-1591)

Es san Juan de la Cruz el que lleva el misticismo español a su más alta expresión. Amigo y discípulo de santa Teresa de Ávila, Juan de Yepes y Álvarez nació probablemente en Fontiveros, provincia de Ávila, de una familia conversa. Los progenitores de su padre, Gonzalo de Yepes, eran ricos y comerciaban en seda. Su madre, Catalina Álvarez, era pobre, de una familia de tejedores. A causa del matrimonio, la familia de su padre lo desheredó. Gonzalo murió dos años después del nacimiento de su hijo. El futuro

santo entró en un colegio de doctrina para niños pobres y más tarde estudió con los jesuitas, por lo cual sabemos que aprendió la espiritualidad ignaciana y recibió una educación muy completa. También trabajó en un hospital en Medina haciendo faenas humildes. Sus maestros jesuitas querían que ingresara en la Compañía, pero lo atraía la Orden de la Cartuja, que ofrecía a sus frailes una vida sencilla y retirada. Sin embargo, en esos momentos estaba empezando la reforma carmelita—santa Teresa había fundado el Convento de San José en 1562—y Juan optó por tomar el hábito de los Carmelitas de la Observancia.

Entró en la Universidad de Salamanca para estudiar teología y filosofía alrededor de 1564. En aquella época había muchos profesores célebres en Salamanca: Fray Luis de León; Mancio de Corpus Christi, sucesor del dominico conservador Melchor Cano; Cristóbol Vela, que daba conferencias sobre Escoto; Francisco Sánchez de las Brozas (conocido como El Brocese), que enseñaba gramática y era famoso por sus tratados sobre retórica. Juan era un estudiante brillante, pero no lo atraía la vida académica que, con la competencia por los títulos y las cátedras, se prestaba a la vanagloria.

En 1567 Juan de Yepes se encontraba en un estado de crisis con respecto a la dirección que tomaría su carrera. Acababa de ser ordenado. En Medina, donde fue a celebrar su primera misa, conoció a santa Teresa de Ávila. Quería expandir su reforma para incluir hombres y quedó muy impresionada con Juan. Ella tenía cincuenta y dos años y él, veinticinco.

Fray Juan de la Cruz no estaba siempre de acuerdo con su mentora. Mientras ella enaltecía a los intelectuales—tal vez por razones prácticas y políticas—él insistía en los límites del intelecto. Para él, un experto era alguien que se daba cuenta de los errores que uno podía cometer y mostraba cómo evitarlos.

Cuando, en 1568, se fundó un pequeño monasterio para frailes en Duruelo (entre Salamanca y Ávila), Juan se estableció allí, dedicándose a hacer todo tipo de trabajo manual. Unos tres años más tarde, cuando las autoridades eclesiásticas decidieron devolver a Teresa al convento de la Encarnación, ella llevó a Juan consigo como confesor. La santa había sufrido a manos de confesores ignorantes que no la entendían y quería asegurarse de que sus monjas tuvieran directores espirituales preparados. Fue entonces que Teresa empezó a tener intensas experiencias espirituales. Los críticos sugieren que de ella Juan aprendió más del «matrimonio místico» entre el alma y Dios que de todos sus libros. Es seguro que esta experiencia influyó profundamente en sus escritos.

Las autoridades carmelitas de la antigua Orden, enfurecidas por los cambios que estaban introdu-

---

[50] **Cuando...** *When there's water, we should draw it.*

ciendo los reformadores, arrestaron a Juan, encarcelándolo en un pequeño cuarto en un monasterio en Toledo. Lo mantuvieron aislado, a pan y agua, flagelándolo regularmente y negándole la posibilidad de cambiarse de ropa o de bañarse. Allí estuvo casi un año, atormentado por sus hermanos carmelitas y por los piojos. Según cuenta el santo, habría muerto allí si no hubiera recibido de una visión celestial la inspiración de salvarse. En estas circunstancias horrorosas encontró una salida en la fe y en la poesía. Finalmente, con la ayuda de santa Teresa y otros reformadores, se escapó de su prisión y se refugió en Almodóvar. Mientras tanto, unos trescientos hombres se habían unido a los monasterios de santa Teresa.

Sin embargo, sus esfuerzos por afianzar la reforma estaban fracasando. Luego de un ataque brutal por parte de las autoridades, san Juan fue enviado a un monasterio en la vecindad de Beas de Segura, en Andalucía. Fundó una universidad en Baeza y sirvió como su primer prior en 1579. En vez de desanimarlo, las tribulaciones lo llevaron a una confirmación de su vocación de contemplativo y de escritor. Entre 1578 y 1585 gozó de una vida interior intensa que logró exteriorizar por medio de la creación literaria. Entonces, entró en un período de actividad y de viajes hechos al servicio de la reforma. En 1580, el papa Gregorio XIII otorgó a los carmelitas reformados la existencia jurídica, pero dos años después murió santa Teresa y empezó a languidecer el movimiento al cual había dado impulso.

A pesar de su intenso activismo, san Juan de la Cruz encontró el tiempo de componer versos. Escribió una gran parte del *Cántico espiritual* en la apretada celda de su prisión en Toledo. Sabemos que cuando se escapó del monasterio toledano donde había estado preso, en agosto de 1578, llevaba con él un cuaderno con sus poemas.

Sería una equivocación decir que en su poesía san Juan «describe» o «narra» sus experiencias místicas, precisamente porque la unión mística, siendo puramente experiencia, imposibilita la descripción. Como la unión entre el ser humano y Dios se realiza sin la participación del intelecto, para lograr esta unión perfecta es necesario que la persona sobrepase las imágenes sensibles, además de los conceptos y razonamientos concebidos por la inteligencia. El punto culminante de la experiencia es el éxtasis, estado en el que está interrumpida toda comunicación con el mundo exterior. Entonces, el alma liberada de la prisión material del cuerpo, se funde con Dios.

Los teólogos consideran este fenómeno un efecto de la gracia divina; por lo tanto, no depende de la voluntad del individuo. Sin embargo, hay ciertas cosas que éste puede hacer para facilitar su realización.

Por medio de ejercicios espirituales—oraciones, mortificaciones—el alma se purga y se desprende del mundo material y así se prepara para recibir a Dios.

El problema fundamental del misticismo es cómo comunicar un fenómeno que depende de la experiencia y no del intelecto por medio de las palabras. Como santa Teresa, san Juan de la Cruz utiliza imágenes tomadas de diferentes fuentes. Una de las metáforas que utiliza para referirse al alma es la llama, que al unirse a la luz divina, se funde y se hace una con ella. Otra metáfora que emplea con frecuencia es la del «matrimonio místico»: la unión del alma y Dios es un acto de amor en que cada uno se pierde en el otro. San Juan describe en términos gráficamente eróticos esta entrega total—aniquiladora y regeneradora a la vez. La comparación de la experiencia mística con la unión sexual se remonta a la Biblia, en particular al *Cantar de los cantares*. San Juan también recurre a fuentes renacentistas. Mucho de su vocabulario proviene de la poesía amorosa profana. Emplea el vocabulario erótico ya existente, de tal manera que el deseo de unión mística se describe en términos del deseo sexual: el alma es la amada y Dios es el amado o esposo; la unión es una boda; el placer y la gratificación se expresan mediante la imagen de los amantes en el *locus amoenus*.

En «Noche oscura» san Juan describe metafóricamente la salida del alma del cuerpo como el escape de una amante de su casa. Paradójicamente, la noche oscura se convierte en su guía: «¡Oh noche, que guiaste!» En un ambiente sensual y bucólico el Amado y la amada se unen, la amada se entrega y se pierde en el amor. Sin embargo, el momento de contacto no se describe porque la experiencia transciende los límites de la palabra. De repente, la unión ya se ha realizado y los amantes descansan en la hierba. Él duerme en el pecho de la amada mientras ella le esparce los cabellos. Precisamente en este momento en que los sentidos corporales están apagados, los sentidos espirituales están intensamente despiertos. San Juan apela a todos los sentidos—tacto, olfato, oído, vista—al mencionar dulces heridas, una mano suave, delicadas brisas que mueven las hojas de los árboles y flores deleitosas.

San Juan explica las ideas fundamentales de este poema en dos tratados en prosa, *Ascenso al Monte Carmelo* y *Noche oscura del alma*, libros didácticos que elaboran el proceso que conduce a la unión mística. En *Ascenso* señala tres razones por las que llama una noche oscura a la senda que lleva a la cima del Monte Carmelo—es decir, al matrimonio espiritual. Para comenzar, el alma necesita entrar en un estado de recogimiento, privándose de los apetitos desordenados que la distraen e impiden su progreso.

Se tienen que apagar los sentidos, que son los mediadores entre lo interior (alma, intelecto, sentimientos) y lo exterior (mundo). Como se trata de una privación, este primer paso es una «noche oscura». Pero también es una «noche oscura» la travesía del alma, ya que ésta se «desplaza» en la oscuridad, es decir, con el intelecto apagado, guiada sólo por la luz de la fe. Finalmente, la unión misma es una «noche oscura», ya que Dios, el fin y el destino de esta travesía, es una luz tan fuerte que ciega al alma. Así que todo el proceso es un «noche oscura».

Abundan en esta poesía los «conceptos* literarios»+—sutilezas que dan lugar a asociaciones inesperadas y a veces paradójicas, las que sólo tienen sentido dentro de un determinado contexto. Dos de los más conocidos son: «vivo sin vivir en mí» y «muero porque no muero». Ambos expresan la idea de que la verdadera vida es la eterna, que la existencia terrenal no es más que una ilusión pasajera. En el primer concepto, el verbo inicial se refiere a esta vida temporal e ilusoria, mientras la segunda se refiere a la Realidad absoluta y eterna que vendrá después de la muerte. En el segundo concepto, el «muero» de la primera cláusula lleva el sentido figurativo de «sufro» y expresa el anhelo de la muerte y de la subsiguiente unión con Dios. El de la siguiente cláusula lleva un sentido literal: el deseo de morir realmente para gozar para siempre de la presencia divina. La rica imaginería y la abundancia de juegos lingüísticos colocan a san Juan entre los primeros escritores barrocos.

Curiosamente, durante los trescientos años después de la muerte de san Juan apenas se estudió su poesía, aunque su prosa atrajo la atención de algunos especialistas. Las tempranas antologías no incluyen ejemplos de su lírica, tal vez porque era considerada demasiado explícita. No fue hasta fines del siglo XIX cuando se inició una reevaluación.

San Juan fue canonizado en 1726.

Canciones del alma que se goza de haber llegado al alto estado de la perfección, que es la unión con Dios, por el camino de la negación

En una noche obscura,
con ansias, en amores inflamada,
¡oh dichosa ventura!,
    salí sin ser notada,
estando ya mi casa sosegada.

+ *Literary conceit.*

A scuras[1] y segura
por la secreta escala, disfrazada,
¡oh dichosa ventura!,
    a escuras[2] y en celada,[3]
estando ya mi casa sosegada.

En la noche dichosa,
en secreto, que nadie me veía,
ni yo miraba cosa,
    sin otra luz y guía
sino la que en el corazón ardía.

Aquesta[4] me guiaba
más cierto que la luz del mediodía
adonde me esperaba
    quien[5] yo bien me sabía,
en parte donde nadie parecía.

¡Oh noche, que guiaste!
¡Oh noche, amable más que el alborada!
¡Oh noche que juntaste
    Amado con amada,
amada en el Amado transformada!

En mi pecho florido,
que entero para él solo se guardaba,
    allí quedó dormido,
    y yo le regalaba,
y el ventalle de cedros[6] aire daba.

El aire del almena,[7]
cuando yo sus cabellos esparcía,
con su mano serena
    en mi cuello hería,
y todos mis sentidos suspendía.

Quedéme y olvidéme,
el rostro recliné sobre el Amado;
cesó todo, y dejéme,
    dejando mi cuidado
entre las azucenas olvidado.

---

[1] A oscuras.
[2] Oscuras.
[3] *Watchful.*
[4] Esta luz (la fe).
[5] Dios.
[6] *Fanning cedars.*
[7] *Turret.*

Canciones del alma en la íntima comunicación de unión de amor de Dios

¡Oh llama de amor viva,
que tiernamente hieres
de mi alma en el más profundo centro!,
pues ya no eres esquiva,
acaba ya, si quieres;
rompe la tela[8] de este dulce encuentro.

¡Oh cauterio suave!
¡Oh regalada[9] llaga!
¡Oh mano blanda! ¡Oh toque delicado,
que a vida eterna sabe
y toda deuda paga!,
matando, muerte en vida la has trocado.

¡Oh lámparas de fuego,
en cuyos resplandores
las profundas cavernas del sentido,
que estaba obscuro y ciego,
con extraños primores[10]
calor y luz dan junto a su querido!

¡Cuán manso y amoroso
recuerdas en mi seno,
donde secretamente solo moras;
y en tu aspirar sabroso,
de bien y gloria lleno,
cuán delicadamente me enamoras!

Coplas del mismo,[11] hechas sobre una éxtasis de harta contemplación[12]

Entréme donde no supe,
y quedéme no sabiendo,
toda ciencia[13] trascendiendo.

Compara la ciencia del mundo con la del divino gaña divino.

1

Yo no supe dónde entraba,
pero cuando allí me vi,

sin saber dónde me estaba,
grandes cosas entendí;
no diré lo que sentí,
que me quedé no sabiendo,
toda ciencia trascendiendo.

2

De paz y de piedad
era la ciencia perfecta,
en profunda soledad
entendida, vía recta[14];
era cosa tan secreta,
que me quedé balbuciendo,
toda ciencia trascendiendo.

3

Estaba tan embebido,
tan absorto y ajenado[15]
que se quedó mi sentido
de todo sentir privado,
y el espíritu dotado
de un entender no entendiendo,
toda ciencia trascendiendo.

4

Cuanto más alto se sube,
tanto menos se entendía,
que es la tenebrosa nube
que a la noche esclarecía;
por eso quien la sabía
queda siempre no sabiendo,
toda ciencia trascendiendo.

5

El que allí llega de vero[16]
de sí mismo desfallece;
cuanto sabía primero
mucho bajo le parece;
y su ciencia tanto crece,
que se queda no sabiendo,
toda ciencia trascendiendo.

---

[8] **Rompe...** *Tear through the veil.*
[9] Dulce, deleitosa.
[10] **Extraños...** delicados cuidados, exquisitas finuras.
[11] Es decir, del mismo autor.
[12] La contemplación, a diferencia de la meditación, implica la intervención de Dios.
[13] *Human knowledge.*

---

[14] **Vía...** de una manera directa, es decir, sin explicaciones.
[15] *Withdrawn, "disconnected."*
[16] Veras.

6

Este saber no sabiendo
es de tan alto poder,
que los sabios, arguyendo,
jamás le pueden vencer;
que no llega su saber
a no entender entendiendo,
toda ciencia trascendiendo.

7

Y es de tan alta excelencia
aqueste sumo[17] saber,
que no hay facultad ni ciencia
que le puedan emprender;
quien se supiere vencer
con un no saber sabiendo,
irá siempre trascendiendo.

8

Y si lo queréis oír,
consiste esta suma ciencia
en un subido sentir
de la divinal[18] esencia;
es obra de su clemencia
hacer quedar no entendiendo,
toda ciencia transcendiendo.

Coplas del alma que pena por ver a Dios

Vivo sin vivir en mí
y de tal manera espero,
que muero porque no muero.

En mí yo no vivo ya,
y sin Dios vivir no puedo;
pues sin él y sin mí quedo,
este vivir, ¿qué será?
Mil muertes se me hará,
pues mi misma vida espero
muriendo, porque no muero.

Esta vida que yo vivo
es privación del vivir,

y así es, contino[19] morir
hasta que viva contigo.
Oye, mi Dios, lo que digo,
que esta vida no la quiero;
que muero porque no muero.

Estando ausente de ti,
¿qué vida puedo tener,
sino muerte padecer,
la mayor que nunca vi?
Lástima tengo de mí,
pues de suerte persevero,
que muero porque no muero.

El pez que del agua sale
aun de alivio no carece,
que en la muerte que padece,
al fin la muerte le vale.
¿Qué muerte habrá que se iguale
a mi vivir lastimero,
pues, si más vivo, más muero?

Cuando me empiezo a aliviar
de verte en el Sacramento,
háceme más sentimiento[20]
el no te poder gozar;
todo es para más penar,
y mi mal es tan entero
que muero porque no muero.

Y si me gozo, Señor,
con esperanza de verte,
en ver que puedo perderte
se me dobla mi dolor;
viviendo en tanto pavor,
y esperando como espero,
muérome porque no muero.

Sácame de aquesta muerte,
mi Dios, y dame la vida;
no me tengas impedida[21]
en este lazo tan fuerte;
mira que muero por verte,
y de tal manera espero
que muero porque no muero.

---

[17] Gran.
[18] Divina.

[19] Continuo.
[20] Dolor.
[21] Amarrada.

Lloraré mi muerte ya,
y lamentaré mi vida
en tanto que detenida
por mis pecados está.
¡Oh mi Dios!, ¿cuándo será
cuando yo diga de vero
vivo ya porque no muero?

Temas

1. ¿Sobre qué metáfora está construido el poema
   «Noche oscura»? ¿Por qué cree usted que san Juan
   escoge esta metáfora?
2. ¿Cómo crea un ambiente erótico en «Noche oscura»?
3. ¿Por qué cree usted que apela tanto a los sentidos
   para describir un estado en que los sentidos están
   apagados?
4. ¿Qué es la «noche oscura»?
5. ¿Qué metáfora emplea en «¡Oh llama de amor
   viva!»? ¿Por qué es eficaz para comunicar la noción de la unión del alma con Dios?
6. ¿Cuáles son los dos significados de «ciencia» en
   «Entréme donde no supe»? ¿Qué actitud hacia el
   intelecto humano expresa san Juan en este poema?
7. ¿Qué conceptos literarios usa san Juan en «Vivo
   sin vivir en mí»? ¿Qué comunica a través del uso
   de la paradoja?
8. ¿Qué elementos tienen en común la poesía de san
   Juan y la prosa de santa Teresa?

Literatura didáctica y moral

FRAY LUIS DE LEÓN (¿1527?-1591)

Poeta, moralista, teólogo y profesor, fray Luis de
León inició sus estudios en la Universidad de Salamanca en 1541 o 1542, pero por razones desconocidas interrumpió su carrera para entrar en el Convento
de San Pedro, una comunidad de monjes agustinos.
Ingresó en la orden de San Agustín formalmente en
1544. En Salamanca emprendió estudios con dos
famosos teólogos, Melchor Cano y Domingo de Soto,
pero de nuevo interrumpió su carrera, esta vez para
asistir al Concilio de Trento. Al regresar a España,
siguió estudiando y en 1561 compitió con éxito por la
cátedra de Santo Tomás en la Universidad de Salamanca.

Conferenciante brillante, fray Luis tuvo influencia
sobre generaciones de estudiantes. Sin embargo, su
impaciencia y falta de tacto provocaron muchos resentimientos. En aquella época la Universidad de
Salamanca estaba cargada de tensiones políticas
exacerbadas por disputas sobre la doctrina. La devoción de fray Luis al estudio de textos griegos y latinos
disgustaba a sus colegas más conservadores. Humanista por excelencia, fray Luis conocía no sólo las
lenguas clásicas sino también el hebreo. En 1566 se
lanzó a un camino peligroso al hacer notar ciertos
errores que existían en la Vulgata, la traducción latina
de la Biblia hecha por san Jerónimo y aprobada por el
Concilio de Trento en 1546 como la versión oficial.
Pocos oficiales eclesiásticos sabían bastante hebreo
para disputar las alegaciones de fray Luis. Sin embargo, los defensores de la autoridad de la Vulgata, en
particular los dominicos León de Castro y Bartolomé
de Medina, denunciaron a fray Luis a la Inquisición.
Fue arrestado y encarcelado.

La investigación trajo a la luz el hecho de que la
bisabuela de fray Luis, Leonor de Villanueva, y la
hermana de ella, Juana Rodríguez, habían sido acusa-
das por la Inquisición de judaizantes, aunque después
de ser condenadas, confesaron, se arrepintieron y se
reconciliaron con la Iglesia. Algunos críticos han notado elementos judíos en los conceptos y lenguaje de
fray Luis. Comentan que a pesar de que no se puede
dudar de la sinceridad de las convicciones religiosas
del agustino, quien ni siquiera sabía que tenía antepasados conversos, es muy probable que haya absorbi-
do influencias hebraicas.

Fray Luis estuvo en la cárcel casi cinco años. Aislado y privado del sacramento, se dedicó a escribir,
comenzando en su pequeña celda algunas de las
obras que establecerían su reputación como el
humanista más importante de su generación. Exone-
rado en 1576, volvió a Salamanca, donde fue recibido por sus estudiantes con entusiasmo. Según una
anécdota apócrifa, inició su curso, después de tan
larga ausencia, con las palabras: *Dicebamus hesterna
die* —«como decíamos ayer».

Durante sus últimos años tuvo varios triunfos.
Ocupó dos nuevas cátedras, tuvo una audiencia con
el rey como representante oficial de la universidad y
fue elegido provincial de su orden en Castilla. En esta
época fray Luis comenzó a publicar sus obras en
español y en latín, y editó las obras de santa Teresa
de Ávila, de quien fue el primer biógrafo. También
editó sus propias poesías, aunque este manuscrito
autógrafo se ha perdido. En 1631 su poesía fue publicada por Francisco de Quevedo, gran admirador del
agustino por su estilo refinado y castizo. Fray Luis

cada por Francisco de Quevedo, gran admirador del agustino por su estilo refinado y castizo. Fray Luis también recogió sus traducciones de la Sagrada Escritura y de Petrarca, Bembo, Eurípides, Horacio, Virgilio y otros escritores renacentistas y clásicos.

Los conflictos y luchas en los cuales Luis de León se vio involucrado dejaron huellas en su poesía. En «Vida retirada», una de sus odas* más conocidas, expresa el deseo de huir del ruido del mundo para refugiarse en el campo. La idealización del campo procede de modelos clásicos, en particular del octavo épodo de Horacio, que comienza con las palabras *Beatus ille qui procul negotiis*—«feliz es el que vive libre de los cuidados del negocio». Esta poesía cobra un significado personal para fray Luis, quien, cansado de las interminables contiendas de la vida política, religiosa y universitaria, se retira a La Flecha, una propiedad perteneciente a su convento.

En «Vida retirada» asocia la ciudad con la hipocresía, la intriga, el artificio y los falsos valores, mientras que el campo representa lo puro y lo sencillo. En la serenidad de La Flecha despiertan sus sentidos. De hecho, la poesía de fray Luis es sumamente sensual; apela a la vista («de diversas flores va esparciendo»), al oído («Despiértense las aves / con su cantar»), al tacto («El aire el huerto orea»), al olfato («ofrece mil olores al sentido») y al gusto («una pobrecilla / mesa»). Sin embargo, fray Luis no logra olvidar por completo el mundo. Vuelve constantemente a los temas del poder y de la soberbia. A través del poema hay una tensión constante entre lo ideal y lo real, entre la paz y el caos, entre la eterna primavera del *locus amoenus** y la tempestad de la vida. Termina con la imagen de sí mismo, apartado de la tormenta, cantando a la sombra tranquilamente mientras los demás de hunden en el mar.

Algunos críticos, impresionados por la intensa espiritualidad de fray Luis y su anhelo de Dios, lo han llamado un místico, tal vez vinculado al misticismo semita. Otros, señalando que siempre queda con la vista amarrada a la tierra y que él mismo dice que nunca alcanzó la unión con Dios, insisten en que son los elementos humanísticos y no los contemplativos o extáticos los que predominan en su obra.

La forma métrica preferida por fray Luis es la lira.* Consta de una combinación de dos endecasílabos* y tres heptasílabos*: aBabB.

Fray Luis escribió varios tratados morales, entre ellos *De los nombres de Cristo* y *La perfecta casada*, ambos publicados en 1583. El segundo, un fragmento del cual reproducimos aquí, es una exposición de los Proverbios que alaba a la mujer virtuosa.

Durante el siglo XVI hubo polémicas feroces sobre la naturaleza de la mujer. Los moralistas más retrógrados la veían como un ser vil que había perdido a la humanidad al probar la manzana prohibida. Éstos creían que la salvación era imposible para el sexo femenino. Otros teólogos admitían la posibilidad de la virtud de la mujer, pero sólo cuando ella se dedicara enteramente a la religión. La tensión entre Eva (la Pecadora) y Ave (la Virgen María) se representa en el arte del período con imágenes de la mujer seductora y diabólica o virginal y pura.

Fray Luis comparte con humanistas tales como Erasmo, Tomás Moro y Juan Luis Vives la convicción de que la mujer es capaz de la virtud, siempre que actúe dentro de las normas establecidas por la Iglesia y la sociedad. Aunque cree que el estado de monja es superior al de casada, reconoce que la buena cónyuge es un tesoro que sirve a la Humanidad al criar a una familia y así perpetuar la raza. Le aconseja a la mujer casada que se dedique exclusivamente a sus deberes domésticos, que no lea obras de ficción porque éstas pueden conducir a la mala conducta y que evite la excesiva religiosidad, ya que ésta puede quitarle tiempo a sus responsabilidades familiares.

El elogio del matrimonio refleja el concepto humanístico* y neoplatónico* del amor, que concibe la armonía doméstica como un reflejo de la divina. Es de notar, sin embargo, que a pesar de la idealización del estado conyugal que se encuentra en las obras literarias de la época, a través de Europa los sistemas legales daban a los maridos el derecho de disciplinar, pegar y en ciertos casos aun matar a sus esposas. Es decir, el concepto del matrimonio como una unión entre dos amigos basada en el respeto mutuo no corresponde necesariamente a la realidad social.

La prosa de fray Luis es llana, directa y elegante, aunque estudios realizados al final del siglo XX muestran que es bastante más compleja de lo que se había creído. Fray Luis emplea un gran número de referencias bíblicas y clásicas, además de términos populares y metáforas tomadas del lenguaje conversacional.

Vida retirada

Qué descansada vida
la del que huye el mundanal[1] ruido,
y sigue la escondida
senda, por donde han ido,
los pocos sabios que en el mundo han sido;
Que no le enturbia el pecho

---

[1] *Worldly.*

de los soberbios grandes el estado,
ni del dorado techo[2]
se admira fabricado
del sabio Moro en jaspes[3] sustentado.

   No cura[4] si la fama
canta, con voz su nombre pregonera,[5]
ni cura si encarama[6]
la lengua lisonjera,
lo que condena la verdad sincera.

   ¿Qué presta a mi contento
si soy del vano dedo señalado?[7]
si en busca de este viento
ando desalentado,
con ansias vivas,[8] con mortal cuidado?

   Oh monte, oh fuente, oh río,
oh secreto seguro y deleitoso,
roto casi el navío,[9]
a vuestro almo[10] reposo,
huyo de aqueste[11] mar tempestuoso.[12]

   Un no rompido[13] sueño,
un día puro, alegre, libre, quiero,
no quiero ver el ceño[14]
vanamente severo
de a quien la sangre ensalza, o el dinero.[15]

   Despiértenme las aves
con su cantar sabroso no aprendido,[16]
no los cuidados graves,
de que es siempre seguido
el que al ajeno arbitrio está atenido.

   Vivir quiero conmigo,[17]
gozar quiero del bien que debo al cielo
a solas sin testigo,

libre de amor, de celo,[18]
de odio, de esperanzas, de recelo.[19]

   Del monte en la ladera[20]
por mi mano plantado tengo un huerto,
que con la primavera
de bella flor cubierto
ya muestra en esperanza el fruto cierto,

   Y como codiciosa,
por ver, y acrecentar su hermosura,
desde la cumbre airosa
una fontana[21] pura,
hasta llegar corriendo se apresura.

   Y luego sosegada
el paso entre los árboles torciendo
el suelo de pasada,
de verdura vistiendo,
y con diversas flores va esparciendo.

   El aire el huerto orea,
y ofrece mil olores al sentido,
los árboles menea
con un manso ruido,
que del oro, y del cetro[22] pone olvido.

   Ténganse su tesoro
los que de un falso leño[23] se confían,
no es mío[24] ver el lloro
de los que desconfían
cuando el Cierzo,[25] y el Ábrego[26] porfían.

   La combatida antena[27]
cruje, y en ciega noche el claro día
se torna, al cielo suena
confusa vocería,
y la mar enriquecen a porfía.[28]

   A mí una pobrecilla

---

[2] Mezquita o templo moro, símbolo del arte y del artificio. Los moros eran grandes arquitectos y artesanos.

[3] Columnas de mármol.

[4] Le importa.

[5] **Canta...** canta su nombre con voz pregonera (en voz alta).

[6] Eleva.

[7] **¿Qué...** ¿Qué me importa si la gente que acepta los falsos valores del mundo me señala con el dedo?

[8] **Con...** *With great anxiety.*

[9] El hombre abatido y cansado.

[10] Excelente, benéfico.

[11] Este.

[12] Símbolo de la vida mundana.

[13] Roto, interrumpido.

[14] *Frown.*

[15] **De...** *Of the person made arrogant by his noble birth or his money.*

[16] **No...** natural.

[17] Solo, según mis propios valores.

---

[18] *Zeal, enthusiasm for worldly things.*

[19] Desconfianza.

[20] Cuesta, declive. (Lo que sigue es una descripción de La Flecha, finca que era propiedad de su convento, a la cual se ha retirado fray Luis.)

[21] Fuente. (Nótese que la fuente es un símbolo religioso; el agua sagrada purifica el alma y la hace crecer espiritualmente como el agua de la fontana hace crecer las flores.)

[22] Símbolo del poder político.

[23] *Piece of wood. (Fray Luis returns to the image of man as a ship in a storm.)*

[24] Mi problema.

[25] Viento del norte.

[26] Viento del sur.

[27] Entena (palo largo que sirve para sujetar la vela de un barco).

[28] *That is, when the ship sinks, they enrich the sea because of their obstinacy. (They and all their riches fall into the sea.)*

mesa, de amable paz bien abastada[29]
me basta, y la vajilla
de fino oro labrada,
sea de quien la mar no teme airada.[30]

    Y mientras miserable-
mente, se están los otros abrasando
con sed insaciable[31]
del peligroso mando,
tendido yo a la sombra esté cantando.

    A la sombra tendido,
de hiedra, y lauro[32] eterno coronado,
puesto el atento oído
al son dulce acordado[33]
del plectro[34] sabiamente meneado.

La perfecta casada

En que se habla de las leyes y condiciones del estado del matrimonio, y de la estrecha obligación que corre a la casada de emplearse en el cumplimiento de ellas

    Este nuevo estado en que Dios ha puesto a vuestra merced,[35] sujetándola a las leyes del santo matrimonio, aunque es como camino real, más abierto y menos trabajoso que otros, pero no carece de sus dificultades y malos pasos, y es camino adonde se tropieza también y se peligra y yerra, y que tiene necesidad de guía como los demás; porque el servir al marido y el gobernar la familia y la crianza de los hijos, y la cuenta que juntamente con esto se debe al temor de Dios, y la guarda y limpieza de la conciencia (todo lo cual pertenece al estado y oficio de la mujer que se casa), obras son que cada una de por sí pide mucho cuidado, y que todas juntas, sin particular favor del cielo, no se pueden cumplir. En lo cual se engañan muchas mujeres, que piensan que el casarse no es más que dejar la casa del padre y pasarse a la del marido, y salir de servidumbre y venir a libertad y regalo[36]; y piensan que con parir un

hijo de cuando en cuando, y con arrojarle luego de sí en los brazos de una ama,[37] son cabales[38] y perfectas mujeres. Y dado que el buen juicio de vuestra merced y la inclinación a toda virtud, de que Dios la dotó, me aseguran, para no temer, que será como alguna de estas que digo, todavía el entrañable amor que la tengo y el deseo de su bien que arde en mí, me despiertan para que la provea de algún aviso, y para que la busque y encienda alguna luz que sin engaño ni error alumbre y enderece sus pasos por todos los malos pasos de este camino, y por todas las vueltas y rodeos de él. Y como suelen los que han hecho una larga navegación o los que han peregrinado por lugares extraños, que a sus amigos, los que quieren emprender la misma navegación y camino, antes que lo comiencen y antes que partan de sus casas, con diligencia y cuidado les dicen menudamente los lugares por dónde han de pasar y las cosas de que se han de guardar, y los aperciben de todo aquello que entienden les será necesario, así yo en esta jornada que tiene vuestra merced comenzada, la enseñaré, no lo que me enseñó a mi la experiencia pasada, porque es ajeno de mi profesión, sino lo que he aprendido en las sagradas letras, que es enseñanza del Espíritu Santo. En las cuales, como en una tienda común y como en un mercado público y general para el uso y provecho general de todos los hombres, pone la piedad y sabiduría divina copiosamente todo aquello que es necesario y conviene a cada un estado, y señaladamente en este de las casadas se revé[39] y desciende tanto a lo particular de él, que llega hasta, entrándose por sus casas, ponerles la aguja en la mano, y ceñirles la rueca[40] y menearles el huso[41] entre los dedos. Porque, a la verdad, aunque el estado del matrimonio en grado y perfección es menor que el de los continentes[42] o vírgenes; pero, por la necesidad que hay de él en el mundo para que se conserven los hombres, y para que salgan de ellos los que nacen para ser hijos de Dios y para honrar la tierra y alegrar el cielo con gloria, fue siempre muy honrado y privilegiado por el Espíritu Santo en las letras sagradas; porque de ellas sabemos que este estado es el primero y más antiguo de todos los estados, y sabemos que es vivienda, no inventada después que nuestra naturaleza se corrompió por el pecado y fue condenada a la muerte, sino ordenada luego en el prin-

---

[29] **De...** *Supplied with sweet peace.*

[30] **Quien...** *Who doesn't fear the angry sea.*

[31] *Note that their thirst (symbol of their greed and ambition) can't be quenched with seawater because it is salty.).*

[32] Símbolo de la música y de la poesía.

[33] *In tune, in harmony.*

[34] Púa o aguja que se emplea para tocar los instrumentos de cuerda.

[35] Se dirige fray Luis a cierta María Valera Osorio, de quien se sabe muy poco.

[36] Comodidad, bienestar.

---

[37] Criada, niñera.

[38] Rectas, justas.

[39] Examina detenidamente.

[40] *Distaff (for spinning).*

[41] **Menear...** *Move the spindle.*

[42] Abstinenetes.

cipio, cuando estaban los hombres enteros y bienaventuradamente perfectos en el paraíso.

Ellas mismas nos enseñan que Dios por su persona concertó el primer casamiento que hubo, y que les juntó las manos a los dos primeros casados y los bendijo, y fue juntamente como si dijésemos el casamiento y el sacerdote. Allí vemos que la primera verdad que en ellas se escribe haber dicho Dios para nuestro enseñamiento, y la doctrina primera que salió de su boca fue la aprobación de este ayuntamiento, diciendo: «No es bueno que el hombre esté solo».

Y no sólo en los libros del Viejo Testamento, adonde el ser estéril era maldición, sino también en los del Nuevo, en los cuales se aconseja y como pregona generalmente, y como a son de trompeta la contienda y virginidad, al matrimonio le son hechos nuevos favores.

Cristo, nuestro bien con ser la flor de la virginidad y sumo amador de la virginidad y limpieza, es convidado a unas bodas, y se halla presente a ellas, y come en ellas y las santifica, no solamente con la majestad de su presencia, sino con uno de sus primeros y señalados milagros .

Él mismo, habiéndose enflaquecido la ley conyugal, y como aflojados en cierta manera el estrecho ñudo[43] del matrimonio, y habiendo dado entrada los hombres a muchas cosas ajenas de la limpieza y firmeza y unidad que se le debe; así que, habiéndose hecho el tomar un hombre mujer poco más que recibir una moza de servicio a soldada por el tiempo que bien le estuviese, el mismo Cristo, entre las principales partes de su doctrina, y entre las cosas para cuyo remedio había sido enviado de su Padre, puso también el reparo de este vínculo santo, y así le restituyó en el antiguo y primero grado. Y, lo que sobre todo es, hizo del casamiento, que tratan los hombres entre sí, significación y sacramento santísimo del lazo de amor con que él se ayunta a las almas, y quiso que la ley matrimonial del hombre con la mujer fuese como retrato e imagen viva de la unidad dulcísima y estrechísima que hay entre él y su Iglesia; y así, ennobleció el matrimonio con riquísimos dones de su gracia y de otros bienes del cielo.

De arte que el estado de los casados es estado noble y santo y muy preciado de Dios, y ellos son avisados muy en particular y muy por menudo[44] de lo que les conviene en las sagradas letras por el Espíritu Santo, el cual, por su infinita bondad, no se desdeña de poner los ojos en nuestras bajezas, ni tiene por vil o menuda[45] ninguna cosa de las que a nuestro provecho hacen. Pues, entre otros muchos lugares de los divinos libros que tratan de esta razón, el lugar más propio y adonde está como recapitulado, o todo o lo más que a este negocio en particular pertenece, es el último capítulo de los *Proverbios,* adonde Dios, por boca de Salomón, rey y profeta suyo, y como debajo de la persona de una mujer, madre del mismo Salomón, cuyas palabras él pone y refiere, con hermosas razones, pinta acabadamente una virtuosa casada con todos sus colores y partes; para que las que lo pretenden ser (y débenlo pretender todas las que se casan) se miren en ella como en un espejo clarísimo, y se avisen, mirándose allí, de aquello que les conviene para hacer lo que deben.

Y así, conforme a lo que suelen hacer los que saben de pintura y muestran algunas imágenes de excelente labor a los que no entienden tanto del arte, que les señalen los lejos[46] y lo que está pintado como cercano, (…) mi oficio en esto que escribo será presentar a vuestra merced esta imagen que he dicho labrada por Dios, y ponérsela delante la vista y señalarle con las palabras, como con el dedo, cuanto en mí fuere, sus hermosas figuras con todas sus perfecciones, y hacerle que vea claro lo que con grandísimo artificio el saber y mano de Dios puso en ella encubierto.

Pero antes que venga a esto, que es declarar las leyes y condiciones que tiene sobre sí la casada, será bien que entienda vuestra merced la estrecha obligación que tiene a emplearse en el cumplimiento de ellas, aplicándose toda a ellas con ardiente deseo. Porque, como en cualquier otro negocio y oficio que se pretende, para salir bien con él son necesarias dos cosas: la una, el saber lo que es, y las condiciones que tiene, y aquello en que principalmente consiste; y la otra, el tenerle verdadera afición; así en esto que vamos tratando, primero que hablemos con el entendimiento y le descubramos lo que este oficio es, con todas sus cualidades y partes, convendrá que inclinemos la voluntad a que ame el saberlas y a que sabidas, se quiera aplicar a ellas. En lo cual no pienso gastar muchas palabras, ni para con vuestra merced, que es de su natural inclinada a bueno, será menester, porque al que teme a Dios para que desee y procure satisfacer a su estado bástale saber que Dios se lo manda, y que lo propio y particular que pide a cada uno es, que responda a las obligaciones de su oficio, cumpliendo con la suerte que le ha cabido, y que si en esto falla, aunque en otras cosas se adelante y señale, le ofende.; porque, como en la guerra el soldado

---

que desampara su puesto no cumple con su capitán, aunque en otras cosas le sirva, (…) así los hombres que se descuidan de sus oficios, aunque en otras virtudes sean cuidadosos, no contentan a Dios. (…)

Dice Cristo en el Evangelio que «cada uno tome su cruz»; no dice que tome la ajena, sino manda que cada uno se cargue de la suya propia. No quiere que la religiosa se olvide de lo que debe al ser religiosa y se cargue de los cuidados de la casada, ni le place que la casada se olvide del oficio de su cosa y se torne monja.

El casado agrada a Dios en ser buen casado, y en ser buen religioso el fraile, y el mercader en hacer debidamente su oficio, y aun el soldado sirve a Dios en mostrar en los tiempos debidos su esfuerzo, y en contentarse con su sueldo, como lo dice san Juan. Y la cruz que cada uno ha de llevar y por dónde ha de llegar a juntarse con Cristo, propiamente es la obligación y la carga que cada uno tiene por razón del estado en que vive; y quien cumple con ella, cumple con Dios y sale con su intento, y queda honrado e ilustre, y como por el trabajo de la cruz alcanza el descanso que merece. Mas al revés, quien no cumple con esto, aunque trabaje mucho en cumplir con oficios que él se toma por su voluntad, pierde el trabajo y las gracias. (…)

Porque verá vuestra merced algunas personas de profesión religiosa, que, como si fuesen casadas, todo su cuidado es gobernar las casas de sus deudos[47] o de otras personas, que ellas por su voluntad han tomado a su cargo, y que si se recibe o se despide el criado, ha de ser por su mano de ellas, y si se cuelga la casa en invierno,[48] lo mandan ellas primero; y por el contrario, en las casadas hay otras que, como si sus casas fuesen de sus vecinas, así se descuidan de ellas, y toda su vida es el oratorio y el devocionario, y el calentar el suelo de la iglesia tarde y mañana, y piérdese entre tanto la moza, y cobra malos siniestros[49] la hija, y la hacienda se hunde; y vuélvese demonio el marido. Y si el seguir lo que no son les costase menos trabajo que el cumplir con aquello que deben ser, tendrían éstas algún color de disculpa, o si habiéndose desvelado mucho en aquesto[50] que escogen por su querer, saliesen perfectamente con ello, era consuelo en alguna manera; pero es al revés, que ni el religioso, aunque más trabaje, gobernará como se debe la vida del hombre casado, ni jamás el casado llegará a aquello que es ser religioso; porque, así

como la vida del monasterio y las leyes y observancias y todo el trato y asiento de la vida monástica favorece y ayuda al vivir religioso, para cuyo fin todo ello se ordena, así al que, siendo fraile, se olvida del fraile y se ocupa en lo que es el casado, todo ello le es estorbo y embarazo muy grave. Y como sus intentos y pensamientos y el blanco adonde se enderezan no es monasterio; así tropieza y ofende en todo lo que es monasterio, en la portería, en el claustro, en el coro y silencio, en la aspereza y humildad de la vida; por lo cual le conviene, o desistir de su porfía loca, o romper por medio de un escuadrón de duras dificultades, y subir, como dicen, el agua por una torre.

Por la misma manera, el estilo de vivir de la mujer casada, como la convida y alienta a que se ocupe en su casa, así por mil partes la retrae de lo que es ser monja o religiosa; y así los unos y los otros, por no querer hacer lo que propiamente les toca, y por quererse señalar en lo que no les atañe, faltan a lo que deben y no alcanzan lo que pretenden, y trabajan incomparablemente más de lo que fuera si trabajaran en hacerse perfectos cada uno en su oficio, y queda su trabajo sin fruto y sin luz. Y como en la naturaleza los monstruos que nacen con partes y miembros de animales diferentes no se conservan ni viven, así esta monstruosidad de diferentes estados en un compuesto, el uno en la profesión y el otro en las obras, los que la siguen no se logran en sus intentos; y como la naturaleza aborrece los monstruos, así Dios huye de estos y los abomina. (…)

Pues asiente vuestra merced en su corazón con entera firmeza que el ser amiga de Dios es ser buena casada, y que el bien de su alma está en ser perfecta en su estado, y que el trabajar en ello y el desvelarse es ofrecer a Dios un sacrificio aceptísimo de sí misma. Y no digo yo, ni me pasa por pensamiento, que el casado o alguno han de carecer de oración, sino digo la diferencia que ha de haber entre las buenas religiosa y casada; porque en aquélla el orar es todo su oficio, en ésta ha de ser medio el orar para que mejor cumpla su oficio. Aquélla no quiso el marido y negó el mundo y despidióse de todos, para conversar siempre y desembarazadamente con Cristo; ésta ha de tratar con Cristo para alcanzar de él gracia y favor con que acierte a criar el hijo y a gobernar bien la casa y a servir como es razón al marido. Aquélla ha de vivir para orar continuamente; ésta ha de orar para vivir como debe. Aquélla aplace a Dios regalándose con él, ésta le ha de servir trabajando en el gobierno de su casa por él.

Mas considere vuestra merced cómo reluce aquí la grandeza de la divina bondad, que se tiene por servido de nosotros con aquello mismo que es provecho nuestro. Porque a la verdad, cuando no hubiera otra cosa

---

[47] Parientes.

[48] Se… se adorna la casa para el invierno. (En el invierno la gente solía poner alfombras y tapices para protegerse del frío.)

[49] Costumbres, inclinaciones.

[50] Esto.

que inclinara la casada a hacer el deber, sino es la paz y sosiego y gran bien que en esta vida sacan e interesan las buenas de serlo, esto solo bastaba; porque sabida cosa es; que cuando la mujer asiste a su oficio, el marido la ama, y la familia anda en concierto, y aprenden virtud los hijos, y la paz reina, y la hacienda crece. Y como la luna llena en las noches serenas se goza rodeada y como acompañada de clarísimas lumbres, las cuales todas parece que avivan sus luces en ella, y que la remiran y reverencian; así la buena en su casa reina y resplandece, y convierte a sí juntamente los ojos y los corazones de todos. El descanso y la seguridad la acompañan adonde quiera que endereza sus pasos, y a cualquiera parte que mira encuentra con el alegría y con el gozo; porque si pone en el marido los ojos, descansa en su amor; si los vuelve a sus hijos, alégrase con su virtud, halla en los criados bueno y fiel servicio, y en la hacienda provecho y acrecentamiento, y todo le es gustoso y alegre; como al contrario, a la que es mala casera todo se le convierte en amarguras, como se puede ver por infinitos ejemplos. Pero no quiero detenerme en cosa por nuestros pecados tan clara; ni quiero sacar a vuestra merced de su mismo lugar. Vuelva los ojos por sus vecinos y naturales, y revuelva en su memoria lo que de otras casas ha oído.

¿ De cuántas mujeres sabe que por no tener cuenta con su estado y tenerla con sus antojos, están con sus maridos en perpetua lid[51] y desgracia? ¿ Cuántas ha visto lastimadas y afeadas con los desconciertos[52] de sus hijos e hijas, con quien no quisieron tener cuenta? ¿Cuántas yacerán en extrema pobreza porque no atendieron a la guarda de sus haciendas, o por mejor decir, porque fueron la perdición, la polilla de ellas? Ello es así que no hay cosa más rica, ni más feliz que la buena mujer, ni peor, ni más desastrada que la casada que no lo es; y lo uno y lo otro nos enseña la Sagrada Escritura. De la buena dice así:

«El marido de la mujer buena es dichoso y vivirá doblados días, y la mujer de valor pone en su marido descanso, y cerrará los años de su vida con paz. La mujer buena es suerte buena, y como premio de los que temen a Dios, la dará Dios al hombre por sus buenas obras. El bien de la mujer diligente deleitará a su marido e hinchará de grosura sus huesos. Don grande de Dios es el trato bueno suyo bien sobre bien y hermosura sobre hermosura es una mujer que es santa y honesta. Como el sol que nace, parece en las alturas del cielo; así el rostro de la buena adorna y hermosea su ca-

sa».

Y de la mala dice por contraria manera: «La celosa es dolor de corazón y llanto continuo, y el tratar con la mala es tratar con los escorpiones (…)».

A la buena mujer su familia la reverencia, y sus hijos la aman, y su marido la adora, y los vecinos la bendicen, y los presentes y los venideros la alaban y ensalzan. Y a la verdad, sí hay debajo de la luna cosa qué merezca ser estimada y preciada, es la mujer buena; y en comparación de ella el sol mismo no luce, y son escuras[53] las estrellas, y no sé yo joya de valor, ni de loor[54] que así, levante y hermosee con claridad y resplandor a los hombres, como es aquel tesoro de inmortales bienes de honestidad, de dulzura, de fe, de verdad, de amor, de piedad y regalo, de gozo y de paz, que encierra y contiene en sí una buena mujer cuando se la da por compañera su buena dicha.

*T*emas

Comprensión del texto

1. ¿Cuáles son las características de la vida urbana que rechaza fray Luis?
2. ¿Cómo representa el artificio? ¿Cómo representa la lisonja y la insinceridad? ¿Qué reacción produce en el individuo la constante preocupación por la opinión ajena?
3. ¿Cómo representa el campo? ¿Cómo idealiza la vida campestre?
4. ¿Qué simboliza el navío? ¿y la tempestad?
5. ¿A qué se refiere el «ceño / vanamente severo»?
6. ¿Cómo representa la naturaleza? ¿Qué imágenes de la naturaleza emplea?
7. ¿Qué quiere decir «vivir quiero conmigo»?
8. ¿Qué representa la fontana? ¿Cómo introduce fray Luis un elemento religioso en su poema?
9. ¿A qué se refiere el «flaco leño»? ¿A qué se refiere la «combatida antena»?
10. ¿Qué quiere decir «la mar enriquecen a porfía»?
11. ¿Cómo termina el poema? ¿Muestra fray Luis compasión por los que se pierden en la tempestad? ¿Cómo podemos interpretar la última estrofa?
12. ¿A quién le dirige fray Luis *La perfecta casada*? ¿Por qué?
13. ¿En qué, según el autor, se engañan muchas recién casadas? ¿Por qué necesitan estas jóvenes un guía?

---

[51] Lucha, conflicto.
[52] Problemas.

[53] Oscuras.
[54] *Words of praise.*

14. ¿Por qué dice que el matrimonio es un estado sagrado? ¿Quién concertó el primer casamiento? ¿Qué afirma la doctrina al respecto?

15. ¿Qué dice el libro de *Proverbios* acerca del matrimonio?

16. ¿Qué dos cosas son esenciales para que resulte exitoso un matrimonio o cualquier otra empresa humana?

17. ¿Por qué dice que cada uno debe tomar su cruz y no la ajena? ¿Qué pasa cuando los religiosos se ocupan demasiado de lo mundano? ¿y cuando las casadas se ocupan demasiado de la religión?

18. ¿Qué dice del marido de la mujer buena? ¿Y de su familia?

Análisis literario

1. En «Vida retirada», ¿cómo apela fray Luis a los sentidos? ¿En qué consiste la sensualidad del poema?

2. ¿Comparte usted el concepto de Fray Luis del campo y de la ciudad?

3. Comente sobre el lenguaje de fray Luis en *La perfecta casada*. ¿Qué metáforas emplea? ¿Qué otro tipo de comparación usa? ¿Qué alusiones bíblicas o clásicas encuentra usted en esta selección?

4. ¿Qué elementos humanísticos y neoplatónicos encuentra usted en la poesía y prosa de fray Luis?

5. ¿Cómo critica a ciertos clérigos y monjas? ¿Por qué cree usted que las obras de fray Luis pueden haber provocado una reacción negativa de parte de los oficiales eclesiásticos?

La primera novela moderna

MIGUEL DE CERVANTES (1547-1616)

Considerada la obra maestra de la literatura española, la novela de Miguel de Cervantes, *El ingenioso hidalgo Don Quijote de la Mancha* revoluciona la ficción europea a principios del siglo XVII. Publicada en dos partes, la primera en 1605 y la segunda en 1615, relata las experiencias de un hidalgo pobre y mayor de edad que se llama Alonso Quesada o tal vez Quijada—el narrador pretende no saber con certeza su nombre exacto—que vive en algún lugar de La Mancha, el cual no se especifica.

Aficionado a las novelas de caballerías, el viejo hidalgo lee tantas que termina creyendo las historias fantásticas que relatan. Decide imitar a los héroes novelescos y dedicarse a deshacer agravios, enderezar entuertos y remediar abusos—es decir, a mejorar el estado del mundo. Con este fin se inventa un nombre nuevo—don Quijote de la Mancha—y, acompañado de Sancho Panza, un campesino sencillo y leal, sale a buscar aventuras.

La intertextualidad*—es decir, la relación entre la historia del viejo hidalgo de La Mancha y los libros de caballerías* que lo inspiran—es fundamental. El libro de caballerías fue un género muy popular durante la primera mitad del siglo XVI. El hecho de que ya estaba pasando de moda cuando se supone que el hidalgo de La Mancha se trastorna por su devoción exagerada al género ayuda a acentuar el aspecto caricaturesco del personaje. Los libros de caballerías cuentan las maravillosas aventuras de valientes paladines que combaten contra magos, gigantes y otros seres temibles a fin de defender o de honrar a su amada. En el núcleo de la novela de caballerías está una visión idealizada del universo en la cual el bien triunfa sobre el mal y el hombre es capaz—con la ayuda de la Providencia—de efectuar cambios positivos. Se trata de un mundo en que, a pesar del caos y de las fuerzas negativas que reinan, tarde o temprano siempre se restablece el orden.

En la época en que Cervantes escribió *Don Quijote,* el idealismo utópico ya se había desmoronado y se tenía un concepto mucho más complejo del mundo. El optimismo de principios del siglo XVI, cuando España era uno de los países más poderosos de Europa y se extendía su influencia hacia el este y el oeste, empezaba a ceder al pesimismo que asociamos con el barroco.* El triunfo del protestantismo en el norte de Europa, la derrota de la Armada Invencible, las dificultades económicas, las continuas guerras, la corrupción política y la percepción por parte de la *élite* de que España estaba entrando en su ocaso empezaban a conducir a un estado de ansiedad colectiva.

La incertidumbre penetraba en todos los aspectos de la vida. La Reforma de Lutero había puesto en duda la autoridad de la Iglesia, motivando la represión de ideas heterodoxas en los países católicos y fomentando un ambiente de temor. En España, los fracasos políticos y económicos de la Corona socavaban la confianza de la *élite* intelectual en el Estado. En los centros de poder reinaban la hipocresía y la intriga, lo cual producía la sensación de que todo era apariencia y engaño. La revolución científica, que ocurría principalmente en los países del Norte, empezaba a corroer convicciones que se tenían desde hacía siglos, produciendo así un sentido de inseguridad y cierto desequilibrio intelectual.

Otro factor significativo es el resurgimiento en el siglo XVI del escepticismo—una filosofía que cuestiona la capacidad del ser humano de conocer la verdad. El redescubrimiento de textos del filósofo pirrónico griego Sextus Empiricus condujo a una reevaluación de la naturaleza del conocimiento. La Reforma había disputado varias de las fuentes tradicionales del saber—en particular, la autoridad eclesiástica. Esto y la publicación de nuevas traducciones de las obras de Sextus provocaron acaloradas polémicas sobre este tema. Es de notar que el escéptico de aquel entonces era creyente; no negaba la existencia de Dios, sino que sostenía que Dios era la única fuente de la Verdad, la cual el hombre, con su intelecto y sentidos deficientes, sólo conocía imperfectamente. Estas ideas, que entraron en España con las obras de Erasmo y otros, se manifiestan claramente en las obras de Cervantes.

En la Antigüedad el escepticismo fue concebido como una respuesta al dogmatismo. Caracteriza a don Quijote la posición antiescéptica, es decir, la dogmática. El ingenioso caballero no cuestiona jamás sus convicciones, lo cual hace que choque constantemente no sólo con la realidad objetiva, sino también con individuos cuyos sistemas de creencias son diferentes al suyo.

Don Quijote no es el primer personaje literario con su propio concepto del mundo—su propio *weltanshauung* o *worldview*. Ya hemos visto un incipiente perspectivismo* en el *Libro de buen amor* y en *La Celestina*. Pero a diferencia de sus antecesores, Cervantes desarrolla este tema de una manera consciente y sistemática. Lo que define a don Quijote como personaje moderno es el hecho de que tenga una visión que, aunque basada en fuentes literarias, es completamente suya. El viejo Quesada o Quijada se trastorna de acuerdo con una idea muy específica de cómo es el mundo y de cómo debe ser. Los libros de caballerías le muestran un universo que es imperfecto, pero que es perfectible, porque el héroe rectifica los males. Esta visión utópica opera en el viejo hidalgo, inspirándolo a convertirse en un instrumento del bien. Quiere crear un mundo donde reine la justicia y la paz. Con ese fin toma un nuevo nombre y se crea una nueva identidad: la de don Quijote de la Mancha.

En don Quijote vemos la emergencia de una conciencia del «yo» mucho más desarrollada que en personajes ficticios anteriores. Dentro del marco novelístico, don Quijote se inventa a sí mismo; es el primer *self-made man* de la ficción europea. Y transforma no sólo su propia identidad, sino también su mundo. Ajusta la realidad inmediata de acuerdo con su concepto de sí mismo y de su papel de caballero. Así que un molino de viento le parece un gigante;

una venta, un palacio, una prostituta, una dama.

Su visión del mundo le hace sensible a males que otros no ven, o que no se atreven a tratar de enmendar. Si algunas veces pelea con gigantes imaginarios, otras intenta corregir injusticias auténticas: el abuso de un criado, por ejemplo, o la separación de dos amantes por sus padres. Es decir, aunque don Quijote a menudo choca con la realidad *objetiva*—al fin y al cabo, un molino de viento no es un gigante—sería un desacierto decir que sencillamente no ve la realidad; su visión particular le revela ciertas realidades—la injusticia, el sufrimiento, la poesía, la belleza—que pasan inadvertidas para la mayoría de la gente. Es precisamente el aspecto visionario de don Quijote lo que lo hace memorable—y admirable.

Al mismo tiempo, la posición dogmática de don Quijote a menudo lo lleva al fanatismo. Cuando los demás no ceden ante sus demandas, a menudo se pone violento, atacando a personas inocentes. En una ocasión unos mercaderes, a los cuales les exige que rindan homenaje a Dulcinea, le piden pruebas de la belleza de ésta. Don Quijote, furioso porque rehúsan creer ciegamente lo que él toma por una verdad absoluta, se lanza contra ellos con fiereza. Episodios como éste ilustran el lado oscuro del idealismo quijotesco, el que de repente se convierte en una fuerza destructiva y peligrosa.

Don Quijote no se contenta con soñar con la utopía caballeresca, sino que actúa. Busca transformar la realidad mediante la acción. Su activismo refleja la filosofía que dominaba la España de Cervantes: el humanismo ponía al hombre en el centro de su mundo y la Contrarreforma daba suma importancia al libre albedrío. Don Quijote se transforma por un acto de voluntad. Insiste en numerosas ocasiones en que si sigue la carrera de caballero andante, no es porque esto sea su destino sino porque es su voluntad. Las estrellas pueden inclinar al individuo, pero no lo pueden forzar.

Como sus modelos, el caballero de La Mancha también tendrá su dama. La personificación de los ideales de don Quijote es Dulcinea del Toboso—una campesina grosera, cuyo verdadero nombre es Aldonza Lorenza—que su imaginación transforma en una dama bella y elegante. Dulcinea se convierte en la razón de ser de don Quijote. A ella le dedica todas sus hazañas. Cuando Sancho Panza dice a su amo que vio a su amada y la describe tal como es—ordinaria, andrajosa y maloliente—, don Quijote alega que algún malhechor la habrá transformado. El incidente demuestra la tenacidad con la cual el hombre se agarra de sus ideales y hasta qué punto es capaz de torcer la realidad de acuerdo con sus nociones preconcebidas.

Por desatinado que sea, don Quijote tiene un concepto coherente del mundo. Como los héroes de las novelas de caballerías, funciona en términos de absolutos: la libertad y la esclavitud, la belleza y la fealdad, el bien y el mal. Separa «lo que es» de «lo que debe ser». Lo que no entiende es que a veces—casi siempre—las situaciones son ambiguas. Así que cuando en el camino se encuentra con algunos presos del rey que son llevados a trabajar en las galeras, don Quijote protesta. Viendo que van encadenados y sabiendo que Dios hizo al hombre libre, rehúsa aceptar que el Estado pueda, en ciertas circunstancias, privar de libertad al individuo.

Pero no sólo don Quijote sino todos los personajes de la novela ven las cosas desde su propia perspectiva. Si el protagonista lleva su obsesión con la caballería al extremo, también los demás ven y juzgan las situaciones de acuerdo con sus particulares intereses. Algunos críticos han visto a Sancho, un verdadero repositorio de la sabiduría popular, como un personaje «realista» que contrasta con el «idealista», don Quijote. Sin embargo, Sancho también tiene su quimera. Sueña con ser el gobernador de una «ínsula» (isla) que pueda regir con justicia y compasión.

En el episodio de la venta (Capítuo XVI), Cervantes utiliza el perspectivismo* para demostrar cuán elusiva es la verdad. Sirve en la venta una moza asturiana que se llama Maritornes, la cual tiene amores con un arriero que está alojado allí. Al entrar la muchacha al cuarto donde éste la espera, topa con don Quijote y se encuentra de repente sentada en su cama. Se arma un escándalo, se prende un candil y cada uno juzga la escena desde su propio punto de vista. Don Quijote cree que Maritornes es una bellísima doncella que ha ido a buscarlo, lo cual deja a la asturiana completamente confundida. El arriero, hombre sencillo que sólo entiende las exigencias de la carne, se pone celoso, creyendo que don Quijote desea las mismas atenciones de la muchacha que él. Sancho cree que está teniendo una pesadilla. Interrumpen el caos las palabras brutales del ventero—«¿Adónde estás, puta?»—quien le echa la culpa a Maritornes por todo el enredo. Pero ninguno ha juzgado correctamente. Todos se han equivocado tanto o más que don Quijote.

Cervantes realza el poder creativo del individuo al convertir al mismo lector en un inventor de la historia de don Quijote. Al mismo tiempo, pone en duda la capacidad del hombre para conocer la verdad objetiva. La crítica moderna ha hecho hincapié en las maneras en que un lector «recibe» y «reconstruye» un texto. La teoría de la recepción* (reception theory) se ocupa de cómo una obra literaria es recibida por sus lectores individual y colectivamente. Algunos

teóricos—el grupo variado de proponentes de reader-response theory*—se centran en la identidad, papel y función de los lectores en el engendramiento del texto,* entendido siempre como algo fluido y cambiante. Cuatrocientos años antes de que la crítica hubiera articulado estas teorías, Cervantes obliga a sus lectores a participar en el acto creador al introducir deliberadamente ambigüedades y datos vagos en la narración.

La ingeniosa técnica que emplea para realizar sus fines es la del narrador infidente* (o no fidedigno)—es decir, el narrador en cuya palabra no se puede confiar—que nos obliga a leer entre líneas, a adivinar la información que se nos oculta y a reconstruir la narración. Al decirnos que el protagonista se llama Quijada o Quesada o tal vez Quejada, y al negarse a concretar el nombre de su pueblo, revela que no piensa contarnos la historia completa y nos invita a llenar los huecos que deja. Además, menciona que hay varios autores que han tratado de esta historia, llevándonos a creer que hay más de una versión. En el Capítulo IX afirma haber encontrado una parte de la narración en unos cartapacios que compró en la calle, y dice que la obra original fue escrita en árabe por un tal Cide Hamete Benengeli, lo cual nos distancia aún más de la verdad al tratarse de la interpretación de una traducción de un idioma extranjero. Como en la España de Cervantes los árabes tenían fama de mentirosos, la autenticidad de los hechos es doblemente sospechosa, y dado que hace la traducción «un morisco que pasaba por la calle», la fidelidad al texto es aun más problemática. Para complicar la situación aún más, algunos segmentos son narrados por don Quijote mismo, cuya tendencia a torcer los hechos ya conocemos, o por otros personajes, cada uno de los cuales tiene su propia perspectiva. Cervantes no niega la existencia de la verdad, pero al construir capas narrativas que alejan al lector de los hechos e incluir una multitud de voces que reaccionan a situaciones o relatan segmentos de la historia desde su propio punto de vista, cuestiona la autoridad de la palabra escrita e implica que la verdad es casi imposible de conocer.

En Don Quijote II, que salió diez años después de la publicación de la novela original, Cervantes modifica la imagen del protagonista. Al recomenzar don Quijote sus andanzas en la segunda novela, los nuevos personajes que salen a su encuentro ya lo conocen porque han leído acerca de él en la primera. Don Quijote se ha convertido en figura literaria—es decir, en el invento de otros que lo «reconstruyen» según sus expectativas. El poder creador es precisamente lo que imbuye al ser humano de dinamismo. Sin inventar, el individuo languidece. Don Quijote se mantiene fuerte mientras su imaginación sigue activa. Mientras que en la novela de 1605 don Quijote proyecta su voluntad generando así aventuras, en la de 1615 otras personas, deseosas de divertirse con él, empiezan a idear situaciones maravillosas para hacerlo actuar. Por ejemplo, en el capítulo que se incluye aquí, el duque y la duquesa inventan que un mal encantador ha hecho que a la condesa Trifaldi y a sus damas les salgan barba; para devolverlas a su estado natural, don Quijote tendrá que llegar al reino de Candaya a lomos de Clavileño, un famoso caballo que vuela—que es, en realidad, una figura de madera que los duques han construido para la ocasión.

Sin la necesidad de proyectar su voluntad, don Quijote se debilita. Se convierte en un ser angustiado que se encuentra atrapado en un rol. Rara vez imita conscientemente a modelos literarios como en la primera novela, y rara vez rechaza los comentarios—a menudo sensatos—de Sancho.

El don Quijote de la segunda parte de la novela es menos cómico que el de la primera. Provoca la compasión más que la risa. Cervantes mantiene el tono humorístico de la obra, pero el foco de la comicidad a menudo es Sancho, quien ocupa un lugar más central en la segunda parte de la novela que en la primera. Como antes, el humor es casi siempre bufonesco—malentendidos absurdos, violencia descabellada, comentarios jocosos y disparatados—pero no sirve necesariamente para hacer avanzar nuestra noción de la perspectiva personal y única de don Quijote. Mucha de la ingeniosidad de la Segunda Parte se deriva de la estructura misma de la novela. Cide Hamete Benengeli, la supuesta fuente de la historia, se convierte en un personaje gracioso, equivocándose, contradiciéndose y distrayendo a los lectores con sus observaciones a veces poco lógicas.

Uno es los episodios más importantes del libro de 1615 es el que relata las experiencias de Sancho como gobernador de una «ínsula». Este segmento, que revela el sentido de justicia y magnanimidad del escudero, lo convierte en un personaje de dimensiones intelectuales y espirituales más profundas de lo que habíamos sospechado.

En el último episodio de la novela, don Quijote renuncia al sueño utópico. Al volver a su aldea, observa tristemente que Dulcinea no aparece. La ausencia de la amada señala el fin de la ilusión que ha dado sentido a la vida de don Quijote. Pero si el ingenioso caballero no logra crear la utopía por la cual ha luchado, no fracasa por completo. Como Cervantes muestra en episodio tras episodio, la perfección es inalcanzable, y por lo tanto, el idealista está destinado a frustrarse. Sin embargo, don Quijote triunfa en el sentido de que logra crear su propia identidad.

Para conseguir de él lo que quieren, otros personajes tienen que aceptarlo como don Quijote de la Mancha. Para hacerlo volver a su pueblo, sus «protectores» tienen que vencerlo en el campo de batalla. Es decir, tienen que jugar según las reglas de él. Para ellos, como para nosotros, ha dejado de tener importancia Alonso Quesada o Quijada. Todos se acuerdan sólo de don Quijote. Su visión particular le ha ganado un lugar inmortal dentro de las letras europeas.

Además de *Don Quijote de la Mancha*, Cervantes escribió una novela pastoril, *La Galatea* (1585), que dejó sin terminar, y *Persiles y Sigismunda,* una larga alegoría cristiana publicada póstumamente por su esposa en 1617. Sus *Novelas ejemplares* (1613) representan un hito en el desarrollo de la narración corta por su penetración sicológica, su cuidadosa estructura y su complejo concepto de la condición humana. Cervantes también escribió teatro. Aunque la mayoría de sus obras se han perdido, algunas—*La Numancia, Los tratos de Argel, Pedro de Urdemalas* y *El rufián dichoso*—siguen despertando el interés de los críticos. Sus *Entremeses**—obras cortas destinadas a ser representadas entre los actos de una comedia—son consideradas una importante contribución al género. Aunque no fueron representados durante la vida de Cervantes, hoy día no sólo son el foco de muchos estudios críticos sino que también se representan con frecuencia en los teatros. También publicó una colección poética, *Viaje del Parnaso* (1614).

El Ingenioso hidalgo don Quijote de la Mancha

Primera parte
Capítulo 1

Se trata de la condición y ejercicio del famoso hidalgo don Quijote de la Mancha

En un lugar de la Mancha,[1] de cuyo nombre no quiero acordarme, no ha mucho tiempo que vivía un hidalgo de los de lanza en astillero,[2] adarga antigua, rocín flaco y galgo corredor. Una olla de algo más vaca que carnero,[3] salpicón[4] las más noches, duelos y que-

---

[1] Región de España en el sudeste de la Meseta.

[2] Los hidalgos de aldea guardaban las antiguas armas de sus antepasados en un estante llamado astillero o lancera que se colocaba en algún lugar visible de la casa.

[3] Es decir, pobre, puesto que la carne de carnero era más

brantos[5] los sábados, lentejas los viernes, algún palomino de añadidura los domingos, consumían las tres partes de su hacienda. El resto de ella concluían sayo de velarte,[6] calzas de velludo[7] para las fiestas, con sus pantuflos[8] de lo mismo, y los días de entre semana se honraba en su vellorí[9] de lo más fino. Tenía en su casa una ama[10] que pasaba de los cuarenta, y una sobrina que no llegaba a los veinte, y un mozo de campo y plaza, que así ensillaba el rocín[11] como tomaba la podadera. Frisaba la edad de nuestro hidalgo con los cincuenta años; era de complexión recia, seco de carnes, enjuto de rostro, gran madrugador y amigo de la caza. Quieren decir que tenía el sobrenombre[12] de Quijada, o Quesada, que en esto hay alguna diferencia, en los autores que de este caso escriben; aunque por conjeturas verosímiles se deja entender que se llamaba Quijana. Pero esto importa poco a nuestro cuento: basta que en la narración de él no se salga un punto de la verdad.

Es, pues, de saber, que este sobredicho hidalgo, los ratos que estaba ocioso—que eran los más del año—, se daba a leer libros de caballerías con tanta afición y gusto, que olvidó casi de todo punto el ejercicio de la caza, y aun la administración de su hacienda; y llegó a tanto su curiosidad y desatino[13] en esto, que vendió muchas fanegas[14] de tierra de sembradura para comprar libros de caballerías en que leer, y así, llevó a su casa todos cuantos pudo haber de ellos; y de todos, ningunos le parecían tan bien como los que compuso el famoso Feliciano de Silva,[15] porque la claridad de su prosa y aquellas entrincadas razones suyas le parecían de perlas, y más cuando llegaba a leer aquellos requiebros y cartas de desafíos, donde en muchas partes hallaba escrito: «La razón de la sinrazón que a mi razón se

hace, de tal manera mi razón enflaquece, que con razón me quejo de la vuestra fermosura». Y también cuando leía: « . . . los altos cielos que de vuestra divinidad divinamente con las estrellas os fortifican, y os hacen merecedora del merecimiento que merece la vuestra grandeza».

Con estas razones perdía el pobre caballero el juicio, y desvelábase por entenderlas y desentrañarles el sentido que no se lo sacara ni las entendiera el mismo Aristóteles, si resucitara para sólo ello. (…)

En resolución, él se enfrascó tanto en su lectura, que se le pasaban las noches leyendo de claro en claro,[16] y los días de turbio en turbio; y así, del poco dormir y del mucho leer, se le secó el cerebro, de manera que vino a perder el juicio. Llenósele la fantasía de todo aquello que leía en los libros, así de encantamientos como de pendencias, batallas, desafíos, heridas, requiebros, amores, tormentas y disparates imposibles; y asentósele de tal modo en la imaginación que era verdad toda aquella máquina de aquellas soñadas invenciones que leía, que para él no había otra historia más cierta en el mundo. (…)

En efecto, rematado ya su juicio, vino a dar en el más extraño pensamiento que jamás dio loco en el mundo, y fue que le pareció convenible y necesario, así para el aumento de su honra como para el servicio de su república, hacerse caballero andante, e irse por todo el mundo con sus armas y caballo a buscar las aventuras y a ejercitarse en todo aquello que él había leído que los caballeros andantes se ejercitaban, deshaciendo todo género de agravios, y poniéndose en ocasiones y peligros donde, acabándolos, cobrase eterno nombre y fama. Imaginábase el pobre ya coronado por el valor de su brazo, por lo menos, del imperio de Trapisonda; y así, con estos tan agradables pensamientos, llevado del extraño gusto que en ellos sentía, se dio prisa a poner en efecto lo que deseaba. Y lo primero que hizo fue limpiar unas armas que habían sido de sus bisabuelos, que, tomadas de orín y llenas de moho, luengos[17] siglos había que estaban puestas y olvidadas en un rincón. Limpiólas y aderezólas lo mejor que pudo; pero vio que tenían una gran falta, y era que no tenían celada de encaje, sino morrión simple,[18] mas a esto suplió su industria, porque de cartones hizo un modo de media celada, que, encajada con el morrión, hacía una apa-

---

cara que la de vaca.

[4] *Stew eaten by the poor.*

[5] Tocino y huevos. (El sábado era un día de semi-ayuno en memoria de la derrota de los moros en 1212 en la batalla de Navás de Tolosa. Tocino y huevos era una comida común de la gente pobre.)

[6] Tipo de paño fino.

[7] *Velvet.*

[8] Calzado que se pone encina del zapato para abrigar el pie.

[9] Paño menos fino que el velarte.

[10] *Housekeeper.*

[11] Caballo.

[12] Apellido.

[13] Locura.

[14] Medida agraria que equivale a 6400 metros cuadrados.

[15] Autor de *Don Florisel de Niquea, Amadís de Grecia* y *La Segunda Celestina,* continuación del libro de Rojas.

---

[16] **De...** *from dusk until dawn. (Note the play on claro, «clear», and «turbio», muddled.)*

[17] Largos.

[18] Una celada (*helmet*) de encaje protegía la coraza; el morrión protegía sólo la parte superior de la cabeza.

riencia de celada entera. Es verdad que para probar si era fuerte y podía estar al riesgo de una cuchillada, sacó su espada y le dio dos golpes, y con el primero y en un punto deshizo lo que había hecho en una semana: y no dejó de parecerle mal la facilidad con que la había hecho pedazos, y por asegurarse de este peligro, la tomó a hacer de nuevo, poniéndole unas barras de hierro por de dentro de tal manera, que él quedó satisfecho de su fortaleza y, sin querer hacer nueva experiencia[19] de ella, la diputó y tuvo por celada finísima de encaje.

Fue luego a ver su rocín, y aunque tenía más cuartos[20] que un real y más tachas que el caballo de Gonela[21] que *tantum pellis et ossa fuit,*[22] le pareció que ni el *Bucéfalo* de Alejandro ni *Babieca* el del Cid con él se igualaban.[23] Cuatro días se le pasaron en imaginar qué nombre le pondría; porque—según se decía él a sí mismo—no era razón que caballo de caballero tan famoso, y tan bueno él por sí, estuviese sin nombre conocido; y así, procuraba acomodársele de manera que declarase quién había sido antes que fuese de caballero andante, y lo que era entonces; pues estaba muy puesto en razón que, mudando su señor estado, mudase él también el nombre, y le cobrase famoso y de estruendo, como convenía a la nueva orden y al nuevo ejercicio que ya profesaba; y así, después de muchos nombres que formó, borró y quitó, añadió, deshizo y tomó a hacer en su memoria e imaginación, al fin le vino a llamar *Rocinante,*[24] nombre, a su parecer, alto, sonoro y significativo de lo que había sido cuando fue rocín, antes de lo que ahora era, que era antes y primero de todos los rocines del mundo.[25]

Puesto nombre, y tan a su gusto, a su caballo, quiso ponérsele a sí mismo, y en este pensamiento duró otros ocho días, y al cabo se vino a llamar *Don Quijote;* de donde, como queda dicho, tomaron ocasión los autores de esta tan verdadera historia que, sin duda, se debía de llamar Quijada, y no Quesada, como otros quisieron

decir. Pero acordándose que el valeroso Amadís[26] no sólo se había contentado con llamarse Amadís a secas, sino que añadió el nombre de su reino y patria, por hacerla famosa, y se llamó Amadís de Gaula, así quiso, como buen caballero, añadir al suyo el nombre de la suya y llamarse *Don Quijote de la Mancha,* con que, a su parecer, declaraba muy al vivo su linaje y patria, y la honraba con tomar el sobrenombre de ella.

Limpias, pues, sus armas, hecho del morrión celada, puesto nombre a su rocín y confirmándose a sí mismo, se dio a entender que no le faltaba otra cosa sino buscar una dama de quien enamorarse; porque el caballero andante sin amores era árbol sin hojas y sin fruto y cuerpo sin alma. Decíase él: «Si yo, por malos de mis pecados, o por mi buena suerte, me encuentro por ahí con algún gigante, como de ordinario les acontece a los caballeros andantes, y le derribo en un encuentro, o le parto por mitad del cuerpo, o, finalmente, le venzo y le rindo, ¿no será bien tener a quien enviarle presentado, y que entre y se hinque de rodillas ante mi dulce señora, y diga con voz humilde y rendida: ‹Yo, señora, soy el gigante Caraculiambro, señor de la ínsula[27] Malindrania, a quien venció en singular batalla el jamás como se debe alabado caballero Don Quijote de la Mancha, el cual me mandó que me presentase ante la vuestra merced, para que la vuestra grandeza disponga de mí a su talante[28]›»? ¡Oh, cómo se holgó nuestro buen caballero cuando hubo hecho este discurso, y más cuando halló a quien dar nombre de su dama! Y fue, a lo que se cree, que en un lugar cerca del suyo había una moza labradora de muy buen parecer, de quien él un tiempo anduvo enamorado, aunque, según se entiende, ella jamás lo supo ni se dio cata[29] de ello. Llamábase Aldonza Lorenzo, y a ésta le pareció ser bien darle título de señora de sus pensamientos, y, buscándole nombre que no desdijese mucho del suyo y que tirase y se encaminase al de princesa y gran señora, vino a llamarla *Dulcinea del Toboso,* porque era natural del Toboso: nombre, a su parecer, músico y peregrino y significativo, como todos los demás que a él y a sus cosas había puesto.

---

[19] *Experiment. (Note that, since the first experiment proved his makeshift helmet unsound, Don Quijote decides not to put this one to the test.)*

[20] *Play on words.* Cuartos *refers both to an equine disease and a small coin worth a fraction of a* real, *a larger coin.*

[21] El bufón Pietro Gonnella cuyo caballo era muy flaco.

[22] Fue todo piel y hueso.

[23] *Bucéfalo and Babieca were famous horses in literature known for their beauty and strength.*

[24] *Hack.*

[25] **Cuando...** *when he had only been an ordinary hack, before he had been raised to the status of the first of all the hacks in the world.*

---

[26] *Amadís was a hero of several books of chivalry, the most famous of which was* Amadís de Gaula. *He is Don Quijote's hero.*

[27] Isla.

[28] **A...** según su voluntad.

[29] Cuenta.

Capítulo VIII

Del buen suceso que el valeroso don Quijote tuvo en la espantable y jamás imaginada aventura de los molinos de viento, con otros sucesos dignos de felice recordación

En esto descubrieron treinta o cuarenta molinos de viento que hay en aquel campo, y así como Don Quijote los vio, dijo a su escudero:

—La ventura va guiando nuestras cosas mejor de lo que acertáramos a desear; porque ves allí, amigo Sancho Panza, dónde se descubren treinta, o poco más, desaforados[30] gigantes con quien pienso hacer batalla y quitarles a todos las vidas, con cuyos despojos comenzaremos a enriquecer; que ésta es buena guerra y es gran servicio de Dios quitar tan mala simiente[31] de sobre la faz de la Tierra.

—¿Qué gigantes? —dijo Sancho Panza.

—Aquéllos que allí ves—respondió su amo—de los brazos largos, que los suelen tener algunos de casi dos leguas.

—Mire vuestra merced—respondió Sancho—que aquéllos que allí se parecen no son gigantes, sino molinos de viento, y lo que en ellos parecen brazos son las aspas, que, volteadas del viento, hacen andar la piedra del molino.

—Bien parece—respondió Don Quijote—que no estás cursado[32] en esto de las aventuras: ellos son gigantes: y si tienes miedo, quítate de ahí, y ponte en oración en el espacio[33] que yo voy a entrar con ellos en fiera y desigual batalla.

Y diciendo esto, dio de espuelas a su caballo *Rocinante*, sin atender a las voces que su escudero Sancho le daba, advirtiéndole que, sin duda alguna, eran molinos de viento, y no gigantes, aquéllos que iba a acometer.[34] Pero él iba tan puesto[35] en que eran gigantes, que ni oía las voces de su escudero Sancho ni echaba de ver, aunque estaba ya bien cerca, lo que eran; antes iba diciendo en voces altas:

—Non fuyades,[36] cobardes y viles criaturas, que un solo caballero es el que os acomete.

Levantóse en esto un poco de viento, y las grandes aspas comenzaron a moverse, lo cual visto por Don Quijote, dijo:

—Pues aunque mováis más brazos que los del gigante Briareo,[37] que lo habéis de pagar.

Y en diciendo esto, y encomendándose de todo corazón a su señora Dulcinea, pidiéndole que en tal trance le socorriese, bien cubierto de su rodela,[38] con la lanza en el ristre,[39] arremetió a todo galope de *Rocinante* y embistió con[40] el primer molino que estaba delante; dándole una lanzada en el aspa, la volvió el viento con tanta furia, que hizo la lanza pedazos, llevándose tras sí al caballo y al caballero, que fue rodando muy maltrecho por el campo. Acudió Sancho Panza a socorrerle a todo correr de su asno, y cuando llegó halló que no se podía menear[41]: tal fue el golpe que dio con él *Rocinante*.

—¡Válgame Dios! —dijo Sancho—. ¿No le dije yo a vuestra merced que mirase bien lo que hacía, que no eran sino molinos de viento, y no lo podía ignorar sino quien llevase otros tales en la cabeza?

—Calla, amigo Sancho—respondió Don Quijote—; que las cosas de la guerra, más que otras están sujetas a continua mudanza; cuanto más, que yo pienso, y es así verdad, que aquel sabio[42] Frestón que me robó el aposento y los libros ha vuelto estos gigantes en molinos por quitarme la gloria de su vencimiento: tal es la enemistad que me tiene; mas al cabo, al cabo, han de poder poco sus malas artes contra la bondad de mi espada.

—Dios lo haga como puede—respondió Sancho Panza.

Y, ayudándole a levantarse, tomó a subir sobre *Rocinante*, que medio despaldado estaba.

Capítulo XVI

De lo que le sucedió al ingenioso hidalgo en la venta que él imaginaba ser castillo

El ventero, que vio a Don Quijote atravesado en el asno, preguntó a Sancho que qué mal traía.[43] Sancho le

---

[30] Enormes.
[31] Semilla.
[32] Instruido.
[33] **Ponte...** *Pray while I.*
[34] Atacar.
[35] Convencido.
[36] No huyáis. (Don Quijote imita el habla de los caballeros antiguos.)

[37] Gigante mitológico que tenía cien brazos.
[38] Escudo.
[39] **En...** *At the ready.*
[40] **Embistió...** Asaltó a.
[41] Mover.
[42] Mago.
[43] **Qué...** *What was the matter with him. (In the previous episode, Rocinante takes a fancy to some mares, who reject*

respondió que no era nada sino que había dado una caída de una peña abajo, y que venía algo brumadas[44] las costillas. Tenía el ventero por mujer a una no de la condición que suelen tener las de semejante trato, porque naturalmente era caritativa y se dolía de las calamidades de sus prójimos; y así, acudió luego a curar a Don Quijote y hizo que una hija suya, doncella, muchacha y de muy buen parecer, la ayudase a curar a su huésped. Servía en la venta asimismo, una moza asturiana, ancha de cara, llana de cogote,[45] de nariz roma,[46] del un ojo tuerta[47] y del otro no muy sana. Verdad es que la gallardía del cuerpo suplía las demás faltas: no tenía siete palmos[48] de los pies a la cabeza, y las espaldas, que algún tanto le cargaban, la hacían mirar al suelo más de lo que ella quisiera. Esta gentil moza, pues, ayudó a la doncella, y las dos hicieron una muy mala cama a Don Quijote, en un camaranchón[49] que, en otros tiempos, daba manifiestos indicios que había servido de pajar[50] muchos años; en el cual también alojaba un arriero,[51] que tenía su cama hecha un poco más allá de la de nuestro Don Quijote. Y aunque era de las enjalmas[52] y mantas de sus machos,[53] hacía mucha ventaja a la de Don Quijote, que sólo contenía cuatro mal lisas tablas[54] sobre dos no muy iguales bancos, y un colchón que en lo sutil parecía colcha lleno de bodoques,[55] que, a no mostrar que eran de lana por algunas roturas, al tiento, en la dureza, semejaban de guijarro,[56] y dos sábanas hechas de cuero de adarga[57] y una frazada, cuyos hilos, si se quisieran contar, no se perdiera uno solo de la cuenta.

En esta maldita cama se acostó Don Quijote, y luego la ventera y su hija le emplastaron de arriba abajo alumbrándoles Maritornes, que así se llamaba la astu-

riana; y como al bizmarle[58] viese la ventera tan acardenalado a partes a Don Quijote, dijo que aquello más parecían golpes que caída.[59]

—No fueron golpes—dijo Sancho—; sino que la peña tenía muchos picos y tropezones, y que cada uno había hecho su cardenal.

Y también le dijo:

—Haga vuestra merced, señora, de manera que queden algunas estopas, que no faltará quien las haya menester; que también me duelen a mí un poco los lomos.

—De esa manera—respondió la ventera—, también debisteis vos de caer.

—No caí—dijo Sancho Panza—: sino que del sobresalto que tomé de ver caer a mi amo, de tal manera me duele a mí el cuerpo, que me parece que me han dado mil palos.

—Bien podrá ser eso—dijo la doncella—; que a mí me ha acontecido muchas veces soñar que caía de una torre abajo, y que nunca acababa de llegar al suelo, y cuando despertaba del sueño, hallarme tan molida y quebrantada como si verdaderamente hubiera caído.

—Ahí está el toque, señora—respondió Sancho Panza—: que yo, sin soñar nada, sino estando más despierto que ahora estoy, me hallo con pocos menos cardenales que mi señor Don Quijote.

—¿Cómo se llama este caballero? —preguntó la asturiana Maritornes.

—Don Quijote de la Mancha—respondió Sancho Panza—; y es caballero aventurero, y de los mejores y más fuertes que de luengos tiempos acá se han visto en el mundo.

—¿Qué es caballero aventurero? —replicó la moza.

—¿Tan nueva sois en el mundo que no lo sabéis vos? —respondió Sancho Panza—. Pues sabed, hermana mía, que caballero aventurero es una cosa que en dos palabras se ve apaleado y emperador: hoy está la más desdichada criatura del mundo y la más menesterosa, y mañana tendrá dos o tres coronas de reinos que dar a su escudero.

—Pues ¿cómo vos, siéndolo de este tan buen señor—dijo la ventera—, no tenéis, a lo que parece, siquiera algún condado?

—Aún es temprano—respondió Sancho—, porque

---

his advances. The mares' masters, seeing their mounts disturbed, give Rocinante a drubbing. When Don Quijote and Sancho try to defend their steed, the owners of the other horses beat them up.)

[44] Adoloridas.

[45] Cuello.

[46] Aplastada.

[47] Ciega.

[48] *Hands. (A unit of measurement.)*

[49] *Storage room.*

[50] *Hayloft.*

[51] *Mulateer.*

[52] *Packsaddles.*

[53] Mulas.

[54] **Mal...** *rough planks.*

[55] *Knots.*

[56] *Pebbles.*

[57] **Cuero...** *The type of leather used for shields.*

---

[58] *Plastering him. (She's putting a kind of plaster dressing on him to cure him.)*

[59] *That is, the bruises seemed to be caused by blows rather than a fall. (Don't forget that Sancho told the innkeeper that their bruises were caused by a fall down a cliff, when actually they were caused by a beating.)*

no ha sido un mes que andamos buscando las aventuras, y hasta ahora no hemos topado con ninguna que lo sea. Y tal vez hay que se busca una cosa y se halla otra. Verdad es que si mi señor Don Quijote sana de esta herida o caída y yo no quedo contrecho de ella, no trocaría mis esperanzas con el mejor título de España.

Todas estas pláticas estaba escuchando, muy atento, Don Quijote, y sentándose en el lecho como pudo, tomando de la mano a la ventera, le dijo:

—Creedme, hermosa señora, que os podéis llamar venturosa por haber alojado en este vuestro castillo a mi persona, que es tal, que si yo no la alabo es por lo que suele decirse que la alabanza propia envilece; pero mi escudero os dirá quién soy. Sólo os digo que tendré eternamente escrito en mi memoria el servicio que me habéis hecho, para agradecéroslo mientras la vida me durare: y pluguiera a los altos cielos que el amor no me tuviera tan rendido y tan sujeto a sus leyes, y los ojos de aquella hermosa ingrata que digo entre mis dientes; que los de esta hermosa doncella fueran señores de mi libertad.

Confusas estaban la ventera y su hija y la buena de Maritornes oyendo las razones[60] del andante caballero, que así las entendían como si hablara en griego, aunque bien alcanzaron que todas se encaminaban a ofrecimiento y requiebros; y, como no usadas[61] a semejante lenguaje, mirábanle y admirábanse[62] y parecíales otro hombre de los que se usaban; y, agradeciéndole con venteriles[63] razones sus ofrecimientos, le dejaron, y la asturiana Maritornes curó a Sancho, que no menos lo había menester que su amo.

Había el arriero concertado con ella que aquella noche se refocilarían[64] juntos, y ella le había dado su palabra de que, estando sosegados los huéspedes y durmiendo sus amos, le iría a buscar y satisfacerle el gusto en cuanto le mandase. Y cuéntase de esta buena moza que jamás dio semejantes palabras que no las cumpliese, aunque las diese en un monte y sin testigo alguno, porque presumía muy de hidalga, y no tenía por afrenta estar en aquel ejercicio de servir en la venta, porque decía ella que desgracias y malos sucesos la habían traído a aquel estado. El duro, estrecho, apocado y fementido lecho de Don Quijote estaba, primero,[65] en mitad de aquel estrellado[66] establo, y luego junto a él, hizo el suyo Sancho, que sólo contenía una estera de enea,[67] y una manta, que antes mostraba ser de anjeo tundido[68] que de lana. Sucedía a estos dos lechos el del arriero, fabricado, como se ha dicho, de las enjalmas y de todo el adorno de los mejores mulos que traía, aunque eran doce, lucios, gordos y famosos, porque era uno de los ricos arrieros de Arévalo, según lo dice el autor de esta historia, que de este arriero hace particular mención, porque le conocía muy bien, y aun quiere decir que era algo pariente suyo. Fuera de que Cide Hamete Benengelí[69] fue historiador muy curioso y muy puntual en todas las cosas, y échase bien de ver, pues las que quedan referidas, con ser tan mínimas y tan raras, no las quiso pasar en silencio; de donde podrán tomar ejemplo los historiadores graves, que nos cuentan las acciones tan corta y sucintamente, que apenas nos llegan a los labios, dejándose en el tintero, ya por descuido, por malicia o ignorancia, lo más sustancial de la obra. ¡Bien haya mil veces el autor de *Tablante de Ricamonte,*[70] y aquel del otro libro donde se cuentan los hechos del conde Tomillas,[71] y con qué puntualidad lo describen todo! Digo, pues, que después de haber visitado el arriero a su recua[72] y dádole el segundo pienso,[73] se tendió en sus enjalmas y se dio a esperar a su puntualísima Maritornes. Ya estaba Sancho bizmado y acostado, y aunque procuraba dormir, no lo consentía el dolor de sus costillas; y Don Quijote, con el dolor de las suyas, tenía los ojos abiertos como liebre. Toda la venta estaba en silencio, y en toda ella no había otra luz que la que daba una lámpara, que, colgada en medio del portal, ardía.

Esta maravillosa quietud, y los pensamientos que siempre nuestro caballero traía de los sucesos que a cada paso se cuentan en los libros autores de su desgracia, le trujo[74] a la imaginación una de las extrañas lecturas que buenamente imaginarse pueden; y fue que él se imaginó haberse llegado a un famoso castillo—que, como se ha dicho, castillos eran a su parecer todas las

---

[60] Palabras.
[61] Acostumbradas.
[62] Estaban muy sorprendidas.
[63] Propias de personas que trabajan en una venta.
[64] Divertirse (hacer el amor).
[65] Era lo primero que se encontraba al entrar en el cuarto.
[66] *Starlit.*
[67] **Estera...** *Rush mat.*
[68] **Anjeo...** *Napless linen.*
[69] *The novel is supposedly a translation of a manuscript by Cide Hamete Benengeli. (See the introduction.)*
[70] Libro de caballerías publicado en 1531.
[71] Personaje secundario de *La historia de Enrique hijo de Oliva,* publicada en Sevilla en 1498.
[72] Es decir, sus mulas.
[73] **Su...** *their second feeding.*
[74] Trajo.

ventas donde alojaba—, y que la hija del ventero lo era del señor del castillo, la cual, vencida de su gentileza, se había enamorado de él, y prometido que aquella noche, a furto[75] de sus padres, vendría a yacer[76] con él una buena pieza; y teniendo toda esta quimera que él se había fabricado, por firme y valedera, se comenzó a acuitar y a pensar en el peligroso trance en que su honestidad se había de ver y propuso en su corazón de no cometer alevosía[77] a su señora Dulcinea del Toboso, aunque la misma reina Ginebra,[78] con su dama Quintañona, se le pusiesen delante.

Pensando, pues en estos disparates, se llegó el tiempo y la hora que para él fue menguada[79]—de la venida de la asturiana, la cual, en camisa y descalza, cogidos los cabellos en una albanega[80] de fustán,[81] con tácitos y atentados pasos, entró en el aposento donde los tres alojaban, en busca del arriero; pero, apenas llegó a la puerta, cuando Don Quijote la sintió, y, sentándose en la cama, a pesar de sus bizmas y con dolor de sus costillas, tendió los brazos para recibir a su hermosa doncella. La asturiana, que, toda recogida y callando, iba con las manos delante buscando a su querido, topó con los brazos de Don Quijote, el cual la asió fuertemente de una muñeca y tirándola hacía sí, sin que ella osase hablar palabra, la hizo sentar sobre la cama. Tentóle luego la camisa, y aunque ella era de harpillera,[82] a él le pareció ser de finísimo y delgado cendal. Traía en las muñecas unas cuentas de vidrio: pero a él le dieron vislumbre de preciosas perlas orientales. Los cabellos, que en alguna manera tiraban a crines,[83] él los marcó por hebras[84] de lucidísimo oro de Arabia, cuyo resplandor al del mismo sol oscurecía. Y el aliento, que, sin duda alguna, olía a ensalada fiambre y trasnochada, a él le pareció que arrojaba de su boca un olor suave y aromático; y, finalmente, él la pintó en su imaginación de la misma traza y modo que lo había leído en sus libros, de la otra princesa que vino a ver al mal herido caballero, vencida de sus amores, con todos los adornos que aquí van puestos. Y era tanta la ceguedad

del pobre hidalgo, que el tacto, ni el aliento, ni otras cosas que traía en sí la buena doncella, no le desengañaban las cuales pudieran hacer vomitar a otro que no fuera arriero; antes le parecía que tenía entre sus brazos a la diosa de la hermosura. Y, teniéndola bien asida, con voz morosa y baja le comenzó a decir:

—Quisiera hallarme en términos, hermosa y alta señora, de poder pagar tamaña[85] merced como la que con la vista de vuestra gran hermosura me habéis hecho; pero ha querido la fortuna, que no se cansa de perseguir a los buenos, ponerme en este lecho, donde yago[86] tan molido y quebrantado, que, aunque de mi voluntad quisiera satisfacer a la vuestra, fuera imposible. Y más, que se añade a esta imposibilidad otra mayor, que es la prometida fe que tengo dada a la sin par Dulcinea del Toboso, única señora de mis más escondidos pensamientos; que si esto no hubiera de por medio, no fuera yo tan sandio[87] caballero que dejara pasar en blanco la venturosa ocasión en que vuestra gran bondad me ha puesto.

Maritornes estaba congojadísima y trasudando,[88] de verse tan asida de Don Quijote, y, sin entender ni estar atenta a las razones que le decía, procuraba, sin hablar palabra, desasirse. El bueno del arriero, a quien tenían despierto sus malos deseos, desde el punto que entró su coima[89] por la puerta, la sintió, estuvo atentamente escuchando todo lo que Don Quijote le decía, y, celoso de que la asturiana le hubiese faltado a la palabra por otro, se fue llegando más al lecho de Don Quijote, y estúvose quedo hasta ver en qué paraban aquellas razones, que él no podía entender; pero como vio que la moza forcejeaba por desasirse y Don Quijote trabajaba por tenerla, pareciéndole mal la burla, enarboló el brazo en alto y descargó tan terrible puñada sobre las estrechas quijadas del enamorado caballero, que le bañó toda la boca en sangre; y, no contento con esto, se le subió encima de las costillas, y, con los pies más que de trote, se las paseó todas de cabo a rabo.

El lecho, que era un poco endeble y de no firmes fundamentos, no pudiendo sufrir la añadidura del arriero, dio consigo en el suelo a cuyo gran ruido despertó el ventero, y luego imaginó que debían de ser pendencias[90] de Maritornes, porque, habiéndola llamado a voces, no respondía. Con esta sospecha, se levantó, y,

---

[75] Escondidas.
[76] *Lie down.*
[77] Traición.
[78] *Guinevere, wife of King Arthur of Britain.*
[79] **Fue...** Se hizo corta.
[80] *Hair net.*
[81] Tipo de tela de algodón.
[82] *Sackcloth, burlap.*
[83] **Tiraban...** *which was almost as coarse as a horse's mane.*
[84] *Threads.*

[85] Tan gran.
[86] *I lie.*
[87] Tonto.
[88] *Sweating like a pig.*
[89] *Moll, girlfriend.*
[90] *Skirmishes, tricks.*

encendiendo un candil,[91] se fue hacia donde había sentido la pelaza.[92] La moza, viendo que su amo venía, y que era de condición terrible, toda medrosica y alborotada, se acogió a la cama de Sancho Panza, que aún dormía, y allí se acurrucó y se hizo un ovillo.[93] El ventero entró, diciendo:

—¿Adónde estás, puta? A buen seguro que son tus cosas éstas.

En esto, despertó Sancho, y, sintiendo aquel bulto casi encima de sí, pensó que tenía la pesadilla, y comenzó a dar puñadas a una y otra parte, y, entre otras, alcanzó con no sé cuántas a Maritornes, la cual, sentida del dolor, echando a rodar la honestidad, dio el retorno a Sancho con tantas, que, a su despecho, le quitó el sueño; el cual, viéndose tratar de aquella manera, y sin saber de quién, alzándose como pudo, se abrazó con Maritornes y comenzaron entre los dos la más reñida y graciosa escaramuza del mundo. Viendo, pues el arriero, a la lumbre del candil del ventero, cuál andaba su dama,[94] dejando a Don Quijote, acudió a darle el socorro necesario. Lo mismo hizo el ventero, pero con intención diferente, porque fue a castigar a la moza, creyendo, sin duda, que ella sola era la ocasión de toda aquella armonía. Y así como suele decirse; «el gato al rato, el rato a la cuerda, la cuerda al palo», daba el arriero a Sancho, Sancho a la moza, la moza a él, el ventero a la moza, y todos menudeaban con tanta prisa, que no se daban punto de reposo; y fue lo bueno que al ventero se le apagó el candil, y como quedaron a escuras, dábanse[95] tan sin compasión, todos a bulto, que adoquiera que ponían la mano no dejaban cosa sana. (...)

Segunda parte

Capítulo XLI

(La condesa Trifaldi dice a don Quijote que para salvarla tendrá que llegar al reino de Candaya a lomos de Clavileño, un famosos caballo que vuela.)

**De la venida de «Clavileño», con el fin
de esta dilatada[96] aventura**

Llegó en esto la noche, y con ella el punto determi-

nado en que el famoso caballo *Clavileño* viniese, cuya tardanza fatigaba ya a Don Quijote, pareciéndole que, pues Malambruno[97] se detenía en enviarle, o que él no era el caballero para quien estaba guardada aquella aventura, o que Malambruno no osaba venir con él a singular batalla. Pero veis aquí cuando a deshora[98] entraron por el jardín cuatro salvajes vestidos todos de verde hiedra, que sobre los hombros traían un gran caballo de madera. Pusiéronle de pies en el suelo, y uno de los salvajes dijo:

—Suba sobre esta máquina el caballero que tuviere ánimo para ello.

—Aquí—dijo Sancho— yo no subo, porque ni tengo ánimo, ni soy caballero.

Y el salvaje prosiguió diciendo:

—Y ocupe las ancas el escudero, si es que lo tiene, y fíese del valeroso Malambruno, que si no fuere de su espada, de ninguna otra, ni de otra malicia, será ofendido; y no hay más que torcer esta clavija que sobre el cuello trae puesta, que él los llevará por los aires adonde los atiende[99] Malambruno; pero porque la alteza y sublimidad del camino no les cause vahidos,[100] se han de cubrir los ojos hasta que el caballo relinche,[101] que será señal de haber dado fin a su viaje.

Esto dicho, dejando a *Clavileño* con gentil continente[102] se volvieron por donde habían venido. La Dolorida,[103] así como vio al caballo, casi con lágrimas dijo a Don Quijote:

—Valeroso caballero, las promesas de Malambruno han sido ciertas; el caballo está en casa, nuestras barbas crecen, y cada una de nosotras y con cada pelo de ellas te suplicamos nos rapes y tundas,[104] pues no está en más sino en que subas en él con tu escudero y des feliz principio a vuestro nuevo viaje.

—Esto haré yo, señora condesa Trifaldi, de muy buen grado y de mejor talante,[105] sin ponerme a tomar cojín, ni calzarme espuela, por no detenerme: tanta es la gana que tengo de veros a vos, señora, y a todas es-

---

[91] *Oil lamp.*
[92] *Scuffle.*
[93] **Se...** *She rolled herself into a ball.*
[94] **Cuál...** *What his lady was up to.*
[95] *They beat one another.*
[96] *Drawn out.*

[97] Gigante y mal encantador que es enemigo de don Quijote.
[98] *Unexpectedly.*
[99] Espera.
[100] *Giddiness, dizziness.*
[101] *Neighs.*
[102] Decoro, cortesía.
[103] *The Doleful One (Countess Trifaldi). The lady and her attendants have grown beards, and the beards will only stop growing when Don Quijote completes his adventure.)*
[104] **Te...** *We beg you to shave and shear us.*
[105] Disposición.

tas dueñas rasas y mondas.

—Eso no lo haré yo—dijo Sancho—, ni de malo ni buen talante, en ninguna manera; y si es que este rapamiento no se puede hacer sin que yo suba a las ancas, bien puede buscar mi señor otro escudero que le acompañe, y estas señoras, otro modo de aliarse los rostros; que yo no soy brujo para gustar de andar por los aires. Y ¿qué dirán mis insulanos[106] cuando sepan que su gobernador se anda paseando por los vientos? Y otra cosa más: que habiendo tres mil y tantas leguas de aquí a Candaya, si el caballo se cansa o el gigante se enoja, tardaremos en dar la vuelta media docena de años y ya ni habrá ínsula, ni ínsulos en el mundo que me conozcan; y pues se dice comúnmente que en la tardanza va el peligro y que cuando te dieren la vaquilla acudas con la soguilla,[107] perdónenme las barbas de estas señoras, que bien se está San Pedro en Roma; quiero decir que bien me estoy en casa, donde tanta merced se me hace y de cuyo dueño tan gran bien espero como es verme gobernador.

A lo que el duque dijo:

—Sancho amigo, la ínsula que yo os he prometido no es movible ni fugitiva; raíces tiene tan hondas, echadas en los abismos de la tierra, que no la arrancarán ni mudarán de donde está a tres tirones,[108] y pues vos sabéis que sé yo que no hay ningún género de oficios de estos de mayor cuantía que no se granjee con alguna suerte de cohecho[109]; cuál más, cuál menos, el que yo quiero llevar por este gobierno es que vais[110] con vuestro señor Don Quijote a dar cima y cabo[111] a esta memorable aventura: que ahora, volváis sobre *Clavileño* con la brevedad que su ligereza promete, ora la contraria fortuna os traiga y vuelva a pie, hecho romero, de mesón en mesón y de venta en venta, siempre que volviereis halleréis vuestra ínsula donde la dejáis, y a vuestros insulanos con el mismo deseo de recibiros por su gobernador que siempre han tenido, y mi voluntad será la misma; y no pongáis duda en esta verdad, señor Sancho: que sería hacer notorio agravio al deseo que de serviros tengo.

—No más, señor—dijo Sancho—; yo soy un pobre escudero y no puedo llevar a cuestas tantas cortesías; suba mi amo, tápenme estos ojos y encomiéndenme a Dios, y avísenme si cuando vamos por esas altanerías podré encomendarme a Nuestro Señor o invocar los ángeles que me favorezcan.[112]

A lo que respondió Trifaldi:

—Sancho, bien podéis encomendaros a Dios o a quien quisiereis, que Malambruno, aunque es encantador, es cristiano, y hace sus encantamientos con mucha sagacidad y con mucho tiento, sin meterse con nadie.

—¡Ea!, pues—dijo Sancho—, Dios me ayude y la Santísima Trinidad de Gaeta.[113]

—Desde la memorable aventura de los batanes[114]—dijo Don Quijote—, nunca he visto a Sancho con tanto temor como ahora, y si yo fuera tan agorero[115] como otros, su pusilanimidad me hiciera algunas cosquillas en el ánimo. Pero llegaos aquí, Sancho; que con licencia de estos señores os quiero hablar aparte dos palabras.

Y apartando a Sancho entre unos árboles del jardín y asiéndole ambas manos, le dijo:

—Ya ves, Sancho hermano, el largo viaje que nos espera, y que sabe Dios cuándo volveremos de él, ni la comodidad y espacio que nos darán los negocios; y así, querría que ahora te retirases en tu aposento, como que vas a buscar alguna cosa necesaria para el camino, y en un daca las pajas te dieses a buena cuenta de los tres mil y trescientos azotes a que estás obligado, siquiera quinientos, que dados te los tendrás, que el comenzar las cosas es tenerlas medio acabadas.

—Par[116] Dios—dijo Sancho—, que vuesa merced debe de ser menguado[117]; esto es como aquello que dicen: «¡En prisa me ves y doncellez me demandas!»[118] ¿Ahora que tengo de ir sentado en una tabla rasa quiere vuesa merced que me lastime las posas[119]? En verdad, en verdad que no tiene vuesa merced razón. Vamos ahora a rapar estas dueñas, que a la vuelta yo le prometo a vuesa merced, como quien soy, de darme tanta prisa a salir de mi obligación, que vuesa merced se

---

[106] *Islanders. (Sancho has always wanted to govern an island, and the Duke has promised to give him one.)*

[107] **Cuando...** *When they offer you a calf, run with the halter. (That is, don't delay or you might miss your chance.)*

[108] **A...** *Even if you pull at it.*

[109] **No...** *There's no post of high rank that isn't won with some sort of bribe. (Note the irony.)*

[110] Vayáis.

[111] **A...** a poner fin.

[112] Referencia a la costumbre que tenían las brujas de invocar a los santos y a los ángeles antes de volar por el cielo.

[113] Monasterio cerca de Nápoles.

[114] *Fulling mills. (Reference to a previous adventure.)*

[115] *Pessimist, believer in bad omens.*

[116] *Por.*

[117] *Loco.*

[118] **En...** *You see me in a pinch and you ask me if I'm a virgin. (In other words, I've got more important things to think about now!)*

[119] *Buttocks.*

contente, y no le digo más.

Y Don Quijote respondió:

—Pues con esa promesa, buen Sancho, voy consolado, y creo que la cumplirás, porque, en efecto, aunque tonto, eres hombre verídico.

—No soy verde,[120] sino moreno—dijo Sancho—; pero aunque fuera de mezcla, cumpliera mi palabra.

Y con esto se volvieron a subir en *Clavileño,* y al subir dijo Don Quijote:

—Tapaos, Sancho, y subid, Sancho, que quien de tan lueñas[121] tierras envía por nosotros no será para engañarnos por la poca gloria que le puede redundar de engañar a quien de él se fía; y puesto que todo sucediese al revés de lo que imagino, la gloria de haber emprendido esta hazaña no la podrá oscurecer malicia alguna.

—Vamos, señor—dijo Sancho—, que las barbas y lágrimas de estas señoras las tengo clavadas en el corazón, y no comeré bocado que bien me sepa hasta verlas en su primera lisura. Suba vuesa merced y tápese primero, que si yo tengo de ir a las ancas, claro está que primero sube el de la silla.[122]

—Así es la verdad—replicó Don Quijote.

Y sacando un pañuelo de la faltriquera,[123] pidió a la Dolorida que le cubriese muy bien los ojos, y habiéndoselos cubierto, se volvió a descubrir y dijo:

—Si mal no me acuerdo, yo he leído en Virgilio aquello del Paladión de Troya, que fue un caballo de madera que los griegos presentaron a la diosa Palas, el cual iba preñado de caballeros armados, que después fueron la total ruina de Troya; y así, será bien ver primero lo que *Clavileño* trae en su estómago.

—No hay para qué—dijo la Dolorida—; que yo le fío y sé que Malambruno no tiene nada de malicioso ni de traidor; vuesa merced, señor Don Quijote, suba sin pavor alguno, y a mi daño si alguno le sucediere.

Parecióle a Don Quijote que cualquiera cosa que replicase acerca de su seguridad sería poner en detrimento su valentía, y así, sin más altercar, subió sobre *Clavileño* y le tentó la clavija, que fácilmente se rodeaba; como no tenía estribos y le colgaban las piernas, no parecía sino figura de tapiz flamenco, pintada o tejida en algún romano triunfo. De mal talante y poco a poco llegó a subir Sancho, y acomodándose lo mejor que pudo en las ancas, las halló algo duras y no nada blan-

das, y pidió al duque que, si fuese posible, le acomodasen de algún cojín o de alguna almohada, aunque fuese del estrado de su señora la duquesa o del lecho de algún paje; porque las ancas de aquel caballo más parecían de mármol que de leño. A esto dijo la Trifaldi que ningún jaez ni ningún género de adorno sufría sobre sí *Clavileño;* que lo que podía hacer era ponerse a mujeriegas, y que así no sentiría tanto la dureza. Hízolo así Sancho, y diciendo: «Adiós», se dejó vendar los ojos, y ya después de vendados se volvió a descubrir, y mirando a todos los del jardín tiernamente y con lágrimas, dijo que le ayudasen en aquel trance con sendos paternostres y sendas avemarías, porque Dios deparase quien por ellos dijese cuando en semejantes trances se viesen. A lo que dijo Don Quijote:

—Ladrón, ¿estás puesto en la horca, por ventura, o en el último término de la vida, para usar de semejantes plegarias?[124] ¿No estás, desalmada y cobarde criatura, en el mismo lugar que ocupó la linda Magalona, del cual descendió, no a la sepultura, sino a ser reina de Francia, si no mienten las historias? Y yo, que voy a tu lado, ¿no puedo ponerme al del valeroso Pierres,[125] que oprimió este mismo lugar que yo ahora oprimo? Cúbrete, cúbrete, animal descorazonado, y no te salga a la boca el temor que tienes, a lo menos en presencia mía.

—Tápenme—respondió Sancho—; y pues no quieren que me encomiende a Dios ni que sea encomendado, ¿qué mucho que tema no ande por aquí alguna región de diablos, que den con nosotros en Peravillo[126]?

Cubriéronse, y sintiendo Don Quijote que estaba como había de estar, tentó la clavija, y apenas hubo puesto los dedos en ella, cuando todas las dueñas y cuantos estaban presentes levantaron las voces, diciendo:

—¡Dios te guíe, valeroso caballero!

—¡Dios sea contigo, escudero intrépido!

—¡Ya, ya vais por esos aires, rompiéndolos con más velocidad que una saeta!

—¡Ya comenzáis a suspender y admirar a cuantos desde la tierra os están mirando!

—¡Tente, valeroso Sancho, que te bamboleas[127]! ¡Mira no caigas, que será peor tu caída que la del atrevido mozo que quiso regir el carro del sol,[128] su padre!

---

[120] *Sancho has misunderstood Don Quijote's use of the term* verídico, *«truthful», «honest».*

[121] Lejanas, distantes.

[122] *Saddle.*

[123] Bolsillo.

[124] **Ladrón...** *Thief, are you on the fallow or at your last gasp, to resort to such prayers?*

[125] Pierres era rey de Nápoles y no de Francia.

[126] Pueblo cerca de Ciudad Real, donde la Santa Hermandad juzgaba a los delincuentes.

[127] **Te...** *you're wobbling.*

[128] Alusión a Faetón, hijo del Sol, que, habiendo recibido

Oyó Sancho las voces, y apretándose con su amo y ciñéndose con los brazos, le dijo:

—Señor, ¿cómo dicen éstos que vamos tan altos, si alcanzan acá sus voces, y no parece sino que están aquí hablando, junto a nosotros?

—No repares en eso, Sancho; que como estas cosas y estas volaterías van fuera de los cursos ordinarios,[129] de mil leguas verás y oirás lo que quisieres. Y no me aprietes tanto, que me derribas; y en verdad que no sé de qué te turbas ni te espantas; que osaré jurar que en todos los días de mi vida he subido en cabalgadura[130] de paso más llano; no parece sino que no nos movemos de un lugar. Destierra, amigo, el miedo; que, en efecto, la cosa va como ha de ir, y el viento llevamos en popa.

—Así es la verdad—respondió Sancho—; que por este lado me da un viento tan recio, que parece que con mil fuelles[131] me estén soplando.

Y así era ello: que unos grandes fuelles les estaban haciendo aire; tan bien trazada estaba la tal aventura por el duque y la duquesa y su mayordomo, que no le faltó requisito que la dejase de hacer perfecta.

Sintiéndose, pues, soplar, Don Quijote dijo:

—Sin duda alguna, Sancho, que ya debemos de llegar a la segunda región del aire, adonde se engendra el granizo o las nieves; los truenos, los relámpagos y los rayos se engendran en la tercera región, y si es que de esta manera vamos subiendo, presto daremos en la región del fuego, y no sé como templar esta clavija para que no subamos donde nos abrasemos.

En esto, con unas estopas ligeras de encenderse y apagarse desde lejos, pendientes de una caña, les calentaban los rostros. Sancho, que sintió el calor, dijo:

—Que me maten si no estamos ya en el lugar del fuego, o bien cerca; porque una gran parte de mi barba se me ha chamuscado,[132] y estoy, señor, por descubrirme y ver en qué parte estamos.

—No hagas tal—respondió Don Quijote—, y acuérdate del verdadero cuento del licenciado Torralba,[133] a quien llevaron los diablos en volandas por los aires, caballero en una caña, cerrados los ojos, y en doce horas llegó a Roma, y se apeó en Torre de No-

na,[134] que es una calle de la ciudad, y vio todo el fracaso y asalto y muerte de Borbón,[135] y por la mañana ya estaba de vuelta en Madrid, donde dio cuenta de todo lo que había visto; el cual asimismo dijo que cuando iba por el aire le mandó el diablo que abriese los ojos y los abrió, y se vio tan cerca, su parecer, del cuerpo de la Luna, que la pudiera asir con la mano, y que no osó mirar a la Tierra por no desvanecerse. Así que, Sancho, no hay para qué descubrirnos[136]; que el que nos lleva a cargo, él dará cuenta de nosotros, y quizá vamos tomando puntas[137] y subiendo en alto para dejarnos caer de una sobre el reino de Candaya, como hace el sacre o neblí[138] sobre la garza, para cogerla por más que se remonte; y aunque nos parece que no ha media hora que nos partimos del jardín, créeme que debemos de haber hecho gran camino.

—No sé lo que es—respondió Sancho Panza—; sólo sé decir que si la señora Magallanes o Magalonas se contentó de estas ancas, que no debía de ser muy tierna de carnes.

Todas estas pláticas de los dos valientes oían el duque y la duquesa y los del jardín, de lo que recibían extraordinario contento; y queriendo dar remate a la extraña y bien fabricada aventura, por la cola de *Clavileño* le pegaron fuego con unas estopas, y al punto por estar el caballo lleno de cohetes tronadores, voló por los aires, con extraño ruido, y dio con Don Quijote y con Sancho Panza en el suelo medio chamuscados.

En este tiempo ya se había desaparecido del jardín todo el barbado escuadrón de las dueñas, y la Trifaldi y todo, y los del jardín quedaron como desmayados, tendidos por el suelo. Don Quijote y Sancho se levantaron maltrechos, y mirando a todas partes quedaron atónitos de verse en el mismo jardín de donde habían partido, y de ver tendido por tierra tanto número de gente; y creció más su admiración cuando a un lado del jardín vieron hincada una gran lanza en el suelo, y pendiente de ella y de dos cordones de seda verde un pergamino liso y blanco, en el cual, con grandes letras de oro, estaba escrito lo siguiente:

«El ínclito caballero Don Quijote de la Mancha, feneció[139] y acabó la aventura de la condesa Trifaldi, por

---

permiso de su padre para guiar su carro, lo condujo de una manera tan imprudente que casi abrasó el mundo.

[129] **Van...** Son tan extraordinarias.

[130] Caballo.

[131] Abanicos.

[132] *Singed.*

[133] Eugenio Torralba, de quien se decía que volaba por el aire montado en una caña. Fue juzgado por la Inquisición de Cuenca en 1531.

---

[134] Cárcel de Roma.

[135] Se refiere a Carlos, duque de Borbón (1490-1527), que murió en el saco de Roma combatiendo con las fuerzas de Carlos V.

[136] *Uncover ourselves.*

[137] **Tomando...** *Taking our time.*

[138] *The* sacre *and* neblí *are birds of prey.*

[139] Completó.

otro nombre llamada la Dueña Dolorida, y compañía, con sólo intentarla.

«Malambruno se da por contento y satisfecho a toda su voluntad, y las barbas de las dueñas ya quedan lisas y mondas, y los reyes don Clavijo y Antonomasia, en su prístino estado. Y cuando se cumpliere el escuderil vápulo,[140] la blanca paloma se verá libre de los pestíferos gerifaltes[141] que la persiguen, y en brazos de su querido arrullador: que así está ordenado por el sabio Merlín, protoencantador de los encantadores».

Habiendo, pues, Don Quijote leído las letras de pergamino, claro entendió que del desencanto de Dulcinea hablaban; y dando muchas gracias al Cielo de que con tan poco peligro hubiese acabado tan gran hecho, reduciendo a su pasada tez los rostros de las venerables dueñas, que ya no parecían, se fue a donde el duque y la duquesa aún no había vuelto en sí, y trabando de la mano al duque, le dijo:

—Ea, buen señor, buen ánimo: buen ánimo, que todo es nada! La aventura es ya acabada, sin daño de barras,[142] como lo muestra claro el escrito que en aquel padrón está puesto.

El duque, poco a poco, y como quien de un pesado sueño recuerda,[143] fue volviendo en sí, y por el mismo tenor la duquesa y todos los que por el jardín estaban caídos, con tales muestras de maravilla y espanto, que casi se podían dar a entender haberles acontecido de veras lo que tan bien sabían fingir de burlas. Leyó el duque el cartel con los ojos medio cerrados, y luego, con los brazos abiertos, fue a abrazar a Don Quijote, diciéndole ser el más buen caballero que en ningún siglo se hubiese visto. Sancho andaba mirando por la Dolorida, por ver qué rostro tenía sin las barbas, y si era tan hermosa sin ellas como su gallarda disposición prometía; pero dijéronle que así como *Clavileño* bajó ardiendo por los aíres y dio en el suelo, todo el escuadrón de las dueñas, con la Trifaldi, habían desaparecido, y que ya iban rapadas y sin cañones.[144] Preguntó la duquesa a Sancho que cómo le había ido en aquel largo viaje. A lo cual Sancho respondió:

—Yo, señora, sentí que íbamos, según mi señor me dijo, volando por la región del fuego, y quise descubrirme un poco los ojos; pero mi amo, a quien pedí licencia para descubrirme, no lo consintió; mas yo, que tengo no sé qué briznas de curioso y de desear saber lo que se me estorba e impide, bonitamente y sin que nadie lo viese, por junto a las narices aparté tanto cuanto el pañizuelo que me tapaba los ojos, y por allí miré hacia la Tierra, y parecióme que toda ella no era mayor de un grano de mostaza, y los hombres que andaban sobre ella, poco mayores que avellanas porque se vea cuán altos debíamos de ir entonces.

A esto dijo la duquesa:

—Sancho amigo, mirad lo que decís, que a lo que parece, vos no vistes la Tierra, sino los hombres que andaban sobre ella; y está claro que si la Tierra os pareció como un grano de mostaza y cada hombre como una avellana, un hombre solo había de cubrir toda la Tierra.

—Así es verdad—respondió Sancho—; pero, con todo eso, la descubrí por un ladito, y la vi toda.

—Mirad, Sancho—dijo la duquesa—, que por un ladito no se ve el todo de lo que se mira.

—Yo no sé esas miradas—replicó Sancho—; sólo sé que será bien que vuestra señoría entienda que pues volábamos por encantamiento, por encantamiento podía yo ver toda la Tierra y todos los hombres por doquiera que los mirara; y si esto no se me cree, tampoco creerá vuesa merced cómo descubriéndome por junto a las cejas, me vi tan junto al cielo, que no había de mí a él palmo y medio, y por lo que puedo jurar, señora mía, que es muy grande además. Y sucedió que íbamos por parte donde están las siete cabrillas,[145] y en Dios, y en mi ánima que como yo en mi niñez fui en mi tierra cabrerizo,[146] que así como las vi, ¡me dio una gana de entretenerme con ellas un rato! . . . Y si no la cumpliera me parece que reventara. Vengo, pues, y tomo, y ¿qué hago? Sin decir nada a nadie, ni a mi señor tampoco, bonita y pasitamente me apeé de *Clavileño,* y me entretuve con las cabrillas, que son como unos alhelíes[147] y como unas flores, casi tres cuartos de hora, y *Clavileño* no se movió de un lugar, ni pasó adelante.

—Y en tanto que el buen Sancho se entretenía con las cabras—preguntó el duque—, ¿en qué se entretenía el señor Don Quijote?

A lo que Don Quijote de la Mancha respondió:

—Como todas estas cosas y estos tales sucesos van fuera del orden natural, no es mucho que Sancho diga lo que dice. De mí sé decir que ni me descubrí por alto ni por bajo, ni vi el cielo, ni la tierra, ni la mar, ni las arenas. Bien es verdad que sentí que pasaba por la re-

---

[140] **Escuderil...** *Squirely whipping.*
[141] Tipo de halcón.
[142] **Sin...** *sin que nadie se haya herido.*
[143] Despierta.
[144] *Stubble.*

[145] Constelación de las Pléyades.
[146] *Goatherd.*
[147] Tipo de flor.

gión del aire, y aun que tocaba a la del fuego; pero que pasásemos de allí no lo puedo creer, pues estando la región del fuego entre el cielo de la Luna y la última región de aire, no podíamos llegar al cielo donde están las siete cabrillas que Sancho dice, sin abrasarnos; y pues no nos asuramos,[148] Sancho miente, o Sancho sueña.

—Ni miento ni sueño—respondió Sancho—; si no, pregúntenme las señas de las tales cabras, y por ellas verán si digo verdad o no.

—Dígalas, pues, Sancho—dijo la duquesa.

—Son—respondió Sancho—las dos verdes, las dos encarnadas,[149] las dos azules, y la una de mezcla.

—Nueva manera de cabras es ésa—dijo el duque—y por esta nuestra región del suelo no se usan tales colores; digo, cabras de tales colores.

—Bien claro está eso—dijo Sancho—; sí, que diferencia ha de haber de las cabras del cielo a las del suelo.

—Decidme, Sancho—preguntó el duque—: ¿vistes allá entre esas cabras algún cabrón?

—No, señor—respondió Sancho—; pero oí decir que ninguno pasaba de los cuernos de la Luna.

No quisieron preguntarle más de su viaje, porque les pareció que llevaba Sancho hilo de pasearse por todos los cielos, y dar nuevas de cuanto allá pasaba, sin haberse movido del jardín.

En resolución, éste fue el fin de la aventura de la Dueña Dolorida, que dio que reír a los duques, no sólo aquel tiempo, sino el de toda su vida, y que contar a Sancho siglos, si los viviera; y llegándose Don Quijote a Sancho, al oído le dijo:

—Sancho, pues vos queréis que se os crea lo que habéis visto en el cielo, yo quiero que vos me creáis a mí lo que vi en la cueva de Montesinos.[150] Y no os digo más.

𝒯emas

Comprensión del texto: Capítulo I

1. ¿Cómo describe el narrador a don Quijote al principio del primer capítulo? ¿Por qué no precisa su nombre y su lugar de nacimiento?

2. ¿Qué tipo de libros le gustan a don Quijote? ¿Por

qué cree usted que don Quijote encuentra atractivas estas historias? ¿Qué «extraño pensamiento» tuvo?

3. ¿Cómo se prepara para salir a buscar aventuras? ¿En qué estado están las armas? ¿Cómo prueba si es bastante fuerte la celada para aguantar un golpe? ¿Qué hace cuando descubre que no lo es?

4. ¿Cómo es el caballo que escoge? ¿Qué nombre le pone? ¿Por qué?

5. ¿Cómo escoge un nombre para sí mismo?

6. ¿Por qué es esencial que tenga una dama? ¿Quién es Aldonza Lorenzo? ¿Cómo es?

Capítulo VIII

1. ¿Cómo transforma don Quijote los molinos de viento en su mente?

2. ¿Cómo reacciona Sancho cuando su amo los llama «gigantes»? ¿En qué consiste el humor de esta conversación?

3. ¿Qué pasa cuando ataca a los «gigantes»? ¿Cómo explica don Quijote su «derrota»?

Capítulo XVI

1. ¿En qué estado están don Quijote y Sancho al llegar a la venta?

2. ¿Dónde cree don Quijote que está? ¿Por qué?

3. ¿Quién es Maritornes? Describa la conversación que tiene con Sancho.

4. Cuando don Quijote se dirige a la ventera, ¿qué estilo de lenguaje usa? ¿Qué le dice? ¿Por qué la deja confusa?

5. ¿Qué le había prometido Maritornes al arriero? ¿Qué tipo de hombre es?

6. ¿Qué dice el narrador de Cide Hamete Benengeli? ¿Por qué cree usted que el narrador lo menciona?

7. ¿Qué pasa cuando Maritornes entra en el cuarto para encontrarse con el arriero? ¿Qué le dice don Quijote? Describa su lenguaje.

8. ¿Qué piensa el arriero? ¿Qué pasa cuando Maritornes trata de levantarse?

9. ¿Qué piensa Sancho cuando ella se acurruca en su cama?

10. ¿Qué dice el ventero al llegar al cuarto?

Capítulo XVI

1. ¿Cómo ha cambiado la situación de don Quijote? ¿Por qué ya no necesita inventar aventuras?

---

[148] Quemamos.
[149] *Scarlet.*
[150] Don Quijote jura haber visto a algunos caballeros andantes antiguos y a Dulcinea vestida de labradora en la cueva de Montesinos (II, 22-23).

2. ¿Qué es Clavileño? ¿Cómo convencen a don Quijote de que se suba a sus lomos?

3. ¿Quiere Sancho montar Clavileño? ¿Cómo le convence el duque? ¿Cuál es la gran fantasía de Sancho? ¿Cómo lo manipula el duque?

4. ¿Cómo reacciona don Quijote cuando Sancho se pone a rezar? ¿Por qué?

5. ¿Qué comentario hace Sancho acerca de las voces que oyen? ¿Cómo nos damos cuenta de que Sancho es más astuto de lo que parece? ¿Cree usted que Sancho ha creído la historia de Clavileño?

6. ¿Qué explicación le da don Quijote?

7. ¿Cómo crean los duques la ilusión de que don Quijote y Sancho están volando por el aire y que están acercándose al sol?

8. ¿Cómo reacciona don Quijote cuando Sancho dice que está por descubrirse para ver en qué parte están? ¿Por qué cree usted que reacciona así?

9. ¿Cómo reaccionan los duques y sus amigos a la conversación del viejo hidalgo y su compañero?

10. ¿Cómo termina la aventura?

11. ¿Qué dice Sancho que vio mientras volaba sobre Clavileño? ¿Cuál es la importancia de estas palabras de la duquesa: «Por un ladito no se ve el todo de lo que se mira»?

12. ¿Por qué región dice Sancho que volaron? ¿Qué dice que hizo con las siete cabrillas?

13. ¿Por qué dice Sancho, «pues volábamos por encantamiento, por encantamiento podía yo ver toda la Tierra»? ¿Qué indicios hay de que Sancho está inventando la historia de las siete cabrillas? ¿Cómo arrincona a la duquesa?

14. ¿Qué revela el comentario que hace don Quijote al final del capítulo sobre la cueva de Montesinos?¿Hay un elemento de cinismo en este comentario? Explique.

Análisis literario

1. ¿Cómo se burla el narrador de las exageraciones estilísticas de las novelas de caballerías? ¿Qué quiere decir «se le pasaban las noches leyendo de claro en claro, y los días de turbio en turbio»?

2. ¿En qué sentido es don Quijote un *self-made man*? ¿Cómo se transforma?

3. Compare la perspectiva de don Quijote con la de Sancho.

4. ¿En qué sentido es lógica la conducta de don Quijote dentro del marco de referencia de la ficción caballeresca?

5. ¿Qué ejemplos de intertextualidad encuentra usted en estas selecciones?

6. Mencione un ejemplo del perspectivismo. ¿Qué función tiene en el libro?

7. ¿En qué consiste el humor en *Don Quijote*?

8. ¿Cómo cambia nuestra percepción de Sancho en la segunda parte del libro? ¿Qué cree usted que Cervantes sugiere con respecto a las ambiciones y motivaciones? ¿Cómo forman y transforman al ser humano?

9. ¿Cree usted que miente Sancho o que está convencido realmente de que vio las cabrillas? ¿Cómo lo defiende don Quijote? ¿Por qué?

10. ¿Cómo cambia don Quijote en la segunda parte del libro? ¿Qué indicios hay de que empieza a debilitarse su voluntad?

El florecimiento del teatro nacional

LOPE FÉLIX DE VEGA CARPIO (1562-1635)

Considerado el padre del teatro nacional, Lope de Vega comenzó a escribir comedias* en un período de intensa actividad y experimentación creadora. Uno de los escritores más prolíficos de la historia española, el mismo Lope da testimonio de su extensa obra cuando, en 1632 (tres años antes de su muerte), afirma que había compuesto unas mil quinientas comedias. Aunque también escribió poesía, novelas y un tratado sobre el teatro, es por sus piezas dramáticas que es considerado una de las figuras cumbres de la literatura europea. A causa de la abundancia de su producción, mereció los sobrenombres de «Fénix de los Ingenios» y «Monstruo de la Naturaleza».

Lope define sus ideas sobre la *comedia*—término que en aquella época significaba simplemente «obra de teatro»—en su *Arte nuevo de hacer comedias en este tiempo* (1609). Afirma que su objetivo al escribir piezas es agradar al público. Busca temas y técnicas que seduzcan al hombre común sin dar gran importancia a las opiniones de doctos y cultos, aunque considera un honor que reyes y nobles expresen entusiasmo por sus creaciones dramáticas.

La teoría clásica distingue tres *unidades**: la de acción, la de lugar y la de tiempo. La primera estipula que una obra no debe incluir subargumentos* o intrigas secundarias que puedan distraer o confundir al espectador. La segunda y tercera establecen que toda la acción debe tener lugar en un solo sitio y ocupar el espacio de un solo día. Aunque no había una escuela clásica organizada con ideas uniformes en cuanto a las unidades, algunos dramaturgos insistían en una u otra de ellas, y algunos insisten en las tres. Lope rompe con todos los preceptos. Algunos críticos afirman que respeta la unidad de acción casi siempre, pero otros señalan que en las obras de Lope, tanto como en las de sus seguidores, son comunes los argumentos paralelos —por ejemplo, los amores entre criados— o las intrigas anexas. Para Lope, lo importante es que los dos hilos se relacionen al final y que la acción se integre de algún modo.

Lope busca temas que entretengan y conmuevan a sus espectadores además de argumentos que respondan a sus valores y preocupaciones. En su *Arte nuevo* identifica el amor y el honor como materias que apasionan al público. Como los teóricos del amor cortés y neoplatónico que le preceden, Lope ve el amor como una emoción valiosa que estimula al hombre a mejorar su condición y a realizar actos nobles. Por otra parte, el amor es una pasión irrefrenable que a veces lleva al amante, que fácilmente se entrega a los celos, a cometer actos violentos.

El honor es uno de los grandes temas del teatro lopesco. En este período, el honor se entiende como un valor social; es el equivalente de fama o reputación. Según este concepto, el honor depende de dos factores: la pureza de sangre (es decir, el no ser de ascendencia semita) y la castidad de las mujeres de la familia. El honor sexual ocupa un lugar central en la *comedia*, ya que despierta pasiones violentas y provoca confrontaciones dramáticas que mantienen fácilmente el interés del público.

El código social que domina la escena española de los siglos XVI y XVII obliga al caballero (o al villano rico) a defender su honor contra cualquier afrenta real o imaginada. Sin embargo, su honor no está enteramente en sus manos, ya que depende de la virtud de la mujer de la cual se siente responsable. El hombre llega a obsesionarse con el honor, vigilando a su esposa, a su hermana o a su hija celosamente para que ninguna acción de parte de ella repercuta en la fama de él. Al sospechar que se ha mancillado la castidad de alguna de «sus mujeres», el noble se siente obligado a matar no sólo al hombre que ha causado su deshonra, sino también a la mujer. Los críticos e historiadores no están de acuerdo sobre la autenticidad de esta representación del honor. Existen documentos legales de la época que indican que algunos moralistas defendían el derecho del hombre de matar a su mujer si la creía adúltera. Sin embargo, hay quienes piensan que el honor era un simple recurso teatral, un catalizador que hacía reaccionar a los personajes y que le permitía al dramaturgo explo-

rar diferentes aspectos del alma humana.

El castigo sin venganza, de Lope, es un excelente ejemplo de un drama de honor. El duque de Ferrara, hombre libertino, se casa con Casandra, hija del duque de Mantua, únicamente porque sus súbditos exigen que les dé un heredero legítimo. El duque ya tiene un hijo natural, Federico, mozo excelente a quien el duque ama sinceramente y de más o menos la misma edad que su nueva esposa. Al viajar de Mantua a Ferrara, Casandra sufre un accidente. Federico le ofrece su ayuda y los dos se enamoran instantáneamente. Casandra y Federico luchan contra su pasión, pero sin éxito. Mientras tanto, el duque parte en una campaña militar y vuelve transformado. Se ha convertido prácticamente en un santo.

Su felicidad durará poco. Recibe una carta anónima que le informa de la relación entre su hijo y su esposa. Según el código de honor, no le queda más remedio que matar a los dos. El duque agoniza; lucha contra la rígida ley del honor, pero finalmente cede. Amarra a Casandra a una silla y le cubre el cuerpo con una tela. Hace que Federico la mate sin saber su identidad. Entonces, el duque llama a sus hombres, quienes matan a Federico por haber asesinado a su madrastra. No se trata oficialmente de una «venganza», puesto que la venganza es por definición un agravio infligido a alguien como respuesta a otro recibido por parte de éste. Como el duque no ha sido deshonrado públicamente, estas muertes no pueden ser comprendidas como la respuesta a una ofensa. Son, por lo tanto, un «castigo sin venganza».

Lope desarrolla una temática variadísima, inventando argumentos ingeniosos, divertidos y conmovedores. Busca inspiración en los romanceros, crónicas nacionales, proverbios y refranes, canciones populares o relatos folclóricos o bíblicos conocidos por la gente común. Por medio de la incorporación de historias o refranes conocidos, establece una relación íntima con sus espectadores. También escribe obras basadas en temas clásicos o extranjeros, pero aun en este caso su perspectiva es siempre española.

En el teatro prelopista, las comedias a veces estaban compuestas de cuatro o cinco actos. Lope reduce definitivamente el número de actos a tres, que llama *jornadas*.* Su fórmula es *exposición / nudo / desenlace*. En la primera jornada o acto se expone el conflicto; en la segunda, la acción se complica; hacia el final de la tercera, la dificultad se resuelve. A menudo, los dos primeros actos terminan en un trance o en un momento de suspense que deja a los espectadores deseosos de enterarse de la conclusión.

Aunque en la época de Lope la palabra *comedia* se refería a cualquier representación teatral, en la titulación de sus obras el Fénix distingue entre la «comedia», que no es necesariamente ligera o cómica pero que tiene un desenlace en el que el problema se resuelve al gusto de los personajes; la «tragedia», en la que los personajes son nobles (aunque alternan con ellos el gracioso y los criados) y la obra concluye con una muerte; y la «tragicomedia», en la que se combinan elementos de las otras dos. Para nuestra discusión es menos importante la terminología que el hecho de que Lope reduzca la oposición entre comedia y tragedia, la cual se basaba en la tradición clásica. Para Lope, el arte debe imitar a la naturaleza, y como lo cómico y lo trágico ocurren juntos en la vida, es normal que aparezcan juntos en escena.

Lope introduce personajes de todo tipo y de toda clase social. Respeta la jerarquía social, pues cada personaje ocupa su lugar. Sin embargo, provee numerosos ejemplos de reyes y nobles que no cumplen con los deberes de su rango, provocando así un desajuste que conduce al conflicto dramático.

El *villano*+ (habitante de villa o pueblo pequeño) es uno de los arquetipos favoritos de Lope y de sus seguidores. Se trata siempre de un labrador rico, cristiano viejo, con criados y tierras. La dignidad de la cual Lope imbuye a este tipo de personaje ha llevado a algunos críticos a afirmar que el teatro español es más democrático que el de otros países. Aunque esto es discutible, es cierto que Lope defiende el honor del pueblo y del villano. Como ya se ha visto, la exaltación del campo es una tradición heredada de la literatura clásica y de escritores como Garcilaso de la Vega y Fray Luis de León. Otro factor significativo es la preocupación del español por la limpieza de sangre. A causa de que los judíos y árabes vivían principalmente en las zonas urbanas, se creía que el villano tenía sangre «pura», lo cual le confería un fuerte sentido del honor. (Se debe señalar que a pesar de que estos prejuicios de la época se reflejan en las obras de Lope, los historiadores han demostrado que el dramaturgo tuvo varios amigos conversos.)

Otro arquetipo lopesco es la *figura de donaire** o *gracioso,** quien desempeña el papel cómico. El gracioso es a menudo criado del personaje principal masculino, o *galán.** Mientras que éste es noble de espíritu, idealista y capaz de grandes hazañas, el gracioso es de bajo espíritu y cobarde. El héroe está siempre enamorado, pero el gracioso es pragmático y a menudo se burla del amor. Es materialista, le interesan la comida y el dinero. A veces le sirve al caballero de espejo o de alter ego. Aunque se queja constantemente, es un criado fiel, inseparable de su amo. El caballero y el gracioso encarnan dos extremos del comportamiento humano. Sin embargo, son interdependientes y por lo general existe un verdadero cariño entre ellos. No es raro que el gracioso y la criada de la dama protagonicen una acción paralela a los amores de los dos personajes principales.

Aunque típicamente ocupan papeles tradicionales —reina, dama, villana, criada— los personajes femeninos de Lope son a menudo fuertes y dinámicos. Aunque Lope no es feminista en el sentido moderno, ya que no aboga por cambios en el *status quo* de la mujer, retrata con sensibilidad la sicología femenina. Casandra, protagonista de *Castigo sin venganza*, es víctima de un marido mujeriego y disoluto que se ha casado con ella por razones políticas. Al quejarse a su sirvienta, Casandra articula una apasionada defensa de la virtud de la mujer:

> El Duque debe ser
> de aquéllos cuya opinión
> en tomando posesión
> quieren en casa tener
> como alhaja la mujer,
> para adorno, lustre y gala,
> silla o escritorio en sala;
> y es término que condeno,
> porque con marido bueno
> ¿cuándo se vio mujer mala?

Escritos en una época en que algunos teólogos mantenían que la mujer no tenía alma, pasajes como éste sitúan a Lope entre los pensadores progresistas de su tiempo —por lo menos, con respecto a este tema.

La tradición teatral exigía la justa adecuación entre la calidad del personaje, sus sentimientos y su forma de expresión. Es decir, una dama debía articular emociones finas de una manera elegante, mientras que un criado tenía que manifestar inclinaciones bajas. Por lo general, Lope respeta estas normas, aunque hay casos en que un campesino usa lenguaje refinado para subrayar lo fino de su sentimiento.

Lope sugirió la utilización de una variedad de metros, y estableció la función de cada uno. Sus seguidores, con pocas excepciones, utilizaron las mismas normas poéticas que él describe en el *Arte nuevo*. Los metros más comunes son:

Romance: forma tradicional de versos octosílabos; al final de todos los versos pares se repite una misma asonancia sin dar a los impares rima de ninguna especie. Se emplea comúnmente para la narración. El ejemplo que sigue es un romance en e/a.

Fed: (...) decidme quién sois.
Cas: Señor,

+ *Note that* villano *dose not mean "villain" but "peasant."*

no hay razón por que no deba
decirlo. Yo soy Casandra,
ya de Ferrara duquesa,
hija del duque de Mantua.
Fed:　¿Cómo puede ser que sea
vuestra alteza y venir sola?
Cas:　No vengo sola; que fuera
cosa imposible: no lejos
el marqués Gonzaga queda...

Redondilla: composición métrica de cuatro versos octosílablos, de los cuales riman el primero con el cuarto y el segundo con el tercero: abba. Se emplea a menudo para la conversación animada. En el siguiente pasaje la prostituta Cintia habla del duque y expresa su sorpresa de que haya venido a verla, dado el hecho de que se ha casado con Casandra:

(...) pues toda su mocedad
ha vivido indignamente,
fábula siendo a la gente
su viciosa libertad.
　Y como no se ha casado
por vivir más a su gusto,
sin mirar que fuera injusto
ser de un bastardo heredado
　(aunque es mozo de valor
Federico), yo creyera
que el duque a verme viniera,
mas ya que como señor
　se ha venido a recoger,
y de casar concertado,
su hijo a Mantua ha enviado
por Casandra, su mujer,
　no es posible que ande haciendo
locuras de noche ya,
cuando esperándola está
y su entrada previniendo...

Décima: combinación métrica de diez versos octosílabos que consisten en dos redondillas conectadas por una copla: abba ac cddc. Se emplean comúnmente para las quejas y lamentos. En el siguiente pasaje Casandra se queja de la conducta del duque:

¡Pluguiera a Dios que naciera
bajamente, pues hallara
quien lo que soy estimara,
y a mi amor correspondiera!
En aquella humilde esfera,
como en las camas reales,
se gozan contentos tales
que no los crece el valor,
si los efetos de amor

son en las noches iguales.

Al contar las sílabas el estudiante debe tomar en cuenta la *sinalefa.** (Véase la Introducción a Garcilaso.) Por ejemplo, en el ejemplo que sigue la «a» se une a la «u», y la «e» de «humilde» se combina con la primera «e» de «esfera»: En aquella⁀humilde⁀esfera.

Tradicionalmente la *comedia* se ha estudiado como literatura. Es decir, los críticos han analizado los personajes, el lenguaje, la estructura y las influencias como si se tratara de novelas o cuentos. Sin embargo, durante las últimas décadas del siglo XX los especialistas empezaron a enfocarse en el tema de la representación. Se han dado cuenta de que los textos que nos han llegado—a veces incompletos o no del todo auténticos—son solamente una pequeña parte de la obra teatral. Se han hecho estudios nuevos sobre los espacios teatrales, la escenografía de la época, la selección de actores y actrices, los trajes, la tecnología (maquinaria, efectos visuales). También de interés son la composición del público, el precio de los boletos (el cual determinaba quién podía ir al teatro) y la organización de las compañías teatrales.

El triunfo de Lope sobre las tablas coincide con el florecimiento del *corral,** un tipo de teatro al aire libre situado usualmente en el patio de un edificio o formado por las paredes de varios edificios. Anteriormente, las obras se habían representado en plazas públicas, pero a fines del siglo XVI ya se encontraban teatros permanentes en varias ciudades. Los primeros corrales eran muy primitivos. Consistían en un tablado sin telón y un espacio para los espectadores, la mayoría de los cuales veían la representación de pie. Los dueños de los edificios que rodeaban el corral a veces arrendaban sitios en los balcones y ventanas a la gente que pudiera pagar. Los corrales de Madrid—el del Príncipe (1579) y el de la Cruz (1583)—convirtieron a la capital española en un importante centro teatral. Los dos tenían un tablado grande, un patio y un espacio público a cada lado con asientos. Los hombres de clase media o baja ocupaban las galerías. Un primer balcón, llamado la *cazuela,** estaba reservado para las mujeres y la *tertulia,** un segundo balcón, más elevado que el primero, estaba reservado para eclesiásticos y letrados.

Los *mosqueteros**—los hombres que veían la obra de pie en el patio—podían asegurar el éxito de un actor o dramaturgo, o destruir su carrera. Cuando les gustaba la comedia aplaudían con entusiasmo, pero cuando no, silbaban, gritaban y alborotaban tanto que los actores no podían seguir. Lope era muy consciente del poder del público y por eso escribía con el hombre común en mente.

La *comedia* de corral siguió siendo popular durante todo el siglo XVII aun después del desarrollo del
teatro palaciego. Cuando el teatro del palacio del
Buen Retiro abrió sus puertas en 1640, las producciones siguieron modelos establecidos por el corral.
De hecho, los corrales siguieron funcionando en algunas partes de España hasta mediados del siglo
XVIII.

El castigo sin venganza

Acto I

Sale FEDERICO *con* CASANDRA *en los brazos.*

FEDERICO.	Hasta poneros aquí,
	los brazos me dan licencia.
CASANDRA.	Agradezco, caballero,
	vuestra mucha gentileza.
FEDERICO.	Y yo a mi buena fortuna
	traerme por esta selva,
	casi fuera de camino.
CASANDRA.	¿Qué gente, señor, es ésta?
FEDERICO.	Criados que me acompañan.
	No tengáis, señora, pena:
	todos vienen a serviros.

Sale BATÍN *con* LUCRECIA *en brazos.*

BATÍN.	Mujer, dime, ¿cómo pesas,
	si dicen que sois livianas[1]?
LUCRECIA.	Hidalgo, ¿dónde me llevas?
BATÍN.	A sacarte por lo menos
	de tanta enfadosa arena,
	como la falda[2] del río
	en estas orillas deja.
	Pienso que fue treta suya,
	por tener ninfas tan bellas,
	volcarse el coche al salir;
	que si no fuera tan cerca,
	corriérades gran peligro.
FEDERICO.	Señora, porque[3] yo pueda

---

[1] *Play on words. "Livianas" means both "light" and "loose" or "immoral." In Early Modern Europe, many mor-alists taught that women, as heiresses of Eve, were by nature given to lewd behavior and so had to be closely supervised.*

[2] *Side.*

[3] *Para que.*

	hablaros con el respeto
	que vuestra persona muestra, decid-me quién sois.
CASANDRA.	Señor,
	no hay causa por que no deba
	decirlo. Yo soy Casandra,
	ya de Ferrara duquesa,
	hija del duque de Mantua.
FEDERICO.	¿Cómo puede ser que sea
	vuestra alteza y venir sola?
CASANDRA.	No vengo sola; que fuera
	cosa imposible: no lejos
	el marqués Gonzaga queda,
	a quien pedí me dejase,
	atravesando una senda,
	pasar sola en este río
	parte de esta ardiente siesta;
	y por llegar a la orilla,
	que me pareció cubierta
	de más árboles y sombras,
	había más agua en ella,
	tanto, que pude correr,
	sin ser mar, fortuna adversa;
	mas no pudo ser fortuna,
	pues se pararon las ruedas.
	Decidme, señor, quién sois,
	aunque ya vuestra presencia
	lo generoso asegura
	y lo valeroso muestra;
	que es razón que este favor,
	no sólo yo le agradezca,
	pero el marqués y mi padre,
	que tan obligados quedan.
FEDERICO.	Después que me dé la mano,
	sabrá quién soy vuestra alteza.
CASANDRA.	¡De rodillas! Es exceso.
	No es justo que lo consienta
	la mayor obligación.
FEDERICO.	Señora, es justo y es fuerza:
	mirad que soy vuestro hijo.[4]
CASANDRA.	Confieso que he sido necia
	en no haberos conocido.
	¿Quién, sino quien sois, pudiera va-lerme en tanto peligro?
	Dadme los brazos.
FEDERICO.	Merezca
	vuestra mano.[5]

---

[4] *That is, Federico is the son of Casandra's new husband and therefore her stepson.*

[5] *Note the wordplay and foreshadowing. By mentioning*

CASANDRA.	No es razón.
	Dejadles pagar la deuda,
	señor conde Federico.
FEDERICO.	El alma os dé la respuesta.
	(Hablan quedo[6])

BATÍN. *(A Lucrecia)*

Ya que ha sido nuestra dicha
que esta gran señora sea
por quien íbamos a Mantua,
sólo resta que yo sepa
si eres tú, vuesamerced,[7]
señoría o excelencia,
para que pueda medir
lo razonado a las prendas.

LUCRECIA.	Desde mis primeros años
	sirvo, amigo, a la duquesa.
	Soy doméstica criada,
	visto y desnudo a su alteza.
BATÍN.	¿Eres camarera[8]?
LUCRECIA.	No.
BATÍN.	Serás hacia-camarera,
	como que lo fuiste a ser,
	y te quedaste a la puerta...
	Tal vez tienen los señores,
	como lo que tú me cuentas
	unas criadas malillas,
	entre doncellas y dueñas,
	que son todo y no son nada.
	¿Cómo te llamas?
LUCRECIA.	Lucrecia.
BATÍN.	¿La de Roma[9]?
LUCRECIA.	Más acá.
BATÍN.	¡Gracias a Dios que con ella
	topé!, que desde su historia
	traigo llena la cabeza
	de castidades forzadas
	y de diligencias necias.
	¿Tú viste a Tarquino[10]?
LUCRECIA.	¡Yo!
BATÍN.	Y ¿qué hicieras si le vieras?
LUCRECIA.	¿Tienes mujer?

BATÍN.	¿Por qué causa
	lo preguntas?
LUCRECIA.	Porque pueda
	ir a tomar su consejo.
BATÍN.	Herísteme por la treta.[11]
	Tú ¿sabes quién soy?
LUCRECIA.	¿De qué?
BATÍN.	¿Es posible que no llega
	aún hasta Mantua la fama
	de Batín?
LUCRECIA.	¿Por qué excelencias?
	Pero tú debes de ser
	como unos necios, que piensan
	que en todo el mundo su nombre
	por único se celebra,
	y apenas le sabe nadie.
BATÍN.	No quiera Dios que tal sea,
	ni que murmure envidioso
	de las virtudes ajenas.
	Esto dije por donaire;
	que no porque piense o tenga satis-
	facción y arrogancia.
	Verdad es que yo quisiera
	tener fama entre hombres sabios,
	que ciencia y letras profesan;
	que en la ignorancia común
	no es fama, sino cosecha,
	que sembrando disparates,
	coge lo mismo que siembra.

CASANDRA. *(A Federico)*

Aún no acierto a encarecer[12]
el haberos conocido:
poco es lo que había oído
para lo que vengo a ver.
El hablar, el proceder
a la persona conforma,
hijo y mi señor, de forma
que muestra en lo que habéis hecho
cuál es el alma del pecho
que tan gran sujeto informa.
Dicha ha sido haber errado
el camino que seguí,
pues más presto os conocí
por yerro tan acertado.
Cual[13] suele en el mar airado

---

that he would like to be worthy of Casandra's hand, Federico is insinuating that he could become his father's rival.

[6] *Bajo.*

[7] *Your ladyship. Batín's elegant language is a parody of his master's.*

[8] *Lady-in-waiting.*

[9] *Lucretia, who died in 509 B.C., was a Roman matron famous for her chastity.*

[10] *According to the legend, Lucretia committed suicide after being raped by Sextus, a son of the tyrant Tarquinius.*

[11] *Lucrecia insinuates that Batín is as bad as Tarquinius.*

[12] *Praise, stress the importance of.*

[13] *Como. (That is, every cloud has a silver lining. Thanks to her accident, Casandra had the good fortune to meet Federico.)*

la tempestad, despúes de ella
ver aquella lumbre bella,
así fue mi error la noche,
mar el río, nave el coche,
yo el piloto y vos mi estrella.[14]
Madre os seré desde hoy,
señor conde Federico,
y de este nombre os suplico
que me honréis, pues ya lo soy.
De vos tan contenta estoy,
y tanto el alma repara
en prenda tan dulce y cara,
que me da más regocijo
teneros a vos por hijo,
que ser duquesa en Ferrara.

FEDERICO. Basta que me dé temor,
hermosa señora, el veros;
no me impida el responderos turbar-
me tanto favor.
Hoy el duque, mi señor,
en dos divide mi ser,
que del cuerpo pudo hacer
que mi ser primero fuese,
para que el alma debiese
a mi segundo nacer.
De estos nacimientos dos
lleváis, señora, la palma[15];
que para nacer con alma,
hoy quiero nacer de vos;
que, aunque quien la infunde es Dios,
hasta que os vi, no sentía
en qué parte la tenía;
pues, si conocerla os debo,
vos me habéis hecho de nuevo;
que yo sin alma vivía.
Y de esto se considera,
pues que de vos nacer quiero,
que soy el hijo primero
que el duque de vos espera.
Y de que tan hombre quiera
nacer, no son fantasías;
que para disculpas mías,
aquel divino crisol[16]
ha seis mil años que es sol,
y nace todos los días.

Acto II

Sale CASANDRA

CASANDRA. *(Ap.)* Entre agravios y venganzas
anda solícito amor
después de tantas mudanzas,
sembrando contra mi honor
mal nacidas esperanzas.
En cosas inaccesibles
quiere poner fundamentos,
como si fuesen visibles;
que no puede haber contentos funda-
dos en imposibles.
En el ánimo que inclino
al mal, por tantos disgustos
del duque, loca imagino
hallar venganzas y gustos
en el mayor desatino.
Al galán conde y discreto,
y su hijo, ya permito
para mi venganza efeto,[17]
pues para tanto delito
conviene tanto secreto.
Vile turbado, llegando
a decir su pensamiento,
y desmayarse temblando,
aunque es más atrevimiento
hablar un hombre callando.
Pues de aquella turbación
tanto el alma satisfice,
dándome el duque ocasión,
que hay dentro de mí quien dice
que si es amor, no es traición;
y que cuando ser pudiera
rendirme desesperada
a tanto valor, no fuera
la postrera enamorada,
ni la traidora primera.
A sus padres han querido
sus hijas, y sus hermanos
algunas: luego no han sido
mis sucesos inhumanos,
ni propria[18] sangre olvido.
Pero no es disculpa igual
que haya otros males, de quien
me valga en peligro tal;
que para pecar no es bien
tomar ejemplo del mal.
Éste es el conde. ¡Ay de mí!

[14] *Lodestar, guiding light.*
[15] **Lleváis...** *you win, madam, the prize.*
[16] *Crucible.*
[17] Efecto.
[18] Propia. *(Casandra reminds herself that she is of noble blood and cannot yield to the passion she feels for Federico.)*

Pero, ya determinada,
¿qué temo?

FEDERICO. *(Ap.)*   Ya viene aquí,
desnuda la dulce espada,
por quien la vida perdí.
¡Oh hermosura celestial!

CASANDRA.   ¿Cómo te va de tristeza,
Federico, en tanto mal?

FEDERICO.   Responderé a vuestra alteza
que es mi tristeza inmortal.

CASANDRA.   Destemplan melancolías,
la salud: enfermo estás.

FEDERICO.   Traigo unas necias porfías,
sin que pueda decir más,
señora, de que son mías.

CASANDRA.   Si es cosa que yo la puedo
remediar, fía de mí,
que en amor tu amor excedo.[19]

FEDERICO.   Mucho fiara de ti;
pero no me deja el miedo.

CASANDRA.   Dijísteme que era amor
tu mal.

FEDERICO.   Mi pena y mi gloria nacie-
ron de su rigor.

CASANDRA.   Pues oye una antigua historia;
que el amor quiere valor.
Antíoco, enamorado de su madrastra,
enfermó de tristeza y de cuidado.

FEDERICO.   Bien si se murió;
que yo soy más desdichado.

CASANDRA.   El rey su padre, afligido,
cuantos médicos tenía
juntó, y fue tiempo perdido;
que la causa no sufría
que fuese amor conocido.
Mas Erostrato, más sabio
en su ciencia que Galeno,[20]
conoció luego su agravio;
pero que estaba el veneno
entre el corazón y el labio.
Tomóle el pulso, y mandó
que cuantas damas había
en palacio, entrasen.

FEDERICO.   Yo
presumo, señora mía,
que algún espíritu habló.

CASANDRA.   Cuando su madrastra entraba, cono-

ció en la alteración
del pulso, que ella causaba
su mal.

FEDERICO.   ¡Extraña invención!

CASANDRA.   Tal en el mundo se alaba.

FEDERICO.   Y ¿tuvo remedio así?

CASANDRA.   No niegues, conde, que yo
he visto lo mismo en ti.

FEDERICO.   Pues ¿enojaráste?

CASANDRA.   No.

FEDERICO.   Y ¿tendrás lástima?

CASANDRA.   Sí.

FEDERICO.   Pues, señora, yo he llegado,
perdido a Dios el temor
y al duque, a tan triste estado,
que este mi imposible amor
me tiene desesperado.
En fin, señora, me veo
sin mí, sin vos y sin Dios:
sin Dios, por lo que os deseo[21];
sin mí, porque estoy sin vos;
sin vos, porque no os poseo.
Y por si no lo entendéis,
haré sobre estas razones
un discurso, en que podréis
conocer de mis pasiones
la culpa que vos tenéis.
Aunque dicen que el no ser
es, señora, el mayor mal,
tal por vos me vengo a ver,
que para no verme tal,
quisiera dejar de ser.
En tantos males me empleo,
después que mi ser perdí,
que aunque no verme deseo,
para ver si soy quien fui,
en fin, señora, me veo.
Al decir que soy quien soy,[22]
tal estoy, que no me atrevo,
y por tales pasos voy,
que aún no me acuerdo que debo
a Dios la vida que os doy.
Culpa tenemos los dos
del no ser que soy agora,[23]

---

[19] *Note the double-entendre. Casandra and Federico conceal their expressions of love behind formulas of etiquette.*

[20] Famoso médico griego.

[21] *That is, Federico is on the verge of abandoning God and yielding to temptation.*

[22] "Soy quien soy" *is a formula that* comedia *characters often use to assert they know the obligations conferred on them by their nobility.*

[23] Ahora.

pues olvidado por vos
de mí mismo, estoy, señora,
sin mí, sin vos y sin Dios.
Sin mí no es mucho, pues ya
no hay vida sin vos, que pida
al mismo que me la da;
pero sin Dios, con ser vida,
¿quién sino mi amor está?
Si en desearos me empleo,
y él manda no desear
la hermosura que en vos veo,
claro está que vengo a estar
sin Dios, por lo que os deseo.
¡Oh, qué loco barbarismo
es presumir conservar
la vida en tan ciego abismo
hombre que no puede estar
ni en vos ni en Dios ni en sí mismo!
¿Qué habemos de hacer los dos,
pues a Dios por vos perdí,
después que os tengo por Dios,
sin Dios, porque estáis en mí,
sin mí, porque estoy sin vos?
Por haceros sólo bien,
mis males vengo a sufrir;
yo tengo amor, vos desdén,
tanto, que puedo decir:
mirad ¡con quién y sin quién!
Sin vos y sin mí peleo
con tanta desconfianza:
sin mí, porque en vos ya veo imposible mi esperanza;
sin vos, porque no os poseo.

CASANDRA.   Conde, cuando yo imagino
a Dios y al duque, confieso
que tiemblo, porque adivino
juntos para tanto exceso
poder humano y divino;
pero viendo que el amor
halló en el mundo disculpa,
hallo mi culpa menor,
porque hace menor la culpa
ser la disculpa mayor.
Muchos ejemplos me dieron,
que a errar se determinaron;
porque los que errar quisieron siempre miran los que erraron,
no los que se arrepintieron.
Si remedio puede haber,
es huir de ver y hablar.
Porque con no hablar ni ver,

o el vivir se ha de acabar,
o el amor se ha de vencer.
Huye de mí; que de ti
yo no sé si huir podré,
o me daré muerte a mí.

FEDERICO.   Yo, señora, moriré;
que es lo más que haré por mí.
No quiero vida: ya soy
cuerpo sin alma, y de suerte
a buscar mi muerte voy,
que aún no pienso hallar mi muerte,
por el placer que me doy.
Sola una mano suplico
que me des; dame el veneno
que me ha muerto.

CASANDRA.   Federico,
todo principio condeno,
si pólvora al fuego aplico.
Vete con Dios.

FEDERICO.   ¡Qué traición!

CASANDRA. *(Ap.)* Ya determinada estuve;
pero advertir es razón
que por una mano sube
el veneno al corazón.

FEDERICO.   Sirena, Casandra, fuiste.
Cantaste para meterme
en el mar, donde me diste
la muerte.

(Entrándose cada uno por su parte)

CASANDRA.   Yo he de perderme:
ten, honor; fama, resiste.

FEDERICO.   Apenas a andar acierto.

CASANDRA.   Alma y sentidos perdí.

FEDERICO.   ¡Oh, qué extraño desconcierto!

CASANDRA.   Yo voy muriendo por ti.

FEDERICO.   Yo no, porque ya voy muerto.

Acto III

DUQUE.   (…) Cielos,
hoy se ha de ver en mi casa
no más que vuestro castigo;
alzad la divina vara.
No es venganza de mi agravio;
que ya no quiero tomarla
en vuestra ofensa, y de un hijo
ya fuera bárbara hazaña.
Éste ha de ser un castigo
vuestro no más, porque valga
para que perdone el cielo
el rigor por la templanza

seré padre, y no marido,
dando la justicia santa
a un pecado sin vergüenza,
un *castigo sin venganza.*[24]
Esto disponen las leyes
del honor, y que no haya
publicidad en mi afrenta,
con que se doble mi infamia.
Quien en público castiga,
dos veces su honor infama,
pues después que le ha perdido,
por el mundo le dilata.
La infame Casandra dejo
de pies y manos atada,
con un tafetán cubierta,
y por no escuchar sus ansias,
con una liga en la boca;
porque al decirle la causa,
para cuanto quise hacer
me dio lugar, desmayada.
Esto aun pudiera, ofendida,
sufrir la piedad humana;
pero dar la muerte a un hijo
¿qué corazón no desmaya?
Sólo de pensarlo, ¡ay triste!,
tiembla el cuerpo, expira el alma, lloran los ojos, la sangre
muere en las venas heladas,
el pecho se desalienta,
el entendimiento falta,
la memoria está corrida
y la voluntad turbada.
Como arroyo que detiene
el hielo de noche larga,
del corazón a la boca
prende el dolor las palabras.
¿Qué quieres, amor[25]? ¿No ves
que Dios a los hijos manda
honrar los padres, y el conde
su mandamiento quebranta?
Déjame, amor, que castigue
a quien las leyes sagradas
contra su padre desprecia,
pues tengo por cosa clara
que si hoy me quita la honra,

la vida podrá mañana.
Cincuenta mató Artajerjes[26]
con menos causa, y la espada
de Darío, Torcuato y Bruto[27]
ejecutó sin venganza
las leyes de la justicia.
Perdona, amor; no deshagas
el derecho del castigo,
cuando el honor, en la sala
de la razón presidiendo,
quiere sentenciar la causa.
El fiscal[28] verdad le ha puesto
la acusación, y está clara
la culpa; que ojos y oídos
juraron en la probanza.
Amor y sangre, abogados,
le defienden; mas no basta;
que infamia y la vergüenza
son de la parte contraria.
La ley de Dios, cuando menos,
es quien la culpa relata,
su conciencia quien la escribe.
Pues ¿para qué me acobardas?
Él viene. ¡Ay cielos, favor!

Sale FEDERICO.

FEDERICO. Basta que en palacio anda
pública fama, señor,
que con el marqués Gonzaga
casas a Aurora, y que luego
se parte con ella a Mantua.
¿Mándasme que yo lo crea?

DUQUE. Conde, ni sé lo que tratan,
ni he dado al marqués licencia;
que traigo en cosas más altas
puesta la imaginación.[29]

FEDERICO. Quien gobierna, mal descansa.
¿Qué es lo que te da cuidado?

DUQUE. Hijo, un noble de Ferrara

---

[24] *That is, since there has been no* vergüenza, *or public shame, there will be no* venganza, *or public vengeance. A public humiliation of the Duque would cause his dishonor—that is, loss of face before his subjects and his equals.*

[25] *The Duke is addressing the Law of Love.*

[26] Artajerjes II, rey de Persia (404-358 a J.C.), mató a su hermano, Ciro el joven, que se había rebelado contra él.

[27] Darío (muerto en 486 a J.C.), hijo de Itaspe y rey de Persia; aniquiló brutalmente a los griegos que se rebelaron contra su régimen. Tito Manlio Torcuato, cónsul romano, mató a su propio hijo porque éste le desobedeció. Marco Bruto (85-42 a J.C.) participó en una conjuración para asesinar a su amigo, el emperador Julio César.

[28] *Prosecutor.*

[29] El pensamiento.

se conjura contra mí
con otros que le acompañan.
Fióse de una mujer,
que el secreto me declara:
¡Necio quien de ellas se fía,
discreto quien las alaba!
Llamé al traidor, finalmente;
que un negocio de importancia
dije que con él tenía;
y cerrado en esta cuadra,
le dije el caso, y apenas
le oyó, cuando se desmaya:
con que pude fácilmente
en la silla donde estaba
atarle, y cubrir el cuerpo,
porque no viese la cara
quien a matarle viniese,
por no alborotar a Italia.
Tú has venido, y es más justo
hacer de ti confianza,
para que nadie lo sepa.
Saca animoso la espada,
conde, y la vida le quita;
que a la puerta de la cuadra
quiero mirar el valor
con que a mi enemigo matas.

FEDERICO. ¿Pruébasme acaso, o es cierto
que conspirar intentaban
contra ti los dos que dices?

DUQUE. Cuando un padre a un hijo manda
una cosa, injusta o justa,
¿con él se pone a palabras?
Vete, cobarde; que yo…

FEDERICO. Ten la espada, y aquí aguarda;
que no es temor, pues que dices
que es una persona atada.
Pero no sé qué me ha dado,
que me está temblando el alma.

DUQUE. Quédate, infame.
FEDERICO.   Ya voy;
que pues tú lo mandas, basta.
Pero ¡vive Dios!³⁰…

DUQUE.   ¡Oh perro!
FEDERICO. Ya voy… Detente… Y si hallara
al mismo César, le diera
por ti, ¡ay Dios!, mil estocadas.

DUQUE. Aquí lo veré.
(Éntrase FEDERICO)
               Ya llega…

---

³⁰ **Vive…** *damn!*

Ya el conde empuña la espada…
—Ejecutó mi justicia
quien ejecutó mi infamia.—
¡Capitanes! ¡Hola, gente!
¡Venid los que estáis de guarda!
¡Ah caballeros, criados!
Presto.

*Salen el MARQUÉS, AURORA, BATÍN, RICARDO,
y todos los demás que se han introducido.*

MARQUÉS.   ¿Para qué nos llamas,
señor, con tan altas voces?

DUQUE. ¡Hay tal maldad! A Casandra
ha muerto el conde, no mas
de porque fue su madrastra,
y le dijo que tenía
mejor hijo en sus entrañas
para heredarme. Matadle,
matadle; el duque lo manda.

MARQUÉS. ¡A Casandra!
DUQUE.   Sí, marqués.
MARQUÉS. Pues no volveré yo a Mantua
sin que la vida le quite.

DUQUE. Ya con la sangrienta espada
sale el traidor.

Sale FEDERICO con la espada desnuda.

FEDERICO.   ¿Qué es aquesto?
Voy a descubrir la cara
del traidor que me decías,
y hallo…

DUQUE.   No prosigas, calla.
—Matadle, matadle.

MARQUÉS.   Muera.
FEDERICO. ¡Oh padre! ¿Por qué me matan?
DUQUE. En el tribunal de Dios, traidor,
te dirán la causa.—

(Éntranse todos riñendo con FEDERICO.)

Tú, Aurora, con este ejemplo
parte con Carlos a Mantua;
que él te merece, y yo gusto.

AURORA. Estoy, señor, tan turbada,
que no sé lo que responda.

BATÍN. Di que sí; que no es sin causa
todo lo que ves, Aurora. *(Ap. a ella.)*

AURORA. Señor, desde aquí a mañana
te daré respuesta.

Sale EL MARQUÉS.

MARQUÉS.   Ya
            queda muerto el conde.
DUQUE.   En tanta
            desdicha, aún quieren los ojos
            verle muerto con Casandra.
MARQUÉS.   Vuelve a mirar un castigo
            sin venganza.   *(Descúbrelos.)*
DUQUE.   No es tomarla
            el castigar la justicia.
            Valor sobra y llanto falta.
            Pagó la maldad que hizo
            por heredarme.
BATÍN.   Aquí acaba,
            Senado, aquella tragedia
            Del castigo sin venganza,
            que, siendo en Italia asombro,
            hoy es ejemplo en España.

𝒯emas

Comprensión del texto

1. ¿Qué simboliza la caída de Casandra al principio de la obra?
2. ¿Cuándo empezamos a darnos cuenta de que ella y Federico están enamorándose?
3. ¿De qué se queja Casandra en el segundo acto? ¿Qué decisión toma al final del primer monólogo? ¿Cómo va debilitándose esta determinación?
4. ¿En qué estado se encuentra Federico? ¿Cómo reacciona Casandra al verlo tan triste?
5. ¿Cómo usa Casandra el ejemplo de Antíoco?
6. ¿Qué quiere decir «sin mí, sin vos y sin Dios»? ¿Cuál es la importancia del discurso de Federico?
7. ¿Ama el Duque a su hijo o no? ¿Por qué es tan difícil la decisión que tiene que tomar?
8. ¿Cómo hace el Duque que Federico mate a Casandra? ¿Cómo hace que su gente mate a Federico?

Análisis literario

1. ¿Cómo intentan Casandra y Federico ocultar sus sentimientos empleando fórmulas de cortesía? ¿Cómo usa Lope el *double-entendre* en el primer acto?
2. ¿Cuál es la función de Batín y Lucrecia? ¿En qué consiste la parodia del amor entre nobles? ¿Qué representa Lucrecia en la tradición clásica? ¿Cómo

convierte Lope la imagen de la mujer casta en una fuente de humor? ¿Por qué cree usted que lo hace?
3. Compare el tono que emplean Batín y Lucrecia con el que emplean Federico y Casandra.
4. Describa el estado sicológico de Casandra y Federico al final del segundo acto. ¿Cuál es el problema ético al que tienen que enfrentarse?
5. ¿Por qué cree el duque que tiene que matar a Casandra y a Federico? ¿Por qué será un «castigo sin venganza»?
6. ¿Por qué menciona a grandes líderes del pasado que han castigado a amigos o a hijos? ¿En qué se ve la tribulación del duque?
7. Dado el hecho de que el duque siempre había sido mal marido, ¿se justifican los amoríos de Casandra y Federico o es inexcusable su conducta?
8. Dadas las leyes de honor que gobiernan la sociedad de su tiempo, ¿es justificable la decisión del Duque de matar a su propio hijo y a su esposa?
9. ¿Es justificable dentro del marco moral judeocristiano? ¿En qué consiste la tragedia de *Castigo sin venganza*?
10. ¿Es el Duque un héroe trágico o no? ¿Qué opciones tiene? ¿Qué haría usted en su lugar?
11. ¿Qué ideas tiene usted para una representación de *Castigo sin venganza*?
12. ¿Qué actor y qué actriz podrían hacer el papel de Federico y de Casandra? ¿Quién podría representar al duque de Ferrara?

TIRSO DE MOLINA (GABRIEL TÉLLEZ) (¿1580?-1648)

Tirso de Molina es el seudónimo de fray Gabriel Téllez, una de las figuras más enigmáticas del teatro de principios de la Modernidad. Ingresó en la Orden de los Mercedarios como novicio en 1600 y tomó votos en 1601. Comenzó a escribir para el teatro mientras vivía en Toledo, donde posiblemente conociera a Lope de Vega, quien lo admiraba tanto que le dedicó su obra *Lo fingido verdadero.*

Después de una breve estancia en Santo Domingo (1616-1618), Tirso volvió a España. En 1621 se estableció en Madrid, donde se relacionó con Lope, Quevedo y otros hombres de letras influyentes. Ese mismo año escribió una defensa de la obra de Lope en *Los cigarrales de Toledo*, libro que, al igual que *El Decamerón*, del gran prosista italiano Giovanni Boccaccio, consiste en una serie de novelitas. Tirso también consagra una comedia, *La fingida Arcadia*, al elogio de su amigo y maestro.

Cuatro años más tarde, en 1625, Tirso fue censurado por la Junta de Reformación a causa de la naturaleza escandalosa de sus obras. Las autoridades eclesiásticas recomendaron que se retirara a un monasterio remoto y que dejara de escribir obras seculares. Se ha sugerido que la verdadera razón de la crítica a Tirso fue su oposición al conde-duque de Olivares, ministro de Felipe IV, y su condena de la corrupción moral de la nobleza. A pesar de estos obstáculos, la *Primera parte* (es decir, la primera colección) de sus obras fue publicada en 1627. La *Segunda parte* fue publicada en 1635, pero Tirso negó ser autor de ocho de las doce obras que contenía. La *Tercera parte* había aparecido el año anterior y la *Quinta* y *Sexta partes* salieron en 1635 y 1636 respectivamente.

Distinguen las obras de Tirso los personajes fuertes y convincentes, el diálogo realista y vivo, la crítica social y el agudo sentido del humor. Las heroínas de Tirso son particularmente dinámicas. La mujer disfrazada de hombre —recurso dramático común en la comedia— aparece con frecuencia en las obras de Tirso, donde los personajes femeninos suelen ser independientes, inteligentes y dueños de su propio destino. En *La prudencia en la mujer,* una de las obras más estudiadas de Tirso, la reina, doña María de Molina, se muestra como una mujer compasiva pero astuta, con profundos conocimientos de la política de la corte. En *Don Gil de las calzas verdes,* la ingeniosa doña Julia, toma la defensa de su honor en sus propias manos, enderezando el mal que le ha hecho don Martín. *La villana de la Sagra* y *La gallega Mari Hernández* también se distinguen por sus heroínas inteligentes y perspicaces.

La obra más conocida de Tirso es *El burlador de Sevilla,* que ocupa un lugar significativo no sólo en las letras españolas sino también en las europeas. Se trata de la dramatización de una leyenda medieval llamada *El convidado de piedra,* que tenía muchas variantes y que pudo haberle llegado al autor a través del *Romancero.* Gira alrededor de un caballero que insulta a la estatua de un muerto, la cual lo invita a cenar en la iglesia de San Francisco. Una de las variantes termina con la idea de que el caballero debe arrepentirse de su mala conducta y aprender a respetar a los difuntos.

Aunque la obra incorpora elementos de la leyenda del convidado de piedra, su enfoque es más bien teológico. Una de las grandes disputas entre protestantes y católicos en los siglos XVI y XVII tenía que ver con la predestinación. Los reformistas negaban el libre albedrío, insistiendo que Dios determinaba quién se salvaba y quién no. El dogma católico admitía el libre albedrío, subrayando el papel del individuo en su propia salvación. Según esta doctrina, el hombre es libre y, por lo tanto, responsable de sus actos. Su destino depende, por lo menos en parte, de sus propias acciones y decisiones, aunque la salvación también requiere la gracia divina. Dios, siendo misericordioso y deseoso de que sus criaturas gocen de la gloria eterna, está siempre dispuesto a perdonar al pecador con tal de que éste se arrepienta de sus culpas antes de morir.

Esta doctrina suscitó numerosos problemas de interpretación. Si es posible pedir perdón por los pecados en cualquier momento y así conseguir la salvación, ¿por qué no llevar una vida libertina y arrepentirse en el último momento? Así uno puede gozar de los bienes temporales y también asegurar su acceso al Paraíso. Ésta es la estrategia de don Juan Tenorio en *El burlador de Sevilla.* Pero la muerte sorprende al joven libertino sin que logre arrepentirse, y termina siendo condenado al infierno. La lección es clara: uno tiene que vivir siempre preparado para el juicio final porque no sabe jamás cuándo terminará su vida.

Don Juan se entrega al libertinaje más escandaloso, engañando a una mujer después de otra. No se rebela contra la religión; no es ateo. Cree en Dios y en la vida eterna, pero vive con la ilusión de que puede gozar de los placeres mundanos, postergando el acto de contrición indefinidamente. Rechaza las advertencias de su padre, de su criado Catalinón y aun de las mujeres que seduce con las palabras *tan largo me lo fiáis*—las cuales resumen su actitud hacia la salvación. Don Juan piensa que tiene mucho tiempo antes de tener que rendir cuentas por su comportamiento, pero el golpe mortal le llega sin dejarle tiempo de pedir la absolución.

Varios sicólogos modernos se han ocupado del tipo donjuanesco, afirmando que el hombre que corresponde a este modelo se siente inseguro de sí mismo. No ama a las mujeres; lo que lo motiva es el deseo de burlarse de otros hombres, afirmando así su propia superioridad. Obtiene placer humillando a sus rivales. Don Juan entra en los aposentos de Isabela fingiendo ser el duque Octavio, su prometido. Al gozar de Isabela, se mofa de éste, a quien le había jurado su amistad. Al seducir a Tisbea, muestra su desprecio por los pescadores, especialmente por Anfriso, el joven que la requiebra. En el segundo acto, don Juan se reúne con su viejo amigo, el marqués de Mota, y le sonsaca información sobre su enamorada, doña Ana. Entonces, entra en los aposentos de ella fingiendo ser su compañero. Su plan es hacer a Mota partícipe en la seducción que resultará en su propia deshonra. Finalmente, don Juan interrumpe las bodas de los campesinos Batricio y Aminta y galantea a ésta ante las narices de su novio.

Al principio de la obra, don Juan es desvergonzado y atrevido, pero, desde la perspectiva del espectador áureo, no aborrecible, ya que los deslices sexuales eran comunes entre los hombres de la nobleza europea del siglo XVII. No sólo se aceptaba este tipo de libertinaje sino que en ciertos círculos se admiraba. Sin embargo, al intentar deshonrar a Ana, don Juan es sorprendido por su padre, don Gonzalo, a quien mata en el duelo que sigue. Ahora don Juan no es sólo un burlador sino también un asesino. Ya no se trata de un desliz perdonable sino de un pecado mortal. La lascivia de don Juan lo ha llevado a transgredir la ley divina de una manera obvia para todos. A partir de este momento, el tono de la obra cambia. Don Juan deja de ser un muchacho travieso y se convierte en un criminal. Huye de la casa de don Gonzalo y, después de seducir a Aminta, se esconde en una iglesia, donde la Justicia no lo puede prender. Allí descubre el sepulcro de don Gonzalo con una estatua del difunto. Don Juan, para mostrar que no tiene miedo, convida a cenar al hombre de piedra, a quien cree incapaz de oírlo. Don Gonzalo acepta la invitación y a su vez invita a cenar al burlador. Cuando don Juan vuelve a encontrarse con la estatua, ésta le da la mano y lo arrastra al infierno.

A lo largo de la obra se califica a don Juan de «diabólico». Representa la tentación del pecado, la fascinación del mal. Hechiza no sólo a las mujeres sino también a los hombres, que admiran su espíritu de independencia, su rebeldía y su poder de seducción. Desde una perspectiva teatral, es esencial que este papel sea representado por un actor atractivo y carismático porque don Juan tiene que ganarse la voluntad no sólo de los personajes femeninos de la comedia sino también la del público. Al darse cuenta de que también él ha caído en la trampa del burlador, el espectador comprende finalmente el poder seductor del mal y el riesgo para el alma que éste encierra.

Los engaños de don Juan le permiten sentirse superior a sus rivales sin tener que enfrentarse a ellos. En el fondo, es un hombre cobarde que huye después de cada conquista. Al enfrentarse a la estatua de don Gonzalo, don Juan le pregunta: «¿Me tienes / en opinión de cobarde?» El muerto le contesta: «Sí». En otra ocasión, don Gonzalo le dice: «el que es traidor / es traidor porque es cobarde». Don Gonzalo revela la verdad que yace debajo de la imagen del libertino audaz que el burlador cultiva.

La crítica social reverbera a través de la obra. Don Juan utiliza su nobleza como arma contra aquellos de clases inferiores. Al encontrarse don Juan y Catalinón en un pueblo de pescadores, éste anuncia que su amo es un señor principal. Luego, don Juan enamora a Tisbea haciéndola sentirse halagada por las atenciones de un aristócrata. Más tarde, usa la misma técnica para seducir a Aminta y hace callar a su novio Batricio recordándole que contra un noble, el rústico no tiene recurso alguno. A pesar de su conducta deshonesta, don Juan se jacta de ser un hombre de honor. El honor es patrimonio del noble. No requiere un comportamiento ejemplar, sino una fachada de bravura y de brío. No importa que el caballero haga el mal, con tal de que sus acciones no se hagan públicas. Las conquistas de don Juan se convierten en un juego cuyo objetivo es burlarse del otro sin ser atrapado. Pero el autor de *El burlador de Sevilla* censura no sólo a la nobleza sino también a las clases humildes. Tisbea y Aminta son oportunistas que se entregan a don Juan con la esperanza de subir de rango social. Gaseno, el padre de Aminta, es un campesino ambicioso que no ve con disgusto la relación entre su hija y don Juan a pesar del compromiso que existe entre ésta y Batricio.

De hecho, no hay víctimas en *El burlador de Sevilla*. Todas las mujeres de las cuales se aprovecha don Juan comparten su culpabilidad. Isabela se entrega al burlador pensando que es Octavio, con quien no se ha casado. La soberbia y egoísta Tisbea desprecia a los pretendientes de su misma clase social y sólo cede a la pasión cuando se presenta un amante aristocrático. Ana desobedece a su padre, quien ha concertado su matrimonio. Aminta se olvida de su novio para ir a abandonarse a otro que le promete prestigio y riquezas.

La figura de don Juan ha inspirado numerosas obras: *Don Juan* de Molière, *Don Giovanni* de Mozart, *Don Juan* del dramaturgo español decimonónico José Zorrilla, y partes de *Man and Superman* de George Bernard Shaw. La primera película con sonido (pero sin diálogo) fue *Don Juan,* con John Barrymore (1926). En 1995 se estrenó *Don Juan de Marco,* con Marlon Brando, Johnny Depp y Faye Dunaway, película en la que don Juan se transforma en una figura simpática y benigna. Si don Juan se ha convertido en un arquetipo, es porque corresponde a ciertas realidades humanas que transcienden el momento histórico en que fue creado. Es el hombre que se afirma por el dominio sexual, el adolescente perpetuo que necesita probar repetidamente su hombría.

En 1986, Alfredo Rodríguez López-Vázquez publicó un estudio de *El burlador* en el cual sugirió que el autor de la obra no era Tirso sino Andrés de Claramonte. Otros investigadores—entre ellos Luis Vázquez Fernández y James A. Parr—han rechazado esta hipótesis. La paternidad de *El condenado por desconfiado,* otra comedia atribuida a Tirso que también trata de la predestinación, ha sido puesta igualmente en duda por la crítica moderna.

El burlador de Sevilla

La escena es en Nápoles; a orillas del mar; en Dos Hermanas[1]; y en Sevilla. Época: siglo XIV[2]

Jornada primera

Salen DON TENORIO *e* ISABELA, *duquesa.*

ISABELA.
    Duque Octavio,[3] por aquí
    podrás salir más seguro.
DON JUAN.
    Duquesa, de nuevo os juro
    de cumplir el dulce sí.[4]
ISABELA.
    Mi gloria,[5] ¿serán verdades,
    promesas y ofrecimientos,
    regalos y cumplimientos,
    voluntades y amistades?
DON JUAN.
    Sí, mi bien.
ISABELA.   Quiero sacar
    una luz.
DON JUAN.   Pues ¿para qué?
ISABELA.
    Para que el alma dé fe[6]
    del bien que llego a gozar.
DON JUAN.
    Mataréte la luz yo.
ISABELA.
    ¡Ah, cielo! ¿Quién eres, hombre?
DON JUAN.
    ¿Quién soy? Un hombre sin nombre.
ISABELA.
    ¿Que no eres el Duque?
DON JUAN.   No.

---
[1] Pueblo español cerca de Sevilla.
[2] Los dramaturgos de la época de Tirso y Lope a menudo situaban sus comedias en el siglo XIV o XV, época que consideraban misteriosa e interesante y en la que la gente tenía un fuerte sentido del honor.
[3] Don Juan está en el cuarto de Isabela disfrazado del duque Octavio, su prometido.
[4] **De...** de casarme contigo.
[5] **Mi...** mi amor.
[6] **Dé...** compruebe, verifique.

ISABELA.
    ¡Ah, de palacio![7]
DON JUAN.
        Detente.
    Dame, Duquesa, la mano.
ISABELA.
    No me detengas, villano.
    ¡Ah, del Rey: soldados, gente!

Sale el REY DE NÁPOLES *con una vela en un candelero.*

REY.
    ¿Qué es esto?
ISABELA.
        ¡El Rey! ¡Ay, triste!
REY.
    ¿Quién eres?
DON JUAN.   ¿Quién ha de ser?
    Un hombre y una mujer.
REY.
    Esto en prudencia consiste. *(Aparte.)*
    ¡Ah, de mi guarda! Prended
    a este hombre.
ISABELA.
        ¡Ah, perdido honor!
        Vase ISABELA.

TISBEA, *pescadora, con una caña de pescar en la mano.*

TISBEA.
    Yo, de cuantas el mar
    pies de jazmín y rosa
    en sus riberas besa
    con fugitivas olas,
    sola de amor esenta,[8]
    como en ventura sola,
    tirana me reservo
    de sus prisiones locas.

        . . .

    Envidia soy de todas.
    ¡Dichosa yo mil veces,
    Amor, pues me perdonas,[9]
    si ya, por ser humilde,
    no desprecias mi choza,
    obelisco de paja!

---
[7] **Ah...** que vengan los guardias del palacio.
[8] Exenta, libre.
[9] *You let me off the hook; you keep your distance.*

Mi edificio coronan
nidos, si no hay cigarras,
o tortolillas locas.
Mi honor conservo en pajas
como fruta sabrosa,
vidrio guardado en ellas
para que no se rompa.

　　　　　　. . .

　　　(Dentro.) ¡Que me ahogo!
Un hombre al otro aguarda,
que dice que se ahoga:
¡Gallarda cortesía!
En los hombros le toma:
Anquises se hace Eneas,
Si el mar está hecho Troya.[10]
Ya, nadando, las aguas
con valentía corta,
y en la playa no veo
quien le ampare y socorra.
Daré voces: ¡Tirseo,
Anfriso, Alfredo! ¡hola!
Pescadores me miran.
¡Piega a Dios[11] que me oigan!
Mas milagrosamente
ya tierra los dos toman,
sin aliento el que nada,
con vida el que le estorba.

Saca en brazos CATALINÓN *a* DON JUAN, *mojados.*

CATALINÓN.
　　　¡Válgame la Cananea,[12]
y qué salado está el mar![13]
Aquí puede bien nadar
el que salvarse desea,
　　　que allá dentro es desatino.
Donde la muerte se fragua,
donde Dios juntó tanta agua,
no juntara tanto vino.
　　　Agua salada: ¡estremada
cosa para quien no pesca!
Si es mala aun el agua fresca.
¿Qué será el agua salada?

　　　¡Oh, quién hallara una fragua
de vino, aunque algo encendido!
Si del agua que he bebido
escapo hoy, no más agua.
　　　Desde hoy abernuncio[14] de ella,
que la devoción me quita
tanto, que aun agua bendita
no pienso ver, por no verla.
　　　¡Ah, señor! Helado y frío
está. ¿Si estará ya muerto?
Del mar fue este desconcierto
Y mío este desvarío.
　　　¡Mal haya aquél que primero
pinos[15] en la mar sembró,
y que sus rumbos midió
con quebradizo madero!
　　　¡Maldito sea el vil sastre
que cosió el mar que dibuja
con astronómica aguja,[16]
causa de tanto desastre!
　　　¡Maldito sea Jasón,
y Tisis maldito sea![17]
Muerto está, no hay quien lo crea.
¡Mísero Catalinón!
　　　¿Qué he de hacer?
TISBEA.
　　　　　　Hombre, ¿qué tienes
en desventuras iguales?
CATALINÓN.
　　Pescadora, muchos males,
y falta de muchos bienes.
　　　Veo, por librarme a mí,
sin vida a mi señor.
Mira si es verdad.
TISBEA.
　　No, que aún respira.
CATALINÓN.
　　¿Por dónde? ¿Por aquí?
TISBEA.
　　　Sí; pues ¿por dónde?
CATALINÓN.
　　　　　Bien podía

---

[10]*According to the myth, when Troy was burning, Aeneas saved his father Anchises by carrying him on his shoulders. Catalinón becomes an Eneas («se hace Eneas») by carrying Don Juan on his shoulders.*
[11] **Pliega...** Dios quiera.
[12] La tierra prometida.
[13] *Note that salt water has an erotic connotation.*

[14] Renuncio.
[15] Mástiles, barcos. (Nótese que «mar» era un sustantivo femenino.)
[16] *Play on words. Catalinón refers both to a compass needle and to a sewing needle.*
[17] *Jason was the mythological character who conquered the Golden Fleece. Tisis went along on the same expedition.*

respirar por otra parte.[18]

TISBEA.
    Necio estás.

CATALINÓN.
        Quiero besarte
las manos de nieve fría.[19]

TISBEA.
      Ve a llamar los pescadores
que en aquella choza están.

CATALINÓN.
    Y si los llamo, ¿vernán[20]?

TISBEA.
    Vendrán presto, no lo ignores.[21]
      ¿Quién es este caballero?

CATALINÓN.
    Es hijo aqueste señor
del Camarero mayor[22]
del Rey, por quien ser espero
    antes de seis días Conde[23]
en Sevilla, donde va,
y adonde Su Alteza está,
si a mi amistad corresponde.

TISBEA.
      ¿Cómo se llama?

CATALINÓN.   Don Juan
Tenorio.

TISBEA.   Llama mi gente.

CATALINÓN.
    Ya voy.

Vase y coge en el regazo TISBEA *a* DON JUAN.[24]

TISBEA.
    Mancebo[25] excelente,
gallardo, noble y galán.
Volved en vos, caballero.

DON JUAN.
    ¿Dónde estoy?

TISBEA.   Ya podéis ver:

en brazos de una mujer.

DON JUAN.
    Vivo en vos, si en el mar muero.
    Ya perdí todo el recelo[26]
que me pudiera anegar,
pues del infierno del mar
salgo a vuestro claro cielo.
    Un espantoso huracán
dio con mi nave al través,
para arrojarme a esos pies,
que abrigo[27] y puerto me dan.
    Y en vuestro divino Oriente[28]
renazco, y no hay que espantar,
pues veis que hay de amar a mar
una letra solamente.[29]

TISBEA.
    Muy grande aliento tenéis[30]
para venir sin aliento,
y tras de tanto tormento,
mucho tormento ofrecéis.
    Pero si es tormento el mar,
y son sus ondas crueles,
la fuerza de los cordeles[31]
pienso que así os hace hablar.
    Sin duda que habéis bebido
del mar la oración pasada,
pues, por ser de agua salada,
con tan grande sal ha sido.[32]
    Mucho habláis cuando no habláis;
y cuando muerto venís,
mucho al parecer sentís:
¡Plega a Dios que no mintáis!
    Parecéis caballo griego[33]

---

[18] *Note that Catalinón constantly makes tasteless jokes that refer to bodily functions.*

[19] **Quiero...** *I want to kiss your snow-white hands. Catalinón uses courtly language to make fun of the fisherwoman.*

[20] Vendrán.

[21] **No...** *be certain.*

[22] *A high-ranking palace official.*

[23] Nótese que Catalinón exagera.

[24] *That is, Tisbea places Don Juan's head in her lap.*

[25] Joven.

[26] Desconfianza, cuidado.

[27] Refugio.

[28] *The sun rises in the East. Tisbea is the "divine Orient" in which Don Juan is reborn. Don Juan uses courtly language full of commonplaces inherited from Petrarchan love poetry to address the fisherwoman. Although Tisbea knows such language is inappropriate for a women of her class, she allows Don Juan to flatter her.*

[29] *That is, only one letter differentiates* mar *from* amar.

[30] **Muy...** *You certainly have a lot of breath (that is, you certainly talk a lot).*

[31] Cordeles *refers both to the ropes of the boat and to instruments of torture.*

[32] **Sin...** *You must have picked that phrase out of the sea, since it's so salty (that is, suggestive). Recall that salt water has erotic connotations in this period.*

[33] *Reference to the myth of the Trojan horse, in which*

que el mar a mis pies desagua,
pues venís formado de agua
y estáis preñado de fuego.[34]
Y si mojado abrasáis,
estando enjuto ¿qué haréis?
Mucho fuego prometéis;
¡plega a Dios que no mintáis!

DON JUAN.

A Dios, zagala, pluguiera[35]
que en el agua me anegara
para que cuerdo acabara
y loco en vos no muriera;
    que el mar pudiera anegarme
entre sus olas de plata
que sus límites desata;
mas no pudiera abrasarme,
    gran parte del sol mostráis,
pues que el sol os da licencia,
pues sólo con la apariencia,
siendo de nieve abrasáis.[36]

TISBEA.

Por más helado que estáis,
tanto fuego en vos tenéis,
que en este mío os ardéis.
¡Plega a Dios que no mintáis!

Salen CATALINÓN, CORIDÓN *y* ANFRISO, *pescadores.*

CATALINÓN.

Ya vienen todos aquí.

TISBEA.

Y ya está tu dueño vivo.

DON JUAN.

Con tu presencia recibo
el aliento que perdí.

CORIDÓN.

¿Qué nos mandas?

TISBEA.   Coridón.
Anfriso, amigos.

CORIDÓN.   Todos
buscamos por varios modos
esta dichosa ocasión.

Di lo que mandas, Tisbea;
que por labios de clavel[37]
no lo habrás mandado a aquél
que idolatrarte desea,
    apenas, cuando al momento,
sin cesar en llano o sierra,
surque[38] el mar, tale[39] la tierra,
pise el fuego, el aire, el viento.[40]

TISBEA.

    (*Aparte.*) ¡Oh, qué mal me parecían
estas lisonjas ayer,
y hoy echo en ellas de ver
que sus labios no mentían!)
    Estando, amigos, pescando
sobre este peñasco, vi
hundirse una nave allí,
y entre las olas nadando
    dos hombres, y compasiva
di voces que nadie oyó;
y en tanta aflicción llegó
libre de la furia esquiva
    del mar, sin vida a la arena,
de éste en los hombros cargado,
un hidalgo, ya anegado;
y envuelta en tan triste pena,
    a llamaros envié.

ANFRISO.

Pues aquí todos estamos,
manda que tu gusto hagamos,
lo que pensado no fue.

TISBEA.

Que a mi choza los llevemos
quiero, donde, agradecidos,
reparemos sus vestidos,
y allí los regalaremos;
    que mi padre gusta mucho
desta debida piedad.

CATALINÓN.

¡Estremada es su beldad!

DON JUAN.

¡Escucha aparte!

CATALINÓN.   Ya escucho.

DON JUAN.

Si te pregunta quién soy,

---

hostile Greek soldiers were hidden. Tisbea is saying that
she hopes that Don Juan's pretty words don't hide per-
fidious intentions.

[34] Pasión. (La repetida mención del fuego sugiere el
infierno.)

[35] **A...** Dios quiera, muchacha.

[36] **Siendo...** Siendo fría (como las damas inalcanzables de la poesía cortés), quemas (de pasión) como el sol.

[37] Es decir, rojos.

[38] Navegue.

[39] Devaste, corte.

[40] Nombra los cuatro elementos, los cuales constituyen la totalidad del universo, para expresar la idea de que
haría cualquier cosa por ella.

di que no sabes.
CATALINÓN.   ¡A mí,
quieres advertirme a mí
lo que he de hacer!
DON JUAN.   Muerto voy
por la hermosa cazadora.[41]
Esta noche he de gozalla.[42]
CATALINÓN.
¿De qué suerte?[43]
DON JUAN.   Ven y calla.
CORIDÓN.
Anfriso, dentro de un hora
los pescadores prevén
que canten y bailen.
ANFRISO.   Vamos,
y esta noche nos hagamos
rajas y paños también.[44]
DON JUAN.
Muerto soy.
TISBEA.   ¿Cómo, si andáis?
DON JUAN.
Ando en pena como veis.
TISBEA.
Mucho habláis.
DON JUAN.
Mucho entendéis.
TISBEA.
¡Plega a Dios que no mintáis! *Vanse.*

. . .

TISBEA.
El rato que sin ti estoy,
estoy ajena de mí.
DON JUAN.
Por lo que finges ansí,[45]
ningún crédito te doy.[46]
TISBEA.
¿Por qué?
DON JUAN.
Porque, si me amaras,
mi alma favorecieras.
TISBEA.
Tuya soy.

DON JUAN.
Pues di, ¿qué esperas,
o en qué, señora, reparas?
TISBEA.
Reparo en que fue castigo
de amor, el que he hallado en ti.
DON JUAN.
Si vivo, mi bien, en ti,
a cualquier cosa me obligo.
Aunque yo sepa perder
en tu servicio la vida,
la diera por bien perdida,
y te prometo de ser
tu esposo.
TISBEA.
Soy desigual
a tu ser.
DON JUAN.
Amor es rey
que iguala con justa ley
la seda con el sayal.[47]
TISBEA.
Casi te quiero creer...
mas sois los hombres traidores.
DON JUAN.
¿Posible es, mi bien, que ignores
mi amoroso proceder?
Hoy prendes con tus cabellos
mi alma.
TISBEA.
Yo a ti me allano
bajo la palabra y mano
de esposo.
DON JUAN.
Juro, ojos bellos
que mirando me matáis,
de ser vuestro esposo.
TISBEA.
Advierte,
mi bien, que hay Dios y que hay muerte.
DON JUAN.
¡Qué largo me lo fiáis!
Y mientras Dios me dé vida
yo vuestro esclavo seré.
Esta es mi mano y mi fe.
TISBEA.
No será en pagarte esquiva.

---

[41] *Don Juan refers to Tisbea as a huntress, thereby comparing her to the mythological Diana.*
[42] Gozarla, hacerle el amor.
[43] **De...** ¿Cómo?
[44] **Nos...** *we'll wear ourselves out (dancing).*
[45] Así.
[46] **Ningún...** no te creo.

---

[47] **Amor...** *Love is a king that, with fairness, makes the nobleman (silk) the same as the peasant (sackcloth).*

DON JUAN.
       Ya en mi mismo no sosiego.
TISBEA.
     Ven, y será la cabaña
del amor que me acompaña
tálamo[48] de nuestro fuego.[49]
       Entre estas cañas te esconde
hasta que tenga lugar.[50]
DON JUAN.
     ¿Por dónde tengo que entrar?
TISBEA.
     Ven y te diré por dónde.
DON JUAN.
     Gloria al alma, mi bien, dais.
TISBEA.
     Esa voluntad te obligue.
     Y si no, Dios te castigue.
DON JUAN.
     Tan largo me lo fiáis. *Vanse.*

              . . .

TISBEA.
       ¡Fuego, fuego! ¡que me quemo!
¡Que mi cabaña se abrasa!
Repicad a fuego,[51] amigos,
que ya dan mis ojos agua.
Mi pobre edificio queda
hecho otra Troya en las llamas.[52]
Quiere amor quemar cabañas.
Mas si amor abrasa peñas
con gran ira y fuerza extraña,
mal podrán de su rigor
reservarse humildes pajas.
¡Fuego, zagales, fuego, agua, agua!
¡Amor, clemencia, que se abrasa el alma!
¡Ay, choza, vil instrumento
de mi deshonra y mi infamia!
¡Cueva de ladrones fiera,
que mis agravios ampara!
¡Rayos de ardientes estrellas
en tus cabelleras caigan,
porque abrasadas estén,
si del viento mal peinadas.

¡Ah, falso huésped, que dejas
una mujer deshonrada!
Nube que del mar salió
para anegar mis entrañas.
¡Fuego, fuego, zagales, agua, agua!
¡Amor, clemencia, que se abrasa el alma!
Yo soy la que hacía siempre
de los hombres burla tanta;
que siempre las que hacen burla,
vienen a quedar burladas.
Engañóme el caballero
debajo de fe y palabra
de marido, y profanó
mi honestidad y mi cama.
Gozóme al fin, y yo propia
le di a su rigor las alas
en dos yeguas que crié,
con que me burló y se escapa.
Seguilde[53] todos, seguilde.
Mas no importa que se vaya,
que en la presencia del Rey
tengo que pedir venganza.
¡Fuego, fuego, zagales! ¡Agua, agua!
¡Amor, clemencia, que se abrasa el alma!
            Vase TISBEA.

Jornada tercera

DON GONZALO.   (...) Dame esa mano,
     no temas, la mano dame.
DON JUAN.
       ¿Eso dices? ¿Yo temor?
       ¡Que me abraso! ¡No me abrases
     con tu fuego!
DON GONZALO.   ¡Éste es poco
     para el fuego que buscaste!
Las maravillas de Dios
son, don Juan, investigables,[54]
y así quiere que tus culpas
a manos de un muerto pagues.
Y si pagas de esta suerte
      . . . [55]
Ésta es justicia de Dios:
quien tal hace, que tal pague.
DON JUAN.
     ¡Que me abraso, no me aprietes!
con la daga he de matarte.

---

[48] *Marriage bed.*
[49] *Passion. Note the foreshadowing: the hut will catch fire—symbolic of both the lovers' passion and the hell that awaits Don Juan.*
[50] **Tenga...** *it's time.*
[51] **Repicad...** *Ring the fire bell.*
[52] *Reference to the burning of Troy.*

[53] Seguidle.
[54] Incomprensibles, misteriosas.
[55] Falta un verso.

¡Mas, ay, que me canso en vano
de tirar golpes al aire!
A tu hija no ofendí,[56]
que vio mis engaños antes.

DON GONZALO.
   No importa, que ya pusiste
   tu intento.

DON JUAN.   Deja que llame
   quien me confiese y absuelva.

DON GONZALO.
   No hay lugar,[57] ya acuerdas tarde.

DON JUAN.
   ¡Que me quemo, que me abraso!
   ¡Muerto soy!

CATALINÓN.   No hay quien se escape,
   que aquí tengo de morir
   también por acompañarte.[58]

DON GONZALO.
   Ésta es la justicia de Dios,
   ¡quien tal hace, que tal pague!

*Húndese el sepulcro, con don Juan y don Gonzalo, con
mucho ruido. . . .*

Temas

Comprensión del texto

1. ¿Cómo entra don Juan en los aposentos de doña Isabela? ¿Qué significa «cumplir el dulce sí»?
2. ¿Por qué no quiere don Juan que la Duquesa prenda una luz? ¿Qué simboliza la luz?
3. ¿Qué tipo de mujer es Tisbea? ¿Por qué dice «envidia soy de todas»? ¿Qué revela este verso acerca de su personalidad?
4. ¿Dónde ve Tisbea a don Juan por primera vez? ¿Cuál es la importancia simbólica del agua salada?
5. ¿Cómo reacciona Tisbea cuando Catalinón le dice que don Juan es el hijo del Camarero mayor del Rey? ¿Por qué?
6. ¿Por qué dice la pescadora repetidamente «plega a Dios que no mintáis»? ¿Por qué hace que lleven a don Juan a su choza?
7. ¿Por qué dice don Juan que anda «en pena»? Explique el doble sentido de este verso.

8. ¿Cómo logra don Juan seducir a Tisbea? ¿Qué le promete? ¿Cree Tisbea realmente que don Juan va a casarse con ella? Explique su respuesta.
9. Después de deshonrar a Tisbea, ¿se queda don Juan con ella o huye? ¿Qué le pasa a la choza de la pescadora? ¿Qué simboliza el fuego?
10. ¿Son completamente inocentes Isabela y Tisbea o no? Explique su respuesta.
11. ¿Cómo termina don Juan? ¿Qué quiere decir «quien tal hace, que tal pague»?

Análisis literario

1. ¿Por qué se identifica como «un hombre sin nombre»? ¿Cuáles son las implicaciones filosóficas o teológicas de este verso?
2. Describa la relación entre Catalinón y don Juan. ¿Qué función desempeña Catalinón en la obra?
3. Describa el lenguaje que emplea don Juan para dirigirse a Tisbea. ¿Por qué lo emplea?
4. ¿Qué presagios de la muerte y la condenación de don Juan se encuentran en la obra? ¿En qué sentido está «jugando con el fuego»?
5. ¿Qué efecto produce la repetida mención del alma y de Dios? ¿Qué quiere decir «tan largo me lo fiáis»? ¿Qué revelan estas palabras acerca de la actitud de don Juan hacia la vida y la salvación?
6. ¿Qué actriz moderna podría representar el papel de Isabela? ¿y Tisbea? ¿y don Juan?
7. ¿Es don Juan un personaje atractivo para el espectador? ¿Por qué? ¿Cree usted que es más atractivo para los hombres o para las mujeres? Explique. ¿Por qué es importante que el actor que desempeña este papel sea capaz de «seducir» al público?
8. ¿Ama don Juan a las mujeres realmente? Explique.
9. ¿Qué formas métricas emplea Tirso? ¿Cómo las emplea?
10. ¿Por qué sigue gustándole al público esta obra? ¿Por qué ha inspirado tantas imitaciones? ¿Existen hombres como don Juan hoy en día?

El florecimiento del barroco

LUIS DE GÓNGORA (1561-1627)

Cordobés de familia acomodada, Luis de Góngora se ordenó como sacerdote y ocupó varios cargos diplomáticos. Desde muy joven cultivó la lírica y lle-

---

[56] Don Juan no logró deshonrar a doña Ana.

[57] Tiempo.

[58] *In spite of these words, Catalinón does not die. Catholic doctrine teaches that each person will be judged according to his conduct during his lifetime. Catalinón will not suffer for his master's sins.*

gó a ser un poeta célebre en su tierra natal. Sin embargo, cuando se trasladó a Madrid en 1617, era prácticamente desconocido. En la corte comenzó a cultivar un estilo cada vez más artificioso y oscuro que llamó la atención del grupo selecto de intelectuales a los cuales el poeta hacía partícipe de sus versos. Las reacciones a sus innovaciones poéticas eran variadas. Aunque tenía muchos admiradores, algunos de sus contemporáneos—por ejemplo, Francisco de Quevedo—consideraban la rebuscada poesía de Góngora una corrupción del buen gusto y atacaban al sacerdote cordobés despiadadamente.

Hoy en día Góngora es considerado uno de los poetas más importantes del barroco* español. El estilo que asociamos con el poeta cordobés, llamado *gongorismo,* *culteranismo,* o *cultismo,* lleva a su extremo elementos existentes en la literatura española desde principios del siglo XVI. Dicho estilo consiste en la afectación exagerada y artificiosa realizada por medio del empleo de metáforas* rebuscadas, alusiones recargadas y difíciles, alegorías* fabulosas y neologismos* (vocablos que se usan con un significado nuevo o anticuado). Cultiva el hipérbaton* (inversión gramatical) y la hipérbole* (exageración retórica). Utiliza incontables elementos decorativos y sensoriales para crear una impresión o de extrema belleza o de extrema fealdad, puesto que encuentra la hermosura no sólo en lo simétrico y armonioso sino también en lo distorsionado, deforme o grotesco. Caracteriza el gongorismo la abundancia de sinónimos, adjetivos u otros elementos que le sirven al poeta para crear una impresión de exceso, casi de vértigo.

El propósito del culteranismo no es necesariamente comunicar un mensaje; sus objetivos son principalmente estéticos. Sin embargo, logra hacernos sentir la lujuriosa riqueza del lenguaje y de la imaginación. Al mismo tiempo, encierra un subyacente pesimismo, ya que tanta belleza creada por el poeta es puramente ornamental y, cuando menos, ilusoria.

El *conceptismo* * es otra técnica literaria característica del barroco. Aunque se asocia más bien con Quevedo, también ocupa un lugar significativo en la obra de Góngora. Mientras que el culteranismo opera fundamentalmente sobre la sensación, el conceptismo opera sobre el intelecto. Consiste en el cultivo del ingenio, que se ejercita por medio del juego de palabras, conceptos, emblemas y símbolos. Manipula la paradoja, la antítesis recargada, la agudeza literaria. Busca la concisión, encerrando en pocas palabras una abundancia de significados.

El soneto* es una de las formas favoritas de Góngora. Su estructura rígida obliga al poeta a condensar mucho significado en un poema muy compacto. Con este fin a veces omite los verbos o las tran-

siciones, obligando así al lector a recrear el proceso creativo del poeta. Aunque utiliza la retórica amorosa que ha heredado de poetas anteriores, el amor no es su tema central. Describe a la mujer en términos convencionalmente neoplatónicos, pero su objetivo es más bien crear una bella imagen en vez de expresar sus sentimientos. De hecho, las descripciones neoplatónicas ocupan un lugar relativamente pequeño en la obra de Góngora y a menudo sirven para enfocar temas filosóficos tales como el engaño o la brevedad de la vida.

El tema de *carpe diem* *—que significa «goza o aprovecha el día» fue muy popular entre los poetas de principios de la Modernidad, quienes exhortaban a sus lectores a regocijarse y a disfrutar de cada momento. En contraste, Góngora convierte el *carpe diem* en una expresión de profundo pesimismo. En el Soneto CXLIX, por ejemplo, construye la imagen de una mujer hermosa para luego destruirla, incitando a la dama a aprovechar su hermosura antes de que se convierta todo «en tierra, en humo, en polvo, en sombra, en nada».

Una de las composiciones más logradas de Góngora es su *Polifemo*, adaptación del mito clásico de los amores de Galatea y Acis. Aunque es demasiado largo para ser incluido aquí, el *Polifemo* representa el apogeo del arte barroco. El personaje que da su nombre a la obra es un grotesco cíclope cuya característica más sobresaliente es el enorme ojo que cubre su frente. Convencido de su propio mérito, el monstruo se enamora de Galatea. Al averiguar que ella ama a Acis, se vuelve loco e intenta matar a su rival. Góngora logra transformar a Polifemo en un ser enternecedor y patético cuya compleja sicología revela la pluridimensionalidad de la realidad humana.

Durante los siglos XVIII y XIX la obra de Góngora casi se perdió en el olvido. La mayoría de los intelectuales del siglo XVIII consideraban de mal gusto las afectaciones del poeta cordobés y los partidarios del Realismo encontraban sus obras muy contrarias a su estética. No fue sino hasta 1927, año del tricentenario de su muerte, cuando una nueva generación de poetas españoles volvió los ojos al poeta cordobés y encontró en él su inspiración.

Soneto LIII

De pura honestidad templo[1] sagrado,
cuyo bello cimiento y gentil muro[2]

---
[1] El cuerpo de la amada.
[2] **Cimiento...** las piernas y el cuerpo de la amada.

de blanco nácar y alabastro duro
fue por divina mano fabricado:
  pequeña puerta de coral preciado,[3]
claras lumbreras de mirar seguro,
que a la esmeralda fina el verde puro[4]
habéis para viriles[5] usurpados;
  soberbio techo, cuyas cimbrias[6] de oro
al claro Sol, en cuanto en torno gira,
ornan de luz, coronan de belleza;
  ídolo bello, a quien humilde adoro,
oye piadoso al que por ti suspira,
tus himnos canta, y tus virtudes reza.

Soneto LX

  Ya besando unas manos cristalinas,
ya anudándome a un blanco y liso cuello,
ya esparciendo por él aquel cabello
que Amor sacó entre el oro de sus minas,
  ya quebrando en aquellas perlas[7] finas
palabras dulces mil sin merecello,[8]
ya cogiendo de cada labio bello
purpúreas rosas sin temor de espinas,
  estaba, oh claro sol invidïoso,[9]
cuando tu luz, hiriéndome los ojos,
mató mi gloria y acabó mi suerte.[10]
  Si el cielo ya no es menos poderoso,
porque[11] no den los tuyos[12] más enojos,
rayos, como a tu hijo,[13] te den muerte.

Soneto LXXXII

  Cosas, Celalba mía, he visto extrañas:
cascarse[14] nubes, desbocarse vientos,

altas torres besar sus fundamentos,[15]
y vomitar la tierra sus entrañas;
  duras puentes romper, cual[16] tiernas cañas;
arroyos prodigiosos, ríos violentos,
mal vadeados[17] de los pensamientos,
y enfrenados peor de las montañas;
  los días de Noé, gentes subidas
en los más altos pinos levantados,
en las robustas hayas[18] más crecidas.
  Pastores, perros, chozas y ganados
sobre las aguas vi, sin forma y vidas,
y nada temí más que mis cuidados.[19]

Soneto CXLIX

  Mientras por competir con tu cabello
oro bruñido al sol relumbra en vano[20];
mientras con menosprecio en medio el llano
mira tu blanca frente el lilio[21] bello;
  mientras a cada labio, por cogello,[22]
siguen más ojos que al clavel temprano,
y mientras triunfa con desdén lozano
del luciente cristal tu gentil cuello,
  goza cuello, cabello, labio y frente,
antes que lo que fue en tu edad dorada
oro, lilio, clavel, cristal luciente,
  no sólo en plata[23] o viola[24] troncada
se vuelva, mas tú y ello juntamente
en tierra, en humo, en polvo, en sombra, en nada.

---

[3] Se refiere a la boca de la amada.

[4] Las lumbreras de esmeralda son los ojos verdes de la amada.

[5] Hoja de vidrio claro y transparente que se usaba para los relicarios.

[6] Molduras. Se refiere al pelo dorado (rubio) de la dama.

[7] Es decir, los dientes.

[8] Merecerlo.

[9] Envidioso.

[10] *The Sun, jealous of the lover's good fortune, blinds him and changes his luck.*

[11] Para que.

[12] Es decir, «tus rayos».

[13] Alusión a Faetón, hijo del Sol en la mitología griega. Quiso conducir el carro de su padre y, debido a su inexperiencia, casi abrasó el universo. Zeus lo destruyó. (El amante desea la muerte del Sol porque éste lo ha cegado.)

[14] Abrirse.

[15] *That is, tall towers tumble to the ground.*

[16] Como.

[17] Atravesados. *(The river was raging so violently that a person couldn't even think about crossing it.)*

[18] *Beech trees.*

[19] *In this poem Góngora describes a terrible storm that actually took place in Córdoba in 1596. Elsewhere, Góngora compares it to the Biblical flood. It is not until the last line, in which he says his own state of mind is more fearful than the storm, that the poet jolts the reader by personalizing the experience.*

[20] *The sun shines in vain because it can't compete with the lady's hair.*

[21] *The lady's forehead looks at the lily (*lilio*) disdainfully because it is whiter than the flower. Note that Góngora uses the poetic* lilio *instead of the more common* lirio.

[22] Cogerlo.

[23] *That is, gray hair.*

[24] *That is, purple age spots.*

Soneto CLII

Pender de un leño, traspasado el pecho,
y de espinas clavadas ambas sienes,
dar tus mortales penas en rehenes
de nuestra gloria, bien fue heroico hecho;

pero más fue nacer en tanto estrecho,
donde, para mostrar en nuestros bienes
a donde bajas y de donde vienes,
no quiere un portalillo[25] tener techo.

No fue ésta más hazaña, oh gran Dios mío,
del tiempo por haber la helada ofensa
vencido en flaca edad con pecho fuerte[26]

(que más fue sudar sangre que haber frío),[27]
sino porque hay distancia más inmensa
de Dios a hombre, que de hombre a muerte.[28]

𝒯emas

1. ¿Con qué compara Góngora a la dama en el Soneto LIII?
2. ¿Qué elementos neoplatónicos encuentra usted en este soneto? ¿De quién es la divina mano que fabricó el templo?
3. ¿Por qué es la dama un ídolo bello? ¿Se trata de una verdadera mujer o de una creación artística?
4. ¿Cómo personifica Góngora el Sol en el Soneto LX? ¿Presenta este poema un concepto optimista o pesimista de la vida? ¿Por qué?
5. ¿Qué fenómeno natural describe en el Soneto LXXXII? ¿Cómo comunica la violencia de la naturaleza? ¿Cómo personaliza el acontecimiento?
6. ¿Cómo se desarrolla el tema de *carpe diem* en el Soneto CXLIX? ¿Cómo se usa la hipérbole en este poema? ¿Qué otros recursos literarios se emplean?
7. ¿Cómo une Góngora todas las imágenes que crea en los cuartetos, en el primer verso del primer terceto (*goza cuello, cabello, labio y frente*)? ¿Por qué cree usted que lo hace?

---

[25] Referencia al pequeño establo donde nació Cristo.

[26] Es decir, cuando era aún muy joven (en flaca edad) Cristo se mostró valiente (con pecho fuerte). Nótese el hipérbaton: por haber vencido la helada ofensa del tiempo en flaca edad con pecho fuerte.

[27] *That is, it was harder to shed blood than to suffer the cold in the stable.*

[28] *That is, Christ's real feat is that he bridged the gap between God and man.*

8. ¿Cómo se destruye la imagen de la bella dama en el último terceto? ¿Qué concepto se comunica en este soneto?
9. ¿Cómo describe Góngora la Crucifixión en el primer cuarteto del Soneto CLII? ¿Por qué cree usted que comienza con esta imagen?
10. ¿Cómo describe el nacimiento de Cristo?
11. ¿Cuáles fueron las hazañas de Cristo?
12. ¿Qué logró, según Góngora?
13. ¿Por qué cree usted que este poema pudo haber sido censurado por las autoridades?
14. ¿Por qué cree usted que Góngora es considerado uno de los poetas barrocos más importantes de su época? ¿Qué técnicas usa que son típicamente barrocas?
15. ¿En qué poemas comunica el poeta su profundo pesimismo?

ANA CARO (¿1569?- después de 1645)

El feminismo moderno ha despertado un intenso interés en las escritoras de principios de la Modernidad. Aunque es cierto que pocas mujeres de la edad áurea se dedicaban a la literatura—el noventa y nueve por ciento de los textos que tenemos son de hombres—las obras de mujeres que nos han llegado revelan no sólo que éstas sí producían escritos de calidad, sino también que no compartían siempre la perspectiva de sus contemporáneos masculinos. Numerosos críticos han detectado un incipiente feminismo en escritoras como Teresa de Ávila, Ana Caro y María de Zayas. Es de notar también que el caudal de material disponible para el estudio de las escritoras de los siglos XVI y XVII está creciendo rápidamente, lo cual sugiere que escribían más mujeres de lo que habíamos pensado. Investigaciones sobre los conventos del período han sacado a la luz numerosos poemas, coloquios,* obras de teatro, biografías, autobiografías y hagiografías.* Algunos de estos textos están llenos de descripciones vívidas y fantásticas que revelan el gran poder creativo de sus autoras. También se han descubierto varios poemas, novelas, cuentos y piezas de autoras seculares de la época.

Una de las autoras que han atraído más atención últimamente es la poeta y dramaturga sevillana Ana Caro Mallén de Soto. Entre 1628 y 1645 se publicaron sus *Relaciones,* crónicas en verso de diversas fiestas religiosas y otros sucesos. Sabemos que Caro compuso una loa* sacramental para las festividades de Corpus Christi en 1639. Hay documentos que indican que se le pagó por dos autos sacramentales, *La puerta de la Macarena,* representado en 1641, y *La cuesta de Castilleja,* representado en 1645, lo cual quiere decir que era una escritora «de oficio», es decir, profesional. Sólo dos de sus comedias han llegado hasta nosotros, *Valor, agravio y mujer* y *El conde Partinuplés.* Esta última apareció en 1653 en una recopilación titulada *Laurel de comedias,* la cual también contiene obras de Calderón. Posiblemente se representara durante la década anterior, ya que las obras solían ser publicadas varios años después de su estreno.

Caracterizan las obras de Caro protagonistas femeninas fuertes e independientes que rompen el decoro tradicional. *Valor, agravio y mujer* retoma el mito de don Juan, pero, a diferencia de lo que ocurre en *El burlador de Sevilla,* la mujer deshonrada se niega a ser víctima. Después de ser abandonada por su seductor, que en esta obra también se llama don Juan, doña Leonor de Ribera toma la venganza en sus propias manos y, disfrazada de hombre, sigue al malhechor a Flandes. Acompañada de su criado Ribete, adopta el nombre de don Leonardo Ponce de León. Cultiva manierismos masculinos, aprende a jurar como un hombre y se muestra tan diestra con la espada como cualquier caballero. En una escena sumamente metateatral,* doña Leonor se transforma en un personaje masculino, aprendiendo a hacer un papel diferente del que la naturaleza y la sociedad le han asignado; es decir, va inventando su propia «comedia», que se representará dentro del marco teatral de la comedia de Caro. Al mismo tiempo, Ribete elige alterar su imagen, abandonando el papel tradicional del lacayo para convertirse en aliado y protector de Leonor. La autora se muestra consciente de lo artificioso del género dramático al hacer que los personajes comenten sobre su propia actuación e indumentaria. El disfraz es una convención muy común en el teatro de la época; en particular, la mujer vestida de hombre agradaba al público. En manos de Caro esta táctica adquiere dimensiones especiales.

Al descubrir que don Juan se ha enamorado de Estela, dama de la corte de Bruselas, doña Leonor inicia una serie de enredos e intrigas que conducen a equivocaciones de identidad, amoríos imposibles y episodios caóticos. Estela se enamora de Leonardo/Leonor, lo cual le permite a la protagonista tramar la muerte de su antiguo amante. Sin embargo, la obra no termina con el asesinato del seductor. Al final, Leonor tiene a don Juan exactamente donde lo

quiere: delante de ella jurando su devoción.

El hecho de que la comedia termine en boda ha llevado a varios críticos a concluir que Caro es, al fin y al cabo, una tradicionalista que defiende el *status quo.* Otros críticos han subrayado que la boda no ofrece una verdadera resolución; es, como señala Walter Kerr, sencillamente una estrategia para terminar la obra. En ninguna comedia, dice Kerr, ofrece la boda una verdadera solución a los problemas planteados por el argumento.

Lo que sí se puede afirmar es que Caro presenta una perspectiva diferente a la del autor de *El burlador.* Mientras las mujeres seducidas por el don Juan de Tirso comparten su culpabilidad, doña Leonor nunca cede a la pasión. Si se siente deshonrada, es porque don Juan la ha cortejado y abandonado, no porque la haya desflorado. El hecho de haber mantenido su virginidad intacta permite que el público la vea como una verdadera heroína, moralmente superior a don Juan.

Leonor también muestra su superioridad moral en su sensibilidad hacia Ribete, a quien trata más como amigo que criado. Caracteriza la temprana Modernidad una nueva actitud hacia el individuo que otorga menos importancia a su clase social que a su virtud. Varios críticos han mencionado que, en contraste con la rigidez social que demuestran algunos de sus contemporáneos, Caro adopta una actitud sorprendentemente democrática.

Valor, agravio y mujer

Sale doña LEONOR *vestida de hombre, bizarra,*[1] *y* RIBETE, *lacayo.*

LEONOR. En este traje podré
cobrar mi perdido honor.
RIBETE. Pareces el Dios de amor.
¡Qué talle, qué pierna y pie!
Notable resolución
fue la tuya, mujer tierna
y noble.
LEONOR. Cuando gobierna
la fuerza de la pasión,
no hay discurso cuerdo o sabio
en quien ama; pero yo,
mi razón, que mi amor no,
consultada con mi agravio,
voy siguiendo en las violencias

---

[1] Elegante, apuesta.

de mi forzoso destino,
porque al primer desatino
se rindieron las potencias.
Supe que a Flandes venía
este ingrato que ha ofendido
tanto amor con tanto olvido,
tal fe con tiranía.
Fingí en el más recoleto[2]
monasterio mi retiro,
y sólo a ocultarme aspiro
de mis deudos[3]; en efecto,
no tengo quien me visite
si no es mi hermana, y está
del caso avisada ya
para que me solicite
y vaya a ver con engaño,
de suerte[4] que, aunque terrible
mi locura, es imposible
que se averigüe su engaño.
Ya, pues me determiné
y atrevida pasé el mar,
o he de morir o acabar
la empresa que comencé,
o a todos los cielos juro
que, nueva Amazona,[5] intente,
o Camila[6] más valiente,
vengarme de aquel perjuro[7]
aleve.[8]

RIBETE.   Oyéndote estoy,
y ¡por Cristo![9] que he pensado
que el nuevo traje te ha dado
alientos.

LEONOR.   Yo, ¿soy quien soy?
Engáñaste si imaginas,
Ribete, que soy mujer:
mi agravio mudó mi ser.

RIBETE.   Impresiones peregrinas[10]
suele hacer un agravio:
ten que la verdad se prueba
de Ovidio,[11] pues Isis nueva
de oro guarneces el labio[12];
mas, volviendo a nuestro intento,
¿matarásle?

LEONOR.   Mataré
¡Vive Dios!

RIBETE.   ¿En buena fe[13]?

LEONOR.   ¡Por Cristo!

RIBETE.   ¿Otro juramento?
Lástima es...

LEONOR.   Flema gentil
gastas.[14]

RIBETE.   Señor Magallanes,
a él y a cuantos don Juanes,
ciento a ciento y mil a mil,
salieren.

LEONOR.   Calla, inocente.

RIBETE.   Escucha, así Dios te guarde:
¿por fuerza he de ser cobarde?
¿no habrá un lacayo valiente?

LEONOR.   Pues ¿por eso te amohínas[15]?

RIBETE.   Estoy mal con enfadosos
que introducen los graciosos
muertos de hambre y gallinas.[16]
El que ha nacido alentado,[17]
¿no lo ha de ser si no es noble?,
que ¿no podrá serlo al doble
del caballero el criado?

---

[2] Retirado, apartado.

[3] Parientes.

[4] Manera.

[5] Guerrera de una de las razas mitológicas bélicas gobernadas enteramente por mujeres, que los antiguos creían que habían existido en los tiempos heroicos.

[6] Personaje de la *Eneida* que vive consagrado a Diana en medio de la selva. Cazadora y guerrera, representa, como la Amazona, a la mujer fuerte e independiente.

[7] Sacrílego.

[8] Desleal, traidor.

[9] *For Christ's sake. Ribete can use oaths or swear words because he is a man. Leonor, who is dressed as a man, will adopt masculine language and use swear words herself several lines down.*

[10] Extrañas.

[11] En *Metamorfosis,* IX, vv. 666-797, el poeta latino Ovidio relata la transformación de Ifis en hombre con la ayuda de Isis, la diosa solar.

[12] *According to Ovid's story, Ligdo wanted a son, so when his wife gave birth to a girl, Ifis, he had her raised as a boy. Ifis became engaged to a young girl and her mother, fearful of the outcome, begged the goddess Isis to transform her into a boy, which Isis did. Ribete says that Leonor has become a new Isis by performing her own metamorphosis, that is, by transforming her speech into that of a man.*

[13] **En...** ¿de veras?

[14] **Flema...** *you're wasting your breath.*

[15] Enojas.

[16] *Cowardly, "chicken." Ribete protests that lackeys are always depicted as dying of hunger and gutless. Just as Leonor creates a new identity for herself, so Ribete intends to break with the traditional image of the lackey and show that he is strong and brave.*

[17] Animoso, valiente.

LEONOR. Has dicho muy bien; no en vano
te he elegido por mi amigo,
no por criado.

RIBETE. Contigo
ya Ribete el sevillano
bravo que tuvo a lacería[18]
reñir con tres algún día,
y pendón rojo añadía
a los verdes de la feria[19];
pero tratemos del modo
de vivir que has de hacer
ahora.

LEONOR. Hemos menester,
para no perderlo todo,
buscar, Ribete, a mi hermano.

RIBETE. ¿Y si te conoce?

LEONOR. No
puede ser, que me dejó
de seis años, y está llano[20]
que no se puede acordar
de mi rostro; y si privanza[21]
tengo con él, mi venganza
mi valor ha de lograr.

RIBETE. ¿Don Leonardo, en fin, te llamas,
Ponce de León?

LEONOR. Sí llamo.

RIBETE. ¡Cuántas veces, señor amo,
me han de importunar las damas
con el recado o billete!
Ya me parece comedia,
donde todo lo remedia
un bufón medio alcahuete.[22]
No hay fábula, no hay tramoya,[23]
adonde no venga al justo
un lacayo de buen gusto,
porque si no, ¡aquí fue Troya[24]!

---

[18] Miseria, pobreza.

[19] *Reference to the Barrio de la Feria or de la Cruz Verde, neighborhood in Seville inhabited by hoodlums and prostitutes. Ribete brags that when he lived there, he thought it was a pittance to duel with three men in a single day and that to the green banner of the district he added a red (bloody) one.*

[20] Claro, obvio.

[21] Confianza, predilección.

[22] *Go-between.*

[23] Enredo, intriga.

[24] **Aquí...** sería la destrucción total.

𝒯emas

Comprensión del texto

1. ¿Por qué decide Leonor vestirse de hombre? ¿Cómo reacciona Ribete cuando la ve con traje masculino? ¿Por qué la llama «mujer tierna y noble»?

2. ¿Por qué dice Leonor que no la motiva el amor sino su razón?

3. ¿Con qué figuras legendarias se compara Leonor? ¿Por qué?

4. ¿Por qué dice Ribete que el nuevo traje le «ha dado alientos» a Leonor?

5. ¿Cuál es el significado de la pregunta que Leonor se hace: «Yo, ¿soy quien soy»? Y de su afirmación «mi agravio mudó mi ser»?

6. Explique la referencia que hace Ribete a Isis.

7. ¿Cómo piensa Ribete cambiar su imagen? ¿Qué piensa de los dramaturgos que pintan a los lacayos como pobres y cobardes?

8. ¿Qué problemas causados por el disfraz de Leonor anticipa su criado? ¿Por qué dice Ribete que estos enredos le parecen «comedia»?

Análisis literario

1. ¿Cómo logró salir de España? ¿Qué revela este detalle acerca de la personalidad de Leonor y acerca de la sociedad española?

2. ¿Cómo demuestra Leonor que no sólo se ha mudado de traje sino también de personalidad? ¿Cómo habrá reaccionado el público a su transformación?

3. Explique la importancia del siguiente comentario de Leonor: «no en vano / te he elegido por mi amigo, / no por criado». ¿Qué concepto del individuo se representa en estos versos?

4. ¿Cómo se burla Caro de las comedias de su época? ¿Qué ejemplos de metateatro encuentra usted en este fragmento?

5. ¿En qué sentido es la perspectiva de Caro con respecto al donjuanismo diferente de la de Tirso? ¿Cómo subvierte Caro la imagen tradicional de don Juan?

6. ¿Cree usted que los hombres y mujeres del público áureo habrán reaccionado de la misma manera a esta obra? Explique. ¿Cómo cree usted que reaccionaría un público moderno?

7. ¿Qué revela esta obra acerca de la posición de la mujer en la sociedad española del siglo XVII?

el conocimiendo de la presencia de in
del con. dis del alm c.D.g
Tomar

FRANCISCO DE QUEVEDO (1580-1645)

Poeta, novelista, dramaturgo, tratadista, traductor y editor, Quevedo inició su carrera literaria muy joven. A los veinticuatro años empezó a escribir los primeros de sus *Sueños,* cuadros satíricos que expresan la frustración del autor por la decadencia de la vida española. Es posible que también comenzara en este período su novela picaresca* *El Buscón,* que se publicaría posteriormente en 1626. Como en sus otras obras burlescas, se vale en estos escritos del concepto,* de la hipérbole* y de la tergiversación para crear una imagen grotesca de la sociedad. Al mismo tiempo, emprendió varias traducciones del latín. Entre 1610 y 1613 sufrió una crisis sicológica y espiritual. También produjo su *Heráclito cristiano,* considerado el poemario religioso y metafísico más importante del siglo XVII.

Los reinos de Sicilia y Nápoles eran gobernados por España desde principios del siglo XVI. En 1613 Quevedo, quien era muy activo en la política, se trasladó a Sicilia para servir en el gobierno de Pedro Téllez de Girón, duque de Osuna. Pronto éste se vio envuelto en algunas intrigas y conflictos, y el poeta, que era su amigo y protegido, se vería obligado a volver a Madrid. En 1620, después de la caída de Osuna, Quevedo fue encarcelado. Durante un breve período volvió a gozar del favor real bajo Felipe IV y su poderoso consejero, el conde-duque de Olivares, siendo encarcelado nuevamente en 1622.

En 1626 publicó el *Cuento de cuentos* y al mismo tiempo preparó su *Política de Dios,* tratado en el cual expone sus ideas sobre el gobierno ideal. Atacado por el conde-duque de Olivares, que vio en la obra una censura del régimen del momento, Quevedo defendió sus ideas en otra obra satírica, *El chitón de las tarabillas.* En 1631 escribió *Marco Bruto,* tal vez su tratado político más importante, en el que define las responsabilidades del monarca y el derecho del pueblo a tomar medidas en el caso de que el rey se convierta en tirano.

En 1639 Quevedo fue arrestado y encarcelado en León por razones desconocidas, aunque durante mucho tiempo circuló la teoría de que su detención fue consecuencia de un poema mordaz que había dirigido al rey y dejado bajo su servilleta. Sea cuales fueran las razones, pasaría los tres siguientes años en prisión; no consiguió la libertad hasta después de la muerte del conde-duque en 1643.

Considerado excepcionalmente feo por su pelo rojo y su cojera, Quevedo sufrió las burlas de sus contemporáneos. Góngora, por ejemplo, escribió poesías en las cuales se mofaba del poeta, quien le devolvía los insultos en versos ingeniosos y crueles. La misoginia de Quevedo es legendaria. Por ejemplo, en los *Sueños* pinta a la mujer como falsa, ambiciosa, manipuladora e impúdica; destruye la imagen idealizada de la dama inalcanzable al recordar al lector la menstruación y la destrucción de la belleza que trae la vejez. Varios críticos han atribuido su misoginia a su fealdad y a su frustración en el amor. En 1634, a los cincuenta y cuatro años de edad, se casó por primera vez con Esperanza de Mendoza, pero vivió con su esposa poco tiempo. Se ha conjeturado que mantuvo una relación durante muchos años con una mujer humilde conocida como «La Ledesma».

No es sorprendente que Quevedo, maestro del cuadro satírico, se sintiera inspirado por el género picaresco. Su *Historia de la vida del Buscón llamado don Pablos, ejemplo de vagabundos y espejo de tacaños* narra la historia de Pablos, el Buscón, que nace en Segovia, hijo de un barbero y de una especie de bruja o curandera. El padre prostituye a la madre y pone al hermanito de Pablos a robar, lo cual resulta en la muerte del niño. Entonces Pablos, que quiere «aprender virtud», pide que lo manden a la escuela. Así lo hacen, pero la experiencia es tan desastrosa que el muchacho termina abandonando la casa y convirtiéndose en pícaro. Al principio, las simpatías del lector están con él, pero en su afán de superar su baja condición, Pablos confunde la virtud con el honor y pronto su ambición lo transforma en un advenedizo despreciable.

El primer amo de Pablos es un estudiante, don Diego, a quien había conocido en la escuela. El padre de éste lo pone de pupilo con Dómine Cabra, un letrado avaro que por no gastar dinero hace que los muchachos pasen hambre. Sufren tanto en esta casa que cuando finalmente logran salir, se han convertido prácticamente en esqueletos.

A través de sus viajes Pablos conoce a numerosos tipos excéntricos, entre ellos a un maestro de esgrima que cree que en su disciplina no hay sólo matemáticas y arte sino también «teología, filosofía, música y medicina». Al llegar a Segovia, Pablos encuentra el cadáver de su padre en el borde del camino, trato que se les daba a los ajusticiados. Reclama su pequeña herencia y parte para Madrid. En el camino se encuentra con un hidalgo muerto de hambre que le enseña cómo vivir en la Corte sin trabajar y a costa de otros. En Madrid ingresa en una cofradía de pícaros, participa en una serie de estafas y trampas, y termina en manos de la justicia. Al final del libro Pablos se da cuenta de que ha pasado su vida buscando pero, ¿qué exactamente? Algo mejor, algo que no se define. ¿Y dónde ha buscado? Ha viajado de una parte a otra, pero no ha sabido buscar dentro de su propia alma; no ha sabido mejorarse a sí mismo y, por eso, no ha logrado mejorar su vida.

La estructura episódica de la novela picaresca y su protagonista vagabundo le permiten a Quevedo examinar la sociedad corrupta y decadente de principios del siglo XVII. Se burla no sólo de la gente baja de pocos escrúpulos sino también de la nobleza debilitada y empobrecida. Su visión satírica abarca toda una sociedad que, en su opinión, se encuentra en un estado de degeneración.

Además de uno de los prosistas más importantes de su época, Quevedo fue un gran poeta. Heredó un rico caudal de metros y recursos que empleó de una manera sumamente original. Compuso sonetos, romances, silvas, letrillas y otros tipos de poesía, aunque su forma preferida fue el soneto. Su poesía abarca temas morales, metafísicos, patrióticos, amorosos y burlescos, pero incluso sus versos «ligeros» a menudo revelan una profunda angustia existencial.

El tiempo y la muerte son temas constantes en la poesía de Quevedo. En los poemas de tema moral y metafísico lamenta el paso de las horas y de los años que lleva a la destrucción no sólo del cuerpo humano sino también de monumentos e instituciones. Abundan imágenes de desintegración. En «Buscas en Roma a Roma...» el poeta evoca las glorias de la Antigüedad para demostrar el poder devastador del tiempo. A través de sus alusiones a la grandeza romana—ya inexistente—expresa su profunda tristeza ante la decadencia española. España, antes uno de los países más fuertes de Europa, es ahora, en los ojos del poeta, la sepultura de su antiguo esplendor. Todo lo que parecía sólido y permanente se ha desmoronado y se ha transformado, irónicamente, en monumentos a lo efímero.

Entre los sonetos de amor más bellos de Quevedo se cuentan los de la colección «Canta sólo a Lisi». Como sus predecesores, Quevedo evoca una dama fría y distante, pero en sus manos el soneto amoroso se transforma en un desafío a la muerte. En varias composiciones sitúa a la mujer dentro de un retrato. «En breve cárcel», por ejemplo, no describe a una dama de carne y hueso sino una imagen pintada. La Lisi de los sonetos es un ideal, una obra de arte, una proyección del amante. A través de su creación el artista afirma su propia inmortalidad, ya que la obra dura más que el artista. Es decir, el retrato, y el poema que lo evoca, se convierten en un desafío a la muerte. Asimismo, en «Cerrar podrá mis ojos...» el amor le permite al poeta trascender la finalidad de la muerte. Aunque «la postrera sombra» cerrará sus ojos, la llama de su amor nadará «el agua fría» del río que separa a los vivos de los muertos, resistiendo así a la ley natural.

Los poemas de Quevedo fueron publicados póstumamente. Los títulos no son de él, sino del editor.

La vida del Buscón, llamado don Pablos

Libro primero
Capítulo III

De cómo fue a un pupilaje,[1] por criado de don Diego Coronel

Determinó, pues, don Alonso de poner a su hijo en pupilaje, lo uno por apartarle de su regalo,[2] y lo otro por ahorrar de cuidado.[3] Supo que había en Segovia un Licenciado Cabra,[4] que tenía por oficio el criar hijos de caballeros, y envió allá el suyo, y a mí para que le acompañase y sirviese.[5]

Entramos, primer domingo después de Cuaresma,[6] en poder de la hambre viva,[7] porque tal lacería[8] no admite encarecimiento.[9] Él era un clérigo cerbatana,[10] largo[11] sólo en el talle, una cabeza pequeña, pelo bermejo,[12] (no hay más que decir para quien sabe el refrán), los ojos avecindados en el cogote,[13] que parecía que miraba por cuévanos,[14] tan hundidos y escuros,[15] que era buen sitio el suyo para tiendas de mercaderes[16]: la nariz, entre Roma y Francia,[17] porque se le había comi-

---

[1] Pensión de estudiantes, hospicio.

[2] Bienestar, holgura.

[3] **Por...** para no tener que ocuparse de él.

[4] La cabra es símbolo del Mal.

[5] Pablos, el pícaro, narra la historia.

[6] *Lent.*

[7] *Starving.*

[8] Miseria.

[9] Exageración.

[10] Delgado como un tubo.

[11] *Tall. (Note the wordplay:* largo *also means "generous." He was* largo *only in size, but not in behavior.)*

[12] Rojo. El pelo rojo era considerado señal de mal carácter. El refrán es: «Ni gato ni perro de ese color».

[13] *Eyes so deep in their sockets they seemed to be in his throat. (Cabra looks like a skeleton.)*

[14] *Big baskets.*

[15] Oscuros.

[16] *That is, they would make a good place for shops because merchants sought dark, cavernous quarters in order to hide the bad quality of their goods.*

[17] *Flat and covered with sores.* Roma *means "flat."* Francia *refers to syphilis, called* el mal francés.

do de unas búas[18] de resfriado, que aun no fueron de vicio porque cuestan dinero[19]; las barbas descoloridas de miedo de la boca vecina,[20] que, de pura hambre, parecía que amenazaba a comérselas; los dientes, le faltaban no sé cuántos, y pienso que por holgazanes y vagamundos se los habían desterrado[21]; el gaznate[22] largo como de avestruz, con una nuez[23] tan salida, que parecía se iba a buscar de comer forzada de la necesidad; los brazos secos, las manos como un manojo de sarmientos cada una. Mirado de medio abajo,[24] parecía tenedor o compás, con dos piernas largas y flacas. Su andar muy espacioso[25]; si se descomponía algo, le sonaban los huesos como tablillas de San Lázaro.[26] La habla hética[27]; la barba grande, que nunca se la cortaba por no gastar, y él decía que era tanto el asco que le daba ver la mano del barbero por su cara, que antes se dejaría matar que tal permitiese; cortábale los cabellos un muchacho de nosotros. Traía un bonete[28] los días de sol, ratonado con mil gateras[29] y guarniciones de grasa; era de cosa que fue paño, con los fondos en caspa. La sotana, según decían algunos, era milagrosa, porque no se sabía de qué color era.[30] Unos, viéndola tan sin pelo, la tenían por de cuero de rana; otros decían que era ilusión; desde cerca parecía negra, y desde lejos entre[31] azul. Llevábala sin ceñidor[32]; no traía cuello ni puños. Parecía, con los cabellos largos y la sotana mísera y corta, lacayuelo de la muerte. Cada zapato podía ser tumba de un filisteo.[33] Pues su aposento, aun arañas no había en él. Conjuraba los ratones de miedo que no le

royesen algunos mendrugos que guardaba. La cama tenía en el suelo, y dormía siempre de un lado por no gastar las sábanas. Al fin, él era archipobre y protomiseria.[34]

A poder de éste, pues, vine, y en su poder estuve con don Diego, y la noche que llegamos nos señaló nuestro aposento y nos hizo una plática corta, que aun por no gastar tiempo no duró más[35]; díjonos lo que habíamos de hacer. Estuvimos ocupados en esto hasta la hora de comer. Fuimos allá. Comían los amos primero, y servíamos los criados.

El refitorio[36] era un aposento como un medio celemín.[37] Sentábanse a una mesa hasta cinco caballeros. Yo miré lo primero por los gatos,[38] y, como no los vi, pregunté que cómo no los había a un criado antiguo, el cual, de flaco, estaba ya con la marca del pupilaje.[39] Comenzó a enternecerse, y dijo:—«¿Cómo gatos? Pues ¿quién os ha dicho a vos que los gatos son amigos de ayunos y penitencias? En lo gordo se os echa de ver[40] que sois nuevo».

Yo, con esto, me comencé a afligir; y más me asusté cuando advertí que todos los que vivían en el pupilaje de antes, estaban como leznas,[41] con unas caras que parecía se afeitaban con diaquilón.[42] Sentóse el licenciado Cabra y echó la bendición. Comieron una comida eterna, sin principio ni fin.[43] Trajeron caldo en unas escudillas de madera, tan claro, que en comer una de ellas peligrara Narciso más que en la fuente.[44] Noté con la ansia que los macilentos dedos se echaban a nado tras un garbanzo huérfano y solo que estaba en el suelo.[45] Decía Cabra a cada sorbo: —«Cierto que no hay

[18] *Buboes, soars.*

[19] *That is, he didn't get the syphilis from a prostitute because prostitutes cost money.*

[20] *That is, his beard had turned white from fear because it was so close to his mouth. (Cabra is always starving and therefore eats everything he can get a hold of.)*

[21] *His teeth were "lazy" and "do-nothing" because Cabra was so stingy that he rarely ate.*

[22] Cuello.

[23] *Adam's apple.*

[24] **De...** de la cintura para abajo.

[25] Lento.

[26] Tablillas de madera que hacían sonar las personas que pedían limosna para los hospitales de San Lázaro.

[27] Como la de un tuberculoso.

[28] Sombrero que usaban los clérigos.

[29] *Note the wordplay between* ratonado (*worn out*) *and* gateras (*holes*).

[30] Es decir, era milagrosa porque cambiaba de color.

[31] Casi.

[32] Cinturón.

[33] Gigante.

[34] *Very stingy.*

[35] *Cabra is so stingy he won't even "spend" time.*

[36] Refectorio, comedor.

[37] Es decir, el comedor era pequeño.

[38] *Cats are a sign that a house is prosperous, since cats eat mice, and mice appear when there is plenty of food and, therefore, plenty of garbage.*

[39] *That is, he was so thin, you could tell he had been there a while.*

[40] **Se...** Se puede ver.

[41] *Awls.*

[42] Ungüento que se usa para reducir tumores. (Los muchachos tenían la cara tan delgada y seca que parecía que se habían echado diaquilón.)

[43] Es decir, sin aperitivo ni postre.

[44] En la mitología griega, Narciso se enamoró de su propio reflejo en el agua de una fuente; se cayó en ella y murió ahogado.

[45] El fondo del plato.

tal cosa como la olla,[46] digan lo que dijeren; todo lo demás es vicio y gula».

Acabando de decirlo, echóse su escudilla a pechos, diciendo: —«Todo esto es salud, y otro tanto ingenio». ¡Mal ingenio te acabe!, decía yo entre mí, cuando vi un mozo medio espíritu[47] y tan flaco, con un plato de carne en las manos, que parecía que la había quitado de sí mismo. Venía un nabo aventurero a vueltas, y dijo el maestro en viéndole: —«¿Nabo hay? No hay perdiz para mí que se le iguale. Coman, que me huelgo de verlos comer».

Repartió a cada uno tan poco carnero, que, entre lo que se les pegó a las uñas y se les quedó entre los dientes, pienso que se consumió todo, dejando descomulgadas las tripas de participantes.[48] Cabra los miraba y decía: —«Coman, que mozos son y me huelgo de ver sus buenas ganas». ¡Mire v. m.[49] qué aliño para los que bostezaban de hambre!

Acabaron de comer y quedaron unos mendrugos en la mesa y, en el plato, dos pellejos y unos güesos[50]; y dijo el pupilero: —«Quede esto para los criados, que también han de comer; no lo queramos todo». ¡Mal te haga Dios y lo que has comido, lacerado[51]—decía yo— que tal amenaza has hecho a mis tripas! Echó la bendición, y dijo: —«Ea, demos lugar a los criados, y váyanse hasta las dos a hacer ejercicio, no les haga mal lo que han comido». Entonces yo no pude tener la risa, abriendo toda la boca. Enojóse mucho, y díjome que aprendiese modestia, y tres o cuatro sentencias viejas, y fuese.

Sentámonos nosotros, y yo, que vi el negocio malparado y que mis tripas pedían justicia, como más sano y más fuerte que los otros, arremetí al plato, como arremetieron todos, y emboquéme de tres mendrugos los dos, y el un[52] pellejo. Comenzaron los otros a gruñir; al ruido entró Cabra, diciendo: —«Coman como hermanos, pues Dios les da con qué. No riñan, que para todos hay». Volvióse al sol y dejónos solos.

Certifico a v. m. que vi a uno de ellos, al más flaco, que se llamaba Jurre, vizcaíno, tan olvidado ya de cómo y por dónde se comía, que una cortecilla que le cupo la llevó dos veces a los ojos, y entre tres no le acertaban a encaminar las manos a la boca. Pedí yo de beber, que los otros, por estar casi en ayunas, no lo hacían, y diéronme un vaso con agua; y no le hube bien llegado a la boca, cuando, como si fuera lavatorio de comunión,[53] me le quitó el mozo espiritado que dije. Levantéme con grande dolor de mi alma, viendo que estaba en casa donde se brindaba a las tripas y no hacían la razón.[54] Diome gana de descomer[55] aunque no había comido, digo, de proveerme, y pregunté por las necesarias[56] a un antiguo, y díjome: —«Como no lo son en esta casa, no las hay.[57] Para una vez que os proveeréis mientras aquí estuviéredes, dondequiera podréis; que aquí estoy dos meses ha, y no he hecho tal cosa sino el día que entré, como ahora vos, de lo que cené en mi casa la noche antes». ¿Cómo encareceré yo mi tristeza y pena? Fue tanta, que, considerando lo poco que había de entrar en mi cuerpo, no osé, aunque tenía gana, echar nada de él.

Entretuvímonos hasta la noche. Decíame don Diego que qué haría él para persuadir a las tripas que habían comido, porque no le querían creer. Andaban váguidos[58] en aquella casa como en otras ahítos.[59] Llegó la hora del cenar (pasóse la merienda en blanco[60]); cenamos mucho menos, y no carnero, sino un poco del nombre del maestro: cabra asada. Mire v. m. si inventara el diablo tal cosa. —«Es cosa saludable» —decía— «cenar poco, para tener el estómago desocupado»; y citaba una retahíla de médicos infernales. Decía alabanzas de la dieta, y que se ahorraba un hombre de sueños pesados, sabiendo que, en su casa, no se podía soñar otra cosa sino que comían. Cenaron y cenamos todos, y no cenó ninguno.

Fuímonos a acostar, y en toda la noche pudimos yo ni don Diego dormir, él trazando[61] de quejarse a su padre y pedir que le sacase de allí, y yo aconsejándole que lo hiciese; aunque últimamente le dije: —«Señor, ¿sabéis de cierto si estamos vivos? Porque yo imagino

---

[46] *Stew.*

[47] *That is, he looked like a ghost.*

[48] *People who have dealings with the excommunicated and are therefore excommunicated themselves.*

[49] Vuestra Merced (usted). (Pablos se dirige a una protectora imaginaria.)

[50] Huesos.

[51] Mísero.

[52] Único.

---

[53] **Lavatorio...** *Receptacle in which the priest washes his hands during Mass.*

[54] No correspondían con otro brindis.

[55] Defecar.

[56] *Toilet.*

[57] *That is, they're not necessary* (necesarias) *here, so there aren't any. (Since no one eats, no one defecates.)*

[58] Vacíos.

[59] Satisfechos.

[60] **En...** sin hacer.

[61] Haciendo planes para.

que, en la pendencia de las berceras,[62] nos mataron, y que somos ánimas que estamos en el purgatorio. Y así, es por demás decir que nos saque vuestro padre, si alguno no nos reza en alguna cuenta de perdones y nos saca de penas con alguna misa en altar privilegiado».

Entre estas pláticas, y un poco que dormimos, se llegó la hora de levantar. Dieron las seis, y llamó Cabra a lición[63]; fuimos y oímosla todos. Ya mis espaldas e ijadas nadaban en el jubón,[64] y las piernas daban lugar a otras siete calzas; los dientes sacaba con tobas,[65] amarillos, vestidos de desesperación.[66] Mandáronme leer el primer nominativo a los otros, y era de manera mi hambre, que me desayuné con la mitad de las razones, comiéndomelas.[67] Y todo esto creerá quien supiere lo que me contó el mozo de Cabra, diciendo que él había visto meter en casa, recién venido, dos frisones[68] y que, a dos días, salieron caballos ligeros que volaban por los aires; y que vio meter mastines pesados y, a tres horas, salir galgos corredores; y que, una Cuaresma, topó muchos hombres, unos metiendo los pies, otros las manos y otros todo el cuerpo, en el portal de su casa, y esto por muy gran rato, y mucha gente que venía a sólo aquello de fuera; y preguntando a uno un día que qué sería —porque Cabra se enojó de que se lo preguntase— respondió que los unos tenían sarna y los otros sabañones,[69] y que, en metiéndolos en aquella casa, morían de hambre, de manera que no comían[70] desde allí adelante. Certificóme que era verdad, y yo, que conocí la casa, lo creo. Dígolo porque no parezca encarecimiento lo que dije.

Y volviendo a la lición, diola y decorámosla.[71] Y prosiguió siempre en aquel modo de vivir que he contado. Solo añadió a la comida tocino en la olla, por no sé qué que le dijeron, un día, de hidalguía,[72] allá fuera. Y así, tenía una caja de yerro, toda agujereada como salvadera,[73] abríala y metía un pedazo de tocino en ella,

que la llenase, y tornábala a cerrar, y metíala colgando de un cordel en la olla, para que la diese algún zumo por los agujeros, y quedase para otro día el tocino. Parecióle después que, en esto, se gastaba mucho, y dio en sólo asomar el tocino a la olla.

Pasábamoslo con estas cosas como se puede imaginar. Don Diego y yo nos vimos tan al cabo,[74] que, ya que para comer, al cabo de un mes, no hallábamos remedio, le buscamos para no levantarnos de mañana; y así, trazamos de decir que teníamos algún mal. No osamos decir calentura porque, no la teniendo, era fácil de conocer el enredo. Dolor de cabeza o muelas era poco estorbo. Dijimos, al fin, que nos dolían las tripas, y que estábamos muy malos de achaque de no haber hecho nuestras personas en tres días, fiados en que, a trueque de no gastar dos cuartos en una melecina,[75] no buscaría el remedio. Mas ordenólo el diablo de otra suerte, porque tenía una que había heredado de su padre, que fue boticario. Supo el mal, y tomóla y aderezó una melecina, y haciendo llamar una vieja de setenta años, tía suya, que le servía de enfermera, dijo que nos echase sendas gaitas.[76]

Empezaron por don Diego; el desventurado atajóse,[77] y la vieja, en vez de echársela dentro, disparósela por entre la camisa y el espinazo,[78] y diole con ella en el cogote, y vino a servir por defuera de guarnición la que dentro había de ser aforro. Quedó el mozo dando gritos; vino Cabra y, viéndolo, dijo que me echasen a mí a la otra, que luego tornarían a don Diego. Yo me resistía, pero no me valió, porque, teniéndome Cabra y otros, me la echó la vieja, a la cual, de retorno, di con ella en toda la cara. Enojóse Cabra conmigo, y dijo que él me echaría de su casa, que bien se echaba de ver que era bellaquería todo. Yo rogaba a Dios que se enojase tanto que me despidiese, mas no lo quiso mi ventura.

Quejábamonos nosotros a don Alonso, y el Cabra le hacía creer que lo hacíamos por no asistir al estudio. Con esto, no nos valían plegarias.[79] Metió en casa la vieja por ama,[80] para que guisase de comer y sirviese a los pupilos, y despidió al criado porque le halló, un viernes a la mañana, con unas migajas de pan en la ropilla. Lo que pasamos con la vieja, Dios lo sabe. Era tan sorda, que no oía nada; entendía por señas; ciega y

---

[62] Alusión a una pelea que ocurre en el Capítulo II.
[63] Lección.
[64] *That is, he's so thin he's "swimming" in his clothes.*
[65] Capa amarilla que se forma en los dientes.
[66] El color amarillo significaba desesperación.
[67] *Note the wordplay:* comerse las razones *means "grumble."*
[68] Caballos grandes y fuertes.
[69] «Sarna» y «sabañones» son enfermedades de la piel.
[70] *They didn't itch. (Note the wordplay.)*
[71] La aprendimos (de coro o de memoria).
[72] *To show he was an* hidalgo *(of the nobility). (Eating bacon showed one was of good family because Jews and Arabs were prohibited from eating it by their dietary laws.)*
[73] *Sand shaker used to dry ink after writing a letter.*

[74] Desesperados.
[75] **A...** *In order not to spend a few bucks on medicine.*
[76] **Nos...** *should give us both an enema.*
[77] Se avergonzó.
[78] Espalda.
[79] *Begging, prayers.*
[80] Criada principal.

tan gran rezadora que un día se le desensartó el rosario sobre la olla y nos la trujo con el caldo más devoto que he comido. Unos decían: —«¡Garbanzos negros! Sin duda son de Etiopía». Otros decían: —¡«Garbanzos con luto! ¿Quién se les habrá muerto?». Mi amo fue el primero que se encajó una cuenta, y al mascarla se quebró un diente. Los viernes solía enviar unos huevos, con tantas barbas a fuerza de pelos y canas suyas, que pudieran pretender corregimiento o abogacía.[81] Pues meter el badil[82] por el cucharón, y enviar una escudilla de caldo empedrada,[83] era ordinario. Mil veces topé yo sabandijas,[84] palos y estopa[85] de la que hilaba, en la olla, y todo lo metía para que hiciese presencia en las tripas y abultase.[86]

Pasamos en este trabajo[87] hasta la Cuaresma. Vino, y a la entrada de ella estuvo malo un compañero.[88] Cabra, por no gastar, detuvo el llamar médico hasta que ya él pedía confesión más que otra cosa. Llamó entonces un platicante,[89] el cual le tomó el pulso y dijo que la hambre le había ganado por la mano en matar aquel hombre.[90] Diéronle el Sacramento, y el pobre, cuando le vio—que había un día que no hablaba—, dijo: —«Señor mío Jesucristo, necesario ha sido el veros entrar en esta casa para persuadirme que no es el infierno». Imprimiéronseme estas razones en el corazón. Murió el pobre mozo, enterrámosle muy pobremente por ser forastero, y quedamos todos asombrados. Divulgóse por el pueblo el caso atroz, llegó a oídos de don Alonso Coronel y, como no tenía otro hijo, desengañóse de los embustes de Cabra, y comenzó a dar más crédito a las razones de dos sombras, que ya estábamos reducidos a tan miserable estado. Vino a sacarnos del pupilaje y, teniéndonos delante, nos preguntaba por nosotros; y tales nos vio, que, sin aguardar a más, tratando muy mal de palabra al licenciado Vigilia,[91] nos mandó llevar en dos sillas[92] a casa. Despedímonos de los compañeros, que nos seguían con los deseos y con los ojos, haciendo las lástimas que hace el que queda en Argel, viendo venir rescatados por la Trinidad[93] sus compañeros.

A Roma sepultada en sus ruinas

Buscas en Roma a Roma, ¡oh, peregrino!,
y en Roma misma a Roma no la hallas:
cadáver son las que ostentó murallas,
y tumba de sí proprio el Aventino.[94]

Yace donde reinaba el Palatino[95];
y limadas del tiempo, las medallas
más se muestran destrozo a las batallas
de las edades que blasón latino.[96]

Sólo el Tibre[97] quedó, cuya corriente,
si ciudad la regó, ya sepultura,[98]
la llora con funesto son doliente.

¡Oh, Roma!, en tu grandeza, en tu hermosura,
huyó lo que era firme, y solamente
lo fugitivo permanece y dura.

Retrato de Lisi que traía en una sortija[99]

En breve cárcel traigo aprisionado,[100]
con toda su familia de oro[101] ardiente,
el cerco de la luz[102] resplandeciente,
y grande imperio del Amor cerrado.[103]

Traigo el campo que pacen estrellado
las fieras altas de la piel luciente[104];

---

[81] *That is, so many of her hairs fell into the eggs as she was cooking them that they could have passed for lawyers or law enforcement officers. (Educated men typically wore beards.)*

[82] *Shovel used for ashes in a fireplace.*

[83] Llena de piedras.

[84] Animalillos, insectos.

[85] Hilo.

[86] *Would make it thicker.*

[87] Sufrimiento.

[88] **A...** *At the beginning of Lent one of the boys fell ill.*

[89] Practicante.

[90] *That is, hunger killed the poor man before the doctor could do it.*

[91] Abstinencia.

[92] *Litters. (These were luxury items in Quevedo's time.)*

[93] Referencia a los trinitarios, orden religiosa que se dedicaba al rescate de cautivos.

[94] Una de las siete colinas de Roma.

[95] Otra de las siete colinas de Roma. Fue barrio aristocrático y residencia de los emperadores.

[96] *The idea is that all the great monuments and glories of Rome (like those of Spain) have been worn away by time.*

[97] Río que pasa por Roma.

[98] Sepultura.

[99] *Ring. (The poem describes a tiny portrait mounted on a locket-ring the narrator wears on his finger.)*

[100] *The ring is a "jail" in which the lady is "imprisoned".*

[101] El cabello de Lisi.

[102] La cara de Lisi.

[103] Todo el amor del amante está encerrado en este anillo.

[104] **El...** *The firmament; Lisi has skin more luminous than*

y a escondidas del cielo y del Oriente,
día de luz[105] y parto mejorado.

Traigo todas las Indias[106] en mi mano:
perlas que, en un diamante, por rubíes,
pronuncian con desdén sonoro yelo,[107]

y razonan tal vez fuego tirano
relámpagos de risa carmesíes,
auroras, gala y presunción del cielo.[108]

Amor constante más allá de la muerte

Cerrar podrá mis ojos la postrera
sombra[109] que me llevare el blanco día,
y podrá desatar esta alma mía
hora a su afán[110] ansioso lisonjera;

mas no de esotra parte en la ribera,
dejará la memoria,[111] en donde ardía:
nadar sabe mi llama la agua fría,[112]
y perder el respeto a ley severa.[113]

Alma a quien todo un dios prisión ha sido,
venas que humor a tanto fuego han dado,
medulas que han gloriosamente ardido,

su cuerpo dejará, no su cuidado;
serán ceniza, mas tendrá sentido[114];
polvo serán, mas polvo enamorado.

---

the stars. The "beasts" that "graze" (las fieras... que pacen) *are those of the Zodiac (Taurus the bull, Capricorn the goat, etc.).*

[105] **Y...** Y a escondidas del Oriente (de donde sale la luz del día) traigo día de luz (la belleza de Lisi). («A escondidas» porque lo trae «en breve cárcel», es decir, en la sortija.)

[106] Las piedras preciosas son de las Indias. Las lleva en su mano, en la sortija, que encierra perlas (los dientes de Lisi) y rubíes (la boca de Lisi) en el retrato.

[107] Hielo. (Las palabras de Lisi son duras y frías.)

[108] Con su risa tiraniza al amante porque revela la pasión de su desdén, pero también su hermosura.

[109] **La...** la Muerte. «El blanco día» es la vida, que la Muerte se llevará.

[110] El «afán» de la muerte es quitarle la vida al hombre. *(His soul will be freed by Death's anxious longing.)*

[111] **Mas...** *But it will not, on that other shore, leave the memory...*

[112] *Note the conceit: the flame of Love will swim across the cold water of the sea of Oblivion (which separates Life from Death) without being extinguished.*

[113] **Ley...** La Muerte. (El Amor no respetará la ley de la Muerte sino que triunfará sobre ella.)

[114] *Feelings.*

Temas

Comprensión del texto

1. ¿Por qué puso don Alonso a su hijo en pupilaje? ¿Por qué lo acompañó Pablos?
2. ¿Por qué entraron en poder del «hambre viva»? ¿Cómo era la casa de Cabra? ¿Qué sugiere su nombre?
3. ¿Cómo describe Pablos la comida del primer día?
4. ¿Cómo describe a los muchachos que estaban en casa de Cabra desde hacía tiempo?
5. ¿En qué se ve la hipocresía de Cabra?
6. ¿Cómo describe Pablos al vizcaíno Jurre?
7. ¿Qué pasó al día siguiente a la hora de la lección?
8. ¿En qué estado se encontraban don Diego y Pablo después de un mes? ¿De qué embuste se valieron para no levantarse en la mañana?
9. ¿Qué medicina les dio Cabra? ¿Qué trató de hacer la vieja que le ayudaba?
10. ¿Cómo describe Pablos las comidas de la vieja?
11. ¿Cómo lograron salir de la casa de Cabra?
12. ¿Sabe don Alonso que le pasa a su hijo? Explique.

Análisis literario

1. ¿Cómo usa Quevedo la hipérbole para pintar un cuadro grotesco de Cabra? ¿Qué dice de sus ojos? ¿Qué dice de sus narices y de su cuerpo?
2. ¿Cómo usa Quevedo el humor escatológico? Por ejemplo, ¿cómo le contestaron a Pablos cuando preguntó por «las necesarias»?
3. ¿Cómo usa el autor las alusiones religiosas? ¿Qué efecto producen?
4. ¿Cómo satiriza Quevedo a los clérigos en este fragmento de *El Buscón*? ¿Cómo satiriza a los médicos? ¿A qué otros grupos satiriza?
5. ¿Cómo lamenta Quevedo la gloria perdida de España en «Buscas en Roma a Roma...»? ¿Cómo crea la imagen de una ciudad destruida por el tiempo? ¿En qué se ve el pesimismo del poeta?
6. ¿Cómo describe a Lisi en «En breve cárcel...»? ¿Cómo emplea la tradición poética petrarquista? ¿Cómo la modifica?
7. ¿Qué conceptos usa en este soneto?
8. ¿Es Lisi, tal como es descrita aquí, una verdadera mujer o una creación del poeta? Explique.
9. ¿Cómo describe Quevedo el triunfo del Amor sobre la Muerte en «Cerrar podrá mis ojos...»? ¿Qué conceptos usa en este poema?

10. ¿En qué consiste el conceptismo de Quevedo? ¿Emplea también cultismos? Dé algunos ejemplos.
11. ¿Cómo expresa Quevedo su pesimismo en *El Buscón*? ¿Y en los sonetos?
12. ¿Por qué cree usted que Quevedo, como Góngora, es considerado un poeta barroco por excelencia?

MARÍA DE ZAYAS (1590-¿1661?)

Contemporánea de Quevedo y de Calderón, María de Zayas y Sotomayor atrajo poca atención crítica hasta el auge del feminismo en las últimas décadas del siglo XX. Fue entonces cuando los investigadores comenzaron a apreciar más la destreza narrativa de la autora y su sensibilidad distintivamente femenina. Poco se sabe de su vida, excepto que nació y murió en Madrid y que pertenecía a la clase alta.

Zayas escribió dos colecciones, cada una de las cuales consta de diez *novelle**+ o cuentos largos. Estos libros—*Novelas amorosas y ejemplares* (1637) y *Desengaños amorosos* (1647)—se han llamado *El Decamerón español* porque, como *Il Decamerone* del escritor italiano Giovanni Boccaccio (1313-1375), consisten en varias historias enlazadas por el artificio de una tertulia en la cual cada uno de los participantes narra un cuento. Esta estructura era común no sólo en la literatura española de la época, sino también en la inglesa, la francesa y la italiana.

En los libros de Zayas unos amigos se reúnen en casa de Lisis, quien convalece de una enfermedad, y, para hacer pasar el tiempo de una manera agradable, deciden contar historias. Además de relatos, hay bailes, música y una representación dramática. Lisis, anfitriona de las tertulias en los dos libros, sirve como elemento unificador. También contribuye a la cohesión de la obra de Zayas el hecho de que la mayoría de los personajes de la primera colección vuelvan a aparecer en la segunda.

El tema de la primera colección es el amor; el de la segunda es la desilusión. Las *Novelas amorosas*, que son contadas a lo largo de cinco noches, tienden a ser más bien livianas con desenlaces felices; la tertulia de las *Novelas* tiene lugar durante cinco noches de la época navideña. Los *Desengaños* son a menudo sombríos, aun trágicos. La tertulia de la segunda colección tiene lugar durante el día.

El género que cultivó María de Zayas se llama novela cortesana.* Los relatos de la autora retratan la vida de las clases aristocráticas o burguesas y se

sitúan en ambiente urbano, a menudo en Madrid o en Nápoles. Sin embargo, contienen pocas descripciones de ambientes específicos; en este sentido se alejan bastante del cuadro de costumbres y de la novela realista del siglo XIX.

Aunque Zayas escribió principalmente para entretener, sus narraciones tienen un aspecto moralizador. Varios críticos han señalado el parentesco de sus *Novelas* y *Desengaños* con la novela picaresca, subrayando el hecho de que Zayas a menudo se centra en lo negativo de la conducta humana. Muchos de sus personajes son avaros, celosos, ingratos, interesados o crueles. Aun en las *Novelas amorosas*, Zayas pinta un mundo en el que rigen en el trato entre hombres y mujeres la vanidad y el egoísmo.

Los desenlaces de estos cuentos son a veces desconcertantes. En «El jardín engañoso», Teodosia se vale de una mentira para apartar a su hermana de su prometido, don Jorge, pero en vez de ser castigada, termina casándose con el antiguo pretendiente de Constanza y viviendo muchos años con hermosos hijos. Asimismo, don Jorge, que mata a su propio hermano, apenas sufre las consecuencias de su crimen, gozando en cambio de una larga y bella vida matrimonial. Aunque Constanza, mujer misericordiosa, fiel y honesta, vence al Demonio al final del relato, sería un error ver «El jardín engañoso» como un simple cuento moral en el cual la constancia y la virtud triunfan sobre las fuerzas del Mal. Zayas deja al lector con muchas preguntas y muchos problemas sin resolver.

La crítica moderna ha alabado a Zayas por su perspectiva claramente femenina. Sus personajes lamentan repetidamente la situación inferior de la mujer en la sociedad española y censuran la inconstancia de los hombres. Además, la mujer en los cuentos de Zayas es a menudo razonable y prudente, mientras que el hombre es obsesionado, impetuoso e insensato. Así, en «El jardín engañoso», Constanza—como sugiere su nombre—es una esposa, hija, hermana y amiga modelo. Aunque no todas las damas que pueblan estos cuentos son ejemplares, las transgresoras frecuentemente actúan por desesperación y no por malicia. En la *novella* que se incluye aquí, Teodosia recurre a un ardid sin sospechar las consecuencias de su acto, mientras que Jorge mata a su hermano de una manera premeditada y brutal, huyendo después, pues es plenamente consciente de la monstruosidad de su acto. Aun cuando las mujeres de Zayas son víctimas, nunca son pasivas. Tanto Constanza como Teodosia toman su destino en sus propias manos y buscan maneras de resolver sus problemas. En varios relatos de Zayas el convento es un refugio; le ofrece a la mujer una «sociedad feme-

---

+ *"Novelle" is the plural of the Italian word "novella."*

nina» a la cual puede retirarse cuando su situación llegue a ser intolerable.

Se ha debatido si realmente se puede llamar a Zayas «feminista» en el sentido moderno. Algunos críticos insisten en que Zayas se rebela contra la estructura patriarcal de la sociedad al defender la superioridad moral de la mujer. Otros afirman que Zayas, aunque defiende enérgicamente la dignidad y la capacidad intelectual de la mujer, es un producto de la sociedad aristocrática del siglo XVII, de la cual acepta sus instituciones y sus valores.

Lo sobrenatural es un elemento importante en la obra de Zayas. El Demonio, las brujas, la magia y las supersticiones agregan una dimensión fantástica a las *Novelas* y los *Desengaños*, donde lo sobrenatural funciona a varios niveles. En algunos relatos, el encantamiento se reduce simplemente al embuste. En «El jardín engañoso», el Demonio representa el orgullo humano, la presunción del hombre que cree poder forzar la voluntad ajena. Ante un acto de valor y de generosidad, el Demonio pierde su poder. Así que en su concepto del diablo, Zayas no se aleja de la ortodoxia católica.

Las novelas de Zayas gozaron de gran popularidad durante la vida de la autora y durante los dos siglos después de su muerte. Ahora, gracias al advenimiento del feminismo, ha vuelto a cobrar su lugar en las letras españolas. Zayas también escribió una obra de teatro, *La traición en la amistad*.

El jardín engañoso

No ha muchos años que en la hermosísima y noble ciudad de Zaragoza... vivía un caballero noble y rico, y él por sus partes[1] merecedor de tener por mujer una gallarda dama, igual en todo a sus virtudes y nobleza, que éste es el más rico don que se puede alcanzar. Dióle el cielo por fruto de su matrimonio dos hermosísimos soles, que tal nombre se puede dar a dos bellas hijas: la mayor llamada Constanza, y la menor Teodosia; tan iguales en belleza, discreción y donaire, que no desdecía nada la una de la otra.[2] Eran estas dos bellísimas damas tan acabadas y perfectas, que eran llamadas, por renombre de riqueza y hermosura, las dos niñas de los ojos de su Patria.

Llegando, pues, a los años de discreción,[3] cuando en las doncellas campea la belleza y donaire se aficionó de

la hermosa Constanza don Jorge, caballero asimismo natural de la misma ciudad de Zaragoza, mozo, galán y rico, único heredero en la casa de sus padres, que aunque había otro hermano, cuyo nombre era Federico, como don Jorge era el mayorazgo,[4] le podemos llamar así.

Amaba Federico a Teodosia, si bien con tanto recato de su hermano,[5] que jamás entendió de él esta voluntad, temiendo que como hermano mayor no le estorbase estos deseos, así por esto como por no llevarse muy bien los dos.

No miraba Constanza mal a don Jorge, porque agradecida a su voluntad le pagaba en tenérsela honestamente, pareciéndole, que habiendo sus padres de darle esposo, ninguno en el mundo la merecía como don Jorge. Y fiada en esto estimaba y favorecía sus deseos, teniendo por seguro el creer que apenas se la pediría a su padre, cuando tendría alegre y dichoso fin este amor, si bien le alentaba tan honesta y recatadamente, que dejaba lugar a su padre para que en caso que no fuese su gusto el dársele por dueño, ella pudiese, sin ofensa de su honor dejarse de esta pretensión.

No le sucedió tan felizmente a Federico con Teodosia porque jamás alcanzó de ella un mínimo favor. Antes[6] le aborrecía con todo extremo, y era la causa amar perdida a don Jorge,[7] tanto que empezó a trazar y buscar modos de apartarle de la voluntad de su hermana, envidiosa de verla amada, haciendo eso tan astuta y recatada que jamás le dio a entender ni al uno ni al otro su amor.

Andaba con estos disfavores don Federico tan triste, que ya era conocida, si no la causa, la tristeza. Reparando en ello Constanza, que por ser afable y amar tan honesta a don Jorge no le cabía poca parte a su hermano[8]; y casi sospechando que sería Teodosia la causa de su pena por haber visto en los ojos de Federico algunas señales, la procuró saber y fuéle fácil, por ser los caballeros muy familiares amigos de su casa, y que siéndolo también los padres facilitaba cualquiera inconveniente.

Tuvo lugar la hermosa Constanza de hablar a Federico, sabiendo de él a pocos lances la voluntad que a su

---

[1] Prendas o dotes naturales.

[2] **Que...** *that one wasn't less beautiful than the other.*

[3] **A...** a la edad en que uno empieza a entender las cosas.

[4] *The eldest son, who would inherit his father's wealth. (According to the laws of primogeniture, or* mayorazgo, *only the first-born son would inherit.)*

[5] **Aunque...** *although so carefully guarded from his brother.*

[6] *Instead.*

[7] **Y...** *and the reason was she (Teodosia) was crazy about Don Jorge.*

[8] Es decir, también le tenía cierto afecto a su hermano.

hermana tenía y los despegos con que ella le trataba.[9] Mas con apercibimiento que no supiese este caso don Jorge, pues, como se ha dicho, se llevaban mal.

Espantóse[10] Constanza de que su hermana desestimase a Federico, siendo por sus partes digno de ser amado. Mas como Teodosia tuviese tan oculta su afición, jamás creyó Constanza que fuese don Jorge la causa. Antes daba la culpa a su desamorada[11] condición, y así se lo aseguraba a Federico las veces que de esto trataban, que eran muchas, con tanto enfado de don Jorge, que casi andaba celoso de su hermano, y más viendo a Constanza tan recatada en su amor, que jamás, aunque hubiese lugar, se lo dio de tomarle una mano.

Estos enfados de don Jorge despertaron el alma a Teodosia a dar modo como don Jorge aborreciese de todo punto[12] a su hermana, pareciéndole a ella que el galán se contentaría con desamarla, y no buscaría más venganza, y con esto tendría ella el lugar que su hermana perdiese. Engaño común en todos los que hacen mal, pues sin mirar que le procuran al aborrecido, se le dan juntamente al amado.

Con este pensamiento, no temiendo el sangriento fin que podría tener tal desacierto, se determinó decir a don Jorge que Federico y Constanza se amaban, y pensado lo puso en ejecución, que amor ciego ciegamente gobierna y de ciegos se sirve: y así, quien como ciego no procede, no puede llamarse verdaderamente su cautivo.

La ocasión que la fortuna dio a Teodosia fue hallarse solos Constanza y don Jorge, y el galán enfadado, y aún, si se puede decir, celoso de haberla hallado en conversación con su aborrecido hermano, dando a él la culpa de su tibia voluntad, no pudiendo creer que fuese recato honesto que la dama con él tenía, le dijo algunos pesares, con que obligó a la dama que le dijese estas palabras:

—Mucho siento, don Jorge, que no estiméis mi voluntad, y el favor que os hago en dejarme amar, sino que os atreváis a tenerme en tan poco, que sospechando de mí lo que no es razón, entre mal advertidos pensamientos, me digáis pesares celosos; y no contento con esto, os atreváis a pedirme más favores que los que os he hecho, sabiendo que no los tengo de hacer. A sospecha tan mal fundada como la vuestra no respondo, por-

que si para vos no soy más tierna de lo que veis, ¿por qué habéis de creer que lo soy de vuestro hermano? A lo demás que decís, quejándoos de mi desabrimiento[13] y tibieza, os digo, para que no os canséis en importunarme, que mientras que no fuéredes[14] mi esposo no habéis de alcanzar más de mí. Padres tengo, su voluntad es la mía, y la suya no debe de estar lejos de la vuestra mediante vuestro valor. En esto os he dicho todo lo que habéis de hacer, si queréis darme gusto, y en lo demás será al contrario.

Y diciendo esto, para no dar lugar a que don Jorge tuviera algunas desenvolturas[15] amorosas, le dejó y entró en otra sala donde había criados y gente.

No aguardaba Teodosia otra ocasión más que la presente para urdir[16] su enredo; y habiendo estado a la mira y oído de lo que había pasado, viendo quedar a don Jorge desabrido[17] y cuidadoso de la resolución de Constanza, se fue adonde estaba y le dijo:

—No puedo ya sufrir ni disimular, señor don Jorge, la pasión que tengo de veros tan perdido y enamorado de mi hermana, y tan engañado en esto como amante suyo; y así, si me dais palabra de no decir en ningún tiempo que yo os he dicho lo que sé y os importa saber, os diré la causa de la tibia voluntad de Constanza.

Alteróse don Jorge con esto, y sospechando lo mismo que la traidora Teodosia le quería decir, deseando saber lo que le había de pesar de saberlo, propia condición de amantes, le juró con bastantes juramentos tener secreto.

—Pues sabed —dijo Teodosia— que vuestro hermano Federico y Constanza se aman con tanta terneza y firme voluntad, que no hay para encarecerlo más que decir que tienen concertado de casarse. Dada se tienen palabra, y aun creo que con más arraigadas prendas; testigo yo, que sin querer ellos que lo fuese, oí y vi cuanto os digo, cuidadosa de lo mismo que ha sucedido. Esto no tiene ya remedio, lo que yo os aconsejo es que como también entendido llevéis este disgusto, creyendo que Constanza no nació para vuestra, y que el cielo os tiene guardado sólo la que os merece. Voluntades que los cielos conciertan en vano las procuran apartar las gentes. A vos, como digo, no ha de faltar la que merecéis, ni a vuestro hermano el castigo de haberse atrevido a vuestra misma dama.

Con esto dio fin Teodosia a su traición, no querien-

---

[9] **Sabiendo...** *finding out easily from him how much he liked her sister and how nasty she was to him.*

[10] *It upset.*

[11] *Unaffectionate.*

[12] **De...** *intensamente.*

[13] Rigor, dureza.

[14] Fueras.

[15] Atrevimientos, insolencias.

[16] Tramar, intrigar.

[17] Alterado.

do, por entonces decirle nada de su voluntad, porque[18] no sospechase su engaño. Y don Jorge principió a una celosa y desesperada cólera, porque en un punto ponderó el atrevimiento de su hermano, la deslealtad de Constanza, y haciendo juez a sus celos y fiscal a su amor, juntando con esto el aborrecimiento con que trataba a Federico, aun sin pensar en la ofensa, dio luego contra él rigurosa y cruel sentencia. Mas disimulando por no alborotar a Teodosia, le agradeció cortésmente la merced que le hacía, prometiendo el agradecimiento de ella, y por principio tomar su consejo y apartarse de la voluntad de Constanza, pues se empleaba en su hermano más acertadamente que en él. Despidiéndose de ella, y dejándole en extremo alegre, pareciéndole que defraudado[19] don Jorge de alcanzar a su hermana, le sería a ella fácil el haberle por esposo. Mas no le sucedió así, que un celoso cuanto más ofendido, entonces ama más.

Apenas se apartó don Jorge de la presencia de Teodosia, cuando se fue a buscar su aborrecido hermano, si bien primero llamó un paje de quien fiaba mayores secretos, y dándole cantidad de joyas y dineros con un caballo le mandó que le guardase fuera de la ciudad, en un señalado puesto.

Hecho esto, se fue a Federico, y le dijo que tenía ciertas cosas para tratar con él, para lo cual era necesario salir hacia el campo.

Hízolo Federico, no tan descuidado que no se recelase de su hermano, por conocer la poca amistad que le tenía. Mas la fortuna que hace sus cosas como le da gusto, sin mirar méritos ni ignorancias, tenía ya echada la suerte por don Jorge contra el miserable[20] Federico, porque apenas llegaron a un lugar a propósito, apartado de la gente, cuando sacando don Jorge la espada, llamándole robador de su mayor descanso y bien, sin darle lugar a que sacase la suya, le dio una tan cruel estocada por el corazón, que la espada salió a las espaldas, rindiendo a un tiempo el desgraciado Federico el alma a Dios y el cuerpo a la tierra.

Muerto el malogrado mozo por la mano del cruel hermano, don Jorge acudió adonde le aguardaba su criado con el caballo, y subiendo en él con su secretario[21] a las ancas,[22] se fue a Barcelona, y de allí, hallando las galeras que se partían a Nápoles, se embarcó en ellas, despidiéndose para siempre de España.

Fue hallado esta misma noche el mal logrado Federico muerto y traído a sus padres, con tanto dolor suyo y de toda la ciudad, que a una lloraban su desgraciada muerte, ignorándose el agresor de ella, porque aunque faltaba su hermano, jamás creyeron que él fuese dueño de tal maldad, si bien por su fuga se creía haberse hallado en el desdichado suceso. Sola Teodosia, como la causa de tal desdicha, pudiera decir en esto la verdad: mas ella callaba, porque le importaba hacerlo.

Sintió mucho Constanza la ausencia de don Jorge, mas no de suerte que diese que sospechar cosa que no estuviese muy bien a su opinión, si bien entretenía[23] el casarse, esperando saber algunas nuevas de él.

En este tiempo murió su padre, dejando a sus hermosas hijas con gran suma de riqueza, y a su madre por su amparo. La cual, ocupada en el gobierno de su hacienda, no trató de darles estado[24] en más de dos años, ni a ellas se les daba nada, ya por aguardar la venida de su amante, y parte por no perder los regalos[25] que de su madre tenían, sin que en todo este tiempo se supiese cosa alguna de don Jorge; cuyo olvido fue haciendo su acostumbrado efecto en la voluntad de Constanza, lo que no pudo hacer en la de Teodosia, que siempre amante y siempre firme, deseaba ver casada a su hermana para vivir más segura si don Jorge pareciese.[26]

Sucedió en este tiempo venir a algunos negocios a Zaragoza un hidalgo montañés,[27] más rico de bienes de naturaleza que de fortuna, hombre de hasta treinta o treinta y seis años, galán, discreto y de muy amables partes, llamado Carlos.

Tomó posada enfrente de la casa de Constanza, y a la primera vez que vio la belleza de la dama, le dio en pago de haberla visto la libertad, dándole asiento en el alma, con tantas veras,[28] que sólo la muerte le pudo sacar de esta determinación, dando fuerzas a su amor el saber su noble nacimiento y riqueza, y el mirar su honesto agrado y hermosa gravedad.

Víase[29] nuestro Carlos pobre y fuera de su patria, porque aunque le sobraba de noble lo que le faltaba de rico, no era bastante para atreverse a pedirla por mujer, seguro de que no se la habían de dar. Mas no hay amor sin astucias, ni cuerdo que no sepa aprovecharse de

---

[18] Para que.
[19] Desengañado, desilusionado.
[20] Desafortunado.
[21] Empleado.
[22] **A...** *right behind him.*

[23] Retrasaba.
[24] **Darles...** casarlas.
[25] *Pampering.*
[26] Apareciese.
[27] De Cantabria, región del norte de España.
[28] **Dándole...** *giving her a place in his heart with so much passion.*
[29] Se veía.

ellas. Imaginó una que fue bastante a darle lo mismo que deseaba, y para conseguirla empezó a tomar amistad con Fabia, que así se llamaba su madre de Constanza, y a regalarla con algunas cosas que procuraba para este efecto, haciendo la noble señora en agradecimiento lo mismo. Visitábalas algunas veces, granjeando[30] con su agrado y linda conversación la voluntad de todas, tanto que ya no se hallaban sin él.

En teniendo Carlos dispuesto este negocio tan a su gusto, descubrió su intento a una ama vieja que le servía, prometiéndole pagárselo muy bien, y de esta suerte se empezó a fingir enfermo, y no sólo con achaque limitado, sino que de golpe se arrojó en la cama.

Tenía ya la vieja su ama prevenido un médico, a quien dieron un gran regalo, y así comenzó a curarle a título[31] de un cruel tabardillo.[32] Supo la noble Fabia la enfermedad de su vecino, y con notable sentimiento le fue luego a ver, y le acudía como si fuera un hijo, a todo lo que era menester. Creció la fingida enfermedad, a dicho del médico y congojas[33] del enfermo, tanto que se le ordenó que hiciese testamento y recibiese los Sacramentos. Todo lo cual se hizo en presencia de Fabia, que sentía el mal de Carlos en el alma, a la cual el astuto Carlos, asidas las manos, estando para hacer testamento, dijo:

—Ya veis, señora mía, en el estado que está mi vida, más cerca de la muerte que de otra cosa. No la siento tanto por haberme venido en la mitad de mis años, cuanto por estorbarse con ella el deseo que siempre he tenido de serviros después que os conocí. Mas para que mi alma vaya con algún consuelo de este mundo, me habéis de dar licencia para descubriros un secreto.

La buena señora le respondió que dijese lo que fuese su gusto, seguro de que era oído y amado, como si fuera un hijo suyo.

—Seis meses ha, señora Fabia—prosiguió Carlos—, que vivo enfrente de vuestra casa, y esos mismos que adoro y deseo para mi mujer a mi señora doña Constanza, vuestra hija, por su hermosura y virtudes. No he querido tratar de ello, aguardando la venida de un caballero deudo[34] mío, a quien esperaba para que lo tratase; mas Dios, que sabe lo que más conviene, ha sido servido de atajar mis intentos de la manera que veis, sin dejarme gozar este deseado bien. La licencia que ahora

me habéis de dar es, para que yo le deje toda mi hacienda, y que ella la acepte, quedando vos, señora, por testamentaria; y después de cumplido mi testamento todo lo demás sea para su dote.

Agradecióle Fabia con palabras amorosas la merced que le hacía, sintiendo y solemnizando con lágrimas el perderle.

Hizo Carlos su testamento, y por decirlo de una vez, él testó de más de cien mil ducados, señalando en muchas partes de la montaña muy lucida hacienda. De todos dejó por heredera a Constanza, y a su madre tan lastimada que pedía al cielo con lágrimas su vida.

En viendo Fabia a su hija, echándole al cuello los brazos, le dijo:

—Ay hija mía, ¡en qué obligación estás a Carlos! Ya puedes desde hoy llamarte desdichada, perdiendo, como pierdes tal marido.

—No querrá tal el cielo, señora —decía la hermosa dama, muy agradada de las buenas partes de Carlos, y obligada contra la riqueza que le dejaba—, que Carlos muera, ni que yo sea de tan corta dicha que tal vea; yo espero de Dios que le ha de dar vida, para que todas sirvamos la voluntad que nos muestra.

Con estos buenos deseos, madre y hijas pedían a Dios su vida.

Dentro de pocos días empezó Carlos, como quien tenía en su mano su salud, a mejorar, y antes de un mes a estar del todo sano, y no sólo sano, sino esposo de la bella Constanza, porque Fabia, viéndole con salud, le llevó a su casa y desposó con su hija.

Granjeando este bien por medio de su engaño, y Constanza tan contenta, porque su esposo sabía granjear su voluntad con tantos regalos y caricias, que ya muy seguro de su amor, se atrevió a descubrirle su engaño, dando la culpa a su hermosura y al verdadero amor que desde que la vio la tuvo.

Era Constanza tan discreta, que en lugar de desconsolarse, juzgándose dichosa en tener tal marido, le dio por el engaño gracias, pareciéndole que aquélla había sido la voluntad del cielo, la cual no se puede excusar, por más que se procure hacerlo, dando a todos estos amorosos consuelos lugar la mucha y lucida hacienda que ella gozaba, pues sólo le faltaba a su hermosura, discreción y riqueza un dueño como el que tenía, de tanta discreción, noble sangre y gentileza, acompañado de tal agrado, que suegra y cuñada, viendo a Constanza tan contenta, y que con tantas veras se juzgaba dichosa, le amaban con tal extremo, que en lugar de sentir la burla, la juzgaban por dicha.

Cuatro años serían pasados de la ausencia de don

---

[30] Consiguiendo.

[31] Pretexto.

[32] Peligrosa enfermedad en la que el cuerpo se cubre de granos y manchas.

[33] Angustia.

[34] Pariente.

Jorge, muerte de Federico y casamiento de Constanza, en cuyo tiempo la bellísima dama tenía por prendas de su querido esposo dos hermosos hijos, con los cuales, más alegre que primero, juzgaba perdidos los años que había gastado en otros devaneos,[35] sin haber sido siempre de su Carlos, cuando don Jorge, habiendo andado toda Italia, Piamonte[36] y Flandes, no pudiendo sufrir la ausencia de su amada señora, seguro, por algunas personas que había visto por donde había estado, de que no le atribuían a él la muerte del malogrado Federico, dio vuelta a su patria y se presentó a los ojos de sus padres, y si bien su ausencia había dado que sospechar, supo dar tal color a[37] su fuga, llorando con fingidas lágrimas y disimulada pasión la muerte de su hermano, haciéndose muy nuevo en ella,[38] que deslumbró[39] cualquiera indicio que pudiera haber.

Recibiéronle los amados padres como de quien de dos solas prendas que habían perdido en un día hallaban la una, cuando menos esperanza tenían de hallarla, acompañándolos en su alegría la hermosa Teodosia, que obligada de su amor, calló su delito a su mismo amante, por no hacerse sospechosa en él.

La que menos contento mostró en esta venida fue Constanza, porque casi adivinando lo que le había de suceder, como amaba tan de veras a su esposo, se entristeció de que los demás se alegraban, porque don Jorge, aunque sintió con las veras posibles hallarla casada, se animó a servirla y solicitarla de nuevo, ya que no para su esposa, pues era imposible, al menos para gozar de su hermosura, por no malograr tantos años de amor. Los paseos, los regalos, las músicas y finezas eran tantas, que casi se empezó a murmurar por la ciudad. Mas a todo la dama estaba sorda, porque jamás admitía ni estimaba cuanto el amante por ella hacía, antes las veces que en la iglesia o en los saraos[40] y festines que en Zaragoza se usan la veía y hallaba cerca de ella, a cuantas quejas de haberse casado le daba, ni a las tiernas y sentidas palabras que le decía, jamás le respondía palabra. Y si alguna vez, ya cansada de oírle, le decía alguna, era tan desabrida y pesada, que más aumentaba su pena.

La que tenía Teodosia de ver estos extremos de amor en su querido don Jorge era tanta, que, a no alentarla los desdenes con que su hermana le trataba, mil veces perdiera la vida. Y tenía bastante causa, porque aunque muchas veces le dio a entender a don Jorge su amor, jamás oyó de él sino mil desabrimientos en respuesta, con lo cual vivía triste y desesperada.

No ignoraba Constanza de dónde le procedía a su hermana la pena, y deseaba que don Jorge se inclinase a remediarla, tanto por no verla padecer, como por no verse perseguida de sus importunaciones; mas cada hora lo hallaba más imposible, por estar ya don Jorge tan rematado y loco en solicitar su pretensión, que no sentía que en Zaragoza se murmurase ni que su esposo de Constanza lo sintiese.

Más de un año pasó don Jorge en esta tema, sin ser parte las veras con que Constanza excusaba su vista, no saliendo de su casa sino a misa, y esas veces acompañada de su marido, por quitarle el atrevimiento de hablarla, para que el precipitado mancebo se apartase de seguir su devaneo, cuando Teodosia, agravada de su tristeza, cayó en la cama de una peligrosa enfermedad, tanto que se llegó a tener muy poca esperanza de su vida. Constanza, que la amaba tiernamente, conociendo que el remedio de su pena estaba en don Jorge, se determinó a hablarle, forzando, por la vida de su hermana, su despegada y cruel condición. Así, un día que Carlos se había ido a caza, le envió a llamar. Loco de contento recibió don Jorge el venturoso recado de su querida dama, y por no perder esta ventura, fue a ver lo que el dueño de su alma le quería.

Con alegre rostro recibió Constanza a don Jorge, y sentándose con él en su estrado, lo más amorosa y honestamente que pudo, por obligarle y traerle a su voluntad, le dijo:

—No puedo negar, señor don Jorge, si miro desapasionadamente vuestros méritos y la voluntad que os debo, que fui desgraciada el día que os ausentasteis de esta ciudad... Tampoco quiero negar que la voluntad primera no tiene gran fuerza, y si con mi honra y con la de mi esposo pudiera corresponder a ella, estad seguro de que ya os hubiera dado el premio que vuestra perseverancia merece. Mas supuesto[41] que esto es imposible, pues en este caso os cansáis sin provecho, aunque amando estuvieseis un siglo obligándome, me ha parecido pagaros con dar en mi lugar otro yo, que de mi parte pague lo que en mí es sin remedio. En concederme este bien me ganáis, no sólo por verdadera amiga, sino por perpetua esclava. Y para no teneros suspenso, esta hermosura que, en cambio de la mía, que ya es de Carlos, os quiero dar, es mi hermana Teodosia, la cual,

---

[35] Tonterías.
[36] Región del noroeste de Italia.
[37] **Dar...** disimular la razón de.
[38] **Haciéndose...** *pretending he had just heard about it.*
[39] Engañó, acabó con.
[40] Las reuniones.

[41] Puesto.

desesperada de vuestro desdén, está en lo último de su vida, sin haber otro remedio para dársela, sino vos mismo. Ahora es tiempo de que yo vea lo que valgo con vos, si alcanzo que nos honréis a todos, dándole la mano de esposo. Con esto quitáis al mundo de murmuraciones, a mi esposo de sospechas, a vos mismo de pena, y a mi querida hermana de las manos de la muerte, que faltándole este remedio, es sin duda que triunfará de su juventud y belleza. Y yo teniéndoos por hermano, podré pagar en agradecimiento lo que ahora niego por mi recato.

Turbado y perdido oyó don Jorge a Constanza, y precipitado en su pasión amorosa, le respondió:

—¿Éste es el premio, hermosa Constanza, que me tenías guardado al tormento que por ti paso y al firme amor que te tengo? Pues cuando entendí que obligada de él me llamabas para dármele, ¿me quieres imposibilitar de todo punto de él? Pues asegúrote que conmigo no tienen lugar sus ruegos, porque otra que no fuere Constanza no triunfará de mí. Amándote he de morir, y amándote viviré hasta que me salte la muerte. ¡Mira si cuando la deseo para mí, se la excusaré a tu hermana! Mejor será, amada señora mía, si no quieres que me la dé delante de tus ingratos ojos, que pues ahora tienes lugar, te duelas de mí, y me excuses tantas penas como por ti padezco.

Levantóse Constanza, oyendo esto, en pie, y en modo de burla, le dijo:

—Hagamos, señor don Jorge, un concierto; y sea que como vos me hagáis en esta placeta que está delante de mi casa, de aquí a la mañana, un jardín tan adornado de cuadros y olorosas flores, árboles y fuentes, que ni en su frescura ni belleza, ni en la diversidad de pájaros quien[42] él haya, desdiga de los nombrados pensiles[43] de Babilonia, que Semíramis[44] hizo sobre sus muros, yo me pondré en vuestro poder y haré por vos cuanto deseáis, y si no, que os habéis de dejar de esta pretensión, otorgándome en pago el ser esposo de mi hermana, porque si no es a precio de arte imposible, no han de perder Carlos y Constanza su honor, granjeado con tanto cuidado y sustentado con tanto aumento. Éste es el precio de mi honra; manos a la labor; que a un amante tan fino como vos no hay nada imposible.

Con esto se entró donde estaba su hermana, bien descontenta del mal recado que llevaba de su preten-

---

[42] Que.

[43] *Garden. Reference to the hanging gardens of Babylonia, which, according to Greek tradition, were created by King Ninos.*

[44] Esposa de Ninos.

sión, dejando a don Jorge tan desesperado, que fue milagro no quitarse la vida.

Salióse asimismo loco y perdido de casa de Constanza y con desconcertados pasos, sin mirar cómo ni por dónde iba, se fue al campo, y allí, maldiciendo su suerte y el día primero que la había visto y amado, se arrojó al pie de un árbol, ya, cuando empezaba a cerrar la noche, y allí dando tristes y lastimosos suspiros, llamándola cruel y rigurosa mujer, cercado de mortales[45] pensamientos, vertiendo lágrimas, estuvo una pieza unas veces dando voces como hombre sin juicio, y otras callando, se le puso, sin ver por dónde, ni cómo había venido, delante un hombre que le dijo:

—¿Qué tienes, don Jorge? ¿Por qué das voces y suspiros al viento, pudiendo remediar tu pasión de otra suerte? ¿Qué lágrimas femeniles son éstas? ¿No tiene más ánimo un hombre de tu valor que el que aquí muestras? ¿No echas de ver que, pues tu dama puso precio a tu pasión, que no está tan dificultoso tu remedio como piensas?

Mirándole estaba don Jorge mientras decía esto, espantado de oírle decir lo que él apenas creía que sabía nadie, y así le respondió:

—¿Y quién eres tú, que sabes lo que aun yo mismo no sé, y que asimismo me prometes remedio, cuando le hallo tan dificultoso? ¿Qué puedes tú hacer, cuando aún al Demonio es imposible?

—¿Y si yo fuese el mismo que dices —respondió el mismo que era— qué dirías? Ten ánimo, y mira qué me darás, si yo hago el jardín tan dificultoso que tu dama pide.

Juzgue cualquiera de los presentes, qué respondería un desesperado, que a trueque de alcanzar lo que deseaba, la vida y el alma tenía en poco. Y así le dijo:

—Pon tú el precio a lo que por mí quieres hacer, que aquí estoy presto a otorgarlo.

—Pues mándame el alma —dijo el Demonio— y hazme una cédula[46] firmada de tu mano de que será mía cuando se aparte del cuerpo, y vuélvete seguro que antes que amanezca podrás cumplir a tu dama su imposible deseo.

Amaba, noble y discreto auditorio, el mal aconsejado mozo, y así, no le fue difícil hacer cuanto el común enemigo de nuestro reposo le pedía. Prevenido venía el Demonio de todo lo necesario, de suerte que poniéndole en la mano papel y escribanías, hizo la cédula de la manera que el Demonio la ordenó, y firmando sin mi-

---

[45] Penosos.

[46] Documento.

rar lo que hacía, ni que por precio de un desordenado apetito daba una joya tan preciada y que tanto le costó al divino Creador de ella. ¡Oh mal aconsejado caballero! ¡Oh loco mozo! ¿y qué haces? ¡Mira cuánto pierdes y cuán poco ganas, que el gusto que compras se acabará en un instante, y la pena que tendrás será eternidades! Nada mira al deseo de ver a Constanza en su poder; mas él se arrepentirá cuando no tenga remedio.

Hecho esto, don Jorge se fue a su posada, y el Demonio a dar principio a su fabulosa fábrica.

Llegóse la mañana, y don Jorge, creyendo que había de ser la de su gloria, se levantó al amanecer, y vistiéndose lo más rica y costosamente que pudo, se fue a la parte donde el jardín se había de hacer, y llegando a la placeta que estaba de la casa de la bella Constanza el más contento que en su vida estuvo, viendo la más hermosa obra que jamás se vio, que a no ser mentira, como el autor de ella, pudiera ser recreación de cualquier monarca. Se entró dentro, y paseándose por entre sus hermosos cuadros y vistosas calles, estuvo aguardando que saliese su dama a ver cómo había cumplido su deseo.

Carlos, que, aunque la misma noche que Constanza habló con don Jorge, había venido de caza cansado, madrugó aquella mañana para acudir a un negocio que se le había ofrecido. Y como apenas fuese de día abrió una ventana que caía sobre la placeta, poniéndose a vestir en ella; y como en abriendo se le ofreciese a los ojos la máquina ordenada por el Demonio para derribar la fortaleza del honor de su esposa, casi como admirado[47] estuvo un rato, creyendo que soñaba. Mas viendo que ya que los ojos se pudieran engañar, no lo hacían los oídos, que absortos a la dulce armonía de tantos y tan diversos pajarillos como en el deleitoso jardín estaban, habiendo en el tiempo de su elevación notado la belleza de él, tantos cuadros, tan hermosos árboles, tan intrincados laberintos, vuelto como de sueño, empezó a dar voces, llamando a su esposa, y los demás de su casa, diciéndoles que se levantasen, verían la mayor maravilla que jamás se vio.

A las voces que Carlos dio, se levantó Constanza y su madre y cuantos en casa había, bien seguros[48] de tal novedad, porque la dama ya no se acordaba de lo que había pedido a don Jorge, segura de que no lo había de hacer, y como descuidada llegase a ver qué la quería su esposo, y viese el jardín precio de su honor, tan adornado de flores y árboles, que aún le pareció que era

menos lo que había pedido, según lo que le daban, pues las fuentes y hermosos cenadores, ponían espanto a quien las veía, y viese a don Jorge tan lleno de galas y bizarría pasearse por él, y en un punto[49] considerase lo que había prometido, sin poderse tener en sus pies, vencida de un mortal desmayo, se dejó caer en el suelo, a cuyo golpe acudió su esposo y los demás, pareciéndoles que estaban encantados, según los prodigios que se veían. Y tomándola en sus brazos, como quien la amaba tiernamente, con grandísima prisa pedía que le llamasen los médicos, pareciéndole que estaba sin vida, por cuya causa su marido y hermana solemnizaban con lágrimas y voces su muerte, a cuyos gritos subió mucha gente, que ya se había juntado a ver el jardín que en la placeta estaba, y entre ellos don Jorge, que luego imaginó lo que todos hacían.

Media hora estuvo la hermosa señora de esta suerte,[50] haciéndosele innumerables remedios, cuando estremeciéndose fuertemente tomó en sí, y viéndose en los brazos de su amado esposo, cercada de gente, y entre ellos a don Jorge, llorando amarga y hermosamente los ojos en Carlos, le empezó a decir así:

—Ya, señor mío, si quieres tener honra y que tus hijos la tengan y mis nobles deudos no la pierdan, sino que tú se la des, conviene que al punto me quites la vida, no porque a ti ni a ellos he ofendido, mas porque puse precio a tu honor y al suyo, sin mirar que no le tiene. Yo lo hiciera imitando a Lucrecia,[51] y aun dejándola atrás, pues si ella se mató después de haber hecho la ofensa, yo muriera sin cometerla, sólo por haberla pensado; mas soy cristiana, y no es razón que ya que sin culpa pierdo la vida y te pierdo a ti, que eres mi propia vida, pierda el alma que tanto costó al Creador de ella.

Más espanto dieron estas razones a Carlos que lo demás que veía, y así, le pidió que les dijese la causa por qué lo decía y lloraba con tanto sentimiento.

Entonces Constanza, aquietándose un poco, contó públicamente cuanto con don Jorge le había pasado desde que la empezó a amar, hasta el punto que estaba, añadiendo, por fin, que pues ella había pedido a don Jorge un imposible, y él le había cumplido, aunque ignoraba el modo, que en aquel caso no había otro remedio sino su muerte; con la cual, dándosela su marido, como el más agraviado, tendría todo fin y don Jorge no podría tener queja de ella.

---

[47] Awestruck.
[48] *Oblivious, unmindful.*

[49] De repente, inmediatamente.
[50] **De...** así.
[51] Matrona romana que se suicidó después de haber sido violada. Es símbolo de la casada casta y virtuosa.

Viendo Carlos un caso tan extraño, considerando que por su esposa se veía en tanto aumento de riqueza, cosa que muchas veces sucede ser freno a las inclinaciones de los hombres de desigualdad, pues el que escoge mujer más rica que él ni compra mujer sino señora; de la misma suerte, como aconseja Aristóteles, no trayendo la mujer más hacienda que su virtud, procura con ella y su humildad granjear la voluntad de su dueño. Y asimismo más enamorado que jamás lo había estado de la hermosa Constanza, le dijo:

—No puedo negar, señora mía, que hicistes mal en poner precio por lo que no le tiene, pues la virtud y castidad de la mujer, no hay en el mundo con qué se pueda pagar; pues aunque os fiastes[52] de un imposible, pudiérades[53] considerar que no lo hay para un amante que lo es de veras, y el premio de su amor lo ha de alcanzar con hacerlos. Mas esta culpa ya la pagáis con la pena que os veo, por tanto ni yo os quitaré la vida ni os daré más pesadumbre de la que tenéis. El que ha de morir es Carlos, que, como desdichado, ya la fortuna, cansada de subirle, le quiere derribar. Vos prometistes dar a don Jorge el premio de su amor, si hacía este jardín. Él ha buscado modo para cumplir su palabra. Aquí no hay otro remedio sino que cumpláis la vuestra, que yo, con hacer esto que ahora veréis no os podré ser estorbo, a que vos cumpláis con vuestras obligaciones, y él goce el premio de tanto amor.

Diciendo esto sacó la espada, y fuésela a meter por los pechos, sin mirar que con tan desesperada acción perdía el alma, al tiempo que don Jorge, temiendo lo mismo que él quería hacer, había de un salto juntádose con él, y asiéndole el puño de la violenta espada, diciéndole:

—Tente, Carlos, tente.

Se la tuvo fuertemente. Así, como estaba, siguió contando cuanto con el Demonio le había pasado hasta el punto que estaba, y pasando adelante, dijo:

—No es razón que a tan noble condición como la tuya yo haga ninguna ofensa, pues sólo con ver que te quitas la vida, porque yo no muera (pues no hay muerte para mí más cruel que privarme de gozar lo que tanto quiero y tan caro me cuesta, pues he dado por precio el alma), me ha obligado de suerte, que no una, sino mil perdiera, por no ofenderte. Tu esposa está ya libre de su obligación, que yo le alzo la palabra. Goce Constanza a Carlos, y Carlos a Constanza, pues el cielo los crió tan conformes, que sólo él es el que la merece, y ella la

que es digna de ser suya, y muera don Jorge, pues nació tan desdichado, que no sólo ha perdido el gusto por amar, sino la joya que le costó a Dios morir en una Cruz.

A estas últimas palabras de don Jorge, se les apareció el Demonio con la cédula en la mano, y dando voces, les dijo:

—No me habéis de vencer, aunque más hagáis; pues donde un marido, atropellando su gusto y queriendo perder la vida, se vence a sí mismo, dando licencia a su mujer para que cumpla lo que prometió; y un loco amante, obligado de esto, suelta la palabra, que le cuesta no menos que el alma, como en esta cédula se ve que me hace donación de ella, no he de hacer menos yo que ellos. Y así, para que el mundo se admire de que en mí pudo haber virtud, toma don Jorge: ves ahí tu cédula; yo te suelto la obligación, que no quiero alma de quien tan bien se sabe vencer.

Y diciendo esto, le arrojó la cédula, y dando un grandísimo estallido, desapareció y juntamente el jardín, quedando en su lugar, un espeso y hediondo humo, que duró un grande espacio.

Al ruido que hizo, que fue tan grande que parecía hundirse la ciudad, Constanza y Teodosia, con su madre y las demás criadas, que como absortas y embelesadas habían quedado con la vista del demonio, volvieron sobre sí, y viendo a don Jorge hincado de rodillas, dando con lágrimas gracias a Dios por la merced que le había hecho de librarle de tal peligro, creyendo, que por secretas causas, sólo a su Majestad Divina reservadas, había sucedido aquel caso, le ayudaron haciendo lo mismo.

Acabando don Jorge su devota oración, se volvió a Constanza, y le dijo:

—Ya, hermosa señora, conozco cuán acertada has andado en guardar el decoro que es justo al marido que tienes, y así, para que viva seguro de mí, pues de ti lo está y tiene tantas causas para hacerlo, después de pedirte perdón de los enfados que te he dado y de la opinión que te he quitado con mis importunas pasiones, te pido lo que tú ayer me dabas deseosa de mi bien, y yo como loco, desprecié, que es a la hermosa Teodosia por mujer; que con esto el noble Carlos quedará seguro, y esta ciudad enterada de tu valor y virtud.

En oyendo esto Constanza, se fue con los brazos abiertos a don Jorge, y echándoselos al cuello, casi juntó su hermosa boca con la frente del bien entendido mozo, que pudo por la virtud ganar lo que no pudo con el amor, diciendo:

---

[52] Fiaste.
[53] Pudieras.

—Este favor os doy como a hermano, siendo el primero que alcanzáis de mí cuanto ha que me amáis.

Todos ayudaban a este regocijo: unos con admiraciones, y otros con parabienes. Y ese mismo día fueron desposados don Jorge y la bella Teodosia, con general contento de cuantos llegaban a saber esta historia. Y otro día, que no quisieron dilatarlo más, se hicieron las solemnes bodas, siendo padrinos Carlos y la bella Constanza. Hiciéronse muchas fiestas en la ciudad, solemnizando el dichoso fin de tan enredado suceso, en las cuales don Jorge y Carlos se señalaron, dando muestras de su gentileza y gallardía, dando motivos a todos para tener por muy dichosas a las que los habían merecido por dueños.

Vivieron muchos años con hermosos hijos, sin que jamás se supiese que don Jorge hubiese sido el matador de Federico, hasta que después de muerto don Jorge. Teodosia contó el caso como quien tan bien lo sabía. A la cual, cuando murió, le hallaron escrita de su mano esta maravilla, dejando al fin de ella por premio al que dijese cuál hizo más de estos tres: Carlos, don Jorge, o el demonio, el laurel de bien entendido.[54] Cada uno le juzgue si le quisiere ganar, que yo quiero dar aquí fin al *Jardín engañoso*, título que da el suceso referido a esta maravilla.

𝒯emas

Comprensión del texto

1. ¿Qué ardid inventa Teodosia para apartar a Jorge de Constanza? ¿Piensa ella en las posibles consecuencias en ese momento? ¿Qué dice Zayas de la «ceguera» del ser humano?

2. ¿Cómo reacciona Jorge a las palabras de Teodosia? ¿Qué hace? Compare su conducta con la de Teodosia. ¿Qué hace Jorge después de cometer el crimen?

3. ¿De qué trampa se vale Carlos para enamorar a Constanza? ¿Cómo reacciona ella cuando se entera de su engaño? ¿Qué revela este episodio acerca del carácter de Carlos? ¿Qué revela acerca del carácter de Constanza?

4. ¿Cómo intenta Jorge vencer la voluntad de Constanza al volver a Madrid? ¿Cómo lo trata ella?

5. ¿Qué le pide Constanza a Jorge que construya en la placeta delante de su casa? ¿Por qué? ¿Cuáles son las condiciones del acuerdo?

6. ¿Cómo logra Jorge cumplir con la demanda de Constanza? Explique el papel del Demonio.

7. ¿Cómo reacciona Constanza cuando se da cuenta que Jorge ha construido el jardín? ¿En qué sentido es otra Lucrecia? ¿Cómo reaccionan los dos hombres?

8. ¿Cómo logra Constanza vencer al Demonio? ¿Qué sugiere acerca de los engaños del diablo?

9. ¿Cómo se sabe la historia del asesinato de Federico?

Análisis literario

1. Describa el carácter de los cuatro personajes principales de «El jardín engañoso». ¿Son estos personajes monolíticos (es decir, se definen por un solo rasgo) o son complejos? Explique.

2. Describa la relación que existe entre Constanza y Jorge. Describa la que existe entre Teodosia y Federico. Entre Teodosia y Jorge. Entre Federico y Jorge.

3. ¿Hace Constanza bien o mal en valerse de una treta para alejar a Jorge? ¿Por qué?

4. ¿Encuentra usted satisfactoria la conclusión?

5. ¿Cómo sugiere Zayas que «El jardín engañoso» es un cuento que alguien narra en una tertulia? ¿En qué pasajes se dirige la persona que narra a los oyentes? ¿Qué efecto producen estos pasajes en el lector?

6. ¿Cree usted que la perspectiva de Zayas es distintivamente femenina? Explique.

7. ¿Se rebela Zayas contra el sistema patriarcal o no? Compare su posición con la de Ana Caro.

PEDRO CALDERÓN DE LA BARCA (1600-1681)

Calderón, el dramaturgo más célebre del barroco español, estudió con los jesuitas en el Colegio Imperial de Madrid, y después en las universidades de Alcalá y de Salamanca, donde sus materias preferidas eran el derecho, la teología, la filosofía y la lógica. La formación intelectual de Calderón se nota claramente en su complejo sistema filosófico, su fe militante, su rigurosa lógica y la terminología legal que a menudo emplea en los dramas de honor.

A los veinte años Calderón ya empezaba a despertar la atención de los intelectuales de la Corte por la calidad de sus composiciones poéticas. En 1623,

---

[54] **El...** *the distinction of being wise.*

año en que entró en el servicio militar, se representó su primera obra de teatro, *Amor, honor y poder*. Pronto ganó el favor real y compuso numerosos dramas para celebraciones oficiales como la inauguración del palacio del Buen Retiro. Con la muerte de Lope de Vega en 1635 fue nombrado dramaturgo de la Corte. En 1636 se publicó la *Primera parte* de sus obras y al año siguiente salió la *Segunda parte*. Calderón ingresó en la orden de San Francisco en 1651 y llegó a ser capellán particular del rey. La *Tercera parte* salió en 1664 y la *Cuarta parte,* en 1665. Una *Quinta parte,* que apareció en 1677 sin la autorización del autor, contenía cuatro obras que Calderón negó haber escrito. Según la crítica, escribió unas ciento dieciocho comedias, al menos setenta autos sacramentales,* muchas mojigangas* (piezas burlescas), numerosos poemas y un tratado sobre el arte. También escribió varias obras en colaboración con otros dramaturgos. Entre sus comedias se incluyen dramas históricos, religiosos, filosóficos y mitológicos, tragedias de honor, comedias de capa y espada y zarzuelas.*

Caracterizan los dramas de Calderón la profunda penetración sicológica y una sólida base intelectual, siendo el dogma católico el fundamento de su sistema. El Concilio de Trento dio una acrecentada importancia al libre albedrío y a 'la responsabilidad personal, temas que se reflejan en la independencia de criterio de los personajes de Calderón.

Sus dramas de honor se cuentan entre los más fascinantes del período. En las obras de Calderón, el honor funciona como un catalizador que produce una crisis, la cual obliga al protagonista a actuar. Es el vehículo a través del cual el dramaturgo explora diversas facetas de la moral y de la sicología. Sus hombres de honor se sienten atrapados por un riguroso código social que obliga al caballero a matar a su esposa si hay sospecha de infidelidad. Ante la confusión producida por fuertes emociones y evidencias contradictorias, claman al cielo y vituperan contra el destino. Luchan consigo mismos, usando todos los recursos de la lógica. A menudo usan la terminología jurídica para describir el honor como un sistema con sus propias leyes y castigos. Las tragedias de honor más conocidas de Calderón son *El médico de su honra*, *A secreto agravio, secreta venganza* y *El pintor de su deshonra.*

El honor también es el tema central de *comedias de capa y espada** como *La dama duende* y *Casa con dos puertas mala es de guardar*. El nombre de esta categoría de comedias se deriva de la vestimenta de los actores, quienes llevan capa y espada, es decir, ropa de calle. Aunque el argumento es semejante al del drama de honor—usualmente se trata de un hombre que sospecha que su hermana tiene relaciones ilícitas con algún caballero—el hecho de que los protagonistas sean solteros permite que se casen al final, evitando así el desenlace trágico.

El drama filosófico más conocido de Calderón es *La vida es sueño*, el cual presenta algunos de los temas más importantes de la Contrarreforma: el libre albedrío, la responsabilidad personal, el dominio de uno mismo, la naturaleza del conocimiento humano. La obra gira alrededor de un pronóstico acerca del futuro de Segismundo, príncipe de Polonia. Basilio, el rey, es un astrólogo famoso que, creyendo que las estrellas han destinado a su hijo a ser un tirano, lo encierra en una torre en un lugar remoto e inhóspito bajo la vigilancia de Clotaldo. Años después, lo descubre allí Rosaura, disfrazada de hombre, que ha llegado a Polonia buscando a Astolfo, el hombre que la ha deshonrado. Segismundo reacciona como las bestias con las cuales se ha criado. Está a punto de matar a Rosaura cuando, de repente, conmovido por su belleza, se contiene.

Basilio manda drogar a su hijo y lo hace llevar a la Corte para poner a prueba la validez del vaticinio. Al despertarse en el palacio, el joven, criado en el monte entre fieras, se entrega a sus violentas pasiones. El rey, convencido de la veracidad del horóscopo, lo devuelve a la torre.

De nuevo, Segismundo se despierta confuso. Clotaldo le explica que sus experiencias en la corte no fueron más que un sueño y que ahora se ha despertado a la realidad. Segismundo, que asocia la torre con un ataúd, por primera vez toma conciencia de la muerte. Poco a poco, se da cuenta de que toda experiencia humana es un sueño, es decir, es efímera; lo que tiene importancia durante la vida—la riqueza, el poder, el honor—desaparece al despertarse el hombre a la verdadera vida, que es la eterna.

Cuando unos soldados le piden que encabece la rebelión que se ha organizado contra Basilio, Segismundo se niega. Pero Clotaldo le convence de que tiene que obrar porque es por medio de sus actos que el hombre gana la salvación. Con un nuevo sentido del deber y de la responsabilidad, Segismundo toma su lugar frente a sus tropas. En vez de comportarse como un tirano, desmiente a las estrellas al perdonar a su padre y al casar a Rosaura, de quien se ha enamorado, con Astolfo, restaurando así el honor de la joven.

La obra que reproducimos aquí, *El gran mercado del mundo*, presenta muchos de estos mismos temas. Escrito probablemente en 1635, *El gran mercado del mundo* es un auto sacramental*—obra en un acto escrita sobre algún tema relativo a la Biblia, al dogma o al misterio de la eucaristía. Recientemente,

Donald T. Dietz ha señalado que virtualmente todos los autos de Calderón ilustran la historia de la salvación, desde la caída. Los autos sacramentales son alegorías,* composiciones en que los personajes representan ideas o conceptos abstractos. Por ejemplo, en *El gran mercado del mundo*, el Padre de Familias representa a Dios, Mundo encarna todas las cosas buenas y malas que ofrece la vida y Lascivia, la criada seductora, personifica la tentación del placer sensual. Los autos sacramentales a menudo se representaban durante las celebraciones de Corpus Christi para la edificación de los espectadores.

El gran mercado del mundo está construido a partir de una alegoría fácil de entender. El Padre de Familias les da a cada uno de sus dos hijos gemelos, Buen Genio y Mal Genio, un talento, antigua moneda hebrea o ática de valor variable. Los jóvenes han de ir al mercado, donde se vende de todo. El hijo que gaste su talento de una manera prudente volverá a casa para gozar de su herencia y casarse con Gracia; el que no, será castigado.

El Padre de Familias, alegoría de Dios, no predestina a sus hijos sino que los deja libres en un mundo lleno de engaños y decepciones. Según el concepto del libre albedrío, cada uno recibe la «gracia suficiente», la cual permite ganar la salvación por el sacramento del bautismo. Sin embargo, para merecer la gloria eterna el individuo necesita tener una fe absoluta y hacer buenas obras.

En *El gran mercado del mundo*, «genio» significa «inclinación» o «tendencia», o aun «talento». Se trata, entonces, de predisposiciones que una persona es capaz de vencer. El individuo tiene la obligación de examinar su conciencia, de reconocer sus debilidades, de domar sus malas inclinaciones y de usar bien sus aptitudes. Si Mal Genio es condenado al final del auto, es porque no procede en el mundo con juicio; se deja tentar por la herejía, se entrega al placer y se niega a darle limosna al pobre. Es decir, su padre no lo condena, sino que se condena a sí mismo por su falta de reflexión.

Como un mercado moderno, la feria del mundo ofrece mercancía atrayente pero de poca calidad, además de productos —no siempre los más caros— de valor duradero. Lo peor es que el comprador no sabrá si ha escogido bien o mal hasta llegar a casa; es decir, el individuo no sabe si se salvará o no hasta el Juicio Final. Esta situación produce la angustia existencial que expresan muchos personajes calderonianos, quienes se sienten condenados a actuar en un mundo ambiguo y confuso. Sin embargo, Dios le da a cada uno la razón, la conciencia y la ley divina en la forma de los diez mandamientos y la doctrina; éstos son los instrumentos que necesita el individuo para proceder con cordura y discreción.

Mal Genio, en vez de luchar contra sus malas inclinaciones, se deja seducir por la Culpa, quien toma la forma de una serie de tentaciones difíciles de reconocer. La teología católica enseña que Dios le otorga a Satanás el privilegio de adoptar cualquier disfraz para ganar las almas, lo cual explica por qué Culpa constantemente cambia de forma. Aparece primero disfrazada de villano, luego de sirviente en la venta de Gula, de lazarillo de un ciego, de gitano y de esclavo. No es sino hasta que el Padre condena a Mal Genio que Culpa revela su verdadera identidad.

Al espectador moderno, acostumbrado a vivir en una sociedad en la que todas las religiones se respetan, la posición de Buen Genio ante el protestantismo le parecerá dogmática. Cuando Herejía, quien lleva libros de Lutero y Calvino, ataca la doctrina de la transubstanciación, según la cual, en la eucaristía, la sustancia del pan y del vino se transforman en cuerpo y sangre de Cristo, Buen Genio busca refugio en la ortodoxia. Atacada por los reformadores del siglo XVI, la transubstanciación es uno de los temas que todavía divide a protestantes y católicos. Sin embargo, dentro del contexto de la obra, la posición de Buen Genio es la correcta, ya que el objetivo del auto sacramental es precisamente enseñar y defender la ortodoxia.

Aunque ciertos aspectos de los autos sacramentales pueden ser problemáticos para un espectador de principios del nuevo milenio, la angustia existencial del individuo ante un universo confuso y engañoso no es ajena a su experiencia. Los temas de la realidad y la apariencia, la tentación y la responsabilidad propia siguen siendo de importancia primordial.

El gran mercado del mundo

Sale la FAMA, *cantando por lo alto del tablado en una apariencia[1] que pasa de un lado a otro.*

FAMA.   ¡Oíd mortales, oíd,
            y al pregón[2] de la Fama
            todos acudid!
MÚSICA. *(Dentro.) Y al pregón de la Fama*
            todos acudid.

            (. . .)

---

[1] *Stage device that enables Fame, dressed as a bird, to appear to fly across the stage.*

[2] Anuncio, proclama.

Sale el PADRE DE FAMILIAS.

PADRE.   Vivo bajel,[3] que desmayos
                das al aire, a quien te entregas,
                y abriles sembrando y mayos,
                golfos de átomos navegas,
                piélagos surcas de rayos.[4]

Sale la INOCENCIA.

INOCENCIA.   Pajarote, que con lazos
                de cera y cáñamo apoya
                tu vuelo, y en breves plazos,
                si te caes de la tramoya
                te harás cuatro mil pedazos.[5]
BUEN GENIO. ¿Qué trofeo es el que adquieres?
MAL GENIO.   ¿Adónde vas de esos modos?
MALICIA.   ¿Qué solicitas?
GRACIA.   ¿Quién eres?
INOCENCIA.   ¿Qué miedo llevas?
PADRE.   ¿Qué quieres?
FAMA.   Que me estéis atentos todos.
                (Cantan.) ¡Oíd, mortales, oíd,
                y al pregón de la Fama
                todos acudid!
MÚSICA.   *Y al pregón de la Fama*
                todos acudid.
FAMA.   *(Canta.) En la gran plaza del Mundo*
                del monarca más feliz,
                hoy se hace un mercado franco[6];
                todos a comprar venid.
                ¡Oíd, oíd,
                y al pregón de la Fama
                todos acudid!
MÚSICA.   *Y al pregón de la Fama*
                todos acudid.
FAMA.   *(Canta.) En él se vende de todo;*
                pero atended, y advertid
                que el comprar bien o mal
                no lo conoce hasta el fin.[7]

                ¡Oíd, oíd,
                y al pregón de la Fama
                todos acudid!
MÚSICA.   *Y al pregón de la Fama*
                todos acudid.
TODOS.   Buena nueva.
PADRE.   Mala nueva.

(Cúbrese la apariencia de la FAMA.*)*

MAL GENIO.   Pues, ¿por qué, Padre, nos di,
                no es buena nueva llegar
                de la veloz Fama a oír
                que hoy hace un mercado el Mundo
                franco, donde puedan ir
                los Genios a comprar cuanto
                necesiten para sí?
PADRE.   Porque también de la Fama
                en ese pregón oí
                que vende el mundo de todo,
                y sólo será feliz
                quien su talento empleare
                bien o mal; se ha de advertir
                que dijo que el bien o el mal
                no se conoce hasta el fin.

                (. . .)

[El PADRE DE FAMILIAS *le da a cada hijo un talento.[8] El que gaste bien su talento ganará la mano de* GRACIA.*]*

PADRE.   Gracia ha de ser de quien sólo
                la merezca conseguir
                por sus obras; los dos, pues,
                al gran mercado habéis de ir
                del Mundo, talento igual
                daré a los dos, y advertid
                que el que mejor lo empleare
                y vuelva después aquí
                con mas adquiridos bienes,
                esposo será feliz
                de Gracia, y no solamente
                mi heredero; mas oíd
                lo que os advierto: heredero

---

[3] *Ship. (Fame is a "ship" because she floats through the air as a ship floats over the water.)*

[4] **Piélagos...** *you shoot through the ocean.*

[5] *Innocence is the clown or* gracioso. *He reminds the "big, fat bird" (*pajarote*) that if the wax and rope that holds it together should break, it will crash to the floor and break. His speech is especially funny because it comes after the Father's florid description.*

[6] *Open.*

[7] *That is, a person doesn't know until the Last Judgment*

---

whether or not he has earned salvation.

[8] *A "talent" was a coin used in Biblical times. The term appears in* Mathew 25:14-30, *in the Parable of the Talents, in which the term refers to a power of mind or body given to a person for his or her improvement.*

será de su reino; así
emplead bien el caudal[9]
porque al que viere venir
disipador del talento[10]
que para ganar le di,
cerrada hallará la puerta,
y que hallaréis, advertid,
bien y mal, y mal y bien
no se conoce hasta el fin. *(Vase.)*

(. . .)

[Antes de que se vayan, GRACIA *le da una rosa blanca a cada uno de los hermanos.[11]]*

MAL GENIO.	Algún favor, Gracia, espero para partir.
GRACIA.	Si daré. Que yo a ninguno negué mi favor.
BUEN GENIO.	Siendo así, quiero pedirte otro para mí.
GRACIA.	Igual que a él ha de ser. *(Dale otra rosa.)*
BUEN GENIO.	En fin, ¿tu favor nos das sin merecerlo?
	Sí doy, que por eso Gracia soy; porque si lo mereciera el hombre, justicia fuera y no gracia[12]; y así, os doy aqueste favor primero, porque pueda vuestro ser ir con él a merecer el segundo, con que espero premiaros, después que yo quiera Dios que al hombre ofrezca un favor, porque merezca, y otro porque mereció[13] (...)

[Entonces BUEN GENIO *y* MAL GENIO *parten para
el mercado. Como el camino es largo, tendrán que
pasar la noche en una venta. La* CULPA,[14] *vestida de
villano, entra en la venta de la* GULA,[15] *donde ésta y*
LASCIVIA[16] *están esperando la llegada de los hermanos. La* GULA *invita a la* CULPA *a quedarse.]*

LASCIVIA.	Caminantes van llegando.
CULPA.	Y de dos que espero yo, uno es el que en casa entro.

Salen el BUEN GENIO *y la* INOCENCIA *de camino.[17]*

BUEN GENIO.	¿Habrá posada?
GULA.	¿Pues cuándo faltó a ningún caminante en la casa de la Gula?
INOCENCIA.	Cuando sin dinero y mula dice que pase adelante, porque no puede comer lo que quiere.
GULA.	Esos rigores no se usan aquí, señores; vuestro cuarto ahí ha de ser.
LASCIVIA.	¿Venís a pie?
BUEN GENIO.	Y muy cansado.
CULPA.	Miren que mucho, si a fe habiendo venido a pie, ¿haos,[18] por ventura, faltado en qué venir?
BUEN GENIO.	No, que así sólo por mi gusto ando, por venir peregrinando del Mundo al mercado.
GULA.	Aquí podéis descansar los dos. Voy a que un cuarto se os abra; comeréis. *(Vase.)*
INOCENCIA.	Esa palabra está gozando de Dios.[19]

---

[9] Patrimonio, dinero.

[10] **Al...** *the one that I see has wasted his talent.*

[11] *That is, each brother receives the gift of what theologi-
ans call "sufficient grace" and is therefore capable of receiving salvation. However, in order actually to be saved, a person must earn God's eternal glory through faith and good
works.*

[12] *Grace is a gift given to man by God, not something that
man has to earn.*

[13] *That is, God gives man grace so that he can be worthy
(porque merezca) and salvation at the end of his life because*

---

he acted worthily (porque mereció).

[14] *Here,* culpa *means "sin" as well as "guilt."*

[15] *Gluttony, who represents unbridled appetite.*

[16] *Lust.*

[17] *De...* *dressed as travelers.*

[18] *Os ha.*

[19] *The* gracioso, *or lackey, who represents the lower
classes, is always concerned about food and material com-
fort.*

LASCIVIA.   Y así en habiendo comido
quisiérades[20] descansar,
de jazmín, clavel y azahar[21]
tendréis un catre mullido.[22]

BUEN GENIO.   ¡Qué hermosura! ¿Quién será,
beldad, que así arrebató
mis sentidos?

INOCENCIA.   Qué sé yo.

CULPA.   Llegue yo, pues duda ya[23];
oíd: con alguna disculpa,
yo haré que esta mi señora
entre en vuestro cuarto.

BUEN GENIO.   Ahora
conozco quién eres, Culpa,
porque aunque mudes de traje,[24]
no mudas de inclinación,
y de mi afecto no son
ni esa voz ni ese lenguaje.
Inocencia, huye de aquí.

CULPA.   Oye.

BUEN GENIO.   Sabiendo quién eres,
no he de esperar: ven.

INOCENCIA.   ¿No quieres
descansar?

BUEN GENIO.   Yo, no.

INOCENCIA.   Yo, sí.[25] *(Siéntase.)*

BUEN GENIO.   Mira que aquí hay que temer.

INOCENCIA.   También aquí hay que almorzar.

BUEN GENIO.   Hoy es día de ayunar.

INOCENCIA.   Hagámosle de comer.

BUEN GENIO.   Vamos de aquí, no blasone
casa,[26] que de vicios es,
que en ella puse los pies.

INOCENCIA.   Miren que falta le pone.

---

[20] Quisierais.

[21] Flor de naranjo. Lascivia ofrece placeres sensuales.

[22] Cómodo.

[23] Culpa *arrives because* Buen Genio *is tempted by the sensual pleasures* Lascivia *offers him. However,* Buen Genio *soon recognizes how close he is to "sin" and escapes with his "innocence."*

[24] *Sin assumes many guises. She appears first as a tempting maiden (in a scene not included here), then as a peasant, a blind man's guide, and a slave. According to doctrine, God gives Satan the right to assume any form to tempt men and women, but since people have God's law, reason, conscience, and free will, they are capable of recognizing and rejecting Satan.*

[25] *"Innocence" is too guileless to see evil.*

[26] **No...** *don't aggrandize this house (recognize it for what it is).*

LASCIVIA.   Sosegaos.

BUEN GENIO.   ¿Cómo puedo?
Ven, Inocencia, conmigo.

INOCENCIA.   Harto a mi pesar te sigo.

CULPA.   Pues quédate.

INOCENCIA.   Ya me quedo.

CULPA.   A descansar.

INOCENCIA.   Yo sí haré. *(Siéntase.)*

BUEN GENIO.   No harás tal.

INOCENCIA.   ¡Ay, que me mata!
Que no has de decir, ingrata,
que mi Inocencia dejé
en tu poder. Vamos presto.

CULPA.   Llevarle[27] intentas en vano.
(Tiran los dos de él.)

Salen el MAL GENIO, *de gala, y la* MALICIA

INOCENCIA   ¡Ay!

MAL GENIO.   ¿Qué es esto?

BUEN GENIO.   Escucha, hermano,
que yo te diré qué es esto.
De aquel soberbio Nembroth[28]
de quien Dios venganza toma,
éste es fuego de Sodoma,[29]
de quien yo huyendo voy;
no te pares; su castigo
teme, que yo no me atrevo
a esperarte, ya que llevo
a mi Inocencia conmigo. *(Vanse.)*

MAL GENIO.   No lo entiendo.

LASCIVIA.   Iras el pecho
brota[30] viéndome dejar.

CULPA.   Esto es, que por no pagar
la costa que en casa ha hecho,
del enojo se ha valido.[31]

MAL GENIO.   Muy mal la cólera os mueve,

---

[27] *Note that the masculine form "le" refers to the male actor who plays the* gracioso, *not to the feminine noun,* Inocencia.

[28] Personaje principal de *La torre de Babel* y símbolo de la discordia.

[29] Sodoma y Gomorra eran dos ciudades donde reinaba el vicio. En *Génesis* 18 y 19 se relata cómo Dios las destruyó por los pecados de sus habitantes.

[30] **Iras...** Me pongo furiosa.

[31] Culpa *is afraid that* Mal Genio *will see the danger* sin *represents and run away, too.* Culpa *therefore tells him that* Buen Genio *was just pretending to be angry in order not to stomp out without paying his bill.*

que yo os daré lo que debe
ya que a este tiempo he venido.

MALICIA. Es muy liberal,[32] haced
que mesa se le prevenga[33]
y muy bien que comer tenga.

LASCIVIA. Que os serviremos creed,
y daros comida espero,
que la pueden envidiar
las mesas de Baltasar[34]
y los banquetes de Asuero[35];
limpia cama aderezada,
y ropa tendréis después,
con las calidades tres
de blanca, blanda y delgada.

MAL GENIO. ¿Después de eso, si os obligo
con deciros que ya os quiero,
veréisme vos?

CULPA.   Caballero,
eso se ha de hablar conmigo.[36]
Entrad, que palabra os doy
de que cuanto deseáis
en esta casa tengáis,
o no seré yo quien soy.

MAL GENIO. Esto a mi agradecimiento
primer indicio será.

CULPA. Albricias,[37] infierno; ya
tengo parte en un talento.

MALICIA. ¿Señor?

MAL GENIO.   ¿Qué me quieres?

MALICIA.   ¿No has
reparado en que esté aquí
la Culpa?[38]

MAL GENIO.   ¿La Culpa?

MALICIA.   Sí.
¿No la ves?

MAL GENIO.   ¡Qué loco estás!
¿Eso habías de pensar?

---

[32] Generoso.

[33] *Get ready.*

[34] *Balthazar's banquet is described in the Book of* Daniel.
*God warned Balthazar, king of Babylonia, that his dissolute
ways would lead to destruction, but the monarch failed to
take heed.*

[35] Los banquetes de Asuero, rey de Persia, se describen en
el libro de *Esther*. Sugieren el lujo y la abundancia.

[36] *As soon as a person yields to temptation, Sin is present.
Here,* Culpa *takes on the role of* Lascivia's *pimp.*

[37] Júbilo, alegría. Culpa se dirige al infierno, o Satanás,
para quien piensa casi haber ganado un alma.

[38] Malicia, más astuta que Inocencia, puede ver la Culpa.

No en vano Malicia eres,
pues que esté la Culpa quieres
en comer y descansar;
mas ¡ah, infeliz!

MALICIA.   ¿Qué ha sido?
¿Qué es lo que buscas, señor? *(Busca
la rosa que le dio* GRACIA.)

MAL GENIO. Que en el camino el favor
de Gracia se me ha perdido.[39] *(Vanse.)*

(. . .)

Sale el MUNDO, *muy adornado, en una tramoya.*

MUNDO. Ya que veloz la Fama
con dulces voces al concurso llama,
del franco[40] de este día,
que a ostentación de la grandeza mía
hacer quise, juntando
en esta plaza mi poder, y dando
satisfacción de cuanto, generoso
monarca soy, invicto y poderoso,
ponerme quiero a ver en esta entrada
cómo, desde la tórrida a la helada
zona, diversas gentes,
con trajes y costumbres diferentes,
van a la plaza entrando,
de quien yo la razón iré tomando,
porque en saber mis vanidades[41] fundo
cuanto en su redondez[42] contiene el mundo.
¡Ea mortales!, ya ha llegado el día
de la gran feria de mi monarquía;
jueves[43] es, venid todos al Mercado,
pues sabéis que es el jueves día feriado
y vosotros, veloces
vientos, decid con repetidas voces;
(Dentro, MÚSICA.)

MÚSICA. *Vicios y virtudes
serían sus premios.*

---

[39] *Through his inattention to the lures of Satan, which
leads inevitably to bad conduct,* Mal Genio *has lost the gift of
grace.*

[40] Mercado franco.

[41] *The material goods that the world offers are pure vanities.*

[42] Esfera.

[43] *Thursday was market day.* Día feriado, *which now
means "vacation day," originally referred to the day ordinary labors ceased so people could go to the market.*

¡Oh, feliz el que emplea
bien sus talentos!

(. . .)

[Salen los mercaderes uno por uno: la SOBERBIA con
n sombrero de plumas en la mano y una pieza de tela
como cogida; la HUMILDAD con un sayal;
LASCIVIA, vestida de dama, con flores;
DESENGAÑO, con un espejo; la GULA, de ciego,[44] y
la CULPA, de mozo, con estampas; la PENITENCIA,
con saco y cilicios[45]; la HEREJÍA, con libros y la FE,
que es ciega. El MUNDO saluda a cada uno y le pide
que muestre su mercancía.]

Salen el BUEN GENIO y la INOCENCIA, por una
parte, y por la otra, el MAL GENIO y la MALICIA.

BUEN GENIO.	¡Qué hermosa que está la plaza del Mundo, Inocencia!
INOCENCIA.	Cierto que parece un paraíso.
MAL GENIO.	¿Viste tan raros objetos, Malicia, otra vez?
MALICIA.	Sí, vi, pero fue en mi pensamiento.
MAL GENIO.	Un amor me trajo al Mundo; mas ya son dos los que tengo, que despés que vi a Lascivia poco de Gracia me acuerdo.
BUEN GENIO.	Antes que compremos algo, la vuelta a la plaza demos.
MALICIA.	Ven, y veámoslo todo antes que nada compremos.
SOBERBIA.	Llevad galas, llevad plumas.
HUMILDAD.	Llevad sayales groseros.
LASCIVIA.	Flores doy bellas y hermosas.
DESENGAÑO.	Yo desengaños ofrezco.
GULA.	En imágenes pintadas los deleites represento.[46]
CULPA.	¡Ea, caballeros, lleven de aquí varios pensamientos!

PENITENCIA.	Llevad mortificaciones para que podáis vencerlos.
HEREJÍA.	Libros de opiniones doctas[47] os daré a barato precio.
FE.	Yo este Pan, que es Carne y Sangre,[48] dulce e inmortal sustento.
CORO 1º[49]	*Forasteros, llegad, llegad,* *que aquí los contentos y gustos están.*
CORO 2º	*Forasteros, venid, venid,* *que están las fatigas y penas aquí.*
CULPA.	Yo no puedo estar parado; esperadme aquí, que quiero ir a buscar otro engaño, con cuyo disfraz pretendo hallarme en todo.
GULA.	Perico,[50] ¿dónde vas?
CULPA.	A punto[51] vuelvo. *(Vase.)*
BUEN GENIO	Ya Inocencia, habemos visto cuanto se vende.
INOCENCIA.	Y confieso que en mi vida me ha pesado si no es ahora de serlo.[52]
BUEN GENIO.	¿Por qué?
INOCENCIA.	Porque la Inocencia, como no tiene talento que gastar, no compra nada.
MAL GENIO.	Malicia, de todo esto, ¿qué es lo que más te agradó?
MALICIA.	De todo hay, de malo y bueno. Esta parte tiene más riquezas.

---

[44] Gula *appears as blind because Gluttony represents blind appetite, which goes hand-in-hand with sinfulness. In this scene* Culpa *appears as a blind man's guide offering pictures, or representations, because the pleasures promised by vice are only appearances—that is, temporal delights.*

[45] *Hair shirt (shirt made of rough, bristly cloth used for penance).*

[46] *The idea is that the goods offered by Appetite are ephemeral, that is, mere "representations."*

[47] *Heresy is offering the books of learned men whose ideas can lead people away from simple, blind faith. Recall that the Protestant Reformation had begun more than a century before, and in Catholic countries the intellectualism of thinkers such as Luther and Calvin was viewed with alarm.*

[48] *Elements of the Eucharist. Faith holds the wafer and wine used in Communion, which Catholics believe to be the body and blood of Christ. Many Protestants took the stand that Christ was present only symbolically in the Eucharist, a doctrine Catholics viewed as heretical.*

[49] *Chorus 1 consists of the Vices (*Soberbia, Herejía, *etc.). while Chorus 2 consists of the Virtues (*Desengaño, Humildad, *etc.).*

[50] *Pedro, el nombre que Culpa usa en su papel de lázaro, o guía de ciegos.*

[51] **A...** *pronto.*

[52] *That is, to be innocent. The lackey laments being so innocent that he doesn't know how to enjoy the vanities and pleasures being offered at the market.*

MAL GENIO.   Eso es lo mesmo
que me ha parecido.
BUEN GENIO.   Ven
por aquí.[53]
INOCENCIA.   ¿Pues a qué efecto,
si aquí no se vende nada
de placer?
BUEN GENIO.   Porque me llevo
tanto de mi inclinación
en amor cuanto el desprecio
del Mundo, que en su Mercado
sólo han de ser mis empleos
las miserias de la vida.
INOCENCIA. ¿No tratas casarte?[54]
BUEN GENIO.   Es cierto.
INOCENCIA. Pues, ¿qué más miserias quieres?
Mas dejando el vil concepto,
lleva galas a tu esposa,
joyas, tocados y aseos,[55]
que no hay ninguna que no
se huelgue.
BUEN GENIO.   Por tu consejo
de aquella tela, a la Gracia
llevar un vestido quiero.
MALICIA. A la tienda que tú vas,
llegó tu hermano primero.
MAL GENIO. Pues veamos lo que compra
desde aquí.

Sale la CULPA, *de galán.*

CULPA.   A buen tiempo llego,
que el Buen Genio está en la tienda
de la Soberbia, que espero
que no voy a hacer que de ella
no salga sin que primero
la compre algo.
BUEN GENIO.   Ésta me agrada.
SOBERBIA. Pues no os desagrade el precio.
CULPA. Yo terciaré[56] en que sea poco.
BUEN GENIO. ¿Qué os va a vos en eso?[57]
CULPA. Ser corredor[58] de esta tienda.
BUEN GENIO. Sin vos nos concertaremos.[59]

CULPA. No es posible.
BUEN GENIO.   ¿Qué queréis
por ella?
SOBERBIA.   Un pensamiento
de soberbia y vanidad,
presumir que sois perfecto
en todas vuestras acciones
y que no puede haber yerro
en vos.
CULPA.   Es de balde.[60]
BUEN GENIO.   Pues
guárdala que no la quiero.
SOBERBIA. ¿Por qué?
BUEN GENIO.   Porque yo conozco
de mí que nada merezco.
CULPA. Volved acá.
MAL GENIO.   No la guardes,
que yo la tomo en el precio;
y las plumas, ¿cuánto son?
SOBERBIA. Otro desvanecimiento.[61]
BUEN GENIO. No la compres, que es, hermano,
el propio conocimiento[62]
la mejor joya del alma.
MAL GENIO. No es menester tu consejo.
Por estas plumas y telas
doy, vano, altivo y soberbio,
conocer de mí, que sólo
ponérmelas yo merezco.
SOBERBIA. Vuestro es, y pues despaché
mi mejor caudal con esto,
celebre a voces mi bando
el buen marchante[63] que tengo.
MÚSICA. *Sea norabuena,*
norabuena sea,
vestir galas y plumas
de la Soberbia.
MAL GENIO. Toma y llévalas, Malicia.
CULPA. Gran ocasión perdí; pero
otras habrá; tras él voy,
aunque a esotro deje, puesto
que importa más a la Culpa
que sea malo el que es bueno
que no que sea peor
el que fue malo, que aquesto
sin diligencia se hace.

---

[53] Buen Genio se encamina hacia las Virtudes.
[54] Hoy diríamos: ¿No tratas de casarte?
[55] Cosméticos.
[56] Serviré de agente. (Culpa piensa intervenir para que Buen Genio caiga en la tentación de la Soberbia.)
[57] **Qué...** *What business is this of yours?*
[58] Agente.

[59] **Sin...** *We can come to an agreement without your help.*
[60] Regalado, muy barato.
[61] Muestra de altivez, acto de soberbia.
[62] **Propio...** *self-knowledge. (Recognizing one's flaws.)*
[63] Comerciante.

BUEN GENIO.	En tu vida otro consejo,
	Inocencia, me has de dar.
INOCENCIA.	Ya sabes que soy un necio.
BUEN GENIO.	¿Vos no tenéis telas?
HUMILDAD.	Sí;
	mas son sayales groseros.
BUEN GENIO.	Ésos son los que yo busco.
INOCENCIA.	Pues, ¿para qué quieres ésos?
BUEN GENIO.	Para vestir a mi esposa.
INOCENCIA.	De buen espolín,[64] por cierto.
CULPA.	Yo haré que os den más barata
	otra tela allí.
BUEN GENIO.	No quiero
	nada yo por vuestra mano.
	¿Qué pedís por todos éstos?
HUMILDAD.	Sólo un acto de humildad.
BUEN GENIO.	Decídme cual, que yo ofrezco
	obedeceros.
HUMILDAD.	A mí
	me basta ese rendimiento,
	porque ofrecer obediencia
	es de este sayal aprecio. *(Vase.)*
BUEN GENIO.	Toma, Inocencia.
CULPA.	Esa gala,
	más que de boda, es de entierro.
BUEN GENIO.	No por eso es peor buscar
	vivo lo que sirve muerto.
INOCENCIA.	Tela es pasada,[65] pues tiene
	lo mismo fuera que dentro.
MÚSICA.	*Norabuena, sea,*
	sea norabuena,
	de Humildad vestiros
	las pobres telas.

(. . .)

[Los hermanos siguen haciendo sus compras. MAL GENIO *rechaza la oferta del* DESENGAÑO—*un espejo que le permitiría verse cómo es realmente—mientras* BUEN GENIO *la acepta.* MAL GENIO *compra las flores de la* LASCIVIA; BUEN GENIO *le compra «miserias, llantos, penas, desconsuelos, cilicios y disciplinas» a la* PENITENCIA.]*

Sale la CULPA, *de pobre.*[66]

CULPA.	Dad una limosna, ya
	que nada compráis.
MAL GENIO.	No quiero,
	que mendigos holgazanes
	lo sean con mi dinero.
CULPA.	Si supieras quién soy yo *(aparte)*
	harto me dabas en ello.
	Caballero, pues vos sois
	(al BUEN GENIO) tan piadoso, justo y cuerdo,
	que en el mercado del Mundo
	hacéis del oro desprecio,
	y compráis pobres alhajas,
	dad limosna a un pobre ciego.
BUEN GENIO.	En mí hay caridad, tomad.
CULPA.	No negaréis por lo menos
	que ya no me has dado parte
	del talento.[67]
BUEN GENIO.	Sí haré, puesto
	que no te le he dado a ti.
CULPA.	Pues ¿a quién?
BUEN GENIO.	Al sentimiento
	de verte necesitado,
	que es Dios tan piadoso y recto,
	que aun lo que se da a la Culpa
	del hombre, que va pidiendo
	sin necesidad, lo pone
	a cuenta suya, diciendo
	que es por quien se da, y no en quien
	consiste el merecimiento.
CULPA.	Tercera vez me venciste.
GULA.	No desesperes tan presto,
	Culpa, que si yo me quito
	los atributos de ciego,
	siendo Gula y Apetito,
	placer seré.
CULPA.	Pues ven presto,
	vea el cielo que le quedan
	más lides[68] en que vencernos.
	(Vanse.)
MAL GENIO.	¿Qué vendéis vos?
FE.	Este Pan
	y este Vino.
MAL GENIO.	No os lo merco,[69]

---

[64] Seda. (Irónico, porque Buen Genio rechaza los lujos.)

[65] *So worn that you can't tell the front from the back. The point is that sincere humility is transparent; it engages in no subterfuge.*

[66] Vestido de pobre.

[67] *Sin whips off its disguise and claims to have won over Buen Genio, at least partially. However, in the following verses Buen Genio explains that the act of charity is valid no matter what the motives of the recipient.*

[68] Batallas, luchas.

[69] Compro.

que en la casa de la Gula
como esos manjares tengo.

FE.   No me espanto,[70] que no vienes
por el camino derecho,
puesto que a la Penitencia
nada feriaste primero.

BUEN GENIO.   ¿Qué vendéis vos?
HEREJÍA.   Estos libros.
BUEN GENIO.   ¿De quién?
HEREJÍA.   De grandes ingenios
herejes sacramentarios.
BUEN GENIO.   Facultad es que no entiendo
ni quiero entenderla.
MAL GENIO.   Yo
de todas saber me huelgo.
BUEN GENIO.   Yo creer sin saber.
MAL GENIO.   Pues
troquemos lugar.
BUEN GENIO.   Troquemos.
MALICIA.   Bravos trastos, Inocencia,
llevas.
INOCENCIA.   Es mi amo un necio.

(. . .)

*[BUEN GENIO acepta la mercancía que le ofrece la
FE, mientras que su hermano la rechaza. Los dos hermanos parten hacia la casa. En el camino MAL
GENIO compra un esclavo, quien resulta ser CULPA,
disfrazada ahora de gitano.]*

Salen la GRACIA y el PADRE DE FAMILIAS.

GRACIA.   Grande es tu cuidado.[71]
PADRE.   Sí,
que ausentes mis hijos tengo,
y a este monte voy y vengo,
por si puedo desde aquí,
descubriendo los caminos
de la vida humana, ver
señas de llanto y placer.
GRACIA.   Ellos fueron peregrinos
al Mundo, y que volverán
no dudes, viendo empleados
los talentos heredados,
pues por mí a la feria van.

PADRE.   ¡Ay, Gracia hermosa!, que ha habido
mucho que temer, porque
aunque tu hermosura fue
lo que ambos han pretendido,
los modos de pretenderla
en los genios se difieren,
que todos la Gracia quieren
y pocos saben quererla.(...)

*Salen, por diferentes partes, el BUEN GENIO, la
INOCENCIA, la FE y las VIRTUDES, y por el otro, el
MAL GENIO, la GULA y la CULPA y llegan al
PADRE DE FAMILIAS en reverencia.*

BUEN GENIO.   Dame tu mano a besar.
PADRE.   Ni a uno ni a otro, hasta ver
a quién se la debo dar.[72]
MAL GENIO.   A mí, que traigo empleado
de mi talento y tesoro
en telas y en piezas de oro
y flores para el tocado
de Gracia, que éstas y aquéllas
dan soberbia y hermosura,
porque en su belleza pura,
que es cielo, sirvan de estrellas.
Libros traigo, porque sé
que es gran ciencia la Herejía;
del placer y la alegría
los músicos, para que
esa belleza que alabo
celebren a cualquier hora
como ave a la aurora,
y al contento por mi esclavo.
Tráigote dulces manjares
y bebidas que me dio
la Gula.
PADRE.   ¿Tú qué traes?
BUEN GENIO.   Yo,
llantos, miserias, pesares,
pobres telas peregrinas
de que la Humildad se viste;
de la Penitencia triste,
cilicios y disciplinas[73];
no traigo sonora voz,
sino el suspiro y lamento,
y domado el Pensamiento,

---

[70] **No...** No me sorprende.
[71] *God loves his children and anxiously awaits their return, hoping they will have spent their talents wisely.*

[72] Dios no juzgará a sus hijos hasta saber cómo han actuado en el mercado del mundo.
[73] *Whip used for self-flagellation during penance.*

bruto que corrió veloz.
Tráigote del Desengaño
de la vida este cristal,
donde se ve el bien y el mal;
para evitarte del daño
que en esos libros se ve
y no pueden ofendella,
traigo para Gracia bella
aqueste Pan de la Fe.

PADRE.　Dame los brazos, que tú
eres mejor hijo, al fin:
tú eres mi Abel; tú, Caín;
tú, mi Jacob; tú, Esaú.
Y pues tú solo has logrado
el talento que te di,
tú eres mi heredero. A ti [*al* MAL
GENIO], maldito y desheredado
te dejo; ingrato, jamás
parte tendrás de mi herencia;
en tormento e impaciencia
eternamente serás
aborrecido de Dios;
las puertas te cerraré
de mi casa, y para que
premio y castigo a los dos
muestre mi justicia igual,
da la mano, Gracia, a quien
yendo donde hay mal y bien,
trajo el bien y dejó el mal.

MAL GENIO.　¡Ay infelice de mí,
que jamás hallar intento
consuelo, pues el talento
que me entregaron perdí!

GRACIA.　Cuando tú no me trajeras
más que aqueste Pan que adoro,
es el más rico tesoro
con que obligarme pudieras.

(Al tiempo que va el PADRE *diciendo los versos que siguen, se descubre un trono y siéntanse los dos y las* VIRTUDES, *quedando el* PADRE *en medio.)*

PADRE.　Llega a mis brazos y ven
a este trono celestial,
pues entre el bien y entre el mal
acertaste con el bien.
En él te acompañaremos
yo y tu esposa, Gracia bella,
que es del cielo hermosa estrella,
en cuyos claros extremos,

en precio de tu talento,
goces del bien celestial. *(Siéntase.)*

MAL GENIO.　¡Ay infeliz de mi mal,
que jamás hallar intento
consuelo, pues el talento
que me entregaron perdí,
y como al viento le di,
todo es sombra, todo es viento!
¿Y solamente ha quedado
conmigo este esclavo aquí?

CULPA.　Sí, que yo tu Culpa fui
y siempre te he acompañado:
cuando con la Gula hablaste,
allí estuve yo incitando;
allí estuve también cuando
a la Lascivia adoraste;
allí estuve cuando diste
a la Soberbia el talento;
y allí, cuando al Sacramento
ni adoraste ni creíste;
allí, cuando por esclavo
me compraste, y el Placer
te acompañó, porque a ver
llegues de tu vida el cabo;
y así, hoy conmigo ven.

PADRE.　Y tú al abismo infernal, *(al* MAL
GENIO) pues hallando el bien y el
mal, traes el mal, dejas el bien.
En cuyos ejemplos fundo
las glorias del Sacramento,
de los Genios el talento
y el Gran Mercado del Mundo.

(Al principio de estos versos se abre un escotillón y salen llamas de fuego y se hunden el MAL GENIO *y la* CULPA *abrazados como estaban, y los cuatro últimos versos los repite la música, y el trono se eleva y se tocan chirimías y otros instrumentos, con que se da fin al auto.)*

𝒯emas
Comprensión del texto

1. ¿Qué representa el Padre de Familias?
2. Compare la perspectiva de Inocencia con la de su amo, Buen Genio.
3. ¿Por qué manda el Padre a sus hijos al mercado del mundo? ¿Qué les da? Explique el doble sentido de la palabra «talento».

4. ¿Quién es Gracia? ¿Qué representa? ¿Cómo puede una persona ganar la gracia, según Calderón?
5. ¿Qué les da Gracia a los hermanos antes de que partan? ¿Qué representa este regalo?
6. ¿Quiénes son el ventero y su criada? ¿Qué representan? ¿Cómo y por qué se introduce Culpa en la venta?
7. ¿Cómo reacciona Inocencia cuando Gula menciona la comida? ¿Por qué?
8. ¿Qué cosas ofrece Lascivia? ¿Cómo reacciona Buen Genio? ¿Qué papel desempeña Culpa en este episodio?
9. ¿Cómo reacciona Mal Genio ante las tentaciones de la venta?
10. ¿Qué pierde Mal Genio en la venta? Explique el simbolismo de este episodio.
11. ¿Quién le advierte que está en peligro? ¿Cómo reacciona?
12. ¿Cómo describe Mundo su mercado? ¿Qué vicios y virtudes ofrecen sus productos? ¿Qué venden?
13. ¿Cómo reacciona cada uno de los hermanos? ¿Qué terminan comprando?
14. ¿De qué se disfraza Culpa? ¿Por qué emplea tantos disfraces?
15. ¿Qué le dice a Buen Genio cuando éste le ofrece limosna? ¿Por qué dice Buen Genio que Culpa no le ha ganado parte de su talento?
16. ¿Quién es el esclavo que Mal Genio compra en el camino? ¿Es Culpa su esclavo o es él esclavo de la Culpa? Explique su respuesta.
17. ¿Cómo recibe el Padre a sus hijos? ¿Qué le ha traído Mal Genio? ¿Y Buen Genio?
18. ¿Cómo termina la obra? ¿Por qué es premiado Buen Genio y no Mal Genio?

Análisis literario

1. ¿Qué significa «alegoría»? ¿Cómo usa Calderón la alegoría en esta obra?
2. Explique el título del auto. ¿En qué sentido es el mundo un mercado?
3. Compare esta obra con una comedia. ¿Quién sería el galán? ¿el malo? ¿la dama? ¿el gracioso?

4. Explique el papel del libre albedrío en esta obra. ¿Se condena Mal Genio porque es esencialmente malo o porque actúa mal? ¿Cuáles son las decisiones que toma que deciden su destino?
5. ¿Cuáles son los momentos de mayor impacto dramático en esta obra?
6. ¿Qué actores desempeñan a veces papeles masculinos y otras veces papeles femeninos? ¿Cuál es la importancia dramática de estos cambios?
7. En su opinión, ¿qué personaje de esta obra sería el más difícil de representar? ¿Por qué?
8. ¿Cuál es la moraleja o lección doctrinal de *El gran mercado del mundo*? ¿Qué desafío representaría esta obra para un director moderno? ¿Para un público moderno?

Sumario

Escriba una composición o prepare una presentación oral sobre uno de los siguientes temas.

1. La emergencia de un nuevo concepto del «yo» desde principios del siglo XVI hasta *El Quijote*.
2. La representación de la pobreza en Lope de Rueda, *Lazarillo de Tormes* y *El Buscón*.
3. Imágenes del Nuevo Mundo.
4. El problema del Mal en la novela picaresca y la novela pastoril.
5. El lenguaje del misticismo: santa Teresa y san Juan de la Cruz.
6. Imágenes de la mujer en los siglos XVI y XVII.
7. La originalidad de *Don Quijote*.
8. El honor: perspectivas femeninas y masculinas.
9. El florecimiento del teatro nacional.
10. La religión en la literatura española de principios de la modernidad.
11. El sexo y la violencia en la comedia.
12. El pesimismo barroco: Góngora, Quevedo, Calderón, Zayas.
13. Funciones y características del auto sacramental.
14. El culteranismo y el conceptismo en el barroco español.
15. La voz femenina en la literatura áurea.

El siglo dieciocho: La Ilustración

En comparación con los logros artísticos de los siglos XVI y XVII, los del XVIII fueron relativamente limitados. Sin embargo, el movimiento conocido como la Ilustración* produjo nuevas ideas filosóficas, políticas, sociales y estéticas que conducirían a una mayor europeización de la cultura española y, a principios del siglo XIX, al florecimiento artístico del Romanticismo.

A partir de las últimas décadas del siglo XVI, el poder español empezó a disminuir, y a fines del XVII, el país estaba en pleno descenso. En 1700 el último rey habsburgo, Carlos II, murió sin dejar heredero. Después de la larga y costosa Guerra de Sucesión (1700-1714), subió al trono un francés, Felipe V, primer rey de España de la Casa de Borbón. De acuerdo con el Tratado de Utrecht, que puso fin a la guerra, España cedió los Países Bajos y sus posesiones en Italia (Sicilia, Cerdeña y Milán) a Austria y entregó Gibraltar y Menorca a Inglaterra. Muchos españoles se opusieron a los esfuerzos de los franceses por involucrar a España en sus luchas en el extranjero y por imponer en la población sus valores y su estilo de vida.

Aunque Felipe V fue un gobernante mediocre, hizo varias contribuciones a la cultura: estableció la Biblioteca Nacional en 1712, la Real Academia Española en 1714 y la Academia de la Historia en 1738. Lo sucedió en 1746 Fernando VI, seguido de Carlos III, que ascendió al trono en 1759. Los reinados de estos dos monarcas se caracterizaron por las reformas administrativas asociadas con el despotismo ilustrado. Según este concepto, el poder debía de estar en manos de un monarca que, guiado por sus ministros, gobernara por el bien del pueblo pero sin su participación. El lema del despotismo ilustrado era «todo para el pueblo, pero sin el pueblo».

Fernando VI, preocupado por la creciente burocracia, intentó reestructurar las agencias del gobierno y simplificar su administración. Al mismo tiempo, apoyó el desarrollo de la industria. Amante de las artes, introdujo actividades culturales—por ejemplo, obras de teatro y conciertos—en la Corte y estimuló el cultivo de la música y del teatro entre el pueblo.

Después de su muerte en 1759, su sucesor, Carlos III, continuó su programa, fomentando reformas urbanísticas y el desarrollo agrícola, industrial y comercial. Intentó modernizar el gobierno y mejorar el estado del pueblo español. Bajo Carlos III, España llegó al punto culminante de su desarrollo cultural después del Siglo de Oro.

En 1767 Carlos III expulsó a los jesuitas. Se les había acusado de participar en atentados contra la vida del monarca en Francia y en Portugal, y Carlos III tal vez temía que pudiera organizarse un complot semejante en España. En 1766, cuando el marqués de Esquilache, ministro del Rey, intentó llevar a cabo ciertas reformas, el pueblo reaccionó violentamente. La rebelión, conocida como el Motín de Esquilache, sirvió al Rey de pretexto para desterrar a la Compañía de Jesús, a la que acusó de haber fomentado la sublevación. El Rey intentó reducir la riqueza de la Iglesia con el fin de usarla para la administración del Estado y la mejora de las condiciones de vida del pueblo. También quiso disminuir el número de clérigos y controlar la corrupción dentro de sus rangos.

A pesar de los aciertos de Fernando VI y Carlos III en los campos de la cultura y la economía, su política internacional fue desastrosa. En numerosas ocasiones subordinaron los intereses de España a los de Francia. En 1761, durante el reinado de Fernando VI, España se alió con Francia y Austria para combatir contra Gran Bretaña y Prusia en la Guerra de los Siete Años. Al mismo tiempo, el sentimiento independentista crecía en el Nuevo Mundo, y España terminaría perdiendo casi todas sus colonias americanas.

Durante este período dominaba en Francia el espíritu de la Ilustración, un movimiento cultural que hacía hincapié en la razón y en la necesidad de difundir el saber. Intelectuales franceses como Voltaire y Diderot luchaban por la eliminación de la superstición y por el desarrollo del pensamiento crítico. Rechazaban los antiguos conceptos de la autoridad y de la estructura social, proponiendo nuevas formas políticas. Pronto este fermento llevaría a una ruptura absoluta con el sistema monárquico que no sólo cambiaría radicalmente la sociedad francesa sino que afectaría a todos los países del mundo occidental.

Aunque el racionalismo y el espíritu de reforma caracterizan tanto a la Ilustración española como a la francesa, hay que subrayar que el ateísmo que distingue las obras de muchos filósofos franceses falta por completo en las de los ilustrados españoles, quienes nunca rompieron con el catolicismo. Hay que recordar, además, que el siglo XVIII no representa una visión monolítica. Paralelas a las corrientes introducidas por los franceses y sus admiradores, existen corrientes casticistas o tradicionalistas que buscan su inspiración en los temas y formas de la cultura española prebarroca. Es decir, por un lado, se destaca un movimiento que intenta integrar a España en Europa; por el otro, y a veces coincidiendo con el primero, es evidente un impulso por conservar y revitalizar el espíritu nacional.

La Revolución francesa, que estalló en 1789, fue un elemento importante en la transformación política e ideológica de España. Produjo una polarización que resultó, por una parte, en una reacción defensiva y nacionalista de parte de los tradicionalistas y, por otra, en un estímulo para los reformistas que deseaban la modernización.

Carlos IV, que había subido al trono en 1788, resultó ser un monarca poco eficaz. Influido por su mujer, María Luisa de Parma, y por su consejero, Manuel Godoy, Carlos IV le declaró la guerra a la nueva República Francesa y fue derrotado. Más tarde, se alió con los franceses contra Inglaterra y perdió gran parte de su armada en la Batalla de Trafalgar (1805).

En 1808 Godoy permitió al ejército francés pasar a Portugal. Los franceses terminaron por apoderarse de varias partes de España, y el pueblo reaccionó inmediatamente, sublevándose contra el Rey y su consejero. Carlos IV abdicó y Napoleón colocó a su hermano José Bonaparte en el trono. La Guerra de la Independencia que siguió puso fin a la política de la Ilustración.

Los cambios políticos se reflejan en las letras. La Ilustración produce un nuevo movimiento literario —el Neoclasicismo* —que no extingue inmediatamente la visión barroca, la cual sigue manifestándose en el teatro y en fiestas civiles y religiosas. Los Borbones intentan desprestigiar el barroco, imponiendo el «buen gusto francés» en el arte y las letras españolas. Para ciertos intelectuales, el barroco llegaría a ser un recuerdo desagradable de los últimos reinados de los Habsburgos, caracterizados por la degeneración del poder nacional. El Neoclasicismo —con su énfasis en los modelos clásicos y renacentistas, en la razón y en la moderación— ofrece una perspectiva distinta. Poco a poco, los nuevos escritores españoles empiezan a buscar inspiración en los teóricos literarios franceses o en los preceptistas italianos.

Sin embargo, el Neoclasicismo español no fue una mera importación extranjera. A pesar de la influencia de obras francesas e inglesas, mantuvo su carácter nacional. El pensamiento de la Ilustración tiene sus orígenes en las últimas décadas del siglo XVII, cuando los intelectuales recogían los mejores logros del Siglo de Oro español y el más innovador espíritu europeo (Copérnico, Descartes, Bacon) para formar una nueva cultura de erudición, la de la llamada pre-Ilustración. Figuras como fray Benito Jerónimo Feijoo, Martín Sarmiento, Enrique Flórez y Gregorio Mayáns, representativas de la nueva mentalidad de principios del siglo XVIII, fueron posibles gracias a la obra precursora de

los *novatores,* * nombre despectivo que se les daba a estos eruditos del reinado de Carlos II. El nuevo movimiento se vio nutrido por el espíritu de reforma y de investigación que caracterizó los reinados de Fernando VI y Carlos III.

La Ilustración fue considerada como un arma política por el Gobierno. A lo largo del siglo, se configuraron diferentes grupos de inspiración ilustrada, casi todos ellos dirigidos desde el poder, aunque no siempre situados en la Corte. A mediados de siglo, Madrid dirigía toda la actividad cultural por razón de la vinculación de las academias y asociaciones literario-científicas con la Corte. Los Ilustrados, atendiendo a los intereses económicos de su misma clase, trabajaron, por una parte, por el progreso material de España y, por otra, por su progreso ético, al que veían como base y causa de aquél. Sus reformas no sólo se dirigían hacia la agricultura, la industria, el comercio y las finanzas, sino también hacia la educación, la higiene y las costumbres.

Carlos III y sus ministros se centran con empeño en la enseñanza, ya que el despotismo ilustrado sabe que el instrumento más eficaz para unificar y dirigir la cultura es la educación. La arquitectura, la escultura, la pintura y la literatura también se controlan desde el poder. El Estado uniformiza y reglamenta toda manifestación de las Artes con el objetivo de encauzar ideológicamente la sociedad. La Real Academia Española y la Academia de Bellas Artes de San Fernando imponen, desde Madrid, los cánones del Neoclasicismo a toda la nación.

El comienzo del Neoclasicismo se sitúa hacia 1736, año de la publicación de la *Poética* de Luzán, aunque los orígenes del gusto neoclásico se remontan a las últimas décadas del siglo XVII, cuando ciertos eruditos reaccionaron contra el barroco, presentando como modelos a Garcilaso y a Fray Luis. Los humanistas de la pre-Ilustración —Feijoo, Mayáns— siguen su ejemplo. No es de extrañar, pues, que durante la segunda mitad del siglo XVIII —época culminante del Neoclasicismo— se reeditara la mejor poesía de los siglos áureos. Además, aunque la crítica del siglo XX ha insistido en que los eruditos neoclásicos tuvieron poco interés por la literatura medieval y popular, investigaciones recientes demuestran la falsedad de esta teoría. En 1779, 1780 y 1790, respectivamente, se publican las primeras ediciones impresas del *Cantar de Mio Cid,* de las poesías de Gonzalo de Berceo y del *Libro de buen Amor,* los tres grandes monumentos de la poesía medieval. Se trata, entonces, de un nuevo clasicismo, pero los autores dignos de imitación no son únicamente los «clásicos», es decir, los de la Antigüedad, sino también las grandes figuras nacionales, además de ciertos franceses.

No todas las obras que se produjeron en el XVIII deben ser clasificadas como «neoclásicas». Adoptando la ideología poética de la Antigüedad, el Neoclasicismo admitió sólo las creaciones en verso. La obra en prosa no tenía valor. Por lo tanto, el ensayo, tan importante en esta época conflictiva, no puede ser considerado una creación propiamente «neoclásica».

Por último, conviene tener en cuenta la importancia de las «artes poéticas»*, colecciones de reglas que servían de guía para la composición. Toda obra neoclásica se inspira en uno de estos manuales. La de Aristóteles fue seguramente la más influyente, aunque también se consultaban las obras de teóricos contemporáneos, en particular la de Ignacio Luzán.

A pesar de su espíritu abierto a nuevas conquistas intelectuales, la Ilustración española, a diferencia de la francesa, no condujo a la completa modernización de ideas y costumbres. Por una parte, a diferencia de Francia, España nunca hizo de la razón un culto y nunca abandonó la fe católica, fundamento de la unidad nacional. Por otra, el vínculo entre despotismo e Ilustración hizo imposible que florecieran en España las tesis populistas que en otros países conducirían a la democracia.

FRAY BENITO JERÓNIMO FEIJOO (1676-1764)

Aunque se cultivaron todos los géneros literarios durante el siglo XVIII, los teóricos del Neoclasicismo, aferrados al espíritu grecolatino, solamente aceptaron como neoclásicos los géneros en verso. Los géneros en prosa—el ensayo, la novela—no se consideraban propiamente neoclásicos, aun cuando reflejaban el espíritu reformista de la época.

Sin embargo, en este período de rápida transición de ideas, el ensayo ocupó un lugar central. Fray Benito Jerónimo Feijoo, el primer autor de importancia que se asocia con la Ilustración, inició el nuevo movimiento con la publicación de una serie de ensayos didácticos que se reúnen en su *Teatro crítico universal* (1742-1760) y en sus *Cartas eruditas y curiosas* (1742-1760). Estos ensayos inspiraron a otros escritores que comentaron las contribuciones de Feijoo.

En la Europa del siglo XVIII, la polémica era un aspecto importante de la vida cultural. En la Península, la polémica tuvo su origen en el *Diario de los literatos de España*, cuyo objetivo era el comentario de nuevos libros. El *Diario* se convirtió pronto en un arma en la lucha contra el mal gusto en la literatura, que a causa de una reacción adversa por parte de los lectores, dejó de publicarse definitivamente después del séptimo número. Los tradicionalistas veían a los reformadores como enemigos de la literatura nacional y los tacharon de sediciosos y «afrancesados». Esta reacción contribuyó a limitar la influencia del espíritu europeo en España. Pero a pesar de todo, el *Diario* publicó las obras de algunos de los ensayistas más importantes de la época.

Otra manifestación del nuevo espíritu de investigación fue la revalorización del *Quijote* que se emprendió durante el siglo XVIII. Así, Fray Martín Sarmiento (1695-1771) estableció por vez primera el lugar de nacimiento de Cervantes, y en 1737 Gregorio Mayáns y Siscar (1699-1781) publicó su *Vida de Cervantes*, la primera biografía del creador del *Quijote*.

Religioso de la Orden de San Benito, Feijoo publicó su primera obra, la *Aprobación apologética del escepticismo médico,* en 1725. En ella defiende el escepticismo como instrumento de la indagación científica, afirmando que es preferible dudar o suspender el juicio que confiar en los dictámenes de las autoridades y tomando como guía metodológica la experimentación. La confianza de Feijoo en el libre examen le lleva a establecer la separación del plano religioso y del científico y a emprender una campaña contra los errores comunes.

Bajo Fernando VI, Feijoo llegó a ser uno de los intelectuales más influyentes de la España de la primera mitad del siglo XVIII. Su obra llegó a más de un millón de lectores; sólo hasta 1787 su *Teatro* y sus *Cartas* tuvieron unas doscientas ediciones.

Más que un investigador, Feijoo fue un compilador de datos en el espíritu de la *Enciclopedia,* publicación dirigida en Francia por Denis Diderot con el objetivo de reunir por orden alfabético todos los conocimientos humanos y hacerlos asequibles a todo aquél que pudiera leer. El *Teatro* es una colección de discursos que abarca una gran variedad de temas, pero siempre con dos objetivos: la destrucción de conceptos erróneos y de supersticiones, y la promulgación de principios racionales. Para hacer su lectura amena, Feijoo escribe con humor y con sencillez. Las *Cartas,* compuestas con el mismo fin, pretenden a través del género de la epístola, estrechar todavía más el lazo intelectual entre el autor y su público.

Cartas eruditas y curiosas: Carta XVI

Causas del atraso que se padece en España en orden a las ciencias naturales

No es una sola, señor mío, la causa de los cortísimos progresos de los españoles en las facultades expresadas, sino muchas y tales que aunque cada una por sí sola haría poco daño, el complejo de todas forman un obstáculo casi absolutamente invencible.

La primera es el corto alcance de algunos de nuestros profesores. Hay una especie de ignorantes perdurables, precisados a saber siempre poco, no por otra razón, sino porque piensan que no hay más que saber que aquello poco que saben. Habrá visto V. md.[1] más de cuatro, como yo he visto más de treinta, que sin tener el entendimiento adornado más que de aquella Lógica y Metafísica que se enseña en nuestras escuelas (no hablo aquí de la Teología, porque para el asunto presente no es del caso), viven tan satisfechos de su saber como si poseyesen toda la Enciclopedia. Basta nombrar la nueva filosofía para conmover[2] a éstos el estómago. Apenas pueden oír sin mofa y carcajada el nombre de Descartes.[3] Y si les preguntan qué dijo Descartes o qué opiniones nuevas propuso al mundo, no saben, ni tienen qué responder porque ni aún por mayor[4] tienen noticia de sus máximas ni aún de alguna de ellas. (…)

La segunda causa es la preocupación[5] que reina en España contra toda novedad. Dicen muchos que basta en las doctrinas el título de nuevas para reprobarlas porque las novedades en punto de doctrina son sospechosas. (…) Las doctrinas nuevas en las Ciencias Sagradas son sospechosas y todos los que con juicio han reprobado las novedades doctrinales, de éstas han hablado. Pero extender esta ojeriza[6] a cuanto parece nuevo en aquellas facultades que no salen del recinto de la naturaleza es prestar, con un despropósito, patrocinio a la obstinada ignorancia. (…)

La tercera causa es el errado concepto de que cuanto nos presentan los nuevos filósofos se reduce a unas curiosidades inútiles. Esta nota prescinde[7] de verdad o falsedad. Sean norabuena,[8] dicen muchos de los nuestros, verdaderas algunas de las máximas de los modernos, pero de nada sirven y, así, ¿para qué se ha de gastar el calor natural en este estudio? En este modo de discurrir se viene a los ojos una contradicción manifiesta. Implica ser verdad y ser inútil. No hay verdad alguna cuya percepción no sea útil al entendimiento porque todas concurren a saciar su natural

apetito de saber. Este apetito le vino al entendimiento del autor de la naturaleza. ¿No es grave injuria de la deidad pensar que ésta infundiese al alma el apetito de una cosa inútil?

Pero, ¿no es cosa admirable que los filósofos de nuestras aulas desprecien las investigaciones de los modernos por inútiles? ¿Cuál[9] será más útil, explorar en el examen del mundo físico las obras del autor de la naturaleza o investigar en largos tratados del *ente de razón*[10] y de abstracciones lógicas y metafísicas las ficciones del humano entendimiento? Aquello naturalmente eleva la mente a contemplar con admiración la grandeza y sabiduría del criador, ésta la detiene como encarcelada en los laberintos que ella misma fabrica. (…)

La cuarta causa es la diminuta[11] o falsa noción que tienen acá muchos de la filosofía moderna, junta con la bien o mal fundada preocupación contra Descartes. Ignoran casi enteramente lo que es la nueva filosofía y, cuanto se comprende debajo de este nombre, juzgan que es parto de Descartes. Como tengan, pues, formada una siniestra idea de este filósofo, derraman este mal concepto sobre toda la física moderna. (…)

La quinta causa es el celo, pío sí, pero indiscreto y mal fundado, un vano temor de que las doctrinas nuevas, en materia de filosofía, traigan algún prejuicio a la religión. Los que están dominados de este religioso miedo por dos caminos recelan que suceda el daño: o ya porque en las doctrinas filosóficas extranjeras vengan envueltas algunas máximas que, o por sí o por sus consecuencias, se opongan a lo que nos enseña la fe, o ya porque haciéndose los españoles a la libertad con que discurren los extranjeros (los franceses, v.gr.[12]) en las cosas naturales, pueden ir soltando la rienda para razonar con la misma en las sobrenaturales.

Digo que ni uno ni otro hay apariencia de que suceda. No lo primero porque abundamos de sujetos hábiles y bien instruidos en los dogmas que sabrán discernir lo que se opone a la fe de lo que no se opone y prevendrán al Santo Tribunal que vela sobre la pureza de la doctrina para que aparte del licor la ponzoña o arroje la cizaña[13] al fuego dejando intacto el grano. Este remedio está siempre a mano para asegurarnos,[14] aún

---

[1] Vuestra Merced (antiguo tratamiento).

[2] *Upset.*

[3] René Descartes (1596-1650), filósofo, matemático y físico francés. Se le considera el padre del racionalismo moderno.

[4] **Por…** en términos generales.

[5] **La…** el prejuicio.

[6] *Evil eye.*

[7] *Is not concerned with.*

[8] Por suerte, por casualidad.

---

[9] Qué.

[10] **Ente…** ser que sólo existe en la mente y no tiene existencia verdadera.

[11] Defectuosa.

[12] **Verbi gratia**, por ejemplo.

[13] «Separar la cizaña del grano» = *To separate the chaff from the grain.*

[14] Protegernos.

respecto de aquellas opiniones filosóficas que vengan de países infectos de[15] la herejía. Fuera de que[16] es ignorancia de que en todos los reinos, donde domina el error, se comunique su veneno a la Física. En Inglaterra reina la filosofía newtoniana. Isaac Newton, su fundador, fue tan hereje como lo son por lo común los demás habitadores de aquella isla. Con todo, en su filosofía no se ha hallado hasta ahora cosa que se oponga ni directa, ni indirectamente a la verdadera creencia.

La sexta y última causa es la emulación[17] (acaso se le podría dar peor nombre) ya personal, ya nacional, ya faccionaria. Si V. md. examinase los corazones de algunos, y no pocos de los que declaman contra la nueva filosofía o, generalmente, por decirlo mejor, contra toda literatura distinta de aquella común que aquellos estudiaron en el aula, hallaría en ellos unos efectos[18] bien distintos de aquellos que suenan en sus labios. Oyéseles reprobarla, o ya como inútil o ya como peligrosa. No es esto lo que pasa allá dentro. No la desprecian o aborrecen, la envidian. No les desplace aquella literatura, sino el sujeto que brilla con ella. (. . .)

Esta emulación en algunos pocos es puramente nacional. Aún no está España convalecida en todos sus miembros de su ojeriza contra la Francia. Aún hay en algunos reliquias bien sensibles de esta antigua dolencia. Quisieran éstos que los Pirineos llegasen al cielo, y el mar que baña las costas de Francia estuviese sembrado de escollos[19] porque nada pudiese pasar de aquella nación a la nuestra. Permítase a los vulgares, tolérese en los idiotas tan justo ceño, pero es insufrible en los profesores de las ciencias, que deben tener presentes los motivos que nos hermanan con las demás naciones, especialmente con las católicas. (. . .)

𝒯emas

Comprensión del texto

1. ¿Cuál es el propósito de esta carta?
2. ¿Qué dice Feijoo de los profesores?
3. Según Feijoo, ¿qué actitud existe en España hacia la novedad?
4. ¿Qué piensan los españoles de los nuevos filósofos? ¿Por qué, según Feijoo, es esta posición un insulto a Dios?

---

[15] **Infectos.** . . contagiados por.
[16] **Fuera.** . . Además de que.
[17] Celos.
[18] **Unos.** . . unas razones.
[19] *Reefs*.

5. ¿Qué dicen en España de Descartes? ¿Por qué es tan dañina esta opinión?
6. ¿Ve Feijoo un conflicto entre la nueva filosofía y la religión? Explique.
7. ¿Por qué es un problema la emulación?

Análisis literario

1. ¿Cuál es la actitud de Feijoo hacia las ciencias naturales?
2. ¿Cómo se define Feijoo como un pre-Ilustrado en esta carta?
3. Describa su tono y su posición ante el progreso.

JOSÉ CADALSO (1741-1782)

Cadalso es una de las más grandes figuras de la Ilustración española. Escribe durante la primera parte del reinado de Carlos III, época en que muchos intelectuales se sienten decepcionados con la dinastía borbónica. El Rey da la espalda a los reformadores y busca apoyo en los pilares del Antiguo Régimen: el clero y la nobleza. A causa de la situación política, los escritores ilustrados se ven obligados a adoptar técnicas aparentemente inofensivas o a buscar refugio en la ironía.

Cadalso recurre al primero de estos subterfugios en las *Cartas marruecas*, publicadas póstumamente en 1793. Empleando el esquema de las *Lettres persanes*, del escritor francés Charles de Montesquieu (1689-1755), construye su obra alrededor de una serie de cartas que el joven africano Gazel escribe a su maestro Ben-Beley y las enviadas a ambos por un amigo español, Nuño Núñez. Este marco epistolar permite a Cadalso presentar dos perspectivas diferentes: la del extranjero que observa las costumbres del país con una mirada objetiva y desinteresada (Gazel y Ben-Beley) y la del nativo que ama su tierra, aunque reconoce sus defectos (Nuño Núñez). Al enfrentar ambas perspectivas, el autor analiza las costumbres y la personalidad colectiva del pueblo español.

En *Los eruditos a la violeta*, que publica en 1772 con el seudónimo de José Vázquez, Cadalso emplea la ironía para criticar la erudición tan de moda en los altos círculos de la sociedad, es decir, la seudoerudición, que constituye un obstáculo para el progreso del país. Sus *Noches lúgubres* revelan su profunda desilusión con el despotismo de Carlos III, al que ve como una traición a la Ilustración.

Cadalso también fue una fuerza importante en la renovación poética del siglo XVIII. Precursor de

Jovellanos y Meléndez Valdés, introduce en la poesía una nueva sensibilidad caracterizada por la ternura y la melancolía, por lo cual algunos críticos lo califican de «prerromántico»*. Toma como modelos a los poetas de la temprana edad moderna, en particular a Garcilaso. La delicadeza y emoción de sus versos, su preocupación por Dios y por la naturaleza, su sentido de *ennui* o tedio y su fascinación con el suicidio tienen su precedente en Garcilaso. También habría que mencionar la influencia en su obra de poetas clásicos como Homero y Virgilio.

Cartas marruecas: Carta VII

Del mismo al mismo[1]

En el imperio de Marruecos todos somos igualmente despreciables en el concepto[2] del emperador y despreciados en el de la plebe, o por mejor decir, todos somos plebe, siendo muy accidental la distinción de uno u otro individuo por el mismo, y de ninguna esperanza para sus hijos, pero en Europa son varias las clases de vasallos en el dominio de cada monarca.

La primera consta de hombres que poseen inmensas riquezas de sus padres y dejan por el mismo motivo a sus hijos considerables bienes. Ciertos empleos se dan a éstos solos y gozan con más inmediación[3] el favor del soberano. A esta jerarquía sigue otra de nobles menos condecorados y poderosos. Su mucho número llena los empleos de las tropas, armadas, tribunales, magistraturas y otros que en el gobierno monárquico no suelen darse a los plebeyos, sino por algún mérito sobresaliente.

Entre nosotros, siendo todos iguales y poco duraderas las dignidades y posesiones, no se necesita diferencia en el modo de criar los hijos, pero en Europa la educación de la juventud debe mirarse como objeto de la mayor importancia. El que nace en la ínfima clase de las tres, y que ha de pasar su vida en ella, no necesita estudios, sino saber el oficio de sus padres en los términos en que se lo ve ejercer. El de la segunda ya necesita otra educación para desempeñar los empleos que ha de ocupar con el tiempo. Los de la primera se ven precisados a esto mismo con más fuerte obligación porque a los veinticinco años o antes han de gobernar sus estados, que son muy vastos, disponer de inmensas rentas, mandar cuerpos militares,

concurrir con los embajadores, frecuentar el palacio y ser el dechado[4] de los de la segunda clase.

Esta teoría no siempre se verifica con la exactitud que se necesita. En este siglo se nota alguna falta de esto en España. Entre risa y llanto me contó Nuño un lance que parece de novela en que se halló y que prueba evidentemente esta falta, tanto más sensible cuanto de él mismo se prueba la viveza de los talentos de la juventud española, singularmente en algunas provincias. Pero, antes de contarlo, puso el preludio siguiente:

Días ha que vivo en el mundo como si me hallara fuera de él. En este supuesto,[5] no sé a cuántos estamos de[6] educación pública y, lo que es más, tampoco quiero saberlo. Cuando yo era capitán de infantería, me hallaba en frecuentes concursos[7] de gentes de todas clases. Noté esta desgracia y queriendo remediarla en mis hijos, si Dios me los daba, leí, oí, medité y hablé mucho sobre esta materia. Hallé diferentes pareceres, unos sobre si convenía tal educación, otros sobre que convenía tal otra, y también algunos sobre que no convenía ninguna.

Me acuerdo que yendo a Cádiz, donde se hallaba mi regimiento de guarnición,[8] me extravié y me perdí en un monte. Iba anocheciendo, cuando me encontré con un caballero de hasta unos veintidós años, de buen porte y presencia. Llevaba un arrogante caballo, sus dos pistolas primorosas, calzón y ajustador[9] de ante con muchas decenas de botones de plata, el pelo dentro de una redecilla blanca, capa de verano caída sobre el anca del caballo, sombrero blanco finísimo y pañuelo de seda morada al cuello. Nos saludamos, como era regular, y preguntándole por el camino de tal parte, me respondió que estaba lejos de allí, que la noche estaba encima y dispuesta a tornar,[10] que el monte no era seguro, que mi caballo estaba cansado y que, en vista de todo esto, me aconsejaba y suplicaba que fuese con él a un cortijo[11] de su abuelo, que estaba a media legua corta. Lo dijo todo con tanta franqueza y agasajo, y lo instó con tanto empeño, que acepté la oferta. La conversación cayó, según costumbre, sobre el tiempo y cosas semejantes, pero en ella manifestaba el mozo una luz natural clarísima con varias salidas de viveza y feliz penetración, lo cual, junto con una voz muy agradable y gesto muy

---

[1] **Del...** De Gazel a Ben-Beley.
[2] **El...** la opinión.
[3] Inmediatez.

[4] Modelo.
[5] **En...** Así pues.
[6] **A...** cómo estamos en.
[7] Concurrencias.
[8] **Regimiento...** Tropa para la protección de una plaza.
[9] Prenda de vestir que ciñe o ajusta el busto.
[10] **A...** a regresar.
[11] Hacienda.

proporcionado, mostraba en él todos los requisitos naturales de un perfecto orador, pero de los artificiales, esto es, de los que enseña el arte por medio del estudio, no se hallaba ni uno siquiera. Salimos ya del monte, cuando no pudiendo menos de notar lo hermoso de los árboles, le pregunté si cortaban de aquella madera para construcción de navíos.

—¿Qué sé yo de eso?—me respondió con presteza—. Para eso mi tío el comendador.[12] En todo el día no habla sino de navíos, brulotes,[13] fragatas[14] y galeras.[15] ¡Válgame Dios, y qué pasado[16] está el buen caballero! Poquitas[17] veces hemos oído de su boca, algo trémula por sobra de años y falta de dientes, la batalla de Tolón,[18] la toma de los navíos la *Princesa*[19] y el *Glorioso*,[20] la colocación de los navíos de Lezo[21] en Cartagena. Tengo la cabeza llena de almirantes holandeses e ingleses. Por cuanto hay en el mundo dejará de rezar todas las noches a San Telmo por los navegantes; y luego entra un gran parladillo[22] sobre los peligros de la mar, al que sigue otro sobre la pérdida de toda una flota entera, no sé qué año, en que se escapó el buen señor nadando, y luego una digresión natural y bien traída sobre lo útil que es el saber nadar. Desde que tengo uso de razón no le he visto corresponderse por escrito sino con el marqués de la Victoria,[23] ni le he conocido más pesadumbre que la que tuvo cuando supo la muerte de don Jorge Juan.[24] El otro día estábamos muy descuidados comiendo y al dar el reloj las tres, dio una gran palmada en la mesa, que hubo de romperla o

romperse las manos, y dijo, no sin mucha cólera: «A esta hora fue cuando se llegó a nosotros, que íbamos en el navío la *Princesa*, el tercer navío inglés. Y a fe que era muy hermoso y de noventa cañones. ¡Y qué velero! De eso no he visto. Lo mandaba un señor oficial. Si no es por él, los otros dos no hubieran contado el lance. ¿Pero qué se ha de hacer? ¡Tantos a uno!». En esto le asaltó la gota que padece días ha, y que nos valió un poco de descanso, porque si no, tenía traza de irnos contando de uno a uno todos los lances de mar que ha habido en el mundo desde el arca de Noé.

Cesó por un rato el mozalbete la murmuración contra su tío, tan respetable según lo que él mismo contaba, y al entrar en un campo muy llano, con dos lugarcillos que se descubrían a corta distancia el uno del otro, ¡bravo campo—dije yo—para disponer setenta mil hombres en batalla! Con esas a mi primo el cadete de Guardias—respondió el señorito con igual desembarazo—que sabe cuántas batallas se han dado desde que los ángeles buenos derrotaron a los malos. Y no es lo más esto, sino que sabe también las que se perdieron, por qué se perdieron y las que se ganaron, por qué se ganaron, y por qué se quedaron indecisas las que ni se perdieron ni ganaron. Ya lleva gastados no sé cuántos doblones en instrumentos de matemáticas y tiene un baúl lleno de unos que él llama planos, y son unas estampas feas, que ni tienen caras ni cuerpos.

Procuré no hablarle más de ejército que de marina,[25] y sólo le dije: «No sería lejos de aquí la batalla que se dio en tiempo de don Rodrigo[26] y fue tan costosa como nos dice la historia». ¡Historia!—dijo—. Me alegrara que estuviera aquí mi hermano el canónigo de Sevilla. Yo ni la he aprendido, porque Dios me ha dado en él una biblioteca viva de todas las historias del mundo. Es mozo que sabe de qué color era el vestido que llevaba puesto el rey San Fernando[27] cuando tomó Sevilla.

Llegábamos ya cerca del cortijo, sin que el caballero me hubiese contestado a materia alguna de cuantas le toqué. Mi natural sinceridad me llevó a preguntarle cómo le habían educado, y me respondió: «A mi gusto, al de mi madre y al de mi abuelo, que era un señor muy anciano, que me quería como a las niñas de sus ojos. Murió cerca de[28] cien años de edad. Había sido Capitán de Lanzas de Carlos II, en cuyo palacio se había criado. Mi padre bien

---

[12] Persona que tenía hábito en alguna orden militar o de caballería y que por ello percibía alguna renta.

[13] Barco que lleno de materiales combustibles servía para quemar otros navíos.

[14] Barco de guerra de tres palos.

[15] Embarcación a remo y vela.

[16] Aburrido.

[17] No pocas.

[18] Tuvo lugar en 1744 y enfrentó a España, Francia e Inglaterra.

[19] Navío español capturado por tres ingleses en 1740 y que pasó a formar parte de la escuadra de Inglaterra.

[20] En 1747, este navío luchó con valentía contra varios barcos de guerra ingleses hasta que se vio obligado a rendirse.

[21] Juan de Lezo (1687-1741), marino español, célebre por su defensa de Cartagena de Indias contra los ingleses (1740-1741).

[22] Discurso en estilo afectado.

[23] **Marqués...** Juan José Navarro (1687-1772), jefe de los navíos españoles en la batalla de Tolón, antes aludida.

[24] Jorge Juan y Santacilla (1713-1773), consumado técnico de la navegación, dirigió varias expediciones de interés geográfico y científico.

---

[25] **Más...** ni de ejército ni de marina.

[26] Último rey visigodo de España, derrotado por los musulmanes en la batalla de Guadalete (711).

[27] Fernando III el Santo, rey de Castilla y León (1199-1252).

[28] **Cerca...** cuando tenía cerca de.

quería que yo estudiase, pero tuvo poca vida y autoridad para conseguirlo. Murió sin tener el gusto de verme escribir. Ya me había buscado un ayo,[29] y la cosa iba de veras, cuando cierto accidentillo lo descompuso todo».

¿Cuáles fueron sus primeras lecciones?—le pregunté—. Ninguna—respondió el mocito—, en sabiendo leer un romance y tocar un polo,[30] ¿para qué necesita más un caballero? Mi *dómine*[31] bien quiso meterme en honduras, pero le fue muy mal y hubo de irle mucho peor. El caso fue que había yo ido con otros camaradas a un encierro.[32] Súpolo el buen maestro y vino tras de mí a oponerse a mi voluntad. Llegó precisamente a tiempo que los vaqueros me andaban enseñando cómo se toma la vara.[33] No pudo su desgracia traerle en peor ocasión. A la segunda palabra que quiso hablar, le di un varazo tan divino en medio de los sentidos,[34] que le abrí la cabeza en más cascos que una naranja, y gracias que me contuve porque mi primer pensamiento fue ponerle una vara lo mismo que a un toro de diez años, pero por primera vez, me contenté con lo dicho. Todos gritaban: ¡Viva el señorito! y hasta el tío Gregorio, que es hombre de pocas palabras, exclamó: «Lo ha hecho usía[35] como un ángel del cielo».

¿Quién es ese tío Gregorio?—preguntéle atónito de que aprobase tal insolencia—y me respondió: «El tío Gregorio es un carnicero de la ciudad que suele acompañarnos a comer, fumar y jugar. ¡Poquito[36] lo queremos todos los caballeros de por acá! Con ocasión de irse mi primo Jaime María a Granada y yo a Sevilla, hubimos de sacar la espada sobre quién se lo había de llevar, y en eso hubiera parado la cosa, si en aquel tiempo mismo no le hubiera preso la Justicia que[37] no sé qué puñaladillas y otras friolerillas[38] semejantes, que todo ello se compuso al mes de cárcel».

Dándome cuenta del carácter del tío Gregorio y otros iguales personajes, llegamos al cortijo. Presentóme a los que allí se hallaban, que eran varios amigos o parientes suyos de la misma edad, clase y crianza, que se habían juntado para ir a una cacería y esperando la hora competente pasaban la noche jugando, cenando, cantando y bailando, para todo lo que se hallaban muy bien provistos porque habían concurrido algunas gitanas con

sus venerables padres, dignos esposos y preciosos hijos. Allí tuve la dicha de conocer al señor tío Gregorio. A su voz ronca y hueca, patilla larga, vientre redondo, modales bastos, frecuentes juramentos y trato familiar se distinguía entre todos. Su oficio era hacer cigarros, dándolos ya encendidos de su boca a los caballeritos, atizar los velones,[39] decir el nombre y mérito de cada gitana, llevar el compás con las palmas de las manos cuando bailaba alguno de sus apasionados protectores, y brindar a su salud con medios cántaros de vino. Conociendo que venía cansado, me hicieron cenar luego,[40] y me llevaron a un cuarto algo apartado para dormir, destinado a[41] un mozo del cortijo para que me llamase y condujese al camino. Contarte los dichos y hechos de aquella academia[42] fuera imposible, o tal vez indecente. Sólo diré que el humo de los cigarros, los gritos y palmadas del tío Gregorio, la bulla de voces, el ruido de las castañuelas, lo destemplado de la guitarra, el chillido de las gitanas sobre cuál había de tocar el polo para que lo bailase Preciosilla, el ladrido de los perros y el desentono de los que cantaban, no me dejaron pegar los ojos en toda la noche. Llegada la hora de marchar, monté a caballo, diciéndome a mí mismo en voz baja: «¿Así se cría una juventud que pudiera ser tan útil si fuera la educación igual al talento?» Y un hombre serio, que al parecer estaba de mal humor con aquel género de vida, oyéndome, me dijo con lágrimas en los ojos: «Sí, señor, así se cría».

Los eruditos a la violeta o curso completo de todas las ciencias, dividido en siete lecciones para los siete días de la semana

Instrucciones dadas por un padre anciano a su hijo que va a emprender sus viajes

Antes de viajar y registrar[43] los países extranjeros, sería ridículo y absurdo que no conocieras tu misma tierra. Empieza, pues, por leer la Historia de España, los anales de estas provincias, su situación, producto, clima, progresos u atrasos, comercio, agricultura, población, leyes, costumbres, usos de sus habitantes y, después de hechas estas observaciones, apuntadas las reflexiones que

---

[29] Maestro particular, tutor.
[30] Canto popular andaluz.
[31] Maestro.
[32] Fiesta popular en que se corre delante de los toros.
[33] Pica que utilizan los toreadores.
[34] **Los...** la frente.
[35] Vuestra Señoría (tratamiento antiguo).
[36] Mucho.
[37] Aduciendo.
[38] Cosas de poca importancia.

---

[39] Lámpara antigua formada de un recipiente de bronce con aceite del que salían varias mechas.
[40] Enseguida.
[41] **Destinado...** dejándome a cargo de.
[42] Junta.
[43] Examinar.

de ellas te ocurran y tomando pleno conocimiento de esta península, entra por la puerta de los Pirineos en Europa. Nota la población, cultura y amenidad de la Francia, el canal con que su mayor rey[44] ligó el Mediterráneo al Océano, las antigüedades de sus provincias meridionales, la industria y el comercio de León y otras ciudades y llega a su Capital. No te dejes alucinar del exterior de algunos jóvenes intrépidos, ignorantes y poco racionales. Éstos agravian a sus paisanos de mayor mérito. Busca a éstos y los hallarás prontos a acompañarte e instruirte y hacerte provechosa tu estancia en París, que con otros compañeros te sería perjudicial en extremo.

Después que escribas cada noche lo que en cada día hayas notado de sus tribunales, academias y policía,[45] dedica pocos días a ver también lo ameno y divertido para no ignorar lo que son sus palacios, jardines y teatros, pero con discreción, que será honrosa para ti y para tus paisanos. Después, encamínate hacia Londres, pasando por Flandes, de cuya provincia cada ciudad muestra una historia para un buen español. Nota la fertilidad de aquellas provincias y la docilidad de sus habitantes, que aún conservan algún amor a sus antiguos hermanos los españoles.

En Londres se te ofrece mucho que estudiar. Aquel gobierno compuesto de muchos, aquel tesón[46] en su marina y comercio, aquel estímulo para las ciencias y oficios, aquellas juntas de sabios, la altura a que llegan los hombres grandes en cualesquiera facultades y artes, hasta tener túmulos en el mismo templo que sus reyes, y otra infinidad de renglones de igual importancia ocuparán dignamente el precioso tiempo que sin estos estudios desperdiciarías de un modo lastimoso en la *crápula*[47] y *libertinaje* (palabras que no conocieron mis abuelos y celebraré que ignoren tus nietos). Además de estos dos reinos, no olvides las cortes del Norte y toda la Italia, notando en ella las reliquias de su venerable antigüedad y sus progresos modernos en varias artes liberales, indaga la causa de su actual estado, respecto del antiguo, en que dominó al Orbe desde el Capitolio. Después, restitúyete a España, ofrécete al servicio de tu Patria, y si aún fuese corto tu mérito o fortuna para colocarte, cásate en tu provincia con alguna mujer honrada y virtuosa y pasa una vida tanto más feliz cuanto más tranquila en el centro de tus estudios y en el seno de tu familia, a quien dejarás suficiente caudal con el ejemplo de tu virtud. Esta misma herencia he procurado dejarte con unas cortas posesiones vinculadas por mis abuelos y regadas primero con la

sangre que derramaron alegres en defensa de la Patria y servicio del Rey.

Aquí estaba roto el manuscrito, gracias a Dios, porque yo me iba durmiendo con la lectura, como habrá sucedido a todos vosotros y a cualquier hombre de buen gusto, bello espíritu y brillante conversación. De otro cuño[48] es la moneda con que quiero enriqueceros en punto de viajes y así dando a la adjunta instrucción el uso más bajo que podáis, tomad la siguiente.

Primero: No sepáis una palabra de España y, si es tanta vuestra desgracia que sepáis algo, olvidadlo, por amor de Dios, luego que toquéis la falda de los Pirineos.

Segundo: Id, como bala salida de cañón, desde Bayona a París, y luego que lleguéis, juntad un consejo íntimo de peluqueros, sastres, bañadores, etc. y con justa docilidad entregaos en sus manos para que os pulan, labren,[49] acicalen, compongan y hagan hombres de una vez.

Tercero: Luego que estéis bien pulidos y hechos hombres nuevos, presentaos en los paseos, teatros y otros parajes, afectando un aire francés, que os caerá perfectamente.

Cuarto: Después que os hartéis de París, o París se harte de vosotros, que creo más inmediato, idos a Londres. A vuestra llegada os aconsejo dejéis todo el exterior contraído en París porque os podrá costar caro el afectar mucho galicismo. En Londres, os entregaréis a todo género de libertad, y volved al continente para correr la posta por Alemania e Italia.

Quinto: Volveréis a entrar en España con algún extraño vestido, peinado, tonillo y gesto, pero, sobre todo, haciendo tantos ascos y gestos como si entrarais en un bosque o desierto. Preguntad cómo se llama el pan y agua en castellano y no habléis de cosa alguna de las que Dios crió de este lado de los Pirineos por acá. De vinos, alabad los del Rin, de caballos, los de Dinamarca, y así de los demás renglones,[50] y seréis hombres maravillosos, estupendos, admirables y dignos de haber nacido en otro clima. (…)

Renunciando al amor y a la poesía lírica con motivo de la muerte de Filis[51]

Mientras vivió la dulce prenda mía,[52]

[44] Se refiere a Luis XIV, el Rey Sol.
[45] Gobierno.
[46] Perseverancia.
[47] **La...** el vicio.
[48] Carácter.
[49] Perfeccionen.
[50] **De...** en todo lo demás.
[51] Nombre poético de la amada.
[52] Verso inspirado por un soneto de Garcilaso que empieza: «Oh dulces prendas, por mi mal halladas, / dulces y alegres cuando Dios quería».

Amor, sonoros versos me inspiraste;
obedecía la ley que me dictaste,
y sus fuerzas me dio la poesía.

Mas ¡ay! que desde aquel aciago[53] día
que me privó del bien que tú admiraste,
al punto sin imperio en mí te hallaste,
y hallé falta de ardor a mi Talía.[54]

Pues no borra su ley[55] la parca[56] dura
(a quien el mismo Jove[57] no resiste),
Olvido el Pindo[58] y dejo la hermosura.

Y tú[59] también de tu ambición desiste,
y junto a Filis tengan sepultura
tu flecha inútil y mi lira[60] triste.

Temas

Comprensión del texto

1. En la selección de *Cartas marruecas,* ¿qué dice Gazel de las clases sociales en Europa?
2. ¿Cómo influyen en la educación? ¿Qué comentario hace Nuño al respecto?
3. ¿Qué actitud hacia la educación ilustran los comentarios del joven caballero sobre su tío y sobre su hermano?
4. ¿Qué tipo de educación tuvo el caballero? ¿Cuál es su actitud hacia sus maestros?
5. ¿Qué tipo de amigos frecuenta?
6. En *Los eruditos a la violeta,* ¿qué posición representa el padre que da consejos a su hijo? ¿Qué le dice al joven que debe observar en su viaje?
7. ¿Qué aspectos de la sociedad inglesa admira el padre?
8. ¿Qué considera que el joven puede aprender en los países del Norte y en Italia?

[53] Funesto.
[54] Una de las tres Gracias, musa de la Comedia y del Idilio.
[55] La ley de la muerte.
[56] Una de la deidades de los infiernos. En la mitología, las parcas hilaban las historias de los hombres.
[57] Júpiter, padre de los dioses.
[58] Macizo montañoso de Grecia. Como muchos poemas de Garcilaso, éste termina con la imagen del poeta desterrado que todo lo abandona.
[59] El poeta se dirige al Amor, o Cupido, que tira flechas a las personas para que se enamoren.
[60] Instrumento musical con el cual el poeta se acompaña cuando canta sus versos.

9. ¿Qué consejos le ofrece con respecto a su futura carrera y la vida familiar?
10. ¿Qué actitud debe adoptar hacia la historia de España?
11. ¿Qué debe hacer apenas llegue a París? ¿Y una vez que esté bien pulido?
12. ¿Qué debe hacer en Londres?
13. ¿Qué actitud debe adoptar al llegar a España?

Análisis literario

1. En *Cartas marruecas,* ¿qué dice Cadalso sobre la educación del noble en España? ¿Cuál es su actitud hacia la sociedad?
2. ¿Qué aspectos de la sociedad española critica Cadalso?
3. ¿Cómo emplea la ironía?
4. Describa el tono del soneto de Cadalso.
5. ¿Qué influencias se ven claramente en este poema?
6. ¿Qué imágenes usa el poeta?

GASPAR MELCHOR DE JOVELLANOS (1744-1811)

Uno de los luminares de la segunda mitad del siglo XVIII, Jovellanos escribió discursos, informes y memorias en relación con sus responsabilidades políticas, además de diarios de carácter personal. A causa de su dedicación a los ideales de la Ilustración, sufrió terriblemente por los vertiginosos cambios políticos que tuvieron lugar a fines del siglo. Jovellanos fue favorito del poder hasta 1790, pero pronto las clases gobernantes (nobleza, clero y alta burguesía) se volvieron contra él. En 1790 la Corona lo alejó de la Corte con una comisión en Asturias, pero volvió poco después para ocupar un puesto en el Ministerio de Gracia y Justicia. Fue desterrado en 1801, pero, en 1808, al estallar el levantamiento del Dos de Mayo, presidió la Junta popular creada para resistir a los invasores.

Los temas que predominan en sus escritos son la educación y la economía. En el terreno educativo, es partidario de las ideas más modernas del período. Recomienda que el joven noble sea educado en casa, preferiblemente por su propio padre, como sugiere el filósofo Jean Jacques Rousseau, o al menos por un tutor particular más amigo que maestro de su discípulo (*Plan de educación de la nobleza* [1798]). En cuanto a la enseñanza institucionalizada, coloca las disciplinas tradicionales (retórica, gramática, filosofía, etc.) al lado de las modernas (la lógica de Locke y las ciencias experimentales como la física).

De carácter económico, su *Informe sobre el libre ejercicio de las artes* (1785) apoya la liberalización del mercado. En su *Informe sobre la ley agraria* (1794), parte de la premisa del predominio económico de la agricultura frente a la industria y el comercio. Apoya la desamortización de los bienes comunales y eclesiásticos y desaprueba los privilegios tradicionales que, según él, impiden el progreso natural de la agricultura española. Jovellanos dejó su marca en la ideología liberal no sólo del siglo XIX sino también del siglo XX.

Jovellanos también escribió versos, aunque pocas de sus composiciones fueron publicadas durante su vida. Como Cadalso, creyó que la poesía española había llegado a su cenit durante el siglo XVI con autores como Garcilaso y Fray Luis de León, y que el período barroco representaba una degeneración en las artes poéticas en su país.

Al lado de la imagen del hombre racional y práctico que caracteriza el pensamiento de la Ilustración, emerge hacia el fin del siglo XVIII otro arquetipo: el «alma sensible»—el hombre que se entrega a sus emociones. Esta nueva voluptuosidad se manifiesta en los versos de Jovellanos, quien está en íntimo contacto con los poetas de la Escuela de Salamanca. Varios de este grupo de estudiantes y profesores están experimentando con un nuevo tipo de poesía de carácter tierno y sentimental que apunta ya hacia el Romanticismo.

Los sonetos de Jovellanos son más bien de tema y estructura convencionales. Revelan la influencia de Garcilaso y de otros escritores del Siglo de Oro en su adherencia a los *motifs* del amor, la belleza de la amada y la desesperación del amante. En otras composiciones, el poeta se aparta de sus modelos, buscando imágenes en la vida diaria, en el mundo cotidiano. Jovellanos también escribió poesía de tema filosófico, además de sátiras.

Memoria para el arreglo de la policía de los espectáculos y diversiones públicas, y sobre su origen en España

Diversiones del pueblo

(…) Este pueblo necesita diversiones, pero no espectáculos. No ha menester que el Gobierno le divierta, pero sí que le deje divertirse. En los pocos días, en las breves horas que puede destinar a su solaz y recreo, él buscará, el inventará sus entretenimientos; basta que se le

dé libertad y protección para disfrutarlos. Un día de fiesta claro y sereno en que pueda libremente pasear, correr, tirar a la barra, jugar a la pelota, al tejuelo, a los bolos, merendar, beber, bailar y triscar[1] por el campo, llenará todos sus deseos, y le ofrecerá la diversión y el placer más cumplidos. ¡A tan poca costa se puede divertir a un pueblo, por grande y numeroso que sea!

Sin embargo, ¿cómo es que la mayor parte de los pueblos de España no se divierten en manera alguna? Cualquiera que haya corrido nuestras provincias habrá hecho muchas veces esta dolorosa observación. En los días más solemnes,[2] en vez de la alegría y bullicio que deberían anunciar el contento de sus moradores,[3] reina en las calles y plazas una perezosa inacción, un triste silencio que no se pueden advertir sin admiración[4] y lástima. (…)

No es de este lugar descubrir todas las causas que concurren a producir [este fenómeno]; sean las que fueren, se puede asegurar que todas emanarán de las leyes. Pero sin salir de nuestro propósito no podemos callar que una de las más ordinarias y conocidas está en la mala policía de muchos pueblos. El celo[5] indiscreto de no pocos jueces se persuade a que la mayor perfección del gobierno municipal se cifra en la sujeción del pueblo, y a que la suma del buen orden consiste en que sus moradores se estremezcan[6] a la voz de la justicia, y en que nadie se atreva a moverse ni cespitar[7] al oír su nombre. (…) Bajo tan dura policía el pueblo se acobarda y entristece, y sacrificando su gusto a su seguridad, renuncia la diversión pública e inocente, pero, sin embargo, peligrosa, y prefiere la soledad y la inacción, tristes a la verdad y dolorosas, pero al mismo tiempo seguras. (…)

Idilio[8] IV: A Galatea[9]

Mientras de Galatea,
oh incauto[10] pajarillo,
ocupas el regazo,[11]

---

[1] Corretear.

[2] **Los…** los días de fiesta más importantes.

[3] Habitantes.

[4] Sorpresa.

[5] *Zeal.*

[6] *Shudder, tremble.*

[7] *Whisper.*

[8] Composición poética de motivo pastoral y de tema amoroso.

[9] Nombre poético de la amada. Garcilaso usa este nombre para referirse a la dama en algunas de sus poesías.

[10] Inocente, ingenuo.

[11] *Lap.*

permite que, afligido,
tan venturosa suerte
te envidie el amor mío.
De un mismo dueño hermoso
los dos somos cautivos:
tú lo eres por desgracia,
y yo por albedrío.
Violento en las prisiones
maldices tú al destino,
en tanto que yo alegre
besando estoy los grillos[12];
mas en los dos, ¡cuán vario
se muestra el hado esquivo[13]!
Conmigo, ¡ay, cuán tirano!,
contigo, ¡cuán benigno!
Mil noches de tormento,
mil días de martirio,
mil ansias, mil angustias
lograrme no han podido
la dicha inestimable
que debes tú a un capricho.
Bañado en triste llanto,
tu dulce suerte envidio;
y en tanto tú arrogante
huellas con pie atrevido,
sin alma, sin deseos
ni racional insisto,
la esfera donde apenas
llegar ha presumido
el vuelo arrebatado
del pensamiento mío.

𝒯emas

Comprensión del texto

1. ¿Está Jovellanos en contra de las diversiones? Explique.
2. ¿De qué elemento social habla Jovellanos, de la nobleza o del pueblo que trabaja? ¿Por qué cree usted que dice que esta gente no necesita de espectáculos?
3. Según él, ¿se divierte el pueblo español? ¿En qué basa su opinión?

---

[12] Hierros. (El poeta, como el pajarillo, es preso de Galatea, pero a diferencia del ave, se somete a la dama por un acto de voluntad. Esta imagen del amante es común en la poesía del Siglo de Oro.)

[13] Cruel, desagradable.

4. ¿Cuál es una de las causas más importantes de esta situación?
5. En el Idilio, ¿qué comparación hace el poeta entre el pajarillo y el amante? ¿Qué semejanzas y diferencias existen entre los dos?

Análisis literario

1. ¿Qué características de la Ilustración podemos observar en la prosa de Jovellanos?
2. Contraste el tono del ensayo con el del Idilio. ¿Qué imagen del hombre desarrolla Jovellanos en su poesía? ¿Cómo se compara con el concepto del hombre racional de la Ilustración?
3. ¿Qué concepto del amor emerge de este poema?

JUAN MELÉNDEZ VALDÉS (1754-1817)

Durante las décadas de los setenta y ochenta se formó un grupo de estudiantes y profesores de la Universidad de Salamanca cuyo propósito fue renovar la poesía de fines del siglo XVIII. Conocido como la Escuela de Salamanca, este grupo buscó su inspiración en los poetas del Siglo de Oro, en particular, en Fray Luis de León, otro poeta salmantino cuyas obras eran consideradas modelos de racionalidad, moderación y buena forma. Cuando José Cadalso visitó Salamanca, quedó muy impresionado con Juan Meléndez Valdés, el miembro más prometedor del grupo.

La presencia de Cadalso sirvió como catalizador en el desarrollo artístico de Meléndez, cuya poesía, a partir de aquel momento, empezó a mostrar incipientes elementos románticos.* Al principio el joven poeta sigue los preceptos del Neoclasicismo, imitando a modelos antiguos y renacentistas, pero poco a poco se aparta de las fórmulas heredadas e imbuye sus versos de una ternura e intimidad que producirán una profunda transformación en la poesía española.

Gaspar Melchor de Jovellanos fue quien introdujo la poesía sentimental filosófica de los grandes maestros franceses e ingleses —Rousseau, Pope, Young— al grupo de Salamanca. Asimismo, se hizo gran amigo de Meléndez Valdés y lo animó a experimentar con nuevos temas y formas poéticas.

Extremadamente prolífico, Meléndez Valdés compuso versos de muchos tipos —odas, romances, elegías, sonetos, silvas y otros tipos de composición poética. Como sus modelos clásicos y renacentistas, tenía por temas predilectos el amor y la naturaleza. Con Meléndez Valdés llega a su punto culminante el Rococó,* un estilo desarrollado durante el siglo XVIII que coexistió con el barroco tardío y el Neoclasicismo y cuyas características principales son la ornamentación recargada, el extremo refinamiento y la delicadez.

Caracteriza su obra el uso de diminutivos: «avecillas», «fuentecillas», «arroyuelos». Crea un mundo en miniatura en el que abundan imágenes de inocencia y fragilidad. Las mujeres que pueblan sus versos son delicadas y frívolas. Muchos de sus poemas son sumamente sensuales o caen en un franco erotismo. Se refiere a menudo a las facultades sensoriales; apela a todos los sentidos—el tacto, el olfato, la vista, el gusto, el oído. También evoca las diversas partes del cuerpo, especialmente las más sensibles—la mano, el seno, los labios.

Meléndez Valdés escribió varios poemas anacreónticos,* es decir, en el estilo de Anacreonte, poeta griego que cantó los placeres del amor y del vino. Sin embargo, en su oda* «A Dorila» el amor es sólo un pretexto. El verdadero tema es el *carpe diem*, exhortación a gozar del momento, ya que el tiempo pasa y la vejez pronto reemplaza a la juventud, quitándonos los placeres de la vida. Este poema encierra una suave melancolía, un apagado lamento. Las horas se van, llevándose «los floridos años / de nuestra frágil vida». A diferencia de Quevedo y Góngora, que escribieron sobre el mismo tema, Meléndez Valdés no lleva la conciencia del paso del tiempo a su conclusión filosófica más aplastante, es decir, a una confrontación con la nada que sigue a la muerte. Pero si esta oda no alcanza las dimensiones metafísicas de los maestros del Siglo de Oro, sí expresa una angustia auténtica ante la vejez, que es, sobre todo, «enemiga del amor». El poeta alienta a su dama a gozar de la vida, a dedicarse a «juegos y bailes / y cantares y risas», no por miedo a la muerte sino por amor a la vida; aprovechar la juventud es bueno y natural, ya que las divinidades mismas (las Gracias) lo exigen. En vez de terminar en una nota sombría como los sonetos morales de Quevedo y Góngora, el poema de Meléndez Valdés concluye con una imagen de felicidad y una invitación a holgar del momento. Los dos últimos versos están repletos de alusiones a una naturaleza apacible y sensual; la amada es una «paloma», con toda la delicadeza y suavidad que el término evoca.

También en «De la paloma de Filis» las imágenes son finas y exquisitas. La paloma de Filis es una «avecilla crédula» que confía en su dueña y, después, le perdona sus engaños. Amiga fiel, acude a Filis cuando ésta la llama, abandonando a las otras palomas y olvidándose de los trucos crueles de su dueña. El poeta le pide a su amada que tome a su paloma como ejemplo y le muestre a él la misma devoción que la avecilla le muestra a ella. A pesar de la aparente ligereza de este poema, retrata una situación tormentosa entre hombre y mujer. Al pedir a su amada que imite a la paloma, insinúa que él mismo la ha engañado cruelmente y necesita ser perdonado. Pero ¿quién sabe si Filis será tan generosa como la paloma? La pregunta queda sin contestar. En esta serie dedicada a la paloma de Filis, el poeta crea una tensión erótica que crece con cada poema; las imágenes de Filis acariciando y burlando a la paloma convierten el juego en una compleja metáfora sexual.

La poesía de Meléndez Valdés no se limita a la exaltación de los placeres y de los sentidos, ni tampoco al tema del jardín. Supera lo artificioso del rococó, abarcando una temática lírica mucho más amplia. «Los aradores» revela la nueva conciencia social del siglo XVIII, la cual lleva a muchos poetas a escribir poemas dedicados al labrador. Se trata de la celebración no sólo del villano y del trabajo, sino de un elevado sentido pragmático. El campesino es esencial para el bienestar del país. Hace una contribución sin la cual la nación no puede avanzar. Los primeros versos expresan la admiración del poeta por los hombres que aran los campos: «¡Oh! ¡qué bien ante mis ojos / por la ladera pendiente, / sobre la esteva encorvado, / los aradores parecen!» El énfasis está en lo cotidiano, no en lo exótico—en los animales que tiran del arado mientras el arador los anima con su grito. Se explora así la relación entre el hombre y la naturaleza. Aunque ésta puede ser un refugio para el hombre, pues le ofrece sustento y protección, también suelta fuerzas destructoras terribles. Cuando «de las nubes / horrísonos se desprenden / los aguaceros, y el día / ahogado entre sombras muere», el hombre se siente a la merced del furor climático que le aterra y a la vez le fascina.

Meléndez Valdés gozó de gran respeto y admiración durante su época. En 1780 su égloga «Batilo» fue premiada por la Real Academia Española. Fue profesor de Humanidades en la Universidad de Salamanca y más tarde, magistrado. Además de la poesía, el Derecho fue el gran amor de su vida. En 1798 fue elegido miembro de la Real Academia. Durante la Guerra de la Independencia, se alió con las fuerzas de José Napoleón, por lo cual se vio obligado a emigrar a Francia cuando terminó el conflicto. Murió en Montpellier soñando con volver a su país.

Meléndez Valdés es considerado el poeta más destacado del siglo. En él convergen todas las corrientes de la época—la elegancia rococó, la preocupación por la forma, la corriente científica y racional, la celebración de la naturaleza y de la humanidad. Para muchos críticos, Meléndez Valdés es la primera voz auténticamente romántica que surge en España.

Oda anacreóntica[1]: A Dorila

¡Cómo se van las horas,
y tras ellas los días,
y los floridos años
de nuestra frágil vida!

La vejez luego viene,
del amor enemiga,
y entre fúnebres sombras
la muerte se avecina,

que escuálida y temblando,
fea, informe amarilla,
nos aterra, y apaga
nuestros fuegos y dichas.

El cuerpo se entorpece,
los ayes[2] nos fatigan,
nos huyen los placeres
y deja la alegría.

Si esto, pues, nos aguarda,
¿para qué, mi Dorila,
son los floridos años
de nuestra frágil vida?

Para juegos y bailes
y cantares y risas
nos los dieron los cielos,
las Gracias[3] los destinan.

Ven, ¡ay! ¿Qué[4] te detienes?
Ven, ven, paloma mía,
debajo de estas parras,
do[5] lene[6] el viento aspira,

y mimosas delicias,
de la niñez gocemos,
pues vuela tan aprisa.

Oda: De la paloma de Filis

Filis, ingrata Filis,
tu paloma te enseña;
ejemplo en ella toma
de amor y de inocencia.

Mira cómo a tu gusto
responde, cómo deja
gozosa, si la llamas,
por ti sus compañeras.

¿Tu seno y tus halagos
olvida, aunque severa
la arrojes de la falda,
negándote a sus quejas?

No, Fili[7]; que aun entonces,
si intento detenerla,
mi mano fiel esquiva,
y a ti amorosa vuela.

¡Con cuánto suave arrullo
te ablanda! ¡Cómo emplea
solícita sus ruegos,
y en giros mil te cerca!

¡Ah crédula avecilla!
En vano, en vano anhelas;
que son para tu dueño
agravio las finezas.

Pues ¿que cuando en la palma
el trigo le presentas,
y al punto de picarlo,
burlándote la cierras?

¡Cuán poco del engaño,
incauta, se recela,
y pica, aunque vacía,
la mano que le muestras!

¡Qué fácil se entretiene!
Un beso le consuela;
siempre festiva arrulla,
siempre amorosa juega.

Su ejemplo, Filis, toma,
pero conmigo empieza,
y repitamos juntos
lo que a su lado aprendas.

Romance[8]: Los aradores

¡Oh! ¡qué bien ante mis ojos
por la ladera pendiente,
sobre la esteva encorvados

---

[1] Véase la pág. 187.
[2] Gritos (¡ay, ay, ay!).
[3] Las tres deidades antiguas que personificaban la belleza.
[4] Para qué.
[5] Donde.
[6] Suave, ligero.

---

[7] Variante de Filis.
[8] Un «romance» es una composición poética tradicional, usualmente octosilábica, que narra una historia. Se caracteriza por la repetición al fin de todos los versos pares de una asonancia y de la ausencia de rima en los impares.

los aradores parecen!
　　　　¡Cómo la luciente reja
se imprime profundamente
cuando en prolongados surcos
el tendido campo hienden!
　　　　Con lentitud fatigosa
los animales pacientes,
la dura cerviz alzada,
tiran del arado fuerte.
　　　　Anímalos con su grito,
y con su aguijón los hiere
el rudo gañán, que en medio
su fatiga canta alegre.
　　　　La letra y pausado tono
con las medidas convienen
del cansado lento paso
que asientan los tardos bueyes.
　　　　Ellos las anchas narices
abren a su aliento ardiente,
que por la frente rugosa
el hiel en aljófar[9] vuelve;
　　　　y el gañán aguija y canta,
y el sol que alzándose viene
con sus vivíficos rayos
le calienta y esclarece.
　　　　¡Invierno! ¡Invierno! aunque triste
aun conservas tus placeres,
y entre tus lluvias y vientos
halla ocupación la mente.
　　　　Aun agrada ver el campo
todo alfombrado de nieve,
en cuyo cándido velo
sus rayos el sol refleje.
　　　　Aun agrada con la vista
por sus abismos perderse,
yerta la naturaleza
y en un silencio elocuente,
　　　　sin que halle el mayor cuidado
ni el lindero de la suerte,
ni sus desiguales surcos,
ni la mies que oculta crece.
　　　　De los árboles las ramas,
al peso encorvado, ceden,
y a la tierra fuerzas piden
para poder sostenerse.
　　　　La sierra con su albo[10] manto

una muralla esplendente,
que une el suelo al firmamento,
allá a lo lejos ofrece,
　　　　mientra en las hondas gargantas
despeñados los torrentes,
la imaginación asustan,
cuanto el oído ensordecen;
　　　　y en quietud descansa el mundo,
y callado el viento duerme,
y en el redil el ganado,
y el buey gime en el pesebre.
　　　　¿Pues qué, cuando de las nubes
horrísonos[11] se desprenden
los aguaceros, y el día
ahogado entre sombras muere,
　　　　y con estrépito inmenso
cenagosos se embravecen
fuera de madre[12] los ríos,
batiendo diques y puentes?
　　　　Crece el diluvio; anegadas
las llanuras desaparecen,
y árboles y chozas tiemblan
del viento el furor vehemente,
　　　　que arrebatando las nubes,
cual[13] sierras de niebla leve,
de aquí allá en rápido soplo,
en formas mil las revuelve;
　　　　y el imperio de las sombras,
y los vendavales[14] crecen;
y el hombre, atónito y mudo,
a horror tanto tiembla y teme. (...)
　　　　Así el invierno ceñudo
reina con cetro inclemente,
y entre escarchas y aguaceros
y nieve y nubes se envuelve. (...)
　　　　Estos hielos erizados,
estas lluvias, estas nieves,
y nieblas y roncos vientos,
que hoy el ánimo estremecen,
　　　　serán las flores de mayo,
serán de julio las mieses,
y las perfumadas frutas
con que octubre se enriquece.
　　　　Hoy el arador se afana,

---

[9] Perlas (imagen poética del rocío).
[10] Blanco.

[11] Con sonidos horribles.
[12] Desbordados.
[13] Como.
[14] Vientos muy fuertes.

y en cada surco que mueve,
miles encierra de espigas
para los futuros meses,
     misteriosamente ocultas
en esos granos, que extiende
doquier liberal su mano
y en los terrones se pierden.[15]

     Ved cuál, fecunda la tierra,
sus gérmenes desenvuelve
para abrirnos su tesoros
otro día en faz riente.
     Ved cómo ya pululando[16]
la rompe la hojilla débil,
y con el rojo sombrío
cuán bien contrasta su verde,
     verde que el tostado julio
en oro convertir debe,
y en una selva de espigas
esos cogollos nacientes.

     Trabaja, arador, trabaja,
con ánimo y pecho fuerte,
ya en tu esperanza embriagado
del verano en las mercedes.
     Llena su noble destino,
y haz, cantando, tu afán leve,
mientras insufrible abruma
el fastidio al ocio muelle,
     que entre la pluma y la holanda[17]
sumido en sueño y placeres,
jamás vio del sol la pompa
cuando lumbroso amanece,
     jamás gozó con el alba
del campo el plácido ambiente,
de la matinal alondra
los armónicos motetes.[18] (...)

     Tu esposa al hogar humilde,
apacible te previene
sobria mesa, grato lecho,
y cariño y fe perennes,
     que oficiosa compañera
de tus gozos y quehaceres,
su ternura cada día

con su diligencia crece;
     y tus pequeñuelos hijos,
anhelándote impacientes,
corren al umbral, te llaman,
y tiemblan si te detienes.
     Llegas, y en torno apiñados
halagándote enloquecen;
la mano el uno te toma,
de tu cuello el otro pende;
     tu amada al paternal beso
desde sus brazos te ofrece
el que entre su seno abra
y alimenta con su leche,
     que en sus fiestas y gorjeos
pagarte ahincado parece
del pan que ya le preparas,
de los surcos donde vienes. (...)
     ¡Vida angelical y pura!,
en que con su Dios se entiende
sencillo el mortal, y le halla
doquer próvido[19] y presente,
     a quien el poder perdona,
que los mentirosos bienes
de la ambición tiene en nada,
cuando ignora sus reveses.
     Vida de fácil llaneza,
de libertad inocente,
en que dueño de sí el hombre,
sin orgullo se ennoblece,
     en que la salud abunda,
en que el trabajo divierte,
el tedio se desconoce,
y entrada el vicio no tiene;
     y en que un día y otro día
pacíficos se suceden,
cual aguas de un manso río,
siempre iguales y rientes.
     ¡Oh! ¡quién gozarte alcanzara!
¡Oh! ¡quién tras tantos vaivenes
de la inclemente fortuna,
un pobre arador viviese!,
     uno cual estos que veo,
que ni codician, ni temen,
ni esclavitud los humilla,
ni la vanidad los pierde,
     lejos de la envidia torpe

---

[15] Es decir, por dondequiera que la mano generosa del labrador esparza granos, crecerán espigas en el futuro.

[16] Abundando, bullendo.

[17] **La pluma...** la almohada y la sábana. (La holanda es un tipo de tela fina.)

[18] Canciones.

[19] Benévolo.

y de la calumnia aleve,
hasta que a mi aliento frágil
cortase el hilo la muerte.

Temas

1. ¿Cómo desarrolla Meléndez Valdés el tema de *carpe diem* en «A Dorila»? ¿Cómo nos hace sentir el paso del tiempo?
2. Compare este poema con el Soneto CXLIX de Góngora.
3. En «De la paloma de Filis», ¿cómo muestra el poeta la crueldad de la dama?
4. ¿De qué cualidad es un ejemplo la paloma?
5. ¿Por qué sugiere el poeta que Filis debe imitar a la paloma?
6. ¿Cómo idealiza al campesino en «Los aradores»?
7. ¿Cómo representa la naturaleza?
8. ¿Por qué llama la vida del arador «angelical y pura»?

Los fabulistas

TOMÁS DE IRIARTE (1750-1791); FÉLIX MARÍA DE SAMANIEGO (1754-1801)

La fábula* es un relato ficticio, en el Neoclasicismo siempre en verso, que oculta una lección moral. Usualmente, por lo menos uno de los personajes es un animal, planta u objeto inanimado que habla y se comporta como un ser humano. A menudo, la fábula ilustra características humanas comunes. A veces termina con una «moraleja» que resume las ideas del autor. Lo perdurable de la fábula se debe en gran parte a la precisión del retrato de características humanas que ofrece, y también al hecho de que le permite al autor hacer observaciones mordaces acerca de su sociedad sin mencionar a individuos, ya que los personajes no son seres humanos.

Los dos fabulistas españoles más ilustres del siglo XVIII son Félix María de Samaniego y Tomás de Iriarte. Admiradores del compositor austríaco Franz Josef Haydn, los dos cultivaban la musicalidad en sus versos, pero Samaniego escribía para jóvenes y buscaba la simplicidad en sus poemas, mientras que Iriarte cultivaba un estilo más literario y formal.

Hijo de una familia vasca aristocrática, Samaniego viajó a París de joven y conoció la obra de los enciclopedistas, así como las fábulas del escritor francés La Fontaine, quien tendría una profunda influencia en su poesía. Al volver a España, compuso los ciento treinta y siete poemas de sus *Fábulas morales* (1781) para iluminar a los alumnos del Seminario de Vergara, uno de los centros educativos más importantes de la época. El libro, en el que el autor ridiculiza los defectos humanos, como, por ejemplo, la vanidad, la pereza y la hipocresía, tuvo un éxito inmediato. Aun a mediados del siglo XX las fábulas de Samaniego eran a menudo la primera poesía que aprendía el niño español en el colegio.

En un principio, Samaniego fue amigo y admirador de Iriarte, pero al publicar éste sus *Fábulas literarias* sin mencionar en su prólogo que Samaniego había cultivado el género antes, la amistad se convirtió en enemistad. Samaniego, ofendido por la omisión, inició una polémica literaria típica de la época con la publicación de *Observaciones sobre las fábulas literarias*, ataque anónimo contra su antiguo amigo. Partidario de ideas progresistas y anticlericales, también publicó varios ataques contra la Iglesia y cultivó la literatura escabrosa, lo cual le creó conflictos con la Inquisición. Las autoridades eclesiásticas lo hicieron encarcelar en un monasterio carmelita cerca de Bilbao. Al salir, escribió una sátira sobre la pereza y gula de los monjes.

Mientras que muchas de las fábulas de Iriarte aluden a la literatura y al mal gusto de ciertos escritores, las de Samaniego tratan más bien de situaciones reales y concretas. «El Leopardo y las Monas», por ejemplo, enseña una lección práctica que le habría servido al autor, tal vez, en sus relaciones con Iriarte: no hay que confiar en la gente; el que inspira más confianza puede ser el peor enemigo. En «El Ciervo en la fuente» ridiculiza la vanidad y, como buen neoclásico, alaba lo práctico, desvalorando lo meramente hermoso y ornamental si no es también útil. En «El Filósofo y la Pulga» señala que todo depende del punto de vista del individuo. En «Congreso de Ratones» se burla de los políticos que conciben grandes proyectos sin considerar si pueden realmente llevarse a cabo o no. Aunque el lenguaje de Samaniego es directo y hasta prosaico, sus versos contienen mucho humor y su versificación es muy precisa. Samaniego es también autor de una colección de cuentos titulada *El jardín de Venus*.

Aunque hoy en día algunos críticos creen que la obra de Samaniego es estilísticamente superior a la de Iriarte, en su época éste gozó de mayor prestigio. Iriarte nació en las Islas Canarias, hijo de una familia culta que lo mandó a Madrid a los trece años a estudiar bajo la supervisión de su tío, el humanista Juan de Iriarte.

Al morir éste, Tomás lo sucedió como traductor oficial de la Secretaría de Estado. Pronto llegó a ser una figura importante en el mundo literario. Era un participante frecuente en la famosa tertulia de la Fonda de San Sebastián, donde se involucró en largas polémicas sobre la literatura, a menudo disputando con otros escritores.

A diferencia de Samaniego, su interés principal era el arte de escribir y, por lo tanto, no es sorprendente que sus *Fábulas literarias* (1782) traten más bien de la escritura. En «El Té y la Salvia», por ejemplo, se queja de que la gente aprecie siempre más lo exótico que lo familiar y que, por lo tanto, el español lea a un Boileau o un Tasso antes que a sus propios grandes poetas clásicos. En «El Burro flautista» subraya la importancia de las reglas del arte y muestra desprecio por lo popular y espontáneo. En «La Ardilla y el Caballo» se burla de aquellos escritores que creen que la cantidad vale tanto como la calidad. Mientras que Samaniego se dirige al niño o al adolescente, Iriarte escribe para el adulto erudito y conocedor de las artes, en particular de la literatura. Muchas de sus fábulas son lecciones sobre el escribir bien o sobre la función de la literatura. Otras son comentarios sobre autores contemporáneos.

Más diverso y prolífico que Samaniego, Iriarte cultivaba no sólo la fábula sino también el soneto amoroso y otros tipos de composición en verso. Tradujo parte de la *Eneida* de Virgilio y el *Ars poética* de Horacio, además de piezas de teatro de Voltaire, Molière, Goldoni y otros. Escribió varias comedias, entre ellas *El señorito mimado* y *La señorita malcriada*, estudiadas hoy en día más bien por su valor histórico, ya que se consideran antecedentes de la comedia de costumbres. Iriarte también fue autor de varias composiciones musicales. Introdujo en España el «melólogo», especie de monólogo con acompañamiento de orquesta. Su interés en el tema lo llevó a escribir un largo poema titulado «La música» en que expone las reglas de composición y comenta sobre diversos estilos y músicos. Elogiado en Francia, el poema fue censurado y ridiculizado en España. Volteriano como Samaniego, Iriarte fue procesado por la Inquisición en 1786. Su intolerancia con la imaginación libre y su adhesión a los principios de orden, claridad, moderación, formalismo y buen gusto lo hicieron una de las voces más importantes del movimiento neoclásico.

Tomás de Iriarte

El Té y la Salvia

El Té, viniendo del imperio chino,
se encontró con la Salvia en el camino.

Ella le dijo: «¿Adónde vas, compadre?»
—«A Europa voy, comadre,
donde sé que me compran a buen precio».
—«Yo (respondió la Salvia) voy a China,
que allá con sumo aprecio
me reciben por gusto y medicina.[1]
En Europa me tratan de salvaje,
y jamás he podido hacer fortuna».
—«Anda con Dios. No perderás el viaje,
pues no hay nación alguna
que a todo lo extranjero
no dé con gusto, aplauso y dinero».
La Salvia me perdone,
que al comercio su máxima se opone.
Si hablase del comercio literario,
yo no defendería lo contrario;
porque en él para algunos es un vicio
lo que es en general un beneficio;
y español que tal vez recitaría
quinientos versos de Boileau[2] y el Taso,[3]
puede ser que no sepa todavía
en qué lengua los hizo Garcilaso.[4]

El burro flautista

Sin reglas del arte, el que en algo acierta,
acierta por casualidad.

Esta fabulilla
salga bien o mal,
me ha ocurrido ahora
por casualidad.
Cerca de unos prados
que hay en mi lugar,
pasaba un Borrico

---

[1] La salvia es una planta de propiedades medicinales de cuyas hojas se hacen remedios para enfermedades del estómago.

[2] Nicholas Boileau-Despreaux (1636-1711), autor francés que ayudó a fijar los ideales literarios que se concretarían en el Neoclasicismo.

[3] Torcuato Tasso (1544-1595), uno de los autores más célebres del Renacimiento italiano. Sus obras más conocidas son el poema épico *La Jerusalén libertada* y el drama pastoril *Aminta*.

[4] Garcilaso de la Vega (1501-1536), uno de los poetas españoles más importantes de principios de la Modernidad. Véanse las páginas 59-62.

por casualidad.
Una flauta en ellos
halló, que un zagal
se dejó olvidada
por casualidad.
Acercóse a olerla
el dicho animal,
y dio un resoplido
por casualidad.
En la flauta el aire
se hubo de colar,
y sonó la flauta
por casualidad.
«¡Oh—dijo el Borrico—,
qué bien sé tocar!
¡Y dirán que es mala
la música asnal!»
Sin reglas del arte,
borriquitos hay
que una vez aciertan
por casualidad.

La Ardilla y el Caballo

Mirando estaba una Ardilla
a un generoso[5] Alazán,[6]
que dócil a espuela y rienda,
se adiestraba en galopar.
Viéndole hacer movimientos
tan veloces y a compás,
de aquesta suerte le dijo
con muy poca cortedad:
    «Señor mío,
    de ese brío,
    ligereza
    y destreza
    no me espanto,
    que otro tanto
suelo hacer, y acaso más.
    Yo soy viva,
    soy activa,
    me meneo,
    me paseo,
    yo trabajo,

---

[5] Noble, valiente.
[6] Caballo de color rojo canela.

    subo y bajo,
no me estoy quieta jamás».
El paso detiene entonces
el buen Potro, y muy formal
en los términos siguientes
respuesta a la Ardilla da:
    «Tantas idas
    y venidas,
    tantas vueltas
    y revueltas
    (quiero, amiga,
    que me diga),
¿son de alguna utilidad?
    Yo me afano,
    mas no en vano.
    Sé mi oficio,
    y en servicio
    de mi dueño
    tengo empeño
de lucir mi habilidad».

Con que algunos escritores
Ardillas también serán
si en obras frívolas gastan
todo el calor natural.

Félix María de Samaniego

El Leopardo y las Monas

No a pares, a docenas encontraba
las Monas en Tetuán[7] cuando cazaba
un leopardo: apenas lo veían,
a los árboles todas se subían,
quedando del contrario tan seguras,
que pudiera decir no están maduras.[8]
El cazador astuto se hace el muerto
tan vivamente, que parece cierto;
hasta que las viejas Monas,
alegres en el caso y juguetonas
empiezan a saltar; la más osada
baja, arrímase al muerto de callada;

---

[7] Ciudad principal de Marruecos.
[8] Alusión a una fábula de Esopo en que un zorro, no pudiendo alcanzar unas uvas que desea comer, concluye que «no están maduras».

mira, huele y aún tienta,
y grita contenta:
«Llegad, que muerto está de todo punto,[9]
tanto que empieza a oler el tal difunto».
Bajan todos con bulla y algazara:
ya le tocan la cara,
ya le saltan encima,
aquélla se le arrima,
y haciendo mimos a su lado queda;
otra se finge muerta, y lo remeda.
Mas luego que las siente fatigadas
de correr, de saltar y hacer monadas,
levántase ligero;
y más que nunca fiero,
pilla, mata, devora de manera
que parecía la sangrienta fiera,
cubriendo con los muertos la campaña,[10]
al Cid matando moros en España.[11]
Es el peor enemigo el que aparenta
no poder causar daño; porque intenta,
inspirando confianza,
asegurar su golpe de venganza.

El Ciervo en la fuente

Un Ciervo se miraba
en una hermosa cristalina fuente;
placentero admiraba
los enramados cuernos de su frente;
pero al ver sus delgadas largas piernas,
al alto cielo daba quejas tiernas.
«¡Oh Dioses! ¿A qué intento
a esta fábrica hermosa de cabeza
construís su cimiento,
sin guardar proporción en la belleza?
¡Oh qué pesar! ¡Oh qué dolor profundo
no haber gloria cumplida en este mundo!»
Hablando de esta suerte
el Ciervo vio venir a un Lebrel fiero,
por evitar su muerte
parte al espeso bosque muy ligero;
pero el cuerno retarda su salida

con una y otra rama entretejida.
Mas libre del apuro
a duras penas, dijo con espanto:
«Si me veo seguro,
pese a mis cuernos, fue por correr tanto.
Lleve el diablo lo hermoso de mis cuernos,
haga mis feos pies el cielo eternos».
Así frecuentemente
el Hombre se deslumbra con lo hermoso;
elige lo aparente,
abrazando tal vez lo más dañoso;
pero escarmiente ahora en tal cabeza.
El útil bien es la mejor belleza.

Congreso de los Ratones

Desde el gran Zapirón, el blanco y rubio,
que después de las aguas del diluvio
fue padre universal de todo gato,[12]
ha sido Miauragato
quien más sangrientamente
persiguió a la infeliz ratona gente.[13]
Lo cierto es que, obligada
de su persecución la desdichada,
en Ratópolis tuvo su congreso.
Propuso el elocuente Roequeso
echarle un cascabel, y de esa suerte
al ruido escaparían de la muerte.
El proyecto aprobaron uno a uno.
¿Quién lo va a ejecutar? Eso, ninguno.
«Yo soy corto de vista». «Yo muy viejo».
«Yo gotoso», decían. El concejo
se acabó como muchos en el mundo.
Proponen un proyecto sin segundo:
lo aprueban: hacen otro. ¡Qué portento!
Pero ¿la ejecución? Ahí está el cuento.

El Filósofo y la Pulga

Meditando a sus solas cierto día,
un pensador Filósofo decía:
«El jardín adornado de mil flores,

---

[9] **De...** completamente.
[10] Campo.
[11] Varios episodios del *Cantar de Mio Cid* describen luchas violentas en las que cadáveres y partes de seres humanos y de caballos cubren el campo de batalla.

[12] Se refiere al Gran Diluvio del Antiguo Testamento. Se supone que Zapirón fue el gato que se salvó en el Arca de Noé y, por consiguiente, es «padre de todo gato».
[13] Población ratona.

y diferentes árboles mayores,
con su fruta sabrosa enriquecidos,
tal vez entretejidos
con la frondosa vid que se derrama
por una y otra rama,
mostrando a todos lados
las peras y racimos desgajados,
es cosa destinada solamente
para que disfruten libremente
la oruga, el caracol, la mariposa:
no se persuaden ellos de otra cosa.
Los pájaros sin cuento,
burlándose del viento,
por los aires sin dueño van girando.
El milano[14] cazando
saca la consecuencia:
para mí los crió la Providencia.
El cangrejo, en la playa envanecido,
mira los anchos mares, persuadido
de que las olas tienen por empleo
sólo satisfacerle su deseo,
pues cree que van y vienen tantas veces
por dejarle en la orilla ciertos peces.
«No hay» prosigue el Filósofo profundo,
«animal sin orgullo en este mundo.
El hombre solamente
puede en esto alabarse justamente».
«Cuando yo me contemplo colocado
en la cima de un risco agigantado,
imagino que sirve a mi persona
todo el cóncavo cielo de corona.
Veo a mis pies los mares espaciosos,
y los bosques umbrosos,
poblados de animales diferentes,
las escamosas gentes,
los brutos y las fieras,
y las aves ligeras,
y cuanto tiene aliento
en la tierra, en el agua y en el viento,
y digo finalmente: Todo es mío.
¡Oh grandeza del hombre y poderío!»
Una Pulga que oyó con gran cachaza
al Filósofo maza,[15]

dijo: «Cuando me miro en tus narices,
como tú sobre el risco que nos dices,

y contemplo a mis pies aquel Instante
nada menos que al hombre dominante,
que manda en cuanto encierra
el agua, viento y tierra,
y que el tal poderoso caballero
de alimento me sirve cuando quiero,
concluyo finalmente: Todo es mío.
¡Oh grandeza de Pulga y poderío!»
Así dijo, y saltando se le ausenta.
De este modo se afrenta
aun al más poderoso
cuando se muestra vano y orgulloso.

Temas

1. ¿Cómo critica Iriarte los gustos literarios de los españoles en «El Té y la Salvia»?
2. ¿Cuál es la moraleja de «El burro flautista»?
3. ¿Qué tipo de escritor critica el poeta en «La Ardilla y el Caballo»? ¿Cómo sufre la calidad de la obra cuando el escritor trabaja demasiado rápido?
4. ¿Cómo capta Iriarte la sensación de movimiento constante en este poema? ¿Qué logra al variar el ritmo de los versos?
5. En «El Leopardo y las Monas», ¿cómo crea tensión Samaniego? ¿Cuál es la moraleja del poema?
6. ¿Cómo critica la vanidad en «El Ciervo en la fuente»?
7. ¿Qué implicaciones políticas ve usted en «Congreso de los Ratones»? ¿Qué tendencia humana critica el poeta en esta fábula?
8. ¿Cómo se burla de la soberbia humana en «El filósofo y la Pulga?
9. ¿Por qué cree usted que a la gente siempre le han gustado las fábulas?
10. ¿Qué libertades puede tomar un fabulista que no se le permitirían a otro tipo de escritor?
11. ¿Qué diferencias estilísticas existen entre Iriarte y Samaniego? ¿Cuál de los dos le gusta a usted más? ¿Por qué?
12. ¿Por qué cree usted que la fábula era un género tan apreciado entre los neoclásicos?

---

[14] Ave rapaz conocida por su velocidad.
[15] Pesado.

El teatro neoclásico

LEANDRO FERNÁNDEZ DE MORATÍN (1760-1828)

Durante las primeras décadas del siglo XVIII, el público español siguió asistiendo al teatro con gran entusiasmo. Las piezas que se escribieron durante este período eran más bien imitaciones de las de los maestros del Siglo de Oro, aunque sin la sutileza lingüística, sicológica y filosófica de las originales. Estaban llenas de acción, de enredos amorosos, de cuestiones de honra, de venganzas y de monólogos altisonantes, pero sus tramas eran a menudo repetitivas y huecas. Sin embargo, el público dieciochesco resistió los intentos de los primeros neoclásicos de reformar el teatro, prefiriendo las obras de tipo tradicional a pesar de sus fallas. Las obras de Calderón, por ejemplo, gozaron de gran popularidad. De hecho, el número de representaciones de piezas de Calderón sobrepasa al de comedias propiamente dieciochescas.

El teatro lírico alcanzó gran popularidad durante las primeras décadas del siglo XVIII. Felipe V, nieto de Louis XIX de Francia, llegó a Madrid en 1701 con su corte y sus consejeros, y meses después se casó con María Luisa Gabriela de Saboya. Ninguno de los dos conocía bien el castellano ni tenía interés en el teatro nacional. El francés y el italiano eran los idiomas de la corte. En 1703 Felipe llevó a una compañía italiana de teatro lírico a España. Inspirados por el teatro musical italiano, dramaturgos españoles como José de Cañizares cultivaron el drama lírico, empleando complicados aparatos escénicos que hacían posible la creación de espectáculos que deleitaban al público.

La segunda esposa de Felipe V fue la princesa italiana Isabel de Farnesio, por lo que pronto se estableció la supremacía de la cultura italiana en Madrid. Su sucesor, Fernando VI, era también aficionado a la comedia lírica y en 1738 se construyó un teatro elegante en los Caños de Peral donde, en 1746, se reestableció la ópera italiana. Felipe V ya había comenzado a reconstruir algunos de los antiguos corrales de Madrid y Fernando VI continuó esta labor. El monarca vivió en el palacio del Buen Retiro durante todo su reinado y fue en el teatro de la residencia real donde el cantante italiano Carlo Broschi —el famoso soprano *castrato* Farinelli— llegó al cenit de su carrera. El clavecinista y compositor de óperas Doménico Scarlatti también residió en la Corte de 1729 a 1754.

El auge del teatro lírico duró hasta la muerte de Fernando VI en 1759, pues Carlos III, su hermano y sucesor, tuvo poco interés en la ópera. Aliado de Francia y admirador de la estética francesa, encarnó el espíritu reformador de la Iluminación. El Neoclasicismo estaba arraigando en España y el foco principal de los reformistas era el teatro. Ya en 1737 hizo su aparición el *Diario de los Literatos*, publicación influyente que, sin atacar directamente a la comedia barroca, empezó a sembrar las semillas del gusto teatral neoclásico. Durante el reinado de Carlos III los neoclásicos pudieron por fin obtener la intervención gubernamental en asuntos relativos al espectáculo.

Ignacio de Luzán (1702-1754) había articulado las ideas de los reformistas en su *Poética* (1737), la primera reflexión propiamente española sobre la poesía. Como ya se ha visto, este género incluía el teatro, hasta ese momento escrito usualmente en verso. Luzán propuso un teatro que enseñara al mismo tiempo que deleitara al público. Favoreció el uso de temas patrios a pesar de la imposición de normas clásicas en la estructura de la obra. Uno de los exponentes más entusiastas de las ideas de Luzán a mediados del siglo fue Nicolás Fernández de Moratín (1737-1780), padre del más importante de los dramaturgos neoclásicos, que escribió varias obras de acuerdo con las nuevas normas.

Los neoclásicos atacaron la comedia del Siglo de Oro, a la que tachaban de excesiva, vacua, inmoral y de mal gusto. Apoyaban el retorno a los modelos de la literatura clásica y a los del teatro pre-Lopista. Frente a las exageraciones del teatro barroco, pedían la moderación y el buen gusto en escena. Por ejemplo, no se permitían las demostraciones excesivas de pasión o de violencia; matar a alguien o ultrajar a una dama eran actos que no se debían representar jamás ante el público. Insistían en que se respetaran las unidades* de tiempo, lugar y acción. Rechazaban la *tragicomedia,* tan apreciada por Lope. A diferencia del teatro del Siglo de Oro, en que se mezclaban lo trágico y lo cómico y se incluían en una obra personajes de diversas clases sociales, los preceptos neoclásicos exigían una distinción rígida entre tragedia* y comedia.* En la primera, todos los personajes importantes tenían que ser de clase elevada. En ambas, el diálogo debía ser natural y reflejar el estado y la clase del personaje. Por eso, los dramaturgos neoclásicos escribían en prosa en vez de en verso. Los protagonistas tenían que ser modelos de virtud y el desenlace, feliz y lógico. De acuerdo con el concepto de «instruir deleitando», tan apreciado por los neoclásicos, la obra enseñaba una lección moral presentada de una manera clara y directa. Aunque el teatro barroco tenía sus defensores, los reformistas lograron varios triunfos, siendo el más significativo la prohibición de autos sacramentales en 1765. Al mismo tiempo se volvió a prohibir la representación de comedias de santos.

El conde de Aranda, presidente del Consejo de Castilla, fue una fuerza poderosa en la reforma. Deseaba reemplazar las obras españolas tradicionales con importaciones francesas que consideraba modelos de buen gusto. A este fin estableció «reales sitios» donde se representaban dramas franceses en español y también obras operísticas. En 1777 Aranda cayó del poder y poco después se cerraron los «reales sitios», lo cual tuvo un efecto negativo no sólo en la producción de obras francesas sino también en la de óperas italianas.

En pleno siglo XVIII y de modo paralelo al movimiento reformador se desarrolla el sainete,* tipo de pieza cómica en un acto que retrata en la escena tipos populares españolísimos: petimetres, majos, manolas, toreros, etc. El género se considera una continuación del teatro breve tradicional. El más popular e influyente de los saineteros, Ramón de la Cruz, escribió unas cuatrocientas setenta piezas. Capta el sabor del ambiente madrileño llevando a escena un panorama de personajes de todos los oficios y capas sociales. Se han comparado sus obras con algunos cuadros del primer Goya por su alegría y color. Caracterizan su teatro el lenguaje popular y pintoresco de Madrid, el chiste, la caricatura y la metáfora sugestiva. Ramón de la Cruz también contribuyó de una manera significativa a la restauración de la zarzuela,* a la que apartó de su temática mitológica para infundirle un carácter popular y costumbrista.

El teatro lírico sigue existiendo en España, en forma de zarzuela, hasta el momento actual. En el siglo XVIII, no sólo la gente culta sino también las masas apreciaban estos espectáculos musicales, los cuales se representaban en los teatros públicos de Madrid.

Como su padre, Leandro Fernández de Moratín fue partidario entusiasta del Neoclasicismo. Pero la importancia de Moratín, hijo, reside no sólo en el hecho de que compusiera las obras que se consideran como las mejores del siglo XVIII, sino también en sus esfuerzos por reformar el teatro español. A fines del siglo XVIII, el teatro sufría de una carencia de rigor en el entrenamiento y disciplina de los actores, quienes acostumbraban a faltar a los ensayos o a llegar tarde, no aprendiendo su texto hasta el último momento. Los comediantes mismos decidían cómo interpretar su papel, sin tomar en cuenta los deseos del director. Los artistas mismos solían escoger sus papeles de acuerdo con su fama e importancia. Según este sistema, una actriz madura y renombrada podía elegir representar a una joven ingenua. Moratín intentó cambiar el sistema, haciendo que los actores asistieran a cuantos ensayos él creyera necesarios, que llegaran a tiempo y que siguieran sus directrices. De acuerdo con el precepto neoclásico según el cual el arte debía imitar la naturaleza, asignó los papeles buscando al actor que tuviera la edad, porte y fisonomía adecuados para cada uno.

El gobierno apoyó la reforma teatral. El Plan de Reforma, promulgado en 1799, quitó los teatros de Madrid del control del Ayuntamiento y los puso bajo el de una junta dirigida por un presidente. Los reformadores neoclásicos—notablemente Jovellanos y Moratín, hijo—abogaban por normas en la producción teatral. Moratín fue nombrado jefe de la nueva Junta, aunque renunció casi inmediatamente. Se ha sugerido que tal vez quería más poder o tal vez deseaba dedicarse a escribir. A pesar de todo, los reformistas neoclásicos ya habían triunfado en su campaña contra los excesos del teatro barroco y a favor de una vuelta a las normas del teatro clásico y renacentista.

El sí de las niñas es la obra más célebre de Moratín. Su quinta y última pieza se estrenó el 24 de enero de 1806 y fue un éxito inmediato. Obra neoclásica por excelencia, respeta las unidades de lugar y de tiempo; toda la acción transcurre en la sala de una posada durante una sola noche. La unidad de acción se mantiene a pesar de los coqueteos de los sirvientes, puesto que la relación entre Rita y Calamocha no constituye un verdadero subargumento y los amores de sus amos nunca se pierden de vista. La escena es sencilla y realista, y el fin didáctico, evidente.

El argumento se basa en una idea muy aceptada entre progresistas franceses y españoles: una joven debe tener derecho a dar su opinión sobre su futuro marido, el cual debe escogerse según sus inclinaciones. Como no es natural que una muchacha de quince años se enamore de un hombre de sesenta, la costumbre de arreglar matrimonios entre niñas y viejos por razones económicas, sociales o políticas sin el consentimiento de la interesada debe ser abolida. Otro problema es que aun cuando una joven parece estar conforme con la decisión de sus padres, puede ser que no se atreva a expresarse con franqueza. Para el autor, el «sí» de una joven no vale si no lo da libremente.

En la obra de Moratín, la viuda doña Irene, de una familia honrada pero venida a menos, quiere casar a Francisca, su hija de menos de dieciséis años, con don Diego, un hombre de cincuenta y nueve, para asegurar su propio futuro financiero y el de la niña. Señor bonachón y honesto, Don Diego se deja tentar por el proyecto porque está solo y estima a la joven. Piensa que vivirán castamente—ya que él es muy viejo para comenzar una familia—y que ella lo cuidará en su vejez, arreglo que Moratín ve como completamente antinatural. Criada en un convento donde ha aprendido a obedecer siempre, Francisca no osa oponerse a la voluntad de su madre. Sin embargo, está enamorada luntad de su madre. Sin embargo, está enamorada de Carlos, sobrino de su prometido, a quien conoció en una salida y ha visto varias veces. Aunque ignora los sentimientos de Francisca, don Diego sospecha que no ha dado su consentimiento al matrimonio libremente. Por una parte, la ve triste y abatida; por otra, doña Irene no la deja hablar. Al descubrir que ella y Carlos se aman, don Diego abandona sus planes de casarse para unir a los dos enamorados. El triunfo de la razón se refleja en la iluminación. La acción comienza al anochecer y la escena se oscurece mientras los personajes se hunden en la confusión; durante los primeros momentos del alba, la situación se aclara.

Don Diego encarna perfectamente los valores ilustrados. A diferencia de doña Irene, no está dispuesto a obligar a Francisca a casarse contra su voluntad. Insiste en permitir que la joven exprese sus sentimientos honesta y abiertamente. Moderado, bondadoso y razonable, reconoce su error y renuncia a su proyecto de contraer matrimonio al darse cuenta de que su prometida no lo quiere. Es el vehículo a través del cual Moratín comunica su mensaje moral, no sólo porque sirve de ejemplo de buena conducta, sino también porque pronuncia los discursos en los que se exponen las ideas del autor. Por medio de don Diego, Moratín expresa su concepto optimista de la vida: el hombre es capaz de aprender y de mejorar, siempre que se deje guiar por la razón, la conciencia y el sentido común.

Aunque doña Irene es insensata y egoísta, es más una caricatura que un verdadero personaje. A través de la madre de Francisca, Moratín expresa su desdén por los padres oportunistas que usan a sus hijas para asegurar su propia posición económica. También se mofa el dramaturgo de la religiosidad exagerada y superficial. Hay que recordar, sin embargo, que doña Irene también es producto de una sociedad que le ofrece pocas opciones a la viuda pobre. Si está desesperada por casar a su hija con un hombre rico, es porque no tiene otra manera de resolver el problema de su propio futuro y el de Francisca. Aunque la actitud de Moratín para con doña Irene es negativa, no se trata de una condena vehemente, sino de una burla bien intencionada.

A pesar de sus travesuras, doña Francisca no es una muchacha mala o insolente. Si su conducta es algo atrevida, es porque su madre la ha puesto en una situación difícil. Moratín insiste en las buenas intenciones de la niña. Doña Francisca no quiere herir o desobedecer a su madre. Está dispuesta a casarse con don Diego para complacerle, ya que se le ha enseñado que una señorita decente se somete siempre a la voluntad de sus mayores. Al mismo tiempo, estima a don Diego y no quiere ofenderlo. En realidad, no se resigna a olvidar a don Carlos, pero no ve otro remedio a su dilema.

Como don Diego, Carlos representa los ideales de la Ilustración. Oficial del ejército que se distingue por su valor y su inteligencia, el joven no desea desobedecer a su tío, pero tampoco se siente capaz de abandonar a Francisca. Cuando se entera de que su rival es su propio tío, Carlos prefiere alejarse, y tal vez morir, en vez de causarle un disgusto a éste. Con Francisca, se porta siempre de una manera decorosa. Moratín subraya la buena conducta de Carlos, a quien nunca se le ocurriría romper las reglas de la decencia.

En el teatro del Siglo de Oro era común que los criados mantuvieran amores paralelos a los de sus amos, así que Rita y Calamocha continúan una larga tradición literaria. Siendo de clase baja, pueden coquetear más abiertamente que Francisca y Carlos, ya que no tienen que preocuparse por las apariencias. A veces se lanzan insinuaciones picaronas. De hecho, mucho del humor de la obra proviene de los intercambios algo escabrosos de Rita y Calamocha. Pero éstos nunca ofenden el buen gusto. Además, es claro que los criados realmente aman a sus señores y hacen todo lo posible para ayudarles a realizar sus sueños. Como en las obras de los siglos áureos, son los criados los que hacen avanzar la acción y sirven de álter ego a sus amos, expresando sentimientos que éstos no se atreverían a declarar.

A pesar del progresismo de Moratín, su teatro es ante todo una defensa del orden establecido, ya que reafirma la autoridad del monarca/padre. Como señala Julio Prieto Martínez, el de Moratín es «un teatro anclado en el orden vigente, preocupado por conferir una eficacia absoluta a un determinado sistema de distribución de poder, por evitar la excitación imaginativa (y la eventual sublevación) de las masas populares en contra del sistema de lo real». Los reformistas consideraban peligrosos la fantasía y el desbordamiento que se asocian con el barroco porque éstos correspondían a las fuerzas irracionales que operan dentro del ser humano.

Con *El sí de las niñas* la comedia neoclásica llega a su cenit. Después de la época de Moratín, los gustos cambian y los dramaturgos románticos introducen nuevas normas teatrales.

El sí de las niñas

La escena es en una posada de Alcalá de Henares.

Acto I

[En la Escena Primera don Diego explica a Simón su proyecto de casarse con doña Paquita, pero éste no entiende bien. Cree, como es lógico, que su patrón piensa desposar a su sobrino Carlos con la joven. Don Diego se fastidia al darse cuenta del error de Simón. En la Escena II doña Irene presenta su hija a Don Diego.]

Escena III

DOÑA FRANCISCA: ¿Nos vamos adentro, mamá, o nos quedamos aquí?

DOÑA IRENE: Ahora, niña, que quiero descansar un rato.

DON DIEGO: Hoy se ha dejado sentir el calor en forma.

DOÑA IRENE: ¡Y qué fresco tienen aquel locutorio![1] Está hecho un cielo... *(Siéntase doña Francisca junto a su madre.)* Mi hermana[2] es la que sigue siempre bastante delicada. Ha padecido mucho este invierno... pero, vaya, no sabía qué hacerse con su sobrina la buena señora. Está muy contenta de nuestra elección.[3]

DON DIEGO: Yo celebro que sea tan a gusto de aquellas personas a quienes debe usted particulares obligaciones.

DOÑA IRENE: Sí, Trinidad está muy contenta; y en cuanto a Circuncisión,[4] ya lo ha visto usted. La ha costado mucho despegarse de ella; pero ha conocido que siendo para su bienestar, es necesario pasar por todo... Ya se acuerda usted de lo expresiva que estuvo, y...

DON DIEGO: Es verdad. Sólo falta que la parte interesada tenga la misma satisfacción que manifiestan cuantos la quieren bien.

DOÑA IRENE: Es hija obediente, y no se apartará jamás de lo que determine su madre.

DON DIEGO: Todo eso es cierto; pero...

DOÑA IRENE: Es de buena sangre,[5] y ha de pensar bien, y ha de proceder con el honor que la corresponde.

DON DIEGO: Sí, ya estoy[6]; pero ¿no pudiera, sin faltar a su honor ni a su sangre...?

DOÑA FRANCISCA: ¿Me voy, mamá? *(Se levanta y vuelve a sentarse.)*[7]

DOÑA IRENE: No pudiera, no señor. Una niña bien educada, hija de buenos padres, no puede menos de conducirse en todas ocasiones como es conveniente y debido. Un vivo retrato es la chica, ahí donde usted la ve, de su abuela que Dios perdone, doña Jerónima de Peralta... En casa tengo el cuadro, ya le habrá usted visto. Y le hicieron, según me contaba su merced,[8] para enviársele a su tío carnal el padre fray Serapión de San Juan Crisóstomo, electo obispo de Mechoacán.[9]

DON DIEGO: Ya.

DOÑA IRENE: Y murió en el mar el buen religioso, que fue un quebranto para toda la familia... Hoy es, y todavía estamos sintiendo su muerte; particularmente mi primo don Cucufate,[10] regidor[11] perpetuo de Zamora, no puede oír hablar de su ilustrísima sin deshacerse en lágrimas.

DOÑA FRANCISCA: Válgate Dios, qué moscas tan...

DOÑA IRENE: Pues murió en olor[12] de santidad.

DON DIEGO: Eso, bueno es.[13]

DOÑA IRENE: Sí señor; pero como la familia ha venido tan a menos... ¿Qué quiere usted? Donde no hay facultades...[14] Bien que por lo que puede tronar,[15] ya se le está escribiendo la vida; y quién sabe que el día de mañana no se imprima, con el favor de Dios.

DON DIEGO: Pues ya se ve. Todo se imprime.[16]

DOÑA IRENE: Lo cierto es que el autor, que es

---

[1] Habitación de los conventos de clausura, dividida por una reja, en que los visitantes pueden hablar con las monjas.

[2] La hermana de doña Irene es monja del convento en el cual se ha criado doña Paquita.

[3] Como explican Dowling y Andioc, doña Irene quiere decir la suya y la de las monjas cuando dice «nuestra elección». Aún no ha consultado a doña Francisca (179).

[4] Moratín ridiculiza a las monjas y se burla de su costumbre de tomar sobrenombres de santos.

[5] Familia, estirpe.

[6] Entiendo.

[7] Se ve que doña Francisca está incómoda y deseosa de irse.

[8] **Su...** tratamiento de cortesía que se usaba con los que no tenían título.

[9] Michoacán, región de México.

[10] Otro nombre absurdo inventado por Moratín para ridiculizar a los parientes de doña Irene.

[11] Gobernador.

[12] Fama, opinión.

[13] Nótese el doble sentido. Por un lado, don Diego satiriza el gran número de canonizaciones. Por otro, le pide a doña Irene que se calle, ya que «eso, bueno es» también puede significar *basta*.

[14] Recursos económicos.

[15] Suceder.

[16] Comentario irónico sobre el gran número de libros sin mérito que se imprimen.

sobrino de mi hermano político el canónigo de Castrojeriz,[17] no la deja de la mano[18]; y a la hora de ésta lleva ya escritos nueve tomos en folio, que comprenden los nueve años primeros de la vida del santo obispo.

DON DIEGO: ¿Conque para cada año un tomo?

DOÑA IRENE: Sí, señor; ese plan se ha propuesto.

DON DIEGO: ¿Y de qué edad murió el venerable?

DOÑA IRENE: De ochenta y dos años, tres meses y catorce días.

DOÑA FRANCISCA: ¿Me voy, mamá?

DOÑA IRENE: Anda, vete. ¡Válgate Dios, qué prisa tienes!

DOÑA FRANCISCA: *(Se levanta, y después de hacer una graciosa cortesía a don Diego, da un beso a doña Irene, y se va al cuarto de ésta.)* ¿Quiere usted que le haga una cortesía a la francesa,[19] señor don Diego?

DON DIEGO: Sí, hija mía. A ver.

DOÑA FRANCISCA: Mire usted, así.

DON DIEGO: ¡Graciosa niña! ¡Viva la Paquita, viva!

DOÑA FRANCISCA: Para usted una cortesía, y para mi mamá un beso.

Escena IV

DOÑA IRENE: Es muy gitana[20] y mona,[21] mucho.

DON DIEGO: Tiene un donaire natural que arrebata.

DOÑA IRENE: ¿Qué quiere usted? Criada sin artificio ni embelecos de mundo, contenta de verse otra vez al lado de su madre, y mucho más de considerar tan inmediata su colocación,[22] no es de maravilla que cuanto hace y dice sea una gracia, y máxime[23] a los ojos de usted, que tanto se ha empeñado en favorecerla.

DON DIEGO: Quisiera sólo que se explicase libremente acerca de nuestra proyectada unión, y...

DOÑA IRENE: Oiría usted lo mismo que le he dicho ya.

DON DIEGO: Sí, no lo dudo; pero el saber que la merezco alguna inclinación, oyéndoselo decir con

aquella boquilla tan graciosa que tiene, sería para mí una satisfacción imponderable.[24]

DOÑA IRENE: No tenga usted sobre ese particular la más leve desconfianza; pero hágase usted cargo de que a una niña no la[25] es lícito decir con ingenuidad lo que siente. Mal parecería, señor don Diego, que una doncella de vergüenza y criada como Dios manda, se atreviese a decirle a un hombre: yo le quiero a usted.

DON DIEGO: Bien; si fuese un hombre a quien hallara por casualidad en la calle y le espetara ese favor de buenas a primeras, cierto que la doncella haría muy mal; pero a un hombre con quien ha de casarse dentro de pocos días, ya pudiera decirle alguna cosa que... Además, que hay ciertos modos de explicarse...

DOÑA IRENE: Conmigo usa de más franqueza. A cada instante hablamos de usted, y en todo manifiesta el particular cariño que a usted le tiene... ¡Con qué juicio hablaba ayer noche, después de que usted se fue a recoger[26]! No sé lo que hubiera dado por que hubiese podido oírla.

DON DIEGO: ¿Y qué? ¿Hablaba de mí?

DOÑA IRENE: Y qué bien piensa acerca de lo preferible que es para una criatura de sus años un marido de cierta edad, experimentado, maduro y de conducta...

DON DIEGO: ¡Calle! ¿Eso decía?

DOÑA IRENE: No; esto se lo decía yo, y me escuchaba con una atención como si fuera una mujer de cuarenta años, lo mismo... ¡Buenas cosas la[27] dije! Y ella, que tiene mucha penetración, aunque me esté mal el decirlo... ¿Pues no da lástima, señor, el ver cómo se hacen los matrimonios hoy en el día[28]? Casan a una muchacha de quince años con un arrapiezo[29] de dieciocho, a una de diecisiete con otro de veintidós; ella niña, sin juicio ni experiencia, y él niño también, sin asomo de cordura ni conocimiento de lo que es mundo. Pues, señor (que es lo que yo digo), ¿quién ha de gobernar la casa? ¿Quién ha de mandar a los criados? ¿Quién ha de enseñar y corregir a los hijos? Porque sucede

---

[17] Pueblo de Burgos.
[18] Abandona.
[19] Reverencia que le han enseñado en el convento.
[20] Atractiva y cariñosa.
[21] Bonita, graciosa.
[22] Es decir, matrimonio.
[23] Principalmente.

[24] Impagable.
[25] Le.
[26] Acostarse.
[27] Le.
[28] **Hoy...** hoy en día.
[29] Muchacho sin medios ni fortuna.

también que estos atolondrados de chicos suelen plagarse de criaturas en un instante, que da compasión.

DON DIEGO: Cierto que es un dolor el ver rodeados de hijos a muchos que carecen del talento, de la experiencia y de la virtud que son necesarias para dirigir su educación.

. . .

[Rita se encuentra con Calamocha y se entera de que don Carlos (que Francisca conoce con el nombre de don Félix) está alojado en la posada. Se lo dice a su ama, que se alegra de saber que el joven gallardo con quien se había carteado ha respondido a su llamada.]

Acto II

[Doña Irene trata de convencer a su hija de que le conviene casarse con don Diego porque es rico y generoso. Se desespera porque Francisca, aunque no le contradice, no muestra ningún entusiasmo. Piensa que tal vez la joven quiere meterse a monja, pero ésta le asegura que no y promete que «la[30] Paquita nunca se apartará de su madre, ni la[31] dará disgustos». Al conversar con doña Irene acerca de su hija, don Diego se convence de que su prometida no lo quiere y que sólo se casa con él por obediencia.]

[Don Carlos y doña Francisca hablan de su dilema. Carlos promete defender a su amada y le explica que en Madrid puede «contar con el favor de un anciano respetable y virtuoso» sin saber que ese mismo señor es el prometido de Paquita. La joven llora porque no quiere causarle ningún disgusto a su madre, pero Carlos promete buscar una solución. Cuando don Diego se encuentra con su sobrino en la posada, se molesta porque se supone que Carlos debería estar en el cuartel en Zaragoza y le manda volver inmediatamente. Al enterarse de que Carlos se ha ido, Francisca se pone a llorar.]

Acto III

[Simón y don Diego oyen música y se esconden. Ocurre que don Carlos ha vuelto a la posada y le está haciendo una serenata a doña Francisca, quien sale con Rita en la oscuridad y le pide aclaraciones. Don Carlos le tira un papel en el cual le explica por qué había partido. De repente, Simón tropieza con la jaula del tordo de doña Irene y el ruido hace que las muchachas huyan. Don Diego encuentra la nota y, al leerla, se da cuenta de que Carlos y Francisca están enamorados. Se siente profundamente decepcionado.]

Escena VIII

DON DIEGO: ¿Usted no habrá dormido bien esta noche?

DOÑA FRANCISCA: No, señor. ¿Y usted?

DON DIEGO: Tampoco.

DOÑA FRANCISCA: Ha hecho demasiado calor.

DON DIEGO: ¿Está usted desazonada?[32]

DOÑA FRANCISCA: Alguna cosa.[33]

DON DIEGO: ¿Qué siente usted? *(Siéntase junto a doña Francisca.)*

DOÑA FRANCISCA: No es nada... Así un poco de... Nada..., no tengo nada.

DON DIEGO: Algo será, porque la veo a usted muy abatida, llorosa, inquieta... ¿Qué tiene usted, Paquita? ¿No sabe usted que la quiero tanto?

DOÑA FRANCISCA: Sí, señor.

DON DIEGO: Pues, ¿por qué no hace usted más confianza de mí? ¿Piensa usted que no tendré yo mucho gusto en hallar ocasiones de complacerla?

DOÑA FRANCISCA: Ya lo sé.

DON DIEGO: ¿Pues cómo, sabiendo que tiene usted un amigo, no desahoga con él su corazón?

DOÑA FRANCISCA: Porque eso mismo me obliga a callar.

DON DIEGO: Eso quiere decir que tal vez soy yo la causa de su pesadumbre de usted.

DOÑA FRANCISCA: No señor; usted en nada me ha ofendido... No es de usted de quien yo me debo quejar.

DON DIEGO: Pues ¿de quién, hija mía?... Venga usted acá... *(Acércase más.)* Hablemos siquiera una vez sin rodeos ni disimulación... Dígame usted: ¿no es cierto que usted mira con algo de repugnancia este casamiento que se la[34] propone? ¿Cuánto va que si le dejasen a usted entera libertad para la elección no se casaría conmigo?

---

[30] El nombre propio antecedido de «la» se emplea en la conversación en algunas partes del mundo hispánico.
[31] Le.

[32] Molesta, disgustada.
[33] Un poco.
[34] Le.

DOÑA FRANCISCA: Ni con otro.[35]

DON DIEGO: ¿Será posible que usted no conozca otro más amable que yo, que la quiera bien, y que la corresponda como usted merece?

DOÑA FRANCISCA: No, señor; no, señor.

DON DIEGO: Mírelo usted bien.

DOÑA FRANCISCA: ¿No le digo a usted que no?

DON DIEGO: ¿Y he de creer, por dicha, que conserve usted tal inclinación al retiro en que se ha criado, que prefiera la austeridad del convento a una vida más...?

DOÑA FRANCISCA: Tampoco; no señor... Nunca he pensado así.

DON DIEGO: No tengo empeño en saber más... Pero de todo lo que acabo de oír resulta una gravísima contradicción. Usted no se halla inclinada al estado religioso, según parece. Usted me asegura que no tiene queja ninguna de mí, que está persuadida de lo mucho que la estimo, que no piensa casarse con otro, ni debo recelar que nadie me dispute su mano... Pues ¿qué llanto es ése? ¿De dónde nace esa tristeza profunda, que en tan poco tiempo ha alterado su semblante de usted, en términos que apenas le reconozco? ¿Son éstas las señales de quererme exclusivamente a mí, de casarse gustosa conmigo dentro de pocos días? ¿Se anuncian así la alegría y el amor?

(Vase iluminando lentamente la escena, suponiendo que viene la luz del día.)

DOÑA FRANCISCA: Y ¿qué motivos le he dado a usted para tales desconfianzas?

DON DIEGO: ¿Pues qué? Si yo prescindo de estas consideraciones, si apresuro las diligencias de nuestra unión, si su madre de usted sigue aprobándola y llega el caso de...

DOÑA FRANCISCA: Haré lo que mi madre me manda, y me casaré con usted.

DON DIEGO: ¿Y después, Paquita?

DOÑA FRANCISCA: Después..., y mientras me dure la vida, seré mujer de bien.

DON DIEGO: Eso no lo puedo yo dudar... Pero si usted me considera como el que ha de ser hasta la muerte su compañero y un amigo, dígame usted: estos títulos ¿no me dan algún derecho para merecer de usted mayor confianza? ¿No he de lograr que usted me diga la causa de su dolor? No para satisfacer una impertinente curiosidad, sino para emplearme todo en su consuelo, en mejorar su suerte, en hacerla dichosa, si mi conato[36] y mis diligencias pudiesen tanto.

DOÑA FRANCISCA: ¡Dichas para mí!... Ya se acabaron.

DON DIEGO: ¿Por qué?

DOÑA FRANCISCA: Nunca diré por qué.

DON DIEGO: Pero ¡qué obstinado, qué imprudente silencio!... Cuando usted misma debe presumir que no estoy ignorante de lo que hay.

DOÑA FRANCISCA: Si usted lo ignora, señor don Diego, por Dios no finja que lo sabe; y si en efecto lo sabe usted, no me lo pregunte.

DON DIEGO: Bien está. Una vez que no hay nada que decir, que esa aflicción y esas lágrimas son voluntarias, hoy llegaremos a Madrid, y dentro de ocho días será usted mi mujer.

DOÑA FRANCISCA: Y daré gusto a mi madre.

DON DIEGO: Y vivirá usted infeliz.

DOÑA FRANCISCA: Ya lo sé.

DON DIEGO: Ve aquí los frutos de la educación. Esto es lo que se llamar criar bien a una niña: enseñarla[37] a que desmienta y oculte las pasiones más inocentes con una pérfida disimulación. Las juzgan honestas luego que las ven instruidas en el arte de callar y mentir. Se obstinan en que el temperamento, la edad ni el genio no han de tener influencia alguna en sus inclinaciones, o en que su voluntad ha de torcerse a capricho de quien las gobierna. Todo se las[38] permite, menos la sinceridad. Con tal que no digan lo que sienten, con tal que finjan aborrecer lo que más desean, con tal que se presten a pronunciar, cuando se lo manden, un sí perjuro, sacrílego, origen de tantos escándalos, ya están bien criadas, y se llama excelente educación la que inspira en ellas el temor, la astucia y el silencio de un esclavo.

DOÑA FRANCISCA: Es verdad... Todo eso es cierto... Eso exigen de nosotras, eso aprendemos en la es-

---

[35] Doña Francisca no ha leído la nota de don Carlos y por lo tanto no sabe por qué dejó la posada. No está segura de que la quiera.

[36] Empeño, esfuerzo.

[37] Enseñarle.

[38] Les.

cuela que se nos da... Pero el motivo de mi aflicción es mucho más grande.

. . .

[Sin revelar que se ha enterado de que Paquita quiere a
Carlos, don Diego promete ayudar a la muchacha. Revela a don Carlos que ha leído la nota que tiró por la
ventana y sabe que está enamorado de la hija de doña
Irene. Como Carlos no ve manera de realizar su sueño
de casarse con ella sin ofender a su tío, anuncia que se
marcha a la guerra. Don Diego se turba al darse cuenta
de que el amor del joven es tan profundo que está dispuesto a morir antes de dejarla. Le dice a doña Irene
que no puede casarse con su hija porque ella está enamorada de otro. Doña Irene se pone furiosa y niega que
Paquita pueda haber conocido a ningún pretendiente en
el convento. Don Diego le muestra entonces la nota.]

Escena XII

RITA: ¡Señora!

DOÑA FRANCISCA: ¿Me llamaba usted?

DOÑA IRENE: Sí, hija, sí; porque el señor don Diego
    nos trata de un modo que ya no se puede aguantar.
    ¿Qué amores tienes, niña? ¿A quién has dado pa-
    labra de matrimonio? ¿Qué enredos son éstos?... Y
    tú, picarona... Pues tú también lo has de saber...
    Por fuerza lo sabes... ¿Quién ha escrito este papel?
    ¿Qué dice? *(Presentando el papel abierto a doña
    Francisca.)*

RITA: *(Aparte a doña Francisca.)* Su letra es.

DOÑA FRANCISCA: ¡Qué maldad!... Señor don Die-
    go, ¿así cumple usted su palabra?

DON DIEGO: Bien sabe Dios que no tengo la culpa...
    Venga usted aquí. *(Tomando de una mano a doña
    Francisca, la pone a su lado.)* No hay que temer...
    Y usted, señora, escuche y calle, y no me ponga en
    términos de hacer un desatino... Déme usted ese
    papel... *(Quitándole el papel.)* Paquita, ya se
    acuerda usted de las tres palmadas de esta noche.

DOÑA FRANCISCA: Mientras viva me acordaré.

DON DIEGO: Pues éste es el papel que tiraron a la
    ventana... No hay que asustarse, ya lo he dicho.
    *(Lee.) Bien mío: si no consigo hablar con usted,
    haré lo posible para que llegue a sus manos esta
    carta. Apenas me separé de usted, encontré en la
    posada al que ya llamaba mi enemigo,*[39] *y al verle*

*no sé cómo no expiré de dolor. Me mandó que sa-
liera inmediatamente de la ciudad, y fue preciso
obedecerle. Yo me llamo don Carlos, no don Félix.
Don Diego es mi tío. Viva usted dichosa, y olvide
para siempre a su infeliz amigo. Carlos de Urbina.*

DOÑA FRANCISCA: ¡Triste de mí!

DOÑA IRENE: ¿Conque es verdad lo que decía el
    señor, grandísima picarona? Te has de acordar de
    mí. *(Se encamina hacia doña Francisca, muy co-
    lérica, y en ademán de querer maltratarla. Rita y
    don Diego la estorban.)*

DOÑA FRANCISCA: ¡Madre!... ¡Perdón!

DOÑA IRENE: No, señor; que la he de matar.

DON DIEGO: ¿Qué locura es ésta?

DOÑA IRENE: He de matarla.

Escena XIII

*(Sale don Carlos del cuarto precipitadamente; coge de
un brazo a doña Francisca, se la lleva hacia el fondo
del teatro y se pone delante de ella para defenderla.
Doña Irene se asusta y se retira.)*

DON CARLOS: Eso no... Delante de mí nadie ha de
    ofenderla.

DOÑA FRANCISCA: ¡Carlos!

DON CARLOS: *(A don Diego.)* Disimule[40] usted mi
    atrevimiento... He visto que la insultaban y no me
    he sabido contener.

DOÑA IRENE: ¿Qué es lo que me sucede, Dios mío?
    ¿Quién es usted?... ¿Qué acciones son éstas?...
    ¡Qué escándalo!

DON DIEGO: Aquí no hay escándalos... Ése es de
    quien su hija de usted está enamorada... Separarlos
    y matarlos viene a ser lo mismo... Carlos... No im-
    porta... Abraza a tu mujer. *(Se abrazan don Carlos
    y doña Francisca, y después se arrodillan a los
    pies de don Diego.)*

DOÑA IRENE: ¿Conque su sobrino de usted?

DON DIEGO: Sí, señora; mi sobrino, que con sus pal-
    madas, y su música, y su papel me ha dado la no-
    che más terrible que he tenido en mi vida... ¿Qué
    es esto, hijos míos; qué es esto?

DOÑA FRANCISCA: ¿Conque usted nos perdona y
    nos hace felices?

DON DIEGO: Sí, prendas de mi alma... Sí. *(Los hace*

---

[39] Por ser su rival por la mano de doña Francisca.

[40] Perdone.

levantar con expresión de ternura.)

DOÑA IRENE: ¿Y es posible que usted se de termina a hacer un sacrificio?

DON DIEGO: Yo pude separarlos para siempre y gozar tranquilamente la posesión de esta niña amable, pero mi conciencia no lo sufre... ¡Carlos!... ¡Paquita! ¡Qué dolorosa impresión me deja en el alma el esfuerzo que acabo de hacer!... Porque, al fin, soy hombre miserable y débil.

DON CARLOS: Si nuestro amor *(Besándole las manos.)*, si nuestro agradecimiento pueden bastar a consolar a usted en tanta pérdida...

DOÑA IRENE: ¡Conque el bueno de don Carlos! Vaya que...

DON DIEGO: Él y su hija de usted estaban locos de amor, mientras que usted y las tías fundaban castillos en el aire, y me llenaban la cabeza de ilusiones, que han desaparecido como un sueño... Esto resulta del abuso de la autoridad, de la opresión que la juventud padece, y éstas son las seguridades que dan los padres y los tutores, y esto lo que se debe fiar en el sí de las niñas.... Por una casualidad he sabido a tiempo el error en que estaba.... ¡Ay de aquéllos que lo saben tarde!

DOÑA IRENE: En fin, Dios los haga buenos, y que por muchos años se gocen... Venga usted acá, señor; venga usted, que quiero abrazarle. *(Abrazando a don Carlos. Doña Francisca se arrodilla y besa la mano a su madre.)* Hija, Francisquita. ¡Vaya! Buena elección has tenido... Cierto que es un mozo muy galán... Morenillo, pero tiene un mirar de ojos muy hechicero.

RITA: Sí, dígaselo usted, que no lo ha reparado la niña... Señorita, un millón de besos. *(Se besan doña Francisca y Rita.)*

DOÑA FRANCISCA: Pero ¿ves qué alegría tan grande?... ¡Y tú, como me quieres tanto!.... Siempre, siempre serás mi amiga.

DON DIEGO: Paquita hermosa *(Abraza a doña Francisca)*, recibe los primeros abrazos de tu nuevo padre... No temo ya la soledad terrible que amenazaba a mi vejez... Vosotros *(Asiendo de las manos a doña Francisca y a don Carlos)* seréis la delicia de mi corazón; y el primer fruto de vuestro amor..., sí, hijos, aquél..., no hay remedio, aquél es para mí. Y cuando le acaricie en mis brazos, podré decir: a mí me debe su existencia este niño inocente; si sus padres viven, si son felices, yo he sido la

causa.

DON CARLOS: ¡Bendita sea tanta bondad!

DON DIEGO: Hijos, bendita sea la de Dios.

Temas

1. ¿Por qué es don Diego un modelo de moderación y sentido común?
2. ¿Qué valores representa doña Irene?
3. ¿En qué sentido son doña Paquita y don Carlos personajes ejemplares? ¿Son perfectos? ¿Por qué son convincentes?
4. ¿Cómo usa Moratín el humor en esta obra?
5. ¿Qué significa «el sí de las niñas»?
6. ¿Qué dice el autor acerca del amor? ¿Qué dice acerca de la educación y de la religión?
7. ¿Cómo usa Moratín la iluminación?
8. ¿Por qué se ha dicho que *El sí de las niñas* es una obra neoclásica por excelencia?

Sumario

1. ¿Qué temas predominan en la literatura del siglo XVIII? ¿Qué diferencias nota usted entre estos temas y los que predominan en la literatura del siglo anterior? Dé ejemplos específicos.
2. ¿Qué diferencias estilísticas nota usted entre la literatura del siglo XVIII y la del siglo anterior? En su opinión, ¿a qué se deben estos cambios?
3. ¿Por qué cree usted que el ensayo alcanza gran popularidad en aquel período? ¿A qué se debe la popularidad de las «cartas»?
4. ¿A qué se debe la popularidad de las fábulas?
5. ¿Por qué llaman los críticos e historiadores este período el Siglo de las Luces o la Ilustración?
6. ¿En qué autores vemos el fervor reformista? ¿Qué aspectos de la vida española desean reformar? ¿Por qué? Cite ejemplos específicos.
7. ¿En qué autores vemos elementos románticos? ¿En qué consiste su prerromanticismo?
8. ¿En qué sentido representa *El sí de las niñas* la culminación del espíritu ilustrado? ¿Qué elementos conserva del teatro lopista? ¿Por qué cree usted que los reformistas le daban tanta importancia al teatro?

El siglo diecinueve:
Del Romanticismo al Naturalismo

Surge en Francia

A pesar de que la España del siglo XVIII fue un verdadero hervidero de ideas, diversos factores económicos y sociales impidieron su plena modernización. Seguía dominando el concepto jerárquico de la sociedad, por lo cual el progreso era dirigido por la monarquía e implementado por la aristocracia. Cuando estalló la Revolución francesa (1789), no sólo la Corona, sino también los nobles temieron perder su prestigio y posición. Si los países del resto de Europa ya se modernizaban económica y políticamente, en España las rígidas distinciones de clase impedían la implementación de nuevos modelos sociales y gubernamentales.

La actitud de la Ilustración hacia la educación nos servirá de ejemplo. Los hombres de la aristocracia recibían una buena educación, a veces en escuelas particulares, a veces bajo la dirección de tutores. Usualmente sólo los jóvenes nobles asistían a la universidad. En cuanto a las mujeres, sólo era considerado necesario educar a las damas nobles, que tenían la importante misión de criar a los futuros líderes de la sociedad. Se mantuvo al resto de las mujeres en la ignorancia, al igual que a los hombres de su misma clase, para quienes los ilustrados sólo exigían el aprendizaje de la doctrina cristiana y oficios que pudieran contribuir a su mayor productividad.

Asimismo, la economía quedó en manos de la aristocracia. La desamortización de las tierras vinculadas, que debía acabar con las enormes extensiones de terreno sin cultivar, no logró una distribución más equitativa de la propiedad.

En cuanto a la política económica, el mayor problema de la Ilustración fue su incapacidad de integrar el mercado nacional. El país se dividía en células económicas locales que mantenían pocos contactos entre sí. La ampliación de la red de comunicaciones no produjo efecto alguno, exceptuando las rutas comerciales hacia Madrid, por las cuales se movía un gran volumen de mercancías. Tampoco se modernizó la industria, excepto en Cataluña, donde se construyeron algunas fábricas modernas, principalmente de textiles.

A pesar de estos problemas, se lograron ciertos éxitos. Se centralizó el poder y se simplificó la estructura gubernamental al crear ministerios (Hacienda, Guerra, Marina, Justicia, Indias y Estado o Asuntos Exteriores), lo cual resultó en una administración mucho más eficiente.

A fines del siglo, España estaba en una crisis económica debido varios factores: malas cosechas, epidemias, la continua guerra con Inglaterra y, más tarde, con la Francia revolucionaria. En 1807, Godoy, ministro de Carlos IV, había firmado un tratado con el gobierno napoleónico que permitía a las tropas francesas que se dirigían al ataque de Portugal pasar por los Pirineos. Pero el verdadero objetivo del emperador francés era el dominio de España. En 1808, Napoleón invadió la Península.

Los partidarios del príncipe Fernando organizaron un levantamiento popular, el motín de Aranjuez, y lograron que el monarca destituyera a Godoy y que abdicara en favor de su hijo, el futuro Fernando VII. Poco después, sin embargo, Napoleón consiguió la abdicación voluntaria de los Borbones y reemplazó a Carlos IV con José Bonaparte, hermano del emperador francés. Los españoles no aceptaron estas abdicaciones. Se levantaron contra los invasores el 2 de mayo de 1808 y los vencieron en julio de 1812. Cuando en 1814 Fernando VII regresó a España para reinar, el país estaba dividido. La Iglesia, los absolutistas, parte del ejército y el pueblo apoyaban al nuevo rey. Influidos por la Revolución francesa, se oponían al monarca ilustrados, progresistas y liberales.

La Constitución de las Cortes de Cádiz de 1812 fue un intento de democratizar una España fundamentalmente absolutista. Propuso la libertad de prensa, el liberalismo económico, la extinción de los mayorazgos, la reforma agraria y la suspensión del Tribunal de la Santa Inquisición. Sin embargo, ninguno de estos ideales se realizó. Cuando, en 1814, Fernando VII se instaló en el poder, su primera acción fue anular la Constitución. Estableció un régimen totalmente absolutista y paralizó toda reforma peligrosa para los privilegiados. Más tarde, Fernando VII y su esposa María Cristina buscaron el apoyo de los liberales porque los absolutistas comenzaban a agruparse alrededor de don Carlos, hermano del rey, negándose a reconocer a su hija Isabel como futura reina de España. En 1833, año de la muerte de Fernando VII, estalló la primera guerra carlista entre los que apoyaban a don Carlos y los que apoyaban a Isabel y su madre María Cristina, la regenta.

En 1834 María Cristina ofreció al país el Estatuto Real, una constitución moderada que resultó ser tan ineficaz que la regenta se vio obligada poco después a entregar el poder al liberal progresista, Álvarez Mendizábal. Éste continuó la obra de las Cortes de Cádiz de 1812, llevando a cabo la desamortización de las tierras de las órdenes religiosas y la reorganización del ejército isabelino.

Al renunciar María Cristina a la regencia en 1840, ésta pasó a manos del militar y presidente del gobierno, Baldomero Espartero. La ineptitud del general como político llevó el país al caos. En 1842 el regente bombardeó Barcelona para parar un levantamiento, lo cual provocó un furor general. El poder pasó al general Narváez en 1843, año de la coronación de Isabel II.

Entre 1833 y 1843 el liberalismo dominó la política española. Se exigió la soberanía nacional basada en una constitución que fuera otorgada por unas cortes elegidas. No obstante, los moderados y los progresistas interpretaron de modo diferente este principio. Mientras los primeros pensaban que la soberanía nacional correspondía conjuntamente a la corona y a las cortes, los progresistas ponían la soberanía nacional exclusivamente en manos de las cortes y apoyaban el sufragio universal. En 1847 estalló la segunda guerra carlista, que duró hasta 1860 y resultó en la derrota de los carlistas.

La posición de los progresistas les apartó del poder durante los veintitrés años del reinado de Isabel II, quien perdió el trono en la revolución de septiembre de 1868. Con los moderados en el poder y con Narváez como jefe del gobierno, la corona acaparó innumerables prerrogativas. El voto era tan limitado que sólo lo podían ejercer 157.000 personas en un país de quince millones.

La crisis económica y los conflictos políticos dejaron al país dividido. Muchos antiguos progresistas pasaron a la facción democrática y defendieron el sufragio universal. Se formaron dos nuevos partidos, el republicano y el socialista, que se situaban a la izquierda de los liberales.

La revolución de septiembre trajo una nueva dinastía principiada por Amadeo I de Saboya, quien se vio obligado a abdicar en 1873. El año anterior había estallado la tercera guerra carlista entre los partidarios de Carlos VII y el gobierno español, la cual resultó en la derrota de aquéllos. Durante los últimos días de 1874 se proclama la restauración borbónica en la persona de Alfonso XII. Al mismo tiempo se reinstaura el liberalismo doctrinario de 1868, lo cual quiere decir que el país está de nuevo bajo la dirección de la burguesía conservadora y latifundista, o sea, de los moderados.

A pesar de toda esta turbulencia, las dos últimas décadas del siglo XIX fueron muy estables. Bajo la dirección de Antonio Cánovas del Castillo, líder del partido liberal-conservador y jefe del gobierno, se organizó una sólida burocracia, un sistema telegráfico, el ferrocarril y la policía. En el campo político también se hicieron adelantos. Se realizaron elecciones por sufragio universal y, una vez constituidas las Cortes, se promulgó la Constitución de 1876. Se tomó como modelo la democracia parlamentaria anglosajona—dos cámaras y dos partidos políticos— modificándolo para permitir la intervención real.

Sin embargo, a fines de siglo España estaba de nuevo en crisis, debido en parte a la emergencia de una fuerte conciencia regionalista, en particular, en Cataluña. Al mismo tiempo, proliferaban las asociaciones obreras, que a veces provocaban conflictos sangrientos. Por último, estalló en Cuba, en 1895, y en Filipinas, en 1896, un movimiento emancipador que condujo a una guerra con los Estados Unidos y a la pérdida de los últimos territorios coloniales españoles en Ultramar. En 1897, murió asesinado Cánovas.

En este período conflictivo florecieron todos los géneros literarios. Hasta fines del siglo XX se vio esta explosión de creatividad como una reacción contra la esterilidad artística causada por los rigores del Neoclasicismo, pero gracias a estudios recientes, esta noción comienza a cambiar. En cuanto a la ficción, por ejemplo, la idea errónea de que no hubo novela durante el Siglo de las Luces ha sido corregida por investigadores que han demostrado la existencia de más de cien novelas «históricas» (concebidas en la época como epopeyas trágicas en prosa) y «realistas» (epopeyas cómicas en prosa).

La crítica más reciente ha subrayado la cohesión entre la prosa imaginativa de los siglos XVIII y XIX, descartando conceptos tradicionales que dividen la ficción del siglo XIX entre «romántica» y «realista»* y adoptando la terminología utilizada por los mismos críticos y novelistas del ochocientos, es decir, «novela de costumbres* históricas» y «novela de costumbres contemporáneas». En la primera categoría tendríamos que incluir a novelistas poco estudiados de la primera mitad del siglo, como Ramón López Soler, Enrique Gil y Carrasco, Francisco Navarro Villoslada y Manuel Fernández y González. Entre las «novelas de costumbres históricas» de la segunda mitad del siglo, las más destacadas son las de los *Episodios nacionales* de Benito Pérez Galdós. Entre las «novelas de costumbres contemporáneas» de la primera mitad del siglo, se cuenta *Sab*, de Gertrudis Gómez Avellaneda; este género florece durante la segunda mitad del siglo con la novela costumbrista de Cecilia Böhl de Faber y obras que tienden más hacia el Realismo* o el Naturalismo* como las de José María Pereda, Benito Pérez Galdós y Clarín. Esta manera de abordar la ficción decimonónica no sólo permite esclarecer la continuidad entre ésta y la del siglo anterior, sino que también proponta una interpretación fiel a la concepción de la novela de la época. Desgraciadamente, los límites de espacio impiden que se incluyan aquí ejemplos de novelas consideradas secundarias. El lector que tenga interés podrá consultar nuestra *Antología de la literatura española: Siglos XVIII y XIX.*[+]

La crítica sobre las primeras décadas del siglo XIX se ha centrado en la poesía y el teatro, géneros que florecieron durante la «revolución romántica» y que están representados aquí por sus más conocidos exponentes, Espronceda y Zorrilla. Sin embargo, nuevos estudios sobre estos géneros literarios demuestran que son mucho más ricos de lo que anteriormente se había pensado. Por ejemplo, las investigaciones recientes de Susan Kirkpatrick (sobre las poetas) y de David Gies (sobre las dramaturgas) prueban la participación de las mujeres en las letras decimonónicas.

El florecimiento del periódico en el siglo XIX contribuyó al desarrollo de varios géneros. El «cuadro de costumbres»*, descripción a menudo humorística de usos y tipos regionales, aparecía regularmente en los periódicos, los cuales también imprimían novelas por entregas. También el ensayo gozó de gran popularidad en este período polémico. Ambos, conservadores y progresistas, publicaban sus ideas en periódicos. La crítica a menudo pasa por alto escritores neocatólicos tales como Juan Donoso Cortés o Marcelino Menéndez Pelayo, para hacer hincapié en liberales como, por ejemplo, los krausistas Julián Sanz del Río y Francisco Giner de los Ríos. Sin embargo, hay que subrayar que durante el siglo XIX no sólo aparecía en los periódicos prosa que representaba la gama de perspectivas políticas, sino también ensayos sobre nuevos desarrollos científicos, filosóficos y literarios. Como la falta de espacio impide que se incluyan aquí ejemplos de la prosa de ideas, volvemos a sugerir que el lector interesado consulte nuestra *Antología.*

𝒫rincipios del 𝒓omanticismo

JOSÉ DE ESPRONCEDA (1808-1842)

El Romanticismo* es un movimiento artístico y literario que, desde fines del siglo XVIII, se manifiesta en Gran Bretaña y en Alemania. Posteriormente penetra en Italia, en Francia y en España. Frente al Neoclasicismo, el Romanti-

---

[+] Mujica, Bárbara y Eva Florensa. *Antología de la literatura española: Siglos XVIII y XIX.* New York: John Wiley & Sons, 1999.

cismo postula la libre expresión de los sentimientos y la ruptura con reglas rígidas tanto en el arte como en la vida. Concede gran importancia a la estética, especialmente a la poesía y al drama.

Aunque en España el Romanticismo floreció sólo brevemente durante la primera mitad del siglo diecinueve—generalmente se sitúa entre 1834 y 1844—fue paradójicamente un movimiento literario muy duradero. Como ya se ha visto, la sensibilidad romántica comenzó a asomarse durante el Siglo de las Luces en escritores como Jovellanos y Meléndez Valdés, y se prolongó, en pleno Realismo, en las obras tempranas de escritores como Echegaray y Galdós. De hecho, las características más sobresalientes del Romanticismo—el enfoque individualista, el rechazo de reglas tradicionales, la exaltación de las emociones, la glorificación de la libertad y la idealización de la naturaleza y del hombre común—fueron evidentes en ciertos escritores hasta la primera Guerra Mundial.

A principios del siglo diecinueve surge la famosa «querella entre antiguos y modernos», cuya importancia se ha minimizado en nuestros días, pero que nos puede servir para señalar ciertas actitudes particulares a la nueva perspectiva. Los neoclásicos habían recomendado la imitación de modelos antiguos, aunque terminaron por adaptar estos modelos a temas y realidades españoles. Los románticos también se servían de modelos antiguos, pero no para imitarlos, sino para inspirarse en ellos. Los antiguos, explica Espronceda, no imitaron a nadie sino que buscaron sus modelos en la naturaleza, y *la moderna escuela* sigue su ejemplo, rechazando la imitación y dejando que la naturaleza nutra su espíritu creador.

Esta posición refleja la importancia que el romántico daba al individualismo. Fuera liberal o conservador, el romántico era partidario de la libertad—aunque fuera en un sentido abstracto—en el arte y en la política. Esta tendencia se evidencia en las innovaciones métricas que introdujeron los poetas románticos, quienes inventaron nuevos tipos de versificación, cultivaron la polimetría y utilizaron formas antiguas de nuevas maneras. Inspirados por la celebración del hombre común que ya hemos notado en Jovellanos, también utilizaron formas tradicionales y folclóricas. Aunque rechazaron los modelos clásicos, los románticos no desdeñaron por completo las reglas de la versificación, sino que las dotaron de nuevos sentidos y funciones.

Como en el Siglo de las Luces, la naturaleza siguió siendo una fuente de inspiración. Sin embargo, los poetas románticos infundieron el tema de un nuevo emocionalismo; dominan en su poesía los paisajes sombríos, la melancólica noche, las tempestades terribles, la luna que enloquece. La naturaleza lleva al poeta a otros grandes temas eternos, por ejemplo, la muerte y el amor. Para el romántico, la muerte se convierte en una obsesión, en el fin de una vida de fracasos y decadencia. El amor es un delirio; puede destruir al hombre o salvarlo.

La libertad y el individualismo son temas inseparables; el héroe romántico se aparta del mundo hostil o se enfrenta con él, pero siempre persigue su destino sin preocuparse por el «qué dirán». El individualismo conduce a la soledad y a la melancolía. Al mismo tiempo, la exaltación de la libertad lleva a una preocupación por la patria. El hecho de que tantos románticos de la primera generación hayan vivido en el exilio hace que la añoranza de la tierra natal sea un tema importante en su poesía, como lo son también el destierro y la vuelta a España. Liberales tanto como conservadores lamentan la decadencia del poder español.

El interés en la patria también se manifiesta en el gusto por lo histórico. Caracteriza el Romanticismo una fascinación por lo exótico, lo cual lleva a los poetas españoles a examinar su propia Edad Media. El *Moro expósito* del duque de Rivas y *El camarín de Lindaraja* de Zorrilla evocan mundos perdidos, pero al mismo tiempo un sentido de familiaridad, ya que se inspiran en la historia popular. Otro tema favorito son las ciudades y los monumentos nacionales. También hay algunos románticos que celebran tierras lejanas, como, por ejemplo, Enrique Gil y Carrasco, en su *Polonia*. De hecho, estas descripciones de acontecimientos y lugares lejanos deben más a la imaginación de los poetas que a los hechos geográficos o históricos. Para el romántico, la emoción que evocan sus palabras es más importante que la exactitud de los hechos.

José de Espronceda y José Zorrilla, máximos exponentes del Romanticismo, representan dos tendencias diversas del movimiento. Espronceda se asocia con lo revolucionario, progresista y europeizante; Zorrilla, con lo tradicional y conservador. Los dos crean personajes apasionados y rebeldes, pero Espronceda a menudo retrata tipos marginados —el criminal, el mendigo, el pirata—, mientras Zorrilla prefiere al protagonista aristocrático y heroico.

Se ha construido toda una leyenda acerca de la rebeldía política y personal de Espronceda. A los dieciocho años, parte para Lisboa, donde conoce a Teresa Mancha. Cuando la joven y su padre son desterrados a Inglaterra, Espronceda les sigue. Espronceda tiene amores con Teresa durante más o menos un año. Entonces, la inquietud política y el anhelo de la acción lo llevan a París, donde combate en la revolución de Julio. Mientras tanto, Teresa se casa con un comerciante.

A Espronceda le atrae la acción. Animado por el triunfo de la revolución de Julio y pensando contar con el apoyo del gobierno francés, con otros emigrados penetra en España con el propósito de fomentar una sublevación. El proyecto fracasa y muere el líder del grupo, Joaquín de Pablo, cuyo triste fin Espronceda canta en un poema. Entonces el joven vuelve a París, arrebata a Teresa y se la lleva a España. Después de un tiempo de turbulentos amores, ella lo abandona, dejándole una niña de cuatro años. Poco después, muere tísica, y Espronceda observa su cadáver a través de la reja de un piso bajo en la calle de Santa Isabel, en Madrid. La historia de su apasionada relación con Teresa inspira su canto *A Teresa*, una de las obras poéticas más logradas y célebres del autor.

En vez de morirse de pena o ahogarse en el alcohol, Espronceda continúa con sus actividades políticas y literarias, escribiendo poesía, novelas y artículos periodísticos; también se distingue como orador. En 1834 publica la novela *Sancho Saldaña o El castellano de Cuéllar*. Con unos compañeros funda el periódico *El Siglo*, y en 1840 publica sus *Poesías*. Su contribución a las letras españolas consta principalmente de los poemas de esta colección y de sus dos obras en verso más largas, *El estudiante de Salamanca* (1840) y *El diablo mundo* (1840-42), del cual el segundo canto es *A Teresa*. También escribe tres obras de teatro: *Ni el tío ni el sobrino* (1834), *Amor venga sus agravios* (1838) y *Blanca de Borbón* (1870).

Las numerosas actividades políticas de Espronceda aumentan su popularidad literaria. Sin embargo, según un testimonio de su amigo Patricio de la Escosura, en estos momentos el poeta comienza a anhelar una vida más tranquila y convencional. Muere a los treinta y cuatro años, cuando está a punto de casarse con una joven burguesa. A principios del siglo XX empezó a crecer una contra-leyenda, según la cual la pasión revolucionaria y artística de Espronceda fue mero histrionismo, ya que lo que realmente quería era vivir tranquilamente en el seno de la burguesía. La crítica moderna ha rechazado la contra-leyenda, reconociendo que en literatura tanto como en política Espronceda tuvo propósitos serios.

En su poesía Espronceda revela una auténtica sensibilidad y preocupación por los seres marginados. La *Canción del pirata, El mendigo, El verdugo* y *El reo de muerte* retratan a seres solitarios y aventureros que celebran la libertad y desprecian la muerte. Arquetipo del hombre rebelde, el pirata rechaza las convenciones; carece de patria y de bienes materiales; vive al margen de la sociedad. Espronceda se vale de numerosos lugares comunes románticos: la naturaleza indomada, la luna que ilumina e inspira miedo, la música creada no por instrumentos fabricados por el hombre, sino por fuerzas naturales.

El estudiante de Salamanca es una de las obras más logradas de Espronceda. Inspirado en el mito de don Juan, tan popular entre los de su generación, el largo poema relata la última aventura de don Félix de Montemar, el estudiante de Salamanca. Héroe romántico por excelencia, don Félix no ama a las mujeres, sino que las conquista y las abandona. Arrogante y violento, le interesan sólo el sexo y la sangre. Como carece de conciencia, no le importan las consecuencias de sus acciones para las mujeres que arruina.

El diablo mundo es un ambicioso poema de más de 6000 versos cuyo propósito es, según el poeta, «recorrer punto por punto» (v. 1359) toda la historia de la raza humana. Expresa una actitud pesimista y rebelde que encierra la esencia del romanticismo. El único canto que ha perdurado es *A Teresa*, que narra la triste historia del poeta y Teresa Mancha. Como en *El estudiante de Salamanca*, en esta obra el autor hace hincapié en lo grotesco y morboso. Aunque en vida Teresa fue «tan cándida y tan bella», «aérea como una mariposa», el poeta-narrador no la imagina en el paraíso, sino pudriéndose en la tumba. Como el pirata, el mendigo y otros arquetipos esproncedianos, Teresa es un ser marginal. Es la rebelde, la mujer caída, que todo lo sacrifica por el amor y que termina sola, envilecida y rechazada por sus propios hijos.

La Canción del Pirata

Con diez cañones por banda,
viento en popa, a toda vela,
no corta el mar, sino vuela
un velero bergantín[1]:

    bajel pirata que llaman,
por su bravura, el *Temido*,
en todo mar conocido
del uno al otro confín.

    La luna en el mar riela,[2]
en la lona[3] gime el viento,
y alza en blando movimiento
olas de plata y azul;

    y va el capitán pirata,
cantando alegre en la popa,

---

[1]**Velero...** *type of sailboat; brig.*
[2]*Brilla trémulamente.*
[3]*Canvass (of the sail).*

Asia a un lado, al otro, Europa
y allá a su frente, Estambul.

«Navega, velero mío,
    sin temor,
que ni enemigo navío,
ni tormenta, ni bonanza[4]
tu rumbo a torcer alcanza
ni a sujetar tu valor.

    «Veinte presas
    hemos hecho
    a despecho
    del inglés,
    y han rendido
    sus pendones
    cien naciones
    a mis pies.

    «Que es mi barco mi tesoro,
que es mi Dios la libertad;
mi ley, la fuerza y el viento;
mi única patria la mar.

«Allá muevan feroz guerra
    ciegos reyes
por un palmo más de tierra:
que yo tengo aquí por mío
cuanto abarca el mar bravío,
a quien nadie impuso leyes.

    «Y no hay playa,
    sea cualquiera,
    ni bandera
    de esplendor,
    que no sienta
    mi derecho,
    y dé pecho
    a mi valor.

«Que es mi barco mi tesoro...

«A la voz de '¡Barco viene!'
    es de ver
cómo vira y se previene
a todo trapo escapar:

---

[4]*Buen tiempo.*

que yo soy el rey del mar,
y mi furia es de temer.

«En las presas
yo divido
lo cogido
por igual;
sólo quiero
por riqueza
la belleza
sin rival.

«Que es mi barco mi tesoro...

«¡Sentenciado estoy a muerte!
    yo me río;
no me abandone la suerte,
y al mismo que me condena,
colgaré de alguna antena,
quizá en su propio navío.

«Y si caigo,
¿qué es la vida?
Por perdida
ya la di,
cuando el yugo
del esclavo,
como un bravo,
sacudí.

«Que es mi barco mi tesoro...

«Son mi música mejor,
    aquilones;
el estrépito y temblor
de los cables sacudidos,
del negro mar los bramidos
y el rugir de mis cañones.

«Y del trueno
al son violento,
y del viento
al rebramar,
yo me duermo
sosegado,
arrullado
por la mar.

«Que es mi barco mi tesoro,
que es mi Dios la libertad,
mi ley la fuerza y el viento,
mi única patria la mar».

Canto a Teresa (fragmento)

¿Cómo caíste despeñado al suelo,
astro de la mañana luminoso?
Ángel de luz, ¿quién te arrojó del cielo
a este valle de lágrimas odioso?
Aun cercaba tu frente el blanco velo
del serafín,[5] y en ondas fulguroso[6]
rayos al mundo tu esplendor vertía,
y otro cielo el amor te prometía.

Mas, ¡ay!, que es la mujer ángel caído,
o mujer nada más y lodo inmundo,
hermoso ser para llorar nacido,
o vivir como autómata en el mundo.
Sí, que el demonio en el Edén perdido,
abrasara con fuego del profundo
la primera mujer, y, ¡ay!, aquel fuego
la herencia ha sido de sus hijos luego. (...)

¡Pobre Teresa! ¡Al recordarte siento
un pesar tan intenso!. . . Embarga[7] impío
mi quebrantada voz mi sentimiento,
y suspira tu nombre el labio mío:
 para allí su carrera el pensamiento,
hiela mi corazón punzante frío,
ante mis ojos la funesta losa
donde vil polvo tu beldad reposa.

Y tú feliz, que hallaste en la muerte
sombra a que descansar en tu camino,
cuando llegabas, mísera, a perderte
y era llorar tu único destino:
cuando en tu frente la implacable suerte
grababa de los réprobos el sino. . .!
¡Feliz! La muerte te arrancó del suelo,
y otra vez ángel, te volviste al cielo. (...)

---

[5] Angel.
[6] Luminoso, brillante.
[7] Impide, paraliza. (Mi sentimiento embarga mi voz...)

¡Y tan joven, y ya tan desgraciada!
Espíritu indomable, alma violenta,
en ti, mezquina sociedad, lanzada
a romper tus barreras turbulenta.
Nave contra las rocas quebrantada,
allá vaga, a merced de la tormenta,
en las olas tal vez náufraga[8] tabla,
que sólo ya de tus grandezas habla.

Un recuerdo de amor que nunca muere
y está en mi corazón; un lastimero
tierno quejido que en el alma hiere,
eco suave de su amor primero. . .
¡Ay!, de tu luz, en tanto yo viviere,
quedará un rayo en mí, blanco lucero,
que iluminaste con tu luz querida
la dorada mañana de mi vida. (...)

¡Pobre Teresa! Cuando ya tus ojos
áridos ni una lágrima brotaban;
cuando ya su color tus labios rojos
en cárdenos matices[9] cambiaban;
cuando de tu dolor tristes despojos
la vida y su ilusión te abandonaban,
y consumía lenta calentura
tu corazón al par de tu amargura;

si en tu penosa y última agonía
volviste a lo pasado el pensamiento;
si comparaste a tu existencia un día
tu triste soledad y tu aislamiento;
si arrojó a tu dolor tu fantasía
tus hijos, ¡ay!, en tu postrer momento
a otra mujer tal vez acariciando,
madre tal vez a otra mujer llamando;

Si el cuadro de tus breves glorias viste
pasar como fantástica quimera,
y si la voz de tu conciencia oíste
dentro de ti gritándote severa;
si, en fin, entonces, tú llorar quisiste
y no brotó una lágrima siquiera
tu seco corazón, y a Dios llamaste,
y no te escuchó Dios, y blasfemaste;

¡Oh!, crüel!, ¡muy crüel!, martirio horrendo!,
¡espantosa expiación de tu pecado!
¡Sobre un lecho de espinas, maldiciendo,
morir, el corazón desesperado!
¡Tus mismas manos de dolor mordiendo,
presente a tu conciencia lo pasado,
buscando en vano, con los ojos fijos,
y extendiendo tus brazos a tus hijos!

¡Oh!, ¡crüel!, ¡muy crüel!. . . ¡Ay! Yo entretanto
dentro del pecho mi dolor oculto,
enjugo de mis párpados el llanto
y doy al mundo el exigido culto:
yo escondo con vergüenza mi quebranto,
mi propia pena con mi risa insulto,
y me divierto en arrancar del pecho
mi mismo corazón pedazos hecho.

Gocemos, sí; la cristalina esfera
gira bañada en luz: ¡bella es la vida!
¿Quién a parar alcanza la carrera
del mundo hermoso que al placer convida?
Brilla radiante el sol, la primavera
los campos pinta en la estación florida:
truéquese en risa mi dolor profundo. . .
Que haya un cadáver más, ¿qué importa al mundo?

Temas

1. ¿Por qué es el Pirata un arquetipo romántico?
2. ¿Cómo ayuda la mención de la luna y el viento a crear un ambiente de miedo?
3. ¿Cómo celebra Espronceda el individualismo? ¿Cuáles son los valores que celebra el Pirata?
4. Describa la versificación. ¿Qué efecto produce el cambio de metro?
5. ¿En qué sentido es Teresa una heroína romántica por excelencia?
6. ¿Cómo destruye el poeta la imagen de la mujer angelical?
7. ¿Cómo apela a los sentimientos del lector?
8. Explique el último verso del poema. ¿Qué actitud expresa el poeta en este verso?

---

[8]*Shipwrecked.*
[9]**En...** *in purple blotches.*

cuyo

El cuadro de costumbres

MARIANO JOSÉ DE LARRA (1809-1837)

para la posteridad usos locales que comenzaban

Si el Romanticismo cultivó lo exótico y grandioso, también celebró lo tradicional, nacional y folclórico. El cuadro de costumbres* es una descripción de tipos o escenas locales cuyo propósito fue, al principio del siglo XIX, conservar para la posteridad usos locales que comenzaban a desaparecer. Publicados en los periódicos, recreaban la vida diaria —lenguaje, vestuario, fiestas, juegos, bailes, comida, ferias, ritos sociales y religiosos. Incluían una amplia galería de tipos pintorescos (el gitano, el conspirador, el político, el erudito, el clérigo pobre, la bailarina) y de ambientes (el café, la taberna, el teatro). En los cuadros de costumbres los escritores buscaban captar lo «castizo» o puro, pero esto se entendía en el contexto de lo regional —lo andaluz, lo madrileño, etc. De hecho, muchos contienen abundantes términos dialectales.

A lo largo del período romántico estos cuadros de costumbres fueron extremadamente populares. En 1843-1844, al final de la época romántica, se publicó un libro compuesto enteramente de cuadros costumbristas titulado *Los españoles pintados por sí mismos.* Ya se había publicado en 1840-1842 un libro semejante en francés: *Les Français peints par eux-mêmes (Los franceses pintados por sí mismos).* Se trata de una colección de noventa y ocho artículos escritos por cincuenta y un autores. Colaboraron autores viejos y jóvenes, conservadores y progresistas, aunque predominan los moderados. En vez de escenas o cuadros de la vida diaria local, el libro consta de retratos de «tipos». Algunos de estos personajes son reconociblemente españoles —el torero, la maja— mientras que otros no lo son: el médico, la actriz, etc. Los artículos llevan ilustraciones, lo cual les da una dimensión especial.

Los primeros cuadros de costumbres recrean la imagen del español difundida por escritores extranjeros: la de un ser apasionado y pintoresco. Más tarde, costumbristas como Ramón de Mesonero Romanos intentan corregir estas exageraciones. Si las críticas de Mesonero toman la forma de burlas suaves y bien intencionadas, las de Fermín Caballero son más mordaces y sarcásticas. De hecho, Caballero, como otros colaboradores de *Los españoles pintados por sí mismos,* revela una actitud más bien negativa con respecto a las clases populares.

En manos de Mariano José de Larra, el artículo de costumbres se convierte en un verdadero instrumento de censura social. Larra, a quien muchos críticos ven como la encarnación del espíritu romántico, se distingue de otros autores del movimiento, no obstante, por su ojo crítico y su vituperio contra algunos elementos de la sociedad española. Aunque muchos de sus cuadros son cómicos y ligeros, nunca falta la reprobación de características que el autor cree que contribuyen al atraso nacional. Esta actitud crítica y el afán de observar a los españoles como son *realmente,* en vez de enfocar sólo lo curioso y pintoresco, representan un paso importante hacia el Realismo.* Larra comparte con los románticos el rechazo de normas rígidas y anticuadas, el espíritu intensamente reformador, el sentimentalismo y la actitud desesperada hacia el amor. Sin embargo, en sus artículos se destaca el gusto por lo racional y ordenado que caracteriza al Neoclasicismo,* y en su crítica dramática censura la superficialidad y el lenguaje rimbombante de muchos de sus contemporáneos.

Partidario de los Bonaparte, el padre de Larra huyó a Francia con la expulsión de los franceses de España. El joven Mariano José se crió en Burdeos y en París, y fue gran admirador de lo galo. Al mismo tiempo se burló despiadadamente de los afrancesados —españoles que imitaban ciegamente todo lo francés. Después de volver su familia a España, Larra se unió al grupo literario madrileño conocido como el Parnasillo. A los dieciocho años, ya había ingresado en los círculos intelectuales más influyentes del país, gracias a las relaciones de su padre.

En 1828, a los diecinueve años, fundó dos periódicos: *El Duende Satírico del Día* y *El Pobrecito Hablador.* Aunque duraron poco, Larra comenzaba a establecerse como escritor. Al aceptar el puesto de crítico literario de *La Revista Española,* adoptó el nombre de Fígaro. Más tarde trabajó para *El Español, El Mundo* y *El Observador.* En 1829 se casó, pero pronto empezó a rumorearse la infidelidad de su mujer, y Larra mismo emprendió una relación adúltera con Dolores Armijo. La situación afectó profundamente la actitud del escritor hacia el matrimonio y hacia la vida en general, la cual se refleja en artículos como «El casarse pronto y mal». Aunque siempre había evitado participar en política, en 1836 se presentó como candidato a diputado para poder hacer campaña en Ávila, donde vivía Dolores. Fue elegido, pero no llegó a ocupar su puesto debido a los trastornos políticos del momento. Amargado por la decadencia de su patria y el estado de su vida personal, se hundió en la melancolía. Al año siguiente, Dolores decidió abandonarle y reunirse con su marido, insistiendo en que le devolviera sus cartas. Poco después de entregárselas, Larra se suicidó. Tenía 28 años.

Aunque Larra escribió poesía, un drama histórico, *Macías,* y una novela, *El doncel de don Enrique el Doliente,* e hizo varias traducciones al francés, sus artículos han asegurado su lugar en la historia de las letras españolas. En sus cuadros de costumbres Larra satiriza diversos aspectos de la vida madrileña. A diferencia de la mayoría de los costumbristas, cuyo objetivo fue conservar las usanzas y tradiciones pintorescas para la posteridad, Larra tuvo propósitos sociales, morales y políticos. Manteniendo siempre una actitud crítica, se burla de la burguesía, del esnobismo del afrancesado y del patriotismo mal entendido que mantiene al país en un estado de atraso. También censura la indolencia, la burocracia aplastante, la mala educación y la falta de honestidad, así como los actores incompetentes, los literatos petulantes y otros arquetipos nacionales. Se retrata a sí mismo como un observador que, a pesar de su enajenación, sufre profundamente por la decadencia de su país y, además, reconoce en su propia personalidad algunas de las características que condena. En su crítica teatral, se burla de la superficialidad y del estilo pretencioso no sólo de ciertos actores y dramaturgos españoles, sino también de los extranjeros.

Para Larra, la literatura es un instrumento de progreso. Liberal apasionado, se asfixia bajo el régimen de Fernando VII. Por medio de sus artículos, defiende los ideales de la reforma y de la Revolución francesa—la tolerancia, la igualdad ante la ley, la justicia, la libertad política, la independencia intelectual. La sátira, el doble sentido y la ironía son sus armas principales, y a veces incorpora técnicas novelísticas como el diálogo.

Los primeros artículos de Larra son jocosos, pero más tarde el pesimismo y la melancolía van reemplazando el tono festivo. En «El día de difuntos de 1836», publicado el 2 de noviembre de 1836, Larra revela su profunda melancolía. El día de difuntos se convierte en una compleja metáfora por medio de la cual el escritor expresa su tristeza por la muerte de la libertad en España. Terriblemente sombrío, este artículo revela el estado de ánimo de Larra durante los últimos meses de su vida. El narrador describe un paseo por Madrid en el que visita varios lugares significativos—el Palacio Real, la Bolsa, los teatros, cada uno de los cuales le recuerda el deterioro de algún aspecto de la cultura o de la política española. La Armería le trae a la mente la muerte del valor castellano; la cárcel, la muerte de la libertad de pensamiento; la imprenta nacional, la muerte de la verdad. Larra entrelaza su desesperación personal con el dolor que siente por la corrupción de las instituciones nacionales.

Aunque Larra hace sentir su angustia en sus artículos, fue ante todo un humorista de gran talento, y muchos de sus escritos son muy divertidos. A pesar de mantener siempre una distancia, observando su sociedad con un ojo frío y analítico, sabe mostrar el lado cómico de las cosas. Mientras que hoy en día las obras de otros costumbristas pueden parecernos exageradas o arcaicas, las de Larra siguen conservando su vitalidad y su frescura.

Don Timoteo el Literato

Genus irritabile vatum,[1] ha dicho un poeta latino. Esta expresión bastaría a probarnos que el amor propio ha sido en todos los tiempos el primer amor de los literatos si hubiéramos menester más pruebas de esta incontestable verdad que la simple vista de los más de esos hombres que viven entre nosotros de literatura. No queremos decir por eso que sea el amor propio defecto exclusivo de los que por su talento se distinguen; generalmente se puede asegurar que no hay nada más temible en la sociedad que el trato de las personas que se sienten con alguna superioridad sobre sus semejantes. ¿Hay cosa más insoportable que la conversación y los dengues[2] de la hermosa que lo es a sabiendas? Mírela usted a la cara tres veces seguidas; diríjale usted la palabra con aquella educación, deferencia o placer que difícilmente pueden dejar de tenerse hablando con una hermosa; ya le cree a usted su don *Amadeo,*[3] ya le mira a usted como quien le perdona la vida. Ella sí, es amable, es un modelo de dulzura; pero su amabilidad es la afectada mansedumbre del león, que hace sentir de vez en cuando el peso de sus garras; es pura compasión que nos dispensa.

Pasemos de la aristocracia de la belleza a la de la cuna. ¡Qué amable es el señor marqués, qué despreocupado, qué llano! Vedle con el sombrero en la mano, sobre todo para sus inferiores. Aquella llaneza, aquella deferencia, si ahondamos en su corazón es una honra que cree dispensar, una limosna que cree hacer al plebeyo. Trate éste diariamente con él, y al fin de la jornada nos dará noticias de su amabilidad; ocasiones habrá en que algún manoplazo[4] feudal le haga recordar con quién se las ha.

No hablemos de la aristocracia del dinero, porque si

---

[1] La raza irritable de los poetas.
[2] Delicadezas afectadas.
[3] Su amante.
[4] Golpe dado con la manopla, pieza de armadura que servía para guardar la mano.

alguna hay falta de fundamento, es ésta: la que se funda en la riqueza que todos pueden tener en el oro, de que solemos ver henchidos los bolsillos de éste o de aquél alternativamente, y no siempre de los hombres de más mérito; en el dinero, que se adquiere muchas veces por medios ilícitos, y que la fortuna reparte a ciegas sobre sus favoritos de capricho.

Si algún orgullo hay, pues, disculpable, es el que se funda en la aristocracia del talento, y más disculpable, ciertamente, donde es a toda luz más fácil nacer hermosa, de noble cuna, o adquirir riqueza, que lucir el talento que nace entre abrojos cuando nace, que sólo acarrea sinsabores y que se encuentra aisladamente encerrado en la cabeza de su dueño como en callejón sin salida. El estado de la literatura entre nosotros y el heroísmo que en cierto modo se necesita para dedicarse a las improductivas letras es la causa que hace a muchos de nuestros literatos más insoportables que los de cualquier otro país; añádase a esto el poco saber de la generalidad, y de aquí se podrá inferir que entre nosotros el literato es una especie de oráculo que, poseedor único de su secreto y solo iniciado en sus misterios recónditos, emite su opinión obscura con voz retumbante y hueca, subido en el trípode que la general ignorancia le fabrica. Charlatán por naturaleza, se rodea del aparato ostentoso de las apariencias, y es un cuerpo más impenetrable que la célebre cuña de la milicia romana. Las bellas letras, en una palabra, el saber escribir, es un oficio particular que sólo profesan algunos cuando debiera constituir una pequeñísima parte de la educación general de todos.

Pero si atendidas estas breves consideraciones es el orgullo del talento disculpable, porque es el único modo que tiene el literato de cobrarse el premio de su afán, no por eso autoriza a nadie a ser en sociedad ridículo, y éste es el extremo por donde peca don Timoteo.

No hace muchos días que yo, que no me precio de gran literato; yo, que de buena gana prescindiría de esta especie de apodo si no fuese preciso que en sociedad tenga cada cual el suyo, y si pudiese tener otro mejor, me vi en la precisión de consultar a algunos literatos con el objeto de reunir sus diversos votos y saber qué podrían valer unos opúsculos[5] que me habían traído para que diese yo sobre ellos mi opinión. Esto era harto difícil en verdad, porque si he de decir lo que siento, no tengo fijada mi opinión todavía acerca de

ninguna cosa y me siento medianamente inclinado a no fijarla jamás; tengo mis razones para creer que éste es el único camino del acierto en materias opinables; en mi entender, todas las opiniones son peores; permítaseme esta manera de hablar antigramatical y antilógica.

Fuime, pues, con mis manuscritos debajo del brazo (circunstancia que no le importará gran cosa al lector) deseoso de ver a un literato, y me pareció deber salir para esto de la atmósfera inferior, donde pululan los poetas noveles y lampiños, y dirigirme a uno de esos literatos abrumados de años y de laureles.

Acerté a dar con uno de los que tienen más sentada su reputación. Por supuesto que tuve que hacer una antesala[6] digna de un pretendiente, porque una de las cosas que mejor se saben hacer aquí es esto de antesalas. Por fin tuve el placer de ser introducido en el obscuro santuario.

Cualquiera me hubiera hecho sentar; pero don Timoteo me recibió en pie, atendida sin dudar la diferencia que hay entre el literato y el hombre. Figúrense ustedes un ser enteramente parecido a una persona; algo más encorvado hacia el suelo que el género humano, merced, sin duda, al hábito de vivir inclinado sobre el bufete; mitad sillón, mitad hombre; entrecejo, arrugado; la voz más hueca y campanuda que la de las personas; las manos *mitj* y *mitj*,[7] como dicen los chuferos[8] valencianos, de tinta y tabaco; gran autoridad en el decir; mesurado compás de frases; vista insultantemente curiosa y que oculta a su interlocutor por una rendija que le dejan libres los párpados fruncidos y casi cerrados, que es manera de mirar sumamente importante y como de quien tiene graves cuidados; los anteojos encaramados a la frente, calva hija de la fuerza del talento, y gran balumba[9] de papeles revueltos y libros confundidos que bastaran a dar una muestra de lo coordinadas que podía tener en la cabeza sus ideas; una caja de rapé[10] y una petaca: los demás vicios no se veían. Se me olvidaba decir que la ropa era adrede mal hecha, afectando desprecio de las cosas terrenas, y todo el conjunto no de los más limpios, porque éste era de los literatos rezagados del siglo pasado, que tanto más profundos se imaginaban cuanto menos aseados vestían.

---

[5] Folletos; obras científicas o literarias muy pequeñas.

[6] **Hacer…** esperar en la antesala.
[7] Mitad y mitad.
[8] Mercaderes ambulantes que venden chufas (*earth almonds*).
[9] Bulto, montón formado de diferentes cosas.
[10] Tabaco en polvo.

Llegué, le vi, dije: Éste es un sabio.

Saludé a don Timoteo y saqué mis manuscritos.

—¡Hola! — me dijo ahuecando mucho la voz para pronunciar.

—Son de un amigo mío.

—¿Sí?— me respondió. ¡Bueno! ¡Muy bien!

Y me echó una mirada de arriba abajo por ver si descubría en mi rostro que fuesen míos.

—¡Gracias! — repuse, y empezó a hojearlos.

—«Memoria sobre las aplicaciones del vapor». ¡Ah!, esto es acerca del vapor, ¿eh? Aquí encuentro ya... Vea usted...: aquí falta una coma; en esto soy muy delicado. No hallará usted en Cervantes usada la voz *memoria* en este sentido; el estilo es duro, y la frase es poco robusta... ¿Qué quiere decir presión y ...?

—Sí, pero acerca del vapor..., porque el asunto es saber si...

—Yo le diré a usted; en una oda que yo hice allá cuando muchacho, cuando uno andaba en esas cosas de literatura..., dije... cosas buenas...

—Pero, ¿qué tiene que ver?...

—¡Oh!, ciertamente, ¡oh! Bien, me parece bien. Ya se ve; estas ciencias exactas son las que han destruido los placeres de la imaginación; ya no hay poesía.

—¿Y qué falta hace la poesía cuando se trata de mover un barco, señor Timoteo?

—¡Oh!, cierto... Pero la poesía..., amigo..., ¡oh!, aquellos tiempos se acabaron. Esta..., ya se ve..., estará bien, pero debe usted llevarlo a un físico, a uno de esos...

—Señor don Timoteo, un literato de la fama de usted tendrá siquiera ideas generales de todo, demasiado sabrá usted...

—Sin embargo..., ahora estoy escribiendo un tratado completo, con notas y comentarios, míos también, acerca de quién fue el primero que usó el asonante castellano.

—¡Hola! Debe usted darse prisa a averiguarlo; esto urge mucho a la felicidad de España y a las luces[11]... Si usted llega a morirse nos quedamos a buenas noches en punto a asonantes... y...

—Sí, y tengo aquí una porción de cosillas que me traen a leer; no puedo dar salida a las que... ¡Me abruman a consultas!... ¡Oh! ¿Usted habrá leído mis poesías? Allí hay algunas cosillas...

—Sí, pero un sabio de la reputación de don Timoteo habrá publicado además obras de fondo y...

—¡Oh!, no se puede..., no saben apreciar..., ya sabe usted... a salir del día... Sólo la maldita afición que uno tiene a estas cosas...

—Quisiera leer, con todo, lo que usted ha publicado: el género humano debe estar agradecido a la ciencia de don Timoteo... Dícteme usted los títulos de sus obras. Quiero llevarme una apuntación.

—¡Oh! ¡Oh!

«¿Qué especie de animal es éste, iba yo diciendo ya para mí, que no hace más que lanzar monosílabos y hablar despacio, alargando los vocablos y pronunciando más abiertas las *aes* y las *oes*?»

Cogí, sin embargo, una pluma y un gran pliego de papel, presumiendo que se llenaría con los títulos de las luminosas obras que había publicado durante su vida el célebre literato don Timoteo.

—Yo hice—empezó—una oda a la *continencia.*

—*Continencia*—dije yo repitiendo. Adelante.

—En los periódicos de entonces puse algunas anacreónticas[12]; pero no puse mi nombre.

—*Anacreónticas;* siga usted; vamos a lo gordo.

—Cuando los franceses,[13] escribí un folletito que no llegó a publicarse... ¡Como ellos mandaban!...

—*Folletito* que no llegó a publicarse.

—He hecho una oda al Huracán, y una silva a Filis.

—*Huracán, Filis.*

—Y una comedia que medio traduje de cualquier modo; pero como en aquel tiempo nadie sabía francés, pasó por mía; me dio mucha fama. Una novelita traduje también.

—¿Qué más?

—Ahí tengo un prólogo empezado para una obra que pienso escribir, en el cual trato de decir modestamente que no aspiro al título de sabio; que las largas convulsiones políticas que han conmovido a la Europa y a mí a un mismo tiempo, las intrigas de mis émulos, enemigos y envidiosos, y la larga carrera de infortunios y sinsabores en que me he visto envuelto y arrastrado

---

[11] La ilustración del pueblo.

[12] Odas ligeras y graciosas, al estilo del poeta lírico griego, Anacreonte (560-478 antes de Cristo).

[13] Cuando los franceses ocuparon España. (Cuando el ejército francés cruzó los Pirineos y se apoderó de las principales bases estratégicas españolas, el pueblo madrileño se sublevó el 2 de mayo de 1808, iniciando la Guerra de la Independencia.)

juntamente con mi patria, ha impedido que dedicara mis ocios al cultivo de las musas; que habiéndose luego el Gobierno acordado y servídose de mi poca aptitud en circunstancias críticas, tuve que dar de mano a[14] los estudios amenos, que reclaman soledad y quietud de espíritu, como dice Cicerón[15]; y en fin, que en la retirada de Vitoria[16] perdí mis papeles y manuscritos más importantes; y sigo por ese estilo…

—Cierto… Ese prólogo debe darle a usted extraordinaria importancia.

—Por lo demás, no he publicado otras cosas…

—Conque una oda y otra oda—dije yo recapitulando—, y una silva,[17] anacreónticas, una traducción original, un folletito que no llegó a publicarse y un prólogo que se publicará…

—Eso es. Precisamente.

Al oír esto no estuvo en mí tener más la risa; despedíme cuanto antes pude del sabio don Timoteo y fuime a soltar la carcajada al medio del arroyo[18] a todo mi placer.

—¡Por vida de Apolo![19]—salí diciendo—. ¿Y es éste don Timoteo? ¿Y cree que la sabiduría está reducida a hacer anacreónticas? ¿Y porque ha hecho una oda le llaman sabio? ¡Oh reputaciones fáciles! ¡Oh pueblo bondadoso!

¿Para qué he de entretener a mis lectores con la poca diversidad que ofrece la enumeración de las demás consultas que en aquella mañana pasé? Apenas encontré uno de esos célebres literatos que así pudiera dar su voto en poesía como en legislación, en historia como en medicina, en ciencias exactas como en… Los literatos aquí no hacen más que versos, y algunas excepciones hay y si existen entre ellos algunos de mérito verdadero que de él hayan dado pruebas positivas, ni el autor de *Vidas de los españoles célebres*, ni el del *Edipo,* ni algunos tres o cuatro más nombrar pudiera, son excepciones suficientes para variar la regla general.

¿Hasta cuándo, pues, esa necia adoración a las reputaciones usurpadas? Nuestro país ha caminado más de prisa que esos literatos rezagados; recordamos sus nombres, que hicieron ruido cuando, más ignorantes éramos los primeros a aplaudirlos y seguimos repitiendo siempre como papagayos *Don Timoteo es un sabio.* ¿Hasta cuándo? Presenten sus títulos a la gloria y los respetaremos y pondremos sus obras sobre nuestra cabeza. ¡Y al paso que nadie se atreve a tocar a esos sagrados nombres, que sólo por antiguos tienen mérito, son juzgados los jóvenes que empiezan con toda la severidad que aquéllos merecían! El más leve descuido corre de boca en boca; una reminiscencia es llamada robo; una imitación, plagio, y un plagio verdadero, intolerable desvergüenza. Esto en tierra donde hace siglos que otra cosa no han hecho sino traducir nuestros más originales hombres de letras.

Pero volvamos a nuestro don Timoteo. Háblasele de algún joven que haya dado alguna obra.

—No la he leído… ¡Como no leo esas cosas!— exclama.

Hable usted de teatros a don Timoteo.

—No voy al teatro; eso está perdido.

Porque quieren persuadirnos de que estaba mejor en su tiempo; nunca verá usted la cara del literato en el teatro. Nada conoce; nada lee nuevo, pero de todo juzga, de todo hace ascos.

Veamos a don Timoteo en el Prado, rodeado de una pequeña corte, que a nadie conoce cuando va con él; vean ustedes cómo le oyen con la boca abierta; parece que le han sacado entre todos a paseo para que no se acabe entre sus investigaciones acerca de la rima, que a nadie le importa. ¿Habló don Timoteo? ¡Qué algazara[20] y qué aplausos! ¿Se sonrió don Timoteo? ¿Quién fue el dichoso que le hizo desplegar los labios? ¿Lo dijo don Timoteo, el sabio autor de una oda olvidada o de un ignorado romance? Tuvo razón don Timoteo.

Haga usted una visita a don Timoteo; en buena hora[21]; pero no espere usted que se la pague. Don Timoteo no visita a nadie. ¡Está tan ocupado! El estado de su salud no le permite usar de cumplimientos; en una palabra, no es para don Timoteo la buena crianza.

Véamosle en sociedad. ¡Qué aire de suficiencia, de autoridad, de supremacía! Nada le divierte a don Timoteo. ¡Todo es malo! Por supuesto que no baila don Timoteo, ni habla don Timoteo, ni hace nada don Timoteo de lo que hacen las personas. Es un eslabón roto en

---

[14] **Dar…** cesar.

[15] Político, pensador y orador romano (106-43 a. C.).

[16] Se refiere a la derrota de Napoleón.

[17] Combinación métrica en que se alternan los versos endecasílabos (de once sílabas) con los heptasílabos (de siete sílabas).

[18] Aquí, calle.

[19] **Por…** por Dios.

[20] Ruido, vocerío.

[21] **En…** Buena suerte.

la cadena de la sociedad.

¡Oh sabio don Timoteo! ¿Quién me diera a mí hacer una mala oda para echarme a dormir sobre el colchón de mis laureles; para hablar de mis afanes literarios, de mis persecuciones y de las intrigas y revueltas de los tiempos; para hacer ascos de la literatura; para recibir a las gentes sentado; para no devolver visitas; para vestir mal; para no tener que leer; para decir del alumno de las musas que más haga: «es un mancebo de dotes muy recomendables, es mozo que promete»; para mirarle a la cara con aire de protección y darle alguna suave palmadita en la mejilla, como para comunicarle por medio del contacto mi saber; para pensar que el que hace versos, o sabe dónde han de ponerse las comas, y cuál palabra se halla en Cervantes, y cuál no, ha llegado al *summum*[22] del saber humano; para llorar sobre los adelantos de las ciencias útiles; para tener orgullo y amor propio; para hablar pedantesco y ahuecado; para vivir en contradicción con los usos sociales; para ser, en fin, ridículo en sociedad, sin parecérselo a nadie?

Día de difuntos[23] de 1836

«FIGARO» EN EL CEMENTERIO

Beati qui moriuntur in Domino.[24]

En atención a que[25] no tengo gran memoria, circunstancia que no deja de contribuir a esta especie de felicidad que dentro de mí mismo me he formado, no tengo muy presente en qué artículo escribí (en los tiempos en que yo escribía) que vivía en un perpetuo asombro de cuantas cosas a mi vista se presentaban. Pudiera suceder también que no hubiera escrito tal cosa en ninguna parte, cuestión en verdad que dejaremos a un lado por harto poco importante en época en que nadie parece acordarse de lo que ha dicho ni de lo que otros han hecho. Pero suponiendo que así fuese, hoy,

---

[22] Máximo.

[23] Observado por los católicos el 2 de noviembre con misas y oraciones para los muertos. El artículo de Larra se basa en la costumbre de ir al cementerio para visitar las tumbas de familiares difuntos.

[24] Benditos son los que mueren en el Señor. (Oración para los muertos que se reza el día de difuntos.)

[25] **En...** Debido al hecho de que.

día de difuntos de 1836, declaro que si tal dije es como si nada hubiera dicho, porque en la actualidad maldito si me asombro de cosa alguna.[26] He visto tanto, tanto, tanto..., como dice alguien en *El califa*.[27] Lo que sí me sucede es no comprender claramente todo lo que veo, y así es que al amanecer un día de difuntos no me asombra precisamente que haya tantas gentes que vivan: sucédeme, sí, que no lo comprendo.

En esta duda estaba deliciosamente entretenido el Día de los Santos,[28] y fundado en el antiguo refrán, que dice: *Fíate en la Virgen* y *no corras*[29] (refrán cuyo origen no se concibe en un país tan eminentemente cristiano como el nuestro), encomendábame a todos ellos con tanta esperanza,[30] que no tardó en cubrir mi frente una nube de melancolía; pero de aquellas melancolías de que sólo un liberal español, en estas circunstancias, puede formar una idea aproximada. Quiero dar una idea de esta melancolía; un hombre que cree en la amistad, y llega a verla por dentro; un inexperto, que se ha enamorado de una mujer; un heredero, cuyo tío indiano[31] muere de repente sin testar[32]; un tenedor de bonos de Cortes,[33] una viuda que tiene asignada pensión[34] sobre el Tesoro español, un diputado elegido en las penúltimas elecciones,[35] un militar que ha perdido una pierna por el Estatuto[36] y se ha quedado sin pierna y sin Estatuto, un grande que fue liberal por ser prócer[37] y

---

[26] **Maldito...** Ya absolutamente nada me asombra.

[27] *El califa de Bagdad,* ópera de Rossini que Larra reseñó en 1833.

[28] Fiesta celebrada el primero de noviembre en honor a todos los santos de la Iglesia.

[29] Proverbio que se dice para burlarse de los que no hacen un esfuerzo por remediar sus propios problemas.

[30] Es decir, con tan poca esperanza.

[31] Español que va a Latinoamérica para hacer su fortuna. Estos españoles a menudo regresaban a España muy ricos.

[32] Dejar testamento.

[33] Parlamento español. (En 1836 no había dinero en los cofres del gobierno y los bonos de Cortes no valían nada.)

[34] Como el gobierno no tenía dinero, no podía pagar pensiones.

[35] Las Cortes no se reunieron a causa de la revolución de La Granja. Larra, que había sido elegido diputado, no pudo ocupar su puesto. La Granja era la residencia real donde, en agosto de 1836, los guardias se rebelaron y forzaron a la regenta, María Cristina, a restaurar la Constitución de 1812.

[36] El Estatuto Real de 1834 había autorizado el parlamento de dos cámaras, pero en 1836 ya había sido abolido.

[37] Muchos grandes (nobles) se hicieron liberales para poder ocupar puestos en la cámara alta, pero después de la abo-

que se ha quedado sólo liberal, un general constitucional que persigue a Gómez,[38] imagen fiel del hombre corriendo siempre tras la felicidad, sin encontrarla en ninguna parte; un redactor de *El Mundo*,[39] en la cárcel, en virtud de la libertad de imprenta[40]; un ministro de España y un rey, en fin, constitucional, son todos seres alegres y bulliciosos, comparada su melancolía con aquélla que a mí me acosaba, me oprimía y me abrumaba en el momento de que voy hablando.

Volvíame y me revolvía en un sillón de éstos que parecen camas, sepulcro de todas mis meditaciones, y ora me daba palmadas en la frente, como si fuese mi mal, mal de casado[41]; ora sepultaba las manos en mis faltriqueras, a guisa de buscar mi dinero, como si mis faltriqueras fueran el pueblo español y mis dedos otros tantos gobiernos[42]; ora alzaba la vista al cielo como si, en calidad de liberal, no me quedase más esperanza que en él; ora la bajaba avergonzado, como quien ve un faccioso[43] más, cuando un sonido lúgubre y monótono, semejante al ruido de los partes,[44] vino a sacudir mi entorpecida existencia.

¡Día de difuntos!, exclamé, y el bronce[45] herido que anunciaba con lamentable clamor la ausencia eterna de los que han sido, parecía vibrar más lúgubre que ningún año, como si presagiase su propia muerte. Ellas también, las campanas, han alcanzado su última hora,[46] y sus tristes acentos son el estertor del moribundo; ellas también van a morir a manos de la libertad, que todo lo vivifica, y ellas serán las únicas en España, ¡santo Dios!, que morirán colgadas. ¡Y hay justicia divina!

La melancolía llegó entonces a su término; por una reacción natural, cuando se ha agotado una situación,

ocurrióme de pronto que la melancolía es la cosa más alegre del mundo para los que la ven, y la idea de servir yo entero de diversión… ¡Fuera, exclamé, fuera!, como si estuviera viendo representar a un actor español; ¡fuera! como si oyese hablar a un orador en las Cortes; y arrojéme a la calle; pero, en realidad, con la misma calma y despacio como si tratase de cortar la retirada a Gómez.[47]

Dirigíanse las gentes por las calles en gran número y larga procesión serpenteando de unas en otras, como largas culebras de infinitos colores; ¡al cementerio, al cementerio! ¡Y para eso salían de las puertas de Madrid!

Vamos claros, dije yo para mí; ¿dónde está el cementerio? ¿Fuera o dentro? Un vértigo espantoso se apoderó de mí, y comencé a ver claro. El cementerio está dentro de Madrid. Madrid es el cementerio, donde cada casa es el nicho de una familia, cada calle el sepulcro de un acontecimiento, cada corazón la urna cineraria de una esperanza o de un deseo.

Entonces, y en tanto que los que creen vivir acudían a la mansión que presumen de los muertos, yo comencé a pasear con toda la devoción y recogimiento de que soy capaz las calles del grande osario.

«Necios, decía a los transeúntes, ¿os movéis para ver muertos? ¿No tenéis espejos, por ventura? ¿Ha acabado también Gómez con el azogue[48] de Madrid? ¡Miraos insensatos, a vosotros mismos, y en vuestra frente veréis vuestro propio epitafio! ¿Vais a ver a vuestros padres y a vuestros abuelos cuando vosotros sois los muertos? Ellos viven, porque ellos tienen paz; ellos tienen libertad, la única posible sobre la tierra, la que da la muerte; ellos no pagan contribuciones,[49] que no tienen; ellos no serán alistados ni movilizados; ellos no son presos ni denunciados; ellos, en fin, no gimen bajo la jurisdicción del celador del cuartel; ellos son los únicos que gozan de la libertad de imprenta, porque ellos hablan al mundo. Hablan en voz bien alta, y que ningún jurado se atrevería a encausar[50] y a condenar. Ellos, en fin, no reconocen más que una ley, la imperiosa ley de la naturaleza que allí los puso, y ésa la obedecen».

¿Qué monumento es éste?, exclamé al comenzar mi

---

lición del Estatuto Real, terminaron siendo liberales pero no diputados.

[38] Miguel Gómez, general carlista que en 1836 eludió a las fuerzas del gobierno que le perseguían.

[39] Periódico liberal.

[40] Irónico. Larra implica que los periodistas ejercen su profesión sólo para terminar en la cárcel.

[41] Es decir, como si fuera un cornudo. (Se da palmadas en la frente en el lugar donde estarían sus cuernos. Los cuernos son símbolo del esposo de una mujer adúltera.)

[42] Los gobiernos constantemente tienen las «manos» en los bolsillos de los ciudadanos.

[43] Aquí, guerrillero carlista.

[44] Partes de guerra, comunicados sobre la guerra.

[45] Se refiere al tañido de las campanas.

[46] Referencia a la quema de conventos. A menudo se robaban las campanas para hacer municiones.

[47] Es decir, sabiendo que era inútil. El general Gómez eludió repetidamente a los ejércitos de la Reina, así que tratar de «cortarle la retirada» era inútil.

[48] Mercurio (que se usa para hacer espejos).

[49] Impuestos.

[50] Procesar, enjuiciar.

paseo por el vasto cementerio.

¿Es el mismo un esqueleto inmenso de los siglos pasados o la tumba de otros esqueletos? ¡*Palacio!*[51] Por un lado mira a Madrid, es decir, a las demás tumbas; por otro, mira a Extremadura, esa provincia virgen..., como se ha llamado hasta ahora.[52] Al llegar aquí me acordé del verso de Quevedo.[53]

Y ni los v... [54] ni los diablos veo.

En el frontispicio[55] decía: *Aquí yace el trono; nació en el reinado de Isabel la Católica, murió en La Granja, de un aire colado.*[56] En el basamento se veían cetro y corona y demás ornamentos de la dignidad real. *La Legitimidad,*[57] figura colosal, de mármol negro, lloraba encima. Los muchachos se habían divertido en tirarle piedras, y la figura maltratada llevaba sobre sí las muestras de la ingratitud.

¿Y este mausoleo, a la izquierda? *La Armería.* Leamos: *Aquí yace el valor castellano, con todos sus pertrechos. R.I.P.*[58] *Los ministerios. Aquí yace media España. Murió de la otra media.*[59]

Doña María de Aragón.[60] *Aquí yacen los tres años.*[61]

Y podía haberse añadido: aquí callan los tres años. Pero el cuerpo no estaba en el sarcófago; una nota, al pie, decía: *El cuerpo del santo se trasladó a Cádiz en el año 23, y allí, por descuido, cayó al mar.* [62]

---

[51] El Palacio Real.

[52] Virgen en el sentido de que no había sido atacada hasta la invasión del general Gómez.

[53] Francisco de Quevedo (1580-1645), uno de los escritores más célebres del Siglo de Oro, conocido por su poesía, sus tratados, su prosa satírica y una novela picaresca, *El buscón.* Larra cita incorrectamente un verso de los *Riesgos del matrimonio en los ruines casados.*

[54] Vírgenes. Larra quiere decir que ya no hay nada en España, no hay ni posibilidades ni esperanzas.

[55] El epitafio que Larra dice que lee en el edificio.

[56] Es decir, cogió aire, se resfrió. Se refiere a la fragilidad de la monarquía, que se derrumba con un aire.

[57] La sucesión al trono basada en la legitimidad, es decir, en la herencia. (Fernando VII había promulgado la Pragmática Sanción, que restablecía el derecho de las mujeres a la sucesión, tratando de asegurar así la sucesión de su hija.)

[58] *Requiescat in Pace:* Descanse en paz.

[59] Alusión a la guerra civil que había dividido al país.

[60] Antiguo convento fundado en 1590 por la reina de Castilla. Más tarde el edificio se usó para las reuniones de las cortes.

[61] Los años de 1820 a 1823 del gobierno constitucional.

[62] Fernando VII abolió la constitución en 1820, provo-

Y otra añadía, más moderna, sin duda: *Y resucitó al tercer día.*[63]

Más allá, ¡santo Dios!: *Aquí yace la inquisición, hija de la fe y del fanatismo. Murió de vejez.* Con todo, anduve buscando alguna nota de resurrección; o todavía no la habían puesto, o no se debía de poner nunca.

Alguno de los que se entretienen en poner letreros en las paredes había escrito, sin embargo, con yeso, en una esquina, que no parecía sino que se estaba saliendo, aun antes de borrarse: *Gobernación.*[64] ¡Qué insolentes son los que ponen letreros en las paredes! Ni los sepulcros respetan.

¿Qué es esto? ¡*La cárcel!* *Aquí reposa la libertad del pensamiento.* ¡Dios mío, en España, en el país ya educado para instituciones libres! Con todo, me acordé de aquel célebre epitafio, y añadí involuntariamente:

Aquí el pensamiento reposa,
en su vida hizo otra cosa.

Dos redactores de *El Mundo* eran las figuras lacrimatorias de esta grande urna. Se veían en el relieve una cadena, una mordaza y una pluma. Esta pluma, dije para mí, ¿es la de los escritores, o la de los escribanos?[65] En la cárcel todo puede ser.

La calle de Postas, la calle de la Montera. Estos no son sepulcros. Son osarios, donde, mezclados y revueltos, duermen el comercio, la industria, la buena fe, el negocio.

Sombras venerables, ¡hasta el valle de Josafat![66]

Correos.[67] *¡Aquí yace la subordinación militar!*

---

cando una sublevación liberal. Los liberales pusieron de nuevo en vigor la Constitución de 1812, pero el período constitucional terminó con la intervención de los franceses en 1823. Se retiraron los liberales a Cádiz, habiendo obligado al rey a ir con ellos. Los franceses sitiaron la ciudad y el rey se unió a ellos por mar. (El «santo» es la Constitución de 1812.)

[63] Como Cristo, Fernando «resucitó» al tercer día. Es decir, tres días después de volver a asumir el poder absoluto, rompió todas sus promesas y comenzó a perseguir a los liberales despiadadamente.

[64] Ministerio del Interior.

[65] Funcionarios públicos autorizados para dar fe de las escrituras que pasan ante ellos. Los documentos de los escribanos podían causar el encarcelamiento de un individuo.

[66] **Hasta...** Hasta el Juicio Final (que tendrá lugar en el valle de Josafat).

[67] En enero de 1834 hubo un motín en la Casa de Correos, pero los rebeldes no fueron castigados.

Una figura de yeso, sobre el vasto sepulcro, ponía el dedo en la boca[68]; en la otra mano, una especie de jeroglífico hablaba por ella: una disciplina rota.[69]

Puerta del Sol. La puerta del Sol[70]; ésta no es sepulcro sino de mentiras.

La Bolsa. Aquí yace el crédito español. Semejante a las pirámides de Egipto, me pregunté, ¿es posible que se haya erigido este edificio sólo para enterrar en él una cosa tan pequeña?[71]

La imprenta Nacional. Al revés que la Puerta del Sol, éste es el sepulcro de la verdad. Única tumba de nuestro país donde, a uso de Francia, vienen los concurrentes a echar flores.[72]

La Victoria.[73] *Ésa yace para nosotros en toda España.* Allí no había epitafio, no había monumento. Un pequeño letrero que el más ciego podía leer decía sólo: *¡Este terreno lo ha comprado a perpetuidad, para su sepultura, la Junta de Enajenación de Conventos!*[74]

¡Mis carnes se estremecieron! Lo que va de ayer a hoy. ¿Irá otro tanto de hoy a mañana?

Los Teatros. Aquí reposan los ingenios españoles. Ni una flor, ni un recuerdo, ni una inscripción.

El Salón de Cortes. Fue casa del Espíritu Santo; pero ya el Espíritu Santo no baja al mundo en lenguas de fuego. [75]

Aquí yace el Estatuto;
vivió y murió en un minuto.

---

[68] Señal de silencio.

[69] Juego de palabras. La disciplina (azote) no se usó; por lo tanto, se rompió la disciplina militar.

[70] En el centro de Madrid. Lugar de mucho comercio, tertulias, chismes, etc.

[71] Es decir, el crédito español es tan pequeño que no se necesita un edificio entero para contenerlo.

[72] Juego de palabras: «Echar flores» significa elogiar; también se echan flores a las tumbas el día de difuntos. Como la gente tiene que «echar flores» en vez de decir la verdad, se ha suprimido completamente la libre expresión de ideas.

[73] Un antiguo monasterio expropiado en 1835. También se refiere a la victoria sobre los carlistas que no llega.

[74] Comisión que se estableció para la confiscación de conventos y otros bienes eclesiásticos. Para Larra, esta victoria de los liberales era hueca.

[75] El Salón de Cortes había sido un antiguo convento (casa del Espíritu Santo), pero ahora el Espíritu Santo no baja a la tierra en lenguas de fuego (como en los Hechos de los Apóstoles 2:3-4, en los que Dios inspira a los Apóstoles a hablar con elocuencia). En otras palabras, ya no se oye la buena retórica en las Cortes.

Sea por muchos años, añadí; que así será. Éste debió de ser raquítico, según lo poco que vivió.

El Estamento de Próceres.[76] Allá, en el Retiro.[77] Cosa singular ¡Y no hay[78] un Ministerio que dirija las cosas del mundo, no hay una inteligencia provisora, inexplicable! Los próceres y su sepulcro en el Retiro.

El sabio, en su retiro, y el villano, en su rincón.[79]

Pero ya anochecía, y también era hora de retiro para mí. Tendí una última ojeada sobre el vasto cementerio. Olía a muerte próxima. Los perros ladraban, con aquel aullido prolongado, intérprete de su instinto agorero: el gran coloso, la inmensa capital, toda ella, se removía como un moribundo que tantea la ropa; entonces no vi más que un gran sepulcro; una inmensa lápida se disponía a cubrirlo como una ancha tumba.

No había *aquí yace* todavía; el escultor no quería mentir; pero los nombres del difunto saltaban a la vista, ya distintamente delineados.

¡Fuera, exclamé, la horrible pesadilla, fuera! ¡Libertad! ¡Constitución! ¡Tres veces![80] ¡Opinión nacional! ¡Emigración! ¡Vergüenza! ¡Discordia! Todas estas palabras parecían repetirme a un tiempo los últimos ecos del clamor general de las campanas del día de difuntos de 1836.

Una nube sombría lo envolvió todo. Era la noche. El frío de la noche helaba mis venas. Quise salir violentamente del horrible cementerio. Quise refugiarme en mi propio corazón, lleno no ha mucho de vida, de ilusiones, de deseos.

¡Santo cielo! También otro cementerio. Mi corazón no es más que otro sepulcro. ¿Qué dice? Leamos. ¿Quién ha muerto en él? ¡Espantoso letrero! *¡Aquí yace la esperanza!*

¡Silencio, silencio!

---

[76] La Cámara Alta.

[77] Juego de palabras. Se refiere al Parque del Buen Retiro, en Madrid, donde se encontraba el Estamento de Próceres y también al retiro de los próceres, que son ineficaces e inútiles.

[78] **Y...** Y dicen que no hay.

[79] Alusión a una obra de Lope de Vega, *El villano en su rincón.* Es decir, cada uno debe ocupar su lugar.

[80] La constitución estuvo en vigor tres veces, en 1812, en 1820 y en 1836.

Temas

Comprensión del texto

1. ¿Qué significa la cita con la cual Larra comienza «Don Timoteo»? ¿Por qué empieza su ensayo con esta cita? ¿Cuál es su opinión de los literatos?

2. ¿Por qué compara la aristocracia de la belleza con la de la cuna y la del dinero? ¿Por qué, según Larra, es disculpable la aristocracia del talento? ¿Está usted de acuerdo con él?

3. ¿En qué vemos la arrogancia del literato? ¿Qué tipo de cosas critica en el manuscrito del joven?

4. ¿Cómo cambia de tema constantemente para hablar de sí mismo?

5. ¿Ha publicado el literato cosas importantes? ¿Lee mucho? ¿Le interesan las actividades culturales y artísticas?

6. Describa el estado de ánimo del narrador en «Día de difuntos de 1836». ¿Por qué son importantes la fecha y la ocasión de este artículo?

7. ¿Qué metáforas usa el autor para describir su melancolía? ¿Qué alusiones hace en la introducción a la situación política y económica de España y a su situación personal?

8. ¿En qué sentido es Madrid un cementerio? ¿Qué lugares visita? ¿A qué le recuerda cada uno?

Lo que muertos es los derechos

Análisis literario

1. ¿Qué comentario hace Larra sobre la superficialidad de los estudios literarios de su época en «Don Timoteo»? ¿Ve usted algún paralelo entre el mundo intelectual que describe Larra y la universidad moderna?

2. ¿Qué actitud adopta Larra en este ensayo? ¿Por qué se hace el humilde? ¿En qué consiste el humor de su descripción de don Timoteo?

3. ¿Cómo usa Larra el sarcasmo para burlarse de don Timoteo?

4. ¿Cómo crea un ambiente sombrío en «Día de difuntos»? ¿Qué efecto produce la mención de perros que ladran y aúllan, del olor a muerte y de las campanas, el clamor de las campanas? *triste, scary tortura*

5. ¿Cuáles son las características del cuadro de costumbres de Larra?

Cementerio de noche

ambiente de temor o misterio, desasociega

El teatro romántico

JOSÉ ZORRILLA (1817-1893)

Las manifestaciones más interesantes del movimiento romántico se ven tal vez en el teatro. La entrada de las tropas napoleónicas en Madrid en mayo de 1808 cambió radicalmente la dirección del drama en España. En un principio, la invasión puso fin a toda actividad dramática. Cuando finalmente volvieron a abrirse los teatros, la escena se había convertido en un campo de batalla en el que los partidarios de José Bonaparte y los de Fernando VII luchaban por la defensa de su causa. La situación no mejoró al volver éste al poder en 1814. La represión y la censura de su régimen causaron el éxodo de muchos futuros dramaturgos, por ejemplo, el de Francisco Martínez de la Rosa, quien habría de ser uno de los iniciadores del teatro romántico en España.

En 1823 la situación empezó a cambiar, gracias al empresario y dramaturgo francés Juan de Grimaldi (1796-1872). Al establecerse en Madrid, Grimaldi renovó dos importantes teatros, el de la Cruz y el del Príncipe, no sólo arreglando los edificios, sino también buscando nuevos actores y dramaturgos. Montó óperas, refundiciones de obras del Siglo de Oro y comedias de magia. Éstas últimas se valían de efectos visuales, del humor y de referencias a hechos del momento para mantener el interés del espectador.

Aunque la censura no desapareció durante la época de María Cristina, por lo menos existía un ambiente más abierto y tolerante que se prestaba a la experimentación teatral. Influido por el teatro francés, Martínez de la Rosa introdujo el drama romántico con *La conjuración de Venecia*, el cual fue montado por Grimaldi. Siguieron obras como *Macías* de Larra, *Los amantes de Teruel* de Juan Eugenio Hartzenbusch, *Don Alvaro o la fuerza del sino* del duque de Rivas, *El trovador* de Antonio García Gutiérrez y *Don Juan Tenorio* de Zorrilla. Estas obras, consideradas chocantes y revolucionarias, inspiraron debates muy vivos entre críticos e intelectuales.

La figura dominante del drama romántico es siempre un galán valiente, rebelde y atrevido. Éste encarna el ideal de la libertad, o porque lucha contra la tiranía política o porque rompe con las convenciones sociales que restringen la conducta del individuo. Se rebela contra todo: la ley, la Iglesia, la autoridad paterna, aun su propio destino. Alcanza dimensiones heroicas al combatir contra fuerzas que están más allá de lo humano. A menudo es un ser marginado—

un huérfano o un extranjero, por ejemplo. El tema central del drama romántico es el amor, aun en obras de contenido político. Si bien el héroe romántico rompe todas las reglas humanas y divinas, es fiel a su amada, quien desafía a la familia o deja el claustro para seguirle. Se trata casi siempre de un amor prohibido. Los parientes de la joven desprecian al héroe porque lo creen de bajo linaje (aunque a veces resulta ser tan noble como ellos) o por su mala fama. El héroe romántico se describe a menudo como un ser satánico que ha sido rechazado por Dios y por el mundo. La amada es virtuosa, angelical, capaz de desafiar a todos por su amante y, en el caso de doña Inés en *Don Juan Tenorio*, de arriesgar su propia salvación para ayudarle a alcanzar la suya.

Si Espronceda y Larra se asocian con el aspecto liberal y progresista del Romanticismo, Zorrilla representa el nacionalismo conservador. Sus obras revelan una añoranza del glorioso pasado cristiano y monárquico de España. A diferencia de Espronceda y Larra, que habían viajado al extranjero cuando jóvenes, Zorrilla era el producto de una educación enteramente nacional. Por lo tanto, no comparte su perspectiva amplia y europea. Como otros románticos, Zorrilla retrata a héroes rebeldes y satánicos, pero sus obras no se apartan de los antiguos valores tradicionales.

Esto no quiere decir que Zorrilla ignorara el Romanticismo europeo. Aunque no visitó París hasta 1845, cuando ya había escrito sus obras más conocidas, de joven leyó a escritores románticos franceses, ingleses y alemanes. Igual que ellos, buscó inspiración en tradiciones y leyendas nacionales. A menudo situó sus obras en la Edad Media, no porque quisiera reproducir con exactitud aquel período, sino para recrear el ambiente de la España legendaria y heroica. Sus fuentes principales son el Romancero y el teatro del Siglo de Oro, en particular, las obras de Tirso y Calderón.

Zorrilla nacionalizó el teatro romántico. No caracterizan sus obras las ideas originales ni los sentimientos delicados y profundos, sino el espíritu tradicionalista y popular. La religión es uno de sus temas predilectos, pero sus obras carecen de la dimensión doctrinal de los grandes dramas áureos. Se trata más bien de la fe del vulgo, de lo milagroso y lo maravilloso. Los elementos fantásticos o sobrenaturales sirven para crear un ambiente medieval en el cual se destacan el heroico caballero cristiano y el valiente árabe. Los protagonistas de Zorrilla suelen ser hombres aventureros, fuertes y donjuanescos. A veces son personajes históricos como el Cid o el rey don Pedro.

Don Juan Tenorio es la obra más conocida de Zorrilla. De tremenda teatralidad y belleza lírica, *Don Juan* transforma en una historia de *hubris* y regeneración la leyenda medieval hecha famosa por Tirso de Molina.[+] Don Juan, seductor famoso, se apuesta con don Luis que le quitará su prometida, doña Ana de Pantoja. Oye el desafío el Comendador don Gonzalo, padre de doña Inés, la que debe casarse con don Juan, y deshace el matrimonio convenido. Don Juan jura a don Gonzalo que robará a su hija. Entonces, entra en el convento donde está encerrada la joven y la rapta. Curiosamente, don Juan, que nunca se ha enamorado de ninguna mujer, queda prendado de doña Inés y ella de él. Don Luis y don Gonzalo se enfrentan al Tenorio, y ambos mueren a sus manos. Don Juan huye a Italia. Cuando vuelve a España cinco años más tarde, visita el panteón familiar donde encuentra la tumba de doña Inés, que ha muerto de dolor. Ella también ha hecho una apuesta, uniendo su suerte a la de don Juan; si él se salva, ella también se salvará; si él se condena, ella compartirá su destino. Siguiendo el modelo de Tirso, don Juan invita a cenar a la estatua de don Gonzalo; éste acude a la cita y a su vez invita a don Juan a cenar con él en el sepulcro. Pero cuando el Comendador intenta llevar a don Juan al infierno, doña Inés interviene. Don Juan se arrepiente, se salva y ambos suben al cielo en una apoteosis de cantos e imágenes sagradas. Rebelde, diabólico, desafiador, don Juan responde perfectamente al arquetipo del héroe romántico. Asimismo, doña Inés es la heroína dispuesta a entregarse plenamente a la pasión. Aun en el convento se muestra inquieta y deseosa de conocer los misterios del amor.

El amor opera cambios dramáticos en la personalidad de don Juan, quien, en presencia de Inés, por primera vez, frena sus impulsos. En vez de deshonrarla, la defiende. Se pone de rodillas ante don Gonzalo y le pide perdón. Sólo después de sentirse rechazado por el Comendador y Dios mismo vuelve a su vida disoluta. Si en la obra de Tirso don Gonzalo arrastra al burlador al infierno, en la de Zorrilla, el amor se convierte en una fuerza redentora, lo cual permite una conciliación entre la ortodoxia religiosa y la imagen romántica del héroe seductor y arrogante.

Zorrilla es el último gran dramaturgo romántico de España. La siguiente generación, influida por el Realismo, juzgó su obra severamente. Sin embargo, ahora vuelve a aumentar su popularidad.

[+] La paternidad de *El burlador de Sevilla* ha provocado un debate animado. Tradicionalmente atribuida a Tirso de Molina, Alfredo Rodríguez López-Vázquez ha sugerido que la obra realmente fue escrita por Claramonte, mientras que Luis Vázquez ha defendido la autoría de Tirso. Véanse las páginas 142-45.

Don Juan Tenorio

La acción en Sevilla, por los años de 1545, últimos del emperador Carlos V. Los cuatro primeros actos pasan en una sola noche. Los tres restantes, cinco años después y en otra noche.

Acto primero
Libertinaje y escándalo
Escena XII

[Don Juan y don Luis se encuentran en la hostería[1] de Buttarelli.]

D. JUAN: Yo soy don Juan. *(Quitándose la máscara.)*
D. LUIS: *(Idem.)*   Yo don Luis.

(Se descubren y se sientan. El capitán Centellas, Avellaneda, Buttarelli y algunos otros se van a ellos y les saludan, abrazan y dan la mano, y hacen otras semejantes muestras de cariño y amistad. Don Juan y Don Luis las aceptan cortésmente.) (...)

D. JUAN: El tiempo no malgastemos,
        don Luis. *(A los otros.)* Sillas arrimad.
    (A los que están lejos.) Caballeros, yo supongo
        que a ustedes también aquí
        les traerá la apuesta, y por mí,
        a antojo tal no me opongo.
D. LUIS: Ni yo, que aunque nada más
        fue el empeño entre los dos,
        no ha de decirse, por Dios,
        que me avergonzó jamás.
D. JUAN: Ni a mí, que el orbe es testigo
        de que hipócrita no soy,
        pues por doquiera que voy
        va el escándalo conmigo.
D. LUIS: ¡Eh! ¿Y esos dos no se llegan
        a escuchar? Vos. *(Por don Diego
    y don Gonzalo.)*
D. DIEGO: Yo estoy bien.
D. LUIS: ¿Y vos?
D. GON.:   De aquí oigo también.
D. LUIS: Razón tendrán si se niegan.

(Se sientan todos alrededor de la mesa en que están don Luis Mejía y don Juan Tenorio.)

D. JUAN: ¿Estamos listos?
D. LUIS: Estamos.
D. JUAN: Como quien somos cumplimos.[2]
D. LUIS: Veamos, pues, lo que hicimos.
D. JUAN: Bebamos antes.
D. LUIS: Bebamos. *(Lo hacen.)*
D. JUAN: La apuesta fue...
D. LUIS: Porque un día
        dije que en España entera
        no habría nadie que hiciera
        lo que hiciera Luis Mejía.
D. JUAN: Y siendo contradictorio
        al vuestro mi parecer,
        yo os dije: «Nadie ha de hacer
        lo que hará don Juan Tenorio».
        ¿No es así?
D. LUIS: Sin duda alguna;
        y vinimos a apostar
        quién de ambos sabría obrar
        peor, con mejor fortuna,
        en el término de un año;
        juntándonos aquí hoy
        a probarlo.
D. JUAN: Y aquí estoy.
D. LUIS: Y yo.
CEN.:   ¡Empeño bien extraño,
        por vida mía!
D. JUAN: Hablad, pues.
D. LUIS: No, vos debéis empezar.
D. JUAN: Como gustéis, igual es,
        que nunca me hago esperar.
        Pues, señor, yo desde aquí,
        buscando mayor espacio
        para mis hazañas, di
        sobre Italia, porque allí
        tiene el placer un palacio.
        De la guerra y del amor
        antigua y clásica tierra,
        y en ella el Emperador,
        con ella y con Francia en guerra,[3]

---

[1] *Inn.*

[2] Es decir, hemos cumplido como hombres de honor porque somos hombres de honor.

[3] Carlos V combatió contra Francisco I de Francia en Italia.

díjeme: «¿Dónde mejor?
Donde hay soldados hay juego,
hay pendencias y amoríos.»
Di, pues, sobre Italia luego,
buscando a sangre y a fuego
amores y desafíos.
En Roma, a mi apuesta fiel,
fijé entre hostil y amatorio,
en mi puerta este cartel:
Aquí está don Juan Tenorio
para quien quiera algo de él.
De aquellos días la historia
a relataros renuncio;
remítome a la memoria
que dejé allí, y de mi gloria
podéis juzgar por mi anuncio.
Las romanas, caprichosas,
las costumbres, licenciosas,[4]
yo, gallardo y calavera,
¿quién a cuento redujera
mis empresas amorosas?
Salí de Roma por fin
como os podéis figurar,
con un disfraz harto ruin
y a los lomos de un mal rocín,
pues me quería ahorcar.
Fui al ejército de España;
mas todos paisanos míos,
soldados y en tierra extraña,
dejé pronto su compaña
tras cinco o seis desafíos.
Nápoles, rico vergel
de amor, de placer emporio,
vio en mi segundo cartel:
Aquí está don Juan Tenorio,
y no hay hombre para él.[5]
Desde la princesa altiva
a la que pesca en ruin barca,
no hay hembra a quien no suscriba,[6]
y cualquier empresa abarca
si en oro o valor estriba.
Búsquenle los reñidores;

cérquenle los jugadores;
quien se precie que le ataje,
a ver si hay quien le aventaje
en juego, en lid o en amores.
Esto escribí; y en medio año
que mi presencia gozó
Nápoles, no hay lance extraño,
no hay escándalo ni engaño
en que no me hallara yo.
Por dondequiera que fui,
la razón atropellé,
la virtud escarnecí,
a la justicia burlé
y a las mujeres vendí.
Yo a las cabañas bajé,
yo a los palacios subí,
yo los claustros escalé,
y en todas partes dejé
memoria amarga de mí.
Ni reconocí sagrado,
ni hubo razón ni lugar
por mi audacia respetado;
ni en distinguir me he parado
al clérigo del seglar.
A quien quise provoqué,
con quien quiso me batí,
y nunca consideré
que pudo matarme a mí
aquél a quien yo maté.
A esto don Juan se arrojó,
y escrito en este papel
está cuanto consiguió,
y lo que él aquí escribió,
mantenido está por él.

D. LUIS: Leed, pues.
D. JUAN: No; oigamos antes
vuestros bizarros extremos,
y si traéis terminantes
vuestras notas comprobantes,[7]
lo escrito cotejaremos.
D. LUIS: Decís bien; cosa es que está,
don Juan, muy puesta en razón,
aunque, a mi ver, poco irá[8]
de una a otra relación.
D. JUAN: Empezad, pues.

---

[4] Roma fue conocida por la corrupción y la lujuria de sus habitantes.

[5] **No...** No hay hombre que lo iguale; no hay hombre capaz de vencerlo.

[6] Se entregue a él.

[7] Evidencia convincente.

[8] **Poco...** Habrá poca diferencia.

D. LUIS: Allá va.
Buscando yo, como vos,
a mi aliento empresas grandes,
dije: «¿Dó[9] iré, ¡vive Dios!,[10]
de amor y lides en pos[11]
que vaya mejor que a Flandes?»[12]

[Sigue una larga descripción de las aventuras de don Luis.]

Y cual[13] vos, por donde fui
la razón atropellé,
la virtud escarnecí,
a la justicia burlé
y a las mujeres vendí.
Mi hacienda llevo perdida
tres veces; mas se me antoja
reponerla, y me convida
mi boda comprometida
con doña Ana de Pantoja.
Mujer muy rica me dan,
y mañana hay que cumplir
los tratos que hechos están;
lo que os advierto don Juan,
por si queréis asistir.
A esto don Luis se arrojó,
y escrito en este papel
está lo que consiguió;
y lo que él aquí escribió,
mantenido está por él.

D. JUAN: La historia es tan semejante,
que está en el fiel[14] la balanza;
mas vamos a lo importante,
que es el guarismo a que alcanza
el papel; conque adelante.

D. LUIS: Razón tenéis en verdad.
Aquí está lo mío; mirad,
por una línea apartados
traigo los nombres sentados,[15]
para mayor claridad.

D. JUAN: Del mismo modo arregladas
mis cuentas traigo en el mío:
en dos líneas separadas
los muertos en desafío
y las mujeres burladas.
Contad.

D. LUIS   Contad.

D. JUAN: Veintitrés.

D. LUIS: Son los muertos. A ver vos.
¡Por la cruz de San Andrés![16]
Aquí sumo treinta y dos.

D. JUAN: Son los muertos.

D. LUIS: Matar es.

D. JUAN: Nueve os llevo.

D. LUIS: Me vencéis.
Pasemos a las conquistas.

D. JUAN: Sumo aquí cincuenta y seis.

D. LUIS: Y yo sumo en vuestra lista
setenta y dos.

D. JUAN: Pues perdéis.

D. LUIS: ¡Es increíble, don Juan!

D. JUAN: Si lo dudáis, apuntados
los testigos ahí están,
que si fueren preguntados
os lo testificarán.

D. LUIS: ¡Oh! Y vuestra lista es cabal.

D. JUAN: Desde una princesa real
a la hija de un pescador,
¡oh!, ha recorrido mi amor
toda la escala social.
¿Tenéis algo que tachar?

D. LUIS: Sólo una os falta en justicia.

D. JUAN: ¿Me lo podéis señalar?

D. LUIS: Sí, por cierto; una novicia
que esté para profesar.

D. JUAN: ¡Bah! Pues yo os complaceré
doblemente, porque os digo
que a la novicia uniré
la dama de algún amigo
que para casarse esté.

D. LUIS: ¡Pardiez, que sois atrevido!

D. JUAN: Yo os lo apuesto si queréis.

D. LUIS: Digo que acepto el partido;
para darlo por perdido,
¿queréis veinte días?

---

[9] Dónde.

[10] **Vive...** Juramento. Para demostrar su hombría don Juan y don Luis a menudo usan este tipo de lenguaje.

[11] **De...** Buscando amores y riñas, duelos.

[12] Carlos V heredó Flandes de su abuelo Maximiliano I, y su posesión ocasionó una larga serie de guerras.

[13] Como.

[14] **En...** igual para los dos.

[15] Escritos.

---

[16] Hermano de San Pedro, San Andrés fue crucificado en una cruz en forma de aspa o X.

D. JUAN: Seis.
D. LUIS: ¡Por Dios que sois hombre extraño!
             ¿Cuántos días empleáis
             en cada mujer que amáis?
D. JUAN: Partid los días del año
             entre las que ahí encontráis.
             Uno para enamorarlas,
             otro para conseguirlas,
             otro para abandonarlas,
             dos para sustituirlas
             y una hora para olvidarlas.
             Pero la verdad a hablaros,
             pedir más no se me antoja,
             y pues que vais a casaros,
             mañana pienso quitaros
             a doña Ana de Pantoja.
D. LUIS: Don Juan, ¿qué es lo que decís?
D. JUAN: Don Luis, lo que oído habéis.
D. LUIS: Ved, don Juan lo que emprendéis.
D. JUAN: Lo que he de lograr, don Luis.
D. LUIS: ¡Gastón!
GASTÓN: Señor.
D. LUIS: Ven acá.

(*Habla don Luis en secreto con Gastón, y éste se va
precipitadamente.*)

D. JUAN: ¡Ciutti!
CIUTTI: Señor.
D. JUAN: Ven aquí.

(*Don Juan habla en secreto con Ciutti, y éste se va
precipitadamente.*)

D. LUIS: ¿Estáis en lo dicho?[17]
D. JUAN: Sí.
D. LUIS: Pues va la vida.[18]
D. JUAN: Pues va.

(*Don Gonzalo, levantándose de la mesa en que ha
permanecido inmóvil durante la escena anterior, se
afronta con don Juan y don Luis.*)

D. GON.:   ¡Insensatos! Vive Dios
             que, a no temblarme las manos,

---

[17] **Estás...** ¿Hablas en serio?
[18] **Va...** Estás arriesgando tu vida.

             a palos, como villanos,
             os diera muerte a los dos.
D. JUAN Y D. LUIS:
             Veamos. (*Empuñando*)
D. GON.:   Excusado es,
             que he vivido lo bastante
             para no estar arrogante
             donde no puedo.
D. JUAN: Idos, pues.
D. GON.:   Antes, don Juan, de salir
             de donde oírme podáis,
             es necesario que oigáis
             lo que os tengo que decir.
             Vuestro buen padre don Diego,
             porque pleitos acomoda,
             os apalabró una boda
             que iba a celebrarse luego;
             pero por mí mismo yo,
             lo que erais queriendo ver,
             vine aquí al anochecer,
             y el veros me avergonzó.
D. JUAN: ¡Por Satanás, viejo insano,
             que no sé cómo he tenido
             calma para haberte oído
             sin asentarte la mano!
             Pero ¡di pronto quién eres,
             porque me siento capaz
             de arrancarte el antifaz
             con el alma que tuvieres!
D. GON.:   ¡Don Juan!
D. JUAN: ¡Pronto!
D. GON.:   (*Se quita el antifaz.*) Mira, pues.
D. JUAN: ¡Don Gonzalo!
D. GON.:   El mismo soy.
             Y adiós, don Juan; mas desde hoy
             no penséis en doña Inés.
             Porque antes que consentir
             en que se case con vos,
             el sepulcro, ¡juro a Dios!,
             por mi mano la he de abrir.
D. JUAN: Me hacéis reír don Gonzalo;
             pues venirme a provocar,
             es como ir a amenazar
             a un león con un mal palo.
             Y pues hay tiempo, advertir
             os quiero a mi vez a vos
             que, o me la dais, o ¡por Dios
             que a quitárosla he de ir!

D. GON.: ¡Miserable!

D. JUAN: Dicho está;
sólo una mujer como ésta
me falta para mi apuesta;
ved, pues, que apostada va.

(Don Diego, levantándose de la mesa en que ha permanecido encubierto mientras la escena anterior, baja al centro de la escena, encarándose con don Juan.)

D. DIEGO: No puedo más escucharte,
vil don Juan, porque recelo
que hay algún rayo en el cielo
preparado a aniquilarte.
¡Ah!... No pudiendo creer
lo que de ti me decían,
confiado en que mentían,
te vine esta noche a ver.
Pero te juro, malvado,
que me pesa haber venido
para salir convencido
de lo que es para ignorado.[19]
Sigue, pues, con ciego afán
en tu torpe frenesí,
mas nunca vuelvas a mí;
no te conozco, don Juan.

D. JUAN: ¿Quién nunca a ti se volvió,
ni quien osa hablarme así,
ni qué se me importa a mí
que me conozcas o no?

D. DIEGO: Adiós, mas no te olvides
de que hay un Dios justiciero.

D. JUAN: Ten.[20] *(Deteniéndole.)*

D. DIEGO: ¿Qué quieres?

D. JUAN: Verte quiero.

D. DIEGO: Nunca; en vano me lo pides.

D. JUAN: ¿Nunca?

D. DIEGO: No.

D. JUAN: Cuando me cuadre.[21]

D. DIEGO: ¿Cuándo?

D. JUAN: Así. *(Le arranca el antifaz.)*

TODOS: ¡Don Juan!

D. DIEGO: ¡Villano!
Me has puesto en la faz la mano.

---

[19] **Para...** Es mejor dejar ignorado.

[20] Espera.

[21] Me dé la gana.

D. JUAN: ¡Válgame Cristo, mi padre!

D. DIEGO: Mientes; no lo fui jamás.

D. JUAN: ¡Reportaos, con Belcebú![22]

D. DIEGO: No; los hijos como tú
son hijos de Satanás.
Comendador nulo sea
lo hablado.

D. GON.:   Ya lo es por mí;
vamos.

D. DIEGO: Sí; vamos de aquí
donde tal monstruo no vea.
Don Juan, en brazos del vicio
desolado te abandono;
me matas..., mas te perdono
de Dios en el santo juicio.

(Vanse poco a poco don Diego y don Gonzalo.)

D. JUAN: Largo el plazo me ponéis[23];
mas ved que os quiero advertir
que yo no os he ido a pedir
jamás que me perdonéis.
Conque no paséis afán
de aquí adelante por mí,
que como vivió hasta aquí,
vivirá siempre don Juan.

Acto tercero
Profanación
Celda de doña Inés. Puerta en el fondo y a la izquierda.

Escena I
DOÑA INÉS y LA ABADESA

ABADESA: (...)¡Ay! En verdad que os envidio,
venturosa doña Inés,
con vuestra inocente vida,
la virtud del no saber.

---

[22] **Con...** Vete al Diablo.

[23] A menudo la figura del padre es símbolo de Dios. Don Diego perdona a su hijo, como Dios lo hará más tarde. La respuesta de don Juan recuerda el refrán de su antecesor en la obra del Siglo de Oro atribuida a Tirso: «tan largo me lo fiáis». Pero a diferencia del don Juan de *El burlador de Sevilla*, éste jura que no se arrepentirá ni cambiará su conducta jamás.

Mas, ¿ por qué estáis cabizbaja?
¿Por qué no me respondéis
como otras veces, alegre,
cuando en lo mismo os hablé?
¿Suspiráis?...¡Oh! Ya comprendo;
de vuelta aquí hasta no ver
a vuestra aya, estáis inquieta,
pero nada receléis.
A casa de vuestro padre
fue casi al anochecer,
y abajo en la portería,
estará; ya os la enviaré,
que estoy de vela esta noche.
Conque, vamos, doña Inés,
recogeos, que ya es hora;
mal ejemplo no me deis
a las novicias, que ha tiempo
que duermen ya; hasta después.

Dª. INÉS: Id con Dios, madre abadesa.
ABADESA: Adiós, hija.

ESCENA II
DOÑA INÉS

Dª. INÉS: Ya se fue.
No sé qué tengo, ¡ay de mí!,
que en tumultuoso tropel
mil encontradas ideas
me combaten a la vez.
Otras noches, complacida,
sus palabras escuché,
y de esos cuadros tranquilos,
que sabe pintar tan bien,
de esos placeres domésticos
la dichosa sencillez
y la calma venturosa,
me hicieron apetecer
la soledad de los claustros
y su santa rigidez.
Mas hoy la oí distraída,
y en sus pláticas hallé,
si no enojosos discursos,
a lo menos aridez.
Y no sé por qué al decirme
que podría acontecer
que se acelerase el día
de mi profesión, temblé,
y sentí del corazón

acelerarse el vaivén,
y teñírseme el semblante
de amarilla palidez.
¡Ay de mí!... Pero mi dueña,[24]
¿dónde estará?... Esa mujer,
con sus pláticas, al cabo,
me entretiene alguna vez.
Y hoy la echo de menos... Acaso
porque la voy a perder;
que en profesando, es preciso
renunciar a cuanto amé.
Mas pasos siento en el claustro;
¡oh!, reconozco muy bien
sus pisadas... Ya está aquí.

Escena III
DOÑA INÉS y BRÍGIDA

BRÍGIDA: Buenas noches, doña Inés.
Dª. INÉS: ¿Cómo habéis tardado tanto?
BRÍGIDA: Voy a cerrar esta puerta.
Dª. INÉS: Hay orden de que esté abierta.
BRÍGIDA: Eso es muy bueno y muy santo
para las otras novicias
que han de consagrarse a Dios;
no, doña Inés, para vos.
Dª. INÉS: Brígida, ¿no ves que vicias
las reglas del monasterio,
que no permiten...?
BRÍGIDA: ¡Bah! ¡Bah!
Más seguro así se está,
y así se habla sin misterio
ni estorbos. ¿Habéis mirado
el libro que os he traído?
Dª. INÉS: ¡Ay, se me había olvidado!
BRÍGIDA: Pues, ¡me hace gracia el olvido!
Dª. INÉS: ¡Como la madre abadesa
se entró aquí inmediatamente!
BRÍGIDA: ¡Vieja más impertinente!
Dª. INÉS: Pues, ¿tanto el libro interesa?
BRÍGIDA: ¡Vaya si interesa, y mucho!
Pues, ¡quedó con poco afán
el infeliz!
Dª. INÉS: ¿Quién?
BRÍGIDA: Don Juan.
Dª. INÉS: ¡Válgame el cielo! ¿Qué escucho?

---

[24] Sirvienta que acompaña a una joven.

¿Es don Juan quien me le envía?

BRÍGIDA: Por supuesto.

Dª. INÉS: ¡Oh! Yo no debo
            tomarle.

BRÍGIDA: ¡Pobre mancebo!
            Desairarle así, sería
            matarle.

Dª. INÉS: ¿Qué estás diciendo?

BRÍGIDA: Si ese Horario[25] no tomáis,
            tal pesadumbre le dais
            que va a enfermar, lo estoy viendo.

Dª. INÉS: ¡Ah! No, no; de esa manera
            le tomaré.

BRÍGIDA: Bien haréis.

Dª. INÉS: ¡Y qué bonito es!

BRÍGIDA: Ya veis;
            quien quiere agradar, se esmera.

Dª. INÉS: Con sus manecillas de oro.
            ¡Y cuidado que está prieto![26]
            A ver, a ver si completo
            contiene el rezo del coro.

(Lo abre y cae una carta entre sus hojas.)

            Mas, ¿qué cayó?

BRÍGIDA: Un papelito.

Dª. INÉS: ¡Una carta!

BRÍGIDA: Claro está;
            en esa carta os vendrá
            ofreciendo el regalito.

Dª. INÉS: ¡Qué! ¿Será suyo el papel?

BRÍGIDA: ¡Vaya que sois inocente!
            Pues que os feria,[27] es consiguiente
            que la carta será de él.

Dª. INÉS: ¡Ay Jesús!

BRÍGIDA: ¿Qué es lo que os da?[28]

Dª. INÉS: Nada, Brígida, no es nada.

BRÍGIDA: No, no; ¡si estáis inmutada!
            (Aparte) Ya presa en la red está.
            ¿Se os pasa?

Dª. INÉS: Sí.

BRÍGIDA: Eso habrá sido
            cualquier mareíllo vano.

Dª. INÉS: ¡Ay, se me abrasa la mano
            con que el papel he cogido!

BRÍGIDA: Doña Inés, ¡válgame Dios!
            Jamás os he visto así;
            estáis trémula.

Dª. INÉS: ¡Ay de mí!

BRÍGIDA: ¿Qué es lo que pasa por vos?

Dª. INÉS: No sé... El campo de mi mente
            siento que cruzan perdidas
            mil sombras desconocidas
            que me inquietan vagamente,
            y ha tiempo al alma me dan
            con su agitación tortura.

BRÍGIDA: ¿Tiene alguna,[29] por ventura,
            el semblante de don Juan?

Dª. INÉS: No sé; desde que le vi,
            Brígida mía, y su nombre
            me dijiste, tengo a ese hombre
            siempre delante de mí.
            Por doquiera me distraigo
            con su agradable recuerdo,
            y si un instante le pierdo,
            en su recuerdo recaigo.
            No sé qué fascinación
            en mis sentidos ejerce,
            que siempre hacia él se me tuerce
            la mente y el corazón;
            y aquí, y en el oratorio,
            y en todas partes, advierto
            que el pensamiento divierto
            con la imagen de Tenorio.

BRÍGIDA: ¡Válgame Dios! Doña Inés,
            según lo vais explicando,
            tentaciones me van dando
            de creer que eso amor es.

Dª. INÉS: ¿Amor has dicho?

BRÍGIDA: Sí, amor.

Dª. INÉS: No, de ninguna manera.

BRÍGIDA: Pues, por amor lo entendiera
            el menos entendedor;
            mas vamos la carta a ver.
            ¿En qué os paráis? ¿Un suspiro?

Dª. INÉS: ¡Ay! Que cuanto más la miro,
            menos me atrevo a leer.
            (Lee.) «Doña Inés del alma mía.»
            ¡Virgen Santa, qué principio!

---

[25] Libro de devociones.

[26] **Y...** Es muy compacto.

[27] **Os...** Os lo regala.

[28] **Qué...** ¿Qué os pasa?

---

[29] Es decir, alguna sombra.

BRÍGIDA: Vendrá en verso, y será un ripio[30]
              que traerá la poesía.
              ¡Vamos, seguid adelante!
Dª. INÉS: (*Lee*) «Luz de donde el sol la toma,
              hermosísima paloma
              privada de libertad;
              si os dignáis por estas letras
              pasar vuestros lindos ojos,
              no los tornéis con enojos
              sin concluir; acabad...»
BRÍGIDA: ¡Qué humildad y qué finura!
              ¿Dónde hay mayor rendimiento?
Dª. INÉS: Brígida, no sé qué siento.
BRÍGIDA: Seguid, seguid la lectura.
Dª. INÉS: (*Lee.*) «Nuestros padres de consuno[31]
              nuestras bodas acordaron,
              porque los cielos juntaron
              los destinos de los dos;
              y halagado desde entonces
              con tal risueña esperanza,
              mi alma, doña Inés, no alcanza
              otro porvenir que vos.
              De amor con ella en mi pecho,
              brotó una chispa ligera,
              que han convertido en hoguera
              tiempo y afición tenaz.
              Y esta llama, que en mí mismo
              se alimenta inextinguible,
              cada día más terrible
              va creciendo y más voraz...»
BRÍGIDA: Es claro; esperar le hicieron
              en vuestro amor algún día,
              y hondas raíces tenía
              cuando a arrancársele fueron.
              Seguid.
Dª. INÉS: (*Lee.*) «En vano a apagarla
              concurren tiempo y ausencia,
              que, doblando su violencia,
              no hoguera ya, volcán es.
              Y yo, que en medio del cráter
              desamparado batallo,
              suspendido en él me hallo
              entre mi tumba y mi Inés...»
BRÍGIDA: ¿Lo veis, Inés? Si ese Horario
              le despreciáis, al instante

le preparan el sudario.
Dª. INÉS: Yo desfallezco.
BRÍGIDA: Adelante.
Dª. INÉS: (*Lee*) «Inés, alma de mi alma,
              perpetuo imán de mi vida,
              perla sin concha escondida
              entre las algas del mar;
              garza que nunca del nido
              tender osastes[32] el vuelo
              al diáfano azul del cielo
              para aprender a cruzar;
              si es que a través de esos muros
              el mundo apenada miras,
              y por el mundo suspiras,
              de libertad con afán,
              acuérdate que al pie mismo
              de esos muros que te guardan,
              para salvarte te aguardan
              los brazos de tu don Juan...»
              (*Representa.*) ¿Qué es lo que me pasa, ¡cielo!,
              que me estoy viendo morir?
BRÍGIDA: (*Aparte.*) Ya tragó todo el anzuelo.
              Vamos, que está al concluir.
Dª. INÉS: (*Lee.*) «Acuérdate de quien llora
              al pie de tu celosía,
              y allí le sorprende el día
              y le halla la noche allí;
              acuérdate de quien vive
              sólo por ti, ¡vida mía!,
              y que a tus pies volaría
              si le llamaras a ti...»
BRÍGIDA: ¿Lo veis? Vendría.
Dª. INÉS: ¡Vendría!
BRÍGIDA: A postrarse a vuestros pies.
Dª. INÉS: ¿Puede?
BRÍGIDA: ¡Oh, sí!
Dª. INÉS: ¡Virgen María!
BRÍGIDA: Pero acabad, doña Inés.
Dª. INÉS: (*Lee.*) «Adiós, ¡oh luz de mis ojos!;
              adiós, Inés de mi alma;
              medita, por Dios, en calma
              las palabras que aquí van;
              y si odias esa clausura
              que ser tu sepulcro debe,
              manda, que a todo se atreve,
              por tu hermosura, don Juan». (*Represen-*

---

[30] Palabra inútil que sólo se usa para completar el verso.
[31] **De...** juntos.

[32] Forma arcaica de **osaste**.

ta doña Inés.) ¡Ay! ¿Qué filtro envenenado
me dan en este papel,
que el corazón desgarrado
me estoy sintiendo con él?
¿Qué sentimientos dormidos
son los que revela en mí;
qué impulsos jamás sentidos,
qué luz que hasta hoy nunca vi?
¿Qué es lo que engendra en mi alma
tan nuevo y profundo afán?
¿Quién roba la dulce calma
de mi corazón?

BRÍGIDA: Don Juan.

Dª. INÉS: ¡Don Juan dices!... ¿Conque ese
                        [hombre
me ha de seguir por doquier?
¿Sólo he de escuchar su nombre,
sólo su sombra he de ver?
¡Ah, bien dice! Juntó el cielo
los destinos de los dos,
y en mi alma engendró este anhelo
fatal.

BRÍGIDA: ¡Silencio, por Dios!

(*Se oyen dar las ánimas.*[33])

Dª. INÉS: ¿Qué?

BRÍGIDA: Silencio.

Dª. INÉS: Me estremezco.

BRÍGIDA: ¿Oís, doña Inés, tocar?

Dª. INÉS: Sí; lo mismo que otras veces,
las ánimas oigo dar.

BRÍGIDA: Pues no habléis de él.

Dª. INÉS: ¡Cielo santo!
¿De quién?

BRÍGIDA: ¿De quién ha de ser?
De ese don Juan que amáis tanto,
porque puede aparecer.

Dª. INÉS: ¡Me amedrantas! ¿Puede ese hombre
llegar hasta aquí?

BRÍGIDA: Quizá,
porque el eco de su nombre
tal vez llega adonde está.

Dª. INÉS: ¡Cielos! ¿Y podrá?...

BRÍGIDA: ¡Quién sabe!

Dª. INÉS: ¿Es un espíritu, pues?

BRÍGIDA: No; mas si tiene una llave...

Dª. INÉS: ¡Dios!

BRÍGIDA: Silencio, doña Inés.
¿No oís pasos?

Dª. INÉS: ¡Ay! Ahora
nada oigo.

BRÍGIDA: Las nueve dan.
Suben..., se acercan..., señora...,
ya está aquí.

Dª. INÉS: ¿Quién?

BRÍGIDA: Él.

Dª. INÉS: ¡Don Juan!

Escena IV
DOÑA INÉS, DON JUAN y BRÍGIDA

Dª. INÉS: ¿Qué es esto? ¿Sueño..., deliro?

D. JUAN: ¡Inés de mi corazón!

Dª. INÉS: ¿Es realidad lo que miro,
o es una fascinación[34]?...
Tenedme..., apenas respiro...;
Sombra..., ¡huye, por compasión!
¡Ay de mí!

(*Desmáyase doña Inés, y don Juan la sostiene. La carta de don Juan queda en el suelo, abandonada por doña Inés al desmayarse.*)

BRÍGIDA: La ha fascinado[35]
vuestra repentina entrada,
y el pavor la ha trastornado.

D. JUAN: Mejor; así nos ha ahorrado
la mitad de la jornada.
¡Ea! No desperdiciemos
el tiempo aquí en contemplarla,
si perdernos no queremos.
En los brazos a tomarla
voy, y cuanto antes, ganemos
ese claustro solitario.

BRÍGIDA: ¡Oh! ¿Vais a sacarla así?

D. JUAN: Necia, ¿piensas que rompí
la clausura, temerario,
para dejármela aquí?
Mi gente abajo me espera;
sígueme.

---

[33] Toque de campanas en la iglesia por la noche para que se ruegue a Dios por las ánimas del Purgatorio.

[34] Fantasía.

[35] Trastornado.

BRÍGIDA: ¡Sin alma[36] estoy!
                      ¡Ay! Este hombre es una fiera;
                      nada le ataja ni altera...
                      Sí, sí, a su sombra me voy.[37]

Escena IX
LA ABADESA, DON GONZALO y LA TORNERA

TORNERA: Señora...
ABADESA: ¿Qué es?
TORNERA: ¡Vengo muerta!
D. GON.:   ¡Concluid!
TORNERA: No acierto a hablar...
            He visto a un hombre saltar
            por las tapias de la huerta.
D. GON.:   ¿Veis? ¡Corramos, ay de mí!
ABADESA: ¿Dónde vais, Comendador?
D. GON.:   ¡Imbécil! Tras de mi honor,
            que os roban a vos de aquí.

Acto cuarto
Escena III
DOÑA INÉS, BRÍGIDA y DON JUAN

D. JUAN: ¿Adónde vais, doña Inés?
Dª. INÉS: Dejadme salir, don Juan.
D. JUAN: ¿Que os deje salir?
BRÍGIDA: Señor,
            sabiendo ya el accidente
            del fuego, estará impaciente
            por su hija el Comendador.
D. JUAN: ¡El fuego! ¡Ah! No os dé cuidado
            por don Gonzalo, que ya
            dormir tranquilo le hará
            el mensaje que le he enviado.
Dª. INÉS: ¿Le habéis dicho...?
D. JUAN: Que os hallabais
            bajo mi amparo segura,
            y el aura del campo pura
            libre por fin respirabais. (*Vase BRÍGI-*
DA.*)
            Cálmate, pues, vida mía;
            reposa aquí, y un momento
            olvida de tu convento
            la triste cárcel sombría.

¡Ah! ¿No es cierto, ángel de amor,
que en esta apartada orilla
más pura la luna brilla
y se respira mejor?
Esta aura que vaga, llena
de los sencillos olores
de las campesinas flores
que brota esa orilla amena;
esa agua limpia y serena
que atraviesa sin temor
la barca del pescador
que espera cantando el día,
¿no es cierto, paloma mía,
que están respirando amor?
Esa armonía que el viento
recoge entre esos millares
de floridos olivares,
que agita con manso aliento;
ese dulcísimo acento
con que trina el ruiseñor,
de sus copas morador,
llamando al cercano día,
¿no es verdad, gacela mía,
que están respirando amor?
Y estas palabras que están
filtrando insensiblemente
tu corazón, ya pendiente
de los labios de don Juan,
y cuyas ideas van
inflamando en su interior
un fuego germinador
no encendido todavía,
¿no es verdad, estrella mía,
que están respirando amor?
Y esas dos líquidas perlas[38]
que se desprenden tranquilas
de tus radiantes pupilas
convidándome a beberlas,
evaporarse a no verlas
de sí mismas al calor,[39]
y ese encendido color
que en tu semblante no había,
¿no es verdad, hermosa mía,
que están respirando amor?

---

[36] **Sin...** muerta de miedo.
[37] **A...** Voy a seguirle.

[38] Es decir, lágrimas.
[39] **Evaporarse...** a no verlas evaporarse al calor de sí mismas.

¡Oh! Sí, bellísima Inés,
espejo y luz de mis ojos;
escucharme sin enojos
como lo haces, amor es;
mira aquí a tus plantas, pues,
todo el altivo rigor
de este corazón traidor
que rendirse no creía,
adorando, vida mía,
la esclavitud de tu amor.

Dª. INÉS: Callad, por Dios, ¡oh!, don Juan,
que no podré resistir
mucho tiempo sin morir,
tan nunca sentido afán.
¡Ah! Callad, por compasión;
que, oyéndoos, me parece
que mi cerebro enloquece
y se arde mi corazón.
¡Ah! Me habéis dado a beber
un filtro infernal, sin duda,
que a rendiros os ayuda
la virtud de la mujer.
Tal vez poseéis, don Juan,
un misterioso amuleto,
que a vos me atrae en secreto
como irresistible imán.
Tal vez Satán puso en vos
su vista fascinadora,
su palabra seductora
y el amor que negó a Dios.
¿Y qué he de hacer, ¡ay de mí!,
sino caer en vuestros brazos,
si el corazón en pedazos
me vais robando de aquí?
No, don Juan; en poder mío
resistirte no está ya;
yo voy a ti, como va
sorbido al mar ese río.
Tu presencia me enajena,
tus palabras me alucinan,
y tus ojos me fascinan,
y tu aliento me envenena.
¡Don Juan! ¡Don Juan! Yo lo imploro
de tu hidalga compasión:
o arráncame el corazón,
o ámame, porque te adoro.

D. JUAN: ¡Alma mía! Esa palabra
cambia de modo mi ser,
que alcanzo que puede hacer
hasta que el Edén se me abra.
No es, doña Inés, Satanás
quien pone este amor en mí:
es Dios, que quiere por ti
ganarme para Él quizá.
No; el amor que hoy se atesora
en mi corazón mortal,
no es un amor terrenal
como el que sentí hasta ahora;
no es esa chispa fugaz
que cualquier ráfaga apaga;
es incendio que se traga
cuanto ve, inmenso, voraz.
Desecha, pues, tu inquietud,
bellísima doña Inés,
porque me siento a tus pies
capaz aun de la virtud.
Sí; iré mi orgullo a postrar
ante el buen Comendador,
y, o habrá de darme tu amor,
o me tendrá que matar.

Dª. INÉS: ¡Don Juan de mi corazón!
D. JUAN: ¡Silencio! ¿Habéis escuchado?
Dª. INÉS: ¿Qué?
D. JUAN: Sí; una barca ha atracado
debajo de este balcón.
Un hombre embozado de ella
salta... Brígida, al momento
(*Entra BRÍGIDA.*)
pasad a esotro aposento;
y perdonad, Inés bella,
si sólo me importa estar.
Dª. INÉS: ¿Tardarás?
D. JUAN: Poco ha de ser.
Dª. INÉS: A mi padre hemos de ver.
D. JUAN: Sí, en cuanto empiece a clarear.
(...)

Escena IX
DON JUAN y DON GONZALO

D. GON.: ¿Adónde está ese traidor?
D. JUAN: Aquí está, Comendador.
D. GON.: ¿De rodillas?
D. JUAN: Y a tus pies.
D. GON.: Vil eres hasta en tus crímenes.
D. JUAN: Anciano, la lengua ten,

D. GON.: y escúchame un solo instante.
¿Qué puede en tu lengua haber
que borre lo que tu mano
escribió en este papel?
¡Ir a sorprender, infame,
la cándida sencillez
de quien no pudo el veneno
de esas letras precaver!
¡Derramar en su alma virgen
traidoramente la hiel
en que rebosa la tuya,
seca la virtud y fe!
¡Proponerse así enlodar
de mis timbres[40] la alta prez,[41]
como si fuera un harapo
que desecha un mercader!
¿Ése es el valor, Tenorio,
de que blasonas? ¿Ésa es
la proverbial osadía
que te da al vulgo a temer?
¿Con viejos y con doncellas
las muestras?... ¿Y para qué?
¡Vive Dios! Para venir
sus plantas así a lamer,
mostrándote a un tiempo ajeno
de valor y de honradez.

D. JUAN: ¡Comendador!

D. GON.: ¡Miserable!
Tú has robado a mi hija Inés
de su convento, y yo vengo
por tu vida o por mi bien.

D. JUAN: Jamás delante de un hombre
mi alta cerviz incliné,`
ni he suplicado jamás
ni a mi padre, ni a mi rey.
Y pues conservo a tus plantas
la postura en que me ves,
considera, don Gonzalo,
qué razón debo tener.

D. GON.: Lo que tienes es pavor
de mi justicia.

D. JUAN: ¡Pardiez!
Óyeme, Comendador,
o tenerme[42] no sabré,

y seré quien siempre he sido,
no queriéndolo ahora ser.

D. GON.: ¡Vive Dios!

D. JUAN: Comendador,
yo idolatro a doña Inés,
persuadido de que el cielo
me la quiso conceder
para enderezar mis pasos
por el sendero del bien.
No amé la hermosura en ella,
ni sus gracias adoré;
lo que adoro es la virtud,
don Gonzalo, en doña Inés.
Lo que justicias ni obispos
no pudieron de mí hacer
con cárceles y sermones,
lo pudo su candidez.
Su amor me torna en otro hombre,
regenerado en mi ser,
y ella puede hacer un ángel
de quien un demonio fue.
Escucha, pues, don Gonzalo,
lo que te puede ofrecer
el audaz don Juan Tenorio
de rodillas a tus pies.
Yo seré esclavo de tu hija;
en tu casa viviré;
tú gobernarás mi hacienda
diciéndome *esto ha de ser*.
El tiempo que señalares,
en reclusión estaré;
cuantas pruebas exigieres
de mi audacia o mi altivez,
del modo que me ordenares,
con sumisión te daré.
Y cuando estime tu juicio
que la pueda merecer,
yo la daré un buen esposo,
y ella me dará el Edén.

D. GON.: Basta, don Juan; no sé cómo
me he podido contener,
oyendo tan torpes pruebas
de tu infame avilantez.[43]
Don Juan, tú eres un cobarde
cuando en la ocasión te ves,
y no hay bajeza a que no oses

---

[40] Insignia en su escudo.
[41] **La...** el gran honor.
[42] Controlarme.

---

[43] Vileza, maldad.

	como te saque con bien.
D. JUAN:	¡Don Gonzalo!
D. GON.:	Y me avergüenzo
	de mirarte así a mis pies,
	lo que apostabas por fuerza
	suplicando por merced.
D. JUAN:	Todo así se satisface,
	don Gonzalo, de una vez.
D. GON.:	¡Nunca! ¡Nunca! ¿Tú su esposo?
	Primero la mataré.
	Ea, entregádmela al punto,[44]
	o, sin poderme valer,
	en esa postura vil
	el pecho te cruzaré.
D. JUAN:	Míralo bien, don Gonzalo,
	que vas a hacerme perder
	con ella hasta la esperanza
	de mi salvación tal vez.
D. GON.:	¿Y qué tengo yo, don Juan,
	con tu salvación que ver?
D. JUAN:	¡Comendador, que me pierdes![45]
D. GON.:	¡Mi hija!
D. JUAN:	Considera bien
	que por cuantos medios pude
	te quise satisfacer,
	y que con armas al cinto
	tus denuestos toleré,
	proponiéndote la paz
	de rodillas a tus pies.

Escena X
DICHOS y DON LUIS, *soltando una carcajada de burla*

D. LUIS:	Muy bien, don Juan.
D. JUAN:	¡Vive Dios!
D. GON.:	¿Quién es ese hombre?
D. LUIS:	Un testigo
	de su miedo, y un amigo,
	Comendador, para vos.
	(...)
D. GON.:	¡Oh! Ahora comprendo...¿Sois vos
	el que...?
D. LUIS:	Soy don Luis Mejía,
	a quien a tiempo os envía

---

[44] **Al...** inmediatamente.
[45] Condenas al Infierno.

	por vuestra venganza Dios.
D. JUAN:	¡Basta, pues, de tal suplicio!
	Si con hacienda y honor
	ni os muestro ni doy valor
	a mi franco sacrificio,
	y la leal solicitud
	conque ofrezco cuanto puedo
	tomáis, vive Dios, por miedo
	y os mofáis de mi virtud,
	os acepto el que me dais
	plazo breve y perentorio,
	para mostrarme el Tenorio
	de cuyo valor dudáis.
D. LUIS:	Sea, y cae a nuestros pies
	digno al menos de esa fama,
	que por tan bravo te aclama...
D. JUAN:	Y venza el infierno, pues.
	¡Ulloa, pues mi alma así
	vuelves a hundir en el vicio,
	cuando Dios me llame a juicio,
	tú responderás por mí! (*Le da un pistoletazo.*)
D. GON.:	(*Cayendo.*) ¡Asesino!
D. JUAN:	Y tú, insensato,
	que me llamas vil ladrón,
	di en prueba de tu razón
	que cara a cara te mato. (*Riñen, y le da una estocada.*)
D. LUIS:	(*Cayendo.*) ¡Jesús!
D. JUAN:	Tarde tu fe ciega
	acude al cielo, Mejía,
	y no fue por culpa mía;
	pero la justicia llega,
	y a fe que ha de ver quién soy.
CIUTTI:	(*Dentro.*) ¡Don Juan!
D. JUAN:	(*Asomándose al balcón.*) ¿Quién es?
CIUTTI:	(*Dentro.*) Por aquí;
	salvaos.
D. JUAN:	¿Hay paso?
CIUTTI:	Sí;
	arrojaos.
D. JUAN:	Allá voy.
	Llamé al cielo, y no me oyó;
	y pues sus puertas me cierra,
	de mis pasos en la tierra
	responda el cielo, no yo.

(*Se arroja por el balcón, y se le oye caer en el agua del*

*río, al mismo tiempo que el ruido de los remos muestra
la rapidez del barco en que parte; se oyen golpes en
las puertas de la habitación; poco después entra la
justicia, soldados, etc.)*

SEGUNDA PARTE

*Panteón de la familia Tenorio—El teatro representa un
magnífico cementerio, hermoseado a manera de jardín.
En primer término,[46] aislados y de bulto, los sepulcros
de don Gonzalo de Ulloa, de doña Inés y de don Luis
Mejía, sobre los cuales se ven sus estatuas de piedra.
El sepulcro de don Gonzalo a la derecha, y su estatua
de rodillas; el de don Luis a la izquierda, y su estatua
también de rodillas; el de doña Inés en el centro, y su
estatua de pie. En segundo término otros dos sepulcros
en la forma que convenga; y en tercer término, y en
puesto elevado, el sepulcro y estatua del fundador, don
Diego Tenorio, en cuya figura remata la perspectiva
de los sepulcros. Una pared llena de nichos y lápidas
circuye el cuadro hasta el horizonte. Dos llorones[47] a
cada lado de la tumba de doña Inés, dispuestos a servir de la manera que a su tiempo exige el juego escénico. Cipreses y flores de todas clases embellecen la de-
coración, que no debe tener nada de horrible. La acción se supone en una tranquila noche de verano, y
alumbrada por una clarísima luna.[48]*

Acto tercero
*Misericordia de Dios y Apoteosis del Amor.
Panteón de la familia Tenorio, menos las estatuas de
doña Inés y de don Gonzalo, que no están en su lugar.*
Escena II
DON JUAN, LA ESTATUA DE DON GONZALO y
LAS SOMBRAS

ESTATUA:	Aquí me tienes, don Juan, y he aquí que vienen conmigo los que tu eterno castigo de Dios reclamando están.
D. JUAN:	¡Jesús!
ESTATUA:	¿Y de qué te alteras

---

[46] Plano (sección del escenario que está más cerca del pú-
blico. El «segundo término» es la parte del centro y el «último término» es la parte más atrás.)

[47] Árbol que, como el ciprés, tradicionalmente simboliza
la tristeza y la muerte.

[48] Escenario del Acto primero de la Segunda Parte, el
cual se repite en el tercer acto, con la modificación indicada.

	si nada hay que a ti te asombre, y para hacerte eres hombre platos con sus calaveras?[49]
D. JUAN:	¡Ay de mí!
ESTATUA:	¿Qué? ¿El corazón te desmaya?
D. JUAN:	No lo sé; concibo que me engañé; ¡no son sueños..., ellos son! (*Miran- do a los espectros.*) Pavor jamás conocido el alma fiera me asalta, y aunque el valor no me falta, me va faltando el sentido.
ESTATUA:	Eso es, don Juan, que se va concluyendo tu existencia, y el plazo de tu sentencia fatal ha llegado ya.
D. JUAN:	¡Qué dices!
ESTATUA:	Lo que hace poco que doña Inés te avisó, lo que te he avisado yo, y lo que olvidaste loco. Mas el festín que me has dado debo volverte; y así, llega don Juan, que yo aquí cubierto te he preparado.
D. JUAN:	¿Y qué es lo que ahí me das?
ESTATUA:	Aquí fuego, allí ceniza.
D. JUAN:	El cabello se me eriza.
ESTATUA:	Te doy lo que tú serás.
D. JUAN:	¡Fuego y ceniza he de ser!
ESTATUA:	Cual los que ves en redor[50]; en eso para el valor, la juventud y el poder.
D. JUAN:	Ceniza, bien; pero, ¡fuego...!
ESTATUA:	El de la ira omnipotente, do arderás eternamente por tu desenfreno ciego.
D. JUAN:	¿Conque hay otra vida más y otro mundo que el de aquí? ¿Conque es verdad, ¡ay de mí!, lo que no creí jamás? ¡Fatal verdad que me hiela

---

[49] Es decir, eres tan valiente que usarías sus calaveras
como platos.

[50] **Cual...** Como los que ves alrededor.

la sangre del corazón!
¡Verdad que mi perdición
solamente me revela!
¿Y ese reloj?

ESTATUA: Es la medida
de tu tiempo.

D. JUAN: ¿Expira ya?

ESTATUA: Sí; en cada grano se va
un instante de tu vida.

D. JUAN: ¿Y ésos me quedan no más?

ESTATUA: Sí.

D. JUAN: ¡Injusto Dios! Tu poder
me haces ahora conocer,
cuando tiempo no me das
de arrepentirme.

ESTATUA: Don Juan,
un punto de contrición
da a un alma la salvación,
y ese punto aún te lo dan.

D. JUAN: ¡Imposible! ¡En un momento
borrar treinta años malditos
de crímenes y delitos!

ESTATUA: Aprovéchale con tiento, (*Tocan a
muerto*[51].)
Porque el plazo va a expirar,
y las campanas doblando
por ti están, y están cavando
la fosa en que te han de echar.

(*Se oye a lo lejos el oficio*[52] *de difuntos.*)

D. JUAN: ¿Conque por mí doblan?

ESTATUA: Sí.

D. JUAN: ¿Y esos cantos funerales?

ESTATUA: Los salmos penitenciales
que están cantando por ti.

(*Se ve pasar por la izquierda luz de hachones, y rezan
dentro.*)

D. JUAN: ¿Y aquel entierro que pasa?

ESTATUA: Es el tuyo.

D. JUAN: ¡Muerto yo!

ESTATUA: El Capitán te mató
a la puerta de tu casa.

D. JUAN: Tarde la luz de la fe

penetra en mi corazón,
pues crímenes mi razón
a su luz tan sólo ve.
Los ve... Y con horrible afán,
porque al ver su multitud,
ve a Dios en su plenitud
de su ira contra don Juan.
¡Ah! Por doquiera que fui
la razón atropellé,
la virtud escarnecí,
y a la justicia burlé.
Y emponzoñé cuanto vi,
y a las cabañas bajé,
y a los palacios subí,
y los claustros escalé;
y pues tal mi vida fue,
no, no hay perdón para mí.

(*A los fantasmas.*) ¡Mas ahí estáis todavía
con quietud tan pertinaz!
Dejadme morir en paz,
a solas con mi agonía.
Mas con esa horrenda calma,
¿qué me auguráis, sombras fieras?
¿Qué esperáis de mí?

ESTATUA: Que mueras
para llevarse tu alma.
Y adiós, don Juan; ya tu vida
toca a su fin; y pues vano
todo fue, dame la mano
en señal de despedida.

D. JUAN: ¿Muéstrasme ahora amistad?

ESTATUA: Sí, que injusto fui contigo,
y Dios me manda tu amigo
volver a la eternidad.

D. JUAN: Toma, pues.

ESTATUA: Ahora, don Juan,
pues desperdicias también
el momento que te dan,
conmigo al infierno ven.

D. JUAN: ¡Aparta, piedra fingida!
Suelta, suéltame esa mano,
que aún queda el último grano
en el reloj de mi vida.
Suéltala, que si es verdad
que un punto de contrición
da a un alma la salvación
de toda una eternidad,
yo, Santo Dios, creo en Ti;

---

[51] **Tocan...** Las campanas tocan por los muertos.
[52] Rito, oración. Rito, oración.

si es mi maldad inaudita,
tu piedad es infinita...
¡Señor, ten piedad de mí!
ESTATUA: Ya es tarde.

(DON JUAN *se hinca de rodillas, tendiendo al cielo la ma-*
no que le deja libre la ESTATUA. *Las sombras, esqueletos,*
etc., van a abalanzarse sobre él, en cuyo momento se abre la
tumba de doña Inés y aparece ésta. DOÑA INÉS *toma la*
mano que don Juan tiende al cielo.)

Escena III
DON JUAN, LA ESTATUA DE DON GONZALO,
DOÑA INÉS, SOMBRAS, ETC.

Dª. INÉS: No; heme ya aquí,
don Juan; mi mano asegura
esta mano que a la altura
tendió tu contrito afán,
y Dios perdona, don Juan
al pie de mi sepultura.
D. JUAN: ¡Dios Clemente! ¡Doña Inés!
Dª. INÉS: Fantasmas, desvaneceos;
su fe nos salva...; volveos
a vuestros sepulcros, pues.
La voluntad de Dios es;
de mi alma con la amargura
purifiqué un alma impura,
y Dios concedió a mi afán
la salvación de don Juan
al pie de la sepultura.
D. JUAN: ¡Inés de mi corazón!
Dª. INÉS: Yo mi alma he dado por ti,
y Dios te otorga por mí
tu dudosa salvación.
Misterio que es comprensión
no cabe de crïatura,[53]
y sólo en vida más pura
los justos comprenderán
que el amor salvó a don Juan
al pie de la sepultura.
Cesad, cantos funerales; (*Cesa la*
música y salmodia.)
callad, mortuorias campanas; (*Dejan*

de tocar a muerto.)
Ocupad, sombras livianas,
vuestras urnas sepulcrales;

(*Vuelven los esqueletos a sus tumbas, que se cierran.*)
volved a los pedestales,
animadas esculturas;

(*Vuelven las estatuas a sus lugares.*)

Y las celestas venturas
en que los justos están
empiecen para don Juan
en las mismas sepulturas.

(*Las flores se abren y dan paso a varios angelitos, que*
rodean a doña Inés y a don Juan, derramando sobre
ellos flores y perfumes, y al son de una música dulce y
lejana se ilumina el teatro con luz de aurora. Doña
Inés cae sobre un lecho de flores, que quedará a la
vista, en lugar de su tumba, que desaparece.)

Escena última
DOÑA INÉS, DON JUAN y LOS ÁNGELES

D. JUAN: ¡Clemente Dios, gloria a Ti!
Mañana a los sevillanos
aterrará el creer que a manos
de mis víctimas caí.
Mas es justo; quede aquí
al universo notorio
que, pues me abre el purgatorio
un punto de penitencia,
es el Dios de la clemencia
el Dios de don Juan Tenorio.

(*Cae don Juan a los pies de doña Inés, y mueren am-*
bos. De sus bocas salen sus almas, representadas en
dos brillantes llamas, que se pierden en el espacio al
son de la música. Cae el telón.)

𝒯ema

Comprensión del texto

1. ¿Por qué se han reunido don Juan y don Luis en la hostería? ¿En qué consisten sus «hazañas»?
2. ¿Quién ha ganado la apuesta? ¿Por qué cree don

---

[53] La diéresis significa que la combinación de vocales (ia) se pronuncia como dos sílabas. La diéresis significa que la combinación de vocales (ia) se pronuncia como dos sílabas.

Juan y don Luis que son hombres de honor? ¿En qué consiste el honor para ellos?

3. ¿Qué nueva apuesta hacen? ¿Cómo reaccionan don Gonzalo y don Diego? ¿Por qué?

4. Describa el estado de ánimo de doña Inés al principio del Acto tercero.

5. ¿Qué dice don Juan en su carta? ¿Qué siente doña Inés después de leerla?

6. ¿Cómo reacciona doña Inés al encontrarse con don Juan? ¿Cuál es la importancia de los siguientes versos?: «¡Don Juan! ¡Don Juan! Yo lo imploro / de tu hidalga compasión:/ o arráncame el corazón, / o ámame, porque te adoro».

7. ¿Qué efecto tiene doña Inés en don Juan?

8. ¿Cómo trata don Juan de hacer las paces con don Gonzalo? ¿Cómo reacciona éste? ¿Qué tipo de persona es? ¿Cómo afecta el rechazo de don Gonzalo el rumbo que toma la vida del Tenorio?

9. Describa el ambiente de la Segunda Parte de la obra. ¿A qué ha venido la estatua de don Gonzalo?

10. ¿Cómo salva doña Inés a su amado?

Análisis literario

1. ¿Cuál es el papel de Brígida? ¿Cómo hace avanzar la acción dramática?

2. Compare a doña Inés y don Juan con los amantes del *Canto a Teresa* de Espronceda.

3. *Don Juan Tenorio* sigue siendo una pieza muy popular en el mundo hispánico. ¿En qué consiste su atractivo para el público moderno español o latinoamericano? ¿Cree que tendría el mismo éxito con un público norteamericano? ¿Por qué?

4. ¿En qué sentido es una pieza romántica por excelencia? ¿Qué diferencias hay entre *Don Juan Tenorio* y *El Burlador de Sevilla?* En su opinión, ¿cuál de las dos es mejor pieza dramática?

5. ¿Por qué cree usted que Zorrilla coloca la acción a principios del siglo XVI?

Las románticas

CAROLINA CORONADO (1821-1911)

A mediados del siglo XIX ciertos periódicos y revistas comenzaron a publicar poemas escritos por mujeres para un público que incluía un creciente número de lectoras. Además, surgieron muchas revistas femeninas. Algunas escritoras lanzaron su carrera literaria publicando poemas en estas revistas, logrando después hacer imprimir un libro de poesía. Para la publicación de un tomo, se necesitaba el apoyo de un hombre, ya fuera un padre dispuesto a costear la edición, ya fuera un escritor conocido que actuara como mentor. En el caso de Carolina Coronado, el prestigioso dramaturgo Juan Eugenio Hartzenbusch fue instrumental en llevar sus obras al público. Apareció su primera colección de versos en 1843 y pronto se dio a conocer en todas partes de la Península.

Coronado fue muy activa en la labor de dar a conocer las obras de otras escritoras. Facilitó la publicación de sus composiciones y escribió artículos sobre muchas de ellas. Éstos se publicaron en su *Galería de poetisas contemporáneas,* fuente de información importante sobre las poetas del siglo XIX.

Si por un lado iba creciendo el interés en las letras femeninas, por otro iban formándose normas estrictas acerca de la conducta de la mujer, quien debía conformarse al modelo del «ángel del hogar». Tenía que ser hija obediente, madre devota, esposa fiel. Según el testimonio de la misma Coronado, la mujer de su época no debía leer literatura. Tampoco debía estudiar porque no sería nunca catedrática y además, su incursión en el mundo académico sería mal vista y ridícula. De hecho, muchas madres creían era su deber castigar a sus hijas cuando éstas mostraran demasiado interés en las letras. Coronado tuvo que enfrentarse a bastante resistencia a sus actividades literarias por parte de su familia. Se queja en una carta a Hartzenbusch de la actitud negativa hacia su poesía no sólo de los hombres sino también de otras mujeres. Los prejuicios contra las mujeres «literarias» eran tales que cuando Coronado envió un poema a un concurso en 1848, se excluyeron sus versos porque se supo que eran de una mujer.

Se consideraba la costura la actividad por excelencia de la mujer, y la aguja llegó a ser símbolo de su suerte. Coronado protesta con fervor contra la situación de su sexo en poemas como *Libertad.* En el ambiente de exaltación revolucionaria que caracteriza la primera mitad del siglo, poetas como Espronceda celebran la libertad, mientas que «poetisas» como Coronado, denuncian la esclavitud de la mujer. Algunos críticos la ven como una precursora del feminismo moderno por su amargura, su sarcasmo, su perspicacia y su posición combativa.

Aunque muchas de las escritoras del siglo XIX eran de pueblos pequeños, las que tuvieron éxito casi siempre terminaban en Madrid. Tal fue el caso de Coronado, nacida en Badajoz. Tuvo una vida literaria intensa en la capital entre 1849 y 1852. Escribió reseñas de teatro y crónicas de viajes, y publicó una nueva versión de sus *Poesías* (1852), varias novelas y su *Galería de poetisas contemporáneas*.

Escritoras como Coronado empezaron a forjar un lenguaje poético que respondía a las exigencias artísticas y sociales de la mujer. En vez de la pasión erótica, tan marcada en la obra de poetas masculinos, se distinguen en la de ellas la ternura y el sentimentalismo. También se nota en su poesía cierta tensión entre el deseo de liberarse y la necesidad de conformarse al papel tradicional de la mujer. La naturaleza es un tema frecuente en las obras de Coronado y sus contemporáneas, ya que los paisajes, las flores y las aves se asociaban con la pureza y la inocencia y, por lo tanto, eran considerados apropiados para la pluma femenina. Sin embargo, en *El girasol*, la poeta usa la imagen de la flor para expresar un sentido de frustración y de enajenación.

En 1852 Coronado se casó, y sus actividades literarias disminuyeron. La generación de poetas que siguió a la suya mostró más aceptación del ideal del «ángel del hogar».

El girasol

¡Noche apacible! En la mitad del cielo
brilla tu clara luna suspendida.
¡Cómo lucen al par tus mil estrellas!
¡Qué suavidad en tu ondulante brisa!

Todo es calma: ni el viento ni las voces
de las nocturnas aves se deslizan,
y del huerto las flores y las plantas
entre sus frescas sombras se reaniman.

Sólo el vago rumor que al arrastrarse
sobre las secas hojas y la brizna[1]
levantan los insectos, interrumpe
¡oh noche! aquí tu soledad tranquila.

Tú que a mi lado silencioso velas,
eterno amante de la luz del día,
solo tú, girasol, desdeñar puedes
las blandas horas de la noche estiva.[2]

Mustio[3] inclinando sobre el largo cuello
entre tus greñas la cabeza oscura,
del alba aguardas el primer destello,
insensible a la noche y su frescura.

Y alzas alegre el rostro desmayado,
hermosa flor, a su llegada atenta:

---

[1] Filamento.
[2] Del verano.
[3] Triste, abatido.

que tras ella tu amante, coronado
de abrasadoras llamas se presenta.

Cubre su luz los montes y llanuras;
la tierra entorno que te cerca inflama;
mírasle fija; y de su rayo apuras
el encendido fuego que derrama.

¡Ay, triste flor! que su reflejo abrasa
voraz, y extingue tu preciosa vida.
Mas ya tu amante al occidente pasa,
y allí tornas la faz descolorida.

Que alas te dan para volar parece
tus palpitantes hojas desplegadas,
y hasta el divino sol que desparece
transportarte del tallo arrebatadas.

Tú le viste esconderse lentamente,
y la tierra de sombras inundarse.
Una vez y otra vez brilló en oriente,
y una vez y otra vez volvió a ocultarse.

Al peso de las horas agobiada,
por las ardientes siestas consumida,
presto sin vida, seca y deshojada,
caerás deshecha, en polvo convertida.

¿Qué valió tu ambición, por más que el vuelo
del altanero orgullo remontaste?
Tu mísera raíz murió en el suelo,
y ese sol tan hermoso que adoraste

sobre tus tristes fúnebres despojos
mañana pasará desde la cumbre.
Ni a contemplar se detendrán sus ojos
que te abrasaste por amar su lumbre.

Libertad

Risueños están los mozos,
gozosos están los viejos,
porque dicen, compañeras,
que hay libertad para el pueblo.
Todo es la turba cantares,
los campanarios estruendo,
los balcones luminarias,
y las plazuelas festejos.
Gran novedad en las leyes,
que, os juro que no comprendo,
ocurre cuando a los hombres
en tal regocijo vemos.
Muchos bienes se preparan,
dicen los doctos al reino;

si en ello los hombres ganan,
yo, por los hombres me alegro,
mas por nosotras, las hembras,
ni lo aplaudo ni lo siento,
pues aunque leyes se muden,
para nosotras no hay *fueros*.[4]
¡Libertad! ¿qué nos importa?
¿qué ganamos, qué tendremos?
¿un encierro por *tribuna*[5]
y una aguja por *derecho*?
¡Libertad! pues, ¿no es sarcasmo
el que nos hacen sangriento
con repetir ese grito
delante de nuestros hierros?
¡Libertad! ¡ay! para el llanto
tuvímosla en todos tiempos;
con los tribunos lloraremos;
que, humanos y generosos
estos hombres, como aquéllos,
a sancionar nuestras penas
en todo siglo están prestos.
Los mozos están ufanos,
gozosos están los viejos,
igualdad hay en la patria,
libertad hay en el reino.
Pero os digo, compañeras,
que la ley es sola de ellos,
que las hembras no se cuentan
ni hay Nación para este sexo.
Por eso aunque los escucho,
ni me aplaudo ni lo siento;
si pierden, ¡Dios se lo pague!
y si ganan, ¡buen provecho!

𝒯emas

1. ¿Por qué no está tranquilo el girasol en la «noche apacible»? ¿Qué representan la flor y la noche?
2. ¿Cómo cambia el girasol al llegar el alba, su amante? ¿Cómo se siente cuando la luz desaparece?
3. ¿Qué idea expresa la poeta a través de esta metáfora?
4. ¿Cómo expresa la frustración de la mujer ambiciosa?
5. En «Libertad», ¿cómo contrasta la percepción de los hombres de la situación política con la de las mujeres?
6. Describa el tono de este poema.

---

[4] Leyes; privilegios concedidos por las leyes.
[5] **por...** por declaración.

7. ¿Es Coronado una precursora del feminismo moderno? Explique.

GERTRUDIS GÓMEZ DE AVELLANEDA (1814-1873)

Aunque Gertrudis Gómez de Avellaneda nació en Cuba, pasó casi toda su vida en España. En Sevilla, donde vivía con parientes de su padre, se dedicó a la literatura, publicando su primera colección de versos en 1839. El libro fue un éxito inmediato, y cuando Gómez de Avellaneda llegó a Madrid en 1841, ya era conocida como poeta. Se adaptó fácilmente al mundo intelectual de la capital, haciendo lecturas públicas y participando en círculos literarios. Ese mismo año aparecieron sus *Poesías*. Su novela, *Sab,* también publicada en 1841, tiene lugar en Cuba. La Isla fue siempre un tema importante en su obra, a pesar de haber pasado sólo cinco años allí después de emigrar. El argumento de la novela gira alrededor de un esclavo mulato y la hija del amo. Es la primera obra en español que trata del tema de la abolición.

Como en la de Coronado, se nota en la poesía de Gómez de Avellaneda cierta tensión entre la rebeldía byrónica —erótica y egoísta— y la imagen convencional de la mujer. En la de la primera, el elemento sexual es más explícito. Como Espronceda, Gómez de Avellaneda describe la trayectoria de la inocencia infantil e idílica al peligroso despertar erótico. En el poema *A él*, por ejemplo, la figura masculina encarna una atracción fatal que arrastra a la narradora fuera de su paraíso y termina devorándola. Como la mujer en la poesía masculina, «él» es divino y demoníaco a la vez. Experimenta su presencia en una especie de trance místico. La poeta expresa el delirio amoroso y la destrucción de la amada por medio de varias imágenes sacadas de la naturaleza. La mujer es una mariposa que se quema al acercarse a la luz (al entregarse a la pasión); es una nube llevada por el viento, una hoja arrebatada por el huracán. Los paisajes ardientes de Cuba reflejan su ardor.

Impetuosa y atormentada, la Avellaneda —como se la suele llamar— fue romántica en su modo de vivir tanto como en su poesía. Durante toda su vida alternó entre arranques místicos e intensas pasiones amorosas. Se casó dos veces y tuvo varias relaciones adúlteras. Después de cada aventura erótica la escritora sufrió sentimientos de profunda culpabilidad y entonces buscó consuelo en la religión. Por un tiempo hasta jugó con la idea de ingresar en una orden religiosa. Su conducta escandalizó a la rígida y conservadora sociedad española; se ha sugerido que por ser mujer y por haberse burlado de las normas sociales, nunca fue admitida en la Real Academia Española.

A pesar de su naturaleza romántica y rebelde, sus versos son formalmente equilibrados. En cuanto a su estructura, conservan mucho de la tradición neoclásica. Sus primeros poemas son íntimos y aún delicados, pero con el tiempo su poesía va poniéndose más declamatoria y rimbombante. Además de poesía, Gómez de Avellaneda escribió ficción y dramas.

Al partir[1]

¡Perla del mar! ¡Estrella de Occidente!
¡Hermosa Cuba! Tu brillante cielo
la noche cubre con su opaco velo
como cubre el dolor mi triste frente.
　　¡Voy a partir!... La chusma[2] diligente
para arrancarme del nativo suelo
las velas iza, y pronto a su desvelo
la brisa acude de tu zona ardiente.
　　¡Adiós, patria feliz, edén[3] querido!
¡Doquier[4] que el hado en su furor me impela,
tu dulce nombre halagará mi oído!
la noche cubre con su opaco velo
como cubre el dolor mi triste frente.
　　¡Voy a partir!... La chusma[2] diligente
para arrancarme del nativo suelo
las velas iza, y pronto a su desvelo
la brisa acude de tu zona ardiente.
　　¡Adiós, patria feliz, edén[3] querido!
¡Doquier[4] que el hado en su furor me impela,
tu dulce nombre halagará mi oído!
　　¡Adiós!... ¡Ya cruje la turgente[5] vela...
el ancla se alza... el buque, estremecido,
las olas corta y silencioso vuela!

A él[6]

Era la edad lisonjera[7]

---

[1] La poeta compuso este poema cuando tenía 22 años, en el barco que la llevaba de Cuba a España.
[2] Tripulación, personas que trabajan en el barco.
[3] Paraíso.
[4] Donde quiera.
[2] Tripulación, personas que trabajan en el barco.
[3] Paraíso.
[4] Donde quiera.
[5] Abultada.
[6] Primera versión de este poema. Una segunda versión se publicó en la edición ampliada de *Poesías* en 1850.

en que es un sueño la vida,
era la aurora hechicera
de mi juventud florida,
en su sonrisa primera:
　　cuando contenta vagaba
por el campo, silenciosa,
y en escuchar me gozaba
la tórtola que entonaba
su querella lastimosa.
　　Melancólico fulgor
blanca luna repartía,
y el aura leve mecía
su soplo murmurador
la tierna flor que se abría.
　　¡Y yo gozaba! El rocío,
nocturno llanto del cielo,
el bosque espeso y umbrío,
la dulce quietud del suelo,
el manso correr del río.
　　Y de la luna el albor,
y el aura que murmuraba,
acariciando a la flor,
y el pájaro que cantaba,
todo me hablaba de amor.
　　Y trémula, palpitante,
en mi delirio extasiada,
miré una visión brillante,
como el aire perfumada,
como las nubes flotante.
　　Ante mí resplandecía
como un astro brillador,
y mi loca fantasía
al fantasma seductor
tributaba idolatría.[8]
　　Escuchar pensé su acento
en el canto de las aves:
eran las auras su aliento
cargadas de aromas suaves,
y su estancia el firmamento.
　　¿Qué ser divino era aquél?
¿Era un Ángel o era un hombre?
¿Era un Dios o era Luzbel[9]...?
¿Mi visión no tiene nombre?
¡Ah! nombre tiene ... ¡Era *él!*

El alma guardaba tu imagen divina

---

[7] Deleitosa, agradable.
[8] **Tributaba...** se sometía completamente, adoraba.
[9] El demonio.

y en ella reinabas ignoto señor,
que instinto secreto tal vez ilumina
la vida futura que espera el amor.

Al sol que en el cielo de Cuba destella,
del trópico ardiente brillante fanal,
tus ojos eclipsan, tu frente descuella
cual[10] se alza en la selva la palma real.

Del genio la aureola, radiante, sublime,
ciñendo contemplo tu pálida sien,
y al verte, mi pecho palpita, y se oprime,
dudando si formas mi mal o mi bien.

Que tú eres no hay duda mi sueño adorado,
mas ¡ay! que mil veces el hombre, arrastrado
por fuerza enemiga, su mal anheló.

Así vi a la mariposa
inocente, fascinada
en torno a la luz amada
revolotear con placer.

Insensata se aproxima
y le acaricia insensata,
hasta que la luz ingrata
devora su frágil ser.

Y es fama que allá en los bosques
que adornan mi patria ardiente,
nace y crece una serpiente
de prodigioso poder,

que exhala en torno su aliento
y la ardilla palpitante,
fascinada, delirante,
corre... ¡y corre a perecer!

¿Hay una mano de bronce,
fuerza, poder, o destino,
que nos impele al camino
que a nuestra tumba trazó?

¿Dónde van, dónde esas nubes
por el viento compelidas?...
¿Dónde esas hojas perdidas
que del árbol arrancó?

Vuelan, vuelan resignadas,
y no saben donde van,
pero siguen el camino
que les traza el huracán.

Vuelan, vuelan en sus alas
nubes y hojas a la par,
ya los cielos las levante
ya las sumerja en el mar.

¡Pobres nubes! ¡pobres hojas

---

[10] Como.

que no saben dónde van!...
pero siguen el camino
que les traza el huracán.

Temas

1. En «Al partir», ¿cómo idealiza la poeta Cuba? ¿Qué metáforas emplea para comunicar la belleza de la Isla?
2. ¿Cómo comunica la tristeza que siente al partir? ¿Cómo usa la repetición? ¿La exclamación?
3. ¿Cómo crea un sentido de movimiento y de inmediatez?
4. En «A él», ¿cómo comunica la pasión de la juventud? ¿Qué sugiere el ritmo del verso octosilábico? ¿Qué efecto produce la interjección «¡Y yo gozaba!»
5. ¿Cómo describe la poeta al amante? ¿Cómo comunica la idea de que es angelical y diabólico a la vez? Compare esta imagen con la de Teresa en el poema de Espronceda.
6. ¿En qué sentido es un ser misterioso? ¿Por qué cree usted que no lo nombra?
7. ¿Cómo cambia el ritmo en el verso que comienza, «El alma guardaba»? ¿Cómo cambian las imágenes? ¿Qué efecto producen estos cambios?
8. ¿Qué representaban la mariposa y la luz? ¿Cómo usa la poeta la naturaleza para expresar sus emociones?

La próxima generación

GUSTAVO ADOLFO BÉCQUER (1836-1870)

El movimiento romántico no se limita a España, sino que se manifiesta en toda Europa. Si, como dicen algunos críticos, en España el Romanticismo es caracterizado por el sentimentalismo exagerado, el gran gesto y la superficialidad, en el resto de Europa representa una verdadera posición filosófica, una actitud hacia la vida. Ésta concibe la realidad no como lo empíricamente verificable, sino como lo interno, íntimo y misterioso. Hace hincapié en los sentimientos y en los enigmas que florecen en el alma humana. Para el romántico europeo la verdad se conoce por medio de la subjetividad y la intuición. La imaginación no depende del universo externo o de modelos literarios o artísticos, sino de las facultades interiores. El arte emana del alma del artista que, sensible a la esencia de las cosas, la capta y le da forma en su obra.

La obra de Bécquer refleja este concepto europeo del Romanticismo. Carece de la rimbombancia que se asocia con el movimiento en España. De hecho, la crítica vacila sobre si se debe calificar a Bécquer de romántico, no sólo porque cuando comienza a escribir, el Romanticismo ya ha pasado de moda en España, sino también porque su estilo es tan diferente del de escritores como Espronceda y Zorrilla que no cabe dentro de la noción convencional del Romanticismo español. Aunque Bécquer cultivó muchos de los mismos temas que estos escritores—el amor y la magia, lo exótico y lo arcaico—su estilo es sutil, apagado.

Hoy día la crítica tiende a clasificar a Bécquer como «posromántico». Sin embargo, en *The Romantic Imagination in the Works of Gustavo Adolfo Bécquer* (1993), B. Brant Bynum afirma que por su uso de la imaginación, Bécquer es, de hecho, el producto más sobresaliente del movimiento romántico en España. Es por medio de la imaginación, explica Bynum, que el reino del espíritu y de la poesía toma forma, mientras que el mundo material pierde su potencia.

La obra de Bécquer representa una búsqueda de la esencia de la realidad—siempre elusiva, misteriosa e intangible—la cual el poeta intenta comunicar en el poema. Su poesía es profundamente subjetiva porque, para él, es precisamente por medio del deslumbramiento intuitivo que el artista capta lo auténtico de la existencia. Bécquer busca la realidad más allá del mundo material y de la rutina cotidiana.

Sus *rimas* son poemas más bien cortos que giran alrededor de un puñado de temas: el amor, el recuerdo, la esencia poética. Cultiva lo sobrenatural y lo fantástico; le fascinan los tiempos y los lugares remotos y exóticos. Por medio del arte desea revelar las realidades más profundas y fundamentales. Bécquer no intenta analizar, sino maravillar o asombrar para despertar en el lector sensaciones puras, por ejemplo, el terror, la belleza o el amor. No es la manifestación concreta y específica lo que le interesa, sino la idea. Es decir, no anhela a la mujer bella, sino la belleza misma. Por eso, en «Yo soy ardiente», rechaza a la mujer de carne y hueso que se ofrece plenamente y opta por la que es «un sueño, un imposible».

Para Bécquer, el poeta no inventa la poesía, sino que percibe las esencias poéticas que existen en el mundo y las expresa en su poema. La poesía son los «perfumes y armonías» y «el abismo» en el mar o en el cielo, «que el cálculo» resiste. La poesía son los recuerdos y esperanzas y los otros intangibles que el poeta capta e informa por medio de su imaginación en

una obra de arte. La poesía son esas realidades que desafían a la ciencia y a la lógica; son esas sensaciones puras y espontáneas que se sienten ante la risa de la amada o los rayos de sol que parten las nubes después de una tempestad. El poema es sólo el vehículo, el receptáculo que da forma a esencias que existen independientemente de él. Por eso, «Podrá no haber poetas, pero siempre / habrá poesía».

El recuerdo es un tema clave en la obra de Bécquer. En manos del poeta, el tiempo se convierte en un obstáculo entre lo posible o lo real. En poemas como «Volverán las oscuras golondrinas», se evoca un pasado feliz, pero irrecuperable. El momento del deslumbramiento en que se conoce una verdad humana—ese momento, por ejemplo, en que los amantes miran una gota de rocío temblar y caer—queda perdido en la lejanía del tiempo, en el reino de lo inasequible.

Además de *rimas*, Bécquer escribió unas cuantas *leyendas*—cuentos en prosa poética o poemas en prosa. En las *leyendas*, el recuerdo colectivo e histórico reemplaza el recuerdo personal. Al colocar la acción en la Edad Media, Bécquer evoca claustros, monasterios, ruinas, palacios, alcázares a fin de crear la sensación y el ambiente del pasado. No se trata de una recreación exacta de un período histórico, sino de una atmósfera—las iglesias heladas y sombrías, los bosques poblados de fantasmas, las tropas que van a la guerra llevando pendones y banderas. Los cuentos no enfocan la acción, la aventura o la intriga, sino el misterio, la fantasía y la magia. El estilo es lírico en vez de novelesco. Como los versos de Bécquer, sus *leyendas* evocan las esencias inalcanzables e intangibles que son fundamentales al alma humana.

En contraste con el de los primeros románticos españoles, el lenguaje de Bécquer es claro, recatado en el mundo interior del poeta. Tanto sus versos como su prosa son sonoros, sencillos y fluidos. De joven estudió pintura, y se evidencia en su lírica su sensibilidad a la luz, al color, a la forma.

Pobre y enfermizo durante toda la vida, Bécquer nació en Sevilla y quedó huérfano a los nueve años. Cuando tenía dieciocho, se trasladó a Madrid donde intentó ganarse la vida escribiendo y pintando. Casi toda su producción literaria, que consta de setenta y nueve *rimas* y nueve *leyendas*, es el resultado de diez años de trabajo que transcurren entre 1860 y 1870. Después del fracaso de una relación amorosa, se casó impetuosamente con Casta Esteban, pero no encontró la felicidad en el matrimonio a pesar de que amaba profundamente a sus hijos. El enterarse de la infidelidad de su mujer tuvo un efecto terrible en el poeta e inspiró algunas de sus poesías más hermosas y amargas. Su hermano Valeriano murió cuando Bécquer tenía treinta y cuatro años. Privado así de su confidente más íntimo y amado, el poeta mismo sucumbió a una enfermedad misteriosa y murió tres meses más tarde.

Los críticos de la época no apreciaron su obra. Su lenguaje simple y delicado era tan distinto del de sus antecesores que sus contemporáneos no supieron cómo interpretar su lírica. Señalaron con desdén sus influencias extranjeras y su tono «germánico». Sin embargo, con el triunfo del Modernismo, Bécquer fue reconocido como el mejor poeta del siglo XIX. Las *Rimas* fueron publicadas por sus amigos en 1871, un año después de su muerte.

Rimas

IV

No digas que agotado su tesoro,
de asuntos falta, enmudeció la lira.
Podrá no haber poetas, pero siempre
    habrá poesía.

Mientras las ondas de la luz al beso
    palpiten encendidas;
mientras el sol las desgarradas nubes
    de fuego y oro vista;

mientras el aire en su regazo lleve
    perfumes y armonías;
mientras haya en el mundo primavera,
    ¡habrá poesía!

Mientras la ciencia a descubrir no alcance
    las fuentes de la vida,
y en el mar o en el cielo haya un abismo
    que el cálculo resista;

mientras la Humanidad, siempre avanzando,
    no sepa a do[1] camina;
mientras haya un misterio para el hombre,
    ¡habrá poesía!

Mientras sintamos que se alegra el alma
    sin que los labios rían;
mientras se llore sin que el llanto acuda
    a nublar la pupila;

mientras el corazón y la cabeza
    batallando prosigan;
mientras haya esperanzas y recuerdos,
    ¡habrá poesía!

Mientras haya unos ojos que reflejen
    los ojos que los miran;
mientras responda el labio suspirando
    al labio que suspira;

mientras sentirse puedan en un beso
    dos almas confundidas;
mientras exista una mujer hermosa,
    ¡habrá poesía!

V

    Espíritu sin nombre,
indefinible esencia,
yo[2] vivo con la vida
sin forma de la idea.
    Yo nado en el vacío,
del sol tiemblo en la hoguera,
palpito entre las sombras
y floto con las nieblas.
    Yo soy el fleco de oro
de la lejana estrella;
yo soy de la alta luna
la luz tibia y serena.
    Yo soy la ardiente nube
que en el ocaso ondea;
yo soy del astro errante
la luminosa estela.
    Yo soy nieve en las cumbres,
soy fuego en las arenas,
azul onda en los mares
y espuma en la ribera.
    En el laúd soy nota,
perfume en la violeta,
fugaz llama en las tumbas,
y en las ruinas hiedra.
    Yo canto con la alondra
y zumbo con la abeja,
yo imito los ruidos
que en la alta noche suenan.
    Yo atrueno en el torrente,

---

[1] Donde.

---

[2] «Yo» se define en la última estrofa.

y silbo en la centella,
y ciego en el relámpago,
y rujo en la tormenta.

Yo río en los alcores,[3]
susurro en la alta hierba,
suspiro en la onda pura
y lloro en la hoja seca.

Yo ondulo con los átomos
del humo que se eleva
y al cielo lento sube
en espiral inmensa.

Yo, en los dorados hilos
que los insectos cuelgan,
me mezclo entre los árboles
en la ardorosa siesta.

Yo corro tras las ninfas
que en la corriente fresca
del cristalino arroyo
desnudas juguetean.

Yo, en bosque de corales
que alfombran blancas perlas,
persigo en el Océano
las náyades ligeras.[4]

Yo, en las cavernas cóncavas,
do el sol nunca penetra,
mezclándome a los gnomos,[5]
contemplo sus riquezas.

Yo busco de los siglos
las ya borradas huellas,
y sé de esos imperios
de que ni el hombre queda.

Yo sigo en raudo vértigo
los mundos que voltean,
y mi pupila abarca
la creación entera.

Yo sé de esas regiones
a do un rumor nos llega,
y donde informes[6] astros
de vida un soplo esperan.

Yo soy sobre el abismo
el puente que atraviesa;
yo soy la ignota[7] escala

que el cielo une a la tierra.

Yo soy el invisible
anillo que sujeta
el mundo de la forma
al mundo de la idea.

Yo, en fin, soy ese espíritu,
desconocida esencia,
perfume misterioso
de que es vaso[8] el poeta.

XI

«Yo soy ardiente, yo soy morena,
yo soy el símbolo de la pasión;
de ansia de goces mi alma está llena.
¿A mí me buscas?» «No es a ti, no».

«Mi frente es pálida; mis trenzas, de oro;
puedo brindarte dichas sin fin;
yo de ternura guardo un tesoro.
¿A mí me llamas?» «No; no es a ti».

«Yo soy un sueño, un imposible,
vano fantasma de niebla y luz;
soy incorpórea, soy intangible;
no puedo amarte». «¡Ah ven; ven tú!»

LIII

Volverán las oscuras golondrinas
en tu balcón sus nidos a colgar,
y otra vez con el ala a sus cristales
jugando llamarán;
pero aquéllas que el vuelo refrenaban,
tu hermosura y mi dicha al contemplar;
aquéllas que aprendieron nuestros nombres,
ésas... ¡no volverán!
Volverán las tupidas madreselvas
de tu jardín las tapias a escalar,
y otra vez a la tarde, aun más hermosas,
sus flores se abrirán;
pero aquéllas cuajadas de rocío,
cuyas gotas mirábamos temblar
y caer, como lágrimas del día...
ésas... ¡no volverán!
Volverán del amor en tus oídos
las palabras ardientes a sonar;

---

[3] Colinas.
[4] En la mitología, el Océano era un gran río que rodeaba la tierras. Las náyades eran las ninfas del río.
[5] En el folclore, seres enanos que habitaban las entrañas de la tierra y vigilaban y protegían sus tesoros.
[6] Sin forma.

---

[7] Secreta.
[8] Uno que recibe un espíritu.

tu corazón, de su profundo sueño
tal vez se despertará;
pero mudo y absorto y de rodillas,
como se adora a Dios ante su altar,
como yo te he querido... desengáñate:
¡así no te querrán!

La promesa

I

Margarita lloraba con el rostro oculto entre las manos; lloraba sin gemir, pero las lágrimas corrían silenciosas a lo largo de sus mejillas, deslizándose por entre sus dedos para caer en la tierra, hacia la que había doblado su frente.

Junto a Margarita estaba Pedro, quien levantaba de cuando en cuando los ojos para mirarla, y viéndola llorar tornaba a bajarlos, guardando a su vez un silencio profundo.

Y todo callaba alrededor y parecía respetar su pena. Los rumores del campo se apagaban; el viento de la tarde dormía, y las sombras comenzaban a envolver los espesos árboles del soto.

Así transcurrieron algunos minutos, durante los cuales se acabó de borrar el rastro de luz que el sol había dejado al morir en el horizonte; la luna comenzó a dibujarse vagamente sobre el fondo violado del cielo del crepúsculo, y unas tras otras fueron apareciendo las mayores estrellas.

Pedro rompió al fin aquel silencio angustioso, exclamando con voz sorda y entrecortada y como si hablase consigo mismo:

—¡Es imposible..., imposible!

Después, acercándose a la desconsolada niña y tomando una de sus manos, prosiguió con acento más cariñoso y suave:

—Margarita, para ti el amor es todo, y tú no ves nada más allá del amor. No obstante, hay algo tan respetable como nuestro cariño: es mi deber. Nuestro señor el conde de Gómara parte mañana de su castillo para reunir su hueste[9] a las del rey don Fernando,[10] que va a sacar a Sevilla del poder de los infieles, y yo debo partir con el conde. Huérfano oscuro, sin nombre y sin familia, a él le debo cuanto soy. Yo le he servido en el ocio de las paces, he dormido bajo su techo, me he calentado en su hogar y he comido el pan de su mesa. Si hoy le abandono, mañana sus hombres de armas, al salir en tropel por las poter-

nas[11] de su castillo, preguntarán maravillados de no verme: «¿Dónde está el escudero favorito del conde de Gómara?», y mi señor callará con vergüenza, y sus pajes y bufones dirán en son de mofa: «El escudero del conde no es más que un galán de justas,[12] un lidiador de cortesía[13]».

Al llegar a este punto, Margarita levantó sus ojos llenos de lágrimas para fijarlos en los de su amante, y removió los labios como para dirigirle la palabra; pero su voz se ahogó en un sollozo.

Pedro, con acento aun más dulce y persuasivo, prosiguió así:

—No llores, por Dios, Margarita; no llores, porque tus lágrimas me hacen daño. Voy a alejarme de ti; mas yo volveré después de haber conseguido un poco de gloria para mi nombre oscuro. El cielo nos ayudará en la santa empresa. Conquistaremos a Sevilla, y el rey nos dará feudos[14] en las riberas del Guadalquivir[15] a los conquistadores. Entonces volveré en tu busca y nos iremos juntos a habitar en aquel paraíso de los árabes, donde dicen que hasta el cielo es más limpio y más azul que el de Castilla. Volveré, te lo juro, volveré a cumplir la palabra solemne empeñada el día en que puse en tus manos ese anillo, símbolo de una promesa.

—¡Pedro! —exclamó entonces Margarita dominando su emoción y con voz resuelta y firme—: Ve, ve a mantener tu honra —y al pronunciar estas palabras, se arrojó por última vez en los brazos de su amante. Después añadió, con acento más hondo y conmovido—: Ve a mantener tu honra; pero vuelve..., vuelve a traerme la mía.[16]

Pedro besó la frente de Margarita, desató su caballo, que estaba sujeto a uno de los árboles del soto, y se alejó al galope por el fondo de la alameda.

Margarita siguió a Pedro con los ojos hasta que su sombra se confundió entre la niebla de la noche, y cuando ya no pudo distinguirlo, se volvió lentamente al lugar donde la aguardaban sus hermanos.

—Ponte tus vestidos de gala —le dijo uno de ellos al entrar, —que mañana vamos a Gómara con todos los vecinos del pueblo para ver al conde, que se marcha a Andalucía.

---

[9] Soldados que toman parte en una campaña.

[10] Fernando III el Santo, rey de Castilla y León (1201-1252) conquistó a los moros en Córdoba, Sevilla, Murcia y Jaén y redujo a su vasallaje al rey de Granada.

[11] Portillos o puertas pequeñas.

[12] Torneos; es decir, combate sólo por deporte o diversión, pero no en la guerra.

[13] En las fiestas de la Corte.

[14] Contrato por el cual el rey cedía a su vasallo una tierra.

[15] Río que pasa por Córdoba y Sevilla.

[16] Una mujer que se ha entregado a un hombre queda deshonrada; su honor sólo puede ser restaurado al casarse.

—A mí más me entristece que me alegra ver irse a los que acaso no han de volver —respondió Margarita con un suspiro.

—Sin embargo —insistió el otro hermano—, has de venir con nosotros y has de venir compuesta y alegre; así no dirán las gentes murmuradoras que tienes amores en el castillo y que tus amores se van a la guerra.

II

Apenas rayaba en el cielo la primera luz del alba, cuando empezó o oírse por todo el campo de Gómara la aguda trompetería de los soldados del conde, y los campesinos que llegaban en numerosos grupos de los lugares cercanos vieron desplegarse al viento el pendón señorial en la torre más alta de la fortaleza. Unos sentados al borde de los fosos,[17] otros subidos en las copas de los árboles, éstos vagando por la llanura, aquéllos coronando las cumbres de las colinas, los de más allá formando un cordón a lo largo de la calzada, ya haría cerca de una hora que los curiosos esperaban el espectáculo, no sin que algunos comenzaran a impacientarse, cuando volvió a sonar de nuevo el toque de los clarines, rechinaron las cadenas del puente, que cayó con pausa sobre el foso, y se levantaron los rastrillos, mientras se abrían de par en par y gimiendo sobre sus goznes las pesadas puertas del arco que conducían al patio de armas.

La multitud corrió a agolparse en los ribazos del camino para ver más a su sabor las brillantes armaduras y los lujosos arreos del séquito del conde de Gómara, célebre en toda la comarca por su esplendidez y sus riquezas.

Rompieron la marcha los farautes,[18] que deteniéndose de trecho en trecho, pregonaban en alta voz y a son de caja[19] las cédulas[20] del rey llamando a sus feudatarios a la guerra de moros, y requiriendo a las villas y lugares libres para que diesen paso y ayuda a sus huestes.[21]

A los farautes siguieron los heraldos de corte, ufanos con sus casullas[22] de seda, sus escudos bordados de oro y colores, y sus birretes[23] guarnecidos de plumas vistosas.

Después vino el escudero mayor de la casa, armado de punta en blanco,[24] caballero sobre un potro morcillo, llevando en sus manos el pendón de ricohombre con sus motes y sus calderas, y al estribo izquierdo el ejecutor de las justicias del señorío, vestido de negro y rojo.

Precedían al escudero mayor hasta una veintena de aquellos famosos trompeteros de la tierra llana, célebres en las crónicas de nuestros reyes por la increíble fuerza de sus pulmones.

Cuando dejó de herir el viento el agudo clamor de la formidable trompetería, comenzó a oírse un rumor sordo, acompasado y uniforme. Eran los peones de la mesnada,[25] armados de largas picas y provistos de sendas adargas[26] de cuero. Tras éstos no tardaron en aparecer los aparejadores[27] de las máquinas, con sus herramientas y sus torres de palo, las cuadrillas de escaladores y la gente menuda del servicio de las acémilas.

Luego, envueltos en la nube de polvo que levantaba el casco de sus caballos, y lanzando chispas de luz de sus petos[28] de hierro, pasaron los hombres de armas del castillo formados en gruesos pelotones, que semejaban a lo lejos un bosque de lanzas.

Por último, precedido de los timbaleros,[29] que montaban poderosas mulas con gualdrapas[30] y penachos, rodeado de sus pajes, que vestían ricos trajes de seda y oro, y seguido de los escuderos de su casa, apareció el conde.

Al verlo, la multitud levantó un clamor inmenso para saludarlo, y entre el confuso vocerío se ahogó el grito de una mujer, que en aquel momento cayó desmayada y como herida de un rayo en los brazos de algunas personas que acudieron a socorrerla. Era Margarita. Margarita, que había conocido a su misterioso amante en el muy alto y muy temido señor conde de Gómara, de los más nobles y poderosos feudatarios de la corona de Castilla.

III

El ejército de don Fernando, después de salir de Córdoba, había venido por sus jornadas hasta Sevilla, no sin

---

[17] Excavaciones profundas que rodean una fortaleza o un castillo para impedir que se acerquen enemigos.

[18] Heraldos, mensajeros del rey.

[19] Tambor.

[20] Despacho, comunicación.

[21] Era obligación de los ciudadanos dar paso a los ejércitos del rey por los pueblos y alojar y alimentar a sus soldados en sus casas.

[22] Vestidura que se pone encima del hábito.

[23] Gorros.

---

[24] **De...** con todas las piezas de la armadura.

[25] Compañía de soldados.

[26] Escudos ovalados.

[27] Los que preparan a las caballerías y las máquinas de guerra.

[28] Armadura para el pecho.

[29] Los que tocan el timbal, tipo de tambor con la caja semiesférica.

[30] Cobertura larga que cubre las ancas del caballo.

haber luchado antes en Écija, Carmona, Alcalá del Río de Guadaira,[31] donde, una vez expugnado el famoso castillo, puso los reales a la vista de la ciudad de los infieles.

El conde de Gómara estaba en la tienda sentado en un escaño de alerce, inmóvil, pálido, terrible, las manos cruzadas sobre la empuñadura del montante y los ojos fijos en el espacio, con esa gravedad del que parece mirar un objeto y, sin embargo, no ve nada de cuanto hay en su alrededor.

A un lado y de pie, le hablaba el más antiguo de los escuderos de su casa, el único que en aquellas horas de negra melancolía hubiera osado interrumpirle sin atraer sobre su cabeza la explosión de su cólera.

—¿Qué tenéis, señor? —le decía—. ¿Qué mal os aqueja y consume? Triste vais al combate, y triste volvéis, aun tornando con la victoria. Cuando todos los guerreros duermen rendidos a la fatiga del día, os oigo suspirar angustiado, y si corro a vuestro lecho, os miro allí luchar con algo invisible que os atormenta. Abrís los ojos, y vuestro terror no se desvanece. ¿Qué pasa, señor? Decídmelo. Si es un secreto, yo sabré guardarlo en el fondo de mi memoria como en un sepulcro.

El conde parecía no oír al escudero; no obstante, después de un largo espacio, y como si las palabras hubiesen tardado todo aquel tiempo en llegar desde sus oídos a su inteligencia, salió poco a poco de su inmovilidad, y atrayéndole hacia sí cariñosamente, le dijo con voz grave y reposada:

—He sufrido demasiado en silencio. Creyéndome juguete de una vana fantasía, hasta ahora he callado por vergüenza; pero no, no es ilusión lo que me sucede. Yo debo de hallarme bajo la influencia de una maldición terrible. El cielo o el infierno deben de querer algo de mí, y lo avisan con hechos sobrenaturales. ¿Te acuerdas del día de nuestro encuentro con los moros de Nebrija en el aljarafe[32] de Triana[33]? Éramos pocos; la pelea fue dura, y yo estuve al punto de perecer. Tú lo viste: en lo más reñido del combate, mi caballo, herido y ciego de furor, se precipitó hacia el grueso de la hueste mora. Yo pugnaba[34] en balde por contenerlo. Las riendas se habían escapado de mis manos, y el fogoso animal corría llevándome a una muerte segura. Ya los moros, cerrando sus escuadrones, apoyaban en tierra el cuento de sus largas picas para recibirme en ellas. Una nube de saetas silbaba

en mis oídos. El caballo estaba a algunos pies de distancia del muro de hierro en que íbamos a estrellarnos, cuando... Créeme: no fue una ilusión: vi una mano que agarrándolo de la brida lo detuvo con una fuerza sobrenatural, y volviéndolo en dirección a las filas de mis soldados, me salvó milagrosamente. En vano pregunté a los otros por mi salvador. Nadie lo conocía, nadie lo había visto. «Cuando volabais a estrellaros en la muralla de picas[35] —me dijeron— ibais solo, completamente solo. Por eso nos maravillamos al veros tornar, sabiendo que ya el corcel[36] no obedecía al jinete[37]».

Aquella noche entré preocupado en mi tienda. Quería en vano arrancarme de la imaginación el recuerdo de la extraña aventura. Mas al dirigirme al lecho, torné a ver la misma mano, una mano hermosa, blanca hasta la palidez, que descorrió las cortinas, desapareciendo después de descorrerlas. Desde entonces, a todas horas, en todas partes, estoy viendo esa mano misteriosa que previene mis deseos y se adelanta a mis acciones. La he visto, al expugnar[38] el castillo de Triana, coger entre sus dedos y partir en el aire una saeta que venía a herirme; la he visto, en los banquetes donde procuraba ahogar mi pena entre la confusión y el tumulto, escanciar el vino en mi copa, y siempre se halla delante de mis ojos, y por donde voy me sigue: en la tienda, en el combate, de día, de noche... Ahora mismo, mírala, mírala aquí apoyada suavemente en mis hombros.

Al pronunciar estas últimas palabras, el conde se puso en pie y dio algunos pasos como fuera de sí y embargado de un terror profundo.

El escudero se enjugó una lágrima que corría por sus mejillas. Creyendo loco a su señor, no insistió, sin embargo, en contrariar sus ideas, y se limitó a decirle con voz profundamente conmovida:

—Venid... salgamos un momento de la tienda; acaso la brisa de la tarde refrescará vuestras sienes, calmando ese incomprensible dolor, para el que yo no hallo palabras de consuelo.

IV

El real[39] de los cristianos se extendía por todo el campo del Guadaira, hasta tocar en la margen izquierda del

---

[31] Ciudades de Andalucía, de la zona de Sevilla.

[32] Terreno alto.

[33] Al suroeste de Sevilla.

[34] Luchaba.

[35] **Cuando...** *When you were flying at the wall of lances, where you were going to smash yourself to smithereens.*

[36] Caballo.

[37] *Rider.*

[38] *Storm, take by storm.*

[39] Campamento.

Guadalquivir. Enfrente del real y destacándose sobre el luminoso horizonte, se alzaban los muros de Sevilla, flanqueados de torres almenadas y fuertes. Por encima de la corona de almenas rebosaba la verdura de los mil jardines de la morisca ciudad, y entre las oscuras manchas del follaje lucían los miradores blancos como la nieve, los alminares[40] de las mezquitas y la gigantesca atalaya sobre cuyo aéreo pretil lanzaban chispas de luz, heridas por el sol, las cuatro grandes bolas de oro, que desde el campo de los cristianos parecían cuatro llamas.

La empresa de don Fernando, una de las más heroica y atrevidas de aquella época, había traído a su alrededor a los más célebres guerreros de los diferentes reinos de la Península, no faltando algunos que de países extraños y distantes vinieran también, llamados por la fama, a unir sus esfuerzos a los del santo rey.

Tendidas a lo largo de la llanura, mirábanse, pues, tiendas de campaña de todas formas y colores, sobre el remate[41] de las cuales ondeaban al viento distintas enseñas[42] con escudos partidos, astros, grifos, leones, cadenas, barras y calderas, y otras cien y cien figuras o símbolos heráldicos que pregonaban el nombre y la calidad de sus dueños. Por entre las calles de aquella improvisada ciudad circulaban en todas direcciones multitud de soldados, que hablando dialectos diversos y vestidos cada cual al uso de su país, y cada cual armado a su guisa, formaban un extraño y pintoresco contraste. Aquí descansaban algunos señores de las fatigas del combate sentados en escaños de alerce a la puerta de sus tiendas y jugando a las tablas, en tanto que sus pajes les escanciaban el vino en copas de metal; allí algunos peones aprovechaban un momento de ocio para aderezar y componer sus armas, rotas en la última refriega; más allá cubrían de saetas un blanco los más expertos ballesteros de la hueste entre las aclamaciones de la multitud, pasmada de su destreza; y el rumor de los tambores, y el clamor de las trompetas, las voces de los mercaderes ambulantes, el golpear del hierro contra el hierro, los cánticos de los juglares que entretenían a sus oyentes con la relación de hazañas portentosas, y los gritos de los farautes que publicaban las ordenanzas de los maestres de campo, llenando los aires de mil y mil ruidos discordes, prestaban a aquel cuadro de costumbres guerreras una vida y una animación imposibles de pintar con palabras.

El conde de Gómara, acompañado de su fiel escudero, atravesó por entre los animados grupos sin levantar los ojos de la tierra, silencioso, triste, como si ningún objeto hiriese su vista ni llegase a su oído el rumor más leve. Andaba maquinalmente, a la manera de un sonámbulo, cuyo espíritu se agita en el mundo de los sueños, se mueve y marcha sin la conciencia de sus acciones y como arrastrado por una voluntad ajena a la suya.

Próximo a la tienda del rey y en medio de un gran corro de soldados, pajecillos y gente menuda que lo escuchaban con la boca abierta, apresurándose a comprarle algunas de las baratijas que anunciaba a voces y con hiperbólicos encomios,[43] había un extraño personaje, mitad romero, mitad juglar, que ora recitando una especie de letanía en latín bárbaro, interminable relación de chistes capaces de poner colorado a un ballestero, con oraciones devotas, historias de amores picarescos, con leyendas de santos. En las inmensas alforjas que colgaban de sus hombros se hallaban revueltos y confundidos mil objetos diferentes: cintas tocadas en el sepulcro de Santiago; cédulas con palabras que él decía ser hebraicas, las mismas que dijo el rey Salomón cuando fundaba el templo, y las únicas para libertarse de toda clase de enfermedades contagiosas; bálsamos maravillosos para pegar a hombres partidos por la mitad; Evangelios cosidos en bolsitas de brocatel[44]; secretos para hacerse amar de todas las mujeres; reliquias de los santos patrones de todos los lugares de España; joyuelas, cadenillas, cinturones, medallas y otras muchas baratijas de alquimia, de vidrio y de plomo.

Cuando el conde llegó cerca del grupo que formaban el romero y sus admiradores, comenzaba éste a templar una especie de bandolina[45] o guzla[46] árabe con que se acompañaba en la relación de sus romances. Después que hubo estirado bien las cuerdas unas tras otras y con mucha calma, mientras su acompañante daba la vuelta el corro sacando los últimos cornados[47] de la flaca escarcela[48] de los oyentes, el romero empezó a cantar con voz

---

[40] Torre de una mezquita desde la cual se llama a los fieles a la oración.
[41] Fin, extremo.
[42] Insignias.

[43] **Hiperbólicos...** *Exaggerated praises.*
[44] Tipo de tela.
[45] Instrumento musical de cuerdas.
[46] Instrumento musical de una sola cuerda.
[47] Moneda antigua de cobre.
[48] Especie de bolsa que se llevaba de la cintura.

gangosa y con un aire monótono y plañidero un romance que siempre terminaba en el mismo estribillo.[49]

El conde se acercó al grupo y prestó atención. Por una coincidencia, al parecer extraña, el título de aquella historia respondía en un todo a los lúgubres pensamientos que embargaban su ánimo. Según había anunciado el canto antes de comenzar, el romance se titulaba el *Romance de una mano muerta*.

Al oír el escudero tan extraño anuncio, pugnó por arrancar a su señor de aquel sitio; pero el conde, con los ojos fijos en el juglar, permaneció inmóvil, escuchando la cantiga:

I

La niña tiene un amante
que escudero se decía.
El escudero le anuncia
que a la guerra se partía.
«Te vas y acaso no tornes».
«Tornaré por vida mía».
Mientras el amante jura,
diz[50] que el viento repetía:
¡Malhaya quien en promesas
de hombre fía!

II

El conde, con la mesnada
de su castillo salía.
Ella, que lo ha conocido,
con grande aflicción gemía:
«¡Ay de mí, que se va el conde
y se lleva la honra mía»!
Mientras la cuitada[51] llora,
diz que el viento repetía:
¡Malhaya quien en promesas
de hombre fía!

III

Su hermano, que estaba allí
estas palabras oía:
«Nos ha deshonrado», dice.
«Me juró que tornaría».
«No te encontrará si torna,
donde encontrarte solía».
Mientras la infelice muere,

diz que el viento repetía:
¡Malhaya quien en promesas
de hombre fía!

IV

Muerta la llevan al soto;
la han enterrado en la umbría;
por más tierra que le echaban,
la mano no se cubría;
la mano donde un anillo
que le dio el conde tenía.
De noche, sobre la tumba
diz que el viento repetía:
¡Malhaya quien en promesas
de hombre fía!

Apenas el canto había terminado la última estrofa cuando, rompiendo el muro de curiosos que se apartaban con respeto al reconocerlo, el conde llegó adonde se encontraba el romero, y cogiéndolo con fuerza el brazo, le preguntó en voz baja y convulsa:

—¿De qué tierra eres?

—De tierra de Soria[52] —le respondió éste sin alterarse.

—Y ¿dónde has aprendido ese romance? ¿A quién se refiere la historia que cuenta? —volvió a exclamar su interlocutor, cada vez con muestras de emoción más profunda.

—Señor —dijo el romero clavando sus ojos en los del conde con una fijeza imperturbable—, esta canción la repiten de unos en otros los aldeanos del campo de Gómara, y se refiere a una desdichada cruelmente ofendida por un poderoso. Altos juicios de Dios han permitido que al enterrarla quedase siempre fuera de la sepultura la mano en que su amante le puso un anillo al hacerle una promesa. Vos sabrás quizá a quien toca cumplirla.

V

En un lugarejo miserable y que se encuentra a un lado del camino que conduce a Gómara, he visto hace mucho el sitio en donde se asegura tuvo lugar la extraña ceremonia del casamiento del conde.

Después que éste, arrodillado sobre la humilde fosa, estrechó con la suya la mano de Margarita y un sacerdote autorizado por el Papa bendijo la lúgubre unión, es fama que casó el prodigio, y *la mano muerta* se hundió para siempre.

---

[49] Refrán.
[50] Se dice.
[51] Desdichada.

[52] Región conocida por sus mitos y leyendas.

Al pie de unos árboles añosos y corpulentos hay un pedacito de prado que, al llegar la primavera, se cubre espontáneamente de flores. La gente del país dice que allí está enterrada Margarita.

Temas

1. ¿Por qué dice el poeta que «Podrá no haber poetas, pero siempre / habrá poesía? ¿Qué ejemplos da de la «esencia poética» que existe en el mundo?

2. ¿Qué actitud expresa hacia las ciencias en la Rima IV?

3. ¿Cómo define la poesía en la Rima V? Según Bécquer, ¿cuál es el papel del poeta? ¿Inventa la poesía o simplemente le da forma? Explique.

4. En la Rima XI, ¿cuál de las mujeres prefiere el poeta? ¿Por qué? ¿Qué representa la primera? ¿Y la segunda? ¿Qué representa la última?

5. ¿Qué concepto del tiempo expresa en la Rima LIII?

6. En «La promesa», ¿en qué sentido es Margarita una heroína romántica? Compárela con la Teresa de Espronceda y la Inés de Zorrilla.

7. Describa la separación de los amantes. ¿Qué elementos románticos hay en esta escena?

8. ¿Por qué insisten los hermanos de Margarita que vaya a ver partir al ejército? ¿Qué descubre Margarita cuando ve el desfile? ¿Por qué la afecta tanto?

9. ¿Por qué anda pálido el conde? ¿Cómo incorpora Bécquer lo sobrenatural en esta leyenda?

10. ¿Qué revela el *Romance de una mano muerta*? ¿Por qué incluye Bécquer este romance? ¿Cómo ayuda a aumentar la tensión?

11. ¿Cómo triunfa el amor al final?

12. ¿Por qué cree usted que Bécquer sitúa la acción en la Edad Media? ¿Qué elementos románticos contiene esta leyenda? ¿Cómo difiere el estilo de Bécquer del de otros románticos?

ROSALÍA DE CASTRO (1837-1885)

Rosalía de Castro combina el intenso lirismo que se asocia con Bécquer con un enfoque regionalista. Las raíces gallegas de la poeta se manifiestan en sus descripciones de rías (fiordos) y de hermosos paisajes y en su uso del riquísimo caudal folclórico de Galicia.

Castro recibió una educación pobre. De niña demostró talento para la música, cualidad que se desta-

caría más tarde en su poesía sumamente melódica. En 1857, en Madrid, publicó *La flor,* su primera colección de poesía en castellano. En 1858 se casó con el periodista gallego Manuel Martínez Murguía. Ese mismo año perdió a su madre y también publicó su primera novela, *La hija del mar.* Nostálgica y triste, volvió a Galicia con su marido a vivir en su provincia natal a orillas del río Sar.

En aquellos años empezó a componer poesía en gallego. En 1863, a instancia de su marido, publicó sus *Cantares gallegos* y también *A mi madre,* versos en castellano que conmemoran la muerte de su madre. *Cantares* tuvo un gran éxito y ayudó a reestablecer el gallego como lengua literaria. Su próxima colección *Follas novas (Hojas nuevas),* también en gallego, apareció en 1880. Caracteriza estos libros la aparente falta de artificio, evocadora de la poesía folclórica. *Cantares* refleja las costumbres y el estilo de vida de su amada Galicia, mientras que *Follas* capta la tristeza de la autora.

Aunque publicó varias novelas en castellano, su obra más conocida en este idioma es la colección de poesía *En las orillas del Sar*, publicado en 1884, cuando ya padecía de tuberculosis. Falleció un año después, a los cuarenta y ocho años, de cáncer.

Castro emplea muchos de los mismos temas, metáforas e imágenes que sus contemporáneas. Sin embargo, la poesía de Castro está impregnada de una profunda y personalísima melancolía. A diferencia de Bécquer y de algunas de las poetas de su generación, parte de situaciones reales, concretas. En *Volved*, por ejemplo, alude a la emigración gallega a otras partes de España o a las Américas causada por la terrible pobreza de la región. Expresa su añoranza de los viejos tiempos y de los amigos que se han ido, y también su resignación ante las circunstancias—porque sabe que Galicia no les puede ofrecer nada.

La muerte es uno de sus temas principales. Si para los románticos hombres la muerte es una abstracción atractiva y seductora que a menudo representan como una bella mujer, para Castro y sus contemporáneas es una dura realidad: la privación irremediable de un ser amado. En los poemas de *A mi madre*, por ejemplo, la poeta subraya la angustia y el sentido de desamparo que le causa el fallecimiento de su madre. Si la generación anterior asoció la naturaleza con la inocencia, Castro le devuelve la función que tuvo a principios de la Modernidad: la de borrar las distinciones entre el mundo interno y el externo. Expresa su dolor con imágenes de una naturaleza amenazante o triste—negras nubes, sol turbio—las cuales representan metafóricamente el alma de la poeta misma.

A través de estas imágenes Castro se aparta del concepto de la mujer angelical. En vez de «cándidas y hermosas» como muchachas modelos, las nubes de *Ya pasó la estación de los calores* con «errantes, fugitivas, misteriosas», «llenas de amargura y desconsuelo», «locas en incesante movimiento». Se trata de otro retrato de la mujer romántica; ésta es loca, libre, apasionada y melancólica. A primera vista, esta imagen de la mujer irracional parece semejante a la de poetas como Espronceda, por ejemplo, cuyos personajes femeninos son inestables, ardorosos y dispuestos a sacrificarlo todo por el amor. Sin embargo, no es la pasión amorosa lo que motiva a la mujer en la poesía de Castro, sino el intenso dolor.

En muchos poemas, Castro rompe con el molde de la poesía femenina, a menudo concebida como vehículo para el desahogo de la mujer, revelándose como una escritora consciente de las dimensiones filosóficas del arte. En su conflicto entre el deseo de creer en la perduración del alma y la conciencia de la finalidad de la muerte, se anuncia ya la temática de los escritores del 98. A pesar de su aparente ingenuidad y de la influencia de fuentes orales, la poesía de Castro es compleja y cuidadosamente elaborada. Incluye contrastes rítmicos interesantes, una variedad de voces poéticas y metáforas que funcionan a múltiples niveles. En la segunda estrofa de *Volved*, por ejemplo, introduce un cambio métrico radical, pasando del verso largo y melódico al verso corto, de compás rápido. También enriquece sus versos con vocablos inusuales; el uso de «linfa» por «agua» es un ejemplo.

La crítica tardó en reconocer el valor de la obra de Rosalía de Castro, pero hoy día es considerada una de las mejores poetas del siglo XIX.

Volved

I

Bien sabe Dios que siempre me arrancan tristes lágrimas
    aquéllos que nos dejan;[1]
pero aún más me lastiman y me llenan de luto
    los que a volver se niegan.

    ¡Partid, y Dios os guíe!..., pobres desheredados
para quienes no hay sitio en la hostigada[2] patria[3];
partid llenos de aliento en pos de[4] otro horizonte,
pero... volved más tarde al viejo hogar que os llama.

    Jamás del extranjero el pobre cuerpo inerte,

como en la propia tierra en la ajena descansa.[5]

II

    Volved, que os aseguro
que al pie de cada arroyo y cada fuente
    de linfa[6] transparente,
donde se reflejó vuestro semblante,
    y en cada viejo muro
que os prestó sombra cuando niños erais
    y jugabais inquietos,
y que escuchó más tarde los secretos
    del que ya adolescente
    o mozo enamorado,
en el soto, en el monte y en el prado,
    dondequiera que un día
    os guió el pie ligero...,
    yo os digo y os juro
que hay genios[7] misteriosos
que os llaman tan sentidos y amorosos
y con tan hondo y dolorido acento,
que hacen más triste el suspirar del viento,
cuando en las noches del invierno duro
de vuestro hogar que entristeció el ausente,
discurren por los ámbitos medrosos
y en las eras sollozan silenciosos,
    y van del monte al río
llenos de luto y siempre murmurando:
«¡Partieron!... ¿Hasta cuándo?
¡Qué soledad! ¿No volverán, Dios mío?

Sintiéndose acabar con el estío

    Sintiéndose acabar con el estío
la desahuciada enferma,
¡moriré en el otoño!
—pensó, entre melancólica y contenta—,
y sentiré rodar sobre mi tumba
las hojas también muertas.

    Mas...ni aun la muerte complacerla quiso,
cruel también con ella:
perdonóle la vida en el invierno,
y, cuando todo renacía en la tierra,
la mató lentamente, entre los himnos
alegres de la hermosa primavera.

---

[1] Se refiere a los gallegos que emigran a otras partes de España o a las Américas.
[2] Desgraciada.
[3] Se refiere a la «patria chica», la región natal.
[4] **En...** tras.

[5] **Jamás...** Jamás el pobre cuerpo inerte del e˘ descansa en la ajena tierra como en la propia.
[6] Agua.
[7] Espíritus.

Ya siente que te extingues en su seno

Ya siente que te extingues en su seno,
    llama vital, que dabas
luz a su espíritu, a su cuerpo fuerzas,
    juventud a su alma.

Ya tu calor no templará su sangre,
    por el invierno helada,
ni harás latir su corazón, ya falto
    de aliento y de esperanza.
    Mudo, ciego, insensible,
    sin gozos ni tormentos,
será cual astro que apagado y solo
perdido va por la extensión del cielo.

Si para que se llene y se desborde
el inmenso caudal de los agravios
quiere que nunca hasta sus labios llegue
    más que el duro y amargo
pan que el mendigo con dolor recoge
    y ablanda con su llanto,
sucumbirá por fin, como sucumben
    los buenos y los bravos,
cuando en batalla desigual les hiere
la mano del cobarde o del tirano.

Y ellos entonces vivirán dichosos
    su victoria cantando,
como el cárabo canta en su agujero
    y la rana en su charco.
Mas en tanto ellos cantan . . . ,
    ¡muchedumbre
que nace y muere en los paternos campos,
siempre desconocida y siempre estéril!,
triste la Patria seguirá llorando,
    siempre oprimida y siempre
de la ruindad y la ignorancia pasto.

Cuando sopla el Norte[8] duro

    Cuando sopla el Norte duro
y arde en el hogar el fuego,
y ellos pasan por mi puerta
flacos, desnudos y hambrientos,
'l frío hiela mi espíritu,

como debe helar su cuerpo.
Y mi corazón se queda
al verlos ir sin consuelo,
cual ellos, opreso y triste,
desconsolado cual ellos.
    Era niño y ya perdiera[9]
la costumbre de llorar;
la miseria seca el alma
y los ojos además:
era niño y parecía,
por sus hechos, viejo ya.
    ¡Experiencia del mendigo!
Eres precoz como el mal,
implacable como el odio,
dura como la verdad.
    De polvo y fango nacidos,
fango y polvo nos tornamos;
¿por qué, pues, tanto luchamos
si hemos de caer vencidos?
    Cuando esto piensa humilde y temerosa,
    como tiembla la rosa
    del viento al soplo airado,
tiembla y busca el rincón más ignorado
para morir en paz, si no dichosa.

Ya pasó la estación de los calores

I
    Ya pasó la estación de los calores,
y lleno el rostro de áspera fiereza,
sobre los restos de las mustias flores
asoma el crudo invierno su cabeza.
    Por el azul del claro firmamento
tiene sus alas de color sombrío,
cual en torno de un casto pensamiento
a sus alas tiende un pensamiento impío.
    Y gime el bosque, y el torrente brama,
y la hoja seca, en lodo convertida,
dale llorosa al céfiro[10] a quien ama
la postrera y doliente despedida.

II
    Errantes, fugitivas, misteriosas,
tienden las nubes presuroso el vuelo,
no como un tiempo, cándidas y hermosas,

si llenas de amargura y desconsuelo
    Más allá..., más allá..., siempre adelante,
prosiguen sin descanso su carrera,
bañado en llanto el pálido semblante
con que riegan el bosque y la pradera.
    Que enojada la mar[11] donde se miran
y oscurecido el sol que las amó,
sólo saben decir cuando suspiran:
«Todo para nosotras acabó».

III

    Suelto el ropaje y la melena al viento,
cual se agrupan en torno de la luna...,
locas en incesante movimiento,
remedan el vaivén de la fortuna.
    Pasan, vuelven y corren desatadas,
hijas del aire en forma caprichosa,
al viento de la noche abandonadas
en la profunda oscuridad medrosa.
    Tal en mi triste corazón inquietas
mis locas esperanzas se agitaron,
y a un débil hilo de placer sujetas,
locas..., locas también se quebrantaron.

Era apacible el día[12]

    Era apacible el día
y templado el ambiente,
y llovía, llovía
callada y mansamente
y mientras silenciosa
lloraba yo y gemía,
mi niño, tierna rosa,
durmiendo se moría.

Al huir de este mundo, ¡qué sosiego en su frente!
Al verle yo alejarse, ¡qué borrasca en la mía!

    Tierra sobre el cadáver insepulto
antes que empiece a corromperse..., ¡tierra!
Ya el hoyo se ha cubierto, sosegaos,
bien pronto en los terrones removidos
verde y pujante crecerá la hierba.
    ¿Qué andáis buscando en torno de las tumbas,

torvo el mirar, nublado el pensamiento?
¡No os ocupéis de lo que al polvo vuelve!
Jamás el que descansa en el sepulcro
ha de tornar a amaros ni a ofenderos.
    ¡Jamás! ¿Es verdad que todo
para siempre acabó ya?
No, no puede acabar lo que es eterno,
ni puede tener fin la inmensidad.
    Tú te fuiste por siempre; mas mi alma
te espera aún con amoroso afán,
y vendrás o iré yo, bien de mi vida,
allí donde nos hemos de encontrar.
    Algo ha quedado tuyo en mis entrañas
        que no morirá jamás,
y que Dios, porque es justo y porque es bueno,
        a desunir ya nunca volverá.[13]
En el cielo, en la tierra, en lo insondable
        yo te hallaré y me hallarás.
No, no puede acabar lo que es eterno,
ni puede tener fin la inmensidad.

    Mas... es verdad, ha partido
        para nunca más tornar.
Nada hay eterno para el hombre, huésped
de un día en este mundo terrenal,
en donde nace, vive y al fin muere,
cual todo nace, vive y muere acá.

Temas

1. ¿Cuál es el tema de «Volved»? ¿Cómo expresa la poeta su amor a Galicia en este poema?

2. ¿Cómo crea un sentido de nostalgia? ¿Qué cosas menciona para despertar los recuerdos de los que han partido?

3. ¿Qué siente por los gallegos que se han ido y no volverán jamás?

4. ¿Qué efecto producen los cambios de ritmo en este poema?

5. ¿Cómo representa la crueldad de la naturaleza en «Sintiéndose acabar con el estío»? Compare su actitud hacia la naturaleza con la de otros románticos.

6. En «Ya siente que te extingues...» ¿qué escena describe? ¿Cómo desarrolla el conflicto entre su angustia personal y la indiferencia del mundo ante

---

[11] «Mar» es a menudo femenino en la poesía.
[12] Este poema se escribió en la ocasión de la muerte del penúltimo hijo de la autora, a los veinte meses de edad.

[13] **A...** Ya nunca volverá a desunir.

la muerte del individuo?

7. ¿Cómo describe Castro al mendigo en «Cuando sopla el Norte duro»? Los poetas románticos a veces idealizan al mendigo como un ser solitario que no se conforma con las normas sociales. ¿Es ésta la actitud de la poeta?

8. ¿Cómo expresa la poeta su inquietud a través de imágenes de la naturaleza en «Ya pasó la estación...»?

9. En «Era apacible el día», ¿qué conflicto describe?

10. ¿Cómo expresa su deseo de creer en la eternidad? ¿Cómo expresa la finalidad de la muerte?

Novela y cuento

JUAN VALERA (1824-1905)

En cuanto a la prosa imaginativa, las categorías tradicionales (Romanticismo, Costumbrismo, Realismo, Naturalismo) simplifican demasiado sin dar una idea exacta del concepto de la ficción que existió en el siglo XIX. Hasta fines del siglo XX, la crítica buscó las definiciones de estos movimientos en las literaturas de otros países, sin acudir al pasado nacional. Sin embargo, este panorama ha cambiado. Ahora los estudiosos ven la novela de principios del siglo XIX más bien como una continuación de la del siglo anterior. En cuanto a la novela histórica de la segunda mitad del XIX, se han buscado los puntos de continuidad entre ésta y la novela histórica romántica.

La prosa literaria más característica del Romanticismo es la novela histórica, la cual combina generalmente un argumento histórico (que a menudo se sitúa en la Edad Media) con un relato sentimental. La teoría literaria neoclásica consideró la novela y el cuento *poemas épicos en prosa.* Por lo tanto, la novela histórica romántica no es más que la aplicación de las leyes poéticas de la epopeya y la tragedia a la prosa; es, desde el punto de vista teórico de la época, un tipo de *poema épico-trágico.*

Los temas y tipos de protagonista son iguales a los del teatro: una pareja joven desea realizar su amor, pero diversos obstáculos imposibilitan su unión. El héroe es un ser marginado que se opone al orden establecido. El ambiente es lúgubre y amenazador, y el fin del autor es despertar inquietudes o emociones fuertes en el lector. *El señor de Bembibre*, de Enrique Gil y Carrasco (1815-1846), es la más conocida de las novelas históricas de la primera mitad del siglo.

A mediados del ochocientos el negocio editorial, que había empezado a desarrollarse durante las primeras décadas del siglo, se hallaba plenamente consolidado. Esto hizo posible el florecimiento de la novela durante la segunda mitad del siglo.

Cecilia Böhl de Faber, que escribe bajo el seudónimo de Fernán Caballero, inicia la revitalización del Costumbrismo* con su novela, *La gaviota* (1849), en la que recrea la sociedad pueblerina de Andalucía. El artículo costumbrista se remonta a la época romántica y perdurará hasta el siglo XX. La novela de costumbres, en contraste, tiene corta vida. Como el artículo costumbrista, intenta reproducir los usos contemporáneos. De hecho, es el primer género literario del siglo que pretende ofrecer un retrato realista de la sociedad. Ideológicamente afiliada al conservadurismo, Böhl de Faber idealiza al campesino, a quien representa como un ser puro y espontáneo, no corrompido por los usos de la ciudad y evocador del «salvaje noble» de Rousseau. Aunque la novela gozó de gran popularidad, la crítica moderna ha censurado la tendencia de la autora a moralizar, su afán por lo pintoresco y su falta de penetración sicológica.

Hacia los años setenta aparece el Realismo,* movimiento que continúa el concepto de la novela costumbrista. Es decir, la novela sigue siendo concebida como un retrato de la realidad. Conscientes de la imposibilidad de reproducir en la literatura el ambiente social y sicológico de personas del pasado, el escritor realista, con la importante excepción de Galdós, prácticamente abandona la novela histórica en favor de la de tema contemporáneo. A causa de su antipatía hacia excesos e idealizaciones que rompiesen la ilusión de realidad, evita el sentimentalismo y la moralización.

Las obras de novelistas como Juan Valera (1824-1905) y Pedro Antonio de Alarcón (1833-1891) son difíciles de clasificar. Aunque *El sombrero de tres picos* (1874) de Alarcón, es a menudo calificado de costumbrista, el autor pretendió que su novela fuera un análisis de la cultura del período romántico. En cambio, Juan Valera, a menudo caracterizado como realista, se interesó más por lo filosófico que por lo puramente estético. Con Benito Pérez Galdós, la novela llega a su cumbre dentro del Realismo.

Pepita Jiménez (1874), la primera novela importante de la segunda mitad del siglo XIX, reúne varias corrientes novelísticas. Su autor, Juan Valera, nació en Andalucía, pero su carrera diplomática lo llevó a diferentes países, donde conoció varias tradiciones literarias. Aunque comenzó a escribir durante el período romántico, gracias a sus lecturas en lenguas clásicas y modernas desarrolló un estilo ecléctico. Además, su lenguaje fluido y elegante lo aparta de escritores cuya forma de expresión es más conversacional.

El elemento costumbrista de la obra de Valera se manifiesta en las descripciones detalladas de los usos y tipos de su región nativa; no se encuentra en su obra ni sentimentalismo ni melodrama. Con su profundo conocimiento de la sicología y su ojo agudo y objetivo, crea una técnica narrativa que se acerca a la que emplearán escritores realistas como Galdós. Sin embargo, su obra carece de los propósitos sociales e ideológicos de los realistas y naturalistas; para él, los objetivos de la ficción —y del arte en general— son la belleza y el entretenimiento.

Se ha comparado a Valera con Cervantes por su uso del humor y de la ironía. Mira con fascinación las obsesiones humanas, y se ríe bondadosamente de las pretensiones de sus personajes. A pesar del fondo andaluz de novelas como *Pepita Jiménez*, éstas tratan temas universales: el amor, el erotismo, la mujer, la fe. En cuanto a la religión, a Valera no le preocupan los aspectos morales, políticos o sociológicos del catolicismo, sino cómo la fe opera en la consciencia del individuo. Se ha visto en su obra un espíritu racionalista, escéptico y un poco volteriano. *Pepita Jiménez*, su novela más conocida, es un estudio del fervor religioso y cómo éste va mermando ante la belleza seductora de una joven viuda.

Como Cervantes en *Don Quijote*, Valera se vale en *Pepita Jiménez* de un narrador no fidedigno.* La primera parte consta de las cartas que Luis de Vargas, seminarista de veintidós años, le escribe a su tío, el Deán, al lado de quien se ha educado. Vargas está visitando a su padre, don Pedro, cacique de un lugar en Andalucía. Al escribirle a su tío, Luis nos informa de que Don Pedro nunca se había casado con su madre; ahora, sin embargo, piensa normalizar su vida al pretender a Pepita.

El aspecto regionalista y costumbrista de la novela surge de las descripciones de Vargas, las cuales revelan su estado sicológico. Todo es nuevo para el joven: los aromas, sonidos, gustos y colores, las fiestas, la animada conversación sobre temas nunca tratados en el seminario. En el pueblo Luis se siente enajenado. No puede participar en las actividades de los otros jóvenes. Sin embargo, siente una fuerte atracción hacia la vida pueblerina andaluza; su sensualismo lo hechiza y lo perturba, y, sobre todo, la fascinante Pepita lo llena de angustias desconocidas.

Inseguro y ambicioso, Luis sueña con llegar a ser un esclarecido intelectual de la Iglesia católica. Pero pronto nos damos cuenta de que más que la religión misma, atrae a Luis la promesa de ocupar un puesto importante dentro de la estructura eclesiástica. Su pasión mística oculta egoísmo y revela la profunda inseguridad de un adolescente que ha sido criado lejos del hogar paterno por ser un hijo natural. Luis se jacta continuamente de sus conocimientos. Con respecto a Pepita, adopta una actitud de superioridad, juzgándola y comentando sobre el estado de su alma. Pero sus observaciones sobre su figura, su ropa y la belleza de sus manos revelan una incipiente pasión erótica que pronto estallará. Leyendo entre líneas podemos ver cómo Luis lucha consigo mismo, tratando de justificar su fascinación por Pepita.

La primera parte de la novela nos provee de poca información objetiva; sólo vemos a Pepita filtrada por la mirada ambivalente de Luis, quien se siente desgarrado entre el amor que crece en su alma y la imagen que tiene de sí mismo —la de un seminarista brillante con un gran futuro. Según su modo de ver, si cede a una pasión meramente humana, se rebaja y, sin embargo, ya no puede ignorar sus propios sentimientos hacia la bella viuda.

En la segunda parte, Valera escribe en tercera persona, dándole voz a Pepita. Nuestra imagen de la joven cambia al escucharla expresar sin reservas su propia pasión. Ella ve el alma de Luis mucho más claramente que él mismo. Le dice que está engañándose, que no será nunca un buen sacerdote porque carece de vocación. Lo manipula dulcemente, exagerando su deber hacia la Iglesia para que él proteste, reconociendo su propio orgullo e hipocresía. En un estado de confusión, el seminarista pelea en el casino con un conde, defendiéndose admirablemente aunque ni él ni su adversario conocen el arte de la esgrima. Finalmente, Luis termina dándose cuenta de que puede servir bien a Dios casándose con la mujer a quien ama. Llegado a este punto, el lector sospecha ya que el tío de Luis, viendo que el joven no tenía una verdadera disposición hacia la Iglesia, lo había mandado al campo para que descubriera sus inclinaciones auténticas, y que para este ardid contaba con la plena cooperación de don Pedro. La novela termina con un epílogo en que se describe la vida conyugal de Luis y Pepita, quienes, a su paso por varios países durante su luna de miel, fueron escogiendo muebles, objetos de arte y libros para su hogar, estando ahora por celebrar el bautizo de su primer hijo. Es una imagen que refleja el idealismo humanístico de Valera.

Valera escribió ocho novelas. Mucho se ha escrito acerca de sus personajes femeninos, ya que tenía una fascinación especial por el tema de la mujer. Aunque a primera vista Pepita Jiménez parece un personaje fuerte e imponente, Teresia Taylor, que ha sometido la novela a un análisis feminista, concluye que Pepita corresponde perfectamente al concepto de la femineidad de la sociedad paternalista del siglo XIX. Desempeña el papel tradicional de la seductora, y se concilia con la sociedad patriarcal cuando finalmente atrapa a su hombre y se casa.

Pepita Jiménez

I. Cartas de mi sobrino

8 de abril.

Siguen las diversiones campestres, en que tengo que intervenir muy a pesar mío.

He acompañado a mi padre a ver casi todas sus fincas, y mi padre y sus amigos se pasman de que yo no sea completamente ignorante de las cosas del campo. No parece sino que para ellos el estudio de la teología, a que me he dedicado, es contrario del todo al conocimiento de las cosas naturales. ¡Cuánto han admirado mi erudición al verme distinguir en las viñas, donde apenas empiezan a brotar los pámpanos, la cepa Pedro-Jiménez de la baladí y de la de Don Bueno[1]! ¡Cuánto han admirado también que en los verdes sembrados sepa yo distinguir la cebada del trigo y el anís de las habas; que conozca muchos árboles frutales y de sombra, y que, aun de las hierbas que nacen espontáneamente en el campo, acierte yo con varios nombres y refiera bastantes condiciones y virtudes!

Pepita Jiménez, que ha sabido por mi padre lo mucho que me gustan las huertas de por aquí , nos ha convidado a ver una que posee a corta distancia del lugar, y a comer las fresas tempranas que en ella se crían. Este antojo de Pepita de obsequiar tanto a mi padre, quien la pretende y a quien desdeña, me parece a menudo que tiene su poco de coquetería, digna de reprobación; pero cuando veo a Pepita después, y la hallo tan natural, tan franca y tan sencilla, se me pasa el mal pensamiento e imagino que todo lo hace candorosamente y que no la lleva otro fin que el de conservar la buena amistad que con mi familia la liga.

Sea como sea, anteayer tarde fuimos a la huerta de Pepita. Es hermoso sitio, de lo más ameno y pintoresco que pueda imaginarse. El riachuelo que riega casi todas estas huertas, sangrando por mil acequias, pasa al lado de la que visitamos; se forma allí una presa, y cuando se suelta el agua sobrante del riego, cae en un hondo barranco poblado en ambas márgenes de álamos blancos y negros, mimbrones, adelfas floridas y otros árboles frondosos. (...) La casilla del hortelano es más boni-

ta y limpia de lo que en esta tierra se suele ver, y al lado de la casilla hay otro pequeño edificio reservado para el dueño de la finca, y donde nos agasajó Pepita con una espléndida merienda, a la cual dio pretexto el comer las fresas, que era el principal objeto que allí nos llevaba. La cantidad de fresas fue asombrosa para lo temprano de la estación, y nos fueron servidas con leche de algunas cabras que Pepita también posee. (...)

Por un refinamiento algo sibarítico, no fue el hortelano, ni su mujer, ni el chiquillo del hortelano, ni ningún otro campesino quien nos sirvió la merienda, sino dos lindas muchachas, criadas y como confidentas de Pepita, vestidas a lo rústico, si bien con suma pulcritud y elegancia. Llevaban trajes de percal de vistosos colores, cortos y ceñidos al cuerpo, pañuelo de seda cubriendo las espaldas, y descubierta la cabeza, donde lucían abundantes y lustrosos cabellos negros, trenzados y atados luego, formando un moño en figura de martillo, y por delante rizos sujetos con sendas horquillas, por acá llamados *caracoles.* Sobre el moño o castaña ostentaba cada una de estas doncellas un ramo de frescas rosas.

Salvo la superior riqueza de la tela y su color negro, no era más cortesano el traje de Pepita. Su vestido de merino tenía la misma forma que el de las criadas, y, sin ser muy corto, no arrastraba ni recogía suciamente el polvo del camino. Un modesto pañolito de seda negra cubría también, al uso del lugar, su espalda y su pecho, y en la cabeza no ostentaba tocado, ni flor, ni joya, ni más adorno que el de sus propios cabellos rubios. En la única cosa que noté por parte de Pepita cierto esmero, en que se apartaba de los usos aldeanos, era en llevar guantes. Se conoce que cuida mucho sus manos y que tal vez pone alguna vanidad en tenerlas muy blancas y bonitas, con una uñas lustrosas y sonrosadas; pero si tiene esta vanidad, es disculpable en la flaqueza humana, y al fin, si yo no estoy trascordado,[2] creo que Santa Teresa[3] tuvo la misma vanidad cuando era joven, lo cual no le impidió ser una santa tan grande.

En efecto, yo me explico, aunque no disculpo, esta pícara vanidad. ¡Es tan distinguido, tan aristocrático, tener una linda mano! Hasta se me figura, a veces, que tiene algo de simbólico. La mano es el instrumento de nuestras obras, el signo de nuestra nobleza, el medio

---

[1] Nombres de distintos tipos de uva.

[2] **Si...** Si me acuerdo bien.
[3] Teresa de Ávila (1515-82), mística que desempeñó un papel importante durante la Contrarreforma; fundó numerosos conventos de la orden de las Carmelitas Descalzas.

por donde la inteligencia revisto de forma sus pensamientos artísticos, y da ser a las creaciones de la voluntad, y ejerce el imperio que Dios concedió al hombre sobre todas las criaturas… Imposible parece que el que tiene manos como Pepita tenga pensamiento impuro, ni idea grosera, ni proyecto ruin que esté en discordancia con las limpias manos que deben ejecutarle.

No hay que decir que mi padre se mostró tan embelesado como siempre de Pepita, y ella tan fina y cariñosa con él, si bien con un cariño más filial de lo que mi padre quisiera… Apenas si se atreve decir a Pepita «buenos ojos tienes»[4]; y en verdad que si lo dijese no mentiría, porque los tiene grandes, verdes como los de Circe,[5] hermosos y rasgados; y lo que más mérito y valor les da es que no parece sino que ella no lo sabe, pues no se descubre en ella la menor intención de agradar a nadie ni de atraer a nadie con lo dulce de sus miradas. (…)

7 de mayo.

Todas las noches, de nueve a doce, tenemos, como ya indiqué a usted, tertulia en casa de Pepita. Van cuatro o cinco señoras y otras tantas señoritas del lugar, contando con la tía Casilda, y van también seis o siete caballeritos, que suelen jugar a juegos de prendas[6] con las niñas. Como es natural, hay tres o cuatro noviazgos.

La gente formal de la tertulia es la de siempre. Se compone, como si dijéramos, de los altos funcionarios: de mi padre, que es el cacique; del boticario, del médico, del escribano y del señor Vicario.

Pepita juega al tresillo[7] con mi padre, con el señor Vicario y con algún otro.

Yo no sé de qué lado ponerme. Si me voy con la gente joven, estorbo con mi gravedad en sus juegos y enamoramientos. Si me voy con el estado mayor, tengo que hacer el papel de mirón en una cosa que no entiendo. Yo no sé más juego de naipes que el burro ciego, el burro con vista y un poco de tute[8] o brisca cruzada.[9]

Lo mejor sería que yo no fuese a la tertulia, pero mi padre se empeña en que vaya. Con no ir, según él, me pondría en ridículo. (…)

Aunque me paso todo el día en el campo a caballo, en el casino y en la tertulia, robo algunas horas al sueño, ya voluntariamente, ya porque me desvelo, y medito en mi posición y hago examen de conciencia. La imagen de Pepita está siempre presente en mi alma. ¿Será esto amor?, me pregunto…

Toda otra consideración, toda otra forma, no destruye la imagen de esta mujer. Entre el Crucifijo y yo se interpone, entre la imagen devotísima de la Virgen y yo se interpone, sobre la página del libro espiritual que leo viene también a interponerse.

No creo, sin embargo, que estoy herido de lo que llaman amor en el siglo.[10] Y aunque lo estuviera, yo lucharía y vencería.

La vista diaria de esa mujer y el oír cantar sus alabanzas de continuo, hasta al padre Vicario, me tienen preocupado; divierten mi espíritu hacia lo profano y le alejan de su debido recogimiento; pero no, yo no amo a Pepita todavía. Me iré y la olvidaré.

Mientras aquí permanezca, combatiré con valor. Combatiré con Dios, para vencerle por el amor y el rendimiento. Mis clamores llegarán a Él como inflamadas saetas, y derribarán el escudo con que se defiende y oculta a los ojos de mi alma. Yo pelearé como Israel,[11] en el silencio de la noche, y Dios me llagará en el muslo y me quebrantará en ese combate, para que yo sea vencedor siendo vencido.

II. Paralipómenos[12]

La visita empezó del modo más grave y ceremonioso. Los saludos de fórmula se pronunciaron maquinalmente de una parte y de otra; y don Luis, invitado a ello, tomó asiento en una butaca, sin dejar el sombrero ni el bastón, y a no corta distancia de Pepita. Pepita estaba sentada en el sofá. El velador se veía al lado de

---

[4] Es decir, una sola palabra.

[5] Seductora mitológica de quien Ulises, héroe de la *Odisea*, se enamoró.

[6] Juego de sociedad en que el que pierde tiene que entregar cierta «prenda» como castigo.

[7] Juego de naipes entre tres personas, cada una de las cuales recibe nueve cartas, en el cual gana el jugador que el mayor número de bazas reúne.

[8] Juego de naipes cuyo objetivo es reunir los cuatro reyes o los cuatro caballos de la baraja.

[9] Juego de naipes que consiste en dar tres cartas a cada jugador, descubriéndose otra que sirve para indicar el palo de triunfo.

[10] En el mundo secular.

[11] Jacobo, quien luchó con un ángel toda la noche. Jacobo fue herido en el muslo durante la lucha. A la mañana siguiente el ángel le dio el nombre de Israel.

[12] Crónicas del Antiguo Testamento. Estos libros suplen los libros de los Reyes, que les preceden; su nombre significa «suplemento».

ella con libros y con la palmatoria, cuya luz iluminaba su rostro. Una lámpara ardía además sobre un bufete. Ambas luces, con todo, siendo grande el cuarto, como lo era, dejaban la mayor parte en la penumbra. (...)

Hubo una larga pausa, un silencio tan difícil de sostener como de romper...

—Al fin se dignó usted venir a despedirse de mí antes de su partida—dijo Pepita—. Yo había perdido ya la esperanza...

—Su queja de usted es injusta... He estado aquí a despedirme de usted con mi padre, y como no tuvimos el gusto de que usted nos recibiese, dejamos tarjetas. Nos dijeron que estaba usted algo delicada de salud, y todos los días hemos enviado recado para saber de usted. Grande ha sido nuestra satisfacción al saber que estaba usted aliviada. ¿Y ahora se encuentra usted mejor?

—Casi estoy por decir a usted que no me encuentro mejor—replicó Pepita—; pero como veo que viene usted de embajador de su padre, no quiero afligir a un amigo tan excelente, justo será que diga a usted, y que usted repita a su padre, que siento bastante alivio. Singular es que haya venido usted solo. Mucho tendrá que hacer don Pedro cuando no le ha acompañado.

—Mi padre no me ha acompañado, señora, porque no sabe que he venido a ver a usted. Yo he venido solo, porque mi despedida ha de ser solemne, grave, para siempre quizá, y la suya es de índole harto diversa. Mi padre volverá por aquí dentro de unas semanas; yo es posible que no vuelva nunca, y si vuelvo, volveré muy otro del que soy ahora.

Pepita no pudo contenerse. El porvenir de felicidad con que había soñado se desvanecía como una sombra. Su resolución inquebrantable de vencer a toda costa a aquel hombre, único que se sentía capaz de amar, era una resolución inútil. Don Luis se iba. La juventud, la gracia, la belleza, el amor de Pepita no valían para nada. Estaba condenada, con veinte años de edad y tanta hermosura, a la viudez perpetua, a la soledad, a amar a quien no la amaba. Todo otro amor era imposible para ella. El carácter de Pepita, en quien los obstáculos recrudecían y avivaban más los anhelos; en quien una determinación, una vez tomada, lo arrollaba todo hasta verse cumplida, se mostró entonces con notable violencia y rompiendo todo freno. Era menester morir o vencer en la demanda. (...)

Pepita dijo:

—¿Persiste usted, pues, en su propósito? ¿Está usted seguro de su vocación? ¿No teme usted ser un mal clérigo?... Aquí hay hechos que se pueden comentar de dos modos. Con ambos comentarios queda usted mal.

Expondré mi pensamiento. Si la mujer[13] que con sus coqueterías, no por cierto muy desenvueltas, casi sin hablar a usted palabra, a los pocos días de verle y tratarle, ha conseguido provocar a usted, moverle a que la mire con miradas que auguraban amor profano,[14] y hasta ha logrado que le dé usted una muestra de cariño, que es una falta, un pecado en cualquiera, y más en un sacerdote; si esta mujer es, como lo es en realidad, una lugareña ordinaria, sin instrucción, sin talento y sin elegancia, ¿qué no se debe temer de usted cuando trate y vea y visite en las grandes ciudades a otras mujeres mil veces más peligrosas?... Si usted ha cedido a una zafia aldeana, hallándose en vísperas de la ordenación, con todo el entusiasmo que debe suponerse, y, si ha cedido impulsado por un capricho fugaz, ¿no tengo razón en prever que va usted a ser un clérigo detestable, impuro, mundanal y funesto, y que cederá a cada paso? En esta suposición,[15] créame usted don Luis, y no se me ofenda, ni siquiera vale usted para marido de una mujer honrada. Si usted ha estrechado las manos con el ahínco y la ternura del más frenético amante; si usted ha mirado con miradas que prometía un cielo, una eternidad de amor, y si usted ha... besado a una mujer que nada le inspiraba sino algo que para mí no tiene nombre, vaya usted con Dios, y no se case usted con esa mujer. Si ella es buena, no le querrá a usted para marido, ni siquiera para amante; pero, por amor de Dios, no sea usted clérigo tampoco. La Iglesia ha menester de otros hombres más serios y más capaces de virtud para ministros del Altísimo. Por el contrario, si usted ha sentido una gran pasión por esta mujer de que hablamos, aunque ella sea poco digna, ¿por qué abandonarla y engañarla con tanta crueldad? Por indigna que sea, si es que ha inspirado esa gran pasión, ¿no cree usted que la compartirá y que será víctima de ella?... ¿Y cómo no temer por ella si usted la abandona? ¿Tiene ella la energía varonil, la constancia que infunde la sabiduría que los libros encierran, el aliciente de la gloria, la multitud de grandiosos proyectos, y todo aquello que hay en su cultivado y sublime espíritu de usted para distraerle y apartarle, sin desgarradora violencia, de todo otro terrenal afecto? ¿No comprende usted que ella morirá de dolor, y que usted, destinado a hacer

---

[13] Pepita misma.
[14] Es decir, amor humano y sexual.
[15] Este caso.

incruentos[16] sacrificios, empezará por sacrificar despia
dadamente a quien más le ama?...

—Voy a contestar a los extremos del cruel dilema
que ha forjado usted en mi daño. Aunque me he criado
al lado de mi tío en el Seminario, donde no he visto
mujeres, no me crea usted tan ignorante ni tan pobre de
imaginación que no acertase a representármelas en la
mente todo lo bellas, todo lo seductoras que pueden
ser. Mi imaginación, por el contrario, sobrepujaba a la
realidad en todo eso. Excitada por la lectura de los cantores bíblicos y de los poetas profanos, se fingía mujeres más elegantes, más graciosas, más discretas que las
que por lo común se hallan en el mundo real. Yo conocía, pues, el precio del sacrificio que hacía, y hasta le
exageraba, como renuncié al amor de esas mujeres,
pensando elevarme a la dignidad del sacerdocio. (…)

—¡Éstos de usted sí son sofismas!—interrumpió
Pepita—. ¿Cómo negar a usted que lo que usted se pinta en la imaginación es más hermoso que lo que existe
realmente? Pero ¿cómo negar tampoco que lo real tiene
más eficacia seductora que lo imaginado y soñado? Lo
vago y aéreo de un fantasma, por bello que sea, no
compite con lo que mueve materialmente los sentidos.
Contra los ensueños mundanos comprendo que vencie-
sen en su alma de usted las imágenes devotas; pero
temo que las imágenes devotas no habían de vencer a
las mundanas realidades.

—Pues no lo tema usted, señora—replicó don
Luis—. Mi fantasía es más eficaz en lo que crea que
todo el universo, menos usted, en lo que por los sentidos me transmite.

—Y ¿por qué *menos yo?* Esto me hace caer en otro
recelo. ¿Será quizás la idea que usted tiene de mí, la
idea que ama, creación de esa fantasía tan eficaz, ilusión en nada conforme conmigo?

—No, no lo es; tengo fe de que esta idea es en todo
conforme con usted; pero tal vez es ingénita en mi alma; tal vez está en ella desde que fue creada por Dios;
tal vez es parte de su esencia; tal vez es lo más puro y
rico de su ser, como el perfume en las flores.

—¡Bien me lo temía yo! Usted me lo confiesa ahora. Usted no me ama. Eso que ama usted es la esencia,
el aroma, lo más puro de su alma, que ha tomado una
forma parecida a la mía.

—No, Pepita; no se divierta usted en atormentarme.
Eso que yo amo es usted, y usted tal cual es; pero es

tan bello, tan limpio, tan delicado esto que yo amo, que
no me explico que pase todo por los sentidos de un
modo grosero y llegue así hasta mi mente. Supongo;
pues, y creo, y tengo por cierto, que estaba antes en mí.
Es como la idea de Dios, que estaba en mí, que ha venido a magnificarse y desenvolverse en mí, y que, sin
embargo, tiene su objeto real, superior, infinitamente
superior a la idea. Como creo que Dios existe, creo que
existe usted y que vale usted mil veces más que la idea
que de usted tengo formada.

—Aun me queda una duda. ¿No pudiera ser la mujer en general, y no yo singular y exclusivamente,
quien ha despertado esa idea?

—No, Pepita: la magia, el hechizo de una mujer,
bella de alma y de gentil presencia, habían, antes de ver
a usted, penetrado en mi fantasía. (…) Sobre todos los
ensueños de mi juvenil imaginación ha venido a sobre-
ponerse y entronizarse la realidad que en usted he visto; sobre todas mis ninfas, reinas y diosas, usted ha
descollado; por cima de mis ideales creaciones, derri-
badas, rotas, deshechas por el amor divino, se levantó
en mi alma la imagen fiel, la copia exactísima de la
viva hermosura que adorna, que es la esencia de ese
cuerpo y de esa alma. Hasta algo de misterioso, de sobrenatural, puede haber intervenido en esto, porque
amé a usted desde que la vi, casi antes de que la viera.
Mucho antes de tener conciencia de que la amaba a
usted, ya la amaba. Se diría que hubo en esto algo de
fatídico; que estaba escrito; que era una predestinación.

—Y si es una predestinación, si estaba escrito—
interrumpió Pepita—, ¿por qué no someterse, por qué
resistirse todavía? Sacrifique usted sus propósitos a
nuestro amor. ¿Acaso no he sacrificado yo mucho?
Ahora mismo, al rogar, al esforzarme por vencer los
desdenes de usted, ¿no sacrifico mi orgullo, mi decoro
y mi recato? Yo también creo que amaba a usted antes
de verle. Ahora amo a usted con todo mi corazón, y sin
usted no hay felicidad para mí. (…)

—Pepita—contestó don Luis— (…) Si yo cedo a su
amor de usted, me humillo y me rebajo. Dejo al Creador por la criatura, destruyo la obra de mi constante
voluntad, rompo la imagen de Cristo, que estaba en mi
pecho, y el hombre nuevo, que a tanta costa había yo
formado en mí, desaparece para que el hombre antiguo
renazca. ¿Por qué, en vez de bajar yo hasta el suelo,
hasta el siglo, hasta la impureza del mundo, que antes
he menospreciado, no se eleva usted hasta mí por virtud de ese mismo amor que me tiene, limpiándole de
toda escoria? (…)

---

[16] Que se realizan sin derramar sangre.

—¡Ay, señor don Luis!—replicó Pepita toda desolada y compungida—…Soy una pecadora infernal. Mi espíritu grosero e inculto no alcanza esas sutilezas, esas distinciones, esos refinamientos de amor. Mi voluntad rebelde se niega a lo que usted propone. (…) Máteme usted antes para que nos amemos así… Pero viva, no puede ser. Yo amo en usted, no ya sólo el alma, sino el cuerpo, y la sombra del cuerpo, y el reflejo del cuerpo y el apellido, y la sangre, y todo aquello que le determina como tal don Luis de Vargas; el metal de la voz, el gesto, el modo de andar y no sé qué más diga. Repito que es menester matarme. Máteme usted sin compasión. No; yo no soy cristiana, sino idólatra materialista. (…)

Dicho esto, Pepita se levantó de su asiento, y sin volver la cara inundada de lágrimas, fuera de sí, con precipitados pasos se lanzó hacia la puerta que daba a las habitaciones interiores. Don Luis sintió una invencible ternura, una piedad funesta. Tuvo miedo de que Pepita muriese. La siguió para detenerla, pero no llegó a tiempo. Pepita pasó la puerta. Su figura se perdió en la obscuridad. Arrastrado don Luis como por un poder sobrehumano, impulsado como por una mano invisible, penetró en pos de Pepita en la estancia sombría.

𝒯emas

Comprensión del texto

1. En su carta del 8 de abril, ¿cómo revela Luis su ambigüedad hacia el campo? ¿Dónde revela su falta de humildad?
2. ¿Cómo revela su ambigüedad hacia Pepita? ¿En qué pasajes expresa su admiración hacia la joven? ¿Cómo trata de ocultar o justificar sus sentimientos?
3. En su carta del 7 de mayo, ¿cómo revela Luis lo incómodo que se siente en el pueblo?
4. ¿Cómo sabemos que se han intensificado sus sentimientos? ¿Qué conflicto personal expresa el joven?
5. ¿Por qué decide luchar contra el amor?
6. ¿Cómo manipula Pepita a Luis? ¿Cómo lo hace dudar de su vocación?
7. ¿Cómo trata Luis de defenderse? ¿Cuál de los dos es más astuto? Explique.
8. ¿Cómo logra Pepita vencer a Luis?

Análisis literario

1. Describa la estructura de la novela. ¿Cómo se sirve Valera del narrador infidente?

2. ¿Vemos a Pepita como es realmente en la primera parte? ¿Cómo va modificándose nuestra imagen de ella en la segunda parte?
3. ¿Qué elementos costumbristas encuentra usted en esta selección?
4. ¿En qué consiste el humor en *Pepita Jiménez*?

BENITO PÉREZ GALDÓS (1843-1920)

Benito Pérez Galdós es considerado el más importante exponente del Realismo* español. Nació en las Islas Canarias. Estudió en una escuela inglesa y más tarde viajó a Inglaterra; la crítica ha señalado ciertas semejanzas entre sus novelas y las de Charles Dickens. En 1862 se trasladó a Madrid, donde se inscribió en la facultad de derecho, aunque nunca le entusiasmó esta carrera. Pasó su tiempo en los teatros y los cafés escuchando y observando, y así desarrolló un oído muy agudo que le serviría para reproducir con exactitud el lenguaje de la calle. Su familiaridad con la vida madrileña se ve claramente en sus novelas. Galdós había empezado a practicar el periodismo en Las Palmas y siguió su carrera en Madrid. Aunque no fue su interés principal, el periodismo le sirvió de fuente de ingresos durante toda su vida.

Durante mucho tiempo se creyó que la primera novela de Galdós era *La Fontana de Oro*, escrita en 1868 después de un viaje a Francia en el cual se familiarizó con las novelas de Balzac. Sin embargo, el crítico Rodolfo Cardona sugiere que *La sombra* fue escrita unos tres años antes que *La Fontana de Oro* y demuestra que Galdós ya conocía la obra de Balzac antes de ir a Francia. El hecho es que para fines de los años sesenta ya empezaba a interesarle el Realismo, estilo que caracteriza *La comédie humaine*, una serie de noventa novelas en que Balzac retrata la sociedad francesa desde la Revolución hasta 1848.

Durante los primeros años de su carrera Galdós escribió las novelas históricas llamadas *Episodios Nacionales*, donde el período en estudio es tan cercano a la actualidad que casi podemos considerarlas novelas de historia contemporánea. A diferencia de los novelistas de la primera mitad del siglo, Galdós no buscó inspiración en un tiempo remoto y exótico porque lo que le interesaba era explorar las raíces de la actualidad española en los desarrollos políticos y sociales de principios del siglo.

Entre 1876 y 1878 Galdós comenzó a escribir novelas plenamente contemporáneas, siempre con tinte ideológico (*Doña Perfecta, Gloria, Marianela, La familia de León Roch*), a las que la crítica suele calificar de novelas de tesis. Si bien se nota un tono moralizador en las primeras novelas de Galdós, falta por completo el sentimentalismo que caracteriza las obras de costumbristas tempranos como Böhl de Faber. Más tarde, Galdós iría incorporando algunos de los temas del Naturalismo* en novelas como *La desheredada* (1881) o *Fortunata y Jacinta* (1886-1887). Por último, hacia fines del siglo, su Naturalismo toma cierto giro espiritualista, como puede apreciarse en obras como *Nazarín* (1895), *Halma* (1895) o *Misericordia* (1897).

El movimiento naturalista penetró en España por los años ochenta, iniciándose con un debate a propósito de la publicación en español de *L'Assommoir* (1880), de Émile Zola, en el cual participaron varios de los intelectuales y novelistas más prestigiosos del momento. El movimiento naturalista francés fue influido por las ideas del momento sobre los efectos del medio en el carácter de las naciones, sobre el determinismo hereditario y, sobre todo, por el positivismo de Augusto Comte, que concebía la sociedad como un organismo comparable a una entidad biológica cuyas «dolencias» podían ser «curadas». Según Comte, el individuo es como una célula del organismo que puede ser afectado por la salud de éste.

En España, país de profundas raíces católicas, estas ideas no pudieron ser completamente asimiladas. El determinismo hereditario y social se vio como un ataque a la doctrina católica sobre el libre albedrío. El naturalismo francés hacía hincapié en lo más bajo, ruin, repugnante y vulgar a fin de curar los cánceres que acometían a la sociedad. La novela naturalista francesa insistía en las perversiones y los vicios —el alcoholismo, la prostitución, la violencia doméstica. En España, por lo general, se consideraba este tipo de literatura como una influencia nociva. Los intelectuales peninsulares estaban de acuerdo con la técnica de los naturalistas franceses consistente en observar con diligencia la sociedad y de reproducir lo real con todos sus defectos, pero insistían en que la novela tenía que incluir también un componente espiritual.

Como los *Episodios nacionales,* las novelas de costumbres contemporáneas abarcan toda la sociedad española. Retratan diversas capas sociales y regiones geográficas, aunque por lo general tienen lugar en un ambiente urbano y burgués. Su temática es muy amplia; comprende lo político, lo social, lo religioso, lo económico, lo ideológico, lo moral, lo erótico y lo sicológico. Figuran nobles venidos a menos, burgueses ricos, burgueses de recursos limitados, diputados, científicos, intelectuales, bohemios, funcionarios, sirvientes, mendigos, artistas, obreros y sacerdotes. Galdós crea un ambiente por medio de

la acumulación de detalles; describe barrios, calles, viviendas, iglesias, cafés, plazas, monumentos, ropa, muebles y utensilios. Sin embargo, el realismo de Galdós no consiste en la reproducción fotográfica de la sociedad, sino en la representación de modales, costumbres, actitudes y valores de grupos específicos. Sus personajes son a menudo obsesivos, exagerados y casi caricaturescos. Como Cervantes, cuya obra conocía a fondo, Galdós mantiene cierta distancia de sus creaciones literarias. Observa la sociedad con un ojo agudo y describe las debilidades humanas con humor y compasión. Su lenguaje es conversacional; a menudo adopta el tono de un vecino que relata una historia a un compañero. Como Balzac, repite personajes, creando una comunidad novelesca habitada por individuos que aparecen y reaparecen en diversas obras.

La crítica ha dividido las novelas contemporáneas en dos «épocas». Las de «la primera época» tienen elementos de la novela de tesis; es decir, la que propone probar un principio o argumento. Por ejemplo, *Doña Perfecta* (1876), *Gloria* (1876) y *La familia de León Roch* (1878) son fuertes denuncias del clericalismo y de la intolerancia. *Marianela* (1878) es un elogio del poder liberador de la ciencia, aunque la actitud de Galdós es algo ambivalente. Demuestra que si bien la ciencia —en el caso de *Marianela*, la medicina— resuelve ciertos problemas humanos, a menudo el progreso requiere la destrucción de lo bello y valioso del mundo tradicional. En las novelas de la primera fase, los personajes son a menudo arquetipos.

En las novelas de la segunda fase, la cual se inicia con *La desheredada* (1881), el autor incorpora nuevas técnicas naturalistas, haciendo hincapié en la crudeza de la vida en los barrios pobres. A partir de *Ángel Guerra* (1890-91), lo espiritual y lo místico a menudo se mezclan con lo sicológico y lo social. Aunque los personajes tienen elementos arquetípicos, son más complejos que los de la primera fase. Actúan en ellos diversas fuerzas sicológicas y ambientales, a veces muy sutiles. Nunca son monolíticos, sino que encierran rasgos discordantes e incluso antagónicos. Por ejemplo, el desalmado prestamista Torquemada se convierte en un personaje patético cuando su hijo enferma y muere. Aunque nos repugna el materialismo de Torquemada, no podemos dudar de su amor a su hijo, y sus esfuerzos por «negociar» una solución a su problema con Dios despiertan nuestra compasión.

Las novelas de la segunda fase pintan la vida madrileña moderna, con todos los cambios, desarrollos económicos y conflictos políticos y sociales que caracterizan la época. El triunfo de la burguesía y el empobrecimiento de la nobleza son temas importantes. Galdós aumenta el «realismo» de su obra incorporando acontecimientos y personajes verdaderos.

Torquemada en la hoguera es la primera de una serie de cuatro novelas que relatan el ascenso social del prestamista Torquemada, quien llega a convertirse en magnate, a adquirir un título nobiliario y a ser elegido miembro de las Cortes. Al principio de la historia, Torquemada es viudo; vive con su hija Rufina y su hijo Valentín, un niño de doce años que es un genio en matemáticas. Cuando Valentín enferma, Torquemada, que nunca había mostrado la menor compasión hacia sus víctimas, se arrepiente de sus pecados y hace buenas obras con la esperanza de «comprar» la salud de su hijo. Pero la conversión de Torquemada no es sincera; para él, la religión es sólo un negocio más. Cuando Valentín muere, declara los buenos actos una mala inversión y vuelve a sus antiguas costumbres. En *Torquemada en la Cruz* (1893), el prestamista se casa con Fidela, un miembro de la nobleza empobrecida, y comienza a imitar el habla y los modales elegantes de un amigo. En *Torquemada en el purgatorio* (1894), el antiguo usurero ve crecer su riqueza astronómicamente, complace a su ambiciosa cuñada comprando el título de marqués de San Eloy y se presenta como candidato para diputado. Sin embargo, a pesar de sus muchos éxitos, se siente afligido porque su segundo hijo, a quien había creído un nuevo Valentín, resulta ser un retrasado mental. *Torquemada y San Pedro* (1895) relata los esfuerzos del padre Gamborena por convertir al protagonista, quien es ahora millonario. Torquemada escucha al sacerdote, pero sigue pensando en términos financieros y, al final de la novela, cuando pronuncia la palabra «conversión» antes de morir, no sabemos si se refiere a su alma o a la deuda nacional, que piensa «convertir» en bonos. La transformación del personaje es la de la clase media española. Torquemada es un típico exponente de miles de miembros de la pequeña burguesía que logran ampliar su hacienda y mejorar su estado social, debido a los cambios económicos y políticos que tienen lugar durante el siglo XIX.

Torquemada en la hoguera

Capítulo I

Voy a contar cómo fue al quemadero el inhumano que tantas vidas infelices consumió en llamas[1]; (…)

---

[1] Referencia a Tomás de Torquemada, confesor de Isabel la Católica e inquisidor general durante dieciocho años. Entre

cómo vino el fiero sayón a ser víctima; cómo los odios que provocó se le volvieron lástima, y las nubes de maldiciones arrojaron sobre él lluvia de piedad (…)

Mis amigos conocen ya (…) a don Francisco de Torquemada,[2] a quien algunos historiadores inéditos de estos tiempos llaman *Torquemada el Peor* (…) Es Torquemada el habilitado de aquel infierno en que fenecen desnudos y fritos los deudores; hombres de más necesidades que posibles; empleados con más hijos que sueldo; otros ávidos de la nómina tras larga cesantía; militares trasladados de residencia, con familión y suegra de añadidura; personajes de flaco espíritu, poseedores de un buen destino, pero, con la carcoma de una mujercita que da tés y empeña el verbo[3] para comprar las pastas; viudas lloronas que cobran del Montepío civil o militar y se ven en mil apuros; sujetos diversos que no aciertan a resolver el problema aritmético en que se funda la existencia social, y otros muy perdidos, muy faltones, muy destornillados de cabeza o rasos de moral, tramposos y embusteros.

Pues todos éstos, el bueno y el malo, el desgraciado y el pillo, cada uno por su arte propio, pero siempre con su sangre y sus huesos, le amasaron a Torquemada una fortunita que ya la quisieran muchos que se dan lustre en Madrid (…)

El año de la Revolución,[4] compró Torquemada una casa de corredor[5] en la calle de San Blas, con vuelta a la de la Leche[6] ; finca muy aprovechada, con veinticuatro habitacioncitas, que daban, descontando insolvencias inevitables, reparaciones, contribución, etc., una renta de 1300 reales al mes, equivalente a un siete o siete y medio por ciento del capital. Todos los domingos se personaba en ella mi don Francisco para hacer la cobranza, los recibos en una mano, en otra el bastón con puño de asta de ciervo; y los pobres inquilinos que tenían la desgracias de no poder ser puntuales, andaban desde el sábado por la tarde con el estómago descompuesto, porque la adusta cara, el carácter férreo del propietario, no concordaban con la idea que tenemos del día de fiesta, del día del Señor, todo descanso y

---

1480 y 1530, la Inquisición fue responsable de la muerte de unas dos mil personas.

[2] El personaje había figurado en otras novelas de Galdós.

[3] Hasta la palabra de Dios. Es decir, empeña todo.

[4] De 1868, cuando los liberales llegaron al poder. Isabel II huyó a Francia, donde residió hasta su muerte.

[5] **Casa…** Casa pobre, de barriada.

[6] Calles verdaderas que se encontraban en un barrio pobre de Madrid.

alegría. El año de la Restauración,[7] ya había duplicado Torquemada la pella[8] con que le cogió la *gloriosa*,[9] y el radical cambio proporcionóle bonitos préstamos y anticipos.

[Sigue una explicación de cómo Torquemada va acumulando dineros y propiedades.]

Todo iba como una seda[10] para aquella feroz hormiga, cuando de súbito le afligió el cielo con tremenda desgracia: se murió su mujer. Perdónenme mis lectores si les doy la noticia sin la preparación conveniente, pues sé que apreciaban a doña Silvia, como la apreciábamos todos los que tuvimos el honor de tratarla, y conocíamos sus excelentes prendas y circunstancias. Falleció de cólico miserere,[11] y he de decir, en aplauso de Torquemada, que no se omitió gasto de médico y botica para salvarle la vida a la pobre señora. Esta pérdida fue un golpe cruel para don Francisco, pues habiendo vivido el matrimonio en santa y laboriosa paz durante más de cuatro lustros,[12] los caracteres de ambos cónyuges se habían compenetrado de un modo perfecto, llegando a ser ella otro él, y él como cifra y refundición de ambos. Doña Silvia no sólo gobernaba la casa con magistral economía, sino que asesoraba a su pariente en los negocios difíciles, auxiliándole con sus luces y su experiencia para el préstamo. Ella defendiendo el céntimo en casa para que no se fuera a la calle, y él barriendo para adentro a fin de traer todo lo que pasara, formaron un matrimonio sin desperdicio, pareja que podría servir de modelo a cuantas hormigas hay debajo de la tierra y encima de ella. (…)

Dos hijos le quedaron: Rufinita (…) y Valentinito (…). Entre la edad de uno y otro hallamos diez años de diferencia, pues a mi doña Silvia se le malograron más o menos prematuramente todas las crías intermedias, quedándole sólo la primera y la última. En la época en que cae lo que voy a referir, Rufinita había cumplido los veintidós, y Valentín iba al ras de los doce. Ya para que se vea la buena estrella de aquel animal de don Francisco, sus dos hijos eran, cada cual por su estilo, verdaderas joyas, o como bendiciones de Dios que llovían sobre él para consolarle en su soledad. Rufina

había sacado todas las capacidades domésticas de su madre, y gobernaba el hogar casi tan bien como ella. Claro que no tenía el alto tino de los negocios, ni la consumada trastienda, ni el golpe de vista, ni otras aptitudes entre morales y olfativas de aquella insigne matrona; pero en formalidad, en honesta compostura y buen parecer, ninguna chica de su edad le echaba el pie adelante. (…)

Pues digo, si de Rufina volvemos los ojos al tierno vástago[13] de Torquemada, encontraremos mejor explicación de la vanidad que le infundía su prole, porque (lo digo sinceramente) no he conocido criatura más mona que aquel Valentín, ni precocidad tan extraordinaria como la suya. ¡Cosa más rara! No obstante el parecido con su antipático papá, era el chiquillo guapísimo, con tal expresión de inteligencia en aquella cara, que se quedaba uno embobado mirándole; con tales encantos en su persona y carácter, y rasgos de conducta tan superiores a su edad, que verle, hablarle y quererle vivamente, era todo uno. ¡Y qué hechicera gravedad la suya, no incompatible con la inquietud propia de la infancia! ¡Qué gracia mezclada de no sé qué aplomo inexplicable a sus años! ¡Qué rayo divino en sus ojos algunas veces, y otras qué misteriosa y dulce tristeza! Espigadillo[14] de cuerpo, tenía las piernas delgadas, pero de buena forma; la cabeza más grande de lo regular, con alguna deformidad en el cráneo. En cuanto a su aptitud para el estudio, llamémosla verdadero prodigio, asombro de la escuela, y orgullo y gala de los maestros. De esto hablaré más adelante. Sólo he de afirmar ahora que el *Peor* no merecía tal joya, ¡qué había de merecerla! y que si fuese hombre capaz de alabar a Dios por sus bienes con que le agraciaba, motivos tenía el muy tuno para estarse, como Moisés, tantísimas horas con los brazos levantados al cielo.[15] No los levantaba, porque sabía que del cielo no había de caerle ninguna breva de las que a él le gustaban.

Capítulo II

(…) De la precoz inteligencia de Valentinito estaba tan orgulloso, que no cabía en su pellejo. A medida que el chico avanzaba en sus estudios, don Francisco sentía

---

[7] En 1875, cuando Alfonso XII, hijo de Isabel II, ocupó el trono español.

[8] Cantidad de dinero.

[9] La Revolución de 1868.

[10] **Como…** muy bien.

[11] Una enfermedad del abdomen.

[12] Período de cinco años.

[13] Hijo.

[14] Muy delgado.

[15] Se refiere a la historia bíblica de la batalla contra los amalecitas, pueblo de Arabia. Los israelitas ganaban mientras Moisés mantuviera sus brazos levantados. Al empezar a pesarle los brazos, Aarón y Hur se los sujetaron hasta la caída del sol. (*Éxodo* 17.8-13).

crecer el amor paterno, hasta llegar a la ciega pasión. En honor del tacaño, debe decirse que, si se conceptuaba reproducido físicamente en aquel pedazo de su propia naturaleza, sentía la superioridad del hijo, y por esto se congratulaba más de haberle dado el ser. Porque Valentinito era el prodigio de los prodigios, un jirón excelso de la Divinidad caído en la tierra. Y Torquemada, pensando en el porvenir, en lo que su hijo había de ser, si viviera, no se conceptuaba digno de haberle engendrado, y sentía ante él la ingénita cortedad de lo que es materia frente a lo que es espíritu.

En lo que digo de las inauditas dotes intelectuales de aquella criatura, no se crea que hay la más mínima exageración. Afirmo con toda ingenuidad que el chico era de lo más estupendo que se puede ver, y que se presentó en el campo de la enseñanza como esos extraordinarios ingenios que nacen de tarde en tarde destinados a abrir nuevos caminos a la humanidad. A más de la inteligencia, que en edad temprana despuntaba en él como aurora de un día espléndido, poseía todos los encantos de la infancia: dulzura, gracejo y amabilidad. El chiquillo, en suma, enamoraba y no es de extrañar que don Francisco y su hija estuvieran loquitos con él. Pasados los primeros años, no fue preciso castigarle nunca, ni aun siquiera reprenderle. Aprendió a leer por arte milagroso, en pocos días, como si lo trajera sabido ya del claustro materno.[16] A los cinco años, sabía muchas cosas que otros chicos aprenden difícilmente a los doce. Un día me hablaron de él dos profesores amigos míos que tienen colegio de primera y segunda enseñanza,[17] lleváronme a verle, y me quedé asombrado. Jamás vi precocidad semejante ni un apuntar de inteligencia tan maravillosos. Porque si algunas respuestas las endilgó de taravilla,[18] demostrando el vigor y riqueza de su memoria, en el tono con que decía otras se echaba de ver cómo comprendía y apreciaba el sentido.

[Sigue una descripción de los muchos logros académicos de Valentín. Es un genio en todas las materias— Gramática, Geografía y especialmente Aritmética.]

Torquemada (…) cuidaba de él como de un ser sobrenatural, puesto en sus manos por especial privilegio. Vigilaba sus comidas, asustándose mucho si no mostraba apetito; al verle estudiando, recorría las ventanas para que no entrase aire, se enteraba de la temperatura exterior antes de dejarle salir, para determinar si debía ponerse bufanda, o el *carrik*[19] gordo, o las botas de agua; cuando dormía, andaba de puntillas; le llevaba a paseo los domingos, o al teatro; y si el angelito hubiese mostrado afición a juguetes extraños y costosos, Torquemada, vencida su sordidez, se los hubiera comprado. Pero el fenómeno aquel no mostraba afición sino a los libros: leía rápidamente y como por magia, enterándose de cada página en un abrir y cerrar de ojos. Su papá le compró una obra de viajes con mucha estampa de ciudades europeas y de comarcas salvajes. La seriedad del chico pasmaba a todos los amigos de la casa, y no faltó quien dijera de él que parecía un viejo. En cosas de malicia era de una pureza excepcional: no aprendía ningún dicho ni acto feo de los que saben a su edad los retoños desvergonzados de la presente generación. Su inocencia y celestial donosura casi nos permitían conocer a los ángeles como si los hubiéramos tratado, y su reflexión rayaba en lo maravilloso.

[Valentín enferma y pasa una noche horrible, «sofocado, echando lumbre de su piel, los ojos atónitos y chispeantes, el habla insegura, las ideas desenhebradas, como cuentas de un rosario cuyo hilo se rompe».]

Capítulo IV

El día siguiente fue todo sobresalto y amargura. Quevedo[20] opinó que la enfermedad era *inflamación de las meninges*, y que el chico estaba en peligro de muerte. Esto no se lo dijo al padre, sino a Bailón[21] para que le fuese preparando. Torquemada y él se encerraron, y de la conferencia resultó que por poco se pegan, pues don Francisco, trastornado por el dolor, llamó a su amigo embustero y farsante. El desasosiego, la inquietud nerviosa, el desvarío del tacaño sin ventura, no se pueden describir. Tuvo que salir a varias diligencias de su penoso oficio, y a cada instante tornaba a casa, jadeante, con medio palmo de lengua fuera, el hongo[22] echado hacia atrás. Entraba, daba un vistazo, vuelta a

---

[16] Es decir, del vientre de su madre.

[17] Escuela particular que incluye estudios primarios y secundarios.

[18] **Las…** Las había aprendido de memoria.

[19] Chaqueta, abrigo, impermeable.

[20] Quevedo, el futuro esposo de Rufina, es estudiante de medicina.

[21] Bailón es un amigo de Torquemada que personifica ciertas tendencias filosóficas de la época, las cuales a Galdós le parecen extremistas y ridículas. Algunas de sus ideas recuerdan a las del pensador francés, Auguste Comte, quien proclama «la religión de la humanidad».

[22] *Bowler hat.*

salir. Él mismo traía las medicinas, y en la botica contaba toda la historia: «un vahído estando en clase; después calentura horrible... ¿para qué sirven los médicos?» Por consejo del mismo Quevedito, mandó venir a uno de los más eminentes, el cual calificó el caso de *meningitis aguda*.

La noche del segundo día, Torquemada, rendido de cansancio, se embutió en uno de los sillones de la sala, y allí estuvo como media horita, dando vueltas a una pícara idea, ¡ay! dura y con muchas esquinas, que se le había metido en el cerebro. «He faltado a la Humanidad,[23] y esa muy tal y cual me la cobra ahora con los réditos atrasados... No: pues si Dios, o quienquiera que sea, me lleva mi hijo, ¡me voy a volver más malo, más perro...! Ya verán entonces lo que es canela fina.[24] Pues no faltaba otra cosa... Conmigo no juegan... Pero no, ¡qué disparates digo! No me le quitará, porque yo... Eso que dicen de que no he hecho bien a nadie, es mentira. Que me lo prueben... porque no basta decirlo. ¿Y los tantísimos a quien he sacado de apuros?... ¿pues y eso? Porque si a la Humanidad le han ido con el cuento de mí; que si aprieto, que si no aprieto... yo probaré... Ea, que ya me voy cargando:[25] si no he hecho ningún bien, ahora lo haré, ahora, pues por algo se ha dicho que nunca para el bien es tarde. Vamos a ver: ¿y si yo me pusiera ahora a rezar, qué dirían allá arriba? (...) Tente, hombre, tente, que te vuelves loco... Tan sólo saco en limpio que no habiendo buenas obras, todo es, como si dijéramos, basura... ¡Ay Dios, qué pena, qué pena...! Si me pones bueno a mi hijo, yo no sé qué cosas haría; ¡pero qué cosas tan magníficas y tan...! ¿Pero quién es el sinvergüenza que dice que no tengo apuntada ninguna buena obra? Es que me quieren perder, me quieren quitar a mi hijo, al que ha nacido para enseñar a todo los sabios y dejarles tamañitos.[26] Y me tienen envidia porque soy su padre, porque de estos huesos y de esta sangre salió aquella gloria del mundo... Envidia; pero ¡qué envidiosa es esta puerca Humanidad! Sigo, la Humanidad no, porque es Dios... los hombres, los prójimos, nosotros, que somos todos muy pillos, y por eso nos pasa lo que nos pasa... Bien merecido nos está... bien merecido nos está».

Acordóse entonces de que al día siguiente era domingo y no había extendido los recibos para cobrar los alquileres de su casa. Después de dedicar a esta operación una media hora, descansó algunos ratos, estirándose en el sofá de la sala. Por la mañana, entre nueve y diez, fue a la cobranza dominguera. Con el no comer y el mal dormir y la acerbísima pena que la destrozaba el alma, estaba el hombre *mismamente*[27] del color de una aceituna. Su andar era vacilante, y sus miradas vagaban inciertas, perdidas, tan pronto barriendo el suelo como disparándose a las alturas.(...) La presencia de Torquemada en el patio, que todos los domingos era una desagradabilísima aparición, produjo aquel día verdadero pánico; y mientras algunas mujeres corrieron a refugiarse en sus respectivos aposentos, otras, que debían de ser malas pagadoras, y que observaron la cara que traía la fiera, se fueron a la calle. La cobranza empezó por los cuartos bajos, y pagaron sin chistar el albañil y las dos pitilleras, deseando que se les quitase de delante la aborrecida estampa de don Francisco. Algo desusado y anormal notaron en él, pues tomaba el dinero maquinalmente y sin examinarlo con roñosa nimiedad, como otras veces, cual[28] si tuviera el pensamiento a cien leguas del acto importantísimo que estaba realizando; no se le oían aquellos refunfuños de perro mordelón, ni inspeccionó las habitaciones buscando el baldosín roto o el pedazo de revoco caído, para echar los tiempos[29] a la inquilina.

Al llegar al cuarto de la Rumalda, planchadora, viuda, con su madre enferma en un camastro y tres niños menores que andaban en el patio enseñando las carnes por los agujeros de la ropa, Torquemada soltó el gruñido de ordenanza, y la pobre mujer, con afligida y trémula voz, cual si tuviera que confesar ante el juez un negro delito, soltó la frase de reglamento: «Don Francisco, por hoy no se puede. Otro día cumpliré».

No puedo dar idea del estupor de aquella mujer y de las dos vecinas, que presentes estaban, cuando vieron que el tacaño no escupió por aquella boca ninguna maldición ni herejía, cuando le oyeron decir con la voz más empañada y llorosa del mundo: «No, hija, si no te digo nada... si no te apuro... si no me ha pasado por la cabeza reñirte... ¡Qué le hemos de hacer, si no puedes...!»

---

[23] La única idea que Torquemada ha sacado de todas las monsergas de Bailón es que «*Dios es la Humanidad*, y que la Humanidad es la que nos hace pagar nuestras picardías o nos premia por nuestras buenas obras».

[24] **Lo...** la buena conducta (irónico).

[25] **Me...** estoy cansado de esa historia.

[26] Pequeñitos.

[27] Exactamente.

[28] Como.

[29] **Echar...** regañar.

—Don Francisco, es que… —murmuró la otra, creyendo que la fiera se expresaba con sarcasmo, y que tras el sarcasmo vendría la mordida.

—No, hija, si no he chistado… ¿Cómo se han de decir las cosas? Es que a ustedes no hay quien las apee de[30] que yo soy un hombre, como quien dice, tirano… ¿De dónde sacáis que no hay en mí compasión, ni… ni caridad? En vez de agradecerme lo que hago por vosotras, me calumniáis… No, no: entendámonos. Tú Rumalda, estate tranquila: sé que tienes necesidades, que los tiempos están malos… Cuando los tiempos están malos, hija ¿qué hemos de hacer sino ayudarnos los unos a los otros? (…)

En el número 16:

—Pero hija de mi alma, so tunanta,[31] ¿tenías a tu niña mala y no me habías dicho nada? ¿Pues para qué estoy yo en el mundo? Francamente, eso es un agravio que no te perdono, no te lo perdono. Eres una indecente; y en prueba de que no tienes ni pizca de sentido, ¿apostamos a que no adivinas lo que voy a hacer? ¿Cuánto va a[32] que no lo adivinas?… Pues voy a darte para que pongas un puchero[33]… ¡eh! Toma, y di ahora que no tengo humanidad. Pero sois tan mal agradecidas, que me pondréis como chupa de dómine,[34] y hasta puede que me echéis una maldición. Abur.

En el cuarto de la señá Casiana, una vecina se aventuró a decirle: «Don Francisco, a nosotras no nos la da usted[35]… A usted le pasa algo. ¿Qué demonios tiene en la cabeza o en ese corazón de cal y canto?»[36]

Dejóse el afligido casero caer en una silla, y quitándose el hongo se pasó la mano por la amarilla frente y la calva sebosa, diciendo tan sólo entre suspiros: «¡No es de cal y canto, puñales, no es de cal y canto!»

[Torquemada continúa haciendo buenas obras. Hasta le regala una capa a un mendigo, y le promete una perla valiosa a la Virgen del Carmen si sana Valentín. Pero con Dios no se puede negociar. El muchacho muere a pesar de los esfuerzos de su padre.]

---

[30] **No…** Nadie puede hacer que ustedes dejen de pensar.

[31] **So…** tontita.

[32] **Cuánto…** ¿Cuánto apuestas?

[33] Voy a darte dinero para que puedas comprar carne para preparar un puchero (guisado, estofado).

[34] **Me…** Contaréis toda clase de chismes horribles acerca de mí.

[35] **No…** No nos engaña usted.

[36] **De…** duro.

Capítulo IX

(…) La pérdida absoluta de la esperanza le trajo la sedación nerviosa, y la sedación, estímulos apremiantes de reparar el fatigado organismo. A media noche fue preciso administrarle un substancioso potingue, que fabricaron la hermana del fotógrafo de arriba y la mujer del carnicero de abajo, con huevos, Jerez y caldo de puchero. «No sé qué me pasa—decía el *Peor*—: pero ello es que parece que se me quiere ir la vida». El suspirar hondo y el llanto comprimido le duraron hasta cerca del día, hora en que fue atacado de un nuevo paroxismo de dolor diciendo que quería ver a su hijo; *resucitarle, costara lo que costase,* e intentaba salirse del lecho, contra los combinados esfuerzos de Bailón, del carnicero y de los demás amigos que contenerle y calmarle querían. Por fin lograron que se estuviera quieto, resultado en que no tuvieron poca parte las filosóficas amonestaciones del clericucho,[37] y las sabias cosas que echó por aquella boca el carnicero, hombre de pocas letras, pero muy buen cristiano. «Tienen razón—dijo don Francisco—agobiado y sin aliento—. ¿Qué remedio queda más que conformarse? ¡Conformarse! Es un viaje para el que no se necesitan alforjas. Vean de qué le vale a uno ser más bueno que el pan, y sacrificarse por los desgraciados, y hacer bien a los que no nos puede ver ni en pintura… Total, que lo que pensaba emplear en favorecer a cuatro pillos… ¡mal empleado dinero, que había de ir a parar a las tabernas, a los garitos y a las casas de empeño!… digo que esos dinerales los voy a gastar en hacerle a mi hijo del alma, a esa gloria, a ese prodigio que no parecía de este mundo, el entierro más lucido que en Madrid se ha visto. ¡Ah, qué hijo! ¿No es dolor que me le hayan quitado? Aquello no era hijo: era un diosecito que engendramos a medias el Padre Eterno y yo… ¿No creen ustedes que debo hacerle un entierro magnífico? Ea, ya es de día. Que me traigan muestras de carros fúnebres… y vengan papeletas negras para convidar a todos los profesores».

Con estos proyectos de vanidad, excitóse el hombre, y a eso de las nueve de la mañana, levantado y vestido, daba sus disposiciones con aplomo y serenidad. Almorzó bien, recibía a cuantos amigos llegaban a verle, y a todos les endilgaba la consabida historia: «Conformidad… ¡Qué le hemos de hacer!… Está visto: lo mismo da que usted se vuelva santo, que se vuelva usted Judas, para el caso de que le escuchen y le tengan misericordia… ¡Ah, misericordia!… Lindo anzuelo sin cebo para que se lo traguen los tontos».

9.5   7.5

---

[37] Forma despectiva de «clérigo». Bailón había sido cura.

Y se hizo el lujoso entierro, y acudió a él mucha y lucida gente, lo que fue para Torquemada motivo de satisfacción y orgullo, único bálsamo de su hondísima pena. Aquella lúgubre tarde, después que se llevaron el cadáver del admirable niño, ocurrieron en la casa escenas lastimosas. Rufina, que iba y venía sin consuelo, vio a su padre salir del comedor con todo el bigote blanco, y se espantó creyendo que en un instante se había llenado de canas. Lo ocurrido fue lo siguiente: fuera de sí, y acometido de un espasmo de tribulación, el inconsolable padre fue al comedor y descolgó el encerado en que estaban aún escritos los problemas matemáticos, y tomándolo por retrato, que fielmente le reproducía las facciones del adorado hijo, estuvo larguísimo rato dando besos sobre la fría tela negra, y estrujándose la cara contra ella, con lo que la tiza se le pegó al bigote mojado de lágrimas, y el infeliz usurero parecía haber envejecido súbitamente. Todos los presentes se maravillaron de esto, y hasta se echaron a llorar. Llevóse don Francisco a su cuarto el encerado, y encargó a un dorador un marco de todo lujo para ponérselo, y colgarlo en el mejor sitio de aquella estancia.

Al día siguiente, el hombre fue acometido, desde que abrió los ojos, de la fiebre de los negocios terrenos. Como la señorita había quedado muy quebrantada por los insomnios y el dolor, no podía atender a las cosas de la casa: la asistenta y la incansable tía Roma[38] la sustituyeron hasta donde sustituirla era posible. Y he aquí que cuando la tía Roma entró a llevarle el chocolate al gran inquisidor, ya estaba éste en planta,[39] escribiendo números con una mano febril. Y como la bruja aquella tenía tanta confianza con el señor de la casa, permitiéndose tratarle como a igual, se llegó a él, le puso sobre el hombro su descarnada y fría mano, y le dijo: «Nunca aprende… Ya está otra vez preparando los trastos de ahorcar. Mala muerte va usted a tener, condenado de Dios, si no se enmienda». Y Torquemada arrojó sobre ella una mirada que resultaba enteramente amarilla, por ser en él de este color lo que en los demás humanos ojos es blanco, y le respondió de esta manera: «Yo hago lo que me da mi santísima gana, so[40] mamarracho, vieja más vieja que la Biblia. Lucido estaría si consultara con tu necedad lo que debo hacer». Contemplando un momento el encerado de las matemáticas, exhaló un suspiro y prosiguió así: «Si preparo los

trastos, eso no es cuenta tuya ni de nadie, que yo me sé cuanto hay que haber de tejas abajo y aun de tejas arriba, ¡puñales! Ya sé que me vas a salir con el materialismo de la misericordia… A eso te respondo que si buenos memoriales eché, buenas gordas calabazas me dieron.[41] La misericordia que yo tenga, ¡…puñales! que me la claven en la frente».

𝒯emas

Comprensión del texto

1. ¿Qué paralelo señala Galdós entre su personaje y el Torquemada histórico?
2. ¿Qué profesión tiene Torquemada? ¿Cómo amasa su fortuna?
3. ¿Cómo son los hijos de Torquemada? ¿Qué siente éste por Valentín?
4. ¿Qué siente cuando su hijo enferma? ¿Cómo sabemos que su amor a su hijo es sincero?
5. ¿Por qué dice Torquemada que ha faltado a la Humanidad? ¿Cómo piensa rescatar a su hijo de la muerte?
6. Describa la conducta de Torquemada cuando va a cobrar los alquileres.
7. ¿Cómo trata Torquemada de «negociar» con Dios?
8. ¿Se salva Valentín? ¿Cómo reacciona Torquemada?

Análisis literario

1. ¿De qué clase social es Torquemada? (No se olvide de que la clase no depende exclusivamente del dinero.) Por medio de este personaje, ¿qué comentario hace Galdós acerca de la reciente evolución de la sociedad española?
2. ¿Cómo sabemos que Torquemada sufre de veras por la enfermedad de su hijo? ¿Por qué despierta en nosotros sentimientos ambivalentes? ¿Son monolíticos los personajes de Galdós? Explique.
3. ¿Qué comentario hace Galdós sobre la nueva burguesía española a través de Torquemada?
4. Analice el lenguaje de Galdós.
5. ¿En qué consiste su humor?
6. ¿En qué consiste su realismo? ¿Es Torquemada un personaje realista? Explique.
7. ¿Cómo combina Galdós historia y ficción?

---

[38] Vieja sirvienta de Torquemada, muy devota y honesta.

[39] Despierto y trabajando.

[40] **So** es un refuerzo del adjetivo, semejante a «muy»: so mamarracho = *you grotesque old thing.*

[41] **Si…** Si yo les propuse un buen negocio, ellos me lo rechazaron.

EMILIA PARDO BAZÁN (1852-1921)

La condesa de Pardo Bazán fue una de las mujeres más cultas de su generación. Autodidacta, leyó una gran variedad de libros religiosos y profanos. Nacida en La Coruña, se casó a los dieciséis años y se mudó a Madrid, donde se estableció como escritora publicando artículos sobre las ciencias y sobre las corrientes artísticas extranjeras, en particular, el Naturalismo.* Pardo Bazán fue la primera mujer que ocupó una cátedra en la Universidad Central.

De joven se interesó por el krausismo, filosofía basada en las teorías del alemán Karl Christian Friedrich Krause (1681-1732), quien tuvo una influencia significativa en España. El krausismo enseña que la realidad es un compuesto de espíritu y materia, sin que ninguno de los dos elementos sea superior al otro. Según este concepto, Dios se encuentra en el universo entero, incluso en los hombres. Más tarde, se interesó por el Naturalismo. Aunque Galdós ya había empezado a experimentar con temas y técnicas naturalistas, Pardo Bazán es la que definió el movimiento para el público español. Ávida lectora de las novelas de Émile Zola, la condesa expuso las teorías naturalistas en el prólogo de su segunda novela, *Un viaje de novios* (1881), y en varios artículos.

Inspirado por una escuela filosófica que afirma que el individuo es producto de factores hereditarios y sociológicos, el Naturalismo concibe el vicio y deterioro social como resultados de defectos biológicos o ambientales. Los naturalistas creían que el objetivo de la literatura era reformar la sociedad. El escritor podía fomentar el cambio al exponer los factores que conducían a la degeneración personal y colectiva. Sus métodos debían ser «científicos». Es decir, la novela debía basarse en la observación y en datos concretos. A diferencia de los realistas, que pretendían recrear todos los aspectos de la realidad, los naturalistas hacían hincapié en lo feo, lo sórdido y lo repugnante.

Pardo Bazán inició su carrera novelística con *Pascual López* (1879), autobiografía ficticia que combina elementos realistas y fantásticos. Su segunda novela, *Un viaje de novios,* todavía está dentro del marco realista, a pesar de que va precedida de una discusión del Naturalismo francés. En *La cuestión palpitante* (1883), la autora presenta un análisis de la obra de Zola en el cual defiende los métodos del Naturalismo, aunque rechaza su aspecto determinista. Católica devota, Pardo Bazán no pudo repudiar el libre albedrío, el cual es central a la doctrina ortodoxa, ni aceptar el concepto puramente materialista del ser humano.

En *La Tribuna* (1883), su primera novela naturalista, Pardo Bazán describe las condiciones de trabajo en una fábrica de tabacos de La Coruña. En 1886 publica su novela más conocida, *Los pazos de Ulloa*, en la cual expone la degeneración de las antiguas familias nobles de Galicia, asunto que conoce muy bien por ser ella misma de una familia aristocrática. En esta novela y su continuación, *La madre naturaleza* (1887), explora la estructura de la sociedad gallega, los problemas económicos, la relación entre las clases, la ignorancia, el incesto, la explotación, la violencia y la religión. En estas novelas abundan las descripciones del campo y los ejemplos del lenguaje y costumbres populares. En *Insolación* (1889) y *Morriña* (1889), la autora trata el tema del gallego trasplantado a Madrid. En la primera de estas dos novelas la protagonista es una aristócrata que se deja seducir por un joven andaluz. En la segunda, es una tímida sirvienta que trabaja en una casa donde el hijo la enamora y la abandona.

Pardo Bazán fue uno de los primeros escritores españoles que incorporó el neoespiritualismo cristiano en su obra. En *Una cristiana* (1890) y *La prueba* (1891) presenta lo religioso y lo moral como inclinaciones naturales del ser humano. *Doña Milagros* (1894) y *Memorias de un solterón* (1896) exploran la posición de la mujer en la sociedad española. *La quimera* (1905), *La sirena negra* (1908) y *Dulce dueño* (1911) tratan de cuestiones espirituales y contienen elementos idealistas y simbolistas. Pardo Bazán también escribió numerosos cuentos, uno de los cuales incluimos aquí.

Un destripador[1] de antaño

La leyenda del *Destripador*, asesino medio sabio y medio brujo, es muy antigua en mi tierra. La oí en tiernos años, susurrada o salmodiada[2] en terroríficas estrofas, quizás al borde de mi cuna por la vieja criada, quizás en la cocina aldeana.

I

Un paisajista sería capaz de quedarse embelesado si viese aquel molino de la aldea de Tornelos... ¡Cuán gallardo y majestuoso se perfilaba sobre la azulada cresta del monte. (...)

El complemento del asunto—gentil, lleno de poesía, digno de que lo fijase un artista genial en algún cuadro idílico—era una niña como de trece a catorce años, que sacaba a pastar una vaca por aquellos ribazos siempre tan floridos y frescos, hasta en el rigor del estío, cuando el

---

[1] Asesino.

[2] Cantada, rezada.

ganado languidece por falta de hierba.   Minia encarnaba el tipo de la pastora[3]: armonizaba con el fondo. En la aldea la llamaban *roxa*,[4] pero en sentido de rubia, pues tenía el pelo del color del cerro que a veces hilaba, de un rubio pálido, lacio, que a manera de vago reflejo lumínico rodeaba la carita, algo tostada por el sol, oval y descolorida, donde sólo brillaban los ojos con un toque celeste, como el azul que a veces se entrevé al través de las brumas del montañés celaje. Minia cubría sus carnes con un refajo colorado desteñido ya por el uso: recia camisa de estopa velaba su seno, mal desarrollado aún; iba descalza, y el pelito lo llevaba envedijado[5] y revuelto (...) Y así y todo estaba bonita, bonita como un ángel, o, por mejor decir, como la patrona del santuario próximo, con la cual ofrecía—al decir de las gentes—singular parecido.

La célebre patrona, objeto de fervorosa devoción para los aldeanos de aquellos contornos, era un *cuerpo santo*, traído de Roma por cierto industrioso gallego (...) Elevó modesta capilla, que a los pocos años de su muerte las limosnas de los fieles, la súbita devoción despertada en muchas leguas a la redonda, transformaron en rico santuario (...). No era fácil averiguar con rigurosa exactitud histórica, ni apoyándose en documentos fehacientes e incontrovertibles, a quien habría pertenecido el huesecillo de cráneo humano incrustado en la cabeza de cera de la Santa. Sólo un papel amarillento, escrito con letra menuda y firme y pegado en el fondo de la urna, afirmaba ser aquéllas las reliquias de la bienaventurada Herminia, noble virgen que padeció martirio bajo Diocleciano.[6] Inútil parece buscar en las actas de los mártires el nombre y género de muerte de la bienaventurada Herminia. Los aldeanos tampoco lo preguntaban, ni ganas de meterse en tales honduras. Para ellos, la Santa no era una figura de cera, sino el mismo cuerpo incorrupto; del nombre germánico de la mártir hicieron el gracioso y familiar de *Minia*, y a fin de apropiársele mejor, le añadieron el de la parroquia, llamándola Santa Minia de Tornelos. Poco les importaba a los devotos montañeses el cómo ni el cuándo de su Santa: veneraban en ella la Inocencia y el Martirio, el heroísmo de la debilidad; cosa sublime.

A la rapaza del molino le habían puesto Minia[7] en la pila bautismal, y todos los años, el día de la fiesta de su patrona, arrodillábase la chiquilla delante de la urna, tan embelesada con la contemplación de la Santa, que ni acertaba a mover los labios rezando. La[8] fascinaba la efigie, que para ella también era un cuerpo real, un verdadero cadáver. Ello es que la Santa estaba preciosa; preciosa y terrible a la vez. Representaba la cérea[9] figura a una jovencita como de quince años, de perfectas facciones pálidas. Al través de sus párpados cerrados por la muerte, pero ligeramente revulsos[10] por la contracción de la agonía, veíanse brillar los ojos de cristal con misterioso brillo. La boca, también entreabierta, tenía los labios lívidos, y transparencia el esmalte de la dentadura. La cabeza, inclinada sobre el almohadón de seda carmesí que cubría un encaje de oro ya deslucido, ostentaba encima del pelo rubio una corona de rosas de plata; y la postura permitía ver perfectamente la herida de la garganta, estudiada con clínica exactitud; las cortadas arterias, la laringe, la sangre, de la cual algunas gotas negreaban sobre el cuello. Vestía la Santa dalmática[11] de brocado verde sobre túnica de tafetán color de caramelo, atavío más teatral que romano, en el cual entraban como elemento ornamental bastantes lentejuelas e hilillo de oro. Sus manos, finísimamente modeladas y exangües,[12] se cruzaban sobre la palma de su triunfo. Al través de los vidrios de la urna, al reflejo de los cirios, la polvorienta imagen y sus ropas, ajadas por el transcurso del tiempo, adquirían vida sobrenatural. Diríase que la herida iba a derramar sangre fresca.

La chiquilla volvía de la iglesia ensimismada y absorta. Era siempre de pocas palabras; pero un mes después de la fiesta patronal, difícilmente salía de su mutismo, ni se veía en sus labios la sonrisa, a no ser que los vecinos la dijesen que «se parecía mucho con la Santa».

Los aldeanos no son blandos de corazón; al revés; suelen tenerlo tan duro y calloso como las palmas de las manos; pero cuando no está en juego su interés propio, poseen cierto instinto de justicia que les induce a tomar el partido del débil oprimido por el fuerte. Por eso miraban a Minia con profunda lástima. Huérfana de padre y madre, la chiquilla vivía con sus tíos. El padre de Minia era molinero, y se había muerto de intermitentes palúdicas,[13]

---

[3] **Encarnaba...** era una pastora arquetípica.
[4] Roja. En gallego significa «pelirroja» o de pelo claro.
[5] Enredado, enmarañado.
[6] Emperador romano que persiguió a los cristianos (245-313 A.D.).
[7] Es decir, le habían dado el nombre de Minia. Se refiere a la protagonista del cuento.
[8] Le.
[9] *Waxy.*
[10] En blanco.
[11] Vestidura o túnica abierta que se puede llevar encima de otra túnica. Los emperadores romanos usaban dalmática.
[12] *Limp.*
[13] Fiebres.

mal frecuente en los de su oficio; la madre le siguió al sepulcro, no arrebatada de pena, que en una aldeana sería extraño género de muerte, sino a poder de[14] un dolor de costado que tomó saliendo sudorosa[15] de cocer la hornada de maíz. Minia quedó solita a la edad de año y medio, recién destetada.[16] Su tío, Juan Ramón—que se ganaba la vida trabajosamente con el oficio de albañil, pues no era amigo de labranza[17]—, entró en el molino como en casa propia, y encontrando la industria ya fundada, la clientela establecida, el negocio entretenido y cómodo, ascendió a molinero, que en la aldea es ascender a personaje. No tardó en ser su consorte la moza con quien tenía trato, y de quien poseía ya dos frutos de maldición,[18] varón y hembra. Minia y estos retoños crecieron mezclados, sin más diferencia aparente sino que los chiquitines decían al molinero y la molinera *papai* y *mamai*, mientras Minia, aunque nadie se lo hubiese enseñado, no les llamó nunca de otro modo que *señor tío* y *señora tía*.

Si se estudiase a fondo la situación de la familia, se verían diferencias más graves. Minia vivía relegada a la condición de criada o moza de faena. No es decir que sus primos no trabajasen, porque el trabajo a nadie perdona en casa del labriego; pero las labores más viles, las tareas más duras, guardábanse para Minia. Su prima Melia, destinada por su madre a costurera, que es entre las campesinas profesión aristocrática, daba a la aguja en una sillita, y se divertía oyendo los requiebros bárbaros y las picardigüelas de los mozos y mozas que acudían al molino y se pasaban allí la noche en vela y broma, con notoria ventaja del diablo[19] y no sin frecuente e ilegal acrecentamiento de nuestra especie.[20] Minia era quien ayudaba a cargar el carro de tojo[21]; la que, con sus manos diminutas, amasaba el pan; la que echaba de comer al becerro, al cerdo y a las gallinas; la que llevaba a pastar la vaca, y, encorvada y fatigosa, traía del monte el haz de leña, o del soto el saco de castañas, o el cesto de hierba del prado. Andrés, el mozuelo, no la ayudaba poco ni mucho; pasábase la vida en el molino, ayudando a la molienda y al

maquileo, y de *riola*,[22] fiesta, canto y repiqueteo de panderetas con los demás rapaces y rapazas. De esta temprana escuela de corrupción sacaba el muchacho pullas, dichos y barrabasadas[23] que a veces molestaban a Minia, sin que ella supiese por qué, ni tratase de comprenderlo.

El molino, durante varios años, produjo lo suficiente para proporcionar a la familia cierto desahogo. Juan Ramón tomaba el negocio con interés, estaba siempre a punto aguardando por la parroquia, era activo, vigilante y exacto. Poco a poco, con el desgaste de la vida que corre insensible y grata, resurgieron sus aficiones a la holgazanería y al bienestar, y empezaron los descuidos, parientes tan próximos de la ruina. (...) [No fueron] ni la comida ni el traje lo que introducía desequilibrio en su presupuesto, sino la pícara costumbre, que iba arraigándose, de «echar una pinga»[24] en la taberna del Canelo,[25] primero todos los domingos, luego las fiestas de guardar, por último muchos días en que la Santa Madre Iglesia no impone precepto[26] de misa a los fieles. Después de las libaciones, el molinero regresaba a su molino, ya alegre como unas pascuas, ya tétrico, renegando de su suerte y con ganas de arrimar a alguien un sopapo.[27] Melia, al verle volver así, se escondía. Andrés, la primera vez que su padre le descargó un palo con la tranca de la puerta, se revolvió como una fiera, le sujetó y no le dejó ganas de nuevas agresiones; Pepona, la molinera, más fuerte, huesuda y recia que su marido, también era capaz de pagar en buena moneda el cachete[28]; sólo quedaba Minia, víctima sufrida y constante. La niña recibía los golpes con estoicismo, palideciendo a veces cuando sentía vivo dolor—cuando, por ejemplo, la hería en la espinilla o en la cadera la punta de un zueco de palo—, pero no llorando jamás. La parroquia no ignoraba estos tratamientos, y algunas mujeres compadecían bastante a Minia. En las tertulias del atrio, después de misa, en las deshojas del maíz, en la romería del santuario, en las ferias, comenzaba a susurrarse que el molinero se empeñaba, que el molino se hundía, que en las maquilas[29] robaban sin temor de Dios, y que no tardaría la rueda en pararse y los alguaciles en

---

[14] **A**... por causa de.
[15] **Un dolor**... una pulmonía que contrajo cuando salió sudorosa.
[16] Que acaba de dejar de mamar.
[17] *Farming*.
[18] Hijos concebidos fuera del matrimonio.
[19] Es decir, ocupados en actividades inmorales.
[20] Es decir, produciendo hijos naturales.
[21] Tipo de planta muy común en ciertas regiones de España. En Inglaterra se llama *gorse*; en los Estados Unidos, *furze*.

[22] **De**... divirtiéndose.
[23] Diabluras.
[24] **Echar**... tomar un trago.
[25] Canelo es el apodo del dueño de la taberna.
[26] **Impone**... hace obligatoria (la misa).
[27] **Con**... con ganas de pelear, de pegar a alguien.
[28] **Pagar**... hacerle a él lo que le había hecho a ella.
[29] Porción de harina que corresponde al molinero por cada molienda.

entrar allí para embargarles hasta la camisa que llevaban sobre los lomos.

Una persona luchaba contra la desorganización creciente de aquella humilde industria y aquel pobre hogar. Era Pepona la molinera, mujer avara, codiciosa, ahorrona hasta de un ochavo,[30] tenaz, vehemente y áspera. Levantada antes que rayase el día, incansable en el trabajo, siempre se la veía, ya inclinada labrando la tierra, ya en el molino regateando la maquila, ya trotando, descalza, por el camino de Santiago adelante con una cesta de huevos, aves y verduras en la cabeza, para ir a venderla al mercado. Mas, ¿qué valen el cuidado y celo, la economía sórdida de una mujer, contra el vicio y la pereza de dos hombres? En una mañana se bebía Juan Ramón, en una noche de tuna[31] despilfarraba Andrés el fruto de la semana de Pepona.

Mal andaban los negocios de la casa, y peor humorada la molinera, cuando vino a complicar la situación un año fatal, año de miseria y sequía, en que, perdiéndose la cosecha del maíz y trigo, la gente vivió de averiadas habichuelas, de secos habones,[32] de pobres y héticas[33] hortalizas, de algún centeno de la cosecha anterior, roído ya por el cornezuelo y el gorgojo.[34] (...)

Considérese cuál andaría con semejante añada[35] el molino de Juan Ramón. Perdida la cosecha, descansaba forzosamente la muela. El rodezno, parado y silencioso, infundía tristeza; semejaba el brazo de un paralítico. Los ratones, furiosos de no encontrar grano que roer, famélicos también ellos, correteaban alrededor de la piedra, exhalando agrios chillidos. Andrés, aburrido por la falta de la acostumbrada tertulia, se metía cada vez más en danzas y aventuras amorosas, volviendo a casa como su padre, rendido y enojado, con las manos que le hormigueaban por zurrar.[36] Zurraba a Minia con mezcla de galantería rústica y de brutalidad, y enseñaba los dientes a su madre porque la pitanza[37] era escasa y desabrida. Vago ya de profesión, andaba de feria en feria buscando lances, pendencias y copas. Por fortuna, en primavera cayó soldado y se fue con el chopo camino de la ciudad.[38]

Hablando como la dura verdad nos impone, confesaremos que la mayor satisfacción que pudo dar a su madre fue quitársele de la vista: ningún pedazo de pan traía a casa, y en ella sólo había derrochar y gruñir, confirmando la sentencia «donde no hay harina, todo es mohina».[39]

La víctima propiciatoria,[40] la que expiaba todos los sinsabores y desengaños de Pepona, era... ¿quién había de ser? —Siempre había tratado Pepona a Minia con hostil indiferencia, ahora, con odio sañudo de impía madrastra. Para Minia los harapos, para Melia, los refajos de grana: para Minia la cama en el duro suelo, para Melia un leito[41] igual al de sus padres: a Minia se le arrojaba la corteza de pan de borona[42] enmohecido, mientras el resto de la familia despachaba el caldo calentito y el compango de cerdo.[43] Minia no se quejaba jamás. Estaba un poco más descolorida y perpetuamente absorta, y su cabeza se inclinaba a veces lánguidamente sobre el hombro, aumentándose entonces su parecido con la Santa. Callada, exteriormente insensible, la muchacha sufría en secreto angustia mortal, inexplicables mareos, ansias de llorar, dolores en lo más profundo y delicado de su organismo, misteriosa pena, y, sobre todo, unas ganas constantes de morirse para descansar yéndose al cielo. (...)

II

Un día descendió mayor consternación que nunca sobre la choza de los molineros. Era llegado el plazo fatal para el colono[44]: vencía el término del arriendo, y, o pagaban al dueño del lugar, o se verían arrojados de él y sin techo que los cobijase, ni tierra donde cultivar las berzas para el caldo. Y lo mismo el holgazán Juan Ramón que Pepona la diligente, profesaban a aquel quiñón de tierra el cariño insensato que apenas profesarían a un hijo pedazo de sus entrañas. Salir de allí se les figuraba peor que ir para la sepultura: que esto, al fin, tiene que suceder a los mortales, mientras lo otro no ocurre sino por impensados rigores de la suerte negra. ¿Dónde encontrarían dinero? Probablemente no había en toda la comarca las dos onzas[45] que importaba la renta del lugar. Aquel año de miseria—, calculó Pepona—, dos onzas no podían

[30] Moneda de poco valor.
[31] Borracheras.
[32] *Beans.*
[33] Enfermizas.
[34] **Roído...** *destroyed by mold and insects.*
[35] **Cuál...** cómo andaría en tan mal año.
[36] **Que...** que buscaban nerviosamente a quien pegarle.
[37] Alimento.
[38] **Cayó...** Ingresó en el ejército y, fusil en mano, se fue para

la ciudad.
[39] Enojo. (Donde no hay comida, todos andan enojados.)
[40] *Sacrificial lamb.*
[41] Lecho.
[42] Maíz.
[43] Plato hecho con jamón frío.
[44] Arrendatario; labrador que cultiva una tierra arrendada.
[45] Monedas.

hallarse sino en la *boeta*[46] o cepillo[47] de Santa Minia. El cura sí que tendría dos onzas, y bastantes más, cosidas en el jergón o enterradas en el huerto... Esta probabilidad fue asunto de la conversación de los esposos (...). —Oyes tú, Juan Ramón... El clérigo sí que tendrá a raiar[48] lo que aquí nos falta... Ricas onciñas[49] tendrá el clérigo. (...) —«Bueno, ¡rayo![50]; y si las tiene, ¿qué rayo nos interesa? Dar, no nos las ha de dar». —«Darlas, ya se sabe; pero...emprestadas...» —«¡Emprestadas! Sí, ve a que te empresten...» —«Yo digo emprestadas así, medio a la fuerza... ¡Malditos!...; no sois hombres, no tenéis de hombres sino la parola... Si estuviese aquí Andresiño..., un día al obscurecer...» —«Como vuelvas a mentar eso, los diaños[51] me lleven si no te saco las muelas del bofetón...» —«Cochinos de cobardes; aun las mujeres tenemos más riñones[52]...» —«Loba, calla. Tú quieres perderme: el clérigo tiene escopeta..., y a más quieres que Santa Minia mande una centella que mismamente nos destrice...» —«Santa Minia es el miedo que te come...» —«Toma, malvada...» —«Pellejo, borrachón...»

Estaba echada Minia sobre un haz de paja, a poca distancia de sus tíos, en esa promiscuidad[53] de las cabañas gallegas, donde irracionales y racionales, padres e hijos, yacen confundidos y mezclados. Aterida de frío bajo su ropa, que había amontonado para cubrirse—pues manta Dios la diese[54]—, entreoyó algunas frases sospechosas y confusas, las excitaciones sordas de la mujer, los gruñidos y chanzas[55] vinosas del hombre. Tratábase de la Santa... Pero la niña no comprendió. Sin embargo, aquello le sonaba mal; le sonaba a ofensa, a lo que ella, si tuviese nociones de lo que tal palabra significa, hubiese llamado desacato. Movió los labios para rezar la única oración que sabía, y así, rezando, se quedó traspuesta—. Apenas la salteó el sueño, le pareció que una luz dorada y azulada llenaba el recinto de la choza. En medio de aquella luz o formando aquella luz, semejante a la que despedía la *madama de fuego* que presentaba el cohetero en la fiesta

patronal, estaba la Santa, no reclinada, sino de pie, y blandiendo su palma como si blandiese un arma terrible. Minia creía oír distintamente estas palabras: «¿Ves? Los mato». Y mirando hacia el lecho de sus tíos, los vio cadáveres, negros, carbonizados, con la boca torcida y la lengua de fuera... En este momento se dejó oír el sonoro cántico del gallo; la becerrilla mugió en el establo reclamando el pezón de su madre... Amanecía.

Si pudiese la niña hacer su gusto, se quedaría acurrucada entre la paja la mañana que siguió a su visión. Sentía gran dolor en los huesos, quebrantamiento general, sed ardiente. Pero la hicieron levantar, tirándola del pelo y llamándola holgazana, y, según costumbre, hubo de sacar el ganado. Con su habitual pasividad no replicó; agarró la cuerda y echó hacia el pradillo. La Pepona, por su parte, habiéndose lavado primero los pies y luego la cara en el charco más próximo a la represa del molino, y puéstose el dengue y el mantelo de los días grandes,[56] y también—lujo inaudito—los zapatos, colocó en una cesta hasta dos docenas de manzanas, una pella de manteca envuelta en una hoja de col, algunos huevos y la mejor gallina ponedora, y, cargando la cesta en la cabeza, salió del lugar y tomó el camino de Compostela[57] con aire resuelto. Iba a implorar, a pedir un plazo, una prórroga, un perdón de renta, algo que les permitiese salir de aquel año terrible sin abandonar el lugar querido, fertilizado con su sudor... Porque las dos onzas del arriendo... ¡quiá!: en la boeta de Santa Minia o en el jergón del clérigo seguirían guardadas, por ser un calzonazos Juan Ramón y faltar de la casa Andresiño..., y no usar ella, en lugar de refajos, las mal llevadas bragas del esposo.

No abrigaba Pepona grandes esperanzas de obtener la menor concesión, el más pequeño respiro. Así se lo decía a su vecina y comadre Jacoba de Alberte, con la cual se reunió en el crucero, enterándose de que iban a hacer la misma jornada—pues Jacoba tenía que traer de la ciudad medicina para su hombre, afligido con un asma de todos los demonios, que no le dejaba estar acostado, ni por las mañanas casi respirar—. Resolvieron las dos comadres ir juntas para tener menos miedo a los lobos o a los aparecidos,[58] si al volver se les echaba la noche encima; y pie ante pie, haciendo votos porque no lloviese, pues Pepona

---

[46] En gallego, cajoncito donde en la iglesia se deja limosna para los pobres.
[47] Cajoncito para echar las limosnas.
[48] De sobra.
[49] Monedas.
[50] Juramento.
[51] Diablos.
[52] **Tenemos...** somos más fuertes.
[53] *Closeness, crowdedness.*
[54] **Pues**... porque no había quién le diera una manta.
[55] Bromas.

---

[56] **Puéstose**... habiéndose puesto la delicada capa corta y el delantal que usaba los días de fiesta.
[57] Ciudad de Santiago de Compostela, donde se encuentra el sepulcro del apóstol Santiago, patrón de España. Es la capital de Galicia, donde viven el Marqués y su apoderado.
[58] Fantasmas.

llevaba a cuestas el fondito del arca, emprendieron su caminata charlando.

—Mi matanza[59] —dijo la Pepona —es que no podré hablar cara a cara con el señor Marqués, y al apoderado tendré que arrodillarme.[60] Los señores de mayor señorío son siempre los más compadecidos del pobre. Los peores, los señoritos hechos a puñetazos, como don Mauricio el apoderado: ésos tienen el corazón duro como las piedras y le tratan a uno peor que a la suela del zapato. Le digo que voy allá como el buey al matadero.

La Jacoba, que era una mujercilla pequeña, de ojos ribeteados, de apergaminadas facciones,[61] con dos toques cual de ladrillo en los pómulos, contestó en voz plañidera:

—¡Ay, comadre! Iba yo cien veces a donde va, y no quería ir una a donde voy. ¡Santa Minia nos valga! Bien sabe el Señor nuestro Dios que me lleva la salud del hombre, porque la salud vale más que las riquezas. No siendo por amor de la salud, ¿quién tiene valor de pisar la botica de don Custodio?

Al oír este nombre, viva expresión de curiosidad azorada se pintó en el rostro de la Pepona y arrugóse su frente corta y chata, donde el pelo nacía casi a un dedo de las tupidas cejas.

—¡Ay! Sí, mujer... Yo nunca allá fui. Hasta por delante de la botica no me da gusto pasar. Andan no sé qué dichos, de que el boticario hace *meigallos*.[62]

—Eso de no pasar, bien se dice; pero cuando uno tiene la salud en sus manos... La salud vale más que todos los bienes de este mundo; y el pobre que no tiene otro caudal sino la salud, ¿qué no hará por conseguirla? Al demonio era yo capaz de ir a pedirle en el infierno la buena untura para mi hombre. Un peso y doce reales llevamos gastado este año en botica, y nada: como si fuese agua de la fuente; que hasta es un pecado derrochar los cuartos[63] así, cuando no hay una triste corteza para llevar a la boca. De manera es que ayer por la noche, mi hombre, que tosía que casi arreventaba,[64] me dijo, dice: «Ei, Jacoba; o tú vas a pedirle a don Custodio la untura, o yo espicho.[65] No hagas caso del médico; no hagas caso, si a

mano viene,[66] ni de Cristo nuestro Señor, a don Custodio has de ir; que si él quiere, del apuro me saca con sólo dos cucharaditas de los remedios que sabe hacer. Y no repares en dinero, mujer, no siendo que quieras te quedar viuda.[67] Así es que... —Jacoba metió misteriosamente la mano en el seno, y extrajo, envuelto en un papelito, un objeto muy chico—aquí llevo el corazón del arca... ¡un dobloncillo de a cuatro![68] Se me van los *espirtus* detrás de él; me cumplía para mercar ropa,[69] que casi desnuda en carnes ando; pero primero es la vida del hombre, mi comadre... y aquí lo llevo para el ladro de don Custodio, Asús[70] me perdone».

La Pepona reflexionaba, deslumbrada por la vista del doblón y sintiendo en el alma una oleada tal de codicia que la sofocaba casi.

—Pero, diga, mi comadre—murmuró con ahínco, apretando sus grandes dientes de caballo y echando chispas por los ojuelos. —Diga: ¿cómo hará don Custodio para ganar tantos cuartos? ¿Sabes qué se cuenta por ahí? Que mercó este año muchos lugares del Marqués. Lugares de los más riquísimos. Dicen que ya tiene mercados dos mil ferrados de trigo de renta.

—¡Ay, mi comadre! ¿Y cómo quiere que no gane cuartos ese hombre que cura todos los males que el Señor inventó? (...) Comadre, le pido de favor que me ha de acompañar cuando entre en la botica.

—Acompañaré.

Cotorreando así, se les hizo llevadero el caminito a las dos comadres.[71] (...)

[Llegan a la botica.]

La anaquelería[72] ostentaba aún esos pintorescos botes que hoy se estiman como objeto de arte, y sobre los cuales se leían en letras góticas rótulos que parecen fórmulas de alquimia: *Rad. Polip. Q.—Ra. Su. Eboris—Stirac. Cald.*[73] —y otros letreros de no menos siniestro cariz. En un sillón de vaqueta, reluciente ya por el uso, ante una

---

[59] Temor, causa de sufrimiento.

[60] Es decir, para pedirle ayuda.

[61] Es decir, tenía la cara muy flaca y seca.

[62] Andan... Hay los que dicen que el boticario hace obras de magia.

[63] El dinero.

[64] Reventaba.

[65] Muero.

[66] **Si...** si tienes ocasión.

[67] **No...** a menos que quieras quedarte viuda.

[68] **Aquí...** Aquí llevo mi posesión más preciosa—una moneda de a cuarto (unas cuarenta pesetas).

[69] **Me...** lo guardaba para comprar ropa.

[70] Jesús.

[71] **Cotorreando...** Conversando así las dos mujeres, se les hizo aguantable el camino.

[72] Tablas del armario.

[73] Abreviaturas de nombres de plantas medicinales.

mesa, donde un atril abierto sostenía voluminoso libro, hallábase el boticario, que leía cuando entraron las dos aldeanas, y que al verlas entrar se levantó. Parecía hombre de unos cuarenta y tantos años; era de rostro chupado, de hundidos ojos y sumidos carrillos, de barba picuda y gris, de calva primeriza y ya lustrosa, y con aureola de largas melenas, que empezaban a encanecer: una cabeza macerada y simpática de santo penitente o de doctor alemán emparedado en su laboratorio. Al plantarse delante de las dos mujeres, caía sobre su cara el reflejo de uno de los vidrios azules, y realmente se la podría tomar por efigie de escultura. No habló palabra, contentándose con mirar fijamente a las comadres. Jacoba temblaba cual[74] si tuviese azogue en las venas, y la Pepona, más atrevida, fue la que echó todo el relato del asma, y de la untura, y del compadre enfermo, y del doblón. Don Custodio asintió inclinando gravemente la cabeza: desapareció tres minutos tras la cortina de sarga roja que ocultaba la entrada de la rebotica; volvió con un frasquito cuidadosamente lacrado; tomó el doblón, sepultólo en el cajón de la mesa, y devolviendo a la Jacoba un peso duro, contentóse con decir: «Úntenle con esto el pecho por la mañana y por la noche»; y sin más se volvió a su libro. Miráronse las comadres, y salieron de la botica como alma que lleva el diablo. Jacoba, fuera ya, se persignó.

Serían las tres de la tarde cuando volvieron a reunirse en la taberna, a la entrada de la carretera, donde comieron un *taco*[75] de pan y una corteza de queso duro, y echaron al cuerpo el consuelo de dos deditos de aguardiente. Luego emprendieron el retorno. La Jacoba iba alegre como unas pascuas, poseía el remedio para su hombre; había vendido bien medio ferrado de habas, y de su caro doblón, un peso quedaba aún, por misericordia de don Custodio. Pepona, en cambio, tenía la voz ronca y encendidos los ojos; sus cejas se juntaban más que nunca; su cuerpo, grande y tosco, se doblaba al andar, cual si le hubiesen administrado alguna soberana paliza. No bien salieron a la carretera, desahogó sus cuitas en amargos lamentos; el ladrón de don Mauricio, como si fuese sordo de nacimiento o verdugo de los infelices: —La renta, o salen del lugar. —¡Comadre! Allí lloré, grité, me puse de rodillas, me arranqué los pelos, le pedí por el alma de su madre y de quien tiene en el otro mundo... Él, tieso.[76] — La renta, o salen del lugar. El atraso de ustedes ya no

viene de este año, ni es culpa de la mala cosecha... Su marido bebe y su hijo es otro que bien baila[77]... El señor Marqués le diría lo mismo... Quemado está con ustedes... Al Marqués no le gustan borrachos en sus lugares. —Yo repliquéle: —Señor, venderemos los bueyes y la vaquiña..., y luego, ¿con qué labramos? Nos venderemos por esclavos nosotros... —La renta, les digo... y lárguese ya. —Mismo así, empurrando, empurrando[78] (...) echóme por la puerta. ¡Ay! Hace bien en cuidar a su hombre, señora Jacoba... ¡Un hombre que no bebe! A mí me ha de llevar a la sepultura aquel pellejo[79]... Si le da por enfermar, con medicina que yo le compre no sanará.

En tales pláticas iban entreteniendo las dos comadres el camino. Como en invierno anochece pronto, hicieron por atajar, internándose hacia el monte, entre espesos pinares. Oíase el toque del *Angelus*[80] en algún campanario distante, y la niebla, subiendo del río, empezaba a velar y confundir los objetos. Los pinos y los zarzales se esfumaban entre aquella vaguedad gris, con espectral apariencia. A las labradoras les costaba trabajo encontrar el sendero.

—Comadre —advirtió de pronto y con inquietud Jacoba; —por Dios le encargo que no cuente en la aldea lo del unto...

—No tenga miedo, comadre... Un pozo es mi boca.

—Porque si lo sabe el señor cura, es capaz de echarnos en misa una pauliña[81]...

—¿Y a él qué le interesa?

—Pues como dicen que esta untura *es de lo que es*...

—¿De qué?

—¡Ave María de gracia, comadre! —susurró Jacoba, deteniéndose y bajando la voz, como si los pinos pudiesen oírla y delatarla: —¿de veras no lo sabe? Me pasmo. Pues hoy en el mercado no tenían las mujeres otra que decir, y las mozas primero se dejaban hacer trizas que llegarse al soportal.[82] Yo, si entré allí, es porque de moza ya he pasado: pero vieja y todo, si usté no me acompaña, no pongo el pie en la botica. ¡La gloriosa Santa Minia nos valga!

—A fe, comadre, que no sé ni esto... Cuente, comadre, cuente... Callaré lo mismo que si muriera.

---

[74] Como.
[75] Trozo.
[76] Inflexible.

[77] **Bien**... no hace nada.
[78] **Mismo**... Así no más, empujando y empujando.
[79] Borracho.
[80] **Toque**... Llamada a la oración, el Angelus, que se reza por la mañana, al mediodía y al anochecer en honor a la Encarnación.
[81] **Echarnos**... regañarnos en misa.
[82] Puerta, pórtico.

—¡Pues si no hay más de qué hablar, señora! ¡Asús querido! Estos remedios tan milagrosos, que resucitan a los difuntos, hácelos don Custodio con *unto de moza.*

—¿Unto de moza...?

De moza soltera, rojiña, que ya esté en sazón de se poder casar.[83] Con un cuchillo les saca las mantecas, y va y las derrite, y prepara los medicamentos. Dos criadas mozas tuvo, y ninguna se sabe qué fue de ellas,[84] sino que como si la tierra se las tragase, que desaparecieron y nadie las volvió a ver. Dice que ninguna persona humana ha entrado en la trasbotica: que allí tiene una *trapela*,[85] y que muchacha que entra y pone el pie en la trapela... ¡plás!, cae en un pozo muy hondo, muy hondísimo, que no se puede medir la perfundidad[86] que tiene...y allí el boticario le arranca el unto. (...)

—¿Y para *eso* sólo sirve el unto de las mozas?

—Sólo. Las viejas no valemos ni para que nos saquen el unto siquiera.

Pepona guardó silencio. La niebla era húmeda: en aquel lugar montañoso convertíase en *brétema*,[87] e imperceptible y menudísima llovizna calaba a las dos comadres, transidas de frío y ya asustadas por la obscuridad. Como se internasen en la escueta gándara[88] que precede al lindo vallecito de Tornelos, y desde la cual ya se divisa la torre del santuario, Jacoba murmuró con apagada voz:

—Mi comadre... ¿es un lobo eso que por ahí va?

—¿Un lobo? —dijo estremeciéndose Pepona.

—Por allí...detrás de aquellas piedras... Dicen que estos días ya llevan comida mucha gente. De un rapaz de Morlán sólo dejaron la cabeza y los zapatos. ¡Asús!

El susto del lobo se repitió dos o tres veces antes que las comadres llegasen a avistar la aldea. Nada, sin embargo, confirmó sus temores; ningún lobo se les vino encima. A la puerta de la casucha de Jacoba despidiéronse, y Pepona entró sola en su miserable hogar. Lo primero con que tropezó en el umbral de la puerta fue el cuerpo de Juan Ramón, borracho como una cuba,[89] y al cual fue preciso levantar entre maldiciones y reniegos, llevándole en peso a la cama. A eso de media noche, el borracho salió de su sopor, y con estropajosas palabras acertó

a preguntar a su mujer qué teníamos de la renta.[90] A esta pregunta, y a su desconsoladora contestación, siguieron reconvenciones, amenazas, blasfemias, un cuchicheo raro, acalorado, furioso. Minia, tendida sobre la paja, prestaba oído, latíale el corazón; el pecho se le oprimía; no respiraba; pero llegó un momento en que Pepona, arrojándose del lecho, la ordenó que se trasladase al otro lado de la cabaña, a la parte donde dormía el ganado. Minia cargó con su brazado de paja, y se acurrucó no lejos del establo, temblando de frío y susto. Estaba muy cansada aquel día; la ausencia de Pepona la había obligado a cuidar de todo, a hacer el caldo, a coger hierba, a lavar, a cuantos menesteres y faenas exigía la casa... Rendida de fatiga y atormentada por las singulares desazones de costumbre, por aquel desasosiego que la molestaba, aquella opresión indecible, ni acababa de venir el sueño a sus párpados, ni de aquietarse su espíritu. Rezó maquinalmente, pensó en la Santa, y dijo entre sí, sin mover los labios: «Santa Minia querida, llévame pronto al cielo; pronto, pronto». Al fin se quedó, si no precisamente dormida, al menos en ese estado mixto propicio a las visiones, a las revelaciones psicológicas, y hasta a las revoluciones físicas. Entonces le pareció, como la noche anterior, que veía la efigie de la mártir; sólo que, ¡cosa rara!, no era la Santa: era ella misma, la pobre rapaza, huérfana de todo amparo, quien estaba allí tendida en la urna de cristal, entre los cirios, en la iglesia. Ella tenía la corona de rosas; la dalmática de brocado verde cubría sus hombros; la palma la agarraban sus manos pálidas y frías; la herida sangrienta se abría en su propio pescuezo, y por allí se le iba la vida, dulce e insensiblemente, en oleaditas de sangre muy suaves, que al salir la dejaban tranquila, extática, venturosa... Un suspiro se escapó del pecho de la niña; puso los ojos en blanco, se estremeció..., y quedóse completamente inerte. Su última impresión confusa fue que ya había llegado al cielo, en compañía de la Patrona.

III

En aquella rebotica, donde, según los autorizados informes de Jacoba de Alberte, no entraba nunca persona humana, solía hacer tertulia a don Custodio las más noches un canónigo de la Santa Metropolitana Iglesia, compañero de estudios del farmacéutico, hombre ya maduro, sequito como un pedazo de yesca, risueño, gran tomador de tabaco. Este tal era constante amigo e íntimo confi-

[83] **En...** en la edad de poder casarse.
[84] Ninguna de ellas.
[85] Puerta secreta.
[86] Profundidad.
[87] Niebla.
[88] **Escueta...** tierra seca y sin cultivar, llena de malezas.
[89] **Borracho...** completamente borracho.
[90] **Qué...** cómo le había ido con el asunto de la renta.

dente de don Custodio, y, a ser verdad los horrendos crímenes que al boticario atribuía el vulgo,[91] ninguna persona más a propósito para guardar el secreto de tales abominaciones que el canónigo don Lucas Llorente, el cual era la quinta esencia del misterio y de la incomunicación con el público profano. El silencio, la reserva más absoluta tomaban en Llorente proporciones y carácter de manía. Nada dejaba transparentar de su vida y acciones, aun las más leves e inocentes. El lema del Canónigo era: «Que nadie sepa cosa alguna de ti». Y aun añadía (en la intimidad de la trasbotica): «Todo lo que averigua la gente acerca de lo que hacemos o pensamos, lo convierte en arma nociva y mortífera. Vale más que invente, que no que edifique sobre el terreno que le ofrezcamos nosotros mismos».

Por este modo de ser y por la inveterada amistad, don Custodio le tenía por confidente absoluto, y sólo con él hablaba de ciertos asuntos graves, y sólo de él se aconsejaba en los casos peligrosos o difíciles. Una noche en que, por señas, llovía a cántaros y tronaba y relampagueaba a trechos, encontró Llorente al boticario agitado, nervioso, semiconvulso. Al entrar el canónigo se arrojó hacia él, y tomándole las manos y arrastrándole hacia el fondo de la rebotica, donde, en vez de la pavorosa *trapela* y el pozo sin fondo, había armarios, estantes, un canapé y otros trastos igualmente inofensivos, le dijo con voz angustiosa:

—¡Ay, amigo Llorente! ¡De qué modo me pesa haber seguido en todo tiempo sus consejos de usted, dando pábulo a las hablillas de los necios[92]! A la verdad, yo debí desde el primer día desmentir cuentos absurdos y disipar estúpidos rumores... Usted me aconsejó que no hiciese nada, absolutamente nada, para modificar la idea que concibió el vulgo de mí (...) (aquí el boticario titubeó un poco) de que dos criadas... jóvenes... hayan tenido que marcharse secretamente de casa, sin dar cuenta al público de los motivos de su viaje...; porque... ¿qué calabazas le importaban al público los tales motivos, me hace usted el favor de decir? Usted me repetía siempre: «Amigo Custodio, deje correr la bola; no se empeñe nunca en desengañar a los bobos, que al fin no se desengañan, e interpretan mal los esfuerzos que se hacen para combatir sus preocupaciones. Que crean que usted fabrica sus ungüentos con grasa de difunto y que se los paguen más caros por eso, bien; dejarles, dejarles que rebuznen. Usted véndales remedios buenos, y nuevos, de la farmacopea mo-

derna, que asegura usted está muy adelantada allá en esos países extranjeros que usted visitó. Cúrense las enfermedades, y crean los imbéciles que es por arte de birlibirloque». (...)

—Cierto —interrumpió el canónigo, sacando su cajita de rapé y torturando entre las yemas el polvito—: eso le debí decir: y qué, ¿tan mal le ha ido a usted con mis consejos? (...)

—¡Si le cuento a usted lo que me ha pasado hoy! (...)

—¿Qué ha sido ello?

—¡Verá, verá! Esto es lo gordo.[93] Entra hoy en mi botica, a la hora en que estaba completamente sola, una mujer de la aldea, que ya había venido días atrás con otra a pedirme un remedio para el asma. (...) Me dice que quiere hablarme en secreto, y después de verse a solas conmigo y en sitio seguro, resulta... ¡Aquí entra lo mejor! —Resulta que viene a ofrecerme el unto de una muchacha, sobrina suya, casadera ya, virgen, roja,[94] con todas las condiciones requeridas, en fin, para que el unto convenga a los remedios que yo acostumbro hacer... ¿Qué dice usted de esto, Canónigo? A tal punto hemos llegado. Es por ahí cosa corriente y moliente[95] que yo destripo a las mozas, y que, con las mantecas que les saco, compongo esos remedios maravillosos, ¡puf!, capaces hasta de resucitar a los difuntos—la mujer me lo aseguró. ¿Lo está usted viendo? ¿Comprende la mancha que sobre mí ha caído? Soy el terror de las aldeas, el espanto de las muchachas y el ser más aborrecible y más cochino que puede concebir la imaginación.

Un trueno lejano y profundo acompañó las últimas palabras del boticario. El Canónigo se reía, frotando sus manos sequitas y meneando alegremente la cabeza. Parecía que hubiese logrado un grande y apetecido triunfo.

—Yo sí que digo: ¿lo ve usted, hombre? ¿Ve cómo son todavía más bestias, animales, cinocéfalos[96] y mamelucos de lo que yo mismo pienso? ¿Ve cómo se les ocurre siempre la mayor barbaridad, el desatino de más grueso calibre y la burrada más supina? Basta que usted sea el hombre más sencillo, bonachón y pacífico del orbe; basta que tenga usted ese corazón blandujo, que se interese usted por las calamidades ajenas, aunque le importen un rábano; que sea usted incapaz de matar a una mosca y sólo piense en sus librotes, y en sus estudios, y en sus químicas, para que los grandísimos salvajes le tengan por

---

[91] El pueblo, la gente común.
[92] **Dando...** dándoles a los necios de qué chismear.

[93] **Esto...** Esto es realmente la cosa más increíble.
[94] Rubia, pelirroja.
[95] **Cosa...** *common knowledge.*
[96] Monos grandes con cabeza que se parece a la de un perro.

un monstruo horrible, asesino, reo de todos los crímenes y abominaciones.

—Pero, ¿quién habrá inventado estas calumnias, Llorente?

—¿Quién? La estupidez universal... forrada en la malicia universal también. La bestia del Apocalipsis[97]... que es el vulgo, créame, aunque San Juan no lo haya dejado muy claramente dicho.

—¡Bueno! Así será; pero yo, en lo sucesivo, no me dejo calumniar más: no quiero; no señor. ¡Mire usted qué conflicto! ¡A poco que me descuide,[98] una chica muerta por mi culpa! Aquella fiera, tan dispuesta a acogotarla. Figúrese usted que repetía: «La despacho y la dejo en el monte, y digo que la comieron los lobos; andan muchos por este tiempo del año, y verá cómo es cierto, que al día siguiente aparece comida». (...) No quería irse. A poco la echo con un garrote.[99]

—¡Y ojalá que la haya usted persuadido! —articuló el Canónigo, repentinamente preocupado y agitado, dando vueltas a la tabaquera entre los dedos. —Me temo que ha hecho usted un pan como unas hostias.[100] ¡Ay Custodio! La ha errado usted; ahora sí que juro yo que la ha errado.

—¿Qué dice usted, hombre, o Canónigo, o demonio? —exclamó el boticario, saltando en su asiento alarmadísimo.

—Que la ha errado usted; nada, que ha hecho una tontería de marca mayor, por figurarse, como siempre, que en esos brutos cabe una chispa de razón natural, y que es lícito o conducente para algo el decirles la verdad a argüirles con ella y alumbrarles con las luces del intelecto. A tales horas, probablemente la chica está en la gloria, tan difunta como mi abuela... Mañana por la mañana, o pasado, le traen el unto envuelto en un trapo... ¡Ya lo verá!

—Calle, calle... No puedo oír eso. Eso no cabe en cabeza humana... ¿Yo qué debí hacer? ¡Por Dios, no me vuelva loco!

—¿Que qué debió hacer? Pues lo contrario de lo razonable, lo contrario de lo verdadero, lo contrario de lo que haría usted conmigo o con cualquier otra persona capaz de sacramentos, y aunque quizás tan mala como el populacho, algo menos bestia... Decirles que sí; que usted compraba el unto en dos onzas, o en tres, o en ciento...

—Pero entonces...

—Aguarde, déjeme acabar... Pero que el unto sacado por ellos de nada servía; que usted en persona tenía que hacer la operación y, por consiguiente, que le trajesen a la muchacha sanita y fresca... Y cuando la tuviese segura en su poder, ya echaríamos mano de la justicia para prender y castigar a los malvados... ¿Pues no ve usted claramente que esa es una criatura de la cual se quieren deshacer, que les estorba, o porque es una boca más o por que tiene algo y ansían heredarla? ¿No se le ha ocurrido que una atrocidad así se decide en un día, pero se prepara y fermenta en la conciencia a veces largos años? La chica está sentenciada a muerte. Nada: crea usted que a estas horas...

(Y el Canónigo blandió la tabaquera haciendo el expresivo ademán del que acogota.)

—¡Canónigo, usted acabará conmigo! ¿Quién duerme ya esta noche? Ahora mismo ensillo la yegua y me largo a Tornelos...

Un trueno más cercano y espantoso contestó al boticario que su resolución era impracticable. El viento mugió y la lluvia se desencadenó furiosa, aporreando los vidrios.

—¿Y usted afirma —preguntó con abatimiento don Custodio —que serán capaces de tal iniquidad?

—De todas. Y de inventar muchísimas que aún no se conocen. ¡La ignorancia es invencible, y es hermana del crimen!

—Pues usted —arguyó el boticario —bien aboga por la perpetuidad de la ignorancia.

—¡Ay, amigo mío! —respondió el oscurantista.[101] —¡La ignorancia es un mal; pero el mal es necesario y eterno, de tejas abajo, en este pícaro mundo! Ni del mal ni de la muerte conseguiremos jamás vernos libres.

¡Qué noche pasó el honrado boticario, tenido, en concepto del pueblo, por el monstruo más espantable, y a quien tal vez, dos siglos antes, hubiesen procesado acusándole de brujería! —Al amanecer echó la silla a la yegua blanca que montaba en sus excursiones al campo, y tomó el camino de Tornelos. El molino debía servirle de seña para encontrar presto lo que buscaba.

El sol empezaba a subir por el cielo, que después de la tormenta se mostraba despejado y sin nubes, de una limpidez radiante. (...) Todo anunciaba uno de esos días espléndidos de invierno, que en Galicia suelen seguir a las noches tempestuosas, y que tienen incomparable placidez, y el boticario, penetrado por aquella alegría del ambiente, comenzaba a creer que todo lo de la víspera

---

[97] Obra de san Juan evangelista, el último libro del Nuevo Testamento, que revela el porvenir de la religión cristiana y su triunfo después del reinado del Anticristo.

[98] **A...** Si me hubiera descuidado un momento.

[99] **A...** *I almost had to beat her to get her out of here.*

[100] **Ha...** ha hecho algo que va a salir mal; ha hecho un gran error.

---

[101] Alguien que se opone a la razón y la lógica.

era un delirio, una pesadilla trágica o una extravagancia de su amigo. ¿Cómo podía nadie asesinar a nadie, y así, de un modo tan bárbaro e inhumano? Locuras, insensateces, figuraciones del Canónigo. ¡Bah! En el molino, a tales horas, de fijo que estarían preparándose a moler el grano; del santuario de Santa Minia venía, conducido por la brisa, el argentino toque de la campana, que convocaba a la misa primera: todo era paz, amor y serena dulzura en el campo... Don Custodio se sintió feliz y alborozado como un chiquillo, y sus pensamientos cambiaron de rumbo. Si la rapaza de los untos era bonita y humilde... se la llevaría consigo a su casa, redimiéndola de la triste esclavitud y del peligro y abandono en que vivía. Y si resultaba buena, leal, sencilla, modesta, no como aquellas dos locas, que la una se había escapado a Zamora con un sargento, y la otra andado en malos pasos con un estudiante, para que al fin resultara lo que resultó y la obligó a esconderse... —Si la molinerita no era así, y al contrario, realizaba un suave tipo soñado alguna vez por el empedernido[102] solterón... entonces... ¿Quién sabe, Custodio? Aún no eres tan viejo que...

Embelesado con estos pensamientos, dejó la rienda a la yegua... y no reparó que iban metiéndose monte adentro, monte adentro, por lo más intrincado y áspero de él. Notólo cuando ya llevaba andado buen trecho de camino; volvió grupas y lo desanduvo; pero con poca fortuna, pues hubo de extraviarse más, encontrándose en un sitio riscoso y salvaje. Oprimía su corazón, sin saber por qué, extraña angustia. —De repente, allí mismo, bajo los rayos del sol, del sol alegre, hermoso, que reconcilia a los humanos consigo mismos y con la existencia, divisó un bulto, un cuerpo muerto, el de una muchacha... Su doblada cabeza descubría la tremenda herida del cuello; un *mantelo* tosco cubría la mutilación de las despedazadas y puras entrañas; sangre alrededor, desleída ya por la lluvia, las hierbas y malezas pisoteadas, y en torno el gran silencio de los altos montes y de los solitarios pinares...

IV

A Pepona la ahorcaron en la Coruña. Juan Ramón fue sentenciado a presidio. Pero la intervención del boticario en este drama jurídico bastó para que el vulgo le creyese más destripador que antes, y destripador que tenía la habilidad de hacer que pagasen justos por pecadores,[103] acusando a otros de sus propios atentados. Por fortuna, no hubo entonces en Compostela ninguna jarana[104] popular; de lo contrario, es fácil que le pegasen fuego a la botica, lo cual haría frotarse las manos al Canónigo Llorente, que vería confirmadas sus doctrinas acerca de la estupidez universal e irremediable.

Temas

Comprensión del texto

1. ¿Cómo describe la autora la aldea de Tornelos?
2. ¿Cómo es Minia? ¿A quién se parece? ¿Por qué es importante esta comparación?
3. ¿Cuál es la importancia de Santa Minia en el pueblo?
4. ¿Por qué vive Minia con sus tíos? ¿Cómo la tratan? ¿Qué detalles revelan su enajenación?
5. ¿Por qué empeora la situación de la familia? ¿Cómo afecta a la gente sicológicamente?
6. ¿Cómo es Andrés? ¿Qué circunstancias producen el vicio y la violencia en la familia? ¿Cómo es Pepona? ¿Cómo reacciona Minia a los abusos?
7. ¿Qué efecto tiene en la aldea la gran sequía? ¿y en la casa de los molineros? ¿Quién se convierte en la víctima propiciatoria?
8. ¿Por qué va Pepona al palacio del Marqués? ¿Qué problema social y económico se expone a través de la relación entre el Marqués y sus inquilinos?
9. Describa el sueño de Minia. ¿Qué revela acerca de su estado sicológico?
10. ¿Quién es don Custodio? ¿Qué fama tiene? ¿Cómo es realmente?
11. ¿Qué es «unto de moza»? ¿En qué se ve la desesperación de Pepona? ¿Sospecha Minia que su tía está preparando alguna maldad? ¿Qué le pide a santa Minia?
12. ¿Por qué empieza a preocuparse el canónigo? ¿Cuál es su opinión de los aldeanos?
13. ¿Cómo crea la autora un ambiente de miedo? ¿Qué efecto produce la mención de lobos, truenos, etc.?
14. ¿Cómo contrastan las imaginaciones del boticario con la terrible verdad? ¿Cómo nos hace pensar la autor que el relato tendrá un desenlace feliz? ¿Cómo intensifica el final?
15. ¿Cómo termina Pepona?

---

[102] Confirmado, inflexible, empeñado en no cambiar.
[103] **Que...** que otros pagasen por sus crímenes.

[104] Desenfreno, alboroto.

Análisis literario

1. ¿Por qué describe Pardo Bazán la imagen de la santa tan minuciosamente? ¿Qué impresión crea la imagen?
2. ¿Cómo contrasta Pardo Bazán la mentalidad del boticario y del canónigo con la de la gente del pueblo?
3. ¿Qué actitud adopta con respecto a la superstición? ¿el vicio? ¿la crueldad? Compare sus imágenes del rústico gallego con las de Rosalía de Castro.
4. ¿Qué elementos naturalistas encuentra usted en este relato?

LEOPOLDO ALAS (CLARÍN) (1852-1901)

Leopoldo Alas, conocido por el seudónimo Clarín, fue uno de los críticos, novelistas y cuentistas más destacados de su época. Aunque la crítica lo clasifica como naturalista, para Alas, como para la condesa de Pardo Bazán, el Naturalismo no se limita ni a lo puramente material ni a lo perverso y ruin, sino que abarca todo lo que sea «natural» al hombre. En realidad, Clarín no se mantuvo dentro de los confines de ningún movimiento. Pronto superó el Naturalismo, evolucionando hacia un idealismo inspirado en el cristianismo primitivo. Aunque reconoció el valor de los métodos naturalistas, para él, las cuestiones trascendentales no se podían dejar sin explorar. En el fondo, Clarín fue un moralista que describió su mundo, defendiendo la justicia, exponiendo los abusos y fastidiándose ante las ridículas obsesiones humanas. Como Galdós, fue defensor del libre examen, del progreso y de la modernidad. Es considerado un precursor de la generación del 98, pues es típico de la clase de intelectual y escritor universitario que abundaba a fines del siglo XIX.

Clarín escribió artículos de temática muy variada—política, ética, estado de la sociedad española y, en especial, crítica literaria. A pesar de que fue un ensayista tan prolífico, se le conoce principalmente por sus dos novelas. *La Regenta* (1884-85) es una minuciosa recreación de la vida en Vetusta (nombre simbólico de Oviedo, capital de Asturias, donde el autor pasó casi toda su vida). Irónico retrato de la corrupción clerical, la novela relata la relación entre Ana Ozores, la Regenta, y don Fermín, el Magistral de la catedral de la ciudad. Ana, cuyo matrimonio deja insatisfechos sus instintos eróticos, oscila entre un imaginario misticismo y la pasión que siente por el clérigo, mientras que en don Fermín luchan la ambición profesional y la atracción que ejerce sobre él la bella Regenta. El retrato sicológico que Clarín pinta de doña Ana es considerado uno de los grandes logros del Realismo español. La segunda novela de Clarín, *Su único hijo* (1890), narra la historia de un hombre pusilánime que trata de redimirse educando a un hijo que no es suyo.

Clarín también escribió nueve novelitas y numerosos cuentos reunidos en colecciones como *El Señor y lo demás son cuentos* (1892) *Cuentos morales* (1896) y dos volúmenes póstumos, *El gallo de Sócrates* (1901) y *El doctor Sutilis* (1916). Algunos de los mejores relatos de Clarín fueron recopilados en *Adiós «Cordera» y otros cuentos* (1945).

En «Protesto» Clarín abarca los temas del materialismo y la superficialidad religiosa, tan comunes en las obras de Galdós. Don Fermín Zaldúa, usurero astuto que nunca ha perdido nada, llega a una edad en que tiene que ocuparse del «otro negocio»—el de la vida eterna. Don Fermín convierte la cuestión de la salvación en una transacción, haciendo obras pías convencido de que puede comprar su puesto en el Paraíso. Cuando el cura de la parroquia le dice que los usureros no tienen alma, don Fermín abandona el proyecto. Sin embargo, cree que el gastar dinero en buenas obras ha sido una buena inversión, pues la fama de santo ayuda al crédito. La profusión de términos comerciales es una de las principales fuentes de humor en este cuento.

Protesto[1]

I

Este don Fermín Zaldúa, en cuanto tuvo uso de razón, y fue muy pronto, por no perder el tiempo, no pensó en otra cosa más que en hacer dinero. Como para los negocios no sirven los muchachos, porque la ley no lo consiente, don Fermín sobornó al tiempo y se las compuso[2] de modo que pasó atropelladamente por la infancia, por la adolescencia y por la primera juventud, para ser cuanto antes un hombre en el pleno uso de sus derechos civiles; y en cuanto se vio mayor de edad, se

---

[1] «Protesto *is a legal term used in commerce to refer to a formal notarial certificate attesting the fact that a check, note or bill of exchange has been presented for payment and that it has been refused; action taken to remedy the liability for the dishonored check, note, or bill of exchange.*

[2] **Se...** arregló las cosas.

puso a pensar si tendría él algo que reclamar por el beneficio de la restitución *in integrum*[3]. Pero ¡ca! Ni un centavo tenía que restituirle alma nacida,[4] porque, menor y todo, nadie le ponía el pie delante[5] en lo de negociar con astucia, en la estrecha esfera en que la ley hasta entonces se lo permitía. Tan poca importancia daba él a todos los años de su vida en que no había podido contratar, ni hacer grandes negocios, por consiguiente, que había olvidado casi por completo la inocente edad infantil y la que sigue, con sus dulces ilusiones, que él no había tenido, para evitarse el disgusto de perderlas. Nunca perdió nada don Fermín, y así, aunque devoto y aun supersticioso, como luego veremos, siempre se opuso terminantemente a aprender de memoria la oración de San Antonio.[6] «¿Para qué? —decía él—. ¡Si yo estoy seguro de que no he de perder nunca nada!»

—Sí tal —le dijo en una ocasión el cura de su parroquia, cuando Fermín ya era muy hombre—; sí tal, puede usted perder una cosa...: el alma.

—De que eso no suceda —replicó Zaldúa— ya cuidaré yo a su tiempo. Por ahora a lo que estamos. Ya verá usted, señor cura, cómo no pierdo nada. Procedamos con orden. El que mucho abarca poco aprieta.[7] Yo me entiendo.

Lo único de su niñez que Zaldúa recordaba con gusto y con provecho era la gracia que desde muy temprano tuvo de hacer parir dinero al dinero y a otras muchas cosas. «Pocos objetos hay en el mundo —pensaba él— que no tengan dentro algunos reales por lo menos; el caso está en saber retorcer y estrujar las cosas para que suden cuartos».[8]

Y lo que hacía el muchacho era juntarse con los chicos viciosos, que fumaban, jugaban y robaban en casa dinero o prendas de algún valor. No los seguía por imitarlos, sino por sacarlos de apuros cuando carecían de pecunia,[9] cuando perdían al juego, cuando tenían que restituir el dinero cogido a la familia o las prendas empeñadas. Fermín adelantaba la plata necesaria...; pero era con interés. Y nunca prestaba sino con garantías, que solían consistir en la superioridad de sus puños, porque procuraba siempre que fueran más débiles que él sus deudores, y el miedo le guardaba la viña.[10]

Llegó a ser hombre y se dedicó al único encanto que le encontraba a la vida, que era la virtud del dinero de parir dinero. Era una especie de Sócrates crematístico[11]; Sócrates, como su madre, Fenaretes, matrona partera, se dedicaba a ayudar a parir..., pero ideas. Zaldúa era comadrón del treinta por ciento.[12]

Todo es según se mira: su avaricia era cosa de su genio; era él un genio de la ganancia. De una casa de banca ajena pronto pasó a otra propia; llegó en pocos años a ser el banquero más atrevido, sin dejar de ser prudente, más lince,[13] más afortunado de la plaza, que era importante; y no tardó su crédito en ser cosa muy superior a la esfera de los negocios locales, y aun provinciales, y aun nacionales; emprendió grandes negocios en el extranjero, fue su fama universal, y a todo esto él, que tenía el ojo en todas las plazas y en todos los grandes negocios del mundo, no se movía de su pueblo, donde iba haciendo los necesarios gastos de ostentación como quien pone mercancías en un escaparate. Hizo un palacio, gran palacio, rodeado de jardines; trajo lujosos trenes de París y Londres, cuando lo creyó oportuno, y lo creyó oportuno cuando cumplió cincuenta años, y pensó que era ya hora de ir preparando lo que él llamaba para sus adentros el *otro negocio*.

II

Aunque el cura aquel de su parroquia ya había muerto, otros quedaban, pues curas nunca faltan: y don Fermín Zaldúa, siempre que veía unos manteos[14] se acordaba de lo que le había dicho el párroco y de lo que él le había replicado.

Ése era el *otro negocio*. Jamás había perdido ninguno, y las canas le decían que estaba en el orden empezar a preparar el terreno para que, por no perder, ni siquiera el alma se le perdiese.

No se tenía por más ni menos pecador que otros cien banqueros y prestamistas. Engañar, había engañado al

---

[3] Enteramente.
[4] **Alma...** nadie.
[5] **Nadie...** Nadie le ganaba, nadie era mejor que él.
[6] El que ayuda a la gente a encontrar objetos perdidos.
[7] **El...** No hay que ocuparse de demasiadas cosas al mismo tiempo.
[8] **Suden...** produzcan dinero.
[9] **Por...** por ayudarles cuando les faltaba dinero.

[10] **Le...** le servía de garantía de que le pagaran.
[11] Una versión financiera del filósofo griego que, en vez de andar predicando acerca de la virtud, anda prestando dinero.
[12] Es decir, también paría —pero dinero— prestándolo al treinta por ciento.
[13] Astuto.
[14] Capas largas que usan los clérigos.

lucero del alba.[15] Como que sin engaño, según Zaldúa, no habría comercio, no habría cambio.[16] Para que el mundo marche, en todo contrato ha de salir perdiendo uno para que haya quien gane. Si en los negocios se hicieran tablas como el juego de damas, se acababa el mundo. Pero en fin, no se trataba de hacerse el inocente; así como jamás se había forjado ilusiones en sus cálculos para negociar, tampoco ahora quería forjárselas en el *otro negocio*: «A Dios —se decía— no he de engañarle y el caso no es buscar disculpas, sino remedios. Yo no puedo restituir a todos los que pueden haber dejado un poco de lana en mis zarzales.[17] ¡La de letras[18] que yo habré descontado! ¡La de préstamos hechos! No puede ser. No puedo ir buscando uno por uno a todos los perjudicados; en gastos de correos y en indagatorias se me iría más de lo que les debo. Por fortuna, hay un Dios en los cielos que es acreedor de todos; todos le deben todo lo que son, todo lo que tienen; y pagando a Dios lo que debo a sus deudores unifica mi deuda, y para mayor comodidad me valgo del banquero de Dios en la tierra, que es la Iglesia. ¡Magnífico! Valor recibido, y andando.[19] Negocio hecho».

Comprendió Zaldúa que para festejar al clero, para gastar parte de sus rentas en beneficio de la Iglesia, atrayéndose a sus sacerdotes, el mejor reclamo era la opulencia, no porque los curas fuesen generalmente amigos del poderoso y cortesanos de la abundancia y del lujo, sino porque es claro que, siendo misión de una parte del clero pedir para los pobres, para las causas pías, no han de postular donde no hay de qué ni han de andar oliendo dónde se guisa.[20] Es preciso que se vea de lejos la riqueza y que se conozca de lejos la buena voluntad de dar. Ello fue que, en cuanto quiso, Zaldúa vio un palacio lleno de levitas[21] y tuvo oratorio en casa; y, en fin, la piedad se le entró por las puertas tan de rondón,[22] que toda aquella riqueza y todo aquel lujo empezó a oler así como a incienso; y los tapices y la plata y el oro labrados de aquel palacio, con todos sus jaspes y estatuas y grandezas de mil

géneros, llegaron a parecer magnificencias de una catedral, de esas que enseñan con tanto orgullo los sacristanes de Toledo, de Sevilla, de Córdoba, etc., etc.

Limosnas abundantísimas, y aun más fecundas por la sabiduría con que se distribuyen siempre; fundaciones piadosas de enseñanza, de asilo para el vicio arrepentido, de pura devoción y aun de otras clases, todas santas; todo eso y mucho más por el estilo brotó del caudal fabuloso de Zaldúa como de un manantial inagotable.

Mas como no bastaba pagar con los bienes, sino que se había de contribuir con prestaciones personales, don Fermín, que cada día fue tomando más en serio el negocio de la salvación, se entregó a la práctica devota, y en manos de su director espiritual y *administrador* místico,[23] don Mamerto, maestrescuela[24] de la Santa Iglesia Catedral, fue convirtiéndose en paulino,[25] en siervo de María,[26] en cofrade del Corazón de Jesús y, lo que importaba más que todo, ayunó, frecuentó los Sacramentos, huyó de lo que le mandaron huir, creyó cuando le mandaron creer, aborreció lo aborrecible y, en fin, llegó a ser el borrego más humilde y dócil de la diócesis, tanto, que don Mamerto, el maestrescuela, hombre listo, al ver la oveja tan sumisa y de tantos posibles, le llamaba para sus adentros el *Toisón de Oro*.[27]

III

Todos los comerciantes saben que sin buena fe, sin honradez general en los del oficio, no hay comercio posible; sin buena conducta, no hay confianza, a la larga; sin confianza, no hay crédito; sin crédito, no hay negocio. Por propio interés ha de ser el negociante limpio en sus tratos; una cosa es la ganancia, con su engaño necesario, y la trampa es otra. Así pensaba Zaldúa que debía gran parte de su buen éxito a esta honradez formal, a esta seriedad y buena fe en los negocios, una vez emprendidos los de ventaja.

Pues bien: el mismo criterio llevó a su *otro negocio*. Sería no conocerle pensar que él había de ser hipócrita,

---

[15] **Engañar...** En cuanto a la cuestión de engaños, había engañado a absolutamente todo el mundo.

[16] Compra y venta de valores, billetes y monedas.

[17] **Los...** a quienes he sacado algo de dinero.

[18] Documento que verifica que una persona le debe dinero a otra.

[19] Adelante.

[20] **No...** No deben imaginarse que hay riquezas donde no las hay, ni meterse en los asuntos de la gente.

[21] Sacerdotes.

[22] **Tan...** de una manera tan completa, tan obvia.

[23] Nótese la ironía. Un *administrador* se encarga de bienes ajenos. Como se trata de bienes espirituales en vez de materiales o económicos, es un *administrador místico*.

[24] Canónigo encargado de enseñar las ciencias eclesiásticas.

[25] Miembro de la asociación de San Vicente de Paúl.

[26] Congregación religiosa.

[27] Orden de caballería instituida por Felipe de Borgoña en 1433, de la que era jefe el rey de España. Zaldúa es *el Toisón de Oro* por su mucho oro.

escéptico: no; se aplicó de buena fe a las prácticas religiosas, y si, modestamente, al sentir el dolor de sus pecados, se contentó con el de atrición, fue porque comprendió, con su gran golpe de vista,[28] que no estaba la Magdalena para tafetanes[29] y que a don Fermín Zaldúa no había que pedirle la contrición, porque no la entendía. Por temor al castigo, a *perder* el alma, fue, pues, devoto; pero este temor no fue fingido, y la creencia ciega, absoluta, que se pidió para salvarse la tuvo sin empacho y sin el menor esfuerzo. No comprendía cómo había quien se empeñaba en condenarse por el capricho de no querer creer cuanto fuera necesario. Él lo creía todo, y aun llegó, por una propensión común a los de su laya,[30] a creer más de lo conveniente, inclinándose al fetichismo disfrazado y a las más claras supersticiones.

En tanto que Zaldúa edificaba el alma como podía, su palacio era emporio de la devoción ostensible y aun ostentosa, eterno jubileo, basílica de los negocios píos de toda la provincia, y a no ser profanación excusable, llamáralo lonja de los contratos ultratelúricos.[31]

Mas sucedió a lo mejor, y cuando el caudal de don Fermín estaba recibiendo los más fervientes y abundantes bocados de la piedad solícita,[32] que el diablo, o quien fuese, inspiró un sueño endemoniado, si fue del diablo, en efecto, al insigne banquero.

Soñó de esta manera. Había llegado la de vámonos;[33] él se moría, se moría sin remedio, y don Mamerto, a la cabecera de su lecho, le consolaba diciendo:

—Ánimo, don Fermín, ánimo, que ahora viene la época de cosechar el fruto de lo sembrado. Usted se muere, es verdad, pero ¿qué? ¿Ve usted este papelito? ¿Sabe usted lo que es?

Y don Mamerto sacudía ante los ojos del moribundo una papeleta larga y estrecha.

—Eso... parece una letra de cambio.

—Y eso es efectivamente. Yo soy el librador y usted es el tomador[34]; usted me ha entregado a mí, es decir, ha entregado a la Iglesia, a los pobres, a los hospitales, a las ánimas, la cantidad... equis.

—Un buen pico.[35]

—¡Bueno! Pues bueno; ese pico mando[36] yo, que tengo fondos colocados en el cielo, porque ya sabe usted en el otro mundo, en buena moneda de la que corre allí, que es la gracia de Dios, la felicidad eterna. A usted le enterramos con este papelito sobre la barriga, y por el correo de la sepultura esta letra llega a poder de su alma de usted, que se presenta a cobrar ante San Pedro, es decir, a recibir el cacho[37] de gloria, a la vista, que le corresponda, sin necesidad de antesalas ni plazos ni *fechas* de purgatorio...

Y en efecto; siguió don Fermín soñando que se había muerto, y que sobre la barriga le habían puesto, como una recomendación o como uno de aquellos viáticos[38] en moneda y comestibles que usaban los paganos para enterrar sus muertos, le habían puesto la letra a la vista que su alma había de cobrar en el cielo.

Y después él ya no era él, sino su alma, que con gran frescura se presentaba en la portería de San Pedro, que además de portería era un Banco, a cobrar la letra de don Mamerto.

Pero fue el caso que el Apóstol, arrugado el entrecejo, leyó y releyó el documento, le dio mil vueltas y, por fin, sin mirar al portador, dijo malhumorado:

—¡Ni pago ni acepto!

El alma de Zaldúa hizo ni más ni menos lo que su propietario, don Fermín, hubiera hecho en la tierra en situación semejante. No gastó el tiempo en palabras vanas, sino que inmediatamente se fue a buscar un notario, y antes de la puesta del sol del día siguiente se extendió el correspondiente protesto, con todos los requisitos de la sección octava, del título décimo del libro segundo del Código de Comercio vigente; y don Fermín, su alma, dejó copia de tal protesto, en papel común, al príncipe de los apóstoles.

Y el cuerpo miserable del avaro, del capitalista devoto, ya encentado por los gusanos, se encontró en su

---

[28] **Con...** con sólo ver la situación; inmediatamente.

[29] **No...** no era capaz (de la contrición). (Se refiere a la prostituta Magdalena que, en el acto de arrepentirse de sus pecados, no estaba para preocuparse por las galas. Es decir, es inútil pedirle a la gente lo que en ese momento no es capaz de hacer.)

[30] Clase, tipo, grupo.

[31] **Llamáralo...** Se le podía llamar mercado de los contratos del más allá.

[32] **Cuando...** cuando la piedad de don Fermín estaba comiéndose una buena parte de su fortuna.

[33] **La...** la hora de la muerte.

---

[34] El *librador* es el que gira una letra de cambio; el *tomador* es el que paga.

[35] **Un...** una buena cantidad.

[36] Exijo que usted me pague.

[37] Pedacito.

[38] Dinero o provisiones para un viaje.

sepultura con un papel sobre la barriga; pero un papel de más bulto y de otra forma que la letra de cambio que él había mandado al cielo.

Era el protesto.

Todo lo que había sacado en limpio de sus afanes por el *otro negocio*.

Ni siquiera le quedaba el consuelo de presentarse en juicio a exigir del librador, del pícaro don Mamerto, los gastos del protesto ni las demás responsabilidades, porque la sepultura estaba cerrada a cal y canto y además los pies los tenía ya hechos polvo.

IV

Cuando despertó don Fermín vio a la cabecera de su cama al maestrescuela, que le sonreía complaciente y aguardaba su despertar para recordarle la promesa de pagar toda la obra de fábrica de una nueva y costosísima institución piadosa.

—Dígame usted, amigo don Mamerto— preguntó Zaldúa, cabizbajo y cejijunto como el San Pedro que no había aceptado la letra—, ¿debe creerse en aquellos sueños que parecen providenciales, que están compuestos con imágenes que pertenecen a las cosas de nuestra sacrosanta religión y nos dan una gran lección moral y sano aviso para la conducta futura?

—¡Y cómo si debe creerse! —se apresuró a contestar el canónigo, que en un instante hizo su composición de lugar,[39] pero trocando los frenos y equivocándose de medio a medio,[40] a pesar de que era tan listo—. Hasta el pagano Homero, el gran poeta, ha dicho que los sueños vienen de Júpiter.[41] Para el cristiano vienen del único Dios verdadero. En la Biblia tiene usted ejemplos respetables del gran valor de los sueños. Ve usted primero a Josef interpretando los sueños de Faraón, y más adelante a Daniel explicándole a Nabucodonosor...

—Pues este Nabucodonosor que tiene usted delante, mi señor don Mamerto, no necesita que nadie le explique lo que ha soñado, que harto lo entiende. Y como yo me entiendo, a usted sólo le importa saber que en adelante pueden usted y todo el cabildo, y cuantos hombres se

visten por la cabeza,[42] contar con mi amistad..., pero no con mi bolsa. Hoy no se fía aquí[43]; mañana, tampoco.

Pidió don Mamerto explicaciones, y a fuerza de mucho rogar logró que don Fermín le contase el sueño del protesto.

Quiso el maestrescuela tomarlo a risa; pero al ver la seriedad del otro, que ponía toda la fuerza de su fe supersticiosa en atenerse a la lección del protesto, quemó el canónigo el último cartucho[44] diciendo:

—El sueño de usted es falso, es satánico, y lo pruebo probando que es inverosímil. Primeramente, niego que haya podido hacerse en el cielo un protesto..., porque es evidente que en el cielo no hay escribanos.[45] Además, en el cielo no puede cumplirse con el requisito de extender el protesto antes de la puesta del sol del día siguiente..., porque en el cielo no hay noche ni día, ni el sol se pone, porque todo es sol, y luz, y gloria, en aquellas regiones.

Y como don Fermín insistiera en su superchería, moviendo a un lado y a otro la cabeza, don Mamerto, irritado y echándolo a rodar todo, exclamó:

—Y por último..., niego... el portador. No es posible que su alma de usted se presentara a cobrar la letra... ¡porque los usureros no tienen alma!

—Tal creo —dijo don Fermín, sonriendo muy contento y algo socarrón—; y como no la tenemos, mal podemos perderla. Por eso, si viviera el cura aquel de mi parroquia, le demostraría que yo no puedo perder nada. Ni siquiera he perdido el dinero que he empleado en cosas devotas, porque la fama de santo ayuda al crédito. Pero como ya he gastado bastante en anuncios, ni pago esa obra de fábrica... ni aprendo la oración de San Antonio.

𝒯emas

Comprensión del texto

1. ¿Cuál es la obsesión de don Fermín? ¿Por qué no tuvo niñez ni juventud?
2. ¿Por qué no quiere don Fermín aprender la oración de San Antonio?

---

[39] **Hizo...** evaluó la situación.

[40] **De...** completamente.

[41] En la mitología, los dioses mandaban sueños a las personas para advertirles de un peligro. En la *Ilíada*, poema épico de Homero que relata los combates de la guerra de Troya, Júpiter manda un sueño a Agamemnón, líder de los griegos, para prevenirle.

[42] Es decir, los curas.

[43] **No...** no les doy más crédito.

[44] **Quemó...** jugó su última carta.

[45] Notarios. Es decir, los escribanos son deshonestos y por lo tanto no se salvan.

3. ¿Qué le dice el cura acerca de la posibilidad de perder algo? ¿Se preocupa don Fermín por sus palabras? ¿Por qué? ¿Cómo despierta el autor nuestra curiosidad acerca del porvenir de don Fermín?

4. ¿Cómo empezó don Fermín su carrera? ¿Qué negocio tuvo con los chicos viciosos cuando pequeño?

5. ¿Cuál es «el otro negocio»? ¿Lo toma don Fermín en serio? ¿Cómo piensa don Fernín ocuparse de este negocio? ¿Qué concepto tiene de Dios?

6. ¿Cómo piensa ganar la buena voluntad del cura? ¿Qué comentario hace Clarín sobre los eclesiásticos a través de don Fermín?

7. ¿Por qué insiste don Fermín en «la buena fe» en los negocios? ¿Cómo afecta esta postura su actitud hacia la religión?

8. ¿Es don Fermín sincero o no? Explique su respuesta.

9. Describa el sueño de don Fermín. ¿Qué pasa cuando llega al Cielo con su letra de crédito?

10. ¿Qué le pregunta al cura al despertarse? ¿Por qué le dice don Mamerto que no puede perder su alma? ¿Cómo reacciona don Fermín? ¿Por qué no se preocupa por todo el dinero que ha gastado?

Análisis literario

1. ¿Por qué se llama el cuento «Protesto»? ¿Cómo usa Clarín la terminología legal y comercial en este cuento? ¿Qué efecto produce?

2. ¿Qué giros populares usa? Compare su lenguaje con el de Galdós.

3. ¿Qué aspectos de la sociedad critica Clarín?

4. ¿Son sus personajes realistas? ¿En qué consiste el realismo de Clarín? ¿Encuentra usted elementos naturalistas en este cuento? Explique.

5. ¿Cómo usa Clarín el humor para recalcar el materialismo de su personaje? ¿Cómo personifica el dinero? ¿Qué otros recursos usa para provocar la risa?

6. Compare a don Fermín con Torquemada. ¿Cómo usan los dos escritores la caricatura?

Sumario

1. Dando ejemplos específicos de las selecciones incluidas en esta antología, explique cuáles son las características principales del Romanticismo español.

2. ¿Cuáles son las preocupaciones principales de las románticas? Compare la poesía de estas escritoras con las obras de sus contemporáneos en cuanto a la temática y al estilo.

3. En su opinión, ¿son escritores románticos Bécquer y Castro? ¿Por qué?

4. ¿Cuáles son las características de la prosa de la segunda mitad del siglo XIX? ¿Qué podemos aprender de autores como Galdós, Pardo Bazán y Clarín acerca de la sociedad española de la época?

5. ¿Cuál es su obra favorita del siglo XIX? ¿Por qué?

6. ¿Cuál de estas obras cree usted que le gustaría más a un público general norteamericano? ¿Por qué?

7. ¿Es la sociedad norteamericana tan materialista como la de Torquemada y don Fermín? Explique.

Generación del 98 y Modernismo

La renovación artística e intelectual de fines del siglo XIX resulta, en parte, de influencias extranjeras que venían desarrollándose desde hacía décadas en Europa, particularmente en París. Movimientos como el Simbolismo,* el Impresionismo* y el Modernismo* conducen a una ruptura con el racionalismo y el Naturalismo* de la época anterior. En la literatura, tanto como en la pintura y en la escultura, los artistas rechazan antiguas convenciones y empiezan a experimentar con nuevas formas y técnicas.

El *mal du siècle**—ese malestar colectivo que caracteriza la transición de un siglo al otro—se siente en todas partes de Europa. Los antiguos valores pierden vigencia. La religión tradicional viene disminuyendo su influencia desde que la Ilustración* estableciera una fuerte corriente racionalista y atea. La desintegración de la fe cristiana y la deificación de la razón condujeron al pensador alemán Georg Wilhelm Friedrich Hegel (1770-1831) a examinar el problema del destino del hombre dentro de un contexto secular, y a desarrollar una filosofía objetiva basada en la experiencia y en la conceptualización del «fenómeno». Hegel abre paso a nuevas ideas sobre la naturaleza de la fe e influye en pensadores a ambos lados del Atlántico.

Filósofos posteriores también introducen sistemas que se apartan del cristianismo convencional. Krause, como ya se ha visto, propone un panteísmo modificado. Por otra parte, el teólogo danés Sören Kierkegaard (1813-1855) señala que en el mundo racionalista del siglo XIX, la religión ha dejado de ser una fuerza vital. Para Kierkegaard, este vacío produce una terrible angustia en el individuo, quien sólo puede conservar sus creencias mediante un «salto de fe» por el cual descarta la lógica y cree a pesar de ella. El alemán Arthur Schopenhauer (1788-1860) pinta un universo en el cual todo es una proyección de la voluntad y por lo tanto nada tiene un valor absoluto, mientras que Friedrich Nietzsche (1844-1900) rechaza los ideales del cristianismo, que él considera moribundo, y afirma que el individuo es el único árbitro de la moralidad.

Los adelantos en las ciencias y en la tecnología también ayudan a debilitar la fe religiosa, ya que parece que por medio del uso de la razón el hombre puede resolver todos sus problemas. El siglo XIX es un período de grandes inventos, desde el primer submarino (1801) hasta la fotografía (1827); desde la leche evaporada (1847) hasta la máquina de coser (1851); desde el teléfono (1876) hasta la luz eléctrica (1879). Parece que no hay límites al potencial humano. La ciencia se convierte en el nuevo dios. Se proponen soluciones científicas a las eternas cuestiones: los orígenes y fin del ser humano, la esencia del alma, la relación entre el hombre y su prójimo. Charles Darwin (1809-1882) afirma que el desarrollo de diversas formas de vida se debe a procesos naturales, y no a un plan divino. Según la teoría de la evolución (1859), el hombre, en vez de ser la creación de un dios benévolo, resulta de un largo proceso de selección natural. Más tarde, Sigmund Freud (1856-1939) sugiere que el misterio de la personalidad no reside en el alma, sino en la formación sicológica del individuo. Si antes se creía que la jerarquía social era producto del orden natural y divino, Karl Marx (1818-1883) considera que la sociedad clasista es el producto del desarrollo histórico y de las injusticias sociales, las cuales pueden superarse con el reordenamiento de la economía y con la entrega de los medios de producción al proletariado.

El ambiente de experimentación y revalorización que caracteriza los finales del siglo XIX se intensifica en España a causa de la situación política. La crisis nacional, precipitada por la guerra con los Estados Unidos, estalla en 1898 y termina con la derrota de España y la pérdida de sus últimas colonias (Cuba, Puerto Rico, las Filipinas y Guam), lo cual provoca una intensa introspección colectiva, con un cuidadoso examen de las características nacionales que han contribuido a la catástrofe. La relación entre España y su pasado es uno de los temas fundamentales de los escritores de «la generación del 98*», denominada así por Azorín, seudónimo de José Martínez Ruiz (1873-1967). Preocupados por el futuro de la patria, estos intelectuales analizan la situación actual y sus antecedentes históricos. Estudian los grandes arquetipos literarios españoles—Don Quijote, Don Juan—con el fin de comprender los rasgos dominantes de la personalidad española. Al mismo tiempo que afirman la naturaleza cíclica de la historia, intentan hacer una revisión de los valores del pasado. Para Azorín no se trata, desde un punto de vista literario, de una ruptura tajante con las tendencias de las últimas décadas del siglo anterior, sino de una continuación de las indagaciones sobre la política y la sociedad que habían empezado mucho antes de la guerra, y que la crisis colonial agudizó.

Por otra parte, los escritores de la generación del 98 son afectados profundamente por los desarrollos en la filosofía y las ciencias en el resto de Europa. No es sólo el destino de la patria lo que les obsesiona, sino el del individuo. En una España católica y tradicionalista, la desintegración de las creencias que habían formado la base de la vida espiritual durante siglos conduce en algunos casos a la crisis personal. Los intelectuales se preguntan cuál es la finalidad de la vida humana en un universo que carece de un dios todopoderoso que salva y condena, y qué acontece al individuo después de la muerte si la inmortalidad del alma no es más que una invención, una quimera.

Al mismo tiempo que los escritores de la generación del 98 inician su revalorización, empiezan a sentirse los brotes de una nueva corriente literaria—el Modernismo—que se nutre de las innovaciones artísticas del resto de Europa. Ambos movimientos convergen en el afán de provocar una transformación de las actitudes, si bien las preocupaciones del primero son principalmente históricas y espirituales, las del segundo son estéticas. El Modernismo se inicia en Hispanoamérica, donde representa, por lo menos al principio, un esfuerzo de parte de las antiguas colonias por independizarse del dominio cultural español. Aunque sus manifestaciones más claras se ven en la poesía, se trata de un fenómeno más profundo que el de la renovación puramente literaria. Los fundadores del movimiento intentan romper con el siglo XIX y definir al individuo moderno. Su inspiración más inmediata viene de los parnasianos* y simbolistas franceses. Los primeros—entre ellos Leconte de Lisle, Baudelaire, Verlaine y Rimbaud—se adhieren a la filosofía del arte por el arte, según la cual, la creación artística es un fin en sí y no debe emplearse como instrumento de cambio político o social. Los segundos—cuyo representante principal es Stéphane Mallarmé—intentan expresar lo misterioso e intangible de las cosas; frente al rigor formal de los parnasianos, cultivan el verso libre, enfatizando la musicalidad más que la estructura. Aunque en Francia estos dos movimientos se presentan como opuestos, existen muchos puntos de contacto entre ellos; de hecho, algunos de los parnasianos más célebres—Baudelaire, Verlaine, Rimbaud—son considerados precursores del simbolismo. En Hispanoamérica ambos contribuyen al espíritu de renovación poética y a una nueva preocupación estilística. Para los modernistas hispanoamericanos, el cultivo de la belleza es el propósito del arte. Rechazan las convenciones, los vulgarismos, los clichés; exaltan la elegancia y la armonía. Mientras que la generación anterior había celebrado el pragmatismo, y con ello las ciencias, ésta se regocija en lo inútil. Los modernistas emplean imágenes sensuales y delicadas—los pétalos frágiles y translúcidos de una flor, la hermosa princesa aburrida y letárgica, el reflejo incorpóreo de una figura en el agua. Buscan inspiración en lo arcaico, lo exótico, lo lejano, lo inasequible. Dos de sus símbolos claves son el color azul, que expresa la pureza, y el cisne, que desde la Antigüedad se asocia con la gracia, la finura y el erotismo. A pesar de que el Modernismo predica la separación entre el arte y la política, no todos sus seguidores se refugian en una torre de marfil. Varios adoptan una

posición ética ante los conflictos de la época, entre ellos el cubano José Martí, figura de suma importancia en la lucha de su patria por la independencia de España, y José Rodó, defensor de la cultura hispánica frente a la creciente influencia norteamericana. Para esta facción politizada, el cisne es un emblema especialmente fecundo, ya que su largo cuello forma un punto de interrogación que sugiere el futuro problemático de Hispanoamérica.

Si el Modernismo logró un éxito deslumbrante a ambos lados del Atlántico, fue gracias al escritor nicaragüense Rubén Darío. En 1888 publicó en Chile una pequeña colección de cuentos y versos titulada *Azul*. A pesar de conservar elementos neoclásicos y románticos en las selecciones poéticas, la prosa toma un rumbo nuevo. A diferencia de las narraciones realistas que estaban de moda en aquel momento, los cuentos de *Azul* se basaban en temas fantásticos, y en vez de en el contenido, su esencia radicaba en la perfección formal. Las narraciones de Darío compartían con la poesía modernista la musicalidad, el gusto por lo exótico y las imágenes refinadas y frágiles. En 1890 se publicó una segunda edición ampliada de *Azul*.

El libro no sólo lanzó la carrera del autor, sino que marcó un punto crucial en el desarrollo de las letras europeas y americanas. En 1892 Darío fue nombrado secretario de la delegación de Guatemala que iría a Madrid para la celebración del cuarto centenario del descubrimiento de las Américas. Allí conoció a muchos de los intelectuales españoles más influyentes de la época y su libro *Azul* atrajo la atención crítica. En 1894 fundó junto con el boliviano Ricardo Jaimes Freyre la *Revista de América,* una de las publicaciones más importantes del Modernismo. Pronto el movimiento captaría la imaginación de intelectuales en todas partes del mundo hispánico, inspirando a poetas españoles como Juan Ramón Jiménez y Jorge Guillén.

Aunque el sentimiento antiespañol había dominado la primera fase del Modernismo, la guerra entre España y Estados Unidos y la creciente intervención norteamericana en Hispanoamérica impulsaron a muchos intelectuales de las antiguas colonias a afirmar sus vínculos con su madre patria. El Modernismo llegó a identificarse con una actitud cultural propia de los países latinos. Frente al pragmatismo y al utilitarismo norteamericanos, los modernistas defendían el refinamiento estético de los pueblos hispánicos. Más que un movimiento puramente literario, el Modernismo se concebía como una actitud hacia la vida que unía al mundo hispánico.

En 1896 Darío publicó *Prosas profanas*, libro en el cual mezcla lo sacro y lo erótico e incorpora muchas de las innovaciones métricas introducidas por los parnasianos. Al volver a España dos años más tarde, conoció a los escritores de la generación del 98, por quienes sintió una gran admiración. Su obra *Cantos de vida y esperanza* (1905) marca uno de los puntos culminantes del Modernismo.

Aunque hay puntos de divergencia entre la generación del 98 y el Modernismo en cuanto a su enfoque y los estímulos a los cuales responden, sería inútil tratar de separarlos completamente. Muchos escritores del 98 —como, por ejemplo, Valle-Inclán— articulan las preocupaciones filosóficas de sus coetáneos al mismo tiempo que revelan la sensibilidad artística y la propensión a la experimentación de los modernistas. Ambos movimientos nacen del deseo de romper con el pasado, de definir una nueva identidad colectiva y de afirmar la personalidad individual.

MIGUEL DE UNAMUNO (1864-1936)

En España, con su larga tradición católica, el conflicto entre la religión y las nuevas tendencias científicas y filosóficas lleva a profundas inquietudes personales. Por un lado, las ciencias no ofrecen ninguna prueba absoluta de la existencia de Dios; por otro, el ser humano, por su naturaleza espiritual, anhela alguna realidad más allá de lo material. Miguel de Unamuno y Angel Ganivet (1865-1898) son los primeros de su generación en expresar esta paradoja.

Profesor de griego e historia de la lengua de la Universidad de Salamanca, Unamuno fue un hombre prodigiosamente culto. Conocía lenguas y literaturas antiguas y modernas, filología y filosofía clásicas, además de las corrientes filosóficas de su tiempo. Fue también orador y activista político. Leyó y escribió incansablemente poesía, ensayos, novelas y obras de teatro.

El primer libro de Unamuno, *En torno al casticismo* (1902), representa un esfuerzo por definir lo eterno y universal del espíritu español y, junto con el *Idearium español* de Ganivet, inicia el nuevo revisionismo de principios de siglo. En este volumen Unamuno introduce el concepto de *intrahistoria*.* Si la *historia* es el relato cronológico de acontecimientos y hechos, la *intrahistoria* es lo primordial, esencial y perdurable de la existencia humana; es decir, es lo que trasciende la historia. Aunque en este libro Unamuno insiste en la integración intelectual y espiritual de España al resto de Europa, en *La vida de don Quijote y Sancho* rechaza esta noción. Desengañado del culto de la razón, celebra la independencia y el voluntarismo de don Quijote. Individualista llevado por su visión personal, Don Quijote es, para Unamuno, emblema de la personalidad española porque desprecia la lógica y actúa guiado por la fe que tiene en su particular concepto del mundo.

El conflicto entre la razón y la fe es el tema central de la obra de Unamuno. El anhelo del individuo de Dios y de la inmortalidad tanto como el deseo de *saber*, de encontrar la explicación lógica y racional de cada fenómeno, son, para el autor, aspectos fundamentales del ser humano. Aunque siente una verdadera hambre de Dios, el hombre moderno ya no puede creer con la fe ciega de generaciones anteriores. La ciencia y la filosofía modernas han quebrantado las bases de la religión y tenemos que enfrentarnos a la posibilidad de que Dios y la inmortalidad no existan. Y si el plan divino no es más que una invención, ¿cuál será la finalidad de la raza humana y del individuo? El problema de la finalidad es uno de los temas que obsesionan a los escritores de la generación del 98.

Para Unamuno, en el ser humano combaten dos tendencias contradictorias y, al mismo tiempo, interdependientes. Por un lado, el hombre se caracteriza por el deseo de saber; de ahí que se le denomine *homo sapiens*. Sin embargo, el afán de explicar las cosas racionalmente lo lleva a un callejón sin salida porque es imposible contestar con certidumbre las preguntas fundamentales de la existencia humana: ¿de dónde vengo? ¿qué me pasará después de mi muerte? Por otro lado, la racionalidad es sólo un aspecto del ser humano. También existe en cada uno de nosotros lo que Unamuno llama «el hombre de carne y hueso». Según explica en *Del sentimiento trágico de la vida*, éste es «el que nace, sufre y muere —sobre todo muere— el que come y bebe y juega y duerme y piensa y quiere, el hombre que ve y a quien se oye, el hermano, el verdadero hermano». El hombre de carne y hueso ansía la inmortalidad; *siente* la necesidad de Dios porque desea prolongar su propia existencia más allá de la vida terrenal —y sólo si hay un Dios puede creer en la inmortalidad. Para Unamuno, la fe llega a ser una afirmación de la voluntad individual y un desafío a la razón. Sin embargo, no consigue realmente creer a pesar de la razón; no alcanza esa perfecta paz espiritual que trae la fe ciega porque la voz de la razón nunca lo deja tranquilo. El *homo sapiens* —el hombre racional que busca la certidumbre— no se deja convencer del todo. Y de ahí surge el «sentimiento trágico de la vida». Ni la razón ni el afán de creer nos dejan descansar: «Pero ¿podemos contener a ese instinto que lleva al hombre a querer conocer y sobre todo a querer conocer aquello que a vivir, y a vivir siempre, conduzca?... Vivir es una cosa y conocer otra, y... acaso hay entre ellas una tal oposición que podamos decir que todo lo vital es antirracional, no ya sólo irracional, y todo lo racional, antivital. Y ésta es la base del sentimiento trágico de la vida».

Para Unamuno, la vida es antirracional porque las realidades más profundas de la existencia —la fe, el amor, la pena, la muerte— no se pueden explicar racionalmente. La razón es antivital porque destruye. Es decir, para analizar cualquier ser vivo, es necesario controlarlo, pararlo, someterlo a la observación, lo cual requiere que se amortigüe o mate a fin de examinarlo con lupa. Pero entonces deja de ser una cosa vibrante y vital. La vida es movimiento, cambio, crecimiento, contradicción, y la mudanza imposibilita la constancia. Unamuno reconoce que sus escritos están llenos de contradicciones, pero esto es normal, dice, porque la vida en sí es paradójica. Para Unamuno, la razón y las fuerzas volitivas están siempre en pugna. Esta lucha es inevitable, normal y sana porque «de este choque... nace la santa, la dulce, la salvadora incertidumbre, nuestro supremo consuelo». Para Unamuno, «la paz en la guerra»—la tranquilidad espiritual que viene con la aceptación del conflicto eterno entre la fe y la razón— es la única a la cual puede aspirar el hombre.

Unamuno rechaza la noción de la fe ciega porque una fe que se acepte pasivamente, sin examen y sin lucha, no es auténtica. La fe se reinventa continuamente. «¿Qué cosa es fe?» escribe en su ensayo «La fe». «—Creer lo que no vimos. —¿Creer lo que no vimos? ¡Creer lo que no vimos, no!, sino crear lo que no vemos. Crear lo que no vemos, sí, crearlo, y vivirlo, y consumirlo, y volverlo a crear y consumirlo de nuevo, viviéndolo otra vez, para otra vez crearlo... y así en incesante tormento vital. Esto es fe viva...»

¿Y si Dios no existe y el alma muere con el cuerpo? El anhelo de la inmortalidad es tan fuerte que el hombre de carne y hueso no se resigna a aceptar la posibilidad de una muerte definitiva; busca otras formas de prolongar su vida. El arte ofrece una solución, ya que la creación artística a menudo tiene una vida más larga que la de su creador. La abundante producción literaria de Unamuno se debe en parte al deseo del autor de dejar algo duradero en el mundo. Su práctica de convertirse en personaje de su propia obra de ficción también refleja su deseo de superar la finitud de la muerte.

El conflicto articulado por Unamuno entre dos tipos de conocimiento, uno empírico y racional, y el otro intuitivo y subjetivo, tiene una pertinencia especial para el lector de nuestros tiempos. Aun cuando la existencia de Dios no domina la conciencia colectiva de la sociedad occidental, el problema del conocimiento sigue siendo una preocupación fundamental. Partiendo de las teorías de Foucault, Said, Derrida y Culler, Gonzalo Navajas señala que desde Descartes y Newton hasta Freud y Einstein, el sistema analítico referencial—basado en la idea de que el individuo puede conocer el universo a través de la observación y el análisis—había dominado parte del pensamiento europeo. Paralelo a este sistema había existido la visión logocéntrica, según la cual el mundo está formado por una jerarquía de elementos subordinados a un componente superior,

concepto que conduce a una ordenación de valores y a la noción de leyes universales que posibilita la estabilidad del mundo y de la cultura. La posmodernidad rechaza el sistema referencial tanto como el logocentrismo. Navajas afirma que Unamuno comparte con los pensadores de la posmodernidad la oposición a ambos sistemas. Aunque diverge de estos pensadores en el método y la intensidad de sus argumentos, su orientación fundamental es paralela a la de ellos (13). Para Unamuno, lo objetivo no es fiable, sino que es una máscara que oculta lo real y esencial. Al mismo tiempo, se niega a aceptar la noción de un mundo inmudable y ordenado, sujeto a la voluntad de una conciencia superior. Este doble rechazo conduce a un sentido de vacío y de angustia contra el cual Unamuno lucha. Paradójicamente, emplea los dos sistemas que rechaza para la elaboración de su dialéctica. Si bien la ambivalencia caracteriza la obra de Unamuno, Navaja ha visto en su obra un deseo de conciliar las fuerzas contradictoras que lidian en el alma humana.

En resumidas cuentas, Navajas percibe dos tendencias en Unamuno—una a la bipolaridad (el conflicto eterno), la otra a la unicidad (la cancelación del conflicto). La primera conduce al intenso dolor, el cual induce al individuo a buscar una salida. La segunda conduce a la paz íntima, aunque la conciencia intuye que ésta no es una verdadera solución. Navajas concluye que «ese segundo campo predomina en Unamuno, a pesar de que el primero tiene mayor prominencia en él y puede parecer el más característico» (191).

San Manuel Bueno, mártir, una de las novelas más logradas de Unamuno, ilustra estas complejidades. La historia comienza en el momento en que el pueblo de Valverde de Lucerna inicia el proceso de beatificación de su amado párroco, don Manuel. Ángela Carballino, cuyo verdadero padre ha muerto y que considera al sacerdote su «padre espiritual», relata la vida de éste como una especie de confesión.

Primero recuerda a don Manuel como un cura robusto y activo de unos treinta y siete años de edad, que participaba en cada aspecto de la vida del pueblo. Tenía un interés especial en los niños y la muerte de un pequeño lo hacía conmoverse terriblemente. Ayudaba a los pobres, a veces dándoles ropa y otras cosas esenciales. En vez de predicar sobre las glorias de la vida eterna, animaba a los parroquianos a gozar del momento: a bailar, a cantar y a celebrar. Su función más importante, sin embargo, era la de ayudar a la gente a morir. Siempre que moría uno de su grey, don Manuel le ofrecía consuelo a él y a los suyos.

Don Manuel llegó a ser el núcleo espiritual del pueblo. Todos lo querían. Pronto su fama se extendió a otras aldeas. Al salir de Valverde de Lucerna para asistir al colegio en otra parroquia, Ángela descubrió que sus compañeras de clase habían oído hablar de don Manuel, quien empezaba a hacerse famoso por sus milagros. La noche de San Juan, cuando los españoles celebran el principio del verano, los enfermos y dementes llegaban desde todas partes al lago de Valverde de Lucerna con la esperanza de ser curados al bañarse en sus aguas. A veces, conmovidos por la voz y la presencia de don Manuel, algunos realmente se sanaban. Sin embargo, cuando alguien le pedía una cura milagrosa a don Manuel, el párroco respondía: «No tengo licencia del señor obispo para hacer milagros».

La Iglesia tradicionalmente reconoce dos caminos espirituales diferentes: la contemplación y el activismo. Los contemplativos se retiran de la sociedad para poder dedicar su vida a la reflexión y a la oración. Los activistas trabajan con la gente, enseñando en las escuelas, haciendo obras de caridad o atendiendo a las necesidades de una parroquia. Aunque don Manuel a menudo se ensimismaba y se perdía entre las ruinas de una vieja abadía cisterciense —orden medieval dedicada originalmente a la austeridad y a la contemplación— temía la soledad. Trataba de mantenerse siempre ocupado para evitar la introspección. Su primera obligación era para con sus fieles, decía: «¿Cómo voy a salvar mi alma si no salvo la de mi pueblo?».

Todos los del pueblo iban a misa, algunos más que nada para experimentar la presencia carismática de don Manuel. Al momento de recitar el Credo, sin embargo, el párroco se mantenía callado mientras los fieles decían las palabras: «creo en la resurrección de la carne y la vida perdurable». En la misa de Viernes Santo, don Manuel repetía con tanta convicción las palabras de Cristo —«¡Dios mío! ¡Dios mío! ¿Por qué me has abandonado!»— que los fieles se ponían a llorar. Ángela, observando los silencios y lamentaciones de don Manuel, así como su necesidad obsesiva de mantenerse ocupado, comienza a sospechar su terrible secreto.

Blasillo, el simple del pueblo, es la voz interior de don Manuel, su otro yo. Anda por las calles imitando el grito angustiado del párroco: «¡Dios mío! ¡Dios mío! ¿Por qué me has abandonado?»; Blasillo pues expresa en voz alta los sentimientos que don Manuel mantiene callados. Es significativo que cuando muere el sacerdote, también expira Blasillo.

Según una leyenda, existe sumergida en las profundidades del lago de Valverde de Lucerna una ciudad antigua, y la noche de San Juan se oyen las campanadas de la villa invisible. Las aguas son un emblema del alma de don Manuel, en cuyos ojos se encuentra «toda la hondura azul» del lago. Como la mirada del párroco, la superficie del lago simula tranquilidad e inmutabilidad, pero oculta otra realidad. Las campanas de la villa legendaria, que clamorean en la noche, reflejan la angustia de don Manuel.

Cuando Lázaro, el hermano de Ángela, llega de las Américas con ideas progresistas y anticlericales, un choque entre los dos hombres parece inevitable. Pero en vez de enfrentarse a Lázaro, don Manuel le confía la verdad: ha perdido la fe y el resultante sentido de soledad y abandono lo ha llevado al borde del suicidio. Si no ha dejado el sacerdocio, es porque cree que el pueblo necesita la fe para sufrir las vicisitudes de la vida. Cuando Lázaro habla de organizar sindicatos laborales para mejorar la situación de los obreros, don Manuel responde que estas ideas sólo conducirán a la discordia. Como no puede ganar la voluntad de Lázaro por medio de la fe, ya que éste no es creyente, emplea la lógica. Es ahora que empezamos a entender el martirio de don Manuel. Se ha sacrificado durante años para darles a los parroquianos la fe que cree que necesitan.

En el momento de la agonía final de la madre de Ángela y Lázaro, don Manuel persuade a éste para que rece por ella a fin de que pueda morir en paz. Al incorporarse a la grey mediante la oración, Lázaro se convierte en el defensor más entusiasta del cura. Le ayuda con su trabajo, no porque crea en la vida perdurable, sino porque cree en la vida terrenal. Don Manuel le ha convencido de que es mejor que los aldeanos gocen del presente en vez de preocuparse por cuestiones metafísicas.

Ni Lázaro ni Ángela revelan el secreto de don Manuel hasta que el obispo le pide a ella, ahora una mujer cincuentona, que escriba sus recuerdos del candidato para la beatificación. Entonces Ángela produce un texto que no sólo destruye el mito de don Manuel, sino que revela sus propias dudas acerca de la religión.

Tanto don Manuel como Lázaro son figuras semiautobiográficas. Lázaro, el progresista político y social, refleja las preocupaciones del joven Unamuno, quien, sintiéndose atraído por el materialismo científico, experimentaría una crisis espiritual. Como a don Manuel, le obsesionaba el problema de la inmortalidad porque le parecía que sin la existencia de la vida eterna, la vida en la tierra carecía de sentido. De ahí que Don Manuel encarne la angustia espiritual de Unamuno.

Al igual que todos los personajes de Unamuno, don Manuel es más complejo de lo que aparenta. Si por un lado parece un santo por tratar de proteger a sus parroquianos de la terrible posibilidad de que Dios no exista, también es un demagogo que convierte el Credo en un instrumento de manipulación. En muchas de sus obras Unamuno sugiere que cada acto de caridad es también un acto de egoísmo. Citando el ejemplo de Caín y Abel —uno de los temas favoritos del autor— alega que el virtuoso Abel es realmente cruel porque causa el sufrimiento de su hermano, a quien le atormenta la culpabilidad. Don Manuel, incapaz de creer en la vida eterna, se sirve de sus fieles para cultivar la fama que le permitirá seguir viviendo después de su muerte. Cuando le dice a la gente que el obispo no le ha dado permiso para hacer milagros, refuerza su imagen de humildad al mismo tiempo que rehuye el tener que admitir que no puede hacerlos. Al negarse a dejar Valverde de Lucerna, don Manuel revela no sólo su amor por el pueblo, sino también su temor a abandonar la seguridad y protección que éste le ofrece. En Valverde todos lo adoran; en la burocracia jerárquica de la Iglesia, es posible que los ojos de lince de algún eclesiástico astuto descubran su secreto. Don Manuel cultiva su fama de santo durante décadas. Su beatificación, que permitiría que los fieles lo veneraran para siempre, es un paso en un proceso que él mismo comienza.

Unamuno escribe en muchos ensayos que una fe sin examinar no vale. Aunque la duda puede causar pena, es parte de la condición humana. Cristo mismo, en su forma humana, clamoreó en la cruz «¡Dios mío! ¡Dios mío! ¿Por qué me has abandonado?». Si en su agonía Cristo mismo se sintió solo y desamparado, es porque la duda es un aspecto normal de la psiquis del *homo sapiens.* Pero don Manuel les niega a sus parroquianos el derecho de dudar. Los mantiene en un estado de dependencia infantil, creando un culto del cual el foco es él mismo.

Don Manuel crea un aura de santidad al hacer buenas obras que a menudo lo protegen del escrutinio de las masas. Cuando un juez le pide que interrogue a un criminal, responde, «No juzguéis para no ser juzgados». Al negarse a ayudar a condenar al delincuente, don Manuel no sólo fortalece su reputación de santo sino que también evita la rabia de los parientes del acusado, que podrían vengarse buscando maneras de desacreditarlo. En sus sermones, don Manuel nunca censura a los masones, liberales o herejes. Su tolerancia resulta no sólo de su propia heterodoxia, sino que es también una táctica para evitar la oposición de estos elementos tradicionalmente anticlericales. Por otro lado, a menudo predica contra los chismes, la envidia y la venganza, usando el púlpito como un arma contra la escrupulosidad potencialmente peligrosa de sus feligreses.

Cuando Ángela cuestiona a don Manuel acerca del dogma y de sus propias creencias, él le responde con lugares comunes ortodoxos, a veces citando la Biblia, eludiendo así los temas difíciles. La anima a leer libros de aventuras en vez de libros de teología para que no se ponga a examinar sus propias inquietudes espirituales. Sin embargo, Ángela adivina el secreto de don Manuel y así comienza el proceso intelectual que la conducirá a la duda. Al final, Ángela se pregunta, «¿Y yo, creo?» Su confesión —el libro *San Manuel Bueno, mártir*— revela que es, en realidad, una auténtica hija espiritual de don Manuel.

Aunque el párroco de Valverde de Lucerna tiene su lado hipócrita, su angustia espiritual es genuina. Su celebración de la vida y de los niños resulta de su temor a la nada. Su manipulación de los parroquianos es inconsciente. Es un teócrata benévolo que intenta protegerse a sí mismo al proteger a otros. No queda claro si intuye o no la naturaleza egoísta de su conducta, pero es obvio que no se ve a sí mismo con la misma lucidez que Ángela y el lector.

Para Unamuno, el dilema espiritual de don Manuel es el de todo hombre o mujer que piense. Escribió *San Manuel Bueno, mártir* en 1930, seis años antes de su muerte. El párroco, que encierra tantos aspectos contradictorios de la naturaleza humana —lo sacro y lo diabólico, lo magnánimo y lo manipulador, lo tolerante y lo egoísta, lo razonable y lo intuitivo— se ha convertido en uno de los personajes monumentales de la literatura española del siglo XX. Debido a su complejidad, la obra se presta a diversas interpretaciones y ha atraído abundante atención crítica.

San Manuel Bueno, mártir es una obra difícil de definir. Demasiado corta para ser novela, es demasiado larga y compleja para ser cuento. Esta ambigüedad refleja la aversión de Unamuno a todo tipo de categorización, la cual lo conduce a rechazar los géneros literarios tradicionales. En la introducción a *Niebla,* afirma que su obra no es una novela sino una *nivola,* término que explica en el relato: «*navilo… nebulo,* no, no, *nivola,* eso, *¡nivola!* Así nadie tendrá derecho a decir que deroga las leyes de su género… Invento el género e inventar un género no es más que darle un nombre nuevo, y le doy las leyes que me place». De la misma manera, en *Dos madres,* Unamuno se libera de las clasificaciones literarias al combinar elementos del relato con otros de la obra teatral. *San Manuel Bueno, mártir* también se resiste a la clasificación convencional.

Unamuno ha sido reconocido como uno de los pensadores más influyentes del siglo, no sólo en España, sino también en el extranjero. Su independencia intelectual, su originalidad, su intensidad emocional y su estilo sumamente personal lo hacen un artista único e inclasificable, lo cual coincide perfectamente con su concepto de la vida y de la literatura.

En su comentario al final de *San Manuel Bueno, mártir,* Unamuno dice que cree a Ángela más de lo que se cree a sí mismo. Para él la creación es más real que el creador no sólo porque la obra de arte vive más que el artista sino también porque adquiere una realidad propia a medida que futuras generaciones la reinterpretan. Al final de *Niebla* el autor es incapaz de matar a su personaje precisamente porque éste es más fuerte que su creador. Si en sus obras Unamuno a veces se convierte en personaje, se debe a que por medio del arte intenta asegurar su inmortalidad.

Para Unamuno, la obra de arte adquiere un significado trascendental. Así como el personaje crea al autor en el sentido de que el autor no es autor sin su creación, el hombre crea a Dios. Creer es crear. Al desafiar la razón y optar por creer, el individuo ejerce su voluntad; el creer se convierte en un acto de autoafirmación que da sentido a su vida.

San Manuel[1] Bueno, mártir

Ahora que el obispo de la diócesis de Renada,[2] a la que pertenece esta mi querida aldea de Valverde de Lucerna, anda, a lo que se dice, promoviendo el proceso para la beatificación de nuestro don Manuel, o mejor san Manuel Bueno, que fue en ésta párroco, quiero dejar aquí consignado a modo de confesión y sólo Dios sabe, que no yo, con qué destino, todo lo que sé y recuerdo de aquel varón matriarcal[3] que llenó toda la más entrañada[4] vida de mi alma, que fue mi verdadero padre espiritual, el padre de mi espíritu, del mío, el de Ángela Carballino.

Al otro, a mi padre carnal y temporal, apenas si le conocí, pues se me murió siendo yo muy niña. Sé que había llegado de forastero a nuestra Valverde de Lucerna, que aquí arraigó al casarse aquí con mi madre. Trajo consigo unos cuantos libros, el *Quijote*, obras de teatro clásico, algunas novelas, historias, el *Bertoldo*,[5] todo revuelto,[6] y de esos libros, los únicos casi que había en toda la aldea, devoré yo ensueños siendo niña. Mi buena madre apenas si me contaba hechos o dichos de mi padre. Los de don Manuel, a quien, como todo el pueblo, adoraba, de quien estaba enamorada —claro que castísimamente—le habían borrado el recuerdo de los de su marido. A quien encomendaba a Dios, y fervorosamente, cada día al rezar el rosario.

De nuestro don Manuel me acuerdo como si fuese de cosa de ayer, siendo yo niña, a mis diez años, antes de que me llevaran al colegio de religiosas de la ciudad catedralicia[7] de Renada. Tendría él unos treinta y siete años. Era alto, delgado, erguido,[8] llevaba la cabeza como nuestra Peña del Buitre[9] lleva su cresta, y había en sus ojos toda la hondura azul de nuestro lago. Se llevaba las miradas de todos, y tras ellas, los corazones, y él al mirarnos parecía, traspasando la carne como un cristal, mirarnos al corazón. Todos le queríamos, pero sobre todo los niños. ¡Qué cosas nos decía! Eran cosas, no palabras. Empezaba el pueblo a olerle la santidad; se sentía lleno y embriagado de su aroma. (. . .)

En la noche de San Juan, la más breve del año, solían y suelen acudir a nuestro lago todas las pobres mujerucas, y no pocos hombrecillos, que se creen poseídos, endemoniados, y que parece no son sino histéricos y a las veces epilépticos, y don Manuel emprendió la tarea de hacer él de lago, de piscina probática,[10] y tratar de aliviarles y, si era posible, de curarles. Y era tal la acción de su presencia, de sus miradas, y tal sobre todo la dulcísima autoridad de sus palabras y sobre todo de su voz —¡qué milagro de voz! —, que consiguió curaciones sorprendentes. Con lo que creció su fama, que atraía a nuestro lago y a él a todos los enfermos del contorno.[11] Y alguna vez llegó una madre pidiéndole que hiciese un milagro en su hijo, a lo que contestó sonriendo tristemente:

—No tengo licencia del señor obispo para hacer milagros.

Le preocupaba, sobre todo, que anduviesen todos limpios. Si alguno llevaba un roto en su vestidura, le decía: «Anda a ver al sacristán, y que te remiende eso.» El sacristán era sastre. Y cuando el día primero de año iban a felicitarle por ser el de su santo[12] —su santo patrono era el mismo Jesús Nuestro Señor—, quería don Manuel que todos se le presentasen con camisa nueva, y al que no la tenía se la regalaba él mismo.

Por todos mostraba el mismo afecto, y si a algunos distinguía más con él era a los más desgraciados y a los que aparecían como más díscolos.[13] Y como hubiera en el pueblo un pobre idiota de nacimiento, Blasillo el bobo, a

---

[1] *Note that Emmanuel is another name for Jesus or the Messiah. Don Manuel is an agonizing Christ figure torn between the material and the ephemeral.*

[2] *Note the wordplay. In colloquial Spanish the prefix* re *is sometimes added to words for emphasis. Thus, "Renada" means "absolutely nothing," which suggests the nothingness that so preoccupied the author.*

[3] *Note that San Manuel is "matriarchal," not "patriarchal." He is like a mother that nurtures her babies, rather than like a father who helps them grow intellectually.*

[4] *Íntima.*

[5] La novela *Bertoldo, Bertoldino y Cacaseno.*

[6] *Mixed up.*

[7] *In which there is a cathedral. That is, a larger city.*

[8] *Erecto.*

[9] *A large boulder or rock shaped like a vulture with a crest. (In other words, Don Manuel stood tall.)*

[10] **Piscina...** *healing pool.*

[11] *Surrounding area.*

[12] *Saint's day or name day. In Hispanic countries people celebrate the day of the saint for which they were named as well as their birthdays.*

[13] Traviesos, rebeldes.

éste es a quien más acariciaba y, hasta llegó a enseñarle cosas que parecía milagro que las hubiese podido aprender. Y es que el pequeño rescoldo[14] de inteligencia que aún quedaba en el bobo se le encendía en imitar, como un pobre mono, a su don Manuel.

Su maravilla era la voz, una voz divina, que hacía llorar. Cuando al oficiar en misa mayor[15] o solemne entonaba el prefacio, estremecíase la iglesia y todos los que le oían sentíanse conmovidos en sus entrañas. Su canto, saliendo del templo, iba a quedarse dormido sobre el lago y al pie de la montaña.[16] Y cuando en el sermón de Viernes Santo clamaba aquello de: «¡Dios mío, Dios mío! ¿por qué me has abandonado?», pasaba por el pueblo todo un temblor hondo como por sobre las aguas del lago en días de cierzo de hostigo.[17] Y era como si oyesen a Nuestro Señor Jesucristo mismo, como si la voz brotara de aquel viejo crucifijo a cuyos pies tantas generaciones de madres habían depositado sus congojas.[18] Como que una vez, al oírlo su madre, la de don Manuel, no pudo contenerse, y desde el suelo del templo, en que se sentaba, gritó: «¡Hijo mío!». Y fue un chaparrón de lágrimas entre todos. Creeríase que el grito maternal había brotado de la boca entreabierta de aquella Dolorosa— el corazón traspasado por siete espadas— que había en una de las capillas del templo. Luego Blasillo el tonto iba repitiendo en tono patético por las callejas, y como en eco, el «¡Dios mío, Dios mío!, ¿por qué me has abandonado?», y de tal manera que al oírselo se les saltaban a todos las lágrimas, con gran regocijo del bobo por su triunfo imitativo.

Su acción sobre las gentes era tal que nadie se atrevía a mentir ante él, y todos, sin tener que ir al confesionario, se le confesaban. A tal punto que como hubiese una vez ocurrido un repugnante crimen en una aldea próxima, el juez, un insensato que conocía mal a don Manuel, le llamó y le dijo:

—A ver si usted, don Manuel, consigue que este bandido declare la verdad.

—¿Para que luego pueda castigársele? —replicó el santo varón—. No, señor juez, no; yo no saco a nadie una verdad que le lleve acaso a la muerte. Allá entre él y Dios... La justicia humana no me concierne. «No juzguéis para no ser juzgados», dijo Nuestro Señor.

—Pero es que yo, señor cura...

—Comprendido; dé usted, señor juez, al César lo que es del César, que yo daré a Dios lo que es de Dios.

Y al salir, mirando fijamente al presunto reo, le dijo:

—Mira bien si Dios te ha perdonado, que es lo único que importa.

En el pueblo todos acudían a misa, aunque sólo fuese por oírle y por verle en el altar, donde parecía transfigurarse, encendiéndosele el rostro. Había un santo ejercicio que introdujo en el culto popular, y es que, reuniendo en el templo a todo el pueblo, hombres y mujeres, viejos y niños, unas mil personas, recitábamos al unísono, en una sola voz el Credo: «Creo en Dios Padre Todopoderoso, Creador del Cielo y de la Tierra ...» y lo que sigue. Y no era un coro, sino una sola voz, una voz simple y unida, fundidas todas en una y haciendo como una montaña, cuya cumbre,[19] perdida a las veces en nubes, era don Manuel. Y al llegar a lo de «creo en la resurrección de la carne y la vida perdurable[20]» la voz de don Manuel se zambullía,[21] como en un lago, en la del pueblo todo, y era que él se callaba. Y yo oía las campanadas de la villa que se dice aquí que está sumergida en el lecho del lago — campanadas que se dice también se oyen la noche de San Juan— y eran las de la villa sumergida en el lago espiritual de nuestro pueblo; oía la voz de nuestros muertos que en nosotros resucitaban en la comunión de los santos. Después, al llegar a conocer el secreto de nuestro santo, he comprendido que era como si una caravana en marcha por el desierto, desfallecido el caudillo al acercarse al término de su carrera, le tomaran en hombros los suyos para meter su cuerpo sin vida en la tierra de promisión.

Los más no querían morirse sino cogidos de su mano como de un ancla.

Jamás en sus sermones se ponía a declamar contra impíos, masones, liberales o herejes. ¿Para qué, si no los había en la aldea? Ni menos contra la mala prensa. En cambio, uno de los más frecuentes temas de sus sermones era contra la mala lengua. Porque él lo disculpaba todo y a todos disculpaba. No quería creer en la mala intención de nadie.

—La envidia —gustaba repetir— la mantienen los que se empeñan en creerse envidiados, y las más de las persecuciones son efecto más de la manía persecutoria que no de la perseguidora.

---

[14] *Spark.*
[15] *High mass.*
[16] *The mountain is a traditional symbol of faith.*
[17] **Como...** *like the lash of the wind from the Northeast.*
[18] *Sorrows.*

---

[19] *Peak.*
[20] *Everlasting.*
[21] *Fell, sank.*

—Pero fíjese, don Manuel, en lo que me ha querido decir...

Y él:

—No debe importarnos tanto lo que uno quiera decir como lo que diga sin querer.

Su vida era activa y no contemplativa, huyendo cuanto podía de no tener nada que hacer. Cuando oía eso de que la ociosidad es la madre de todos los vicios, contestaba: «Y del peor de todos, que es el pensar ocioso». Y como yo le preguntara[22] una vez que es lo que con eso quería decir, me contestó: «Pensar ocioso es pensar para no hacer nada o pensar demasiado en lo que se ha hecho y no hay peor que remordimiento sin enmienda». ¡Hacer!, ¡hacer! Bien comprendí yo ya desde entonces que don Manuel huía de pensar ocioso y a solas, que algún pensamiento le perseguía.

Así es que estaba siempre ocupado, y no pocas veces en inventar ocupaciones. Escribía muy poco para sí, de tal modo que apenas nos ha dejado escritos o notas; mas, en cambio, hacía de memorialista[23] para los demás, y a las madres, sobre todo, les redactaba las cartas para sus hijos ausentes.

Trabajaba también manualmente, ayudando con sus brazos a ciertas labores del pueblo. En la temporada de trilla íbase a la era a trillar y aventar,[24] y en tanto, les aleccionaba o les distraía. Sustituía a las veces a algún enfermo en su tarea. Un día del más crudo invierno se encontró con un niño muertito de frío, a quien su padre le enviaba a recoger una res a larga distancia, en el monte.

—Mira— le dijo al niño—, vuélvete a casa, a calentarte, y dile a tu padre que yo voy a hacer el encargo.

Y al volver con la res se encontró con el padre, todo confuso, que iba a su encuentro. En invierno partía leña para los pobres. Cuando se secó aquel magnífico nogal «un nogal matriarcal» le llamaba—, a cuya sombra había jugado de niño y con cuyas nueces se había durante tantos años regalado, pidió el tronco, se lo llevó a casa y después de labrar en él seis tablas, que guardaba al pie de su lecho, hizo del resto leña para calentar a los pobres. Solía hacer también las pelotas para que jugaran los mozos y no pocos juguetes para los niños.

Solía acompañar al médico en su visita y recalcaba[25] las prescripciones de éste. Se interesaba sobre todo en los embarazos y en la crianza de los niños, y estimaba como una de las mayores blasfemias aquello de: «¡teta y gloria!»,[26] y lo otro de: «angelitos al cielo». Le conmovía profundamente la muerte de los niños.

—Un niño que nace muerto o que se muere recién nacido y un suicidio—me dijo una vez—son para mí de los más terribles misterios: ¡un niño en cruz!

Y como una vez, por haberse quitado uno la vida, le preguntara el padre del suicida, un forastero, si le daría tierra sagrada,[27] le contestó:

—Seguramente, pues en el último momento, en el segundo de la agonía, se arrepintió sin duda alguna.

Iba también a menudo a la escuela a ayudar al maestro, a enseñar con él, y no sólo el catecismo. Y es que huía de la ociosidad y de la soledad. De tal modo que por estar con el pueblo, y sobre todo con el mocerío y la chiquillería, solía ir al baile. Y más de una vez se puso en él a tocar el tamboril para que los mozos y las mozas bailasen, y esto, que en otro hubiera parecido grotesca profanación del sacerdocio, en él tomaba un sagrado carácter y como de rito religioso. Sonaba el *Ángelus*,[28] dejaba el tamboril y el palillo, se descubría y todos con él, y rezaba: «El ángel del Señor anunció a María: Ave María...» Y luego: «Y ahora, a descansar para mañana».

—Lo primero —decía— es que el pueblo esté contento, que estén todos contentos de vivir. El contentamiento de vivir es lo primero de todo. Nadie debe querer morirse hasta que Dios quiera.

—Pues yo sí —le dijo una vez una recién viuda—, yo quiero seguir a mi marido...

—¿Y para qué? —le respondió. Quédate aquí para encomendar su alma a Dios.

En una boda dijo una vez: «¡Ay, si pudiese cambiar el agua toda de nuestro lago en vino, en un vinillo que por mucho que de él se bebiera alegrara siempre sin emborracharse nunca... o por lo menos con una borrachera alegre!».

Una vez pasó por el pueblo una banda de pobres titiriteros.[29] El jefe de ella, que llegó con la mujer gravemente enferma y embarazada, y con tres hijos que le ayudaban,

---

[22] Había preguntado.

[23] Secretario.

[24] **En...** *At threshing time he went to the threshing floor to flair and winnow.*

[25] Reforzaba.

[26] **Teta...** *From the mother's breast right to heaven. (Saying that means when a baby dies, he or she goes directly to heaven.).*

[27] **Si...** *if he would give him a Christian burial.*

[28] Es decir, cuando se tocaba la campana para anunciar el Ángelus, oración en latín que se reza o canta por la mañana, a mediodía y al atardecer.

[29] Acróbatas.

hacía de payaso. Mientras él estaba en la plaza del pueblo haciendo reír a los niños y aun a los grandes, ella, sintiéndose indispuesta, se tuvo que retirar, y se retiró escoltada[30] por una mirada de congoja del payaso y una risotada de los niños. Y escoltada por don Manuel, que luego, en un rincón de la cuadra[31] de la posada, la ayudó a bien morir. Y cuando, acabada la fiesta, supo el pueblo y supo el payaso la tragedia, fuéronse todos a la posada y el pobre hombre, diciendo con llanto en la voz: «Bien se dice, señor cura, que es usted todo un santo», se acercó a éste queriendo tomarle la mano para besársela, pero don Manuel se adelantó, y tomándosela al payaso, pronunció ante todos:

—El santo eres tú, honrado payaso; te vi trabajar y comprendí que no sólo lo haces para dar pan a tus hijos, sino también para dar alegría a los de los otros, y yo te digo que tu mujer, la madre de tus hijos, a quien he despedido a Dios mientras trabajabas y alegrabas, descansa en el Señor, y que tú irás a juntarte con ella y a que te paguen riendo los ángeles a los que haces reír en el cielo de contento.

Y todos, niños y grandes, lloraban, y lloraban tanto de pena como de un misterioso contento en que la pena se ahogaba. Y más tarde, recordando aquel solemne rato, he comprendido que la alegría imperturbable de don Manuel era la forma temporal y terrena de una infinita y eterna tristeza que con heroica santidad recataba a los ojos y los oídos de los demás.

Con aquella su constante actividad, con aquel mezclarse en las tareas y las diversiones de todos, parecía querer huir de sí mismo, querer huir de su soledad. «Le temo a la soledad», repetía. Mas, aun así, de vez en cuando se iba solo, orilla del lago, a las ruinas de aquella vieja abadía donde aún parecen reposar las almas de los piadosos cistercienses[32] a quienes ha sepultado en el olvido la Historia. Allí está la celda del llamado Padre Capitán, y en sus paredes se dice que aún quedan señales de las gotas de sangre con que las salpicó al mortificarse. ¿Qué pensaría allí nuestro don Manuel? Lo que sí recuerdo es que como una vez, hablando de la abadía, le preguntase yo cómo era que no se le había ocurrido ir al claustro, me contestó:

—No es sobre todo porque tenga, como tengo, mi hermana viuda y mis sobrinos a quienes sostener, que Dios ayuda a sus pobres, sino porque yo no nací para er-

mitaño, para anacoreta[33]; la soledad me mataría el alma, y en cuanto a un monasterio, mi monasterio es Valverde de Lucerna. Yo no debo vivir solo; yo no debo morir solo. Debo vivir para mi pueblo, morir para mi pueblo. ¿Cómo voy a salvar mi alma si no salvo la de mi pueblo?

—Pero es que ha habido santos ermitaños, solitarios... —le dije.

—Si, a ellos les dio el Señor la gracia de soledad que a mí me ha negado y tengo que resignarme. Yo no puedo perder a mi pueblo para ganarme el alma. Así me ha hecho Dios. Yo no podría soportar las tentaciones del desierto. Yo no podría llevar solo la cruz del nacimiento.

(. . .)

Una vez que en el confesionario le expuse una de aquellas dudas, me contestó:

—A eso, ya sabes, lo del Catecismo: «Eso no me lo preguntéis a mí, que soy ignorante; doctores tiene la Santa Madre Iglesia que os sabrán responder».

—¡Pero si el doctor aquí es usted, don Manuel!...

—¿Yo, yo doctor?, ¿Doctor yo? ¡Ni por pienso![34] Yo, doctorcilla, no soy más que un pobre cura de aldea. Y esas preguntas, ¿sabes quién te las insinúa, quién te las dirige? Pues... ¡el Demonio!

Y entonces, envalentonándome, le espeté a boca de jarro[35]:

—¿Y si se las dirigiese a usted, don Manuel?

—No le haría caso. Y basta, ¿eh?, despachemos, que me están esperando unos enfermos de verdad.

Me retiré, pensando, no sé porqué, que nuestro don Manuel, tan afamado curandero de endemoniadas, no creía en el demonio. Y al irme hacia mi casa topé con Blasillo el bobo, que acaso rondaba el templo, y que al verme, para agasajarme[36] con sus habilidades, repitió —¡y de qué modo!—lo de «¡Dios mío, Dios mío!, ¿por qué me has abandonado?» Llegué a casa acongojadísima y me encerré en mi cuarto para llorar, hasta que llegó mi madre.

—Me parece, Angelita, con tantas confesiones, que tú te me vas a ir monja.

—No lo tema, madre —le contesté—, pues tengo harto que hacer aquí, en el pueblo, que es mi convento.

---

[30] Acompañada.
[31] Establo, corral.
[32] *Cistercians, a Catholic order given to contemplation, austerity, and penance.*

---

[33] *Anchorite, recluse, hermit. The Cistercians live in cloisters, removed from society, and take a vow of poverty. Parish priests receive a salary, which is why Don Manuel can help his widowed sister.*
[34] **Ni...** Ni por pienso.
[35] **Le...** *I burst right out at him.*
[36] Regalarme, divertirme.

—Hasta que te cases.

—No pienso en ello —le repliqué.

Y otra vez que me encontré con don Manuel, le pregunté, mirándole derechamente a los ojos:

—¿Es que hay infierno, don Manuel?

Y él, sin inmutarse:

—¿Para ti, hija? No.

—¿Para los otros, lo hay?

—¿Y a ti que te importa, si no has de ir a él?

—Me importa por los otros. ¿Lo hay?

—Cree en el cielo, en el cielo que vemos. Míralo —y me lo mostraba sobre la montaña y abajo, reflejado en el lago.

—Pero hay que creer en el infierno, como en el cielo —le repliqué.

—Sí, hay que creer todo lo que cree y enseña a creer la Santa Madre Iglesia Católica Apostólica Romana. ¡Y basta!

Leí no sé qué honda tristeza en sus ojos, azules como las aguas del lago. (. . .)

Empezaba yo a sentir una especie de afecto maternal hacia mi padre espiritual; quería aliviarle del peso de su cruz del nacimiento.

Así fui llegando a mis veinticuatro años, que es cuando volvió de América, con un caudalillo[37] ahorrado, mi hermano Lázaro. Llegó acá, a Valverde de Lucerna, con el propósito de llevarnos a mí y a nuestra madre a vivir a la ciudad, acaso a Madrid.

—En la aldea —decía— se entontece, se embrutece y se empobrece uno.

Y añadía:

—Civilización es lo contrario de ruralización; ¡aldeanerías[38] no!, que no hice que fueras al colegio para que te pudras luego aquí, entre estos zafios patanes.[39]

Yo callaba, aun dispuesta a resistir la emigración; pero nuestra madre, que pasaba ya de la sesentena, se opuso desde un principio. «¡A mi edad, cambiar de aguas!», dijo primero; mas luego dio a conocer claramente que ella no podría vivir fuera de la vista de su lago, de su montaña, y sobre todo de su don Manuel.

—¡Sois como las gatas, que os apegáis a la casa! —Repetía mi hermano.

Cuando se percató[40] de todo el imperio que sobre el pueblo todo y en especial sobre nosotras, sobre mi madre

y sobre mí, ejercía el santo varón evangélico, se irritó contra éste. Le pareció un ejemplo de la oscura teocracia en que él suponía hundida a España. Y empezó a borbotar sin descanso todos los viejos lugares comunes[41] anticlericales y hasta antirreligiosos y progresistas que había traído renovados del Nuevo Mundo.

—En esta España de calzonazos[42] —decía— los curas manejan a las mujeres y las mujeres a los hombres..., ¡y luego el campo!, ¡el campo!, este campo feudal...

Para él feudal era un término pavoroso[43]; feudal y medieval eran los dos calificativos que prodigaba cuando quería condenar algo.

Le desconcertaba el ningún efecto que sobre nosotras hacían sus diatribas y el casi ningún efecto que hacían en el pueblo, donde se le oía con respetuosa indiferencia. «A estos patanes no hay quien les conmueva». Pero como era bueno por ser inteligente, pronto se dio cuenta de la clase de imperio que don Manuel ejercía sobre el pueblo, pronto se enteró de la obra del cura de su aldea.

—¡No, no es como los otros —decía—, es un santo!

—Pero ¿tú sabes cómo son los otros curas? —le decía yo, y él:

—Me lo figuro.

Mas aun así ni entraba en la iglesia ni dejaba de hacer alarde en todas partes de su incredulidad, aunque procurando siempre dejar a salvo a don Manuel. Y ya en el pueblo se fue formando, no sé cómo, una expectativa, la de una especie de duelo entre mi hermano Lázaro y don Manuel, o más bien se esperaba la conversión de aquél por éste. Nadie dudaba de que al cabo el párroco le llevaría a su parroquia. Lázaro, por su parte, ardía en deseos —me lo dijo luego— de ir a oír a don Manuel, de verle y oírle en la iglesia, de acercarse a él y con él conversar, de conocer el secreto de aquel su imperio espiritual sobre las almas. Y se hacía de rogar para ello, hasta que al fin, por curiosidad —decía—, fue a oírle.

—Sí, esto es otra cosa —me dijo luego de haberle oído—; no es como los otros, pero a mí no me la da; es demasiado inteligente para creer todo lo que tiene que enseñar.

—Pero, ¿es que le crees un hipócrita? —le dije.

—¡Hipócrita... no!, pero es el oficio del que tiene que vivir.

En cuanto a mí, mi hermano se empeñaba[44] en que yo leyese de libros que él trajo y de otros que me incitaba a

---

[37] *Little bundle, little treasure.*

[38] Tonterías de aldea.

[39] **Para...** *so that you could rot here, among these ignorant peasants.*

[40] Se dio cuenta.

---

[41] **Lugares...** *Clichés.*

[42] Hombres inútiles.

[43] *Frightful.*

[44] **Se...** insistía, hacía un gran esfuerzo.

comprar.

—¿Conque, tu hermano Lázaro —me decía don Manuel— se empeña en que leas? Pues lee, hija mía, lee y dale así gusto. Sé que no has de leer sino cosa buena; lee aunque sea novelas. No son mejores las historias que llaman verdaderas. Vale más que leas que no el que te alimentes de chismes y comadrerías[45] del pueblo. Pero lee sobre todo libros de piedad que te den contento de vivir, un contento apacible y silencioso.

¿Le tenía él?

Por entonces enfermó de muerte y se nos murió nuestra madre, y en sus últimos días todo su hipo era que don Manuel convirtiese a Lázaro, a quien esperaba volver a ver un día en el cielo, en un rincón de las estrellas desde donde se viese el lago y la montaña de Valverde de Lucerna. Ella se iba ya, a ver a Dios.

—Usted no se va —le decía don Manuel—, usted se queda. Su cuerpo aquí, en esta tierra, y su alma también aquí en esta casa, viendo y oyendo a sus hijos, aunque éstos ni le vean ni le oigan.

—Pero yo, padre —dijo—, voy a ver a Dios.

—Dios, hija mía, está aquí como en todas partes, y le verá medie desde aquí. Y a todos nosotros en Él, y a Él en nosotros.

—Dios se lo pague —le dije.

—El contento con que tu madre se muera —me dijo— será su eterna vida.

Y volviéndose a mi hermano Lázaro:

—Su cielo es seguir viéndote, y ahora es cuando hay que salvarla. Dile que rezarás por ella.

—Pero...

—¿Pero...? Dile que rezarás por ella, a quien debes la vida, y sé que una vez que se lo prometas rezarás y sé que luego que reces...

Mi hermano, acercándose, arrasados sus ojos en lágrimas, a nuestra madre, agonizante, le prometió solemnemente rezar por ella.

—Y yo en el cielo por ti, por vosotros —medieval mi madre, y besando el crucifijo y puestos sus ojos en los de don Manuel, entregó su alma a Dios.

—«¡En tus manos encomiendo[46] mi espíritu!» —rezó el santo varón.

Quedamos mi hermano y yo solos en la casa. Lo que pasó en la muerte de nuestra madre puso a Lázaro en re-

lación con don Manuel, que pareció descuidar algo a sus demás pacientes, a sus demás menesterosos,[47] para atender a mi hermano. Íbanse por las tardes de paseo, orilla del lago, o hacia las ruinas, vestidas de hiedra,[48] de la vieja abadía de cistercienses.

—Es un hombre maravilloso —me decía Lázaro—. Ya sabes que dicen que en el fondo de este lago hay una villa sumergida y que en la noche de San Juan, a las doce, se oyen las campanadas de su iglesia.

—Sí —le contestaba yo—, una villa mediev y medieval...

—Y creo —añadía él— que en el fondo del alma de nuestro don Manuel hay también sumergida, ahogada, una villa y que alguna vez se oyen sus campanadas.

—Sí —le dije—, esa villa sumergida en el alma de don Manuel, ¿y por qué no también en la tuya?, es el cementerio de las almas de nuestros abuelos, los de esta nuestra medieval de Lucerna...¡mediev y medieval!

(. . .)

E iba corriendo el tiempo y observábamos mi hermano y yo que las fuerzas de don Manuel empezaban a decaer, que ya no lograba contener del todo la insondable tristeza que le consumía, que acaso una enfermedad traidora le iba minando el cuerpo y el alma. Y Lázaro para distraerle más, le propuso si no estaría bien que fundasen en la iglesia algo así como un sindicato católico agrario.

—¿Sindicato?—respondió tristemente don Manuel—. ¿Sindicato? Y ¿qué es eso? Yo no conozco más sindicato que la Iglesia, y ya sabes aquello de «mi reino no es de este mundo». Nuestro reino, Lázaro, no es de éste mundo...

—¿Y del otro?

Don Manuel bajó la cabeza:

—El otro, Lázaro, está aquí también, porque hay dos reinos en este mundo. O mejor, el otro mundo... Vamos, que no sé lo que me digo. Y en cuanto a eso del sindicato, es en ti un resabio de tu época de progresismo. No, Lázaro, no; la religión no es para resolver los conflictos económicos o políticos de este mundo que Dios entregó a las disputas de los hombres. Piensen los hombres y obren los hombres como pensaren y como obraren, que se consuelen de haber nacido, que vivan lo más contentos que puedan en la ilusión de que todo esto tiene una finalidad. Yo no he venido a someter los pobres a los ricos, ni a predicar a éstos que se sometan a aquéllos. Resignación y caridad en todos y para todos. Porque también el rico tiene que resignarse a su riqueza y a la vida, y también el

---

[45] *Old wives' tales.*
[46] *I commend.*

[47] *Needy.*
[48] *Ivy.*

pobre tiene que tener caridad para con el rico. ¿Cuestión social? Deja eso, eso no nos concierne. Que traen una nueva sociedad, en que no haya ricos ni pobres, en que esté justamente repartida la riqueza, en que todo sea de todos, ¿y qué? ¿Y no crees que del bienestar general surgirá más fuerte el tedio a la vida? Sí, ya sé que uno de esos caudillos de la que llaman la revolución social ha dicho que la religión es el opio del pueblo. Opio... Opio... Opio, sí. Démosle opio, y que duerma y que sueñe. Yo mismo o con esta mi loca actividad me estoy administrando opio. Y no logro dormir bien y menos soñar bien... ¡Esta terrible pesadilla! Y yo también puedo decir con el Divino Maestro: «Mi alma está triste hasta la muerte». No, Lázaro, no; nada de sindicatos por nuestra parte. Si lo forman ellos me parecerá bien, pues que así se distraen. Que jueguen al sindicato, si eso les contenta.

El pueblo todo observó que a don Manuel le menguaban las fuerzas, que se fatigaba. Su voz misma, aquella voz que era un milagro, adquirió un cierto temblor íntimo. Se le asomaban las lágrimas con cualquier motivo. Y sobre todo cuando hablaba al pueblo del otro mundo, de la otra vida, tenía que detenerse a ratos cerrando los ojos. «Es que lo está viendo», decían. Y en aquellos momentos era Blasillo el bobo el que con más cuajo lloraba. Porque ya Blasillo lloraba más que reía, y hasta sus risas sonaban a lloros.

Al llegar la última Semana de Pasión que con nosotros, en nuestro mundo, en nuestra aldea, celebró don Manuel, el pueblo todo presintió el fin de la tragedia. ¡Y cómo sonó entonces aquél: «Dios mío, Dios mío!, ¿por qué me has abandonado?», el último que en público sollozó don Manuel! Y cuando dijo lo del Divino Maestro al buen bandolero —«todos los bandoleros son buenos», solía decir nuestro don Manuel—, aquello de: «Mañana estarás conmigo en el paraíso». ¡Y la última comunión general que repartió nuestro santo! Cuando llegó a dársela a mi hermano, esta vez con mano segura, después del litúrgico: «No hay más vida eterna que ésta... que la sueñen eterna... eterna de unos pocos años...» y cuando me la dio a mí me dijo: «Reza, hija mía, reza por nosotros.» Y luego, algo tan extraordinario que lo llevo en el corazón como el más grande misterio, y fue que me dijo con voz que parecía de otro mundo: «... y reza también por Nuestro Señor Jesucristo...»

Me levanté sin fuerzas y como sonámbula. Y todo en torno me pareció un sueño. Y pensé: «Habré de rezar también por el lago y por la montaña.» Y luego: «¿Es que

estaré endemoniada?» Y en casa ya, cogí el crucifijo con el cual en las manos había entregado a Dios su alma mi madre, y mirándolo a través de mis lágrimas y recordando él «¡Dios mío, Dios mío!, ¿por qué me has abandonado?» de nuestros dos Cristos, el de esta tierra y el de esta aldea, recé, «Hágase tu voluntad, así en la tierra como en el cielo», primero, y después: «Y no nos dejes caer en la tentación, amén.» Luego me volví a aquella imagen de la Dolorosa,[49] con su corazón traspasado por siete espadas, que había sido el más doloroso consuelo de mi pobre madre, y recé: «Santa María, madre de Dios, ruega por nosotros, pecadores, ahora y en la hora de nuestra muerte, amén». Y apenas lo había rezado cuando me dije: «¿Pecadores?, ¿nosotros pecadores?, ¿y cuál es nuestro pecado, cuál?» Y anduve todo el día acongojada por esta pregunta.

Al día siguiente acudí a don Manuel, que iba adquiriendo una solemnidad de religioso ocaso, y le dije:

—¿Recuerda, padre mío, cuando hace ya años, al dirigirle yo una pregunta me contestó: «Eso no me lo preguntéis a mí, que soy ignorante; doctores tiene la Santa Madre Iglesia que os sabrán responder?»

—¡Que si me acuerdo!... Y me acuerdo que te dije que ésas eran preguntas que te dictaba el demonio.

—Pues bien, padre, hoy vuelvo yo, la endemoniada, a dirigirle otra pregunta que me dicta mi demonio de la guarda.[50]

—Pregunta.

—Ayer, al darme de comulgar, me pidió que rezara por todos nosotros y hasta por...

—Bien, cállalo y sigue.

—Llegué a casa y me puse a rezar, y al llegar a aquello de «ruega por nosotros, pecadores, ahora y en la hora de nuestra muerte», una voz íntima me dijo: «¿Pecadores?, ¿pecadores nosotros?, ¿y cuál es nuestro pecado?» ¿Cuál es nuestro pecado, padre?

—¿Cuál? —me respondió—. Ya lo dijo un gran doctor de la Iglesia Católica Apostólica Española, ya lo dijo un gran doctor de *La vida es sueño*, ya dijo que «el delito mayor del hombre es haber nacido».[51] Ese es, hija, nuestro pecado: el de haber nacido.

—¿Y se cura, padre?

—¡Vete y vuelve a rezar! Vuelve a rezar por nosotros, pecadores, ahora y en la hora de nuestra muerte[52]...

---

[49] *Sorrowful Virgin.*
[50] *Play on* «ángel de la guarda», *guardian angel.*
[51] *Line from* La vida es sueño, *by Calderón.*
[52] *Line from the Rosary.*

Sí, al fin se cura el sueño..., y al fin se cura la vida..., al fin se acaba la cruz del nacimiento... Y como dijo Calderón, el hacer bien, y el engañar bien, ni aun en sueños se pierde...

Y la hora de su muerte llegó por fin. Todo el pueblo la veía llegar. Y fue su más grande lección. No quiso morirse ni solo ni ocioso. Se murió predicando al pueblo, en el templo. Primero, antes de mandar que le llevasen a él, pues no podía ya moverse por la perlesía,[53] nos llamó a su casa a Lázaro y a mí. Y allí, los tres a solas, nos dijo:

—Oíd: cuidad de estas pobres ovejas, que se consuelen de vivir, que crean lo que yo no he podido creer. Y tú, Lázaro, cuando hayas de morir, muere como yo, como morirá nuestra Ángela, en el seno de la Santa Madre Católica Apostólica Romana, de la Santa Madre Iglesia de Valverde de Lucerna, bien entendido. Y hasta nunca más ver, pues se acaba este sueño de la vida...

—¡Padre, padre! —gemí yo.

—No te aflijas, Ángela, y sigue rezando por todos los pecadores, por todos los nacidos. Y que sueñen, que sueñen. ¡Qué ganas tengo de dormir, dormir, dormir sin fin, dormir por toda una eternidad y sin soñar!, ¡olvidando el sueño! ¡Cuando me entierren, que sea en una caja hecha con aquellas seis tablas que tallé del viejo nogal, pobrecito!, a cuya sombra jugué de niño, cuando empezaba a soñar... ¡Y entonces sí que creía en la vida perdurable! Es decir, me figuro ahora que creía entonces. Para un niño creer no es más que soñar. Y para un pueblo. Esas seis tablas que tallé con mis propias manos, las encontraréis al pie de mi cama.

Le dio un ahogo y, repuesto de él, prosiguió:

—Recordaréis que cuando rezábamos todos en uno, en unanimidad de sentido, hechos pueblo, el Credo, al llegar al final yo me callaba. Cuando los israelitas iban llegando al fin de su peregrinación por el desierto, el Señor les dijo a Aarón y a Moisés que por no haberle creído no meterían a su pueblo en la tierra prometida, y les hizo subir al monte de Hor, donde Moisés hizo desnudar a Aarón, que allí murió, y luego subió Moisés desde las llanuras de Moab al monte Nebo. A la cumbre del Frasga, enfrente de Jericó, y el Señor le mostró toda la tierra prometida a su pueblo, pero diciéndole a él: «¡No pasarás allá!» Y allí murió Moisés y nadie supo su sepultura. Y dejó por caudillo a Josué. Sé tú, Lázaro, mi Josué, y si puedes detener el Sol, detenle, y no te importe del progreso. Como Moisés, he conocido al Señor, nuestro supremo ensueño, cara a cara, y ya sabes que dice la Escritura que el que le ve la cara a Dios, que el que le ve al sueño los ojos de la cara con que nos mira, se muere sin remedio y para siempre. Que no le vea, pues, la cara a Dios este nuestro pueblo mientras viva, que después de muerto ya no hay cuidado, pues no verá nada...

—¡Padre, padre, padre! —volví a gemir.

Y él:

—Tú, Ángela, reza siempre, sigue rezando para que los pecadores todos sueñen hasta morir la resurrección de la carne y la vida perdurable...

Yo esperaba un «¿y quién sabe...?», cuando le dio otro ahogo a don Manuel.

—Y ahora —añadió—, ahora, en la hora de mi muerte, es hora de que hagáis que se me lleve, en este mismo sillón, a la iglesia para despedirme allí de mi pueblo, que me espera.

Se le llevó a la iglesia y se le puso, en el sillón, en el presbiterio, al pie del altar. Tenía entre sus manos un crucifijo. Mi hermano y yo nos pusimos junto a él, pero fue Blasillo el bobo quien más se arrimó.[54] Quería coger de la mano a don Manuel, besársela. Y como algunos trataran de impedírselo, don Manuel les reprendió diciéndoles:

—Dejadle que se me acerque. Ven, Blasillo, dame la mano.

—El bobo lloraba de alegría. Y luego don Manuel dijo:

—Muy pocas palabras, hijos míos, pues apenas me siento con fuerzas sino para morir. Y nada nuevo tengo que deciros. Ya os lo dije todo. Vivid en paz y contentos y esperando que todos nos veamos un día, en la Valverde de Lucerna que hay allí, entre las estrellas de la noche que se reflejan en el lago, sobre la montaña. Y rezad, rezad a María Santísima, rezad a Nuestro Señor. Sed buenos, que esto basta. Perdonadme el mal que haya podido haceros sin quererlo y sin saberlo. Y ahora, después de que os dé mi bendición, rezad todos a una el Padrenuestro, el Ave María, la Salve, y por último el Credo.

Luego, con el crucifijo que tenía en la mano dio la bendición al pueblo, llorando las mujeres y los niños y no pocos hombres, y en seguida empezaron las oraciones, que don Manuel oía en silencio y cogido de la mano por Blasillo, que al son del ruego se iba durmiendo. Primero el Padrenuestro con su «hágase tu voluntad así en la tierra como en el cielo», luego, el Santa María, con su «ruega por nosotros, pecadores, ahora y en la hora de nuestra

---

[53] Parálisis.

[54] Acercó.

muerte», a seguida, la Salve, con su «gimiendo y llorando en este valle de lágrimas». Y, por último, el Credo. Y al llegar a la «resurrección de la carne y la vida perdurable», todo el pueblo sintió que su santo había entregado su alma a Dios. Y no hubo que cerrarle los ojos, porque se murió con ellos cerrados. Y al ir a despertar a Blasillo nos encontramos con que se había dormido en el Señor para siempre. Así que hubo luego que enterrar dos cuerpos.

El pueblo todo se fue en seguida a la casa del santo a recoger reliquias, a repartirse retazos de sus vestiduras, a llevarse lo que pudieran como reliquia y recuerdo del bendito mártir. Mi hermano guardó su breviario,[55] entre cuyas hojas encontró, desecada y como en un herbario, una clavellina[56] pegada a un papel y en éste una cruz con una fecha.

Nadie en el pueblo quiso creer en la muerte de don Manuel; todos esperaban verle a diario, y acaso le veían, pasar a lo largo del lago y espejado en él o teniendo por fondo las montañas; todos seguían oyendo su voz, y todos acudían a su sepultura, en torno a la cual surgió todo un culto. Las endemoniadas venían ahora a tocar la cruz de nogal, hecha también por sus manos y sacada del mismo árbol de donde sacó las seis tablas en que fue enterrado. Y los que menos queríamos creer que hubiese muerto éramos mi hermano y yo.

El, Lázaro, continuaba la tradición del santo y empezó a redactar lo que le había oído, notas de que me he servido para esta mi memoria.

—El me hizo un hombre nuevo, un verdadero Lázaro,[57] un resucitado —me decía—. Él me dio fe.

—¿Fe? —le interrumpía yo.

—Sí, fe, fe en el consuelo de la vida, fe en el contento de la vida. El me curó de mi progresismo. Porque hay, Ángela, dos clases de hombres peligrosos y nocivos[58]: los que convencidos de la vida de ultratumba, de la resurrección de la carne, atormentan, como inquisidores que son, a los demás para que, despreciando esta vida como transitoria, se ganen la otra, y los que no creyendo más que en este...

—Como acaso tú... —le decía yo.

—Y sí, y como don Manuel. Pero no creyendo más que en este mundo, esperan no sé qué sociedad futura, y se esfuerzan en negarle al pueblo el consuelo de creer en otro...

—De modo que...

—De modo que hay que hacer que vivan de la ilusión.

(. . .)

Quedé más que desolada, pero en mi pueblo y con mi pueblo. Y ahora, al haber perdido a mi san Manuel, al padre de mi alma, y a mi Lázaro, mi hermano aún más que carnal, espiritual, ahora es cuando me doy cuenta de que he envejecido y de cómo he envejecido. Pero ¿es que me acerco a mi muerte?

¡Hay que vivir! Y él me enseñó a vivir, a sentir la vida, a sentir el sentido de la vida, a sumergirnos en el alma de la montaña, en el alma del lago, en el alma del pueblo de la aldea, a perdernos en ellas para quedar en ellas. El me enseñó con su vida a perderme en la vida del pueblo de mi aldea, y no sentía yo más pasar las horas, y los días y los años, que no sentía pasar el agua del lago. Me parecía como si mi vida hubiese de ser siempre igual. No me sentía envejecer. No vivía yo ya en mí, sino que vivía en mi pueblo y mi pueblo vivía en mí. Yo quería decir lo que ellos, los míos, decían sin querer. Salía a la calle, que era la carretera, y como conocía a todos, vivía en ellos y me olvidaba de mí, mientras que en Madrid, donde estuve alguna vez con mi hermano, como a nadie conocía, sentíame en terrible soledad y torturada por tantos desconocidos.

Y ahora, al escribir esta memoria, esta confesión íntima de mi experiencia de la santidad ajena, creo que don Manuel Bueno, que mi San Manuel y que mi hermano Lázaro se murieron creyendo no creer lo que más nos interesa, pero sin creer creerlo, creyéndolo en una desolación activa y resignada.

Pero ¿por qué —me he preguntado muchas veces— no trató don Manuel de convertir a mi hermano también con un engaño, con una mentira, fingiéndose creyente sin serlo? Y he comprendido que fue porque comprendió que no le engañaría, que para con él no le serviría el engaño, que sólo con la verdad, con su verdad, le convertiría; que no habría conseguido nada si hubiese pretendido representar para con él una comedia —tragedia más bien—, la que representaba para salvar al pueblo. Y así me ganó a mí, que nunca dejé transparentar a los otros su divino, su santísimo juego. Y es que creía y creo que Dios Nuestro Señor, por no sé qué sagrados y no escudriñaderos[59] de-

---

[55] Libro que contiene el rezo eclesiástico.
[56] *Little carnation.*
[57] *Lazarus died and was buried, then was resurrected by Jesus.*
[58] *Harmful.*

[59] *Judgmental.*

signios, les hizo creerse incrédulos. Y que acaso en el acabamiento de su tránsito se les cayó la venda.[60] Y yo, ¿creo?

Y al escribir esto ahora, aquí, en mi vieja casa materna, a mis más que cincuenta años, cuando empiezan a blanquear con mi cabeza mis recuerdos, está nevando, nevando sobre el lago, nevando sobre la montaña, nevando sobre las memorias de mi padre, el forastero; de mi madre, de mi hermano Lázaro, de mi pueblo, de mi san Manuel, y también sobre la memoria del pobre Blasillo, y que él me ampare desde el cielo. Y esta nieve borra esquinas y borra sombras, pues hasta de noche la nieve alumbra. Y yo no sé lo que es verdad y lo que es mentira, ni lo que vi y lo que soñé —o mejor lo que soñé y lo que sólo vi—, ni lo que supe ni lo que creí. No sé si estoy traspasando en este papel, tan blanco como la nieve, mi conciencia que en él se ha de quedar, quedándome yo sin ella. ¿Para qué tenerla ya...?

¿Es que sé algo? ¿Es que esto que estoy aquí contando ha pasado y ha pasado tal y como lo cuento? ¿es que pueden pasar estas cosas? ¿Es que todo esto es más que un sueño soñado dentro de otro sueño? ¿Seré yo, Ángela Carballino, hoy cincuentona, la única persona que en esta aldea se ve acometida de estos pensamientos extraños para los demás? ¿Y éstos, los otros, los que me rodean, creen? ¿Qué es eso de creer? Por lo menos, viven. Y ahora creen en san Manuel Bueno, mártir, que sin esperar inmortalidad les mantuvo en la esperanza de ella.

Parece que el ilustrísimo señor obispo, el que ha promovido el proceso de beatificación de nuestro santo de Valverde de Lucerna, se propone escribir su vida, una especie de manual del perfecto párroco, y recoge para ello toda clase de noticias. A mí me las ha pedido con insistencia, ha tenido entrevistas conmigo, le he dado toda clase de datos, pero me he callado siempre el secreto trágico de don Manuel y de mi hermano. Y es curioso que él no lo haya sospechado. Y confío en que no llegue a su conocimiento todo lo que en esta memoria dejo consignado. Les temo a las autoridades de la tierra, a las autoridades temporales, aunque sean las de la Iglesia.

Pero aquí queda esto, y sea de su suerte lo que fuere.

¿Cómo vino a parar a mis manos este documento, esta memoria de Ángela Carballino? He aquí algo, lector, algo que debo guardar en secreto. Te la doy tal y como a mí ha llegado, sin más que corregir pocas, muy pocas

particularidades de redacción. ¿Que se parece mucho a otras cosas que yo he escrito? Esto nada prueba contra su objetividad, su originalidad. ¿Y sé yo, además, si no he creado fuera de mí seres reales y efectivos, de alma inmortal? ¿Sé yo si aquel Augusto Pérez, el de mi novela *Niebla*, no tenía razón al pretender ser más real, más objetivo que yo mismo, que creía haberle inventado? De la realidad de este san Manuel Bueno, mártir, tal como me le ha revelado su discípula e hija espiritual Ángela Carballino, de esta realidad no se me ocurre dudar. Creo en ella más que creía el mismo santo; creo en ella más que creo en mi propia realidad.

Y ahora, antes de cerrar este epílogo, quiero recordarte, lector paciente, el versillo noveno de la Epístola del olvidado apóstol san Judas —¡lo que hace un nombre!—, donde se nos dice cómo mi celestial patrono, San Miguel Arcángel —Miguel quiere decir: «¿Quién como Dios?», y arcángel, archimensajero—, disputó con el Diablo —Diablo quiere decir acusador, fiscal— por el cuerpo de Moisés y no toleró que se lo llevase en juicio de maldición, sino que le dijo al Diablo: «El Señor te reprenda.» Y el que quiera entender, que entienda.

Quiero también, ya que Ángela Carballino mezcló a su relato sus propios sentimientos, ni sé que otra cosa quepa, comentar yo aquí lo que ella dejó dicho de que, si don Manuel y su discípulo Lázaro hubiesen confesado al pueblo su estado de creencia, éste, el pueblo, no los habría entendido. Ni les habría creído, añado yo. Habrían creído a sus obras y no a sus palabras porque las palabras no sirven para apoyar las obras, sino que las obras se bastan. Y para un pueblo como el de Valverde de Lucerna no hay más confesión que la conducta. Ni sabe el pueblo qué cosa es fe, ni acaso le importa mucho.

Bien sé que en lo que se cuenta en este relato, si se quiere novelesco —y la novela es la más íntima historia, la más verdadera, por lo que no me explico que haya quien se indigne de que se llame novela al Evangelio, lo que es elevarlo, en realidad, sobre un cronicón cualquiera—, bien sé que en lo que se cuenta en este relato no pasa nada; mas espero que sea porque en ello todo se queda, como se quedan los lagos y las montañas y las santas almas sencillas asentadas más allá de la fe y de la desesperación, que en ellos, en los lagos y las montañas, fuera de la historia, en divina novela, se cobijaron.

Salamanca, noviembre de 1930.

---

[60] *Blindfold.*

𝒯emas

Comprensión del texto

1. ¿Quién narra esta historia? ¿Por qué? ¿En qué tiempo la narra?

2. ¿Qué influencia ha tenido don Manuel en el pueblo? ¿Se ha extendido su fama más allá de Valverde de Lucerna? Explique.

3. ¿Qué obras buenas ha hecho en el pueblo? ¿Le importa la moralidad convencional? Dé ejemplos.

4. ¿Por qué se cree que puede hacer milagros? ¿Cómo reacciona cuando la gente le pide milagros?

5. ¿Quién es Blasillo? ¿En qué sentido es un reflejo de don Manuel?

6. ¿Cómo responde don Manuel cuando el juez le pide que le ayude a condenar a un criminal?

7. ¿Qué costumbre establece en el pueblo? ¿Cuál es su importancia? ¿Por qué se mantiene don Manuel callado durante una parte del Credo?

8. ¿Por qué se mantiene tan activo?

9. ¿Por qué le atraen los niños?

10. ¿Por qué le aterra el suicidio? ¿Cómo reacciona cuando el padre de un suicida le pide un entierro cristiano para su hijo?

11. ¿Por qué le gusta el baile? ¿Por qué dice que «lo primero es que el pueblo esté contento»?

12. ¿Cuál es el significado del episodio del payaso?

13. ¿Cómo reacciona don Manuel cuando Ángela le pregunta si hay infierno? ¿Por qué?

14. ¿Quién es Lázaro? ¿Qué ideas nuevas trae al pueblo? ¿Cuál es su actitud hacia los curas?

15. ¿Qué piensa de don Manuel? ¿Qué expectativa va formándose en el pueblo? ¿Cómo evita don Manuel una confrontación con Lázaro?

16. ¿Cómo consuela don Manuel a la madre de Ángela y de Lázaro en la hora de su muerte? ¿Cómo usa el pragmatismo para ganarle la voluntad a Lázaro?

17. ¿Cómo arranca Lázaro su secreto a don Manuel?

18. ¿Por qué insiste en que «hay que vivir»?

19. ¿Por qué es el lago «la tentación mayor» del cura?

20. ¿Qué piensa don Manuel del sindicalismo?

21. ¿Cómo muere don Manuel? ¿Cómo convence a Lázaro de que siga con su trabajo?

22. ¿Cómo trata a Blasillo cuando trata de acercarse? ¿Cuál es el significado de la muerte de Blasillo?

23. ¿Ha empezado a dudar Ángela? ¿En qué sentido es la verdadera hija espiritual de don Manuel?

Análisis literario

1. Explique el simbolismo de los nombres en este relato.

2. ¿Es don Manuel una figura positiva o negativa? ¿En qué sentido encierra las contradicciones de la existencia humana?

3. ¿Por qué dice Unamuno que cree más en Ángela que en su propia realidad?

4. ¿Por qué cree usted que Ángela dice que sentía «un especie de afecto maternal» hacia don Manuel?

5. Explique el simbolismo del lago, de la villa dentro del lago y de la montaña. ¿Qué simboliza la nieve que cae en el lago al final del relato?

6. ¿Por qué cree usted que don Manuel condena en sus sermones la mala lengua y la ociosidad?

7. ¿En qué consiste el martirio de don Manuel?

8. ¿En qué consiste la intrahistoria? ¿Cómo se expresa en este relato?

9. ¿Por qué cree usted que Ángela relata la historia de don Manuel sabiendo que esto destruirá su mito y detendrá el proceso de beatificación?

10. ¿Logra don Manuel «la paz en la guerra»? ¿y Ángela? ¿y Lázaro?

RAMÓN DEL VALLE-INCLÁN (RAMÓN VALLE Y PEÑA) (1866-1936)

El escritor gallego Ramón del Valle-Inclán (seudónimo de Ramón Valle y Peña) fue una de las figuras más originales de la generación del 98. Dramaturgo, novelista y poeta, Valle-Inclán desarrolló lo popular y regional al mismo tiempo que lo refinado y arcaico.

En sus cuatro *Sonatas* (*Primavera*, 1904; *Estío*, 1903; *Otoño*, 1901; *Invierno*, 1905) narra las memorias del ficticio marqués de Bradomín, encarnación de valores anticuados y de sensualismo refinado. Las cuatro etapas de su vida—juventud, madurez, decadencia y vejez—corresponden a las cuatro estaciones del año. Se ha dicho que las *Sonatas* representan la culminación del Modernismo* español. Es cierto que se destacan en ellas el gusto por lo decorativo, el erotismo, el exotismo y el decadentismo que caracterizan la obra de Rubén Darío, iniciador del movimiento modernista, pero se diferencian por su intenso cinismo. El marqués de Bradomín encierra lo bello y lo extravagante, pero al mismo tiempo simboliza la decadencia de una generación apegada a ritos y a valores vacíos. En el mundo de las *Sonatas* la religión se ha reducido a lo ornamental. Sirve para realzar el goce y el pecado. A través de las memorias de su personaje, Valle-Inclán, como otros escritores de su generación, examina la degeneración de España y analiza—con sutileza y humor—a un pueblo que carece de orientación y de futuro.

Ramón Sender ha señalado que esta falta de sentido de futuro es precisamente lo que distingue las *Sonatas*. A diferencia de los héroes legendarios tradicionales, el marqués no se enamora nunca, aunque narra numerosos encuentros eróticos. Escribe Sender que para Bradomín, el amor es «sexo, retórica y olvido. Sobre todo olvido. Parece como si tuviera prisa en hacer pasar las mujeres que ama al museo de sus recuerdos para darles un lugar en lo único que tiene Bradomín: un pasado». Si Valle-Inclán buscó su inspiración en lo legendario y arcaico, no fue seguramente con el propósito de idealizar el pasado.

En las obras de esta fase, el autor cultivó el lenguaje poético y el juego visual, empleando a veces combinaciones ingeniosas de chiaroscuro,* a veces utilizando imágenes típicas del Romanticismo. También utilizó la superstición y el terror con fines estéticos, creando así un arte que apela al sentido y a la sensación.

A partir de 1919 Valle-Inclán empezó a cultivar un nuevo estilo: el del *esperpento*. Si en las *Sonatas* había buscado el lirismo, el ritmo y la delicadeza, en los esperpentos sustituyó lo satírico y grotesco. Los personajes de los esperpentos—obras de teatro o novelas—son bajos, feos, perversos, caricaturescos, gesticulantes. A menudo el autor se refiere a ellos como marionetas o fantoches. El lenguaje de estas obras es disonante, cortado; combina lo absurdamente culto y lo callejero, lo rebuscado y lo regional. Aparecen palabras hispanoamericanas, gallegas, madrileñas. La novela *Tirano Banderas* (1926) tiene lugar en Latinoamérica e incorpora regionalismos de diversos países de América.

El esperpento responde a otro intento de explorar la realidad española, de comprender la aparente degeneración de la raza. En la obra teatral *Luces de Bohemia* (1924), el personaje Max Latino, escritor e intelectual, hace una peregrinación nocturna por las calles de Madrid. Observa cada elemento de la sociedad madrileña: pobres, anarquistas, poetas, filósofos, burócratas, policías, políticos, vecinos. Por todos lados encuentra el abuso, el oportunismo, la mentira, la indiferencia, la crueldad. Max mismo define el esperpento: «Los héroes clásicos reflejados en los espejos cóncavos dan el esperpento. El sentido trágico de la vida española sólo puede darse con una estética sistemáticamente deformada... España es una deformación grotesca de la civilización europea... Las imágenes más bellas en un espejo cóncavo son absurdas...» En esta cita, concilia

lo que parecen ser dos estilos diferentes: el de las *Sonatas* y el de los esperpentos. Los dos representan un esfuerzo por examinar la realidad española por medio de un espejo que exagera las características que definen la personalidad colectiva.

Sonata de otoño

Era medianoche. Yo estaba escribiendo cuando Concha, envuelta en su ropón monacal,[1] y sin ruido, entró en el salón que me servía de alcoba.

—¿A quién escribes?

—Al secretario de doña Margarita.

—¿Y qué le dices?

—Le doy cuenta de la ofrenda que hice al Apóstol en nombre de la Reina.

Hubo un momento de silencio. Concha, que permanecía en pie, apoyadas las manos en sus hombros, se inclinó, rozándome la frente con sus cabellos:

—¿Escribes al secretario, o escribes a la Reina?

Me volví con fría lentitud:

—Escribo al secretario. ¿También tienes celos de la Señora?

—¡No! ¡No!

La senté en mis rodillas, y le dije, acariciándola:

—Doña Margarita no es como la otra...

—A la otra también la calumnian[2] mucho. Mi madre, que fue dama de honor, lo decía siempre.

Viéndome sonreír, la pobre Concha inclinó los ojos con adorable rubor:

—Los hombres creéis todo lo malo que se dice de las mujeres...

¡Además, una reina tiene tantos enemigos!

Y como la sonrisa aún no había desaparecido de mis labios, exclamó retorciéndome los negros mostachos con sus dedos pálidos:

—¡Boca perversa!

Se puso en pie con ánimo de irse. Yo la retuve por una mano:

—¡Quédate, Concha!

—¡Ya sabes que no puede ser, Xavier!

Yo repetí:

—Quédate.

—¡No! ¡No!.. Mañana quiero confesarme... ¡Temo tanto ofender a Dios!

---

[1] *Nun's habit.*
[2] Hablan mal de ella.

Entonces, levantándome con helada y desdeñosa cortesía, le dije:

—¿De manera que ya tengo un rival?

Concha me miró con ojos suplicantes:

—¡No me hagas sufrir, Xavier!

—No te haré sufrir... Mañana mismo saldré del Palacio.

Ella exclamó llorosa y colérica:

—¡No saldrás!

Y casi me arrancó la túnica blanca y monacal con que solía visitarme en tales horas. Quedó desnuda. Temblaba, y le tendí los brazos:

—¡Pobre amor mío!

A través de las lágrimas, me miró demudada y pálida:

—¡Qué cruel eres!... Ya no podré confesarme mañana.

La besé, y le dije por consolarla:

—Nos confesaremos los dos el día que yo me vaya.

Vi pasar una sonrisa por sus ojos:

—Si esperas conquistar tu libertad con esa promesa, no lo consigues.

—¿Por qué?

—Porque eres mi prisionero para toda la vida.

Y se reía, rodeándome el cuello con los brazos. El nudo de sus cabellos se deshizo, y levantando entre las manos albas[3] la onda negra, perfumada y sombría, me azotó[4] con ella. Suspiré parpadeando[5]:

—¡Es el azote de Dios!

—¡Calla, hereje!

—¿Te acuerdas cómo en otro tiempo me quedaba exánime[6]?

—Me acuerdo de todas tus locuras.

—¡Azótame, Concha! ¡Azótame como a un divino Nazareno[7]!... ¡Azótame hasta morir!...

—¡Calla!... ¡Calla!...

Y con ojos extraviados y temblándole las manos empezó a recogerse la negra y olorosa trenza:

—Me das miedo cuando dices esas impiedades... Sí, miedo, porque no eres tú quien habla: es Satanás... Hasta tu voz parece otra... ¡Es Satanás!...

Cerró los ojos estremecida y mis brazos la abrigaron amantes. Me pareció que en sus labios vagaba un rezo y murmuré riéndome, al mismo tiempo que sellaba en ellos

con los míos:

—¡Amén!... ¡Amén!... ¡Amén!...

—Quedamos en silencio. Después su boca gimió bajo mi boca.

—¡Yo muero!

Su cuerpo aprisionado en mis brazos tembló como sacudido por mortal aleteo.[8] Su cabeza lívida rodó sobre la almohada con desmayo. Sus párpados se entreabrieron tardos,[9] y bajo mis ojos vi aparecer sus ojos angustiados y sin luz:

—¡Concha!... ¡Concha!...

Me incorporé sobre la almohada, y helado y prudente solté sus manos aún enlazadas en torno de mi cuello. Parecían de cera. Permanecí indeciso, sin osar moverme:

—¡Concha!... ¡Concha!...

A lo lejos aullaban canes.[10] Sin ruido me deslicé hasta el suelo. Cogí la luz y contemplé aquel rostro ya deshecho y mi mano trémula tocó aquella frente. El frío y el reposo de la muerte me aterraron. No, ya no podía responderme. Pensé huir, y cauteloso abrí una ventana. Miré en la oscuridad con el cabello erizado,[11] mientras en el fondo de la alcoba flameaban los cortinajes de mi lecho y oscilaba la llama de las bujías en el candelabro de plata. Los perros seguían aullando muy distantes, y el viento se quejaba en el laberinto como un alma en pena, y las nubes pasaban sobre la luna, y las estrellas se encendían y se apagaban como nuestras vidas.

Dejé abierta la ventana, y andando sin ruido, como si temiese que mis pisadas despertasen pálidos espectros, me acerqué a la puerta que momentos antes habían cerrado trémulas de pasión aquellas manos ahora yertas.[12] Receloso tendí la vista por el negro corredor y me aventuré en las tinieblas.[13] Todo parecía dormido en el Palacio. Anduve a tientas palpando el muro con las manos. Era tan leve el rumor de mis pisadas que casi no se oía, pero mi mente fingía medrosas resonancias. Allá lejos, en el fondo de la antesala, temblaba con agonizante resplandor la lámpara que de día y noche alumbraba ante la imagen

---

[3] Blancas.

[4] *Whipped.*

[5] *Blinking.*

[6] Inmóvil, sin poder moverme.

[7] *Jesus. The Marqués and Concha show their decadence by treating religion as a game.*

[8] *Flutter, shiver. (Concha is ill and is dying.)*

[9] *Dazed, dull.*

[10] **A...** *In the distance dogs were howling. (Note how Valle-Inclán creates a mood with howling dogs and the interplay of darkness and light.)*

[11] *Standing up on end.*

[12] Inmóviles.

[13] Sombras.

de Jesús Nazareno, y la santa faz, desmelenada[14] y lívida, me infundió miedo, más miedo que la faz mortal de Concha. Llegué temblando hasta el umbral de su alcoba y me detuve allí, mirando en el testero[15] del corredor una raya de luz, que marcaba sobre la negra oscuridad del suelo la puerta de la alcoba donde dormía mi prima Isabel. Temí verla aparecer despavorida,[16] sobresaltada por el rumor de mis pasos, y temí que sus gritos pusiesen en alarma todo el Palacio. Entonces resolví entrar adonde ella estaba y contárselo todo. Llegué sin ruido, y desde el umbral, apagando la voz, llamé:

—¡Isabel!... ¡Isabel!...

Me había detenido y esperé. Nada turbó el silencio. Di algunos pasos y llamé nuevamente:

—¡Isabel!... ¡Isabel!...

Tampoco respondió. Mi voz desvanecíase por la vasta estancia como amedrentada[17] de sonar. Isabel dormía. Al escaso reflejo de la luz que parpadeaba en un vaso de cristal, mis ojos distinguieron hacia el fondo nebuloso de la estancia un lecho de madera. En medio del silencio, levantábase y decrecía con ritmo acompasado y lento la respiración de mi prima Isabel. Bajo la colcha de damasco, aparecía el cuerpo en una indecisión suave, y su cabellera deshecha era sobre las almohadas blancas un velo de sombra. Volví a llamar:

—¡Isabel!... ¡Isabel!...

Había llegado hasta su cabecera y mis manos se posaron al azar sobre los hombros tibios y desnudos de mi prima. Sentí un estremecimiento. Con la voz embargada grité:

—¡Isabel!... ¡Isabel!...

Isabel se incorporó con sobresalto:

—¡No grites, que puede oír Concha!...

Mis ojos se llenaron de lágrimas, y murmuré inclinándome:

—¡La pobre Concha ya no puede oírnos!

Un rizo de mi prima Isabel me rozaba los labios, suave y tentador. Creo que lo besé. Yo soy un santo que ama siempre que está triste. La pobre Concha me lo habrá perdonado allá en el Cielo. Ella, aquí en la tierra, ya sabía mi flaqueza. Isabel murmuró sofocada:

—¡Si sospecho esto echo el cerrojo[18]!

—¿Adónde?

—¡A la puerta, bandolero! ¡A la puerta!

No quise contrariar las sospechas de mi prima Isabel. ¡Hubiera sido tan doloroso y tan poco galante desmentirla[19]! Era Isabel muy piadosa, y el saber que me había calumniado la hubiera hecho sufrir inmensamente. ¡Ay!... ¡Todos los Santos Patriarcas, todos los Santos Padres, todos los Santos Monjes pudieron triunfar del pecado más fácilmente que yo! Aquellas hermosas mujeres que iban a tentarles no eran sus primas. ¡El destino tiene burlas crueles! Cuando a mí me sonríe, lo hace siempre como entonces, con la mueca macabra[20] de esos enanos patizambos[21] que a la luz de la luna hacen cabriolas[22] sobre las chimeneas de los viejos castillos... Isabel murmuró, sofocada por los besos:

—¡Temo que se aparezca Concha!

Al nombre de la pobre muerta, un estremecimiento de espanto recorrió mi cuerpo, pero Isabel debió pensar que era de amor. ¡Ella no supo jamás porqué yo había ido allí!

Cuando volví a ver con mis ojos mortales la faz amarilla y desencajada[23] de Concha, cuando volví a tocar con mis manos febriles sus manos yertas, el terror que sentí fue tanto, que comencé a rezar, y de nuevo me acudió la tentación de huir por aquella ventana abierta sobre el jardín misterioso y oscuro. El aire silencioso de la noche hacía flamear los cortinajes y estremecía mis cabellos. En el cielo lívido empezaban a palidecer las estrellas, y en el candelabro de plata el viento había ido apagando las luces, y quedaba una sola. Los viejos cipreses,[24] que se erguían al pie de la ventana, inclinaban lentamente sus cimas mustias, y la luna pasaba entre ellos fugitiva y blanca como alma en pena. El canto lejano de un gallo se levantó en medio del silencio anunciando el amanecer. Yo me estremecí, y miré con horror el cuerpo inanimado de Concha tendido en mi lecho. Después, súbitamente recobrado, encendí todas las luces del candelabro y lo coloqué en la puerta para que me alumbrase el corredor.

---

[14] *With tangled hair.*

[15] *Pared.*

[16] *Aterrorizada.*

[17] *Con miedo.*

[18] **Si...** *If I had thought you'd do this (come into my room at night), I'd have put on the lock.*

[19] *The Marqués doesn't want to disappoint Isabel, who thinks he has come to make love to her.*

[20] **La...** *the morbid grin.*

[21] **Enanos...** *deformed dwarfs.*

[22] *Somersaults.*

[23] *Twisted. (Note how the author turns the beautiful into something grotesque.)*

[24] *The cypress is a traditional symbol of death. The moon, mentioned a line below, is, in romantic literature, often a symbol of death or of lunacy. Valle-Inclán plays with traditional romantic symbols to create a mood.*

Volví, y mis brazos estrecharon con pavura el pálido fantasma que había dormido en ellos tantas veces. Salí con aquella fúnebre carga. En la puerta, una mano, que colgaba inerte, se abrasó en las luces, y derribó el candelabro.[25] Caídas en el suelo las bujías siguieron alumbrando con llama agonizante y triste. Un instante permanecí inmóvil, con el oído atento. Sólo se oía el ulular[26] del agua en la fuente del laberinto. Seguí adelante. Allá, en el fondo de la antesala, brillaba la lámpara del Nazareno, y tuve miedo de cruzar ante la imagen desmelenada y lívida. ¡Tuve miedo de aquella mirada muerta! Volví atrás.

Para llegar hasta la alcoba de Concha era forzoso dar vuelta a todo el Palacio si no quería pasar por la antesala. No vacilé. Uno tras otro recorrí grandes salones y corredores tenebrosos. A veces, el claro de la luna llegaba hasta el fondo desierto de las estancias. Yo iba pasando como una sombra ante aquella larga sucesión de ventanas que solamente tenían cerradas las carcomidas vidrieras, las vidrieras negruzcas, con emplomados vidrios, llorosos y tristes. Al cruzar por delante de los espejos cerraba los ojos para no verme. Un sudor frío empañaba mi frente. A veces, la oscuridad de los salones era tan densa que me extraviaba en ellos y tenía que caminar a la ventura, angustiado, yerto, sosteniendo el cuerpo de Concha en un solo brazo y con el otro extendido para no tropezar. En una puerta, su trágica y ondulante cabellera quedó enredada. Palpé en la oscuridad para desprenderla. No pude. Enredábase más a cada instante. Mi mano asustada y torpe temblaba, sobre ella, y la puerta se abría y se cerraba, rechinando[27] largamente. Con espanto vi que rayaba el día. Me acometió un vértigo y tiré[28]... El cuerpo de Concha parecía querer escaparse de mis brazos. Lo oprimí con desesperada angustia. Bajo aquella frente atirantada[29] y sombría comenzaron a entreabrirse los párpados de cera. Yo cerré los ojos, y con el cuerpo de Concha aferrado en los brazos huí. Tuve que tirar brutalmente hasta que se rompieron los queridos y olorosos cabellos...

Llegué hasta su alcoba que estaba abierta. Allí la oscuridad era misteriosa, perfumada y tibia, como si guardase el secreto galante de nuestras citas. ¡Qué trágico secreto debía guardar entonces! Cauteloso y prudente dejé el cuerpo de Concha tendido en su lecho y me alejé sin ruido. En la puerta quedé irresoluto y suspirante. Dudaba si volver atrás para poner en aquellos labios helados el beso postrero: resistí la tentación. Fue como el escrúpulo de un místico. Temí que hubiese algo de sacrílego en aquella melancolía que entonces me embargaba. La tibia fragancia de su alcoba encendía en mí, como una tortura, la voluptuosa memoria de los sentidos. Ansié gustar las dulzuras de un ensueño casto y no pude. También a los místicos las cosas más sanas les sugestionaban, a veces, los mas extraños diabolismos. Todavía hoy el recuerdo de la muerta es para mí de una tristeza depravada y sutil: me araña[30] el corazón como un gato tísico de ojos lucientes. El corazón sangra y se retuerce, y dentro de mí ríe el Diablo que sabe convertir todos los dolores en placer. Mis recuerdos, glorias del alma perdidas, son como una música lívida y ardiente, triste y cruel, a cuyo extraño son danza el fantasma lloroso de mis amores. ¡Pobre y blanco fantasma, los gusanos le han comido los ojos, y las lágrimas ruedan de las cuencas[31]! Danza en medio del corro juvenil de los recuerdos, no posa en el suelo, flota en una onda de perfume. ¡Aquella esencia que Concha vertía en sus cabellos y que la sobrevive! ¡Pobre Concha! No podía dejar de su paso por el mundo más que una estela de aromas. ¿Pero acaso la más blanca y casta de las amantes ha sido nunca otra cosa que un pomo[32] de divino esmalte,[33] lleno de afroditas y nupciales esencias?

María Isabel y María Fernanda anunciáronse primero llamando en la puerta con sus manos infantiles. Después alzaron sus voces frescas y cristalinas, que tenían el encanto de las fontanas cuando hablan con las yerbas y con los pájaros:

—¿Podemos pasar, Xavier?

—Adelante, hijas mías.

Era ya muy entrada la mañana, y llegaban en nombre de Isabel a preguntarme cómo había pasado la noche. ¡Gentil pregunta, que levantó en mi alma un remordimiento! Las niñas me rodearon en el hueco del balcón que daba sobre el jardín. Las ramas verdes y foscas[34] de

---

[25] **Se...** *got singed on the light and knocked over the candelabra. (Note the grotesque image of the arm dangling from Concha's dead body.)*

[26] *Wail, groan.*

[27] *Creaking. (Again, note the creation of a "creepy" mood.)*

[28] *I yanked. (Concha's hair has gotten caught in the door, and in his haste, the Marqués yanks it loose.)*

[29] *Being held up.*

---

[30] *Scratches at.*

[31] *Sockets.*

[32] *Bottle, jar.*

[33] Porcelana.

[34] Oscuras.

un abeto[35] rozaban los cristales llorosos y tristes. Bajo el viento de la sierra, el abeto sentía estremecimientos de frío, y sus ramas verdes rozaban los cristales como un llamamiento del jardín viejo y umbrío[36] que suspiraba por los juegos de las niñas. Casi al ras de la tierra, en el fondo del laberinto, revoloteaba un bando de palomas, y del cielo azul y frío descendía avizorado[37] un milano[38] de luengas[39] alas negras:

—¡Mátalo, Xavier!... ¡Mátalo!...

Fui por la escopeta, que dormía cubierta de polvo en un ángulo de la estancia, y volví al balcón. Las niñas palmotearon[40]:

—¡Mátalo! ¡Mátalo!

En aquel momento el milano caía sobre el bando de palomas que volaba azorado.[41] Echéme la escopeta a la cara, y cuando se abrió un claro tiré. Algunos perros ladraron en los agros[42] cercanos. Las palomas arremolináronse[43] entre el humo de la pólvora. El milano caía volinando, y las niñas bajaron presurosas y le trajeron cogido por las alas. Entre el plumaje del pecho brotaba viva la sangre... Con el milano en triunfo se alejaron. Yo las llamé sintiendo nacer una nueva angustia:

—¿Adónde vais?

Ellas desde la puerta se volvieron sonrientes y felices:

—¡Verás qué susto le damos a mamá cuando despierte!...

—¡No! ¡No!

—¡Un susto de risa!

No osé detenerlas, y quedé solo con el alma cubierta de tristeza. ¡Qué amarga espera! ¡Y qué mortal instante aquel de la mañana alegre, vestida de luz, cuando en el fondo del Palacio se levantaron gemidos inocentes, ayes desgarrados y lloros violentos!... Yo sentía una angustia desesperada y sorda enfrente de aquel mudo y frío fantasma de la muerte que segaba los sueños en los jardines de mi alma. ¡Los hermosos sueños que encanta el amor! Yo sentía una extraña tristeza como si el crepúsculo cayese sobre mi vida y mi vida, semejante a un triste día de Invierno, se acabase para volver a empezar con un amanecer sin sol. ¡La pobre Concha había muerto! ¡Había muerto aquella flor de ensueño a quien todas mis palabras le parecían bellas! ¡Aquella flor de ensueño a quien todos mis gestos le parecían soberanos!... ¿Volvería a encontrar otra pálida princesa, de tristes ojos encantados, que me admirase siempre magnífico?[44] Ante esta duda lloré. ¡Lloré como un Dios antiguo al extinguirse su culto!

La rosa de papel: Melodrama para marionetas[45] (esperpento)

LA ENCAMADA.[46]	SIMEÓN JULEPE.[47]
LA MUSA.	LA DISA.
LA COMADRE.	LUDOVINA LA MESONERA.[48]
PEPE EL TENDERO.	
UNA VIEJA.	LA PINGONA.[49]
CORO DE CRÍOS.	VOCES DE LA CALLE.

Lívidas luces de la mañana. Frío, lluvia, ventisquero. En una encrucijada de caminos, la fragua de SIMEÓN JULEPE. SIMEÓN *alterna su oficio del yunque[50] con los menesteres de orfeonista[51] y barbero de difuntos. Pálido, tiznado,[52] con tos de alcohólico y pelambre[53] de anarquista, es orador en la taberna y el más fanático sectario del aguardiente de anís.* SIMEÓN JULEPE, *aire extraño, melancolía de enterrador o de verdugo, tiene a bordo cuatro copas.[54] Bate el hierro. Una mujer deshecha, incorporándose en el camastro, gime con las manos en los oídos.*

---

[44] *Notice that the Marqués' sadness does not stem from Concha's death but from his loss of an admirer. His real concern is finding someone else who will delight in him the way she did.*

[45] *The play is not actually meant to be performed by marionettes, but actors who wear masks or paint their faces and move jerkily as though they were controlled by strings.*

[46] *Bedridden woman.*

[47] *Simeón is a Biblical name, used ironically here, connoting piety. Julepe, in Galicia, means drunkenness.*

[48] *Innkeeper.*

[49] *Ragged woman.*

[50] *Anvil.*

[51] *Member of the glee club (here, with political leanings).*

[52] *Sucio.*

[53] *Bushy hair.*

[54] **Tiene...** *has already downed four drinks.*

---

[35] Pino (árbol).

[36] Oscuro, denso.

[37] Con precisión.

[38] *A bird of prey of the hawk family.*

[39] Largas. *(Valle-Inclán uses this archaic word for poetic effect.)*

[40] *Clapped.*

[41] *Scared and confused. (The Marqués is like the bird of prey, while the doves are like the women he seduces.)*

[42] Campos.

[43] Se juntaron.

LA ENCAMADA. ¡Que me matas, renegado! ¡Que la cabeza se me parte[55]! ¡Deja ese martillar del infierno[56]!

JULEPE. ¡El trabajo regenera al hombre!

LA ENCAMADA. ¡Borrachón! Hoy te dio la de trabajar porque me ves a morir, que de no,[57] estarías en la taberna.

JULEPE. A mí la calumnia no me mancha.

LA ENCAMADA. ¡Mi Dios, sácame de este mundo!

JULEPE. ¡No caerá esa breva[58]!

LA ENCAMADA. ¡Criminal!

JULEPE. ¡Muy criminal, pero bien me has buscado!

LA ENCAMADA. ¡Sólo vales para engañar!

JULEPE. Florianita, atente a las consecuencias.[59]

LA ENCAMADA. ¡Mal cristiano!

JULEPE. Ni malo, ni bueno.

LA ENCAMADA. ¡Mala casta!

JULEPE. Tendré que ausentarme por no zurrarte la pandereta.[60]

LA ENCAMADA. ¡Espera!

JULEPE. ¡No seas pelma[61]!

LA ENCAMADA. ¡Oye!

JULEPE. Me quedé sordo de un aire.[62]

JULEPE, *ladeándose la gorra, se dirige a la puerta. El viento frío arrebuja la cortina ceni-cienta de la lluvia, que rebota en el umbral.* LA ENCAMADA *se incorpora con un gemido.*

LA ENCAMADA. ¡Escucha!

JULEPE. ¿Qué pasa en Cádiz?[63]

LA ENCAMADA. Lleva aviso por los Divinos.[64] Espera. En este burujo[65] de trapos tengo cosidos siete mil reales.[66]

JULEPE. No sería malo.

LA ENCAMADA. ¡Tantos trabajos para juntarlos! ¡Tantas mojaduras por esos caminos! ¡La vida me cuestan!

JULEPE. ¡No seas Traviata[67]!

LA ENCAMADA. ¡Así me lo pagas!

JULEPE. ¡Qué esperanza[68]!

LA ENCAMADA. ¡Lo que amasaron mis sudores, tú lo derrocharás en la taberna!

JULEPE. ¡A ver ese burujo!

LA ENCAMADA. ¡Déjamelo! ¡Espera! Palparlo, sí... Pero no te lo lleves. Ya lo tendrás. Espera que cierre los ojos. Palparlo, sí.

JULEPE. ¡Pues parece dinero!

LA ENCAMADA. ¡Siete mil reales! ¡Cuántos trabajos!

JULEPE. ¡Eres propiamente una heroína!

LA ENCAMADA. No te lo lleves. Poco tendrás que esperar. Palpa, palpa cuanto quieras.

JULEPE. ¿Lo tienes bien contado?

LA ENCAMADA. ¡Siete mil trabajos!

JULEPE. ¿No te obcecas[69]?

LA ENCAMADA. ¡Contados y recontados los tengo!

JULEPE. ¿Es puro billetaje?

LA ENCAMADA. Billetaje de a ciento.

JULEPE. ¡Una heroína! No hay más. ¡Una heroína de las primeras[70]!

LA ENCAMADA. Simeón, procura mirar por los hijos, y no dejar mis sudores en la taberna.

JULEPE. Ya estás faltando.[71]

LA ENCAMADA. ¡Te conozco, Simeón Julepe!

JULEPE. También yo conozco mis deberes.

LA ENCAMADA. Lo que gastes en copas, a tus hijos se lo robas. ¡Sé hombre de bien!

JULEPE. ¡En ese respective ninguno me echa la pata[72]!

LA ENCAMADA. ¡No me dejes sin los Divinos!

JULEPE. Tendrás cuanto deseas. Eso y mucho más te mereces. ¡Qué duda tiene! Yo respeto todos los fanatismos.

---

[55] **Se...** *is splitting.*

[56] **Deja...** *Stop that banging! (Julepe is an iron smith.)*

[57] **Que...** *otherwise.*

[58] **No...** *We should only be so lucky.*

[59] **Atente...** *resign yourself (to death).*

[60] **Por...** *to keep myself from whipping your ass.*

[61] **No...** *Get it over with (hurry up and die).*

[62] **Me...** *I caught a draft in the ear and can't hear.*

[63] **Qué...** *What's up?*

[64] **Lleva...** *Call the priest to give me the last sacraments.*

[65] *Roll, pile.*

[66] *The* real *was a monetary unit used in Spain. Sometimes a* real *is a silver coin, but in this case Floriana has hundred-peseta bills, as she explains below..*

[67] **No...** *Don't get melodramatic. (Reference to Verdi's famous opera, La Traviata.)*

[68] **Qué...** *I wish I had that dough. (Argentinianism. Valle-Inclán often incorporated Latin American expressions into his work.)*

[69] *Equivocas, confundes.*

[70] **Una...** *a first-class heroine.*

[71] *Insultándome.*

[72] **En...** *Nobody outdoes me on that score.*

LA ENCAMADA. Estarás con la gorra quitada cuando entre el Rey del Cielo.

JULEPE. ¡Me sobra educación,[73] Floriana!

LA ENCAMADA. Pasa por la puerta de tía Pepa. Dile que venga para les lavar la cara a los críos y vestirles la ropa nueva. ¡Ángeles de Dios, que tan solos en el mundo se quedan!

JULEPE. ¡Floriana, con ese patetismo me la estás dando[74]! Hablas como si ya fueses propiamente un cadáver! ¡No hay derecho!

LA ENCAMADA. ¡Avísame los Divinos!

JULEPE. Entodavía no estás para eso.[75] ¿Dónde has puesto el burujo de los cuartos?

LA ENCAMADA. Bajo la rabadilla[76] lo tengo. Date prisa, Simeón. ¡Quiero estar despachada!

JULEPE. ¡Una heroína propiamente!

LA ENCAMADA. Toma soleta.[77]

JULEPE *se afirma la gorra y sale contoneándose.[78] Cuando se desvanece el rumor de los pasos, la adolecida se incorpora al burujo de los dineros. En camisa y trenqueando[79] sube la escalerilla del fayado[80]. Se la oye dolerse, entre un pisar deshecho y con pausas, por la tarima del sobrado. Helada y prudente, reaparece en la escalera. Casi a rastras llega al cocho y se sume en las mantas remendadas. Atenta y cadavérica, el rostro perfilándose sobre un montón de trapos, cuenta las tablas del piso. En su mente señala el escondite que acaba de dar al tesoro. Dos vecinas cotillonas, figuras grises con vaho de llovizna, se meten de un pulo por la puerta, ponderando el arrecido de la helada, con canijo estremecimiento de las sayas húmedas y pingonas.[81] Llega de fuera una*

ferranchada[82] *de chicos que arrastran un caldero y olor de sardinas asadas.* LA MUSA *y* LA DISA—PEPIÑA MUS *y* JUANA DISA— *son las comadres que ahora entraron.*

LA MUSA. Bien la aciertas quedándote en las pajas, Floriana. ¿Con qué ánimos estás?

LA ENCAMADA. ¡Acabando!

LA MUSA. ¡Sí que no tienes buena cara!

LA DISA. ¿Y el médico no te receta?

LA ENCAMADA. Su receta fue que me dispusiesen.[83]

LA MUSA. No llames al médico, Floriana. Si quieres gastarte un duro, mándale decir una misa a San Blas.[84] ¡Te aprovechará mejor que si lo tiras en médico y botica!

LA DISA. Al médico siempre es bueno tenerlo avisado. ¡Y si no, acuerda cuando se despachó tía Cruces! El médico negó el certificado, y trajo mayores gastos, porque se metió la curia.[85]

LA ENCAMADA. Al Juzgado, para comerse una casa, con poco motivo le basta.

LA MUSA. Y tú, pues tan sin pulsos te hallas, ¿no piensas arreglar las cuentas del alma?

LA ENCAMADA. Simeón salió por los Divinos.

LA DISA. ¿Estás confesada?

LA ENCAMADA. Desde ayer tarde. Mi cuenta tengo rendida en este mundo y en el otro.

LA MUSA. ¡Muy dispuesta te encuentras!

LA ENCAMADA. Acato[86] la divina sentencia.

LA MUSA. ¡Alabada sea tanta conformidad! Aun cuando no salga ser ésta tu hora, bien haces en estar preparada, Floriana.

LA ENCAMADA. ¡Acabo!

LA DISA. ¿No tomas aguas templadas[87]?

LA MUSA. Una gota de anisado te daría calor.

LA ENCAMADA. ¡Espantaime[88] el gato de sobre la cama!

LA DISA. ¿Dónde ves tú gato?

LA MUSA. Es propio delirio, Disa. Mírale que vira los ojos como para el tránsito.

---

[73] **Me...** *I have plenty of good manners. (Removing one's hat is a sign of respect and breeding.)*

[74] **Me...** *you're getting me upset.*

[75] **Entodavía...** *You're not ready for that yet. (*Entodavía *is a Galicianism.)*

[76] *Rump.*

[77] **Toma...** *Hurry!*

[78] *Strutting.*

[79] *Staggering.*

[80] *Ático.*

[81] **Dos...** *Two busybodies appear at the door, gray figures seen through a light fog, who watch as the dying woman slowly grows stiff, shivering weakly in her humid, ragged petticoat. (Floriana can no longer control her bladder.)*

[82] *Grupo.*

[83] *Get me ready for death.*

[84] *San Blas is often invoked against soar throats. La Musa's suggestion to the dying Floriana is ironic.*

[85] **Se...** *the courts got involved.*

[86] *Acepto.*

[87] *Medicinal drinks.*

[88] *Scare away. (Galicianism)*

LA ENCAMADA. ¡Espantaime ese gato!

A éstas[89] SIMEÓN JULEPE *entra de la calle, la gorra cargada sobre una ceja y el paso claudicante*[90] *de borracho. Da una zapateta viendo a las cotillonas y se arranca los pelos.*

JULEPE. ¡Rediós! ¡A se apartar prontamente[91]! Manos en alto.
LA MUSA. ¡No escandalices, borrachón!
JULEPE. ¡A ponerse treinta pasos de esa cama!

SIMEÓN *saca del pecho un papelote de rosquillas, y con doble traspiés*[92] *se lo entrega a las manos cadavéricas que salen de las mantas remendadas.*

JULEPE. Floriana, ¡hazme el favor de decir qué hacen aquí estas maulas[93]!
LA ENCAMADA. ¡Espantaime ese gato!
LA MUSA. ¡Te repudia con ese texto[94]!

JULEPE, *las manos entre las mantas, cachea bajo el desmadejado fantasma, que se duele con estertores.* JULEPE *se yergue tirándose de la greña.*[95]

JULEPE. ¡Puñela! ¡Mala rabia[96]! ¡A cerrar prontamente esas puertas! ¡A soltar lo robado! ¡Los sudores de esta heroína, el pan de mis vástagos[97]!
LA MUSA. ¡Buena la traes[98]!
JULEPE. ¡Solemnísimas ladras[99]!
LA DISA. ¡El ladrón eres tú, que así nos quitas la fama!
JULEPE. ¡Siete mil reales cosidos en un burujo!, ¿quién los ha robado?

---

[89] En este momento.
[90] *Stumbling.*
[91] **Rediós...** *Damn it! Get out of here right now.*
[92] **Un...** *a grubby piece of paper, and stumbling all over.*
[93] *Gossips.*
[94] **Te...** *She rejects your nonsense with her demented words.*
[95] **Cachea...** *pokes around under the faltering, ghost-like woman, who agonizes with a death rattle. Julepe jerks up tugging on his tangled mop of hair.*
[96] **Puñela...** *Damn it! Goddamn it!*
[97] *Hijos.*
[98] **Buena...** *You're good and drunk.*
[99] **Solemnísimas...** *You damn thieves.*

LA MUSA. ¡Un burujo! ¿Y de cuánto has dicho?
JULEPE. ¡Siete mil reales!
LA MUSA. ¡Quimerista[100]!
LA DISA. ¡Borrachón!
JULEPE. ¡Siete mil reales en billetaje de a ciento!
LA MUSA. ¿Cuándo te tocó la lotería, Simeón?
LA DISA. ¿Dónde has visto tú siete mil reales? ¿Pintados?
JULEPE. ¡Rediós! ¡Ahorros y privaciones de esta mártir modelo! Florianita, contesta a estas maulas con un corte de mangas.[101]
LA DISA. ¡Sácanos de este entredicho, Floriana! ¡Di tú si al jergón hemos tocado!
LA MUSA. Déjala en el sopor. A mi ver tiene perdida el habla.
JULEPE. ¡A volver prontamente lo robado!

Declamatoria, PEPIÑA DE MUS, *se encorvaba sobre el camastro, tocaba las manos yertas enclavijadas en el papelote de rosquillas, accionaba, movía un brazo en el aire, como alón desplumado.*[102]

LA MUSA. ¡Descúbrete la cabeza y arrodíllate, Simeón Julepe!
JULEPE. ¿Pues?
LA MUSA. ¡Acabó!
JULEPE. ¡Un ángel pierdo!
LA DISA. ¡Ya está fría! Para mí acabó cuando este veneno entraba. ¡Aquel gran suspiro que dio ha sido para entregar el alma!

SIMEÓN *se arranca la gorra. El aire melodramático: marcando con la cara torcida, sin perder ojo de las cotillonas, cierra la puerta. Recostándose en el muro con un traspiés, se mete la llave en la faja.*

JULEPE. Voy a cachear por el burujo. ¡Si no parece, os paso de un balazo y me como vuestras entrañas!
LA DISA. ¡Deja ese tema, grandísimo borracho! ¡Respeta la muerte!
LA MUSA. ¡No me quites la devoción de rezarle por el alma a la difunta, Julepe!

---

[100] *Daydreamer.*
[101] **Contesta...** *give these bitches the finger.*
[102] **Como...** *like a plucked wing. (Note the grotesque image.)*

JULEPE. ¡Si el burujo no parece, os coso a
    puñaladas!

SIMEÓN *catea entre las mantas, hunde en el
jergón ansiosa lividez de sus manos tiznadas, remueve
el cuerpo de la difunta.*

JULEPE. ¡Rediós! ¡Aquí no hay nada! ¡Disponeros a
    morir por ladras, grandísimas maulas!
LA DISA. ¡Mala centella te abrase la lengua,
    borrachón!
JULEPE. ¡A rezar el Señor Mío[103]!
LA MUSA. ¡Mira bien, relajado!
JULEPE. ¡Ladras!
LA DISA. ¡Ésa es la dolor que te pasa, Lutero[104]!
LA MUSA. ¡Lo que tuvieras, ahí lo tendrás! Vamos a
    sacar del cocho a la difunta.

*Toman el cuerpo en vilo[105] y se deshacen el flaco
nudo de las manos derramando el papelote de
rosquillas. En la lividez de los dedos se aguzan las
uñas violadas. Salen de la camisa rabicorta las
canillas, doblándose como rotas velas.*

JULEPE. ¡Nada! ¡Nada! ¡Nada! ¡Robado!
    ¡Inicuamente robado! ¡A morir se ha dicho, so[106]
    maulas!
LA DISA. ¡Ah de Dios! ¡Acudide[107] vecinos! ¡En casa
    de Julepe! ¡Nos degüella vivas este sanguinario!
LA MUSA. ¡Ay Julepe, si cojo una tranca!

*En la batalla de las cotillonas y el borracho, la
difunta rueda de la tarima y queda de bruces, con el
faldón sobre la rabadilla.[108] Por la escalera del desván,
en las alturas del fayo, aparecen tres críos desnudos,
encadillados bajo el cobertor[109]: sucia pelambre, bocas*

lloronas, ojos apretados.

CORO DE CRÍOS. ¡Ay mi madre! ¡Mi madre! ¡Mi
    madre!
JULEPE. ¡Ante vuestros ojos inocentes voy a picarles
    la garganta a estas malas mujeres!

*Las cotillonas, cada una en su rincón, esperan
prevenidas.* PEPIÑA DE MUS *esgrime un picachón.*
JUANA DIS *levanta el martillo del yunque.*

LA DISA. ¡Ven ahora, borrachón! ¡Ven, que te
    desmeollo[110]!
LA MUSA. Como soy Pepa Mus, el pecho te paso.
JULEPE. ¡Robado! ¡Robado! ¡Robado!
CORO DE CRÍOS. ¡Mi madre! ¡Mi madre! ¡Mi
    madre!
JULEPE. ¿No os conduele la orfandad de estos
    niños? ¡Puñela! ¡Con la vida vais a pagarlo!

*Abre una arquilla que está pareja con el camastro
y la vuelca. Entre el baratijo de lilailos[111] sale un
revólver antiguo, tomado de orín.[112] El revólver
romántico que de soltero llevaba* JULEPE. *Ahora lo
empuña con gozo y rabia de peliculero[113]
melodramático.*

JULEPE. ¡Tiene siete balas!
CORO DE CRÍOS. ¡Mi padre! ¡Mi padre! ¡Mi
    padre!
LA DISA. ¡Borrachón! ¡Mira qué ejemplo para esos
    huérfanos!
JULEPE. ¡A morir se ha dicho! ¡A morir, sin
    remedio! ¡A morir, por encima de la corona del
    Papa!
LA MUSA. No te ofusques y cachea bien. El burujo
    de los cuartos, si es verdad que los había, tiene de
    parecer.
LA DISA. ¡Inocentes estamos, borrachón! ¡Si pudiese
    hablar la difunta, lo hablaría igual!
LA MUSA. Cachea entre las pajas. Bájale primero la
    camisa a la difunta, que parece un escarnio.

---

[103] *Prayer said when someone is dying.*
[104] *Heretic. (Reference to Martin Luther [1483-1546],
leader of the Protestant Reformation.)*
[105] **Toman...** *they left the corpse in the air.*
[106] *«So» refuerza el adjetivo; es semejante a «muy».*
[107] *Acudid. (Come! Help!)*
[108] **La...** *The dead woman rolls from the bench and falls
flat on her face, her skirt pulled up over her rump.*
[109] **Encadillados...** *Squeezed together under a blanket.
(Note that the filthy, wailing children always are not por-
trayed as individuals, but as puppets cut from a mold. That's
why they always speak in unison. For Valle-Inclán, they*

---

symbolize backward, impoverished, rural Spain.)
[110] *So that I can bash your brains out.*
[111] **El...** *the pile of junk.*
[112] **Tomado...** *rusty.*
[113] *Actor in the silent movies.*

LA DISA. ¡Y un mal ejemplo para las criaturas!

LA MUSA. Ponla en el banco.

JULEPE. Cadáver frío, ¡tú solamente puedes aclarar esta causa célebre!

JULEPE se tira de los pelos. Del cadillo[114] de críos, que hipan y lloran, sale una voz arratada.[115]

LA VOZ DE RATA. ¡El burujo de los cuartos lo escondió, después, mi madre en la bufanda!

JULEPE. ¿Qué dices, ángel celeste?

LA DISA. Inocente, ¡tú nos salvas!

JULEPE se lanza a la escalera y sube en dos trancos, desbaratando el retablo de monigotes[116] que hipa y lloriquea bajo la claraboya. Los calcaños azules y las alpargatas desaparecen por la escotilla del fayado. En torno de la casa rueda un vocerío de comadres. Hay aporreos en la puerta y el ventano.

VOCES DE LA CALLE. ¿Qué se pasa? ¿Sois vivos o muertos? ¿Quién pide auxilio?

LA MUSA. ¡Dos tristes mujeres!

LA DISA. ¡Con quitarnos la vida nos amenaza el borrachón de Julepe!

VOCES DE LA CALLE. Julepe, ¡no te ciegues! ¡Abre la puerta!

LA MUSA. ¡Entregó el alma la Floriana!

LA DISA. ¡Deja un gato[117] de muchos miles!

VOCES DE LA CALLE. ¡Abre la puerta! ¡No te arrebates, Julepe!

LA DISA. ¡Echó la llave para nos degollar!

LA MUSA. ¡Este verdugo quería morcillas para el velorio[118]!

LA DISA. ¡Viva me veo de milagro!

VOCES DE LA CALLE. Julepe, ¡abre! ¡Abre, Julepe!

JULEPE. ¡Ahí va la llave!

La llave cae de lo alto. JULEPE, en la boca del

---

[114] *Litter of puppies.*

[115] *Como la de una rata.*

[116] **Desbaratando...** *Breaking up the little stage of puppets. (The children form a frame or tableau.)*

[117] *Bundle, moneybag.*

[118] **Este...** *This murderer wanted blood sausages for the wake. (Morbid allusion to the blood sausages customarily served at wakes in Galicia.)*

escotillón, corta con la navaja el cosido de trapos. Avista el dinero y se guarda el burujo en la faja.

CORO DE CRÍOS. ¡Mamá Floriana! ¡Mamá Floriana!

JULEPE. ¡Bien hacéis en llorarla, tiernos vástagos! ¡Esposa y madre modelo en los cuatro puntos cardinales! ¡Una heroína de las aventajadas!

JULEPE se tira por la escalera con los brazos en aspa[119] y cae a los pies de la difunta. Se levanta abrazado con ella. El retablo de vecinos asoma mudo, sin traspasar la puerta, y en aquel silencio la voz del borracho se remonta con tremo afectado y patético.

JULEPE. Floriana, ángel ejemplar, ¡no tengo lágrimas para llorar tu irreparable pérdida! ¡No las tengo! ¡Me falta ese consuelo! ¡Soy propia fiera! ¡Soy un corazón de piedra dura! Floriana, ¡contigo se derrumba esta familia! ¡Vuelve a la vida, Floriana!

A uno y otro lado le asisten las dos cotillonas, JUANA DIS y PEPIÑA DE MUS. Aquélla sostiene la exangüe cabeza de la difunta, y ésta, los amarillos calcañares. Posan en el jergón la yerta figura de cera y la cubren con una sábana. JULEPE, el aire fatalista y menestral, estruja la gorra entre las manos, mira al cielo y sale.

LA DISA. ¡Acompáñailo alguno, que es un hombre desesperado!

LA MUSA. Encarga la caja,[120] Julepe.

Entran de refilón algunos chicuelos descalzos y pelones, la expresión unánime, curiosa de susto y malicia. Se deshace el cadillo de los tres que lloran bajo la claraboya. Salen coritos de la manta, bajan a la vera del cadáver.

CORO DE CRÍOS. ¡Mamá Floriana! ¡Mamá Floriana!

LA DISA. A estas criaturas hay que ver de cubrirles las carnes.

LA VOZ DE RATA. Ya mamá sacó, después de la

---

[119] *Outstretched.*

[120] *Coffin.*

hucha,[121] la ropa nueva.

LA MUSA, *que ha ido a cubrirse con la mantilla y ha vuelto, comienza con un planto. Otra comadre sacude sobre el rígido bulto ensabanado un aspergis[122] de agua bendita. Otra levanta una punta del lienzo y contempla el rostro de la muerta.*

LA COMADRE. ¡Qué blanca! ¡No tenía los treinta años! ¡Fue pretendida de caballeros y cayó con esa mala casta[123]!

LA DISA. ¡Cegueras!

LA COMADRE. ¿No disponéis amortajarla antes de que encalle[124]? ¡Mirai que despés es mucha faena[125]!

LA DISA. No sabemos cuál sea la voluntad de Julepe.

LA COMADRE. Cualesquiera aguarda lo que resuelva ese borrachón. Yo, por mi cuenta, voy a disponerla.

LA MUSA. ¡Ahora te ayudo, curmana[126]!

LA COMADRE. Pondrémosla la ropa de guarda.[127] ¡Si había de llevarla una intrusa, va mejor empleada!

CORO DE CRÍOS. ¡Mamá Floriana! ¡Mamá Floriana!

LA MUSA *prolonga los alones de su mantilla sobre las cabezas de los tres coritos, y comienza una prosa dramática, ritual de tales fúnebres pasos.*

LA MUSA. Tiernos ángeles, ¡recordai siempre este momento de la última despedida a la cabecera de vuestra madre! ¡Perdéis el mayor bien de este mundo, cuyo es el amor de madre! ¡No más os digo! ¡El último beso depositai en la frente de esa rosa mártir!

El retablo de los tres coritos se encoge, lloroso, bajo los negros alones de la mantilla. PEPIÑA DE MUS *los empujaba sobre la difunta, abiertos los brazos y la cara vuelta a las otras comadres.*

LA MUSA. ¡Son duros de corazón estos rapaces!

LA COMADRE. Criaturas, ¡salen al tenor del ejemplo que reciben[128]!

LA DISA. ¡Dioles ahora el aquel de quedarse aboyados[129]!

LA MUSA. Rebeldes, ¡el último beso depositai en el rostro de vuestra madre! Decí conmigo: Madre inolvidable, ¡mira por nosotros desde el Cielo! ¡Sé nuestro ángel en tantas ocasiones de pecar como ofrece a la juventud este valle de lágrimas! ¡Considerai que de aquí va para la cueva[130]!

CORO DE CRÍOS. ¡Mamá Floriana! ¡Mamá Floriana! ¡Qué tan fría! ¡Mamá Floriana!

LA MUSA. ¡Al fin rompieron estos rebeldes!

LA DISA. ¡Están asustados!

LA COMADRE. Hay que vestirlos.

LA VOZ DE RATA. ¡Ya, después, sacó mamá la ropa nueva!

LA COMADRE. ¡Mujer de su casa!

LA MUSA *azota a barullo el corito nalgario[131] de los tres rapaces y los encamina por la escalera del fayado.*

LA COMADRE. Criaturas, ¡no saben el bien que pierden!

LA DISA. ¡Veinte mil reales deja ahorrados! ¡Julepe quería picarnos la garganta porque no daba con ellos!

LUDOVINA LA MESONERA. ¡Nadie le hacía un gato tan grande a la Floriana[132]!

LA COMADRE. ¡Mujer de su casa!

PEPE EL TENDERO. ¡Se me hace mucha plata!

LA DISA. ¡Veinte mil reales que irán derechos a la taberna!

PEPE EL TENDERO. ¡Tienen muchas tripas[133]! Si se le pone en la idea, puede encargar un panteón para esos restos.

LA COMADRE. ¿Adónde vas tú?

---

[121] *Chest, locker.*

[122] *Asperges, sprinkling of holy water.*

[123] **Fue...** *She was courted by real gentlemen, but she wound up with this low-life.*

[124] *She becomes stiffer.*

[125] **Mirai...** *You know, afterwards it'll be a lot harder.*

[126] Cuñada. (Aquí, amiga.)

[127] **La...** su mejor ropa.

[128] Es decir, están imitando a su padre.

[129] **Dioles...** *They've got it into their heads to be as stubborn as oxen. (From* boya, *"ox.")*

[130] Tumba.

[131] **El...** *the chorus of buttocks.*

[132] **Nadie...** *No one suspected that Floriana had stashed away such a bundle.*

[133] Posibilidades. (Es decir, el dinero se puede gastar en muchas cosas.)

LA DISA. ¡No es tan negra la pena de Julepe!

PEPE EL TENDERO. Ustedes, mujeres, ¡ciertas cosas no las comprenden!

LA COMADRE. ¡Lo cierto es que sobrecogía verlo abrazado a la difunta! ¡Talmente el sermón del desenclavo![134]

LA DISA. Su mérito no se le niega.

UNA VIEJA. ¡Mucho trabajaste en este mundo, Floriana!

Durante el palique,[135] las cotillonas engalanan a la difunta. Con el pico de un paño mojado le lavan la cara. La incorporan para meterla el justillo[136] y la saya nueva. Una vecina trae dos cabos de vela bajo la mantilla y, compungiéndose, los entrega a las comadres gobernadoras. Otra sale corriendo y vuelve con una rosa de papel para adornar el lívido nudo de las manos yertas. A uno y otro lado chisporrotean los dos cabos de vela.

LA COMADRE. Disa, cachea por unas medias. No sé si le entrarán estas botinas. ¡Mirailas sin estrenar[137]! ¡Por eso la vida mucho enseña! ¡Bien ajena estaba[138] de que las estrenaría al ir para la cueva!

LA DISA. Las estrena para comparecer en presencia de Dios. ¡Qué mejor empleo!

Entra una vieja pingona con el féretro[139] terciado sobre la cabeza, seguida de un rapaz cirineo que porta la tapa. El retablo de huérfanos, ahora vestidos de domingo, con gorros de estambre y zuecos gaiteros,[140] llora bajo la claraboya.

CORO DE CRÍOS. ¡Mamá Floriana! ¡Mamá Floriana!

LA PINGONA. ¡Criaturas parten el alma! ¿Dónde descargo, Disa?

LA DISA. Donde halles lugar.

LA PINGONA. ¿Y el viudo?

LA DISA. Tramitando el entierro.

LA PINGONA. El caso es que no demore. Encargó lujo, y veremos cómo habla al soltar los cuartos. ¡Catorce pesetas, sin caídas, que con ellas son diecinueve!

LA DISA. ¡Más hereda!

LA PINGONA. ¿Luego es verdad que la difunta deja un gato de dos mil pesos?

LA DISA. No se sabe cuánto. Será más o menos.

LA PINGONA. ¡Era muy ahorrativa la Floriana!

LA COMADRE. ¡Mujer de su casa!

LA PINGONA. Con muy buenas amistades. ¡Y a todo esto aún no le recé un gloria[141] por el alma!

Se arrodilla a los pies del cadáver. Las luces de cera, con versátiles fulgores, acentúan el perfil inmóvil, depurado, casi traslúcido. En el crispado enclavamiento de las manos, la rosa de papel se enciende como una llama. Rematado el rezo, se santiaguaba LA PINGONA.

LA PINGONA. ¡Tiene manos de señorita!

LA COMADRE. ¡Cuando soltera fue muy madama,[142] ahora que estos tiempos no era conocida[143]!

LA PINGONA. ¡Hasta le dejó una sonrisa la muerte! Así, lavada y compuesta, parece una propia Hija de María.[144] ¡Y qué prendas! Pañoleta de galería,[145] su buena falda, enagua de piquillos,[146] botinas nuevas, medias listadas. ¡Talmente una novia!

LA COMADRE. ¡Mujer de su casa!

LA PINGONA. Sabiendo buscarse las amistades. ¡Déjámele rezar otra gloria por el alma!

Entra, con un traspiés, SIMEÓN JULEPE. Metida por la cabeza, hasta los hombros, trae una corona de pensamientos[147] y follaje de latón con brillos de luto, la corona menestral y petulante, de un sentimentalismo alemán. JULEPE tiene la mona elocuente.[148]

---

[134] **Lo...** *It's true it was moving to see how he was embracing his departed wife. Just like when they took Jesus down from the cross.*

[135] Conversación. *(Note that the women continue to chatter while they spruce up Floriana.)*

[136] *Cinch.*

[137] **Sin...** *they've never been used.*

[138] **Bien...** *She had no idea.*

[139] *Coffin.*

[140] **Zuecos...** *Flashy wooden shoes.*

[141] *Prayer that begins "Glory to God on high" (Gloria in excelsis Deo.)*

[142] **Muy...** *quite a lady.*

[143] **No...** *you wouldn't even recognize her.*

[144] *Organization of young, proper, Catholic women.*

[145] **Pañoleta...** *fancy shawl.*

[146] **De...** *with a fancy edging.*

[147] **Corona...** *funeral wreath.*

[148] **Tiene...** *está completamente borracho.*

simizismo, ironico, humor

JULEPE. ¡Esposa ejemplar, te rendiré el último tributo en el cementerio! El Orfeón Los Amigos te cantará la Marsellesa.[149] Yo, con el alma traspasada, no desertaré de mi puesto. Tu espíritu, libre de este mundo donde tanto sufre el proletario, merece que tu esposo inolvidable sacrifique en el acto fúnebre una mísera parte de tus sudores. ¡En los cuatro puntos cardinales, modelo de esposa, con patente[150]! Tendrás los honores debidos, sin que te falte cosa ninguna. Tu inconsolable viudo te lo garanta.[151] El Orfeón Los Amigos te ofrece la corona reservada a los socios de mérito.

SIMEÓN *deposita la corona a los pies de la difunta y se retira para juzgar el efecto, con la gorra estrujada entre las manos. El retablo de vecinos guarda silencio. La difunta, en el féretro de esterillas doradas, tiene una desolación de figura de cera, un acento popular y dramático. La pañoleta floreada ceñida al busto, las tejas atirantadas por el peinado,*[152] *las manos con la rosa de papel saliendo de los vuellillos blancos, el terrible charol de las botas, promueven un desacorde cruel y patético, acaso una inaccesible categoría estética.*

JULEPE. ¡Floriana, que tan angélica te contemplo con esa rosa en las manos! ¡Floriana, astro resplandeciente, estas caritativas mujeres muy maja te pusieron! Todos nuestros vecinos se conduelen de mi viudez. El Orfeón Los Amigos te ofrece esa corona de mérito. ¿Nada respondes? Inerte en la caja, desoyes las rutinas de este mundo político. Me sobrepongo a mi dolor y digo: ¡Solamente existe la nada! No asustarse vecinos, es el credo moderno.
LA MUSA. ¡Calla, borrachón, que hasta la propia finada parece escandalizarse!
JULEPE. Yo no falto.[153] ¡Floriana, que tan angélica te contemplo con esa rosa y las medias listadas! ¡Dispuesta pareces para salir a un espectáculo, visión celeste! ¡Se ván a ver cosas chocantes en la

puerta el Cielo! ¡Rediós, cuando tú comparezcas con aquel buen pisar que tenías, los atontas[154]!
LA PINGONA. ¡Eso sería si fuesen profanos!
LA COMADRE. Date un nudo a la lengua, Julepe.
JULEPE. ¡Rediós, era mi esposa esta visión celeste, y no sabía que tan blanda era de sus carnes! ¡Una cupletista[155] de mérito, con esa rosa y las medias listadas!
LA MUSA. ¡Tú apuraste alguna torpe bebida de los Infiernos!
JULEPE. ¡Fuera de aquí, beatas y alcahuetas!
LA DISA. ¡Calla, escandaloso!
JULEPE. Estoy en mi derecho.

Da un traspiés, abriendo los brazos sobre la difunta, se entremeten, con escandalizado revuelo, las mujerucas.

LA COMADRE. ¡Serénate Simeón!
LA DISA. ¡Hay que ser hombre fuerte!
JULEPE. ¡Lo soy!
LA MUSA. ¡Es un mal ejemplo!
JULEPE. ¡Apartarse, puñela! Estoy en mi casa y me pertenece esa visión celeste. ¡Con esa rosa y esas medias listadas, no es menos que una estrella de la Perla[156]!
LA DISA. ¡Estragado[157]!
JULEPE. Estoy en mi derecho. ¡Angel embalsamado, qué vale a tu comparación el cupletismo de la Perla! ¡Rediós, médicos y farmacéuticos, vengan a puja[158] para embalsamar este cuerpo de ilusión! No se mira la plata. Cinco mil pesos para el que lo deje más aparente para una cristalera.[159] ¡No me rajo![160] ¡Tendrás una cristalera, Floriana! Estoy en mi derecho al pedirte amor. ¡Fuera de aquí!

Otro traspiés para llegar a la difunta. Cae una velilla, y en las manos de marfil arde la rosa de papel como una rosa de fuego. Arden las ropas, arde el

---

149 *La Marseillaise, the French national anthem, was a favorite of Spanish anarchists.*

150 **Con...** *without compare. (So special a patent should be taken out on her.)*

151 *Garantiza (mexicanismo).*

152 **Las...** *the ends tied up in a headdress.*

153 **Yo...** *I'm not being disrespectful.*

154 **Los...** *you'll knock 'em dead.*

155 *Cabaret singer, chorus girl.*

156 *La Perla was a nightclub with cabaret girls.*

157 *Depravado.*

158 **Vengan...** *come fight it out.*

159 **No...** *Don't worry about the money. Five thousand pesos to whoever can leave her best preserved for a glass case.*

160 **No...** *I'm not just bragging!*

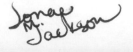

ataúd. SIMEÓN JULEPE, *entre llamas, abrazado al cadáver, grita frenético. Las mujerucas retroceden, aspando los brazos. Toda la fragua tiene un reflejo de incendio.*[161]

Temas

Sonata de otoño

Comprensión del texto

1. ¿Qué le pasa a Concha cuando ella y el Marqués comienzan a hacer el amor?
2. ¿Qué piensa hacer el Marqués después de que ella muere? ¿Por qué entra en los aposentos de Isabel?
3. ¿Por qué piensa Isabel que ha venido? ¿Cómo reacciona Bradomín?
4. ¿Qué sucede cuando transporta a Concha a su propio cuarto?
5. ¿Por qué llaman las niñas María Isabel y María Fernanda a la puerta del Marqués? ¿En qué consiste el humor de su pregunta?
6. ¿Qué simboliza el milano? ¿Cómo se describe a Bradomín al final del capítulo? *sentia como esta muriendo*

Análisis literario

1. ¿Qué tipo de persona es Concha? ¿y el Marqués? ¿En qué se ve la decadencia de estos personajes?
2. ¿Cuál es su actitud hacia la religión? *superficial*
3. ¿En qué se ve su cinismo? ¿Cómo crea Valle-Inclán un ambiente de deterioro moral y social en este capítulo?
4. ¿De qué modo emplea lo grotesco?
5. ¿En qué consiste el humor de este episodio?
6. ¿Cómo usa y deforma el autor el simbolismo e imaginería románticos? *la luna, aullaban los perros*

La rosa de papel

Comprensión del texto

1. Describa la escena.
2. ¿Qué trabajo tiene Simeón? ¿Cómo atormenta a su esposa? ¿Cómo es la relación entre ellos?

3. ¿Cómo cambia la actitud de Simeón cuando Floriana le dice que ha ahorrado siete mil reales? ¿Cómo atormenta Floriana a su esposo? ¿Qué cree que Simeón va a hacer con el dinero?
4. ¿Cómo son la Musa y la Disa? ¿A qué han venido? ¿Cómo reacciona Julepe cuando las ve?
5. ¿De qué las acusa?
6. ¿Cómo son los hijos de Simeón y Floriana? ¿Qué hacen para evitar que Simeón se ponga violento con las mujeres del barrio?
7. ¿Qué efecto produce la repetición de «mujer de su casa»? ¿Qué imagen van construyendo las mujeres de Floriana?
8. Describa el lenguaje que emplea Julepe para describir a su mujer difunta. ¿Por qué es absurdo su discurso?
9. ¿Por qué se excita sexualmente al contemplar el cadáver de su mujer? ¿Cómo termina la obra?

Análisis literario

1. ¿Qué es un esperpento? ¿En qué sentido es el esperpento una imagen de los «héroes clásicos reflejados en los espejos cóncavos»?
2. ¿Cómo se diferencian las acotaciones *(stage directions)* de *Rosa de papel* de las de obras convencionales?
3. ¿Cuál es la actitud de Simeón hacia la religión? ¿Y de las mujeres? ¿Qué papel juega la religión en esta obra?
4. ¿Cómo deshumaniza Valle-Inclán a los personajes? ¿Cómo animaliza a los niños? ¿Por qué llama a esta obra un «melodrama para marionetas»?
5. ¿Cómo usa Valle-Inclán lo grotesco? ¿Cómo evita que sintamos compasión por los personajes?
6. ¿Qué imagen nos pinta de la sociedad en las dos selecciones incluidas aquí?
7. ¿Cómo emplea los nombres y los símbolos?
8. Comente sobre el uso del lenguaje de Valle-Inclán? ¿Qué efecto produce la mezcla de regionalismos españoles y latinoamericanos?

PÍO BAROJA (1872-1956)

Extraordinariamente prolífico, Pío Baroja es el novelista más sobresaliente de principios de siglo. Muchas de sus obras son de carácter regionalista. Nacido en

---

[161] *Simeón makes love to his dead wife as the forge goes up in flames. The forge is a traditional symbol of sexual passion.*

San Sebastián, capital de Guipúzcoa, Baroja exalta los paisajes y al pueblo vascongado. Estudió medicina en Madrid y se recibió en 1893. Sus experiencias en la Facultad se describen en una de sus novelas más célebres, *El árbol de la ciencia*, e influyeron profundamente en su actitud hacia las ciencias. La vida cotidiana del bajo pueblo de Madrid, el clima intelectual de la universidad española o las actividades de anarquistas y otros grupos políticos son temas recurrentes en su obra.

Gran amigo de Azorín, Baroja era demasiado individualista para querer identificarse con ninguna escuela o grupo literario y, de hecho, negó la existencia de tal generación. Irónicamente, por su anticonformismo, sus inquietudes filosóficas, su obsesión con la naturaleza paradójica de la vida y su rechazo de todas las formas de organización social, se ha llamado a Baroja noventayochentista por excelencia.

Su estilo es sencillo y directo, a veces agresivo. Expresa irreverencia hacia todas las instituciones sociales —la Iglesia, la universidad, la medicina, la familia— a menudo empleando la ironía como instrumento de ataque. Aunque Baroja era de una familia acomodada, la burguesía es a menudo blanco de su sarcasmo, mientras que el proletariado provoca su simpatía. Es uno de los primeros escritores modernos en describir en detalle, y sin fines reformadores, al bajo mundo del galopín, la prostituta y el chulo. De hecho, Baroja no idealiza al pobre y al delincuente. Al contrario, expone el oportunismo, la explotación mutua y la crueldad que abundan en las clases humildes.

Sus escritos están llenos de contradicciones. Por un lado, lamenta el atraso científico de España; por otro, pinta a los científicos como desprovistos de compasión y moralidad. Exalta la tecnología moderna y siente nostalgia por un pasado más sencillo. Si critica a sus compatriotas, a menudo se muestra xenófobo en sus comentarios sobre franceses, ingleses, árabes, judíos y latinoamericanos. Censura el materialismo y superficialidad del habitante de la ciudad, pero condena también la ignorancia, superstición y mezquindad del campesino. Su tono es a menudo revolucionario, irreverente, aunque hay elementos de ternura y de lirismo en muchas de sus novelas. La obra de Baroja está imbuida del pesimismo schopenhaueriano, al mismo tiempo que comparte con Nietzche la fe en la voluntad y la acción. También hay contradicciones en sus actitudes hacia las mujeres y el sexo. Algunos críticos han visto en Baroja cierto puritanismo; han subrayado la aversión del autor al erotismo concupiscente, el cual asocia con la influencia semita. Sin embargo, Francisco Bergasa demuestra que Baroja expresa una variedad de opiniones sobre el tema; él mismo era un hombre muy sensual, aunque profundamente tímido. (197-209) Ángel Basanta subraya que el sexo reprimido es uno de los temas importantes de Baroja (24).

Baroja muestra simpatía por el proletariado, pero no cree en las revoluciones populares. Cree que el gobierno de masas lleva a la dictadura socialista o fascista. Políticamente, Baroja se identifica más bien con el anarquismo, pero al mismo tiempo se da cuenta de que éste no es una solución para España y que sólo puede llevar al caos completo.

Si la contradicción caracteriza la obra de Baroja, es porque él ve la paradoja como la esencia de la vida, idea que expresa en dos de sus obras más conocidas, *Silvestre Paradox* (1901) y *Paradox, Rey* (1906). La «nada» es un tema fundamental en su obra. Como Unamuno, expresa el dilema existencial del hombre moderno que se encuentra sin dirección ni propósito al comprender la imperfección de todo sistema social, científico o religioso. Sin embargo, mientras Unamuno lucha por creer en un dios que dé un sentido y una finalidad a la existencia humana, Baroja se indigna y se rebela, entregándose al cinismo.

Baroja expone sus ideas acerca de la forma y meta de la novela en varias obras: *La nave de los locos, Los amores tardíos* y la sección de sus *Memorias* titulada «La intuición del estilo». Para él la novela es una forma abierta en la que cabe todo. Es un espejo de la vida, pero sin propósito moralizador ni estructura rígida. No se trata del «realismo bruto», sino de una visión lírica y personal de la realidad. Se ha calificado a la novela de Baroja de «porosa» o «invertebrada» porque no tiene un propósito definido. Baroja explora ambientes, deteniéndose en ciertos personajes o lugares y recolectando detalles. Si los naturalistas se interesaban por arquetipos —el pobre, el borracho, el padre autoritario— Baroja se interesa por el individuo.

Sus personajes principales no son héroes, sino antihéroes. Birute Ciplijauskaite ha hablado de la tendencia de Baroja a «desheroizar» o desmitificar los personajes de sus novelas históricas (22). A veces sus protagonistas son aventureros, vagabundos, criminales. Algunos aceptan la farsa de la vida, otros se mantienen indiferentes, al margen de todo. Van vagando por la existencia, desilusionándose poco a poco. Abundan personajes secundarios e incidentes anecdóticos, interesantes pero ajenos al argumento. No subordina los personajes a la estructura novelística, sino al revés. Se ha visto en Baroja a un seguidor de Galdós, pero mientras éste se mantiene alejado de sus personajes, aquél es subjetivo, apasionado. Algunas veces emplea la caricatura para distanciarse de sus creaciones como lo hacía su antecesor, pero otras los critica de una manera directa y abierta. Es cierto que Galdós, al igual que Baroja, explora la vida de los marginados de la sociedad en novelas como *La desheredada* y *Misericordia*. Sin embargo, como señala Basanta, la obra de Galdós gira principalmente en torno a la clase media, mientras que «Baroja se ocupa del arrabal madrileño con nueva autenticidad y documentación en una amplísima galería de tipos sacados de la observación directa» (28).

Para Baroja el escritor tiene la responsabilidad moral de presentar una imagen verídica de la sociedad, con todos sus diversos tipos y ambientes. Más que consideraciones estéticas, le interesa la autenticidad. Rechaza la noción de que un escritor debe cultivar el estilo, empleando artificios y palabras rebuscadas. Como sus contemporáneos, asocia la pompa de la retórica decimonónica con la superficialidad, y la sencillez artística con la sinceridad. Como vasco, se disocia de lo que él considera la falsedad, la sofistería y el sensualismo perverso del español. Baroja cree que la lectura debe divertir al lector y mantener su atención. Prefiere el párrafo corto, el capítulo corto. A veces introduce elementos de comicidad, pero su humor es propio y único, a menudo basado en un sarcasmo mordaz.

La preocupación noventayochentista por el futuro de España, conduce en Baroja a una obsesión por las características étnicas, aunque sus observaciones al respecto están llenas de contradicciones. A veces parece creer en la tipología antropológica, defendiendo la superioridad de las personas de aspecto nórdico; otras veces parece rechazar tales nociones.

En la opinión de Baroja, el fanatismo y la testarudez contaminan la cultura española. Si el alemán es libre, creativo e independiente, el español es cerrado y autoritario. En *El árbol de la ciencia* distingue entre dos tipos de español: el íbero guerrero y el semita pillo y avaro. Culpa a los judíos y árabes por el materialismo, y también por el sensualismo perverso con que impregnaron la cultura española. Si las actitudes de Baroja hacia a los extranjeros son a menudo contradictorias, lo son aún más hacia sus compatriotas, aunque cuando viajaba fuera de España, defendía a la patria con pasión. Era igualmente ambivalente hacia el País Vasco. A pesar de su intenso amor a la cultura vasca, nunca fue separatista y detestaba el fanatismo religioso y político de su pueblo.

En *El árbol de la ciencia* (1911), novela semiautobiográfica, abarca estos y otros temas. Narra el fracaso y desilusión de un joven médico, Andrés Hurtado, que al vagar de un pueblo al otro, va dándose cuenta de la estupidez de la raza humana y de la incapacidad de la ciencia para cambiar nada. Hurtado llega a Madrid para estudiar medicina, pero pronto se da cuenta de la incompetencia de los profesores, hombrecillos petulantes y absurdos, que usan los mismos apuntes año tras año sin mantenerse al día con respecto a los últimos adelantos en su campo. Los estudiantes no tienen ningún interés en sus cursos; pasan su tiempo en los cafés charlando o saliendo con muchachas de clase baja de quienes se aprovechan para abandonarlas después. No muestran ningún respeto por los cadáveres que disecan en su clase de anatomía, hecho que se ilustra con una claridad espeluznante en la escena en que arrastran los cadáveres por los peldaños de la facultad.

En la universidad conoce a una variedad de personas que confirman sus conceptos de etnicidad. Julio Aracil, por ejemplo, es un semita de Mallorca. Totalmente amoral, sólo le interesan las cosas materiales.

A Andrés (como a Baroja) le repugna la pasión de sus compañeros por Wagner; también le desagrada su manera de entusiasmarse por cualquier filosofía que esté de moda. Pero especialmente le choca el desdén que muestran por las chicas humildes con quienes se acuestan sin pensar nunca en las consecuencias. Julio le presenta a Lulú, hija de una pensionista, para que se divierta con ella. La madre de la muchacha, doña Leonarda, deja que sus hijas se entiendan con los estudiantes con la esperanza de que ellos no las abandonen. Lulú vive completamente alejada de las normas. Ni el adulterio ni otros vicios le parecen mal; sólo rechaza la hipocresía y la mala fe. Hurtado termina rompiendo las reglas de su grupo social al enamorarse de Lulú y casarse con ella.

A través de Lulú conoce a otros personajes de clase humilde: el tío Miserias, prestamista que vive de la mala fortuna de los demás; su sobrino donjuanesco Victorio; Manolo el Chafandín, «hombre de muchos oficios y de ninguno» que vive a costa de su suegra, Venancia, la planchadora; don Cleto, cesante con pretensiones de filósofo, quien pasa los días en el parque entablando conversación con la gente; doña Virginia, mujer que «hacía abortar, suprimía chicos, secuestraba muchachas y las vendía». Toda esta gente vive en las sombras, al margen de la sociedad, explotándose unos a otros sin compasión. Hurtado se pregunta cuál puede ser el fin de estas vidas. Su tío Iturrioz ofrece una explicación darwiniana: no hay moralidad en la naturaleza. El fuerte vence al débil y lo único que se puede hacer es adoptar una actitud estoica schopenhaueriana —es decir, distanciarse. La moralidad es, en fin, sólo una cuestión de conveniencia, no un absoluto. Pero Andrés no se convence del todo.

La familia de Andrés no le ofrece ningún apoyo. Su padre es materialista y despótico. Sus hermanos son inútiles. Estima a su hermana, pero ella no le puede ofrecer ningún apoyo moral. Sólo quiere a Luisito, su hermanito, y cuando éste muere de tuberculosis, Andrés empieza a perder su fe en la medicina.

Al recibirse de médico, va a trabajar en Alcolea del Campo, pero en el pueblo la gente es tan bruta y cruel como en Madrid. Escandalizan a Andrés el catolicismo represivo que domina a la gente y la ignorancia, mezquindad y estupidez que encuentra en las provincias. Sus experiencias trabajando en un hospital público no le dan más satisfacción y termina por abandonar la medicina y dedicarse a la traducción científica.

Después de que él y Lulú se casan, Andrés goza de un breve período de felicidad. Pero Lulú queda embarazada y muere en el parto. Desde sus primeros días de universitario Andrés va entregándose al más profundo pesimismo. Ahora ya no puede más. En vez del distanciamiento schopenhaueriano recomendado por su tío, opta por un acto de voluntad, es decir, una solución nietzchiana: pone fin a su sufrimiento suicidándose.

Andrés Hurtado había buscado un significado y una dirección para su vida por todas partes: en la ciencia, en la filosofía, en la ciudad y en el campo, y finalmente en el amor. Pero para Baroja, las soluciones tradicionales ya no sirven.

El árbol de la ciencia

Los estudiantes

En esta época era todavía Madrid una de las pocas ciudades que conservaba espíritu romántico.

Todos los pueblos tienen, sin duda, una serie de fórmulas prácticas para la vida, consecuencia de la raza, de la historia, del ambiente físico y moral. Tales fórmulas, tal especial manera de ver, constituye un pragmatismo útil, simplificador, sintetizador. El pragmatismo nacional cumple su misión mientras deja paso libre a la realidad; pero si se cierra este paso, entonces la normalidad de un pueblo se altera, la atmósfera se enrarece, las ideas y los hechos toman perspectivas falsas. En un ambiente de ficciones, residuo del pragmatismo viejo y sin renovación, vivía el Madrid de hace años.

Otras ciudades españolas se habían dado alguna cuenta de la necesidad de transformarse y de cambiar; Madrid seguía inmóvil, sin curiosidad, sin deseo de cambio.

El estudiante madrileño, sobre todo el venido de provincias, llegaba a la corte[1] con un espíritu donjuanesco, con la idea de divertirse, jugar, perseguir a las mujeres; pensando, como decía el profesor de Química con su solemnidad habitual, quemarse pronto en un ambiente demasiado oxigenado.

Menos el sentido religioso, del que muchos carecían y no les preocupaba gran cosa la religión, los estudiantes de las postrimerías[2] del siglo XIX, con la ilusión de imi-

tar, dentro de lo posible, a don Juan Tenorio y de vivir llevando a sangre y fuego amores y desafíos.

El estudiante culto, aunque quisiera ver las cosas dentro de la realidad e intentara adquirir una idea clara de su país y del papel que representaba en el mundo, no podía. La acción de la cultura europea en España era realmente restringida y localizada a cuestiones técnicas; los periódicos daban una idea incompleta de todo; la tendencia general era hacer creer que lo grande de España podía ser pequeño fuera de ella, y al contrario, por una especie de mala fe internacional.

Si en Francia o en Alemania no hablaban de las cosas de España, o hablaban de ellas en broma, era porque nos odiaban; teníamos aquí grandes hombres que producían la envidia de otros países: Castelar, Cánovas, Echegaray[3]... España entera, y Madrid sobre todo, vivía en un ambiente de optimismo absurdo: todo lo español era lo mejor.

Esa tendencia natural a la mentira, a la ilusión del país pobre que se aísla, contribuía al estancamiento, a la fosilización de las ideas.

Aquel ambiente de inmovilidad, de falsedad, se reflejaba en las cátedras. Andrés Hurtado pudo comprobarlo al comenzar a estudiar Medicina. Los profesores del año preparatorio eran viejísimos; había algunos que llevaban cerca de cincuenta años explicando.

Sin duda no los jubilaban por sus influencias y por esa simpatía y respeto que ha habido siempre en España por lo inútil.

Sobre todo, aquella clase de Química de la antigua capilla del Instituto de San Isidro era escandalosa. El viejo profesor recordaba las conferencias del Instituto de Francia, de célebres químicos, y creía, sin duda, que explicando la obtención del nitrógeno y del cloro estaba haciendo un descubrimiento, y le gustaba que le aplaudieran. Satisfacía su pueril vanidad dejando los experimentos aparatosos para la conclusión de la clase, con el fin de retirarse entre aplausos como un prestidigitador.

Los estudiantes le aplaudían, riendo a carcajadas. A veces, en medio de la clase, a alguno de los alumnos se le ocurría marcharse, se levantaba y se iba. Al bajar por la escalera de la gradería, los pasos del fugitivo producían

[1] Es decir, la capital, Madrid.
[2] Últimos años.

[3] Emilio Castelar (1832-1899), político y escritor, fue jefe de los republicanos. Antonio Cánovas del Castillo (1828-1897), político e historiador, fue líder del partido liberal-conservador. José Echegaray (1832-1916) fue el dramaturgo más apreciado de su generación y ganó el Premio Nóbel en 1904.

gran estrépito, y los demás muchachos, sentados, llevaban el compás golpeando con los pies y con los bastones.

En la clase se hablaba, se fumaba, se leían novelas, nadie seguía la explicación; alguno llegó a presentarse con una corneta, y cuando el profesor se disponía a echar en un vaso de agua un trozo de potasio, dio dos toques de atención[4]; otro metió un perro vagabundo, y fue un problema echarlo.

Había estudiantes descarados que llegaban a las mayores insolencias: gritaban, rebuznaban, interrumpían al profesor. Una de las gracias de estos estudiantes era la de dar un nombre falso cuando se lo preguntaban.

—Usted—decía el profesor, señalándole con el dedo, mientras le temblaba la rodilla por la cólera—¿cómo se llama usted?

—¿Quién? ¿Yo?

—Sí, señor; ¡usted, usted! ¿Cómo se llama usted? —añadía el profesor, mirando la lista.

—Salvador Sánchez.

—Alias *Frascuelo*—decía alguno, entendido con él.

—Me llamo Salvador Sánchez; no sé a quién le importará que me llame así, y si hay alguno que le importe, que lo diga—replicaba el estudiante, mirando al sitio de donde había salido la voz y haciéndose el incomodado.

—¡Vaya usted a paseo! —replicaba otro.

—¡Eh! ¡Eh! ¡Fuera! ¡Al corral! —gritaban varias voces.

—Bueno, bueno. Está bien. Váyase usted—decía el profesor, temiendo las consecuencias de estos altercados.

El muchacho se marchaba, y a los pocos días volvía a repetir la gracia, dando como suyo el nombre de algún político célebre o de algún torero.

Andrés Hurtado, los primeros días de clase, no le hacía de su asombro.[5] Todo aquello era demasiado absurdo. El hubiese querido encontrar una disciplina fuerte y al mismo tiempo afectuosa, y se encontraba con una clase grotesca, en que los alumnos se burlaban del profesor. Su preparación para la ciencia no podía ser más desdichada.

La sala de disección

El curso siguiente, de menos asignaturas, era algo más fácil: no había tantas cosas que retener en la cabeza.

A pesar de esto, sólo la Anatomía bastaba para poner a prueba la memoria mejor organizada.

Unos meses después del principio de curso, en el tiempo frío, se comenzaba la clase de disección. Los cin-

cuenta o sesenta alumnos se repartían en diez o doce mesas, y se agrupaban de cinco en cinco en cada una.

Se reunieron en la misma mesa Montaner, Aracil y Hurtado, y otros dos a quienes ellos consideraban como extraños a su pequeño círculo.

Sin saber por qué, Hurtado y Montaner, que en el curso anterior se sentían hostiles, se hicieron muy amigos en el siguiente.

Andrés le pidió a su hermana Margarita que le cosiera una blusa[6] para la clase de disección; una blusa negra con mangas de hule[7] y vivos[8] amarillos.

Margarita se la hizo. Estas blusas no eran nada limpias, porque en las mangas, sobre todo, se pegaban piltrafas de carne,[9] que se secaban y no se veían.

La mayoría de los estudiantes ansiaban llegar a la sala de disección y hundir el escalpelo en los cadáveres, como si les quedara un fondo atávico[10] de crueldad primitiva.

En todos ellos se producía un alarde de indiferencia y de jovialidad al encontrarse frente a la muerte, como si fuera una cosa divertida y alegre destripar y cortar en pedazos los cuerpos de los infelices que llegaban allá.

Dentro de la clase de disección, los estudiantes gustaban de encontrar grotesca la muerte; a un cadáver le ponían un cucurucho[11] en la boca o un sombrero de papel.

Se contaba de un estudiante de segundo año que había embromado a un amigo suyo, que sabía era un poco aprensivo, de este modo: cogió el brazo de un muerto, se embozó en la capa y se acercó a saludar a su amigo.

—¿Hola, qué tal? —le dijo, sacando por debajo de la capa la mano del cadáver.

—Bien, ¿ y tú? —contestó el otro.

El amigo estrechó la mano, se estremeció al notar la frialdad, y quedó horrorizado al ver que por debajo de la capa salía el brazo de un cadáver.

De otro caso sucedido se habló mucho entre los alumnos. Uno de los médicos del hospital, especialista en enfermedades nerviosas, había dado orden de que a un enfermo suyo, muerto en su sala, se le hiciera la autopsia, se le extrajera el cerebro y se le llevara a su casa.

El interno extrajo el cerebro, y lo envió con un mozo al domicilio del médico. La criada de la casa, al ver el paquete, creyó que eran sesos de vaca, y los llevó a la

---

[4] **Dio...** *he blew two warning notes.*

[5] **No...** *couldn't get over his amazement.*

[6] *Smock.*

[7] *Oilcloth.*

[8] *Trimming.*

[9] *Remaining bits of flesh.*

[10] *Ancestral.*

[11] *Paper cone.*

cocina, y los preparó, y los sirvió a la familia.

Se contaban muchas historias como ésta, fueran verdad o no, con verdadera fruición. Existía entre los estudiantes de Medicina una tendencia al espíritu de clase, consistente en un común desdén por la muerte; en cierto entusiasmo por la brutalidad quirúrgica, y en un gran desprecio por la sensibilidad.

Andrés Hurtado no manifestaba más sensibilidad que los otros; no le hacía tampoco ninguna mella[12] ver, abrir, cortar y descuartizar cadáveres.

Lo que sí le molestaba era el procedimiento de sacar los muertos del carro en donde los traían del depósito del hospital. Los mozos cogían estos cadáveres, uno por los brazos y otro por los pies, los aupaban y los echaban al suelo.

Eran casi siempre cuerpos esqueléticos, amarillos, como momias. Al dar en la piedra hacían un ruido desagradable, extraño, como de algo sin elasticidad que se derrama; luego, los mozos iban cogiendo los muertos, uno a uno, por los pies y arrastrándolos por el suelo, y al pasar unas escaleras que había para bajar a un patio donde estaba el depósito de la sala, las cabezas iban dando lúgubremente en los escalones de piedra. La impresión era terrible; aquello parecía el final de una batalla prehistórica o de un combate de circo romano, en que los vencedores fueran arrastrando a los vencidos.

Hurtado imitaba a los héroes de las novelas leídas por él, y reflexionaba acerca de la vida y de la muerte; pensaba que si las madres de aquellos desgraciados que iban al *spoliarium*[13] hubiesen vislumbrado el final miserable de sus hijos, hubieran deseado seguramente parirlos muertos.

Otra cosa desagradable para Andrés era el ver después de hechas las disecciones cómo metían todos los pedazos sobrantes en unas calderas cilíndricas pintadas de rojo, en donde aparecía una mano entre un hígado, y un trozo de masa encefálica, y un ojo opaco y turbio en medio del tejido pulmonar.

A pesar de la repugnancia que le inspiraban tales cosas, no le preocupaban; la Anatomía y la disección le producían interés.

Esta curiosidad por sorprender la vida, este instinto de inquisición tan humano, lo experimentaba él como casi todos los alumnos. (. . .)

La crueldad universal

Tenía Andrés un gran deseo de comentar filisóficamente las vidas de los vecinos de la casa de Lulú. A sus amigos no le interesaban estos comentarios y filosofías, y decidió, una mañana de un día de fiesta, ir a ver a su tío Iturrioz.

Al principio de conocerle—Andrés no le trató a su tío hasta los catorce o quince años—, Iturrioz le pareció un hombre seco y egoísta, que lo tomaba todo con indiferencia; luego, sin saber a punto fijo hasta dónde llegaba su egoísmo y su sequedad, encontró que era una de las pocas personas con quien se podía conversar acerca de puntos trascendentales.

Iturrioz vivía en un quinto piso del barrio de Argüelles, en una casa con una hermosa azotea.

Le asistía un criado, antiguo soldado de la época en que Iturrioz fue médico militar.

Entre amo y criado habían arreglado la azotea, pintado las tejas con alquitrán,[14] sin duda para hacerlas impermeables, y puesto unas graderías donde estaban escalonadas las cajas de madera y los cubos llenos de tierra, donde tenía sus plantas.

Aquella mañana en que se presentó Andrés en casa de Iturrioz, su tío se estaba bañando y el criado le llevó a la azotea.

Se veía desde allí el Guadarrama[15] entre dos casas altas; hacia el Oeste, el tejado del cuartel de la Montaña ocultaba los cerros de la Casa de Campo, y a un lado del cuartel se destacaban la torre de Móstoles y la carretera de Extremadura, con unos molinos de viento en sus inmediaciones. Más al sur brillaban, al sol de una mañana de abril, las manchas verdes de los cementerios de San Isidro y San Justo, las dos torres de Getafe y la ermita del Cerrillo de los Ángeles.

Poco después salió Iturrioz a la azotea.

—Qué, ¿te pasa algo? —le dijo a su sobrino al verle.

—Nada; venía a charlar un rato con usted.

—Muy bien, siéntate; yo voy a regar mis tiestos.

Iturrioz abrió la fuente que tenía en un ángulo de la terraza, llenó una cuba y comenzó con un cacharro a echar agua en las plantas.

Andrés habló de la gente de la vecindad de Lulú, de las escenas del hospital, como casos extraños, dignos de un comentario; de Manolo el *Chafadín*, del *tío Miserias*, de don Cleto, de doña Virginia...

—¿Qué consecuencias pueden sacarse de todas esas vidas? —preguntó Andrés al final.

---

[12] **No...** *it didn't faze him.*

[13] *Morgue.*

[14] **Pintado...** *painted the tiles with tar.*

[15] Montañas en la cordillera central.

—Para mí, la consecuencia es fácil—contestó Iturrioz, con el bote de agua en la mano—. Que la vida es una lucha constante, una cacería cruel en que nos vamos devorando los unos a los otros. Plantas, microbios, animales.

—Sí, yo también he pensado en eso—repuso Andrés—; pero voy abandonando la idea. Primeramente el concepto de la lucha por la vida llevada así a los animales, a las plantas y hasta los minerales, como se hace muchas veces, no es más que un concepto antropomórfico; después, ¿qué lucha por la vida es la de ese hombre don Cleto, que se abstiene de combatir, o la de ese hermano Juan, que da su dinero a los enfermos?

—Te contestaré por partes—repuso Iturrioz, dejando el bote para regar; porque esas discusiones le apasionaban—. Tú me dices, este concepto de la lucha es un concepto antropomórfico. Claro, llamamos a todos los conflictos luchas, porque es la idea humana que más se aproxima a esa relación que para nosotros produce un vencedor y un vencido. Si no tuviéramos este concepto en el fondo, no hablaríamos de lucha. La hiena que monda los huesos de un cadáver, la araña que sorbe una mosca, no hace más ni menos que el árbol bondadoso llevándose de la tierra el agua y las sales necesarias para su vida. El espectador indiferente, como yo, ve a la hiena, a la araña y se sienta a la sombra del árbol, y cree que hace bien.

—Entonces, ¿para usted no hay lucha, ni hay justicia?

—En un sentido absoluto, no; en un sentido relativo, sí. Todo lo que vive tiene un proceso para apoderarse primero del espacio, ocupar un lugar; luego, para crecer y multiplicarse; este proceso de la energía de un vivo contra los obstáculos de un medio, es lo que llamamos lucha. Respecto de la justicia, yo creo que lo justo en el fondo es lo que nos conviene. Supón, en el ejemplo de antes, que la hiena, en vez de ser muerta por el hombre, mata al hombre; que el árbol cae sobre él y le aplasta; que la araña le hace una picadura venenosa; pues nada de eso nos parece justo, porque no nos conviene. A pesar de que en el fondo no haya más que esto, un interés utilitario, ¿quién duda que la idea de justicia y de equidad es una tendencia que existe en nosotros? Pero ¿cómo la vamos a realizar?

—Eso es lo que yo me pregunto: ¿Cómo realizarla?

—¿Hay que indignarse porque una araña mate a una mosca? —siguió diciendo Iturrioz—. Bueno. Indignémonos. ¿Qué vamos a hacer? ¿Matarla? Matémosla. Eso no impedirá que sigan las arañas comiéndose a las moscas. ¿Vamos a quitarle al hombre esos instintos fieros que te repugnan? ¿Vamos a borrar esa sentencia del poeta latino: *Homo homini lupus,*[16] el hombre es un lobo para el hombre? Está bien. En cuatro o cinco mil años lo podremos conseguir. El hombre ha hecho de un carnívoro como el chacal, un omnívoro como el perro; pero se necesitan muchos siglos para eso. No sé si habrás leído que Spallanzani[17] había acostumbrado a una paloma a comer carne y a un águila a comer y digerir pan. Ahí tienes el caso de esos grandes apóstoles religiosos y laicos; son águilas que se alimentan de pan en vez de alimentarse de carnes palpitantes; son lobos vegetarianos. Ahí tienes el caso del hermano Juan...

—Ese no creo que sea un águila, ni un lobo.

—Será un mochuelo[18] o una garduña[19]; pero de instintos perturbados.

—Sí, es muy posible—repuso Andrés—; pero creo que nos hemos desviado de la cuestión; no veo la consecuencia.

—La consecuencia a la que yo iba era ésta: que ante la vida no hay más que dos soluciones prácticas para el hombre sereno: o la abstención y la contemplación indiferente de todo, o la acción limitándose a un círculo pequeño. Es decir, que se puede tener el quijotismo contra una anomalía; pero tenerlo contra una regla general, es absurdo.

—De manera que, según usted, el que quiera hacer algo tiene que restringir su acción justiciera a un medio pequeño.

—Claro, a un medio pequeño; tú puedes abarcar en tu contemplación la casa, el pueblo, el país, la sociedad, el mundo, todo lo vivo y todo lo muerto; pero si intentas realizar una acción, y una acción justiciera, tendrás que restringirte hasta el punto de que todo te vendrá ancho, quizá hasta la misma conciencia.

—Es lo que tiene de bueno la filosofía—dijo Andrés con amargura—; le convence a uno de que lo mejor es no hacer nada.

Iturrioz dio unas cuantas vueltas por la azotea, y luego dijo:

—Es la única objeción que me puedes hacer; pero no es mía la culpa.

---

[16] *The complete saying is* homo homini aut deus aut lupus: *man is to man either a god or a wolf.*

[17] Lazzaro Spallanzani (1729-1799), biólogo italiano que estudió la circulación de la sangre, la digestión, la fecundación y otros aspectos de la biología.

[18] *Bird of prey, something like a small owl.*

[19] Carnicero.

—Ya lo sé.

—Ir a un sentido de justicia universal—prosiguió Iturrioz—es perderse; adaptando el principio de Fritz Müller[20] de que la embriología de un animal reproduce su genealogía, o como dice Haeckel,[21] que la ontogenia[22] es una recapitulación de la filogenia,[23] se puede decir que la psicología humana no es más que una síntesis de la psicología animal. Así se encuentran en el hombre todas las formas de la explotación y de la lucha: la del microbio, la del insecto, la de la fiera... ¡Ese usurero que tú me has descrito, el *tío Miserias*, qué de avatares[24] no tiene en la Zoología! Ahí están los acinéticos, chupadores que absorben la sustancia protoplasmática de otros infusorios; ahí están todas las especies de aspergirlos, que viven sobre las sustancias en descomposición. Estas antipatías de gente maleante, ¿no están admirablemente representadas en este antagonismo irreductible del bacilo de pus azul con la bacteridia carbuncosa?

—Sí, es posible—murmuró Andrés. (…)

[Iturrioz sigue con una larga lista de insectos que viven de las substancias corporales de otros animales.]

—No siga usted más; la vida es una cacería horrible.

—La Naturaleza es lo que tiene; cuando trata de reventar a uno, lo revienta a conciencia. La justicia es una ilusión humana; en el fondo, todo es destruir, todo es crear. Cazar, guerrear, digerir, respirar, son las formas de creación y de destrucción al mismo tiempo.

—Y entonces, ¿qué hacer? —murmuró Andrés—. ¿Ir a la inconsciencia? ¿Digerir, guerrear, cazar con la serenidad de un salvaje?

—¿Crees tú en la serenidad del salvaje? —preguntó Iturrioz—. ¡Qué ilusión! Eso también es una invención nuestra. El salvaje nunca ha sido sereno.

—¿Es que no habrá plan ninguno para vivir con cierto decoro? —preguntó Andrés.

—El que lo tiene es porque ha inventado uno para su uso. Yo creo que todo lo natural, que todo lo espontáneo, es malo; que sólo lo artificial, lo creado por el hombre, es

bueno. Si pudiera, viviría en un club de Londres; no iría nunca al campo, sino a un parque; bebería agua filtrada, y respiraría aire esterilizado...

Andrés ya no quiso atender a Iturrioz, que comenzaba a fantasear por entretenimiento. Se levantó y se apoyó en el barandado de la azotea.

Sobre los tejados de la vecindad revoloteaban unas palomas; en un canalón grande corrían y jugueteaban unos gatos.

Separados por una tapia alta había enfrente dos jardines: uno era de un colegio de niñas; el otro, de un convento de frailes.

El jardín del convento se hallaba rodeado de árboles frondosos; el del colegio no tenía más que algunos macizos con hierbas y flores, y era una cosa extraña que daba cierta impresión de algo alegórico ver al mismo tiempo jugar a las niñas corriendo y gritando y a los frailes que pasaban silenciosos, en filas de cinco a seis, dando la vuelta al patio.

—Vida es lo uno y vida es lo otro—dijo Iturrioz, filosóficamente, comenzando a regar sus plantas.

Andrés se fue a la calle.

—¿Qué hacer? ¿Qué dirección daré a la vida? —se preguntaba con angustia. Y la gente, las cosas, el sol, le parecían sin realidad ante el problema planteado en su cerebro.

Temas

Comprensión del texto

1. ¿Qué crítica le hace Baroja a Madrid?
2. ¿Con qué espíritu llegaban los estudiantes a la capital?
3. ¿Podía el estudiante culto enterarse de los desarrollos científicos y culturales en Europa? ¿Qué actitud existía hacia los diversos países de Europa?
4. ¿Cómo critica Baroja a los profesores? ¿Cómo se comportan los estudiantes durante la clase de Química?
5. ¿Por qué a los estudiantes les gustaba la sala de disección? ¿Qué actitud tenían hacia los cadáveres? ¿Cómo mostraban su falta de respeto?
6. ¿Qué cuentos de los que circulaban en la clase muestran el cinismo y falta de sensibilidad de los estudiantes de medicina? ¿Cómo usa Baroja lo grotesco para despertar la indignación del lector?
7. ¿Cómo describe el procedimiento de sacar los

---

[20] Fritz Müller (1801-1858), médico alemán, uno de los fundadores de la fisiología experimental.

[21] Ernst Haeckel (1834-1919), gran embriólogo alemán y uno de los grandes defensores del evolucionismo.

[22] Las transformaciones sufridas por el individuo desde la fecundación del huevo hasta su conversión en ser completo.

[23] Formación evolutiva de las plantas y los animales.

[24] Encarnaciones.

muertos del carro para depositarlos en el hospital? ¿Qué actitud ilustra esta escena? ¿Cómo reacciona Andrés Hurtado?

8. ¿Por qué va Andrés a visitar a su tío? ¿Qué tipo de hombre es Iturrioz?
9. ¿Cómo explica la vida Iturrioz? ¿Por qué rechaza Andrés la idea de que la vida es una lucha?
10. ¿Por qué dice Iturrioz que en un sentido absoluto no hay justicia en la Naturaleza? En su opinión, ¿qué proceso domina la vida?
11. ¿Qué es la justicia para Iturrioz? ¿Por qué piensa que el hombre bueno es en realidad un carnívoro «de instintos perturbados»?
12. ¿Qué soluciones existen para el hombre sereno, según Iturrioz? ¿Cómo reacciona Andrés al estoicismo de su tío?
13. Según Iturrioz, ¿se puede vivir con cierto decoro? ¿Cómo? ¿Por qué dice que sólo lo artificial es bueno? ¿Qué piensa usted de esta idea?
14. ¿Cuál es el problema que realmente preocupa a Andrés? ¿Cree usted que los jóvenes de hoy comparten esta preocupación?

Análisis literario

1. ¿Qué piensa usted de las ideas de Iturrioz?
2. ¿Ve usted algunas semejanzas entre la vida universitaria norteamericana y la española de principios de siglo? Explique. ¿Existen estudiantes aquí como los que describe Baroja? ¿Existen profesores como el de Química?
3. ¿Cree usted que los doctores y estudiantes de medicina norteamericanos tienen más respeto a la vida que los que describe el autor?
4. ¿Por qué no satisface a Andrés ninguno de los sistemas científicos o filosóficos que considera? ¿Qué otra solución podría existir para Andrés en vez del suicidio?

JOSÉ MARTÍNEZ RUIZ (AZORÍN) (1873-1967)

A pesar de la amplia crítica existente acerca de Azorín, es difícil formarse una idea de su personalidad. De joven, fue un anarquista apasionado y agresivo. Más tarde, en la madurez, se fue alejando de su posición de rebeldía y se mostró circunspecto, aun conformista. En su vejez, pareció enajenado, indiferente a la política. Fue un escritor extremadamente prolífico, a pesar de lo cual apenas dejó documentos personales—cartas, diarios—que pudieran aclarar su evolución intelectual.

Hijo de un abogado liberal, muy aficionado a los libros, José Martínez Ruiz comenzó su carrera universitaria en la Facultad de Derecho de Valencia, pero resultó ser un pésimo estudiante y se retiró sin obtener su diploma. Sin embargo, leyó muchísimo y asistió a incontables tertulias. En Valencia inició su carrera literaria escribiendo reseñas teatrales para el diario *El Mercantil* bajo el seudónimo Ahrimán. A propósito de estas crónicas Elena Catena escribe que «el tono de muchas de ellas es agresivo e intemperante; el estilo, muy diferente y hasta contrario al que años después le hará famoso: un poco pedantón porque lee mucho y lo quiere poner en evidencia» (17).

La ideología anarquista, tan de moda en Europa en aquella época, llevó a Martínez Ruiz a escribir exaltadas páginas sobre política. En 1896 se trasladó a Madrid, donde consiguió un puesto en el diario progresista *El País*, pero su actitud subversiva con respecto a las convenciones sociales—ataca la Iglesia, apoya el amor libre y la emancipación femenina—pronto provoca su expulsión de la redacción. A continuación consiguió un trabajo en *El Progreso*, periódico de orientación republicana en el que escribió sobre problemas sociales, especialmente la situación miserable del obrero y del campesino. Rechazó con furor la nueva corriente estética—el Modernismo—que, frente a los problemas terribles de los pobres, le parecía absurda. Leía constantemente las novedades francesas y los clásicos españoles. Le atraía especialmente la historia, pero no la historia convencional, sino la «intrahistoria»* descrita por Unamuno.

En 1900 publicó *El alma castellana (1600-1800)*, libro novedoso por su estilo tanto como por su contenido. Se distingue por la frase corta, fácilmente abarcable, que atrae y retiene la atención del lector, y por el capítulo corto, que proporciona treguas para la meditación. A diferencia de los tomos que celebran grandes momentos del pasado, éste hace hincapié en la intimidad de las vidas históricas. Describe la existencia cotidiana, los quehaceres de las mujeres, los oficios artesanales, los usos sociales, el teatro. Obliga al lector a contemplar la realidad histórica, a enfrentarse a los errores del pasado y sus consecuencias actuales.

En el clima caótico de principios de siglo, Martínez Ruiz, como otros de su generación, se encara resolutamente frente a las imperfecciones de su patria. En 1902 publica *La voluntad* y en los dos años sucesivos *Antonio Azorín* y *Confesiones de un pequeño filósofo*, tres volúmenes cuyo protagonista ficticio, que se llama Azorín, será portavoz del autor. Tomadas como un conjunto, estas obras autobiográficas e introspectivas documentan la crisis personal de Azorín además de la confusión de la época. El autor describe a los jóvenes de su generación como angustiados por la abulia y el cinismo que caracterizan la sociedad española y por el conflicto entre la fe y la razón que resulta en la parálisis de la voluntad. En 1904 Martínez Ruiz empieza a escribir unas «Impresiones parlamentarias» para el diario *España*, las cuales firma con el seudónimo «Azorín». Este evocativo apodo—diminutivo de «azor», ave de rapiña que caza rasando la tierra para levantarse después y volar por encima—lo usará el resto de su vida.

Durante su larga carrera Azorín cultivó diversos géneros: la novela, el libro de recuerdos, el cuento y la obra de teatro. También publicó numerosas colecciones de ensayos, algunas sobre ciudades y regiones como *Castilla* o viajes como *El paisaje de España visto por los españoles* y otras de crítica literaria, como *Lecturas españolas* y *La ruta de don Quijote*.

Una vez que Azorín llega a la madurez estilística, apenas queda rasgo de la violencia que había caracterizado sus primeros intentos periodísticos. A partir de *El alma castellana* cultiva un delicado lirismo. En su obra abunda la descripción minuciosa que produce una impresión general, la cual conduce, finalmente, a la observación filosófica. La crítica ha asociado su obra con el Impresionismo, movimiento artístico que floreció a fines del siglo XIX. Los maestros del Impresionismo—Degas, Renoir, Monet—intentaron expresar la impresión que creaba una escena más que su realidad. Reprodujeron los efectos de la luz y de los colores para comunicar la esencia de la imagen por medio de la sensación en vez de por el intelecto. Asimismo, Azorín, a través de la acumulación de detalles, intenta crear un efecto sobre el espíritu del lector. Va de la sensación al sentimiento; la reacción intelectual viene después.

Si el tiempo es un tema fundamental para los escritores de la generación del 98, para Azorín es una obsesión. Como Unamuno, insistió en lo esencial y duradero de la existencia humana frente a los cambios impuestos por la historia. Vio en la repetición de quehaceres domésticos, en los usos del trabajo y del recreo, en los ritos de amor de los jóvenes, en los juegos infantiles y en otras actividades que se mantienen casi idénticas generación tras generación, una afirmación del espíritu nacional y humano.

Durante su etapa de madurez, Azorín siguió activo en la política, aunque dejó de ser la pasión que había sido durante sus años de estudiante y de joven periodista. En dos ocasiones ocupó el puesto de subsecretario de Educación Pública sin que llegara a realizar en él nada memorable, lo cual causó gran desilusión en sus correligionarios. Poco a poco se fue convirtiendo en liberal moderado. En los debates apenas se exaltaba, provocando críticas de parte de los extremistas izquierdistas, quienes lo acusaban de traidor, y de los tradicionalistas, quienes lo tachaban de insincero.

En 1924 fue elegido miembro de la Real Academia Española y pronunció un discurso de ingreso sumamente original, titulado *Una hora de España (entre 1560 y 1590)*. Describió un conjunto de vidas durante los últimos años del reinado de Felipe II sin mencionar ningún nombre, pero retratando en tal detalle a los de la corte que no quedó ninguna duda acerca de su identidad. Así Azorín logró crear una impresión fuerte y conmovedora de la realidad vital de aquellos personajes históricos.

La novela *Doña Inés: una historia de amor* fue publicada en 1925. Pío Baroja, uno de los primeros lectores de la novela, se extrañó de que fuera tan estática, que hubiera tan poca acción. Sin embargo, el propósito de Azorín no fue el de narrar una historia de aventuras, sino explorar el ambiente y penetrar en los sentimientos íntimos de sus personajes. La novela tiene lugar en Segovia, alrededor de 1840, período de transición en el cual España avanza hacia la modernidad sin aún haber abandonado los valores y costumbres tradicionales. La tensión entre la sociedad que desaparece y la nueva se hace sentir a través de las detalladas descripciones de la vida diaria. De hecho, se ha señalado lo pictórico de la novela de Azorín y se han comparado algunas de las escenas de *Doña Inés* con pinturas del celebrado artista Zuloaga, quien fue su amigo. Es significativo que, después de que el narrador describe minuciosamente a Doña Inés (su ropa, su cuerpo, su piel, su mirada y su manera de caminar), su imagen aparezca captada en un daguerrotipo, y que más tarde, un artista, amigo de la familia, le haga un retrato. Pero hay que subrayar que «pictórico» no significa «pintoresco». Azorín no busca nunca lo meramente bonito, sino que intenta recrear todo un ambiente histórico. Es por medio del arte que intenta penetrar en la esencia de la vida.

En *Doña Inés* se entrelazan varias tramas. La bella doña Inés y el poeta don Diego se ven en la terraza del Alcázar y se enamoran. Es el proverbial flechazo. Cuando el joven da a la dama un beso en la catedral, toda la ciudad se entera y se escandaliza. Al final, doña Inés termina renunciando al hombre que ama en beneficio de su amiga Plácida; reparte sus riquezas y parte para la Argentina, donde se dedica a hacer obras de caridad. Dentro de esta historia se narra la de doña Beatriz de Silva, antepasada de doña Inés, a quien ésta se le parece. Estando casada con don Esteban de Silva, hombre violento y vengativo, doña Beatriz también experimenta el apasionado llamado del amor cuando pierde la cabeza por un poeta mucho más joven que ella. Al enterarse don Esteban de la infidelidad de su mujer, degolla a su amante y esconde su cabeza en el cofre de joyas de ella. Así, por medio de la descripción de dos personajes de distintas épocas, Azorín hace hincapié en la eterna repetición de las cosas; las protagonistas de las dos historias son diferentes, pero lo esencial de la vida humana—la pasión, el amor, el rencor—no cambia jamás.

Doña Inés fue publicado en 1925, un año después de *Don Juan*. Los nombres de estas dos novelas son significativos, ya que don Juan y doña Inés son arquetipos románticos del seductor y de la enamorada. Tanto en la novela de Azorín como en la obra original, el énfasis se pone menos en el amor que en el enamoramiento. Para Azorín, ese momento, en el que la flecha parte «de corazón a corazón», es siempre nuevo y único y al mismo tiempo eterno. La emoción que siente doña Inés al besar a su amante es original y extraordinaria y, sin embargo, idéntica a la de todas las enamoradas que la preceden. La pasión violenta es, precisamente, lo que la une a doña Beatriz. Sin embargo, la historia de doña Inés termina de una manera muy diferente de la de su antepasada. A través de estas dos mujeres Azorín ilustra la infinita variedad de la experiencia humana, la cual es siempre intensamente propia y, a la vez, universal.

Fundamental en la obra de Azorín es el concepto del eterno retorno—la idea de que las experiencias fundamentales se repiten eternamente, aunque con innumerables variantes. Como las nubes, que en su esencia son siempre iguales a pesar de que cambian de forma constantemente, la vida humana es inmutable dentro de su interminable mutabilidad.

Doña Inés

Daguerrotipo

El transeúnte que avanza por la callejuela es una mujer. En lo alto de la costanilla,[1] en un tercer piso, la cortina que cubre los cristales del balcón será levantada dentro de un instante por la mano fina y blanca de esta mujer. Va trajeada la desconocida con una falda de color malva; el corpiño[2] es del mismo color. En falda y corpiño irisa la joyeante seda. Tres amplios volantes[3] rodean la falda; la adorna una trepa[4] de sutiles encajes. Del talle,

---

[1] *Steep little street.*
[2] *Bodice.*
[3] *Flounces.*
[4] *Whirl.*

angosto y apretado, baja ensanchándose[5] el vestido hasta formar cerca del tobillo un ancho círculo. El pie aparece breve. Asciende tersa la media de seda color de rosa. El arranque de las piernas se muestra sólido y limpiamente torneado. Y, sobre el empeine gordezuelo del pie, y sobre el arranque de la pierna, los listones[6] de seda negra, que parten del chapín[7] y se alejan hacia arriba, dando vueltas, marcan en la carne muelle ligeros surcos. La desconocida es alta y esbelta. El seno, lleno y firme, retiembla ligeramente con el caminar presuroso. Cuando la dama se inclina, el ancho círculo de la falda—sostenido por ligero tontillo[8]—se levanta en su parte de atrás y deja ver la pierna de una línea perfecta. La cara de la desconocida es morena. En lo atezado[9] del rostro, resalta el rojo de los labios. Entre lo rojo de los labios—al sonreír, al hablar—blanquea la nitidez de los menudos dientes. El pelo se concierta en dos rodetes a los lados de la cabeza. Una recta crencha[10] divide la negra cabellera. Sobre los rodetes se ven dos estrechas bandas de carey[11] con embutidos de plata. Dos gruesas perlas lucen en el lóbulo de la oreja. Gruesas perlas forman la gargantilla que ciñe el cuello. Amplia mantilla negra arreboza la cara y cae por el busto hasta el brazo desnudo que, puesto de través, la sostiene a la altura del seno.

No percibimos al pronto si esta mujer ataviada[12] al uso popular es realmente una mujer de pueblo o una gran señora. Su manera de andar y sus ademanes son señoriles. Se trata, en efecto, de una aristocrática dama. La finura de la tez, su porte majestuoso y el puro oriente de las perlas de sus arracadas y collar, no nos permiten dudarlo. Junto a la boca y en la barbilla de la dama una tenue entonación ambarina matiza el moreno color. Los ojos negros y anchos titilean de inteligencia. Parece unas veces perdida la mirada de la señora en una lontananza invisible; otras, pasa y repasa sobre la haz de las cosas a manera de silenciosa caricia. De pronto, un pensamiento triste conturba a la desconocida: la mirada se eleva y un instante resalta en lo trigueño de la faz lo blanco de los ojos. En la boca angosta, los labios gruesos y como

---

[5] *Getting wider.*
[6] *Cintas.*
[7] *Chopine, a thick-soled shoe worn by women.*
[8] *Farthingale, a hoop used under a skirt.*
[9] *Moreno.*
[10] *Part.*
[11] *Tortoiseshell.*
[12] *Vestida.*

cortados a bisel[13] —y ésta es una de las particularidades de la fisonomía—, cuando están juntos, apretados, diseñando un mohín infantil, dan a la cara una suave expresión de melancolía. Una observación atenta podría hacernos ver en el cuerpo de la dama que las líneas tienen ya un imperceptible principio de flaccidez. Se inicia en toda la figura una ligerísima declinación. En la cara, fresca todavía, la piel no tiene la tersura de la juventud primera. La mirada y el gesto de la boca dominan la figura entera. Cuando la dama camina, lentamente, con majestad, de rato en rato enarca el busto como si fuera a respirar. Otras veces, con movimiento presto y nervioso, Doña Inés de Silva—que éste es el nombre de la bella desconocida—hace ademán de aupar y recoger en el seno el amplio y fino encaje de la mantilla.

Un caballero madrileño, el señor Remisa, que ha traído de París un daguerrotipo—y que luego lo ha regalado al Liceo Artístico en este mismo año de 1840—, le ha hecho un retrato maravilloso a doña Inés. Ha tenido a la señora tres minutos inmóvil, sin pestañear, delante del misterioso aparato, y luego, tras otros diez minutos de operaciones no menos misteriosas, le ha entregado una laminita de plata con su figura. El tiempo y el sol han borrado casi la imagen. Doña Inés está retratada con el mismo traje con que acabamos de describirla. No lograremos ver su figura en la brillante superficie si no vamos evitando con cuidado el reflejo de la luz.

La flecha invisible

Todas las tardes, Diego el de Garcillán viene a la terraza del Alcázar. El tiempo está sereno en estos días del verano. Los árboles se muestran llenos de sombra. Las aves pían alegres. Relumbra la bóveda azul del cielo. Diego, junto al antepecho[14] de piedra, contempla a ratos el paisaje; otras veces lee en un libro. La arboleda cubre las claras linfas[15] del Eresma.[16] La iglesia de la Vera Cruz acompaña al poeta. En el otero se yergue solitaria.[17] Junto a su puerta principal pasa el camino y se aleja sinuoso hasta el pueblecito que asoma en el horizonte. Todo respira vida y fuerza. Las cosas se ven claras; el aire es vivo y cálido. Con el brazo caído y el libro en la mano, el poeta contempla el panorama. Diego experimenta una

ansiedad que no puede definir; a veces se siente exaltado, y otras parece hundirse en un abismo. Quisiera hacer algo que no sabe lo que es. Cuando la naturaleza toda ríe, él siente honda melancolía; en los crepúsculos vespertinos, al tiempo que surge el lucero, su espíritu se estremece con una sensación indefinible.

Ha llegado Diego el de Garcillán esta tarde a la terraza del Alcázar. Absorto está leyendo cuando ha llegado también, lenta y silenciosa, una dama—Doña Inés—. Cerca del poeta se ha colocado, junto al antepecho de piedra, la señora. No han hecho ruido ninguno los pasos de Doña Inés; quieta está ahora contemplando también el paisaje. Nada ni nadie turba en la terraza el silencio. Y de pronto, sin saber porqué, misteriosamente, Diego ha vuelto la cabeza y ha visto a Doña Inés. La mirada del poeta ha quedado clavada en los ojos de la dama; la mirada de la dama se ha posado en los ojos del poeta. El aire es más resplandeciente ahora. Los pájaros trinan con más alegría. Canta la calandria y contesta el ruiseñor. Las flores tienen sus matices más vivos. Las montañas son más azules. El agua es más cristalina. El cielo es más brillante. Todo parece en el mundo fuerte, nuevo y espléndido. ¿Es el primer día de la creación? ¿Ha nacido ahora el primer hombre? Los ojos del poeta no se apartan de la faz de la dama, ni los ojos de la dama del rostro del poeta. Una flecha—invisible— ha partido de corazón a corazón.

Los dos besos

¿Existe el tiempo? Doña Inés experimentaba una sensación extraña. Las tinieblas iban iniciándose en las vastas naves de la catedral; declinaba la tarde. Con paso lento caminaba la dama; repentinamente se detenía suspensa. ¿Hemos vivido ya otras veces? Diríase que en una vida anterior, de que no podemos tener ni la menor conciencia, a veces se hace un ligero resquicio[18]; la luz de una vida pretérita penetra en la presente; un fulgor de conciencia nos llega de lejanías remotas e insospechadas. Y entonces, en un minuto de certeza, en un momento de angustia suprema, sentimos que este momento de ahora lo hemos vivido ya, y que estas cosas que ahora vemos por primera vez las hemos vivido ya en una existencia anterior. Doña Inés no es ahora Doña Inés: es Doña Beatriz. Y estos instantes en que ella camina por las naves[19] en sombra los ha vivido ya en otra remota edad.

---

[13] *Bevel.*
[14] *Ledge.*
[15] *Aguas.*
[16] *Río que pasa por Segovia.*
[17] **En...** *It (the church) stands alone on the bank.*

---

[18] *Espacio.*
[19] *Espacios (de la catedral).*

El espanto la sobrecoge. No sabe ya ni dónde está ni en qué siglo vive. Las sombras van espesándose.[20] En el espacio libre, en la campiña, las sombras del crepúsculo vespertino se difunden suavemente por el ancho ámbito. Se mezclan, a determinada hora, las sombras iniciales de la noche y los fulgores postreros del día. Blanda y suavemente —en un vago claror— el día va cediendo a la noche. En un ámbito cerrado, en las naves de una catedral, las sombras son violentas y brutales. Del fondo de los ábsides[21] y de lo recóndito de las capillas, se levantan espesas y tangibles. Ascienden por los muros y rechazan formidables las claridades fallecientes que aletean en las anchas ventanas. Todo lo bajo está ya en sombra. Y cuando las elevadas vidrieras han acabado de palidecer y la oscuridad es en el fondo impenetrable, sólo acá y allá, en el mármol de un sepulcro, en la corona de una imagen, en el dorado de un marco queda un mortecino y suplicante resplandor. El silencio entra entonces en alianza pavorosa con la negrura. Y el más pequeño ruido —el estridor del carretón de una lámpara, el chirriar de un quicio,[22] el resoplido de una lechuza— hace resaltar más terrible la noche y nos estremece.

Doña Inés camina lentamente. Sus pasos quedos la llevan hacia el sepulcro de los Silvas. Se halla ya rodeada de sombras ante la estatua de Doña Beatriz. ¿Es ella Doña Beatriz? ¿Doña Beatriz es Doña Inés? Las manos de la dama se extienden hacia el rostro marmóreo. La alucinación llena el cerebro de Doña Inés. La cabeza de la señora se inclina; sus labios húmedos, rojos, ponen en el blancor del mármol un beso largo, implorador.

Y cuando ya de retorno, en la puerta de la catedral, en los umbrales, ha oído una voz que decía susurrante: «¡Inés, Inés!», la dama ha vuelto el rostro. Y repentinamente, Diego el de Garcillán, mientras pasaba un brazo por la nuca de la señora para sujetarla, ponía sus labios en los húmedos labios de ella, apretándolos, restregándolos con obstinación, con furia. Doña Inés, se entregaba inerte, cerrados los ojos, con una repentina y profunda laxitud. Desfallecía en arrobo[23] inefable. Sin saber cómo, sus manos se encontraron en las manos del mozo. Y los dos se miraron en silencio, jadeantes, durante un largo rato que pareció un segundo.

---

[20] *Getting thicker.*
[21] *Apses, vaulted recesses in a church.*
[22] **El...** *the squeak of a hinge.*
[23] *Rapture, ecstasy.*

Tolvanera[24]

Las nubes, redondas y blancas, corren veloces sobre el fondo de añil.[25] Las veletas,[26] mudables y locas —son veletas—, giran y tornan a girar de Norte a Sur, de Este a Oeste. No saben lo que hacen. El polvo se levanta y rueda en remolinos violentos, vertiginosos, mezclado con papeles, trapos, astillas, que azotan los vidrios de las ventanas. Suenan formidables portazos en los sobrados,[27] que hacen retemblar todas las casas. Ciernen campanadas[28] en lo alto; el viento las lleva, las trae, las zarandea,[29] las desparrama, menudas o sonorosas, a voleo, por calles y por plazas. El beso del poeta ha repercutido en toda la ciudad. Rueda un sombrero de copa, dando tumbos y quiebros, por un campillo; el manto de una vieja se agita como las alas de un ansarón[30] y quiere volar. Se comenta el suceso, al son de los majaderos en las reboticas.[31] Las viejecitas levantan sus manos pálidas, de que pende un rosario, y prorrumpen en exclamaciones de escándalo. Una lechuza ha salido de un campanario en pleno día; un avariento ha dado dos cuartos de limosna. Todo está revuelto y trastornado. El beso ha removido los posos sensuales de la ciudad. Al escándalo patente se asocia el escondido deseo; los labios se juntan apretados y se mueven las testas[32] de un lado a otro; todos parecen decir: «¡Y tan señora!» Verbenean[33] y corren, como cohetes, rumores que parten de las tertulias, se detienen en el corro de una esquina, zigzaguean por los mercados, rebotan en una sacristía. Si se pudiera materializar la huella de los rumores se vería toda la ciudad cruzada, enredada, enmarañada por hilos luminosos que serpean de una a otra casa, entre las calles, salvando los tejados, saliendo y entrando por puertas y ventanas. Barbulla en hornos y lavaderos. Titiritaina[34] en talleres y obradores. Trulla en saragüetes y tripudios.[35] Cantaleta en ejidos y eras.[36] To-

---

[24] *Dust storm.*
[25] *Indigo, blue-black.*
[26] *Weather vanes.*
[27] *Attics, garrets.*
[28] *Bells are swinging and clanging.*
[29] *Knocking them about.*
[30] *Big goose.*
[31] *Back rooms.*
[32] Cabezas.
[33] *They whip around.*
[34] *Chatter.*
[35] **Trulla...** *Commotion in social gatherings and dance halls.*
[36] **Cantaleta...** *Uproar in the commons and in the fields.*

churas de villanos[37] en taberna. El gesto de condenación encubre la codicia de lo parejo. Confidencias salaces[38] de viejos y pirujas.[39] Melindres incitativos de fembras placenteras.[40] Las nubes corren rápidas sobre el fondo azul del cielo. Las veletas—son veletas—giran alocadas. No se ha visto nunca en Segovia tal abominación. Los golpazos de las ventanas en los desvanes son formidables. ¿Qué van a hacer ahora? ¿Seguirá ella en la ciudad? Un violento puñetazo de un defensor de la dama, dado en el mármol de la mesa, en el café, ha hecho saltar vasos, tazas y platillos. El vendaval dobla los troncos delgados de los árboles, y las ramas agitan, mueven, remueven sus hojas como implorando auxilio.

𝒯emas

Comprensión del texto

1. ¿Cómo describe Azorín a doña Inés?
2. ¿A qué cree usted que se deba el hecho de que el capítulo termine con la mención del daguerrotipo?
3. ¿Qué cuadro pinta el autor en «La flecha invisible»? ¿Cómo describe a don Diego?
4. ¿De qué manera comunica Azorín la intensidad de la atracción de los amantes?
5. ¿Qué metáfora usa para comunicar la intensidad de la reacción del pueblo al beso escandaloso?
6. Explique el significado de la siguiente frase: «Las veletas—son veletas—giran alocadas». ¿Qué simbolizan las veletas?

Análisis literario

1. ¿Cómo comunica Azorín la idea de que los acontecimientos se repiten infinitas veces? ¿Qué confusión existe entre doña Inés y doña Beatriz?
2. ¿Por qué cree usted que se ha comparado la prosa de Azorín con la pintura impresionista?
3. ¿En qué consiste la intrahistoria? ¿Cómo expresa Azorín esta idea en *Doña Inés?*
4. ¿Qué significa «el eterno retorno» dentro del contexto de la novela? Explique por qué es significativo el nombre de la protagonista.

---

[37] **Tochuras...** *Coarse comments.*
[38] Obscenas.
[39] Mujeres jóvenes; prostitutas.
[40] **Melindres...** *snide (affected) remarks by loose women.*

ANTONIO MACHADO (1875-1939)

Antonio Machado es considerado no sólo el poeta más importante de la generación del 98, sino también uno de los escritores más logrados de la Europa de principios del siglo XX. Fue el segundo hijo de una prestigiosa familia intelectual. Su abuelo fue gobernador de la provincia de Sevilla y fundador de una influyente revista científica, y su padre fue una autoridad sobre la música y la cultura andaluzas. Manuel, su hermano mayor, alcanzó renombre como poeta modernista y José, uno de sus hermanos menores, se distinguió como pintor.

Oriundo de Sevilla, Machado se trasladó a Madrid en 1883. Allí se inscribió en la Institución Libre de Enseñanza, una escuela progresista fundada por Francisco Giner de los Ríos y otros intelectuales krausistas* en 1876. La Institución propugnó una educación integral basada en conceptos considerados revolucionarios en aquel momento, tales como el laicismo, el liberalismo y la coeducación. Se mantenía independiente no sólo de la Iglesia, sino también del Estado; los profesores animaban a los estudiantes a examinar cuestiones de importancia primordial en los campos de la filosofía, la moral y las ciencias, y a atender no sólo a lo intelectual sino también a lo físico, puesto que la armonía entre cuerpo y espíritu era uno de los temas importantes del krausismo. Muchos de los grandes intelectuales de fines del siglo XIX y principios del XX se educaron en la Institución Libre de Enseñanza. Aunque más tarde Machado estudió en escuelas católicas, la Institución tuvo una influencia profunda en su desarrollo.

El padre de Machado murió en 1893, dejando a la familia en una situación financiera precaria. En vez de asistir a la universidad, Antonio aceptó un trabajo de traductor en París, donde se estableció con su hermano Manuel en 1899. En el ambiente estimulante de la capital francesa conoció las importantes corrientes artísticas de la época y comenzó a experimentar con la poesía. Publicó sus primeros versos en 1901 en el periódico *Electra*. En 1902 publicó *Soledades*, su primera colección poética, y dos años después algunos poemas en *Helios*, la revista literaria más innovadora e influyente de España en aquel momento, y cuyo joven director, Juan Ramón Jiménez, sería la principal voz poética del Modernismo español.

Los primeros poemas de Machado muestran influencia del Modernismo. Al aparecer en *Helios*, atrajeron la atención de Miguel de Unamuno, quien escribió una carta abierta al joven poeta que fue publicada en las páginas de la revista. La posición antimodernista de Unamuno, a quien Machado admiraba, y quien sería una influencia importante en su desarrollo intelectual, animó al poeta andaluz a abandonar el desmedido estetismo característico del movimiento. Hay que subrayar, sin embargo, que las princesas exóticas y tristes y los cisnes de blanco plumaje que pueblan los versos de Darío nunca predominaron en la poesía de Machado. Una versión aumentada del libro titulada *Soledades, galerías y otros poemas* fue publicada en 1907.

Al dejar la vida bohemia de su juventud, Machado aceptó un puesto de profesor en Soria. Allí se casó con Leonor Izquierdo Cuevas y escribió algunos de sus poemas más bellos, los de *Campos de Castilla* (1912), que inmortalizan el paisaje soriano. En 1911 recibió una beca para estudiar en París con Henri Bergson, pero en la capital francesa Leonor sufrió una hemorragia severa, síntoma de una tuberculosis avanzada, y la pareja volvió a Soria, donde ella posteriormente moriría. Incapaz de seguir viviendo en Castilla, donde todo le recordaba a su amada Leonor, Machado se trasladó a Baeza, en la frontera entre Castilla y Andalucía. En 1919 se estableció en Segovia, lo cual le permitió volver a la pasión de su adolescencia: el teatro. Con su hermano Manuel produjo varias obras teatrales que tuvieron un éxito moderado. Mientras vivía en Segovia también se doctoró en la Universidad de Madrid. Entre sus examinadores se contaba el prestigioso filósofo José Ortega y Gasset.

Machado publicó dos colecciones más: *Nuevas canciones* (1924) y *De un cancionero apócrifo* (1926). En esta época conoció al segundo gran amor de su vida, Pilar Valderrama, la Guiomar de la poesía amorosa de sus años maduros. *Juan de Mairena*, una serie de reflexiones, observaciones y comentarios sobre diversos temas, empezó a salir en entregas en 1934 y fue publicado como libro en 1936. Al estallar la Guerra Civil en España, Machado se dedicó a la causa republicana. Publicó una serie de artículos sobre el conflicto en *Hora de España*.

Como otros escritores de su generación, Machado manifiesta ambigüedad ante la religión. Aunque a menudo habla de Dios en su poesía, no se trata del Dios cristiano convencional, con su promesa de la vida eterna, ni de una omnipotencia que exista independientemente del hombre, sino de una voz que cada individuo tiene que despertar dentro de sí mismo. Igual que sus contemporáneos, Machado se inquieta por el destino del individuo. Su angustia ante la nada se manifiesta en la apagada melancolía que imbuye sus versos. Su intensa preocupación por el tiempo nace de su conciencia de la naturaleza material de la vida humana. Machado fue profundamente influido por Bergson, para quien la intuición —y no el intelecto— proporciona al individuo una noción de la

fuerza vital que impregna el mundo y que anima a todo ser que vive, crece y cambia. Según Bergson, es por medio de la intuición que percibimos la realidad del tiempo, el cual es la duración de las cosas en relación con la vida, y no algo que se pueda dividir o calcular mediante sistemas cronológicos. Liberada la conciencia del rigor de modos artificiales de concebir el tiempo, discierne la fuerza vital que transciende el momento histórico y que une a todos los seres que viven.

En la obra de Machado, el tiempo y la muerte son temas inseparables. Existe una constante tensión entre el tiempo finito y el tiempo indefinido, es decir, entre el tiempo limitado que vive una persona y el que transciende al individuo, representado por la repetición de las cosas (las estaciones, los ritos, los juegos infantiles, etc.). Sin el consuelo del otro mundo, el hombre moderno tiene que enfrentarse a la noción de que la muerte del cuerpo signifique la muerte de la persona. Al tomar consciencia de que tiene un tiempo limitado para vivir, el ser humano busca maneras de amortiguar su dolor.

Machado representa a menudo la vida como un sendero o un camino sin un rumbo fijo. Al detenernos a contemplar adónde nos lleva nuestra existencia, nos damos cuenta de que «ya nuestra vida es tiempo» (*Soledades XXXV*) —un número limitado de días que se va acabando. Las actividades diarias nos mantienen ocupados, lo cual nos permite evitar pensar en nuestro destino. La religión y, a veces, las ideologías, ofrecen un espacio donde refugiarnos de la angustia que sentimos ante el vacío. Pero éstas no son más que las «desesperantes posturas que tomamos» para no ver la realidad, aun sabiendo en el fondo de nuestro ser que Ella —la muerte— «no faltará a la cita» (*Soledades XXXV*).

Como Bergson, Machado ve la memoria como el medio por el cual recobramos el tiempo —no sólo el tiempo individual sino también el colectivo. El poeta se pierde en el ensueño, en el recuerdo, encontrando en sus reminiscencias las esencias primarias que se encubren con los trajines de la vida diaria. Por medio de la memoria revive la primera melancolía, la angustia primordial que impregna el alma humana. Las imágenes que predominan en la obra de Machado son escenas de todos los días, las que se ven en cualquier pueblo de España o del mundo: la mula que da vueltas a la noria, las ollas que borbotean sobre el fuego, los niños que juegan, los enamorados que sueñan, la nieve que cae suavemente sobre el techo. Son escenas que se repiten desde principios de la civilización. Machado se vale de formas poéticas que sugieren lo transpersonal, o colectivo, del recuerdo: el romance, el refrán, la canción de cuna. A menudo emplea temas bíblicos o folclóricos para descubrir sentimientos que transcienden el yo y que abarcan lo universal. La angustia y el hastío del poeta son los de todo ser humano. Todos llevamos dentro una congoja apremiante que sólo el poeta puede articular.

Las imágenes creadas por Machado no son estáticas, pues la mudanza continua es precisamente lo que caracteriza la vida. Pero rara vez se trata de un movimiento frenético o violento. Al contrario, es repetitivo, laborioso, aun fastidioso; sugiere el hastío de la existencia humana. El ocasional estruendo que convulsiona sus páginas—por ejemplo la descripción de una tempestad estival en *Soledades LXII*—refleja la confusión y el sentido de desorientación que a veces surgen en la vida.

Por medio del ensueño el poeta vislumbra los «caminos laberínticos» de su propio ser *(Soledades XXII)*. En su introducción a *Galerías*, explica que el poeta, al explorar la inmensa e intrincada galería de su alma por medio de la memoria, descubre las esencias de la vida: «El alma del poeta / se orienta hacia el misterio. / Sólo el poeta puede / mirar lo que está lejos / dentro del alma, en turbio / y mago sol envuelto». La imagen del poeta que pinta Machado no es la del ser torturado y apasionado de los románticos; es más bien la de un jornalero industrioso y tenaz que labora en los recintos más recónditos del corazón.

Para oír las voces secretas de su alma, el poeta se aparta del ruido de la ciudad. Busca la soledad del campo, donde puede conversar consigo mismo, con su otro yo. En los poemas de Machado abundan los diálogos; el poeta a menudo parlotea con una fuente, con la tarde o con un ser que no se identifica.

Como a otros de su generación, le preocupaba el problema de la finalidad. Al retratar al hombre como un caminante sin camino, sugiere que el individuo no tiene un rumbo o un fin determinado. Se hace la vida al vivirla: «Caminante, no hay camino / se hace el camino al andar» *(Proverbios y cantares XXIX)*. Y la huella que dejamos en el mundo no es más duradera que una estela en el agua.

Sin embargo, seguimos viviendo generación tras generación, nutriéndonos de los mismos deseos e ilusiones. Abundan en estos poemas imágenes de niños, de árboles que florecen, de mañanas primaverales con su promesa de vida nueva. Si el recuerdo es una proyección hacia el pasado, la esperanza es una proyección hacia el futuro. Es precisamente el sueño de un mañana feliz—del renacer o recomenzar—que da al individuo la fuerza de seguir adelante, aun cuando presiente que la vida no conduce a ninguna parte. En «La noria» Machado representa a la humanidad como una mula con los ojos vendados que da vueltas sin darse cuenta de que va repitiendo el mismo camino sin avanzar nada. El europeo del siglo XIX creía en el progreso, en la capacidad de la ciencia y de la tecnología de hacer «adelantos», pero los intelectuales de la generación del '98 cuestionan este concepto. Para Machado, el hombre es, en su esencia, siempre el mismo: un ser que sufre y sueña.

El camino no es sino uno de muchos símbolos que emplea Machado. Otro es el agua en sus varias formas. La fuente que murmura y canta coplas «plebeyas»—es decir, del pueblo—representa la fuerza vital que transciende al individuo y abarca todo lo vivo y todos los tiempos. El hombre que desea vivir—de experimentar la pasión, la felicidad y todo lo demás que ofrece la vida—se describe como «sediento». Inspirado por el poeta medieval Jorge Manrique, Machado representa la vida mortal como un río que fluye inexorablemente hacia el mar, que es el morir. Si el agua corriente representa la energía vital, el agua estancada evoca la pena primordial que experimenta el hombre al enfrentarse a su propia mortalidad, mientras que la noria que saca aguas de la profundidad de la tierra sugiere la melancolía que es al mismo tiempo personal e intrahistórica. La lluvia recuerda el hastío de la existencia humana; las gotas que caen monótonamente sobre la ventana reflejan la monotonía y el cansancio de la vida humana.

Machado también convierte en símbolos los elementos del mundo vegetal. En su poema «Las encinas» define los árboles: «El roble es la guerra, el roble / dice el valor y el coraje»; el pino representa la pasión por vivir, «es el mar y el cielo / y la montaña», mientras que «la palmera es el desierto, / el sol y la lejanía: / la sed»; las hayas son la intrahistoria, «la leyenda»; los chopos son la esperanza, la promesa de nueva vida, «la ribera / liras de la primavera, /cerca del agua que fluye, / pasa y huye; las encinas son el paisaje y el campesino español: «sois el campo y el lar / y la sombra tutelar / de los buenos aldeanos».

No es sólo la finalidad del individuo lo que preocupa a Machado, sino el futuro de su país. En *Campos de Castilla* explora la identidad española pintando el campo castellano y al hombre que lo habita. Como otros intelectuales de la generación del '98, intenta penetrar en el carácter nacional revelado en leyendas y arquetipos, a fin de entender la situación actual de su país. No hay nada romántico o sentimental en su retrato de Castilla. A menudo representa la naturaleza como hostil, dura, enemiga del hombre. Los colores que dominan son el gris y el pardo. En muchos poemas describe al campesino como un «hijo de Caín»—envidioso, cruel y violento.

Comienza su poema «Campos de Soria»: «Es la tierra de Soria árida y fría». Los «cerros cenicientos» siguen desnudos aun en abril; «la tierra no revive». En un mesón rústico una pareja campesina se ocupa de sus quehaceres domésticos, ocultando con su silencio un dolor inarticulado, un dolor eterno. El tono es melancólico y, sin embargo, en la chimenea una olla borbollonea, sugiriendo calor humano, y una niña—la promesa del futuro—sueña con el renacer del campo donde «ha de correr con otras doncellitas». Es una escena que existe fuera del tiempo y del espacio.

Pero no sólo el campesino, sino también la naturaleza vive de la esperanza. La «parda tierra», igual al hombre, vive del «verde sueño», es decir, con el sueño de renovarse y prosperar. Al personificar el campo, Machado subraya el vínculo que existe entre el ser humano y todo lo vivo. Al mismo tiempo recalca la noción de que la esperanza es tan fundamental como la pena. Es significativo que el poeta no termine «Campos de Soria» con una nota triste, sino con una plegaria que expresa su deseo de «que el sol de España os llene / de alegría, de luz y de riqueza».

A través de imágenes que sugieren el paso del tiempo—«murallas roídas», «casas denegridas», «famélicos galgos» que antes eran la gloria del aristocrático cazador—Machado evoca un pasado irrecuperable, el que yuxtapone con alusiones a la eterna repetición de las estaciones, creando así tensión entre el tiempo y el «sin tiempo». Como Valle-Inclán, Machado encuentra belleza en la misma podredumbre: «Soria, ciudad castellana / ¡tan bella! bajo la luna. Por medio de estas imágenes el poeta expresa la melancolía del hombre ante su propia mortalidad y la de sus creaciones. Solo en el campo, el poeta inicia el diálogo interno—«¡Oh!, sí, conmigo vais, campos de Soria»—que le permite articular los misterios de su alma y del alma humana.

A pesar de la complejidad de sus ideas, el estilo de Machado es sencillo y directo, aun prosaico. «Es la tierra de Soria árida y fría» podría ser una línea de un ensayo. El poeta comunica la intensidad del frío no por medio de metáforas rebuscadas sino a través de la imagen: «el caminante lleva en su bufanda / envueltos cuello y boca». Asimismo revela el profundo dolor del padre en sólo tres versos al describir el surco en su frente: «y en la frente del viejo, de hosco ceño, / como un tachón sombrío / —tal el golpe de un hacha sobre un leño—». Con igual destreza comunica la angustia de la madre a través de la imagen de la vieja que «mira al campo, cual si oyera / pasos sobre la nieve», esperando la imposible vuelta de su hijo perdido. Pero «Nadie pasa»—palabras que remachan con una fuerza desgarradora la soledad y desolación de la desgraciada mujer. Es a través de estos poderosos retratos que el poeta nos hace sentir nuestro propio dolor, que es, al fin y al cabo, nuestro vínculo con el resto de la humanidad.

Soledades

XXXV

Al borde del sendero un día nos sentamos.
Ya nuestra vida es tiempo, y nuestra sola cuita[1]
son las desesperantes posturas que tomamos
para aguardar… Mas Ella[2] no faltará a la cita.

XLVI: La noria[3]

La tarde caía
triste y polvorienta.
El agua cantaba
su copla plebeya
en los cangilones[4]
de la noria lenta.
　Soñaba la mula
¡pobre mula vieja!
al compás de la sombra
que en el agua suena.
　La tarde caía
triste y polvorienta.
　Yo no sé qué noble,
divino poeta
unió a la amargura
de la eterna rueda
　la dulce armonía
del agua que sueña
y vendó sus ojos
¡pobre mula vieja!
　Mas sé que fue un noble,
divino poeta,
corazón maduro
de sombra y ciencia.[5]

Galerías: Introducción

Leyendo un claro día
mis bien amados versos,
he visto en el profundo
espejo de mis sueños

---

[1] Cuidado, preocupación.
[2] La muerte.
[3] *Waterwheel.*
[4] *Buckets.*
[5] Dios, el poeta divino, le ha dado al hombre la esperanza así como la angustia.

que una verdad divina
temblando está de miedo
y es una flor que quiere
echar su aroma al viento.
    El alma del poeta
se orienta hacia el misterio.
Sólo el poeta puede
mirar lo que está lejos
dentro del alma, en turbio
y mago sol envuelto.
    En esas galerías
sin fondo, del recuerdo,
donde las pobres gentes
colgaron cual[6] trofeo
el traje de una fiesta
apolillado[7] y viejo,
allí el poeta sabe
el laborar eterno
mirar de la doradas
abejas de los sueños.
    Poetas, con el alma
atenta al hondo cielo,
en la cruel batalla
o en el tranquilo huerto,
la nueva miel labramos
con los dolores viejos,
la veste[8] blanca y pura
pacientemente hacemos,
y bajo el sol bruñimos
el fuerte arnés de hierro.
    El alma que no sueña,
el enemigo espejo,
proyecta nuestra imagen
con un perfil grotesco.
    Sentimos una ola
de sangre, en nuestro pecho,
que pasa… y sonreímos,
y a laborar volvemos.

Campos de Castilla

Campos de Soria

I

    Es la tierra de Soria árida y fría.
Por las colinas y las sierras calvas,
verdes pradillos, cerros cenicientos,
la primavera pasa
dejando entre las hierbas olorosas
sus diminutas margaritas blancas.
    La tierra no revive, el campo sueña.
Al empezar abril está nevada
la espalda del Moncayo[9];
el caminante lleva en su bufanda
envueltos cuello y boca, y los pastores
pasan cubiertos con sus lenguas[10] capas.

II

Las tierras labrantías,
como retazos de estameñas[11] pardas,
el huertecillo, el abejar, los trozos
de verde oscuro en que el merino[12] pasta[13]
entre plomizos peñascales, siembran
el sueño alegre de infantil Arcadia.[14]
En los chopos[15] lejanos del camino,
parecen humear las yertas ramas
como un glauco[16] vapor —las nuevas hojas—
y en las quiebras de valles y barrancas
blanquean los zarzales florecidos,
y brotan las violetas perfumadas.

V

    La nieve. En el mesón al campo abierto[17]
se ve el hogar donde la leña humea
y la olla al hervir borbollonea.
El cierzo[18] corre por el campo yerto,[19]

[6] Como.
[7] *Moth-eaten. (From ragged, moth-eaten memories, which people hang onto like old clothes, the poet brings forth poems just as bees bring forth honey.)*
[8] *Clothing.*

[9] Montaña cerca de Soria.
[10] Largas (voz poética).
[11] **Retazos…** *Remnants or strips of serge (material).*
[12] Tipo de oveja.
[13] *Grazes.*
[14] Paraíso. (En la mitología, tierra idílica.)
[15] *Poplars (trees).*
[16] Verdoso.
[17] **Mesón…** *country inn.*

alborotando en blancos torbellinos
la nieve silenciosa.
La nieve sobre el campo y los caminos,
cayendo está como sobre una fosa.[20]
Un viejo acurrucado tiembla y tose
cerca del fuego; su mechón de lana
la vieja hila, y una niña cose
verde ribete a su estameña grana.[21]
Padres los viejos son de un arriero[22]
que caminó sobre la blanca tierra,
y una noche perdió ruta y sendero,
y se enterró en las nieves de la sierra.
En torno al fuego hay un lugar vacío,
y en la frente del viejo, de hosco ceño,
como un tachón[23] sombrío
—tal el golpe de un hacha sobre un leño—.
La vieja mira al campo, cual si oyera
pasos sobre la nieve. Nadie pasa.
Desierta la vecina carretera,
desierto el campo en torno de la casa.
La niña piensa que en los verdes prados
ha de correr con otras doncellitas
en los días azules y dorados,
cuando crecen las blancas margaritas.

VI

¡Soria fría! *Soria pura,*
cabeza de Extremadura,[24]
con su castillo guerrero
arruinado, sobre el Duero[25];
con sus murallas roídas[26]

---

y sus casas denegridas!

¡Muerta ciudad de señores
soldados o cazadores;
de portales con escudos
de cien linajes hidalgos,
y de famélicos galgos,
de galgos flacos y agudos
que pululan[27]
por las sórdidas callejas
y a la media noche ululan,
cuando graznan las cornejas![28]

¡Soria fría! La campana
de la Audiencia da la una.[29]
Soria, ciudad castellana
¡tan bella! bajo la luna.

VIII

He vuelto a ver los álamos[30] dorados,
álamos del camino de la ribera
del Duero, entre San Polo y San Saturio,
tras las murallas viejas
de Soria —barbacana[31]
hacia Aragón, en castellana tierra—.

Estos chopos del río, que acompañan
con el sonido de sus hojas secas
el son del agua cuando el viento sopla,
tienen en sus cortezas
grabadas iniciales que son nombres
de enamorados, cifras que son fechas.[32]
¡Álamos del amor que ayer tuvisteis

---

[18] Viento del norte.
[19] *Still, congealed.*
[20] Tumba.
[21] **Verde…** *A green border on scarlet serge. (In Spain, green traditionally symbolizes hope, wood connotes death. Throughout the poem Machado juxtaposes images of warmth and life [the pot boiling merrily on the hearth] and pain and despair [snow falling on the frozen earth].)*
[22] *Muleteer.*
[23] *Cleft, furrow.*
[24] *Here,* cabeza *means "main city." Although today Extremadura does not include Soria, in the Middle Ages the term was applied to all territory considered dangerous and vulnerable to attack by the Moors. "Extremadura" means "beyond the Duero," the river that passes through Soria.*
[25] Río que pasa por Soria.
[26] *Eaten away. Machado juxtaposes images of time and timelessness in these verses. Time has destroyed the once*

proud castles and swept away the nobles that once ruled the city, but the recurring seasons are always the same.
[27] *Swarm.*
[28] **Cuando…** *when the crows caw. (The crow is a symbol of death.)*
[29] **La…** *The Courthouse bell chimes one o'clock.*
[30] *In his poem "Las encinas" Machado gives an inventory of trees and their meanings. The poplar (*álamo *or* chopo*) is a "lyre of spring" that sings of life and rebirth; it grows next to the flowing water, another symbol of life.*
[31] Fortificación, defensa.
[32] *The names of lovers carved into the bark of the poplars are a symbol of* intrahistoria *and the "eternal return." The names and dates are always different, yet the courting rite is age-old.*

de ruiseñores vuestras ramas llenas;
álamos que seréis mañana liras
del viento perfumado en primavera;
álamos del amor cerca del agua
que corre y pasa y sueña,
álamos de las márgenes del Duero,
conmigo vais, mi corazón os lleva!

IX

¡Oh!, sí, conmigo vais, campos de Soria,
tardes tranquilas, montes de violeta,
alamedas del río, verde sueño
del suelo gris y de la parda tierra,
agria melancolía
de la ciudad decrépita,
me habéis llegado al alma,
¿o acaso estabais en el fondo de ella?
¡Gentes del alto llano numantino![33]
que a Dios guardáis como cristianas viejas,
que el sol de España os llene
de alegría, de luz y de riqueza!

Proverbios y cantares

VIII

En preguntar lo que sabes
el tiempo no has de perder…
Y a preguntas sin respuesta
¿quién te podrá responder?

XXIX

Caminante, son tus huellas
el camino, y nada más;
caminante, no hay camino,
se hace el camino al andar.
Al andar se hace camino,
y al volver la vista atrás
se ve la senda que nunca
se ha de volver a pisar.
Caminante, no hay camino,
sino estelas en la mar.

---

[33] *Numancian plain.* Numancia, located in the vicinity of *Soria, was an ancient Iberian city that resisted Roman capture. It was immortalized by Cervantes in his play* La Numancia.

Parábolas

VI

El Dios que todos llevamos,
el Dios que todos hacemos,
el Dios que todos buscamos
y que nunca encontraremos.
Tres Dioses o tres personas
del solo Dios verdadero.

Temas

1. ¿Cómo emplea Machado la metáfora del camino en *Soledades XXXV*? ¿Qué quiere decir «Ya nuestra vida es tiempo»? ¿A qué «desesperantes posturas» se refiere? ¿Quién es Ella? ¿Qué está diciendo Machado sobre la vida y la muerte en este poema?

2. ¿Cómo desarrolla el tema de la finalidad en «La noria»? ¿Qué representa la mula? ¿Por qué tiene los ojos vendados? ¿Quién es el «divino poeta» de la última estrofa?

3. ¿De qué modo describe Machado la labor del poeta en la Introducción a «Galerías»?

4. ¿Cómo describe el paisaje en «Campos de Soria»? ¿Por qué es importante el contraste entre los «verdes pradillos» y los «cerros cenicientos»? ¿De qué imagen se vale para expresar la idea de que la primavera no llega a las montañas de Castilla?

5. ¿Qué colores predominan en este poema? ¿Qué expresan? ¿Cómo comunica el poeta lo frío y hostil del ambiente a través de la imagen? ¿Por qué cree usted que emplea una palabra antigua y anticuada como «luengas» para describir las capas de los pastores? ¿En qué sentido transciende esta escena el tiempo?

6. ¿De qué manera describe Machado el mesón? ¿Qué idea comunica la imagen de la olla? ¿Qué contraste existe entre el ambiente fuera y dentro del mesón?

7. ¿Cómo comunica la tristeza del padre y de la madre? ¿Qué efecto produce la palabra «fosa»?

8. ¿Qué representa la niña?

9. ¿Cómo contrasta Machado lo temporal y lo no temporal? ¿Qué tipo de imagen emplea en la Sección VI? ¿Por qué?

chopos

10. ¿En qué sentido es la Sección VIII una reafirmación de la vida? ¿Por qué es significativa la mención de los chopos y del Duero?

11. ¿Termina el poema con una nota triste o no?

12. ¿Qué quiere decir «Caminante, no hay camino»? ¿Cuál es el concepto de Dios que expresa Machado? ¿Cómo difiere del concepto cristiano convencional?

JUAN RAMÓN JIMÉNEZ (1881-1958)

Juan Ramón Jiménez, el más destacado representante del Modernismo español, nació en Moguer, en Andalucía, pueblo que inmortalizaría en su poesía y prosa. En la Universidad de Sevilla se dedicó a la pintura y a la poesía. En 1900 Juan Ramón—como se le suele llamar—conoció a Rubén Darío en Madrid. Darío, considerado en aquel entonces como el poeta más importante del mundo hispánico, quedó muy impresionado con su trabajo. Gracias a la influencia de su mentor nicaragüense, publicó sus dos primeras colecciones poéticas, *Ninfeas* y *Almas de violeta*. Darío escogió el nombre del primer libro, que fue impreso con tinta verde, y Valle-Inclán seleccionó el del segundo, que fue impreso con tinta violeta.

Iniciado con la publicación de *Azul* de Rubén Darío, el Modernismo propone una ruptura con la cultura del siglo XIX. En la literatura, el ímpetu más importante proviene del Parnasianismo* y del Simbolismo* franceses. Aunque en Francia estos dos movimientos se consideraban opuestos, en Latinoamérica y España ambas corrientes contribuyeron a la renovación poética. Como los simbolistas, los modernistas buscan las realidades más profundas de la vida. De importancia especial es el valor misterioso del lenguaje; el escritor modernista busca la palabra exacta, tomando en consideración su etimología, su sonido y su valor simbólico o decorativo. Rechaza la verbosidad y el sentimentalismo del Romanticismo, repudia el cliché y las metáforas convencionales. Cultiva la elegancia, la armonía, el sensualismo y la pureza estética. Sus imágenes son frágiles, delicadas, preciosas, rebuscadas. Celebra lo inútil, lo exótico. Aunque más tarde el Modernismo latinoamericano adquirió una dimensión política, en su primera fase los partidarios del movimiento defendían el principio del «arte por el arte». Si bien Juan Ramón abrazó este concepto de la poesía con entusiasmo, años después, irritado por la preciosidad de estos primeros volúmenes, intentó destruir todos los ejemplares.

La muerte de su padre en 1901 parece haber afectado profundamente al poeta. Se enfermó y pasó varios años en sanatorios. Durante estos años compuso los versos de *Rimas* (1902), *Arias tristes* (1903) y *Jardines lejanos* (1904). Al volver a Moguer, se dedicó plenamente a la poesía y escribió unos ocho libros de versos. También escribió *Platero y yo*, un poema en prosa que narra sus correrías con su burro, Platero, por Moguer y sus cercanías. Consiste en una serie de reflexiones sobre diferentes aspectos del pueblo—un niño tonto, el pan, la fuente. Sus páginas revelan una nostalgia por los placeres de la vida sencilla pueblerina. Juan Ramón no escribe con la idea de remediar males—la trágica situación del retrasado mental, por ejemplo—sino para evocar una dulce tristeza, un letargo agradable. La imagen de los niños pobres que gritan «¡un poco de paaan!» no es un comentario social sino un toque sentimental. Al comentar que «Moguer es igual que un pan de trigo, blanco por dentro, como el migajón, y dorado en torno», Juan Ramón pinta un cuadro de una comunidad donde existe el amor, la solidaridad y la bondad.

En un viaje a Estados Unidos Juan Ramón estableció contactos con las instituciones intelectuales norteamericanas, lo cual contribuyó mucho al prestigio internacional del poeta. En 1917 la Hispanic Society of America publicó una antología de sus obras: *Poesías escogidas: 1899-1917*. Durante estos años Juan Ramón publicó *Estío* (1915) y *Sonetos espirituales* (1914-15), que reflejan su noviazgo tumultuoso con su esposa Zenobia, con quien se había casado en Nueva York.

De vuelta a Madrid, trabajó incansablemente en sus proyectos literarios al mismo tiempo que se mantuvo al tanto de las corrientes literarias españolas, latinoamericana y mundiales. La meta del poeta era depurar la poesía de toda ornamentación para alcanzar lo que llamaba la «poesía desnuda». Escribe Graciela Palau de Nemes: «La poesía desnuda es poesía en su esencia, desprovista de artificios, sostenida por el verbo y el substantivo, con escasa adjetivación, sin rima externa, ni pie ni metro de igual duración» (88). En esta época Juan Ramón adopta una nueva ortografía simplificada—por ejemplo, escribe «j» en vez de «g»—a fin de purgar el lenguaje de toda complejidad innecesaria. Sus temas preferidos son la mujer, la creación poética y la muerte. Usa imágenes como la rosa o la mariposa para comunicar la perfección de la obra creada.

Entre 1916 y 1919 cultiva un nuevo estilo que constituye una reacción contra la languidez y el sensualismo de su poesía anterior. Sus *Sonetos espirituales* representan una vuelta a la rigidez del metro clásico. Se vislumbra en esta poesía una inquietud del espíritu contenido dentro del formalismo de los versos. *Estío* y *Diario de un reciencasado* (1916) representan un nuevo interés en la experimentación poética. En estos libros el poeta emplea el verso libre o combinaciones de verso y prosa. *Diario* en particular explora los peligros, dudas y tentaciones de la persona que busca la belleza en el mundo moderno.

Entre las colecciones de esta época se encuentran el ya mencionado *Diario de un poeta reciencasado*, *Eternidades* (1916-17) y *Piedra y cielo* (1919). Después de este último libro el poeta comenzó a publicar sólo ciertas composiciones que seleccionaba con mucho cuidado. Su *Segunda antología poética* (1922) contiene revisiones de obras anteriores. *Poesía (en verso)* (1923) y *Belleza (en verso)* (1923) contienen poesías selectas escritas entre 1917 y 1923.

Cuando estalló la Guerra Civil, Juan Ramón y su esposa partieron para los Estados Unidos donde él fue agregado cultural entre 1936 y 1939. Durante las dos últimas décadas de su vida vivieron en Maryland, en Florida, en Cuba y en Puerto Rico, donde falleció Zenobia en 1956, poco después de enterarse de que su esposo había ganado el Premio Nóbel.

Las obras de esta época expresan el éxtasis tanto como la desesperación. Después de tener una experiencia mística en un viaje por mar en 1949, el poeta empezó a concentrarse en temas espirituales. La crítica ha hablado del «neomisticismo» juanramoniano y Palau de Nemes ha señalado paralelos importantes entre Jiménez y san Juan de la Cruz. En *Tiempo y muerte* el poeta rechaza nociones convencionales de Dios, pero afirma que todo hombre tiene un núcleo espiritual; en este sentido, Dios está en cada uno de nosotros y es lo que nos enlaza unos a otros. Dios es íntimo y al mismo tiempo universal. Tiene, como un diamante, «innumerables facetas en que todos podemos espejarnos», pero a pesar de sus diversas manifestaciones o expresiones, en el fondo es integral e incambiable. Es entonces nuestro sentido moral y espiritual lo que nos une y al mismo tiempo nos individualiza.

Aunque Juan Ramón difiere de los escritores de la generación del 98 en muchos aspectos, comparte con ellos la búsqueda de lo bello y de lo eterno en lo familiar y cotidiano, en las antiguas piedras españolas y en la palabra misma. Como ellos, se inquieta por el tiempo y por el espíritu. Para Juan Ramón, hacer poesía es una experiencia religiosa. Escribe en *Animal de fondo:* «Hoy pienso que yo no he trabajado en vano en dios, que he trabajado en dios tanto cuanto he trabajado en poesía». Como dios, «la poesía como todo lo esencial y absoluto, es siempre la misma, pero... no es necesario que sea siempre espresada del mismo modo» (*Ideolojía*).

Poesía y prosa

Yo no volveré

Yo no volveré. Y la noche

tibia, serena y callada,
dormirá el mundo, a los rayos
de su luna solitaria.

Mi cuerpo no estará allí,
y por la abierta ventana,
entrará una brisa fresca,
preguntando por mi alma.

No sé si habrá quien me aguarde
de mi doble ausencia larga,
o quien bese mi recuerdo,
entre caricias y lágrimas.

Pero habrá estrellas y flores
y suspiros y esperanzas,
y amor en las avenidas,
a la sombra de las ramas.

Y sonará ese piano
como en esta noche plácida,
y no tendrá quien lo escuche,
pensativo, en mi ventana.
Arias tristes, 1902-1903

Oh triste coche viejo

¡Oh triste coche viejo, que en mi memoria ruedas!
¡Pueblo, que en un recodo de mi alma te pierdes!
¡Lágrima grande y pura, lucero que te quedas,
temblando, en la colina, sobre los campos verdes!

Verde el cielo profundo, despertaba el camino,
fresco y fragante del encanto de la hora;
cantaba un ruiseñor despierto, y el molino
rumiaba un son eterno, rosa frente a la aurora.

Y en el alma, un recuerdo, una lágrima, una
mano alzando un visillo blanco al pasar un coche. . .
la calle de la víspera, azul bajo la luna
solitaria, los besos de la última noche. . .

¡Oh triste coche viejo, que en mi memoria ruedas!
¡Pueblo, que en un recodo de mi alma te pierdes!
¡Lágrima grande y pura, lucero que te quedas,
temblando, en la colina, sobre los campos verdes!
Elejías, 1907-1908

Platero y yo

El niño tonto[1]

Siempre que volvíamos por la calle de San José estaba el niño tonto a la puerta de su casa, sentado en su sillita, mirando el pasar de los otros. Era uno de esos pobres

---

[1] *Retarded.*

niños a quienes no llega nunca el don de la palabra ni el regalo de la gracia; niño alegre él y triste de ver; todo para su madre, nada para los demás.

Un día, cuando pasó por la calle blanca aquel mal viento negro, no vi ya al niño en su puerta. Cantaba un pájaro en el solitario umbral, y yo me acordé de Curros, padre más que poeta, que, cuando se quedó sin su niño, le preguntaba por él a la mariposa gallega: *Volvoreta d'aliñas douradas . . .*

Ahora que viene la primavera, pienso en el niño tonto, que desde la calle de San José se fue al cielo. Estará sentado en su sillita, al lado de las rosas únicas, viendo con sus ojos, abiertos otra vez, el dorado pasar de los gloriosos.

El pan

Te he dicho, Platero, que el alma de Moguer es el vino, ¿verdad? No; el alma de Moguer es el pan. Moguer es igual que un pan de trigo, blanco por dentro, como el migajón, y dorado en torno — ¡oh sol moreno! — como la blanda corteza.

A mediodía, cuando el sol quema más, el pueblo entero empieza a humear y a oler a pino y a pan calentito. A todo el pueblo se le abre la boca. Es como una gran boca que come un gran pan. El pan se entra en todo: en el aceite, en el gazpacho,[2] en el queso y la uva, para dar sabor a beso, en el vino, en el caldo, en el jamón, en él mismo, pan con pan. También solo, como la esperanza, o con una ilusión . . .

Los panaderos llegan trotando en sus caballos, se paran en cada puerta entornada, tocan las palmas y gritan: «¡El panaderooo . . . !» Se oye el duro ruido tierno de los cuarterones[3] que, al caer en los canastos que brazos desnudos levantan, chocan con los bollos,[4] de las hogazas[5] con las roscas[6] . . .

Y los niños pobres llaman, al punto, a las campanillas de las cancelas o a los picaportes de los portones, y lloran largamente hacia adentro: ¡un poquiiito de paaan . . . !

La fuente vieja

Blanca siempre sobre el pinar siempre verde; rosa o azul, siendo blanca, en la aurora; de oro o malva en la tarde, siendo blanca; verde o celeste, siendo blanca, en la noche; la Fuente vieja, Platero, donde tantas veces me has visto parado tanto tiempo, encierra en sí,

como una clave o una tumba, toda la elegía del mundo, es decir, el sentimiento de la vida verdadera.

En ella he visto el Partenón, las Pirámides, las catedrales todas. Cada vez que una fuente, un mausoleo, un pórtico me desvelaron con la insistente permanencia de su belleza, alternaba en mi duermevela[7] su imagen con la imagen de la Fuente vieja.

De ella fui a todo. De todo torné a ella. De tal manera está en su sitio, tal armoniosa sencillez la eterniza, el color y la luz son suyos tan por entero, que casi se podría coger de ella en la mano, como su agua, el caudal completo de la vida. La pintó Böcklin sobre Grecia; fray Luis la tradujo; Beethoven la inundó de alegre llanto; Miguel Ángel se la dio a Rodin.[8]

Es la cuna y es la boda; es la canción y es el soneto; es la realidad y es la alegría; es la muerte. Muerta está ahí, Platero, esta noche, como una carne de mármol entre el oscuro y blanco verdor rumoroso[9]; muerta manando[10] de mi alma el agua de mi eternidad.

Te deshojé, como una rosa

Te deshojé, como una rosa,
para verte tu alma,
y no la vi.

  Mas todo en torno
—horizontes de tierras y de mares—,
todo, hasta el infinito,
se colmó de una esencia
inmensa y viva.
Diario de un poeta reciéncasado, 1916[11]

Inteligencia, dame

¡Inteligencia, dame
el nombre exacto de las cosas!
. . .Que mi palabra sea
la cosa misma,

---

[2] *A kind of cold tomato soup garnished with bread crubs.*
[3] Monedas.
[4] *Kind of roll.*
[5] *Large loaf of bread.*
[6] **Con**... *braided.*

[7] *Reverie; state between sleeping and being awake.*
[8] *Arnold Böcklin (1827-1901) was a Swiss painter who influenced German Romanticism and Surrealism. Fray Luis (1527-1591) was a great Spanish poet and moralist. Michelangelo (1475-1564) was one of the greatest painters of the Italian Renaissance. Auguste Rodin (1840-1917) was a French sculptor of the late 19th and early 20th centuries.*
[9] *Murmuring.*
[10] *Flowing.*
[11] *The title was later changed to* Diario de poeta y mar.

creada por mi alma nuevamente.
Que por mí vayan todos
los que no las conocen, a las cosas;
que por mí vayan todos
los que ya las olvidan, a las cosas;
que por mí vayan todos
los mismos que las aman, a las cosas. . .
¡Intelijencia, dame
el nombre exacto, y tuyo,
y suyo, y mío, de las cosas.
    Eternidades, 1916-1917

Mariposa de luz

Mariposa de luz,
la belleza se va cuando yo llego
a su rosa.
    Corro, ciego, tras ella . . .
La medio cojo aquí y allá . . .
    ¡Sólo queda en mi mano
la forma de su huída!
    Piedra y cielo, 1917-1918

Soy animal de fondo

«En fondo de aire» (dije) «estoy»,
(dije) «soy animal de fondo de aire» (sobre tierra),
ahora sobre mar; pasado, como el aire, por un sol
que es carbón allá arriba, mi fuera, y me ilumina
con su carbón el ámbito segundo destinado.
    Pero tú, dios, también estás en este fondo
y a esta luz ves, venida de otro astro;
tú estás y eres
lo grande y lo pequeño que yo soy,
en una proporción que es ésta mía,
infinita hacia un fondo
que es el pozo sagrado de mí mismo.
    Y en este pozo estabas antes tú
con la flor, con la golondrina, el toro
y el agua; con la aurora
en un llegar carmín de vida renovada;
con el poniente, en un huir de oro de gloria.
    En este pozo diario estabas tú conmigo,
conmigo niño, joven, mayor, y yo me ahogaba
sin saberte, me ahogaba sin pensar en ti.
Este pozo que era, sólo y nada más ni menos,
que el centro de la tierra y de su vida.
    Y tú eras en el pozo májico el destino
de todos los destinos de la sensualidad hermosa

que sabe que el gozar en plenitud
de conciencia amadora,
es la virtud mayor que nos trasciende.
    Lo eras para hacerme pensar que tú eras tú,
para hacerme sentir que yo era tú,
para hacerme gozar que tú eras yo,
para hacerme gritar que yo era yo
en el fondo de aire en donde estoy,
donde soy animal de fondo de aire
con alas que no vuelan en el aire,
que vuelan en la luz de la conciencia
mayor que todo el sueño
de eternidades e infinitos
que están después, sin más que ahora yo, del aire.
    Animal de fondo, 1949

Animal de fondo: Notas

    Estos poemas son una anticipación de mi libro *Dios deseante y deseado*, lo último que he escrito en verso, posterior a *Lírica de una Atlántida, Hacia otra desnudez* y *Los olmos de Riverdale*.
    Para mí la poesía ha estado siempre íntimamente fundida con toda mi existencia y no ha sido poesía objetiva casi nunca. Y ¿cómo no había de estarlo en lo místico panteísta la forma suprema de lo bello para mí? No que yo haga poesía relijiosa usual; al revés, lo poético lo considero como profundamente relijioso, esa relijión inmanente sin credo absoluto que yo siempre he profesado. Es curioso que, al dividir yo ahora toda mi escritura de verso y prosa en seis volúmenes cronolójicos, por tiempos o épocas mías, y que publicaré con el título jeneral de *Destino*, el final de cada época o tiempo, el final de cada volumen sea con sentido relijioso.
    Es decir, que la evolución, la sucesión, el devenir de lo poético mío ha sido y es una sucesión de encuentro con una idea de dios. Al final de mi primera época, hacia mis 28 años, dios se me apareció como en mutua entrega sensitiva; al final de la segunda, cuando yo tenía unos 40 años, pasó dios por mí como un fenómeno intelectual, con acento de conquista mutua; ahora que entro en lo penúltimo de mi destinada época tercera, que supone las otras dos, se me ha atesorado dios como un hallazgo, como una realidad de lo verdadero suficiente y justo. Si en la primera época fue éstasis de amor, y en la segunda avidez de eternidad, en esta tercera es necesidad de conciencia interior y ambiente en lo limitado de nuestro moderado nombre. Hoy concreto yo lo divino como una conciencia única, justa, universal de la belleza que está

dentro de nosotros y fuera también y al mismo tiempo. Porque nos une, nos unifica a todos, la conciencia del hombre cultivado único sería una forma de deísmo bastante. Y esta conciencia tercera integra el amor contemplativo y el heroísmo eterno y los supera en totalidad.

Los poemas místicos finales de mi primera y mi segunda época están publicados, en síntesis, en mis libros particulares y en mi *Segunda antología poética*. Y estoy tan lejos ahora de ellos como de mis presentes vitales de esos tiempos, aunque los acepto como recuerdos de días que de cualquier manera son de mi vida.

La escritura poética relijiosa (como la política, la militar, la agrícola, etc.) está para mí en el encuentro despés del hallazgo. No se puede escribir esa poesía llamada comunista, por ejemplo, de la que tanto se escribe hoy, sin haber vivido mucho el comunismo, ni desde fuera de un país comunista. Una poesía de programa y propaganda de algo que aún no se ha asimilado, por extraordinaria que sea, me parecerá siempre falsa.

Estos poemas los escribí yo mientras pensaba, ya en estas penúltimas de mi vida, repito, en lo que había yo hecho en este mundo para encontrar un dios posible por la poesía. Y pensé entonces que el camino hacia un dios era el mismo que cualquier camino vocativo, el mío de escritor poético, en este caso; que todo mi avance poético en la poesía era avance hacia dios, porque estaba creando un mundo del cual había de ser el fin un dios. Y comprendí que el fin de mi vocación y de mi vida era esta aludida conciencia mejor bella, es decir jeneral, puesto que para mí todo es o puede ser belleza y poesía, espresión de la belleza.

Mis tres normas vocativas de toda mi vida: la mujer, la obra, la muerte se me resolvían en conciencia, en comprensión del «hasta qué» punto divino podía llegar lo humano de la gracia del hombre; qué era lo divino que podía venir por el cultivo; cómo el hombre puede ser hombre último con los dones que hemos supuesto a la divinidad encarnada, es decir enformada.

Hoy pienso que yo no he trabajado en vano en dios, que he trabajado en dios tanto cuanto he trabajado en poesía. Y yo sé que las dos jeneraciones que están ahora tras de mí, están encuadradas en la limitación del realismo mayor; pero también sé que otras jeneraciones más jóvenes han tomado el camino abandonado en nombre de tales virtuosismos asfixiantes; el camino que siguió mi jeneración y que venía ya de la anterior a la mía, camino mucho más real en el sentido más verdadero, camino real de todo lo real. Con la diferencia de que ésta es la realidad que está integrada en lo espiritual, como un hueso

semillero en la carne de un fruto; y que no escluye un dios vivido por el hombre en forma de conciencia inmanente resuelta en su limitación destinada; conciencia de uno mismo, de su órbita y de su ámbito.

Concierto

Echada en otro hombro una cabeza,
funden palpitación, calor, aroma,
y a cuatro ojos en llena fe se asoma
el amor con su más noble franqueza.

¡Unión de una verdad a una belleza,
que calma y que detiene la carcoma
cuyo hondo roer lento desmorona
por dentro la minada fortaleza!

Momento salvador por un olvido
fiel como lo anteterno del descanso:
la paz de dos en uno.

       Y que convierte
el tiempo y el espacio, con latido
de ríos que se van, en el remanso
que aparta a dos que viven en la muerte.

De ríos que se van, 1951-1954

Dios
Las dos eternidades de cada hombre

Yo no creo necesario (insisto) que nuestro Dios esté fuera de nuestro mundo ni, sobre todo, de nosotros hombres. ¿Para qué? Cada mundo y cada hombre pueden tener su dios, su concepción y su uso de Dios. ¿Por qué no, si todos los mundos no son lo mismo, ni todos los hombres de este mundo nuestro fuimos, somos, seremos iguales?

Nuestro Dios, esto es, el dios mío hombre, hombre de este planeta tierra con esta atmósfera de aires, quiere decir, me parece a mí, la conciencia superior que un hombre igual o parecido a mí crea con su sensibilidad y su inteligencia más o menos claripensante, clarisintiente. Dios, para mí, quiere decir conciencia universal presente e íntima; como un gran diamante de innumerables facetas en las que todos podemos espejarnos lo nuestro diferente o igual, con semejante luz; entendernos por encima de todo lo demás; digo por encima, porque todo lo demás no puede ser sino el fundamento de este Dios.

Si el fin del hombre no es crear una conciencia única superior, el Dios de cada hombre, un Dios de cada hombre con el nombre supuesto de Dios, yo no sé lo que es.

Pero sí, yo sé lo que es. Que nuestro Dios no es sino nuestra conciencia. Por ella, por él, podemos ser desgraciados o felices en nuestra vida; tener Dios o no tenerlo; tenerlo de modo más o menos conciente; junto o separado, solo o dividido. Y esta conciencia nuestra puede darnos la eternidad figurada primero; luego, la real, con nuestra alegría de poder permanecer, por Dios, en nuestra acción y nuestra obra a través de lo posible venidero.

Réplica

Que yo diga que Dios no existe, amigo, podría ser lo mismo que si un ciego dijera que no existe la luz.

(«El andarín de su órbita», 1949-1954)

Temas

1. ¿Cómo juega Juan Ramón con el tiempo y con la noción presencia / ausencia en «Yo no volveré»? ¿De qué manera apela a los sentidos? ¿Qué tipo de imágenes crea?

2. ¿Cómo idealiza su niñez en «Oh triste coche viejo» y en *Platero y yo*?

3. ¿Cómo expresa su búsqueda de la esencia de las cosas en «Te deshojé como una rosa», «Inteliijencia dame» y «Mariposa de luz»? ¿En qué sentido es la poesía una recreación, y no una creación?

4. ¿De qué recursos se vale para expresar lo erótico?

5. Se ha comparado la poesía de Juan Ramón Jiménez con la pintura impresionista. ¿Se justifica esta comparación o no? (Sobre el Impresionismo, véase la Introducción a Azorín.)

6. ¿Cómo define el poeta a Dios en el poema «Animal de fondo»? ¿Cuál es la actitud del poeta hacia las religiones tradicionales? ¿Cómo explica su propia evolución religiosa en las Notas a «Animal de fondo»?

7. ¿Por qué es la poesía «profundamente relijiosa» para Juan Ramón? ¿En qué sentido es la poesía un encuentro con Dios?

8. ¿A qué se debe que diga que «La escritura poética relijiosa… está para mí en el encuentro después del hallazgo»?

9. ¿Por qué es la labor poética una experiencia espiritual? ¿Por qué no es el realismo verdaderamente

«real» para Juan Ramón? ¿Qué dice de las generaciones que le preceden? ¿Y de los que le siguen?

10. ¿A qué tipo de «concierto» se refiere en el poema del mismo nombre? ¿A qué conduce la unión espiritual? ¿Cómo triunfa el amor sobre la muerte?

11. Compare el concepto de Dios que el poeta expresa en *Animal de fondo* y en *Las dos eternidades de cada hombre*. ¿Considera Juan Ramón que Dios es independiente del hombre?

12. ¿Cómo nos une nuestra espiritualidad a otros seres humanos? ¿En qué sentido es lo espiritual algo íntimo y al mismo tiempo universal?

13. Explique la metáfora del diamante. ¿Qué quiere decir el poeta cuando afirma que «nuestro Dios no es sino nuestra conciencia»? ¿Qué piensa usted de este concepto? ¿Qué quiere decir la «Réplica»?

Sumario

Escriba una composición o prepare una presentación oral sobre uno de los siguientes temas.

1. La intrahistoria en Unamuno, Azorín y Machado.
2. El problema del tiempo en Azorín, Machado y Juan Ramón Jiménez.
3. La labor poética en Machado y Juan Ramón.
4. El problema de la fe en Unamuno.
5. El concepto de Dios en Machado y Juan Ramón.
6. El amor en Juan Ramón Jiménez.
7. La decadencia española según Valle-Inclán y Baroja.
8. El Modernismo de Valle-Inclán y Juan Ramón.
9. La preocupación con la ciencia y la filosofía.
10. El conflicto entre *homo sapiens* y el «hombre de carne y hueso».
11. El «eterno retorno» en Azorín y Machado.
12. La sociedad española en Baroja y Valle-Inclán.
13. El campo y el campesino en Machado y Juan Ramón Jiménez.
14. El problema de la finalidad en Unamuno, Baroja y Machado.
15. La angustia ante la muerte en Unamuno, Valle-Inclán y Machado.
16. La soledad y la naturaleza.
17. La originalidad de la generación del 98.
18. Algún tema que una a los escritores de la generación del 98.

España en el siglo veinte

Las primeras décadas: 1900-1936

La crisis de la Restauración y el duro golpe causado por la pérdida de Cuba, Puerto Rico y Filipinas, en 1898, se vieron agravados por la eclosión del regionalismo y el aumento de conflictos sociales a principios del siglo XX. El descontento con las condiciones laborales provocó continuas protestas y huelgas. Alfonso XIII ascendió al trono en 1902, reinando como monarca constitucional durante una sucesión de gobiernos liberales y conservadores. Las actividades de grupos extremistas produjeron un ambiente de caos caracterizado por asesinatos y revueltas. En medio de esa confusión general, Antonio Maura (1853-1925), jefe del Partido Conservador, aprovechó para tomar las riendas del gobierno en 1907 proporcionando así una tregua al país. Sin embargo, y tan sólo transcurridos dos años, un atentado contra el Rey y su esposa marcaría el inicio del regreso de la violencia que culminó con la dimisión de Maura en 1910. Cuando estalló la primera Guerra Mundial en 1914, España declaró su neutralidad.

Al mismo tiempo que se acrecentaban los problemas domésticos, hubo varias sublevaciones en Marruecos. Éstas culminaron en la derrota de las fuerzas españolas en Anual en 1921. Este desastre fue uno de los factores que condujeron al golpe de estado del general Miguel Primo de Rivera (1870-1930) el 13 de septiembre de 1923.

Primo de Rivera implantó una dictadura militar con la aquiescencia de Alfonso XIII. Puso fin a los disturbios, reestableció el orden y desarrolló un ambicioso plan de obras públicas que le dio a España un excelente sistema de carreteras y de ferrocarriles. También tuvo importantes éxitos en las campañas de Marruecos. Sin embargo, los intelectuales y miembros de los viejos partidos políticos se oponían a sus métodos represivos; dimitió en 1930 y se exilió.

En abril de 1931 los candidatos republicanos triunfaron en las elecciones municipales de las grandes metrópolis, aunque en las ciudades más pequeñas ningún partido emergió victorioso. Enseguida, se declaró la Segunda República bajo la presidencia de Niceto Alcalá Zamora (1877-1949), un liberal moderado que intentó instituir reformas progresistas. El rey aceptó el exilio voluntario para evitar una guerra civil. Pero la violencia no se pudo evitar. Tanto la extrema izquierda como la derecha se opusieron a Zamora. En 1932 se sofocó una sublevación derechista, pero al año siguiente los conservadores ganaron las elecciones, provocando insurrecciones en Cataluña y en Asturias. Ese mismo año José Antonio Primo de Rivera (1903-1936), hijo del antiguo dictador, fundó la Falange, una agrupación política fascista.

En 1936 llegó al poder el Frente Popular, una coalición izquierdista compuesta de republicanos, socialistas, comunistas y sindicalistas. El general Francisco Franco (1982-1975), al frente del ejército de Canarias y Marruecos, protagonizó un alzamiento contra el gobierno republicano el 18 de julio de 1936, desencadenando así la Guerra Civil española (1936-1939), uno de los conflictos más sangrientos de la historia del país.

Se unieron a Franco varios elementos de orientación conservadora—monárquicos, carlistas, terratenientes, industriales, clérigos y la Falange. Franco asumió el mando supremo y fue proclamado generalísimo de los ejércitos y jefe de estado. Sus fuerzas recibieron ayuda de las dictaduras fascistas de Alemania y de Italia. Las fuerzas republicanas no recibieron ayuda militar de ninguna nación excepto la Unión Soviética, pero la Brigada Internacional, una coalición de voluntarios de diversos países, se organizó para combatir junto a ellas. Sin embargo, la falta de organización y la escasez de fondos y de armas condenaron al ejército republicano a la derrota. Al terminar la guerra, Franco estableció un régimen dictatorial que duraría casi cuarenta años.

La generación del 14

Hasta hace relativamente poco el grupo de escritores que sigue a la generación del 98 y precede a la del 27 no se definía como «generación». Sin embargo, hoy en día la crítica tiende a designar a estos escritores—Ramón Pérez de Ayala, Eugenio d'Ors, Gabriel Miró, Ramón Gómez de la Serna y José Ortega y Gasset—como la generación del 14. El nombre se deriva, según algunos, del comienzo de la primera Guerra Mundial o, según otros, de una conferencia titulada «Vieja y nueva política» pronunciada aquel año por Ortega y Gasset. Se ha llamado a esta generación un fenómeno internacional porque muchos de sus participantes vivieron en el extranjero o recibieron influencias extranjeras, e igualmente influyeron en las letras de los países de Europa y de las Américas.

En 1914 la primera Guerra Mundial hunde a Europa en la violencia. Tres años más tarde la revolución rusa y los movimientos marxistas que emergen en varios países desmoronan la estructura social establecida. La posguerra es un período de reevaluación y de confusión. Coexisten el pesimismo y el nihilismo producidos por la insatisfacción con el *status quo* y la frivolidad provocada por el fin de la guerra. En toda Europa el espíritu de renovación caracteriza la segunda y tercera décadas del siglo. Los artistas se rebelan contra las formas tradicionales y experimentan con nuevos conceptos estéticos. Surgen varios «ismos» —ideologías que conducen a diversos movimientos artísticos, casi todos efímeros. Es la época de Pablo Picasso (1881-1973), Joan Miró (1883-1983), Juan Gris (1886-1927), Salvador Dalí (1904-1989) y otros pintores que no sólo experimentan con la forma y el color, sino que cuestionan nociones convencionales sobre la realidad.

Uno de los primeros movimientos significativos del siglo es el Futurismo.* Los futuristas, encabezados por el italiano Filippo Tommaso Marinetti, predican una nueva iconoclasia. Exigen la aniquilación del arte del pasado y glorifican la guerra como instrumento de higiene espiritual. El Dadaísmo,* iniciado por el escritor rumano Tristán Tzara, busca destruir la conexión entre el pensamiento y el arte al crear imágenes disociadas y descompuestas. Uno de los dadaístas más conocidos, el francés André Breton, fundó el Surrealismo* o Superrealismo, movimiento inspirado en gran parte por las investigaciones de Freud en el campo del psicoanálisis. Los surrealistas intentan trascender la realidad objetiva, buscando otra realidad más allá, en el inconsciente, que se revela mediante la imaginación y el sueño.

Estas innovaciones inspiran nuevas corrientes poéticas en España y en Hispanoamérica. El pequeño grupo que inicia el Ultraísmo* exhorta a sus compañeros a abandonar las tradiciones líricas del pasado. Reclama una poesía desprovista de sentimentalismo y ornamentación superflua. Los ultraístas proponen una reinvención del lenguaje mismo consistente en la supresión de los nexos gramaticales, la simplifiación ortográfica y la eliminación de las mayúsculas y la puntuación. Buscan inspiración en la ciencia y la tecnología, empleando un léxico prosaico, utilitario y antipoético.

El chileno Vicente Huidobro (1893-1948) funda el Creacionismo* al viajar a España en 1918. Los partidarios del creacionismo adoptan un nuevo credo poético según el cual el poeta es un «pequeño dios», un ser autónomo, completamente libre para crear, ajeno a las preocupaciones morales o sociales. Como los ultraístas, los creacionistas se rebelan contra las rígidas reglas de la gramática y la ortografía. Los dos creacionistas españoles más conocidos son Juan Larrea (1895-1982) y Gerardo Diego (1897-1987).

Aunque por lo general estos movimientos no produjeron una lírica duradera, ayudaron a definir nuevos conceptos estéticos y estimularon las innovaciones de la próxima generación.

JOSÉ ORTEGA Y GASSET (1883-1955)

José Ortega y Gasset no sólo fue el escritor más conocido de esta generación, sino de toda la primera mitad del siglo XX. Comparte las preocupaciones personales y nacionales de la generación anterior, pero también manifiesta nuevas actitudes hacia la estética que lo apartan de sus predecesores.

Hijo de un conocido novelista y periodista liberal y relacionado por vía materna con algunos de los políticos más notables de su país, Ortega estudió con los jesuitas antes de doctorarse en Filosofía y Letras en la Universidad de Madrid. Debido a sus relaciones familiares, Ortega se forjó fácilmente un lugar en la vida cultural del país. Comenzó su carrera a los veintiún años escribiendo para *Los Lunes del Imparcial,* suplemento literario dirigido por su padre. Sin embargo, no le satisfacía el periodismo y decidió viajar a Alemania, donde continuó su educación. En Leipzig estudió filología, en Berlín, la filosofía de la vida de Georg Simmel, y en Marburgo, la filosofía neokantiana de Hermann Cohen y Paul Natorp. Al volver de Alemania obtuvo una cátedra en la Universidad de Madrid. Poco después, empezó a publicar sus artículos en diversos diarios y revistas.

En 1914 publicó *Meditaciones sobre el Quijote,* en el que examina el realismo cervantino como una expresión de las circunstancias históricas del autor. En este tratado ya se vislumbra una de las ideas fundamentales de la filosofía orteguiana, la cual el autor sintetiza en su famoso dicho: «Yo soy yo y mis circunstancias». Según Ortega, es imposible separar al individuo de sus circunstancias históricas, por lo cual la creación artística arranca siempre de la realidad histórica del artista. Es decir, el «realismo» de una obra no depende de la reproducción de los detalles de la realidad objetiva, sino de la autenticidad con la cual el artista expresa la realidad sicológica de su momento histórico.

En 1921 Ortega publicó *España invertebrada,* tratado en el que explica el caos político que se encuentra en su patria por el hecho de que España, a diferencia de otros países, no hubiera logrado establecer una estructura estatal sólida. Mientras que en Francia, por ejemplo, se formó una *élite* dirigente durante la Edad Media, en España los intereses regionales y personales nunca se habían subordinado completamente a un grupo selecto capaz de crear para el pueblo un sentido de misión colectiva.

El contacto de Ortega con las importantes corrientes filosóficas alemanas tendría una influencia profunda en su desarrollo intelectual. Su estudio de Nietzsche y de Simmel le enseñó que el hombre debía ser el foco de la filosofía y la importancia de la relación entre la persona y su cultura (ciencia, historia, arte, religión, política). De Cohen deriva su metodología y la noción de la vida como una búsqueda consciente de identidad; de Natrop y Husserl deriva el concepto del valor cognitivo de la intuición y de la experiencia directa.

Si bien en sus escritos sobre filosofía Ortega parte de Kant, desarrolla sus ideas de una manera muy personal. En *El tema de nuestro tiempo* (1923), se pregunta por qué su generación ha dejado de reconocer su misión histórica, la subordinación de la cultura a la vida. Explica que la razón pura existe en términos de absolutos—conceptos invariables que funcionan dentro de un vacío, divorciados de la realidad humana—y, por lo tanto, ésta no puede llevar al hombre a la verdad. De hecho, es imposible conocer la realidad absoluta a causa de los límites de nuestro imperfecto intelecto y porque cada uno ve la realidad desde su propia perspectiva. Sin embargo, dice Ortega, el hombre europeo cree en la razón con una fe casi religiosa, es decir, cree en la razón con una fe que transciende la razón misma. Para el europeo de principios del siglo XX, la fe en la razón ya no responde a las necesidades intelectuales del individuo, sino que refleja, paradójicamente, su lado espiritual, vital. Frente a la razón pura, Ortega propone así la *razón vital*—la razón puesta al servicio de la vida. Ya que la vida es constante movimiento y transformación, dice Ortega, la razón también tiene que someterse a cierta flexibilidad. Es decir, la razón no conduce al individuo a «la» verdad sino que, con el espíritu, lo acerca a «su» verdad, la cual será siempre el producto de su perspectiva histórica, cultural y personal. Para Ortega, la razón pura conduce a la abstracción y a la deshumanización, mientras que la razón vital integra la realidad concreta y vivida del individuo.

Los artículos que Ortega escribió entre 1916 y 1934 fueron publicados en una colección llamada *El espectador*. El título define el concepto de Ortega de su papel como escritor: el de «espectador». Esto no quiere decir que se mantenga indiferente ante su propio momento histórico; al contrario, participa activamente en todo aspecto de la cultura. Para Ortega, es imposible que un individuo se mantenga impasible ante el hervor social, político y artístico en aquel momento de la historia española. Sin embargo, para poder comentar sobre los sucesos actuales,

cree que es esencial que se aparte temporalmente para observar y contemplar. En «No ser hombre de partido» (1930) critica la tendencia a exigir que todos adopten una posición partidista e insiste en la necesidad de que el intelectual se coloque a veces por encima de cualquier facción para tener una idea más clara de la realidad de su país.

Ortega fundó varias revistas, siendo la más importante la *Revista de Occidente* (1923-36). Esta publicación tuvo una gran influencia en la vida cultural española durante los años que precedieron a la Guerra Civil. Por medio de esta revista, Ortega introdujo en España ideas contemporáneas sobre la filosofía europea, la estética, la ciencia y la historiografía.

En *La rebelión de las masas* (1930), uno de sus libros más controvertidos, Ortega explica que la democratización de la cultura ha conducido a la tiranía de las masas y, por lo tanto, a la mediocridad. Las masas se han convertido en árbitro del gusto, determinando las corrientes en boga y opinando sobre cosas que no entienden. No reconocen la superioridad de la *élite*, contra la cual se han rebelado, rehusando aceptar sus criterios y su dirección. Hay que tener en cuenta, sin embargo, que cuando Ortega habla del «hombre-masa» y de la minoría selecta, no usa estos términos en su sentido tradicional. En ningún momento defiende los privilegios de una jerarquía estancada basada en el antiguo sistema de clases sociales. Al contrario, dice que en cualquier grupo o clase se producen ciertos individuos que se destacan por sus cualidades superiores. Estas personas forman una *élite* natural capaz de guiar a otros. Son los líderes que emergen en cualquier situación: los genios, los inventores, los creadores. Para Ortega, lo que se llama «democracia» en España «degenera en plebeyismo». El «hombre-masa», lleno de resentimientos, en vez de aspirar a mejorarse, quiere que todos se rebajen a su nivel. El país en que este fenómeno ha tenido las más obvias consecuencias, según Ortega, es Estados Unidos.

Ortega escribió numerosos ensayos sobre arte. En su libro *La deshumanización del arte* (1925) defiende las nuevas corrientes estéticas y explica por qué al pueblo no le gusta el arte moderno. Según Ortega, la nueva estética es impopular porque es, en su esencia, antipopular en el sentido de que no refleja los gustos y los valores de las masas. El arte moderno puede ser entendido sólo por una minoría y, por lo tanto, obliga a la masa, que «ha pretendido ser toda la sociedad... a reconocerse como lo que es, como 'solo pueblo', como mero ingrediente, entre otros, de la estructura social».

En 1931, cuando se declaró la Segunda República española, Ortega y otros intelectuales fundaron el

Movimiento al Servicio de la República, partido político con tendencias socialistas. Fue elegido representante de León a las Cortes, pero pronto se cansó del extremismo de la izquierda tanto como el de la derecha. En 1936, poco antes de que estallara la Guerra Civil, salió de España y buscó refugio en Holanda y después en la Argentina y en Portugal. En Buenos Aires llegó a ser un héroe de la juventud intelectual. Tuvo una influencia importante no sólo en la Argentina sino en toda la América Latina. Volvió a España en 1945 y en 1948, con su amigo Julián Marías, fundó el Instituto de Humanidades, un centro de investigación sin vínculos con el régimen de Franco.

La rebelión de las masas

Vida noble y vida vulgar, o esfuerzo e inercia

Por lo pronto somos aquello que nuestro mundo nos invita a ser, y las facciones fundamentales de nuestra alma son impresas en ella por el perfil del contorno como por un molde. Naturalmente: vivir no es más que tratar con el mundo. El cariz[1] general que él nos presente será el cariz general de nuestra vida. Por eso insisto tanto en hacer notar que el mundo donde han nacido las masas actuales mostraba una fisonomía radicalmente nueva en la historia. Mientras en el pretérito vivir significaba para el hombre medio encontrar en derredor dificultades, peligros, escaseces, limitaciones de destino y dependencia, el mundo nuevo aparece como un ámbito de posibilidades prácticamente ilimitadas, seguro, donde no se depende de nadie. En torno a esta impresión primaria y permanente se va a formar cada alma contemporánea, como en torno a la opuesta se formaron las antiguas. Porque esta impresión fundamental se convierte en voz interior que murmura sin cesar unas como palabras en lo más profundo de la persona y le insinúa tenazmente una definición de la vida que es, a la vez, un imperativo. Y si la impresión tradicional decía «Vivir es sentirse limitado y, por lo mismo, tener que contar con lo que nos limita», la voz novísima grita: «Vivir es no encontrar limitación alguna; por tanto, abandonarse tranquilamente a sí mismo. Prácticamente nada es imposible, nada es peligroso y, en principio, nadie es superior a nadie».

Esta experiencia básica modifica por completo la estructura tradicional, perenne, del hombre-masa. Porque éste se sintió siempre constitutivamente referido a

limitaciones materiales y a poderes superiores sociales. Esto era, a sus ojos, la vida. Si lograba mejorar su situación, si ascendía socialmente, lo atribuía a un azar de la fortuna, que le era nominativamente favorable. Y cuando no a esto, a un enorme esfuerzo que él sabía muy bien cuánto le había costado. En uno y otro caso se trataba de una excepción que, como tal, era debida a alguna causa especialísima.

Pero la nueva masa encuentra la plena franquía[2] vital como estado nativo y establecido, sin causa especial ninguna. Nada de fuera la incita a reconocerse límites y, por tanto, a contar en todo momento con otras instancias,[3] sobre todo con instancias superiores. El labriego chino creía, hasta hace poco, que el bienestar de su vida dependía de las virtudes privadas que tuviese a bien poseer el emperador. Por tanto, su vida era constantemente referida a esta instancia suprema de que dependía. *Mas el hombre que analizamos se habitúa a no apelar de sí mismo a ninguna instancia fuera de él.* Está satisfecho tal y como es. Ingenuamente, sin necesidad de ser vano, como lo más natural del mundo, tenderá a afirmar y dar por bueno cuanto en sí halla: opiniones, apetitos, preferencias o gustos. ¿Por qué no, si, según hemos visto, nada ni nadie le fuerza a caer en la cuenta de que él es un hombre de segunda clase, limitadísimo, incapaz de crear ni conservar la organización misma que da a su vida esa amplitud y contentamiento, en los cuales funda tal afirmación de su persona?

Nunca el hombre-masa hubiera apelado a nada fuera de él si la *circunstancia* no le hubiese forzado violentamente a ello. Como ahora la circunstancia no le obliga, el eterno hombre-masa, consecuente con su índole, deja de apelar y se siente soberano de su vida. En cambio, el hombre selecto o excelente está constituido por una íntima necesidad de apelar de sí mismo a una norma más allá de él, superior a él, a cuyo servicio libremente se pone. Recuérdese que, al comienzo, distinguíamos al hombre excelente del hombre vulgar diciendo: que aquél es el que se exige mucho a sí mismo, y éste, el que no se exige nada, sino que se contenta con lo que es y está encantado consigo. Contra lo que suele creerse, es la criatura de selección, y no la masa, quien vive en esencial servidumbre. No le sabe[4] su vida si no la hace consistir en servicio alguno trascendente. Por eso no estima la necesidad de servir como una

---

[1] Aspecto.

[2] Privilegio, licencia.
[3] Personas o instituciones.
[4] *Taste right.*

opresión. Cuando ésta, por azar, le falta, siente desasosiego[5] e inventa nuevas normas más difíciles, más exigentes, que le opriman. Esto es la vida como disciplina —la vida noble. La nobleza se define por la exigencia, por las obligaciones, no por los derechos. *Noblesse oblige.* «Vivir a gusto es de plebeyo: el noble aspira a ordenación y a ley» (Goethe). Los privilegios de la nobleza no son originariamente concesiones o favores, sino, por el contrario, son conquistas. Y, en principio, supone su mantenimiento que el privilegiado sería capaz de reconquistarlas en todo instante, si fuese necesario y alguien se lo disputase. Los derechos privados o *privilegios* no son, pues, pasiva posesión y simple goce, sino que representan el perfil adonde llega el esfuerzo de la persona. En cambio, los derechos comunes, como son los «del hombre y del ciudadano», son propiedad pasiva, puro usufructo[6] y beneficio, don generoso del destino con que todo hombre se encuentra, y que no responde a esfuerzo ninguno, como no sea el respirar y evitar la demencia. Yo diría, pues, que el derecho impersonal se tiene y el personal se sostiene.

Es irritante la degeneración sufrida en el vocabulario usual por una palabra tan inspiradora como «nobleza». Porque al significar para muchos «nobleza de sangre» hereditaria, se convierte en algo parecido a los derechos comunes, en una calidad estática y pasiva, que se recibe y transmite como una cosa inerte. Pero el sentido propio, el *etymo*[7] del vocablo «nobleza» es esencialmente dinámico. Noble significa el «conocido», se entiende el conocido de todo el mundo, el famoso, que se ha dado a conocer sobresaliendo sobre la masa anónima. Implica un esfuerzo insólito que motivó la fama. Equivale, pues, noble a esforzado o excelente. La nobleza o fama del hijo es ya puro beneficio. El hijo es conocido porque su padre logró ser famoso. Es conocido por reflejo, y, en efecto, la nobleza hereditaria tiene un carácter indirecto, es luz espejada, es nobleza lunar como hecha con muertos. Solo queda en ella de vivo, auténtico, dinámico, la incitación que produce en el descendiente a mantener el nivel de esfuerzo que el antepasado alcanzó. Siempre, aun en este sentido desvirtuado,[8] *noblesse oblige.* El noble originario se obliga a sí mismo, y al noble hereditario le obliga la herencia. Hay, de todas suertes, cierta contradicción en el traspaso de la nobleza, desde el noble inicial a sus sucesores. Más lógico, los chinos invierten el orden de la transmisión, y no es el padre quien ennoblece al hijo, sino el hijo quien, al conseguir la nobleza, la comunica a sus antepasados, destacando con su esfuerzo a su estirpe[9] humilde. Por eso, al conceder los rangos de nobleza, se gradúan por el número de generaciones atrás que quedan prestigiadas, y hay quien sólo hace noble a su padre y quien alarga su fama hasta el quinto o décimo abuelo. Los antepasados viven del hombre actual, cuya nobleza es efectiva, actuante; en suma: es; no *fue.*

La «nobleza» no aparece como término formal hasta el Imperio romano, y precisamente para oponerlo a la nobleza hereditaria, ya en decadencia. Para mí, nobleza es sinónimo de vida esforzada, puesta siempre a superarse a sí misma, a trascender de lo que ya es hacia lo que se propone como deber y exigencia. De esta manera, la vida noble queda contrapuesta[10] a la vida vulgar e inerte, que, estáticamente, se recluye a sí misma, condenada a perpetua inmanencia, como una fuerza exterior no la obligue a salir de sí. De aquí que llamemos masa a este modo de ser hombre —no tanto porque sea multitudinario,[11] cuanto porque es inerte.

Conforme se avanza por la existencia, va uno hartándose de advertir que la mayor parte de los hombres—y de las mujeres—son incapaces de otro esfuerzo que el estrictamente impuesto como reacción a una necesidad externa. Por lo mismo quedan más aislados, y como monumentalizados en nuestra experiencia, los poquísimos seres que hemos conocido capaces de un esfuerzo espontáneo y lujoso. Son los hombres selectos, los nobles, los únicos activos y no sólo reactivos, para quienes vivir es una perpetua tensión, un incesante entrenamiento. Entrenamiento= *áskesis.* Son los ascetas.

No sorprenda esta aparente digestión. Para definir al hombre-masa actual, que es tan masa como el de siempre, pero quiere suplantar a los excelentes, hay que contraponerlo a las dos formas puras que en él se mezclan: la masa normal y el auténtico noble o esforzado.

Ahora podemos caminar más de prisa, porque ya somos dueños de lo que, a mi juicio, es la clave o ecuación psicológica del tipo humano dominante hoy. Todo lo que sigue es consecuencia o corolario de esa

---

[5] Ansiedad, temor.
[6] Provecho, beneficio, utilidad.
[7] *Base meaning; word from which another proceeds.*
[8] Adulterado, alterado.

[9] Linaje, casta.
[10] Opuesta.
[11] *Numerous, one of many.*

estructura radical que podría resumirse así: el mundo organizado por el siglo XIX, al producir automáticamente un hombre nuevo, ha metido en él formidables apetitos, poderosos medios de todo orden para satisfacerlos—económicos, corporales (higiene, salud media superior a la de todos los tiempos), civiles y técnicos (entiendo por éstos la enormidad de conocimientos parciales y de eficiencia práctica que hoy tiene el hombre medio y de que siempre careció en el pasado). Después de haber metido en él todas estas potencias, el siglo XIX lo ha abandonado a sí mismo, y entonces, siguiendo el hombre medio su índole natural, se ha cerrado dentro de sí. De esta suerte,[12] nos encontramos con una masa más fuerte que la de ninguna época, pero, a diferencia de la tradicional, hermetizada en sí misma, incapaz de atender a nada ni a nadie, creyendo que se basta—en suma: indócil. Continuando las cosas como hasta aquí, cada día se notará más en toda Europa—y por reflejo en todo el mundo—que las masas son incapaces de dejarse dirigir en ningún orden. En las horas difíciles que llegan para nuestro continente, es posible que, súbitamente angustiadas, tengan un momento la buena voluntad de aceptar, en ciertas materias especialmente premiosas,[13] la dirección de minorías superiores.

Pero aun esa buena voluntad fracasará. Porque la textura radical de su alma está hecha de hermetismo e indocilidad, porque les falta de nacimiento la función de atender a lo que está más allá de ellas, sean hechos, sean personas. Querrán seguir a alguien, y no podrán. Querrán oír, y descubrirán que son sordas.

Por otra parte, es ilusorio pensar que el hombre-medio vigente,[14] por mucho que haya ascendido su nivel vital en comparación con el de otros tiempos, va a poder regir, por sí mismo, el proceso de la civilización. Digo proceso, no ya progreso. El simple proceso de mantener la civilización actual, es superlativamente complejo y requiere sutilezas incalculables. Mal puede gobernarlo este hombre-medio que ha aprendido a usar muchos aparatos de civilización, pero que se caracteriza por ignorar de raíz los principios mismos de la civilización.

Reitero al lector que, paciente, haya leído hasta aquí, la conveniencia de no entender todos estos enunciados atribuyéndoles, desde luego, un significado po-

lítico. La actividad política, que es de toda la vida pública la más visible, es, en cambio, la postrera,[15] resultante de otras más íntimas e impalpables. Así, la indocilidad política no sería grave si no proviniese de una más honda y decisiva indocilidad intelectual y moral. Por eso, mientras no hayamos analizado ésta, faltará la última claridad al teorema de este ensayo.

Temas

Comprensión del texto

1. ¿Qué quiere decir, «somos aquello que nuestro mundo nos invita a ser»?
2. ¿En qué sentido muestran las masas actuales una fisonomía radicalmente nueva?
3. ¿Qué le dice al hombre-masa la nueva voz?
4. Antes, cuando el hombre-masa lograba mejorar su situación, ¿a qué lo atribuía? ¿A qué se lo atribuye ahora?
5. ¿Se da cuenta el hombre-masa que su vida cómoda se debe a los esfuerzos y logros de otras personas? Explique su respuesta.
6. ¿En qué se difiere el hombre-selecto del hombre-masa?
7. ¿Por qué dice Ortega que «es la criatura de selección, y no la masa, quien vive en esencial servidumbre»?
8. ¿Cómo difine Ortega la nobleza? ¿Es antidemocrática esta teoría? Explique.
9. ¿Por qué dice Ortega que los privilegios de la nobleza no son originariamente concesiones o favores? ¿Cómo influye esta noción en su concepto de los derechos del hombre-selecto?
10. Para Ortega, ¿qué es la «nobleza de sangre»? ¿Cómo ha degenerado el concepto?
11. Para el autor, ¿cuál es el sinónimo de «nobleza»? ¿A qué se contrapone?
12. ¿Cómo cambió el hombre en el siglo XIX?
13. ¿En qué sentido es el hombre-masa actual «indócil»? ¿Por qué, según Ortega, puede cambiar temporalmente esta situación?
14. ¿Por qué no cambiará permanentemente?
15. ¿Qué quiere decir Ortega cuando afirma que el hombre-medio «ha aprendido a usar muchos aparatos de civilización, pero que se caracteriza por

---

[12] Manera.

[13] *Pressing, serious.*

[14] Moderno, de este momento.

[15] Última.

ignorar de raíz los principios mismos de la civilización?

16. ¿Por qué es peligrosa la indocilidad intelectual?

Análisis literario

1. ¿Existe la situación que Ortega describe en los Estados Unidos? (Piense en la ropa que usa la gente, en las películas y libros que se venden, en la educación pública y en los modales.)
2. ¿Está usted de acuerdo con Ortega? Explique.
3. ¿Qué contribuciones positivas ha hecho la cultura de las masas?

La generación del 27

Las ideas que introduce la generación de 1914 estimulan a los poetas y dramaturgos de las próximas décadas. En vez de rechazar el pasado, el grupo conocido como la generación del 27* combina las nuevas formas con la larga tradición lírica española. Incorporan a su poesía aspectos del Simbolismo* y de la «poesía pura» de los ultraístas* y creacionistas* al mismo tiempo que emplean temas y metros tradicionales y populares.

Escritores tales como Rafael Alberti, Federico García Lorca, Vicente Aleixandre, Luis Cernuda, Pedro Salinas y Jorge Guillén componen este círculo. Su denominación tuvo origen en un homenaje al poeta barroco Luis de Góngora (1561-1627) en el tricentenario de su muerte, a partir del cual se inicia una revalorización de la estilística del poeta barroco. Muchos de estos poetas comienzan su carrera como neorrománticos o seguidores de Juan Ramón Jiménez, pero, después de 1927, comienzan a cultivar el hermetismo* neogongorino. Algunos experimentan con el surrealismo*; otros incorporan elementos futuristas o ultraístas.

FEDERICO GARCÍA LORCA (1898-1936)

García Lorca nació en Andalucía y la influencia de su tierra natal es evidente en su trabajo. Perteneciente a una familia acomodada, de joven pudo dedicarse exclusivamente al arte—tanto a la pintura y la música como a la literatura. En 1919 se trasladó a Madrid y pronto llegó a ser conocido como poeta y dramaturgo. Su participación en el homenaje a Góngora en el tricentenario de su muerte convirtió a Lorca en uno de los líderes de la generación del 27.

En 1928 publicó su *Romancero gitano,* el cual estableció su fama internacional. Al año siguiente terminó su obra *Amor de don Perlimplín con Belisa en su jardín* y viajó a los Estados Unidos, donde vivió en Nueva York y dio conferencias en Columbia University y en Vassar College. La enajenación que sintió en Nueva York, sus observaciones acerca de la situación de la población negra en los Estados Unidos y su desilusión con la civilización moderna inspiraron su *Poeta en Nueva York* (1928-1929), considerado uno de los mejores ejemplos de poesía surrealista* en español. Fue publicado póstumamente en 1940.

En 1930, García Lorca volvió a España y empezó a escribir teatro de nuevo. Sus obras más conocidas son *Bodas de sangre* (1933), *Yerma* (1934) y *La casa de Bernarda Alba* (1953). Durante este período comenzó a participar en actividades sociales y culturales. Estableció una compañía de teatro ambulante llamada La Barranca, la que llevó obras del Siglo de Oro a las provincias con el fin de familiarizar a los españoles de las clases menos privilegiadas con su propia cultura.

Durante los años treinta sus actividades tomaron una dirección radical. El tema de la injusticia social—en particular, la opresión de la mujer y del homosexual—comenzó a ocupar un lugar cada vez más importante en su producción literaria. Comenzó a experimentar con el drama simbolista* y surrealista. Una de sus obras de este período, *El público,* no fue publicada en su forma completa hasta 1978 a causa de su tratamiento del tema de la homosexualidad. Es precisamente su abierta homosexualidad, junto con sus actividades intelectuales y activismo político, que, según muchos historiadores, fueron las causas de su arresto y posterior ejecución a manos de las fuerzas falangistas durante la Guerra Civil española.

Romancero gitano es una colección de dieciocho poemas que, aunque inspirados en temas andaluces, traspasan los límites del contexto regional para expresar una profunda angustia existencial. El gran acierto de Lorca en esta colección radica en el empleo del romance*—la forma poética tradicional más pura y castiza—para expresar un dolor universal. Al valerse de una estructura típicamente española para articular un sufrimiento que transciende todo marco étnico o nacional, el poeta hace de la enajenación del gitano un emblema de la condición humana.

En «Romance de la luna, luna» Lorca expresa la fascinación eterna del hombre con la muerte. Como el romance mismo, esta fascinación tiene sus raíces en lo más profundo de la conciencia colectiva. La repetición de ciertas palabras («luna», «mira») aumenta la musicalidad de la composición y recuerda las antiguas canciones de cuna—otra forma lírica con raíces en lo más recóndito del alma del pueblo.

El poeta representa la luna, que trae la locura y la muerte, como una gitana sensual y seductora que, con su sugestivo baile, encanta a un niño y se lo lleva. A través del diálogo entre el niño y la luna, el poeta sugiere el miedo y la atracción que siente el hombre ante su propia mortalidad. Lorca pinta una imagen conmovedora de los gitanos orgullosos que se acercan a caballo, «las cabezas levantadas / los ojos entornados», y que encuentran al niño muerto en la fragua. Crea un ambiente de temor y de desolación al mencionar la zumaya, símbolo tradicional de la muerte, y los gritos y gimoteos de los gitanos.

El *Llanto por Ignacio Sánchez Mejías* es un homenaje a un gran torero, amigo del poeta, que murió en el ruedo a causa de una cogida en agosto de 1933. El poema está dividido en cuatro partes que reflejan las etapas por las cuales pasa el poeta al enfrentarse a su dolor. Curiosamente, la sicología moderna ha examinado los sentimientos que experimenta una persona después de la pérdida de un ser querido y ha identificado los mismos procesos que describe el poeta.

En la primera etapa el tiempo parece detenerse en el momento terrible—las cinco de la tarde—en que comienza la corrida. El poeta comunica la idea de que el tiempo parece congelarse por medio de la repetición de la hora que nunca avanza. La segunda etapa es el rechazo. El poeta se niega a aceptar la muerte de su amigo y, por tanto, rehúsa mirar su sangre derramada sobre la arena. El grito de angustia que se repite a través de esta sección—«¡Que no quiero verla!»—expresa el horror que siente el poeta ante una verdad que es demasiado dolorosa para ser aceptada. Sin embargo, en la tercera parte el poeta contempla el cuerpo inerte de Ignacio y, aunque no sin resistencia, finalmente se resigna. Su insistencia en que sus compañeros velen al héroe caído con los ojos abiertos y sin pestañear revela la lucha interior del poeta por aceptar la triste verdad. En la cuarta parte Lorca promete rescatar a Ignacio de la muerte y del olvido al cantar su nombre en su poesía.

Romancero[1] gitano

Romance de la luna, luna

A Conchita García Lorca

La luna vino a la fragua[2]
con su polisón[3] de nardos.[4]
El niño la mira, mira.
El niño la está mirando.
En el aire conmovido
mueve la luna sus brazos
y enseña, lúbrica y pura,
sus senos de duro estaño.[5]

—Huye luna, luna, luna.
Si vinieran los gitanos,
harían con tu corazón
collares y anillos blancos.[6]

—Niño, déjame que baile.
Cuando vengan los gitanos
te encontrarán sobre el yunque[7]
con los ojillos cerrados.
—Huye luna, luna, luna,
que ya siento sus caballos.

—Niño, déjame, no pises
mi blancor almidonado.[8]

El jinete[9] se acercaba
tocando el tambor del llano.[10]
Dentro de la fragua el niño
tiene los ojos cerrados.

Por el olivar[11] venían,
bronce[12] y sueño,[13] los gitanos.

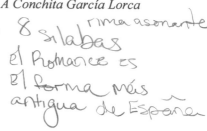

---

[1] *A* romance *is a "ballad." * Romancero *means "ballad collection."*

[2] *Forge (the workshop of a blacksmith). The forge is a traditional phallic symbol. Lorca creates sexual tension through imagery.*

[3] *Bustle (of a dress).*

[4] *Spikenards, aromatic flowers akin to lilies.*

[5] *Tin. (The moon is as white and hard [unfeeling] as tin.)*

[6] *Gypsy ornaments are often made of tin.*

[7] *Anvil.*

[8] *Starched.*

[9] *Horseman, rider.*

[10] **El...** *his tambourine.*

[11] *Olive grove. (Olives grow in abundance in Andalusia.)*

[12] *Bronze-colored.*

[13] *Dreamlike.*

Las cabezas levantadas
y los ojos entornados.[14]

¡Cómo canta la zumaya,[15]
ay, cómo canta en el árbol!
Por el cielo va la luna
con un niño de la mano.

Dentro de la fragua lloran,
dando gritos, los gitanos.
El aire la vela,[16] vela.
El aire la está velando.

Llanto por Ignacio Sánchez Mejías

1
La cogida[17] y la muerte

A las cinco de la tarde.
Eran las cinco en punto de la tarde.
Un niño trajo la blanca sábana
a las cinco de la tarde.

    Una espuerta de cal[18] ya prevenida
a las cinco de la tarde.
Lo demás *era* muerte y sólo muerte
a *las cinco de la tarde.*

    El viento se llevó los algodones
a las cinco de la tarde.
y el óxido sembró cristal y níquel[19]
a las cinco de la tarde.
Ya luchan la paloma y el leopardo[20]
a las cinco de la tarde.
Y un muslo con un asta desolada[21]
a las cinco de la tarde.
Comenzaron los sones del bordón[22]
a las cinco de la tarde.
Las campanas de arsénico y el humo

a las cinco de la tarde.
En las esquinas grupos de silencio[23]
a las cinco de la tarde.
¡Y el toro solo corazón arriba[24]!
a las cinco de la tarde.
Cuando el sudor de nieve[25] fue llegando
a las cinco de la tarde,
cuando la plaza se cubrió de yodo
a las cinco de la tarde,
la muerte puso huevos[26] en la herida
a las cinco de la tarde.
A las cinco de la tarde.
A las cinco en punto de la tarde.

    Un ataúd con ruedas es la cama
a las cinco de la tarde.
Huesos y flautas suenan en su oído
a las cinco de la tarde.
El toro ya mugía por su frente
a las cinco de la tarde.
El cuarto se irisaba[27] de agonía
a las cinco de la tarde.
A lo lejos ya viene la gangrena[28]
a las cinco de la tarde.
Trompa de lirio[29] por las verdes ingles[30]
a las cinco de la tarde.
Las heridas quemaban como soles
a las cinco de la tarde,
y el gentío rompía las ventanas
a las cinco de la tarde.
A las cinco de la tarde.
¡Ay qué terribles cinco de la tarde!
¡Eran las cinco en todos los relojes!
¡Eran las cinco en sombra de la tarde!

2
La sangre derramada

¡Que no quiero verla!
    Dile a la luna que venga,[31]

---

[14] *Half-closed.*
[15] *Owl (traditional symbol of death).*
[16] *Is watching.*
[17] *Goring (by a bull).*
[18] **A...** *a basket of lime (used to dry blood).*
[19] **El...** *the rust (blood) shone like crystal and nickel.*
[20] *The dove signifies peace, the leopard, savage violence.*
[21] Asta *could refer here either to the bull's horn or the* bullfighter's sword. Desolada *means "destroyed."*
[22] *Bass strings of a guitar.*

[23] **Grupos...** *people gather in silence.*
[24] **Corazón...** *happy.*
[25] **De...** *icy.*
[26] **Puso...** *infected.*
[27] *Became iridescent.*
[28] **A...** *gangrene is approaching.*
[29] *The lily, because of its shape, is a symbol of the masculine sex organ.*
[30] *Groins (green because they are gangrenous).*
[31] *The poet calls to the night so he won't have to see* Ignacio's body.

que no quiero ver la sangre
de Ignacio sobre la arena.

¡Que no quiero verla!

    La luna de par en par.[32]
Caballo[33] de nubes quietas,
y la plaza gris del sueño
con sauces en las barreras.[34]
    ¡Que no quiero verla!
Que mi recuerdo se quema.
¡Avisad a los jazmines
con su blancura pequeña!

    ¡Que no quiero verla!

    La vaca del viejo mundo
pasaba su triste lengua
sobre un hocico de sangres
derramadas en la arena,
y los toros de Guisando,
casi muerte y casi piedra,
mugieron como dos siglos
hartos de pisar la tierra.[35]
No.
¡Que no quiero verla!

    Por las gradas sube Ignacio
con toda su muerte a cuestas.[36]
Buscaba el amanecer,
y el amanecer no era.[37]
Busca su perfil seguro,
y el sueño lo desorienta.
Buscaba su hermoso cuerpo
y encontró su sangre abierta.
¡No me digáis que la vea!
No quiero sentir el chorro[38]
cada vez con menos fuerza;
ese chorro que ilumina

los tendidos y se vuelca
sobre la pana y el cuero
de muchedumbre sedienta.[39]
¡Quién me grita que me asome!
¡No me digáis que la vea!

    No se cerraron sus ojos
cuando vio los cuernos cerca,
pero las madres terribles[40]
levantaron la cabeza.
Y a través de las ganaderías,
hubo un aire de voces secretas
que gritaban a toros celestes,[41]
mayorales[42] de pálida niebla.
No hubo príncipe en Sevilla
que comparársele pueda,
ni espada como su espada,
ni corazón tan de veras.[43]
Como un río de leones
su maravillosa fuerza,
y como un torso de mármol
su dibujada[44] prudencia.
Aire de Roma andaluza
le doraba la cabeza
donde su risa era un nardo
de sal y de inteligencia.
¡Qué gran torero en la plaza![45]
¡Qué gran serrano en la sierra!
¡Qué blando con las espigas!
¡Qué duro con las espuelas!
¡Qué tierno con el rocío!
¡Qué deslumbrante en la feria!
¡Qué tremendo con las últimas
banderillas de tiniebla!
    Pero ya duerme sin fin.
Ya los musgos y la hierba
abren con dedos seguros
la flor de su calavera.[46]

---

[32] **De...** *wide open.*
[33] *Refers to the form of the clouds.*
[34] **Con...** *edged* *with willows (symbol of weeping).*
[35] *Guisando is a town known for its ancient Iberian sculptures of stone bulls. The poet evokes the long-dead bulls, whose mothers, the cows, lick their offspring's bloodied muzzles to make the point that the world is tired of violence.*
[36] *Ignacio climbs the steps to heaven carrying death on his back. The idea here is that death is a burden.*
[37] *He looks for the dawn, but there will be no more dawns for him.*
[38] *Spurt (of blood).*

[39] **Y...** *that spills over the cloth and leather of the blood-thirsty crowd.*
[40] *The furious mothers of all the bulls that Ignacio has killed raise their heads in interest.*
[41] *"Celestial" because they are dead and in heaven.*
[42] *Foremen (of a ranch).*
[43] **De...** fuerte.
[44] Ejemplar, excelente.
[45] *The next lines take the form of a traditional elegy* in which the deceased is described as the first among equals (the strongest of the strong, the kindest of the kind).*

Y su sangre ya viene cantando:
cantando por marismas[47] y praderas
resbalando por cuernos ateridos,[48]
vacilando sin alma por la niebla,
tropezando con miles de pezuñas
como una larga, oscura, triste lengua,
para formar un charco de agonía
junto al Guadalquivir[49] de las estrellas.
¡Oh blanco muro de España!
¡Oh negro toro de pena!
¡Oh sangre dura de Ignacio!
¡Oh ruiseñor[50] de sus venas!
No.
¡Que no quiero verla!
Que no hay cáliz que la contenga,[51]
que no hay golondrinas[52] que se la beban,
no hay escarcha de luz que la enfríe
no hay canto ni diluvio de azucenas,
no hay cristal que la cubra de plata.
No.
¡¡Yo no quiero verla!!

3
Cuerpo presente

La piedra[53] es una frente donde los sueños gimen
sin tener agua curva ni cipreses[54] helados.
La piedra es una espada para llevar al tiempo
con árboles de lágrimas y cintas y planetas.

Yo he visto lluvias grises correr hacia las olas
levantando sus tiernos brazos acribillados,[55]
para no ser cazadas por la piedra tendida
que desata sus miembros sin empapar la sangre.

Porque la piedra coge simientes[56] y nublados,
esqueletos de alondras[57] y lobos de penumbra[58];

pero no da sonidos, ni cristales, ni fuego,
sino plazas y plazas y otras plazas sin muros.[59]

Ya está sobre la piedra Ignacio el bien nacido.[60]
Ya se acabó. ¿Qué pasa? Contemplad su figura:
la muerte le ha cubierto de pálidos azufres[61]
y le ha puesto cabeza de oscuro minotauro.[62]

Ya se acabó. La lluvia penetra por su boca.
El aire como loco deja su pecho hundido,
y el Amor, empapado con lágrimas de nieve,
se calienta en la cumbre de las ganaderías.

¿Qué dicen? Un silencio con hedores[63] reposa.
Estamos con un cuerpo presente que se esfuma,
con una forma clara que tuvo ruiseñores
y la vemos llenarse de agujeros sin fondo.

¿Quién arruga el sudario[64]? ¡No es verdad lo que dice!
Aquí no canta nadie, ni llora en el rincón,
ni pica las espuelas, ni espanta la serpiente:
aquí no quiero más que los ojos redondos[65]
para ver ese cuerpo sin posible descanso.

Yo quiero ver aquí los hombres de voz dura.
Los que doman caballos y dominan los ríos:
los hombres que les suena el esqueleto y cantan
con una boca llena de sol y pedernales.[66]

Aquí quiero yo verlos. Delante de la piedra.
Delante de este cuerpo con las riendas quebradas.
Yo quiero que me enseñen dónde está la salida
para este capitán atado por la muerte.[67]

---

[46] *The poet suggests the destructiveness of death by creating images that illustrate the decomposition of the body.*

[47] *Marshes.*

[48] *Stiff with cold.*

[49] *Río que pasa por Córdoba y Sevilla.*

[50] *Nightingale (symbol of lamentations).*

[51] *No chalice can hold it. (Ignacio's blood seems to flow unremittingly. The image has sacramental overtones.).*

[52] *Swallows (bird).*

[53] *Tombstone. (Stone is cold and unfeeling.).*

[54] *The cypress is a traditional symbol of death.*

[55] *Riddled with holes.*

[56] *Seeds.*

[57] *Lark. (The lark is a traditional symbol of happiness. The skeleton of the lark represents the death of happiness.).*

[58] *Sombra.*

[59] El poeta representa la eternidad como una serie de plazas de toros sin fin.

[60] *The well born. This kind of epithet or "epic tag" often appears in epic poems to refer to the hero-protagonist. By using it here, the poet equates Ignacio with great heroes of the past, such as the Cid.*

[61] *Sulfur.*

[62] *Mythological character, half man and half bull. The idea is that in death Ignacio has become one with his executioners (the bulls that he has killed).*

[63] *Stench.*

[64] *Shroud.*

[65] *Unblinking.*

[66] *Flint.*

Yo quiero que me enseñen un llanto como un río
que tenga dulces nieblas y profundas orillas,
para llevar el cuerpo de Ignacio y que se pierda
sin escuchar el doble resuello[68] de los toros.

Que se pierda en la plaza redonda de la luna[69]
que finge cuando niña doliente res inmóvil.
Que se pierda en la noche sin canto de los peces
y en la maleza blanca del humo congelado.

No quiero que le tapen la cara con pañuelos
para que se acostumbre con la muerte que lleva.
Vete, Ignacio: No sientas[70] el caliente bramido.
Duerme, vuela, reposa: ¡También se muere el mar[71]!

4
Alma ausente

No te conoce el toro ni la higuera,[72]
ni caballos ni hormigas de tu casa.
No te conoce el niño ni la tarde
porque te has muerto para siempre.

No te conoce el lomo de la piedra,
ni el raso[73] negro donde te destrozas.
No te conoce tu recuerdo mudo
porque te has muerto para siempre.

El otoño vendrá con caracolas
uva de niebla y montes agrupados,
pero nadie querrá mirar tus ojos
porque te has muerto para siempre.

Porque te has muerto para siempre,
como todos los muertos de la Tierra,
como todos los muertos que se olvidan
en un montón de perros apagados.[74]

---

[67] *The poet calls to "real" men—those who tame horses and talk hard—to pay homage to Ignacio, who was a captain among men.*

[68] *Snorting.*

[69] *The poet depicts the moon as a giant bullring.*

[70] *Oigas.*

[71] *That is, even those things we think of as eternal die.*

[72] *Fig tree. The idea here is that after death, the individual is lost to oblivion. Neither the old familiar things (the fig tree) nor the child, who is new on earth, will recognize him.*

[73] *Satin.*

[74] *Silenciosos.*

No te conoce nadie. No. Pero yo te canto.
Yo canto para luego tu perfil y tu gracia.
La madurez insigne[75] de tu conocimiento.
Tu apetencia de muerte y el gusto de tu boca.
La tristeza que tuvo tu valiente alegría.

Tardará mucho tiempo en nacer, si es que nace,
un andaluz tan claro,[76] tan rico de aventura.
Yo canto su elegancia con palabras que gimen
y recuerdo una brisa triste por los olivos.

Temas

1. En "Romance de la luna, luna," ¿cómo crea García Lorca un sabor folclórico?
2. ¿Cómo caracteriza la luna? ¿Cómo la personaliza?
3. ¿Qué hace la luna para seducir al niño? ¿Cómo crea el poeta tensión sexual?
4. ¿Cómo comunica la sensualidad y la frialdad de la luna? ¿Qué dice acerca de la muerte?
5. ¿Por qué le dice el niño a la luna que huya? ¿Cómo responde ella?
6. Describa a lo gitanos que se acercan. ¿Qué hacen al encontrar al niño? ¿Qué hace la luna?
7. ¿Por qué menciona la zumaya? ¿Qué emociones produce este poema en el lector?
8. En «La cogida y la muerte» de *Llanto por Ignacio Sánchez Mejía*, ¿cómo comunica el poeta la idea de que el tiempo se ha detenido? ¿Cómo comunica la parálisis que siente ante la muerte de su amigo?
9. ¿Qué pasa en la plaza de toros inmediatamente después de la muerte de Sánchez Mejías? ¿Cómo describe el poeta las acciones a través de imágenes? ¿Cómo representa la sangre? ¿la violencia? ¿la música fúnebre? ¿la reacción del público?
10. ¿Cómo representa la gangrena que avanza?
11. ¿Qué emoción produce la repetición de las palabras «a las cinco de la tarde» en el lector?
12. En «La sangre derramada», ¿cómo comunica el poeta su rechazo de la muerte de Ignacio?
13. ¿Qué son los toros de Guisando? ¿Por qué los menciona el poeta?
14. ¿Cómo comunica la idea de que a Ignacio su muerte le pesa?
15. ¿Cómo describe la reacción de los toros en el paraíso a la muerte de Ignacio? ¿Cómo comunica el

---

[75] *Famoso.*

[76] *Ilustre.*

poeta la idea de que la muerte une todas las cosas del mundo porque todo muere? *heroe y se enfrento la muerte*

16. ¿Por qué dice el poeta que Ignacio no cerró los ojos cuando vio los cuernos cerca? ¿Qué nos dice esto acerca de su amigo?

17. ¿Cómo comunica la idea de que Ignacio era superior en todo? ¿Qué cualidades le atribuye en el segmento que empieza «No hubo príncipe en Sevilla»? ¿Qué efecto produce la inclusión de una elegía tradicional?

18. ¿Qué imágenes usa García Lorca para sugerir la desintegración del cuerpo? ¿Cómo expresa el poeta su horror ante la muerte de su amigo?

19. ¿Cómo cambia el poema de tono y de perspectiva en «Cuerpo presente»? *los versos son largos + de las ausencia*

20. ¿Cómo representa el poeta la eternidad? ¿Todavía se niega a mirar el cuerpo de su amigo?

21. ¿Cómo expresa el poeta su resignación ante la muerte de su amigo?

22. ¿Por qué llama a «los hombres de voz dura»?

23. ¿Cómo equipara a Ignacio con los grandes héroes épicos? ¿Cómo expresa la idea de que un héroe merece salir del mundo con pompa?

24. ¿En qué sentido expresan consuelo las palabras «¡También se muere el mar!»?

25. En «Alma ausente», ¿cómo expresa el poeta la idea de que la muerte trae el olvido? ¿Qué ejemplos da del olvido que sigue a la muerte?

26. ¿Cómo piensa proteger a su amigo del olvido? *Por escribir este poema*

VICENTE ALEIXANDRE (1898-1984)

Premio Nóbel de literatura en 1977, Vicente Aleixandre fue uno de los poetas más influyentes de su generación. Nació en Sevilla pero a los once años fue a vivir en Madrid, donde, a los dieciséis, ingresó en la Escuela Superior de Comercio para estudiar derecho y intendencia mercantil. Durante este período comenzó a leer vorazmente. Le gustaron en particular las novelas de Galdós y la poesía de Rubén Darío, la cual descubrió gracias a su amigo Dámaso Alonso, quien también sería una de las importantes voces poéticas del 27. Entusiasmado por la poesía, Aleixandre comenzó a leer a Antonio Machado y a Juan Ramón Jiménez y a escribir algunas composiciones originales. En 1920 entró como profesor ayudante en la Escuela de Intendentes Mercantiles de Madrid y más tarde trabajó para una compañía ferroviaria, dedicando sus momentos libres a la lectura de los grandes poetas del Siglo de Oro—en particular,

San Juan de la Cruz y Góngora—y del siglo XIX—en particular, Bécquer. En 1925 una enfermedad seria obligó a Aleixandre a retirarse al campo. Desde aquel momento se dedicaría exclusivamente a la literatura.

Ámbito, su primera colección de poesía, revela la frustración sexual del poeta debida a su enfermedad. Se ha descrito el ambiente de estos poemas como clásico, pero también se ha visto en ellos un presagio de la visión surrealista de su poesía más tardía.

En sus primeros libros Aleixandre evoca un mundo impersonal; los «personajes» son elementos no humanos. La vida y la muerte son inseparables y están en constante tensión. El amor, fuerza procreadora y por tanto fuente de la vida, es también una fuerza destructiva. En *Ámbito* la lucha entre el impulso generador y el devastador se expresa a través de imágenes de la naturaleza. En «Mar y noche», el mar es el integrante masculino y la noche, el femenino. Monstruo violento y terrible, el mar, con boca y dientes, ruge y clama por la noche, a quien desea engullir. Frustrado, lucha por levantarse del lecho al cual está clavado. Mueve el torso, contrayendo sus músculos de agua. Pero la luna, indiferente, avanza tranquilamente y desaparece en la claridad de la aurora.

Pasión de la tierra (1935), escrita entre 1928 y 1929, representa un cambio radical en la visión estética del poeta, quien ya sentía menos entusiasmo por Góngora y comenzaba a interesarse en Lope y Quevedo. Consta de una serie de poemas en prosa en los cuales Aleixandre sugiere el caos de la creación al yuxtaponer metáforas chocantes e irracionales. La influencia freudiana se nota en los elementos surrealistas inspirados por los sueños. Caracteriza esta colección la mezcla de componentes humanos y telúricos, por medio de los cuales el poeta expresa su concepto del amor como una fuerza creativa y al mismo tiempo destructora.

En su siguiente colección, *Espadas como labios* (1932), Aleixandre vuelve al verso, pero al verso concebido como una manera de imponer orden en las imágenes incoherentes del subconsciente. En las composiciones cortas de dicha colección a menudo emplea la métrica tradicional, pero en las más extensas tiende a emplear el verso libre. Escribe Santiago Daydí-Tolson: «La tensión que se advierte entre estas dos formas métricas concuerda con el carácter conflictivo de los temas y las emociones. El propio título presenta un símil aparentemente contradictorio en el que destrucción y dolor se equiparan a la pasión amorosa» (187).

Al año siguiente Aleixandre enfermó gravemente. Durante su convalecencia se dedicó a la lectura de varios escritores ingleses: Shakespeare, Keats, Shelley, Wordsworth. Al volver a Madrid en 1933 entró en un período de intensa creatividad, componiendo *La destrucción o el amor* (1935), por el cual recibió el primer Premio Nacional de Literatura. Caracteriza este libro el verso libre, que de aquí en adelante será el que domine en su obra. A través de la repetición de palabras, cláusulas, sonidos y, en particular, de la conjunción «o», el poeta sugiere la dualidad que, paradójicamente, confiere unidad a la vida. Esto se ve claramente en el título de la colección, en el cual «o» no indica exclusión, alternativa o contraposición entre dos cosas *(either, or)*, sino equivalencia o identidad.[+] Es decir, para Aleixandre, la «destrucción» equivale al «amor» en el sentido de que el amor aniquila el ego y a la amada, al mismo tiempo que crea vida nueva. El acto sexual es una entrega temporal, una «pequeña muerte». La muerte verdadera es la entrega total, la cual resulta en la fusión del individuo con el cosmos. En «La selva y el mar», las bestias— el tigre, el león, el elefante—encarnan fuerzas elementales. Matan, pero el acto de matar es también un acto de amar. La fiera procede ciegamente, por instinto—«todo lo ignora / menos el amor»—y consuma su deseo en el mismo momento en que destruye a su víctima. En este poema Aleixandre crea un ambiente paradisíaco precristiano, un Jardín del Edén prehumano, en que el amor es un sacramento primitivo que une al ser vivo con el universo.

Durante este período Aleixandre escribió varios de los poemas de *Mundo a solas*, pero el estallido de la Guerra Civil en 1936 y otra enfermedad seria interrumpieron su trabajo. El libro finalmente fue publicado en 1950. Con los años de la guerra termina el primer ciclo de la obra de Aleixandre, caracterizado principalmente por el surrealismo. Lo que motiva al poeta durante este período inicial es el deseo de indagar en el misterio de la vida. Con el fin del conflicto comienza a interesarle más la situación política y social de su país. Al mismo tiempo, crece su fama en Latinoamérica y comienza a convertirse en guía y modelo de una nueva generación de escritores al otro lado del Atlántico.

Sombra del paraíso (1944), su primer libro de la posguerra, inaugura una nueva fase en el desarrollo artístico de Aleixandre. Ahora comienza a concentrarse en lo concreto y cotidiano visto en su contexto temporal. En 1945 empieza *Historia del corazón* (1954), considerada su mejor colección por algunos críticos. Ahora el hombre pasa al primer plano, y la naturaleza, aunque no se esfuma del todo, sirve más

bien de escenario para el drama humano. La imagen que se destaca aquí es la del hombre puro y primitivo que el poeta, maduro ya y cansado de la civilización, evoca con nostalgia. El tema es la solidaridad humana, la cual se manifiesta en el amor al prójimo, la compasión que se siente por el que sufre y la indignación ante la injusticia. El hombre aquí es un ser social e histórico. La noción de la fusión cósmica que el poeta desarrolla en sus primeras obras no desaparece, sino que se modifica. El contexto concreto llega a ser parte del concepto del cosmos. En esta colección, las imágenes son menos complejas que en las anteriores. El lenguaje es sencillo, casi prosaico. En «El viejo y el sol», el poeta capta una melancolía primordial, una añoranza de lo que es fundamental en la vida, por medio de un retrato escueto y natural.

Los últimos libros de Aleixandre—entre ellos *En un vasto dominio* (1962), *Poetas de la consumación* (1968) y *Diálogos del conocimiento* (1974)—reflejan el cambio en las circunstancias políticas españolas. El franquismo se acerca a su fin. La situación nacional se tranquiliza. Si el primero de los tres—*En un vasto dominio*—todavía hace hincapié en la función del poeta como testigo de la realidad colectiva, los dos últimos enfatizan la búsqueda de la sabiduría del hombre maduro. Aunque Aleixandre retoma varios de sus temas predilectos, contraponiendo como en poemarios anteriores la luz y la oscuridad, la juventud y la vejez, la vida y la muerte, el tono ahora es más mesurado que antes. Sigue viendo el amor como la fuerza que adhiere al individuo al universo, pero ahora se destacan en su poesía las preocupaciones del hombre entrado en años que se enfrenta a su propia mortalidad. En estos poemas del último ciclo Aleixandre hace preguntas pero no propone soluciones porque, al fin y al cabo, es al vivir y no al especular que uno se aproxima a los grandes misterios.

Mar y noche

El mar bituminoso[1] aplasta sombras
contra sí mismo. Oquedades[2] de azules
profundos quedan quietas al arco de las ondas.
Voluta[3] ancha de acero quedaría
de súbito forjada si el instante
siguiente no derribase la alta fábrica.[4]
Tumultos, cataclismos de volúmenes
irrumpen de lo alto a la ancha base,

[+] *As, for example, in the sentences "He's the protagonist, or main character." "She's my teacher, or mentor."*

---

[1] Como el asfalto.
[2] Huecos.
[3] Espiral.
[4] Creación, cosa fabricada.

que se deshace ronca,
tragadora de sí y del tiempo, contra el aire
mural, torpe al empuje.
Bajo cielos altísimos y negros
muge—clamor—la honda
boca, y pide noche.
Boca—mar—toda ella, pide noche;
noche extensa, bien prieta y grande,
para sus fauces hórridas, y enseña
todos sus blancos dientes de espuma.
Una pirámide linguada[5]
de masa torva y fría
se alza, pide,
se hunde luego en la cóncava garganta
y tiembla abajo, presta otra
vez a levantarse, voraz de la alta noche
que rueda por los cielos
—redonda, pura, oscura, ajena—
dulce en la serenidad del espacio.

Se debaten las fuerzas inútiles abajo.
Torso y miembros. Las duras
contracciones enseñan
músculos emergidos, redondos bultos,
álgidos despidos.[6]
Parece atado al hondo
abismo el mar, en cruz,[7] mirando
al cielo alto, por desasirse,[8]
violento, rugiente, clavado al lecho.

Mientras la noche rueda[9]
en paz, graciosa, bella,
en ligado desliz,[10] sin rayar nada
el espacio, capaz de órbita y comba[11]
firmes, hasta hundirse en la dulce
claridad ya lechosa,
mullida[12] grama donde
cesar, reluciente de roces[13] secretos,
pulida, brilladora,
maestra en superficie.

Ámbito

---

[5] Lánguida.
[6] *Frigid discharges.*
[7] *Crosswise.*
[8] *Let go.*
[9] *Drags on.*
[10] **En...** *In a tight slide.*
[11] Curva.
[12] *Fluffy.*
[13] *Rubbing.*

La palabra

Esas risas, esos otros cuchillos, esa delicadísima
penumbra...
Abre las puertas todas.[14]
Aquí al oído voy a decir.[15]
(Mi boca suelta humo.)
Voy a decir.
(Metales sin saliva.)
Voy a hablarte muy bajo.
Pero estas dulces bolas de cristal,
estas cabecitas de niño que trituro,
pero esta pena chica que me impregna
hasta hacerme tan negro como un ala.

Me arrastro sin sonido.
Escúchame[16] muy pronto.
En este dulce hoyo[17] no me duermo.
Mi brazo, qué espesura.
Este monte que aduzco en esta mano,
este diente olvidado que tiene su último brillo
bajo la piedra caliente,
bajo el pecho que duerme.
Este calor que aún queda, mira ¿lo ves?, allá más lejos,
en el primer pulgar de un pie perdido,
adonde no llegarán nunca tus besos.
Escúchame. Más, más.
Aquí en el fondo hecho un caracol pequeñísimo,
convertido en una sonrisa arrollada,
todavía soy capaz de pronunciar el nombre,
de dar sangre.[18]
Y...
Silencio.
Esta música[19] nace de tus senos.
No me engañas,
aunque tomes la forma de un delantal ondulado,
aunque tu cabellera grite el nombre de todos los horizontes.
Pese a este sol que pesa sobre mis coyunturas más graves.[20]

---

[14] La palabra «abre todas las puertas» en el sentido que
todo puede decirse.

[15] La palabra lucha por salir; a veces le cuesta articularse.
Aquí el poeta expresa la dificultad para expresarse.

[16] Es decir, me escucharás.

[17] El cerebro. La palabra no se quedará en la cabeza sino
que logrará salir.

[18] **Aquí...** Aun escondida en el fondo del cerebro, yo (la
palabra) soy capaz de nombrar las cosas y de conmover a la
gente.

[19] Es decir, la inspiración.

Pero tápame pronto;
echa tierra en el hoyo;
que no te olvides de mi número,
que sepas que mi madera es carne,
que mi voz no es la tuya
y que cuando solloces tu garganta
sepa distinguir todavía
mi beso de tu esfuerzo
por pronunciar los nombres con mi lengua.

Porque yo voy a decirte todavía,
porque tú pisas caracoles
que aguardaban oyendo mis dos labios.

Espadas como labios

La selva y el mar

Allá por las remotas
luces o aceros aún no usados,
tigres del tamaño del odio,
leones como un corazón hirsuto,
sangre como la tristeza aplacada,
se baten como la hiena amarilla que toma la forma del
poniente[21] insaciable.

Oh la blancura súbita,
las ojeras violáceas de unos ojos marchitos,
cuando las fieras muestran sus espadas o dientes
como latidos de un corazón que casi todo lo ignora,
menos el amor,
al descubierto en los cuellos allá donde la arteria golpea,
donde no se sabe si es el amor o el odio
lo que reluce en los blancos colmillos.
Acariciar la fosca[22] melena
mientras se siente la poderosa garra en la tierra,
mientras las raíces de los árboles, temblorosas,
sienten las uñas profundas
como un amor que así invade.
Mirar esos ojos que sólo de noche fulgen,[23]
donde todavía un cervatillo[24] ya devorado
luce su diminuta imagen de oro nocturno,
un adiós que centellea de póstuma ternura.
El tigre, el león cazador, el elefante que en sus
colmillos lleva algún suave collar,

la cobra que se parece al amor más ardiente,
el águila que acaricia a la roca como los sesos duros,
el pequeño escorpión que con sus pinzas solo aspira a
oprimir un instante la vida,
la menguada presencia de un cuerpo de hombre que
jamás podrá ser confundido con una selva,
ese piso feliz por el que viborillas perspicaces hacen su
nido en la axila del musgo,[25]
mientras la pulcra coccinela[26]
se evade de una hoja de magnolia sedosa...
Todo suena cuando el rumor del bosque siempre virgen
se levanta como dos alas de oro,
élitros,[27] bronce o caracol rotundo,
frente a un mar que jamás confundirá sus espumas con
las ramillas tiernas.

La espera sosegada,
esa esperanza siempre verde,
pájaro, paraíso, fasto[28] de plumas no tocadas,
inventa los ramajes más altos,
donde los colmillos de música,
donde las garras poderosas, el amor que se clava,
la sangre ardiente que brota[29] de la herida,
no alcanzará, por más que el surtidor[30] se prolongue,
por más que los pechos entreabiertos en tierra
proyecten su dolor o su avidez a los cielos azules.

Pájaro de la dicha,
azul pájaro o pluma,
sobre un sordo rumor de fieras solitarias,
del amor o castigo contra los troncos estériles,
frente al mar remotísimo que como la luz se retira.

La destrucción o el amor

Quiero saber

Dime pronto el secreto de tu existencia;
quiero saber por qué la piedra no es pluma,
ni el corazón un árbol delicado,
ni por qué esa niña que muere entre dos venas ríos
no se va hacia la mar como todos los buques.
Quiero saber si el corazón es una lluvia o margen,
lo que se queda a un lado cuando dos se sonríen,
o es sólo la frontera entre dos manos nuevas

---

[20] El poeta encuentra la poesía en todas partes.
[21] *West wind.*
[22] *Thick.*
[23] Brillan.
[24] *Little fawn.*

[25] *Moss.*
[26] Insecto pequeño, de color rojo.
[27] *Shard (of beetle).*
[28] *Display.*
[29] *Spurts.*
[30] *Spout, jet, stream.*

que estrechan una piel caliente que no separa.

Flor, risco[31] o duda, o sed o sol o látigo:
el mundo todo es uno, la ribera y el párpado,
ese amarillo pájaro que duerme entre dos labios
cuando el alba penetra con esfuerzo en el día.

Quiero saber si un puente es hierro o es anhelo,
esa dificultad de unir dos carnes íntimas,
esa separación de los pechos tocados
por una flecha nueva surtida entre lo verde.

Musgo o luna es lo mismo, lo que a nadie sorprende,
esa caricia lenta que de noche a los cuerpos
recorre como pluma o labios que ahora llueven.
Quiero saber si el río se aleja de sí mismo
estrechando unas formas en silencio,
catarata de cuerpos que se aman como espuma,
hasta dar en la mar como el placer cedido.

Los gritos son estacas de silbo,[32] son lo hincado,
desesperación viva de ver los brazos cortos
alzados hacia el cielo en súplicas de lunas,
cabezas doloridas que arriba duermen, bogan,
sin respirar aún como láminas turbias.

Quiero saber si la noche ve abajo
cuerpos blancos de tela echados sobre tierra,
rocas falsas, cartones, hilos, piel, agua quieta,
pájaros como láminas aplicadas al suelo,
o rumores de hierro, bosque virgen al hombre.

Quiero saber altura, mar vago o infinito;
si el mar es esa oculta duda que me embriaga
cuando el viento traspone crespones transparentes,
sombra, pesos, marfiles, tormentas alargadas,
lo morado cautivo que más allá invisible
se debate, o jauría de dulces asechanzas.

La destrucción o el amor

El poeta

Para ti, que conoces cómo la piedra canta,
y cuya delicada pupila sabe ya del peso de una
montaña sobre un ojo dulce,
y cómo el resonante clamor de los bosques
se aduerme suave un día en nuestras venas;
para ti, poeta, que sentiste en tu aliento
la embestida brutal de las aves celestes,
y en cuyas palabras tan pronto vuelan las poderosas
alas de las águilas
como se ve brillar el lomo de los calientes peces sin
sonido:

oye este libro que a tus manos envío
con ademán de selva,
pero donde de repente una gota fresquísima
de rocío brilla sobre una rosa,
o se ve batir el deseo del mundo,
la tristeza que como párpado doloroso
cierra el poniente y oculta el sol como una lágrima os-
curecida,
mientras la inmensa frente fatigada
siente un beso sin luz, un beso largo,
unas palabras mudas que habla el mundo finando.

Sí, poeta: el amor y el dolor son tu reino.
Carne mortal la tuya, que, arrebatada por el espíritu,
arde en la noche o se eleva en el mediodía poderoso,
inmensa lengua profética que lamiendo los cielos
ilumina palabras que dan muerte a los hombres.

La juventud de tu corazón no es una playa
donde la mar embiste con sus espumas rotas,
dientes de amor que mordiendo los bordes de la tierra,
braman dulce a los seres.

No es ese rayo velador que súbitamente te amenaza,
iluminando un instante tu frente desnuda,
para hundirse en tus ojos e incendiarte, abrasando
los espacios con tu vida que de amor se consume.

No. Esa luz que en el mundo no es ceniza última,
luz que nunca se abate como polvo en los labios,
eres tú, poeta, cuya mano y no luna
yo vi en los cielos una noche brillando.

Un pecho robusto que reposa atravesado por el mar
respira como la inmensa marea celeste
y abre sus brazos yacentes y toca, acaricia
los extremos límites de la tierra.
¿Entonces?

Sí, poeta; arroja este libro que pretende encerrar
en sus páginas un destello del sol,
y mira a la luz cara a cara, apoyada la cabeza en la roca,
mientras tus pies remotísimos sienten el beso postrero
del poniente
y tus manos alzadas tocan dulce la luna,
y tu cabellera colgante deja estela en los astros.

Sombra del paraíso

El viejo y el sol

Había vivido mucho.
Se apoyaba allí, viejo, en un tronco, en un gruesísimo
tronco, muchas tardes cuando el sol caía.
Yo pasaba por allí a aquellas horas y me detenía a ob-
servarle.

---

[31] *Rock, precipice.*
[32] **Estacas…** *Swords of screeching.*

Era viejo y tenía la faz arrugada, apagados, más que
tristes, los ojos.
Se apoyaba en el tronco, y el sol se le acercaba primero, le mordía suavemente los pies
y allí se quedaba unos momentos como acurrucado.
Después ascendía e iba sumergiéndole, anegándole,
tirando suavemente de él, unificándole en su dulce luz.
¡Oh el viejo vivir, el viejo quedar, cómo se deslía!
Toda la quemazón, la historia de la tristeza, el resto
de las arrugas, la miseria de la piel roída,
¡cómo iba lentamente limándose, deshaciéndose!
Como una roca que en el torrente devastador se va
dulcemente desmoronando,
rindiéndose a un amor sonorísimo,
así, en aquel silencio, el viejo se iba lentamente
anulando, lentamente entregando.
Y yo veía el poderoso sol lentamente morderle con
mucho amor y adormirle
para así poco a poco tomarle, para así poquito a
poco disolverle en su luz,
como una madre que a su niño suavísimamente en
su seno lo reinstalase.

Yo pasaba y lo veía. Pero a veces no veía sino un
sutilísimo resto. Apenas un levísimo encaje del ser.
Lo que quedaba después que el viejo amoroso, el
viejo dulce, había pasado ya a ser la luz
y despaciosísimamente era arrastrado en los rayos
postreros del sol,
como tantas otras invisibles cosas del mundo.

Historia del corazón

Temas

1. ¿Cómo crea tensión el poeta en «Mar y noche»? ¿Cómo define los elementos masculino y femenino?

2. ¿Cómo describe el mar? ¿Qué colores dominan en esta
   parte del poema? ¿Cómo describe la noche? ¿Cómo se
   contrastan los colores que se asocian con la luna con
   los que se asocian con el mar?

3. ¿Cómo expresa el poeta la frustración del mar? ¿Qué
   metáforas emplea para sugerir la violencia?

4. ¿Cómo termina el poema? ¿Qué concepto del universo
   expresa el poeta en «Mar y noche»?

5. ¿Quién habla en «La palabra»? ¿Cómo sugiere el poeta las múltiples posibilidades del lenguaje?

6. ¿Cómo sugiere la dificultad de expresarse mediante la
   palabra?

7. ¿Cómo sugiere las imágenes e ideas que se forman y
   que buscan una forma de expresión? ¿Dónde se esconde la palabra? ¿Se queda allí? ¿Por qué no?

8. ¿Qué relación existe entre la palabra y la inspiración?
   ¿Entre la palabra y la poesía?

9. ¿Cómo expresa el poeta la idea de que la palabra no es
   de nadie, sino que existe independiente del que habla?
   ¿Qué promete la palabra en la última estrofa?

10. ¿Qué elementos del mundo animal y vegetal emplea
    Aleixandre en «La selva y el mar»? ¿Cómo describe
    las fuerzas elementales de la naturaleza?

11. ¿Cómo expresa la fuerza amorosa? ¿Qué impresión
    crea al mencionar «la poderosa garra» y «las uñas pro-
    fundas»? ¿Cómo comunica la idea de que el impulso
    creador también es destructivo?

12. ¿Qué efecto producen los diminutivos? ¿Por qué los
    yuxtapone con violentas imágenes de destrucción?

13. ¿Qué relación existe entre la selva y el mar?

14. ¿A qué esperanza se alude al final del poema?

15. ¿Qué asociaciones lógicas e ilógicas emplea Aleixan-
    dre en «Quiero saber»? ¿Por qué las emplea? ¿Qué
    tensión desarrolla Aleixandre entre lo racional y lo
    irracional en este poema?

16. ¿Dónde se ve la influencia surrealista en este y otros
    poemas?

17. Compare el tono de «El poeta» con el de sus poemas
    anteriores.

18. ¿Cómo expresa Aleixandre la idea de que el poeta es
    sensible a la música secreta de las cosas? ¿Cómo ex-
    presa la noción de que el poeta siente la pasión vital del
    universo y las fuerzas primitivas, pero también lo frágil
    y efímero?

19. Compare el estilo de «El viejo y el sol» con el de sus
    primeros poemas. ¿Cómo describe al viejo?

20. ¿Qué relación existe entre el nacer y el morir en este
    poema? ¿Qué impresión causa la imagen de «un pode-
    roso sol» que lo muerde y lo adormece para tomarlo
    como «una madre que a su niño suavísimamente en su
    seno lo reinstalase»?

21. ¿Cómo expresa Aleixandre el concepto de la fusión
    cósmica a través de la carrera?

22. ¿Cómo refleja el prosaísmo de los últimos poemas el
    cambio de actitud del poeta?

España bajo Franco: 1937-1975

Al terminar la guerra, el general Francisco Franco
emergió como el líder del país. En 1937 había organizado la Falange Española Tradicionalista y las Jun-

tas de Ofensiva Nacional Sindicalistas, compuestas de falangistas y carlistas. Al año siguiente fue nombrado jefe del nuevo gobierno ministerial. Franco desencadenó una represión terrible, estableciendo un régimen dictatorial con el apoyo de la Iglesia y el ejército.

En 1939 España pactó con Alemania y se retiró de la Liga de Naciones, pero al estallar la Segunda Guerra Mundial, Franco se mantuvo neutral. Sin embargo, en 1940, cuando Francia había sido invadida y parecía que Alemania ganaría la guerra, adoptó una política de no beligerancia que le permitió apoyar al Eje sin comprometerse militarmente. A fines de 1942, al comenzar a cambiar la suerte de los Aliados, Franco trató de mejorar sus relaciones con los Estados Unidos y Gran Bretaña.

En 1945 la Unión Soviética lanzó una campaña propagandística contra Franco con el objetivo de persuadir a los países de la Europa occidental para que derrotaran su gobierno. Debido a su autoritarismo y a su apoyo de los regímenes fascistas de Hitler y Mussolini, casi todos los antiguos aliados rompieron relaciones diplomáticas con el gobierno de Franco. En 1947, a fin de suavizar las críticas de la comunidad internacional, Franco anunció que cuando muriera o se retirara, le sucedería un régimen monárquico. Sin embargo, no fue esta promesa, sino el comienzo de la Guerra Fría —conflicto no armado entre los países comunistas y los democráticos— lo que condujo a una disminución de las tensiones entre España y los países del Oeste.

La oposición de Franco al comunismo hizo que el gobierno norteamericano lo aceptara como aliado en su defensa de Europa. En 1953 España y los Estados Unidos firmaron un acuerdo económico y militar que permitió la creación de bases norteamericanas en el territorio español a cambio de un billón de dólares en ayuda financiera. A lo largo de los años se ha renovado este acuerdo varias veces, a pesar de la oposición de algunos grupos españoles.

Durante los años cincuenta y sesenta, la economía española creció rápidamente. La industria automovilística y la producción de acero florecieron. El turismo se acrecentó gracias a la imagen, promovida por el gobierno franquista, de una España exótica y alegre, llena de señoritas sonrientes, de toreros valientes y de bailadores de flamenco. El estándar de vida del español medio mejoró considerablemente, la represión política comenzó a disminuir y en 1966 el gobierno redujo su control de prensa.

La expansión económica de los años sesenta comportó la creación de una sociedad definitivamente urbana e industrializada, lo que favoreció la oposición a la dictadura. Irrumpieron numerosas protestas contra el régimen. Los estudiantes universitarios organizaron manifestaciones en Barcelona y Madrid y varios grupos regionalistas recurrieron a la violencia. Los separatistas vascos protestaron contra el gobierno central y exigieron la independencia del territorio vasco. La ETA (Euskadi ta askata-suna), organización vasca terrorista creada en 1959, inició una lucha armada contra el régimen de Franco, culminando en el asesinato del presidente del gobierno en 1973. Los líderes de otros otros grupos regionales en Cataluña, Andalucía y Galicia también requirieron más autonomía para sus respectivos pueblos, aunque sin exigir la independencia total. El gobierno respondió a los disturbios con más violencia. Muchos vascos y otros regionalistas fueron arrestados y, en 1975, el gobierno ejecutó a cinco terroristas.

A pesar de estos problemas, la economía española siguió creciendo a través de los años setenta, pero el atraso tecnológico y la inflación fueron obstáculos para la plena integración del país en el mercado internacional. En noviembre de 1975 murió Franco y España comenzó su rápida transición a la democracia.

La penuria de los treinta y cuarenta y la represión franquista fueron poco conducentes a la creación artística. Unos cuantos escritores de lo que se ha llamado la «generación perdida» de la posguerra se quedaron en España y siguieron trabajando, pero muchos otros emigraron al extranjero, principalmente en Estados Unidos, Argentina, México y países europeos. Entre los escritores más destacados de la «España peregrina»* se puede contar a Juan Ramón Jiménez, Pedro Salinas, Jorge Guillén, Francisco Ayala, Luis Cernuda, Américo Castro, Tomás Navarro Tomás y Federico de Onís.

CAMILO JOSÉ CELA (1916-)

Camilo José Cela, Premio Nóbel de literatura en 1989, nació en Galicia, una de las regiones menos prósperas pero más ricas en folclore de España. En 1925 su familia fue a vivir a Madrid. El futuro escritor enfermó de tuberculosis y se recluyó en un sanatorio en 1934. Al salir, comenzó sus estudios en la Facultad de Medicina de la Universidad Central de Madrid y pronto comenzó a publicar su poesía. Cela era un estudiante universitario de veinte años de edad cuando estalló la Guerra Civil. De familia pudiente y conservadora, se alió a los franquistas, decisión que más tarde consideraría un grave error. En 1939 decidió cambiar de campo e ingresó en la Facultad de Derecho, pero abandonó la carrera sin obtener la licenciatura. Al año siguiente comenzó la novela que lo establecería como uno de los escritores más importantes de la posguerra: *La familia de Pascual Duarte* (1942).

Pascual Duarte cuenta autobiográficamente la vida de un criminal que ha sido condenado a muerte. Pobre, ignorante y resentido, Pascual recurre repetidamente a la violencia cuando no puede contener sus frustraciones. Aunque tiene un lado tierno, el cual se manifiesta en el cariño que siente por su hermana, no logra controlar sus impulsos. Comete una sucesión de crímenes y atrocidades que narra en sus memorias, a veces de una manera espeluznantemente fría. La enajenación de Pascual Duarte se refleja en el ambiente en el cual la mayor parte de la acción se desenvuelve—un pueblo remoto en los márgenes de Extremadura, zona marginada de España. Pascual crece rodeado de la brutalidad y la superstición. De niño se da cuenta de que su madre, una mujer grosera e ignorante, no lo quiere. Su padre, contrabandista que termina en la cárcel, se emborracha continuamente, volviéndose bestial y violento.

En la plaza del pueblo se encuentran los símbolos del poder tradicional: el ayuntamiento, la iglesia y la casa del cacique don Jesús, de quien Pascual habla con mucho respeto y cierto cariño. En el arroyo que pasa por detrás del corral de este hombre pudiente, se pueden pescar anguilas que se nutren de las inmundicias de la casa del cacique. La mujer de Pascual nota, con humor escatológico, que «las anguilas estaban rollizas porque comían lo mismo que don Jesús, sólo un día más tarde». Curiosamente, Pascual le dedica a don Jesús, que también se convierte en su víctima, esta relación: «A la memoria del insigne patricio don Jesús González de la Riva, Conde de Torremejía, quien al irlo a rematar el autor de este escrito, le llamó Pascualillo y sonreía».

La sordidez de la existencia pueblerina deja profundamente marcado a Pascual. Un día en que ha salido con su perra, piensa que el animal está contemplándolo, juzgándolo: «tenía la mirada de los confesores, escrutadora y fría, como dicen que es la de los linces». Incapaz de aguantar la mirada del animal, saca su escopeta y lo mata. Sigue una serie de otros crímenes que culmina con el matricidio. El asesinato de su madre es un acto de autoaniquilación simbólica, una especie de suicidio, ya que matar a la que le dio la vida es, en un sentido, volver a sus orígenes y arrancar su propia raíz. No es sorprendente que éste sea el crimen de Pascual que finalmente lo deja «respirar». Las tendencias autodestructivas de Pascual se manifiestan desde el principio, pero las articula claramente justo antes de este homicidio definidor: «Hay ocasiones en las que más vale borrarse como un muerto, desaparecer de repente como tragado por la tierra».

La familia de Pascual Duarte es una novela estructuralmente compleja. Precede a la acción una «Nota del transcriptor», quien afirma haber encontrado el manuscrito en una farmacia de Almendralejo y haberlo trascrito en su forma original. Sigue una carta de Pascual a don Joaquín Barrera López, amigo de don Jesús, en la cual explica que le manda su memoria para descargar su conciencia «con esta pública confesión, que no es poca penitencia». Sigue el relato del criminal y luego «Otra nota del transcriptor», seguida de una carta de un oficial del presidio. La intrincada contextura de la novela impide una interpretación definitiva. Como Cervantes, crea incontables capas de realidad, lo cual obstaculiza una valorización de los «hechos». Y, como Cervantes, Cela se vale de un narrador no fidedigno.

Aunque en su carta Pascual insiste en que se ha resignado a su suerte y que por tanto no quiere pedir el indulto, es obvio que trata de congraciarse con el lector mediante su autorretrato, en el cual se pinta como víctima de las circunstancias y de impulsos incontrolables. «Yo, señor, no soy malo, aunque no me faltarían motivos para serlo», comienza su memoria. Sigue una larga descripción de la violencia doméstica, el rechazo materno, la pobreza y la brutalidad que, según Pascual, lo convierten en criminal. Hace lo posible para mostrarse cortés y respetuoso y para convencer al lector de su arrepentimiento. Así, dice «con perdón» cuando menciona un cerdo y habla frecuentemente de Dios.

¿Pero hasta qué punto podemos confiar en estas muestras de mansedumbre y de buena voluntad? Dice en su carta que no tiene buena memoria y que es posible que haya olvidado muchas cosas. ¿Qué cosas? ¿Cómo ha distorsionado los hechos para conmover a don Joaquín? ¿Por qué apenas menciona ciertos crímenes? Por ejemplo, ¿bajo qué circunstancias «remata» a don Jesús? ¿Por qué le llama éste «Pascualillo» como cuando era niño? Si ha dejado de aclarar un asunto tan importante como el asesinato del cacique del pueblo, ¿qué otras cosas habrá dejado afuera?

Pero Pascual no es el único que inspira desconfianza. El transcriptor tampoco es fidedigno. Comenta sobre la conducta del protagonista, tratando de influir en las opiniones del lector. Advierte: «...es un modelo de conductas, un modelo no para imitarlo sino para huirlo». Además, suprime fragmentos enteros del texto porque, según su propia confesión, le pareció conveniente podarlo y pulirlo. ¿Qué detalles ha eliminado? ¿Qué información esencial ocupaba el lugar de los numerosos puntos suspensivos que el transcriptor ha insertado? John Rosenberg señala que, a través del transcriptor, «Cela censura la censura».

Al ofrecernos un texto deliberadamente impreciso, Cela imposibilita que formulemos una respuesta a la pregunta que es central a la obra: ¿es culpable Pascual Duarte o es víctima de una sociedad represiva? Por un lado, es cierto que la malicia, la suciedad y el salvajismo que rodean a Pascual desde la niñez dificultan su desarrollo normal. Pero ¿pueden las circunstancias justificar la serie de asesinatos atroces que comete?

Si a través de su memoria Pascual trata de minimizar su propia responsabilidad, esto no es sólo una técnica retórica sino que refleja su manera de percibir la vida. Pascual se ve como víctima de un destino aplastante; no tiene un concepto realista ni del mundo ni de su propia libertad. Al recordar sus últimos momentos con el director de la prisión donde pasó tres años, comenta que no habría vuelto a cometer crímenes si *ellos*—los dirigentes—no lo hubieran liberado: «...y me soltaron; me abrieron las puertas, me dejaron indefenso ante todo lo malo... Y creyendo que me hacían un favor, me hundieron para siempre». Al llegar a su pueblo, espera—de manera poco realista—que todos estén aguardándolo con los brazos abiertos, aunque nadie sabe que ha sido puesto en libertad. Cuando saluda al jefe de la estación de trenes y éste apenas reacciona, comenta con amargura: «Al señor Gregorio no le importaba nada mi libertad». Mucho más tarde, cuando por fin decide matar a su madre, habla de la pasión matricida como una fuerza inexorable que se apodera de él, una fuerza independiente de su voluntad: «La idea de la muerte llega siempre con paso de lobo, con andares de culebra...».

Pascual Duarte vive, como señala Rosenberg, en espacios cerrados. Su casa, su celda, su pueblo y, finalmente, España misma, son emblemas de la represión real y sicológica de la guerra y de la posguerra. Pascual ha sido brutalizado. Pero, al mismo tiempo, perpetúa la brutalidad de la cual se cree víctima.

La crítica ha llamado a Cela el iniciador del Tremendismo,* movimiento que hace hincapié en lo violento, lo grosero y lo repugnante. Las referencias en *Pascual Duarte* a las funciones biológicas, las descripciones gráficas de actos brutales y el tono pesimista y fatalista que impregna toda la novela son características del tremendismo. Sin embargo, Cela niega haber inventado el tremendismo, alegando que la violencia y el pesimismo se encuentran en la literatura española desde principios de la modernidad o aun antes.

Entre las otras novelas de Cela se puede mencionar *Pabellón de reposo* (1943), que refleja las experiencias del autor en sanatorios para tuberculosos; *Nuevas andanzas y desventuras de Lazarillo de Tormes* (1944), que resucita al famoso personaje picaresco; *La colmena* (1951), novela experimental sin argumento ni protagonista individual; *Mrs. Caldwell habla con su hijo* (1968), relato fragmentado que reproduce las «conversaciones» de una mujer trastornada con su hijo muerto; *La catira* (1955), situada en Venezuela, y *Mazurca para dos muertos* (1983), sobre la Guerra Civil en Galicia.

Muchos críticos creen que lo mejor de la ficción de Cela se encuentra en sus numerosas colecciones de cuentos, entre ellas *Estas nubes que pasan* (1945), *El bonito crimen del carabinero y otras invenciones* (1947), *El gallego y su cuadrilla* (1951), *El molino de viento y otras novelas cortas* (1956) y *Nuevo retablo de don Cristobalita* (1957). Cela también es autor de numerosos libros de viajes y durante años editó una importante revista cultural, *Papeles de Son Armadans.*

La familia de Pascual Duarte

Nota del Transcriptor

Me parece que ha llegado la ocasión de dar a la imprenta las memorias de Pascual Duarte. (...) Encontradas, las páginas que a continuación transcribo, por mí a mediados del año 39, en una farmacia de Almendralejo—donde Dios sabe qué ignoradas manos las depositaron—me he ido entreteniendo, desde entonces acá, en irlas traduciendo y ordenando, ya que el manuscrito—en parte debido a la mala letra y en parte también a que las cuartillas me las encontré sin numerar y no muy ordenadas—, era punto menos que ilegible.

Quiero dejar bien patente desde el primer momento, que en la obra que hoy presento al curioso lector no me pertenece sino la trascripción; no he corregido ni añadido ni una tilde, porque he querido respetar el relato hasta en su estilo. He preferido, en algunos pasajes demasiado crudos de la obra, usar de la tijera y cortar por lo sano[1]; el procedimiento priva, evidentemente, al lector de conocer algunos pequeños detalles—que nada pierde con ignorar—; pero presenta, en cambio, la ventaja de evitar el que recaiga la vista en intimidades incluso repugnantes, sobre las que—repito—me pareció más conveniente la poda que el pulido.

El personaje, a mi modo de ver, y quizás por lo único que lo saco a la luz, es un modelo de conductas; un modelo no para imitarlo, sino para huirlo. (...)

Pero dejemos que hable Pascual Duarte, que es quien tiene cosas interesantes que contarnos.

I

Yo, señor, no soy malo, aunque no me faltarían motivos para serlo. Los mismos cueros[2] tenemos todos los

---

[1] **Cortar...** *get rid of them in the most expeditious way.*
[2] Piel. (Es decir, todos nacemos desnudos; todos somos iguales.)

mortales al nacer y sin embargo, cuando vamos creciendo, el destino se complace en variarnos como si fuésemos de cera y en destinarnos por sendas diferentes al mismo fin: la muerte. Hay hombres a quienes se les ordena marchar por el camino de las flores, y hombres a quienes se les manda tirar por el camino de los cardos y de las chumberas.[3] Aquéllos gozan de un mirar sereno y al aroma de su felicidad sonríen con la cara del inocente; estos otros sufren del sol violento de la llanura y arrugan el ceño como las alimañas[4] por defenderse. Hay mucha diferencia entre adornarse las carnes con arrebol y colonia, y hacerlo con tatuajes que después nadie ha de borrar ya...[5]

Nací hace ya muchos años—lo menos cincuenta y cinco— en un pueblo perdido por la provincia de Badajoz[6]; el pueblo estaba a unas dos leguas de Almendralejo, agachado sobre una carretera lisa y larga como un día sin pan, lisa y larga como los días—de una lisura y una largura como usted para su bien, no puede ni figurarse—de un condenado a muerte...

Era un pueblo caliente y soleado, bastante rico en olivos y guarros[7] (con perdón), con las casas pintadas tan blancas, que aún me duele la vista al recordarlas, con una plaza toda de losas, con una hermosa fuente de tres caños en medio de la plaza. Hacía ya varios años, cuando del pueblo salí, que no manaba el agua de las bocas y sin embargo, ¡qué airosa!, ¡qué elegante!, nos parecía a todos la fuente con su remate figurando un niño desnudo, con su bañera toda rizada al borde como las conchas de los romeros. En la plaza estaba el Ayuntamiento, que era grande y cuadrado como un cajón de tabaco, con una torre en medio, y en la torre un reló,[8] blanco como una hostia,[9] parado siempre en las nueve como si el pueblo no necesitase de su servicio, sino sólo de su adorno. En el pueblo, como es natural, había casas buenas y casas malas, que son, como pasa con todo, las que más abundaban; había una de dos pisos, la de don Jesús, que daba

gozo de verla con su recibidor todo lleno de azulejos y macetas. Don Jesús había sido siempre muy partidario de las plantas, y para mí que tenía ordenado al ama vigilase los geranios, y los heliotropos, y las palmas, y la yerbabuena,[10] con el mismo cariño que si fuesen hijos, porque la vieja andaba siempre correteando con un cazo[11] en la mano, regando los tiestos[12] con un mimo que a no dudar agradecían los tallos, tales eran su lozanía y su verdor. La casa de don Jesús estaba también en la plaza y, cosa rara para el capital del dueño que no reparaba en gastar, se diferenciaba de las demás, además de en todo lo bueno que llevo dicho, en una cosa en la que todas le ganaban: en la fachada, que parecía del color natural de la piedra que tan ordinario hace, y no enjalbegada[13] como hasta la del más pobre estaba; sus motivos tendría. Sobre el portal había unas piedras de escudo, de mucho valer, según dicen, terminadas en unas cabezas de guerreros de la antigüedad, con su cabezal y sus plumas, que miraban, una para el Levante[14] y otra para el Poniente,[15] como si quisieran representar que estaban vigilando lo que de un lado o de otro podríales venir. Detrás de la plaza, y por la parte de la casa de don Jesús, estaba la parroquial con su campanario de piedra y su esquilón que sonaba de una manera que no podría contar, pero que se me viene a la memoria como si estuviese sonando por estas esquinas... La torre del campanario era del mismo alto que la del reló y en verano, cuando venían las cigüeñas, ya sabían en qué torre habían estado el verano anterior; la cigüeña cojita, que aún aguantó dos inviernos, era del nido de la parroquial, de donde hubo de caerse, aún muy tierna, asustada por el gavilán.[16]

Mi casa estaba afuera del pueblo, a unos doscientos pasos largos de las últimas de la piña. Era estrecha y de un solo piso, como correspondía a mi posición, pero como llegué a tomarle cariño, temporadas hubo en que hasta me sentía orgulloso de ella. En realidad lo único de la casa que se podía ver[17] era la cocina, lo primero que se encontraba al entrar, siempre limpia y blanqueada con primor; cierto es que el suelo era de tierra, pero tan bien pisada la tenía, con sus guijarrillos haciendo dibujos, que

---

[3] *Brambles and thorn bushes.*

[4] *Predator animals.*

[5] Estos tres puntos aparecen en varias ocasiones en la novela original. No indican que falta texto.

[6] Provincia en el suroeste de España que está cerca de la frontera con Portugal.

[7] Cerdos. (Pascual dice «con perdón» porque ha mencionado algo sucio.) Nótese la ironía: Pascual, que ha matado a dos personas e incluye detalles repugnantes en sus memorias, se muestra avergonzado de haber dicho «guarro».)

[8] Reloj.

[9] *Host. (Wafer used during mass.)*

---

[10] Hierba buena; menta.

[11] *Watering can.*

[12] *Flower pots.*

[13] *Whitewashed.*

[14] Este.

[15] Oeste.

[16] Halcón, ave de rapiña.

[17] Es decir, que valía la pena ver.

en nada desmerecía de otras muchas en las que el dueño había echado pórlan[18] por sentirse más moderno. El hogar era amplio y despejado y alrededor de la campana teníamos un vasar con lozas de adorno, con jarras con recuerdos[19] pintados en azul, con platos con dibujos azules o naranja; algunos platos tenían una cara pintada, otros una flor, otros un nombre, otros un pescado. En las paredes teníamos varias cosas: un calendario muy bonito que representaba una joven abanicándose sobre una barca y debajo de la cual se leía en letras que parecían de polvillo de plata, «Modesto Rodríguez. Ultramarinos[20] finos. Mérida (Badajoz)», un retrato de Espartero[21] con el traje de luces[22] dado de color[23] y tres o cuatro fotografías—unas pequeñas y otras regular—de no sé quién, porque siempre las vi en el mismo sitio y no se me ocurrió nunca preguntar. Teníamos también un reló despertador colgado de la pared, que no es por nada, pero siempre funcionó como Dios manda, y un acerico de peluche colorado,[24] del que estaban clavados unos bonitos alfileres con sus cabecitas de vidrio de color. El mobiliario de la cocina era tan escaso como sencillo: tres sillas—una de ellas muy fina, con su respaldo y sus patas de madera curvada, y su culera de rejilla—y una mesa de pino, con su cajón correspondiente, que resultaba algo baja para las sillas, pero hacía su avío. En la cocina se estaba bien: era cómoda y en el verano, como no la encendíamos, se estaba fresco sentado sobre la piedra del hogar cuando, a la caída de la tarde, abríamos las puertas de par en par; en el invierno se estaba caliente con las brasas que, a veces, cuidándolas un poco, guardaban el rescoldo toda la noche. (¡Era gracioso mirar las sombras de nosotros por la pared, cuando había unas llamitas! Iban y venían, unas veces lentamente, otras a saltitos como jugando. Me acuerdo que de pequeño, me daban miedo, y aún ahora, de mayor, me corre un estremecimiento cuando traigo memoria de aquellos miedos.)

El resto de la casa no merece la pena ni describirlo, tal era su vulgaridad.[25] Teníamos otras dos habitaciones, si habitaciones hemos de llamarlas por eso de que estaban habitadas, ya que no por otra cosa alguna, y la cuadra, que en muchas ocasiones pienso ahora que no sé por qué la llamábamos así, de vacía y desamparada como la teníamos. En una de las habitaciones dormíamos yo y mi mujer, y en la otra mis padres hasta que Dios, o quién sabe si el diablo, quiso llevárselos; después quedó vacía casi siempre, al principio porque no había quien la ocupase, y más tarde, cuando podía haber habido alguien, porque este alguien prefirió siempre la cocina, que además de ser más clara no tenía soplos. Mi hermana, cuando venía, dormía siempre en ella, y los chiquillos, cuando los tuve, también tiraban para allí en cuanto se despegaban de la madre. La verdad es que las habitaciones no estaban muy limpias ni muy construidas, pero en realidad tampoco había para quejarse, se podía vivir, que es lo principal, a resguardo de las nubes de navidad,[26] y a buen recaudo[27]—para lo que uno se merecía—de las asfixias de la Virgen de agosto.[28] La cuadra[29] era lo peor; era lóbrega y oscura, y en sus paredes estaba empapado el mismo olor a bestia muerta que desprendía el despeñadero cuando allá por el mes de mayo comenzaban los animales a criar la carroña[30] que los cuervos habíanse de comer...

Es extraño, pero de mozo, si me privaban de aquel olor me entraban unas angustias como de muerte; me acuerdo de aquel viaje que hice a la capital por amor de las quintas; anduve todo el día de Dios desazonado, venteando los aires[31] como un perro de caza. Cuando me fui a acostar, en la posada, olí mi pantalón de pana. La sangre me calentaba todo el cuerpo... Quité a un lado la almohada y apoyé la cabeza para dormir sobre mi pantalón, doblado.[32] Dormí como una piedra aquella noche.

En la cuadra teníamos un burrillo matalón y escurrido de carnes que nos ayudaba en la faena y, cuando las cosas venían bien dadas, que dicho sea pensando en la verdad no siempre ocurría, teníamos también un par de guarros (con perdón) o tres. En la parte de atrás de la casa teníamos un corral o saledizo, no muy grande, pero que nos hacía su servicio, y en él un pozo que andando el

---

[18] Cemento (Portland).

[19] Es decir, que tenían pintados los nombres de su lugar y origen.

[20] Comestibles.

[21] Popular torero sevillano.

[22] Traje de torero.

[23] **Dado...** en colores.

[24] **Un...** *a red pincushion.*

[25] *Commonness, ordinariness.*

[26] **A...** *protected from the cold of winter.*

[27] **A...** *protected from.*

[28] **Las...** *the asphyxiating heat of summer. (August 15 is the day of the Virgin.)*

[29] Establo.

[30] Putrefacción.

[31] **Venteando...** *Farting.*

[32] *This detail—Pascual's sleeping on the pants into which he's been releasing intestinal gas all day—underscores the filth and sordidness of his upbringing.*

tiempo hube de cegar[33] porque dejaba manar un agua muy enfermiza.

Por detrás del corral pasaba un regato, a veces medio seco y nunca demasiado lleno, cochino y maloliente como tropa de gitanos, y en el que podían cogerse unas anguilas[34] hermosas, como yo algunas tardes y por matar el tiempo me entretenía en hacer. Mi mujer, que en medio de todo tenía gracia, decía que las anguilas estaban rollizas porque comían lo mismo que don Jesús, sólo que un día más tarde.[35] Cuando me daba por pescar se me pasaban las horas tan sin sentirlas, que cuando tocaba a recoger los bártulos[36] casi siempre era de noche; allá, a lo lejos, como una tortuga baja y gorda, como una culebra enroscada, que temiese despegarse del suelo, Almendralejo comenzaba a encender sus luces eléctricas. Sus habitantes a buen seguro que ignoraban que yo había estado pescando, que estaba en aquel momento mismo mirando cómo se encendían las luces de sus casas, imaginando incluso cómo muchos de ellos decían cosas que a mí se me figuraban o hablaban de cosas que a mí se me ocurrían. ¡Los habitantes de las ciudades viven vueltos de espaldas a la verdad y muchas veces ni se dan cuenta siquiera de que a dos leguas, en medio de la llanura, un hombre del campo se distrae pensando en ellos mientras dobla la caña de pescar, mientras recoge del suelo el cestillo de mimbre con seis o siete anguilas dentro!

Sin embargo, la pesca siempre me pareció pasatiempo poco de hombres,[37] y las más de las veces dedicaba mis ocios a la caza; en el pueblo me dieron fama de no hacerlo mal del todo y, modestia aparte, he de decir con sinceridad que no iba descaminado quien me lo decía. Tenía una perrilla perdiguera[38]—la *Chispa*—, medio ruin, medio bravía, pero que se entendía muy bien conmigo; con ella me iba muchas mañanas hasta la Charca, a legua y media del pueblo hacia la raya de Portugal, y nunca nos volvíamos de vacío[39] para casa. Al volver, la perra se me adelantaba y me esperaba siempre junto al cruce; había allí una piedra redonda y achatada como una silla baja, de la que guardo tan grato recuerdo como de cualquier persona; mejor, seguramente, que el que guardo de mu-

chas de ellas... Era ancha y algo hundida y cuando me sentaba se me escurría un poco el trasero (con perdón) y quedaba tan acomodado que sentía tener que dejarla; me pasaba largos ratos sentado sobre la piedra del cruce, silbando, con la escopeta entre las piernas, mirando lo que había de verse, fumando pitillos. La perrilla, se sentaba enfrente de mí, sobre sus dos patas de atrás, y me miraba, con la cabeza ladeada, con sus dos ojillos castaños muy despiertos; yo le hablaba y ella, como si quisiese entenderme mejor, levantaba un poco las orejas; cuando me callaba aprovechaba para dar unas carreras detrás de los saltamontes, o simplemente para cambiar de postura. Cuando me marchaba, siempre, sin saber por qué, había de volver la cabeza hacia la piedra, como para despedirme, y hubo un día que debió parecerme tan triste por mi marcha, que no tuve más suerte que volver sobre mis pasos a sentarme de nuevo... La perra volvió a echarse frente a mí y volvió a mirarme; ahora me doy cuenta de que tenía la mirada de los confesores, escrutadora y fría, como dicen que es la de los linces[40]... Un temblor recorrió todo mi cuerpo; parecía como una corriente que forzaba por salirme por los brazos. El pitillo se me había apagado; la escopeta, de un solo caño, se dejaba acariciar, lentamente, entre mis piernas. La perra seguía mirándome fija, como si no me hubiera visto nunca, como si fuese a culparme de algo de un momento a otro, y su mirada me calentaba la sangre de las venas de tal manera que se veía llegar el momento en que tuviese que entregarme; hacía calor, un calor espantoso, y mis ojos se entornaban dominados por el mirar, como un clavo, del animal...

Cogí la escopeta y disparé; volví a cargar y volví a disparar. La perra tenía una sangre oscura y pegajosa que se extendía poco a poco por la tierra.

II

De mi niñez no son precisamente buenos recuerdos los que guardo. Mi padre se llamaba Esteban Duarte Diniz, y era portugués, cuarentón cuando yo niño, y alto y gordo como un monte. Tenía la[41] color tostada y un estupendo bigote negro que se echaba para abajo. Según cuentan, cuando joven le tiraban las guías para arriba, pero, desde que estuvo en la cárcel, se le arruinó la prestancia, se le ablandó la fuerza del bigote y ya para abajo hubo de llevarlo hasta el sepulcro. Yo le tenía un gran

---

[33] Cerrar.

[34] *Eels.*

[35] *That is, the eels, who lived in the muck, ate don Jesus' excrement.*

[36] Utensilios.

[37] **Poco...** *unsuitable for men.*

[38] Cazadora.

[39] **De...** *Con las manos vacías.*

---

[40] *Linxes, animals known for their shrewdness and good eyesight.*

[41] *The noun "color" was once feminine. Some dialects have preserved this archaic usage.*

respeto y no poco miedo, y siempre que podía escurría el bulto y procuraba no tropezármelo; era áspero y brusco y no toleraba que se le contradijese en nada, manía que yo respetaba por la cuenta que me tenía. Cuando se enfurecía, cosa que le ocurría con mayor frecuencia de lo que se necesitaba, nos pegaba a mi madre y a mí las grandes palizas por cualquiera la cosa, palizas que mi madre procuraba devolverle por ver de[42] corregirlo, pero ante las cuales a mi no me quedaba sino resignación dados mis pocos años. ¡Se tienen las carnes muy tiernas a tan corta edad!

Ni con él ni con mi madre me atreví nunca a preguntar de cuando lo tuvieron encerrado, porque pensé que mayor prudencia sería el no meter los perros en danza,[43] que ya por sí solos danzaban más de lo conveniente; claro es que en realidad no necesitaba preguntar nada porque como nunca faltan almas caritativas, y menos en los pueblos de tan corto personal,[44] gentes hubo a quienes faltó tiempo para venir a contármelo todo. Lo guardaron por contrabandista; por lo visto había sido su oficio durante muchos años, pero como el cántaro que mucho va a la fuente acaba por romperse,[45] y como no hay oficio sin quiebra, ni atajo sin trabajo, un buen día, a lo mejor cuando menos lo pensaba—que la confianza es lo que pierde a los valientes—, le siguieron los carabineros, le descubrieron el alijo,[46] y lo mandaron a presidio. De todo esto debía hacer ya mucho tiempo, porque yo no me acuerdo de nada; a lo mejor ni había nacido.

Mi madre, al revés de mi padre, no era gruesa, aunque andaba muy bien de estatura; era larga y chupada y no tenía aspecto de buena salud, sino que, por el contrario, tenía la tez cetrina y las mejillas hondas y toda la presencia de estar tísica o de no andarle muy lejos; era también desabrida y violenta, tenía un humor que se daba a todos los diablos y un lenguaje en la boca que Dios la haya perdonado, porque blasfemaba las peores cosas a cada momento y por los más débiles motivos. Vestía siempre de luto y era poco amiga del agua,[47] tan poco que si he de decir verdad, en todos los años de su vida que yo conocí, no la vi lavarse más que en una ocasión en que mi padre la llamó borracha y ella quiso como demostrarle

que no le daba miedo el agua. El vino en cambio ya no le disgustaba tanto y siempre que apañaba algunas perras,[48] o que le rebuscaba el chaleco al marido, me mandaba a la taberna por una frasca que escondía, porque no se la encontrase mi padre, debajo de la cama. Tenía un bigotillo cano por las esquinas de los labios, y una pelambrera enmarañada y zafia[49] que recogía en un moño, no muy grande, encima de la cabeza. Alrededor de la boca se le notaban unas cicatrices o señales, pequeñas y rosadas como perdigondas, que según creo le había quedado de unas bubas malignas que tuviera de joven; a veces, por el verano, a las señales les volvía la vida, que les subía la color y acababan formando como alfileritos de pus que el otoño se ocupaba de matar y el invierno de barrer.

Se llevaban mal mis padres; a su poca educación se unía su escasez de virtudes y su falta de conformidad con lo que Dios les mandaba—defectos todos ellos que para mi desgracia hube de heredar—y esto hacía que se cuidaran bien poco de pensar los principios y de refrenar los instintos, lo que daba lugar a que cualquier motivo, por pequeño que fuese, bastara para desencadenar la tormenta que se prolongaba después días y días sin que se le viese el fin. Yo, por lo general, no tomaba el partido de ninguno porque si he de decir verdad tanto me daba el que cobrase el uno como el otro[50]; unas veces me alegraba de que zurrase mi padre y otras mi madre, pero nunca hice de esto cuestión de gabinete.[51]

Mi madre no sabía leer ni escribir; mi padre sí, y tan orgulloso estaba de ello que se lo echaba en cara cada lunes y cada martes, y con frecuencia, y aunque no viniera a cuento, solía llamarla ignorante, ofensa gravísima para mi madre, que se ponía como un basilisco.[52] Algunas tardes venía mi padre para casa con un papel en la mano y, quisiéramos que[53] no, nos sentaba a los dos en la cocina y nos leía las noticias; venían después los comentarios y en ese momento yo me echaba a temblar porque estos comentarios eran siempre el principio de alguna bronca. Mi madre, por ofenderlo, le decía que el papel no ponía nada de lo que leía y que todo lo que decía se lo sacaba mi padre de la cabeza, y a éste, el oírla esa opinión le

---

[42] **Por...** tratando de.
[43] **No...** *not to get her going.*
[44] **Corto...** poca gente.
[45] **El...** *The jug that goes to the well too often winds up getting broken. (A criminal who pushes his luck winds up getting caught.)*
[46] *Loot.*
[47] Es decir, vestía de negro y no se bañaba.

[48] **Siempre...** *whenever she could get her hands on a few coins.*
[49] **Una...** *a tangled and messy mane.*
[50] **Tanto...** *I didn't care how their fights came out.*
[51] **Nunca...** *I never cared that much about it.*
[52] Furiosa.
[53] O.

sacaba de quicio[54]; gritaba como si estuviera loco, la llamaba ignorante y bruja y acababa siempre diciendo a grandes voces que si él supiera decir esas cosas de los papeles a buena hora se le hubiera ocurrido casarse con ella.[55] Ya estaba armada.[56] Ella le llamaba desgraciado y peludo, lo tachaba de hambriento y portugués, y él, como si esperara a oír esa palabra para golpearla, se sacaba el cinturón y la corría todo alrededor de la cocina hasta que se hartaba. Yo, al principio, apañaba algún cintarazo que otro, pero cuando tuve más experiencia y aprendí que la única manera de no mojarse es no estando a la lluvia, lo que hacía, en cuanto veía que las cosas tomaban mal cariz, era dejarlos solos y marcharme. Allá ellos.

La verdad es que la vida en mi familia poco tenía de placentera, pero como no nos es dado escoger, sino que ya—y aún antes de nacer—estamos destinados unos a un lado y otros a otro, procuraba conformarme con lo que me había tocado, que era la única manera de no desesperar. De pequeño, que es cuando más manejable resulta la voluntad de los hombres, me mandaron una corta temporada a la escuela; decía mi padre que la lucha por la vida era muy dura y que había que irse preparando para hacerla frente con las únicas armas con las que podíamos dominarla, con las armas de la inteligencia. Me decía todo esto de un tirón y como aprendido, y su voz en esos momentos me parecía velada y adquiría unos matices insospechados para mí... Después, y como arrepentido, se echaba a reír estrepitosamente y acababa siempre por decirme, casi con cariño:

—No hagas caso, muchacho... ¡Ya voy para viejo!

Y se quedaba pensativo y repetía en voz baja una y otra vez:

—¡Ya voy para viejo...! ¡Ya voy para viejo...!

Mi instrucción escolar poco tiempo duró. Mi padre, que, lo digo, tenía un carácter violento y autoritario para algunas cosas, era débil y pusilánime para otras: en general tengo observado que el carácter de mi padre sólo lo ejercitaba en asuntillos triviales, porque en las cosas de trascendencia, no sé si por temor o por qué, rara vez hacía hincapié. Mi madre no quería que fuese a la escuela y siempre que tenía ocasión, y aun a veces sin tenerla, solía decirme que para no salir en la vida de pobre[57] no valía la pena aprender nada. Dio en terreno abonado,

porque a mí tampoco me seducía la asistencia a las clases, y entre los dos, y con la ayuda del tiempo, acabamos convenciendo a mi padre que optó porque abandonase los estudios. Sabía ya leer y escribir, y sumar y restar, y en realidad para manejarme ya tenía bastante. Cuando dejé la escuela tenía doce años; pero no vayamos tan de prisa, que todas las cosas quieren su orden y no por mucho madrugar amanece más temprano.

Era yo de bien corta edad[58] cuando nació mi hermana Rosario. De aquel tiempo guardo un recuerdo confuso y vago y no sé hasta qué punto relataré fielmente lo sucedido; voy a intentarlo sin embargo, pensando que si bien mi relato pueda pecar de impreciso, siempre estará más cerca de la realidad que las figuraciones que, de imaginación y a ojo de buen cubero, pudiera usted hacerse. Me acuerdo de que hacía calor la tarde en que nació Rosario; debía ser por julio o por agosto. El campo estaba en calma y agostado y las chicharras, con sus sierras, parecían querer limarle los huesos a la tierra; las gentes y las bestias estaban recogidas y el sol, allá en lo alto, como señor de todo, iluminándolo todo, quemándolo todo... Los partos de mi madre fueron siempre muy duros y dolorosos; era medio machorra y algo seca y el dolor era en ella superior a sus fuerzas. Como la pobre nunca fue un modelo de virtudes ni de dignidades y como no sabía sufrir y callar, como yo, lo resolvía todo a gritos. Llevaba ya gritando varias horas cuando nació Rosario, porque—para colmo de desdichas—era de parto lento. Ya lo dice el refrán: mujer de parto lento y con bigote... (la segunda parte no la escribo en atención a la muy alta persona a quien estas líneas van dirigidas). Asistía a mi madre una mujer del pueblo, la señora Engracia, la del cerro, especialista en duelos y partera, medio bruja y un tanto misteriosa, que había llevado consigo unas mixturas que aplicaba en el vientre de mi madre por aplacarla la dolor, pero como ésta, con ungüento o sin él, seguía dando gritos hasta más no poder, a la señora Engracia no se le ocurrió mejor cosa que tacharla de descreída y mala cristiana, y como en aquel momento los gritos de mi madre arreciaban como el vendaval, yo llegué a pensar si no sería cierto que estaba endemoniada. Mi duda poco duró, porque pronto quedó esclarecido que la causa de las desusadas voces había sido mi nueva hermana.

Mi padre llevaba largo rato paseando a grandes zancadas por la cocina. Cuando Rosario nació se arrimó hasta la cama de mi madre y sin consideración ninguna de la

---

[54] **Le...** le volvía loco.
[55] **A...** Jamás se habría casado con ella.
[56] Ya había empezado la pelea.
[57] **Para...** como siempre iba a ser pobre.

[58] **De...** muy joven.

circunstancia, la empezó a llamar bribona y zorra y a arrearle tan fuertes hebillazos que extrañado estoy todavía de que no la haya molido viva. Después se marchó y tardó dos días enteros en volver; cuando lo hizo venía borracho como una bota[59]; se acercó a la cama de mi madre y la besó; mi madre se dejaba besar... Después se fue a dormir a la cuadra.

III

[Rosario crece y se hace «la reina de la casa». Pronto aprende a robar y se aficiona a la bebida. A los catorce años se marcha de la casa.]

... En lo que más se notó la falta de Rosario fue en las escandaleras de mi padre, porque si antes, cuando ella estaba, procuraba armarlas fuera de su presencia, ahora, al faltar y al no estar ella nunca delante, cualquiera hora y lugar le parecía bueno para organizarlas. Es curioso pensar que mi padre, que a bruto y cabezón le ganaban muy pocos, era a ella la única persona que escuchaba; bastaba una mirada de Rosario para calmar sus iras, y en más de una ocasión buenos golpes se ahorraron con su sola presencia. ¡Quién iba a suponer que a aquel hombrón lo había de dominar una tierna criatura!

En Trujillo tiró hasta cinco meses, pasados los cuales unas fiebres la devolvieron, medio muerta, a casa, donde estuvo encamada cerca de un año porque las fiebres, que eran de orden maligna, la tuvieron tan cerca del sepulcro que por oficio de mi padre—que borracho y pendenciero sí sería, pero cristiano viejo y de la mejor ley también lo era—llegó a estar sacramentada y preparada por si había de hacer el último viaje. La enfermedad tuvo, como todas, sus alternativas, y a los días en que parecía como revivir sucedían las noches en que todos estábamos en que se nos quedaba; el humor de mis padres era como sombrío, y de aquel triste tiempo sólo guardo de paz los meses que pasaron sin que sonaran golpes entre aquellas paredes, ¡tan apurado andaba el par de viejos!... Las vecinas echaban todas su cuarto[60] a espadas por recetarla yerbas, pero como la que mayor fe nos daba era la señora Engracia, a ella hubimos de recurrir y a sus consejos, por ver de sanarla; complicada fue, bien lo sabe Dios, la curación que la mandó, pero como se le hizo poniendo todos los cinco sentidos bien debió de probarla, porque aunque despacio, se la veía que le volvía la salud. Como ya dice el refrán, yerba mala nunca muere, y sin que yo

quiera decir con esto que Rosario fuera mala (si bien tampoco pondría una mano en el fuego por sostener que fuera buena), lo cierto es que después de tomados los cocimientos que la señora Engracia dijera, sólo hubo que esperar a que pasase el tiempo para que recobrase la salud, y con ella su prestancia y lozanía.

No bien se puso buena, y cuando la alegría volvía otra vez a mis padres, que en lo único que estaban acordes era en su preocupación por la hija, volvió a hacer el pirata la muy zorra, a llenarse la talega con los ahorros del padre y sin más reverencias, y como a la francesa,[61] volvió a levantar el vuelo y a marcharse, esta vez camino de Almendralejo, donde paró en casa de Nieves la Madrileña; cierto es, o por tal lo tengo, que aun al más ruin alguna fibra de bueno siempre le queda, porque Rosario no nos echó del todo en el olvido y alguna vez—por nuestro santo o por las navidades—nos tiraba con algún chaleco, que aunque nos venía tan justo y recibido como faja por vientre satisfecho,[62] su mérito tenía porque ella, aunque con más relumbrón por aquello de que había que vestir el oficio,[63] tampoco debía nadar en la abundancia. En Almendralejo hubo de conocer al hombre que había de labrarle la ruina; no la de la honra, que bien arruinada debía andar ya por entonces, sino la del bolsillo, que una vez perdida aquélla, era por la única que tenía que mirar. Llamábase el tal sujeto Paco López, por mal nombre *El Estirao*,[64] y de él me es forzoso reconocer que era guapo mozo, aunque no con un mirar muy decidido, porque por tener un ojo de vidrio en el sitio donde Dios sabrá en qué hazaña perdiera el de carne, su mirada tenía una desorientación que perdía al más plantado[65]; era alto, medio rubiales, juncal, y andaba tan derechito que no se equivocó por cierto quien le llamó por vez primera *El Estirao*; no tenía mejor oficio que su cara porque, como las mujeres tan memas[66] son que lo mantenían, el hombre prefería no trabajar, cosa que si me parece mal, no sé si será porque yo nunca tuve ocasión de hacer. Según cuentan, en tiempos anduviera de novillero por las plazas andaluzas; yo no sé si creerlo porque no me parecía hombre valiente más que con las mujeres, pero como éstas, y mi hermana entre ellas, se lo creían a pies

---

[59] **Borracho...** completamente borracho.

[60] **Echaban...** *put in their two cents.*

[61] **A...** sin despedirse.

[62] Es decir, aunque no lo queríamos.

[63] *That is, she had to dress in a sexy way in order to do her job.*

[64] *«Stretch». (He's tall and skinny.)*

[65] **Al...** A la persona más sólida y equilibrada.

[66] Tontas.

entre ellas, se lo creían a pies juntillas,[67] él se daba la gran vida, porque ya sabe usted lo mucho que dan en valorar las mujeres a los toreros. En una ocasión, andando yo a la perdiz bordeando la finca *Los Jarales*—de don Jesús—me tropecé con él, que por tomar el aire se había salido de Almendralejo medio millar de pasos por el monte; iba muy vestidito con terno café, con su visera y con un mimbre en la mano. Nos saludamos y el muy ladino, como viera que no le preguntaba por mi hermana, quería tirarme de la lengua por ver de colocarme las frasecitas; yo resistía y él debió de notar que me achicaba porque sin más ni más y como quien no quiere la cosa, cuando ya teníamos mano sobre mano para marcharnos, me soltó:

—¿Y la Rosario?

—Tú sabrás...

—¿Yo?

—¡Hombre! ¡Si no lo sabes tú!...

—¿Y por qué he de saberlo?

Lo decía tan serio que cualquiera diría que no había mentido en su vida; me molestaba hablar con él de la Rosario, ya ve usted lo que son las cosas.

El hombre daba golpecitos con la vara sobre las matas de tomillo.

—Pues sí, ¡para que lo sepas! ¡está bien! ¿No lo querías saber?

—¡Mira, *Estirao*!... ¡Mira, *Estirao*!... ¡Que soy muy hombre y que no me ando por las palabras[68]! ¡No me tientes!... ¡No me tientes!

—¿Pero qué te he de tentar, si no tienes dónde? ¿Pero qué quieres saber de la Rosario? ¿Qué tiene que ver contigo la Rosario? ¿Que es tu hermana? Bueno, ¿y qué? También es mi novia, si vamos a eso.

A mí me ganaba por palabra, pero si hubiéramos acabado por llegar a las manos le juro a usted por mis muertos que lo mataba antes de que me tocase un pelo. Yo me quise enfriar porque me conocía el carácter y porque de hombre a hombre no está bien reñir con una escopeta en la mano cuando el otro no la tiene.

—Mira, *Estirao*, ¡más vale que nos callemos! ¿Que es tu novia? Bueno, ¡pues que lo sea! ¿Y a mí qué[69]?

El Estirao se reía; parecía como si quisiera pelea.

—¿Sabes lo que te digo?

—¡Qué!

—Que si tú fueses el novio de mi hermana, te hubiera

matado.

Bien sabe Dios que el callarme aquel día me costó la salud; pero no quería darle,[70] no sé por qué habrá sido. Me resultaba extraño que me hablaran así; en el pueblo nadie se hubiera atrevido a decirme la mitad.

—Y que si te tropiezo otro día rondándome, te mato en la plaza por la feria.

—¡Mucha chulería es ésa[71]!

—¡A pinchazos!

—¡Mira, *Estirao*!... ¡Mira, *Estirao*!...

...

Aquel día se me clavó una espina en un costado que todavía tengo clavada.

Por qué no la arranqué en aquel momento es una cosa que aún hoy no sé... Andando el tiempo, de otra temporada que, por reparar otras fiebres, vino a pasar mi hermana con nosotros, me contó el fin de aquellas palabras: cuando *El Estirao* llegó aquella noche a la casa de la Nieves a ver a la Rosario, la llamó aparte.

—¿Sabes que tienes un hermano que ni es hombre ni es nada?

—...

—¿Y que se achanta como los conejos en cuanto oyen voces?

Mi hermana salió por defenderme, pero de poco le valió; el hombre había ganado. Me había ganado a mí, que fue la única pelea que perdí por no irme a mi terreno.

—Mira, paloma; vamos a hablar de otra cosa. ¿Qué hay?

—Ocho pesetas.

—¿Nada más?

—Nada más. ¿Qué quieres? ¡Los tiempos están malos...!

El Estirao le cruzó[72] la cara con la varita de mimbre hasta que se hartó.

Después...

—¿Sabes que tienes un hermano que ni es hombre ni es nada?

. . .

Mi hermana me pidió por su salud que me quedase en el pueblo.

La espina del costado estaba como removida. Por qué no la arranqué en aquel momento es cosa que aún hoy no sé...

---

[67] **A...** Completamente.
[68] **No...** *I don't beat around the bush.*
[69] **Y...** *What do I care?*

[70] Pegarle.
[71] **Mucha...** *that's a lot of bull.*
[72] *Slapped, hit.*

XVII

[Después de pasar tres años en la cárcel, Pascual vuelve a su pueblo.]

Tres años me tuvieron encerrado, tres años lentos, largos como la amargura, que si al principio creí que nunca pasarían, después pensé que habían sido un sueño; tres años trabajando, día a día, en el taller de zapatero del Penal; tomando, en los recreos, el sol en el patio, ese sol que tanto agradecía; viendo pasar las horas con el alma anhelante, las horas cuya cuenta—para mi mal— suspendió antes de tiempo mi buen comportamiento...

Da pena pensar que las pocas veces que en esta vida se me ocurrió no portarme demasiado mal, esa fatalidad, esa mala estrella[73] que, como ya más atrás le dije, parece como complacerse en acompañarme, torció y dispuso las cosas de forma tal que la bondad no acabó para servir a mi alma para maldita la cosa. Pero aún: no sólo para nada sirvió, sino que a fuerza de desviarse y de degenerar siempre a algún mal peor me hubo de conducir. Si me hubiera portado mal, hubiera estado en Chinchilla[74] los veintiocho años que me salieron; me hubiera podrido vivo como todos los presos, me hubiera aburrido hasta enloquecer, hubiera desesperado, hubiera maldecido de todo lo divino, me hubiera acabado por envenenar del todo, pero allí estaría, purgando lo cometido, libre de nuevos delitos de sangre, preso y cautivo—bien es verdad—, pero con la cabeza tan segura sobre mis hombros como al nacer, libre de toda culpa, si no es el pecado original; si me hubiera portado ni fu ni fa,[75] como todos sobre poco más o menos, los veintiocho años se hubieran convertido en catorce o dieciséis, mi madre se hubiera muerto de muerte natural para cuando yo consiguiese la libertad, mi hermana Rosario habría perdido ya su juventud, con su juventud su belleza, y con su belleza su peligro, y yo—este pobre yo, este desgraciado derrotado que tan poca compasión en usted y en la sociedad es capaz de provocar—hubiera salido manso como una oveja, suave como una manta, y alejado probablemente del peligro de una nueva caída. A estas horas estaría quién sabe si viviendo, tranquilo, en cualquier lugar, dedicado a algún trabajo que me diera para comer, tratando de olvidar lo pasado para no mirar más que para lo por venir; a lo mejor lo habría conseguido ya... Pero me porté lo mejor que pude, puse buena cara al mal tiempo, cumplí excedién-

dome lo que se me ordenaba, logré enternecer a la justicia, conseguí los buenos informes del Director..., y me soltaron; me abrieron las puertas, me dejaron indefenso ante todo lo malo; me dijeron:

—Has cumplido, Pascual; vuelve a la lucha, vuelve a la vida, vuelve a aguantar a todos, a hablar con todos, a rozarte otra vez con todos...

Y creyendo que me hacían un favor, me hundieron para siempre.

Estas filosofías no se me habían ocurrido de la primera vez que este capítulo—y los dos que siguen—escribí; pero me los robaron (todavía no me he explicado por qué me los quisieron quitar), aunque a usted le parezca tan extraño que no me lo crea, y entristecido por un lado con esta maldad sin justificación que tanto dolor me causa, y ahogado en la repetición, por la otra banda, que me fuerza el recuerdo y me decanta las ideas, a la pluma me vinieron y, como no considero penitencia el contrariarme las voluntades, que bastantes penitencias para flaqueza de mi espíritu, ya que no para mis muchas culpas, tengo con lo que tengo, ahí las dejo, frescas como me salieron, para que usted las considere como le venga en gana.

Cuando salí encontré al campo más triste, mucho más triste, de lo que me había figurado. En los pensamientos que me daban cuando estaba preso, me lo imaginaba— vaya usted a saber por qué—verde y lozano como las praderas, fértil y hermoso como los campos de trigo, con los campesinos dedicados afanosamente a su labor, trabajando alegres de sol a sol, cantando, con la bota de vino a la vera[76] y la cabeza vacía de malas ocurrencias, para encontrarlo a la salida yermo y agostado como los cementerios, deshabitado y solo como una ermita lugareña al siguiente día de la Patrona[77]...

Chinchilla es un pueblo ruin, como todos los manchegos, agobiado como por una honda pena, gris y maciento como todos los poblados donde la gente no asoma los hocicos al tiempo, y en ella no estuve sino el tiempo justo que necesité para tomar el tren que me había de devolver al pueblo, a mi casa, a mi familia; al pueblo que volvería a encontrar otra vez en el mismo sitio, a mi casa que resplandecía al sol como una joya, a mi familia que me esperaría para más lejos, que no se imaginaría que pronto habría de estar con ellos, a mi madre que en tres

---

[73] Destino.
[74] Nombre de la prisión.
[75] **Ni...** ni bien ni mal.

[76] **A...** muy cerca.
[77] *On the day of the patron saint of the village, the people visit a nearby hermitage dedicated to her. The day after the celebration, the area is completely abandoned.*

años a lo mejor Dios había querido suavizar, a mi hermana, a mi querida hermana, a mi santa hermana, que salta-
ría de gozo al verme...

El tren tardó en llegar, tardó muchas horas. Extrañado
estoy de que un hombre que tenía en el cuerpo tantas
horas de espera notase con impaciencia tal un retraso de
hora más, hora menos, pero lo cierto es que así ocurría,
que me impacientaba, que me descomponía el aguardar
como si algún importante negocio me comiese los tiempos. Anduve por la estación, fui a la cantina, paseé por un
campo que había contiguo... Nada; el tren no llegaba, el
tren no asomaba todavía, lejano como aún andaba por el
retraso. Me acordaba del Penal, que se veía allá lejos, por
detrás del edificio de la estación; parecía desierto, pero
estaba lleno hasta los bordes, guardador de un montón de
desgraciados con cuyas vidas se podían llenar tantos
cientos de páginas como ellos eran. Me acordaba del Director, de la última vez que le vi; era un viejecito calvo,
con un bigote cano, y unos ojos azules como el cielo; se
llamaba don Conrado. Yo le quería como a un padre, le
estaba agradecido de las muchas palabras de consuelo
que—en tantas ocasiones—para mí tuviera. La última vez
que le vi fue en su despacho, adonde me mandó llamar.

—¿Da su permiso, don Conrado?

—Pasa, hijo.

Su voz estaba ya cascada por los años y por los acha-
ques, y cuando nos llamaba hijos parecía como si se le
enterneciera más todavía, como si le temblara el pasar
por los labios. Me mandó sentar al otro lado de la mesa;
me alargó la tabaquera, grande, de piel de cabra; sacó un
librito de papel de fumar que me ofreció también...

—¿Un pitillo?

—Gracias, don Conrado.

Don Conrado se rió.

—Para hablar contigo lo mejor es mucho humo... ¡Así
se te ve menos esa cara tan fea que tienes!

Soltó la carcajada, una carcajada que al final se mezcló con un golpe de tos, con un golpe de tos que le duró
hasta sofocarlo, hasta dejarlo abotargado y rojo como un
tomate. Echó mano de un cajón y sacó dos copas y una
botella de coñac. Yo me sobresalté; siempre me había
tratado bien—cierto es—, pero nunca como aquel día.

—¿Qué pasa, don Conrado?

—Nada, hijo, nada... ¡Anda, bebe..., por tu libertad!

Volvió a acometerle la tos. Yo iba a preguntar:

—¿Por mi libertad?

Pero él me hacía señas con la mano para que no dijese
nada. Esta vez pasó al revés; fue en risa en lo que acabó

la tos.

—Sí. ¡Todos los pillos tenéis suerte!

Y se reía, gozoso de poder darme la noticia, contento
de poder ponerme de patas en la calle. ¡Pobre don Conrado, qué bueno era! ¡Si él supiera que lo mejor que podría pasarme era no salir de allí!... Cuando volví a Chinchilla, a aquella casa, me lo confesó con lágrimas en los
ojos, en aquellos ojos que eran sólo un poco más azules
que las lágrimas.

—¡Bueno, ahora en serio! Lee...

Me puso ante la vista la orden de libertad. Yo no creía
lo que estaba viendo.

—¿Lo has leído?

—Sí, señor.

Abrió una carpeta y sacó dos papeles iguales, el licen-
ciamiento.

—Toma, para ti; con eso puedes andar por donde
quieras... Firma aquí; sin echar borrones...

Doblé el papel, lo metí en la cartera... ¡Estaba libre!
Lo que pasó por mí en aquel momento no lo sabría explicar... Don Conrado se puso grave; me soltó un sermón
sobre la honradez y las buenas costumbres, me dio cuatro
consejos sobre los impulsos que si hubiera tenido presentes me hubieran ahorrado más de un disgusto gordo, y
cuando terminó, y como fin de fiesta, me entregó veinticinco pesetas en nombre de la «Junta de Damas Regene-
radoras de los Presos», institución benéfica que estaba
formada en Madrid para acudir en nuestro auxilio.

Tocó un timbre y vino un oficial de prisiones. Don
Conrado me alargó la mano.

—Adiós, hijo. ¡Que Dios te guarde!

Yo no cabía en mí de gozo. Se volvió hacia el oficial.

—Muñoz, acompañe a este señor hasta la puerta. Llé-
velo antes a Administración; va socorrido con ocho días.[78]

A Muñoz no lo volví a ver en los días de mi vida. A
don Conrado, sí; tres años y medio más tarde.

El tren acabó por llegar; tarde o temprano todo llega
en esta vida, menos el perdón de los ofendidos, que a
veces parece como que disfruta en alejarse. Monté en mi
departamento y después de andar dando tumbos de un
lado para otro durante día y medio, di alcance a la estación del pueblo, que tan conocida me era, y en cuya vista
había estado pensando durante todo el viaje. Nadie, absolutamente nadie, si no es Dios que está en las Alturas,
sabía que yo llegaba, y sin embargo—no sé por qué rara

---

[78] *A week's pay. (Prisoners are paid for their work in
prison.)*

manía de las ideas—momento llegó a haber en que imaginaba el andén lleno de gentes jubilosas que me recibían con los brazos al aire, agitando pañuelos, voceando mi nombre a los cuatro vientos...

Cuando llegué, un frío agudo como una daga se me clavó en el corazón. En la estación no había nadie... Era de noche; el jefe, el señor Gregorio, con su farol de mecha que tenía un lado verde y el otro rojo, y su banderola enfundada en su caperuza de lata, acababa de dar salida al tren...

Ahora se volvería hacia mí, me reconocería, me felicitaría...

—¡Caramba, Pascual! ¡Y tú por aquí!

—Sí, señor Gregorio. ¡Libre!

—¡Vaya, vaya!

Y se dio media vuelta sin hacerme más caso. Se metió en su caseta. Yo quise gritarle:

— ¡Libre, señor Gregorio! ¡Estoy libre!

Porque pensé que no se había dado cuenta. Pero me quedé un momento parado y desistí de hacerlo... La sangre se me agolpó a los oídos y las lágrimas estuvieron a pique de aparecerme en ambos ojos. Al señor Gregorio no le importaba nada mi libertad.

Salí de la estación con el fardo del equipaje al hombro, torcí por una senda que desde ella llevaba hasta la carretera donde estaba mi casa, sin necesidad de pasar por el pueblo, y empecé a caminar. Iba triste, muy triste; toda mi alegría la matara[79] el señor Gregorio con sus tristes palabras, y un torrente de funestas ideas, de presagios desgraciados, que en vano yo trataba de ahuyentar, me atosigaban la memoria. La noche estaba clara, sin una nube, y la luna, como una hostia, allí estaba clavada, en el medio del cielo. No quería pensar en el frío que me invadía...

Un poco más adelante, a la derecha del sendero, hacia la mitad del camino, estaba el cementerio, en el mismo sitio donde lo dejé, con la misma tapia de adobes negruzcos, con su alto ciprés que en nada había mudado, con su lechuza silbadora entre las ramas... El cementerio donde descansaba mi padre de su furia; Mario,[80] de su inocencia; mi mujer, su abandono,[81] y El Estirao, su mucha chulería... El cementerio donde se pudrirían los restos de mis dos hijos, del abortado[82] y de Pascualillo, que en los

dos hijos, del abortado[82] y de Pascualillo, que en los once meses de vida que alcanzó fuera[83] talmente un sol...

¡Me daba resquemor llegar al pueblo, así, solo, de noche, y pasar lo primero por junto al camposanto! ¡Parecía como si la Providencia se complaciera en ponérmelo delante, en hacerlo de propósito para forzarme a caer en la meditación de lo poco que somos!

La sombra de mi cuerpo iba siempre delante, larga, muy larga, tan larga como un fantasma, muy pegada al suelo, siguiendo el terreno, ora tirando recta por el camino, ora subiéndose a la tapia del cementerio, como queriendo asomarse. Corrí un poco; la sombra corrió también. Me paré; la sombra también paró. Miré para el firmamento; no había una sola nube en todo su redor. La sombra había de acompañarme, paso a paso, hasta llegar...

Cogí miedo, un miedo inexplicable; me imaginé a los muertos saliendo en esqueleto a mirarme pasar. No me atrevía a levantar la cabeza; apreté el paso; el cuerpo parecía que no me pesaba; el cajón tampoco... En aquel momento parecía como si tuviera más fuerza que nunca... Llegó el instante en que llegué a estar al galope como un perro huido; corría, corría como un loco, como desbocado, como un poseído. Cuando llegué a mi casa estaba rendido; no hubiera podido dar un paso más...

Puse el bulto en el suelo y me senté sobre él. No se oía ningún ruido; Rosario y mi madre estarían, a buen seguro, durmiendo, ajenas del todo a que yo había llegado, a que yo estaba libre, a pocos pasos de ellas. ¡Quién sabe si mi hermana no habría rezado una Salve[84]—la oración que más le gustaba—en el momento de meterse en la cama, porque a mí me soltasen! ¡Quién sabe si a aquellas horas no estaría soñando, entristecida, con mi desgracia, imaginándome tumbado sobre las tablas de la celda, con la memoria puesta en ella que fue el único afecto sincero que en mi vida tuve! Estaría a lo mejor sobresaltada, presa de una pesadilla...

Y yo estaba allí, estaba ya allí, libre, sano como una manzana, listo para volver a empezar, para consolarla, para mimarla, para recibir su sonrisa...

No sabía lo que hacer; pensé llamar... Se asustarían; nadie llama a estas horas. A lo mejor ni se atrevían a abrir; pero tampoco podía seguir allí, tampoco era posi-

---

[79] Había matado.

[80] El hermano menor de Pascual, ahogado en una tinaja de aceite.

[81] Libertinaje. Tomó un amante, el cual murió a manos de Pascual.

[82] *Miscarried. When Pascual's first wife was pregnant, she was injured by a horse, which Pascual killed. She lost her child.*

[83] Había sido.

[84] *Hail Mary.*

ble esperar al día sobre el cajón...

Por la carretera venían dos hombres conversando en voz alta; iban distraídos, como contentos; venían de Almendralejo, quién sabe si de ver a las novias. Pronto los reconocí: eran León, el hermano de Martinete, y el señorito Sebastián. Yo me escondí; no sé por qué, pero su vista me apresuraba.[85] Pasaron muy cerca de la casa, muy cerca de mí; su conversación era bien clara.

—Ya ves lo que a Pascual le pasó.

—Y no hizo más que lo que hubiéramos hecho cualquiera.

—Defender a la mujer.

—Claro.

—Y está en Chinchilla, a más de un día de tren, ya va para tres años...

Sentí una profunda alegría; me pasó como un rayo por la imaginación la idea de salir, de presentarme ante ellos, de darles un abrazo..., pero preferí no hacerlo; en la cárcel me hicieron más calmoso, me quitaron impulsos...

Esperé a que se alejaran. Cuando calculé verlos ya suficientemente lejos, salí de la cuneta y fui a la puerta. Allí estaba el cajón; no lo habían visto. Si lo hubieran visto se hubieran acercado, y yo hubiera tenido que salir a explicarles, y se hubieran creído que me ocultaba, que los huía...

No quise pensarlo más; me acerqué hasta la puerta y di dos golpes sobre ella. Nadie me respondió; esperé unos minutos. Nada. Volví a golpearla, esta vez con más fuerza. En el interior se encendió un candil.

—¿Quién?

—¡Soy yo!

—¿Quién?

Era la voz de mi madre. Sentí alegría al oírla, para qué mentir.

—Yo, Pascual.

—¿Pascual?

—Sí, madre. ¡Pascual!

Abrió la puerta; a la luz del candil parecía una bruja.

—¿Qué quieres?

—¿Que qué quiero?

—Sí.

—Entrar. ¿Qué voy a querer?

Estaba extraña. ¿Por qué me trataría así?

—¿Qué la pasa a usted, madre?

—Nada, ¿por qué?

—No, ¡como la veía como parada[86]!

Estoy por asegurar que mi madre hubiera preferido no verme. Los odios de otros tiempos parecían como querer volver a hacer presa en mí. Yo trataba de ahuyentarlos, de echarlos a un lado.

—¿Y la Rosario?

—Se fue.

—¿Se fue?

—Sí.

—¿Adónde?

—A Almendralejo.

—¿Otra vez?

—Otra vez.

—¿Liada[87]?

—Sí.

—¿Con quién?

—¿A ti qué más te da?

Parecía como si el mundo quisiera caerme sobre la cabeza. No veía claro; pensé si no estaría soñando. Estuvimos los dos un corto rato callados.

—¿Y por qué se fue?

—¡Ya ves[88]!

—¿No quería esperarme?

—No sabía que habías de venir. Estaba siempre hablando de ti...

¡Pobre Rosario, qué vida de desgracia llevaba con lo buena que era!

—¿Os faltó de comer?

—A veces.

—¿Y se marchó por eso?

—¡Quién sabe!

Volvimos a callar. (...)

Hubiera dado dinero por haberme visto todavía en el penal...

XIX

Llevábamos ya dos meses casados cuando me fue dado el observar que mi madre seguía usando de las mismas mañas[89] y de iguales malas artes[90] que antes de que me tuvieran encerrado. Me quemaba la sangre[91] con su ademán,[92] siempre huraño y como despegado, con su

---

[85] **Me...** *upset me.*

[86] Sorprendida.

[87] ¿Con alguien?

[88] *That's how things are.*

[89] Vicios.

[90] Estrategias, técnicas.

[91] **Me...** *She made my blood boil.*

[92] *Behavior.*

conversación hiriente[93] y siempre intencionada,[94] con el tonillo de voz que usaba para hablarme, en falsete y tan fingido como toda ella. A mi mujer, aunque transigía[95] con ella, ¡qué remedio le quedaba!, no la podía ver ni en pintura,[96] y tan poco disimulaba su malquerer que la Esperanza,[97] un día que estaba ya demasiado cargada,[98] me planteó la cuestión en unas formas que pude ver que no otro arreglo sino el poner la tierra por en medio[99] podría llegar a tener. La tierra por en medio se dice cuando dos se separan a dos pueblos distantes, pero, bien mirado, también se podría decir cuando entre el terreno en donde uno pisa y el otro duerme hay veinte pies de altura...

Muchas vueltas me dio en la cabeza la idea de la emigración; pensaba en la Coruña, o en Madrid, o bien más cerca, hacia la capital, pero el caso es que—¡quién sabe si por cobardía, por falta de decisión!—la cosa la fui aplazando, aplazando, hasta que cuando me lancé a viajar, con nadie que no fuese con mis mismas carnes, o con mi mismo recuerdo, hubiera querido poner la tierra por en medio... La tierra que no fue bastante grande para huir de mi culpa... La tierra que no tuvo largura ni anchura suficiente para hacerse la muda ante el clamor de mi propia conciencia...

Quería poner tierra entre mi sombra y yo, entre mi nombre y mi recuerdo y yo, entre mis mismos cueros[100] y mí mismo, este mí mismo del que, de quitarle la sombra y el recuerdo, los nombres y los cueros, tan poco quedaría...

Hay ocasiones en las que más vale borrarse como un muerto, desaparecer de repente como tragado por la tierra, deshilarse en el aire como el copo de humo... Ocasiones que no se consiguen, pero que de conseguirse nos transformarían en ángeles, evitarían el que siguiéramos enfangados en el crimen y el pecado, nos liberarían de este lastre de carne contaminada del que, se lo aseguro, no volveríamos a acordarnos para nada—tal horror le tomamos—de no ser que constantemente alguien se encarga de que no nos olvidemos de él, alguien se preocupa de aventar sus escorias para herirnos los olfatos del alma... Nada hiede tanto ni tan mal como la lepra que lo malo pasado deja por la conciencia, como el dolor de no

salir del mal pudriéndonos ese osario de esperanzas muertas, al poco de nacer, que— ¡desde hace tanto tiempo ya! —¡nuestra triste vida es!...

La idea de la muerte llega siempre con paso de lobo, con andares de culebra, como todas las peores imaginaciones. Nunca de repente llegan las ideas que nos trastornan; lo repentino ahoga unos momentos, pero nos deja, al marchar, largos años de vida por delante. Los pensamientos que nos enloquecen con la peor de las locuras, la de la tristeza, siempre llegan poco a poco y como sin sentir, como sin sentir invade la niebla los campos, o la tisis los pechos... Avanza, fatal, incansable, pero lenta, despaciosa, regular como el pulso.[101] Hoy no la notamos; a lo mejor mañana tampoco, ni pasado mañana, ni en un mes entero. Pero pasa ese mes y empezamos a sentir amarga la comida, como doloroso el recordar; y estamos picados. Al correr de los días y las noches nos vamos volviendo huraños, solitarios; en nuestra cabeza se cuecen las ideas, las ideas que han de ocasionar el que nos corten la cabeza donde se cocieron, quién sabe si para que no siga trabajando tan atrozmente. Pasamos a lo mejor hasta semanas enteras sin variar; los que nos rodean se acostumbraron ya a nuestra adustez y ya ni extrañan siquiera nuestro extraño ser. Pero un día el mal crece, como los árboles, y engorda, y ya no saludamos a la gente; y vuelven a sentirnos como raros y como enamorados. Vamos enflaqueciendo, enflaqueciendo, y nuestra barba hirsuta es cada vez más lacia. Empezamos a sentir el odio que nos mata; ya no aguantamos el mirar; nos duele la conciencia, pero, ¡no importa!, ¡más vale que duela! Nos escuecen los ojos, que se llenan de un agua venenosa cuando miramos fuerte. El enemigo nota nuestro anhelo, pero está confiado; el instinto no miente. La desgracia es alegre, acogedora, y el más tierno sentir gozamos en hacerlo arrastrar sobre la plaza inmensa de vidrios que va siendo ya nuestra alma... Cuando huimos como las corzas, cuando el oído sobresalta nuestros sueños, estamos ya minados por el mal; ya no hay solución, ya no hay arreglo posible. Empezamos a caer, vertiginosamente ya, para no volvernos a levantar en vida... Quizás para levantarnos un poco a última hora, antes de caer de cabeza hasta el infierno... Mala cosa.

Mi madre sentía una insistente satisfacción en tentarme los genios,[102] en los que el mal iba creciendo como las

---

[93] *Hurtful, wounding.*

[94] *With ulterior motives.*

[95] La aguantaba.

[96] **No...** *couldn't stand the sight of her.*

[97] La esposa de Pascual.

[98] *Fed up.*

[99] **El...** *put distance between us.*

[100] Piel.

---

[101] *Notice how Pascual describes the idea as advancing as though it had a will of its own; he sees himself not as its initiator, but as its quarry.*

[102] **En...** en provocarme.

moscas al olor de los muertos. La bilis que tragué me envenenó el corazón, y tan malos pensamientos llegaba por entonces a discurrir, que llegué a estar asustado de mi mismo coraje. No quería ni verla; los días pasaban iguales los unos a los otros, con el mismo dolor clavado en las entrañas, con los mismos presagios de tormenta nublándonos la vista...

El día que decidí hacer uso del hierro tan agobiado estaba, tan cierto de que el mal había que sangrarlo, que no sobresaltó ni un ápice mis pulsos la idea de la muerte de mi madre. Era algo fatal que había de venir y que venía, que yo había de causar y que no podía evitar aunque quisiera, porque me parecía imposible cambiar de opinión, volverme atrás, evitar lo que ahora daría una mano porque no hubiera ocurrido, pero que entonces gozaba en provocar con el mismo cálculo y la misma meditación por lo menos con los que un labrador emplearía para pensar en sus trigales...

Estaba todo bien preparado; me pasé largas noches enteras pensando en lo mismo para envalentonarme, para tomar fuerzas; afilé el cuchillo de monte, con su larga y ancha hoja que se parecía a las hojas del maíz, con su canalito que lo cruzaba, con sus cachas de nácar que le daban un aire retador... Sólo faltaba entonces emplazar la fecha; y después no titubear, no volverse atrás, llegar hasta el final costase lo que costase, mantener la calma..., y luego herir, herir sin pena, rápidamente, y huir, huir muy lejos, a La Coruña, huir donde nadie pudiera saberlo, donde se me permitiera vivir en paz esperando el olvido de las gentes, el olvido que me dejase volver para empezar a vivir de nuevo...

La conciencia no me remordería; no habría motivo. La conciencia sólo remuerde de las injusticias cometidas: de apalear a un niño, de derribar una golondrina... Pero de aquellos actos a los que nos conduce el odio, a los que vamos como adormecidos por una idea que nos obsesiona, no tenemos que arrepentirnos jamás, jamás nos remuerde la conciencia.

Fue el 10 de febrero de 1922. Cuadró en viernes aquel año, el 10 de febrero. El tiempo estaba claro como es ley[103] que ocurriera por el país; el sol se agradecía y en la plaza me parece como recordar que hubo aquel día más niños que nunca jugando a las canicas o a las tabas. Mucho pensé en aquello, pero procuré vencerme y lo conseguí; volverme atrás hubiera sido fatal para mí, me hubiera conducido a la muerte, quién sabe si al suicidio.

Me hubiera acabado por encontrar en el fondo del Guadiana,[104] debajo de las ruedas del tren... No, no era posible cejar, había que continuar adelante, siempre adelante, hasta el fin. Era ya una cuestión de amor propio.

Mi mujer algo debió de notarme.

—¿Qué vas a hacer?

—Nada, ¿por qué?

—No sé; parece como si te encontrase extraño.

—¡Tonterías!

La besé, por tranquilizarla; fue el último beso que le di. ¡Qué lejos de saberlo estaba yo entonces! Si lo hubiera sabido me hubiera estremecido...

—¿Por qué me besas?

Me dejó de una pieza.[105]

—¿Por qué no te voy a besar?

Sus palabras mucho me hicieron pensar. Parecía como si supiera todo lo que iba a ocurrir, como si estuviera ya al cabo de la calle.

El sol se puso por el mismo sitio que todos los días. Vino la noche..., cenamos..., se metieron en la cama... Yo me quedé, como siempre, jugando con el rescoldo del hogar. Hacía ya tiempo que no iba a la taberna de Martinete.

Había llegado la ocasión, la ocasión que tanto tiempo había estado esperando. Había que hacer de tripas corazón,[106] acabar pronto, lo más pronto posible. La noche es corta y en la noche tenía que haber pasado ya todo y tenía que sorprenderme la amanecida a muchas leguas del pueblo.

Estuve escuchando un largo rato. No se oía nada. Fui al cuarto de mi mujer; estaba dormida y la dejé que siguiera durmiendo. Mi madre dormitaría también a buen seguro.[107] Volví a la cocina; me descalcé; el suelo estaba frío y las piedras del suelo se me clavaban en la planta del pie. Desenvainé el cuchillo, que brillaba a la llama como un sol...

Allí estaba, echada bajo las sábanas, con su cara muy pegada a la almohada. No tenía más que echarme sobre el cuerpo y acuchillarlo. No se movería, no daría ni un solo grito, no le daría tiempo... Estaba ya al alcance del brazo, profundamente dormida, ajena—¡Dios, qué ajenos están siempre los asesinados a su suerte!—a todo lo que le iba a pasar. Quería decidirme, pero no lo acababa de conseguir; vez hubo ya de tener el brazo levantado, para volver a dejarlo caer otra vez todo a lo largo del cuerpo.

---

[103] Normal, usual.

[104] Río principal de Badajoz.

[105] Muy sorprendido.

[106] **Hacer...** ser valiente.

[107] **A...** tranquilamente.

Pensé cerrar los ojos y herir. No podía ser; herir a ciegas es como no herir, es exponerse a herir en el vacío... Había que herir con los ojos bien abiertos, con los cinco sentidos puestos en el golpe. Había que conservar la serenidad, que recobrar la serenidad que parecía ya como si estuviera empezando a perder ante la vista del cuerpo de mi madre... El tiempo pasaba y yo seguía allí, parado, inmóvil como una estatua, sin decidirme a acabar. No me atrevía; después de todo era mi madre, la mujer que me había parido, y a quien sólo por eso había que perdonar... No; no podía perdonarla porque me hubiera parido. Con echarme al mundo no me hizo ningún favor, absolutamente ninguno... No había tiempo que perder. Había que decidirse de una buena vez... Momento llegó a haber en que estaba de pie y como dormido, con el cuchillo en la mano, como la imagen del crimen... Trataba de vencerme, de recuperar mis fuerzas, de concentrarlas. Ardía en deseos de acabar pronto, rápidamente, y de salir corriendo hasta caer rendido, en cualquier lado. Estaba agotándome; llevaba una hora larga al lado de ella, como guardándola, como velando su sueño. ¡Y había ido a matarla, a eliminarla, a quitarle la vida a puñaladas!...

Quizás otra hora llegara ya a pasar. No; definitivamente, no. No podía; era algo superior a mis fuerzas, algo que me revolvía la sangre. Pensé huir. A lo mejor hacía ruido al salir; se despertaría, me reconocería. No, huir tampoco podía, iba indefectiblemente camino de la ruina... No había más solución que golpear, golpear sin piedad, rápidamente, para acabar lo más pronto posible. Pero golpear tampoco podía... Estaba metido como en un lodazal donde me fuese hundiendo, poco a poco, sin remedio posible, sin salida posible... El barro me llegaba ya hasta el cuello. Iba a morir ahogado como un gato... Me era completamente imposible matar; estaba como paralítico...

Di la vuelta para marchar. El suelo crujía. Mi madre se revolvió en la cama.

—¿Quién anda por ahí?

Entonces sí que ya no había solución. Me abalancé sobre ella y la sujeté. Forcejeó, se escurrió... Momento hubo en que llegó a tenerme cogido por el cuello. Gritaba como una condenada. Luchamos; fue la lucha más tremenda que usted se puede imaginar. Rugíamos como bestias, la baba nos asomaba a la boca... En una de las vueltas vi a mi mujer, blanca como una muerta, parada a la puerta sin atreverse a entrar. Traía un candil en la mano, el candil a cuya luz pude ver la cara de mi madre,

morada como un hábito de nazareno[108]... Seguíamos luchando; llegué a tener la vestiduras rasgadas, el pecho al aire. La condenada tenía más fuerzas que un demonio. Tuve que usar de toda mi hombría para tenerla quieta. Quince veces que la sujetara, quince veces que se me había de escurrir. Me arañaba, me daba patadas y puñetazos, me mordía. Hubo un momento en que con la boca me cazó un pezón—el izquierdo—y me lo arrancó de cuajo. Fue en el momento mismo en que pude clavarle la hoja en la garganta...

La sangre salía como desbocada y me golpeó la cara. Estaba caliente como un vientre y sabía lo mismo que la sangre de los corderos...

La solté y salí huyendo. Choqué con mi mujer a la salida; se le apagó el candil.[109] Cogí el campo y corrí, corrí sin descanso, durante horas enteras. El campo estaba fresco y una sensación como de alivio me corrió las venas...

Podía respirar...

𝒯emas

Comprensión del texto

1. Describa el ambiente en el cual creció Pascual. ¿Qué contraste existe entre la casa de don Jesús y la de Pascual? ¿Cuál es la actitud de éste hacia el cacique?

2. ¿Cómo usa Cela el humor escatológico? ¿Qué efecto produce?

3. ¿Por qué mata Pascual a su perra? ¿Qué revela este incidente acerca del personaje?

4. ¿Qué pasajes revelan el profundo pesimismo de Pascual? ¿En qué pasajes se pinta a sí mismo como víctima? ¿En qué pasajes vemos su frialdad?

5. ¿Qué revela su encuentro con el Estirao? ¿Cómo reacciona cuando éste cuestiona su virilidad? ¿Cómo explica Pascual el hecho de que el Estirao le haya vencido?

6. ¿Por qué le echa la culpa al Director del presidio por el violento desenlace de su vida? ¿Por qué dice: «este pobre yo... hubiera salido manso como una oveja» si don Coronado hubiera actuado de otra manera? ¿Qué revela el Capítulo XVII sobre

---

[108] Se refiere a la imagen de Jesús vestido con una túnica morada.

[109] *Oil lamp.*

la propensión de Pascual a no aceptar la responsabilidad por lo que hace?

7. Al salir de la cárcel, ¿cómo cree Pascual que lo van a recibir en el pueblo y en su casa? ¿Es realista esta expectativa? ¿Cómo lo reciben finalmente? ¿Cómo reacciona Pascual?

8. ¿De qué hablan León y el señorito Sebastián? ¿Por qué cree usted que Pascual no sale a saludarlos en vez de esconderse?

9. ¿Qué siente Pascual por Rosario? ¿Cómo se gana Rosario la vida? ¿Cómo afectan a Pascual sus sentimientos por su hermana?

10. ¿Cómo lo recibe su madre? ¿Qué efecto producen sus palabras en Pascual?

11. ¿Por qué mata Pascual a su madre? ¿En qué sentido es este crimen una especie de suicidio? ¿Acepta Pascual responsabilidad por su acto? Explique.

Análisis literario

1. ¿Qué revela la «Nota del transcriptor» sobre su actitud hacia Pascual y la autenticidad del texto?

2. ¿Cómo trata Pascual de manipular al lector? ¿Cómo trata de despertar su compasión? ¿Qué ironía encuentra usted en la primera frase de la memoria: «Yo, señor, no soy malo»?

3. En su opinión, ¿es Pascual Duarte plenamente culpable o es víctima de sus circunstancias?

4. ¿Qué aspectos de la vida española critica Cela en esta novela?

CARMEN LAFORET (1921-)

En 1944 Carmen Laforet, en aquel entonces una joven de veintitrés años, ganó el Premio Nadal por su novela *Nada.* El acontecimiento fue notable no sólo porque marcó el exitoso inicio de la carrera literaria de Laforet y contribuyó a la renovación de la narrativa española de los años cuarenta, sino también porque Laforet era la primera mujer novelista significativa desde Pardo Bazán. Antes de la Guerra Civil, España había producido pocas escritoras, pero a partir de la publicación de *Nada* las mujeres comenzaron a ocupar un lugar cada vez más importante en las letras nacionales.

La narrativa de la posguerra, influida por la violencia, pobreza y represión que caracterizan la época, hace hincapié en lo brutal y lo grotesco. Los escritores de esta generación exploran la sicología humana, espe-

cialmente las obsesiones y perversiones. Retratan al hombre dentro de su contexto social, a menudo mostrándolo hipócrita y corrupto.

Nada no es una excepción. Laforet nació en Barcelona, pero cuando era pequeña su familia se trasladó a las Islas Canarias. Al terminar la Guerra Civil, la futura autora volvió a su ciudad natal a estudiar, alojándose en casa de su abuela. *Nada* narra sus experiencias. La protagonista, muchacha de dieciocho años que se llama Andrea, se encuentra con personas amargadas, frustradas, enajenadas, personas que han perdido su fe en el futuro. En esta casa sucia y desmejorada, donde viven demasiadas personas en un espacio pequeño, Andrea comienza a tomar conciencia de sus propios anhelos y frustraciones. A pesar de estar rodeada de familiares, se siente profundamente sola. La novela se desarrolla en un ambiente sórdido y violento entre gente desequilibrada. Tanto como la pobreza material, debilita a los personajes la pobreza anímica. Si en las despensas no hay nada, en el alma tampoco hay nada. Los personajes no son ni trágicos ni poéticos; son cavidades vacías, emblemas del vacío espiritual.

A causa de su enfoque en lo sucio, lo monstruoso y lo perverso, la crítica ha clasificado *Nada* como tremendista.* Ha hecho lo mismo con la segunda novela de Laforet, *La isla y los demonios* (1952), situada en Canarias. Su tercera novela, *La mujer nueva* (1956), relata su conversión espiritual. En 1963 salió su cuarta novela, *La insolación,* que la autora había anunciado como la primera de una trilogía. Sin embargo, las dos otras no han aparecido. Laforet ha escrito varias colecciones de cuentos y numerosos artículos periodísticos.

Nada

II

Al amanecer, las ropas de la cama, revueltas, estaban en el suelo. Tuve frío y las atraje sobre mi cuerpo.

Los primeros tranvías empezaban a cruzar la ciudad, y amortiguado por la casa cerrada llegó hasta mí el tintineo de uno de ellos, como en aquel verano de mis siete años,[1] cuando mi última visita a los abuelos. Inmediatamente tuve una percepción nebulosa, pero tan vívida y fresca como si me la trajera el olor de una fruta recién cogida, de lo que era Barcelona en mi recuerdo: este ruido de los primeros tranvías, cuando tía Angustias cruzaba ante mi camita improvisada para cerrar las persianas[2] que dejaban pasar ya demasiada luz. O por las noches, cuan-

---

[1] Es decir, cuando tenía siete años. Andrea pasó sus primeros años en Barcelona.

[2] *Window blinds.*

a las ramas de los plátanos, verdes y polvorientos, bajo el balcón abierto. Barcelona era también unas aceras húmedas de riego, y mucha gente bebiendo refrescos en un café... Todo lo demás, las grandes tiendas iluminadas, los autos, el bullicio, y hasta el mismo paseo del día anterior desde la estación, que yo añadía a mi idea de la ciudad, era algo pálido y falso, construido artificialmente como lo que demasiado trabajado y manoseado pierde su frescura original.

Sin abrir los ojos sentí otra vez una oleada venturosa y cálida. Estaba en Barcelona. Había amontonado demasiados sueños sobre este hecho concreto para no parecerme un milagro aquel primer rumor de la ciudad diciéndome tan claro que era una realidad verdadera como mi cuerpo, como el roce áspero de la manta sobre mi mejilla. Me parecía haber soñado cosas malas, pero ahora descansaba en esta alegría.

Cuando abrí los ojos vi a mi abuela mirándome. No a la viejecita de la noche anterior, pequeña y consumida, sino a una mujer de cara ovalada bajo el velillo de tul de un sombrero a la moda del siglo pasado. Sonreía muy suavemente, y la seda azul de su traje tenía una tierna palpitación. Junto a ella, en la sombra, mi abuelo, muy guapo, con la espesa barba castaña y los ojos azules bajo las cejas rectas.

Nunca les había visto juntos en aquella época de su vida, y tuve curiosidad por conocer el nombre del artista que firmaba los cuadros. Así eran los dos cuando vinieron a Barcelona hacía cincuenta años. Había una larga y difícil historia de sus amores—no recordaba ya bien qué... quizás algo relacionado con la pérdida de una fortuna—. Pero en aquel tiempo el mundo era optimista y ellos se querían mucho. Estrenaron este piso de la calle de Aribau, que entonces empezaba a formarse. Había muchos solares[3] aún, y quizás el olor a tierra trajera a mi abuela reminiscencias de algún jardín de otros sitios. Me la imaginé con ese mismo traje azul, con el mismo gracioso sombrero, entrando por primera vez en el piso vacío, que olía aún a pintura. «Me gustará vivir aquí»—pensaría al ver a través de los cristales el descampado—, «es casi en las afueras, ¡tan tranquilo!, y esta casa es tan limpia, tan nueva...» Porque ellos vinieron a Barcelona con una ilusión opuesta a la que a mí me trajo: el descanso, en un trabajo seguro y metódico. Fue su puerto de refugio la ciudad que a mí se me antojaba como palanca[4] de mi vida.

Aquel piso de ocho balcones se llenó de cortinas— encajes, terciopelos, lazos—; los baúles volcaron su contenido de fruslerías,[5] algunas valiosas. Los rincones se fueron llenando. Las paredes también. Relojes historiados dieron a la casa su latido vital. Un piano— ¿cómo podría faltar?—, sus lánguidos aires cubanos en el atardecer.

Aunque no eran muy jóvenes tuvieron muchos niños, como en los cuentos. Mientras tanto, la calle de Aribau crecía. Casas tan altas como aquélla y más altas aún formaron las espesas y anchas manzanas.[6] Los árboles estiraron sus ramas y vino el primer tranvía eléctrico para darle su peculiaridad. La casa fue envejeciendo, se le hicieron reformas, cambió de dueños y de porteros varias veces, y ellos siguieron como una institución inmutable en aquel primer piso.

Cuando yo era la única nieta pasé allí las temporadas más excitantes de mi vida infantil. La casa ya no era tranquila. Se había quedado encerrada en el corazón de la ciudad. Luces, ruidos, el oleaje entero de la vida rompía contra aquellos balcones con cortinas de terciopelo. Dentro también desbordaba; había demasiada gente. Para mí aquel bullicio era encantador. Todos los tíos me compraban golosinas y me premiaban las picardías que hacía a los otros. Los abuelos tenían ya el pelo blanco, pero eran aún fuertes y reían todas mis gracias. ¿Todo esto podía estar tan lejano?...

Tenía una sensación de inseguridad frente a todo lo que allí había cambiado, y esta sensación se agudizó mucho cuando tuve que pensar en enfrentarme con los personajes que había entrevisto la noche antes. «¿Cómo serán?», pensaba yo. Y estaba allí en la cama, vacilando, sin atreverme a afrontarlos.

La habitación con luz del día había perdido su horror, pero no su desarreglo espantoso, su absoluto abandono. Los retratos de los abuelos colgaban torcidos y sin marco de una pared empapelada de oscuro con manchas de humedad, y un rayo de sol polvoriento subía hasta ellos.

Me complací en pensar en que los dos estaban muertos hacía años. Me complací en pensar que nada tenía que ver la joven del velo de tul con la pequeña momia irreconocible que me había abierto la puerta. La verdad era, sin embargo, que ella vivía, aunque fuera lamentable, entre la cargazón[7] de trastos inútiles que con el tiempo se habían ido acumulando en su casa.

Tres años hacía que, al morir el abuelo, la familia

---

[3] *Empty lots.*
[4] *Here, springboard.*

[5] *Odds and ends, "stuff"*
[6] *City blocks.*
[7] Pesadez, exceso.

había decidido quedarse sólo con la mitad del piso. Las viejas chucherías[8] y los muebles sobrantes fueron una verdadera avalancha, que los trabajadores encargados de tapiar la puerta de comunicación amontonaron sin método unos sobre otros. Y ya se quedó la casa en el desorden provisional que ellos dejaron.

Vi, sobre el sillón al que yo me había subido la noche antes, un gato despeluciado[9] que se lamía sus patas al sol. El bicho parecía ruinoso, como todo lo que le rodeaba. Me miró con sus grandes ojos al parecer dotados de individualidad propia; algo así como si fueran unos lentes verdes y brillantes colocados sobre el hociquillo y sobre los bigotes canosos. Me restregué los párpados y volví a mirarle. Él enarcó el lomo y se le marcó el espinazo en su flaquísimo cuerpo. No pude menos de pensar que tenía un singular aire de familia con los demás personajes de la casa; como ellos presentaba un aspecto excéntrico y resultaba espiritualizado, como consumido por ayunos largos, por la falta de luz y quizá por las cavilaciones. Le sonreí y empecé a vestirme.

Al abrir la puerta de mi cuarto me encontré en el sombrío y cargado recibidor hacia el que convergían casi todas las habitaciones de la casa. Enfrente aparecía el comedor con un balcón abierto al sol. Tropecé, en mi camino hacia allí, con un hueso pelado seguramente por el perro. No había nadie en aquella habitación, a excepción de un loro que rumiaba cosas suyas, casi riendo. Yo siempre creí que aquel animal estaba loco. En los momentos menos oportunos chillaba de un modo espeluznante.[10] Había una mesa grande con un azucarero vacío abandonado encima. Sobre una silla, un muñeco de goma desteñido.

Yo tenía hambre, pero no había nada comestible que no estuviera pintado en los abundantes bodegones que llenaban las paredes, y los estaba mirando cuando me llamó mi tía Angustias.

El cuarto de mi tía comunicaba con el comedor y tenía un balcón a la calle. Ella estaba de espaldas, sentada frente al pequeño escritorio. Me paré, asombrada, a mirar la habitación porque aparecía limpia y en orden como si fuera un mundo aparte en aquella casa. Había un armario de luna y un gran crucifijo tapiando otra puerta que comunicaba con el recibidor; al lado de la cabecera de la cama, un teléfono.

La tía volvía la cabeza para mirar mi asombro con cierta complacencia.

Estuvimos un rato calladas y yo inicié desde la puerta una sonrisa amistosa.

—Ven, Andrea—me dijo ella—. Siéntate.

Observé que con la luz del día Angustias parecía haberse hinchado, adquiriendo bulto y formas bajo su guardapolvo verde, y me sonreí pensando que mi imaginación me jugaba malas pasadas en las primeras impresiones.

—Hija mía, no sé cómo te han educado...

(Desde los primeros momentos, Angustias estaba empezando a hablar como si se preparase para hacer un discurso.)

Yo abrí la boca para contestarle, pero me interrumpió con un gesto de su dedo.

—Ya sé que has hecho parte de tu Bachillerato en un colegio de monjas y que has permanecido allí durante casi toda la guerra. Eso, para mí, es una garantía... pero... esos dos años junto a tu prima—la familia de tu padre ha sido siempre muy rara—, en el ambiente de un pueblo pequeño, ¿cómo habrán sido? No te negaré, Andrea, que he pasado la noche preocupada por ti, pensando... Es muy difícil la tarea de cuidar de ti, de moldearte en la obediencia... ¿Lo conseguiré? Creo que sí. De ti depende facilitármelo.

No me dejaba decir nada y yo tragaba sus palabras por sorpresa, sin comprenderlas bien.

—La ciudad, hija mía, es un infierno. Y en toda España no hay ciudad que se parezca más al infierno que Barcelona... Estoy preocupada con que anoche vinieras sola de la estación. Te podía haber pasado algo. Aquí vive la gente aglomerada, en acecho unos contra otros. Toda prudencia en la conducta es poca, pues el diablo reviste tentadoras formas... Una joven en Barcelona debe ser como una fortaleza. ¿Me entiendes?

—No, tía.

Angustias me miró.

—No eres muy inteligente, nenita.

Otra vez nos quedamos calladas.

—Te lo diré de otra forma: eres mi sobrina; por lo tanto, una niña de buena familia, modosa,[11] cristiana e inocente. Si yo no me ocupara de ti para todo, tú en Barcelona encontrarías multitud de peligros. Por lo tanto, quiero decirte que no te dejaré dar un paso sin mi permiso. ¿Entiendes ahora?

—Sí.

—Bueno, pues pasemos a otra cuestión. ¿Por qué has venido?

---

[8] *Junk.*
[9] *Scruffy.*
[10] *Hair-raising.*

[11] *Well-mannered.*

Yo contesté rápidamente:

—Para estudiar.

(Por dentro, todo mi ser estaba agitado con la pregunta.)

—Para estudiar Letras, ¿eh?... Sí, ya he recibido una carta de tu prima Isabel. Bueno, yo no me opongo, pero siempre que sepas que todo nos lo deberás a nosotros, los parientes de tu madre. Y que gracias a nuestra caridad lograrás tus aspiraciones.

—Yo no sé si tú sabes...

—Sí; tienes una pensión de doscientas pesetas al mes, que en esta época no alcanzará ni para la mitad de tu manutención... ¿No has merecido una beca para la Universidad?

—No, pero tengo matrículas gratuitas.

—Eso no es mérito tuyo, sino de tu orfandad.[12]

Otra vez estaba yo confusa, cuando Angustias reanudó la conversación de un modo insospechado.

—Tengo que advertirte algunas cosas. Si no me doliera hablar mal de mis hermanos te diría que después de la guerra han quedado un poco mal de los nervios... Sufrieron mucho los dos, hija mía, y con ellos sufrió mi corazón... Me lo pagan con ingratitudes, pero yo les perdono y rezo a Dios por ellos. Sin embargo, tengo que ponerte en guardia...

Bajó la voz hasta terminar en un susurro casi tierno.

—Tu tío Juan se ha casado con una mujer nada conveniente. Una mujer que está estropeando su vida... Andrea; si yo algún día supiera que tú eras amiga de ella, cuenta con que me darías un gran disgusto, con que yo me quedaría muy apenada ...

Yo estaba sentada frente a Angustias en una silla dura que se me iba clavando en los muslos bajo la falda. Estaba además desesperada porque me había dicho que no podría moverme sin su voluntad. Y la juzgaba, sin ninguna compasión, corta de luces[13] y autoritaria. He hecho tantos juicios equivocados en mi vida, que aún no sé si éste era verdadero. Lo cierto es que cuando se puso blanda[14] al hablarme mal de Gloria, mi tía me fue muy antipática. Creo que pensé que tal vez no me iba a resultar desagradable disgustarla[15] un poco, y la empecé a observar de reojo.

Vi que sus facciones, en conjunto, no eran feas y sus manos tenían, incluso, una gran belleza de líneas. Yo le buscaba un detalle repugnante mientras ella continuaba su monólogo de órdenes y consejos, y al fin,

cuando ya me dejaba marchar, vi sus dientes de un color sucio ...

—Dame un beso, Andrea—me pedía ella en ese momento.

Rocé su pelo con mis labios y corrí al comedor antes de que pudiera atraparme y besarme a su vez.

En el comedor había gente ya. Inmediatamente vi a Gloria que, envuelta en un quimono viejo, daba a cucharadas un plato de papilla espesa a un niño pequeño. Al verme me saludó sonriente.

Yo me sentía oprimida como bajo un cielo pesado de tormenta, pero al parecer no era la única que sentía en la garganta el sabor a polvo que da la tensión nerviosa.

Un hombre con el pelo rizado y la cara agradable e inteligente se ocupaba de engrasar una pistola al otro lado de la mesa. Yo sabía que era otro de mis tíos: Román. Vino enseguida a abrazarme con mucho cariño. El perro negro que yo había visto la noche anterior, detrás de la criada, le seguía a cada paso; me explicó que se llamaba «Trueno» y que era suyo; los animales parecían tener por él un afecto instintivo. Yo misma me sentí alcanzada por una ola de agrado ante su exuberancia afectuosa. En honor mío, él sacó el loro de la jaula y le hizo hacer algunas gracias. El animalejo seguía murmurando algo como para sí; entonces me di cuenta de que eran palabrotas.[16] Román se reía con expresión feliz.

—Está muy acostumbrado a oírlas el pobre bicho. Gloria, mientras tanto, nos miraba embobada, olvidando la papilla[17] de su hijo. Román tuvo un cambio brusco que me desconcertó.

—Pero, ¿has visto qué estúpida esa mujer? —me dijo casi gritando y sin mirarla a ella para nada—. ¿Has visto cómo me mira «ésa»?

Yo estaba asombrada. Gloria, nerviosa, gritó:

—No te miro para nada, chico.

—¿Te fijas? —siguió diciéndome Román—. Ahora tiene la desvergüenza de hablarme esa basura...

Creí que mi tío se había vuelto loco y miré aterrada hacia la puerta. Juan había venido al oír las voces.

—¡Me estás provocando, Román! —gritó.

—¡Tú, a sujetarte los pantalones y a callar! —dijo Román, volviéndose hacia él.

Juan se acercó con la cara contraída y se quedaron los dos en actitud,[18] al mismo tiempo ridícula y si-

---

[12] *The fact that you're an orphan.*
[13] Inteligencia.
[14] Cobarde, pusilánime.
[15] *Displease.*

[16] Obscenidades.
[17] *Pablum, baby food.*
[18] **En...** *facing off.*

niestra, de gallos de pelea.

—¡Pégame, hombre, si te atreves! —dijo Román ¡Me gustaría que te atrevieras!

—¿Pegarte? ¡Matarte!... Te debiera haber matado hace mucho tiempo...

Juan estaba fuera de sí,[19] con las venas de la frente hinchadas, pero no avanzaba un paso. Tenía los puños cerrados.

Román le miraba con tranquilidad y empezó a sonreírse.

—Aquí tienes mi pistola—le dijo.

—No me provoques. ¡Canalla[20]!... No me provoques o...

—¡Juan!—chilló Gloria—. ¡Ven aquí!

El loro empezó a gritar encima de ella, y la vi excitada bajo sus despeinados cabellos rojos. Nadie le hizo caso. Juan la miró unos segundos.

—¡Aquí tienes mi pistola!

Decía Román, y el otro apretaba más los puños. Gloria volvió a chillar.

—¡Juan! ¡Juan!

—¡Cállate, maldita!

—¡Ven aquí, chico! ¡Ven!

—¡Cállate!

La rabia de Juan se desvió en un instante hacia la mujer y la empezó a insultar. Ella gritaba también y al final lloró.

Román les miraba divertido; luego se volvió hacia mí y dijo tranquilamente:

—No te asustes, pequeña. Esto pasa aquí todos los días.

Guardó el arma en el bolsillo. Yo la miré relucir en sus manos, negra, cuidadosamente engrasada. Román me sonreía y me acarició las mejillas; luego se fue tranquilamente, mientras la discusión entre Gloria y Juan se hacía violentísima. En la puerta tropezó Román con la abuelita, que volvía de su misa diaria, y la acarició al pasar. Ella apareció en el comedor, en el instante en que tía Angustias se asomaba, enfadada también, para pedir silencio.

Juan cogió el plato de papilla del pequeño y se lo tiró a la cabeza. Tuvo mala puntería y el plato se estrelló contra la puerta que tía Angustias había cerrado rápidamente. El niño lloraba, babeando.[21]

Juan entonces empezó a calmarse. La abuelita se quitó el manto negro que cubría su cabeza, suspirando.

Y entró la criada a poner la mesa para el desayuno. Como la noche anterior, esta mujer se llevó detrás toda mi atención. En su fea cara tenía una mueca desafiante, como de triunfo, y canturreaba provocativa mientras extendía el estropeado mantel y empezaba a colocar las tazas, como si cerrara ella, de esta manera, la discusión.

Temas

Comprensión del texto

1. ¿Qué recuerdos evocan en Andrea los primeros tranvías de la mañana?

2. ¿Cómo se ven los abuelos en el retrato que está colgado en su cuarto? ¿Qué escenas se imagina Andrea al observar el retrato? ¿Por qué tiene recuerdos tan agradables de la casa de los abuelos?

3. ¿Qué siente frente a todo lo que ha cambiado? ¿Por qué? ¿Cómo ha cambiado la abuela? ¿Qué indicios hay de que ha habido también otras mudanzas? ¿Qué sugiere la presencia del gato?

4. ¿Cómo es la tía Angustias? ¿Cuál es el significado de su nombre? ¿Por qué no le gusta a Andrea?

5. ¿Por qué piensa Andrea que no le será desagradable disgustarla? ¿Qué indica esto sobre la protagonista?

6. ¿Cómo es el tío Román? ¿Quién es Gloria? ¿Qué relación existe entre Román y su hermano Juan? ¿Cómo cambia el ambiente bruscamente con la aparición de Román?

Análisis literario

1. Describe el tono de los primeros párrafos del Capítulo II.

2. ¿Cómo va creciendo el sentido de opresión de Andrea a través del capítulo?

3. ¿Cómo crea la autora un ambiente de sordidez y de violencia en *Nada*?

ANA MARÍA MATUTE (1926-)

Como otros escritores de su generación, Ana María Matute se ocupa de los aspectos sociales, políticos y morales de la España de la posguerra. Su prosa es a menudo lírica y aun experimental, incorporando el monólogo interior y otras técnicas literarias asociadas más bien con la novela modernista o surrealista. Sin embargo, Matute es considerada una escrito-

---

[19] **fuera...** *beside himself.*
[20] *You bastard.*
[21] *Drooling.*

ra esencialmente realista por su ojo despiadadamente escrutiñador.

La primera novela de Matute, *Pequeño teatro*, no fue publicada hasta 1954 aunque la había escrito mucho antes, cuando aún era una adolescente de diecisiete años. Como sus obras más maduras, expone la falta de caridad y la insensatez de la gente. En su primera novela publicada, *Los Abel* (1948), finalista del Premio Nadal, Matute desarrolla un tema que será central en varias de sus obras: el del conflicto entre Caín y Abel. Aquí, al igual que en *Fiesta al noroeste* (1952), por la cual Matute ganó el Premio Café Gijón, la lucha fratricida bíblica se convierte en símbolo de la Guerra Civil. En 1954 ganó el Premio Planeta por *Pequeño teatro*, estableciéndose así como una de las voces literarias más importantes de la posguerra. A diferencia de Laforet, Matute ha sido una escritora prolífica. Durante los años 50 y 60 publicó un libro casi anualmente. También escribió numerosos cuentos infantiles. Durante este período ganó el Premio de la Crítica, el Premio Nacional de Literatura, el Premio Nadal y el Premio Fastenrath de la Real Academia Española.

Matute comparte el pesimismo de escritores como Cela y Laforet. La enajenación, la hipocresía, la desmoralización y la malicia son constantes en su ficción. Muchos críticos consideran que sus mejores novelas son las que componen la trilogía *Los mercaderes*—*Primera memoria, Los soldados lloran de noche* y *La trampa*—aunque no todos están de acuerdo con que constituyan realmente un conjunto unitario. Aunque los argumentos son independientes, las une el tema general de la Guerra Civil y el retrato de una sociedad dominada por el materialismo y el interés propio. Matute divide la humanidad entre los «mercaderes», para quienes todo tiene su precio, y los «héroes», que están dispuestos a sacrificarse por un ideal.

Muchos libros de Matute tratan del período que va de la niñez o la adolescencia a la vida adulta. Por ejemplo, *Los niños muertos* trata de la pérdida de la inocencia y del idealismo que ocasiona la Guerra Civil. Matute no idealiza la niñez, pero sus personajes infantiles despiertan la compasión. Son a menudo muchachos solitarios y marginados, enajenados de una sociedad que los trata con indiferencia o con frialdad. Los prejuicios sociales, la pobreza, la violencia y la injusticia impiden que desarrollen relaciones tiernas y duraderas con otras personas. Impotentes ante la insensatez de los demás, estos niños sufren en carne propia, pero pronto pierden la ingenuidad y se retiran sicológicamente. Construyen un carapacho protector y terminan convirtiéndose en seres tan ingratos, egoístas y falsos como sus modelos.

En «La chusma», tomado de *Historias de la Artámila*, Matute pinta las condiciones espantosas de los mineros que llegan a trabajar en los filones del norte. La Artámila es una región imaginaria entre los Pirineos y el río Ebro, pero Matute escribe en su Introducción: «La Artámila existe. No con este nombre, del mismo modo que otro nombre di, también, a sus criaturas. Yo les conocí en las montañas, durante los cálidos veranos de mi infancia... viví junto a ellos». Es decir, los incidentes que relata son todos verídicos, por muy ficticios que sean.

La chusma[1]

Procedían todos de otras tierras y en el pueblo les llamaban «la chusma». Hacía poco que se explotaban las minas de las vertientes[2] de Laguna Grande, y aquellas gentes mineras invadieron el pueblo. Eran en su mayoría familias compuestas de numerosos hijos, y vivían en la parte vieja del pueblo, en pajares[3] habilitados primariamente[4]: arracimados,[5] chillones, con fama de pendencieros.[6] En realidad eran gentes pacíficas, incluso apáticas,[7] resignadas. Excepto el día de paga, en el que se iban a la taberna del Guayo, a la del Pinto o a la de María Antonia Luque, con el dinero fresco, y donde se emborrachaban y acababan a navajazos.[8]

Ellos, naturalmente, se pasaban el día en los pozos[9] o en el lavadero[10] de la mina. Mientras, sus mujeres trajinaban[11] afanosamente[12] bajo el sol o la lluvia, rodeadas de niños de todas las edades; o porfiaban[13] con el de la tienda para que les fiase[14] el aceite, las patatas o el pan; o lavaban en el río, a las afueras, en las pozas que se formaban bajo el puente romano; o lloraban a gritos cuando cualquier calamidad les afligía. Esto último, con bastante frecuencia.

Entre los de «la chusma» había una familia llamada

---

[1] *Rabble.*
[2] *Slopes.*
[3] *Barns.*
[4] **Habilitados...** *primitively furnished (that is, furnished with just the bare necessities).*
[5] *Clustered together.*
[6] **Con...** *known for fighting.*
[7] *Impasibles, indiferentes.*
[8] **A...** *fighting with blades.*
[9] *Shafts.*
[10] *Tank where ores are separated in running water.*
[11] *Ran around.*
[12] *Busily.*
[13] *Insistían.*
[14] *Give on credit.*

los «Galgos». No eran diferentes a los otros, excepto, quizá, en que, por lo general, el padre no solía emborracharse. Tenían nueve hijos, desde los dos hasta los dieciséis años. Los dos mayores, que se llamaban Miguel y Félix, también empleados en la mina. Luego, les seguía Fabián, que era de mi edad.

No sé, realmente, cómo empezó mi amistad con Fabián. Quizá porque a él también le gustaba rondar por las tardes, con el sol, por la parte de la tapia[15] trasera del cementerio viejo. O porque amaba los perros vagabundos, o porque también coleccionaba piedras suavizadas por el río: negras, redondas y lucientes como monedas de un tiempo remoto. El caso es que Fabián y yo solíamos encontrarnos, al atardecer, junto a la tapia desconchada[16] del cementerio, y que platicábamos allí tiempo y tiempo. Fabián era un niño muy moreno y pacífico, de pómulos[17] anchos y de voz lenta, como ululante.[18] Tosía muy a menudo, lo que a mí no me extrañaba, pero un día una criada de casa de mi abuelo, me vio con él y me chilló:

—¡Ándate con ojo, no te peguen la dolencia...! ¡Que no se entere tu abuelo!

Con esto, comprendí que aquella compañía estaba prohibida, y que debía mantenerla oculta.

Aquel invierno se decidió que siguiera en el campo, con el abuelo, lo que me alegraba. En parte porque no me gustaba ir al colegio, y en parte porque la tierra tiraba de mí[19] de un modo profundo y misterioso. Mi rara amistad con Fabián continuó, como en el verano. Pero era el caso que sólo fue una amistad «de hora de la siesta», y que el resto del día nos ignorábamos.

En el pueblo no se comía más pescado que las truchas del río, y algún barbo[20] que otro. Sin embargo, la víspera de Navidad, llegaban por el camino alto unos hombres montados en unos burros y cargados con grandes banastas.[21] Aquel año los vimos llegar entre la nieve. Las criadas de casa salieron corriendo hacia ellos, con cestas de mimbre,[22] chillando y riendo como tenían por costumbre para cualquier cosa fuera de lo corriente. Los hombres del camino traían en las banastas—quién sabía desde dónde—algo insólito y maravilloso en aquellas tierras: pescado fresco. Sobre todo, lo

que maravillaba eran los besugos,[23] en grandes cantidades, de color rojizo dorado, brillando al sol entre la nieve, en la mañana fría. Yo seguía a las criadas saltando y gritando como ellas. Me gustaba oír sus regateos, ver sus manotazos, las bromas y las veras[24] que se llevaban con aquellos hombres. En aquellas tierras, tan lejanas del mar, el pescado era algo maravilloso. Y ellos sabían que se gustaba celebrar la Nochebuena cenando besugo asado.

—Hemos vendido el mayor besugo del mundo— dijo entonces uno de los pescaderos—. Era una pieza como de aquí allá.[25] ¿Sabéis a quién? A un minero. A una de esas negras ratas, ha sido.

—¿A quién? —preguntaron las chicas, extrañadas.

—A uno que llaman el «Galgo» —contestó el otro—. Estaba allí, con todos sus hijos alrededor. ¡Buen festín tendrán esta noche! Te juro que podría montar en el lomo del besugo a toda la chiquillería, y aún sobraría la cola.

—¡Anda con los «Galgos»![26] —dijo Emiliana, una de las chicas—. ¡Esos muertos de hambre!

Yo me acordé de mi amigo Fabián. Nunca se me hubiera ocurrido, hasta aquel momento, que podía pasar hambre.

Aquella noche el abuelo invitaba a su mesa al médico del pueblo, porque no tenía parientes y vivía solo. También venía el maestro, con su mujer y sus dos hijos. Y en la cocina se reunían lo menos quince familiares de las chicas.

El médico fue el primero en llegar. Yo le conocía poco y había oído decir a las criadas que siempre estaba borracho. Era un hombre alto y grueso, de cabello rojizo y dientes negros. Olía mucho a colonia y vestía un traje muy rozado,[27] aunque se notaba recién sacado del arca,[28] pues olía a alcanfor.[29] Sus manos eran grandes y brutales y su voz ronca (las criadas decían que del aguardiente). Todo el tiempo lo pasó quejándose del pueblo, mientras el abuelo le escuchaba como distraído. El maestro y su familia, todos ellos pálidos, delgados y muy tímidos, apenas se atrevían a decir palabra.

Aún no nos habíamos sentado a la mesa cuando llamaron al médico. Una criada dio el recado, aguan-

---

[15] Muro.
[16] *Peeling.*
[17] *Cheekbones.*
[18] *Whining, plaintive.*
[19] **Tiraba...** *attracted me.*
[20] Carpa.
[21] Canastas.
[22] *Wicker.*

---

[23] *Sea bream.*
[24] Secretos, confidencias.
[25] **De...** *from here to here (holding out his hands).*
[26] **Anda...** *I can't believe it's the Galgos!*
[27] *Frayed.*
[28] Baúl, cajón donde se guarda la ropa.
[29] *Moth balls.*

tándose las ganas de reír.

—Señor, que, ¿sabe usted?, unos que les dicen «los Galgos»... de la chusma esa de mineros, pues señor, que compraron besugo pa[30] cenar, y que al padre le pasa algo, que se ahoga... ¿sabe usted? Una espina se ha tragado y le ha quedado atravesada en la garganta. Si podrá ir, dicen, don Amador...

Don Amador, que era el médico, se levantó de mala gana. Le habían estropeado el aperitivo, y se le notaba lo a regañadientes[31] que se echó la capa por encima. Le seguí hasta la puerta, y vi en el vestíbulo a Fabián, llorando. Su pecho se levantaba, lleno de sollozos.

Me acerqué a él, que al verme me dijo:

—Se ahoga padre, ¿sabes?

Me dio un gran pesar oírle. Les vi perderse en la oscuridad, con su farolillo de tormentas,[32] y me volví al comedor, con el corazón en un puño.[33]

Pasó mucho rato y el médico no volvía. Yo notaba que el abuelo estaba impaciente. Al fin, de larga que era la espera, tuvimos que sentarnos a cenar. No sé por qué, yo estaba triste, y parecía que también había tristeza a mi alrededor. Por otra parte, de mi abuelo no se podía decir que fuese un hombre alegre ni hablador, y del maestro aun se podía esperar menos.

El médico volvió cuando iban a servir los postres. Estaba muy contento, coloreado[34] y voceador.[35] Parecía que hubiese bebido. Su alegría resultaba extraña: era como una corriente de aire que se nos hubiera colado[36] desde alguna parte. Se sentó y comió de todo, con voracidad. Yo le miraba y sentía un raro malestar. También mi abuelo estaba serio y en silencio, y la mujer del maestro miraba la punta de sus uñas como con vergüenza. El médico se sirvió varias veces vino de todas clases y repitió de cuantos platos había. Ya sabíamos que era grosero, pero hasta aquel momento procuró disimularlo. Comía con la boca llena y parecía que a cada bocado se tragase toda la tierra. Poco a poco se animaba más y más, y, al fin, explicó:

—Ha estado bien la cosa. Esos «Galgos»... ¡Ja, ja, ja!

Y lo contó. Dijo:

—Estaban allí, todos alrededor, la familia entera, ¡malditos sean! ¡Chusma asquerosa! ¡Así revienten[37]!

¡Y cómo se reproducen! ¡Tiña[38] y miseria, a donde van ellos! Pues estaban así: el «Galgo», con la boca de par en par,[39] amoratado[40]... Yo, en cuanto le vi la espina, me dije: «Ésta es buena ocasión». Y digo: «¿Os acordáis que me debéis doscientas cincuenta pesetas?» Se quedaron como el papel.[41] «Pues hasta que no me las paguéis no saco la espina». ¡Ja, ja!

Aún contó más. Pero yo no le oía. Algo me subía por la garganta, y le pedí permiso al abuelo para retirarme.

En la cocina estaban comentando lo del médico.

—¡Ay, pobrecillos! —decía Emiliana—. Con esta noche de nieve, salieron los chavales[42] de casa en casa, a por[43] las pesetas...

Lo contaron los hermanos de Teodosia, la cocinera, que acababa de llegar para la cena, aún con nieve en los hombros.

—El mala entraña,[44] así lo ha tenido al pobre «Galgo», con la boca abierta como un capazo,[45] qué sé yo el tiempo...

—¿Y las han reunido? —preguntó Lucas, el aparcero mayor.[46]

El hermano pequeño de Teodosia asintió:

—Unos y otros... han ido recogiendo...

Salí con una sensación amarga y nueva. Aún se oía la voz de don Amador, contando su historia.

Era muy tarde cuando el médico se fue. Se había emborrachado a conciencia[47] y al cruzar el puente, sobre el río crecido, se tambaleó[48] y cayó al agua. Nadie se enteró ni oyó sus gritos. Amaneció ahogado, más allá de Valle Tinto, como un tronco derribado, preso entre unas rocas, bajo las aguas negruzcas y viscosas del Agaro.

𝒯emas

Comprensión del texto

1. ¿Qué relación existe entre los mineros y la gente

---

[30] Para.

[31] *Gnashing his teeth.*

[32] **Farolillo...** *hurricane lamp.*

[33] **En...** *in knots.*

[34] *Flushed.*

[35] *Boastful.*

[36] Pasado, filtrado.

[37] **Así...** *I hope they die.*

[38] Pobreza, necesidad.

[39] **De...** *wide open.*

[40] Morado.

[41] **Como...** *white as sheets.*

[42] *Kids.*

[43] **A...** por. *(Regionalism.)*

[44] **El...** *That bastard.*

[45] Canasta.

[46] **El...** *the head sharecropper.*

[47] **A...** completamente.

[48] *Tottered.*

del pueblo? ¿Qué factores contribuyen a la actitud de los del pueblo?

2. ¿Cuál es la posición de la narradora con respecto a estas familias? ¿Qué edad tendría cuando ocurrió este incidente? ¿Cómo contribuye su amistad con Fabián a su actitud?

3. ¿Por qué cree usted que tose Fabián? ¿Por qué se asusta la criada al ver a la narradora hablando con el niño? ¿Es el temor al contagio la única razón por la cual quiere que se aparte de él?

4. ¿Cómo logra la narradora mantener su amistad con Fabián?

5. ¿Por qué es tan insólito que un minero compre un besugo a su familia para la Nochebuena? ¿Cómo cree usted que el «Galgo» pudo comprar el pescado cuando sus compañeros pasan hambre? ¿Por qué se sorprende la niña al oír a las criadas comentar el incidente?

6. Describa la fiesta de Nochebuena del abuelo. ¿Cómo es el médico?

7. ¿Qué recado trae la criada? ¿Por qué se ríe? ¿Cómo afecta la presencia de Fabián a la niña?

8. ¿Cómo se aprovecha el médico de la situación? ¿Cómo logran los «Galgos» juntar las pesetas? ¿Cómo cambia la actitud de las criadas al escuchar la historia? ¿Qué insinúa Matute con respecto a las diferentes clases sociales?

9. ¿Cómo termina el médico?

10. ¿En qué sentido es este incidente significativo en la transición de la narradora a la adultez? ¿Cómo se siente al observar la conducta del médico?

11. ¿Se portan su abuelo y el maestro de la misma forma? ¿Por qué es importante este detalle? ¿Por qué es significativo el hecho de que la persona menos compasiva del grupo sea el médico?

Análisis literario

1. ¿Qué sugiere la autora con respecto a la inocencia de los niños?

2. ¿Cómo ilustra este cuento la injusticia social y la frialdad de la gente? ¿Cree usted que es realista?

3. ¿Cómo son los personajes, complejos o monolíticos? Explique. ¿Existen grupos marginados como el de los mineros en los Estados Unidos? Explique.

RAFAEL SÁNCHEZ FERLOSIO (1927-)

Aunque ha sido poco prolífico, Sánchez Ferlosio es considerado una de las voces más auténticas de la posguerra. Novelista, cuentista y filólogo, estudió arquitectura y lenguas semitas (hebreo y árabe) antes de dedicarse a la literatura. Su primera novela, *Industrias y andanzas de Alfanhuí* (1951), es una fantasía neopicaresca muy diferente de las obras de sus contemporáneos. En este libro Sánchez Ferlosio combina la estructura de libros como *Lazarillo de Tormes* con la prosa lírica y agudas observaciones. Su novela más conocida es *El Jarama* (1955), por la cual ganó el Premio Nadal. Junto con *Gran Sol*, de Ignacio Aldecoa, *El Jarama* es considerado el ejemplo más logrado del Objetivismo* o Realismo Objetivo* español.

El Objetivismo es una doctrina filosófica según la cual el valor de los postulados morales es independiente de la opinión de los individuos. Durante los años 50 se desarrolla en España el objetivismo literario, movimiento que intenta reproducir la realidad de una manera objetiva e imparcial, sin que el autor intervenga con sus propios sentimientos y creencias. A pesar de su supuesta ecuanimidad, al seleccionar ciertos aspectos de la vida española para retratarlos, el autor encauza las percepciones del lector e influye en sus impresiones. Se trata, entonces, de una narrativa comprometida cuyo fin es denunciar el régimen represivo. Al presentar una imagen cruda y aplastante de la situación socio-económica existente, el autor critica al gobierno que la ha fomentado.

La novela de Sánchez Ferlosio consiste en un cuadro en que el autor presenta a grupos de personas que representan generaciones distintas. La acción tiene lugar en las orillas del río Jarama, donde varias personas pasan un domingo de verano. Aunque su objetivo es gozar tranquilamente de su día libre, el Jarama —sitio de una de las batallas más horrorosas de la Guerra Civil— evoca recuerdos inquietantes. Pronto un sentimiento de desasosiego invade el ambiente. Aunque los más mayores experimentaron la brutalidad de la Guerra Civil mientras que los jóvenes sólo han oído hablar de esta tragedia, todos sufren la misma inercia, el mismo sentido de impotencia causado por la represión política, que le quita al individuo toda ambición.

La acción tiene lugar en un período de unas dieciséis horas; comienza un domingo por la mañana y se extiende hasta la medianoche del mismo día. En este espacio de tiempo un grupo de muchachos decide bañarse en el río y una chica se ahoga. El incidente destroza a sus compañeros y provoca diversas reacciones —algunas de ellas muy reveladoras— en los demás.

La novela carece de argumento y de protagonistas. Consiste principalmente en un diálogo insípido y trivial, lleno de giros populares, que capta la realidad abrumadora de los personajes.

Después del triunfo de *El Jarama*, Sánchez Ferlosio se dedicó a la investigación filológica y lingüística. También ha escrito algunos cuentos y artículos periodísticos. En 1974 publicó *Las semanas en el jardín,* colección de ensayos y meditaciones sobre diversos temas unidos por su relación con el lenguaje y la comunicación.

El Jarama

Entraba Daniel; preguntó:

—¿Están ahí dentro?

Todos miraron hacia él.

—Dígame, ¿están ahí todavía?

—Sí, sí que están —contestaba Mauricio—. ¿Sucede algo?

—Una desgracia.

Cruzó muy aprisa entre los otros y enfilaba el pasillo.

—¡Mira tú quién se ve! —le dijo Lucas, al verlo aparecer en el jardín.

—¡Ya era hora! —gritaba Fernando—. ¿Venís ya todos?

—A punto de irnos.

—¡Miguel! —dijo el Dani—. Sal un momento, Miguel. Se inquietaron.

—¿Qué pasa, tú?

—Quiero hablar con Miguel.

Ya salía de la mesa. Daniel lo cogía por un brazo y lo apartaba hacia el centro del jardín.

—¿Pues qué pasará? —dijo Alicia—. Tanto misterio.

Ganas de intrigarnos.

—No. Yo sé que algo pasa. ¡Algo ha pasado! ¡Se le nota a Daniel!...

Callaron todos; estaban pendientes de los otros dos, que hablaban bajo la luz de la bombilla, en mitad del jardín. Daniel estaba de espaldas. Enseguida veían violentarse la cara de Miguel, mientras sus manos agarraban al otro por los hombros; le hablaba a sacudidas. «Alicia, venir, venir todos», les gritó, «ha pasado una cosa terrible». Acudían sobresaltados[1] y ya les formaban corro[2] en derredor; Miguel miraba hacia el suelo; se hizo un silencio esperando sus palabras:

—Díselo tu...

Mely se puso a gritar y sacudía por los brazos a uno y a otro, que hablase, que lo dijese de una vez lo que fuera. Daniel bajaba la cara; «se ha ahogado Lucita en el río». Se estremecieron.[3] Se encaraban con Daniel; «pero cómo; pero cómo, por Dios; cómo ha sido posible...; le clavaban las uñas en la camiseta: «¡Daniel...!» Mely se había cogido la cabeza entre las manos: «¡Lo sabía, lo sabía que había sido Lucita! ¡Lo sabía que había sido Lucita!»

—Hace un rato. En la presa. Se estaban bañando.

—Tenemos que bajar —dijo Miguel.

—¿Alguna chica que venía con vosotros? —andaba preguntando, detrás, el de Atocha.

—¡Déjame ya...! —dijo Fernando—. Vamos, Daniel vámonos... ahora mismo adonde sea...

Se dirigían hacia la puerta; Mely quiso seguirlos.

—Tú no vayas —la detuvo Zacarías—. Mejor que no vayas. Te vas a impresionar.[4]

—¡Pero qué...! —dijo ella, mirándolo a la cara—. ¡Cómo no voy a bajar! ¡Qué estás diciendo! ¡Cómo quieres que no la vea, Zacarías...! ¡Pero si no hace más que...! —rompía a llorar—. ¡Un rato, Dios mío, si no hace más que un rato que estaba con nosotros...! ¡Pues cómo no voy a ir, Zacarías... cómo no voy a ir... cómo no voy a ir...!

Los de Legazpi se habían apartado y recogían sus cosas.

—Nosotros no bajamos —dijo Lucas—; ¿para qué?...

—Mejor será que nos marchemos, sí. Al tren todavía llegamos a tiempo. Ve recogiendo la gramola,[5] anda.

Mariyayo se había acercado a Zacarías:

—Vete con ella, Zacarías —le dijo—. Por mí no te preocupes; tú acompáñala a ella, marcharos. Yo me voy con Samuel y con éstos. De veras...

Él la miró:

—Te lo agradezco, Mariyayo.

—Es lo más natural... —dijo ella, y se volvía hacia los otros. Zacarías y Mely se marcharon en pos de Miguel. Fernando y Alicia, ya habían salido con Daniel, camino del río. Los demás se quedaban, junto con los de la pandilla[6] de Legazpi, para irse hacia el tren; terminaban de recoger todas sus cosas y ya iban pasando despacio hacia el pasillo. Los primeros habían cruzado el local sin detenerse, y ahora Mauricio se informaba con los de la estación:

—¿Qué ha pasado, muchachos?

—Pues una chica, que se ha ahogado en el río— contestaba el de Atocha.

---

[1] *Rattled, upset.*
[2] Círculo.
[3] **Se...** *they shuddered.*
[4] *Get upset.*
[5] *Record player.*
[6] *Gang, group.*

—¡Joroba,[7] eso ya es peor! —exclamó el alcarreño,[8] torciendo la cabeza.

—¿Y qué chiquita ha sido?

—Yo no le puedo decir, no la conocía. Venía con esos otros. Aquí éstos a lo mejor la conocen —indicaba a Samuel y Marialuisa.

—¿No será la que vino con la moto?[9]

—¿Eh?, ¿con la moto? —dijo Samuel—. No, ésa se llama Paulina; ésa era otra más menuda,[10] de pelo castaño.

—¿De azul?

—Ay, yo no sé cómo vendría vestida; yo no la he visto hoy. La llamaban Luci...

—La de azul era Carmen —intervenía Marialuisa—. Tampoco es ella.

—Ésta era una, ya le digo, finita, con una cara, pues, así un poco..., vaya, no sé— qué señas[11] le daría...

—Oiga, ¿qué le debemos? —preguntaba Federico.

Se volvía Mauricio hacia él:

—¿Qué es lo que pagan?

El pastor meneaba la cabeza:

—¡Vaya por Dios! —decía—. ¡Que no se puede dar nunca una fiesta completa! Siempre tiene que producirse algún suceso que la oscurezca y la fastidie. Mira por dónde tenía que...

Zacarías y Mely habían alcanzado a Daniel y a los otros; ya pasaban las viñas. Caminaban aprisa y en silencio; corrían casi. Miguel hizo intención de dirigirse hacia la escalerilla de tierra, por la que habían subido a media tarde, pero Daniel lo contuvo:

—Por ahí no, Miguel. Por este otro lado.

Bajaron hacia los merenderos[12] y el puentecillo de madera; sus pasos se hicieron ruidosos en las tablas; llegaban al puntal. Se recortaban las sombras de los otros; los primeros los guardias civiles; Mely reconoció sus rostros a la luna, en una rápida mirada. Les salía Paulina al encuentro.

—¡Alicia, Alicia!... —venía gritando, y lloraba otra vez al abrazarla.

Los otros alcanzaban el bulto de Lucita.

—No se acerquen ahí —dijo el guardia más viejo.

Pero ya Mely se había agachado junto al cuerpo y le descubría la cara. Sebas se vino al lado de Miguel y se cogía a su brazo fuertemente, sin decir nada; oprimía la frente contra el hombro del otro, que miraba el cadá-

ver. Los guardias acudieron hacia Mely; la levantaron por un brazo:

—Retírese, señorita, ¿no me ha oído?, no se puede tocar.

Se revolvió con furia, desasiéndose[13]:

—¡Suélteme! ¡No me toque! ¡Déjeme quieta!...

Estaban todos en torno del cadáver, mirándola la cara descubierta, casi tapada por el pelo. Tan sólo Tito no se había movido, de codos en la arena. Mely volvió a inclinarse hacia el rostro de Luci.

—¡Haga el favor de obedecerme, señorita, y quitarse de ahí! —de nuevo la agarraba por el brazo—. Contrariamente[14]...

—¡Déjeme, bárbaro, animal...! —le gritaba llorando y se debatía, golpeando la mano que la tenía atenazada.[15]

—¡Señorita no insulte! ¡Repórtese[16] ahora mismo! ¡No nos obligue a tomar una medida!

Se aproximaron Zacarías y los otros.

—¡Gentuza,[17] eso es...! —gritaba Mely, ya suelta—. ¡Gentuza!... ¿Ves cómo son, Zacarías, ves cómo son...?

Se replegaba[18] llorando hacia el hombro de él. Pasaba el tren; el blanco faro, la banda de ventanillas encendidas, por lo alto del puente.

—Además, va usted a darme su nombre ahora mismo, señorita —decía el guardia Gumersindo, sacándose una libreta del bolsillo superior—. Así sabrá lo que es el faltarle a la Autoridad.[19]

El otro guardia se inclinaba sobre el cadáver, para taparlo nuevamente. Los estudiantes se habían acercado:

—Oiga, dispénseme que le diga un momento —intervenía el de Medicina—; dirá usted que a mí quién me manda meterme... Pero es que la chica está sobresaltada, como es natural, por un choque tan fuerte...

—Sí, sí, de acuerdo; si ya se comprende que está exaltada y lo que sea. Pero eso no es excusado para insultarle a las personas. Y menos a nosotros, que representamos lo que representamos.

—Si ya lo sé, si le doy la razón enteramente[20] —le replicaba el otro con voz conciliatoria—; si yo lo único que digo es que es una cosa también muy normal y disculpable el que se pierda el control en estos casos, y

---

[7] *Damn!*
[8] Persona de La Alcarria, comarca al este de Madrid.
[9] Motocicleta.
[10] Pequeña.
[11] Características.
[12] *Luncheonettes, food stands.*

[13] *Pulling herself loose.*
[14] *If you don't...*
[15] Sujeta.
[16] *Get yourself together.*
[17] *Rabble, scum.*
[18] *Doubled over.*
[19] **El...** *to treat the Authorities with disrespect.*
[20] **Si...** *you're absolutely right.*

más una chica; se tienen los nervios deshechos[21]...

—Pero es que nosotros, como usted comprenderá también muy bien, no estamos aquí más que cumplimentando unas órdenes, las instrucciones adecuadas a lo que está dispuesto con arreglo a este caso que ha surgido, y ya es bastante la responsabilidad que llevamos encima, sin que tengamos además necesidad de que nos vengan a faltarnos[22] de la manera que lo ha efectuado esta señorita.

—Nada, si estamos conformes,[23] ¿qué me va usted a decir?; no era más que pedirles un poquito de benevolencia, que se hagan ustedes cargo de la impresión[24] que ha recibido, y que no se halla en condiciones de medir lo que dice. De eso se trata nada más, de que por una vez podían ustedes disculparla y no tomárselo en cuenta.

—Sí, sí, claro que nos hacemos el cargo, a ver; pero es que todo esto, mire usted, todo esto son cosas muy serias, como usted muy bien sabe, que la gente no se da cuenta la mayoría de las veces lo serias que son, y de que uno está aquí cumpliendo unas funciones; y cuando a uno lo han puesto, pues será por algo, ¿o no? Así es que luego vienen aquí creyéndose que esto es algún juego, ¿no es verdad? y claro, no saben que lo que están cometiendo es un Delito;[25] un Delito penado por el Código, ni más ni menos, eso es. Conque dígame usted si podemos nosotros andar con tonterías...

Ya volvía a guardarse la libreta:

—Que pase por esta vez. Y para otra ya lo sabe. Hay que medir un poco más las palabras que se profieren por la boca. Que el simple motivo del acaloramiento[26] tampoco es disculpa para poder decir una persona lo que quiera. Así que ya están informados.

—Hale[27] ya —intervenía el otro guardia—; ahora retírense de aquí todo el mundo y tengamos la fiesta en paz. Andando.[28]

—Regresen a sus puestos cada uno —dijo el primero—, tengan la bondad. Y mantengan la debida compostura,[29] de aquí en adelante, y el respeto que está mandado guardar a los restos mortales, asimismo como a las personas que representan a la Autoridad. Que el

señor Juez ya no puede tardar mucho rato en personarse.[30]

Se retiraron y formaban un corrillo cerca de Tito. Ya Mely se había calmado.

—Son los que se tiraron a por ella —explicaba en voz baja Sebastián—. Hicieron lo que podían, pero ya era tarde.

Daniel se había sentado junto a Tito, en la arena. De nuevo sonaron pasos en las tablas; volvía Josemari.

—Nos habíamos metido por la cosa de enjuagarnos[31] —continuaba Sebas—, quitarnos la tierra que teníamos encima; nada, entrar y salir; fue ella misma la primera en quejarse y que estaba a disgusto con tanta tierra encima —se cogía la frente con las manos crispadas[32]—; ¡y tuve que ser yo la mala sombra de ocurrírseme la idea![33] Es que es para renegarse,[34] Miguel, cada vez que lo pienso... Te digo que dan ganas de pegarse uno mismo con una piedra en la cabeza, te lo juro... —hizo una pausa y después concluía en un tono apagado—. En fin, a ver si viene ya ese Juez.

Todos callaban en el corro, mirando hacia el agua, hacia las luces lejanas y dispersas. Josemari había llegado hasta los suyos, de vuelta del teléfono:

—Ya está arreglado —les dijo—. Sencillamente que volvemos tarde, yo no he querido decir nada, que se nos ha escapado el último tren. No he querido meterme en dibujos[35] de andarles contando nada de esto, no siendo que se alarmen tontamente.

—Bien hecho. Ya sabes cómo son en las familias; basta con mencionarles la palabra «ahogado», que enseguida se ponen a pensar y a hacer conjeturas estúpidas, y ya no hay quien les quite los temores, hasta verte la cara. Mañana se les cuenta.

—¿Y todos esos?

—Acaban de venir; otros amigos de la chica, por lo visto.

—Ya.

Los guardias paseaban nuevamente.

—Cerca han andado de armarla otra vez, cuando estabas llamando.

—¿Pues?

—Nada, que se les insolentó una de las chicas a los beneméritos[36]; porque no la dejaban destapar la muerta,

---

[21] Destruidos.
[22] Insultarnos.
[23] **Nada...** *Of course, we're in agreement.*
[24] **Se...** *you realize the shock.*
[25] Crimen.
[26] *Excitement, intense emotion.*
[27] *Get going.*
[28] *Go.*
[29] *Composure.*

[30] Presentarse.
[31] **Nos...** *We had just gone into the water to rinse off.*
[32] Temblando.
[33] **Y...** *And I had to be the jerk who came up with the idea.*
[34] Odiarse.
[35] **Meterme...** *get into the business.*
[36] *"Do-gooders."*

para verle la cara. Se les ocurre agarrarla por un brazo, y, ¡chico!, que se les revolvió[37] como una pantera; unos insultos, oye, que ya los guardias tiran de libreta,[38] empeñados en tomarla el nombre, si éste no llega a intervenir y los convence a pura diplomacia.

—Demasiado a rajatabla[39] quieren llevarlo. También hay que darse cuenta de que la gente no puede ser de piedra, como ellos pretenden.

—Hombre, pues no es ningún plato de gusto, tampoco, el que a ellos les cae[40]—decía el de la armónica—. Ellos son los primeros que les toca fastidiarse por narices.[41] Comprenderás que menuda papeleta[42] tener que montarle la guardia a un cadáver, aquí aguantando mecha[43] hasta el final, y con el sueldo que ganan. Vosotros diréis.

—Sí, eso también es cierto, claro. Oye, ¿os quedan pitillos[44]? Los otros se habían sentado casi todos. Sólo Miguel y Fernando quedaban en pie. Zacarías, al lado de Mely, miraba las sombras a la luz de la luna; sus manos enredaban con la arena.

—¡Me parece mentira! —decía Fernando—; es que son cosas que uno no acierta a persuadirse de que hayan sucedido. Y lo tengo ahí delante, lo veo, sé que sí, pero no me percato, no me parece lo que es; no me acaba de entrar en la cabeza.

Miguel no dijo nada. Zacarías levantaba la mano y dejaba escurrirse la arena entre sus dedos. Veía la luz de una cerilla en el grupo de los cinco estudiantes; se la iban pasando uno a otro, encendiendo los pitillos.

𝒯emas

Comprensión del texto

1. ¿Dónde se encuentran los personajes? ¿Qué se preparan para hacer? ¿Con qué noticia les interrumpe Daniel?
2. ¿Cómo ha muerto Luci? ¿Cómo reaccionan los diferentes personajes?
3. ¿Por qué no quiere Zacarías que Mely baje a la presa? ¿Cómo responde ella? Compare su reacción con la de los de Legazpi.

---

[37] **Se...** *She turned on them.*
[38] **Tiran...** *were getting out the book.*
[39] **A...** violentamente.
[40] **Hombre...** *Well, it's not so easy for them, either.*
[41] **Ellos...** *They're the first ones to get it right in the face.*
[42] **Menuda...** *it's a heck of a job.*
[43] **Aguantando...** *putting up with all this.*
[44] Cigarrillos.

4. ¿Qué dice el pastor? ¿Qué impresión le causan a usted sus palabras?
5. ¿Qué hace Mely al ver el cuerpo de Luci? ¿Cómo reacciona el guardia? ¿Qué revela este incidente con respecto al papel de la Autoridad en la sociedad española?
6. ¿Por qué insulta Mely al guardia? ¿Cree usted que el guardia reacciona de una manera apropiada? ¿Cómo debería haber reaccionado?
7. ¿Qué punto de vista representa el de Medicina? ¿Cómo calma al guardia? ¿Cómo logra el autor humanizar al guardia?
8. ¿Por qué se habían metido los chicos al agua? ¿Cómo se siente el muchacho que sugirió que se bañaran?
9. ¿Qué dicen acerca del guardia?
10. ¿Es culpa de alguien la tragedia de Luci?

Análisis literario

1. ¿Qué está sugiriendo el autor con respecto a la vida humana? ¿Cómo crea una sensación de impotencia y de pesimismo?
2. ¿En qué sentido son los guardias también víctimas del sistema?
3. ¿En qué consiste el objetivismo de Sánchez Ferlosio?

ALFONSO SASTRE (1926-)

Los dramaturgos de la generación que precede a la de Sastre adoptaron diferentes posiciones frente a la brutalidad que habían experimentado durante la guerra. Dos de los que siguieron escribiendo al terminar el conflicto son Alejandro Casona (1903-1965) y Antonio Buero Vallejo (1916-).

Casona se estableció como dramaturgo en 1933 al ganar el premio Lope de Vega por su obra *La sirena varada*. En 1935 se estrenó *Otra vez el diablo* y *Nuestra Natacha*. Como muchos de sus contemporáneos, Casona emigró a la Argentina durante la guerra, y casi todas sus demás obras se estrenaron en Latinoamérica.

Autor de obras sumamente líricas como, por ejemplo, *La dama del alba* (1944), Casona intenta enfrentarse al caos mediante la poesía. Combinando elementos realistas y alegóricos, crea un ambiente escénico en el cual la poesía trasciende la muerte. Sus obras están llenas de fantasía, y su humor es suave e inocuo. En vez de atacar las instituciones abiertamente, Casona se vale de la sátira—pero se trata siempre de una sátira delicada y humana cuyo objetivo es conciliar las fuerzas opuestas. En *La dama del alba,* una de sus obras más conocidas, la muerte aparece en forma alegórica, la de una bella dama cuya presencia—aunque al principio provoca miedo—termina por serenar a la gente. La dama convence a los personajes de que «cada momento tiene su verdad», de que la muerte también cabe dentro del esquema general de la experiencia humana. Casona hace hincapié en la naturaleza cíclica de la vida; para él, la muerte no significa un fin, ya que la vida continúa en la forma de futuras generaciones.

A diferencia de Casona, Buero Vallejo se quedó en España durante la guerra y combatió con las fuerzas republicanas. Después de la guerra, usó el teatro como un arma para atacar al régimen represivo y despertar al público. Por ejemplo, *En la ardiente oscuridad* (1946), situada dentro de un centro de enseñanza para ciegos, expone, mediante la metáfora, la «ceguera» en la cual la dictadura mantiene a los ciudadanos. En *Historia de una escalera* (1947) Buero plantea el problema del futuro de España. La obra trae a la escena un grupo de personas en diferentes momentos de su vida. Aunque todos salen de la adolescencia llenos de ilusiones, a través de los años crece en ellos la frustración y el resentimiento, y ninguno termina realizando sus sueños. A través de sus personajes Buero explora la personalidad española colectiva y los efectos de la represión. La pregunta implícita en estas obras es: ¿podrá el español superar la miseria y la sordidez que lo rodea para superar los efectos de la dictadura? Buero no ofrece una respuesta sino que intenta provocar una reacción de parte del público.

Alfonso Sastre nació el mismo año que Ana María Matute y un año después que Sánchez Ferlosio. Como ellos, se formó durante las décadas que siguieron a la Guerra Civil, cuando la represión era muy intensa. Se le ha acreditado a Sastre la revitalización del teatro español durante el período de la posguerra. Su obra fue el resultado de una reacción al absolutismo de Franco y constituye una severa condena de los abusos del dictador.

Los pocos dramaturgos que se quedaron en España intentaron crear un teatro viable y políticamente comprometido después de la guerra; entre éstos se contaba Sastre quien, en 1945, participó en la creación de Arte Nuevo, grupo teatral dedicado a la experimentación. El objetivo de la nueva compañía fue darles a los dramaturgos jóvenes una oportunidad para montar sus obras y, al mismo tiempo, ofrecerle al público una alternativa a las piezas insípidas que se representaban en los teatros comerciales. Las primeras obras de Sastre, *Uranio 235* (1946) y *Ha*

sonado la muerte (1946), ésta última con Medardo Fraile, fueron representadas por Arte Nuevo. En 1948 el grupo montó otra obra de Sastre, *Cargamento de sueños,* y el dramaturgo inició su carrera de crítico al comenzar a escribir reseñas para la revista estudiantil *La hora.*

En 1950 Sastre y José María de Quinto fundaron el Teatro de Agitación Social (TAS) e inmediatamente se encontraron en conflicto con las autoridades. El objetivo de Sastre y Quinto fue el de introducir en España a importantes dramaturgos extranjeros como Arthur Miller, Bertolt Brecht y Eugene O'Neill. Publicaron un manifiesto afirmando que querían estimular al público para que explorara los temas políticos y sociales pertinentes a todos. El resultado fue que el gobierno censuró al grupo y cuando, en 1951, Sastre presentó su obra *Prólogo patético* para el Teatro Nacional María Guerrero, fue rechazada. Dos años más tarde una compañía estudiantil montó *Escuadra hacia la muerte* (1953) en el María Guerrero y a pesar de que el público respondiera con entusiasmo, las autoridades prohibieron las representaciones al cabo de tres días. La fama de Sastre crecía rápidamente. El dramaturgo entró en un período de intensa creatividad, escribiendo no sólo obras teatrales sino también artículos y reseñas.

A causa de sus problemas con las autoridades españolas, muchas de sus obras se estrenaron en el extranjero, por lo cual el autor estableció contactos con el mundo teatral de estos y otros países. Esta experiencia amplió los horizontes intelectuales de Sastre. Conoció las obras de muchos dramaturgos extranjeros e intentó llevar piezas de diferentes países a las tablas. De esta manera internacionalizó el teatro español y al mismo tiempo se convirtió en una figura internacional.

De joven Sastre sufrió una crisis religiosa que le hizo cuestionar sus creencias católicas. Por un lado, le atraía el relativismo moral, el cual le permitía examinar y revisar continuamente sus propias convicciones. Por otro, sentía la necesidad de respaldarse en alguna doctrina. Sastre encontró una solución en el marxismo, ideología que le atraía por su fe en la transformación social y su purismo moral. La noción de la literatura *engagée** o «comprometida» avanzada por el filósofo marxista Jean-Paul Sartre (1905-1980) le abría la posibilidad de convertir su teatro en un instrumento de lucha. Sartre rechazaba el concepto del «arte por el arte»; según él, el arte debía estar al servicio de una causa o ideología. Al principio, este tipo de *engagement* provocó algunas vacilaciones en Sastre. Se dio cuenta de que el comprometerse con una ideología en particular significaba necesariamente cerrar los ojos a las demás. En ese momento Sastre aún se consideraba cristiano, aunque no católico, y defender una doctrina claramente hostil al cristianismo le incomodaba. Más tarde se volvió ateo y dejó de preocuparse por estas contradicciones. Sin embargo, varios críticos han señalado que su conflicto religioso dejó claras huellas en su obra. En sus piezas más maduras Sastre tiende a plantear problemas en vez de sugerir soluciones.

Durante toda la década de los cincuenta Sastre produjo constantemente. Además, en 1956 publicó *Drama y sociedad,* colección de ensayos en la cual expone sus ideas sobre el teatro. A fines de los 50 comenzó a interesarse por las teorías del dramaturgo alemán Bertolt Brecht. La esencia del teatro brechtiano es intelectual pero no emocional. Brecht creía que había que estimular al auditorio mentalmente y, al mismo tiempo, evitar que éste se identificara emocionalmente con la acción, para provocar el examen de la realidad política y social. Con este fin, Brecht introducía en sus dramas elementos que hacían al espectador consciente de la artificialidad de la obra—como, por ejemplo, parlamentos que el actor dirige al público o repeticiones ilógicas. A Sastre le atraía la noción del teatro como instrumento de cambio social, pero al principio le molestaba la práctica de distanciar al espectador de la acción. Más tarde empezó a integrar algunas técnicas brechtianas en sus obras.

En 1960 Sastre y su antiguo compañero Quinto formaron el Grupo Realista con el fin de montar obras novedosas y políticamente provocadoras. A pesar de los problemas que tuvieron con la censura, lograron varios éxitos, entre ellos uno con una obra del dramaturgo italiano Luigi Pirandello.

Partidario entusiasta de Fidel Castro, en 1964 Sastre visitó Cuba, donde participó en un festival de teatro latinoamericano. Aunque quería visitar los Estados Unidos y tenía invitaciones de varias universidades norteamericanas, se le negó el visado. Durante los años 70 Sastre y su esposa fueron encarcelados por sus actividades políticas. En 1988 logró conseguir permiso para hacer una gira por los Estados Unidos y asistió al Simposio sobre el Teatro del Siglo de Oro que tuvo lugar en la Universidad de Texas, El Paso. Sastre sigue escribiendo y sus obras han sido traducidas a varios idiomas.

Las cintas magnéticas (1971) es una obra escrita para la radio. El tema—la censura—encierra un desafío para el dramaturgo: ¿cómo tratar el problema del silencio en una obra creada para un medio que depende enteramente del sonido? En una nota introductoria el autor pregunta: «El personaje amordazado, mudo o narcotizado (‹afásico› o, literalmente ‹afónico›)... ¿puede ser un personaje ‹radiofónico›?» Sastre resuelve el problema al recurrir a las cintas mag-

néticas, las cuales hablan por el periodista que se encuentra incapaz de hablar por sí mismo.

La acción tiene lugar dentro de los laboratorios del doctor Schneider, un torturador que mantiene a González, periodista puertorriqueño que escribe para un diario norteamericano, maniatado y en un estado de afasia. A pesar de esto, González logra señalar la existencia de unas cintas magnéticas en las cuales relata sus experiencias en Vietnam. En ellas González describe los efectos deshumanizantes de la guerra, que convierte a los hombres en bestias literalmente. Los soldados americanos, muchos de ellos de pequeños pueblos, no entienden ni dónde están ni para qué luchan, pero, enfrentados con la violencia del combate, se transforman en lobos. Las autoridades tratan de acallar a González, que representa un estorbo para la maquinaria propagandística oficial representada por la voz de Karsten. Al presentar el problema de la censura dentro de un contexto extranjero, Sastre lo universaliza y evita una condena directa del gobierno de Franco. Pero la última escena recuerda al público español que ellos también viven en un terrible silencio deshumanizante impuesto por un gobierno represivo. La obra termina como empieza, a medianoche, la medianoche interminable y oscura del silencio.

Las cintas magnéticas

(Van sonando lentas, solemnes, las doce campanadas de la medianoche en un viejo reloj. Golpes quedos[1] en una puerta.)

SRTA. HERNÁNDEZ. Doctor, doctor.
DOCTOR. Hummm.
SRTA. HER. Es el señor González. Ya está aquí.
DOC. No sé a quién se refiere.
SRTA. HER. Al periodista que quiso verle ayer.
DOC. Ah sí, ah sí.
SRTA. HER. Usted le está esperando a esta hora... al menos teóricamente. ¿No se acuerda, doctor?
DOC. Ya, ya, perfectamente; sí.
SRTA. HER. Una hora extraña, sin embargo. *(Suena viento fuera y rumor de lluvia. Un trueno.)* También al señor González se lo pareció: «una hora extraña», dijo.
DOC. ¿Extraña por qué? (Se oyen chillidos[2] como de ratas torturadas.) ¿Qué pasa ahí? ¿Qué gritos son

---

[1] *Soft.*
[2] *Screeches.*

esos? *(Con terror.)*

SRTA. HER. Es en el laboratorio, doctor. Los bichos están nerviosos con la tormenta.[3] Particularmente los murciélagos.

(Empiezan a sonar de nuevo las doce campanadas.)

DOC. ¿Qué es eso? ¿Otra vez la medianoche?

SRTA. HER. Es el otro reloj. El de la torre. Va un minuto atrasado.

DOC. Perdóneme, señorita Hernández. En realidad es que me estoy despertando lentamente. *(Con lúgubre humor.)* «Una vez, en una melancólica medianoche..., mientras débil y cansado cavilaba..., mientras cabeceaba[4] casi adormecido..., ¡ah sí!..., claramente me acuerdo de que fue en el yerto[5] diciembre... y de que cada una de las moribundas ascuas[6] labraba su espectro en el suelo, de que yo, ansiosamente, anhelaba la mañana... ¡Cuando de pronto se oyó un golpecito como de alguien que llamaba quedamente a la puerta de mi habitación! Debe de ser el viento que llama a mi puerta—murmuré adormilado—,el viento y nada más que el viento... El viento...»[7] *(Cambio brusco de tono.)* ¿Parece tan agitado como ayer?

SRTA. HER. ¿El viento?

DOC. *(Ríe.)* No, mujer... El extraño visitante nocturno. Su voz sonaba agitada, según usted misma me dijo; ¿no se acuerda?

SRTA. HER. Era..., ¿no se lo dije?..., una voz que parecía moribunda. Alguien que pide socorro... Alguien que..., no sé cómo decirle.

DOC. Siga.

SRTA. HER. Alguien que se está ahogando y pide auxilio.

DOC. ¿Y hoy?

SRTA. HER. ¿Hoy qué?

DOC. ¿Su aspecto corresponde a esa voz tan dramática?

SRTA. HER. Hoy... parece tranquilo. Incluso demasiado.

DOC. ¿Como si el peligro hubiera pasado ya?

SRTA. HER. Más bien... como si ya no pudiera experimentar peligro alguno; y usted perdone la expresión, si le parece muy literaria.

---

[3] *Storm.*
[4] *Nodded.*
[5] Rígido, frío.
[6] *Embers.*
[7] *Translated segment from the poem "The Raven," by Edgar Allen Poe (1809-1849), American poet known for his tales of horror and his morbid poetry.*

DOC. «Como si ya no pudiera experimentar peligro alguno». ¿Por qué? ¿Se refiere a algo concretamente?

SRTA. HER. Me refiero a que... Perdóneme, doctor. Atribúyalo, como usted suele decir, a mi fantasía; usted ya me conoce... *Me refiero a que parece que ese hombre hubiera muerto.* Ayer todavía experimentaba angustia. Hoy ya no: sus centros vitales parecen haberse apagado o extinguido... O quizá se encuentre bajo los efectos de una droga.

DOC. *(Ríe.)* Veamos, veamos. Hágalo pasar. *(Empiezan a sonar de nuevo, pero distintas, doce campanadas.)* ¿Otra vez las doce, señorita Hernández?

SRTA. HER. *(Ríe)* Ahora es el reloj del vestíbulo. Va tres minutos atrasado, doctor Schneider.

(Siguen sonando, lentas, las campanadas. Y, estridentes, los chillidos de los animales en el laboratorio. Puerta que se abre y se cierra con un ruido crispante.[8] Pausa.)

DOC. ¿El señor González? *(Silencio.)* Siéntese, por favor. *(Silencio.)* Usted me dirá, señor González. *(Silencio.)* ¡Señor! ¡Señor! ¿Se siente enfermo? *(Un ronquido leve y prolongado.)* ¡Señorita Hernández! ¡Venga, por favor! *(Pausa.)* Este hombre está enfermo, señorita Hernández.

SRTA. HER. Sí, señor.

DOC. Y éste es un Instituto de Biología; no una clínica de urgencia.[9]

SRTA. HER. En efecto, doctor. *(Lejanos chillidos de las ratas.)* ¿Qué le parece? ¿Una crisis cardiaca?

DOC. Acérqueme el fonendo.[10]

(Pausa. Ahora hay un espantable silencio. Se escuchan, ampliados y resonantes, anormales rumores de respiración y latidos cardíacos recogidos por fonendoscopio.)

SRTA. HER. ¿Preparo un inyectable[11]?

DOC. Sí. Timopatjna,[12] por favor. Oh, es horrible lo que hay dentro de este cuerpo. Un verdadero caos orgánico. (Ruido de líquidos y contracciones: es como si se oyeran monstruosamente los ruidos del intracuerpo.) Este hombre se está muriendo de terror. Mire, mire: estas pupilas horriblemente dilata-

---

[8] *Creaking.*
[9] *Emergency.*
[10] Fonendescopio, tipo de estetoscopio.
[11] *Shot.*
[12] *Antacid that coats the stomach.*

das. *(Un trueno. Las ratas chillan aterrorizadas.)* Qué horror. Es como una tormenta celular y mire qué rigidez periférica: extraño, verdaderamente extraño. Cinco centímetros cúbicos, en vena.

(Pausa.)

SRTA. HER. Mire, mire, doctor.

DOC. Sí.

SRTA. HER. Parece que reacciona un poco.

DOC. Temperatura.

SRTA. HER. 35,8.[13]

DOC. Está... helado de terror. Puede decirse que se le ha helado la sangre en las venas. Ssssh.. escuche.

(Se escucha como un ronquido, como una especie de estertor,[14] *hasta que se destacan unas vocales pero confusamente: A-I-A-A-E-I-A.)*

SRTA. HER. ¿Qué dice, doctor?

DOC. Escuche, escuche.

ESTERTOR. A-I-A-A-E-I-A.

DOC. Apenas si se distingue la vocalización. Está repitiendo algo.

ESTERTOR. A-I-A-A-E-I-A.

DOC. Anote, señorita Hernández: A-I-A-A-E-I-A.

ESTERTOR. *(Penosamente.)* La ita ma-ne-ica.

DOC. ¿Está anotando?

SRTA. HER. Sí, doctor.

DOC. ¿Y tiene alguna idea?

SRTA. HER. No, doctor.

DOC. Mire su maletín: ahí podemos encontrar alguna pista.[15] Estamos ante una grave crisis de afasia[16] y no podemos contar con sus explicaciones.

SRTA. HER. ¿Es correcto hacer una cosa así, doctor?

DOC. ¿Abrirle el maletín? ¿Usted sabe el nombre completo de este señor, su domicilio, su lugar de trabajo?

SRTA. HER. Sólo sé que se llama González y que es periodista, doctor.

DOC. Poca cosa, teniendo en cuenta la cantidad de españoles que se llaman González y que no pocos de ellos son periodistas.

ESTERTOR. La-ia-ane-ica.

DOC. Esperemos que su maletín sea más elocuente que el señor González, y tomaremos las medidas oportunas. Use la palanquita.[17] Yo asumo toda la responsabilidad.

SRTA. HER. No está cerrado con llave. Mire.

DOC. Perfecto. Así evitamos la fractura, ya que no podemos prescindir de la nocturnidad...

SRTA. HER. Oh, oh.

DOC. ¿Qué es?

SRTA. HER. Mire: eso es todo.

DOC. Unas cintas.

SRTA. HER. ¡Es lo que estaba tratando de decirnos, doctor!

DOC. ¿Él?

SRTA. HER. Sí. «Las cintas mag-né-ti-cas.

ESTERTOR. La-ia-ane-ica.

DOC. ¡Es cierto! Qué curioso.

SRTA. HER. ¿Le parece curioso? ¿En qué sentido?

DOC. Se ve que nuestro visitante conoce su debilidad..., digamos «locutora»[18]—su tendencia a caer en estados afásicos—y toma sus precauciones. Es... *(ríe)* su forma de conservar la voz. *(Ríe más.)*

(Trueno y chillidos lejanos.)

SRTA. HER. Doctor. *(El doctor ríe aún.)* Sin que yo quiera decir nada contra su ingenio, doctor, no me parece el momento más oportuno...

(Silencio. Empiezan a sonar, lentamente, doce campanadas.)

DOC. ¿Y ese reloj?

(Pausa. Siguen las campanadas.)

SRTA. HER. *(Con aprensión.)* No..., no hay más relojes en la casa.

(Pausa. Campanadas hasta su fin.)

DOC. A no ser que hayan instalado otro.

SRTA. HER. Puede ser. *(Silencio.)* O que haya empezado otra vez la medianoche.

DOC. *(Irónico.)* Cosa muy verosímil,[19] por cierto.

SRTA. HER. Hay otras más inverosímiles, doctor.

DOC. Sigamos.

SRTA. HER. Vea: el paciente ha caído como en una especie de sopor. ¿Le parece una reacción normal?

DOC. Sí..., dentro de lo que cabe: un sueño reparador. ¿Cuántas hay?

---

[13] *Centigrade.*
[14] *Death rattle.*
[15] *Clue.*
[16] Pérdida de palabra.
[17] *Crowbar.*

[18] *Speech.*
[19] Creíble.

SRTA. HER. ¿Cuántas qué?

DOC. Las cintas magnéticas.

SRTA. HER. Ah, sí. Son cuatro.

DOC. ¿Llevan alguna indicación?

SRTA. HER. Llevan simplemente unas letras. A, B, C...y D.

DOC. ¿Y?

SRTA. HER. Nada más.

DOC. ¿A qué espera?

SRTA. HER. ¿Diga?

DOC. Que a qué espera para ponerlas, señorita Hernández.

SRTA. HER. ¿Empezando por la número A?

DOC. Con arreglo a una lógica...

SRTA. HER. ... Aristotélica...

DOC. ¡Cierto! Olvidaba que es usted graduada en letras. En cualquier caso, ponga la A, en efecto. ¿No le importa que encienda la pipa? Nuestro paciente duerme ahora con una cierta placidez. Se relaja... y su pulso es, casi diríamos, normal... Adelante, adelante, señorita. ¿Es ya la medianoche?

(Empiezan a sonar de nuevo las doce campanadas. Después, silencio y...)

La cinta A *(Grabación)*

(Luego de varios ruidos muy confusos empieza a oírse una voz. Es una grabación inhábil[20] y la voz es tensa y como nerviosa.)

VOZ CONZÁLEZ. Me llamo Juan Antonio González Smith. Nacido en Mayagoez, Puerto Rico, 1926. Corresponsal de un periódico de Albuquerque, New Mexico. Vengo del Sudeste asiático, de Indochina, y he podido evitar, por medio de ciertas peripecias,[21] volver a los Estados Unidos. Me persiguen. Tengo a los agentes de la CIA detrás de mis huellas.[22] Hago esta grabación por si, antes de comunicar la terrible información de que soy portador fuera asesinado. Escuchen, escuchen mi mensaje... Oigan las cintas B, C y D en ese orden, por favor. La primera fue grabada el 30 de abril pasado en las selvas del Vietnam del Sur, el día 30 de abril, repito. Tengo en cartera[23] los demás datos y todas las precisiones necesarias. Fue una grabación muy aza-

rosa.[24] No existen testimonios gráficos de la escena en cuestión—aunque era plenilunio[25] y ello permitió hacer algunas fotografías—..., porque el fotógrafo, mi compañero Joe Morley, que las obtuvo, fue... —¡sí, por favor, les ruego que crean mis palabras!— fue *devorado esa misma noche* y yo, aterrorizado, no pude recuperar su cámara. ¡Eso es todo, por ahora, ciudadanos del mundo! ¡Escuchen en el nombre de Dios Todopoderoso! *(Cesa la grabación. Pausa.)*

DOC. ¿No hay nada más?

SRTA. HER. *(Después de una pausa en que se escucha el ruido de la cinta que pasa, muda.)* No. En esta cinta no.

DOC. ¡Pase a la cinta B!

SRTA. HER. Sí, doctor. En seguida.

La cinta B

(Ruidos mecánicos y de la selva. Un rumor leve—casi un susurro—de voces humanas, a continuación de un prolongado lamento y de un silencio largo.)

HOMBRE l. *(En voz baja.)* ¿Te pasa algo? *(Pausa.)*

HOMBRE 2. No. ¿Por qué lo dices? *(Pausa.)*

HOMBRE 1. Porque te quejas. *(Pausa.)*

HOMBRE 2. No. *(Pausa.)* ¿Qué hay por aquella parte?

HOMBRE 1. Nada.

HOMBRE 2. Oigo rumores, tú.

HOMBRE 1. No, no es nada, tú, no es nada.

HOMBRE 2. Y algo se mueve, tú.

HOMBRE 1. No, tú, no es nada. *(Silencio. Castañeteo[26] de dientes.)* Tiemblas una barbaridad, eh, tú.

HOMBRE 2. Pero siento calor: un calor estupendo.

HOMBRE 1. Yo también tengo sudores, Jimmy. En confianza: sudo a mares.[27]

HOMBRE 2. Y yo, de sentir algo, siento—¿cómo diría?—agradables dolores: eso es. *(Se queja.)* ¡Ay!

HOMBRE 1. No te comprendo, hijo; y al intentarlo me duele la cabeza. *(Silencio. Rumores de la selva.)*

HOMBRE 2. Qué solo está uno aquí. ¿Cómo se llama esto?

HOMBRE 1. Esto se llama No-sé-qué. Bitenam[28] o cosa parecida.[29]

---

[20] *Clumsy, amateur.*

[21] Cambios de fortuna.

[22] **Detrás...** *on my heels.*

[23] **En...** preparados.

[24] Arriesgada.

[25] Luna llena.

[26] *Chattering.*

[27] **En...** *Just between you and me, I'm sweating like a pig.*

[28] Vietnam.

[29] **O...** O algo así. (Los soldados ni siquiera saben el

HOMBRE 2. Muy lejos de Oklahoma, en todo caso.
HOMBRE 1. Oh, eso sí: yo soy de Massachusetts.
(Pausa.)
HOMBRE 2. ¿Hay alguien por ahí?
HOMBRE 1. Es el puertorriqueño que viene de Albuquerque y el fotógrafo de la revista No-sé-cuántos.[30] Están dormidos como cerdos ahí, en el cañaveral.[31]
HOMBRE 2. ¿Roncan los tíos?[32]
HOMBRE 1. Sí, por lo que parece.
HOMBRE 2. Entonces, era eso. *(Pausa)* ¿Lo tuyo cómo ha sido?
HOMBRE 1. ¿Cómo lo mío? ¿Qué?
HOMBRE 2. El cambio de tu cara en estos días: ¿te estás haciendo un hombre o qué?
HOMBRE 1. ¿Tanto he cambiado, tú?
HOMBRE 2. En cuestión de la cara y de las manos, sí.
HOMBRE 1. Las cosas de la guerra: que no se cuida uno. ¿Quién se lava los dientes, aquí en la selva? ¿Quién se corta las uñas? *(Un lamento)* ¿Lo ves cómo sufres, hombre? ¿Qué soldado[33] eres tú?
HOMBRE 2. Es aquí en la cabeza y por la parte de la mandíbula. Pero sufro como un soldado—¿qué te crees?—y tengo muy buen hambre y me comería una vaca cruda; así que no te me acerques, por si acaso.
HOMBRE 1. A mí me sucedió en la luna pasada: unas sensaciones así, como si se te hundiera la frente; y en la mandíbula como si te salieran dientes muy poderosos.
HOMBRE 2. Debe ser cosa de esta selva. *(Pausa.)*
HOMBRE 1. *(Aullido.)*[34]
HOMBRE 2. ¿Qué decías?
HOMBRE 1. *(Aullido.)*
HOMBRE 2. No te entiendo muy bien.
HOMBRE 1. *(Aullido más fuerte y prolongado.)*
HOMBRE 2. ¿Eh? Ehhh... *(Su «¿Eh?» se transforma en un aullido.)*
HOMBRE 1. *(Aullido triunfal, como si por fin se sintiera comprendido.)*
HOMBRE 2. *(Aullido más fuerte.)*
HOMBRE 1. *(Aullido horrible. Gritos.)*
GRITOS. ¡Socorro! ¡Socorro!

(Aullidos y gritos humanos en la agonía. Después un terrible silencio y la voz de González.)

GONZÁLEZ. *(Muy bajo.)* Grabo el epílogo de esta cinta dentro de un retrete,[35] en el Cuartel General de Saigón. No me atrevo a hablar con nadie de lo que he visto pero tengo que hacerlo. El campamento Cero Dos donde se han dado estos extraños casos de licantropía[36] se halla cerca de una pequeña aldea llamada Mi-Lai.[37] Los últimos gritos que se escuchan son de mi compañero Joe Morley, el fotógrafo. Mientras yo, haciéndome el dormido,[38] grababa la conversación de los soldados, él llegó a sacar unas fotografías de los monstruos; pero éstos se abalanzaron[39] sobre él y lo devoraron como fieras. Mientras lo despedazaban[40] yo pude escapar. Doy fe[41] de la autenticidad de este testimonio. González Smith, corresponsal del «Telegraf» de Albuquerque en el Sudeste asiático.

(Un «clic» y silencio. Pausa. Alguien marca un número de siete cifras en un teléfono.)

SRTA. HER. ¿A estas horas, doctor?
DOC. *(Después de una pausa.)* Con el médico de guardia, por favor..., a no ser que don Juan José se halle despierto. Gracias. *(Pausa.)* ¿Es usted, Ivárs? Discúlpeme lo intempestivo[42] de la hora. Soy Schneider. Necesito su ayuda sanitaria[43] para esta noche. ¿Entiende? Estoy en el Instituto. Sí, lo antes posible. Gracias. *(Cuelga.)* Vamos escuchando la cinta C, señorita Hernández, mientras nuestro amigo sigue disfrutando del mejor de los mundos posibles... ¡Beatus ille!*[44]*

(Empieza a sonar la...)

---

[30] *Something-or-other.*
[31] *Reed field.*
[32] *Guys.*
[33] **Qué...** *What kind of soldier.*
[34] *Howl.*
[35] *Bathroom, toilet.*
[36] *Illness in which the patient thinks he turns into a wolf.*
[37] *Mi-Lai was the site of a highly publicized military crime in which American soldiers massacred unarmed civilians. In 1971, Lt. William L. Calley (1943-) was charged with responsibility for the mass murder and found guilty by a military jury.*
[38] **Haciéndome...** *pretending to be asleep.*
[39] *Pounced.*
[40] *Tore him to pieces.*
[41] **Doy...** *I swear.*
[42] Inoportuno, incómodo.
[43] Relativa a la salud.
[44] **Beatus...** Dichoso aquél. (Comienzo del primer verso del segundo épodo del poeta latino Horacio [siglo VII a.C.].)

nombre del lugar donde están peleando.)

VOZ GONZÁLEZ. *(Alegre.)* ¡Vamos en un jeep del ejército hacia el Campamento Cero Dos! Afortunadamente el coronel Hamilton ha sido abierto y comprensivo... Me temía *(ríe)* la camisa de fuerza[45] o algo peor; y, en lugar de eso, he aquí una comisión investigadora de la que yo mismo formo parte. Es una mañana lluviosa y el jeep se abre paso[46] penosamente, casi sumergido en el fango[47]; pero eso no importa. Mis compañeros de comisión son el teniente Green, a cuyas órdenes vamos, y el doctor Wallace, jefe de los servicios psiquiátricos a nivel de División expedicionaria. Teniente Green, ¿usted podría adelantarnos alguna opinión personal sobre este extraño asunto?

T. GREEN. *(Risa.)* ¡He de decirle sinceramente que no creo ni una sola palabra de su historia! Cumplo órdenes superiores y eso es todo.

VOZ GONZÁLEZ. ¿Estima usted desacertada[48] la decisión del coronel Hamilton de enviar esta comisión al lugar del suceso?

T. GREEN. Nunca discuto las órdenes de mis superiores, señor González.

VOZ GONZÁLEZ. ¿Admite usted, al menos, que el fotógrafo Joe Morley murió de manera extraña y en circunstancias no menos extrañas?

T. GREEN. No, señor; no lo admito.

VOZ GONZÁLEZ. En su opinión, ¿es normal morir devorado de ese modo..., diríamos tan salvaje?

T. GREEN. En esta guerra, todo lo que sea morir me parece perfectamente normal, señor González. En cuanto a Joe Morley es evidente que murió devorado por una bestia hambrienta, pero no conozco tanta zoología ni tampoco tan a fondo este país, como para determinar su especie. También es posible que haya sido una hazaña de los enanos rojos.[49]

VOZ GONZÁLEZ. Muchas gracias por sus palabras, teniente Green. *(Corte y:)* Doctor Wallace, ¿lleva alguna hipótesis previa como especialista científico de esta comisión?

DR. WALLACE. No quisiera ofenderlo con mis palabras, señor González.

VOZ GONZÁLEZ. ¡Hable, hable sin miedo, doctor Wallace! Los periodistas tenemos la piel muy dura: es necesario para nuestra supervivencia.

DR. WALLACE. He aquí, entonces, mi punto de vista:

temo por su salud mental.

VOZ GONZÁLEZ. *(Ríe con humor.)* ¡Yo también, doctor Wallace!, pero explíqueme, por favor, su punto de vista.

DR. WALLACE. Hablaría de... de... de... percepción delirante de la realidad, por parte de usted, en un momento determinado. ¿Es usted alcohólico, señor González?

VOZ GONZÁLEZ. Diríamos que tomo algún whisky al atardecer; ¡en el caso de que lo encuentre, por supuesto! ¿Piensa que veo animalitos y otras cosas? Ja. Ja. Ja.

DR. WALLACE. Podría tratarse también de una psicosis endógena[50] o, lo que es más seguro, de una mera neurosis de guerra, en las que a veces aparecen signos delirantes de carácter «zoológico»: el enemigo es un lobo, diríamos en términos un poco filosóficos.

VOZ GONZÁLEZ. Se trata en este caso de soldados cuyo uniforme llevo yo también, aunque mi arma sea una máquina de escribir.

DR. WALLACE. ¿De escribir horrores?

VOZ GONZÁLEZ. Sólo los que veo, doctor Wallace.

DR. WALLACE. En casos más desarrollados reaparece, rezumando[51] sangre, la vieja consigna: «homo homini lupus».[52] Esa generalización se convierte en un fenómeno delirante cuando... *(Un extraño rumor mecánico.)* ¿Qué es eso? ¿Qué es eso? ¡Es algo que vuela sobre nosotros, algo que vuela...! ¡Como un horrible insecto que...!

T. GREEN. ¡Es un helicóptero de los nuestros, doctor Wallace! Un aparato que está cubriendo viaje.

DR. WALLACE. Gracias, gracias, teniente Green. *(Cambio de voz.)* Pues, como le iba diciendo, estas neurosis de guerra..., en mi opinión...

VOZ GONZÁLEZ. ¡Gracias, gracias, doctor Wallace! Eso es todo, por ahora. Me temo que no sea lo más conveniente que sigamos hablando en este momento. *(Disparos de armas automáticas. Gritos. Silencio largo. Por fin:)* Estamos en el campamento Cero Dos y hablamos con el coronel Anderson, bajo cuyo mando se hallan estas instalaciones militares. Coronel Anderson, ¿sabía usted que en algunos ambientes de Saigón este heroico campamento empieza a conocerse con el nombre de «Campamento de los Lobos»? ¿A qué puede deberse este curioso nombre?

---

[45] *Straitjacket.*
[46] *Moves ahead.*
[47] Lodo, barro.
[48] Errónea.
[49] Vietnamitas.

---

[50] Personal.
[51] Chorreando.
[52] **Homo...** El hombre es un lobo para el hombre. (Cita del dramaturgo latino Plauto [¿254?-184 a.C.].)

ANDERSON. *(Aúlla.)* ¿Eh? Ah, ahhh...aaaah. ¡Caaa...rajo de caaa...brones de la capital![53]

VOZ GONZÁLEZ. ...Ello se debe a que corren rumores de que, entre los soldados de estas unidades se están dando ciertos casos de bestialismo, no explicables por las vicisitudes normales de la guerra.

ANDERSON. *(Aúlla.)* Ene... migos de la patria americana. Ajjj... *(Aúlla.)*

VOZ GONZÁLEZ. Cálmese, por favor, coronel Anderson. Quería hacerle una pregunta, si usted me lo permite: he podido observar, a través de sus elocuentes palabras, que se halla usted afectado por un cierto...digamos, por un cierto tartamudeo.[54] ¿Esta dolencia es—ejem—congénita, o ha sido adquirida durante la campaña? *(ANDERSON aúlla y su aullido se prolonga hasta convertirse en una risa histérica.)* ¡Corto![55] ¡Corto! *(Clic y silencio, hasta que:)* Una hora después me dirijo al capitán Williams. Capitán Williams, ¿a qué atribuye la crisis del coronel Anderson? ¿Quizás exceso de trabajo?

CAP. WILLIAMS. *(Voz ronca y animal.)* Sí... evidentemente haber mucho trabajo. Limpieza de la zona. Enanos rojos. Lucha por la democracia en este país.

VOZ GONZÁLEZ. ¿Ha terminado ya la limpieza de esta zona?

CAP. WILLIAMS. Ayer hemos limpiado la aldea de Mi-Lai.

VOZ GONZÁLEZ. ¿Encontraron mucha resistencia?

CAP. WILLIAMS. No les dio tiempo, ¡je,je,je! Mañana seguiremos la operación con nuestros bravos soldados cuya acometividad[56] aumenta de día en día.

VOZ GONZÁLEZ. Nos dicen que los soldados Jimmy O'Neill y Tom Patterson, de la 4ª Compañía, se hallan en la enfermería desde hace dos semanas, sometidos a cierto tratamiento.

CAP. WILLIAMS. *(Bruscamente)* No hay comentarios sobre este asunto.

VOZ GONZÁLEZ. Existen testimonios de que en este campamento se están produciendo algunas extrañas enfermedades y de que el fenómeno tiene carácter epidémico. ¿Qué podría decirnos sobre ello?

CAP. WILLIAMS. Sobre ello, no hay comentarios.

VOZ CONZÁLEZ. ¿Mañana, al amanecer, podríamos visitar a los soldados de esta unidad en sus tiendas y barracones?[57]

CAP. WILLIAMS. No... no... no creo que haya inconveniente, salvo los tinglados[58] que contienen secretos militares.

VOZ GONZÁLEZ. ¿A qué tinglados se refiere? ¿También al gran barracón de la Cruz Roja?

CAP. WILLIAMS. Tam... también al barracón de la Cruz Roja.

VOZ GONZÁLEZ. ¿Se trata, pues, de algunas enfermedades... secretas?

CAP. WILLIAMS. No hay comentarios sobre este asunto.

VOZ GONZÁLEZ. ¿De qué se trata? ¿Sífilis? ¿Drogas?

CAP. WILLIAMS. *(Con un ligero aullido.)* Sin comentarios, le he dicho, periodista de los... demonios. *(Aúlla.)*

VOZ GONZÁLEZ. *(Precipitadamente.)* Gracias por su gentil información, capitán Williams. *(Clic y silencio. Hasta que volvemos a oír, pero ahora en un susurro, la voz de GONZÁLEZ que sigue su grabación.)* Ahora es casi la medianoche y me encuentro en las proximidades del gran barracón marcado en sus paredes y en su techo con unas enormes cruces rojas. No he podido acercarme a sus paredes porque está custodiado por una fuerte guardia armada de ametralladoras,[59] apostadas en sus cuatro esquinas. Cosa extraña... El silencio es en estos momentos total, lo que no es frecuente en estos parajes[60]... Es... un silencio que parece preludiar algún fenómeno que fuera a producirse. Escuchen, escuchen. *(Un tiempo de absoluto silencio en la grabación, y al fin:)* No me atrevo a aproximarme más al barracón porque esta noche hay luna llena y el campo está enormemente iluminado. Me hallo todavía bajo una funesta impresión, aparte el lamentable caso del coronel Anderson, que ha sido hospitalizado en Saigón bajo estrecha vigilancia, según me dicen. Me refiero a una triste y, más que triste, espeluznante[61] noticia que ha llegado esta noche al campamento y que he podido interceptar mediante un pequeño soborno[62] de droga al oficial de cifra[63]: el coronel Hamilton, que ordenó esta investigación, ha sido mortalmente herido en el cuello cuando descansaba en su pabellón del Cuartel General, en Saigón. Se habla en el despacho de una terrible

---

[53] **Caaa...** *Damn bastards from the Capital!*
[54] *Stuttering.*
[55] Apago (la grabadora).
[56] Ferocidad.
[57] **Tiendas...** *tents and barracks.*
[58] *Sheds, barracks.*
[59] *Machine guns.*
[60] Lugares.
[61] *Hair-raising.*
[62] *Bribe.*
[63] **Oficial...** *officer on duty.*

mordedura, lo que me hace pensar que se confirma el carácter epidémico de la dolencia en cuestión. ¿Eh? ¿Qué es eso? ¡Escuchen! ¡Escuchen! *(Se oyen aullidos lejanos, de lobos. La voz de* GONZÁLEZ *se hace temerosa.)* ¡Los aullidos proceden del interior del barracón de la Cruz Roja...! Los centinelas parecen nerviosos..., se agitan bajo esta luna gigantesca; se remueven alrededor de las ametralladoras... ¿Eh? Parece que algo responde a los aullidos del barracón... ¿O si no qué es eso? *(Aullidos más lejanos y otros responden como ecos.)* ¡Sí... , sí..., es una respuesta..., una respuesta desde el campamento! ¡Debe... debe estar produciéndose una horrenda metamorfosis en las tiendas del Cero Dos! ¡El campamento empieza a ser un clamor bestial! *(Horrendos y generales aullidos.)* ¡Esto es horrible! ¡Paraje maldito! ¡Algo..., algo espantoso sucede...; un salto atrás, hacia el vacío, hacia la noche de los tiempos... en busca del mono primigenio y del hermano lobo que aúlla su sed de sangre...en un medio prehumano! ¡Socorro! ¡Por el amor de Dios..., socorro! *(Clic. Silencio. Ahora es la voz pausada del doctor* SCHNEIDER *lo que se oye.)*

DOC. Señorita Hernández.

SRTA. HER. ¿Doctor?

DOC. Vamos a la última cinta. Es una novela muy interesante.

SRTA. HER. ¿Le parece una novela, doctor?

DOC. He dicho «muy interesante», y eso quiere decir que, en mi opinión, la fábula tiene algo que ver con la realidad. Siga. *(Pausa.)*

Cinta D

VOZ GONZÁLEZ. Lo siguiente no es una grabación que yo haya realizado. Un compañero la encontró al final de una operación de limpieza, a los pocos días de ocurrir lo grabado en la cinta C, entre los efectos personales de un muerto: el famoso escritor y Premio Nóbel Julius Karsten. La paso a esta cinta D sin corregir ni manipular nada de ella: ni su contenido ni sus características técnicas. ¡Oigan la voz póstuma de Julius Karsten, de quien se dijo oficialmente, como ustedes recordarán, que había desaparecido durante la batalla!

KARSTEN. Amiga Rosie y queridos radioyentes: continúo con mis cartas desde el Sureste asiático. Esta madrugada, al formar las tropas para empezar esta expedición, reinaba un humor excelente y una gran camaradería. Nuestros muchachos rebosaban[64] salud y yo me decía: he aquí un pueblo que no sólo marcha hacia su propio y afortunado porvenir, sino que lucha desinteresadamente por el futuro de toda la humanidad, dando de sí lo mejor que tiene: su alegría y su juventud, su vida... Dulces son—me decía yo, viéndolos—las manos de nuestros bombarderos cuando catapultan su mortífera carga sobre estas tierras salvajes. El objetivo de esta operación de limpieza es ocupar con nuestra infantería ciertos territorios cuya situación no podemos revelar, querida Rosie, por razones estratégicas. El terreno ha sido ya previamente «preparado» por nuestra aviación y nuestra artillería, de tal modo que las tierras que ahora cruzamos ofrecen un aspecto ciertamente curioso y pintoresco: calcinadas, parecen como tierras lunares, ennegrecidas por la apropiada química de nuestros aparatos y despojadas de toda vegetación que pueda servir de alimento y escondrijo[65] a nuestros salvajes enemigos. La expedición avanza con ciertas dificultades, sin embargo; pero nuestros alegres muchachos cantan sus bellas canciones familiares. *(Ruidos a modo de canciones folklóricas. Voces, palabrotas[66]: coño, joder... ¿Quién se ha tirado un pedo[67]? Clic. Pausa. Sigue la grabación.)* Recibo mucha correspondencia en el sentido de que estas «Cartas a Rosie» son del agrado de muchos de ustedes y he de agradecerles muy efusivamente esa complacencia. Yo cumplo simplemente mi tarea de vivir la guerra para ustedes, que disfrutan, en sus hogares, las delicias de la paz americana: aquí, sin embargo, ¡sangre, sudor y lágrimas!, sudores y trabajos con los que nuestros hombres salvaguardan esa paz de que ustedes, bajo el manto real de la democracia americana, disfrutan. *(Clic. Pausa. Sigue más emotivamente.)* Estamos aproximándonos, según información directa del teniente Pearsons, a la aldea A, objetivo de la primera fase de esta operación... Algo así como un estremecimiento[68] eléctrico recorre la columna ante la inminencia de la entrada en contacto con el enemigo. El Espíritu de la Ordenanza[69] se apodera de todos estos corazones rebosantes de vida. ¡Relampaguean[70] los ojos de nues-

---

[64] *Were exuding.*
[65] *Hiding place.*
[66] *Obscenidades.*
[67] *Fart.*
[68] *Shock.*
[69] *System of command.*
[70] *Flash, gleam.*

tros muchachos ante la certidumbre de la sangre! ¡Se olfatea el aire, casi animalmente, ante la posibilidad de una emboscada[71] de los enanos rojos! Hay—¿por qué negarlo?—como una cierta angustia en el aire. ¡Un hálito[72] mortal dilata las ventanas de la nariz del soldado, y su pupila penetra entre las sombras... radiografiando los negros espectros de la muerta vegetación... por si en sus rugosidades[73] se hallara la gusanera[74] asesina! ¡De pronto circula, como una corriente eléctrica, la orden de despliegue![75] ¡Cuerpos a tierra en las proximidades de la aldea que, por cierto, parece deshabitada! Pero el soldado sabe de las falacias del silencio... ¡Nada más desértico—¡ni un paisaje lunar!—, nada más desértico que un campo de batalla antes de que el combate se desencadene! ¡Los hombres se pegan a la tierra como larvas, bajo una sombra o aprovechando el más ligero accidente del terreno! ¡No hay nadie, no hay nadie, cuando de pronto el campo se puebla de vida, explosiones y horrenda destrucción! *(Voz muy baja.)* Éste es, precisamente, el delicado momento en que *todavía no hay nadie...* ni nosotros mismos... *(Susurra.)* ¡Nadie..., nadie! Estoy tendido bajo el esqueleto de un arbusto... Nuestros hombres se han transfigurado en silentes reptiles, de delicadísimo reptar,[76] de ondulados y rítmicos movimientos, aprovechando cualquier escabrosidad[77] de esta tierra quemada... avanzan a mi lado, rebasando[78] mi posición... Su respiración es un resuello[79] casi animal; es como... —¿escuchan? —como una respiración perruna, nuncio[80] y anuncio de asalto... ¡Oh la belleza de estos reptiles, raza de dragones, casi alados en los momentos cruciales del asalto a la bayoneta! ¡Oh la heroica metamorfosis de Apolo[81] en el lobo estepario,[82] en el perro guardián de los tesoros de la patria; en los canes cerberos[83] de nuestra democrática opulencia! Ahaah... ¡de pronto un despegue[84] de feroces gacelas! *(Tiros en ráfagas.[85] Gritos. Interjecciones.)* ¡Querida Rosie, queridos radioyentes! ¡La lucha ha comenzado! ¡Nuestros soldados se transfiguran en el asalto! ¡Sus manos son—¿cómo decirlo?—garras, garras de acero; sus dientes se afilan, prestos a morder el turbio corazón del enemigo! ¡Oh, qué espectáculo, Dios mío! ¡Qué magnífico espectáculo! ¡Velludos[86] en su espléndida virilidad, atacan nuestros chicos! ¡Vaqueros de nuestras granjas—oh, padres de Oklahoma, Arkansas, Nuevo México, estad orgullosos de vuestros hijos—, fundidores,[87] mineros, agricultores! ¡Negros de América, soldados! ¡ Puertorriqueños defensores de la libertad frente a la horda! ¡Sus mandíbulas se afirman en el ataque; sus frentes se deprimen facilitando el avance raudo,[88] incontenible! ¡América! ¡América! *(Aullidos. Aullidos. Horrendo fragor[89] de ametralladoras y otras armas automáticas. Lamentos. Ayes.)* ¡Espectáculo enorme, señoras y señores! ¡Enanos amarillos que se debaten[90] en el fango, en los horrores de su último estertor de alimañas[91] sin nombre! ¡Moribundos salen de sus oscuras madrigueras![92] ¡Viejas arpías[93] con sus cachorros[94] rojos agarrados a sus mamas[95] exangües,[96] expiran, blasfemando de su creador! *(Grito de angustia.)* ¿Pero qué ocurre? ¿Contraatacan? *(Silencio. Siguen disparos y el pase de una cinta no grabada.)*

(Pausa silenciosa hasta un clic. Aún pausa.)

Extraño desenlace

DOC. ¿Eso es todo?
SRTA. HER. Sí, doctor. Eso es todo.
DOC. Deme esas cintas, por favor.

(Truenos lejanos. Chillidos animales.)

---

[71] *Ambush.*
[72] Respiración.
[73] *Ruggedness.*
[74] *Worm pit.*
[75] *Fan out.*
[76] *Slithering.*
[77] *Roughness.*
[78] *Going beyond.*
[79] *Hard breathing.*
[80] *Announcement, harbinger.*
[81] Dios del día y del sol.
[82] *Of the barren plains.*
[83] *Cerberuses, three-headed dogs who, in mythology, were the guardians of Hell.*

[84] *Surge.*
[85] *Bursts.*
[86] Cubiertos de pelo.
[87] *Foundrymen.*
[88] Rápido.
[89] Ruido.
[90] **Se...** combaten, luchan.
[91] Animales feroces.
[92] *Burrows.*
[93] *Shrews.*
[94] *Pups, cubs.*
[95] *Breasts.*
[96] Sin sangre.

SRTA. HER. ¿Qué le parece lo que ha oído?

DOC. Interesante. *(Estilo formalista, profesional.)* Querido colega, ¿trajo con usted el conveniente equipo sanitario?

DOCTOR 2°. *(Voz con resonancias cósmicas.)* Sí.

DOC. Entonces actúen a la mayor brevedad. El paciente va a despertar, dado lo benigno de la dosis calmante administrada.

DOCTOR 2°. Enfermeros: ar.

ENFERMEROS. *(Voz lúgubre.)* A la orden, mi coronel.

DOCTOR 2°. *(Doctoral, receta.)* Camisa de fuerza. Mordaza.[97] Ambulancia. Celda. Incomunicación.

ENFERMEROS. Sí, señor.

DOCTOR 2°. Adelante: ar. Un dos, un dos.

(Empieza como un lamento que acaba convirtiéndose en una sirena: ¿de una ambulancia? ¿De un coche policial? ¿De una fábrica? Y de pronto: silencio. Al fin.)

DOC. ¿Su opinión, doctor?

DOCTOR 2°. Se trata de un delirio. Caso grave, sin duda.

DOC. Yo pensaría más—querido colega—en una manipulación mercantil: el señor González habría escrito un drama para la radio... El señor González habría montado toda esta tremebunda[98] historia para lanzar su obrita teatral.

DOCTOR 2°. Usted habla de una locura benigna. Por el contrario, en mi opinión se trata sin duda de un loco peligroso. *(Trueno. Chillidos.)* De ahí que haya tomado mis precauciones, amordazándolo y maniatándolo.[99] Ejem. *(Discursivo.)* Estos delirios de carácter zoológico tienen una vieja tradición que se une en la noche de los tiempos. Se diría que, a través de ellos, el hombre se recuerda a sí mismo en cuanto a especie surgida, precisamente, de la noche zoológica. Es, además, una nostalgia de los felices tiempos míticos en que la posibilidad de una metamorfosis no era meramente un sueño... Los «blancos muslos de Leda»[100] estarían a nuestro alcance con este pequeño trámite de convertirnos, como Zeus, en cisnes...

SRTA. HER. Perdón, doctores: ¡Vean, vean lo que dice el diario «Madrid» de hoy! «Torrejón de Ardoz, 14. En unas eras[101] de esta localidad, ha aparecido el cadáver de la joven Consuelo García Sánchez, cuyo cuerpo ha sido parcialmente devorado. Se descarta la idea de que haya sido atacado por un lobo, dado que no se conoce tal animal en esta región desde tiempos inmemoriales. Se piensa que una fiera pudo haberse escapado de un circo que actúa en Alcalá de Henares». *(Silencio.)* ¿Rechazan ustedes la hipótesis de una epidemia, señores? *(Pausa penosa. La voz de la señorita HERNÁNDEZ se hace más insegura.)* La... la contaminación podría estar llegando a Europa a través de las bases militares[102]; es... *(nerviosa)* ¡es un decir[103]...! ¡Los datos...! ¡Entiendo que...! ¿Por qué me miran así? Yo no estoy loca o, por lo menos, no lo estaba hasta esta medianoche. Quizás... quizás estoy un poco fatigada, eso sí. Estos turnos de noche no me sientan[104] muy bien y, además, hoy está la tormenta...y las ratas y los murciélagos que chillan como demonios. ¿Qué les pasa? ¡Tienen..., tienen terror! ¡Adivinan lo que está sucediendo: los lobos que están naciendo de los hombres y que proliferan como una amenaza, bajo el paño de los uniformes, bajo las bellas telas con que nos vestimos en este mundo extraño, extraño, extraño! ¡Extraño, sí! ¡Extraño! ¡Ay! *(Un alarido.[105])* ¡Doctor Schneider! ¿Qué le pasa? ¡Doctor Ivars, tengan piedad de mí! ¡Sus rostros se vuelven peludos y terribles! ¡Sus manos se curvan como garras! ¡Sus bocas se convierten en espantables morros[106] de animales feroces, carniceros![107] ¿Por qué caminan ahora a cuatro patas? ¿Por qué me rodean? ¿Qué buscan, qué buscan? ¿Es a mí? ¿Qué quieren de mí? ¡Socorro! ¿Por qué me desgarran la ropa, me desnudan? ¿Por qué, por qué me desnudan? ¿Por qué pelean y se desgarran entre ustedes, doctores? ¡Doctor, doctor! ¡Yo no soy más que una chica que trabaja con usted desde hace cuatro años! ¡Yo puedo hacerle cuatro copias de un informe, yo puedo llamar al Director General y pedirle una entrevista, yo puedo llamar a los laboratorios! ¡Yo puedo hablar con los proveedores de ranas y murciélagos! ¡Pero...yo...! *(Grita hasta que su grito es sofocado*

---

[97] *Gag.*

[98] Terrible.

[99] Atándole las manos.

[100] Según el mito griego, Leda, esposa de Tíndaro, fue seducida por Zeus, quien se transformó en cisne.

[101] Campos.

[102] Los Estados Unidos tenían bases militares en España.

[103] Una manera de hablar.

[104] *Agree with.*

[105] Grito.

[106] *Snouts.*

[107] Que comen carne.

por una mordaza. Efectos «sonoros» sobre este amordazamiento. Silencio, al fin.)

DOC. Qué desagradable, ¿verdad?

DOCTOR 2º. Una crisis histérica.

DOC. ¿La ha atado bien a la butaca?

DOCTOR 2º. Sí.

DOC. ¿Y la mordaza?

DOCTOR 2º. Oh, estas mordazas no fallan, después de tantos años de experiencia.

DOC. Así pues, por lo menos, tendremos silencio, ¿no es así, colega?

DOCTOR 2º. Exactamente. Un delicioso y reconfortable silencio; bastantes gritos oímos en la clínica. *(Pausa.)* ¿Quiere un cigarro?

DOC. Sí, por favor. *(Pausa.)* Sírvase un whisky o una ginebra: aquí tiene hielo y todo lo necesario.

DOCTOR 2º. Gracias.

(En este momento empieza un silencio total que no debe durar menos de medio minuto y que, en opinión del autor, debería durar aproximadamente dos minutos. Al cabo de los cuales una voz nueva dice a los oyentes.)

VOZ NUEVA. Este silencio está dedicado a las censuras de todos los países y quisiera haber expresado, silenciosamente, algo de todo lo que no se dice en este perro mundo. Gracias.

(Empiezan a sonar de nuevo las doce campanadas de la medianoche.)

SRTA. HER. *(Voz soñolienta.)* Oh, ¿qué hora será ya?

DOC. *(Amable.)* Es medianoche, como siempre, señorita Hernández.

SRTA. HER. ¡Es verdad! ¡Qué pregunta la mía! ¿Cómo va a ser otra cosa que medianoche?

DOC. No tiene importancia: está muy fatigada por el exceso de trabajo, ¿verdad?

SRTA. HER. *(Suspira.)* ¿Mañana a la misma hora, doctor?

DOC. Sí, sí, claro; es decir, a las doce, desde luego.

SRTA. HER. Entendido, doctor. Hasta mañana a medianoche: que descanse.

DOC. Hasta mañana. Humm... *(Silencio. La tormenta lejana. Los chillidos de los animales.)* «Una vez, en una melancólica medianoche... mientras débil y cansado cavilaba..., mientras cabeceaba casi adormecido y ansiosamente anhelaba la mañana..., ¡de pronto se oyó un golpecito como de alguien que

llamaba quedamente a la puerta de mi habitación! Debe de ser el viento que llama a mi puerta— murmuré adormilado...—.

(Terminan de sonar, solemnes, las doce campanas. Entonces, en el silencio, se oyen unos golpes quedos sobre la puerta, como al principio de la obra.)

VOZ NUEVA. Pero ahora nadie, nadie responde... Y en este definitivo silencio termina este cuento de antiguo terror escrito, en la mortal primavera de 1971, para una radio de nuestro tiempo.

𝒯emas

Comprensión del texto

1. ¿Qué hora es cuando llega González? ¿Cómo crea el autor un ambiente de terror?

2. ¿Cómo es el ambiente del laboratorio? ¿Qué poema recita el doctor? ¿Qué efecto produce?

3. ¿Quién es González? Describa su estado físico. ¿Qué representa González?

4. ¿Qué revela la cinta B? ¿Cómo se transforman los soldados americanos en Vietnam?

5. ¿Qué le pasó a Joe Morley?

6. En la cinta C, ¿cómo reaccionan los oficiales del ejército norteamericano a los comentarios de González? ¿Qué revelan sus reacciones?

7. ¿Qué revela la entrevista con Anderson? ¿Cómo explica la situación el capitán Williams?

8. ¿Qué ha pasado en el barracón de la Cruz Roja?

9. ¿Cómo reacciona el doctor Schneider a la cinta C? ¿Qué empezamos a sospechar?

10. ¿Por qué grabó González la voz de Julius Karsten? Compare la descripción de Karsten de la batalla con lo que realmente está pasando. ¿Qué critica Sastre a través de Karsten?

11. ¿Qué le hace el doctor a González? ¿Cómo explican los doctores la historia de González?

12. ¿Qué le pasa a la Srta. Hernández al final de la obra? ¿Qué le hacen los doctores? ¿Cómo termina la obra?

Análisis literario

1. ¿Cuál es la importancia de la estructura circular de la obra?

2. ¿Cuál es la función práctica y dramática de las cintas magnéticas?

3. ¿Por qué coloca Sastre esta obra en un contexto extranjero?
4. ¿Cuál es su actitud hacia las autoridades norteamericanas? ¿Es la censura norteamericana lo único que se critica en esta obra?

Desde los setenta: La apertura hacia la transición democrática

En 1969 Juan Carlos I, nieto de Alfonso XIII, fue proclamado príncipe de España y sucesor de Franco. Tras la muerte del dictador en 1975, pasó a ocupar la Corona. En 1978 Juan Carlos I ratificó y acató la nueva constitución, la cual estableció un régimen de monarquía parlamentaria. El rey es el jefe de estado y de las fuerzas armadas, pero el poder ejecutivo le corresponde al gobierno de la nación. Tras las elecciones, el presidente es nombrado por el monarca, que lo propone después de consultar con grupos parlamentarios, una vez obtenida la aprobación del congreso. El parlamento (cortes generales) es bicameral y está compuesto del congreso de los diputados y el senado, cuyos representantes son elegidos por sufragio universal para un período de cuatro años. El poder judicial es independiente. La organización nacional se basa en comunidades autónomas, con parlamento y gobierno propios. Las lenguas regionales son oficiales en las diversas comunidades.

En 1982 se inició la prolongada etapa de gobierno del Partido Socialista Obrero Español (PSOE), presidido por Felipe González, durante la cual España se integró en la OTAN (Organización del Tratado del Atlántico Norte*) y en la Comunidad Europea. En 1996 el poder pasó al Partido Popular (PP) en las elecciones legislativas y José María Aznar fue nombrado presidente del gobierno. El Partido Popular, del centro-derecha, volvió a ganar las elecciones legislativas en el año 2000, esta vez por mayoría absoluta. Gracias a una economía fuerte y a una tasa de desempleo relativamente baja, Aznar ganó el apoyo de casi todos los sectores del país.

La España democrática ha producido un gran número de autores apreciables. En el caso del período de aquellos escritores que comenzaron a escribir a partir de los principios de los años setenta, tenemos aparte el problema de que no exista una distancia histórica que nos aclare el panorama. Tenemos que enfrentarnos, además a la coexistencia de diferentes generaciones en un mismo momento histórico, desde

---

* NATO.

la revalorización (no acabada aún) de los escritores exiliados durante la era de Franco a la influencia de la Postmodernidad* en una sociedad que, por motivos políticos, vivió aislada de lo que pasaba alrededor. Sin embargo, todo esto hace que la literatura española contemporánea sea un rico cruce de tradiciones e influencias, donde aparecen conjugados los clásicos del *Siglo de Oro* y la novela negra o el cine de *Hollywood*, la música española tradicional y el *jazz* o el *rock*.

Así, mientras la situación de la novela durante la dictadura pasa en los cincuenta por una época de ofrecer una semblanza de la situación del país y, durante los sesenta, se abre la puerta a la experimentación, desde los setenta, se encuentra que, sin renunciar ni a lo uno ni a lo otro, se busca a su vez recuperar el placer de contar una historia. Lo que encontramos en los autores contemporáneos es, en efecto, el gusto por la narrativa que desarrolla una trama, la vuelta al argumento como base fundamental de un género —como es el de la novela— que se desarrolla por cauces muy variados.

Entre los autores de este grupo que podemos mencionar, se encuentran Manuel Vázquez Montalbán (especialmente conocido por su ciclo del detective Carvalho y por su serie de biografías); Alvaro Pombo, Almudena Grandes, Arturo Pérez Reverte, el también cineasta Gonzalo Suárez, Julio Llamazares, el vasco Bernardo Atxaga, Ray Loriga, José Ángel Mañas, Félix de Azúa y muchos otros. Por supuesto, citamos nombres representativos a sabiendas de que otros muchos quedan fuera.

En todos ellos, sin embargo, se observa una producción que participa de muchas influencias —no solamente literarias— y que, partiendo de una historia concreta, ofrece su particular visión de un momento histórico. Muchas veces se trata de una reescritura de la realidad española contemporánea; aquí podemos citar especialmente novelas como *El jinete polaco* de Antonio Muñoz Molina, *Malena es un nombre de tango* de Almudena Grandes o la *Autobiografía del general Franco* de Vázquez Montalbán.

Otras veces, la novela se sitúa en escenarios provenientes de tradiciones narrativas. Obras como *El maestro de esgrima* de Pérez Reverte, *Héroes*, de Loriga o *Travesía del horizonte*, de Javier Marías muestran la influencia de escritores como Alejandro Dumas y Joseph Conrad, o de las canciones de David Bowie. En cualquier caso, en la inmensa mayoría de las novelas publicadas durante este período histórico tenemos la conjunción de una serie de influencias técnicas y culturales, y una conciencia metanarrativa,* que declara que estos autores son perfectamente conscientes de su propia artificiosidad.

También habría que mencionar la creciente presencia de escritoras en la escena literaria. A partir de los años setenta se produce una verdadera explosión de la novela escrita por mujeres. Ya la generación anterior había producido excelentes narradoras, pero el nuevo interés en el feminismo y los cambios sociales que se inician en el período después de la muerte de Franco fomentan una mayor participación de las mujeres en las actividades literarias. Autoras como Esther Tusquets, Marina Mayoral, Soledad Puértolas, Carme Riera y Rosa Montero se distinguieron durante las últimas décadas del siglo XX. Muchas nuevas escritoras comienzan su carrera escribiendo para periódicos, ya que el periodismo es una de las profesiones a las cuales la mujer tiene mayor acceso.

En cuanto a temas y técnicas, las escritoras de la generación postfranco se distinguen radicalmente unas de otras. Algunas han evitado intencionalmente los asuntos que tradicionalmente se asocian con la mujer—hogar, amor, religión—para explorar otros relacionados con la política, el trabajo o el poder. La amistad, la vejez y la muerte también son temas recurrentes en la nueva novela de mujeres, como lo es la misma creatividad, es decir, el proceso de crear una obra de arte, explorado por Carmen Martín Gaite en *El cuarto de atrás* (1978). Relacionado con este tema está el de la «escritura femenina»* si existe o no una sensibilidad especial que haga que la narrativa creada por mujeres sea, inevitable y reconociblemente, diferente de la de los hombres. La sexualidad—incluyendo la homosexualidad y otros temas anteriormente tabúes—ocupa un lugar importante en la novela de la nueva generación de escritoras. Por medio de la exploración de la sexualidad confrontan la jerarquía del poder que tradicionalmente ha dominado la sociedad española y exponen los prejuicios y la hipocresía de individuos e instituciones.

Como muchos escritores masculinos, las escritoras del último tercio del siglo XX muestran influencias extranjeras. En el caso de las mujeres, esto se debe parcialmente al dominio del feminismo norteamericano y francés, además de a la internacionalización de la ficción en general. Es sorprendente el número de cuentos y novelas de mujeres que tienen lugar en el extranjero o que incluyen personajes de otros países. Carme Riera, Cristina Fernández Cubas y Beatriz de Moura ejemplifican esta tendencia.

Es significativo el gran número de escritores—y escritoras—catalanes que se han destacado en el período postfranco. Barcelona siempre ha sido un importante centro cultural, pero con la liberalización de las leyes que, bajo la dictadura, habían impedido la publicación de obras en catalán, se ha asistido a un verdadera florecimiento literario en Cataluña. Entre los escritores catalanes más destacados habría que mencionar a Jaume Cabré, Quim Monzó, María Joseph Ragué Arias, Manuel Veiga, Ana María Moix, Montserrat Roig, Carme Riera y Concha Alós.

La situación de la poesía en España durante el período de la transición democrática también refleja una variedad de influencias y técnicas. Poetas como Rafael Alberti (perteneciente a la generación del 27), Gabriel Celaya (uno de los mayores exponentes de la poesía comprometida y fallecido en 1991), o Caballero Bonald (también de la generación de los cincuenta) siguieron publicando libros al mismo tiempo que fueron apareciendo nuevas generaciones y tendencias poéticas. El primer intento de una poética nueva aparecerá con los *novísimos*,* grupo encabezado por Pere Gimferrer, Guillermo Carnero y otros, que se dan a conocer fundamentalmente por medio de dos antologías ya a comienzos de la década de los setenta. Dentro de esta generación podemos citar también a Luis Antonio de Villena, Luis Alberto de Cuenca, Manuel Vázquez Montalbán, Jenaro Talens o Leopoldo María Panero. En todos ellos encontramos una tendencia culturalista que, a su vez, refleja un intento por recoger distintas influencias (entre ellas, la de los *mass media*) que se agrupan de forma aparentemente desordenada, como en un *collage*. Sin embargo, en la segunda mitad de los setenta aparece otra tendencia poética que, sin pretender una ruptura completa con los cauces poéticos anteriores, vuelve hacia la tradición en busca de un nuevo romanticismo (como Francisco Berejano o Alejandro Duque Alonso) o hacia la ironía y el humor (como Víctor Botas o Salvago). Asimismo, aparece con fuerza un grupo de mujeres poetas, entre las que se encuentran nombres como Ana Rossetti, Ángeles Mora o Juana Castro. Se ha señalado la distinción de tono entre los poetas del sur (más musicales y ligeros) y la escuela norteña, de carácter más rudo e irónico.

La situación del teatro desde los setenta se define por fenómenos dispares. Desde el punto de vista comercial, Antonio Gala fue el dramaturgo más exitoso de las décadas de los 70 y 80. Su primera obra, *Los verdes campos del Edén* (1963), la cual incorpora elementos del expresionismo y del idealismo poético, ganó el Premio Calderón de la Barca, pero provocó una reacción negativa por parte de la izquierda intelectual. Durante esas décadas Gala tuvo numerosos triunfos, entre ellos *Los buenos días perdidos* (1972), *Anillos para una dama* (1973), *Las cítaras colgadas de los árboles* (1973), *Petra regalada* (1980), *El cementerio de los pájaros* (1982), *Samarkanda* (1985) y *Séneca o el beneficio de la duda* (1987); también produjo algunas series para la televisión española. A través de sus piezas, Gala comenta la situación actual de España y la condición humana. Algunos de los temas que predominan en su obra son el consumismo, la obsesión con el dinero y el fanatismo; defiende el divorcio y hace hincapié en la importancia del amor y de la esperanza en la vida del individuo.

Aun antes de la muerte de Franco se observa en España una evolución hacia nuevas técnicas teatrales. A causa de la intensa censura impuesta por la dictadura, ciertos dramaturgos —entre ellos José Ruibal y Antonio Martínez Ballesteros— montaban obras potencialmente subversivas en cafés y otros espacios no teatrales. Estas piezas «subterráneas», a menudo muy cortas e imaginativas, no requerían de escenario. En el caso de que aparecieran las autoridades, los actores sencillamente se sentaban, sin dejar rastro del «espectáculo». Al terminar el franquismo, este tipo de teatro subterráneo* perdió su razón de ser y los dramaturgos asociados con el movimiento empezaron a ser conocidos como los Nuevos Autores.*

Algunos de los dramaturgos asociados con la escuela realista también empezaron a experimentar con otros subgéneros. Por ejemplo, en 1958 Carlos Muñiz escribió *El grillo*, obra más bien realista que trata de la triste situación de un oficinista que nunca recibe un ascenso. En 1961 escribió *El tintero*, su obra más conocida, de tipo neoexpresionista, que trata de un tema semejante, pero que colocó al autor en la corriente antirrealista de los Nuevos Autores.

Con la muerte de Franco, se intensificó la experimentación y se derrumbaron los tabúes que habían impedido la exploración de ciertos temas. Durante un breve período de transición, la desnudez en escena se puso de moda y asuntos anteriormente prohibidos, como la homosexualidad, el divorcio y la represión política y sexual, empezaron a ocupar un lugar importante en el teatro. En años recientes, el gobierno ha subvencionado varios proyectos dramáticos y se ha mejorado la calidad de las producciones.

Otro fenómeno importante que contribuye al desarrollo del teatro después de la muerte de Franco es el regreso a España de escritores que habían huido al extranjero, donde absorbieron nuevas ideas que enriquecerían su arte. Varios dramaturgos que no habían podido montar sus obras durante la dictadura alcanzaron fama en el extranjero. Fernando Arrabal, uno de los más conocidos, salió de España durante los años 50 y se integró al mundo teatral francés. Muchas de sus obras, que han sido montadas en diversos países, fueron publicadas originalmente en francés. El teatro de Arrabal, que incorpora elementos grotescos y surrealistas, constituye una fuerte condena del autoritarismo. Desde la muerte de Franco, sus piezas se representan en España, aunque no siempre con éxito.

También habría que mencionar al catalán Manuel Pedrolo, que está asociado con el teatro del absurdo*

francés. Durante el régimen totalitario las obras de estos dramaturgos tenían el atractivo de presentar una perspectiva diferente a la oficial, de dar una voz a la resistencia. Algunas de ellas se consideraban terriblemente atrevidas y chocantes. En el ambiente de libertad política y social que existe ahora en España, este tipo de teatro ha perdido su razón de ser. Sin embargo, algunos de los dramaturgos de aquella generación han tenido éxito en la arena nacional, entre ellos Luis Riaza y Luis Matilla, cuyas obras han sido representadas en teatros subvencionados por el gobierno, y Manuel Martínez Mediero, Francisco Nieva y, por supuesto, Antonio Gala, autores todos que han producido éxitos comerciales.

Nieva se merece una mención especial. Neosurrealista conocido por su «teatro de lo maravilloso», derrumba algunos de los mitos y creencias más arraigados en la sociedad española. Se estableció como dramaturgo con el triunfo de *La carroza de plomo candente* (1976), pero es conocido también como diseñador escénico y director. En 1979 ganó el Premio Nacional de Teatro y en 1986 fue nombrado miembro de la Real Academia Española.

Como el teatro se mueve al son del mercado, hoy en día las carteleras han seguido proponiendo nombres ya encumbrados (como Antonio Buero Vallejo o Antonio Gala) que continúan gozando de la aclamación popular. Por otro lado, aquellos autores que ya antes de la Guerra Civil habían intentado una renovación del lenguaje literario (como puede ser una parte de la producción lorquiana o valleinclanesca) sufrieron el fenómeno de la posguerra y la dictadura. Al final de ésta, se intentó realizar una transformación de las prácticas escénicas por parte de los grupos de vanguardia, normalmente interesados en romper la relación existente entre emisor y receptor y en potenciar todos aquellos aspectos que no son verbales dentro de la representación: el lenguaje corporal, la música o el vestuario. Así, aparecerán fenómenos como el teatro de calle* y la proliferación de compañías independientes, especialmente en Cataluña, con un matiz de crítica sociopolítica no exenta de ironía. Estos grupos, entre los que podemos citar a Els Comedians, La Cubana, Dagoll-Dagom, Lliure y Els Joglars, adquieren gran protagonismo dentro de la escena teatral española ya desde los ochenta.

Durante este mismo período se va formando el grupo de dramaturgos de los Nuevos Nuevos Autores,* encabezado por el actor de cine Fernando Fernán Gómez, cuya obra *Las bicicletas son para el verano* (1978) recibió el Premio Lope de Vega y gozó de gran aclamación popular. Aunque Fernán Gómez nació en 1921 y publicó su primera novela, *El vendedor de naranjas* en 1961, su producción literaria no ganó el reconocimiento que se le debía hasta los años ochenta, cuando se montaron varias de sus piezas y publicó su segunda novela, *El viaje a ninguna parte* (1985). Entre los dramaturgos más jóvenes habría que mencionar a Fermín Cabal y José Luis Alonso de Santos, quienes empezaron sus carreras con pequeños teatros independientes. La obra más conocida de Cabal es *¡Esta noche gran velada! ¡Kid Peña contra Alaracón por el título europeo!*, que trata del mundo del boxeo y muestra una influencia marcada del cine norteamericano. Alonso de Santos ganó el Premio Nacional de Teatro en 1985 por su obra *Bajarse al moro*, una exploración de la cultura de la droga. En 1989 el director de cine Fernando Colomo hizo una película basada en dicha obra. A diferencia del teatro realista de los sesenta, estas obras incorporan elementos del humor, experimentan con la escenografía y la iluminación cinematográficas, así como con el metateatro.*

El nuevo enfoque feminista ha inspirado a algunos dramaturgos—Gala, Nieva, Jaime Salom—a escribir obras que se prestan a interpretaciones feministas. Por ejemplo, en *Entre mujeres,* de Santiago Moncada, cinco mujeres se reúnen en la casa de una de ellas veinticinco años después de salir del colegio en que todas estudiaron. Por lo general, Moncada evita los estereotipos tradicionales; una de las mujeres es abogada, otra, una célebre escritora. Mediante sus canciones, juegos y comentarios hirientes, revelan las llagas que se han infligido y también el amor que las une. La obra plantea cuestiones importantes como: ¿podemos realmente conocernos unos a otros?, ¿nos reponemos de las heridas que sufrimos cuando niños, o duran éstas toda la vida?, ¿importa saber la verdad, o puede servirnos mejor una mentira? A pesar del éxito del teatro «feminista» escrito por hombres, relativamente pocas dramaturgas se han destacado. Una excepción es Ana Diosdado, que ganó la aclamación del público por su obra *Olvida los tambores* en 1970.

Durante las últimas décadas del siglo XX se produjo una revalorización del teatro clásico por parte de la compañía nacional, dirigida por Adolfo Marsillac y a la que se han venido sumando también otros grupos; clásicos de Lope de Vega o Calderón de la Barca recuperan toda su fuerza y demuestran su actualidad en nuevas adaptaciones. Han contribuido a este fenómeno los festivales de teatro clásico que se han realizado en Almagro y en otras ciudades.

Hoy en día el teatro español se enfrenta a numerosos problemas. Los costos de producción han aumentado terriblemente y, como en otros lugares, muchas personas prefieren ir al cine y ver televisión. Otros problemas de los cuales se quejan algunos dramaturgos son el entusiasmo del público por obras extranjeras y la crecida importancia de teatros provinciales en los que se montan obras en lenguas regionales. Estos teatros reciben dinero de las diversas comunidades autónomas—la de Cataluña tiene un programa especialmente activo para la promoción del teatro en catalán—y las obras en castellano no pueden competir con las locales en estas zonas. Otro problema es el culto al director, quien, según algunos dramaturgos, se ha convertido en la verdadera estrella de la producción. Directores como Marsillac atraen a un gran número de espectadores y en las carteleras su nombre figura con más prominencia que el del mismo autor de la obra.

Con respecto a la literatura en general, otro desarrollo interesante ha sido la influencia de corrientes hispanoamericanas. En las librerías españolas se encuentran las obras de García Márquez, Vargas Llosa, Isabel Allende y otros autores hispanoamericanos junto a las de Carmen Martín Gaite y Arturo Pérez Reverte. Muchos escritores hispanoamericanos publican en España, donde los esfuerzos de editoras prestigiosas como Plaza y Janés y de agentes literarios como Carmen Balcells han convertido sus obras en *best sellers* internacionales. Estas obras enriquecen la escena literaria española al introducir nuevas ideas y técnicas y al ampliar los horizontes de los lectores.

También habría que mencionar la «fecundación cruzada» entre novela, teatro, cine y televisión. Muchas nuevas películas están basadas en novelas o en obras de teatro, y estos géneros se nutren a su vez de técnicas cinematográficas. Célebres dramaturgos como Antonio Gala y Alfonso Sastre han escrito novelas y dramas para la radio y para la televisión y, como ya se ha mencionado, dramaturgos nuevos como Fermín Cabal y Alonso de Santos incorporan técnicas cinematográficas en sus obras.

La ficción: Primera fase

JUAN GOYTISOLO (1931-)

Nacido en Barcelona, a los siete años Goytisolo pierde a su madre, víctima de un bombardeo durante la Guerra Civil. En 1949 empieza a publicar sus primeras narraciones cortas en la revista *Destino*. Desde que publica *Juegos de manos* en 1954, a los veintitrés años, hasta 1961 (en que sale a la venta *La isla*), Goytisolo publicará seis novelas, dos libros de cuentos, un libro de ensayos (*Problemas de la novela*) y dos libros de viajes (*Campos de Níjar*, sobre la pobreza en el sur de España, y *Pueblo en marcha*, sobre su experiencias en Cuba).

En 1956 marcha en exilio voluntario a París, donde abrazará el marxismo (con el que romperá a mediados de los sesenta por la represión del propio Partido Comunista español y la situación de Cuba) y aceptará su homosexualidad. En este período, coincidente con la independencia de Argelia, empieza su acercamiento a la cultura islámica y recibe importantes influencias de Jean-Paul Sartre, Jean Genet y Américo Castro.

En 1966 aparece *Señas de Identidad,* novela que inicia una nueva etapa en la carrera de Goytisolo. Pertenece a un trilogía que completan *Reivindicación del conde don Julián* (1970) y *Juan sin tierra* (1975). En estas tres obras se ve una profunda renovación formal y temática. El autor da un giro radical a su estilo, influido por su interés por los clásicos españoles (en especial Góngora, en *Reivindicación*) y, si bien continúa presente el problema de España, ahora el protagonista es un extranjero en su propia patria, cuyas señas de identidad ya no existen. A su vez, el erotismo cobra mayor fuerza dentro del discurso. El interés del autor por el mundo árabe se manifiesta plenamente en *Makbara* (1980). Asimismo, Goytisolo ha publicado dos libros autobiográficos (*Coto vedado* [1985] y *En los reinos de taifa* [1986]), textos narrativos (*Paisajes después de la batalla* [1982], *Las virtudes del pájaro solitario* [1988], *La cuarentena* [1991]), varias recopilaciones de artículos (*Contracorrientes* [1985]) y una crónica sobre Sarajevo.

El texto que incluimos pertenece a *Reivindicación del conde don Julián,* obra que desarrolla una vieja crónica sobre la pérdida de España debida a la traición que el conde don Julián (gobernador de Ceuta a finales del siglo VII y principios del VIII) hizo al ayudar a los musulmanes a conquistar España para vengar un ultraje hecho a su hija. Con una narración en segunda persona, se describe el transcurso de un día en la vida del protagonista en Tánger. Los signos de puntuación se han depurado hasta la utilización de tan sólo los dos puntos y la descripción de los hechos por parte del narrador se mezcla con aquellos sucesos que imagina.

La acción que narra (un autobús de turistas que se detienen a contemplar a un encantador de serpientes) le sirve para recrear una escena imaginada en la que uno de los turistas resulta atacado por la serpiente y muere. Según el autor, es un suceso cotidiano al que él ha cambiado el final. Esta escena demuestra el enfoque «antiorientalista» de Goytisolo (siendo el Orientalismo* la tendencia de medir a todos los pueblos según la perspectiva europea) y una estructura narrativa en la que imaginación y realidad se funden y confunden. La serpiente, en otro orden de cosas, se convertirá en símbolo de la propia trai-

ción del protagonista, nuevo don Julián. Es de hacer notar, por último, el léxico complejo y denso, que demuestra la influencia del poeta barroco Góngora.

Reivindicación del conde don Julián

...al atravesar la puerta de la muralla los acordes punzantes de la música árabe se clavan violentamente en tus oídos: el autocar de los marcianos estaciona bajo los muros de la cárcel y el grupo turístico forma anillo en torno al encantador de serpientes: un viejo de tez oscura con chilaba[1] y turbante que toca una rústica flauta de caña acuclillado sobre una estera: el ofidio (culebra, áspid?) parece adormilado y, de repente, como respondiendo a convenida señal, adopta una postura defensiva y se yergue, casi vertical, con la cabeza tendida hacia adelante: oscilando como si quisiera inyectar su ponzoña, fascinado, en apariencia, por la música agreste del seductor: los defensores de vuestra amenazada civilización captan la escena con sus máquinas fotográficas y cámaras de cine y saludan con admirativas exclamaciones la proeza del viejo: que agarra la culebra y la enrosca alrededor de su cuello, incorporándose enseguida a colectar el justiciero homenaje: solemne y enfático: como el general Pershing[2] recibiendo la Grande Croix de Guerre[3] de manos de Clemenceau[4]: en tanto que sus adláteres[5] tocan rítmicamente el tamboril y el guía solicita voluntarios para posar con la sierpe sobre los hombros: un improvisado spich[6] emotivo y electoral: tranquilícense (pausa): no corren riesgo alguno: un souvenir inolvidable: the snake charmer is here to prevent the danger: ladies and gentlemen (evocativa pausa): para asombrar a sus queridos amigos de Minnesota o Colorado: su modesto y seguro servidor posará, of course, con ustedes: you don´t believe me? (pausa dramática): ah, no!: sabía muy bien que no dudarían de mi palabra: aquí están: one, two, three?: no se decide usté?: nadie le obliga,

---

[1] *Robe.*

[2] John Joseph Pershing (1860-1948), general norteamericano que estuvo al mando de las tropas de los Estados Unidos que penetraron en territorio mexicano de 1916 a 1917 y en el frente francés durante la primera Guerra Mundial.

[3] La gran Cruz de Guerra.

[4] Georges Clemenceau (1841-1929), primer ministro francés durante la primera Guerra Mundial. Negoció el tratado de Versalles en 1919.

[5] Seguidores.

[6] Speech.

señorita: dos voluntarios bastan: la señora y el señor: the fair lady and the good gentleman: desprendiéndose del resto del grupo, avanzando intrépidamente hacia la fama: conocidos tuyos los dos: uno de los notables del Bronx con pajarita[7] y sombrero y la Hija de la Revolución Americana escapada del álbum fotográfico de Avedon[8]: con el fez[9] rojo y los zapatones, pero sin las flores: retiradas, hélas,[10] por piadosa mano: multitudinaria, demagógica, sonriente: en posición de firmes mientras el viejo coge la sierpe y la deposita con cuidado sobre sus hombros: lista?: sí, lista: apoteósica[11]: en pleno triunfo: une vraie dame de la belle époque avec son boa[12]: es la escena de todos los días, pero cambiarás el final: estímulo exterior?: cólera súbita?: las dos cosas a un tiempo?: nadie lo sabe, ni probablemente se sabrá jamás: el hecho es que la serpiente sale de su letargo, repta[13], tortuosa, mediante ondulaciones afirmándose en sus escamas ventrales[14], se enrolla como una soga alrededor del cuello enjoyado de la mujer: su cabeza triangular y aplastada oscila conforme a una modulación hipnótica, sus ojillos agudos, de transparentes párpados, la acosan,[15] tenaces, como cabezas de alfiler: su lengua bífida[16] roza[17] la hojilla de papel que vela apenas el lomo despellejado de la nariz y, bruscamente, abre su boca dilatable, destinada a tragar grandes presas y hunde los diente huecos, situados en la mandíbula superior, en la mejilla abultada y carnosa: paralizados de estupor los miembros del grupo observan el edificante espectáculo: moralidad o fabliau,[18] de retablo flamenco o alegoría medieval: Mrs. Putifar tocada con el fez rojo y el irrisorio papel sobre la nariz y la levantisca sierpe con una raya en zigzag a lo largo del dorso, que torcida esconde, ya que no enroscada, la lasciva cabeza: instilando sin prisas el veneno de sus glándulas cefálicas: envuelta en un halo de respetuoso terror, en esa sutilísima zona sagrada que a tientas avanza con el bastón del ciego e impone en todas par-

tes el irrecusable anatema,[19] el imperioso entredicho[20]: minutos lentos, fugitivos instantes?: imposible saberlo: el carrete no corre ya: el plano es fijo: grupo escultórico mejor: tallado en piedra o cincelado en bronce: horas días semanas meses años: y, al final, el desplome[21]: Putifar hace esfuerzos desesperados por mantener el equilibrio: sus gafas espectaculares parecen agrandarse con el vértigo, como si la tierra fallara bajo sus pies...

Orientalismo

Temas

1. ¿Cómo comunica el autor el aspecto extraño del grupo de turistas? *los llaman marcianos*
2. ¿En qué consiste el exotismo de la escena? *norte de Africa*
3. ¿Por qué intercala el autor palabras en inglés? *impresionar*
4. Describa a los turistas que quieren que se les saque una foto con la culebra. ¿Cómo se burla Goytisolo de los norteamericanos?
5. ¿Por qué describe a la turista como «une vraie dame de la belle époque avec son boa»? ¿Por qué usa palabras francesas? Explique la ironía de esta frase.
6. ¿Qué pasa cuando el encantador de serpientes coloca la culebra en sus hombros?
7. ¿Cómo emplea Goytisolo lo grotesco para provocar la risa? ¿De qué se burla en esta escena?

La experimentación teatral

En los años ochenta se da un auge de grupos teatrales de carácter independiente en España. Esta circunstancia cobra mayor relevancia si tenemos en cuenta que aquellos dramaturgos que optaron por la vanguardia antes de la Guerra Civil no pudieron ser debidamente representados durante la dictadura. Obras de Valle-Inclán o García Lorca, de evidente novedad, no tenían mucha relevancia en el ambiente teatral del final del franquismo. Por ello, la nueva labor de renovación del teatro debía absorber diversas influencias que la enriquecieran. Estos grupos independientes, que habrían empezado a funcionar en su mayoría durante la década anterior, tienen una serie de características similares.

Para empezar, cuestionan el concepto tradicional de *teatro* (que venía de los cánones tradicionales, con el receptor pasivo; la primacía de un texto prede-

---

[7] Bow tie.
[8] Richard Avedon, famoso fotógrafo norteamericano.
[9] Sombrero árabe.
[10] Alas.
[11] Delirante, entusiasta.
[12] A real turn-of-the-century lady with her boa.
[13] It slithers.
[14] Del vientre.
[15] Amenazan.
[16] Dividida en dos.
[17] Bruces.
[18] **Moralidad...** Medieval morality play or fable.

---

[19] **El...** The unretractable curse.
[20] Abominación, maldición.
[21] Drop to the ground.

predeterminado sobre los elementos paraverbales; la narración lineal provista de un mensaje). Desde el punto de vista estético, parten de los preceptos de innovadores europeos como el dramaturgo y actor francés Antonin Artaud (1896-1948) y el hombre de teatro polaco Jerzy Grotowski (1933-). Artaud intentó reemplazar el teatro burgués con un «teatro de la crueldad», reduciendo la función a una ceremonia primitiva cuyo propósito era liberar el subconsciente y revelar la auténtica naturaleza humana. Grotowski, líder del teatro experimental y partidario de la participación pública en la experiencia teatral, a veces fuerza confrontaciones entre espectador y actor. Éstos y otros teóricos y directores de teatro—Jean-Louis Barrault y Jean Vilar, por ejemplo—emplean juegos de luces, títeres inmensos, gritos y provocaciones para subrayar la «teatralidad» del espectáculo y romper las barreras entre la acción teatral y el público.

Desde un punto de vista político, los nuevos grupos de teatro aprovechan la supresión de la censura dictatorial como trampolín para romper muchos de los credos del franquismo. Y desde un punto de vista social, intentan sacar el teatro a la calle, volverlo a convertir en una forma popular de expresión colectiva; la escena no es ya la escena que se abandonará tras la representación sino el espacio en el que existimos. Parten, muchas veces, de trasgresiones a la sociedad tradicional que se enlazan con instintos y rituales que existen desde el hombre primitivo: la simbología del fuego, del agua, de la luna; la fiesta, el sacrificio, el aspecto irracional y lúdico del ser humano; las procesiones de santos o de gigantes que se quemaban (que vienen tanto del cristianismo como de las costumbres celtas). Todo vale para sugerir más que para ofrecer un mensaje. Todo se encamina a asustar, divertir, subvertir, convertir y hacer participar al espectador. Esta mezcla de tradición y novedad, dada en su mayoría en un paisaje urbano, hace que estos nuevos espectáculos sean novedosos.

ANTONIO GALA (1936-)

Nacido en Córdoba, Gala es poeta, periodista, novelista y dramaturgo, pero es conocido ante todo por sus obras de teatro. También escribe para la televisión. Aunque la crítica no ha sido siempre favorable, sus obras han tenido gran éxito con el público y durante los años ochenta Gala llegó a ser el dramaturgo más popular de España.

Se ha criticado a Gala por la falta de contenido intelectual de su teatro. Se ha dicho que más que en las ideas, el dramaturgo hace hincapié en los sentimientos—el amor, la esperanza, la frustración, el abatimiento. Y sin embargo, en obras como *Los buenos días perdidos*, examina sus tiempos y su sociedad con un ojo crítico. En ésta y otros dramas reprocha a los españoles su materialismo, su avaricia, su falta de compasión; censura su hipocresía con respecto a la religión y la sexualidad.

Gala llegó a la atención del público en 1963, cuando ganó el Premio Nacional de Teatro Calderón de la Barca por su obra *Los verdes campos del Edén*, que alcanzó gran éxito en 1964. Siguieron dos triunfos más, *El sol en el hormiguero* (1966) y *Noviembre y un poco de yerba* (1967). Durante esta época Gala viajó a los Estados Unidos y dio conferencias en varias universidades. También tradujo y adaptó obras extranjeras como *Le Soulier de satin (El zapato de raso)* del dramaturgo francés Paul Claudel, *A Delicate Balance (Un delicado equilibrio)* del norteamericano Edward Albee y piezas del irlandés Sean O'Casey y de otros autores. Además de obras modernas ha hecho adaptaciones de obras de Shakespeare, Eurípides y Molière para Televisión Española.

En 1971 escribió *Cantar de Santiago para todos*, seguido en 1972 de *Los buenos días perdidos*, una de sus obras más populares. Por esta última recibió el Premio Nacional de Literatura y gozó de un segundo estreno a principios de los años ochenta. Gala siguió productivo a través de los 70, a pesar de tener numerosos problemas con el régimen a causa de su posición antifranquista. Una de sus obras, *Suerte, campeón,* fue prohibida por el gobierno. *Anillos para una dama*, que se estrenó en España en septiembre de 1973 también se montó en Nueva York en 1981, pero su «Paisaje con figuras», una serie creada para la televisión, fue condenada y retirada por la censura gubernamental. Durante esta época, un artículo que escribió para *Sábado Gráfico* provocó la ira de las autoridades y le llevó ante los tribunales. Después de la muerte de Franco, Gala empezó a escribir para *El País*, uno de los periódicos más influyentes de España, y sus obras gozaron de un tremendo éxito comercial. Entre las obras de este período se cuentan *Petra regalada* (1980), *La vieja señorita del Paraíso* (1981), *El cementerio de los pájaros* (1982), *Samarkanda* (1985), *El hotelito* (1987), *Séneca o el beneficio de la duda* (1987), *Carmen, Carmen* (escrita en 1975 y publicada en 1988), *Cristóbal Colón*, libreto de ópera editado en la revista *Gestos* en 1988 y publicado 1990.

Los buenos días perdidos es considerada una de las obras pioneras de la transición. El ambiente del drama refleja el caos del momento. Hacia principios de los sesenta ya era claro que a Franco le quedaba poco tiempo de vida y que el país avanzaba hacia la democracia con o sin la voluntad del dictador. España se industrializaba, los turistas europeos y norteamericanos llegaban en oleadas trayendo nuevas ideas, y el público exigía libertades, en particular, la supresión de la censura. Reinaban la incertidumbre, el malestar, la desorientación con respecto al futuro. *Los buenos días perdidos* representa una especie de microcosmos de la España de entonces; los personajes reflejan la mezcla de esperanza, voluntad y frustración que se sentía en el país.

La acción tiene lugar en un pueblo que podría ser cualquiera. El decorado refleja la tensión entre lo tradicional y lo moderno. La antigua capilla de Santo Tomé, situada en una iglesia del siglo XVI, ha sido adaptada como vivienda. Aquí y allá se encuentran «muebles de serie, modernos y de mal gusto». El autor señala que «El contraste entre la primitiva construcción y las adherencias posteriores debe ser violento y casi chirriante. Sólo el verlo debe producir dentera». Los administradores de la parroquia han vendido la mayor parte de los bienes de la Iglesia y se preocupan por la inevitable investigación. En esta atmósfera de intranquilidad, brilla la imagen de Orleáns, lugar mítico en que todos serían hermosos y felices y los españoles terminarían resolviendo todos sus problemas. Orleáns representa lo extranjero, lo europeo, lo progresista que no existe dentro de España pero que podría existir. Corresponde al deseo de tantos españoles de clase media de europeizarse, de liberarse de las décadas de represión, pobreza y censura. Consuelito, muchacha desdichada, triste, maltratada, articula una y otra vez su fe en Orleáns—sitio lejano, vago y completamente ajeno a su experiencia. Personaje que la crítica ha identificado como alegoría del pueblo español, Consuelito terminará por desilusionarse y morirá tirándose del campanario de la iglesia. A pesar de ciertos elementos cómicos, *Los buenos momentos perdidos* es una obra amarga que sugiere los obstáculos tanto sicológicos como materiales—obstáculos aún no claramente previstos en 1972—que esperarían al pueblo español en su período de transición.

Para la producción de 1972 Gala contó con la ayuda de dos talentosos hombres de teatro: José Luis Alonso, el director de montaje, y Francisco Nieva, que hizo la escenografía.

Los buenos días perdidos

CLEOFÁS. Te estábamos esperando.
LORENZO. *(Asustadillo.)* ¿A mí? ¿Por qué?

CLEOFÁS. Porque quería que oyeras una nota que manda el Obispado. La firma el secretario.
HORTENSIA. Hoy es el día de cartas.
CLEOFÁS. Dice así *(Abre un papel. Lo lee:)* «En nombre del señor Obispo tengo a bien poner en su conocimiento que, conforme a su solicitud—está dirigida a don Remigio—, queda usted relevado de su oficio de párroco por razones de edad y de salud, siendo sustituido por don Manuel Castresana Ruiz, quien tomará posesión de la parroquia el próximo sábado día siete de los corrientes».[1]
HORTENSIA. Lo que faltaba para el duro.[2] Esto es el sálvese quien pueda. ¿Qué te decía, Lorenzo? ¿Lo estás viendo…?
LORENZO. Y ¿qué... piensas hacer?
CLEOFÁS. No he terminado. *(Lee.)* «Asimismo el señor Obispo ha decidido que Lorenzo Gutiérrez, campanero de esa parroquia, sea ascendido, en virtud de sus méritos, a campanero mayor en la antigua catedral de Orleáns». ¿Comprendes?
LORENZO. *(Baja los ojos.)* Sí.
HORTENSIA. ¿A Orleáns? Pero, ¿qué barullo es ése? Ahora soy yo la sorda. Debe ser mi cabeza.
CONSUELITO. A Orleáns. *(A Cleofás.)* ¿Por qué no me lo dijiste antes?
CLEOFÁS. No estaba decidido todavía. Hasta hoy mismo dudaba el Obispado si mandar a Orleáns a Lorenzo o a mí.
HORTENSIA. ¿A ti? Y pensábamos que don Remigio estaba como una cabra.[3] Comparado con el obispo es Ramón y Cajal. En fin, tendré que hacerme a la idea de Orleáns. Viva el turismo...
CLEOFÁS. ¿Cuándo te vas?
LORENZO. Pues... yo creo que ahora mismo..., si te parece.
CLEOFÁS. Sí; cuanto antes. Estas cosas cuanto antes.
LORENZO. Tengo hecha la maleta.
CLEOFÁS. Ya la vi esta mañana. Pero se te olvidó meter las cosas de afeitar.
HORTENSIA. Espera un poco, hijo. Me ha pillado así, tan desprevenida. Espera un poco. *(Yendo hacia su cuarto.)*

Consuelito busca su cajita. Guarda la muñeca. Se interpone reiteradamente en los movimientos de Lorenzo, que va a la repisa de la barbería, toma sus avíos, los

---

[1] **Los...** este mes.
[2] **Lo...** Justo lo que se necesitaba.
[3] **Como...** loco.

guarda en la maleta, siempre con la vista baja. Pausa.

CLEOFÁS. Enhorabuena por el nombramiento.
Sale Hortensia con un envoltorio hecho rápidamente, que guarda en su baúl.

HORTENSIA. Éste es mi equipaje, Lorenzo. *(Él no la atiende. Pausa.)* Ésta es mi arca,[4] Lorenzo. *(Lorenzo cierra la maleta. Pausa.)* Te digo que ésta es mi arca.

CLEOFÁS. Ya lo hemos oído, mamá. *(Va a salir Lorenzo. Consuelito se interpone en la puerta. Cleofás la aparta con delicadeza. Pausa.)*

CONSUELITO. *(No sabemos a quién lo dice.)* Voy a tener un hijo.

CLEOFÁS. Lorenzo ya lo sabe, Consuelito... Y se alegra mucho ¿verdad, Lorenzo? *(Lorenzo hace un gesto algo avergonzado.)*

HORTENSIA. Lo sabía. No quería creerlo, pero lo sabía. Se han reído de mí. Se han estado riendo de mí. Detenlo, Cleofás. Se lleva nuestro dinero. Se lo lleva todo. Para eso le ha servido el uniforme.

CLEOFÁS. Cálmate, mamá. Te duele la cabeza.

HORTENSIA. Se lo he dado yo. Yo se lo he dado.

CLEOFÁS. ¿Por qué le ibas tú a dar dinero a Lorenzo? Adiós, y muchas gracias por habernos hecho tanta compañía a los tres. Nos ha servido de mucho que vinieras. Adiós.

Pausa. Sale Lorenzo.

HORTENSIA. ¡Se lo lleva todo! ¡Se lo lleva todo!

Consuelito, con un hilo de voz, sentándose en su silla, de espaldas a todo. Pausa.

CONSUELITO. Lorenzo... Yo iba a irme a Orleáns. *(Se levanta.)*

HORTENSIA. El amor llega demasiado tarde y se larga demasiado pronto. Siempre pasa lo mismo.

CLEOFÁS. *(Volviendo a sus candelabros.[5])* El amor es envejecer juntos. Lo demás son guarradas.[6]

HORTENSIA. Sí, sí, guarradas... *(Escéptica en eso.)* ¿Qué va a ser de mí? ¿Qué haré mañana? ¿Y pasado mañana? ¿Y dentro de treinta años?

CLEOFÁS. Dentro de treinta años, estarte quietecita

como doña Leonor. Hasta entonces, lo que todos: empezar cada día.

CONSUELITO. En Orleáns las casas son alegres, la gente se sonríe y va despacio mirando escaparates...

CLEOFÁS. ¡Orleáns es mentira!

CONSUELITO. *(Repite algo que alguien le ha contado.)* Los árboles son altos y dan flores azules. Él me había dicho que el amor, en Orleáns... *(No puede continuar.)*

CLEOFÁS. En Orleáns no lo hay. El amor es decir sí de una vez y tirar para alante.[7]

HORTENSIA. Hablando de amor ellos, ¿no te joroba[8]? *(Se levanta Consuelito.)*

CLEOFÁS. ¿Qué haces?

CONSUELITO. Las ráfagas para las setenta y dos estrellas...

CLEOFÁS. Ya tendrás tiempo. Necesito pedirte perdón.

HORTENSIA. Ay, a mí es a quien tenéis todos que pedirme perdón.

CLEOFÁS. Esta mañana he estado a punto de huir. De seguir río abajo y no volver ya más...

CONSUELITO. *(Se ha vuelto a sentar.)* En Orleáns todos somos guapos y listos.

CLEOFÁS. ¡Orleáns es mentira!

CONSUELITO. Y la felicidad es como un café con leche, que se toma y ya no te vuelves a acordar más. En Orleáns, al llegar, nos ponen un niño chico en brazos...

CLEOFÁS. Soñando no se puede ser feliz. Sólo se hace perder días de vida: mala o buena, de vida. La felicidad es un trabajo: esta mañana lo he sabido. Hay que abrir bien los ojos, no cerrarlos; estar muy bien despiertos. Y así y todo, así y todo...

HORTENSIA. *(Porque no le hacen caso.)* No sé de qué me habla este redicho.[9]

CLEOFÁS. No te hablo a ti, mamá: tú no tienes remedio.

HORTENSIA. *(Más humana.)* Yo he vivido tiempos en que me trajo al fresco la felicidad. Lo mío era vivir. Y mírame...

CONSUELITO. No nos gustaba nuestra vida, igual día por día. En Orleáns íbamos a ser otros.

CLEOFÁS. Nosotros somos éstos. Nos decían: «Y la princesa se casó con el príncipe». No hay princesas. No hay príncipes. Todo tiene su precio, y hay que

---

[4] Baúl.
[5] Razones.
[6] Cochinadas; cosas sucias.

[7] Adelante.
[8] Molesta.
[9] Afectado, pretencioso.

saber pagarlo.

CONSUELITO. *(Que ha partido una ráfaga.)* No nos gustaban estas manos de queso, que todo lo rompían. Me engañaron...

CLEOFÁS. La vida no nos engaña nunca: está ahí. Nos engañan los sueños, Consuelito. «Procul recedant somnium».[10]

HORTENSIA. Por mucho latín que sepas, a ti lo que te pasa es que eres de izquierdas.

CLEOFÁS. A mí lo que me pasa es lo que a todo el mundo: no quiero quedarme solo.

HORTENSIA. Déjame de sandeces.[11] Yo sólo sé que tengo un pie en la tumba fría y se han reído de mí. Se han estado riendo de mí. Maldita carta: si no fuese por ella no me habría enterado por lo menos. *(Va a romper la carta que Cleofás dejó sobre la mesa.)* ¡Ésta es tu letra! ¡La has escrito tú! Este papel no es del Obispado. Ya me extrañaba a mí toda esa murga[12] de Orleáns... ¿Qué has hecho, imbécil?

CLEOFÁS. Es igual, mamá. Iba a irse. Lo único que he hecho es abrirle la puerta para que no tuviera que huir por la ventana. Los arribistas siempre son así: pescan en río revuelto.[13] Si cambia la corriente se mudan de chaqueta.[14] Su oficio es aprovecharse del miedo de los otros, de su debilidad.

HORTENSIA. *(Cogiendo del asa su baúl.)* Pues yo ni tengo miedo, ni soy débil. ¡Me voy! *(Espera que la detenga su hijo.)* ¡Que me voy!

CLEOFÁS. Vete. Sabes perfectamente dónde encontrarlo. En cualquier tienda de antigüedades, vendiendo las que ha ido poco a poco llevándose de aquí. Tú eres la única antigüedad que él no ha querido... *(Quiere hacerle daño.)*

HORTENSIA. ¿Así le hablas a tu madre?

CLEOFÁS. No se es madre por traer gente al mundo... *(A Consuelito.)* Ni se es padre por haber hecho un hijo, sino por todo lo que va viniendo luego.

CONSUELITO. En Orleáns las estrellas son de estrella...

HORTENSIA. *(Pactando.)* Está bien: de momento, tampoco cambia el párroco. No deja de ser una buena noticia después de este berrinche[15]...

CLEOFÁS. El párroco cambiará un día u otro: eso no importa ya.

HORTENSIA. *(Como un hallazgo.)* Ya comprendo, hijo mío. Qué ardid. Podemos asegurar que el campanero desapareció con todo lo que falta. Nos lavamos las manos. Que le echen un galgo a ese granuja.[16] Que le busquen en Orleáns. *(Ríe.)* Nosotros hemos sido los primeros damnificados. Quién iba a sospecharlo... ¿Quién dijo que eras tonto, Cleofás?

CLEOFÁS. Tampoco será así. Por fin me encuentro libre. No me importa quién venga. Lo que hemos hecho no es demasiado grave: querer vivir. Qué cosa. Pueden echarnos de aquí... *(Gesto de indiferencia.)* En la capilla de Santo Tomé no se termina el mundo. Quizá de esa puerta para adentro sea donde se termina. Donde hemos ido dejando perderse tantos buenos días nuestros entre estas piedras que también tuvieron los suyos. Intentando poner remedios, fregaderos, retretes: vivir en un sitio que no estaba hecho para eso... En medio de tanta solemnidad, todo resulta falso: hasta el pan, hasta esta jarra...

CONSUELITO. ¡Orleáns!

CLEOFÁS. Y lo falso es lo otro. Esta madrugada, por el río, iba yo pensando lo español que es todo esto: nos hartamos primero de darnos puñetazos, y después, como quien no ha hecho nada, nos sentamos a soñar el mejor de los mundos: un Escorial[17] de plástico.

CONSUELITO. ¡Orleáns!

CLEOFÁS. Locos. ¡Que estamos locos! Yo prefiero ser como el burro de Fedro,[18] al que nadie puede ponerle más que una sola albarda.[19] Cuando me echen, pelearé por las calles hasta que el niño nazca. Que nazca en la pura calle, libre de elegir su parroquia o de no elegir ninguna. Si la felicidad viene, bienvenida. Y si no, que la zurzan. Ya arreglaremos cuentas con quien sea, al final...

CONSUELITO. El niño iba a llamarse Cleofás...

HORTENSIA. *(A Consuelito, en un picotazo.[20])* ¡El niño será niña!

---

[10] Se distancian con el sueño.

[11] Tonterías.

[12] Cosa pesada.

[13] **Pescan...** se meten en situaciones difíciles.

[14] **Si...** Si cambia la situación, se acomodan y se unen al grupo que va a triunfar; son oportunistas.

[15] Disgusto.

[16] **Que...** ¿Quién va a buscar a ese canalla?

[17] Famoso monasterio de gran majestuosidad, de un clasicismo severo, fundado por Felipe II en 1563.

[18] Se refiere a un cuento del fabulista latino Fedro (15 a. C. a ¿50? después d. C.), que escribió fábulas en verso a imitación de Esopo.

[19] Aparejo, cincha.

[20] Agresivo, como si fuera un ave picando un insecto o a una persona.

CLEOFÁS. Si es niña se llamará Esperanza… *(A Consuelo con su Marga.)* ¿Adónde vas?

CONSUELO. Voy a tocar el ángelus[21]…

HORTENSIA. *(En un grito.)* ¡No es hora!

CLEOFÁS. *(Por defender a Consuelito.)* Siempre es hora para eso.

HORTENSIA. ¡Además, no hay campanas! ¡La última la acabo de vender! *(A Cleofás, desafiante.)* ¡Cómo lo oyes![22]

CLEOFÁS. *(A Consuelito.)* Ya no quedan campanas, Consuelito…

CONSUELITO. *(Encogiéndose de hombros.)* Tocaré en Orleáns.

CLEOFÁS. No digas tonterías. Ven aquí…

CONSUELITO. *(Niega.)* Tengo que subir…

CLEOFÁS. Pero, ¿adónde vas?

CONSUELITO. A Orleáns.

HORTENSIA. *(Malvada.)* ¡Vaya caso que te hace!

CLEOFÁS. *(A su madre, distrayéndose unos segundos de Consuelito, que, ajena, sigue subiendo.)* ¡Calla!

HORTENSIA. ¿Quién eres tú para mandarme?

CLEOFÁS. El cabeza de familia.

HORTENSIA. ¿Y yo qué soy? ¿El pompi[23]?

CLEOFÁS. ¡Cállate!

CONSUELITO. *(Bajito.)* En Orleáns no se pelea nadie…

CLEOFÁS. No es la hora del ángelus… ¡Baja, Consuelito!

CONSUELITO. En Orleáns es siempre mediodía.

CLEOFÁS. ¡Baja! ¡Orleáns es mentira!

CONSUELO. No… Es verdad… Lo único que es verdad…

Consuelito se pierde por arriba. Corre Cleofás. Sus últimas palabras las escuchamos fuera.

CLEOFÁS. Vuelve, Consuelito. Espera… ¡No! ¡Eso no! *(Baja inmediatamente. Abatido. Deshecho. Mira a Hortensia. Pausa.)* Se ha… Se ha caído.

HORTENSIA. *(Mirándolo.)* Sí, sí, caído… ¡Ahora abrirán una investigación! *(Tras un segundo, Cleofás, sin dudarlo más, sale a la calle.)* ¡Ay, tonta hasta el final! ¡No ha servido ni para vivir! *(Comienzan a descender las campanadas reales del ángelus.)* ¿Qué son esas campanas? ¿Qué son esas campanas? ¿Un milagro? Gracias, Señor. *(Tono maldito.)* ¡Por lo menos queda algo que vender! *(En trágica, farsante, yendo hacia la calle.)* ¡Consuelito, hija mía! ¡Qué desgracia más grande! *(Sale. Después de unos segundos, en que la escena aparece como inútil y sola, la voz de Don Remigio[24]: «Feligreses…, feligreses…, feligreses…». Mientras cae lentamente el Telón.)*

Temas

Comprensión del texto

1. ¿Qué dice la carta que lee Cleofás? ¿Por qué sospechamos que no es verdad?
2. ¿Cómo reacciona Consuelito? ¿Qué revela esta reacción acerca del personaje?
3. ¿Qué es Orleáns?
4. ¿Qué tipo de persona es Hortensia? ¿Cómo es su relación con Cleofás? Explique su respuesta.
5. ¿Cómo es Cleofás? ¿Qué mentalidad representa?
6. ¿Qué imagen tiene Consuelito de Orleáns? ¿Cómo responde Cleofás a sus comentarios sobre el lugar?
7. ¿Quién escribió la carta? ¿Por qué cree usted que la escribió?
8. ¿Qué ha pasado con todas las antigüedades de la casa?
9. ¿Qué secreto revela Consuelito?
10. ¿Por qué dice que el niño *iba* a llamarse Cleofás? ¿En qué sentido es esta frase un presagio? ¿Lo entienden los otros?
11. ¿Por qué dice Consuelito que va a subir? ¿Quién sospecha de repente qué va a hacer?
12. ¿Cómo termina la escena?

Análisis literario

1. ¿Cómo capta Gala la pobreza y sordidez del ambiente?
2. ¿Cómo se atormentan los personajes unos a otros?
3. ¿En qué sentido es esta obra un comentario sobre la situación en España durante los años sesenta?

---

[21] Es decir, va a hacer sonar las campanas para llamar a la gente al ángelus, oración que se reza por la mañana, al mediodía y al anochecer en honor de la Encarnación.

[22] **Cómo…** *That's right, you heard me.*

[23] Trasero.

---

[24] Sacerdote de la parroquia.

Hacia el nuevo milenio

EDUARDO MENDOZA (1943-)

Eduardo Mendoza es, seguramente, uno de los escritores contemporáneos que mejor han sabido plasmar el espíritu urbano de Barcelona, su ciudad natal, a lo largo del siglo XX. Gran parte de sus novelas, como *El misterio de la cripta embrujada*, *La ciudad de los prodigios*, e incluso *El año del diluvio*, describen los distintos escenarios de Barcelona y sus alrededores, en la línea de escritores como Juan Benet o Manuel Vázquez Montalbán. Pero el acierto de Mendoza es el de darnos una visión desde comienzos del siglo, con la celebración del concilio ecuménico (como se ve en *La ciudad de los prodigios*), los episodios sangrientos de 1917 a 1919 y el choque entre los sindicatos obreros y los patronos en Barcelona (en estas fechas no sólo uno de los mayores núcleos industriales del país, sino también uno de los centros anarquistas más importantes, junto con Andalucía). En *El misterio de la cripta embrujada*, en que se describe la misteriosa desaparición de las alumnas de un internado femenino, nos ofrece un recorrido humorístico por todas las capas sociales de la Barcelona posterior a la transición democrática.

Mendoza se vale de distintas tradiciones narrativas, sacándoles todo el partido posible. En *El año del diluvio*, utiliza el estilo de la novela *rosa*, o novela sentimental (normalmente escrita para un público femenino, en una línea muy parecida a la de las telenovelas); en *El misterio de la cripta embrujada*, imita la novela picaresca y la detectivesca.

Sin embargo, es en *La verdad sobre el caso Savolta* donde esta transposición de estilos resulta más elocuente. La trama de la novela (la reconstrucción del asesinato de un industrial catalán en una época de revueltas sindicales) se narra en primera y tercera persona desde recortes de periódicos, cartas e interrogatorios judiciales. Recorre una galería de personajes variados: la clase alta barcelonesa, el nuevo ejecutivo de pasado incierto, el periodista sindical, la bailarina de los barrios bajos, la pareja de pistoleros, el policía que sospecha de todo el mundo.

Esta reconstrucción del crimen se produce ante un juez en el estado de Nueva York a partir de las declaraciones del narrador principal, Javier Miranda, emigrado tras los sucesos de Barcelona a los Estados Unidos, sobre la base del cobro de una herencia. Al utilizar una serie diversa de registros narrativos, Men-

doza muestra la dificultad de lograr cualquier tipo de objetividad. El autor emplea una técnica narrativa que es compleja pero que, sin embargo, no frena el interés de la acción.

La verdad sobre el caso Savolta

La taberna de Pepín Matacríos estaba en un callejón que desembocaba en la calle de Aviñó. Nunca logré aprender el nombre del callejón, pero sabría ir a ciegas, si aún existe. Infrecuentemente visitaban la taberna conspiradores y artistas. Las más de las noches, inmigrantes gallegos afincados en Barcelona y uniformados a tono con[1] sus empleos; serenos, cobradores de tranvía, vigilantes nocturnos, guardianes de parques y jardines, bomberos, basureros, ujieres,[2] lacayos, mozos de cuerda, acomodadores de teatro y cinematógrafo, policías, entre otros. Nunca faltaba un acordeonista y, de vez en cuando, una ciega que cantaba coplas[3] estridentes a cuyos versos había suprimido las letras consonantes: e-u e-u-o u-e-a-i-o-o-o. Pepín Matacríos era un hombrecillo enteco[4] y ceniciento, de cuerpo esmirriado[5] y cabeza descomunal en la que no figuraba otro pelo que su espeso bigote de guías[6] retorcidas puntas arriba.

Había sido faccioso de una suerte de[7] mafia local que por aquellas épocas se reunía en su taberna y a la que controlaba desde detrás del mostrador.

—Yo no soy abiertamente opuesto a la idea de moral—me dijo Pajarito de Soto mientras dábamos cuenta de[8] la segunda botella—. Y, en este sentido, admito tanto la moral tradicional como las nuevas y revolucionarias ideas que hoy parecen brotar de toda mente pensante. Si lo miras bien, unas y otras tienden a lo mismo: a encauzar y dar sentido al comportamiento del hombre dentro de la sociedad; y tienen entre sí un elemento común, fíjate: la vocación de unanimidad. La nueva moral sustituye a la tradicional, pero ninguna se plantea la posibilidad de convivencia y ambas niegan al individuo la facultad de elegir. Esto, en cierto modo, justifica la famosa repulsa de los autocráticos a los demócratas:

---

[1] **A...** de acuerdo con, según.
[2] Porteros.
[3] Música popular.
[4] Pequeño.
[5] Flaco.
[6] Puntas del bigote.
[7] **Faccioso...** miembro de un tipo de.
[8] Despachábamos, terminábamos.

«quieren imponer la democracia incluso a los que la rechazan», habrás oído esa frase mil veces, ¿no? Pues bien, con esta paradoja, y al margen de su intención cáustica, descubren una gran verdad, es decir, que las ideas políticas, morales y religiosas son en sí autoritarias, pues toda idea, para existir en el mundo de la lógica, que debe ser tan selvático y aperreado como el de los seres vivos, debe librar una batalla continua con sus oponentes por la primacía. Éste es el gran dilema: si uno solo de los miembros de la comunidad no acata la idea o no cumple la moral, ésta y aquélla se desintegran, no sirven para nada y, en lugar de fortalecer a cuantos las adoptan, los debilitan y entregan en manos del enemigo.

Y en otra ocasión, paseando casi de madrugada por el puerto:

—Te confesaré que me preocupa más el individuo que la sociedad y lamento más la deshumanización del obrero que sus condiciones de vida.

—No sé qué decirte. ¿No van estrechamente ligadas ambas cosas?

—En modo alguno.[9] El campesino vive en contacto directo con la naturaleza. El obrero industrial ha perdido de vista el sol, las estrellas, las montañas y la vegetación. Aunque sus vidas confluyan en la pobreza material, la indigencia espiritual del segundo es muy superior a la del primero.

—Esto que dices me parece una simpleza. De ser así, no emigrarían a la ciudad como lo están haciendo.

Un día en que le hablaba en términos elogiosos del automóvil meneó la cabeza con pesadumbre.

—Pronto los caballos habrán desaparecido, abatidos por la máquina, y sólo se utilizarán en espectáculos circenses, paradas militares y corridas de toros.

—¿Y eso te preocupa —le pregunté—, la desaparición de los caballos barridos por el progreso?

—A veces pienso que el progreso quita con una mano lo que da con la otra. Hoy son los caballos, mañana seremos nosotros.

𝒯emas

Comprensión del texto

1. ¿De qué habla Pajarito? ¿Qué sugiere su nombre?
2. ¿Qué tendencias ideológicas cree usted que representa? Según él, ¿qué tienen en común la moral tradicional y las nuevas ideas revolucionarias?

---

[9] **En...** De ningún modo.

¿Por qué cree que las dos le niegan al individuo la posibilidad de elegir?

3. ¿Por qué cita el ejemplo de los que imponen la democracia aun a los que la quieren rechazar? ¿Por qué dice que «las ideas políticas, morales y religiosas son en sí autoritarias»? ¿Está usted de acuerdo con esta idea?
4. ¿Cuál es el gran dilema que menciona?
5. ¿Qué dice de la deshumanización del obrero? ¿Por qué es su situación más seria que la del campesino?
6. ¿Por qué no está de acuerdo su compañero? ¿Con cuál de los dos está usted de acuerdo? ¿Por qué?
7. ¿Por qué cree Pajarito que desaparecerán los caballos? ¿Por qué le preocupa esta posibilidad?
8. ¿Habla literal o figurativamente? ¿Qué piensa usted de la posición de Pajarito?

Análisis literario

1. ¿Qué ambiente reproduce Mendoza aquí? ¿Cómo lo hace? ¿Cómo son los personajes que se encuentran en la taberna?
2. ¿Qué muestra el autor acerca del nivel intelectual de estas personas?
3. ¿Qué aspecto de la vida barcelonesa de principios del siglo XX describe Mendoza aquí?

PERE GIMFERRER (1945-)

La primera lengua de este poeta barcelonés será el catalán y desde su infancia solitaria la lectura será una de sus obsesiones. Entre sus influencias primeras están las obras de Kafka, James, Proust, Faulkner, Pound y T. S. Eliot; el cine de Hollywood de los años treinta y cuarenta (y los artículos de la revista francesa *Cashiers du cinéma*); el jazz, la poesía barroca, los modernistas, la generación del 27. De joven mantiene correspondencia con el poeta mexicano Octavio Paz y con Vicente Aleixandre, quien le animará a publicar su primer poemario. Éste —*Arde el mar* (1966)— obtiene el Premio Nacional de Poesía. Dos años más tarde, publicará *La muerte en Beverly Hills*. Con *Poemas 1963-1969* se cierra la etapa castellana del poeta. A partir de 1970, con *Els miralls*, vuelve al catalán como lengua de expresión poética, y sigue publicando en ese idioma. En 1985 fue nombrado miembro de la Real Academia Española.

En su primera etapa Gimferrer pertenece a la generación de los *novísimos,* * grupo que se da a conocer por la publicación en 1970 de la antología *Nueve*

Novísimos, editada por José María Castellet. Estos poetas se caracterizan por la despreocupación hacia las formas tradicionales, el uso de la escritura automática y la introducción de temas exóticos. Son poetas con una excelente educación que buscan provocar con sus poemas, revalorizando temas considerados habitualmente no poéticos o experimentando con la estructura del lenguaje. Los *novísimos* —también llamados *venecianos* o *exquisitos* —rompen con las corrientes de poesía crítica y compromiso político en boga en España hasta 1970. Estos poetas recuperan una serie de técnicas y temas para un país que, torpemente, se abría a corrientes culturales extranjeras: aparecen los influjos de las canciones populares y la televisión, de escenarios cosmopolitas, las ideas de Eliot, Barthes, Foucault, los *comics* de Flash Gordon o Superman.

En el poema que incluimos, *Oda a Venecia ante el mar de los teatros,* se observa la preocupación metapoética,* la mezcla entre los metros clásicos —el alejandrino (de catorce sílabas), el endecasílabo (de once sílabas) —la influencia de Eliot, la musicalidad de reminiscencias modernistas (ese «Componer con chalinas un ajedrez verdoso») y el afán por aprehender la Belleza ante los cambios constantes de la persona del poeta. El que *es* ahora recuerda al que *fue* y, desde un escenario que se re-presenta, reflexiona sobre las distintas máscaras que toma quien escribe, quien recuerda y quien se cobra vida dentro de su poesía. Se trata de una poesía que no olvida su identidad como construcción, no por tanto muy diferente a ese recuerdo del paisaje o del yo. El mismo poema se abre con una reflexión a este respecto (*Tiene el mar su mecánica como el amor sus símbolos.*) y, desde ahí, prosigue desde una serie de símiles («Como la sangre,...», «...como en un mal poema...»). Así, lo que a primera vista se nos aparece como una suerte de nostalgia por la inocencia o la juventud perdida, pasa a conformarse como una reflexión a varios niveles sobre la identidad cambiante del que escribe y del que lee, y el papel de las mecánicas y los símbolos (ejemplificados en esa Venecia mágica y bella) en la posibilidad de recrear los distintos «yos» que somos.

Oda a Venecia ante el mar de los teatros

> Las copas falsas, el veneno
> y la calavera de los teatros.
> García Lorca

Tiene el mar su mecánica como el amor sus símbolos.
Con qué trajín se alza una cortina roja
o en esta embocadura de escenario vacío

suena un rumor de estatuas, hojas de lirio, alfanjes,[1]
palomas que descienden y suavemente pósanse.
Componer con chalinas[2] un ajedrez verdoso.
El moho en mi mejilla recuerda el tiempo ido
y una gota de plomo hierve en mi corazón.
Llevé la mano al pecho, y el reloj corrobora
la razón de las nubes y su velamen[3] yerto.
Asciende una marea, rosas equilibristas
sobre el arco voltaico[4] de la noche en Venecia
aquel año de mi adolescencia perdida,
mármol en la Dogana[5] como observaba Pound[6]
y la masa de un féretro en los densos canales.
Id más allá, muy lejos aún, hondo en la noche,
sobre un tapiz del Dux,[7] sombras entretejidas,
príncipes o nereidas que el tiempo destruyó.
Qué pureza un desnudo o adolescente muerto
en las inmensas salas del recuerdo en penumbra.
¿Estuve aquí? ¿Habré de creer que éste he sido
y éste fue el sufrimiento que punzaba mi piel?
Qué frágil era entonces, y por qué. ¿Es más verdad
copos que os diferís en el parque nevado,
el que hoy así acoge vuestro amor en el rostro
o aquél que allá en Venecia de belleza murió?
Las piedras vivas hablan de un recuerdo presente.
Como la vena insiste en sus conductos de sangre,
va, viene y se remonta nuevamente al planeta
y así la vida expande en batán silencioso,
el pasado se afirma en mí a esta hora incierta.
Tanto he escrito, y entonces tanto escribí. No sé
si valía la pena o la vale. Tú, por quien
es más cierta mi vida, y vosotros, que oís
en mi verso otra esfera, sabréis, su signo o arte.
Dilo, pues, o decidlo, y dulcemente acaso
mintáis a mi tristeza. Noche, noche en Venecia
va para cinco años, ¿cómo tan lejos? Soy
el que fui entonces, sé tensarme y ser herido
por la belleza pura de entonces, violín

---

[1] Sable corto y curvo.
[2] Tipo de chal estrecho.
[3] Conjunto de velas.
[4] Se refiere al arco luminoso formado por la interrupción de un circuito eléctrico.
[5] Palacio Ducal en Venecia.
[6] El poeta americano Ezra Pound (1885-1972) fue unas de las figuras más influyentes en el verso angloamericano durante la primera mitad del siglo XX. Por un tiempo, Pound vivió en Londres como corresponsal europeo de la revista *Poetry.* Comenzó sus famosos *Cantos,* ricos en imágenes y símbolos, mientras vivía en Italia. Murió en Venecia.
[7] Los dux eran los magistrados supremos en Venecia y Génova. El poeta se refiere al Palacio Ducal.

que parte en dos el aire de una noche de estío
cuando el mundo no puede soportar su ansiedad
de ser bello. Lloraba yo, acodado al balcón
como en un mal poema romántico, y el aire
promovía disturbios de humo azul y alcanfor.
Bogaba en las alcobas, bajo el granito húmedo,
un arcángel o sauce o cisne o corcel de llama
que las potencias últimas enviaban mi sueño.
Lloré, lloré, lloré.
¿Y cómo pudo ser tan hermoso y tan triste?
Agua y frío rubí, trasparencia diabólica
grababan en mi carne un tatuaje de luz.
¡Helada noche, ardiente noche, noche mía
como si hoy la viviera! Es doloroso y dulce
haber dejado atrás la Venecia en que todos
para nuestro castigo fuimos adolescentes
y perseguiros hoy por las salas vacías
en ronda de jinetes que disuelve un espejo
negando, con su doble, la realidad de este poema.

Temas

1. Explique la cita de Lorca que precede al poema.
2. ¿Cómo expresa el poeta la idea de que la poesía es una construcción artificial?
3. ¿Cómo expresa su afán por aprehender la Belleza? ¿Qué tensión crea entre lo eterno y lo temporal y mudable?
4. ¿Qué tensión crea entre el yo que fue y el yo que es?
5. ¿Qué influencias modernistas encuentra usted en este poema?

SOLEDAD PUÉRTOLAS (1947-)

Nacida en Zaragoza, Soledad Puértolas reside actualmente en Madrid. Comenzó su carrera literaria publicando cuentos y artículos en diversas revistas. Su primera obra, *El bandido doblemente armado* (1979), mantiene una deuda con una serie de narrativas existentes, puesto que el escenario de la obra son unos Estados Unidos sacados de la novela y del cine americanos. Sin embargo, muestra ya una de las constantes del estilo de esta escritora: una rara habilidad para poder retratar la sicología de los personajes dentro de su mundo, con sus necesidades y sus intereses. Esto es lo que atrae al lector incluso más que los propios hechos narrados.

Puértolas ha publicado también un libro de relatos (*Una enfermedad moral*, 1983) y varias novelas, entre las que destacan *Burdeos* (1986), *Todos mienten* (1988), y *Queda la noche*, que ganó el prestigioso Premio Planeta en 1989. Más recientemente, ha publicado *Días del arenal* (1992), *La corriente del golfo* (1993), *La vida oculta* (1993), *Si al atardecer llegara un mensajero* (1995), *La vida se mueve* (1996) y *Recuerdos de otra persona* (1996).

La novela *Queda la noche,* de la cual se incluye un fragmento aquí, es un buen ejemplo de la narrativa de la autora. La protagonista, Aurora, que pasa unos días de sus vacaciones de verano en la India, cuenta tan solo con unos padres ya ancianos, a quienes debe cuidar de alguna manera, y unas cuantas relaciones. En ese viaje, conocerá casualmente en un hotel de Nueva Delhi a una galería de personajes de los que, posteriormente, sabrá que se han visto envueltos en asuntos de espionaje. Esta pequeña aventura, fruto de las vacaciones, dejará paso a la narración de un verano en España, entre el Madrid semivacío por el descanso estival y el pueblo de El Arenal, escenario de otras obras de la autora.

La rutina y el hecho de que apenas sucedan acontecimientos producirán un descenso en el ritmo narrativo; se irá introduciendo poco a poco un relato en primera persona en el que se nos va describiendo a los personajes, con sus deseos y contradicciones. En especial, se va delineando una protagonista en cierto modo pasiva y dada a la reflexión. No es Aurora la que desencadena los hechos ni es ella la que los soluciona. Ella es sólo la cronista de una serie de acciones que les suceden a personas que conoce y con las que se relaciona sólo tangencialmente. Es una trama en la que ella, aunque se ve mezclada, nunca entra de lleno. Su papel se limita a contarnos un relato en el que ella es tan espectadora como el propio lector.

Más que por un interés en relatar grandes cosas, la narrativa de Soledad Puértolas se caracteriza por desarrollarse de forma oblicua. Lo que le interesa a la autor es examinar las causas que tiene cada personaje para actuar de una u otra manera. Este tipo de narrativa en la que en un principio parece que *no pasa nada*, consiste, sin embargo, en una gran tela de araña en la que vamos localizando una galería de tipos cotidianos y una serie de escenarios. Los tipos, dentro de su aparente normalidad, nos mostrarán cómo cada persona, por muy común y normal que nos parezca, tiene dentro de sí una serie de inclinaciones que la mueven a actuar de una manera determinada. Los escenarios (la Nueva Delhi turística, el Madrid semivacío por las vacaciones o los pequeños pueblos de la costa) son descripciones perfectas de un mundo cotidiano y reflejos de una España en lento cambio, un perfecto retrato de una sociedad en la que las costumbres se alteran poco a poco. *Queda la noche* es, sobre todo, una novela que demuestra aquello que Cervantes estableció en su pequeña poética incluida en *El coloquio de los perros*: que, a veces, más que por una trama espectacular, una novela se destaca por la manera en la que se estructuran y narran los acontecimientos más comunes.

Queda la noche

Aquella noche Gisela me llamó.

—No sé si te apetecerá venir conmigo —dijo, un poco dubitativa—, pero tengo entradas para la ópera. Es una compañía alemana, buenísima. Fuera de programación.[1] Ponen *Norma*.[2] Sólo dos noches. Tengo entradas para el sábado.

—¿*Norma*? —me cercioré.

—Eso es.

Mi viaje, enterrado, se agitó en las profundidades de mi conciencia. La frase de James Wastley había sido más o menos ésa: hay dos formas de aficionarse a la ópera. O ver *Norma* en la Scala[3] de Milán, o ver la película *Fitzcarraldo*.[4] Tal y como la había pronunciado, no había podido olvidarla. Mientras aceptaba la invitación de Gisela, me dije que esos pequeños indicios, la sola representación de *Norma* en Madrid y el que yo fuera a verla, demostraban, aunque remotamente, por de pronto, la continuidad de la vida. Vi en ello una señal y, aunque nunca había ido al cine ni al teatro, y menos a la ópera, en compañía de Gisela, y la idea no era en sí misma excelente ni alentadora, suponía un elemento de sorpresa, de azar, que me sacaba de la monotonía, el vacío y los desterrados recuerdos.

La invitación de Gisela ofendió un poco a mi madre.

—Ella sabe cuánto me gusta salir y las pocas oportunidades que tengo de hacerlo —murmuró.

Mi padre aborrecía los espectáculos de todas clases. Sólo le gustaba conversar en un ambiente de hombres, tabaco y cafés.

El sábado por la tarde, mientras me arreglaba para ir a la ópera, sonó el teléfono. Lo descolgó mi madre y vino en seguida a mi cuarto.

—Es Gisela —dijo—. No puede ir a la ópera, pero dice que te va a dejar la entrada a la puerta del teatro. Ponte al teléfono. Es mejor que hables con ella.

—No puedo ir, ya te lo habrá dicho tu madre —me dijo—. Fíjate qué fastidio —era una palabra que me sonó extraña pronunciada por ella, que tenía un lenguaje tan comedido. Incluso eso era mucho para ella—, pero te voy a hacer llegar la entrada. Le he dado la otra a un vecino mío, muy aficionado a la ópera. Le dejará tu entrada al portero. Espero que disfrutes.

Mi madre aún se ofendió más.

—Podíamos haber ido juntas tú y yo —dijo—. Gisela es muy generosa con sus amigos, pero no tiene un solo detalle[5] conmigo. Como nunca me quejo, debe de pensar que no hay que ocuparse de mí. Sólo le interesan las personas muy desgraciadas. Hace años que no voy a la ópera. ¿Sabes cuándo fue la última vez que fui? Cuando el tío Jorge vino a vernos, hace casi cinco años.

Había muchas cosas que se le podían contestar a mi madre. En primer lugar, no era cierto que no se quejara. Lo que ocurría era que se quejaba tan continuamente y de las cosas más insignificantes y cotidianas, que uno dejaba de oírla. Sus quejas carecían de dramatismo, porque no esperaba que nadie fuera a solucionarlas ni a atenderlas; se alzaban sobre la idea de que eran irresolubles. Eran abstracciones y generalizaciones, y nadie en su sano juicio hubiera entrado en una discusión para convencerla de que las cosas no eran tan negras. En segundo lugar —por ponerle un lugar, tanto da en realidad si en segundo o en primero—, si tanto le gustaba salir, ¿por qué no salía? Podía ella proponerle planes a Gisela, cines, teatros, óperas y comedias musicales. Nadie se lo impedía. Pero se había ido volviendo cada vez más perezosa y no quería tomar ninguna iniciativa. Prefería dejarse llevar o negarse. Y no era cierto, ya no le gustaba salir. Guardaba su reserva de energías para El Arenal. Madrid era una ciudad demasiado grande y demasiado incómoda para pensar en salir y tener que desplazarse por ella. En Madrid se contentaba con sus recados[6] del barrio: la farmacia, el mercado, el tinte, el zapatero; y todos esos recados, que llenaban sus mañanas, la dejaban exhausta y justificada para dejar pasar las tardes inmovilizada tras la mesa camilla.[7] Y, sin duda, le gustaban, porque era su vida de Madrid que añoraría de trasladarse a vivir a El Arenal, y la venía haciendo desde hacía muchos años y conocía la vida de todas esas personas —el farmacéutico, el carnicero, la mujer del puesto de verduras, la chica del tinte, el pa-

---

[1] **Fuera...** *not in the regular schedule of events.*
[2] Ópera del compositor italiano Vicente Bellini (1801-1835).
[3] El gran teatro de la ópera en Milano.
[4] *Tour de force* con Klaus Kinski que salió en 1982 sobre un hombre que intenta transportar un piano a través del Amazonas y subirlo a la cima de una montaña para montar una ópera.

---

[5] Gesto agradable.
[6] Provisiones que se traen diariamente para el surtido de una casa.
[7] *Round table under which a brazier is placed.*

nadcro   , aunque no ce cabía todoc los nombres, sólo algunos, no necesariamente los más cortos, y hablaba un rato con ellos, intercambiando opiniones de todas las clases, desde los pequeños avatares[8] cotidianos hasta el partido que convendría votar en las próximas elecciones, información que interesa mucho a mi madre y que poseía siempre. Si hay alguien que sabe adónde va el voto del panadero, esa persona es mi madre.

En lo único en lo que había sido sincera al quejarse de que Gisela no la hubiera invitado a ir a la ópera con ella, era en aquel atisbo de nostalgia que había lanzado al aire al rememorar la última y ya lejana visita de su hermano.

El tío Jorge, el único hermano de mi madre, y hermano menor, tan rubio como las niñas rubias de los cuadros ovalados, se había casado tarde, por lo que su presencia entre nosotros había sido casi constante. Comía en casa con frecuencia y aparecía a las horas más intempestivas con una de sus novias, para que mi madre las conociera y les sacara defectos.[9] Tenía un aire inglés, por su físico un poco desvaído pero muy correcto, por la forma en que se vestía, y por un eterno aspecto de estar siempre pensando en otra cosa, lo que a nosotros nos parecía patrimonio de los ingleses. Sus zapatos y sus gemelos relucían. Tenía, como mi madre, puesto que se las regalaba él, billeteras de cocodrilo, tan relucientes como los zapatos y los gemelos. Sacaba de ellas un par de billetes de cien pesetas, los más limpios y almidonados que vi jamás, y nos los daba, creándonos un problema, porque parecía un sacrilegio gastarse ese dinero inmaculado. Cuando, después de haber traído a casa a la última novia, volvía él solo, se sentaba frente a la mesa camilla, junto a mi madre, y dejaba que ella enumerara, uno a uno y sin piedad, los defectos de la última candidata. Eran, todas ellas, mujeres esplendorosas, altas y magníficas.

Al fin, el tío Jorge se había casado y se había ido a vivir a Barcelona. Sofía tenía por lo menos veinte años menos que él y pasaba el día jugando al bingo o tomando gin-tonics, aunque es de suponer que lo primero no excluía lo segundo. Lo que es seguro es que mientras estaba entre nosotros, las pocas veces que accedía a visitarnos, tomaba gin-tonics y jugaba al bingo. Y cuantas veces mi madre hablaba con su hermano, él decía: «Sofía no está en casa, está en el bingo». Era tan esplendorosa y alta como habían sido todas las novias del tío Jorge, pero mi madre no le puso ningún defecto

porque debió de saber desde el principio que aquella mujer iba a ser la cruz[10] que le había tocado en suerte a su hermano. Posiblemente, lo supo en el instante en que el tío Jorge le comunicó, antes de casarse con Sofía, que ella tenía un hijo. Sabíamos muy poco de aquel hijo, porque siempre había vivido en el pueblo de donde era Sofía, en casa de una mujer que había sido su nodriza. Los padres de Sofía, si existían, debían de llevarse mal con ella, porque nunca se los mencionaba. A mi madre todo le parecía mal: que hubiera tenido el hijo de soltera, que su hermano se hubiera casado con ella, y que el niño siguiera en el pueblo, ahora que tenía una familia. Pero, ciertamente, ese niño no tenía una familia. Si la afición de su madre natural era el bingo y los gin-tonics, la de su nuevo padre era no hacer nada, no tener responsabilidades, trabajar lo menos posible, tomar vermuts con los amigos, calzar relucientes zapatos, estrenar billeteras de cocodrilo.

𝒯emas

Comprensión del texto

no había le invitado antes

1. ¿Cómo afecta a la narradora la invitación de Gisela? ¿En qué cosas la hace pensar? ¿En qué sentido supone un elemento de sorpresa?

2. ¿Cómo reacciona la madre de la narradora a la invitación? ¿A su padre le gustaba ir a la ópera?

3. ¿Por qué vuelve a llamar Gisela a la narradora? ¿Cómo reacciona la madre esta vez?

4. ¿Por qué irrita a la narradora el comentario de su madre?

5. ¿Cómo describe la narradora la vida de su madre?

6. ¿Quién es el tío Jorge? ¿Cómo es? ¿Cómo se viste?

7. ¿Qué impresión produce la descripción de los billetes de cien pesos limpios y almidonados?

8. ¿Cómo reaccionaba la madre de la narradora cuando Jorge llevaba a una mujer a casa? ¿Por qué cree usted que reaccionaba así?

9. ¿Cómo es la mujer con quien Jorge se casó? ¿Por qué es una persona problemática? ¿Qué sienten Jorge y ella por el niño?

10. ¿Por qué le parece mal la situación a la madre?

Análisis literario

1. ¿Qué tipo de persona es la madre de la narradora?

---

[8] Cambios, alteraciones.
[9] **Les...** *would find fault with them.*

[10] Aflicción, carga.

2. ¿Cómo cree usted que es la relación entre madre e hija? ¿Por qué?
3. ¿Cómo se imagina usted la vida familiar de estas personas?
4. ¿Cómo va creando la autora una imagen de la vida cotidiana en El Arenal?
5. Describa la técnica narrativa de la autora. ¿Por qué se dice que en este tipo de novela «no pasa nada»?
6. ¿Qué efecto crea Puértolas al pasar de un tema al otro sin transiciones?
7. ¿En qué sentido es *Queda la noche* una novela de tipos y costumbres?

JON JUARISTI (1951-)

Nacido en Bilbao, Juaristi ha sido profesor investigador del Colegio de México y actualmente es profesor de literatura española en la Universidad de El País Vasco. Ha traducido al vasco a T. S. Eliot y al poeta y dramaturgo alemán Heinrich von Kleist. Al español ha traducido a una serie de autores vascos, como el poeta Gabriel Aresti y el narrador Mario Onaindia. Asimismo, ha publicado diversos ensayos sobre el arte y la literatura vasca, además de libros de poemas: *Diario de un poeta recién cansado* (1985), *Suma de varia intención* (1987), *Arte de marear* (1988).

En todos ellos se advierte, desde el mismo título, una sutil ironía, ya que Juaristi parte del título de un libro anterior que modifica. Así, recordaremos a Juan Ramón Jiménez y su *Diario de un poeta recién casado*; a Pedro Mexía y su *Silva de varia lección* o el mismo *Arte de marear* del franciscano fray Antonio de Guevara. Entre sus influencias destacan T. S. Eliot, los también bilbaínos Miguel de Unamuno y Blas de Otero, Gil de Biezma y la prosa didáctica del siglo XVI.

Su poesía utiliza el lenguaje coloquial y asume (a veces con pequeñas modificaciones) las formas métricas tradicionales. Usa también la ironía, la parodia o el sarcasmo y el tono conversacional, a menudo para crear un distanciamiento de aquellos aspectos que conforman el tema del poema.

Un buen ejemplo de esto lo tenemos en la selección que incluimos (perteneciente a *Arte de marear*). *Palinodia*, que etimológicamente significa en griego *canto nuevo*, pasa al español con el significado de reconocer el error propio aunque sea en privado. En el poema, hay una voz que se dirige a otra, a un *hijo mío*, y que va desarrollando un pasado a partir de un rostro en una fotografía; el poeta, entonces, desen-

mascara a aquella persona a la que *conoció bien* (y que no parece otra que el mismo poeta en sus años de juventud) e incita a su interlocutor a examinar todo ello sin dulzura, como se ve ya desde el primer verso: *No te roce siquiera la piedad*.

Tenemos, ya a partir de este momento, un comentario crítico de una etapa concreta de la historia (la que va de los últimos años de la dictadura hasta la transición) enlazado a un recorrido de juventud: el colegial que simula una total inocencia, el joven que comienza su educación sentimental (con esa referencia a las *florecillas del mal* baudelairianas),[*] el muchacho que se mete en política en unos tiempos en los que los lemas que se gritan incitan a hacerse ilusiones. También es un comentario crítico de la adolescencia, aquella época en que creemos saberlo todo.

Palinodia[1]

No te roce siquiera la piedad
si, al ojear el álbum de guardas desvaídas,[2]
un colegial[3] de floja cazadora,
cuyos ojos presagian el alcohol
de los años inhóspitos que estaban al acecho,
te mira desde el fondo del retrato
como si nunca hubiera roto un plato.

Te engañarás si tomas por finura de espíritu
tal expresión, pues nada había de eso.
Yo lo conocí bien. Poseía tan sólo
una rara panoplia de estrategias mezquinas
para salvar el tipo. Pensaba el muy estúpido
que la de la inocencia
no era mala apariencia.

Pero la prematura rigidez pesa pronto
y además no amortiza[4] el esfuerzo invertido.
Los réditos[5] que rinde son paja dada al viento.
Vas listo si pretendes sacarle otro provecho
que la fama de santo (lo que no es para tanto).

---

[*] Referencia a *Les fleurs du mal (Las flores del mal)*, poemario del poeta francés Charles Baudelaire (1821-1867), en el cual se exploran el pecado, la tentación y la inocencia.

[1] Literalmente, retractación de algo que se ha dicho; aquí, auto-examen. (Véase la Introducción.)

[2] **De...** de cubiertas descoloridas.

[3] *Schoolboy.*

[4] Compensa.

[5] Rentas, ganancias, intereses.

Escapó como pudo, abriendo una tronera,[6]
hacia donde sentía bullir la primavera.

Y, para su desgracia, se dio cuenta a deshora[7]
de que algunos aromas le sentaban fatal
(sobre todo, el de ciertas florecillas del mal[8]).
Anduvo dando tumbos[9] de jardín en jardín,
reprimiendo la náusea, hasta que un día, al fin,
no tuvo más remedio, dada su edad ya crítica,
que meterse en política.

Pero tampoco en ésta le lució mucho el pelo,[10]
pues arreglar el mundo no es tarea al alcance
de quien tiene su casa en permanente ruina.
Pure perte, sa vie.[11] No guardaría ni
un rescoldo de amor de aquellos tiempos
de ilusiones y dulce desvarío.
No te roce siquiera la piedad, hijo mío.

𝒯emas

1. ¿Cómo describe el poeta al colegial que fue? ¿Por qué dice que se ve «como si nunca hubiera roto un plato»? ¿Qué actitud adopta hacia ese colegial?
2. ¿Por qué dice que «tenía una rara panoplia de estrategias mezquinas / para salvar el tipo»? ¿Cree usted que casi cualquier persona podría decir lo mismo de sí mismo cuando era joven? ¿Por qué?
3. ¿A quién se dirige el poeta en las dos primeras estrofas? ¿Y en la tercera?
4. ¿Por qué se refiere a *Las flores del mal*, de Baudelaire?
5. ¿Qué quiere decir «Anduvo dando tumbos de jardín en jardín? ¿En qué consiste la ironía de los dos últimos versos de esta estrofa?

6. ¿Qué dice el poeta de sus aspiraciones políticas? ¿Por qué fracasaron? ¿Qué dice de su propia vida?
7. ¿Por qué se llama este poema «Palinodia»? ¿Cómo usa el poema la ironía? ¿Podría usted escribir su propia «Palinodia»? ¿Qué diría?

ROSA MONTERO (1951-)

Hija de un torero, Rosa Montero nació en Madrid. Tras contraer la tuberculosis a los nueve años, pasó la infancia leyendo y escribiendo. Estudió periodismo y sicología, y colaboró con varios grupos de teatro independiente. Ya con dieciocho años, empezó a escribir para diversos medios de comunicación. Ha recopilado sus artículos y entrevistas en volúmenes como *España para ti para siempre* (1976) y *Cinco años de País* (1982). En 1980 pasó a ser la primera mujer redactora-jefe del suplemento dominical de *El País*, el más prestigioso diario español de esos años. Ha ganado varios premios de periodismo. Escribe también guiones para televisión, y ha publicado seis novelas: *Crónica del desamor* (1979), *La función Delta* (1981), *Te trataré como a una reina* (1983), *Amado amo* (1988), *Temblor* (1990), y *Bella y oscura* (1993). Todas ellas son la crónica (o testimonio de un estado determinado de cosas) de un itinerario vital, normalmente desde la perspectiva de una mujer que reflexiona sobre la manera en que las relaciones sociales nos condicionan y la forma en la que nosotros, a su vez, condicionamos esas relaciones. Son también una búsqueda por encontrar el papel del individuo con relación al mundo y a los otros, hombres y mujeres.

Quizás *La función Delta* es un buen punto de partida para tratar la narrativa de Rosa Montero: la narración, en primera persona, desarrolla una semana en la vida de Lucía, una mujer soltera de treinta años envuelta en una relación con dos hombres, y con una película a punto de estrenarse. En un principio, se la podría considerar como una mujer independiente y triunfadora. Sin embargo, sus reflexiones van revelando un pequeño universo de seres asustados, que responden como pueden a las circunstancias. Lucía se mueve entre Hipólito (el guionista de su película, casado y egoísta) e Miguel (el matemático despistado); entre Doña Maruja (una vecina anciana que le pide que le ayude a morir) y Tadeo (chico-para-todo en la agencia de publicidad de Lucía y *travesti* en sus horas libres). Uno de los rasgos más interesantes de la escritura de Rosa Montero, y de la de todas las novelistas españolas de esta época, es que recoge

---

[6] Abertura, agujero.
[7] **A...** inoportunamente, fuera de lugar.
[8] Referencia a las experiencias sentimentales y sexuales del poeta. *Les Fleurs du mal (Las flores del mal)* de Charles Baudelaire (1821-1867) es una colección de poemas que se consideran los mejores de la lengua francesa; muchos fueron inspirados por las relaciones amorosas del autor. Cuando el libro fue publicado en 1857, Baudelaire, su editor y su impresor fueron encarcelados porque el libro se juzgó obsceno y blasfemo.
[9] Vaivenes, oscilaciones.
[10] **Le...** tuvo éxito.
[11] Pura pérdida, su vida.

una imagen de la sociedad (con todos sus cambios tras la dictadura) en la que, más que la aceptación social o el éxito profesional, los verdaderos temas son los miedos inherentes a las personas: el miedo a la soledad, a la superficialidad de las relaciones, al amor como algo que nos manipula y al que a veces no sabemos controlar, miedo a los desvaríos de la pasión y también miedo a la posibilidad del aburrimiento en la ternura. Desde ahí, tenemos una semblanza humana donde, más que vencedores y vencidos, todos los personajes son víctimas de la enfermedad de estar vivos y buscan su cura como pueden.

El título, *La función Delta*, se refiere a una función matemática de la mecánica cuántica de fenómenos cuya intensidad tiende al infinito y cuya duración tiende a cero. En otras palabras, a la dificultad de poder conocer nuestros propios sentimientos pues, por muy reales que sean, siempre llevan consigo ese asomo de duda que nos dice que a veces se esfuman. No es que los personajes de Rosa Montero estén perpetuamente insatisfechos en un mundo incomprensible: es que la autora nos los describe desde la sinceridad de quien sabe reflejar la verdad de nuestras propias inseguridades para que, desde allí, podamos intuir la fuerza que necesitamos cada día para ejercer este duro oficio de estar vivos.

La función Delta

Me lo dijo Miguel. Estábamos comiendo un día, un día de verano, en un chiringuito[1] al aire libre. Ensalada recorrida por hormigas, chuletas de cordero demasiado grasientas, vino y gaseosa. La comida era abominable, pero frente a nosotros había un lago. Y el sopor caliente de las tres de la tarde, y la sombra sin frescor que proporcionaba un árbol, y el zumbido impertinente de un moscardón muy verde. Yo me sentía cansada, sofocada, insatisfecha. Habíamos dormido juntos la noche anterior, y disfruté del suave cobijo de sus brazos. Nos habíamos levantado tarde, nos duchamos juntos poniendo el baño perdido de agua y risas, desayunamos contemplando a través de la ventana cómo el verano aplastaba la calle, y decidimos salir a comer fuera de la ciudad. Pero la asfixiante sobremesa[2] me había dejado sin palabras. Miguel me miraba desde la otra orilla de la mesa cubierta de restos de comida, y yo le sentía lejos, muy lejos. Llevábamos un rato sin hablarnos, ahítos[3] quizá el uno del otro. El lago cabrilleaba[4] al fondo, el moscardón danzaba sin pudor entre los platos y una gota de sudor resbaló lenta y densa por el cuello de Miguel hasta perderse entre sus rizos del pecho, esos rizos que la noche anterior yo había acariciado y repeinado con mis dedos y que en ese momento sentía tan ajenos. Le quería tan poco, me era tan indiferente Miguel en esos instantes que, cosa curiosa, experimenté de repente un verdadero terror a que a él le sucediera lo mismo respecto a mí, a que no me quisiera. Y ese pensamiento se me hizo tan insoportable que rompí el silencio:

—Hay que ver lo... lo precaria que es la vida.

—¿Precaria? ¿En qué sentido?

—Pues eso —expliqué—. Lo precarios que son nuestros sentimientos, nuestros actos... Hay momentos en los que nos sentimos compenetrados con alguien, verdaderamente unidos a otra persona, y al instante siguiente nos damos cuenta de que sólo era una ilusión y de que estamos completamente solos. A veces pensamos que nos podemos comunicar con los demás, y un minuto después estamos seguros de que la comunicación es imposible. ¿No te sucede a ti eso? A mí sí. Hay momentos en los que creo querer a alguien, amarle intensamente, y a la hora siguiente me doy cuenta de que no le quiero, de que no siento nada por él. Y a ratos soy feliz, a ratos me siento vivísima, felicísima, ocupando mi lugar en el mundo. Pero esos momentos duran poco, muy poco, y enseguida vuelvo a encontrarme colgando en el vacío, ¿entiendes?, como si todo fuera absurdo e irreal, como si el mundo fuera absolutamente irrazonable. Como asfixiada de abulia.

En realidad dije todo esto no como una reflexión estrictamente mía, sino con el afán de advertirle que su desamor por mí en esos momentos, si era cierta mi intuición, era algo normal. Que no desfalleciera, que empeñara su voluntad en[5] seguir amándome. Pero Miguel pareció recuperarse del sopor con mis palabras, sonrió con ese gesto limpio e ingenuo que tanto me gustaba, se inclinó hacia delante apoyándose inadvertidamente en los restos del cordero y casi gritó con entusiasmo:

—¡Claro! Ésa es la función Delta.

—¿La qué?

---

[1] Puesto de bebidas o comidas al aire libre.

[2] Tiempo después de la comida durante el cual uno se queda en la mesa conversando.

[3] Hartos, cansados.

[4] Formaba olas pequeñas.

[5] **Que...** que tratara de, que hiciera un esfuerzo por.

—La función Delta. ¿No sabes lo que es? Es una función matemática de la mecánica cuántica, una función preciosísima, de las más bonitas que hay...

(Siempre me sorprendió el concepto de la belleza que tienen los científicos, su arrobo estético ante complicadas fórmulas.)

—Es una función que describe fenómenos discontinuos de gran intensidad, pero brevísima duración— seguía diciendo. —O sea, fenómenos cuya intensidad tiende al infinito y cuya duración tiende a cero. Si se pudiera visualizar sería como una línea quebrada— y diciendo esto dibujaba con su mano el perfil de una sierra en el espeso aire con olor a siesta— de ángulos agudísimos, ¿me entiendes?

Se apoyó de nuevo en el respaldo de la silla y resopló con sosiego, despejándose el rizado flequillo de la frente con su misma mano de dibujar sierras invisibles.

—La inventó un matemático inglés que se llama Dirac y que es muy viejecito... Es una función hermosa, una de mis funciones preferidas.

𝒯emas

Comprensión del texto

1. ¿Dónde tiene lugar esta escena?
2. ¿Qué relación tiene la narradora con Miguel? ¿Qué siente por él ahora?
3. ¿Qué cree la narradora que Miguel siente por ella? ¿De qué terror habla?
4. ¿Por qué dice que la vida es precaria? ¿Ha experimentado usted los abruptos cambios emotivos que la narradora describe? Explique.
5. ¿Cómo reacciona Miguel a sus palabras? ¿Qué cree usted que sugiere su reacción con respecto a los sentimientos humanos?

6. ¿Qué es la función Delta? ¿Cómo relaciona Miguel la función Delta con los sentimientos?
7. ¿Por qué le sorprende a la narradora la reacción de su amigo? ¿Comparte usted el concepto de belleza de Miguel? ¿Por qué (no)?
8. ¿Cree usted que ella tiene razón con respecto a los sentimientos?

Análisis literario

1. Describa el ambiente de este fragmento. ¿Cómo nos comunica la narradora su sentimiento de hastío?
2. ¿Es la narradora pesimista u optimista con respecto a las relaciones humanas? Explique.

𝒮umario

Escriba una composición o prepare un informe oral sobre uno de los siguientes temas.

1. La función del poeta y del intelectual, según los pensadores de la generación de 27.
2. La imagen de la sociedad española en las obras de Cela, Laforet y Matute.
3. La imagen del niño y del adolescente en Laforet y Matute.
4. El tremendismo y el objetivismo.
5. El pesimismo de los escritores de la España franquista.
6. Nuevas tendencias en la literatura de los sesenta.
7. Nuevas corrientes teatrales: Antonio Gala.
8. La enajenación y la búsqueda de la identidad en la literatura de las últimas décadas del siglo XX.
9. La perspectiva literaria femenina.
10. Nuevas corrientes poéticas.

Glosario de términos literarios

alegoría (*adj.* alegórico) representación de una idea abstracta por medio de un objeto real

alejandrino verso de catorce sílabas

amor cortés concepto de amor que predomina en la poesía lírica provenzal del siglo XII. Se concibe a la dama como un ser superior al cual el poeta rinde homenaje.

anacreónticas poemas en el estilo de Anacreonte, poeta griego que cantó los placeres del amor y del vino

argumento acción de una obra teatral o de una narración

arte mayor verso de más de ocho sílabas. Generalmente consta de doce sílabas, divididas en dos hemistiquios.

arte poética colección de reglas que, en el siglo XVIII, servía de guía para la composición

auto sacramental obra en un acto escrita sobre algún tema relativo a la Biblia, al dogma o al misterio de la eucaristía

barroco estilo literario caracterizado por la ornamentación abundante, los juegos de palabras, las alusiones difíciles y las alusiones oscuras

canción composición lírica que está compuesta de estancias largas, todas del mismo número de endecasílabos excepto la última, que es más breve

cancionero (*adj.* cancioneril) colección de canciones

cantar de gesta epopeya tradicional

cante jondo canto folclórico de origen gitano

cantiga en la Edad Media, poesías destinadas al canto

carpe diem término que significa «gozar del día» y que se emplea para exhortar al disfrute de la vida

cazuela en un corral de comedias, la sección reservada para las mujeres

cesura pausa

chiaroscuro estilo artístico que hace hincapié en el contraste entre la luz y la oscuridad

chiaroscuro efecto que destaca la distribución de luces y sombras en un cuadro

clerecía Véase *mester de clerecía.*

coloquio conversación, diálogo

coloquio pastoril obra literaria dialogada, en prosa o en verso, cuyo tema central es la exaltación de la vida del campo y del amor entre pastores.

comedia Antes de Lope de Vega, «comedia» se refería a cualquier obra de teatro. Lope distingue entre la tragedia y la comedia. Esta última suele terminar con una boda; en ella figuran personajes de diversas clases sociales.

comedia de capa y espada comedia en la cual los personajes visten de capa y llevan una espada, es decir, usan ropa de calle. Suele tratar de un asunto de honor y terminar en una boda.

comedia neoclásica comedia escrita conforme a los preceptos establecidos por los teóricos dramáticos de la Ilustración, quienes insistían en que se respetara las tres unidades (acción, lugar y tiempo) y que la obra satisficiera los requisitos del «buen gusto».

commedia dell'arte género teatral italiano que influyó en el desarrollo de la comedia española. Algunos arquetipos de la *commedia dell'arte* son los enamorados, el gracioso, el anciano y el soldado fanfarrón.

conceptismo estilo literario propio del Barroco español que se caracteriza por expresar los conceptos de manera ingeniosa, concisa y compleja

concepto sutileza que da lugar a asociaciones inesperadas y a veces paradójicas, que sólo tienen sentido dentro de un determinado contexto

copla composición poética que por lo general consta de cuatro versos y que sirve de letra para las canciones populares; canción folclórica española de origen andaluz

corral teatro construido en el patio de una casa

costumbrismo (*adj.* costumbrista) estilo que se caracteriza por la especial atención que presta a la descripción detallada de las costumbres típicas de un país o región

Creacionismo movimiento iniciado por el chileno Vicente Huidobro, que afirma que el poeta es un «pequeño dios» completamente libre para crear, ajeno a las preocupaciones morales o sociales

crónica relato de acontecimientos históricos ordenados cronológicamente

cuaderna vía estrofa compuesta por cuatro versos de catorce sílabas cada uno, con la misma rima consonante, y divididos en dos hemistiquios de siete sílabas

cuadro de costumbres artículos breves donde se describe la vida social a través de ambientes o escenas

cuarteto combinación métrica de cuatro versos endecasílabos de rima consonante. En los cuartetos suele rimar el primer verso con el cuarto y el segundo con el tercero.

culteranismo estilo que se desarrolla durante los siglos XVI y XVII y que se caracteriza por una sintaxis complicada, una acumulación de metáforas y alusiones oscuras

cultismo vocablo tomado de una lengua clásica, especialmente el latín, que no ha sufrido alteraciones fonéticas

Dadaísmo movimiento que busca destruir la conexión entre el pensamiento y el arte al crear imágenes disociadas y descompuestas

dolce stil nuovo movimiento poético que se desarrolla en Florencia y Toscana en el siglo XIII, el cual hace hincapié en el aspecto espiritual del amor

elegía composición poética en que se lamenta un acontecimiento negativo, especialmente la muerte de una persona

endecasílabo que consta de once sílabas

engagée literatura comprometida, es decir, que avanza una ideología o causa política

engagement comprometimiento ideológico

entremés obra corta destinada a ser representada entre los actos de una comedia

épico género poético que narra con tono grandilocuente acciones heroicas de personajes históricos o míticos

epopeya poema de tono grandilocuente que narra hechos heroicos realizados por personajes históricos o legendarios

escritura femenina noción de que existe una sensibilidad especial en la literatura producida por mujeres

España peregrina escritores españoles que, durante la guerra civil y la represión franquista, emigraron a diversos países, principalmente a Estados Unidos o a Latinoamérica

estrofa cada una de las partes en que está dividida una composición poética, formada por una serie de versos de forma y número adecuados a un modelo métrico

exemplum (pl. *exempla*) en la literatura medieval, un relato que sirve de ejemplo moral

fábula relato ficticio, en el Neoclasicismo siempre en verso, que oculta una lección moral. Usualmente, por lo menos uno de los personajes es un animal, planta u objeto inanimado que habla y se comporta como un ser humano.

figura de donaire Véase *gracioso*.

Futurismo movimiento que predica una nueva iconoclasia. Los futuristas exigen la aniquilación del arte del pasado y glorifican la guerra como instrumento de higiene espiritual.

galán actor principal que interpreta el papel de enamorado

generación de 1914 grupo de escritores que también se denomina «Novecentista». Entre ellos se cuenta a Ortega y Gasset, Pérez de Ayala y Américo Castro. Constituyó un puente entre el Modernismo y la generación del 27.

generación del 27 generación de escritores españoles, cuya producción literaria más importante se desarrolla entre 1920 y 1935. Incluye a García Lorca, Guillén y Aleixandre. Se relaciona con la estética de vanguardia.

generación del 98 grupo de escritores que, después de la guerra contra los Estados Unidos en 1898 en la cual España pierde sus últimas colonias, considera el futuro de su patria. Estudian los grandes arquetipos literarios españoles—Don Quijote, Don Juan—con el fin de comprender los rasgos dominantes de la personalidad española y se preocupan por el tema de la finalidad colectiva y personal.

género chico término que designa la obra teatral, en un solo acto, a medio camino entre el sainete y la zarzuela

género menor obras de tipo popular como el neosainete

gesta: Véase *cantar de gesta*.

gongorismo estilo literario asociado con Luis de Góngora; culteranismo

gracioso personaje típico del teatro clásico español, generalmente un criado, que se caracteriza por su ingenio y picardía

hagiografía relato que cuenta la vida de un santo

hemistiquio cada una de las dos partes de un verso cortado por la cesura

heptasílabo que consta de siete sílabas

hermetismo cerrado, impenetrable o difícil de interpretar

hipérbaton inversión gramatical

hipérbole exageración retórica

historiografía conjunto de estudios históricos

humanismo (*adj.* humanístico) movimiento intelectual y filosófico que tiene por objeto el estudio de las cualidades esenciales del ser humano y cuyo método se basa en gran parte en el examen de textos antiguos

Ilustración movimiento intelectual caracterizado por el racionalismo utilitarista, el rechazo de la superstición y un nuevo interés en las ciencias

Impresionismo corriente artística surgida en Francia a finales del siglo XIX que consiste en intentar reproducir las impresiones que produce en el autor o pintor la naturaleza o cualquier otro estímulo externo

intertextualidad una relación entre dos o más textos que afecta la manera en que los lectores leen una obra literaria

intrahistoria lo primordial, esencial y perdurable de la existencia humana; lo que trasciende la historia

jarcha estrofa breve escrita en mozárabe que aparece como estribillo de algunos poemas árabes y hebreos. Es una forma muy antigua.

jornada acto de una comedia

juglar (*adj.* juglaresco) persona que, por dinero y ante el pueblo, cantaba, bailaba o recitaba

juglaría Véase *mester de juglaría*.

krausismo (*adj.* krausista) filosofía basada en las teorías del alemán Karl Christian Friedrich Krause (1681 1732). Enseña que la realidad es un compuesto de espíritu y materia, sin que ninguno de los dos elementos sea superior al otro. Según este concepto, Dios se encuentra en el universo entero, incluso en los hombres.

lira combinación métrica de cinco versos (heptasílabos el primero, tercero y cuarto, y endecasílabos los otros dos), de los cuales riman el primero con el tercero, y el segundo con el cuarto y el quinto

lírico término que se refiere a la poesía que expresa sentimientos del autor; en la antigüedad, poesía que se cantaba con acompañamiento musical

literatura comprometida literatura que sirve para avanzar una causa ideológica

literatura *engagée* literatura comprometida en una causa política o social

loa pieza breve que se representaba antes de un poema dramático o una obra de teatro y que le servía de introducción

locus amoenus «lugar ameno»; escena pastoral e idealizada en la cual la única preocupación es el amor

mal du siècle mal del siglo; angustia que expresan algunos poetas durante períodos de transición de un siglo al otro

mester de clerecía poesía erudita medieval cuyos rasgos son la configuración narrativa, el tono docto, el tratamiento didáctico de los temas, el lenguaje popular y familiar, el predominio de la cuaderna vía y la renovación métrica

mester de juglaría el arte de los juglares (Véase *juglar*.)

metáfora comparación; el uso de una palabra o frase por otra, estableciendo entre ellas un símil no expresado

metanarrativa narrativa deliberada y conscientemente artificiosa; narración sobre el arte de narrar

metapoesía (*adj.* metapoético) poesía que comenta el arte de hacer poesía

metateatro (*adj.* metateatral) obra dramática en la cual se comenta el arte de hacer teatro

Modernismo movimiento literario surgido en Hispanoamérica y España a fines del siglo XIX y principios del siglo XX, el cual incorpora elementos del parnasianismo y del simbolismo y que cultiva lo exótico e inútil. Su lema era «el arte por el arte».

mojiganga breve pieza burlesca

monorrimo de una sola rima

mosqueteros hombres que veían una obra de teatro de pie en el patio de un corral

mozárabe lengua románica hablada por la población ibérica bajo el dominio musulmán

narrador infidente Véase *narrador no fidedigno.*

narrador no fidedigno narrador de cuya palabra el lector no puede fiarse

Naturalismo (*adj.* naturalista) movimiento que surge en Francia durante la segunda mitad del siglo XIX, cuya premisa es el determinismo social; hace hincapié en los vicios y perversiones con el fin de eliminarlos.

Neoclasicismo corriente literaria y artística, dominante en Europa durante el siglo XVIII, que intenta restaurar el gusto y las normas del clasicismo

neologismo vocablo que se usa con un significado nuevo o anticuado

Neoplatonismo (*adj.* neoplatónico) corriente filosófica que imagina el mundo y todo lo que existe en él como un reflejo de un concepto divino. Predica el culto a la belleza idealizada por el cual, según el pensamiento neoplatónico, el hombre se acerca a Dios.

neosainete género dramático que se desarrolla durante los años ochenta, el cual subraya lo grotesco y ridículo de la existencia humana

novatores nombre que se les da a los eruditos del reinado de Carlos II, quienes fomentan un espíritu de reforma y de investigación en la política, la educa-ción, las ciencias y la literatura

novela bizantina tipo de relato que surge en literatura griega, cuya estructura corresponde a un esquema común: dos jóvenes quieren casarse, pero sufren incontables impedimentos tales como náufragos, raptos y secuestros

novela cortesana relato que retrata la vida de las clases aristocráticas o burguesas en el ambiente urbano

novela de caballerías subgénero narrativo en prosa desarrollado en España en los siglos XV y XVI, cuyo prototipo es *Amadís de Gaula.* Presenta al protagonista como ideal y paradigma de conducta del caballero andante.

novela de costumbres novela cuyo fin es retratar los usos y costumbres de un pueblo o grupo social particular

novela morisca género novelesco que se desarrolla en España en los siglos XV y XVI que se centra en la figura del "moro" convertido en el héroe caballeresco

novela pastoril novela cuyo tema central es la exaltación de la vida del campo y del amor entre pastores

novela picaresca tipo de novela que surge en España a mediados del siglo XVI con *Lazarillo de Tormes* (1554). Narrada normalmente en primera persona, relata la vida y aventuras de un personaje de clase humilde.

novela sentimental tipo de relato de amor que se desarrolla en España a partir de 1430. Los rasgos fundamentales son el amor no correspondido, el carácter autobiográfico de la narrativa y la sublimación de la mujer amada.

novella (pl. *novelle*) relato largo similar a los que se escribían en Italia

novísimos generación de poetas españoles encabezada por Pere Gimferrer

nuevo historicismo concepto de la historia que toma en cuenta el contexto cultural, económico y político tanto como los acontecimientos mismos. Investiga documentos extraliterarios como cartas y diarios, además de textos producidos por elementos sociales marginados (mujeres, homosexuales, conversos). Considera el contexto histórico y social del historiador tanto como el del período estudiado y pone en duda la validez de la «versión oficial» de los hechos propagada por la élite.

nuevo medievalismo concepto que, en vez de ver la Edad Media como un período oscuro, primitivo e inferior a la Modernidad, mantiene que se trata de una edad cuyos valores, percepciones e instituciones son simplemente diferentes de los nuestros

Nuevos Autores dramaturgos asociados con el teatro subterráneo durante la dictadura de Franco

Nuevos Nuevos Autores grupo de dramaturgos que surge en los ochenta. Escriben obras que incorporan elementos del humor y elementos escenográficos tomados del cine.

Objetivismo movimiento que intenta reproducir la realidad de una manera imparcial sin que el autor intervenga con sus propios sentimientos y creencias

oda poema lírico dividido generalmente en estrofas, de tono elevado y extensión variable

Orientalismo Originalmente «Orientalismo» designaba el trabajo de estudiosos que se dedicaban a las culturas orientales y tenía una connotación positiva. Después de la publicación de *Orientalismo* por Edward Said, el término comenzó a aplicarse a la tendencia de las naciones occidentales a medir a todos los pueblos según la perspectiva europea, y adquirió una connotación negativa.

Parnasianismo (*adj.* parnasiano) movimiento literario que representa una reacción contra el lirismo romántico; propugnó una poesía culta e impersonal, desprovista de pasión, de comentarios sociales y de compromisos políticos.

parodia imitación burlesca, caricatura

paso pieza dramática muy breve de tipo popular

perspectivismo técnica literaria que presenta la realidad desde diversas perspectivas

petrarquismo imitación del estilo del poeta y humanista italiano Francesco Petrarca (1304-74)

pícaro tipo de persona astuta que procede de los bajos fondos y vive de engaños; protagonista de la novela picaresca

Postmodernidad (*adj.* postmoderno) término que se emplea para designar el carácter adquirido de la cultura occidental, en la cual se rechaza la interpretación de la historia perpetuada por la élite y se le da una nueva importancia a la cultura de la masa y a los grupos tradicionalmente marginados (mujeres, homosexuales, minorías raciales o étnicas)

prerromántico término que se les aplica a las manifestaciones de la sensibilidad romántica en pleno Neoclasicismo, como en el caso de la poesía de Menéndez Valdés

profano no religioso

racionalismo doctrina filosófica que sostiene que la realidad es racional y, por tanto, comprensible a través de la razón; tendencia a colocar la razón por encima de los sentimientos

reader response theory Véase *teoría de la recepción.*

realismo (*adj.* realista) doctrina filosófica según la cual las cosas existen aparte e independientemente de la conciencia; corriente artística y literaria que pretende representar el mundo tal como es

realismo mágico movimiento literario cuyos adherentes combinan la representación realista de una sociedad con lo mágico o sobrenatural

realismo objetivo objetivismo

refundición acción y efecto de apropiar una obra literaria existente y darle forma y disposición nuevas

retórica arte de expresarse con corrección y eficacia, dando al lenguaje el efecto necesario para deleitar, persuadir o conmover

rococó estilo desarrollado durante el siglo XVIII que coexistió con el barroco tardío y el Neoclasicismo, y cuyas características principales son la ornamentación recargada, el extremo refinamiento y la delicadez

romance lengua vulgar hablada en los países de lengua latina durante el imperio romano; poema épico-lírico breve que deriva de la epopeya tradicional

romance morisco género literario que se desarrolla en España durante los siglos XV y XVI que se centra en la figura del "moro" convertido en el héroe caballeresco

romancero colección de romances

romanticismo (*adj.* romántico) movimiento literario y artístico que postula la libre expresión de los sentimientos y la ruptura con reglas rígidas

sainete (*adj.* sainetesco) tipo de pieza cómica en un acto que retrata en la escena tipos populares españoles

sátira (*adj.* satírico) escrito agudo o mordaz en el cual se censura o pone en ridículo algo o a alguien

seguidilla composición métrica de versos de arte menor en la que riman los pares, muy usada en los cantos populares y en el género jocoso

semiótica teatral estudio de los signos lingüísticos y paralingüísticos que se usan en el teatro

silva serie de versos endecasílabos, o endecasílabos y heptasílabos, dispuestos sin orden o número fijo y que riman según el gusto del poeta; colección de escritos sin relación entre sí

Simbolismo (*adj.* simbolista) movimiento literario que representa una reacción contra el formalismo parnasiano. Produjo versos flexibles y musicales a través de los cuales el poeta intenta comunicar las significaciones indefinidas y ocultas de las cosas y las palabras.

simple el «tonto» en una obra de teatro

sinalefa enlace de sílabas por el cual se forma una sola de la última de un vocablo y de la primera del siguiente

soneto poema que consta de catorce versos, generalmente endecasílabos, distribuidos en dos cuartetos y dos tercetos

subargumento argumento secundario

Surrealismo (superrealismo) (*adj.* surrealista, superrealista) movimiento que intenta trascender la realidad objetiva, buscando otra realidad más allá, en el inconsciente, que se revela mediante la imaginación y el sueño

teatro de la calle en el período después de la muerte de Franco, piezas montadas por grupos de vanguardia en lugares públicos

teatro del absurdo teatro que representa un mundo caótico en el cual los personajes viven desconcertados y abandonados a la soledad

teatro subterráneo o silenciado teatro que floreció durante la dictadura de Franco y que se hacía en cafés y otros lugares populares. Como no requería escenario ni trajes especiales, en el caso de que aparecieran las autoridades, los actores se sentaban sin dejar rastro del «espectáculo».

teoría de la recepción escuela crítica que estudia la relación entre texto y lector

tertulia (literaria) grupo de personas que se reúnen habitualmente para conversar de literatura

texto Hoy día «texto» se refiere a una creación artística—no necesariamente lingüística—desprovista de las tradicionales nociones preconcebidas de autonomía, intención del autor y significado inalterable. El texto se concibe como algo fluido, que varía según el contexto y perspectiva del lector. Se distingue de «obra», un artefacto cultural fijo.

tragedia obra dramática en que los personajes son nobles y que termina con la muerte del protagonista

tragicomedia obra que combina elementos de la comedia y la tragedia

Tremendismo (*adj.* tremendista) movimiento literario asociado con Camilo José Cela que hace hincapié en lo violento, lo grosero y lo repugnante

trovador (*adj.* trovadoresco) poeta de la Edad Media, especialmente el que escribía y trovaba en lengua de oc.

trovar componer poesía

Ultraísmo movimiento que predica el abandono de las tradiciones líricas del pasado. Reclama una poesía desprovista de sentimentalismo y ornamentación superflua y propone una reinvención del lenguaje mismo, suprimiendo los nexos gramaticales, utilizando una ortografía simplificada y eliminando la puntuación.

unidades en el teatro clásico, reglas según las cuales una obra debe tener una sola acción principal y desarrollarse en un único lugar en el transcurso de un solo día

verso poesía; línea de poesía

villancico canción popular, alegre, que celebra el nacimiento de Jesucristo; cancioncilla popular breve que frecuentemente servía de estribillo

zarzuela obra dramática y musical en la que se alternan el habla y el canto

Índice general